金陵全書

丙編·檔案類

南京市政府公報

〔第三卷第三期——第五卷第十期〕

(民國)南京市政府 編

南京出版社

圖書在版編目（CIP）數據

南京市政府公報. 第3卷第3期～第5卷第10期 / 南京市政府編. —南京：南京出版社，2012.12
（金陵全書）
ISBN 978-7-5533-0118-1

Ⅰ. ①南… Ⅱ. ①南… Ⅲ. ①地方政府—公報—汇编—南京市—民國 Ⅳ. ①D693.62

中國版本圖書館CIP數據核字（2012）第275690號

書　　名　【金陵全書】（丙編・檔案類）
　　　　　南京市政府公報（第三卷第三期—第五卷第十期）
編 著 者　（民國）南京市政府
出版發行　南京出版社
　　　　　社址：南京市成賢街43號3號樓　郵編：210018
　　　　　網址：http://www.njcbs.com
　　　　　聯系電話：025-83283871（營銷）　025-83283883（編務）
　　　　　電子信箱：njcbs1988@163.com
責任編輯　謝　微　江山華
裝幀設計　楊曉崗
製　　版　南京新華豐製版有限公司
印　　刷　南京凱德印刷有限公司
經　　銷　全國新華書店
開　　本　889×1194毫米　1/16
印　　張　57.25
版　　次　2012年12月第1版
印　　次　2012年12月第1次印刷
書　　號　ISBN 978-7-5533-0118-1
定　　價　1000.00 元

中華民國三十六年八月十五日

第三卷　第三期

南京市政府公報

南京市政府編譯室編

目錄

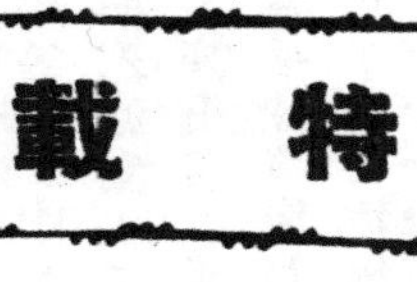

半年來南京市政之回顧

——市長七月二十三日在南京市參議會第三次大會席上口頭報告——

貴會第二次大會於四月二十二日閉幕，到現在第三次大會開幕，恰巧整整三個月。所有貴會第二次大會後送達本府的各項決議案，除因財力人力物力不逮，或權力所限，無法圓滿達成以外，類皆竭智盡慮，忠實執行，而本府對於既定施政方針的推進，在此期間，亦曾盡最大的努力，雖有若干工作未能達到預定的進度，但我們不願即說是因爲事實的困難，應是我們的努力尙有不夠之處。

關於本府各部門施政報告，以及貴會決議案的執行情形，另有詳細的書面說明，本人僅想把若干重要工作在此作一概括的敍述，以就正於諸位先生。在報告之際，也同上次一樣，我不打算諱言缺點與錯誤，更不想爲自己的缺點與錯誤辯護，且希望諸位先生多多指敎。

貴會這次開會，恰在三十六年上半年度過去之後，又適值中央頒布全國總動員令之時，我想首先報告過去半年來的工作，然後說到我們今後如何配合總動員。我所報告的半年工作，自然包括貴會第二次大會以後最近三個月的情形在內。

本府卅六年度施政方針，於各部門訂列應辦的重要工作外，爲解決當前的迫切問題，尤置重點於六項工作，現在半年已經過去，這六項工作究竟進行到如何程度呢？我老老實實報告出來，想爲諸位所樂聞。

一、擴增學校　已完成者，計國民學校較上學期增加二十七校，二百八十七班，增收學童二萬二千三百人，中等學校增九班，並成立一師範分校，各校各種設備也有相當的增添，這在貴會上次大會時已曾報告，最近由中央補助費項下新建者，計小學校舍十所，大都已分別興工，中學校舍擬添建三所，尙在設計中，這是對于量的擴展。在質的改進方面，我們也同時兼顧，如本市國民教育研究會之成立，國民學校中等學校各科教學指導委員會之組織，各科敎學演示與教具展覽之舉辦，識字卡通，書法作文量表等有效教學工具之編造，以及本市各校交互參觀與市立中等學校校長教育參觀團之組織，小學教師暑期講習班與社教人員訓練班之開設等等，對于各級學校的質的改進，均有所裨益。而各校教師在生活萬分艱苦的情況下不減其誨人不倦的精神，也很足稱道。

在社會教育方面，市立體育場已修建完成，七月一日正式開放。市民大會堂亦已於六月一日舉行奠基禮，本月內即可開工。現在積極籌備首都補習學校，給本市失學民衆以就學的機會，已訂定補習教育實施計劃，即可推進。

下學期轉瞬開始，市立各級學校的學生繳費標準已由市政會議通過，爲了顧慮學生家長的負担，那個標準定得相當的低。對於市內私立中小學的收費問題，我們的原則是：一方面固應盡量減少學生家長的負担，一方面也應使學校本身有餘力得以隨時整頓，添增設備，將比照市立學校的收費標準加以核定。今後擴增學校計劃，仍當按既定方針量力逐步做去，我們打算發動一個建校興學運動，籲請各界人士捐助，以促計劃的實施。

二、興建房屋　先從中山北路兩旁空地限期建築着手，半年來迭次催促業主建屋，並由四聯總處撥款二百億元，交由四行兩局組織銀團，低利貸放，以資鼓勵，計貸款興建者共六十四戶，貸餘款額約尚有一百五十億元，近已呈准擴充貸款範圍及於其他幹道兩旁空地，短期內即可實行。預計由於此項貸款之運用，加以私人自籌建築費之半數，當可爲本市增加不少房屋，同時由於營造事業的蓬勃，即本市失業人數．亦可因之比例減少，這不能不說是另一方面的收獲。此外，市內各機關與市民方面對于建築房屋也頗踴躍，半年來已核發公私建築執照六八六件，建築造價幾達一千億元，這對于本市房荒問題的解決，均不無相當的幫助。關於平民住宅區，亦已勘定下關四所村東鄰基地，呈准行政院徵用，並已將區內道路及公共設備等計劃就緒，一俟徵地手續辦妥，即可興工。

三、穩定物價　我在上次曾經說過，物價波動有全國的普遍性與感染性，穩定極不容易，半年來，本市這一工作之未能澈底見效是無可諱言的事實。但雖然如此，我們仍是盡力之所及，積極防止不合理的任意抬價，四月初成立物價評議會，對于議價及檢舉等項工作，執行均極認眞，尤其對民生日用有關的物價，更多方謀取穩定的辦法，如四月間糧價因受產區影響，曾一度發生劇烈波動，本市米源不暢，有供求失調之虞，我們即商請糧食部拋售食米二萬石陸續應市，以資調劑，嗣又請准取消糧食議價，恢復自由買賣，因之一般情況尚屬穩定，同時爲顧及本市升斗市民，趕速配售貧戶米，價格遠比市場爲低，現已有十萬貧民享受此項權利。他如首都公教人員日用必需品配售制度之確立，有五萬五千餘人得享受購買價格低廉之日用必需品的權利，這對于本市物價的穩定也不無影響。

四、改善交通　這可分兩方面來報告。一是公共交通用具與路綫的擴展，一是交通要道的修理與養護。半年來，公共汽車管理處增闢新綫兩條，一條由山西路至建康路，一條由新街口經大中橋出光華門，都已先後通車，該處又特約民營小汽車公司，加入行駛，既以增強市內交通，並寓有扶植之意。同時又商准交通部第三運輸處調撥卡車三十輛，一俟車身裝竣，即可駛京應用。屆時行駛各綫的公共汽車，約可達二百輛左右。

交通事業是公用事業的一種，貴會第二次大會決議，經營公營事業，應以企業化爲原則，依據這一原則，我們對于本市市營公共汽車及京市鐵路組設公司一事，曾與有關各方幾度商洽，積極籌備，並已邀請本市銀行界及有關機關分別成立籌備處，即將公開招股，並約請銀行界投資，不久均可具體化。

關於交通要道之修理，半年來已完成的，計有上海路、昇州路、廣州路、北平路等碎石路面，及大光路彈石路面。現正在翻修的，有莫愁、漢中、雨花、建康各路碎石路面。中山路拓寬快車道改築慢車道工程已於六月一日開工，但因限於經費，僅能先築新街口至林森路一段，尚須逐段進行，將來快慢車分道行駛，快車道上可以四車並駛，中山路的交通當可改觀。至於各路平時的保養，莫不經常加以注意，如中山路、中華路、中山東路、中央路、中山北路、湖南路、林森路、珠江路及太平路等，交通都很繁重，其柏油路面尚能維持相當平整，在目前的財力人力物力下，實已盡了保養的能事。

五、修理街巷　截至六月底止，半年來修理的小街小巷，第一期完成九十二條，計長四十五公里，第二期完成七十八條，計長三十二公里，第三期預定爲九十九條，計長三十一公里，亦已開始修理，期於八月底完成。這些街巷的修理採分區管理制，就市區劃分六區，設立莫愁、成賢、五台、復成、城北及下關等六區工務管理處，其主要修理工作爲塡補路面，疏通陰溝，加做陰井，這些工作在表面上看不出有何大改變，不容易表現成績，不過經此整理，所有坎坷不平及積水情形，較之過去，已有顯著之改善，今後仍將繼續進行，以期普及。

六、清潔環境　這一工作主要爲垃圾與糞便的處理。清潔總隊在半年中添置垃圾手車二百輛，自行車十四輛，修理洒水車三輛，在修理及改裝中的，尚有洒水車三輛，垃圾卡車十輛，市內各住戶和街道上的垃圾由清潔總隊派伕收運清掃的每天計達二千二百手車之多，以現有的收運工具而言，實已盡了最大的努力。都市環境的清潔，原不易僅憑行政措施而奏效，尤須仰賴於全體市民的協助，人人養成清潔的習慣，始克有濟，所以自六月一日起，又實施各商店住戶打掃門前清潔辦法，按月由清潔督導團檢查，由於市民的合作，這個辦法當可獲致相當功效。

糞便處理係招商承包，於五月十五日開始在第三區收運，六月十五日續在第二區收運，現正限令趕製車輛，以便推及全市。公共廁所及小便池或已完工一部份，或已勘定地點，即可興工。

在上述六項工作之外，還有幾項重要工作，也應該向諸位報告：

一、財政　財政爲事業之母，本市由於財政的困難，有好多事情無從急速推進，收支之間常是相差很遠。我對於本市財政的態度是「先盡其在己，再有不足，才向中央請求補助。」盡其在己的原則，是「不增新稅，整理舊稅。」這些話我已說了不止一次。所謂整理舊稅，並不僅是要求調整稅率，主要還在於徵收技術之改善。貴會六月七日的臨時大會對于本府平衡收支方案的修正通過，給予市財政的整理以極大鼓勵。現在，房捐、自治事業費、清潔捐決定合一徵收，正依照原定計劃開始挨戶普查，預計八月底以前可以完成。屠宰稅已自七月十五日起直接徵收，營業稅已製成分業統計，以作核定各戶稅額的參考，並準備酌請各同業公會參加核定稅額的工作。筵席稅已擇定營業較大餐館，由徵收機關隨時派員監督徵收，並視察其營業額，以便據以核定稅額。娛樂稅按照各娛樂場所的實際營業狀況，核實徵收。對於大戶應納的稅捐，如土地稅等，由徵收機關事前以通知書郵寄，勸請早日完納。這些徵收技術的改善，有的已收到相當的成效，其表現在稅收數字上者，已自四月份的十一億五千萬元增至六月份的二十二億三千萬元，此後繼續整理，可能達到每月稅收三十五億元之數。不過我們這樣整理稅收，不欲增加市民負擔，但却希望市民自動的盡其納稅人的義務，我已囑財政局應多方設法宣傳這一個意思，使一般市民對納稅義務普遍了解，這於我們稅收的整理，當有莫大的裨益。

平衡收支的辦法，當不外開源節流，整理稅收固是開源的要着，他如整理市產，也是開源的一法。市產洲田的租息自本年秋季起，廢除折價，改照行政院頒佈的公產佃租辦法，徵收實物，預計可有十五億元之收入，約較上年度增收百分之五十以上。至於市房地產，亦在力謀整理。節流方面，主要在嚴格執行預算，非有預算外之財源，不作預算外之支出，非奉中央命令，不增設機構，不添用人員。於此，我願順便提及一事，最近本府成立新聞處，係奉中央命令增設，由原有的編譯室外事室調查室等組織而成，處內人員卽係原有人員，與節流之旨並不相背。

二、民政　本年四月一日成立民政局，首先致力於行憲的準備工作，籌備國民大會代表及立法委員選舉事宜，並定於九月起分期辦理民選區保甲長。這項工作分兩方面進行：消極方面爲完成選舉有關的各項準備，諸如接辦戶政，清查戶口，整編保甲，健全各級自治機構等，以確定選舉單位及選舉權，藉謀選舉推行之順利與正確，現戶政已於七月十五日由首都警察廳劃歸民政局接辦，各區戶政組亦同時成立，將舉行全市戶口總清查一次，以確立戶政的良好基礎，完成選舉的基本條件。積極方面，民政局已依照中央規定，配合各項有關工作，訂定本市區保甲長選舉實施進度表，呈奉內政部核定，正依據此項進度表逐一準備，所有選舉實施辦法亦已着手草擬，希望在本年九、十、十一三個月內，本市各區保甲長民選均能如期辦理完成。

禁煙工作，本市奉令須提前於本年八月底以前完全禁絕，已會同有關機關於五月十八日至六月十六日至七月十五日舉行煙毒檢查，七月十五日起至八月底止則為煙毒總檢舉，正發動全市軍警民衆一致檢舉。

征兵奉准改自八月一日開始，本市應徵兵額原定一千名，現中央准予征集志願兵抵列征額，關於壯丁安家補助費，正在詳擬辦法籌集，同時組織兵役協會，已於七月三日正式成立，以協助辦理征兵的各項業務。

三、地政　本市地籍，城區、下關、浦口等八區，計面積八〇、九二八市畝，已初步整理完竣，郊區地籍，本年開始整理，現正從事燕子磯，上新河兩區及中華門外附郭區之地籍測量，預計面積為四三〇、五〇〇市畝，約合全市總面積之半。各項內外業測繪工作，在年內大致可以就緒。

本市標準地價，自三十五年六月十五日規定公布，一年來土地市價的增漲，與標準地價相差懸殊，現已依法重估公布，至於清理軍政機關接收敵僞佔用民地一事，已呈奉　主席交行政院召集有關各機關商討統籌實施辦法中。

四、衛生　夏令已屆，衛生局對夏令防疫工作進行不遺餘力，五月一日即成立夏令衛生運動委員會，辦理防疫宣傳、檢查、醫療服務、環境衛生、消毒等事項，其工作期間定為五個月。同時發動市內各公私立醫院診所及開業醫師共一六〇處，為市民免費注射霍亂疫苗，自五月一日起至六月底止，已受注射人數為一八四、三三九人，現仍經常繼續辦理。又擴充市立傳染病院，修建院舍，已設病床八十張，必要時可增至一百張，以加強防疫效率。此外如檢查清涼飲食物品，撒佈D.D.T.，發給貧民暑期免費水券，舉行夏令衛生運動擴大宣傳週，展覽衛生模型標本等，均為防疫應有的措施，皆已一一辦理。最近衛生局尚在籌設檢疫站，以便遇有鄰近區域發現疫病，可以急速報告，急速加以防止。不過，以本市目前衛生設備之不足，一定有許多防疫工作尚未積極進行，但我們總盡力之所及，以期遏滅疫病之發生與傳播。

五、工務　下關三號碼頭自經延請專家商定治標計劃後，除修復塌陷部份外，復於二號至四號碼頭間，全部加打木樁，此項工程因籌措工款工料關係，至五月十四日開始，現三號及二號碼頭樁木均已打竣，各樁深度最深者入土十五公尺，最淺者亦入土十公尺，三號碼頭塌陷部分，全用大石塊填築，上築路面已通車輛。至於沿江碼頭之治本計劃，經提請全國水利會議決議，請由水利部主持辦理，已由部方指定長江水利總局派員開始測量。

本市路燈在接收時，只有六百餘盞，後經修理增添，也只一千七百餘盞，最近撥款積極整理，自新街口至中華門加放路燈專綫，在門東門西兩區新裝四百六十九盞，連同其他各路，共計五百五十盞，均已裝竣。中山路自新街口至鼓樓一段，原有路燈只當中一行，路闊燈少，光度不足，決定在快車道上改裝兩行，慢車道上各裝一行，亦已開始改裝。對於路燈的保養修理，自五月份起由工務局組織修燈隊，經常查察修理，各路照明已改舊觀，惟以限於電力及設備關係，現有路燈的數量與光度尚不足以應需要，仍待繼續改進。

六、公用　本市自來水經水廠陸續整理機件，添裝設備，埋設幹管，改善水壓後，出水量較前已有增加。首都電廠分區停電辦法，自鍋爐修整後，原已停止實行，最近又因機件發生故障，致不得不作再度之短期分區停電，其澈底改善須待向國外訂購之新發電機運到裝竣之後，在此期間，不得不請市民節約用電，共同維護，一面正在設法借用發電機，以期增加發電量，勉渡難關。關於本市交通之改進，上面已有提及，我願於此順便說起一事：最近公用事業調整價格，我們亦極不願公用事業加價，以增加市民負擔，貴會上次大會通過准予公共汽車加價百分之三十，市公共汽車與江南汽車公司已登報公佈，定期實行，旋因中央決定維持貼補政策，我臨時令飭取消，仍維原價，現在中央貼補政策停止執行，而公用事業是一種企業，一方面固應顧慮市民之負擔，一方面也必須對事業本身予以合理之維持，決不能任其虧累，假使因維持原價而使事業至不能維持的地步，則市民所受的損失，恐將較加價更大。同時，公用事業加價，與中央政策有關，奉令須由全國經濟委員會核定，所以本市公用事業在不得不加價的情況下，呈准中央予以調整，但在調整價格之際，我們實是煞費苦心，對於市民負担與事業成本都是兼籌並顧，即對其可能發生的影響，亦曾加以考慮。

七、社會　社會工作的目的，在求安定社會生活，維持社會秩序，以目前社會的動盪，肆應自屬不易，但我們對于凡足以影響社會秩序的各項問題，無時不在力謀解決，以期消弭禍患於無形。近數月來各地勞資糾紛迭起，影響社會秩序很大，本市勞資爭議案件也不下三四十起，由於社會局之能迅速調處，立時解決，未曾發生任何工潮，這種勞資協調的精神值得稱道。

救濟難民與乞丐也是保障社會安全之要項，本市遣送麕集下關之皖東北難民先後二次，共計遣送七萬三千人，尚有留京之山東難民一萬六千人，已請由中央撥到專款，正在辦理遣送中。對于散處街頭之乞丐，亦已訂定處理辦法，即可實施。同時又積極改進市立救濟院，推行配售制度，取締操縱居奇，辦理職業介紹，對于社會秩序之維持，均有裨益。

八、警政　首都警察廳職司京畿治安，如何確保社會秩序之安定，爲其分內的責任，本市地區遼闊，警力或虞不數，所以廳方對于警察素質之提高與數量的擴充，向極注意，本年夏初，二次派員分赴隴海津浦兩綫，招考學警六百名，刻已編入首都警察學校警士班受訓，將來畢業後，用以充當保安警察，以增警力。同時復由警方分飭各局注意偏僻地區之巡視，並注意特種戶口之抽查及異動，又重擬「防止奸宄維護首都治安實施辦法」，並新擬「防止糾衆暴行辦法」等，一俟脫稿，即可送請貴會審查實施，以預防不幸事件之發生。他如調處「勞資」及「勞勞」糾紛，改革交通警察勤務制度，厲行查緝烟毒，以及處理學潮，處理重大殺人案及刼案等，對于京畿治安的維持，確已盡了最大的努力。

九、經濟文化　本市自復員以來，百廢待舉，爲謀未來之發展，我們已有「南京市都市計劃委員會」的設立，從事於一個完備的都市計劃之製定。貴會上次大會提議，以建設南京，從地方性質言，重在民生建設與開發民智，高瞻遠矚，令人十分欽佩，本人一向重視經濟文化的建設，重以諸位先生的提議，即分別組織「南京市經濟建設委員會」與「南京市文化建設委員會」，前者於五月十二日成立，後者於七月二日成立，其任務在於分別擬訂本市經濟建設與文化建設的基本方案，加以提倡、推進，而置重點於發展地方經濟以救濟失業，推廣民衆教育以解決失學。兩會委員都係聘請本市地方專門人才及熟習南京市地方情形的專家擔任，相信這兩個會對本市的文化經濟建設方面在短期內必有所貢獻，可以作爲今後建設的指針。

以上是本府最近幾個月施政的情形，我所報告的不免有所遺漏，我們把這些情形與三十六年度施政方針一加對照，雖然方針上所列的項目，我們都在逐一辦理，但在進度上，顯得遲緩；相信諸位先生也一定早已見到，在當前的環境與事實下，我們有心如期完成一切建設，以滿足市民的種種要求是如何困難，我們不願因困難而却步，決心繼續一步一步的做去，盡力克服困難，尤期望諸位先生的指導與協助。

最後，我想對今後市政設施如何配合全國總動員的問題說幾句話。總動員的意義，依據中央所昭示，不止是消極的戡亂，而尤其是積極的建設。所以本市在總動員期間，一方面應求加強動員人力物力以參加戡亂工作，一方面仍應刷新地方政治，繼續完成各項必要的建設。同時，這次動員戡亂是爲鞏固統一，完成憲政，所以各項選舉工作且將按照規定加緊進行。本市實施總動員的辦法，當遵照中央指示的原則辦理，中央已將「動員戡亂完成憲政實施綱要」於本月十八日正式公布，我們正根據這個綱要，擬訂實施細則，在實施細則未經確定前，我未能作具體的宣布，不過由於如上的認識，我覺得有三點可以向諸位報告：

第一，加強兵役以動員人力　本市志願兵的徵集決儘速進行，將發動兵役擴大宣傳，寬籌壯丁安家補助費，以鼓勵志願兵的踴躍應徵，對於規避與妨礙兵役分子則予以嚴格制裁，所有辦理兵役的各項措施，如免緩役之申請審查，出征軍人家屬之優待，以及在鄉軍官之組織等等，均將加緊着手，我們希望本市本年度應征集的兵額能提早徵足，如志願兵不足額時，將以壯丁徵集補充。

第二，厲行節約以動員物力　全國經濟委員會已通過厲行節約大綱十八條，我們正根據此項大綱擬訂本市節約辦法。目前物力維艱，節約消費，實爲最切要的消極急務，本市風俗向尚淳樸，一般市民大都有節儉美德，只要市民能人人以此自勵，則推行節約不難收效。不過節約原屬社會風氣，不能單靠條文的限制，而要仗賴市民的身體力行，所以本市節約辦法的精神將着重在督導方面。我們希望全市市民一致推行節約，尤希望地方人士率先倡導，樹之楷模，我們政府本身也一定切實節約，藉以轉移社會風氣，而收動員物力之效。

第三，穩定物價以促進建設　穩定物價原係既定的施政方針，在總動員期間決加強管制，如有囤積居奇者嚴厲取締，但穩定物價是多方面的，需要各方面的通力合作，我們將與各方面密切聯繫，加強配售制度，扶植民營事業，提高農工生產等，藉物資之控制，以導物價於穩定，我們希望以政府與市民的努力，能夠儘速達到目的，物價一經穩定，本市各項必要的建設工作，無疑也可加緊推進。

至於本府三十六年度施政方針爲配合全國總動員，應如何加以補充或修正，將另案送請貴會討論，現在本人先把這點意見請各位參議員先生指正。

市長在南京市參議會第三次大會休會式致詞

三十六年七月二十九日

貴會第三次大會恰好舉行於南京稀有的酷熱天氣，各位先生不辭勞瘁，揮汗議政，對於首都的建設，市民的福利，絲毫不減一向的關懷與熱忱，且與高熱氣候成立了正比例，這種精神值得欽敬。

剛才聽利議長檢討這次會議歷程，誠然是以最經濟的時間得到很豐富的收獲，在此本人略有感想申述。

一、議長說本次會議的議案較以往歷次會議爲少，這僅是由「量」的方面的看法。若從「質」的方面來講，重要的問題毫未有遺漏。這些寶貴的意見，指示市府，我們應該表示謝意。

二、此次工作報告與以往不同，未由各單位一一分別報告，統歸市府作整個敍述。答復質詢案時亦然，可是各位先生却未因此而將重要的質詢遺漏，同樣是以很少的時間得到豐富的收穫。不過據個人的觀感，覺得若干質詢還是因爲各位先生未能十分明瞭施政的實際情形，其中難免稍稍有所隔膜，造成此種隔膜的責任，當然在市府方面者爲多，因爲我們平日未能使每一位參議員先生都瞭然於行政方面大大小小的每一個問題，每一種情形。我希望各位先生如有疑問，隨時提出，隨時下問，本府及各單位無不樂於即時竭誠答覆，力求這種隔膜的消滅，以期貴會與本府之間神脈相通，共同爲市政建設與市民福利而努力前進！

天熱不多說，敬祝各位先生健康！

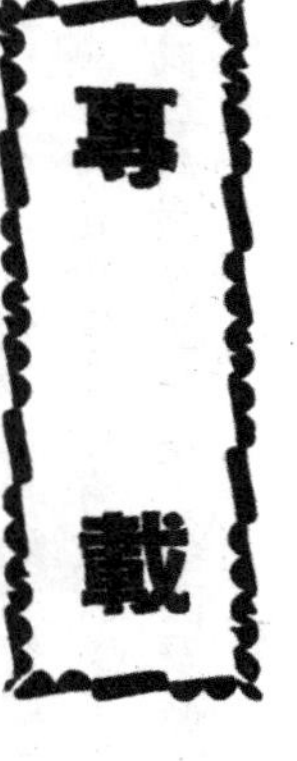

專載

南京市教育動向

馬元放

京市自國民政府奠都以後，各種教育，無論在量的方面或質的方面，均曾有極輝煌的成績，此爲國人所盡知。不幸日寇內侵，京市淪陷，敵僞盤居八年之久，對我教育文化，嚴加摧殘，致所有過去的成就，均遭毀滅！勝利以來，一面收拾殘破，一面力謀發展，冀能適應建國行憲之需要。爲欲達成此目的，復於去年七月十六日恢復教育局，迄今倏已一年。在此一年間，一切教育設施，已屢有報告，不再贅述；茲僅就本市教育動向，作簡要說明，以示本市教育實施之指標。

一、由動亂中求安定由安定中求改進

八年抗戰，二載匪氛，十年之間，兵連禍結，至勝利以來，社會一切，無不陷入動亂之中。本市教育，在敵僞極度摧毀與奴化之後，更形繁劇；尤以國府還都，匪區流亡，本市人口激增，失學兒童與民衆及失業教師之數，均大量增加，形成嚴重之「學荒」現象。本局成立以後，首先添校增班，調整各校人事；更一再提高教師待遇，增進員工福利，以安定其生活。雖以教費支絀，一切設施，尚未能臻理想境地；但本市教育已漸入於安定狀態。今後當更謀於安定之中求改進，於改進之中益求安定，使安定與改進，成爲旋轉之連環，而繼續不息。每一動向之設施，舉其要者如下述：

1.本學期國民學校教職員之按年資給薪，業已實施，現更擬訂國民學校教職員任用待遇服務進修攷核辦法，準備實行年功加俸。中等學校暨社教機關，亦均在擬訂辦法呈准施行，將來一般教師待遇，當更較現狀提高，生活亦必更較安定。

2.國民學校自上學期起實行調整，分區設立中心國民學校，訂頒中心國民學校組織規程，實施中心國民學校輔導各該區國民學校制度。一學期以來，雖以制度初立，成績未能顯著，但已按照計劃，逐步改進，各校檢討亦頗切實，期以時日，當必可能漸收效益。

3.中等學校自教育部將原在京之國立男女臨時中學三所，劃爲本市辦理，改爲市立第四第五中學及二女中以後，量爲之增加，近又就職業學校分設爲農科及商科職業學校。共計現有男中五校，女中二校，以及師範職業學校等共十一所，茲已另擬具擴展計劃，準備添校增班，期能減少失學之青年並造就升學及就業之畢業生，以應建國之需求。

4.社會教育原有館場，在戰爭期間，摧毀尤甚，除就原有機構整頓外，今後爲適應社會需要，正計劃舉辦各種各級補習學校，期能增進民衆必需的生活知識和技能，又爲普及社會教育計，更擴展電教工作，組織電化教育輔導處，增設發電機及各項設備，俾能廣施電教工作而普及到沒有電話的郊區各學校各鄉村。更爲創製社會教育的基本識字工具，正聯合中華教育電影製片廠插製民衆識字卡通，以廣收識字教育效能；因此種工具較書本教學，有聲有色，印象深切，而每次教學對象，亦必較在教室教學者爲多。又爲提倡民衆體育，除設南京市國民體育委員會外，特就前江蘇省立體育場舊址，修建爲市立體育場；又爲提倡一般健康教育，並組設健康教育委員會，主辦各學校與各社教機關的一般衞生健康事業。

5.各級學校教職員之服務，除依法保障外，特強化視導工作，嚴加攷核，予以獎勵升調，懲戒淘汰，以求素質提高；並舉行國民學校教員甄選，期能選拔更優良之教師，而增進各級學校之效率。在職教員除中等學校教員自動利用假期進修外，國民學校教員則由局舉辦寒暑期講習班，分科訓練，協助其研究進修，提高其專業素養。本暑期更進而舉辦社教人員訓練班。分設社教、體育、健教三組，調訓社教機關人員及各級國民學校體育教員，中小學教職員，期使社會教育與學校教育打成一片，且更重視學校教育中的體育教育和健康教育。

6.各級學校質的改進，除上述外，更嚴密組織各級國民教育研究會，各區舉行區國民教育研究會，每學期三次以上，均按期舉行；全市國民教育研究會已於本年五月三十及三十一兩日舉行，集在京教育專家及各區國民教育研究會代表，各中心國民學校校長及輔導研究主任等，都百餘人，議決改進國民教育等案四十六件。又推進國民教育實驗區工作，舉辦書法量表、作文量表，校正錯字測驗有效教學工具之編造。更爲促使全市國民教師各科教學之改進，各區及全市按期舉行分科教育研究會及各科公開教學與各該科教具展覽，聘請專家指導，每一集會輒百數十人或數百人，觀摩研究，批評檢討，效益良多。又爲提倡藝術教育及藝作教育，特舉辦全市兒童勞美成績展覽，開會二日，觀衆萬餘人，而各校員生，互相觀摩，收益更多；且由局聘請專家選取優良成績，備送南美烏拉圭國際兒童藝術及技藝展覽。至中等學校方面，亦多舉行各校交互參觀，並組織校長滬杭參觀團及成績展覽會，以謀各校教學及行政之改進。

凡上所述，皆爲本市教育之從動亂中求安定，從安定中求改進之最顯著設施，今後當更依次進展。

二、注重精神教化充實物質設備

經過八年抗戰，民族精神雖益堅強，而民族道德，却因戰亂、奴化而多有敗壞，尤以經濟困苦，人民生活感受高度不安，於是貪污遍地，人慾橫流，甘爲奸（漢奸）匪（共匪），是非不辨，言之心痛！而本市以受敵僞奴化較久，非有精神教化，不足以振人心而挽頹風。孟子曰：「善政之不如善教也，」故本市接收以後，即在教育上積極注意精神教化，各級學校加強公民訓練和公民教學，使學生思想歸於純正。對教育工作人員則舉行精神講話，特別提示矯正奴化教育的歪曲理論和思想，並喚起「化民成俗，必有於學」的觀念；尤其社會教育工作人員對實施社會教育應加強民衆的道德觀念和守法精神，並加強時事教育，於電教隊流動工作時，特別放映時事教育影片，使一般民衆認識時代的國家和世界；爲加強中小學訓育工作，曾多次召集市私立中小學訓育會議，討論集體訓練，思想訓練、生活指導、家庭聯絡、課外活動等事項，確定各級學校訓育方針，期納兒童與青年思想行爲於正軌，而堅定三民主義的信仰，促進和平統一民主建國的實際運動。本年五月全國學潮蠭起，本市中等學校幸未捲入旋渦，當係精神教化之效。其次如甄審教師，舉辦中學生甄審考試三次。　主席華誕舉行全市祝壽運動及祝壽獻校萬人大合唱，舉辦　國父誕辰社會教育擴大運動週，本年青年節舉辦科學化運動週，並慶祝兒童節，擴大師範教育運動週等，無一非精神教化之實施；而寒暑假教師講習會更注重精神講話，務使一般教師能確實而有效地實施三民主義教育。本年來因憲法的頒佈與最近全國總動員令及動員戡亂完成憲政實施綱要之頒發，本局爲配合教育實施，均先後製訂辦法，令各級學校及社教機關切實施行，務使學生和民衆能明是非、辨邪正，確切認識戡亂與建國之相成相因，以求總動員之成功。過去吾人之所掃除者爲敵僞遺留之奴化腐化之餘毒，今後吾人之亟應掃除者爲共匪所逞之惡化的罪行，並建立戡亂必勝，建國必成之信心，此消極與積極的兩面，實爲今後精神教化之準則，而以總動員令爲依歸。

除着重精神教化如上述外，在物質方面更殘破不堪，時時加以充實。溯自接收以來，各學校校舍建築和修繕及內部設備的充實，一向列爲本局中心工作之一。計新建校舍的有第二區、第四區、第七區、第十區等中心國民學校及中央路、香鋪營、藍家莊、羅郎巷、南昌路、碼頭街、大光路、文昌巷、堯化門、慧圓街、崔八巷、三條巷等國民學校；添建校舍的有第九區、第十二區、第十三區等中心國民學校及大行宮、四所村等國民學校。並爲第二女子中學及第二、第四、第五中學添建一部份校舍及正開標在中華門門外小市口興建市立師範學校校舍。建築費總額在二十億以上。其他修理工程，各級學校及社教機關無一無之，修理費總數亦在十億以上。此關於學校館舍建築修理者。至設備方面，如辦公桌椅、辦公用具、教育用具、運動游戲器具以及傢具雜器等，有由本局爲各校館聯合購置者，有爲各校館單獨購置者，爲數亦甚鉅大。近更爲各中心國民學校及社教機關，添置理化儀器，化學藥品，以及動植礦物標本模型等六十八箱，即將分發各校館，當可提高科學教育和加強各區國民學校自然常識科之教學。凡上設備，一時雖未能足敷應用，但繼續增加，積少成多，必可求得各校館設備充實，此仍爲本局今後中心工作之一。

三、推進建校興學運動完成教育三年計劃

本市學校在戰前曾興建很多最新式的校舍，但因在淪陷期間遭受摧毀最甚，復員以來，雖盡力添建或修建校舍，惟限於財力，校舍的恐慌，仍爲極嚴重的問題。本人在去年暑期，曾爲此事發出「緊急呼籲」，接着在　主席六十華誕時，更發起「獻校祝壽運動」，最近復由市國民教育研究會發佈「推進首都國民教育運動宣言」，促起地方人士由「獻校祝壽運動」進而爲「建校興學運動」；本局更於本市文化建設委員會成立之

時，提請大會通過「南京市文化建設委員會推行建校興學運動辦法」及「南京市卅六年度第一學期推行失學民衆補習教育實施辦法」。如是呼籲、運動、宣言、決議，本局之對普及本市國民教育，所以企求於地方各界及中央政府者，實深殷切。按本局曾於本年之初，擬訂本市教育實施三年計劃，爲通盤之籌劃，作發展之方針，一切動向目標，悉指乎此。惟計劃推行半年，即第一年之設施，完成尚未及半，實須急起直追。三年計劃所定之第一年設施爲增設國民學校六十所，增設初級中學四所，完全中學一所，師範學校一所，職業學校兩所，（遷建尚不在內），增加民衆教育館二所及其他社教機構。於此即發生先後問題與經費問題。以本市失學兒童及失學民衆之多，挽救學荒，實施失學民衆補習教育，實爲當務之急，而急其所急，國民教育尤爲社會所重視，因此，如上所述之諸種努力，即集中於此。尤足令人興奮者，則爲本市盧參政員冀野陳參政員耀東等所提請「指定南京爲國民教育示範區」一案，經國民參政會通過「送請政府切實辦理」。原案對京市失學兒童及失學民衆數，皆有詳密之估計，對於必需增加之校班數，亦有正確之建議。本案決議籌及三年，充分表示京市國民教育之至重且要，此種協助，即就精神上已予吾人以莫大之鼓勵。原案所需經費由中央負担四分之三，地方政府負擔四分之一，惟決議須經送交政府，實現尚需時日，而學荒情形，且有與日俱增之勢，不能等待。若盡以責諸地方，則所需之數，當超出全市歲出倍蓰，實非事實所能，故推行建校興學運動，亟須廣爲開展。過去獻校祝壽運動承各方紛紛捐獻，不可謂少。本人竭誠盼求物質捐獻者，精神協助者，一本熱心教育之初衷，作更多之捐獻，並努力促成政府確定本市爲全國國民教育示範區，而撥助大量協款，完成本市普及國民教育，俾每一失學兒童和每一失學民衆，均有享受基本教育和補習教育之機會，以示範全國，而壯國際觀瞻！

此又爲本市教育動向之一，今後且以之爲主要之動向，熱望集合各方力量，使其達成完全目的，則本市國民教育幸甚！

「上帝造人」，賦與人類之三種性能：（一）情慾，是獸的境界；（二）理智，是人之境界；（三）悟覺，是神的境界。這三種性能，隨時在矛盾中衝突奮鬥，在衝突奮鬥中沈淪，平衡或昇華。情慾使人貪得犯罪，當它發展到危險關頭，理智躍起直追，勒馬於懸崖，那是人性拯救了獸慾。理智使人聰慧，但太聰慧了，也會使人囿於利害觀念而毫無作爲；理智也可使人拘迂，太拘迂了，也會阻滯生人之氣。譬如黃老哲學的作風，可以使人變成狐狸精；宋儒理學的極致，也可使人變成傻鳥。到理智爲利害觀念所囿而有墮落的危險時，就需要悟覺來提高人的境界。如此往復不已的衝突、平衡、昇華，人性的發展才更活潑有力。我們既生而爲人，就必須做一個活潑有力的人，做一個有光有熱有血有淚的人。

——提高人的因素——

市政要訊

本府爲配合總動員補訂施政方針七項

南京市政府爲配合全國總動員，增強戡亂建國力量，所有三十六年原定施政方針，其應予補充者列舉如次：

（民政）積極推行兵役。如期舉辦各項有關憲政之選舉。健全地方自治之各級基層組織。切實保障人民基本權利。

（警政）加強警衛力量，確保社會安寧。

（財政）整頓稅捐。改善徵收技術。限制不必要支出，力求收支平衡。

（教育）輔導青年，保持良好學風。收容匪區來歸之學生予以求學機會。

（社會）厲行節約消費。加強物價管理。疏暢日用必需品供應來源。促進勞資協調。扶植農工生產。救濟匪區來歸之人民。

（工務）舉辦工役。加緊交通建設，提高運輸效能。

（宣傳）舉辦厲行總動員之各項宣傳活動。

參議會舉行第三次大會

市參議會第一屆第三次大會於七月二十二日在介壽堂揭幕，議長陳裕光親自主持，市長出席並至辭（見上期本報特載欄）。此次大會因適值盛夏，故縮短會期，歷共八日，每日上午會議均在介壽堂大禮堂，共舉行七次會議，下午四時後各小組審查會共分七組，分別審查各類提案，綜計此次大會通過參議員提案四十六件，本府提案十四件，市民請願案十三件，共計七十三件，七月二十九日中午舉行休會式，由議長陳裕光，市長及參議員代表張文伯相繼致詞，第三次大會乃告閉幕，茲略誌其經過情形於下：

二十二日（第一日） 舉行開幕式

二十三日（第二日） 第一次會議 市長作施政總報告。

二十四日（第三日） 第二次會議 參議員對市政設施提出質詢。

二十五日（第四日） 第三次會議 市長答覆質詢。

二十六日（第五日） 第四次會議 討論有關民政類提案。

二十七日（第六日） 第五次會議 討論有關文化教育及經濟建設類提案。

二十八日（第七日） 第六次會議 討論有關社會事業警政及衛生等提案。

二十九日（第八日） 第七次會議 討論各項遲收提案，並舉行閉幕式。

選舉事務所即將成立

本市國大代表立法委員選舉事務所籌備工作正積極展開，選舉委員會委員，業由國府公佈，除市長爲當然委員外，另四委員為社會局喇局長徵孚，國民黨駱繼常，青年黨趙瑞麟，民社黨張仲友，並定汪祖華為總幹事。該事務所日內即可正式成立。其組織規程，經費預算及編造選舉人名冊等辦法，已由民政局擬定，呈總事務所核示，經費預算擬定為七億餘元。選民登記按法定為七月二十三日起至八月二十六日止，惟因未獲正式明令，致迄未能開始，現擬於八月二十六日以前完成登記事宜，凡二十歲以上之國民，除受過刑事處分或被褫奪公權者，均可直接向該管區公所辦理登記，如登記重複被查覺後，當依法懲處。又關於候選人之登記，將於九月初開始，具有法定資格之候選人塡寫申請書及法定之提名人，直接向南京選舉事務所登記股登記，經審核合格後公佈週知。

舉辦道路運量調查

本市都市計劃委員會為調查市區道路運量，以供都市計劃內改善交通系統之參攷起見，經商請首都警察廳協助，於七月二十二日指派警員，會同舉行城區道路運量調查，計在各主要道路設置觀測站二十七處，出動警員八十餘人，於十一時卅分起至十二時卅分止，計一小時，同時觀測，凡往來各項機動車，及人力、獸力等車輛數量，均詳加記錄，並擬於短期內再行複查，俾將來本市交通系統之改善，能合乎實際，而使整個都市計劃更臻完密。茲附錄該項調查辦法及觀測結果如下：

南京市主要道路運量調查辦法

一、目的：舉行本市道路運量調查，以供都市計劃改善交通系統之參攷

，惟以人員有限，故暫時祇能將本市重要之道路，先行調查，至其他次要路線，將來需要時再行調查。

二、調查人員：請由本市警察廳協助，派警員辦理之。

三、調查地點：計調查重要路線十六條：如中山路、中山北路、中正路、中山東路、漢中路、珠江路、林森路、山西路、太平路、成賢街、昇州路、建康路、莫愁路、中華路、熱河路、中央路等，共設觀測站廿七處。

四、辦法：每觀測站設置警員三名，內一名司觀測記錄機動車往來數量，一名司觀測記錄人力車三輪車往來數量，一名司觀測記錄馬車獸車往來數量，以每點「、」符號代表車輛十輛記載於卡片上，俟調查完畢後再行計算之。（卡片另發）

五、時間：甲、本市主要道路運量調查，擬在十月三十日以前舉行，日期由警察廳自行決定並事先通知本會。

乙、觀測時間，規定自上午十一時半，至下午十二時半，（共一小時）各路同時辦理，一次完竣。

六、動員人數：計觀測站二十七處，每處三人，共需八十一人。

七、調查結果：調查完畢後，由警廳收集各觀測站調查卡片，彙送本會以備統計及參攷之用。

南京市主要道路運量觀測結果紀錄表

觀測路名	觀測地點	觀測時間	車輛數目 機動車	人力車	獸力車
中華路	中華路長樂路交叉附近	七月二十二日十一時卅分至十二時卅分	二二〇	八〇三	八一

建康路	建康路蕾王府巷附近	七月二十二日十一時三十分至十二時三十分	二二三	八四五	七一
昇州路	昇州路評事街附近	七月二十二日十一時三十分至十二時三十分	四八四	六三	一二八
中華路	中華路錦綉坊附近	七月二十二日十一時三十分至十二時三十分	二八〇	八三三	六〇
建康路	建康路平江府街附近	七月二十二日十一時三十分至十二時三十分	一二四	二〇四	五四
太平路	太平路楊府非附近	七月二十二日十一時三十分至十二時三十分	五〇四	七八六	九三
中正路	中正路豐富路附近	七月二十二日十一時三十分至十二時三十分	四六六	一〇三四	七一
莫愁路	莫愁路朝天宮附近	七月二十二日十一時三十分至十二時三十分	九〇	一八六	四一
漢中路	漢中路雙石鼓附近	七月二十二日十一時三十分至十二時三十分	二六八	五二三	八四
中山東路	中山東路鄧府巷附近	七月二十二日十一時三十分至十二時三十分	五三〇	五七九	三一一
中山東路	中山東路逸仙橋附近	七月二十二日十一時三十分至十二時三十分	三八〇	三四〇	三二
中山路	中山路國貨大樓附近	七月二十二日十一時三十分至十二時三十分	七一一	九一〇	四一
林森路	林森路香舖營附近	七月二十二日十一時三十分至十二時三十分	三一四	二四六	一九
林森路	林森路國民政府附近	七月二十二日十一時三十分至十二時三十分	四〇四	六一四	四二
東海路	東海路大行宮小學附近	七月二十二日十一時三十分至十二時三十分	二九二	二一一	二二
碑亭巷	碑亭巷楊將軍巷附近	七月二十二日十一時三十分至十二時三十分	三一四	八五一	四七
珠江路	珠江路與小鐵路交叉附近	七月二十二日十一時三十分至十二時三十分	四七二	二八四	四七
珠江路	珠江路魚市街附近	七月二十二日十一時三十分至十二時三十分	三一三	四九三	五三
成賢街	成賢街中央大學附近	七月二十二日十一時三十分至十二時三十分	二三三	三六三	四五
中山路	中山路陸家巷附近	七月二十二日十一時三十分至十二時三十分	九七〇	七三七	四四
中山路	中山路司法院附近	七月二十二日十一時三十分至十二時三十分	八六〇	六二六	四〇
中央路	中央路湖南路附近	七月二十二日十一時三十分至十二時三十分	二六二	一六七	二八
中山北路	中山北路外交部附近	七月二十二日十一時三十分至十二時三十分	六九一	三八〇	四二

湖南路	湖南路丁家橋附近	七月二十二日十一時三十分至十二時三十分	一六三	一七五	三〇
山西路	山西路中點	七月二十二日十一時三十分至十二時三十分	二三〇	二四四	四
中山北路	中山北路交通部附近	七月二十二日十一時三十分至十二時三十分	四五〇	一六〇	三一
熱河路	熱河路中點	七月二十二日十一時三十分至十二時三十分	二〇五	二七三	六三
共計			一〇四六三	三九三〇	一六二一六

南京市兵役協會召開第三次會議

南京市兵役協會第三次委員會議，於七月十九日下午三時，在市參會議室舉行，由蕭若虛代表陳議長主席，到會汪祖華等十餘人。修正通過提案多項：計有籌發應徵壯丁安家補助費實施辦法，徵收免緩役各區保工作人員及合格適齡壯丁注意事項，徵集志願兵實施細則，應徵壯丁安家補助費支出概算書，兵役協會辦事細則，軍屬優待委員會組織細則，應徵壯丁安家補助費保管委員會組織規則等。

又關於本市免役，禁役，緩徵，緩召之申請審查，及籌集應徵壯丁安家補助費，亦經決議本年度應徵志願兵或壯丁，每名發給國幣二百五十萬元安家補助費。此次志願兵徵集所需費用三十億元，則依下列比例籌集：（一）徵收免緩役金佔全額三分之二；（二）各業公會分担佔全額三分之一。該會之一切決議，俟提請市參議會通過，即行實施。

免緩役金分特等（五十萬元），甲等（十五萬元），乙等（十萬元），丙等（五萬元）及赤貧，公費學生免費等五級。此項辦法亦在會中正式通過。並規定以保為單位，特等不得少於百分之五，甲等不得少於百分之二十，乙等不得少於百分之四十，丙等不得少於百分之二十五，赤貧者不得多於百分之十。至於一切申請、審查、募集及報名登記各項工作，均定於八月一日至八月底止辦理完畢。

救濟紡織工業貸款辦法決定

南京市經濟建設委員會於七月十七日下午三時召開第二次研究組會議，出席羅濟中，吳濤，孫玉琳等，商討關於紡織工業公會請求貸款救濟案，經決議下列四點：

（一）貸款對象，應以直接生產之機戶為對象，如機戶申請貸款應先有一聯合組織，推定負責人負責洽辦。

（二）貸款目的在維持生產，改良品質，故應由機戶聯合組織詳訂生產改良計劃，及集中管理辦法，最好能集中成立一絲織業改良工廠，以保證貸款，能眞正發揮其促進生產之作用。

（三）通知絲織各機戶，迅照上列兩點進行組織並計劃，俟組織完成計劃訂定後，再呈請貸款。

（四）因事實困難，不能參加集體經營之機戶，其貸款手續須申明理由，呈由前項聯合組織審查確實後，負責保證轉請貸款。

甄選國民學校教員

教育局國民學校教師甄選委員會，辦理教師挑選考試，已決定分攷試與甄詢兩種，茲將該項甄選辦法，刊誌於下：

(一)南京市教育局（以下簡稱本局）爲提高教師素質，選拔優良師資，以備市立各級國民學校聘用起見，特訂定本辦法。

(二)凡非本市現任教員願在本市担任國民學校幼稚園及民教班教員者，經本局登記合格，依照本辦法申請參加甄選。

(三)關於甄選事宜，設置甄選委員會辦理之，委員會置委員七人至九人，就教育專家，市政府及本局高級職員分別聘請或指派之，由局長任主任委員。

(四)下列事項經甄選委員會會議審核決定之：甲、各甄選規則及表證式樣之擬訂，乙、參加甄選教員呈繳文件之審查，丙、甄選成績之核算及揭示，丁、甄選日期地點之規定與公布，戊、其他關於甄選之重要事項。

(五)凡經本局登記合格並具有下列資格之一者，得申請參加高級級任教員甄選：甲、師範學校畢業者，乙、舊制師範學校本科或高級中學師範科或特別師範科畢業者，丙、高等師範學校或專科師範畢業者，丁、師範學院或大學教育學院教育科系畢業者，戊、高級中學，舊制中學或其他同等學校畢業，曾充國民學校教員二年以上者，己、簡易師範學校或簡易師範科或舊制鄉村師範學校或縣立師範學校或幼稚師範畢業，曾充級任教員三年以上者，庚、經本市社會局三十四年十一月筆試甄選審查合格有案者。

(六)凡經本局登記合格且具有下列資格之一者，得申請參加初級級任教員幼稚園教員及民教班教員甄選：甲、具有上列五條各條資格之一者。乙、簡易師範學校或簡易師範科或舊制鄉村師範學校或縣立師範學校或幼稚師範學校畢業者。丙、國民教育師資短期訓練班，或義務教育師資訓練班或師範講習班畢業曾充代用教員三年以上者。

(七)凡經本局登記合格並具有下列資格之一者，得申請參加專科教員甄選：甲、具有上列第五六兩條各款資格之一，且曾任所參加甄選之專科教員一年以上者。乙、專科學校畢業而其所學之主科與參加甄選之專科相同者。

(八)國民學校教員之甄選以下列兩種方式辦理之：甲、甄詢。乙、考試。

(九)甄詢方式以適用于具有下列資格之一者爲限：甲、師範學院或大學教育學院教育科系畢業，服務國民教育一年以上著有成績者，乙、師範學校畢業，服務國民學校五年以上，著有成績，得有主管機關嘉獎或視導人員優良評語見諸公報或提出主管機關原令文足資證明者，丙、師範學校畢業，在一校繼續服務五年以上，能繳驗優良教師證明文件經查屬實者，丁、合于部定國民學校教員資格之一，曾服務國民教育三年以上，並對國民教育確有研究，曾有有價值之著作發表，或經出販書。

具有第五、六、七三條資格之一而無第九條證件，必須參加考試。

(十)甄詢之方法如左：

甲、談話。

乙、書面報告就下列四項中任擇一種，在報名時繳出：(一)服務經過與服務心得，(二)對于普及國民教育的意見，(三)怎樣改善一般國民學校的教導設施，(四)中心國民學校與國民學校如何聯繫。

(十二)考試之科目如左：

甲、高級級任教員之筆試科目如下：(一)國語(論文及注音符號)，(二)測驗(包括算術、史地、自然)，(三)教育概論及教材教法。

乙、初級級任教員，幼稚園教員及民教班教員之筆試科目，除國語，教育概論及教材教法與甲類相同外，測驗內容得酌量減低其程度。

丙、專科教員之考試不分高初級，其筆試科目如下：(一)國語，(二)參加考試之專科(如音樂、體育、美術、勞作等，除筆試理論外，並試其技能)，(三)參加攷試之專科課程標準教材及教學法。

丁、口試

(十三)申請參加甄選時，應繳齊下列各件：甲、本局所發之申請書。乙、畢業證書或學校所在地省市教育廳局發給之畢業證書或證明書(其他證明文件概不生效)，丙、服務證件(主管教育行政機關所給予之嘉獎證件應一并附繳)，丁、本人對國民教育之研究著作(不參加甄詢者不繳)，戊、最近二寸半身相片四張。

以上所繳證件經審查完竣後發還。

(十四)甄選合格人數由本局斟酌實際需要決定之。

(十五)參加甄選成績及格者，由本局揭示後發給甄選合格證書。

(十六)甄選合格教員，依本市國民學校教職員任用待遇服務進修攷核辦法任用之。

(十七)甄選日期及地點與其他應行注意事項經甄選委員會決定後登報公布之。

(十八)本辦法呈本市政府核准公布施行，並呈報教育部備案。

市立醫院董事會組織成立

本府為推進市立醫院業務便利起見，曾經市政會議決定得成立董事會，現董事人選，業經按照規定，分別聘定八位，其名單如下：參議會劉守英，衛生部施正信，醫師公會金鴻宇，市政府楊樹信，衛生局王祖祥，地方熱心公益人士陳漢清，王文山，李照實，該會已於七月十九日下午三時在市立醫院召開成立大會。

簡訊

△教育局為訓練社教人員起見，特舉辦社會教育人員訓練班，分設社教、體育、健教三組，由教育局分別抽調國民學校教員及社教機關工作人員在各組受訓。訓練期間，自七月二十一日起至八月十六日止，共四週，該班設於市立第三中學。

△本市戶政業務原定于七月一日接辦，嗣因準備需時，趕辦不及，迭經派員與首都警察廳洽商接收手續，已于七月十五日開始接辦，各區戶政組亦分令各區公所同時組織成立。

△本市新兵征集所房屋亟待準備，茲已在本市上新河（第十二區）湯山（第十三區）地方勘定兩處，正在招商修繕中。

△本市鄉鎮組織，原為復員後適應當時環境需要之一種權宜措置，於市組織法並不符合，現保甲組織日臻健全，乃將各鄉鎮公所一律裁撤，以符規定。

△本市學齡兒童失學者，尚在三萬人以上，教育局有鑒于此，已決定在下學期中，各國民學校增設學級二一五班，每班六十人，約可容納一萬三千兒童入學，現已擬定計畫，以謀改善。

△社會局對工商登記案業已辦理完竣，綜計普通商號核准設立者，計一萬五千三百四十六戶。

△本市明故宮機場佔用民地面積甚廣，業主因蒙受重大損失，紛紛請求補償，為迅謀早日解決，經社會局、空軍總部、業主及參議會代表迭次會商處理原則，業於七月三日獲得協議，原則採取租用，並會擬暫行辦法：

(1)發還餘地，由市參議會、空軍總部、地政局、業主代表會同勘查後，再行會商。

(2)租金自勝利接收使用之日計算。

(3)租價按照地價自百分之十計算，（地價以每方十萬計算）其建築物按實估價，依土地法辦理。

(4)租用期限在中央政治區域未劃定前，不予決定，政治區域確定後，即可決定發還或購買。

(5)租金自使用日起至本年底，由空軍總部一次發清。

(6)原建築物確由使用機關因業務上需要而拆毀者，得提出證件，請求補償。

△為調整與限制中西醫師診金，以利市民療病起見，衛生局特召集中西醫師公會商決，中西醫師門診不得超過一萬元，出診診金在五華里以內者，不得超過四萬元，在五華里以外者，不得超過七萬元。

△本市屠宰稅前為撙節開支，增加稅收起見，曾於三月十六日起改由本局屠宰稅征收處試行代征認繳，現以試辦期滿，成效未著，乃由財政局派員分赴各屠宰場及湯鍋直接征收。

△本市各幹路路燈，為求增加光度，以利行人，擬一律改裝一百瓦燈泡，經向華德行購到上項燈泡五百只，以資應用。

△中山路兩旁慢車道改建混凝土路面工程，東側慢車道已完成，西側慢車道正在積極翻築中。

政令

勵行總動員要義

南京市政府訓令 (卅六)府總秘二字第六九五二號

令直屬各機關

案奉

行政院三十六年七月十三日(卅六)二機字第二七四四三號訓令開：

「前奉 國民政府七月五日處字第七二一號訓令，抄發第六次國務會議通過厲行全國總動員以戡平共匪叛亂掃除民主障礙如期實施憲政貫徹和平建國方針案，令仰遵照辦理等因，當經抄同原提案，以(卅六)四防字第二六三〇一號訓令通飭遵照在案，玆事為政府加強建國進程而採取之重大措施，特於執行之初，再行闡述其意義，並將全國人民與各級官吏將士應有之認識與努力，詳為曉諭，用資策勵。

我國積弱已久，八年抗戰，元氣愈衰，民困愈甚，方期勝利來臨，加緊建設，使政治民主化，經濟工業化，不幸在抗戰期間，中國共產黨乘國家之難，蓄積實力，勝利之後，遂成為國家建設之內在障礙，政府雖竭誠斷求和平，召集政協會議，並由美國友邦馬歇爾將軍司徒大使奔走調停，終難挽回其以暴力奪取政權之野心，洎政府改組，本院長對中共問題仍望能以政治方式解決，乃兩月以來，共黨氣燄愈張，叛亂更甚，不惜再度拒絕國民參政會恢復和談之建議，凡此種種，咸為國人共見共聞之事實，迥思勝利之初，政府方汲汲于軍隊之整編，流亡之安輯，民主憲政之準備，人民自由權利之保障，以及經濟之復員建設，但共匪則背道而馳，盡力擴充軍隊，擴大叛亂，對於公私財產之破壞，人民生命自由之戕殺，無所不用其極，是政府銖積寸累之功，不能當共匪處心積慮之破壞，似此兇焰日張，暴行日烈，如不迅速戡平，國家民族必歸毀滅，因此政府不得不本憫人憂國之懷，毅然行弔民救國之事。

總動員之要義，在集中全國人民之意志與力量，一方面掃除建國障礙，一方面提高全民警覺性，盡力量之所及，儘事勢之可能，從事於政治與經濟之建設工作，於此吾人必須有一基本認識，須知此係中國建設力量與破壞力量之爭，民主勢力與反民主勢力之爭，亦卽中國盛衰存亡關鍵所在，建國進程尙須經此難關，誠非初料所及，惟事勢演變至此，自應集中全力予以突破，以戡亂求統一，以苦幹謀復興，吾人意志愈堅毅，力量愈集中，則此艱苦之途程，亦必愈短，蓋總動員之意義，不僅為消極方面之戡亂，而尤在于積極方面之建設，政府現進行憲政準備工作，爲培養憲政精神，對于人民基本權利之保障，仍須特加注重，但人民權利當以國家安定統一爲基礎，際此國家正在爭取安定統一之時，全國人民必須置國家民族利益於個人利益之上，在政府固應盡量尊重人民自由權利，在人民亦應尊重法律，愛護秩序，加強對國家之責任感，必如是始可迅速恢復安定統一之局，亦卽將來實施民主憲政之眞實根基。

從政府人員立場而論，在總動員時期，事務加繁，責任加重，故必先求本身之健全，然後能迅速發動力量，因此對於政治之運用與風紀，不得不加緊注意。以言政治運用，必須注意於縱橫關係之緊湊靈活，縱的方面務使每一法令自上級貫澈至基層，不延宕不變質不敷衍，横的方面，機關與機關之間，及同一機關中甲部門與乙部門之間，務應協力合作，責任分明，既不越權，亦不推諉，而政府官吏對於人民尤應建立信用，取得人民之合作，庶使每一法令俱能確切實施普遍貫澈，適合國家之要求。以言政治風紀，必須根絶貪污，確立明法守法之精神，動員時期政治控制力量更宜普遍深入，倘執行人員之操守，稍不謹嚴，卽足妨害政令之推行，減削政府之聲譽，馴至引起一般民衆之反感，故政府人員與國軍將士規律自己督率部屬必須特別謹嚴，如有利用職位營私舞弊，或濫用權力，任意違法侵害人民權利，或規避責任諱亂縱匪，一經查覺，必當嚴厲懲處，絶無寬貸，尤望全國人民對於貪污舞弊擾民縱匪之官吏將士，盡量檢舉，以輔政府監察力量之不及，俾確收整飭政風軍紀之成效。

試一檢討中國國民革命之史蹟，五十餘年來，雖歷受內憂外患，然建國進程始終不曾退轉，向上的中華民族，其復興大業，決非任何反動勢力所能阻撓，茲者政府既下最大決心以戡亂求統一，以苦幹謀復興，尚望全國同胞熱忱擁護國策，貢獻全力共同奮鬥，是所至盼，除分令外，合行令仰遵照，幷轉飭所屬，暨曉諭民衆一體遵照」！

等因奉此，查勵行全國總動員以貫澈和平建國方針原提案，前奉

行政院令行到府，當經於本年七月九日以(卅六)府總祕二字第六七〇七號訓令飭遵在案，茲奉前因，除分令外，合行令仰切實遵照，並轉飭所屬一體遵照！

此令！

中華民國三十六年七月十七日

南京市政府公告 (卅六)府民佈字第七五號

現任官吏競選立委限期辭職

案准

國民大會代表立法院立法委員選舉總事務所(卅六)午眞法字第一一號代電開：

「查立法院立法委員選舉罷免法暨施行條例及附表

業經公佈，所有選舉進行程序亦經本所審議決定，幷定于本年十二月二十一日二十二日二十三日爲立法委員選舉投票日期，凡文職委任以上武職尉官以上人員，如在其任所所在地及管轄區內競選立法委員者，應于本年七月二十日以前辭職，再依法定手續作候選人之登記，以符法令。除分電外，特電請查照辦理，幷轉行知照爲荷。」

等由；准此，除分令外，合行公告週知。

此告！

中華民國三十六年七月十八日

緝獲烟毒品給獎標準

南京市政府訓令　（卅六）府總民字第六八三四號

令各區公所

查本市緝獲煙毒品給獎標準，業經本府報由內政部轉奉行政院核定，計精製嗎啡海洛英純高根每兩給獎叁萬元，粗製嗎啡每兩給獎壹萬伍千元，紅白丸每磅給獎貳萬肆千元，煙土膏每兩給獎壹萬伍千元，嗣後本市緝獲各項毒品自應照上列標準辦理，除分行並公告外，合行令仰知照！

此令！

中華民國三十六年七月十四日

罌粟花殼應視同煙毒查禁

南京市政府訓令　（卅六）府總民字第七四〇〇號

令　衛生局　教育局　各區公所

案准

內政部本年七月卅一日京禁一字第三九九〇號公函開：

「案查前准陝西省政府三十一年亥刑府民五禁電，以一般貧窮煙犯多有以罌粟殼罌粟花煎湯頻服代用抵癮者，以致國藥商人大量買賣，影響禁政匪淺，此藥既非國藥中所必需，應從嚴查禁收燬，請察核等由，當以罌粟花殼熬湯既可抵癮，自必含有毒質，售者買者藏者均應視同煙毒一律禁止，以絕根株，電復查照有案。茲復准綏遠省政府先後代電，以商人大量買賣罌粟殼，且竟有請發通行證運往平津一帶出售，有礙禁政，沒收後應如何處理，囑核復到部，經核現在禁令日嚴，罌粟殼及其花莖葉等既均可熬水抵癮，自應視同煙毒一律查禁，至查獲之罌粟殼花莖葉，可按照查緝毒品給獎及處理辦法第九條後段所載『煙毒不合製藥者，由各該省市政府彙案報內政部核定後，公開焚燬之』規定，予以沒收，定期公開焚燬，除電復綏遠省政府幷分行各省市外，相應函請查照辦理」。

等由，准此，自應照辦，除分行外，合行令仰遵照辦理爲要。

此令！

中華民國三十六年七月卅一日

查禁藉名募捐騙取財物

南京市政府佈告 (卅六)府社佈字第七十七號

案奉

行政院本年七月二日(卅六)六經字第二五六九〇號訓令內開：

「據社會部卅六年六月十七日都機字第三一七號呈稱：查統一捐款運動辦法早經頒佈施行，惟近來各地時有不經核准逕行藉名募捐騙取財物情事，自宜嚴加制止，擬請鈞院通令各省市政府切實查禁，如有發起募款，必須遵照統一捐款運動辦法辦理，凡未經依法呈請中央或地方主管機關核准逕行擅自募捐者，應予法辦，可否之處，敬請鑒核示遵等情，應准依法取締，除指復並分行外，合行令仰遵照」

等因，自應遵辦，除飭社會局遵照辦理幷由首都警察廳嚴密取締外，合告行布週知。　此佈！

中華民國卅六年七月二十四日

解送人犯辦法釋疑

南京市政府訓令 (卅六)府總秘二字第七一〇二號

令各局處

案奉

行政院三十六年七月十七日(卅六)七法字第二八二八三號訓令開：

「查解送人犯辦法第二條第一項條文，業經修正爲「解送人犯有車船直達時，應由原起解機關負責直接解送，至接收機關驗收，但在火車汽車輪船不通地方，或中途必須轉車換票始能到達者，得移送當地或轉車換船所在地之縣市政府遞解」，由本院三十六年三月二十八日以從捌字第11233號訓令通飭施行有案。茲據國防部代電，爲鄭縣縣政府對于解送人犯辦法，發生疑義四點，請核示等情到院。查(一)解送人犯辦法，係爲各省市縣解送人犯而訂頒，鄭縣駐地之陸軍總司令鄭州指揮部，及前鄭州綏靖公署，暨河南第一區專保公署之解送人犯，除別有規定外，未便由該縣縣政府依照上述辦法之規定代解；再解送人犯，並不以省界爲限，各機關如因解犯過多，或直達之水陸路程過長，致財力不足時，依照上述辦法第四條之規定，得呈請該管監督官署，另外撥給。(二)上述辦法第二條但書所指汽車不通地方，其汽車通達地方，並不限于國營或私營汽車，如甲縣至乙縣僅有私營汽車往返運輸煤炭或石灰，並不售票載客，是與不通汽車之情形相同，應認爲汽車不通。(三)設甲乙兩縣舟車不通，而乙縣與丙丁戊等縣有汽車可通，惟戊己兩縣不通舟車，在此種情形之下，甲縣將人犯解至乙縣後，如乙縣與戊縣之間，舟車直達，仍應繼續直接解至戊縣再交由戊縣政府遞解至己縣。如乙縣至戊縣必須轉車換船，則甲縣解送至乙縣後應將人犯交由轉車換船所在地之縣市政府遞解。（四）司法機關解送人犯，應由當地縣市政府代解，所需費用，在各縣市地方解犯費下開支。總之，凡舟車直達之地方，應將人犯直接解送至不通舟車或必須轉換舟車之地方爲止，不通舟車或必須轉換舟車之地方，始得採用遞解辦法。除指復並分令外，合行抄發國防部原代電令仰知照，並轉飭知照」。

等因，並抄發國防部代電一件，奉此，除分令並代電首都警察廳外，合行抄發國防部原代電，令仰知照，並轉飭知照。

此令！

附抄發國防部原代電一件

中華民國三十六年七月廿二日

◉抄國防部原代電一件

行政院院長張鈞鑒：案查前奉鈞院三十六年一月二十四日從捌字第 2181 號指令附發解送人犯辦法一份，當經通飭遵照辦理。茲據河南省保安司令部辰冬保法代電稱，案據鄭縣縣政府本年四月十九日法字第五三六號卯皓代電稱，三十六年保法字第（03543）號寅魚代電暨附發解送人犯辦法均奉悉，謹列舉疑義四點，請鑒核解釋。（一）查辦法第二條前段規定之原起解機關，自係指原審判之解送機關而言，依照該條規定，對本縣駐地之陸軍總司令部鄭州指揮部，及前鄭州綏靖公署，暨河南第一區專保公署之解送人犯，似應由各該機關自行直接解送至接收機關驗收，但仍多發交本府，飭遞縣解送，既經指明遞解，則沿途縣政府當不能拒收，惟各縣對上項解送人犯辦法多不詳解，致各縣收拒不一，解至中途，常有退回情形，不惟往返需時，且又勞力傷財，亟應劃一規定，俾各縣得以遵守；再設由本府代爲直接解送，則接收機關，常有遠及川廣，本府人力財力，自感不敷應用。（二）查辦法第二條但書規定，所指汽車不通地方，其汽車通達地方，是否限于國營或私營汽車之分？如甲縣至乙縣，僅有私營汽車往返運輸煤炭或石灰，並不售票載客，是否卽謂汽車通達？（三）設甲縣向乙縣解送人犯，甲縣本爲一火車汽車輪船不通地方，依照規定，應予遞解，惟解至乙縣則有火車可經丙丁等縣直達戊縣，但由戊縣至己縣，則爲火車汽車輪船所不通，則乙縣接受甲縣之遞解後，應如何解送？（四）甲縣本爲火車通達，如甲縣駐地之司法機關，解送司法人犯時，得送由當地縣市政府遞縣解送至接收機關驗收，抑或由該司法機關直接解送？以上四點，均爲各縣迫切需要舉例詳解，俾資共同遵守，以免中途往返退解，理合電請鑒核示遵等情。查本辦法係奉鈞部(三六)呂登字第〇二四八二號丑刪代電，遵卽轉電遵照，據電前情，究應如何辦理，理合轉呈鑒核示遵等情，據此，理合轉請鑒核示遵。

根據互惠條約准古巴商船入口

南京市政府訓令 （卅六）府總秘二字第七二一九號

令各局

案奉

行政院卅六年七月廿一日（卅六）七外字第二八七五七號訓令開：

「查關於准許商船進出通商口岸與我訂有互惠條約之國家暨應與互惠條約國同樣看待之國家，前據外交部先後呈報，經于本年一月三十日暨五月十三日以從六字第二九五三號暨從辰字第一七九九〇號訓令飭知在案，茲據外交部呈，以據報古巴准我商船自由入口，我國對於該國商船，應與訂有互惠條約國家之商船同樣優待，准其駛入我國口岸，除指復並分令外，合行令仰知照」。

等因奉此，除分令外，合行令仰知照。

此令！

中華民國三十六年七月廿五日

本府大事記

七月份下半月

十六日 （星期三）

▲南京市兵役宣傳委員會舉行業務會議，商討擴大宣傳事宜。

十七日 （星期四）

▲南京市經濟建設委員會召開第二次研究組會議，商討救濟紡織工業貸款。

十八日 （星期五）

▲舉行第九十一次市政會議。

十九日 （星期六）

▲南京市文化建設委員會舉行推行組會議。

▲南京市兵役協會舉行第三次會議。

二十一日 （星期一）

▲市立醫院董事會召開成立大會。

▲小學教員暑期講習班及社教人員訓練班舉行開班典禮。

二十二日 （星期二）

▲市參議會第一屆第三次大會開幕，市長出席致詞。

二十三日 （星期三）

▲市長出席參議會報告上半年度施政概況。

二十六日 （星期六）

▲南京市兵役宣傳委員會開始分區舉行大會，擴大宣傳。

二十八日 （星期一）

▲教育局國民學校教師甄選委員會舉行會議。

二十九日 （星期二）

▲市參議會閉幕。

法　規

中央法規

動員戡亂完成憲政實施綱要

國民政府三十六年七月十九日公布

第一條　本綱要依國務會議通過厲行全國總動員以戡平共匪叛亂如期實現憲政案及國家總動員法之規定，制定之。

第二條　實施憲政及各項有關憲政之選舉，均應依照規定積極進行。

第三條　戡亂所需之兵役工役及其他有關人力，應積極動員，凡規避徵雇及妨礙徵雇等行爲，均應依法懲處。

第四條　戡亂所需之軍糧、被服、藥品、油、煤、鋼鐵、運輸、通訊器材及其他軍用物資，均應積極動員，凡規避徵購徵用、妨礙徵購徵用及囤積居奇等行爲，均應依法懲處。

第五條　各業勞資雙方，應密切合作，如有爭議，並應依法調解及仲裁，凡怠工、罷工、停業關廠及其他妨礙生產及社會秩序之行爲，均應依法懲處。

第六條　爲安定民生，政府對於日用品之交易價格、各業薪俸工資及物資流通、資金運用、金融業務，均得加以限制或管理。

第七條　爲維持安寧秩序，政府對於煽動叛亂之集合及其言論行動，應依法懲處。

第八條　對於收復匪區，應由各主管機關鞏固治安，維持秩序，必要時施行貸款，停徵賦稅，並辦理各項社會救濟及醫藥救護工作。

第九條　對於由匪區來歸之人民，應由各主管機關妥爲救助與安置。

第十條　對於糧食、燃料、紡織、冶煉及有特別需要之工礦製造事業，各主管機關均應特別指導輔助，其所需資金，如有短缺，應由國家銀行予以貸款，使能積極推進，以裕供應，必要時得由政府對其成品加以管理。

第十一條　凡未被匪亂之區域，均應刷新地方政治，確保社會安寧，並就目前急需之生產運輸及農田水利工程，擇要建設以利民生。

第十二條　增加合理之稅收，限制非必要之支出，以適應戡亂之迫切需要。

第十三條　制定節約消費及增進效率辦法，政府各機關與人民一致遵行。

第十四條　人民基本權利，均應切實尊重，妥爲保障，除因動員戡亂所必需之各種法令必需切實施行者外，任何法外侵擾行爲，均應嚴行防制。

第十五條　關於本綱要之實施，有須另訂詳細規條者，由行政院各主管部會擬定辦法，送由行政院核定分別以命令公布施行。

第十六條　違反本綱要第三條至第七條，或依據各該條所定辦法，應行制裁或限制之行爲者，依妨害國家總動員懲罰暫行條例懲罰之。

公務人員於執行本綱要賦與之職權時，如有違法或失職之行爲者，應依法嚴行懲處。

第十七條　除本綱要已有規定者外，爲達成戡亂之目的，行政院得依國家總動員法之規定，隨時發布必要之命令。

第十八條　本綱要經國務會議通過公布施行。

市縣道路修築條例

國民政府三十六年七月二十二日公布

第一章　總則

第一條　市縣道路之修築管理經費及使用，除法律另有規定外，依本條例行之。

第二條　本條例所稱市縣道路，指市縣政府在市區或縣境內所經營，以供一般交通使用之道路，及附屬工程。

第三條　市縣道路分左例三種：

一、市道。
二、縣道。
三、鄉道。

第四條　左列各項爲道路附屬工程：

一、連接道路之渡口橋樑及隧道。
二、道路內之溝渠柵欄涵洞邊石欄路石檔土牆及屬於道路上各項標誌等。
三、迴車場停車場及材料堆置場等。
四、經市縣政府核定之其他附屬工程。

第五條　市縣道路主管機關，在中央爲內政部，在省爲建設廳，在市爲工務局，未設工務局者爲市政府，在縣爲縣政府。

第六條　左列道路由市縣政府就市區或城鎮內經營者爲市道：

一、園林大道。
二、交通幹路及支路。
三、供商業工業居住等使用之幹路及支路里巷火巷。
四、人行道。

第七條　左列道路由縣政府就縣境內經營者爲縣道：

一、與鄰縣互相連絡之主要道路。
二、由縣城至各重要鄉鎮及其他地區之道路。
三、接連省道之主要道路。

四、城區內交通道路。

五、經縣政府核定之縣內其他道路。

第八條 左列道路為鄉道。

一、與鄰鄉鄰鎮之連絡道路。

二、接連縣道之道路。

三、私人或團體經核准經營用在一鄉或一鎮範圍內供交通或運輸使用之道路及里巷。

四、經市縣政府核定之其他鄉道。

第二章 修築

第九條 市縣政府應就市區或縣境地形及實際需要與可能發展，規劃道路系統，並繪製道路系統圖及其他必要工程圖說，層轉內政部核定後，公布施行。

前項道路系統圖經核定後，建築主管機關應即規定建築物之境界綫。

第十條 市縣道路之修築主管機關，應依照經內政部核准之道路系統圖及其他工程圖說辦理，並應於每次開工前，將開工竣工日期及經費預算，呈轉內政部備案。

第十一條 道路系統及工程圖說，應具備左列各項：

一、道路種類。

二、道路系統圖。

三、路綫圖及路綫兩旁五十公尺以內之地形圖，並應註明路綫起訖點及經過重要地點之名稱。

四、原地形之縱斷面圖及路基之縱斷面圖。

五、路基標準橫斷面圖。

六、路面寬度及應用材料。

七、附屬工程圖說。

八、土石方及所需人工材料計算書。

九、經費預算及來源。

十、管理及保養辦法。

第十條 市道之寬度，不得少於左列之規定：

一、園林大道三十二公尺。

二、幹道 交通道路三十公尺，商業道路二十二公尺，居住道路十五公尺。

三、路 交通道路二十二公尺，商業道路十五公尺，居住道路十一公尺。

四、支路 交通道路十五公尺，商業道路十三五公尺，居住道路六公尺。

五、里巷六公尺。

六、人行道一·五公尺。

市道轉角地方，應劃為弧形，其半徑不得小於路之寬度。

第十三條 縣道之寬度不得少於七公尺半，鄉道之寬度不得少於六公尺。

第十四條 原有道路之寬度不及前條之規定，而在新道路系統範圍以內者，應一律拓寬，在應行拓寬之範圍內，禁止興建任何建築。

第十五條　市道新闢之主要交通路，應與當地一年中最多之風向相同。

第十六條　兩條主要道路之交叉，應儘量分建地面道路及橋樑或地下隧道隔離之。

第十七條　道路之坡度，不得超過百分之三，但在山地縣道，必要時，不得超過百分之七。

第十八條　道路灣度半徑，市道不得小於一百公尺，縣道不得小於三十公尺，鄉道不得小於十五公尺。

第十九條　道路橋樑載重量，至少以十五公噸計算。

第二十條　道路工程進行時，道路主管機關得於路權土地之外，指定公地為臨時材料堆置場所，其為地形所限，必須利用私人土地者，應酌給租金。

第二十一條　因山崩洪水或其他災害損壞道路時，在修復工程進行時間，道路主管機關得利用路權以外之土地，暫行開闢環路，以維持交通。

第二十二條　市縣政府辦理土地重劃時，關於道路修築計劃，應由道路主管機關會同地政主管機關擬定。

第二十三條　因修築道路改變地形而形成之水流，應引入附近河流湖沼或溝渠。

第三章　管理

第二十四條　左列事項由市縣道路主管機關辦理之：

一、關於道路之規劃修築管理保養等事項。

二、關於編造各項預算事項。

三、關於道路之收入支出事項。

四、關於公私車輛行駛管理事項。

五、關於道路行政報告事項；

六、關於管理道路各項規則之擬訂事項。

七、關於道路警衛及衛生之設施事項。

八、其他以命令指定事項。

第二十五條　市縣政府應於次年一月內，將上年度道路行政及建設情形，彙編報告，呈轉內政部備案。

第二十六條　已實施都市計劃之都市內之國道或省道，由市道路主管機關統一管理之。

第二十七條　因事實之需要，市縣政府得將鄉道改築為市道或縣道。

第二十八條　市道或縣道與鄉道重複時，其重複部份為市道或縣道；國道或省道與市道或縣道重複時，其重複部份為國道或省道。

第二十九條　市縣道路之橋樑或渡口跨越兩個行政區域時，由雙方主管機關洽商劃交一方管理之。

第三十條　堤堰鐵路橋樑及其他建築物，與市縣道路發生互相依賴作用時，由各該主管機關就效用之大小，會商劃交效用較大方面管理之。

第三十一條　道路主管機關得規定道路兩旁一定之寬度內，為禁建區或限制使用區。

第三十二條　中央政府為適應特殊需要，得將市縣道路管理之一部或全部，以命令指定原主管機關以外之其他機關接管之，俟是項需要完竣時，仍應交由原主管機關管理之。

第四章　經費

第三十三條　市道及縣道之修築改築及保養費用，應由市縣政府負担之。

第三十四條　鄉道之修築改築及保養費用，分別由地方公款或團體負担之，如私人樂於修築或捐助者從之，其由公款修築有不敷時，得由當地籌劃補足，但籌款辦法應經縣政府擬定幷報省政府核准。

前項私人或團體修築之道路，不以營利為目的者，其保養費得由地方公款負担之。

第三十五條　鄉道改築為市道或縣道時，其經費由市縣政府負担之。

第三十六條　市縣道路之橋樑渡口跨越兩個行政區域，及市縣道路與堤堰鐵路橋樑及其他建築物發生互相依賴作用時，此項橋樑渡口或堤堰鐵路橋樑及其他建築物之修築保養等費用，由管理機關負担之。

第三十七條　興建道路所用土地，由市縣道路主管機關會同當地地政機關，依土地法之規定徵收之。

因特殊急需，市縣道路主管機關修築道路，得於徵收手續完備前，先行施工，但須經上級機關之許可，並通知當地地政機關同時辦理徵收手續，該項手續應於開工後三個月內完成。

第三十八條　因修築道路，其兩旁土地獲得顯著利益時，市縣政府得依市縣工程受益費徵收條例之規定，征收工程受益費。

第三十九條　因其他工程之進行，致將道路損壞時，該項工程主管機關或所有權人，應負完全修復之責，其由市縣道路主管機關代為修復者，修復之全部費用，應由該項工程主管機關或所有權人負担之。

因其他工程之進行，必須損壞道路時，除負責修復外，幷應事先徵得市縣道路主管機關之同意。

第五章　使用及保養

第四十條　有左列情形之一者，市縣道路主管機關得禁止其使用道路：

一、不遵守道路管理規則者。

二、車輛未領牌照或未納養路費者。

三、予道路或附屬工程以重大損害者。

四、攜有違禁物品者。

第四十一條　中央政府於必要時，得令市縣道路主管機關限制道路之使用。

第四十二條　市縣道路主管機關應設養路工程隊，經常辦理道路保養等事項。

第四十三條　沿道路附近居民，有協助市縣道路主管機關維護道路及保持道路清潔之義務。

第六章　附則

第四十四條　市縣道路之修築改築及保養，得適用國民義務勞動服務法之規定。

第四十五條　市縣道路修築計劃及經費預算，應提經市縣民意機關之同意。

第四十六條　市縣道路之管理規則，由市縣道路主管機關定之。

第四十七條　本條例施行細則及道路工程標準，由內政部定之。

第四十八條　本條例自公布日施行。

國府公報所載中央法規索引

七月下半月

違警罰法第五十一條修正條文	第二八七八號
宣誓條例	第二八七八號
禁煙禁毒治罪條例	第二八七八號
妨害兵役治罪條例	第二八七九號
各娛樂場所免費招待軍人觀劇辦法	第二八八二號
國產菸酒類稅條例	第二八八三號
國立專科以上學校暨省立專科以上學校學生獎學金辦法	第二八八四號
徵兵處理規則	第二八八四號
市組織法第七條第三十六條第三十八條及三十九條修正條文	第二八八五號
鄉鎮組織暫行條例第五條第六條第四十一條及第四十三條修正條文	第二八八五號
各省市地籍及重估地價員工生活補助費之請領報銷及會計處理應行注意事項	第二八八六號
所得稅法施行細則第六條第七條修正條文	第二八八七號
戶籍登記工作競賽實施辦法	第二八八九號

本府法規

南京市衛生中心區組織規程

三十六年七月十八日第九十一次市政會議通過

第一條　南京市衛生局中央衛生實驗院為實驗城市公共衛生各項工作及供示範起見，劃定本市南區設置衛生中心區（以下簡稱本區）。

第二條　本區設左列各課：

一、防疫統計課。

二、環境衛生課。

三、婦幼衛生課。

四、衛生教育課。

五、公共衛生護理課。

六、醫務保健課。

七、總務課。

第三條　防疫統計課之職掌如左：

一、關於本區傳染病之調查報告與管理事項。

二、關於本區傳染病之防治及實驗研究事項。

三、關於本區出生死亡以及疾病之調查報告事項。

四、關於本區其他防疫及衛生統計事項。

第四條　環境衛生課之職掌如左：

一、關於本區飲水及飲食物品之檢驗及取締事項。

二、關於本區糞便垃圾之處理事項。

三、關於本區有關衛生商店場所違章之取締事項。

四、關於本區住宅衛生之改善及指導事項。

五、關於其他有關環境衛生之實施及提倡事項。

第五條　婦幼衛生課之職掌如左：

一、關於本區產婦產前產後檢查事項。

二、關於本區助產事項。

三、關於本區嬰兒幼童之保健事項。

四、關於本區其他婦嬰衛生工作之實驗及提倡事項。

第六條　衛生教育課之職掌如左：

一、關於本區學校衛生事項。

二、關於本區民衆衛生教育事項。

三、關於本區衛生宣傳事項。

四、關於本區其他衛生教育之實驗及提倡事項。

第七條　公共衛生護理課之職掌如左：

一、關於本區民間家庭訪視事項。

二、關於本區機關團體衛生之改善事項。

三、關於本區有關衛生之社會服務事項。

四、關於本區公共衛生護士之管理事項。

五、關於本區其他公共衛生護理工作之實施與督導事項。

第八條　醫務保健課之職掌如左：

一、關於本區醫藥管理之協助事項。

二、關於本區之醫療設施事項。

三、關於本區社會醫事設施之實驗及推行事項。

四、關於本區其他有關醫務保健事項。

第九條　總務課之職掌如左：

一、關於典守印信事項。

二、關於文書處理事項。

三、關於人事管理事項。

四、關於會計及庶務事項。

五、關於現金出納事項。

六、關於財物保管事項。

七、關於其他不屬於各課事項。

第十條　本區設主任一人，總理全區事務，副主任一人，輔助主任掌理本區事務，均為聘任，由衛生局呈請市政府聘任之。

第十一條　本區設課長七人，聘任，承主任之命，分掌各課事務，秘書一人，聘任，辦理主任交辦事項，均由區主任遴請衛生局聘任之。

第十二條　本區（1）設醫師六人至八人，公共衛生護士十二人至十五人，（2）衛生工程師一人至二人，（3）助產士八人至十人，（4）衛生工程員一人至二人，（5）環境衛生員二人至四人，（6）藥劑員一人至二人，（7）衛生檢查員一人至二人，（8）衛生統計員三人至五人，（9）課員三人至四人，（10）事務員三人至四人，（11）雇員五人至八人，均由區主任依照南京市衛生局與中央衛生實驗院合辦衛生中心區辦法第四項，遴員報請衛生局洽商中央衛生實驗院分別聘任派充，承長官之命，辦理該管事務。

第十三條　本區為促進業務發展得設置委員會，其組織規程另定之。

第十四條　本區為便利工作之推行，得與市立醫院市立產科醫院市立傳染病院及市立衛生試驗所以及結核病防治院牙病防治所等機關合作，其辦法另訂之。

第十五條　本區辦事細則另訂之。

第十六條　本規程自呈奉核准之日施行。

南京市衛生中心區委員會組織規程

三十六年七月十八日第九十一次市政會議通過

第一條　南京市衛生中心區委員會（以下簡稱本會），依據南京市衛生局衛生中心區組織規程第十三條之規定組織之。

第二條　本會之職掌如左：

一、審定本區工作方針及各項工作計劃。

二、考核本區各項工作進度及工作報告。

三、審定本區經費之分配。

四、推荐本區各種高級技術工作人員。

第三條　本會設委員七人至九人，除南京市衛生局局長，中央衛生實驗院院長及本區主任為當然委員外，餘由南京市衛生局局長商同中央衛生實驗院院長聘任之。

第四條　本會設常務委員三人，由委員中互推之，並由常務委員互推一人為主任委員。

第五條　本會每月舉行會議一次，由主任委員召集之，必要時得召集臨時會議。

第六條　本會各委員為無給職，任期一年。

第七條　本規程自呈奉核准之日施行。

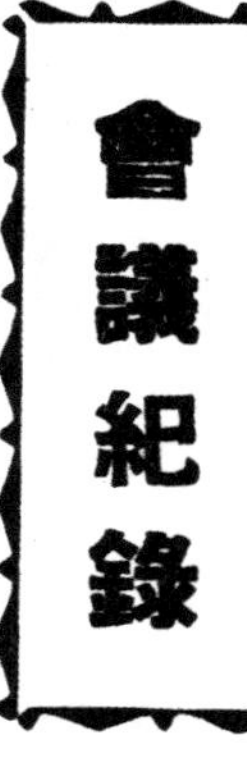

南京市政府第九十一次市政會議紀錄

時間　三十六年七月十八日上午九時

地點　南京市政府

主席　沈市長　　紀錄　石衍長

討論事項

1. 市長交議：據園林管理處呈訂公園管理通則，提請討論案。

決議：通過。

2. 市長交議：據地政局呈，為資源委員會中國石油公司南京營業所函，請於京滬路下關車站附近設置加油站轉請核示一案，提請討論案。

地政局提案：為中國紅十字會南京分會請撥鼓樓車站旁市地建築會址及診療所一案，提請討論案。

以上兩案，合併討論。

決議：保留。

3. 市長交議：據衛生局呈訂南京市衛生中心區組織規程，暨衛生中心區委員會組織規程，提請討論案。

決議：修正通過。（修正組織規程見法規欄）

4. 地政局財政局提案：在本市所擬依據物價指數調整原地價辦法未經核定以前，所有本市三十六年度土地增值稅，擬仍暫照三十五年十二月免稅率計算繳稅，請核議案。

決議：通過。

5. 會計處提案：擬請追加本市三十六年度地方普通歲出經臨費共計六〇、二七八、七八七、七八五元，并請財政局另辦追加歲入預算手續使相平衡案。

決議：通過。

人事動態

三十六年七月九日至七月二十二日

姓名	服務單位及職別	動態	到離職日期
高啓文	統計處第三科科員	新任	七月十五日
魯慶會	民政局第四科科員	新任	七月十日
禹文貞	民政局第四科雇員	新任	七月十二日
石淑華	民政局第二科雇員	新任	七月十二日
蕭鹿松	民政局第二科雇員	新任	七月十四日
黃秀靜	民政局第二科辦事員	新任	七月十四日
汪先步	民政局薦任秘書	新任	七月十四日
周霞芳	民政局第二科雇員	新任	七月十五日
管中允	財政局委任視察	新任	七月十五日
楊光惠	社會局統計室科員	新任	七月九日
王振綱	社會局第一科雇員	新任	七月九日
單瞻岵	地政局測量隊測量員	新任	七月九日
沈昌黎	地政局測量隊繪圖員	新任	七月九日
何君強	地政局測量隊雇員	新任	七月九日
潘翔雲	地政局測量隊雇員	新任	七月九日
汪碧雲	地政局測量隊求積員	新任	七月十四日
馮慧新	衛生局雇員	新任	七月一日
王舒綸	衛生局雇員	新任	七月一日
沈祥	衛生局雇員	新任	七月一日
曹昭珍	衛生局護士	新任	七月一日
譚桂成	清潔總隊雇員	新任	六月十六日
劉克榮	產科醫院助產士	新任	六月十八日
劉璽聲	產科醫院助產士	新任	六月十八日
王珞珂	戒煙醫院雇員	新任	七月一日
馬炳生	清潔總隊雇員	新任	七月一日
鄔學俊	市立醫院醫師	新任	七月一日
許章齡	市立醫院護士	新任	七月一日
段慶純	市立醫院護士	新任	七月一日
李翠珍	市立醫院護士	新任	七月一日
劉德成	工務局第二科正工程司	新任	七月一日
王之楨	工務局第三科正工程司兼築路股主任	新任	七月一日
孟廣慶	五台區工務管理處代理副工程司	新任	七月五日
胡問卿	城北區工務管理處試用工務員	新任	七月七日

姓名	原職	任免	日期
周　成	成賢區工務管理處試用工務員	新任	七月七日
賴在城	自來水管理處器材課雇員	新任	七月九日
金學鵬	自來水管理處營業課課員	新任	七月十一日
張叔夜	民政局主任視察	新任	七月十七日
吉亞男	衛生局護士	新任	七月十二日
王　瑩	衛生局雇員	新任	七月十六日
黃又甯	衛生局護士	新任	七月十九日
楊萬隆	第十一衛生所護士	新任	七月十四日
王家驄	成賢區工務管理處幫工程司	新任	七月十七日
黃仁福	莫愁區工務管理處試用工務員	新任	七月十八日
朱秋筠	第四衛生所護士	調任衛生局護士	七月一日
唐鴻敏	衛生局護士	調任傳染病醫院護士	七月一日
陳純美	衛生局護士	調任傳染病醫院護士	七月一日
趙鳴琴	第十一衛生所助產士	調任第四衛生所助產士	七月一日
楊　森	地政局第二科助理登記員	調任地政局土地測量隊測量員	七月十六日
方家慶	地政局技術室繪圖員	調任地政局土地測量隊圖算組組長	七月十六日
施景泉	財政局第一科雇員	晉升財政局第一科辦事員	七月一日
錢明煦	市立醫院住院醫師	晉升市立醫院外科副主任	七月一日
張崇齡	民政局第二科科員	辭職	七月十一日
劉美玲	衛生局辦事員	辭職	五月十六日
羅旋俠	衛生局雇員	辭職	六月二十日
楊競霞	衛生局護士	辭職	六月二十日
顧淡秋	傳染病醫院護士	辭職	六月三十日
鄧宗岱	市立醫院外科副主任	辭職	六月三十日
吳志善	市立醫院醫師	辭職	六月三十日
徐愛月	市立醫院護士	辭職	六月三十日
朱普潔	市立醫院護士	辭職	六月三十日
孫佑華	市立醫院護士	辭職	六月三十日
周律廉	成賢區工務管理處工務員	辭職	五月一日
沈守鴻	園林管理處推廣組技士	辭職	七月十四日
俞壽榮	統計處第一科暫代科長	辭職	七月二十日
王玄民	第十一衛生所護士	辭職	七月一日
勞遠昌	成賢區工務管理處幫工程司	辭職	七月十七日
王輔桐	地政局第二科登記員	病故	七月十二日

英國的城市計劃

E．西門著　瓊英譯

摘譯自「一世紀來都市的進展」第九章

英國在工業革命以前已經有許多關於城市的計劃。如倫敦，伯夫和愛丁堡的幾部分，都是顯著的例子。在十九世紀初葉，人口增加得非常的快，大都市更甚，在這時期，都市計劃是更形需要，而統籌的計劃卻消失了。放任哲學整個地控制了這種極端的根本需要，使我們都市的發展得到不幸的結果。任何的部份都可以建工廠，無論有沒有害處，都可隨他的便。在周圍就做成工人住宅，無論他的設計是如何的壞，建築是如何的不好，沒有計劃，沒有管制。

我們也曾見到，衛生的管制是如何的影響下一代的生長，也知道這繼承的一代是怎樣的由住屋的環境而支配。——地方政府自然地負起了這環境計劃的責任。後來貧民區的清除和重建的設計才設立在各處。例如一八七五年張伯倫為收購伯明漢一大貧民區來施行一個澈底的清除和改進計劃。「都市的街道真正代表市政的光榮的，鐘樓就是最後的加冕，它的目的是整個地消除都市的貧民區的計劃，在旁的地方重建住宅，和重新使用土地作為商業上的用途」。

可是真正的計劃是要對城市有整個的看法，我們的地方權力是完全無用的，忽略了德國曾作出的絕好的成績。直到一九〇九年才通過城市計劃條例，給與各城以權力來計劃那些未開發的區域。在這條例下，曾做許多工作。結果我們的城市在戰後擴充到市郊興建時，差不多都是依照了計劃行的。而且不到一九三二年這條例又被通過授權地方計劃那些新建的地區。

戰爭結束以來，在計劃下，兩億幢房子做成了。可是大致說來城市的計劃是非常的少。城市的興起可以有三種方式——單是向外擴充；順要道成帶形的發展，或是建立衛城（註：即在本城附近另建新城）。大多數的城市計劃經驗相信在城市的人設口數量達到一定大時——約自三萬至七萬五千——就應該衛城。但說來這不過是一種理論，我們仍然是停滯在最初的經驗時期。帶形的發展是普遍的被棄用，但沿海的都市雖在這法案未在國會起草以前，因為各方的限制，很難有有效的方法去避免這方式。

很容易看出來在個別地方權力之下的計劃，在較大的地區是不合用的。許多地方成立了計劃委員會，有些做出很好的成績，特別是那些與旁的單位有聯絡計劃的。無論如何，建築要道，開闢空地都要碰到最嚴重的財政拮据的難關，直到今日仍無法去克服。

國家的標準計劃至今很難實行。在這有兩種大的困難：人口的移動和地方工業。近年這些極大的困難從那些冷落的地域漸侵到倫敦。倫敦是極大的，而且加大得異常的快。外圍人口的增加自一九二一——三一年約為一億。結果是外圍的地價漲得很高，從市郊至城中心區的交通費，比普通工人的工資要多得多。伊利沙白女皇下諭告說，倫敦在她的感覺是太大了，在加丁十字山以內的距離外，不准再興建築，而且以後要阻止倫敦的擴大。有些災區也向現在的政府上訴，請求停止倫敦一些部分設立新工廠，那些工廠設在不景氣地方，也僅足使工人和職員勉強可以生活。可惜伊利沙白後，沒有勇氣去執行這事情。

單獨城市計劃的一個最大的困難是財政和報酬金。城市計劃如果作得好的話，是會整個地增加財產的價值，可是每個業主都為部分權力的利益打算，是無疑地減損了任何的改善。如果每種勢力都去打擊地方權勢的話，就是等於付了報酬金了。這種地方的利益在天秤上的重量與公益的對衡，是城市計劃上有效展開的最大障礙。

假若都市計劃要達到他所要到的地步，法律將要幫助它並給地方政府一個好的機會有效地去為公益計劃，不致遭受到過分的財政負担。

我們現在城市所遇到的一個最新的困難是貧民區的重建問題。這也是下一代或兩代人的最大的艱難事業。一九三二年城市計劃條例授權為重計劃這些地區和設計去怎樣工作。毫無問題的在下兩代我們城市裏的貧民區是舒服而衛生的住宅區，而不需去改建，雖然重新設計在目前無疑地要遭到許多困難，一個成功的條件是都市應當有見地地去聘請第一流的城市計劃專家，而且付與他們以必需的薪金。

法國南特市之復興計劃

譯自"L'Arcitecture D'Aujoura'hui" 7—8（任永長譯）

法國在此次大戰中，其重要之城市，多遭砲火之摧殘，而尤以西部沿海各主要港口為甚，今勝利來臨，法人於撫痛之餘，已熱列展開各地之復興工作，各都市均有詳細之建設計劃發表，茲將其重建西區大港南特 Nantes 之計劃，作一扼要之介紹，「他山之石」或可為吾人建設工作之參考也。

一、總論

南特市為法國大西洋岸之門戶，當羅亞爾河 Loire 之入海處，為法國西區主要商品之集散地，由於水陸交通之充份連絡，東至中歐俄國，西至南北美洲，而為法國國際文化經濟之交換樞紐。

南特市即發展於羅亞爾河之沖積島週圍，而尤以河北岸為市區中心，此次大戰時，南特受砲火之洗禮，破壞慘重，總計三分一以上之建設物盡燬於火。

南特市可謂一「動的都市」，為航空、水道、鐵路、公路四大交通綫之交點。南特之航空運輸，以目前而論，雖未見發達，但衡諸南特於交通上之地位，則將來之極度發展，當為必然之趨勢也。

水道航行，爲南特最重要之交通，目前亦需澈底整頓，其主要工作，不外改造港口，碼頭，疏濬河道，及增加航行工具等。

鉄路交通之必須改良者爲：改善市區內之火車站，俾使火車可通市內各地。取消舊有在商業中心區之車站，而於羅亞爾河下流南岸，建一大火車站，以爲商品之運轉總匯。

道路交通，爲南特最困難之問題，其路面既然狹小，公共交通工具（電車、公共汽車）又稱不足，目前改善之道，厥爲建築各大幹路（即快車道），並使之與市內慢車道，及步行小路分開。

二、羅亞爾河下流地區

羅亞爾河自南特市以下，計長五十六公里，河面較寬，故南特之水道航行，最爲便利：東溯羅亞爾河入法國內地，西下出海，北航南特運河而至普萊 Brest，南亦可航賽佛運河之一部分。茲可利用水運之便利，於沿羅亞爾河之下流兩岸，築兩平行大道，大道附近即布列新建之重工業區，必要時，另以鉄道及運河，輔助其運輸機構。如此，則可將大部分之工作疏散於郊外，而減低市區之人口密度。

三、道路系統

依據計劃總圖，南特之全區道路交通，應建二大幹綫，東西與南北二者，並於市中作十字形相交，南北一線，於二端復各分爲二支路，（南方另一支路通飛機場），東西者，另於羅亞爾河下流沿岸，建二平行大道。

英美市政專家，均主張大幹線，不應穿過鬧市住區，故必要時，只得加以架空之設備，俾火車及電車通過鬧市而無妨害，而各運河亦可由其下通過而與之連絡，此外對於修理路面及保護土地均感便利。但目前欲使之普遍實現，頗覺困難，最大問題爲經費缺乏，材料不敷，而工程學識尚感不足，此固爲全球之普遍問題也。

四、居住、人口分佈、及其他

南特之市中心及冲積島上之人口，可利用目前之破壞，向四郊疏散，此乃發展南特市區之機會也，惟於新建住區時，必須防止其不規則之隨便搭屋，以致重蹈覆轍。

目前不合理之分佈，乃現時社會生活方式之反響，此固爲經濟上及心理上之問題，惟吾人於可能範圍內，每一新建之住區，必須注意數點：

（一）建築物必須規定其方向，最低高度及其間距，多植樹木草地，以通陽光空氣。

（二）充分利用最新之建築材料，如金屬、鋼骨、水泥、及玻璃等。

（三）每一住區內部，必須時加整修，確立各種標準及規約。

南特舊有之衛生設備尚佳，惟市中心之大醫院，已遭炸燬，現可於阿蒙廣場，重建一大醫院及附設之醫學院，該處原係空地，建築經費較省，並可於半年內成之，此外，於南北大路旁，建二醫院，以應鄉郊之需要。

南特之建設計劃書，除以上所述者外，尚有阿堆納Alhen-es之計劃。此二者對於羅亞爾河下流之道路交通，及工業區計劃，俱屬相同，茲將後者略加介紹。

五、阿堆納之計劃

阿堆納計劃書之要點如下：

（一）將冲積島上，及南北水道附近之重工業移去，另於羅亞爾河之下流兩岸，及其他水道，設重工業區。

（二）於市區中及北水道岸，建工作區，而爲南特市之活動中心。

（三）舊有之商業區，自當保留，但可利用已破壞之處使其不過份密集，而妨害都市衛生。

（四）整修大幹路，而使之與其他慢車道及小路分開。

（五）經過鬧市之鉄道須架空，或入隧道。

（六）四郊各設主要商品之集散地，舊有者擴充或整理之。

（七）市內小型工廠、醫院、行政公署、公共娛樂場所，須合理化之分佈於各地。

（八）舊有住區，須防止其繼續不合理之發展，而對於居民之衛生學識，尤須加緊訓練。

（九）利用空地，多建公共住所，以適應附近工作者之居住。

（十）鐵道爲重要運輸工具，其總站設於南水道附近，另設輸出品（如雜貨、酒類、冷藏食物等）之車站三處。海運埠頭，須加整頓，增設倉庫棧房，在羅亞爾河下流，建大倉庫，專供南特之主要輸出品－鐵－之用。此外航空運輸亦須使之充份發展，俾輔助鐵路，公路，水道運輸之不足條件。

題畫

許大盧

滿載鷗鷺日日來，問君辛苦爲誰哉？仁山智水生涯慣，況有魚鮮飲數杯。

萬紫千紅得意開，春風不識有沈哀，歡娛苦短君知否？寫入圖中看數回。

十載征人音信稀，使儂消瘦不勝衣，嬌紅嫩綠還如許，莫待凋零始肯歸。

燕

許大盧

舊巢認取絕非誇，不是王家定謝家，豈料此來相識盡，空梁泥落夕陽斜。

還都訪掃葉樓

堵述初

掃葉空樓獨倚欄，眼前惟見六朝山，鄉賢老去題詩在，刼後重來不忍看。

南京市政府公報刊例

一、本公報每半月發行一次

二、凡本府例行公文卽在本公報發佈不另行文

三、本府所屬各機關於收到本公報時應編號歸檔妥爲保存凡註明「不另行文」文件並應注意遵照

南京市政府公報

第三卷　第三期

中華民國三十六年八月十五日

編輯者　南京市政府編譯室

發行者　南京市政府

印刷者　大東新興印書館

南京：建鄴路一三八號

電話：二二二二六號

中華民國三十六年八月三十一日

第三卷 第四期

南京市政府公報

南京市政府編譯室編

目錄

政令

未報戶籍市民限期登記參加選舉

南京市政府公告 （卅六）府民佈字第八四號

查本市國民大會代表及立法院立法委員選舉事宜，業已遵照核定日期積極籌備，並定自即日起至本月二十日止編造全市各項選舉人名冊，凡在本市各機關、學校、團體、公共戶之公教人員、學生、工人等，以及普通住戶之市民，其有未辦戶籍登記者，應速向所在地之保辦公處申請登記，如過去已在警察機關辦理登記而未向所在地之保辦公處辦理登記手續者，亦應從速向該保辦公處補辦登記手續，以憑核定選舉資格、參加選舉。至各機關、學校、團體補辦前項公共戶籍登記時，并應照本府規定之名冊表式，另造一冊逕送所在地區公所彙轉，事關選舉權利及憲政推行，除分令各區公所遵照外，合行抄附本市公共戶造報戶籍名冊表式，公告通知。特此公告。

附本市各機關學校團體報送公共戶籍名冊表式

姓名	性別	年齡	籍貫	職業	居住本市年月		機關團體戶籍				私人戶籍				附記
					年	月	區	保	甲	戶	區	保	甲	戶	

中華民國三十六年八月十一日

現任官吏競選國大代表限期辭職

南京市政府公告 （卅六）府民佈字第八十六號

案准國民大會代表立法院立法委員選舉總事務所（卅六）未東京選字第二二二號代電略開：「查國民大會代表選舉罷免法第八條規定，現任官吏不得於其任所所在地之選舉區當選為國民大會代表，凡委任以上之文職及尉官以上之軍職各公務員，如欲在其任所所在地之選舉區競選國大代表，非於候選人登記開始前辭職，不得為候選人」等由到府；查本市國民大會代表選舉，業已遵照中央規定日期及進行程序開始辦理，凡任所在本市區域內之現任官吏，如欲參加本市國民大會代表競選者，應依照規定於本年八月卅一日以前辭職，以符法令。除分行外，特此公告。

中華民國三十六年八月十三日

選舉權不得重複

南京市政府訓令 （卅六）府總民字第七五八三號

令社會局

案准國民大會代表立法院立法委員選舉總事務所（卅六）午儉表字第一二五號代電開：

「查國民大會代表選舉罷免法第七條及立法院立法委員選舉罷免法第八條規定，每一選舉人只有一個選舉權，於本法第四條各款選舉有兩個以上選舉權者，限參加一種，由選舉人於登記選舉人名冊時自行聲明。又各該法第十一條規定，選舉人名冊由各主管選舉機關編製完成後，分別發給選舉權證，以憑領取選舉票，復按國大代表及立法委員選舉罷免法施行條例第五條規定，依國民大會代表立法院立法委員選舉罷免法第七八條之規定，每一選舉人只有一個選舉權，各主管選舉機關於調查登記選舉人名冊時，如發覺一個選舉人有兩個或兩個以上選舉權者，應令其自行認定一種，并通知有關機關備查，依照上列規定，為避免職業團體會員代表之選舉權證或與區域選舉權發生重複起見，應請惠予注意辦理者：（一）應通令縣市及其同等區域之主管選舉機關造具選舉人名冊時，應將各種選舉人名冊，分別核對，如查有重複，應令其擇定一種，冊上不得重複。（二）參加全國性職業團體選舉者主管選舉機關，應就其籍別，分別通知本籍選舉機關，應注意其不得重複，（俟發選舉權證時如不在籍即行停發。）如其回籍，應即令其聲明擇定一種，以符法令，除分行外，相應電請查照辦理為荷。」等由准此，合行令仰遵照辦理。

此令！

中華民國三十六年八月六日

一三〇

切實保障國民學校基金

南京市政府訓令（卅六）府總教字第七六五三號

令各區區公所

案奉

行政院（卅六）四防字第二八四〇七號訓令內開：

「教育部呈稱：『據河南省教育廳六月廿六日汴一三字第三一〇號呈稱：「查憲法規定『依法設置之教育文化基金及產業應予保障，』保國民學校及鄉鎮中心國民學校，依照部頒基金籌集辦法籌集之基金，自應保障，歸各籌集學校所管有。乃各縣輒有藉整理公有產款之名，將各國民學校基金產業收歸縣有；或藉統收統支之名，將各國民學校基金收益列入縣預算，抵支各校經常費；或將國民學校基金與縣教育特種基金混合列入縣預算，作為縣教款收入等情事；致各校對基金籌集，多存戒心，未籌者不肯積極籌集，已籌者隱匿不報，使政府無法稽核，影響國校前途，殊非淺鮮。擬懇鈞部轉呈行政院明令保障，凡保國民學校及鄉鎮中心國民學校，依法籌集之基金產業，其所有權應屬於各籌集學校，由各校依法組織保管委員會保管經營并支用，政府有監督稽核之權，但不得移轉其所有權，是否有當，理合呈請鑒核示遵。」等情，據此，查國民學校籌集之基金，應交由各校基金保管委員會保管一節，前經鈞院秘書處於本年四月七日以從玖字第一二六八三號函知陳奉核准在案。此項基金之所有權既屬學校，似未便收歸縣有，或列入縣預算統籌支配，自宜切實依法保障，俾籌募國校基金工作，順利進行，對於普及教育關係尤鉅。據呈前情，理合呈請鈞院鑒核，准予通飭各省一律遵照辦理，實爲公便。」等情，查保國民學校及鄉(鎮)中心學校之基金，依照『保國民學校及鄉(鎮)中心學校基金籌集辦法』之規定，應由各該校基金保管委員會負責保管運用，不得挪移，除分令各省(市)政府幷指復外，合行令仰飭屬一體遵照」

等因，奉此，除令各級國民學校知照外，合行令仰知照幷具報。

此令！

中華民國三十六年八月九日

保障應徵僧侶廟產

南京市政府訓令 (卅六)府總民字第七四三八號

令各區區公所

案准

內政部本年七月二十四日禮字第一七六五號公函開：

「准國防部三十六年牋字第七〇四五號己感代電開：「據湖南省軍管區司令部本年五月長徵一字第二七六四號代電稱：『查適齡僧侶徵服現役後，其寺觀產業常易被人覬覦侵佔，動搖一般服從心理，妨礙適後徵召，極有嚴予防範之必要，　請懇鈞部轉咨內政部通令全國各級行政機關，重申前令，對於各地寺觀產業切實保障，俾僧侶臨徵前無瞻顧之憂，退伍後有棲息之所』等情，除復知外，相應電請貴部查照核辦」等由，查寺觀財產應予保護，至被徵服役僧侶之寺產尤應保障，以利役政，除分行外，相應函請查照，轉飭所屬遵照，幷希見復爲荷。」

等由准此，除分令外，合行令仰遵照。

此令！

中華民國三十六年八月一日

國外供應物資處理辦法三項

南京市政府訓令 (卅六)府總秘二字第七七五〇號

令本府各局 會計處

案奉

行政院三十六年八月九日(卅六)六經字第三一四三九號訓令開：

「奉　主席三十六年七月廿六日府交字第一二六七

五號代電開：「關於處理國外供應物資，為謀支應國用及平衡預算兼籌並顧起見，特核定辦法三項：（一）剩餘物資除運回國內部份，仍照成案，關於國防交通急用者，先行以原價撥付，其價款准由財政部就領用機關原有及追加預算項下扣抵外，其運費雜費棧租及手續費，均須由各領用機關完全付現，不得例外。至未運物資，由物資供應局負責，在島挑選，除國防工具目下絕對急需之器材外，均應就島售賣美金，藉以爭取外匯之收入，並可節省運輸之費用。（二）租借接購物資，除軍械類應撥交國防部在原有預算內備價或轉賬價領外，其餘無論有無原申請機關，均應由物資供應局按市價舉行標售，原申請機關倘欲使用，亦應參加投標，在各該機關原有預算項下備價標買，不得率請轉賬或追加預算。（三）借款購料物資應切實遵照　行政院辦法，除各領用機關能以現金解庫，方許撥用外，其餘均須先向中央銀行訂約借款，再行撥貨，不得例外，除已分令物資供應委員會外，仰希遵照，並轉飭所屬各機關切實遵照辦理為要。』等因，自應遵辦，關係原核定辦法（三）借款購料物資部份，其借款種類，數額及支用情形，應由財政部詳細列表報院備查。除分行外，合行令仰遵照。」

等因奉此，除分令外，合行令仰遵照。

此令！

中華民國三十六年八月十四日

本府大事記

八月份上半月

八月一日（星期五）

△舉行第九十二次市政會議

△財政局開始舉行房捐總調查

△浦口第十五衛生所成立

八月七日（星期四）

△市長至小學教員暑期講習班講話

△民政局舉行各區區長會報商討有關選舉進行事項

八月八日（星期五）

△舉行第九十三次市政會議

△社會局謝局長徵孚赴滬與善後救濟總署商洽市立救濟院重建工程問題

八月九日（星期六）

△社會局召開慶祝勝利紀念籌備會

八月十二日（星期二）

△南京市國民大會代表立法院立法委員選舉事務所成立

△教育局舉行國民學校教員甄試

八月十五日（星期五）

△舉行第九十四次市政會議

市政要訊

舉行房捐總調查

本市房捐調查於三十四年十一月舉行一次後，已歷年餘，新建房屋既屬不少，物價波動，房產價値亦隨之增漲，亟待重行總調查，以期切合實際，藉使市民負担房捐公允合理，經由財政局商調國立政治大學學生一百四十名，分為四組，以二十名担任內部及替班工作，以一百二十名從事調查工作，自八月一日起，由本市第一區第一保第一甲第一戶開始，調查全市商鋪住戶。除赤貧免徵房捐外，共約十二萬戶，每一調查員每月担任調查一千戶，預計一個月內可以完成此項任務。

調整市立中小學人事

本市市立中等學校及國民學校校長，業由教育局調整竣事。中等學校方面，市立第四中學校長改派王文新充任；市立職業學校原有農商兩科，現分設兩校，一為農科職業學校，設於蓮子營，派王文湛為校長，一為商科職業學校，設於武定門，派吳裕後為校長。原任職業學校代理校務施肖丞調任市立師範分校主任，原任師範分校主任郭子通調局工作。

小學部份亦酌加調整。總計全市國民學校共一四四校，調整結果，計校長蟬聯者一二五人，互調者七人，病故及辭職者二人，另候任用者九人，免職者一人，更動不及百分之八，且多屬於鄉區各校。

工務局接收首都監理所 改訂汽車檢驗費等數額

首都監理所已由工務局於七月十六日接收竣事，更名為首都車輛監理所，所有市區機動車及人力獸力各種車輛之登記、檢驗、換照等事務，均歸該所辦理，以一事權。原訂之檢驗汽車及考試駕駛人技工等收費數額，以為時已久，亦由工務局重行修訂，提經第九十二次市政會議通過如下：

汽車檢驗費　每次40·000元　手續費　每次6·000元

駕駛人考驗費　10·000元　手續費　6·000元

技工考驗費　10·000元　手續費　6·000元

車輛號牌執照工本費，照公路總局規定收取。學習駕駛人及藝徒考驗費免收。普通及職業駕駛人考驗，以自備車輛汽油為原則。脚車除牌照費外，其他各費一律免收。

改訂廣告捐率

本市取締廣告及征捐章程，自三十五年四月間修訂實施以來，歷時年餘，所有原訂捐率，衡諸目前物價與生活指數，相去殊遠，至於其中加倍征收及免捐各部分亦有未盡妥善之處，工務局為使廣告管理配合實際情形計，經洽財政局同意，另行擬訂廣告管理章程一種，將捐率另表規定，業已提經本年八月一日第九十二次市政會議通過，茲將改訂之廣告捐率表列後。（廣告管理章程另見法規欄）

南京市廣告捐率表

廣告類別	說明	單位	期限或張數	捐率（元）	附註
普通廣告	公共廣告牌	每平方市尺	每月	二〇〇	至少一年為期，并得按市價酌收建造工本費補償金。
	公共廣告亭	每平方市尺	每月	三〇〇	
特種廣告	一二三二平方市尺（公地）	每平方市尺	每月	四〇〇	以三個月為一期，一次征收。
	一二三二平方市尺（私地）	每平方市尺	每月	三〇〇	以三個月為一期，一次征收。
	一三〇平方市尺（公地）	每平方市尺	每月	三〇〇	以三個月為一期，一次征收。
	一三〇平方市尺（私地）	每平方市尺	每月	二〇〇	以三個月為一期，一次征收。
	八三平方市尺（公地）	每平方市尺	每月	二〇〇	不滿八三平方市尺者，照八三平方市尺計算。
	八三平方市尺（私地）	每平方市尺	每月	一五〇	
臨時廣告	招貼	一五平方市尺	每百張	二、〇〇〇	招貼最大不得超過十五平方市尺。
	招貼	三平方市尺	每百張	四、〇〇〇	
	招貼	六平方市尺	每百張	六、〇〇〇	
	招貼	十二平方市尺	每百張	一〇、〇〇〇	
	招貼	十五平方市尺	每百張	一五、〇〇〇	
	霈佈		每平方市尺	二五〇	
行廣告	手提背負者	每人	每尺	一、五〇〇	
	樂工	每人	每尺	二、〇〇〇	
	馬車	每輛	每尺	四、〇〇〇	
	汽車	每輛	每尺	八、〇〇〇	
	其他		每尺		有特殊情形者酌定捐率。
傳單廣告		一平方市尺以內	每百張	一、〇〇〇	

		二平方市尺以內	每百張	二、〇〇〇
		三平方市尺以內	每百張	三、〇〇〇
公共場所廣告	外圍者	每平方市尺	每月	按特種廣告計算
	內部者	每平方市尺	每月	按特種廣告折半計算
公共汽車廣告	在外圍者	每件	每星期	一、〇〇〇
	在外圍者	每件	每半月	二、〇〇〇
	在外圍者	每件	每一月	三、〇〇〇
	在內部者	每件	每月	一、〇〇〇
船舶廣告	船身長二〇市尺以內者	每艘	每月	一六、〇〇〇
	船身長二〇市尺以外者	每艘	每月	三二、〇〇〇
電影廣告	幻燈片	每片	每月	按映影費10%計算
霓紅燈廣告		每平方市尺	每月	三、〇〇〇

註：娛樂場所及奢侈消耗品應照上表規定捐率加二倍征收。

玄武公園規定停車地段

玄武公園每日遊人極衆，以前出城車輛均係停放芳橋以至園林管理處右側翠虹堤一帶，輻輳擁擠，土塵飛揚，不僅秩序欠佳，遊人亦感擾攘。茲經本市園林管理處闢就臨時新停車場，並由該處會同警察廳、工務局規定自八月十一日起，所有小型汽車限在環洲濱湖北面轉車，順序自園林管理處左側至玄武門外翠虹堤上慢車道間，按照劃定地段兩面停放。如遇出城車輛過多不敷容納時，可於玄武門內玄武路北側至大樹根口止，單行排列，依次停放，必要時幷得在中央路北段東側汽車停車處停車，以維秩序而便遊人，除大型汽車仍照舊在城內停放外，其他車輛均於城內指定路段停放。

訊

△本市國民大會代表及立法委員選舉事務所業於八月十二日正式成立，內分四科，第一科掌理區選舉，第二科掌理婦女及職業選舉，第三科掌理指導事宜，第四科掌理總務，全市選舉人名冊已由民政局督導各區公所各職業團體限於八月二十日編造完成，經選舉事務所核對後公告。

△本市烟毒總檢查已於七月十五日結束，所獲成果如次：

（一）自新烟民計一千三百五十四人，自動繳出烟具計九十一件，（二）查緝吸食烟毒犯六百四十六人，售毒犯六十二人，查獲煙具一千五百五十七件，查獲烟毒一百二十八兩。以上成果均已列表填報內政部查核。

△本市本年度征兵配額，經中央核定爲一千名，並可儘先征集志願兵列抵征額，本市志願名已於八月十八日開始報名。

△本市兵役協會體格檢查委員會已於八月一日正式成立，地點設於民政局，事務人員由民政局調派，檢查醫務人員由衛生局所屬各院所派員担任。關於免緩役檢驗工作由市立醫院辦理，志願兵等檢驗工作計分三組：由市立第四、第七、第十一衛生所辦理。

△本市各鄉鎮公所裁撤後，所有裁餘人員有願担任戶政工作者，經各區彙報民政局登記，計一百五十二人，由該局於七月二十四日舉行戶籍人員甄試，業經評定成績，計正取十八名，即將分派各區戶政組工作，備取十八名，先令參加該局自治人員訓練班受訓，以便遇缺派補。

△教育局舉辦國民學校教師甄選，其辦法業載本公報第三卷第三期，此項甄選，自八月一日至八日報名，八月十日甄詢，八月十二、十三兩日考試，報名參加甄詢者共九四人，參加考試者共七七六人。

△本市收復區中等學校畢業學生第三次甄審登記人數計七一三人，於七月六、七兩日舉行考試，二十一日揭曉，計依照甄審辦法第六條規定准予免試者，初中九人，高中一五人，共二四人；考試及格者，初中一三八人，簡師六八人，高中三二

八人，共五三四人，所有合格證書，業於三十日由教育局頒發。

△首都補習學校已擇定大行宮國民學校爲校址，教育局派督學張辰爲籌備主任，儘八月十五日以前籌備完成。

△本市七區、十二區兩中心國民學校及瑯琊路、逸仙橋、馬頭街三國民學校之新建校舍已先後完工，分別驗收。

△聯合國遠東區基本教育會議定九月上旬在本市舉行，教育局爲準備出席人員之參觀，已舉行會議，籌備招待事宜。

△東北返鄉義勇軍一千〇七十餘人於八月四日到達浦口，由社會局派員會同慰勞團有關機關致贈襪子、毛巾、仁丹等慰勞品，並由七區區公所發動民衆到站歡迎。

△本市貧戶米配售辦法，經社會局修正，各貧戶得不受區域限制，憑證就近購買，該局並將辦理郊區貧戶米配售，先就第十一區開始。

△衛生局前向善後救濟總署蘇甯分署領到奶粉一批，專爲補充貧苦嬰兒營養不良之需，並指定第一、二、十一等衛生所及市立產科醫院爲供應處，每人每天配發一兩，但須經各院所婦嬰健康門診部檢查確實者爲限。

△浦口衛生所新建房屋業經完工，已於八月一日開始工作，定名爲第十五衛生所。

△財政局遵照糧食部規定，新設第四科，辦理田賦事項，本市田賦原由該局土地稅征收處辦理，現已將原辦人員調科，積極準備本年度田賦開征工作。

△本市車船兩項使用牌照稅，除人力車、馬車、三輪車外

，均經依照市參議會審核通過之新稅率實施徵收。所有人力車、馬車、三輪車稅率，並經財政局會同社會局召集各該業同業公會商討，爲體䘏勞工起見，經決定營業人力車每季稅額一萬二千元，營業馬車每季稅額二萬五千元，營業三輪車每季稅額二萬二千五百元。

△本市土地稅逾期未繳者頗多，財政局爲加強稅收，經將稅款十萬元以上之各納稅人塡發催繳通知，飭派稅警按址前往催繳；五十萬元以上之各戶，則備具訪問函遴派職員分赴業主處訪問未繳原因，促其早日繳納。此項辦法實施後，納稅人遵繳者尙稱踴躍。

△本市自治事業經費，業經市參議會通過，增加一倍徵收，並自本年六月份起照征。

△本市各鄉區土地查報，前經財政局規定，自本年四月份起三個月完成，現據各鄉區彙送該項土地查報表平均已達八成以上，該局除仍督促各鄉區公所轉飭各保甲迅予補報外，正將已送之查報表整理編校，作爲整編卅六年度田賦徵册之依據。

△下關碼頭整修工程自開始以來，十號碼頭已塡石八八五公方，塡土四六八公方，三號碼頭初步塡石一、五九七公方，業已全部完成。三號碼頭塌堤處，正積極着手路基路面之修整，不久即可暢通汽車。

△中山路新街口至珠江路一段路燈改裝爲快車道兩排，兩旁慢車道各一排，珠江路至鼓樓一段路燈改裝兩排，已由工務局飭首都電廠裝設竣工。

△本市都市計劃委員會計劃處工作推進不遺餘力，最近完成者，計有南京市道路現狀報告書初稿，公共交通路綫圖草圖，給電區域圖草圖，市立救濟院計劃草圖，以及鼓樓、新街口廣場測量工作等。

△本市房屋租賃管理委員會成立經年，茲經第九十三次市政會議決定，改組爲本市房屋租賃糾紛處理委員會，其業務以調處糾紛及評定租價爲主。

法規

中央法規

修正市組織法第七條第三十六條第三十八條及第三十九條條文

三十六年七月二十四日國民政府令公布

第七條　中華民國國民，在該市區域內，繼續居住六個月以上，或有住所達一年以上，年滿二十歲，經登記後，為市公民，有依法行使選舉罷免及創制複決之權。

有左列情事之一者，不得有公民資格：

一、犯刑法內亂外患罪，經判決確定者。

二、曾服公務而有貪污行為，經判決確定者。

三、褫奪公權，尚未復權者。

四、受禁治產之宣告者。

五、有精神病者。

六、吸用鴉片或其代用品者。

第三十六條　保設保民大會，由本保公民組織之，其職權如左：

一、審議保甲規約及保與保相互間之公約。

二、議決保長交議及本保公民建議事項。

三、選舉或罷免保長、副保長。

四、選舉或罷免區民代表會代表。

五、聽取保辦公處工作報告，及向保辦公處提出詢問事項。

六、其他有關本保重要興革事項。

第三十八條　保民大會每二個月開會一次，由保長召集之，必要時，得召集臨時會議。

保民大會非有本保公民三分之一之出席，不得開議，但本保公民逾五百人，有四分一以上出席者，亦得開議。

議案之表決，出席人過半數之同意行之，可否同數時，取決於主席。

第三十九條　第三十二條及第三十三條之規定，於保民大會準用之。

修正鄉鎮組織暫行條例第五條第六條第四十一條及第四十三條條文

三十六年七月二十四日國府令公布

第五條　中華民國國民，在該縣鄉鎮區域內，繼續居住六個月以上，或有住所達一年以上，年滿二十歲，經登記後，為縣公民，有依法行使選舉罷免及創制複決之權。

第六條 有左列情事之一者，不得有公民資格：

一、犯刑法內亂外患罪，經判決確定者。
二、曾服公務而有貪污行為，經判決確定者。
三、褫奪公權，尚未復權者。
四、受禁治產之宣告者。
五、有精神病者。
六、吸用鴉片或其代用品者。

第四十一條 保民大會由本保公民組織之，其職權如左：

一、議決本保保甲規約。
二、議決本保與他保間相互之公約。
三、議決本保人工徵募事項。
四、議決保長交議及本保內公民五人以上提議事項。
五、選舉或罷免保長、副保長。
六、選舉或罷免鄉鎮民代表會代表。
七、聽取保辦公處工作報告，及向保辦公處提出詢問事項。
八、其他有關本保重要興革事項。

第四十三條 保民大會非有本保公民三分一之出席，不得開議，但本保公民逾五百人，有四分一以上出席者，亦得開議。

議案之表決，以出席人過半數之同意行之，可否同數時，取決於主席，罷免案之成立，應有出席人三分二以上之同意。

公務員請假規則

三十六年八月二日國府訓令處字第八六九號公布

第一條 本規則依公務員服務法第十二條之規定制定之。

第二條 公務員非有左列各款情事之一，不得請假。

一、因有事故必須本身處理者，得請事假，每年合計准給三星期。
二、因疾病必須療治或休養者，得請病假，每年合計准給四星期。
三、因結婚者，給婚假兩星期。
四、因分娩者，給娩假六星期。
五、因父母祖父母翁姑配偶死亡者，給喪假三星期。

第三條 請假須親筆填具請假書，呈請長官批准後，方得離職，但遇急病，得由其同事或醫生代為之。

請病假在三日以上者，須呈繳醫生之證明書。

第四條 請假逾原准期限者，應呈請續假。

第五條 請假者須將經辦事件委託同事代理，并呈上級長官核准，或逕由長官派員代理之。

經六條 未經請假而擅離職守，或假期已滿仍未銷假回本機關服務者，以曠職論。

第七條 曠職未滿一星期者，應按日扣除俸給，逾一星期者，予以撤職。

第八條 請事假逾第二條第一款規定之期限者，按日扣除俸給，但因特別事故，經長官核准者，不在此限。

前項特准給假，每年合計以五星期為限。

第九條 請病假逾第二條第二款之期限者，得以事假抵銷，但患重病非短時間所能治愈者，經長官核准，得延長之，其延長期限不得超過一年。

前項延長給假逾六個月時，俸給減半支給。

第十條 因重病經延長假期一年尚未治愈者，應即退職，由長官查酌情形，給予三個月俸給以內之醫藥補助費。

前項退職人員，在病愈後一年內，得聲請復職。

第十一條 請假須離任所，其途程在五十公里以上者，得酌給程假。

第十二條 公務員平時請假未超過第二條規定之期限者，服務滿三年時，准休假三個月，滿五年時，准休假六個月，滿十年時，准休假十二個月，休假期間，俸給照常支給。

前項服務期間，以在同一機關服務為限。

第十三條 於一年內未請事病假者，至年終給一個月俸給額之獎金。

第十四條 本規則自公布日施行。

營業稅法施行細則

行政院三十六年七月四日(卅六)六財字第三〇四一四號令公布

第一條 本細則依據營業稅法（以下簡稱本法）第二十七條之規定訂定之。

第二條 營業稅之征收，除本法已規定者外，依本細則之規定。

第三條 本法第一條所定應征營業稅之營利事業，係指在中華民國國境內之營利事業。

第四條 本法第六條所稱之製造業，係指有關國防民生之製造業。

第五條 本法第二條第五項及第二十四條第三項所稱當地主管機關，係指市政府或縣政府。

第六條 各級地方政府與人民合辦之營利事業，應課征營業稅。

第七條 各種營業收入額或收益額之計算，依附表之規定。

前項附表未列之營業，其營業收入額或收益額之計算，比照其性質類似之營業辦理。

第八條 公司商號兼營按收入額及收益額課稅之營業，應分別設立賬簿。

第九條 按收入額或收益額課稅之營業，應於每年三月六月九月及十二月過後十日內，將上三個月內之營業收入額或收益額填具申報核稅表。申報主管征收機關查核課稅。

第十條　公司商號如歇業改組合併或轉頂，應於事實成立後五日內，將未經課稅之營業收入額或收益額填具申報核稅表，申報主管征收機關查核課稅。

第十一條　短期營利事業，應於每次營業結束後五日內，將其營業收入額或收益額填具申報核稅表，申報主管征收機關查核課稅。

第十二條　主管征收機關接到納稅人申報核稅表後，應即派員查定應納稅額，塡發查定通知書，通知繳納。

第十三條　經征營業稅之上級主管機關，應派員抽查公司商號之營業稅納稅情形。

前項抽查結果，其應納稅額如與原查完稅額不符時，應予補稅或退稅，由主管征收機關填具覆查決定通知書，通知納稅人補稅或退稅。

第十四條　營業稅應於查定通知書或覆查決定通知書送達後十日內繳納之。

第十五條　本法第二條第四項規定之工廠或出產人免征營業稅之範圍，以批發其已納出廠稅或出產稅之物品為限，如兼營零售或販賣其他物品者，其零售或販賣部份仍應照征。

第十六條　公司商號依照本辦法第十條之規定申請領證或換證時，主管征收機關應於十五日內派員調查登記，並製發營業稅調查證或免稅調查證。

除依法組織成立並向政府機關登記有案之商號，經主管征收機關查核其有關證明文件准免取保者外，概應取具有效舖保，保證其納稅責任。

第十七條　公司商號在各地設有本店或支店者，應分別就地申請調查證，其應納營業稅者，並分別就地繳納營業稅。

第十八條　營業稅調查證或免稅調查證如有遺失或損壞，應於五日內申請原發機關補發或換發，其遺失者，並須登載當地報紙，聲明作廢。

第十九條　公司商號有左列情形之一者，除依本法第十八條之規定處罰外，如查有漏稅情事，其所漏稅款，由該公司商號完納。

一、不依規定請領換領補領或註銷調查證者。

二、將調查證轉讓或貸與他人使用者。

第二十條　主管征收機關應繕造納稅營業業領戶册、納稅營業地領戶册及免稅營業登記册。

公司商號申報事項如有變更時，前項各册應分別更正。

第二十一條　公司商號原申報事項如有變更或歇業改組合併轉頂情事，應於事實成立後五日內，申請註銷或換發調查證。

第二十二條 本法第九條所稱之賬簿，至少應具左列三種。

一、記載逐日銀錢出入之日記賬。

二、記載逐日物品進出之日記賬。

三、記載銀錢物品進出之總賬。

第二十三條 公司商號將賬簿送請主管征收機關登記蓋戳時，應塡具使用賬簿報告單，載列下述各項。

一、賬簿名稱及性質。

二、册數及頁數。

三、預定起用日期及可用期限。

前項使用賬簿報告單，主管征收機關應登記保存，隨時派員抽查其賬簿使用狀況，並核對各項憑證。

第二十四條 公司商號之賬簿因故不能繼續使用必須更換時，應報請主管征收機關備案。

第二十五條 主管征收機關對公司商號所送賬簿及憑證，應掣給收據，於十日內發還之。

第二十六條 主管征收機關派員赴公司商號調查時，應佩帶證章及證明文件，其無證章及證明文件者，公司商號得拒絕調查。

第二十七條 經登記蓋戳之賬簿，如發現有缺漏頁數，而於使用前未經報請主管征收機關查明備案者，得比照本法第二十一條之規定，以逃稅論處。

第二十八條 公司商號違反本法或本細則之規定，經人檢舉並查明屬實者，應卽移送司法機關處理，並依照規定，對檢舉人核給獎金。

第二十九條 征收人員對於公司商號營業實況及有關文據，應保守祕密，違者經查實後，由主管機關予以處分，其觸犯刑法者，並移送司法機關處理。

第三十條 本法及本細則所定主要表册單證格式，由財政部製訂之。

第三十一條 本細則自公布日施行。

備註：（營業稅法全文見本公報第二卷第十期第二九四頁）

修正違警罰法第五十一條條文

三十六年七月十六日國民政府公布

第五十一條 罰鍰之執行，應令於罰鍰繳納單內貼繳同額之違警印紙。

前項罰鍰繳納單之式樣及違警印紙規則，由內政部定之。

罰鍰沒入財物及賠償之收入，除法律另有規定外，應分別歸入各級政府之公庫。

國府公報所載中央法規索引

八月上半月

三十七年度中央政府總預算編審辦法 第二八九四號

公有建築審查規則 第二八九八號

財政部印花稅檢查規則　第二八九八號

收復區私有土地上敵偽建築物處理辦法第四條第五條兩條修正條文　第二九〇三號

本府法規

南京市園林管理處公園管理通則

三十六年七月十八日第九十一次市政會議通過

一、南京市園林管理處為統一管理全市各公園起見，特訂定本通則。

二、全市各公園每日開放時間，除必要時，由本處另行規定公告外，通常規定如左：

一月至三月　上午七時至下午九時

四月至五月　上午六時至下午十時

六月至九月　上午六時至下午十二時

十月至十二月　上午七時至下午九時

以上每日開放及終止時間，均以鈴聲為號，終止時遊人應一律出園，並熄滅路燈。

三、全市公園概以免費開放任人遊覽為準，如有展覽會、遊藝會、音樂會等，得酌收入場券費。

四、除小孩推車及供殘疾或年老人乘坐之特製公園坐車外，其他各種車輛以及牲畜一概禁止入園。但本處公務車或機關之因執行公務必須入園之車輛經本處許可者，不在此限。

五、公園內必須設置之茶社、餐室、攝影社、健身場等，得由本處規定招商承辦；其他為適應遊人需要之各種商店、遊船暨水陸地區流動小販等，應呈經本處許可，方得開始營業。以上各項均應遵守本處管理規則辦理，否則令其停業，其規則另訂之。

六、公園內設置之兒童遊戲器具，成年人不得使用。

七、凡有左列各項情形之一者，得拒絕入園：

（一）酗醉者，（二）患傳染病者，（二）有神經病者，（四）衣冠不整者，（五）攜帶各種武器者。

八、凡有左列情形之一而不受勸告者，得令其出園：

（一）踐踏或採摘花木者，（二）攀登花木或橋欄石欄者，（三）加害陳列物品者，（四）任意搬動椅櫈、踐踏椅櫈、或在椅櫈、躺臥者，（五）向遊人乞討者，（六）裸露身體者，（七）高聲吵鬧或集弄噪樂者，（八）故意戲弄或激怒水陸動物者，（九）非游泳池沼而入水洗澡者，（十）衣帽什物懸掛樹上者，（十一）未經商得本處許可而在園內集會演說或舉行團體操演者，（十二）遊船經過橋洞，故意停留妨礙他船行駛擾亂公共秩序者，（十三）遊船不循水道行駛或不在指定碼頭登陸者。

九、凡有左列情形之一而不受阻止者，得令駐衛警察隊驅逐出園：

(一)未經本處許可而在園內水陸地區兜售物品者，(二)玩弄武器或以獵槍鷹犬彈弓在園內擊取鳥獸者，(三)非運動場所任意踢毽或玩弄各種球類者，(四)施放風箏紙鳶或模型飛機者，(五)無劵釣魚或以特種釣鈎釣取魚類者，(六)非溜冰場所而穿溜冰鞋任意行走者，(七)任意張貼廣告標語者。

十、凡有左列情形之一者，得視情節輕重責令照物値賠償修復，或處以一千元以下之罰金後令其出園。

(一)隨地吐痰到處便溺者，(二)任意拋棄果皮紙屑者，(三)燃燒草皮者，(四)汚濁牆壁椅櫈或其他設備者，(五)刊刻圖字或攀折水陸花木及採摘果實者，(六)攀越牆頭或折損藩籬者，(七)捉捕水產動物及掏取蟋蟀青蛙等有益蟲類者。

十一、凡有左列情形之一者，本處得令駐衛警察隊移送就近警察局所法辦：

(一)散佈謠言足以影響公共安寧者，(二)未經許可燃放烟火或其他火器者，(三)無故擅吹警笛或施放警號者(四)聚衆滋爭或鬥毆者，(五)有猥褻行爲或調戲舉動者，(六)拋擲磚石者，(七)有扒竊行爲者，(八)不遵勸戒出言侮辱者。

十二、凡在園內遊覽，因本身疏忽或不受規章遭受任何傷害時，本處除設法予以緊急救護外，不負其他責任。

十三、本通則自呈奉　市政府核准後公佈施行，其修改亦同。

南京市工務局管理廣告章程

三十六年八月一日第九十二次市政會議通過

第一章　總則

第一條　本章程依照修正南京市政府組織規程第十一條第五款訂定之。

第二條　凡在本市區域內張設廣告者，均應遵照本章程之規定。

第三條　凡爲發展營業，不論用紙用板或其他材料，就他人房屋、牆壁、道路杆木、車輛、船舶、幻燈、電影或其他物品上，揭佈或設置文字、圖畫，以及散發傳單遊行宣傳者，均爲廣告。但就自己營業場所裝設或揭佈招牌、旗幟、標誌揭貼，不在此限。

第四條　凡機關學校之文告標語，或其他無招徠營業性質之招貼告白等，不以廣告論，得在工務局指定地位揭佈。但揭佈之地位失當或其他經工務局認爲不合者，得由工務局隨時矯正之。

第五條　廣告文字及圖畫均應以純正爲主，不得有下列各項意義：

一、妨害公安，二、傷害道德，三、挑撥離間，四、朦混欺騙，五、利用他人之商標或版權，六、其他經工務局認爲不合者。

第六條 揭佈廣告之場所應以下列各處爲限：

一、工務局建設之公共廣告牌或公共廣告亭，二、工務局指定之臨時廣告場，三、商民報請工務局核准設置之特許廣告場。

第七條 設置廣告不得有下列各項情事：

一、妨害行政，二、妨害交通，三、妨害市街光線，四、妨害行旅視線，五、跨越街道，六、妨害消防工作，七、妨害他人主權，八、易生危險，九、易堆垃圾，十、易藏盜賊，十一、其他經工務局認爲不合者。

第八條 凡揭佈或設置廣告者，均須依照本章程之規定，先經工務局核准蓋戳；醫藥廣告由工務局會同衛生局核定，並繳納與應征捐額相等之保證金後，再向財政局繳捐領照。其租用他人所有物揭佈或設置者，均須取得物主允許證呈驗。

前項保證金於揭佈或設置後，經工務局查勘幷無與原呈圖樣不符，或揭在工務局指定或核准之廣告欄以外者，即予發還，否則沒收。

第九條 廣告捐應按廣告種類，依本章程之規定分別計算徵收，但娛樂場所廣告及奢侈消耗品應按規定捐率加二倍徵收。

第十條 凡機關學校團體非營業性之宣傳揭佈廣告者，得申請工務局核定蓋戳免捐。

第十一條 凡定期之廣告，須在下端註明起止月日，或逕署某月某日止，以便稽查；定期屆滿如欲繼續揭佈者，須於期滿前七日遵章呈報，續繳捐款，幷更註展滿日期。

第二章 普通廣告

第十二條 凡在工務局設置之公共廣告牌或公共廣告亭揭佈廣告者爲普通廣告。

第十三條 普通廣告以油漆美術紙質爲限，其面積以工務局建設之廣告牌亭所劃定之每面爲一塊。

第十四條 普通廣告之捐率另表規定之。

第十五條 凡欲揭佈普通廣告者，須先將廣告式樣，揭佈日期及佔用地位，送請工務局核准，向財政局繳捐領照，方准揭佈。但遇必要時，得由工務局遷移或取銷。

第十六條 揭佈後時效未滿自行撤銷者，所繳捐款概不發還，其由工務局取銷者，按未滿日期扣發之。但遇天災人禍或其他不可抗力之情事，致廣告受有損壞時，其未逾期之捐款不爲發還。

第十七條 滿期之廣告欲在原處地位繼續揭佈者，須先申請保留，續繳捐款。

第十八條 凡未經工務局核定，或未照章向財政局繳捐，任意揭佈普通廣告者，除照另表所列全年之捐率處罰外，並勒令補繳欠款。

第三章　特種廣告

第十九條　凡就道旁屋頂及牆壁上自行設置之油漆美術紙質廣告，經工務局核准者，概為特種廣告。

第二十條　特種廣告依照工務局規定式樣，先將設置地點，構造種類繪製圖樣，呈請工務局核准，向財政局繳捐領照，方得設置。

第二十一條　特種廣告之捐率另表規定之。

第二十二條　特種廣告至少以三個月為限，如時效未滿而中途自行撤銷者，所繳捐款概不發還。

第二十三條　期滿之特種廣告仍欲繼續設置者，須於期滿前七日向工務局申請，向財政局繼續繳捐，倘逾期並不遵辦者，得由工務局沒收其廣告。

第二十四條　特種廣告如遇必要時，得由工務局通知設置人遷讓之。

第二十五條　凡設立特種廣告並未呈准工務局或未向財政局照繳捐款者，按另表所列全年應繳捐率加倍處罰，並勒令補繳欠捐。

第四章　臨時廣告

第二十六條　凡工務局指定之公私牆壁，或一切正在建築期內圍籬等處張貼之紙質廣告，或以木板鉛鉄等製成裝置懸掛之廣告，為臨時之廣告。

第二十七條　凡紙質臨時廣告，須先將廣告送請工務局核准蓋戳，其他臨時廣告亦須先請工務局核定式樣，向財政局繳捐，領取金庫收據，方准揭佈或裝掛，但不得阻礙交通。

第二十八條　凡以紙質或以木板等物製成之臨時廣告，其捐率另表規定之。

第二十九條　凡未經工務局核准蓋戳，或未照章向財政局繳捐，或未在指定欄內張貼之臨時廣告，其屬紙質者，應照另表所列捐率至少以千張計算處罰；其屬於其他裝置張掛者，應照另表所列捐率每一方尺按二十方尺計算處罰。

第五章　遊行廣告

第三十條　凡遊行街市招徠營業者為遊行廣告。

第三十一條　遊行廣告應於舉行前二日繕具請求書，聲述遊行人數，樂器件數，或車輛種類及輛數，連同廣告式樣或仿單，呈請工務局核准，向財政局繳捐領照，方准遊行。

第三十二條　遊行廣告之捐率另表規定之。

第三十三條　遊行人數每次每班至多不過十五人，汽車馬車輛數或裝飾，以不妨害交通為限。

第三十四條　遊行時間規定每日上午八時至下午八時，如因氣候關係或有特殊情形，得酌量變通之。

第三十五條　遊行廣告須嚴守秩序，不得妨害交通，並須攜帶捐照，以備稽查。

第三十六條　遊行廣告有不遵守本章程辦理者，一經查覺，除按另表列所捐率加五倍處罰外，並禁止其遊行。

第六章　其他廣告

第三十七條　凡散發或揭佈左列各條之傳單或廣告幻燈，須呈請工務局核准，向財政局繳捐領照。

第三十八條　凡散發含有招徠營業性質之傳單，其捐率另表規定之。

第三十九條　凡在茶館、酒肆、戲院、遊藝場或公園、花園等處揭佈之廣告，其在外圍者，照特種廣告征捐；其在內部者減半征收之。

第四十條　凡以公共汽車或船舶揭佈之廣告，其捐率另表規定之。

第四十一條　凡霓虹燈及在電影院插入之廣告幻燈片，其捐率另表規定之。

第四十二條　凡違反上列各條之規定，一經查覺，除傳單照一千張計算五倍處罰外，餘照另表所列全年捐率計算處罰，並勒令補繳欠捐。

第七條　非廣告

第四十三條　裝設或揭佈非廣告之招牌、旗幟、標誌、揭示等所用之材料，應依下列之規定：

甲、竹木、磚石以及繩索、鉛絲、鉄絲等材料，不得腐朽，以防傾落。

乙、紙張布棉等材料不得破舊，有礙觀瞻。

第四十四條　凡就屋頂裝設非廣告之招牌標誌等，應將其高度連屋身計算不得超過工務局規定之限制，並於施工前分呈核准。

第四十五條　凡就面外及其餘屋外牆壁張佈非廣告之標誌揭示等，均應將文字圖樣，建築方法，依照本章程第六、八兩條各項之規定，并須呈經工務局核准。

第四十六條　凡房屋招租及尋人或尋找失物等非廣告之揭貼，除本人門首外，須就指定之各廣告場揭貼之，不得隨處亂貼

第八章　附則

第四十七條　本章程如有未盡事宜，得隨時修正之。

第四十八條　本章程自南京市政府核准之日起施行。

南京市房屋評價委員會組織規程

三十六年八月一日第九十二次市政會議通過

三十六年八月十三日本府(卅六)府秘字第八十五號令公布

第一條　本規程依照房捐條例第七條之規定，並參照本市實際情形訂定之。

第二條　本會以左列人員組織之，以市政府代表為主席，均為無給職。

一、市政府代表一人。

二、首都警察廳代表一人。

三、市參議會代表二人。

四、市商會代表一人

第三條　本會會議得依事實需要，由　主席召集之。

第四條　本會非有全體委員過半數之出席不得開議，非有出席委員過半數之同意不得決議，可否同票時取決於主席。

第五條　本會得向房屋所有人或房客調閱有關契據文件及通知到會質詢。

第六條　房屋價額經本會評定後，於三日內以書面通知本市財政局稅捐稽征處及申請人。

第七條　本市財政局稅捐稽征處應依照前項評定價額征收房捐。

第八條　房主對於房產之評價有不服時，於接到通知後五日內申述理由，本會應再為評定，但以一次為限。

第九條　本會委員對於本身之房屋或與房產所有人有親戚關係之事件，開會時應行迴避，由原派或原聘機關或團體另派代表參加評定之。

第十條　本會設秘書一人，掌理文書紀錄，由本市財政局派員兼任之。

第十一條　本會設於市政府，不另開支經費，其必需之文墨紙張由本市財政局供給。

第十二條　本規程自南京市政府公布之日施行。

南京市房屋租賃糾紛處理委員會組織規程

三十六年八月八日第九十三次市政會議通過

第一條　南京市政府為處理房屋租賃糾紛事項，設置南京市房屋租賃糾紛處理委員會。（以下簡稱本會）

第二條　本會設委員九人至十一人，除左列各機關指定代表一人為當然委員外，餘由市長聘派之。

一、南京市參議會，

二、首都地方法院，

三、首都警察廳，

四、南京市工務局，

五、南京市地政局。

第三條　本會設主任委員一人，由市長就委員中指定之，綜理本會一切事務。

第四條　本會設秘書一人，專員二人，科員二人，辦事員二人，書記二人，除專員二人外，均以調用為原則，承主任委員之命，辦理本會事務。

第五條　本會每兩星期開會一次，必要時得舉行臨時會，均由主任委員召集，并為會議時之主席，主任委員缺席時，由出席委員推定一人為主席。

第六條　本會處理事務以調解為原則，調解成立後，製成和解筆錄，由當事人簽名蓋章，分存遵守；調解不成立時，當事人得向司法機關起訴。

第七條　凡經本會調解之事項，無論成立與否，均將結果函送司法機關備查。

第八條　本會對於糾紛案件之處理，經提出會議討論受理後，指定人員調解之，其調解結果應提會議報告。

第九條 本會得設置房屋租金評議委員會，其組織另訂之。

第十條 本規程自公佈之日施行，並報請 行政院備案。

南京市旅館帶徵旅客市政建設捐徵收細則

三十六年八月八日第九十三次市政會議通過

第一條 凡在本市區內之旅館、旅社、公寓、客棧或飯店，及酒菜館內附設房間供客住宿者，均應遵照本細則之規定，代徵旅客市政建設捐，并向主管徵收機關繳納之。

第二條 旅客市政建設捐捐率，按照房間價目徵收百分之十。

第三條 旅客市政建設捐捐款由旅客負担。

第四條 按照社會局核定之旅館等級屬於丁戊兩級者免徵。

第五條 凡在本市區內經營本細則第一條所規定之旅館，（以下統稱旅館）無論舊設新開，均應檢同社會局所發營業執照及財政局所發之營業牌照，向徵收機關登記，并應將所有房間數目、房間等級及價目，遵照本局頒發旅館調查表逐項塡明蓋章，呈局備查，并取具殷實舖保兩家，担保清繳捐款責任。

第六條 各旅館於清算房價時，應將代徵捐款數額塡給財政局所發之三聯結賬單，以一聯交旅客收執，每五日將所徵捐款連同三聯單第二聯及解款報告表，呈送主管經徵機關核收。前項旅館如有因特殊情形經呈准免用旅館三聯結賬單者，徵收機關得按其實際營業額核實征收。

第七條 旅館三聯結賬單每五十張訂為一冊，每冊分三聯，一聯塡給旅客，一聯於繳納捐款時隨同繳呈主管經徵機關查核，一聯留存。每聯所繳之數字均須大寫，其房間號數價目及應征旅客市政建設捐捐額，應於各聯上塡明；加蓋旅館戳記，以憑查攷。

第八條 各旅館對於主管徵收機關派員查閱賬冊循環簿，核對代徵捐款時，應立即交出，不得推諉拒絕。

第九條 旅館如有改組轉讓情事，應由繼續營業人於三日內，檢同營業執照及營業牌照向徵收機關申請登記，并換具保證；如改組前之營業人有欠捐情事，應由原營業人清繳，或由繼續營業人代繳，方准繼續營業。

第十條 旅館開業、遷移、閉歇或復業時，應於三日前呈報徵收機關備查，其因臨時事故暫行停業者，應於先一日呈報備查，其復業時亦同。

第十一條 旅館對於編號蓋印之結賬單應妥為保存，如有遺失損毀，除由旅館登報聲明作廢外，并將遺失損毀之三聯單起訖號碼及張數詳為塡明，一面檢同報紙呈報徵收機關備案，并得由徵收機關酌量情形，每結賬單一張處以一千元以上五千元以下之罰鍰，但因天災事變或其他不可抗力致遺失損毀者，經調查屬實免予處罰。

第十二條 旅館不遵本細則第六條之規定，對於代徵旅客市政建設捐逾期不繳者，每逾期三日，加收滯納罰金十分之一，按日遞推；如逾期十五日以上未繳解者，除追繳欠捐及滯納罰金外，照應納捐額處以一倍以上五倍以下之罰鍰。

第十三條 旅館如有違反本細則第九條第十條之規定者，按其情節輕重，處以五千元以上一萬元以下之罰鍰。

第十四條 旅館如有左列各款情事之一者，除損失捐款應查明令其照數補繳，無法查明者，按其實際情形核計應繳捐款總數令其補繳外，并酌量其情節輕重，處以應納捐額一倍以上五倍以下之罰鍰。

（1）業向旅客結賬收捐，其結賬單存根未載捐額者；

（2）結賬單各聯所載捐額不符，意圖侵佔捐款者；

（3）結賬單各聯騎縫上不遵填數目字，或塗改字跡模糊，意圖侵蝕捐款者；

（4）結賬單與賬册所載房間價目總數不符，意圖侵蝕捐款者；

（5）已繳捐款未掣給賬單與旅客者。

第十五條 本細則第十三第十四兩條各款之規定情事，如係經人舉發經查屬實者，得於應處罰鍰內提出百分之四十獎給舉發人。

第十六條 主管徵收機關應隨時派員實地視察各旅館代徵捐款，如發現營業人確有舞弊情事者，除追繳其偷漏捐款外，并按應徵捐額處以一倍以上五倍以下之罰鍰。

第十七條 本細則之罰鍰由財政局核定執行，如當事人不服時，送由法院裁定之。

第十八條 本細則奉市政府核准公布施行，並函財政部備案，市參議會備查。

修正南京市整理契稅實施辦法第五條條文

三十六年八月一日第九十二次市政會議通過修正

第五條 凡在本市戰前戰時成立不動產典賣之白契，其轉價不論為銀兩、銀元、銅元、制錢、實物、法幣或偽幣，一律由本市鄉區不動產評價委員會按時值以法幣評定標準地價，繳納契稅。

南京市政府第九十二次市政會議紀錄

時　間：三十六年八月一日

地　點：本府會議室

主　席：沈市長　　紀　錄　石衍長

討論事項

1. 市長交議：據工務局呈訂首都車輛監理所組織規程草案，提請討論案。

決議：限一星期內由祕書長會同參事室、工務局、警察廳參酌國內外現行車輛管理制度，擬訂車輛管理原則，連同本案併提下次市政會議討論。

2. 市長交議：據工務局呈訂廣告管理章程草案暨廣告捐率表，並請廢止取締廣告及征捐章程一案，提請討論案。（原案見第九十二次市政會議議事日程）

決議：廣告捐率表通過。管理廣告章程照參事室修正案通過。取締廣告及征捐章程應予廢止。（管理廣告章程見法規欄，廣告捐率表見市政要訊欄。）

3. 市長交議：據財政局呈訂南京市房產評價委員會組織規程草案，提請討論案。

決議：修正通過。（修正組織規程見法規欄）

4. 市長交議：據參事室簽請修訂本市整理契稅實施辦法第五條條文，提請討論案。

決議：通過。（修正條文見法規欄）

5. 市長交議：據工務局呈送修訂首都車輛監理所各項收費數額表，提請討論案。

決議：通過。（收費數額表見市政要訊欄）

6. 市長交議：據首都警察廳呈請將浦鎮劃歸本市管轄一案，提請討論案。

決議：轉請行政院核示。

7. 市長交議：為提高保幹事待遇及請發自治人員配購證，訂定辦法兩項，提請討論案。（原案附後）

決議：（一）照所提兩項辦法通過。

（二）關於保幹事素質亟應提高，其甄訓辦法由民政局迅擬呈核。

附：提高保幹事待遇案

市長交議：為提高保幹事待遇及請發自治人員配購證，訂定辦法兩項，提請討論由。

辦　法：一、保幹事待遇自本年六月份起，薪水加成數為一千八百倍，基本數為三十四萬元。

二、關於自治人員請發日用必需品配購證，屢經呈院，迄未奉准，擬再呈院懇請准予核發。

南京市政府第九十三次市政會議紀錄

時　間：三十六年八月八日上午九時

地　點：本府會議室

主　席：沈市長　　紀　錄　石衍長

討論事項

1.市長交議：據財政局簽擬南京市旅館代征旅客市政建設捐征收細則草案，暨南京市旅館業認繳代征旅客市政建設捐暫行辦法草案，提請討論案。（原案見第九十三次市政會議議事日程）

決議：徵收細則草案照修正案通過。暫行辦法草案修正通過。（徵收細則見法規欄）

2.地政局提：爲私立金陵大學函請撥用下關四所村棚戶住宅區第六、八兩段土地，與建友鄰社，辦理社會福利事業一案，提請核議案。（原案附後）

決議：照所擬辦法通過。

3.市長交議：據楊參事周局長簽呈會擬南京市房屋租賃糾紛處理委員會組織規程草案，提請討論案。

決議：通過。

4.市長交議：據參事室工務局會簽，擬訂首都車輛管理原則提請討論案。

決議：首都車輛監理所組織規程內增訂「警察廳與工務局應取得聯繫」條文一項，是項聯繫辦法幷由參事室會同警察廳、工務局商訂後，連同原組織規程暨增訂條文一併簽核施行。

附：金陵大學請撥四所村土地案

地政局提：爲私立金陵大學函請撥用下關四所村棚戶住宅區第六、八兩段土地興建友鄰社，辦理社會福利事業一案，提請核議案。

地權及現況：據派員實地查勘報稱：該項土地位于四所村東部中心，現有畢正祥一戶搭有白鐵棚外，餘地有萬應民等四戶種有青苗。至該項土地戰前是否已完成征收手續，因卷在抗戰期內遺失，現屬無案可稽，惟證諸本局技術室尚存有收字二二七號征收圖在卷，似已完成征收手續，現屬市有產業。

理由及辦法：查四所村棚戶區土地，戰前係由本府依法向人民征收，而未依照土地法第二一九條規定，似不應變更用途；再金陵大學係私立學校，依法不能享有撥用公地之權益；惟該校需用此地，係以舉辦社會福利事業，配合學術研究，服務人羣爲主旨，際茲戡亂建國期內，是項公共福利事業確爲當前所需，爲鼓勵學術團體服務社會之興趣及兼顧法令起見，擬請將名稱改爲「南京市政府委託金陵大學主辦四所村棚戶區友鄰社」辦理該區內棚戶福利事業，則與法令規定並無不合。當否，仍祈公決。

人事動態

三十六年七月二十三日至八月五日

姓名	服務單位及職別	動態	到離職日期
張治本	會計處第二科見習	新任	七月廿三日
傅金華	會計處第二科見習	新任	七月廿三日
程宗潮	教育局督學	新任	七月十七日
陳必俊	地政局土地測量隊測量員	新任	七月廿三日
任鏡湖	地政局土地測量隊測量員	新任	七月廿五日
王家駿	地政局土地測量隊測量員	新任	七月廿六日
楊崢嶸	地政局土地測量隊測量員	新任	七月廿六日
陳秉銓	地政局土地測量隊測量員	新任	七月廿八日
顧勤庵	市府第二科科長	新任	八月一日
蕭漢傑	市府第一科雇員	新任	八月一日
劉德明	會計處第二科科員	新任	八月一日
金養良	統計處第一科辦事員	新任	七月廿四日
陳代鈞	統計處第一科辦事員	新任	七月廿八日
王淦	統計處第二科科長兼幫辦	新任	七月廿八日
譚啓棟	統計處第一科科長	新任	八月一日
鄭可大	統計處第二科事員	新任	八月一日
李侃	統計處第二科荐任科員	新任	八月一日
周若夫	統計處第二科科員	新任	八月一日
吳衞華	統計處第二科科員	新任	八月一日
宋孝慈	統計處第二科科員	新任	八月一日
王光夏	統計處第二科科員	新任	八月一日
竇茂林	統計處第二科科員	新任	八月一日
謝家樹	統計處第二科辦事員	新任	八月一日
吳禮華	統計處第二科辦事員	新任	八月一日
張紹周	民政局第二科辦事員	新任	七月三十日
郭乘桴	民政局第二科辦事員	新任	八月一日
張廣林	民政局第二科雇員	新任	八月一日
吳鳳嫒	民政局第一科雇員	新任	八月四日
李騏	民政局第二科辦事員	新任	八月五日
陳克楊	地政局統計佐理員	新任	八月一日
毛啓麟	地政局技正	新任	八月一日
簡直	地政局土地測量隊測量員	新任	八月一日
朱繼善	地政局土地測量隊求積員	新任	八月一日
潘琮	地政局土地測量隊繪圖員	新任	八月二日

姓名	職務	事由	日期
李　誠	地政局土地測量隊試用測量員	新任	八月四日
高爲鋆	地政局土地測量隊試用測量員	新任	八月四日
唐餘佑	地政局土地測量隊檢查員	新任	八月五日
蘇宗儀	衛生局雇員	新任	八月一日
高鴻程	市立醫院醫師	新任	七月一日
陳鴻恩	市立醫院醫師	新任	七月七日
張單啓	市立醫院醫師	新任	七月十日
陳如玉	市立醫院護士	新任	七月十五日
劉寶書	第十二衛生所助產士	新任	八月一日
劉　誠	清潔總隊督察員	新任	七月十六日
易景周	清潔總隊副隊長	新任	七月十六日
王葆棣	清潔總隊雇員	新任	七月十六日
王階平	市府第二科科長	調任市府秘書	八月一日
沈家鳳	市府專員	調任市府秘書	八月一日
郭敏行	市府專員	調任市府第三科科長	八月一日
張治本	會計處第二科見習	調任下水道工程處會計室佐理員	八月一日
梁同武	會計處第二科科員	調任市立農業職業學校會計員	八月一日
龔啓南	民政局第一科辦事員	晉升民政局第一科科員	八月一日

姓名	職務	事由	日期
何　浩	統計處第一科科員	辭職	八月一日
蕭念萱	統計處第一科雇員	辭職	八月一日
陳贊平	民政局第一科科員	辭職	七月卅一日
謝昭祥	土地稅征收處技士	辭職	七月卅一日
毛震凡	市立醫院醫師	辭職	七月卅一日
俞成鉄	市立醫院醫師	辭職	七月卅一日
李淑娟	市立醫院醫師	辭職	七月卅一日
羅素貞	市立醫院護士	辭職	七月卅一日
陳永鳳	第十一衛生所助產士	辭職	七月卅一日
李承福	市立救濟院工藝組組員	辭職	七月卅一日
黃錫元	清潔總隊雇員	辭職	六月三十日
陳延年	菜場管理所雇員	辭職	六月三十日
高燕芳	菜場管理所雇員	辭職	七月一日
莫啓明	菜場管理所雇員	辭職	七月一日
程邦德	工務局第二科幫工程師	辭職	八月一日
符冰淳	地政局土地測量隊測量員	辭職	八月一日
陳培崟	民政局第四科科員	免職	七月十八日
林江笠	地政局第二科督導員兼股主任	免職	七月廿九日
蔣道中	市府辦事員	免職	七月卅一日
王壽甲	民政局第二科辦事員	免職	七月卅一日
楊瑞茂	市立救濟院工藝組雇員	免職	七月卅一日
徐光霞	衛生局護士	留職停薪	八月一日

文書處理問題

沈市長在三十六年三月二十四日本府紀念週講詞

文書處理是個小問題，但依本人的看法，它的內容和外表足以表示一個機關的風格和精神，很值得重視。從前曾文正公曾說：湘軍的成功沒有特別的秘訣，只靠「拙」「誠」兩字。「拙」就是「遇事笨做」，「誠」除了對人的誠懇而外，就是「遇事認眞」。笨做而又認眞，是曾文正公所說湘軍成功的秘訣，實際也就是曾文正公本身成功的秘訣。我們處事應有「拙誠」的精神，而此種精神在文書處理上也同樣重要。

文書處理的標準

文書處理，我希望達到怎樣的標準呢？

第一、要絕對的準確。擬稿的人應自己檢討所擬之稿，是否與事實切貼，是否與法令符合，情理是否通達，措辭是否妥適。收發的人對於摘由，編號，塡寫年月日，應處處注意，不容偶有參差訛誤或遺漏。常見報上所登機關佈告通告之類，後面往往漏塡發布日期，假使這佈告通告是有時間性的，便會在法律上發生效力問題。再如繕校，當然不能有一字的脫落或錯誤。管卷的分類、安放、調出、收回，更要做到準確，方能調取簡便迅速。這些都只要隨時用心，就不難達到。

第二、要相當的迅速。所有的公文要求其隨到隨辦，隨辦隨了。文書處理的程序要求其明快敏活，手續務須力求簡單。這些地方，各部份應該隨時注意改進。

第三、要一般的整潔。這一點似乎是小節，但却是處理文書最起碼條件。普通機關往往犯一個毛病，就是上行文無論擬稿繕寫，無不刻意求工，但是下行文却就草率了事。這種「諂上驕下」的心理，眞太要不得。我們今天都講民主，這種心理，恰與民主相反。有些給人民的公文，就連「先生」或者更簡單的「君」字，都捨不得用，慣用「該民」字樣。前幾天有一個人拿着一封本府給他的公文，字跡既潦草，封上只寫着姓名三個字，到這裏來問我，使我看了，覺得非常難受。我們公文無論發給任何機關，任何個人，都應該寫得整潔，草率是絕對不行的。此外，如收發文登記簿和到文紙要寫得乾淨清楚，檔卷的登記編號要寫得乾淨清楚，甚至發信貼郵票，也要貼在一定地位，這些小地方，作來很容易，並無甚麽困難，但必須養成習慣。我們工作人員都應該有一種審美觀念和不怕麻煩的性情，「審美」並不是要怎樣苛求，整潔就是最起碼的條件。

文書處理的目標

我們對於文書處理，除了上述的種種要求以外，還希望趨向幾個目標：第一是節省人力，第二是節省物力，第三是節省時間，第四是節省空閒。譬如有許多例行公事，千篇一律，就不妨儘量改用表格，可以不用經過擬稿核稿等等手續，這就省了不少人力、物力，時間和空閒。業務機關尤其可以如此。至於不能用表格塡寫的事件，當然不可強求簡便，必須擬稿，但也得儘量删去繁文廢話，愈簡明愈好，使核稿繕寫都可便易。不過，遇到情節複雜性質重要的案件，却又不可一味求簡，必須反覆闡明，不厭其詳。這並不是矛盾，而是因爲不如此，使對方看不懂，來出詢問，再去答覆解釋，這樣一往返，不是求簡反繁，人力、物力、時間、空閒更多消耗嗎？

還有一點在今日需要特別注意，就是物資缺乏，經費困難的問題。這在抗戰期間早已發生，到了今日，一紙一筆，都貴到使人不會相信的價格。辦理文書的人，對於筆墨紙張必須格外愛惜，力加節省，這不僅爲的省錢。浪費稿紙，增加篇幅，日積月累的結果，就是檔案室的文卷保管，也要增加地位，我們今日要是一查檔案，其中必有很多是浪費的紙張。有的一張稿紙上，只寫寥寥數字，有的在最末一張信紙上，只寫一二行，這些說來又都是小事，但與節省人力、物力、時間、空閒，都很有關係。

文書要戒除官僚氣

最後，還要提到一個問題，就是我們應該儘量戒除官僚氣。歷來機關的公文多半犯有兩種毛病，一是「推諉」，一是誇大」。我們要以「負責」代「推諉」，以「切實」代「誇大」。「推諉」就是把事情推出去，一件公文來了，不求如何辦，僅求如何推。能推到上，就推到上；能推到下，就推到下；能推到其他機關，就推到其機關。一經推出，便算達到辦事目的。而「推諉」以「轉移」爲手段，因之「轉移」就成爲辦公所研究的內容，使公文始終在「轉移」中打圈子，這絕不是我們現代公務員辦公之道。「誇大」就是不合眞情，使公文變成「言不由衷」，甚至故作，「違心之論」。我們辦公文，務必要「言必由衷」，不作「違心之論」。假如遇到與事理不合，或自己內心亦不以爲然，或明知行不通的事，而儘在公文上行出去了事，這是不負責任的行爲，又如公文的批語，普通批准一件事，那些公文程式就教我們用「尚無不合」，而批駁一件事，就用「實屬不合」。試看，「尚無不合」何等游移，「實屬不合」又何等肯定，這就是十足的官僚氣，也是一種無謂的「誇大」。我們辦公文，無論准駁，都應該懇切詳明，不能用那些——我無以名之，名之曰「陳腔濫調」的詞句。此外如「切切毋違，致干未便」等詞句，似單把一件事說得過分嚴重，何以要如此？、眞百思莫解。大概不外籍此表示機關的尊嚴，但機關的尊嚴，應表現在事實上，而不在公文上。在公文上那樣誇大，簡直有點像「畫符咒鬼」，毫無道理，這種官僚氣應該絕對避免。

總之，關於文書處理方面一般容易犯的毛病，我們市政府以後應該力求注意改善，以達到我前面所說的準確，迅速與整潔的標準，和節省人力、物力、時間、空閒的目標。

（戴戚虞記錄）

南京市政府公報刊例

一、本公報每半月發行一次

二、凡本府例行公文卽在本公報發佈不另行文

三、本府所屬各機關於收到本公報時應編號歸檔妥爲保存凡註明「不另行文」文件並應注意遵照

南京市政府公報

第三卷　第四期

中華民國三十六年八月三十一日

編輯者　南京市政府編譯室

發行者　南京市政府

印刷者　大東新興印書館

南京：建鄴路一三八號

電話：二二二二六號

中華民國三十六年九月十五日

第三卷　第五期

南京市政府公報

南京市政府編譯室編

目錄

辦理國大代表候選人登記

南京市國民大會代表立法院立法委員**選舉事務所公告**（卅六）京選區字第二六號

查本市國民大會代表候選人登記期間，定於本年九月一日起開始至同月三十日截止，凡願為本市國民大會代表候選人者，應依照國大代表選舉罷免法暨施行條例及本市國民大會代表候選人登記須知各規定手續，於前項規定期內每日上午八時至十二時下午三時至五時親至本所辦理登記，除分行外，合行依照國民大會代表選舉罷免法施行條例第十三條之規定，抄錄國民大會代表選舉罷免法第五、六、十二等三條全文公告週知此告。

中華民國三十六年八月三十日

◉附載國民大會代表選舉罷免法第五、六、十二等三條條文如左：

第五條：中華民國國民年滿二十歲而無左列情事之一者，有選舉權，年滿二十三歲而無左列情事之一者，有被選舉權。

（一）犯刑法內亂外患罪經判決確定者。

（二）曾服公務而有貪污行為經判決確定者。

（三）褫奪公權尚未復權者。

（四）受禁治產之宣告者。

（五）有精神病者。

（六）吸用鴉片或其他代用品者。

第六條：外國人民因歸化取得中華民國國籍滿五年者，依前條之規定有選舉權滿十年者，依前條之規定有被選舉權回復中華民國國籍國民滿二年者，依前條之規定有選舉權滿三年者，依前條之規定有被選舉權。

第十二條：有被選舉權而願為候選人時，經五百名以上選舉之簽署或由政黨提名，得登記為候選人，公開競選，非經登記者，不得當選，但僑居國外國民之候選人，經二百名選舉人之簽署，即得登記為候選人，前項候選人之簽署，每選舉人以簽署一人為限。

訂定本市國大代表立法委員選舉人須知

南京市國民大會代表立法院立法委員**選舉事務所公告**（卅六）京選區字第二十三號

茲依照國民大會代表立法院立法委員選舉罷免法及同法施行條例暨有關法令之規定制訂「南京市國民大會代表立法委員選舉人須知」一種，除分行外，合亟公告週知此告。

中華民國三十六年八月二十七日

◉附南京市國民大會代表立法院立法委員選舉人須知

一、凡中華民國國民居住本市區域內，有左列資格經選舉人公告確定者有選舉權。

（一）中華民國國民年滿二十歲而無左列情事之一者。

1.患刑法內亂外患罪，經判決確定者。

2.曾服務公務而有貪污行為經判決確定者。

3.褫奪公權尚未復權者。

4.受禁治產之宣告者。

5.有精神病者。

6.吸用鴉片或其他代用品者。

前項年齡之計算，國大代表選舉由出生之日起算至本年七月廿二日止，立法委員選舉至本年九月廿二日止。

（二）外國人民歸化取得中華民國國籍滿五年者，或回復本國國籍滿二年者。

（三）在本市區域內居住六個月以上或有住所達一年以上，或其本籍未變更者。

前項居住屆滿期限以戶籍登記冊為標準，其計算國大代表選舉至本年七月二十二日止，立法委員選舉至本年九月二十二日止。

二、各職業及婦女團體參加國大代表選舉，應在本年七月二十二日以前成立，參加立法委員選舉，應在本年九月二十二日以前成立，其團體會員亦以上列日期以前入會，均經報准有案者為限。

三、無私人住所之公教人員學生及工人，應由原服務各機關學校及工廠將所屬人員分別姓名、性別、年齡、籍貫、職業

及公共戶籍番號名冊造送所在地管轄區公所，呈報公共戶籍。

四、本市一般住戶，市民及公共戶籍前已向警察所報有戶籍而未向所在地保辦公處或區公所報有戶籍者，應即向所在地保辦公處或區公所補報，經選舉人公告確定後，始得參加選舉。

五、每一選舉人只有一個選舉權，有二個以上選舉權者，限參加一種，由選舉人於編造選舉人名冊時，向各該保辦公處或團體會所自行認定，否則即由選舉所指定之。

六、選舉人名冊及公告名冊經核對後，國民大會代表選舉於八月二十七日起公告，立法委員選舉於十月十七日起公告及公告地點，區域選舉在各保辦公處，職業團體在各該會所公告，期間均為五日。

七、選舉人名冊在公告期間，如本人認為有錯誤重複或遺漏時，得向各該區公所或團體請求更正。

八、選舉人名冊公告確定後，各主管選舉機關於選舉前三十日製發選舉權證以憑領取選舉票。

前項選舉權證，於國大代表選舉後應予保存以憑參加立法委員選舉，其經國大代表選舉人公告後增加或變更，而經立法委員選舉人名冊公告確定之選舉人其選舉權證准予補發。

九、選舉權證由區公所或婦女職業團體向選舉事務所具領後分別逐項填明挨戶分發，婦女或職業團體之選舉權證，并得

由各該團體公告通知選舉人前往各該團體會所領取。

10、選舉人領取選舉權證時，應在選舉人名册上簽章或蓋右手指姆箕斗，並應在選舉權證上粘貼本人一寸半身相片或蓋右手指姆箕斗妥爲保存，以憑領取選舉票。

11、每一選舉人對候選人登記之簽署國大代表及立法委員選舉，均以一次爲限，簽署重複者無效。

12、選舉事務所於選舉前十五日發佈，選舉公告載明左列各事項：

（一）投票所及開票地址。

（二）投票方法及日期。

（三）應出國大代表或立法委員之名額。

13、選舉人於投票日憑選舉權證及國民身份證領取選舉票，投票管理員即於選舉權證上加蓋「領票訖」，於國民身份證上加蓋「參加區域選舉」或「參加團體選舉」字樣後，將原證發還，指往投票處投票，前項「領票訖」戳記；國大代表選舉爲紅色，立法委員選舉爲藍色。

14、投票人有左列情事之一者，選舉機關委員或監督即令其退出。

（一）冒名頂替者。

（二）發現二個或二個以上選舉權之登記。

（三）在場喧嘩或勸誘不服制止者。

（四）攜帶凶器入場者。

（五）有其他不當行爲不服制止者

15、依前條令投票人退出時，由投票管理員將其選舉票收回，并附記事由於投票簿該選舉人名下。

16、選舉國大代表，每一選舉票應單記被選舉人姓名一人，有下列情形之一者，選舉票作廢。

（一）不用投票所發給之選舉票者。

（二）被選舉人非候選人者。

（三）選舉兩名或兩名以上者。

（四）與公佈之選候人不符者。

（五）被選舉人姓名顯然錯誤者。

（六）記入其他文字者。

（七）書寫塗改者。

17、選舉立法委員之選舉票上，載明本市全體候選人姓名，選舉人應就中圈選一人，有下列情事之一者，選舉票作廢。

（一）不用投票所之選舉票者。

（二）不加圈選者。

（三）圈選二名或二名以上者。

（四）不圈在姓名之上端者。

（五）記入其他文字者。

（六）圈後加以塗改者。

18、不能自書選舉票者，得在監察員監視下委託投票所指定之代書人代書並加捺左大指模。

19、選舉人投票完畢，應即退出，不得逗留選舉場所。

20、選舉人得請求開票管理員給予入場券入開票所參觀開票，但以座滿為限。

三、選舉人或候選人確認辦理選舉人員或其選舉人候選人有威脅利誘或其他舞弊情事時，得自選舉日起十日內提起訴訟。

三、選舉人或候選人確認當選人資格不符或所得票數不實時，得自當選姓名公佈日起十日內提起訴訟。

亖、本市選舉訴訟由首都高等法院審理裁判之，以一審終結。

南京市房屋租賃糾紛處理委員會成立

南京市政府公告　卅六年府房佈字第八十九號

查本市前為管理本市房屋租賃事宜，經呈准　行政院於三十五年八月一日成立本市房屋租賃管理委員會，迄今一載，經體察實際情形該會業務範圍，亟有修訂必要，爰經提交本府第九十三次市政會議決議，將該會改組為南京市房屋租賃糾紛處理委員會，并通過該委員會組織規程，以調處糾紛及評定租價為主要業務，茲定於本年九月一日正式改組成立，除將房屋租賃糾紛處理委員會組織規程另案公布，并將前訂之房屋租賃管理委員會各項單行章則另案報請　行政院分別修正廢止外，所有前房屋租賃管理委員會經辦未了案件，自本年九月一日起一律移交房屋租賃糾紛處理委員會繼續清結。合行佈告週知。

中華民國三十六年九月二日

處理及撥交物資辦法三項

南京市政府訓令　（卅六）府總秘二字第八〇五四號

令本府所屬各局及會計處

案奉

行政院三十六年八月十六日（卅六）六經字第三二五一〇號訓令開：

「據物資供應委員會簽呈稱：『據物資供應局本年七月四日秘發字第五四〇四號代電，略稱本局為便於處理及撥交物資起見，擬具辦法三項如下：（一）轉賬領用機關，對運雜等費，須照付現款。（二）撥領之物資擬由領用機關自行修理。（三）轉賬領用之物資，自塡發提單之日起，壹個月內，應由領用機關如數領訖，如過期不提或不全部提淸時，本局卽予另行處理或出售。以上各點請鑒核示遵等情；查（一）物資供應局辦理接收撥領各項物資事務所需運雜等費，為數至鉅，本係由變價收入內取償，而對於轉賬撥用之物資，既無變價收入可言，自無可轉賬，且各機關對於所領轉賬物資，既不須付現，若對於其所應付之運雜等費，亦不給付分文，於理亦未公允，前經本會第二次委員會議提出，凡屬此種轉賬撥領之物資，其運雜棧租等費領用機關均須付現，各委員均無異議，業經本會錄案函達各有關機關查照，國防部事後雖曾一度略有爭持，惟據該部最近呈院核備之接收剩餘物資委員會組織規程第九條，曾定有領用物資所需之運輸倉儲等費，暫由軍費墊付字樣，是該部對前項運雜等費亦擬照付，似可照案准行。（二）該局尚乏修理物資之技工及器材暨工場等設備，對撥領物資之修理工作辦理不無困難，且修理物資之程度如何，影影所需費用甚大，該局如代爲招標修理，其修理之程度及所需費用，領用機關未必均能同意，不免事後發生爭執，所擬轉賬撥領之物資均由領用機關自行修理一節，擬加照准以免糾紛。（三）該局接收各項物資，正在大量趕運回國，倉庫容量有限，自感不敷囤存，爲使國外供應物得以儘速利用起見，亦須將已運回國部分早予領用或標售，不宜長久存儲，以免物資凍結，與本院加速處理剩餘物資之政策及規定均有未合，且由請轉賬領用物資機關，對請准先行領用物資，既係急用，自應促速提領，該局所擬於提單發出一個月後如不提取或不請提，視爲自行放棄，即由局另予處理或出售，尚無不合，擬可照准，以上核准各點，理合簽明，敬乞鑒核指令祇遵」等情，應准照辦，惟屬於軍用品及交通器材，應遵主席府交字第一一九六五號電令之規定，儘先撥交國防交通兩部使用，如逾二月未領，可另處理，除指復並分令外，合行令仰遵照。」

等因奉此，除分行外，合行令仰遵照。

此令！

中華民國三十六年八月二十二日

防範歹徒以魔術竊取財物

南京市政府訓令 （卅六）府總秘字第八〇二三號

令各區公所

案准

內政部本年八月八日（卅六）安四字第一三〇〇二號未齊代電開：

「案據福建一帶各地發現不肖之徒，常以變戲法及魔術之際，乘機竊取他人財物情事，應即設法制止，以免影響社會民生及安寧秩序，除分電外，相應電希查照轉飭所屬嚴祕防範。」

等由，准此，除分令并電知首都警察廳外，合行令仰知照，飭屬遵照與各警所聯繫，嚴密防範爲要。

此令！

中華民國三十六年八月二十一日

陝西省膚施縣更名延安

南京市政府訓令 （卅六）府總祕二字八〇一八號

令本府所屬各局處

案准

內政部三十六年八月十三日方字第〇八〇六號公函開：

「案查前奉國民政府 主席蔣，轉據西安綏靖公署胡主任宗南電，呈請將陝西省膚施縣更名延安等由，當經本部核議，呈請行政院核示在案，茲奉指令內開：「業經呈奉國民政府令准備案，縣印候飭局鑄換。』飭知照到部，除通行外，合行令仰知照，相應函請查照。」

等由准此，除分行外，合行令仰知照。

此令！

中華民國三十六年八月二十一日

山西省太原縣更名晉源

南京市政府訓令（卅六）府總秘二字第七九五七號

令本府所屬各局處

案准

內政部三十六年八月十三日方字第〇八〇五號公函開：

「案查山西省太原市縣同名，易滋淆混，該省政府擬將太原縣更名晉源，業經呈奉行政院轉奉國民政府令准備案，除通行外，相應函請查照。」

等由准此，除分行外，合行令仰知照。

此令！

中華民國三十六年八月二十日

本府大事記

十六日（星期六）

▲借玄武湖舉行記者招待會，市長親臨主持，由園林管理處梅處長成章報告，會後暢遊玄武湖。

十七日（星期日）

▲教育局主辦之小學教員暑期班及社會教育工作人員訓練班，舉行聯合畢業典禮。

十八日（星期一）

▲舉行小學校長座談會，討論各項應興應革事宜。

二十日（星期三）

▲衛生局主辦之檢驗生訓練班，舉行開學典禮。

二十二日（星期五）

▲舉行第九十五次市政會議。

二十五日（星期一）

▲南京市三十六年度體育節籌備委員會舉行首次會議。

▲教育局甄選國民學校教員揭曉。

▲市選舉事務所舉行講習會。

二十六日（星期二）

▲南京市清寒學生獎助金籌募運動委員會召開第一次籌備會議。

二十七日（星期三）

▲本市各界於上午舉行祀孔典禮，由市長主祭，下午教師節紀念大會，市長出席致詞。

二十九日（星期五）

▲舉行第九十六次市政會議。

三十一日（星期日）

▲市長偕民政局汪局長祖華視察新兵招待所。

二十九日（星期五）

▲舉行第九十六次市政會議。

市政要訊

市選舉事務所展開工作

本市選舉事務所自八月十二日正式成立後，所有職員均經分別調派，於八月十八日起在本府大禮堂開始集中辦公，積極展開各項選舉事務之準備工作，如編造國大代表及立法委員選舉人名册，已於十日開始督率各區公所各職業團體辦理，原限定於八月二十日前全部完成，惟為避免有二個以上選舉人之重複登記起見，特自八月二十二日起再分別核對，此項核對工作殊屬繁重，經擬定核對辦法，並經百餘人數日之努力，始告完竣，該所業已於八月二十七日將選舉人名册正式公佈，現正趕辦選舉人證，並自九月一日起，開始登記國大代表候選人，其截止期為九月卅日。

甄選國民學校教員揭曉

教育局此次甄選國民學校教員甄選分甄詢與考試兩種，凡學歷較優服務較久，幷有優良證件足資證明者，可參加甄詢，否則即應參加考試，計此次報名參加甄詢者達九十五人，實到七十六人，參加級任考試者六百七十五人（自然史地專科在內），實到五百七十四人，參加專科教員考試者一百一十四人，實到八十二人，（內音樂二十人，體育二十六人，美勞三十六人），共計實到七百三十二人，所有參加甄選人之成績，業經甄選委員會詳加評定，於八月二十五日下午揭曉，計正取（一）甄詢級任及科任教員十六名，（二）考試級任及歷史地理自然教員六十六名，（三）考試美勞音體科任教員十八名。備取（一）甄詢級任及科任教員十二名，（二）考試級任及歷史地理自然教員四十一名，（三）考試美勞音體科任教員七名。訂二十八日報到，同日下午四時半參加談話會。茲將此次錄取名單列後：

（一）甄詢級任及科任教員拾陸名

甄成德　金鏡蓉　王淑秋　井海琴　孫慕康　張有年
金慧民　韓芝恕　萬秀英　盧幼貞　趙　瑾　張朝佐
韋蘭馨　易維範　謝恆德　方樹江

（二）考試級任及史地自然教員陸拾陸名

張其勳　徐文翰　陳　馨　吳愛理　林玫珂　周賦湘
賀汴珍　蕭學優　繆積林　王　復　詹土基　施之驚
石泰峯　袁　慧　蔡惜餘　賴寶琴　王雨蒼　陸堅志
傅志烈　袁丕謙　汪爾駒　王小連　吳若蘭　李素蕙
葛佩芬　王振芳　謝永滋　葛　樓　王祥玉　羅徽怡
王　浩　陳福保　潘津芝　榮明明　張淑琪　丁　雲
陸玞笙　李鉽璜　楊先知　石　瑛　王文錦　周　倬
王永梅　王淑嫻　王敦基　趙棟臣　王嵩峯　魏榮康
姜鍾蘭　黃　炎　楊　佐　黃善清　路天祿　徐映龍
潘嘉鎮　周　瑗　李秀文　莊壽珊　許德昭　陳俊華

林開文 孫雪曉 蔡詒清 張明英 林享平 許志鵬

（三）攷試美勞音體科任教員拾捌名

薛邦珍 王慧岑 王　雲 孫秀闓 周淑君 崔　徽
沈志藍 陳詠梅 程錦林 管仲林 薛　鈞 陸素潔
李敬白 孟益齊 吉梅魂 裴道堯 屠國芳 劉明鍾

南京市教育局甄選國民學校教員備取人員名單

（一）甄詢級任及科任教員拾貳名

馮瑤琴 文　簡 湯文禮 陸如茂 夏藝瑛 蔡　恆
沈朝貴 王士俊 秦萬有 施　信 鄭寶苗 周敬禹

（二）考試級任及史地自然教員肆拾壹名

陳仁鑫 盧瑞林 石學懷 黃楳濤 郭艷文 徐宏寶
吳　維 張殿春 陳祖德 楊　振 陳培貞 華學彬
馮復初 楊立保 陳濟民 張之壽 金楚珍 陳執玉
王興元 陳秀英 王怡親 房靜宜 汪綉芳 王本山
張紀華 廖志榮 何淑民 高壽永 潘惟恕 李序凱
張燕生 吳克勤 朱容貞 張遠芳 尹恭寶 王宜昌
陳士毅 孫成義 李有裕 何少康 楊毓輝

（三）考試美勞音體科任教員柒名

戴慧芳 高　行 馮永鵬 秦恩潮 周邦震 劉恢國
鄭秀玲

私立中學收費標準

本市私立中等學校卅六年度第一學期收費標準，業經教育局擬定提由本府第九十五次市政會議修正通過，並經市參議會文化教育委員會審議，稍見核減，茲將高中初中收費標準表列後：

高中

收費項目	市政會議核定標準（元）	市參議會核定標準（元）
學費	一六〇、〇〇〇	一五〇、〇〇〇
補助費	四〇〇、〇〇〇	一六〇、〇〇〇至三六〇、〇〇〇
雜費	一二〇、〇〇〇	一二〇、〇〇〇
圖書費	一五、〇〇〇	一五、〇〇〇
體育費	一五、〇〇〇	一五、〇〇〇
衛生費	三〇、〇〇〇	三〇、〇〇〇
修建費	六〇、〇〇〇	六〇、〇〇〇
共計	八〇〇、〇〇〇	五五〇、〇〇〇至七五〇、〇〇〇

初中

收費項目	市政會議核定標準（元）	市參議會核定標準（元）
學費	一二〇、〇〇〇	一〇〇、〇〇〇
補助費	四〇〇、〇〇〇	一六〇、〇〇〇至三六〇、〇〇〇

雜費	一二〇、〇〇〇	一二〇、〇〇〇
圖書費	一五、〇〇〇	一五、〇〇〇
體育費	一五、〇〇〇	一五、〇〇〇
衛生費	三〇、〇〇〇	三〇、〇〇〇
修建費	六〇、〇〇〇	六〇、〇〇〇
共計	七六〇、〇〇〇	五〇〇、〇〇〇至七〇〇、〇〇〇

江心洲扶植自耕農近訊

一、土地整理方面——地籍測量工作已完成百分之六十，洲地地價業經評議會評定，計分三等，上則每畝四十萬元，中則每畝卅萬元，下則每畝廿萬元三級，並經劃分地價區，現已由辦事處公告，俟期滿無異議後，即開辦土地登記業務。

二、農地改良方面——中國農民銀行對于江心洲農地改良工作極願協同辦理，目前洲地之最迫切須待改進者，即農田水利，前經會同農林部農田水利工程處擬具實施計劃，現農行對于該洲農地改良貸款已獲同意，決定貸放。

三、合作指導方面——江心洲實驗區合作社，由中央合作管理局合作金庫會同派員積極籌備，已于七月廿一日正式成立，幷由本府社會局合作指導室派員指導，現正分別進行各項合作業務。

積極調查及處理公地

本市管有之公地，其權利來源及使用狀況調查業由唐參事會同地政局先從本市第二區入手，現已將卷查情形詳註公地清冊，至實地調查現況工作，即可開始。關於公地上敵僞建築物，亦亟需調查及處理，查本市公地於抗戰期內，經敵僞增加建築或裝修改建者頗多，爲清理是項敵僞建築物起見，曾于本年八月二十三日由本府各單位舉行會報，各就所管之土地及現接收使用之敵僞建築物作一綜合報導，其中以漢中門敵大二踞木廠（即工務局現材料庫）及貢院街43——49各號房屋，以必需使用及權利歸屬問題較爲重大，因復于廿六日邀集中信局敵僞產業清理處及本府各有關單位交換處理意見，當經議定處理原則如左：

一、市有公地上敵僞建築物，由本府彙案呈請　行政院撥用，並先函知敵僞產業清理處暫不處理，俟奉　院令核准後即通知敵僞產業清理處轉飭現使用人遷讓。

二、關于漢中門城灣街敵大二踞木廠問題中之房屋部份，先由本府呈請　行政院撥用機件設備，應否與房屋連同處理或分別處理一節，已由敵產清理處南京分處于上週呈請上海總處轉呈　行政院核示在案，一俟奉令再行會擬辦法。

簡訊

▲秦淮河支流自火瓦巷如意橋經娃娃橋昇平橋至第一支流一段河道，原頗灣曲，寬窄不一，且復堆積垃圾石塊，阻礙水流，現經工務局第一工程處派工疏浚，加寬溝道，盡量裁灣取直，清除溝內淤泥、石塊、垃圾、雜草等，水流已暢通無阻。

▲漢中路碎石路面工程，現已全部修築完成。

▲工務局因迭據各油商申請在市內各處建造油池，以有關治安未予輕率允准，經派員詳爲查勘，並召集各有關單位會商，僉以浦口南北兩九袱洲面積頗廣，且鄰近津浦鐵路，交通便利，堪爲建造油池地點，擬劃定北九袱洲、老江口北及南九袱洲舊日鐵三號碼頭以南爲建造油池區域，業經第九十四次市政會議通過，呈報行政院備案。

▲內政部營建司鑒於各地自來水管水表有被破壞情事，爲避免發生此項事件，曾通電全國各自來水管理處得請當地警察機關協助，首都警察廳已定期與自來水管理處洽商查緝破壞自來水管水表辦法，在該辦法未訂定前，當隨時注意防止。

▲碑亭巷至保泰街一帶，爲本市交通要道之一，但以路面狹窄，車輛輻輳易生事端，經公告禁止空車及板車行駛，並禁止於指定停車地點外停車，自八月十六日施行以來，秩序已較前良好。

▲本市役政現正積極展開工作，並已於八月十八日起在浦口、下關、新街口、夫子廟四處，分設志願兵報名處開始工作，自動報名應征者極爲踴躍。

▲關於籌集壯丁安家補助費事宜，業經市商會召集各業公會，評定等級，開始征收。

▲本市房捐總調查，截至八月十五日止，第一期已查竣五萬〇九百八十五戶，第二期自八月十六日起，調查附廓郊區，路途遙遠，進度較緩，截止二十五日止，賡續查竣九千九百六十一戶，全部清查工作，八月底以前勢難蒇事，決予展期十日，以利工作。

▲財政局鑒於近日屠宰場宰牛頭數逐見增加，每日約有八十餘頭左右，爲嚴密稽徵屠宰稅起見，經加派稽徵人員及稅警駐場查征，又各宰猪湯鍋係經常派員駐征，現經規定各員須每晨四時以前到公，幷派視察人員輪流查察，以資周密，八月份稅收已有起色。

▲財政局經征三十五年度地價稅，因住址不明或異動通知無法投遞以致尚未納稅者，計有一七八戶，稅款計一一、四二二、六四四元，經登報公告，限兩星期繳納，逾限卽加收罰金，以重稅款，而資結束。

▲本市新都戲院放映「假鳳虛凰」影片，引起理髮業反對，經社會局邀集參議會等機關團體成立調解，由該院義映三日，除去開支，餘款悉充市立救濟院建築經費。

▲衛生局爲加強本市食肉檢驗效率起見，舉辦檢驗生訓練班，在原有工作人員中挑選，灌輸各項有關基本學識訓練及實

習，期間定為四個月，班址借用漢中路小學，實習地點在農林部東南獸疫防治所，該班已於八月二十日舉行開課典禮，學員計二十餘人，並聘請獸醫專家程紹迥及農林部盧司長為講師。

▲本市各種車輛如期領照繳稅者固不乏人，而任意逃避漏稅者亦在所不免，財政局為嚴查漏稅起見，於八月一日起督飭稅捐稽徵處遴派稽征人員分區嚴密查察，因之逾來繳稅者，尚稱踴躍。

▲本市旅客市政建設捐，自本年七月五日佈告開征以來，即經旅館商業同業公會協同財政局按照市參議會簡化征收原則，分別調查各旅館營業狀況，擬訂認繳捐額彙報核定後，即派員前往各旅館遵照核定數額飭補填認繳書，幷同時征收捐款，七月份認繳捐額總計為八三、一〇八、二六〇元，八月份旅館房價，經由社會局予以調整，自應比照增加各旅館認繳捐額，當由財政局召集旅館業公會各負責人協商比例增加，幷派員分別切實調查各旅館營業情形，以便確定八月份認繳捐額。

▲本市改良物稅尚未征收，一般業主於買賣房地產時輒短報地價，多報房價，希圖逃避增值稅，財政局為核定征稅起見，對於處理是項案件，如認為所報移轉地價，實有低報情事，即行派員實地調查，多方偵察，期得真實買賣地價，幷通知雙方業主來局詢話，提高原報地價，計算增值稅，自經此嚴格審查後，稅收增益頗多。

▲八月十四日上午財政局召開鄉區不動產評價委員會預備會議，各委員出席佔全數十分之八，討論要案多件，結果甚為圓滿，惟以各區地價因交通水利關係高低不一，欲求評價公允，須先由各區長詳加研討，經由各委員臨時動議，將正式常會日期依照規定，改在八月二十五日以後舉行，使各委員得有充分時間搜集資料，提供意見，並先以書面送會編列議程，再提常會討論，俾臻完善。

道路者，文明之母也，財富之脈也。………故吾人欲由地方自治，以圖文明進步，實業發達，非大修道路不為功。………公家可以自由規劃，以定地方之交通，而人民可以戮力從事於修築道路，所謂人民之義務勞力，宜首先用之於此。

——國父遺教

法規

中央法規

中央銀行管理外匯辦法

行政院三十六年八月十八日令公布
（卅六）六財字第三二五五五號

第一章 中央銀行之任務

第一條 國民政府爲穩定貨幣促進經濟復員並爲準備實施國際貨幣基金協定起見，特授權中央銀行辦理下列關於管理外匯之任務。

一、設置外匯平衡基金委員會，調節外匯供需。

二、指定若干銀行爲指定銀行，代理中央銀行買賣外匯。

三、核定若干外匯經紀人，經營外匯經紀業務。

四、規定指定銀行及外匯經紀人一般應行遵守之各種章則並執行之。

五、管理外幣有價證券之買賣。

六、依照政府政策，處理國外封存資產及其權益。

第二章 指定銀行 外匯經紀人

第二條 中央銀行得就財政部核准註冊之銀行中，選擇經營外匯業務向著信譽具有成績並能恪遵法令辦理者，指定其爲代理中央銀行買賣外匯之銀行，簡稱指定銀行，發給准許證。

第三條 中央銀行就合格之外匯經紀人中，選擇其確有能力向著信譽并能恪遵法令者，准許其爲外匯經紀人，發給准許證。

第四條 關於外匯之買賣，必須經由指定銀行辦理之；外匯經紀人祇准在其准許經營範圍內，介紹顧客向指定銀行買賣外匯。

第五條 指定銀行及外匯經紀人其他應行遵守之條款另定之。

第三章 外匯交易

第六條 官價外匯之結售及其適用範圍，遵照政府命令辦理。

第七條 外匯平衡基金委員會應察酌市場供需情形，調節外匯市價。

第八條 指定銀行得按市價購入下列各項外匯。

一、出口或轉出口物資所得之外匯。

指定銀行購買遠近期出口或轉出口外匯者，應於出口時，在出口商之出口證明書（其格式由中央銀行規定之）簽註證明該項近期或遠期外匯業由該銀行購入，但其貨價總值在美金二十五元以下或相等之其他幣值，而無商業行者爲，不在此限。

二、由國外匯入之匯款。

三、在國內出售之外匯。

四、其他一切外匯。

第九條 指定銀行得按市價出售外匯，但以供給下列之用途為限。

一、償付依照本辦法及其章則所規定程序申請，經輸出入管理委員會核准之進口物品貨價。

二、供給依照本辦法及其章則所規定程序申請而獲准之個人需要。

三、經行政院核准之其他合法用途。

第十條 指定銀行每日買賣外匯結存餘額，應結售於外匯平衡基金委員會。

第十一條 凡無第九條各款所規定之正式核准證件，不得向指定銀行購買外匯。

第十二條 凡向指定銀行申請購買外匯者，應簽具證明書，負責聲明申請人並未存有外匯或另向他方重複申請。

第十三條 指定銀行為適應進出口商之需要，得在不違背本辦法所規定之用途內，為不超過三個月以上之遠期買賣，必要時并得向外匯平衡基金委員會申請為不超過三個月以上之外匯掉期。

第十四條 指定銀行在上海以外各埠之外匯買賣，均應依照本辦法規定辦理，但遇有餘額不足時，統須經由上海之指定銀行彙結。

第十五條 各銀行原有外匯存戶，截至本辦法公布之日尚有餘額者，應即將其所存金額依第十條之規定結售平衡基金委員會。

第十六條 非經中央銀行之核准，各指定銀行及外匯經紀人不得承做以外幣作押之國幣放款。

第十七條 非經中央銀行之核准，各指定銀行及外匯經紀人不得經營外幣有價證券之買賣。

第十八條 指定銀行不得代客或自身經營有關資金逃避及套匯或有投機行為之外匯買賣，在解付外匯時，應負責審查明確該項外匯之支付確屬符合本辦法規定之正當用途。

第十九條 指定銀行如遇所售出外匯之有關交易全部或一部份取銷而不需要之外匯，應即令原購買人如數按照原價賣回與指定銀行。

第四章 外匯平衡基金委員會

第二十條 中央銀行設置外匯平衡基金委員會。

第二十一條 外匯平衡基金委員會設委員三人至五人，由國民政府指派，并指定一人為主任委員。

第二十二條 外匯平衡基金委員會得向中央銀行設立外匯平衡基金戶。

第二十三條 外匯平衡基金委員會得向中央銀行借用外匯及國幣款項，其辦法由外匯平衡基金委員會與中央銀行隨時商定之。

第二十四條　外滙平衡基金委員會得通知任何指定銀行代按市價購入或出售外滙。

第二十五條　外滙平衡基金委員會應將每週調節外滙市場各項措施及購入或出售外滙數額等項，詳細報告行政院，對於外滙政策及進出口貿易政策之釐訂及執行，幷得建議於行政院。

第二十六條　外滙平衡基金委員會得調閱中央銀行輸出入管理委員會及指定銀行有關外滙買賣之證件及文卷。

第二十七條　外滙平衡基金委員會得會商中央銀行擬訂其處理外滙事項之章則及辦法。

第五章　報告

第二十八條　指定銀行應於每日營業時間終了時，將當日所做下列各項外滙交易，依規定表格塡報中央銀行。

一、購買外滙者之姓名金額滙價交割日期及其用途。

二、出售外滙者之姓名金額滙價交割日期及其性質或來源，但同一貨幣而其總值在美金五百元以下者，得從簡彙總報告，指定銀行幷須在報告內切實聲明各購買人所購外滙幷無與本辦法規定相抵觸者。

第二十九條　外滙經紀人應將其逐日經紀外滙買賣，記載於規定格式之帳册，幷應逐日將經手買入賣出外滙之

各戶姓名數額交割日期行市及用途，依照規定格式表格塡報中央銀行。

第三十條　中央銀行得隨時派員查閱指定銀行及外滙經紀人有關外滙業務之帳册文卷。

第六章　定義

第三十一條　一、本辦法所稱外滙者，包括下列各種，無論其封存半封存與自由，若以外幣支付或在國外支付者均屬之。

1.存於銀行公司商號及其他組織與個人之一切款項。

2.電滙即期滙票見票滙票遠期滙票支票旅行支票一年以內到期付款之期票貨款單據及其他一切付款憑證信用狀銀行及商業承兌滙票。

3.凡一年以內到期之一切票據債券銀行所通常經營者，均包括在內。

二、本辦法所謂「外幣有價證券」，包括一切證券，如股份股票公債及其他債券，其票面係外幣或在國外支付者均屬之。

第七章　罰則

第三十二條　指定銀行或外滙經紀人違反本辦法之規定者，中央銀行得停止或撤銷其准許經營憑證，其情節重大者，幷得函請財政部處以成交總額以內之罰鍰

，如涉及刑法，幷送請法院治罪。

第三十三條　非指定銀行經營外匯及外幣有價證券之業務者，除沒收其外匯外，並處經理人五年以下之徒刑。

第八章　附則

第三十四條　凡一切外幣鈔票之進口與出口，非得財政部許可，概行禁止，但每旅客得攜帶在美金一百元以內之數目，或其同等價值之其他外幣鈔票。

第三十五條　一切外幣有價證券之進口與出口，非得財政部之許可，概行禁止。

第三十六條　國營事業機關之外匯，應依照本辦法規定辦理。

第三十七條　本辦法自公佈之日施行。

進出口貿易辦法

行政院(卅六)六財字第三二五五六號
三十六年八月十八日令公佈

第一章　輸出

第一條　凡一切貨品，除附表(五)所列者外，均得自由輸出。

第二條　出口商輸出貨品（包括出口及轉出口）應將其貨價外匯按照市價售結指定銀行，由指定銀行簽證洽予結購出口外匯證明書，並經輸出入管理委員會負責查明結購之外匯確與出口之價值相符，加簽證明後，呈送海關驗訖，方准報關出口，其價值低於美金二十五元或其他相等幣值，且非作商業上之用者，免驗上項證明書。

第三條　輸出入管理委員會爲配合政府經濟政策，得採取調節暨協助發展出口貿易之必要措施。

第二章　輸入

第四條　自本辦法公佈之日起，一切貨品之輸入，均應按照本辦法之規定，請領輸入許可證，但另有規定者不在此限。

第五條　輸入貨品分爲左列各類，其詳細品目見附表之規定。

一、附表（一）機器及生產器材類。

二、附表（二）工業原料類。

三、附表（三）（甲）經常需要雜項貨品類。

四、附表（三）（乙）暫行停止輸入貨品類。

五、附表（四）禁止輸入貨品類。

第六條　輸出入管理委員會對於前條各類附表所列貨品，得按情勢之需要，報經行政院核定，予以改列，並隨時公告之。

第七條　進口商於輸入貨品前，應塡具輸入許可申請書，送請輸出入管理委員會審核，發給輸入許可證。

第八條　進口商領得輸入許可證後，得持向指定銀行申請結購必需之外匯。

第九條　進口商未經領得輸入許可證以前，不得向國外洽辦訂購貨品手續。

第十條　附表（二）所列貨品之輸入，適用限額分配制，其限額由輸出入管理委員會按季擬定，報請行政院核定公告之。

輸出入管理委員會得參酌情形，將某項限額逕行分配予各該業之廠商，或配予進口商轉行供給廠商。

第十一條 凡依法註册之進口商，應按其業務種類，分別向輸出入管理委員會登記合格後，方得為輸入之聲請。

凡廠商直接申請輸入時，準用前項關於進口商登記之規定。

第十二條 國營事業輸入之貨品，與民營事業申請手續相同。

第十三條 輸出入管理委員會對於左列輸入品，得發給通用許可證。

一、聯合國善後救濟總署輸入之救濟物資。

二、物資供應局依照協定輸入之美國剩餘物資、租借貨品，及政府利用國外借款購買之貨品。

第十四條 政府行政機關為需用輸入之貨品，應向行政院聲請，經行政院核准後，令知輸出入管理委員會簽發輸入許可證。

前項申請手續及核定標準，由行政院另行規定之。

第十五條 各國駐華使館及其外交人員因公務或私人所需輸入貨品，須經該國駐華大使（或公使）證明其用途後，送由輸出入管理委員會核發輸入許可證。

第十六條 慈善宗教團體及教育機關接受國外捐贈之貨品，

或為本身使用輸入之貨品，不需結滙者，得逕由輸出入管理委員會核發輸入許可證，但各該團體機關內個人使用及附表（四）類貨品之輸入，不在此限。

第十七條 不需外滙之輸入，如國外私人餽贈、商業樣品及非賣品，其價值不超過美金五十元者（或相等幣值），得不須申請輸入許可證，但附表（四）所列貨品不適用之，

第三章 管理機構

第十八條 為統籌管理輸出輸入業務，由行政院設置輸出入管理委員會。

第十九條 輸出入管理委員會設委員九人至十一人，由左列人員組織之。

一、財政部部長。

二、經濟部部長。

三、資源委員會委員長。

四、中央銀行總裁。

五、其他經行政院指派之人員。

第二十條 輸出入管理委員會設立主任委員一人，副主任委員二人，由行政院就委員中指派之。

第二十一條 輸出入管理委員會得分處辦事，其組織規程另訂之。

第二十二條 輸出入管理委員會因業務需要，得設各種小組委

員會。

第二十三條　輸出入管理委員會得設顧問二人至三人，由委員會就富有經驗及聲譽之人士聘任之。

第二十四條　輸出入管理委員會設置訴願委員會，管理進出口商有關輸出入之訴願事項。

第二十五條　輸出入管理委員會得在重要口岸設置辦事處，辦理當地輸出入管理事項，其組織規程另訂之。未設有辦事處之口岸，得委託中央銀行辦理之。

第四章　附則

第二十六條　輸出入管理委員會為便利本辦法之實施，得制定施行細則及施行程序暨各項表格，並報行政院備案。

第二十七條　本辦法自公布之日施行。

捐資興辦衛生事業褒獎條例

國民政府六月二十六日修正公布

第一條　凡私人或團體捐資興辦公共衛生或不以營利為目的之醫療事業者，依本條例之規定，給予褒獎。外國人捐資興辦衛生事業者，得依本條例之規定給予褒獎。

第二條　褒獎方法如左：

一、獎狀分為四等，由省政府或直轄市政府給予之。

二、獎章分金質銀質兩種，由衛生部給予之。

三、扁額由國民政府給予之。

第三條　捐資給獎標準如左：

一、捐資三十萬元以上不滿五十萬元者，給予四等獎狀。

二、捐資五十萬元以上不滿一百萬元者，給予三等獎狀。

三、捐資一百萬元以上不滿二百萬元者，給予二等獎狀。

四、捐資二百萬元以上不滿五百萬元者，給予一等獎狀。

五、捐資五百萬元以上不滿一千萬元者，給予銀質獎章。

六、捐資一千萬元以上不滿五千萬元者，給予金質獎章。

七、捐資五千萬元以上者，給予扁額。

第四條　凡依本條例第三條所定應給獎狀者，由主管官署開具事實檢附捐資證件及受獎人履歷，呈請省政府或直轄市政府核明給予，年終由省政府分別彙報衛生部內政部備案。

第五條　凡依本條例第三條所定應給獎章者，由主管官署開具事實檢附捐資證件及受獎人履歷，呈經上級機關，送由衛生部會同內政部核呈行政院核准後，由衛生部給予之。

第六條 凡依本條例第三條所定應給扁額者，由主管官署開明事實檢附捐資證件及受獎人履歷，呈經上級機關，送由衛生部會同內政部核呈行政院，轉呈國民政府給予之。

第七條 僑居國外之中華民國人民依本條例第三條所定應給褒獎者，由當地使領館開具事實檢附捐資證件及受獎人履歷，報請僑務委員會，會同衛生部內政部核辦。

第八條 凡已領有獎狀或獎章繼續或於兩處以上捐資者，得合計捐資數目晉獎，但以一次為限，一人不得同時給予兩種獎狀或獎章。

第九條 凡經募捐資超過本條例第三條各款所列數額十倍以上者，得比照同條規定給予褒獎狀，但募捐為其職務上應有之工作者，不適用本條例之規定。

第十條 凡以不動產或國幣以外之動產捐資者，應按當地時價折合國幣計算。

第十一條 給予外國人之褒獎，由衛生部會同內政部外交部核辦。

第十二條 扁額獎狀獎章之款式，由內政部定之。

第十三條 本條例自公布日施行。

國府公報所載中央法規索引

八月份下半月

——新頒——

獎勵承購及募銷民國三十六年短期庫劵美金公債辦法 第二九一〇號

水陸地圖審查條例施行細則 第二九一六號

——廢止——

修正進出口貿易暫行辦法 第二九〇九號

輸出推廣委員會組織規程 第二九〇九號

本府法規

南京市工廠衛生推行辦法

三十六年八月十五日第九十四次市政會議通過

一、南京市政府為加強各工廠衛生設施以維工人健康起見，特訂定本辦法。

二、本市推行各工廠衛生事宜，除法令別有規定外，悉依本辦法辦理之。

三、為切實執行有關工廠衛生法規，本市社會局衛生局得隨時派員分赴各工廠視察指導。

四、改良工廠環境衛生應特別注意左列各場所：

(一)工作場所 務使光線充足，空氣流通，地點寬敞，幷保持附近地面之清潔。

(二)工人食堂及廚房 1.注意飲水清潔，無自來水設備者，應備沙濾缸及飲水消毒之設備。 2.門窗應有防蠅蚊設備。

(三)工人宿舍 須擇基地高爽，陽光充足，地方並不過分擁擠。

(四)工人廁所　應與廚房有相當距離，最好有抽水設備，糞坑應加掩蔽．經常保持清潔，並灑消毒藥品。

(五)工廠四週環境應經常保持清潔。

(六)工廠應有浴室設備。

五、各工廠應設置衛生室，並延聘登記合格之醫護人員主持之，其重要工作項目如左：

1.診療及急救工作　2.健康檢查　3.缺點矯治

4.預防接種　5.急救訓練　6.環境衛生視察

7.衛生教育

六、工廠衛生所需經費由職工福利金項下開支，不敷之數，由廠方補助，其成績優良者，并得請由政府酌予奬助。

七、工人醫療所需藥品由各工廠自備，必要時，得請醫務機關捐贈。

八、本辦法先就本市較大之工廠實施，其規模較小之工廠不能單獨設置衛生室者，得與其附近工廠聯合組設之。

九、視察指導人員應將工廠衛生推行情形，隨時列報主管機關查核。

十、各工廠推行工廠衛生奬懲辦法另訂之。

十一、本辦法自公布之日施行。

南京市立救濟院建築委員會組織規程

三十六年八月十五日第九十四次市政會議通過

第一條　為重建南京市立救濟院，特設南京市立救濟院建築委員會(以下簡稱本會)管理之。

第二條　本會之職掌如左：

一、關於建築工程之設計審查事項。

二、關於建築工程之招標事項。

三、關於建築工程之監督勘驗事項。

四、關於建築工程經費之保管動支及審核事項。

五、其他有關建築工程之重要事項。

第三條　本會設委員七人至九人，除社會局局長為當然委員並兼主任委員外，餘由市長就左列機關及地方人士中聘任之。

一、聯合國善後救濟總署。

二、行政院善後救濟總署。

三、社會部。

四、南京市政府。

五、南京市參議會。

六、地方熱心救濟事業之公正人士。

第四條　本會設秘書一人，辦事員若干人，以調用為原則。

第五條　本會定每月開會一次，必要時，得開臨時會，開會時以主任委員為主席，主任委員因事缺席時，由委員互推一人為主席。

第六條　本會於建築工程完成時撤銷之。

第七條　本規程自公布之日施行。

南京市房屋租金評議委員會組織規程

三十六年八月二十九日第九十六次市政會議通過

第一條 本規程依據南京市房屋租賃糾紛處理委員會組織規程第九條之規定訂定之。

第二條 本會設委員九人由 市長聘派左列各機關團體代表充任之，並指定一人為主任委員，綜理本會一切事務。

(一)首都地方法院。

(二)南京市參議會。

(三)首都警察廳。

(四)南京市社會局。

(五)南京市財政局。

(六)南京市工務局。

(七)南京市地政局。

(八)南京市商會。

(九)南京市營造業同業公會。

第三條 本會之職掌為評定本市房屋租金，其決定以會議方式行之。

第四條 本會每二星期開會一次，必要時得開臨時會，由主任委員召集之。開會時以主任委員為主席，主任委員因事不能出席時，由出席委員互推一人為主席。

第五條 本會日常事務由本會職員兼理之。

第六條 本規程自南京市政府公布之日施行。

學校之目的，於讀書識字學問智識之外，當注意於雙手萬能，力求實用；凡能助雙手生產之機械，我當仿造，精益求精，務使我能自造而不依靠於人，必期製造精良，實業發達，此亦學校所有事也。學校者，文明進化之泉源也。必學校立而後地方自治乃能進步。故於衣食住行四種人生需要之外，首當注重於學校也。

——國父遺教

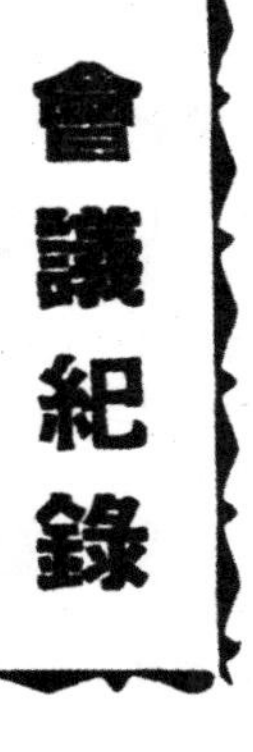

南京市政府第九十四次市政會議紀錄

時　間：三十六年八月十五日上午九時

地　點：本府會議室

主　席：沈市長　　紀錄：石衍長

討論事項

1.市長交議：據工務局呈擬五所村棚戶區計劃圖提請討論案。

決議：道路系統照附圖規則通過，關於該區棚戶如何分配管理，由社會局會同工務局、財政局、地政局、警察廳商訂詳細辦法簽核施行。

2.市長交議：據工務局呈擬將南北兩九袱州劃為建造油池區域，提請討論案。

決議：通過，報行政院備案。

3.社會局提：擬訂南京市推行工廠衛生辦法草案，提請討論案。

決議：修正通過。（修正辦法見法規欄）

4.社會局提：擬訂南京市救濟院建築委員會組織規程草案，提請討論案。

決議：修正通過。（修正組織規程見法規欄）

南京市政府第九十五次市政會議紀錄

時　間：三十六年八月二十二日

地　點：本府會議室

主　席：沈市長　　紀錄：史崇訓

討論事項

1.市長交議：據民政局呈擬將國民身份證工本費自本年八月份起每份由五百元改收壹千元案。

決議：照案通過。

2.市長交議：據教育局呈本市私立中等學校三十六年度第一學期收費表，請審議案。

決議：(1)照原表修正通過。（修正表見市政要訊欄）

(2)由市庫籌措經費補助因無力負担學費而致失學之優秀學生，其詳細辦法由馬副市長會同薛秘書長、陳財政局長、雍會計長研究擬訂簽核施行。

南京市政府第九十六次市政會議紀錄

時　間：三十六年八月二十九日上午九時

地　點：本府會議室

主　席：沈市長　　紀錄：史崇訓

報告事項

市長報告：本市青年會、三民主義青年團南京支團暨青年救濟服務協會等三團體，此次同時發起籌募清寒學生助學金，余以其宗旨相同，應統一募集，統一分配，特與馬副市長約集三團體之發起人於本月二十五日會同商量，經決定組織南京市清寒學生助學金募集委員會，幷定八月三十日爲宣傳日，即日開始募集至九月底爲止，募集總目標爲五億元，擬定獎助大學生一千名，每名二十萬元，中學生二千名，每名十五萬元，如募集數目超過定額，則增加獎助名額，倘有不足，由市府補助之。

討論事項

1. 市長交議：據財政局簽復市參議會決議，准將筵席稅起稅點提高爲二萬元一案，擬准予提高爲一萬元，提請討論案。
決議：通過，送市參議會復審。

2. 市長交議：據參事室財政局會同簽擬（一）南京市房屋租金標準草案。（二）修正南京市房屋租賃管理規則草案。（三）南京市房屋租金評議委員會組織規程草案，一併提請討論案。
決議：修正通過，（一）（二）兩項草案，送市參議會審議後，報行政院備案。（組織規程見法規欄）

3. 市長交議：保幹事待遇擬調整爲基本數四十四萬元，薪金加成數照舊，提請討論案。
決議：通過，自八月份起實施。

4. 會計處提：擬請追加本市三十六年度地方普通歲出臨時門「工商業登記費」九百萬元，並在第二預備金項下動支，提請討論案。
決議：照案通過。

吾欲　許大廬

玻璃四面景無遮，活火清泉試品茶；
神妙新圖齊白石，子虛小說李青厓；
鑪香漠漠花初放，簾雨纖纖竹自斜；
擅此風光何處是？吹簫月下那人家。

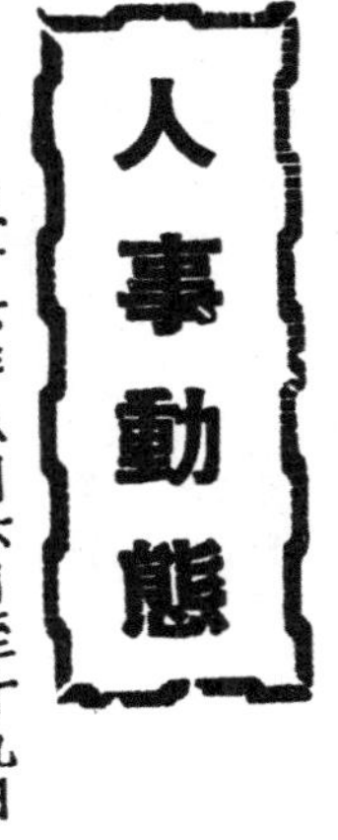

人事動態

三十六年八月六日至十九日

姓名	服務單位及職別	動態	到離職日期
冷楓	市府專員	新任	八月七日
楊裕春	市府第三科荐任科員	新任	八月八日
史崇訓	市府第三科荐任科員	新任	八月八日
張兆春	市府第三科科員	新任	八月八日
史秩甫	市府第三科科員	新任	八月八日
范文秀	會計處第三科雇員	新任	八月八日
汪浩	統計處第三科辦事員	新任	八月十日
曾永慧	民政局秘書室辦事員	新任	八月九日
劉志平	財政局第一科臨時雇員	新任	八月十一日
董彭年	教育局輔導員	新任	八月一日
虞穉筠	教育局第三科辦事員	新任	八月一日
秦呈芳	教育局第四科雇員	新任	八月一日
劉家玉	第一科科員	新任	八月六日
郭子通	教育局輔導員	新任	八月六日
俞晉祥	教育局督學	新任	八月七日
紀耀義	教育局第二科科員	新任	八月七日
蔡文權	教育局第四科科員	新任	八月七日
張吟澤	教育局第一科辦事員	新任	八月九日
陳繼昌	地政局統計佐理員	新任	八月十二日
張維新	衛生局醫師	新任	七月廿一日
陳垓	衛生局醫師	新任	八月一日
于中瑛	衛生局醫師	新任	八月一日
李芬	衛生局醫師	新任	八月一日
楊玉鳳	衛生局護士	新任	八月一日
賈秀忠	衛生局護士	新任	八月一日
方靜	衛生局護士	新任	八月一日
龍綸普	衛生局護士	新任	八月一日
劉永青	衛生局護士	新任	八月一日
戴希蓮	衛生局護士	新任	八月一日
楊惠麗	衛生局雇員	新任	八月一日
傅榮珍	衛生局雇員	新任	八月一日
李煦如	衛生局雇員	新任	八月一日
沈錦	城南醫院助理醫師	新任	八月一日
劉謚世	清潔總隊雇員	新任	八月一日

姓名	職務	任免	日期
曾德芳	第三衛生所助產士	新任	八月一日
劉寶書	第十三衛生所助產士	新任	八月一日
朱勇	工務局下關區工務管理處試用工務員	新任	七月廿六日
秦嘉禾	下關區工程處試用工務員	新任	七月廿七日
蔣協中	工務局第三科試用工務員	新任	八月二日
車惠民	工務局第三科試用工務員	新任	八月二日
陳鐸	工務局審勘室試用工務員	新任	八月十一日
羅鳳岡	市府視察	新任	八月十四日
柏夏	民政局第二科主任科員	新任	八月十三日
甘德澤	地政局第二科科員	新任	八月十六日
席世虎	地政局第三科科員	新任	八月十六日
陳鳳琪	地政局第三科科員	新任	八月十六日
劉如娟	地政局土地測量隊求積員	新任	八月十九日
周珠雪	衛生局技佐	新任	八月一日
趙令琪	衛生局技士	新任	八月十九日
秦毓英	市立醫院醫師	新任	八月一日
孫徽祥	市立醫院醫師	新任	八月一日
鄭裕隆	市立醫院醫師	新任	八月一日
錢傳琦	工務局審勘室工務員	新任	八月十六日
王孫尰	會計處第二科辦事員	調任地政局會計室辦事員	八月十七日
楊森	地政局第二科助理登記員	調任地政局土地測量隊檢查員	八月十三日
候世森	地政局技術室繪圖員	調任地政局土地測量隊檢查員	八月十三日
陳仲夫	會計處第三科雇員	調任教育局會計室雇員	八月七日
唐敦伯	會計處專員兼第一科科長	調任會計處主任專員	八月七日
朱佑祥	會計處專員	調任會計處第三科科長	八月七日
傅金華	會計處第一科見習	調任會計處第二科科員	八月七日
魏慶成	衛生局科員	調任產科醫院助產士	八月一日
潘彼得	產科醫院事務員	調任衛生局雇員	八月一日
俞偉湛	財政局薦任視察	晉升財政局第四科科長	八月一日

姓名	原職	事由	日期
王一臨	財政局第三科主任科員	晉升財政局第二科暫代科長	八月十日
馬紹邦	會計處專員	留職停薪	八月一日
張化南	財政局第三科臨時督征員	辭職	八月十二日
吳經邦	市立醫院醫師	辭職	七月卅一日
陶　稔	市立醫院醫師	辭職	七月卅一日
張覃啓	市立醫院醫師	辭職	七月卅一日
翟俊升	衛生局醫師	辭職	八月十九日
張　廉	園林管理處總務組組員	辭職	八月十四日
孫祿賢	園林管理處技術組組員	辭職	八月十五日
陳博泉	財政局稅捐稽征處科員	辭職	八月十日
程天王	教育局第四科科員	辭職	七月十六日
楊　芬	教育局第四科雇員	辭職	八月一日
楊杭生	教育局第二科辦事員	辭職	八月一日
季仁勇	社會局第二科調查員	辭職	八月十日
陳光煬	地政局統計助理員	辭職	八月九日
谷佩童	衛生局雇員	辭職	七月卅一日
徐淑嫻	第二衛生所助産士	辭職	七月卅一日
潘錫之	修堤工程處技士	辭職	八月一日
龍樹政	民政局第二科主任科員	免職	八月九日
向　麒	財政局稅捐稽征處征收員	免職	七月卅一日
邵漢丞	財政局稅捐稽征處征收員	免職	七月卅一日
徐煥庭	財政局稅捐稽征處臨時督征員	免職	七月卅一日
楊以仁	地政局土地測量隊求積員	停職	八月十三日

南京市政府公報 第三卷 第五期

徵集志願兵的意義

汪祖華

——八月廿五日晚七時在國防部軍中播音總隊電台廣播——

現在文明國家的國民對國家應盡的義務，最大的有兩個：一是納稅的義務，一是服役的義務。而服役中又以服兵役一項爲最重要又最基本，何以服兵役爲最重要又最基本？這個理由是很簡單，因爲國家是我們國民生活集團，我們要求生存，便要有國家，語云：「皮之不存毛將焉附」，所以國民對國家應盡其服兵役的義務，以保持國家最基本的立國條件，亦卽求其最低的生存條件，同時現代戰爭技術突飛猛進，其破壞的慘重和影響的廣泛，使前方和後方的區別已不能存在，於是動員兵力的廣大決非過去戰爭可以比擬。魯登道夫曾說：「數量爲戰爭之要鍵」其意義卽謂兵固在精而不在多，但當兩國交兵之際，量相等而質精者則勝，質相等而量多者亦勝，倘量寡而質又粗則斷難倖僥取勝。所以現代各國爲着充實國家的自衛武力，莫不積極推行徵兵制度，以便擴充兵員名額。德國在第二次大戰前全國人口六千六百萬，可以召集的壯丁有一千一二百萬，美國人口一萬三千萬，而可召集的壯丁有一千三百五十萬，蘇聯人口約一萬一千六百萬，而可召集的壯丁則有一千五百萬，大致可以徵召的兵員與人口的比例約佔十份之一，德國更多，竟佔全口數的六分之一。中國是推行兵役制度最古的國家，此次對日抗戰，在艱苦的八年中，全國民衆，同仇敵愾，不屈不撓，而前方將士浴血苦鬥，更爲爭取最後勝利關鍵。我們試一回想，當時敵我相持的戰線綿長，敵我據點相互交錯，我們所消耗的戰鬥兵員，是相當的浩大，如果沒有我們同仇敵愾的奮鬥精神，沒有我們成千成萬的壯丁慷慨執戈走上疆場，則最後勝利縱能獲致，但當時抗戰局面，必更爲艱苦，這是可以相像得到的。

由於抗戰的勝利已經證明了兵役制度的重要，現在復員以後，建國工作更應加緊，而其中最基本的工作也還是兵役制度，因爲國家推行兵役制度在適應軍事要求以外，復有一種最大的政治意義，良兵是良民的基礎：而民主國家最重視的紀律和組織觀念的國民，要想推行民主政治是不容易的，而且也一定沒有好結果，軍隊以紀律爲生命，以組織而活動的，最是適合民主國家國民政治生活基本訓練，所以訓練出良兵卽無異訓練出良民，良兵是適應軍事的需要，良民是民主政治的唯一要素，因此我們過去爲抗戰要加強兵役制度，今後爲建國更要加強兵役制度。南京是全國政治中樞的首都，南京市民當然應站在全國同胞的面前，一致擁護兵役的推行，依照兵役法規定，兵役分爲常備、補充兵役和國民兵役三種。目前本市決定徵集的名為志願兵的徵集，與普通徵集用抽籤手續不同，而是完全由人民自動投効的。本年度本市應徵集志願兵名額為一千名，並於八月一日起開始徵集，在徵集期間，凡年滿二十歲至二十四歲身家清白從未參加奸黨組織而身體健康經檢查合格者，均可向各保志願兵報名處報名參加。我想全市合格壯丁有四萬二千七百二十九名，此次徵集志願兵僅僅一千名，在數量比較上說微乎其微，一定是如期可以徵齊的。至於應徵以後除每名依照規定一次發給安家費五萬元外，並給予下列各種優待：（一）在入營以前一次發給安家補助費二百五十萬元。（二）在服役期間學生准保留學籍，職工准保留底缺，無業者於服役兩年（特種兵特業兵三年）滿期退伍後得優先就職。（三）在服役期間由兵役協會與市政府負責協助其直屬親屬的生活。這些規定都很優厚，照理說服兵役是國民應盡的義務，如今於盡義務中而又得到額外優待，這實是國民報効國家的不可多得良機，希望全市市民共體時艱，協助完成徵集工作，並且希望本市合格的壯丁能夠瞭解國家推行兵役制度的意義，尤其是此次徵集志願兵的目的最主要的在於使大家接受軍事教育，擴充城防隊自己來保護自己的家鄉，並不是入營就開到前方去打戰，甚至有人說：「一入伍就開東北去剿匪」，這都是共匪故意造謠搗亂企圖破壞政府的兵役制度，我們千萬不可輕信，並且這一次志願兵的徵集在方式上求簡單合理，不但要給志願兵和軍人家屬以生活的保障，對於志願兵本身也要給以合理的待遇的，所以自本市決定徵集志願兵以後，就不斷的有人向有關機關自動請求報名，幾乎每天都有這種自動自發的熱烈情緒，在本市誠屬僅見。

現在徵集日期已經開始了，希望市民中願當志願兵的趕快去報名參加，其他各界人士也希望把此次徵集志願兵的道理和實際情形告訴別人，使大家明白兵役制度得以建立，國家才能走上富強康樂之途，人民企求安居樂業，也才能有了保障。

美國設計中的明日的城市

美國明日的城市所佔領的地域將比過去的城市更廣。這些城市將生長在城郊地帶，具備農村生活和城市生活的雙重優點。它使每一個家庭住宅一方面和公園、廣場、花園聯繫更緊，另一方面和便利的，結實的公路靠得更近。

世界各地對城市研究的結果，已經產生了許多理想城市的各種設計。事實上，城市設計是今天世界問題中最富國際性的一個。

這個題目並不是新穎的，差不多五十年前，一個名叫霍華德的英國人寫了一本書，叫做『明日的城市』。那里他認為城市的優點是高工資、現代設備、文化、教育、交際，鄉村的優點是衛生、空氣、和平、寧靜，善鄰。因此他推荐小市鎮的生活。

關於這個問題，最近的一本新書是『新市鎮的模型』。作者建議以商業區為核心，在它的周圍建立新城市的模型。但是住宅區域，不像往日那樣，把房子街道圍繞這個核心。它的形狀是像花瓣一樣向四周展開。高速度的交通系統通過花瓣與花瓣之間的空隙地帶直達核心。因此，鐵路，重工業廠區和農田便和住宅地區澈底隔開，但距離又不太遠，這樣，所有居民都可享到小市鎮的好處，同時工作、娛樂、教育都很方便。

戰前曾經有過一種設計，而在新式建築中還保留相當普遍的地位的，那就是使房屋孤立，不致有疾駛如飛的交通的危險和不適。在住宅和交通線的中心有一大片花園廣場的超級區。

愛德華巴塞德所著的「傑出計劃」一書，討論七種設計的因素如下：街道、公園、公共建築物、公共儲藏所、劃分地帶區、公用路線、碼頭及間壁線。一個城市顧到這樣因素，就能成功地擬定它的個別的計劃。

事實上，據最近的報告，現在所發生的情形正如此。國際城市管理協會已完成一種調查：顯示美國各地城市在城市設計方面所費的金錢，較一年前多百分之五十。調查錄中指出：人口在一萬名以上的城市五百四十九處已完成，或正在進行各種計劃，考慮到都市發展的各方面。

來自二萬五千處以上城市的報告：顯示其中百分之七十三已有了正式的設計機關，百分之七十三已有非正式的設計機關。在一萬到二萬五千人口的城市中，百分之四十五報告已有正式設計機關。百分之二十五已有非正式設計機關。這樣，在較大的城市中雖有正式的政府設計，但在小城市中，顯示有人民集團自動設計的趨勢。

在實際的情形中，美國城市的構造，不論何種變化，大半在於數千小鎮的公民的手中，在小鎮上『劃分地帶委員會』已成立了多年。公民們經由這種委員會保護住宅區不受工業或任何足以使地產價值貶低的勢力之侵犯。

除了少數例外，新飛機場和新工廠的地區，都由當地立法人員經與當地有關人士和設計專家商議後草擬劃地法律而加以決定的。

紐約就是一個典型的例子，在那裏他們的預算一大部份化在研究怎樣增進交通，汽車停放問題，及忽略城市中部的住宅區。但是這些計劃當中，沒有一件是新的城市的設計，一般的說來，是西半球最古老的藝術之一。在秘魯北部發掘的考古學家已發見在維魯山谷內，遠在紀元前一千年，已有人設計建造各種城市，以適合當時變動的需要。

南京市政府公報刊例

一、本公報每半月發行一次

二、凡本府例行公文即在本公報發佈不另行文

三、本府所屬各機關於收到本公報時應編號歸檔妥爲保存凡註明「不另行文」文件並應注意遵照

南京市政府公報

第三卷　第五期

中華民國三十六年九月十五日

編輯者　南京市政府編譯室

發行者　南京市政府

印刷者　大東新興印書館

南京：建鄴路一三八號

電話：二二二二六號

中華民國三十六年九月三十日

第三卷　第六期

南京市政府公報

南京市政府編譯室編

目錄

政令

市政要訊

法規

中央法規

本府法規

會議紀錄

本府大事記

人事動態

副刊

政令

厲行節約消費辦法綱要

南京市政府訓令 (卅六)府總秘字第八四八一號

令所屬各單位

案奉

行政院本年八月三十一日(卅六)六經字第三四五五三號訓令開：

「奉 國民政府三十六年八月十八日處字第九一六號訓令略開：厲行節約消費辦法綱要，業經本年八月十五日第九次國務會議決議通過，抄發原綱要飭遵照，並轉飭所屬一體切實遵照施行等因，自應遵辦，除將原綱要公佈施行暨各該實施辦法檢察辦法，俟另令陸續公佈施行，並分行外，合行抄發原綱要令仰遵照，並轉飭所屬一體遵照。」

等因附抄發「厲行節約消費辦法綱要」一份，奉此，除分令外，合行抄發原綱要令仰遵照，並飭屬遵照。

此令。

附抄發「厲行節約消費辦法綱要」一份

中華民國三十六年八月三日

◉厲行節約消費辦法綱要

	(主辦機關)
一、關於公務機關及國營事業機關	
(1)根據各機關業務實際需要限制員額。	行政院，主計處
(2)依據員工四與一之比調整工役數額。	審計部，行政院
(3)限制數額文武機關及長官住宅警衛隨從及勤務兵。	主計處，審計部
(4)限制使用汽車分期減少其數量。	國防部，交通部
(5)訂定加強物品保管制度及配用辦法。	國防部，行政院
(6)訂定獎勵節省公物辦法。	財政部
(7)限制不必要之宴會及招待。	社會部
(8)軍警制服換季時另訂節約剪裁，以期保持固有儀表而達節省材料之目的。	國防部，內政部
(9)非必需之新建築應一律停止，其有必需之建築者，應先報經上級機關核定。	內政部
二、關於一般社會	
(1)訂定禁造頭號白米麵粉及節約粮食消耗辦法。	粮食部
(2)禁止進口之物品於本綱要公布兩個月後，在市場上發見時，由政府予以沒收。	經濟部
(3)訂定限制私人使用汽車辦法。	交通部

項目	主管機關
(4)厲行使用國貨。	經濟部
(5)各大都市政府酌量當地情形規定筵席節約標準與價格，並令原有餐館改設或附設經濟食堂。	經濟部，社會部
(6)禁止營業性之跳舞場。	內政部
(7)各大都市娛樂場所限夜間十一時收場。	內政部
(8)規定報紙雜誌及書籍所用紙張節約標準，嚴格推行。	內政部，教育部
(9)慶弔文字以紙書寫，禁用布帛書寫或屏聯及花籃花圈，並禁用重磅紙之柬帖。	社會部
(10)提倡廢止年節餽贈。	社會部
(11)勵行工賑制度籌設游民習藝所，並發動社會力量協助進行。	社會部
(12)延長夏季時間適用之月份。	國民政府文官處
(13)勵行守時運動。	社會部，內政部

三、附則

(1)以上各項有須訂定實施辦法者，應由行政院令飭各主管機關分別擬訂呈院核定，並另訂檢察辦法，於九月一日全部同時公布實施。

(2)本綱要及各種實施辦法公布後應由行政院通令軍政首長各省市政府及國營事業機關之主管人員切實遵辦，督率部屬身體力行，否則嚴予處罰。

(3)本綱要及各種實施辦法之實施成績，規定為各省主席及市長之重要考成。

(4)行政院應通令各省市政府提倡體育球賽音樂會廣闢游泳場郊外旅行教育電影學術演講等，以正當娛樂糾正奢靡之風習。

節約消費實施辦法

南京市政府訓令（卅六）府總秘字第八六六九四號

令所屬各單位

案奉

行政院三十六年九月六日(卅六)經字第二五七六號訓令開：

「查厲行節約消費辦法綱要，業經明令公布施行，並於本年八月卅一日以(卅六)六經字第三四五五三號令飭遵照在案，茲經本年九月五日本院第八次臨時會議決議：(一)原綱要一、關於公務機關及國營事業第一款：「根據各機關業務實際需要限制員額」，由院令飭所屬各機關將各該機關已奉核定之組織法規定員額、預算所列員額、實有員額，並根據各該機關業務實際需要，擬具限制員額意見，呈院核辦。(二)第二款：「依據員工四與一之比調整工役數額」，由院令飭所屬各機關，限期將各該機關及其附屬機關之職員數額、工役數額及職員與工役之比率，報院備核，機關公役範圍包括傳達、信差、侍應、清潔、搬運車夫、廚役等勤務，並須按月在本機關支領工資者，具有專門技術之工人稱技工（包栝司機助手、油印工、裝訂工、木匠、瓦匠、花匠、電燈匠等），以上一二兩項南京本院以下第一級各機關應於九月十日以前報院，第二級以下各機關及京外各地政府機關及國營事業機關應於九月卅日以前報院。（三）第三款：「限制文武機關及長官住宅警衛隨從及勤務兵數額」，應由國防部按照所擬辦法，呈院備案切實執行，文職機關並應參照辦理。（四）第四款：「限制使用汽車分期減少其數量，照下列四項辦法辦理：一、各機關應盡量減少汽車數量與用油量，並應呈報以往半年每月平均用油量，並將用油量至少減少百分之十。二、各機關汽車應集中管理，除正副首長得專用汽車各一輛外，其餘汽車一律歸該機關公用。三、各機關汽車之調配，應以公務需要為限，接送員工之交通車，應酌量增加。四、各機關應將其現有汽車種類數量馬力及職員人數報院核備。（五）第五款：「訂定加強物品保管制度及配用辦法」及第六款：「訂定獎勵節省公物辦法」，由院令飭所屬各機關遵照節約消費之意旨，就各該機關原有物品保管及配用辦法節省公物辦法加強改進，並報院核備，其尚未訂定辦法者，應迅即訂定報院。（六）第七款：「限制不必要之宴會及招待」，照下列三項辦法辦理：一、公務機關及國營事業機關舉行宴會，以下列情形為限：1.國家慶典。2.接待外賓（惟事前應與外交部洽商）。3.慰勞將士。4.重要會議。二、各機關舉行會議或洽談重要公務該機關首長認為必宴時，得備茶點或便餐。三、宴會食品數量中餐每席不得超過六菜一湯：西餐每客不得超過二菜一湯，招待外賓之宴會，應依照前項規定辦理。（七）第八款：「軍警制服換季時另定節約剪裁，以期保持固有儀表、而達節省材料之目的」，由國防、內政兩部按照所擬辦法呈院備案，切實辦理。（八）第九款：「非必需之新建築應一律停止，其有必需之建築者，應先報經上級機關核定」，由院依據綱要原則通令遵照辦理。（九）原綱要二、關於一般社會第一款「訂定禁造頭號白米麵粉及節約糧食消耗辦法」，由院令飭糧食部就各省市已訂有節約糧食消費暫行辦法者，督促切實執行，其尚未擬訂辦法之重要省市，並由該部督促，早日擬訂呈核。（十）第四款：「勵行使用國貨」不再另訂辦法。（十一）第六款：「禁止營業性之跳舞場」，由院通令各院轄市政府自即日起未設立之營業性跳舞場不准新設，已設立者限於本年九月底勒令停業。（十二）第十款：「提倡廢止年節餽贈」，應照綱要規定辦理，毋庸另訂辦法。（十三）第十一款：「厲行工賑制度，籌設遊民習藝所，並變動社會力量協助進行」，不另訂辦法，由院令飭各院轄市切實辦理。（十四）原綱要三、附則第四款：「行政院應通令各省市政府提倡體育、球賽、音樂會、廣闢遊泳場、郊外旅行、教育電影、學術演講等，以正當娛樂糾正奢靡之風習」，由院交新生活運動促進總會辦理，並由敎育、社會兩部協助辦理，至原綱要二之第七款：「各大都市娛樂場所限夜間十一時收場」，業經內政部分電各省市政府飭屬自九月一日起嚴格執行，又原綱要二之第十二款：「延長夏季時間適用之月份」業已由　國民政府通令延長至十月卅一日午夜廿四時爲止，除分令外，合行令仰遵照，並轉飭所屬一體遵照。」

等因奉此，查本案前奉院令頒發厲行節約消費辦法綱要到府，經於本年九月三日以府總秘字第八四八一號訓令飭遵在案，茲奉前因，除分令外，合行令仰遵照，并轉飭所屬一體遵照。

此令！

中華民國三十六年九月十日

抄發有關節約消費法規六種

南京市政府訓令　(卅六)府總秘字第八七三九號

令所屬各單位

案奉

行政院卅六年九月六日(卅六)六經字第三五六九七號訓令開：

「查『厲行節約消費辦法綱要』，業經明令公佈施行，並於本年八月三十一日以(卅六)六經字第三四五五三號令飭遵照在案，茲制定「節約督導委員會組織規程」、「私人使用汽車限制辦法」、「筵席消費節約實施辦法」、「新聞紙、雜誌及書籍用紙節約辦法」、「厲行守時運動實施辦法」暨「厲行節約消費檢察辦法」，除明令公佈並分行外，合行抄發原規程暨辦法，令仰遵照，并轉飭所屬一體遵照。」

等因，附抄發節約督導委員會組織規程等六種法規奉此，查本案前奉院令頒發厲行節約消費辦法綱要到府，經於本年九月三日以(卅六)府總秘字第八四八一號令飭遵照在案，茲奉前因，除分行外，合行抄發原規程暨辦法，令仰遵照，并轉飭所屬一體遵照。

此令！

附抄發「節約督導委員會組織規程」「私人使用汽車限制辦法」「筵席消費節約實施辦法」「新聞紙雜誌及書籍用紙節約辦法」「厲行守時運動實施辦法」暨「厲行節約消費檢察辦法」各一份。(見法規欄)

中華民國三十六年九月十一日

監察委員選舉釋疑

南京市府政公函　(卅六)府總民字第八六七八號

案准內政部本年九月三日民字第九三六八號代電開：

「奉行政院交辦監察委員選舉釋疑一案，茲分別核釋如次：（一）監察委員選舉事務，應由市政府辦理，無庸另行組織選舉事務所。（二）監察院監察委員選舉罷免法第十一條，僅規定各省市議會議員當選為監察委員者以一名為限，在各省市議會未成立前，該條所指議員應為參議員，幷未規定當選名額中必須有一名為參議員，候選人所得票數應按照同法第十條第二項「應選出之名額為二名者，以候選人中得票比較多數之首二名為當選」辦理，初無庸計及此二人中有無參議員，如該二人均為參議員時，應即按照同法施行條例第十六條參議員當選為監察委員時，以得票較多數之一名為當選之規定辦理，將得票次多數予以剔除，由該二員外之其他票較多數之一名當選，除分行外，特此電請查照為荷。」

等由准此，相應函請查照為荷。

此致

南京市參議會

中華民國三十六年九月十日

公布市有旗地與公地處理辦法

南京市政府訓令　（卅六）府總秘字第八六二一號

令財政局
　地政局

案奉

行政院本年九月三日（卅六）四內字第三五〇三八號指令本府本年七月二日（卅六）府總地字第六四六三號呈一件，「為檢呈修正後之南京市旗地處理辦法及南京市促進市有公地利用暫行處理辦法兩草案，仰祈鑒核備案由」內開：

「呈件均悉，所送兩草案經酌予修正，茲將修正辦法抄發，仰即由該市政府公佈施行。」

等因，抄發南京市市有旗地處理辦法及南京市促進市有公地利用處理辦法各一份，奉此，自應遵辦，除分令暨公佈施行，幷同時將二十六年三月二十三日　行政院修正公布之南京市旗地處理原則予以廢止外，合行抄發南京市市有旗地處理辦法及促進市有公地利用處理辦法各一份，令仰遵照。

此令！

計抄發南京市市有旗地處理辦法及南京市促進市有公地利用處理辦法各一份。（見法規欄）

中華民國三十六年九月八日

公布房捐及營業牌照稅徵收細則

南京市政府令　（卅六）府秘佈字第九十二號

查本市房捐徵收細則及營業牌照稅徵收細則，業經依照房捐條例及營業牌照稅法修訂，幷分別函准南京市參議會議決通過及財政部核定各在案。除分行外，合將修正南京市房捐及營業牌照稅徵收細則兩種公佈週知。

此令！

抄附修正南京市房捐徵收細則及營業牌照稅徵收細則各一份。（見法規欄）

中華民國三十六年九月十三日

嚴禁機關或部隊佔用校舍

南京市教育局訓令　（卅六）教一字第一八八二號

令各市私立中小學

奉

市政府交下　行政院本年八月十二日（卅六）八審字第三一八〇六號訓令內開：

「查各地學校校舍，為實施教育場所，應嚴禁機關或部隊佔用，其現正佔用者，應即督飭遷讓，以利教育事業，除已飭國防部轉飭所屬遵照外，合行令仰遵照，幷轉飭所屬一體遵照。」

等因奉此，合行令仰遵照。

此令！

中華民國三十六年九月八日

解送人犯施用戒具應予審慎

南京市政府訓令　（卅六）府總秘二字第八五九九號

令所屬各單位

案奉

行政院三十六年九月二日（卅六）七法字第三四九八八號訓令開：

「查解送人犯依照修正之解送人犯辦法第二條第一項前段規定，有車船直達時，應由原起解機關負責直接解送至接收機關驗收，不得交由縣市政府輾轉遞解，以維人道，至押解時施用戒具，原為戒護上不得已之手段，解送人犯辦法第六條明定「應用必要之戒具」，即含有限制濫用之意，是解送人犯儘可施用聯鎖捕繩或手梏等戒具，以防疏虞，嗣後解犯施用戒具，應視案情輕重實際需要情形審慎辦理，對於長途步行之人犯，並應儘可能避用脚鐐，以免傷害人犯身體之健康，除分令外，合行令仰遵照，並轉飭所屬一體遵照。」

等因奉此，除電首都警察廳遵照，幷分令外，合行令仰遵照。

此令！

中華民國三十六年八月六日

廣西調整縣行政區域各案暫緩執行

南京市政府訓令　（卅六）府總秘二字第八三五三號

令所屬各單位（不另行文）

案准內政部三十六年八月二十五日方字第八三四號公函開：

「案查前准廣西省政府公函，以該省調整縣行政區域，將永福併入臨桂更名福臨縣，宜北、思恩兩縣合併命名環江縣，中渡、榴江、雒容三縣合併命名洛江縣，扶南、綏淥兩縣合併命名扶綏縣，裁撤同正縣改置邕西縣，憑祥、明江、甯明三縣合併命名祥明縣，上金併入龍津，更命龍縣，左縣、崇善兩縣合併命名麗濱縣，萬承、養利兩縣合併命名萬利縣，鎮結、向都兩縣合併命名鎮都各在案，前經呈奉　國民政府令准備案，並於本年三月二十七日方字第三二七號公函請查照在案，嗣該省政府爲求安定社會免多紛更起見，電請上開各案暫緩執行，亦經呈奉　行政院轉奉　國民政府令准備案，相應函達，即希查照。」

等由准此，查該省調整縣行政區域及併縣各案，前准　內政部函知到府，經於本年四月四日以（卅六）府總祕二字第三六六九號令行知照在案，茲准前由，除分令外，合行令仰知照。

此令！

中華民國三十六年九月一日

經濟部審定專利各案

經濟部訓令　京工（卅六）字第五九〇〇八號

令南京市社會局

茲檢發本部奬勵工業技術審查委員會第一〇五次審查合格，認爲應予奬勵各案及應予延展專利各案之公告一件，仰迅即發登所印行之定期刊物，以便週知爲要。

此令！

附發公告一件

◉經濟部公告　工字五九〇〇七號

茲依奬勵工業技術條例第十七條規定，將本部奬勵工業技術審查委員會第一〇五次審查合格認爲應予奬勵各案公告之，自公告之日起六個月內，如無利害關係人提起異議，即爲審查確定，予以核准，又專利權因戰事影響致受損失，呈經審查合格應予延展專利期限各案，併依專利權延展專利期限辦法第五條規定公告之，特此公告。

計開

一、審定專利各案

（一）彭景曾　利用尿素與食鹽所製成之純碱新型專利三年。

（二）陳劍晨　51型晨風口琴新式様，專利三年。

（三）震旦機器鉄工廠無限公司　華沫滅火機蓋及噴嘴提攀之配合，裝置新型，專利五年。

（四）王秉初　利用等分原理，以三個兩脚規裝置而成之繪圖尺新型，專利三年。

（五）汪　彪　大算盤所用之彈簧及彈簧算珠新型　，專利三年。

（六）周荊庭　自來水筆筆舌上蓄水槽部份新型專利三年。

（七）石慶福　吊線先令開關新型專利三年。

（八）通用製造廠股份有限公司　中西數字兩用支票機之字盤

變更器及針峯座，構造新型，專利五年。

（九）倪芝卿 玻璃陣製造機之滾圓及磨光部分新型，專利三年。

（十）錢宗善 交流電感應現象顯示器新型，專利三年。

（十一）陸珊海 輕便式電話機之凸齒輪間斷器感應圈及傳受話器之配合構造裝置部份新型，專利五年。

（十二）林語堂 中文打字機依字形首末筆劃製成之鈕盤及八面刻字鋼槓之構造部份，專利十年。

（十三）蔣學忠 選繭機新型，專利三年。

二、延展專利各案

（一）周厚樞 周厚復 懷中文具墨膏配製成份。

（二）呂師堯 熱管漿紗機之雙槽分裝分烘裝置。

（三）李振渝 年紅燈通用字形。

中華民國三十六年八月二十二日

明遠樓稽往

明遠樓居南京市政府大門之首，形四方，高三層，為舊貢院建築之一，貢院乃科舉時代取士之所，建築於明初，代有葺增，據同治上江兩縣志，其四址西鄰縣學（即夫子廟）奎星亭，東與謝姓屋為鄰，（今之平江府街附近皆在院址之內），南臨秦淮，北至貢院街，（非今之貢院街），內有號舍共二萬又六百四十四號，其規模之廣為東南鉅觀，較今之市府大且倍屣焉，明遠樓其時居貢院二門之內，上為至公堂，後為輙門，門內有池，上跨石梁，名曰飛虹橋，即今在市府會議廳前者是也。

白下瑣言載：貢院創於明永樂中，乃籍設錦衣衞同知紀綱宅，又取懷來衞指揮陳彬家人陳通屋宇，明德堂有應天府尹王弼碑可據。金陵待徵錄引景定志，亦云：有二貢院，明初則因佞倖之紀綱及陳彬家人陳通，忠勇伯家人侯清等設官之宅建焉。惟嘉慶江甯府志以紀綱為元集慶路行省丞相，與御史大夫福壽皆死，葬於明遠樓下，為貢院土神，按紀綱事蹟見明史佞倖傳，府志所記有誤，朱緒曾有七古辨之甚詳，見朱氏北山集。

南窗居談云：「蔡寬夫治第於金陵青溪之南，穴地為池，數尺之下，見有瓦礫及朱漆七筯數十，又深尺餘，釜鑊瓦錫之器甚多，乃知前代此下皆人居也。今為貢院基。」據此則今市府所在地，乃宗代蔡居厚宅基也。

市政要訊

準備開征本年度田賦

本市三十六年度田賦征實征借及帶征公糧折征法幣標準，業奉　行政院規定，應參照開征前兩個月糧價擬定，報由糧食部核定。本市田賦定期十月一日開征，其折幣標準經財政局根據社會局查復之本市七月下旬及八月上旬糧價爲參考資料，并爲折算便利暨使鄉民易於計算其應納賦額起見，擬定折幣標準爲每石九萬六千元，正由本府轉請糧食部核定。又本市三十六年度積穀數額經財政局擬定爲四千担，由田賦土地稅兩項各帶募二千担，正呈請核示中。

征兵工作積極展開

本市志願兵征集工作業已展開，新兵招待所於八月二十九日全部佈置竣事，陸續接收各區交送新兵，現經檢查合格者約三百人，至志願兵報名時期，原定八月底截止，嗣據各區聯請展期，已准酌予延長，並爲督促各區加緊完成原定征額起見，經由本市兵役協會、參議會、南京團管區司令部及民政局聯合組織兵役督導團，於九月九日出發各區督導，至已征之志願兵第一期二百五十人，已於九月十八日正式撥交團管區，並舉行歡送入營典禮，由沈市長親自主持。又壯丁安家補助費之籌集，亦已於八月二十八日由市商會召集各業公會理事長會議，決定各商號樂捐標準，於九月一日起捐集。

遠東基教會議代表參觀本市教育

聯合國文教組織遠東區基本教育研究會議於九月三日在本市中央研究院舉行，會議日程排定五日及六日下午參觀本市教育，七日遊覽本市名勝及參觀棲霞山鄉村教育設施，本市教育局爲招待該會議代表，特編印南京市教育文化概況中英文對照小册，內容爲本市教育文化概述、教育概況表、教育統計圖、古蹟名勝照片、教育文化機關照片、各種教育活動照片等，分贈各國代表，並於參觀之日派員招待說明一切，該局所編製之作文量表、大小字量表及錯字測驗閱讀測驗等，即於參觀時由各校分別應用。五日下午參觀第六區中心國民學校，特別注重注音符號教學，第五區中心國民學校特別注重民衆補習教育之實施，六日下午參觀第一區中心國民學校特別注重語文教學，予各代表印象均甚良好，七日遊覽，並由該局在棲霞山招待茶點。

募集清寒學生助學金

南京市清寒學生助學金募集委員會於八月二十八日成立，募集數額定爲五億元，希望能達到十億元。是項助學運動發起者原有本市基督教青年會暨女青年會、三民主義青年團南京支團部、南京市青年救濟服務協會等團體，以宗旨既同，故統一組織，共同募集，該會主任委員，推由沈市長担任，各發起人均爲委員，設常務委員十四人，並成立勸募、宣傳、審核三委員會，推定姚克方爲勸募委員會主任委員，沈祖懋爲宣傳委員會主任委員，陳裕光爲審核委員會主任委員，分頭展開工作，沈市長復於九月五日下午三時假介壽堂舉行茶會，招待各界，闡述助學意義，促各界踴躍輸將，共襄盛舉，市長與副市長並捐薪一月助學，以資倡導。茲附有關辦法兩種於下：

一、南京市清寒學生助學金募集運動實施辦法

（一）募集主旨：

一、獎助清寒學生使能安心努力向學。

二、協助政府作育人材，以適應建國需要。

（二）獎助對象：

一、以中等以上學校在學清寒學生爲主，其已考取學校而無力繳費者，並酌予補助之。

二、清寒學生申請助學金辦法另定之。

（三）募集組織：

一、由本市各機關團體暨地方熱心教育人士，會同組織清寒學生助學金募集委員會，主持募集事宜，其組織辦法另定之。

（四）募集方式：

一、發動學校社團，組織勸募隊，向校內外募集之。

二、請各機關團體及工商各界担任認募工作。

三、請社會熱心人士個人認募。

四、採用其他各種足以激勵人心，慨捐樂助之方式募集之

（五）募集數額：募集總額定爲五萬萬元。

（六）募集時間：自本年八月廿七日開始，至九月卅日辦理完成。

（七）款項解繳：勸募所得款項應隨時送繳指定之銀行存儲，幷須於每週末持銀行收據向本會登記一次。

（八）獎勵辦法：各認募單位認募，個人勸募隊其勸募努力者，按其實際情形，予以宣揚與褒獎，其辦法另定之。

二、南京市清寒學生助學金申請及審核辦法

一、本辦法依照南京市清寒學生助學金募集委員會組織章程第七條之規定訂定之。

二、本市助學金之申請及核發由南京市清寒學生助學金募集委員會組織之審核委員會審核之。

三、本市清寒學生助學金總額爲五億元其分配數額如下：

（一）專科以上學校學生每名二十萬元，以千名計共二億元。

（二）中等學校每名十五萬元，以二千名計共三億元。

四、凡本市公私立中等以上學校之在籍學生皆得因申請列入審核。

五、中等學校學生以助學爲原則，專科以上學校學生以獎學爲原則。

六、本會所指定清寒學生其標準如次：凡有左列情事之一者得向本會申請助學金。（一）父母俱亡靠親戚撫養而家境貧寒

者。(二)家中無生產之人或正常收入而度日維艱者。(三)家中經濟入不敷出者。(四)兄弟姊妹衆多，父母無力使其全入學者。(五)家庭在匪區，經濟來源斷絕者。

七、凡清寒學生申請助學金者，應塡具申請書保證書送交所在學校審查無訛加蓋校印附註評語，再由學校轉送清寒學生助學金審核委員會請求核發。

八、本會辦理審核之程序如次：(一)檢閱申請書注意其是否清寒及清寒程度。(二)檢查成績報告書記錄其成績。(新生以入學試驗成績爲準)(三)凡申請逾額時，則以其清寒狀況與成績優劣先後比較之。比較方法如次：1.先以學業成績先後排列之。2.學業成績相等者，以其操行成績先後排列之。3.品學成績相若者以其清寒程度爲先後排列之。4.前三項均相若者，以籍貫區別之，具本市籍爲先。

九、本會對於學生繳入之證件得隨時抽查，其有作僞情事者不予審核。

十、凡經審核合格之學生，由本會公佈姓名，並通知該生憑保具條向本會指定發款場所領取助學金。

十一、凡保證學生領取助學金之人，對於該款負賠償之責，遇公佈後經人檢舉有作僞假冒情事，則由保人負責追還或賠償所領之助學金。

十三、本辦法經南京市清寒學生助學金募集委員會通過施行。

公葬楊光泩等九烈士

外交部前駐馬尼剌總領事館楊總領事光泩，莫領事介思，朱領事少屏，姚隨習領事竹修，隨習領事銜楊主事慶壽，蕭主事東明，盧主事秉樞，甲種學習員王恭瑋，前駐山打根領事館卓領事還來等九人於民國三十一年四月十七日及三十四年七月六日先後在任所被敵殘害，忠貞義烈，志行可風，奉　國民政府明令褒獎有案，其靈櫬移運返國後寄放本市中國殯儀館，三十六年七月八日，行政院會議決議予以公葬，經組織公葬委員會主持其事，於九月三日下午二時假中國殯儀館舉行公祭典禮，由沈市長主持，祭畢，即移靈中華門外忠烈公園安葬。

明太祖的風趣

金陵瑣事載：「太祖造逍遙樓，見人博弈者，養禽鳥者，遊手耗食者，拘置樓中，使之逍遙，盡皆餓死。一樓在淮清橋東北，今廢。

簡訊

△召開地方自治座談會：民政局為廣徵各方意見，俾地方自治推行順利起見，經於九月三日邀集參議會等機關代表及自治專家多人，舉行地方自治座談會，經就（一）區公所組織應如何充實？自治工作應如何加強？（二）郊區遼闊，行政困難，應如何補救？（三）區保甲長民選應否暫行緩辦等事項，詳加研討，現正就各方意見並參酌實際情形，分別擬辦請示中。

△積極辦理國大代表及立法委員選舉工作：本市國大代表及立法委員選舉事務，均經按照規定計劃逐步實施，現各區及各團體選舉人數已大部彙轉事務所，並按照上項數字開始分發選舉權證，國大代表候選登記已於九月一日開始，定三十日截止。

△辦理戶政人員業務講習：民政局為準備本市戶口總調查工作，於九月五六兩日舉行戶政人員業務講習，調訓各區戶政組長組員共計五十二人，講習科目為調查概要，戶政法規及兵役選舉等。開幕日市長親臨訓話。

△奉令接辦社教附中京校：教育部令飭本市教育局接辦國立社會教育學院附中京校及棲霞山附小，該局因棲霞山屬江蘇省江寧縣境，對接辦棲霞山附小一節，已向教育部請示，關於附中京校，已改名為市立第六中學，幷派陳祺龐為校長。

△召集私中校長談話會：本市私立中學收費數目經參議會核減後，各校因不敷維持，請求增加，市長於九月六日召集私中校長談話，並邀請市參議員參加，剴切勸諭，仍照參議會決議標準徵收，惟各校設備不足，得經呈准後酌收補充設備費，以拾萬元為度，已令各校遵照即日開學。

△全市各級國民學校開課：本市市立各級國民學校一四九所，一四二五班，均於九月一日開學，除兩處因校舍尚未完工，稍緩上課外，其餘已一律於九月八日起正式開課。

△增設國民學校三所：為救濟學荒最近又由教育局增設四松庵、綉花巷、羅廊巷三國民學校，現均積極籌備開學中。

△召開健康教育委員會第六次會議：該會於九月四日上午召開第六次會議，通過檢查教師肺部，征收健康費分配標準，組織採購委員會統購藥品材料配發，舉辦健康教育運動週，提示學校家庭社會人士之認識等要案，現已分別辦理中。

△征用土地建築示範衛生所：中山北路靠近住宅區，居民頗多，該處尚無醫療機構之設置，一般市民治療疾病殊感不便，衛生局有鑒及此，特函請地政局征得中山北路地皮一·〇三八七畝，計地價四千九百八十五萬餘元，擬俟征用手續辦竣，即行招標興建。

△清理軍政機關接收敵偽圈佔地：地政局於九月九日上午九時，邀請有關軍政機關商討清理敵偽圈佔地問題，當經就原則上商討後，以機關衆多，逐案討論，事實上諸多不便，約定本月十六日及二十兩日，分批邀請有關機關作具體商討，並當場說明會前應準備資料。

△舉辦第六屆集團結婚：社會局與新運總會合辦之第六屆集團結婚定於十月十日仍在勵志社舉行，九月八日開始登記。

△修築道路工程：(一)中山路慢車道改建工程，混凝土路面已全部完成，尚餘路沿路牙在修砌中。(二)北平路西段碎石路面及下水道工程已發包，即將開工。(三)昇州路、廣州路、雨花路加澆柏油路面均已完成。

△規定辦理獵槍轉讓或代售手續：首都警察廳前為市民呈請獵槍准予轉讓他人，經呈奉內政部電示，經查驗主管官署核准後，許予轉讓在案，茲經該廳規定手續二項如下：(一)轉讓或經售之獵槍須先領有槍照。(二)轉讓或代售時應具備首都警察廳核准文件。

△依限完成房捐總調查：本市房捐總調查，自八月一日開始，限期九月十日結束，業已如限完成，十一日集中繕寫人員塡發起征通知單，十五日開始徵收。

△定期開征本年地價稅：本市三十六年度地價稅開征應行準備事項，如地政局須先查對地籍圖册，整理地籍卡片，核算各戶總地價，塡製通知單，財政局應行計算各戶所征稅額，繕塡四聯繳款書分發各戶納稅，種種工作相當繁複，經該兩局商定會同辦理，業於九月三日開始，經積極趕算稅額塡發通知單，於九月十日開征，已由局布告週知，並報由本府轉函財政地政兩部備查。

△調查救濟洲福民農場工作情形：市產救濟洲於民國二十六年准福民農場承尉，約期二十年，迭經洲民郭隆棠控告剝削農民，因尉約期限之拘束，未得撤銷其承尉權，茲由本府令飭財政局會商地政局擬具測量該洲計劃，並派員赴洲調查該農場放佃方式、收租辦法、投資總額及設備等情形，以便處理。

△督促八卦洲征實情形：八卦洲管理處原勘訂本年春季麥租九八九三石六斗二升三合，嗣以該洲佃農一再要求減低租額，並照舊折價征收，經財政局呈奉核准，照原勘租額九折征收實物，隨即轉飭該管理處尅日開征，並派員馳往督導辦理。

△派員分赴莊田勘訂秋租：財政局經管市有莊田六十一處，計六千餘畝，散置京市四郊及蘇皖各鄉鎮，秋收在即，經派職員六人，每兩人為一組，分往各莊田查勘秋收成數，以憑核定租額，責令繳納。

法 規

中央法規

節約督導委員會組織規程

行政院三十六年九月六日公布
(卅六)六經字第三五六九七號令

第一條 行政院為督導節約消費綱要與其有關各種辦法之實施，設節約督導委員會。

第二條 本委員會設主任委員一人，由行政院院長就政務委員中指定一人兼任之，委員九人，以行政院副秘書長及內政、國防、經濟、交通、社會五部次長各一人及全國經濟委員會委員三人兼任之。

第三條 本委員會事務，由行政院秘書處辦理之。

第四條 本委員會每兩星期開會一次，於必要時由主任委員召集臨時會。

第五條 本委員會於必要時，得函請行政院各官署及各省市政府提出關於推行節約綱要與辦法之報告，加以檢討。

第六條 本委員會發現行政院各官署及各省市政府對於節約綱要與辦法推行不力時，或推行成績特別優良者，得經過半數之決議，報請行政院院長核辦。

第七條 各機關為督導節約消費綱要與有關各種辦法之實施，得在各該機關內設節約督導委員會，由其首長或副首長主持之。

第八條 本規程自公布日施行。

私人使用汽車限制辦法

行政院三十六年九月六日公布
(卅六)六經第三五六九七號令

第一條 本辦法依照厲行節約消費辦法綱要第二項第三款之規定訂定之。

第二條 凡左列私人或法人使用之大小型汽車（以下簡稱私人汽車），均依本辦法限制之。

一、私人或私法人自用汽車。

二、私人或私法人營業汽車（經營公用事業者除外）。

前項大小型汽車之劃分，按照汽車管理規則之規定辦理。

第三條 左列人等得使用私人汽車。

一、依法登記註冊之醫師。

二、依法登記註冊之銀行、工廠、礦場、新聞報社及規模宏大與民生日用必需品有關之民營事業。

三、依法核准登記之汽車運輸業。

第四條 在本年八月三十一日以前，私人汽車業經登記領照者，除合於前條各款之規定者，准予繼續使用外，應分期核減。

私人使用汽車數額，依左列規定限制之。

一、前條第一款，每人以小型車一輛爲限。

二、前條第二款之銀行、工廠、礦場及規模宏大之民營事業，小型車以兩輛爲限，大型車以四輛爲限，新聞報社小型車以三輛爲限，大型車以二輛爲限，但大型車因運貨之需要必須超過限額者，得由當地政府切實審核，酌予變通。

三、前條第三款之汽車運輸業，每一商號以在本年八月三十一日以前已登記領照或已付款訂購並已起運在途具有證明者爲限。

第五條 私人使用汽車不合本辦法第三條之規定者，應分期抽籤核減。

私人使用汽車之數額超過本辦法第四條之規定者，限於本辦法公布施行後一個月內吊銷其執照。

第六條 私人汽車所需汽油，依左列規定限制之。

一、第四條第二項第一二兩款之小型車，每輛每月以六十加侖爲限。

二、第四條第二項第二款之大型汽車，每輛每月以一百加侖爲限。

三、第四條第二項第三款之汽車，以該商號七八兩月全月用油量之平均數爲限。

第七條 前條私人汽車用油，由使用汽車者，憑行車執照，於每三個月，向當地主管交通管理機構領取購油證，向指定之供油機關按定量購買之。

交通管理機關發給購油證時，須將該證字號及購油月份數量，於行車執照上註明，以便查考。

第八條 供給汽油之稽查辦法另訂之。

第九條 凡違反本辦法第三條至第六條之規定者，主管節約機關得按其情節予以警告，或通知交通主管機關吊銷其牌照。

第十條 本辦法自公布日施行。

筵席消費節約實施辦法

行政院三十六年九月六日公布
(卅六)六經字第三五六九七號令

第一條 本辦法依據厲行節約消費辦法綱要第二項第五款之規定訂定之。

第二條 中餐每席不得超過六菜一湯，西餐每客不得超過二菜一湯，並由當地政府依當地物價，限制每席每客之最高價格。

第三條 中餐至少以八人爲一席，不足一席之聚餐，以一人一菜爲標準。

第四條 凡政府禁止輸入之飲食物品，在餐館內不准售賣。

第五條 凡屬承辦筵席之餐館業，不論有無店面設備，應一律遵守本辦法之規定。

第六條 中西餐館違反本辦法規定，情節重大者，予以停業之處分。

第七條 本辦法公布後，除經濟食堂外，不得新設餐館，其已停業者，不得復業。

第八條 各院轄市及各省省會，概為筵席節約實施地區，其他實施地區，由省政府以命令指定之。

第九條 筵席節約之實施，由當地政府之社會局主管，由警察機關檢察取締。

第十條 各地有關飲食業之各同業公會，應遵照本辦法訂定公約，約束會員切實奉行。

第十一條 除本辦法規定外，主管官署得發動社會力量倡為運動，藉收社會協力及輿論制裁之效。

第十二條 本辦法自公布日施行。

新聞紙雜誌及書籍用紙節約辦法

行政院三十六年九月六日公布
(卅六)六經第三五六九七號令

第一條 各地報紙關於新聞及廣告之編排，應力求節約，篇幅原在一張以上者，均應於本辦法公布後，自動縮減為一張，其原在二張以上者，不得超過二張。

第二條 各地雜誌篇幅，應依照下述規定：

一、週刊每期以十六頁為度。

二、半月刊每期以三十二頁為度。

三、月刊以上以六十四頁為度。

前項頁數，均以單面計算，封皮可另加四頁。

第三條 新聞紙雜誌及書籍，應盡量採用國產紙張。

第四條 內政部得根據事實需要，酌量調劑各地新聞紙雜誌之數量，期於節約之中，並收均衡文化發展之實效。

第五條 無充分資金固定地址之新聞紙雜誌，並應嚴格限制其登記。

厲行守時運動實施辦法

行政院三十六年九月六日公布
(卅六)六經第三五六九七號令

第一條 本辦法依據厲行節約消費辦法綱要第二項第十三款之規定訂定之。

第二條 工作時間應依左列之規定：

一、工作時間，應依內政部所頒全國各地標準時間推行辦法，就季節氣候地區關係，為合理之規定。

二、工作時間，應按照規定，嚴格遵守，不得遲到早退，主管人員尤應首先實踐，以資表率。

第三條 集會時間應依左列之規定：

一、開會次數，應力求減少。

二、開會通知及有關資料，至少應於開會前一日送達，並於通知書上註「準時開會」字樣。

三、開會應準時出席，如因故不能到會或須遲到者，須先復知。

四、主持開會之人，應準時到達會場，不論到會人數多少，應準時宣佈開會，其有明文規定法定人數者，屆時如不足法定人數，可先開談話會。

五、對於開會無故缺席或遲到半小時以上之人員，由會議主持機關於散會後立即通知其本人或原服務機關。

六、開會時應按照議事日程進行，發言不得逾越討論範圍，主持人應預告開會所需之時間，並確實把握，按時結束，非有必要，不要延長。

七、羣衆集會時，主持人須充分把握時間，講演人員須先期洽定，並預爲時間之分配。

第四條　宴會時間應依左列之規定：

一、宴會請柬，除特殊情形外，應於三日前寄發，並附寄「準到」或「不到」之回單，凡不塡寄回單，或通知準到而不到或遲到，或不待終席先退者，概視爲失禮。

二、接獲宴會請柬二份以上，而時間相同者，應選定一處，其餘辭謝。

三、宴會應照約定時間舉行，以不超過二小時宴畢爲原則。

第五條　接應時間應依左列之規定：

一、訪問及接談，應先期約定，並預定談話所需之時

間。

二、凡設有電話之區域，接談應儘量利用電話，並應由本人直接使用，力求避免工友代接轉接。

第六條　營業時間應依左列之規定：

一、飛機火車輪船汽車等交通業務，應切實依照其規定時間，準時售票，準時開行，準時到達。

二、電影院戲院及其他公共場所售票者，應按其規定時間，按時開始，按時結束。

第七條　本辦法自公布日施行。

厲行節約消費檢察辦法

行政院三十六年九月六日公布
（卅六）六經第三五六九七號令

第一條　本辦法依照厲行節約消費辦法綱要（三）附則第一款制定之，其檢察除現行法令及本綱要節約消費各種實施辦法另有規定外，依本辦法辦理。

第二條　本辦法之監督執行機關如左：

一、關於公務機關及國營事業機關者，爲其上級機關，但節約消費各種實施辦法內有指定之考核機關或應由各該機關主管監督者，不在此限。

二、關於一般社會者，爲地方政府。

第三條　前條第一款之監督執行機關，應切實檢察其所屬或指定機關節約消費之遵辦情形，予以考核，其由本機關

主官監督執行者，並由主官考核之。

第四條 本辦法第二條第二款所定監督執行之地方政府，應依照節約消費各種實施辦法，督飭所屬及警察機關切實執行，並得組織厲行節約消費檢察委員會，執行檢察任務。

第五條 前條檢察委員會，以左列機關人員組織之：

一、各機關之高級主管人員。

二、同級民意機關代表。

三、當地監察審計及其他關係機關指派代表。

四、本機關所屬各機關之主官。

前項厲行節約消費檢察委員會，以地方政府主官為主任委員，其他人員為委員，由主任委員定期召集開會。

第六條 地方政府實施檢察時，應由檢察委員會臨時組成若干小組分別檢察。

前項小組，由參加機關派員組織之。

第七條 地方政府執行檢察時，對於違反節約消費者之處罰，除節約消費各種實施辦法另有規定外，應按其性質，分別依照行政執行法或違警罰法辦理。

第八條 中央各機關及地方政府辦理檢察之結果，應報請上級主管機關查核。

第九條 厲行節約消費檢察委員會所有人員，均為義務職。

第十條 本辦法自公布日施行。

國府公報所載中央法規索引 二〇二

九月份上半月

本府法規

南京市市有旗地處理辦法

行政院三十六年九月三日公布

(卅六)四內字第三五〇三八號令

第一條 南京市政府（以下簡稱市政府）為處理市有旗地，訂定本辦法。

第二條 本辦法所稱之旗地，係指本市已辦土地登記區域內市有旗地，其處理除法令別有規定外，悉依本辦法之規定。

政治區及政治住宅區暫不適用本辦法。

第三條 旗地租戶凡領有本市地政局發給之土地他項權利證明書者，應於規定限期內繳驗幷填具申請書，聽候處理，凡未經登記確定租權者，應依照本市查驗土地權利書狀辦法，依限申請登記，俟取得證明後，再依前項規定辦理。

第四條 僞組織放領之旗地一律無效，其原租戶已領回六踶地價者，喪失其原有之土地權利，但承領人爲自耕農幷繼續耕作者，按照收復區土地權利清理辦法第四條之規定辦理。

第五條 凡合於土地法第二〇八條或二〇九條之規定者，無論已作公用或擬作公用之土地，依法收爲公有。

市政府爲需用土地人時，由市政府依照法定地價六踶發給租戶，收爲市有，其有定着物者依土地法之規定辦理。

一般機關團體爲需用土地人時，經呈准依法征收後，應將全部地價各項補償金及遷移費等，送交市政府分發。

第六條 規定工商業使用之旗地，准由承租人按照標準地價承領，其不願承領，得由人民以投標方式以最高價承領。

第七條 前條放領之旗地，原承租人不願承領時，准由最高標價人繳價承領，原承租人得憑南京市地政局之證明文件領回六踶地價，其有建築物者，由得標承領人按照政府估價給予補償。

第八條 規定爲住宅及農業使用之旗地，准由原承租人按照標準地價繳納四踶承領，原承租人放棄承領或被撤銷承領權時，由現使用人優先承領。

前項農地宅地之承領，以自耕及自住自用者爲限，不得轉租。

第九條 依本辦法規定放領之旗地，原租戶准以所租面積計算承領，非租戶參加投標者，則以宅地不超過一畝，農地不超過二十畝爲原則，其超過之土地面積大小，不能單獨使用者，不在此限，但其應繳之地價，得於一年內分季繳納。

第十條 依本辦法第六條至第八條規定之承領人於清繳地價後，由本市地政局發給土地所有權狀執業。

第十一條 依本辦法第六條至第八條規定之承領人，有左列情形之一者，撤銷其承領權，其已承領者，幷照法定地價收回土地：

一、逾規定期限不繳清地價者。
二、承領人變更規定用途者。
三、逾規定期限不爲使用者。
四、於三年內轉移其所有權或有違反本辦法第八條第二項情事者。

第十二條 依照本辦法第三條第一項規定，逾期不爲申請者，地政局得卽予處分，逾期後其土地尚未處分者，仍得准原承租人依本辦法第六條至第八條之規定辦理，其土地已經處分時，原承租人得向南京市地政局繳銷土地他項權利證明書按照土地實測面積，領取六疑地價。

第十三條 依本辦法放領之旗地，其非由原租戶承領者應按照一般土地權利移轉之規定征收土地增值稅。

第十四條 處理旗地登記期限及規定使用期限，由市政府分別規定佈告之。

第十五條 依本辦法規定處理之旗地，於處理完畢後，由市政府彙案函知參議會備查，并呈報 行政院備案。

第十六條 本辦法自公布日施行。

第十七條 二十六年三月廿三日 行政院修正公布之南京市旗地處理原則，於本辦法公佈之日同時廢止之。

南京市促進市有公地利用處理辦法

行政院三十六年九月三日公布

(卅六)四內字第三五〇三八號令

第一條 南京市政府（以下簡稱市政府）為促進市有公地利用訂定本辦法。

第二條 本辦法所稱之公地，係指本市已舉辦土地登記區域內之市有土地，其處理除法令另有規定外，悉依本辦法之規定。

第三條 偽組織放領放租之公地一律無效，但承領人為自耕農而繼續耕作者，按照收復區土地權利清理辦法第四條之規定辦理。

第四條 凡適合公用及可能公用之市有公地，應予保留，并積極利用。

第五條 本市公有土地除應予保留公用者外，由市政府規定用途分別放租，其有特殊性質，不便作合理使用，或畸零荒廢合於土地法第一三七條規定者，得予放領。

第六條 依前條規定放租暨放領之公地，應依照土地法第二十五條規定由市政府商得市參議會同意，呈請行政院核准分期公告之。

第七條 依本辦法放租或放領之公地，由市政府就土地之客觀環境，分別核定為工商業住宅或農業使用區域，責由承租或承領人限期依照核定方式使用。

第八條 承租或承領公地人，以其有南京市公民資格者為限。

駐本市區內之政府機關或法團，亦得比照前項規定承租或承領本市公地。

第九條 人民承租公地面積宅地以不超過一畝，農地不超過二十畝為原則，其超過之土地面積大小，不能單獨使用者不在此限。

第十條 承租或承領公地人，以自住自用自耕為限，如有變更用途或轉租者，由市政府按原價收回，另行放租。

第十一條 依本辦法第四條規定申請承租及承領公地人應備具申請書，向南京市政府申請，其申請書格式另定之。

第十二條 依本辦法放租或放領之市有公地，原租戶得准優先承租或承領，但同一戶獲有二坵以上之優先權時，應以一坵為限，前項優先承租承領權人，於接獲南京市地政局通知後，逾兩個月不為申請者，以放棄優先權論。

原租戶以有土地法第一〇三條及第一一四條各款規定情事之一者，不得享有優先權。

第十三條 租用市有公地及房屋之租金或地租以及担保金依照土地法之規定繳納。

第十四條 承租人縱因不可抗力妨碍其土地之使用，不得請求免除或減少租金，但耕地不在此限。

第十五條 放租之公地如有土地法第二〇八條及二〇九條各款規定之需要時，雖在租期存續期間，市政府仍得收回土地，其經承租人增加之建築物除政府需用予以保留發給補償費外，應酌給拆遷費。

第十六條 土地已公佈為街道者，承租人不得建築，僅為臨時性質而不因之增加將來施工費用者，不在此限。

第十七條 租用公地期滿未經呈准續租或依法應撤銷其承租權者，承租人在所租公地上增加之建築物，由市政府估價新舊發給補償費收歸公有或酌給拆遷費，由原承租人依限拆遷。

第十八條 承租人有民法第四三二條至四三四條之規定情形者，除撤銷其承租權外，并應負損害賠償之責。

第十九條 承租人積欠租金除扣算預繳担保金外，達六個月以上者，應撤銷其承租權，並追繳其積欠租金。

第二十條 依本辦法第四條之規定放領之公地地價，以投標方式決定，其章則另訂之。

前項承領公地人如具有本辦法第十一條規定之優先承領權者，得准照法定地價繳價承領。

第二十一條 承領公地人有左列情形之一者，撤銷其承領權，已承領者照原領地價收回土地。

一、逾期不為繳價者。

二、承領後於三年內移轉其所有權於他人者。

三、逾期不為使用者。

第二十二條 依本辦法承領之公地，由本市地政局發給土地所有權圖狀執業。

第二十三條 租用公地經核准後，由市政府發給租照，其照式另定之。

第二十四條 本辦法自公布日施行。

修正南京市房捐徵收細則

三十六年九月十三日本府修正公佈施行

第一章 總則

第一條　本細則依照房捐條例第十四條之規定訂定之。

第二條　本細則所稱之當事人，卽房主及其代理人或經租人等。

第三條　本細則所稱之房主，除原房主外，凡出典之房屋係指受典人，於抵押之房屋不移轉占有者，係指抵押人而言，凡抵押房屋移轉占有者，係指受押人而言。

第四條　本細則所稱之產價，係指房屋之現值而言。

第五條　本細則所稱行租租額，係以租約所載之租金及押租利息合併計算。

第六條　本細則所稱之舖房，係指住戶以其房屋供營業之用者；所稱之住房，係指住戶非以其房屋供營業之用者。

第七條　凡在本市區內之房屋，除依照房捐條例第六條規定免捐外，均依本細則之規定征收之。

第八條　凡公營事業機關使用之房屋，不論自用或出租，一律征收房捐。

第九條　房屋係店面式而非營業者，按住房徵捐，非店面式而營業者，按舖房征捐。

第十條　娛樂場所商店堆棧，按舖房征捐。

第十一條　報館及其他自由職業團體經主管機關立案或登記者，按住房征捐。

第十二條　無租賃手續之借住房屋，按自產自住征捐。

第十三條　凡租賃房屋，其轉租租金超過原租者，除轉租部份照轉租租金征捐外，其自住部份之租價，應以轉租租金為比例，合併計算征捐。（超過原租之房捐由二房東負担。）

第十四條　凡房屋移轉，前業主如有欠捐時，後業主應於立契前報告財政局追繳，否則歸後業主担負。

第十五條　凡舖房住房征捐，自起租之日起算，在國曆每月十五日以前者照全月捐額征收，在十六日以後者減半徵收。

第十六條　房捐由財政局派員調查核定捐額後，繕發繳款通知書，交納稅人持向市庫及指定之銀行或征收處繳納之。

第二章　舖房捐

第十七條　舖房按其行租租額徵收捐款百分之十，但財政局認房租有不實時（如輕行租、重押租，或房租雖輕而由房客出資修理等類），得用估計方法定之。其屬自產者，由財政局按產價估計租值按率征捐，或由業主自行報價，如財政局認為所報不實時，得派員復查照時值估價，依其價額每年征捐千分之十（卽每一千元每年征收房捐十元）。

第十八條　舖房捐款歸房主負担，由房客按月代繳，准在行租內扣除；舖面閉歇或遷移時，如有欠捐，應由房主負責繳納。

第三章 住房捐

第十九條 住房按行租租額徵收捐款百分之五，但財政局認為房租有不實時（如輕行租、重押租或房租雖輕而由房客出資修理等類），得由估計方法定之。其屬自產者，由財政局按產價估計租值按率征捐，或由業主自行報價，如財政局認為所報不實時，得派員復查照時值估價，依其價額每年征捐千分之五（即每千元每年征收房捐五元）。

第二十條 住房捐由房主担負，房主住本宅者，由房主彙繳，房主不住本宅者，則由房客按月代繳，在行租內扣除，其由房客代繳者，房客遷移時，房主應即報告財政局，並補繳所欠房捐。

第四章 罰則

第二十一條 捐戶對於租金有以多報少情事，一經查出或被人告發，按照隱漏捐額處以三倍以下之罰鍰。

第二十二條 房捐捐款各捐戶於收到財政局房捐繳款書後，應在規定繳款期限前如數繳納，如逾限未繳者，即依照左列各款加徵滯納金：

一、逾限一月者，照所欠捐額加徵滯納金十分之二。

二、逾限二月者，照所欠捐額加徵滯納金十分之五。

三、逾限三月以上者，照所欠捐額加徵滯納金一倍。

第二十三條 本細則之罰鍰由財政局送由法院裁定之。

第五章 附則

第二十四條 本市因房屋發生恐荒，市民有空屋而未出租者，分別按營業房屋、住家房屋比照加倍徵收之。

第二十五條 凡在三十六年新建築完成之房屋，為獎勵建築解決房荒起見，准免徵房捐一年。前項所稱新建築，係指完全新建而言，如翻造或添修者不在免徵之列。

第二十六條 本細則提經市參議會議決，並函准財政部核定後公布施行。

修正南京市營業牌照稅徵收細則

三十六年九月十三日本府修正公佈施行

第一條 本細則依照營業牌照稅法第十六條之規定訂定之。

第二條 凡在本市區內經營商業，除履行商業登記外，並應依照本細則之規定，於營業開始前填具申請書，經徵收機關調查，核定稅額，徵收稅款，發給營業牌照後，方准開業。（申請書式另定之）

第三條 營業牌照稅按資本額分等徵收，凡左列各種商業按資本額徵收千分之三：

一、戲館、電影院、戲茶廳、音樂廳、舞廳、書場、球場、彈子場、溜冰場、遊藝場、雜耍場。

二、中西餐食業、麵點業、茶館業、冰店、甜食店、咖啡店。

三、旅館、堆棧、倉庫、轉運業。

四、屠宰業。（包括屠戶、湯房、肉案等。）

五、牙行、委托拍賣商行、典當舖、皮貨業、估衣業。

六、理髮店、浴室。

七、海味乾菜業、糖食罐頭食品水菓業、醃臘業、野味業、雞鴨業。

八、珠寶、首飾、玩具、樂器、金銀器業。

九、化粧品業、鐘表、鑲牙、照相及西式木器業、中西服裝業、綢緞呢絨業。

十、迷信品業、婚喪儀仗業、爆竹業、香燭業。

十一、捲烟釀酒業、烟酒零售業。

十二、參茸燕窩銀耳業。

不屬於上列之各種商業，按資本額徵收千分之二。

前項資本額，由徵收機關依據原報資本額或帳册所載實收股本，加公積準備盈餘滾存等項合併計算之。其無帳册可查，或帳册所載不實者，得依其營業狀況估定之。

第四條 營業牌照每年更換一次，於每年度開始第一個月換發之，繼續營業之商號於換領營業牌照時，應重行申報其資本額。營業牌照稅按年於換照時征收。其

在年度開始半年以後開業者，減半徵收之。

第五條 同一商店兼營兩種以上業務而其資本各別獨立者，應分別納稅領照。

第六條 左列各種營業分別減免其營業牌照稅：

一、純粹官營之各種商業，照原稅額減除百分之二十。

二、產銷合作社專銷其社員產品者，照原稅額減除百分之六十。

三、依公司法組織經註册登記者，照原稅額減除百分之二十。

四、消費合作社專對社員營業者，及監獄工場或慈善團體附設工場之銷售所專銷其手工產品者，均免征營業牌照稅，但仍須按章請領牌照，酌收工本費每張一千元。

第七條 官商合營之各種商業均照征營業牌照稅。

第八條 凡營業人增資、改組、改換營業種類及承頂人營業者，均應繳銷舊照，另行納稅，重領新照，但增加資本或改換營業種類者，其原納稅額得扣除之；其遷地營業者亦應繳銷舊照，呈報查明，換發新照，不另納稅，酌收牌照工本費壹千元。

第九條 凡營業商店未經請領營業牌照而擅行開業者，除勒令停業外，幷處以應納稅款二倍至五倍之罰鍰。

第十條 違反本細則第二條之規定，如營業人抗拒檢查帳册

，處以五萬元以下之罰鍰，情節重大者幷得勒令停業。

違反本細則第四條之規定，如營業人不遵照規定期限換領營業牌照，除飭補繳應納稅款換照外，幷處以應納稅款一倍至三倍之罰鍰。

違反本細則第八條之規定，除飭補稅換照外，幷處以應納稅款一倍至三倍之罰鍰。

第十一條　營業牌照不得轉賣讓與或借用，倘有違反，處以五萬元以下之罰鍰。

第十二條　歇業時，應於一個月內將所領營業牌照呈請註銷，違者處以一萬元以下之罰鍰。

第十三條　營業人申報資本額不實，或僞造帳册希圖短稅者，經查明除飭照章補稅幷處以二倍至五倍之罰鍰外，情節重大者得勒令停業。

第十四條　各營業商店收到征收機關核定稅額繳款通知單時，應於五日內繳清稅款，請領營業牌照存執，如逾期不繳者，每逾期三日卽照應納稅額加收滯納金十分之一，照此遞推，以至應納稅款之同額爲止；如逾期一個月以上尚未清繳者，得停止其營業，追繳欠稅及滯納金，在未據清繳前，不得復業。

第十五條　營業牌照應置於顯明處以便檢查，如有遺失，應呈明遺失情形，經查明屬實者，得補發新照，幷酌收工本費壹千元。

第十六條　本細則之罰鍰由財政局送由法院裁定之。

第十七條　本細則提經市參議會議決，幷函准財政部核定後公布施行。

戶口既清之後，便可從事於組織自治機關，凡成年之男女悉有選舉權、創制權、複決權、罷官權，而地方自治草創之始，當先施行選舉權，由人民選舉職員，以組織立法機關並執行機關。

——國父遺教

勵行教育普及，以全力發展兒童本位之教育，整理學制系統，增高教育經費，並保障其獨立。

——國父遺教

會議紀錄

南京市政府第九十七次市政會議紀錄

時　間：三十六年九月五日上午九時
地　點：本府會議室
主　席：馬副市長　　　　紀錄：史崇訓

討論事項

1.會計處提：擬請追加本市三十六年度地方預算普通歲出臨時門「市產查勘整理費」一千萬元，及「征册票照表據印刷費」八千萬元，提請討論案。

決議：通過。

2.會計處提：擬請追加本市卅六年度地方普通歲出臨時門「補助支出」五百萬元，並在第二預備金項下動支，提請討論案。

決議：通過。

3.會計處提：擬請追加本市三十六年度地方普通歲出臨時門「本府修建房屋及補充設備費」五千萬元，並在第二預備金項下動支，提請討論案。

決議：通過。

4.會計處提：擬請追減本市三十六年度地方預算普通歲出經常門「土地稅徵收處」三百萬元，提請討論案。

決議：通過。

5.會計處提：擬請追加本府「行政會議費」三千萬元，並在第二預備金項下動支，提請討論案。

決議：通過。

南京市政府第九十八次市政會議紀錄

時　間：三十六年九月十二日上午九時
地　點：本府會議室
主　席：沈市長　　　　紀錄：史崇訓

討論事項

1.會計處提：擬請追加本市三十六年度地方預算普通歲入經臨門各項收入，共計六〇、二七八、七八七、七八五元案。

決議：照案通過。

2.會計處提：擬請追如本市三十六年度地方預算普通歲入經常門各項收入，共計二、七一九、三四七、〇〇八・四〇元，及普通歲出經臨各費共計七、〇四二、八二二、六一〇・七四〇元，幷請財政局另辦追加歲入四、三二三、四七五、六〇二・三四元預算手續，使相平衡案。

決議：照案通過。

3.會計處提：擬請追加禁煙行政費壹百萬元，並在第二預備金內動支案。

決議：照案通過。

4.會計處提：擬請追加紅十字會京市分會本年九至十二月份四

個月補助費壹千貳百萬元，並在第一預備金項下動支案。

決議：通過。

5. 會計處提：擬請追加地政局臨時費二四一、九〇〇、〇〇〇元案。

決議：照案通過。

6. 地政局提：准中國紅十字會南京分會函，請撥用本市鼓樓車站旁市地建築會址及診療所一案擬具意見，提請核議案。

決議：保留，由地政局另擇適當地點，提交下次市政會議併案討論。

7. 地政局提：准海軍司令部函請撥用本市花家橋市地一案，擬具處理意見提請核議案。

決議：送請市參議會審議。

本府大事記

九月份上半月

九月一日（星期一）

△舉行月會，衛生局王局長祖祥報告「遊美觀感」。

△本市國民大會代表候選人登記開始。

九月三日（星期三）

△首都各界慶祝九三勝利二週年紀念大會在大華戲院舉行，馬副市長代表市長出席參加，散會後，往靈谷寺舉行秋季致祭陣亡將士典禮，由馬副市長主祭，王局長祖祥，謝局長徵孚陪祭，儀式至為隆重。

△公葬前駐馬尼剌總領事館及山打根領事館殉難烈士楊光泩等九人。

△民政局召開地方自治座談會。

九月四日（星期四）

△教育局召開健康教育委員會第六次會議。

九月五日（星期五）

△舉行第九十七次市政會議。

△市長假介壽堂招待各界籌募清寒學生助學金。

△教育局招待聯合國文教組織遠東區基本教育研究會議各國代表參觀本市教育。（連續至七日止）

△民政局舉行戶政人員業務講習。

九月六日（星期六）

△市長偕副市長，社會局謝局長徵孚，警察廳韓廳長文煥，衛戍司令部衛參謀長持平，視察三汊河，江東門至上新河一帶郊區。

九月七日（星期日）

△台灣人士觀光團訪問本府，由新聞處陳處長克成代表市長招待。

九月九日（星期二）

△舉行三十六年體育節慶祝大會，馬副市長出席主持，慶祝會後，繼續舉行國民體育座談會。

九月十日（星期三）

△本市兵役督導團出發各區督導。

△本市房捐總調查完成。

△開征本年地價稅。

九月十二日（星期五）

△舉行第九十八次市政會議。

九月十五日（星期一）

△民政局召開警保聯席會議。

人事動態

三十六年八月二十日至九月二日止

姓名	服務單位及職別	動態	到離職日期
黃熙	市府科員	新任	八月二十日
顧菊如	市府科員	新任	八月廿六日
丘俊	統計處第一科科員	新任	八月二十日
陶世昌	統計處第三科科員	新任	八月二十日
高興舟	統計處第三科科長	新任	八月廿一日
韓植民	財政局視察	新任	八月二十日
馬振新	教育局第四科雇員	新任	八月十三日
張鴻賓	教育局人事室助理員	新任	八月十四日
儲笑天	教育局第二科科員	新任	八月十五日
呂耀雲	教育局第四科雇員	新任	八月十五日
龔慕蘭	教育局督學	新任	八月十六日
穆忠良	教育局輔導員	新任	八月二十日
諶廉	地政局土地測量隊測量員	新任	八月廿五日
朱雲慶	市府第一科辦事員	新任	八月卅九日
童啓祥	會計處第一科科員	新任	八月廿六日
陳虞卿	會計處第一科科員	新任	九月一日
張傳機	統計處第三科書記	新任	八月廿八日
朱序仁	統計處第一科科員	新任	九月一日
顧華	民政局會計室辦事員	新任	八月廿六日
丁培鑫	民政局第四科科長	新任	九月一日
雷昌有	民政局第四科雇員	新任	九月一日
張志雲	教育局第四科雇員	新任	八月十一日
黃劍華	教育局第二科科員	新任	八月十六日
周緝熙	教育局編審	新任	八月廿九日
袁質秀	教育局第四科科員	新任	八月三十日
張景舜	教育局人事室雇員	新任	九月一日
楊樹德	社會局第四科科員	新任	九月一日
吳子美	衛生局技士	新任	八月一日
陳玉桂	衛生局雇員	新任	八月一日
劉溢世	清潔總隊副隊長	新任	八月一日
劉婉如	清潔總隊雇員	新任	八月十六日
王瑞英	市立醫院護士	新任	八月十六日
包守傑	屠宰場稽查	新任	八月十六日
程華祥	地政局秘書室科員	調任地政局督導員	八月二十日
胡傳珹	地政局第二科登記員	調任地政局第二科科員	八月二十日
任美雪	會計處第二科科員	調任市立二中會計室佐理員	九月一日

江地山　會計處第一科科員　調任教育局會計科員　九月一日
翟中文　地政局技術室技士　調任地政局土地測量隊第二分隊隊長　九月一日
蔡如海　財政局第三科科長　調升市府專門委員　八月一日
傅華畊　地政局秘書　調升市府專門委員　九月一日
章柳泉　教育局荐任秘書　晉升教育局簡任秘書　八月十七日
王　鑑　民政局秘書室辦事員　晉升民政局第三科科員　九月一日
薛西林　市府第一科科員　辭職　八月十五日
袁漢舟　財政局稅捐稽征處辦事員　辭職　八月二十日
鄭道成　教育局第四科辦事員　辭職　八月十六日
王金鉞　教育局會計室辦事員　辭職　八月廿三日
吳淑琴　地政局科員　辭職　八月二十日
顧　璇　地政局會計室雇員　辭職　八月二十日
金成達　地政局第二科科員　辭職　八月二十日
蔣玉成　地政局第二科登記科員　辭職　八月廿二日

吳克勤　市府科員　辭職　九月一日
徐景熙　統計處第三科書記　辭職　九月一日
朱達夫　民政局第三科科員　辭職　八月卅一日
馬文貞　民政局第四科雇員　辭職　八月卅一日
趙木森　教育局第二科科員　辭職　八月十五日
趙柏生　教育局第四科辦事員　辭職　八月卅一日
陳慶卿　教育局統計室助理員　辭職　八月卅一日
高秉楊　教育局第四科雇員　辭職　八月卅一日
羅崇輝　教育局聯合會計室辦事員　辭職　八月卅一日
徐紫蓀　社會局第二科辦事員　辭職　九月二日
戴希蓮　衛生局護士　辭職　八月卅一日
黎林枝　清潔總隊雇員　辭職　八月七日
王葆棣　清潔總隊雇員　辭職　八月十六日
許宗濂　清潔總隊督察員　辭職　八月十九日
曹大餘　清潔總隊督察員　辭職　八月十九日
吳素蘭　市立醫院護士　辭職　八月十五日
戚紀唐　園林管理處組員　留職停薪　八月卅一日
周家鼎　社會局第一科雇員　停職　九月一日
程宗德　屠宰場稽查　免職　八月五日

副刊

助學最樂

沈怡

「助人爲快樂之本」，而助人之中，尤以助學爲最樂，因爲助學不但幫助清寒學生解決個人失學問題，而且間接就是幫助國家培植人才，促使社會進步，這較一般助人行爲更具有重大意義。

我國向以捐資興學爲美德，最近各地人士常有於各著名公私立學校斥資創立獎學金者，揆其動機，大抵出於助學最樂，欲以此造福國家之一念，此種優良可貴的傳統精神，在今日尤有發揚光大的必要。今日國家經八年長期的抗戰，國民經濟極度凋敝，已使多數好學青年徘徊於學校門外而焦慮萬狀，無力如願，吾人能忍看國家下一代的中堅份子遭受如是艱困的境遇而不思一加援手？

南京最近有三個團體先後發起募集清寒學生助學金，這顯示首都各界人士對於這一嚴重問題的重視，眞是清寒學生的福音，但因爲三個團體的目的既同，與其分而力散，不如合則效強，所以決心成立「南京市清寒學生助學金募集委員會」統一募集，統一分配，這一工作正在積極開展中。

爲清寒學生募集助學金，對學生言，是一種義舉，對國家言，實是一種責任。「己立立人，己達達人」，看見自己子弟在受教育，當思清寒人家子弟失學的痛苦，凡人都有同情心，應當出其餘力，以惠他人，這是人類互助的表現，也是社會進化的極則，在今日的中國，尤其需要提倡這種精神。

這次助學運動募集的目標，僅爲五億元，數目並不算大，就按一千名大學生每人得二十萬元，二千名中學生每人得十五萬元計算，此數僅能解除目前首都行將失學的一部分清寒學生的困難，以南京各界人士向來對提倡教育愛護青年的熱忱，當不以募集五億元爲已足，倘能由此進而達到十億元以上，使所有行將失學的清寒學生都能蒙受其惠，則是尤所殷切希望者。

我最近會接到一個小學生來信，他說：參加升學考試，雖蒙考取，怎奈學費甚昂，家內對此巨款實無力付出，因爲姊妹甚多，父親又沒有找到工作，生活都難以維持，眼看着將變爲失學而可憐的孩子，他把希望寄托在助學金募集委員會上；我看了信後深爲感動，由此而想到許多與他同樣情形的孩子，我不能不把希望轉寄於社會人士，籲請各界節約無謂的浪費，換取助人的快樂，響應這個助學運動，踴躍輸將，共襄盛舉。

首都「住」「行」建設之商榷

徐琳

南京爲首都所在，乃舉國政治中心，其建設嚆範，自與一般都市不同，故全國都市建設之優先與重要性，應以南京列於第一，其理至明。戰後百廢待舉，而民生凋敝，國力艱難，各種建設，欲同時興辦，實力有不逮。就南京市而言，其須興革者甚多，但「住」與「行」，爲民生所必需，現南京之「住」「行」設備，因戰時燬壞，及近來人口的增加，正面臨匱乏恐慌之現象，故對「住」「行」之建設，市民期望尤殷，無疑爲目前最急要之舉。除此政府財政困難時期，如能以有限之經費，用之於民生必需的建設，實爲賢明措施，亦最合經濟之道。爰引述本文，以供商榷，幷促起政府之注意。

甲、「住」的建設

查南京市人口，民國二十三年爲八十三萬，二十四年爲九十六萬，現有一百零六萬，較戰前約增十萬人，而市區房屋，戰時被燬者，遠較新建爲多，故還都以來，房荒頓成普遍現象，尤以公教人員，戰時在大後方流離八載，復員後又受居住問題的困窘，其痛苦情形，自應設法解除，政府雖已先後建造公教邨五處，但粥少僧多，大部份向隅人員，仍難免受房荒的威脅。夫民生之道，除衣食外，居住亦爲必需條件，政府自應下一決心，以求解決。因之作者按照目前人口增加數量，提出興建十萬人住屋的芻議，以作首都「住」的建設之初步目標。玆將有關上項住屋之陋見，分述如后：

（一）面積構造與經費估計　住屋的面積及構造，將決定建築經費之多寡，但在物價日漲情形之下，時間尤爲重要因素，若能爭取時間，無異節省經費。

至於建築面積的支配，係一值得考慮之問題，吾人目前生活水準，既未能與歐美相比，而身受房荒威脅者，大都非富有資產階級，自應顧及政府財力，先解決「有」「無」問題。而後再求寬敞舒適，玆假定每人平均支配建築面積，以〇、八平方丈計算，則五口之家有四平方丈、八口者有六、四方丈，雖不寬大，似亦不算狹擠，如此推算，十萬人住屋，共需八萬方丈，若建造二層樓房，則其建築面積爲四萬方丈。

住屋之構造，應以堅固合用，有充分光線之普通式樣爲原則，每幢容量，不宜龐大，僅住數家爲宜，並應供有水電，及簡單之衛生設備，每一區域，建造多幢，分散排列，另佈置綠地、花木、道路、停車場、菜場、國民學校及公共電話、郵亭等附屬設備，使成獨立新邨，俾住民得以安居樂業。

按照以上標準，假定建築二層樓房，以每方丈一、六〇〇萬元計算，則四萬方丈共需建築費六．四〇〇億元，另加所需土地二千畝（包括空地道路等），地價約五〇〇億元，其他設備費四〇〇億元，工程管理費四〇〇億元及預備費三〇〇億元，總計需款八．〇〇〇億元（此項估計須視物價情形調整）。

（二）分期建築及籌款　經費之籌劃，爲興建的先決問題，如此鉅款，欲求政府獨力担負，一次撥發，容有困難，故鄙見擬以半年爲一期，分兩期建築，其中半數，由中央政府撥付，其餘半數，責成銀行集團低利貸款。現京市公商銀行約有五十餘家，視其資力大小分別認貸，每家少則一二十億，多則七八十億，衆擎易舉，為市民謀福利，為國家謀建設，實有望於銀行集團共襄其成。

（三）建築地區 根據統計，南京市現有一〇六萬人口中，居住城區者約七十一萬，而中山東路漢中路以南區域人口，約有四十四萬人，佔城區總人口百分之六十以上，顯見城北區人口密度甚稀，故此十萬人之住屋，自應建造於新街口以北地區，尤以第六區及第五區之一部份，空地頗多，且其環境清靜，適合居住，選此為住宅區域，最為適宜，非特如此，即原住城南區之市民，亦可乘機分移於城北區域，使整個城區的繁榮漸向平均發展之途。

（四）管理辦法 舉凡一切籌款、購地、工程及管理等事項，應設立一強有力之機構，主持其事，以便統籌辦理。此項機構，似應由行政院會同各有關部會及市政府、參政會、市參議會暨銀行集團代表，共同組織委員會主辦，較為妥善。所有支配及管理辦法，應儘先釐訂，公布施行。作者認為由政府撥款所建之屋，仍可仿照現有公教邨辦法，配租與公教人員，僅收房租。其由銀團貸款建造者，則可舉辦申請登記，或租或售，租則不取押金，僅收行租，售則按照建築成本，另加低息，限二年內分期償還，使一般市民及公教人員，均有能力租購，則目前房屋匱乏恐慌，可獲解決。但銀團低利貸款，遭受相當損失，至為明顯，然為復興首都建設及大衆福利而犧牲，諒必樂於投資，早觀厥成，而不斤斤於贏利也。

乙、「行」的建設

「行」為民生基本需要之一環，亦為構成社會活動的原素，無行動，則社會頓成靜止狀態。還都以來，人口驟增，本市道路，雖經市府銳意整頓，但因經費有限，無力作大規模之興築，故現有道路及交通設備，仍難以適應需要，熙攘擁擠，市民常感「行」的不便，是以欲解決「行」的困難，必須澈底辦理「行」的建設，其道在廣闢道路，與改進交通設備。

（一）修築道路：

（1）現有道路概況 南京城內現有通行汽車道路，除小巷里弄不計外，共計長約二〇〇公里，其中主要路線，約長六〇公里。按照政府公布都市計劃法規定，都市道路所佔面積，不得少於全市土地面積百分之二十。查京市城內全部土地面積約四十一平方公里，則道路面積至少須有八平方公里，但照目前所有道路面積計算，尚不足三平方公里，可見城區道路數量，不及規定最低限度之百分之四十。

再論本市道路質的方面，經調查統計，混凝土及柏油路共長五〇公里左右，其餘一五〇公里，則為碎石、彈石或煤屑等路面，可見高級路面的道路，僅佔全部百分之二十五，因之，天晴揚塵，天雨泥濘，勢所難免，而低級路面，不能勝任繁重之行車，易於損壞者，事實昭然。更有進者，目前京市全城道路，尚無整個下水道系統的配合設施，即有一部份設置溝管，亦多淤塞，或宣洩不暢，對於道路本身，為患甚烈，此為京市道路最嚴重之暗疾。總之，本市道路先天不足，量和質皆不夠現代化都市的標準，非澈底改進不爲功也。

（２）增闢南北向道路的要義

南京道路量的不足，既如上述，茲翻閱京市地圖，顯見城區的面積，爲一不規則之狹長形狀，南北距離長達九公里，北端則京滬鐵路總站位於下關，對江浦口，則爲津浦鐵路起點站，兩岸輪埠碼頭並立，水陸運輸啣接，而城南則有京蕪鐵路和公路直達蕪湖，通至皖浙贛諸省，商賈雲集，均爲京市出入的重要門戶，觀乎上述形勢及以往發展情形，可見市內南北方向的交通，實遠較東西向爲繁重，此其一。

又查京市人口分佈，城區南半部達四十四萬人，而下關一區，亦有八萬人之衆，可見南北往來流動人數，必較東西向爲多。再根據最近市府觀測全城主要道路運量之結果，一小時行駛機動車輛最多數目在五百輛以上者，爲太平路、中山東路、中山路及

南京市主要幹綫圖

圖例

已成道路

新闢道路

鐵路

中山北路，其中以中山路陸家巷一段，竟達九七〇輛，爲最高記錄，是可證明南北向流動的車輛，亦較東西向爲多，因之，南北向之交通遠較東西向爲繁重，此其二。

南北交通既較東西繁重，尤以下關爲水陸運輸樞紐，出入要衝，自應優先增闢道路，以減少車輛擁擠，增進行動的便利。現查鼓樓以北，僅賴中山北路一線，直達下關，故應在該路左右兩側，各闢新幹道一條，以資輔助，使市中心與下關間，得有平行交通線三條，則車輛可分道行駛，實爲當前道路建設之急務。至其他南北向主要道路，如青島、江甯、東海、南海等路，亦應陸續開闢，以利交通。

（3）澈底改善原有道路及闢築東西向必需路線。除增闢上述南北向道路外，爲解決目前緊急需要起見，似應將南北向原有之主要幹道，同時澈底改善，並整理下水道系統，以資配合。其次則爲闢築及改善東西向之主要道路，俾全城道路網，得早日完成其基幹脈絡，以減少交通之擁擠，並增進市容之觀瞻。（附擬具主要幹線圖）。

（4）分期修築及經費　按照上述兩項，目前急應開闢及改善之道路，共需經費約二、二五〇億元，惟政府財力有限，似應分期舉辦，擬以半年爲一期，分三期修築，計第一期需款一、一〇〇億元，第二期七〇〇億元，第三期四五〇億元，分別列表如後。此項建設經費，決非地方政府力能籌措，而南京既爲國都所在，似應由中央政府毅然籌撥，交由市政府從速辦理，庶首都「行的建設」，得完成其初步規模也。

南京市第一期修築主要道路工程費

方向	路名	起訖地點	長度（公尺）	工程說明	工程費：路基路面	工程費：下水道	工程費：合計	備註
南	江蘇路	綏遠路至北平路	四・八〇〇	新闢路線柏油路面	八五億	三五億	一二〇億	一部份利用舊路
	湖北路	黑龍江路至鼓樓	三・八〇〇	仝右	六〇	三〇	九〇	
	青島路	北平路至漢中路	一・七五〇	仝右	三二	一五	四七	
	江甯路	漢中路至昇州路	一・七〇〇	仝右	三二	一五	四七	
	多倫路	綏遠路至黑龍江路	一・〇〇〇	改築柏油路面及整理人行道等	一〇	一〇	二〇	

方向	路名	起訖地點	長度	工程說明	路基路面	下水道	合計	備註
至	東海路	藍家莊至林森路	一・六〇〇	新闢路線柏油路面	三一	一五	四六	
	中山北路	下關中山碼頭至鼓樓廣場	六・〇〇〇	快慢車道全鋪柏油路面	七〇		七〇	
	中山路	鼓樓廣場至新街口	一・八〇〇	仝右	一五		一五	已改部份其經費不計在內
	中正路	新街口至建鄴路	一・三〇〇	仝右	一五		一五	
	中正路南段	建鄴路至西城脚	一・九〇〇	新闢路線柏油路面	八〇	二五	一〇五	
北	朱雀路南段	建康路至南城脚	一・四〇〇	仝右	五〇	一五	六五	
東至	綏遠路	多倫路至江邊	一・五〇〇	一部份拓寬，一部份新闢柏油路面	一九	一一	三〇	
西	黃河路	渤海路至鼓樓廣場	二・六〇〇	仝右	四〇	二〇	六〇	
	小計		三一・一五〇		五三九	一九一	七三〇	
	地價及拆遷費						二五〇	
	工程管理費						六〇	
	預備費						六〇	
	共計						一・二〇〇億元	

南京市第二期修築主要道路工程費

方向	路名	起訖地點	長度（公尺）	工程說明	工程費			備註
					路基路面	下水道	合計	
南	渤海路	黃河路至中山東路	一・七〇〇	新闢路線柏油路面	五〇億	二〇億	七〇億	
	青溪路	中山東路至大中橋	一・六〇〇	仝右	四五	一五	六〇	

南京市第三期修築主要道路工程費

方向	路名	起訖地點	長度 公尺	工程說明	工程費 路基路面	下水道	合計	備註
	南海路	黃河路至中山東路	一·八〇〇	仝右	五五	二五	八〇	
至	中華路	白下路至中華門	一·八〇〇	路面全部鋪柏油路面	五		五	
	太平路	中山東路至建康路	二·〇〇〇	仝右	五		五	包括原有朱雀路一段
	上海路	中山北路至漢中路	二·七〇〇	改築柏油路面	一〇		一〇	包括雲南路一段
北	莫愁路	漢中路至昇州路	一·六〇〇	改築柏油路面	一〇		一〇	
東	漢中路	新街口至漢中門	一·七〇〇	快慢車道均築柏油路面	二〇		二〇	
	中山東路	新街口至中山門	四·〇〇〇	仝右	五〇		五〇	
至	白下路	大中橋至中正路	一·六〇〇	拓寬東段並全路鋪柏油路面	二五	一〇	三五	
	建鄴路	中正路至莫愁路	一·一〇〇	全路拓寬改鋪柏油路面	三〇	一五	四五	
西	昇州路	中華路至莫愁路	一·五〇〇	改鋪柏油路面	一〇		一〇	
	小計		二三·一〇〇		三一五	八五	四〇〇	
	地價及拆遷費						二一〇	
	工程管理費						三五	
	預備費						五五	
	共計						七〇〇億元	

南	中央路	中央門至鼓樓廣場	三・三〇〇	全部放寬鋪柏油路面	一〇億	三五億	四五億
	甯海路	山西路至廣州路	一・二〇〇	改築柏油路面	五		五
至	鳳游路	昇州路至南城脚	一・五〇〇	新闢路線柏油路面	三〇	一五	四五
北	西康路	甯夏路至廣州路	二・〇〇〇	南段放寬全路鋪築柏油路面	一〇	五	一五
東	北平路	鼓樓至西康路	一・九〇〇	東段新闢路線並連西段全鋪柏油路面	三五	一〇	四五
	廣州路	中山路至西康路	二・一〇〇	全部改鋪柏油路面並修人行道	一〇	五	一五
	華僑路	中山路至漢中路	一・五〇〇	東面一小段拓寬其餘均新闢全鋪柏油路面	三〇	一五	四五
	珠江路	黃浦路至中山路	二・六〇〇	路之寬度全鋪柏油路面	七		七
至	林森路	昆盧寺至中山路	二・〇〇〇	東端一小段新闢連全路碎石路面改鋪柏油路面	八		八
	建康路	大中橋至中華路	一・六〇〇	全路碎石路面改鋪柏油路面	五		五
	山西路	中山北路至頤和路	五〇〇	仝右	二		二
	湖南路	中央路至山西路廣場	一、〇〇〇	全部改鋪柏油路面並加寬車行道	一〇		一〇
	福建路	黑龍江路至江蘇路	一・九〇〇	改築柏油路面	八	一五	二三
西	集慶路	中正路至西城脚	一・一〇〇	新闢路線柏油路面	二五	一〇	三五
	小計		二四・二〇〇		一九五	一一〇	三〇五
	地價及拆遷費						八〇

工程管理費	二五	
預備費	四〇	
共計	四五〇	億元

（二）改進公共汽車設備：

京市公共交通工具設備，現僅市内鉄路及公共汽車兩項，但鐵路運量，縱能改善管理，而以路綫固定，其增加效能仍屬有限，唯有公共汽車行駛捷便，設備較易，前途發展頗多希望，倘能改進得宜，即可適應市民需要，無庸創設市内電車。即市内鐵路，將來亦可移築郊外，良以鐵路與電車，均不及汽車使用之靈活，故歐美各國新都市計劃，對於市内公共交通，主張避免採取鐵路及電車之設置矣。

京市城區人口，約共七十九萬人，假定每日行動人數為百分之三十，連同來自郊區及外埠者，估計至少約有三十萬人在城區内行動。茲根據調查所得，最近市内鐵路，每日往來客運約二萬人，又江南公司及市公共汽車，每日運量共約十三萬人，再加自備車及人力、獸力車運量，總共在二十萬人左右，如此，則最少有十萬人不能享受公共交通工具之便利。再觀目前搭乘公共汽車情形，乘客排班候車，稽事費時，而車内擁擠，溽暑炎熱，不勝其煩苦，凡現有行駛路綫，集中於少數幹路，未能普及，凡此種種，均可證明，現有交通路綫與工具，兩感不敷，應予同時增設，故作者認為須配合前項築路計劃之進展，從速規劃致力於公共汽車設備之改進。

按照前述築路計劃，則將來城區西北之「福建」「江蘇」「湖北」「山西」「上海」「寧海」「西康」等路，城中區之「珠江」「林森」「廣州」「華僑」「青島」等路，城東區之「黃河」「南海」「渤海」「青溪」等路，及城西南之「江甯」「鳳游」「建鄴」「白下」「朱雀南段」等路，均可新闢為公共汽車路綫，循環行駛，普及全城。

再查京市現有行駛公共汽車數量，市管理處連同特約車計有八十三輛，江南公司有六十四輛，兩共約一百五十輛，倘政府能予以扶助，由各該處以原有資產，向四聯總處押借款項，各添置新車一百輛，使每日行駛各路車輛，兩共至少經常保持三百五十輛之數，並隨路綫之增闢，逐漸繼續增加，則運量立可倍增，市民「行」的困難，亦隨之解決矣。

丙、結論

綜觀上述，若能及時興建十萬人之住宅，完成主要道路網之基幹，及改進公共交通設備，作為首都復與建設之初步目標，則「住」與「行」之恐慌，均可迎刃而解。惟經費支出，容費籌措，倘政府抱有決心，爭取時間毅然舉辦，銀行集團能投資襄助，則偉大之工程、艱鉅之建築，亦得早覩厥成，首都市民同享福利，當額首相慶焉。

愚見所及，僅其概要，掛一漏萬，在所不免，尚希高明予以指正。

三十六年八月十五日脫稿

南京市政府公報刊例

一、本公報每半月發行一次

二、凡本府例行公文卽在本公報發佈不另行文

三、本府所屬各機關於收到本公報時應編號歸檔妥爲保存凡註明「不另行文」文件並應注意遵照

南京市政府公報

第三卷　第六期

中華民國三十六年九月三十日

編輯者　南京市政府編譯室

發行者　南京市政府

印刷者　大東新興印書館

南京：建鄴路一三八號

電話：二二二二六號

中華民國三十六年十月十六日

第三卷　第七期

南京市政府公報

南京市政府編譯室編

目錄

政令

開征汽車市政建設捐

南京市政府佈告 (卅六)府財佈字第九十七號

查本市各道路橋樑等建設，因受戰事影響，損壞特甚，雖經積極整修漸趨改善，無如市區遼闊保養費用浩繁，必須另籌支應，爰擬具征收汽車市政建設捐專充建設經費辦法，提經市參議會第一屆第三次大會決議通過，並經按照市參議會審查意見，擬訂南京市汽車市政建設捐征收辦法，提交本府第九十九次市政會議決議通過各在案。茲定於本年十月一日起與冬季使用牌照稅同時開始合併征收秋冬二季汽車市政建設捐，合亟附列征收辦法，佈告週知，仰各遵照規定繳納，以利市政建設為要。

此佈！

附南京市汽車市政建設捐征收辦法一份（見本期法規欄）

中華民國三十六年十月一日

緝獲罌粟花殼給獎標準

南京市政府訓令 (卅六)府總民字第九〇三七號

令各區公所

案准內政部本年九月十一日京禁二字第四七二四號電略開：查罌粟花殼能用抵癮應視同烟毒予以查禁，業經呈奉 行政院核定緝獲是項罌粟花殼給獎標準如下：（一）查獲罌粟花殼及其花莖葉等不足五十斤者，給予貳萬元之獎金；（二）五十斤以上不及壹百斤者給予五萬元之獎金；（三）壹百斤以上者給予拾萬元之獎金；請查照辦理等由。嗣後本市緝獲是項罌粟花殼葉莖等，自應依照上列標準辦理，除分行並公告外，合行令仰知照。

此令！

中華民國三十六年九月二十二日

撥售物資有關外匯事件處置辦法

南京市政府訓令 (卅六)府總秘二字第八八六九號

令所屬各單位

案奉

行政院三十六年九月十一日(卅六)六經字第三六五三九號訓令開：

「案據財政部本院物資供應委員會三十六年八月二十五日物供賬字第三二〇五及一五〇八號會呈稱：「案據物資供應局未皓六七一三號代電稱：「本局撥售政府機關及生產事業機關各案物資，其以美金計價者，向按央行官價匯率一元合國幣一萬二千元折算結價付現或辦理國庫轉賬，茲以院令頒行外匯管理新辦法僅核定五種輸入物品可按官價結匯，則本局撥售各案物資，如不合規定五種官價結匯，而以美金計價收款者，應否仍照央行官價匯率計算之處，理合電請鑒核示遵」等情，據此，當經由職部會同職會於八月廿三日開會審查，經決定處理辦法三項紀錄在卷，茲爲便利物資供應局售貨計價收款，以免影響業務進行起見，除由職會先行令飭該局遵照辦理外，理合檢同審查會紀錄一份，呈請察核備案，並賜轉行各有關機關遵照辦理，實爲公便」等情，附呈審查會紀錄一份，據此，查核所擬辦法三項，尚屬可行，應予照准，除指復外，合行抄附原附件令仰遵照，並轉飭遵照。」

等因，附抄發原呈審查會紀錄一份，奉此，除遵照並分令外，合行抄發原件，令仰知照。

此令！

計抄發審查會紀錄一份

中華民國三十六年九月十六日

◉物資供應局撥售各案物資有關外匯及國庫轉賬事件審查會紀錄

時間：卅六年八月廿三日上午十時

地點：行政院物資供應委員會

出席：財政部國庫署　謝人偉　閻子素

錢幣司　董秉琦

行政院物資供應委員會　陳訓畬　楊　靜

主席：梁主任秘書

討論事項：物資供應局撥售英美加貸款各案購料物資租借法案接購物資及剩餘物資，其以外幣計價者，向按央行外匯牌價折算國幣付現或轉賬，茲以外匯管理辦法公布，該局撥售各案物資究應以官價匯率計算，抑應以市價匯率計算案。

審查結果：物資供應局撥售美英加各案貸款項下物資及租借法案接購物資暨剩餘物資，其以外幣計價折合國幣收款者，茲擬定辦法三項：

（一）自本年八月十八日中央銀行管理外匯新辦法公佈之日起，物資供應局撥售各案物資，不論其係售與政府行政機關或係生產事業機關，一律均照付款時外匯市價計算。

（二）政府行政機關或生產事業機關，在本年八月十八日中央銀行管理外匯新辦法公布之日前，對於所請購上列各案物資，不論物資已否撥付，如已具備預算法案足資支付者，當仍照原預算所據匯率結算轉賬，不再辦理追加。

（三）政府行政機關或生產事業機關請購上列各案物資，在本年八月十八日中央銀行管理外匯新辦法公佈後，尙未具備預算法案者，不論物資已否撥付，應依照辦理追加時之外匯市價折算法幣，辦理追加預算，如追加決案成立後，外匯市價再有變動，則仍照原匯率結算轉賬，不再辦理追加。

查禁預買預賣稻穀青苗

南京市政府訓令 (卅六)府總秘字第八五五七號

令所屬各單位

案准

糧食部本年九月二日糧管(卅六)字第二二八八〇號申冬代電開：

「查前准行政院秘書處本年五月廿九日服月字第三八二六三號通知，以據四川省政府呈為預買預賣稻穀青苗是否應予查禁請核示一案，奉諭「交糧食部核復」等因，抄送原呈通知到部，當以「查稻谷與小麥同為主要食糧，預買預賣稻谷小麥青苗不但剝削農民，抑且情同賭博，本部對於小麥青苗之買空賣空，前於三十年八月即經令飭前四川糧政局依照非常時期取締日用重要物品囤積居奇辦法第十八條三款嚴予查禁在案。稻穀青苗之預買預賣，似可與小麥一例辦理等語，復請查照」轉陳去後，茲准行政院秘書處本年八月十二日(卅六)五糧字第三一六七四號公函，以此案經陳奉院長諭：「預賣預買稻穀青苗，剝削農民，應予查禁，其因此項預買預賣關係所訂立之契約應屬無效」等因，除由院指令四川省政府暨分函農林、司法行政兩部外，相應函復查照等由，自應一體遵辦。除分電外，相應電請查照，並轉飭遵照。」

等由，准此，除分令外，合行令仰遵照。

此令！

中華民國三十六年九月十六日

公布整理省市財政辦法

南京市政府訓令 (卅六)府總秘字第九一一六號

令所屬各單位

案奉

行政院本年九月二十日(卅六)六財字第三八〇一〇號訓令開：

「查整理省市財政辦法，業經本院制定公布，應即通飭施行，除分行外，合行抄發該辦法令仰遵照。」等因，抄發整理省市財政辦法一份，奉此，除飭財政局遵照原辦法規定主持辦理，并限期會同各有關部份，擬具實施細則呈府核轉，并分行外，合行抄發該辦法令仰知照。

此令！

抄發整理省市財政辦法一份(見法規欄)

中華民國三十六年九月二十四日

修正忠烈祠設立及保管辦法第八條條文

南京市政府訓令（卅六）府總祕字第九一三四號

令所屬各單位

案奉

行政院本年九月廿日（卅六）四內字第三七九七〇號訓令內開：「案據浙江省政府呈，略以奉頒春秋二季致祭陣亡將士辦法，規定秋祭日期為九月三日，與忠烈祠設立及保管辦法第八條，規定各地忠烈祠應於每年七月七日公祭，頗有出入，請修正統一日期等情，經轉奉國民政府三十六年九月十二日處字第一四九一號指令，忠烈祠設立及保管辦法第八條內「七月七日」改為「九月三日」等因，除分令外，合行令仰知照，並轉飭所屬知照。」等因奉此，除分令外，合行令仰知照，並轉飭所屬知照。

此令！

中華民國三十六年九月二十三日

本府大事記

九月下半月

九月十六日（星期二）

△本市國大立委選舉委員會舉行第四次會議。

十七日（星期三）

△本市教育輔導委員會在教育局召開會議。

十八日（星期四）

△本市三十六年度第一期志願兵舉行入營典禮，市長致詞。

十九日（星期五）

△舉行第九十九次市政會議。

二十日（星期六）

△衛生局主持之環境衛生高級幹部訓練班正式開學。

二十五日（星期四）

△本市文化建設委員會舉行第二次常務委員會議。

二十六日（星期五）

△舉行第一〇〇次市政會議。

二十七日（星期六）

△社會局分別召集有關各業公會及社團負責人舉行節約座談。

△社會局謝局長徵學親自巡視各大糖食店及小菜場。

市政要訊

積極籌組首都公共汽車公司

本府於三十四年還都復員，當時鑒於市區交通工具缺乏，市民至感不便，爰經商請前陸軍總部配撥車輛開辦臨時交通車，當於三十四年雙十節開始行駛市區，其後逐漸擴充改組爲南京市公共汽車管理處，一年後江南汽車公司來京復業，請求本府根據戰前合約准予繼續尚未滿期之六年行駛權，當以合約期限之應否繼續實成問題，乃呈請司法院解釋，結果亦未明示該公司營業年限可以展長，故該公司初以接送京滬車站旅客爲限，其後沿途設站擴充設備，其載客數量與市公共汽車相比，無甚軒輊，惟市區之內，有江南汽車與市公共汽車同時行駛、人員重複，開支至不經濟，且路線相同，站台紛歧，市民尤感不便，實以雙方歸併合資經營爲最宜，爰於今春發起共同籌設規模較大之市區公共汽車公司，一面並由本府提請市參議會第二次大會核議，決定原則二項：（一）合組之新公司名稱應改爲「首都公共汽車股份有限公司」，江南參加之股權，不得超過百分之四十九。（二）如江南公司不能接受此原則合作時，公共汽車由市府按照經濟建設類第二十二案決定之三項原則辦理，即：「一、建設京市公共事業以應用企業公司組織經營爲原則，二、企業公司組織時以官民合組爲原則，三、市民股以普及平均爲原則，以第三公共團體爲參加單位，招股之辦法由市府另訂之」，本府乃依據上項原則，與江南公司迭次會商，並邀約銀行界及市民代表參加。最後於本年六月二十日接該公司總經理吳琢之來函表示，須保留「江南」名稱及將銀行借款劃歸新公司等等，即經新公司第三次籌備會議認爲負担過重，且與民意機關意旨不符，乃決定完全依照市參議會決議辦理，隨即成立首都公共汽車股份有限公司籌備委員會，並以程覺民爲籌備處主任，負責主持新公司之籌備事宜，公司資本總額經定爲國幣壹百億元，其中四十億元由本府担任，二十億元由銀團担任，其餘四十億元公開招募，關於本府担任之四十億元，係將本市公共汽車管理處車輛設備撥抵三十億元，另由本府撥現款十億元，至於江南公司如願參加，亦可入股，蓋上項資本額內原有公開招股之規定也。

籌設巡迴醫院

本市地方遼闊，人口繁多，醫療機構未能普遍設置，爲便於偏僻之市民就診計，茲經本府衛生局商得衛生部醫療防疫總隊合作，組設巡迴醫療隊一隊，專爲居處於鄉區及偏僻之市民服務，工作項目計分八項：一、預防接種，二、沙眼防治，三、簡易治療，四、簡易外科手術，五、婦嬰衛生指導，六、環境衛生指導，七、衛生教育，八、協助鄉區衛生所工作，現正積極籌設，一俟車輛內部設備裝妥，擬先在下關區開始辦理，然後次第推及各鄉區。

清理軍政機關接收敵僞圈佔地

地政局於九月二十日上午九時邀請聯勤總部、海軍總司令部、江甯要塞司令部及憲兵司令部商討清理敵僞圈佔地問題，經議決如次：

甲、關於聯勤總部所接收之敵僞圈佔民地處理辦法：

一、南京總醫院接收敵僞土地尚未發還部份：由軍醫署催請國防部迅速核准征收案，如已轉院，則催請行政院核准，至敵僞建築物則由該院逕與敵產處洽辦。

二、第一衛生器材庫第一支庫使用者：（１）福建路附近土地發還業主，（２）敵僞建築物由該庫逕與敵產處洽辦。

三、第一交通器材總庫使用廖家巷附近全部土地房屋，於本年十月底前讓出。

四、南京供應局粮秣廠使用者：土地部份與小北門倉庫併案辦理，房屋部份由該廠逕與敵產處洽辦。

五、第二軍械總庫（前第五軍械儲備庫）使用蛇山一帶土地，由該庫派員約同業主於一星期內至地政局查明產權，分別發還。至北固山敵建倉庫基地，則一面由地政局函請區公所調查各業主被佔用基地面積，一面由該庫查明各號庫房基地面積及業主姓名，參照雙方調查結果，向業主洽租。關於未能進入使用土地之業主，得憑地政局批示，向該庫接洽進入使用。

六、首都被服廠使用之土地，應從速向業主洽購。

七、直屬汽車連使用之土地，由地政局函請該部查明原案發還業主。

八、第一工程器材庫第二分庫使用之土地，應向業主洽租

九、小北門倉庫使用土地，訂於九月二十七日下午九時由各有關機關會同前往勘查後，再商處理辦法。

十、軍械第一總庫使用上元里一帶土地，一面由地政局徵詢業主意見，一面由該庫呈請上級機關核定處理辦法。

乙、關於海軍總司令部第五補給站所接收之敵僞圈佔民地處理辦法：

一、土地及房屋由地政局代爲洽購。

二、敵僞增建部份，由該部會同敵產處處理之。

丙、關於江甯要塞司令部所接收之敵僞圈佔民地處理辦法：

一、拆除房屋應從速拆除，將基地發還業主。

二、不能於年內拆除者即應與業主洽租。

丁、關於憲兵司令部接收敵僞圈佔民地處理辦法：

一、與中營部份土地，若行政院准予征收即辦理征收，如不准，則將臨綏遠路三十四公尺土地讓出，以便辦理土地重劃，其餘土地發還。

二、公共路土地由地政局派員測量後，分別發還或洽租。

上項決議各案已由地政局分別轉知及積極辦理。

再度舉行道路運量觀測

本市都市計劃委員會爲明瞭市內各主要道路運量情形，作

爲計劃參攷起見，七月間曾舉行道路運量觀測一次，已誌本公報，該會爲更求準確起見，復於九月十三日下午六時至七時，會同首都警察廳派員再度舉行觀測，結果以中山路陸家巷附近經過車輛最多，每小時達一千〇五十七輛，其次中山路司法院附近九百六十四輛，再次中山路國貨大樓附近八百一十五輛，均超過第一次觀測記錄，茲將此次觀測統計表刊佈於后：

南京市主要道路運量觀測統計表

觀測時間：三十六年九月十三日下午六時至七時

觀測路名	觀測地點	車輛數目 機動車	人力車	獸力車
中華路	中華路長樂路交叉附近	二三七	六〇四	二九八
建康路	建康路曹王府巷附近	二五〇	一〇二〇	二六四
昇州路	昇州路評事街附近	一三四	四九七	二〇九
中華路	中華路錦繡坊附近	三〇五	九四四	二七二
建康路	建康路平江府街附近	一三二	二九七	五一
白下路	內橋中正路之間	五一七	六七三	二五六
白下路	白下路國華銀行附近	一五一	五三二	二一
太平路	太平路楊公井附近	七五二	一〇四二	二一七
中正路	中正路豐富路附近	四八四	一一五七	二一五
莫愁路	莫愁路朝天宮附近	一三六	二一二	一一〇
漢中路	漢中路雙石鼓附近	三三八	一七七八	一四二
上海路	上海路五台山附近	一八一	二一〇	七八
上海路	上海路與漢口路交叉口附近	一三三	一四四	一〇
廣州路	廣州路公教三村附近	二五八	三五四	四一
中山東路	中山東路鄧府巷附近	六二八	六八四	七三
中山東路	中山東路逸仙橋附近	五二三	二四九	八四
中山路	中山路國貨大樓附近	八一五	一二六二	一二三
林森路	林森路香舖營附近	四三六	一二五	二八
林森路	林森路國民政府附近	五三八	七七四	四三
東海路	東海路大行宮小學附近	一二九一	五七三	五二

碑亭巷	碑亭巷楊將軍巷附近	三七七	八七七	七四
珠江路	珠江路與小鐵路附近	三六八	三一〇	二八
珠江路	珠江路魚市街附近	三三九	五〇六	九七
成賢街	成賢街中央大學附近	二八六	三八四	五三
中山路	中山路陸家巷附近	一〇五七	一〇〇八	九九
中央路	中央路湖南路附近	二四五	二三二	九五
中山北路	中山北路外交部附近	五二六	三四六	二四
湖南路	湖南路丁家橋附近	一七〇	二九〇	二四
山西路	山西路中點	二一三	三三五	二五
中山北路	中山北路交通部附近	四二九	二五四	三二
熱河路	熱河路中點	二一二	四四六	一一六
中山路	中山路司法院附近	九六四	五七九	七六
共計		一二五一五	一八六九八	三三三〇

△本市車船使用牌照秋季徵收期間屆滿，十月一日起開徵冬季牌照稅，惟板車騾車自行車等，未經工務局檢驗而私擅行駛者，充斥於市，對於稅收頗受影響，業經財政局函請工務局洽辦，又本市秋冬兩季汽車市政建設捐，幷於十月一日起與汽車使用牌照稅同時開徵。

△本市三十六年度地價稅，業於九月十日開徵，惟因奉粮食部電飭徵募積穀捐，經決定在本年度地價稅項下帶徵一成，估計爲三億元，約合穀二千石之代價，已於九月十五日開始帶徵，另立專戶存儲。

△財政局整理契稅，自本年五月開始以來，已屆四月，各業戶報稅未見踴躍，爲增裕庫收起見，經該局函請各鄉區公所轉知各該保甲長，對於鄉民持有白契尚未報稅者，應促其於整理期內照章報稅，以免逾期處罰。

△下關熱河路商場建築完工，關於放租事宜，本府爲求公允起見，經於九月二十日飭由財政局召集社會、工務、衛生及參事室派員共同商討，決定先行登記熱河路及江邊被拆商戶，經調查審核各有若干戶後，再決定公允分配辦法。

△教育局現正積極辦理校舍建築工程，計崔八巷國民學校校舍建築工程業於九月十六日開標，一女中校舍建築工程於九月二十日開標，藍家莊、堯化門、大光路三國民學校新建校舍

工程完竣，業已驗收。于家巷國民學校校舍已計劃與工建築，並派員籌備中。

△本市各私立中等學校本學期收費數額，經本府及參議會核定飭由教育局轉飭各校遵照辦理，旋據各私中呈述困難情形，復經本府核准各校如因設備簡陋，經呈准後得酌收擴充設備費，以每生拾萬元為度，並令知各校在案。惟各校實際收費數目，尚有未盡符合規定者，教育局復於九月十二日派員分赴各校調查，就所得結果，列表報告。經市長於九月十五日召集私中校長談話會，決定退費等五項處置辦法，並由教育局分令各校遵照。

△本市本學期國民學校原已增加一百班，教育局現復利用復員教師員額決定末次增加國民學校級數，共二十一級又五班，以資救濟失學兒童。

△本市各區區民代表會，前以經費困難，不能如期召開，現經民政局加強督導，同時將區民代表會經費每月增為二十四萬元，並每三個月一次先期撥發，以利工作，現以大選在邇，為配合工作起見，經督導各區於十月十日以前分別召開區民代表會，俾與選舉工作取得聯繫。

△本市選舉事務所依照選舉法規定 對於本市立法院立法委員選舉人之調查登記，應於本年九月二十日以前辦理完畢，上項工作業經督導各區如期辦竣，並於九月二十二日開始編造選舉人名冊。

△本市戶口總調查工作，迭經籌劃及與各有關機關一再商討，現已全部籌備就緒，並於十月一日開始，七日完成。

△民政局於九月十九日邀請各有關單位在本府會議室舉行兵役座談會，商討當前本市征集志願兵問題，對於如何爭取征額及慰勞費之統一規定等，有所決定。

△衛生局為查勘小便池地點，前會同工務局勘定之科巷內水巷、將軍巷、三茅宮等三處建築小便池三所，嗣以該地均屬民產，征用費時，經又會同工務局地政局重行勘得朝天宮新街口兩處，尚屬合宜，俟確定後，當可先行建築。

△關於處置路斃辦法，業經社會局召集各有關機關會同商討，當經決定，凡路斃屍體無家屬認領者，應先由首都警察廳及法院通知衛生局後，即由該局運交火葬場火葬，以節糜費，至詳細辦法，由社會局根據會議結果擬定，提下次市政會議討論後，即可實施。

△關於籌設西善橋衛生所：衛生局事前據第十一區公所函，以戰前西善橋曾設有衛生分所，請予設置，當即計劃籌設，嗣以覓屋困難，經函准該區公所代覓救火會內空屋三間，經派員會勘可用，現正重加修葺，一俟工竣，即可部署成立。

△本市糞便處理所於五、六兩月先後在二、三兩區開始收運，茲又於九月十六日在第五區開始收運，衛生局已飭其將糞車趕速如數製齊，俾可早日推及全市。

△公葬墓地，第一期工程墓蓋斬假石，即將完成，上面圓弧形磚砌明溝正在趕做中，不日即可完工。

法規

中央法規

整理省市財政辦法

行政院三十六年九月二十日(卅六)六財字三八〇一〇號令頒

第一章　總則

第一條　各省及院轄市財政之整理，除法令別有規定外，悉依本辦法規定辦理。

第二條　省市財政之整理，除因情形特殊或事實困難呈准展限或變更整理時期者外，均自三十六年十月一日起實施，至三十七年九月底完成。

第三條　各省市財政之整理，應由各省市政府依據本辦法之規定，並參酌各該省市實際情形，擬具實施細則，呈報行政院核備，並分送財政部備查。

第四條　各省市整理財政，由財政廳局主持，會同各有關機關辦理，並由各省市政府督飭施行。各省市整理財政之成績，為各省市財政廳局長考成。

第五條　財政部於各省市整理財政工作進行期間，得派遣督導人員分赴各省市實地督導，其督導規則另定之。

第六條　各省市整理財政之結果，應於整理完竣後三個月內，由各省市政府編具報告，呈送行政院，並分送財政部查核。

第二章　整理稅課

第七條　各省市田賦之整理，應由各省市擬具詳細整理辦法，呈送財政、糧食、地政三部核定後辦理。

第八條　各省市已辦規定地價或重估地價之地方，應由省市財政機關會同地政機關，將縣市城鎮名稱、稅地面積、地價總額、規定重估地價時間、地價冊移送財政機關日期、土地稅開徵日期、應徵地價稅總額、實徵地價稅總額等項，於三個月內調查統計完竣，彙呈財政、地政兩部備查。

第九條　各省市地價申報已五年屆滿或一年屆滿，而地價已較原標準地價有百分之五十以上之增減者，應於六個月內依法重新規定地價。

第十條　各省市征收地價稅之土地地價申報以後，其所有權並未移轉為屆滿十年時，或實施工程地區於工程完成後屆滿五年者，應於四個月內征收土地定期增值稅。

第十一條　各省市征收地價稅尚未征收土地改良物稅之城鎮，應定期完成建築改良物之估價，並開征土地改良物稅。

第十二條　各省市營業稅之稽征手續，應依法切實檢討，並在便民除弊裕稅之原則下，切實改進。

第十三條　契稅最多百分二十五之附加，應用「契稅附加」名稱征收，其已用其他名稱征收，應依照更正。各省市政府如在前項附加以外有再就契稅附帶征收者，應即廢止，並另籌抵補辦法。

第三章　清理公有款產

第十四條　各省市（包括省屬各機關學校市屬各機關學校及各區）之一切公款公產，應依土地法及比照縣市清理公有款產規則，澈底清理。

第十五條　各省市公產清理後，應由省市財政機關會同當地地政機關編具清冊，呈送　行政院及財政部、地政部備查。

前項公產清冊式樣，比照縣市公產清冊式樣辦理。

第十六條　各省市公產清理後，除供公用者外，應依獲得最大收益之方法利用，如有增減移轉及災害毀損等移動時，並應依法報請核備。

第十七條　各省市公產之放領放租撥用及其他處分，應依照土地法公有土地管理辦法及公產租佃辦法之規定辦理。

第十八條　各省市公產，由省市財政廳局管理使用收益，其收入應編省市歲入預算。

第十九條　各級政府機關撥用省市公產，如尚未辦理撥用手續者，應於清理期間，由公產管理機關通知使用機關趕速完成手續，並將撥用公產清冊，層請核備。

第四章　清查公營事業收入

第二十條　各省市公營事業機關，應將自三十一年度起至三十六年開始整理前止，歷年營業決算，報由省政政轉報財政部查核。

第二十一條　各年度營業決算案內應行解庫之官息紅利，未經解庫者，應悉數追繳，其屬於三十五年六月底以前者，解繳國庫。其餘解繳省庫。

前項應行解庫之官息紅利，其已奉准撥充其他用途者，應將奉准機關年月文號呈核。

第二十二條　各省市公營事業應行繳庫之官息紅利，應於年度開始前估計列入省市歲入總預算。

第二十三條　各省市公營事業及公用事業，均應勵行會計分立制度，主管機關並得隨時派員稽核收支情形。

第五章　清理債權債務

第二十四條　各省市在三十年度以前之應收未收應付未付各款及其他債權債務等，除已報經中央清理者外，應由各省市自行清理之。

第二十五條　各省市對於所負之債務及應付未付各款，應於開始清理時，公告債權人於三個月內檢同證件，送請登記查案分期清償。

第二十六條　各省市對於所有之債權應收未收各款，應於開始清理時，公告債務人限期繳還，逾期不繳者，依法追繳之。

第六章　調整收支

第二十七條　各省市財政收支，應以自謀平衡為原則，如因迫於事實不能平衡時，應依左列原則辦理。

一、停辦一切不急要之事務。

二、裁撤一切不必要之機關或冗員。

三、請求中央核給補助。

第七章　附則

第二十八條　各省市因整理財政而增裕之收入，除應歸入特種基金存款者外，應一律歸入收入總存款。

因整理財政而生之各項臨時支出，得編具預算，在省市第二預備金項下撥付之。

第二十九條　本辦法自公布之日施行。

專利法施行細則

行政院三十六年九月二十四日

(卅六)六經字二八四九三號令頒

第一條　本細則依專利法第一百三十條制定之。

第二條　本法第二條第一款第三款第四款、第九十六條第一款第三款第四款、第一百二十條第一項第一款關於期限之規定，呈請人應敍明事實及其年月日，有證件者並附送證件。

第三條　本法及本細則規定呈請時應備具之文件，除科學名辭之譯名下附註外國文原名外，概用中國文字。

呈請人為外國人者，前項文件如原係外國文，除譯成中國文字外，並附原本。

第四條　本法第十二條規定之說明書，應備同式兩份，詳載左列事項。

一、發明人或創作人之姓名籍貫出身經歷現在及永久住址。

二、發明或新型或新式樣之名稱。

三、發明或新型或新式樣之性質目的功效及特點。

四、製造方法及所用原料之名稱與產地，如屬於機械品，應詳載其構造及應用方法，並附呈機械之正面平面側面各圖，及請求專利各部份之詳細圖式，其圖式須用墨水繪製，註明符號尺寸，加以說明，如屬於化學品，應列舉所用原料及藥品之名稱與產地及其配合之數量，並詳細說明其製造方法。

五、請求專利之部份。

六、呈請專利之年限。

第五條　本法第十二條規定之模型樣品，應與說明書符合，模型不得過大，樣品應備同式三份。

第六條　說明書圖式模型如不明晰或不完備或不符合，專利局得依本法第三十五條之規定，令呈請人於法定限期內補具，其呈請文件專利局定有程式者，應各依其程式，查有不合時，亦得令補具。

第七條　在呈請中，呈請人得因說明書與圖式或模型或樣品不符，自請更正或補送，但不得變更原呈請案之實質，原呈請案為新式樣者，不得變更形狀花紋色彩及指定之物品類別。

第八條　宣誓書應由登記有案之公司工廠工業法團技師律師或會計師簽章證明。

第九條　呈請文件由郵局寄送者，必須掛號，專利局據發寄地郵局日期戳記，認定呈請之先後。

第十條　說明書圖式應密封呈遞，封面書明審查委員會開拆。

第十一條　模型或樣品送到時，如有損毀，專利局得令呈請人補送。

第十二條　新式樣專利之呈請人，應就經濟部依本細則第五十條所定之物品及類別指定之，其未能指定類別者，專利局得代為指定。

第十三條　依本法第八條為追加專利或第一百十二條為聯合新式樣專利之呈請者，應附呈其原專利證書。追加專利權給予時，塡入原專利證書，聯合新式專利權給予時，發給聯合新式之專利證書，並將該證書號數塡入原專利證書，蓋印發還。

第十四條　本法第十三條之代理人，以合於代理人規則之規定為限。代理人規則另定之。

第十五條　依本法第十三條委託代理人時，應附呈代理權之證明文件，載明所代理之權限，其權限變更時，亦同。

第十六條　專利局對於代理人認為不適當者，得令呈請人更換之，並通知代理人。

第十七條　代理人更換時或其居所或住所印章有變更時，應呈報專利局，呈請人變更其居所或住所印章時，亦同。

第十八條　外國人依本法第十四條為專利之呈請者，應依本細則第十四條規定，委任代理人為之，並附送呈請人之國籍證明書，如為外國法人，附送其法人資格之證件。

第十九條　凡在外國已呈請或已呈准給予專利權者，依本法呈請專利時，其呈請人以在外國呈請案中之原呈請人或其合法承受人為限。

第二十條　前條之呈請人，應於呈請書中敘明在外國呈請日期、呈准給予專利日期、其專利部份及年限有無租與或特許實施各事項，並附送有關證件。

在外國已消滅或撤銷之專利權，不得依本法呈請專利。

第二十一條 本法第十七條所稱之代表，應由共有人全體約定。

前項代表為呈請時，應附具約定之證件。

第二十二條 依本法第十五條令各呈請人協議時，專利局應指定相當期限，逾期不呈報，視為所議不諧。

第二十三條 本法及本細則關於期限之規定，其最後一日為星期日或其他休息日時，以其休息日之次日代之。

第二十四條 本法及本細則規定或指定之期限，專利局得據請求變更之。

關於前項期限之變更，有利害關係人者，應得其同意，方得請求。

第二十五條 呈請人為法人時，應敍明發明人或創作人姓名住所或居所及與發明人之關係或協議經過。

第二十六條 依本法第二十六條第一項聲明故障者，應詳敍事實及其發生之年月日。

依前條第二項補行程序者，應敍明故障消滅之事由及年月日。

第二十七條 本法第三十條、第三十七條之審定書，應記載左列事項。

一、呈文號數。

二、物品或方法（在新式樣為新式樣之物品及類別）。

三、呈請人姓名（因異議或因舉發再審查時，並記異議或舉發人姓名。）

四、主文及理由。

五、審查年月日。

第二十八條 依本法第三十二條提起異議者，應將異議書及副本同時呈送專利局。

第二十九條 審定書或其他文件無從送達者，應於專利公報公告之，自刊登公報之日起滿三十日，視為已送達。

第三十條 專利證書應記載左列事項。

一、呈請人姓名。

二、證書號數。

三、專利之物品或方法（在新式樣為新式樣之物品及類別）。

四、專利期限。

五、發給證書之年月日。

第三十一條 專利權簿應記載左列事項。

一、前條各款事項。

二、專利權人姓名住址籍貫履歷。

三、公告之年月日。

四、追加專利之方法及其年月日（在新式樣爲其聯合新式樣及發證之年月日）。
五、延展期限及核准之年月日。
六、專利權消滅或撤銷之理由及年月日。
七、專利權讓與或租與或繼承之年月日。
八、特許實施者之姓名住址及核准或撤銷之年月日。
九、補發證書之事由及年月日。

第三十二條 本法各條所稱讓與，包括賣與贈與及互易等行爲。

第三十三條 專利權租與他人實施者，應具呈請書，敍明租與部份地域期間，附送契約，由當事人連署，呈請專利局備案，並應於契約成立後三個月內呈請之。

第三十四條 專利權爲共有而非由共有人全體實施時，應以契約規定共有人間之權利義務，並呈請專利局備案。

第三十五條 凡關於專利權之一切法律行爲或辦理一切程序，有共有人或關係人者，均應連署。

第三十六條 專利權之讓與租與或補償金，其估價有爭議時，得呈請專利局定之。

第三十七條 專利權估價應注意左列各事項。
一、發明或新型之工業價值。

二、發明或新型之技術價值。
三、發明或新型或新式樣之商業價值。
四、發明或新型或新式樣之實際需要程度。
五、專利權之年限及地域。
六、專利權曾經租與賣與之價值。
七、有無較優或價值相類可以代用之發明新型新式樣。

第三十八條 依本法第五十五條爲專利權延展之請求者，應敍明受戰事損失之事實，有證件者並附送證件。
前項請求，應附送專利證書，核准時於證書中註明。

第三十九條 依本法第六十七條請求特許實施，應於專利權未撤銷前爲之。

第四十條 請求特許實施者，應附呈實施製造詳細計劃書，向專利局呈請之。
前項特許實施經核准幷議定補償金後，由專利局發給特許實施之憑照。

第四十一條 本法第六十八條第三款所稱實施，指專利物品之製造而言。

第四十二條 專利局得依職權，隨時檢查發明品創作品之是否實施及實施之是否適當。
特許實施人應按年將實施情形報告專利局。

第四十三條 專利權被征用時，其補償金額，由征用機關、專利局、專利權人及其他關係人共同議定，一次給予。

依本法第五條、第九十八條收用者，準用前項之規定。

第四十四條　國營事業徵用專利權時，應依讓與之方法行之。

第四十五條　專利權之讓與消滅撤銷征用，經審查確定時，專利局應於專利公報公告之，並彙報經濟部。

第四十六條　本法第七十三條專利標記及證書號數之附加，在專利權消滅或撤銷後不得爲之。

發明新型新式樣經審定公告後，得於物品或包裝上附加公告期內暫准專利字樣。

第四十七條　專利權審查確定後，由專利局限期依法令呈請人納費領取證書。

第四十八條　呈請專利應納各費，除本法第七十五條至七十七條、第八十條、第一百零五條、第一百二十四條已有規定外，依左列之規定。

特許實施憑照費　每件二十元。
讓與專利權　每件二十元。
繼承專利權　每件二十元。
舉發專利權　每件二十元。
估定價值　每件二十元。
補發證書　每件二十元。
更正書件　每件每次十元。
查閱案件　每件十元。
補發審定書　每件十元。
發給證明書　每件十元。
摹繪圖樣　每件十元至四十元。
抄錄書件　每百字五元不滿百字者亦同。
發給其他書狀　每件十元。

前項費額暫按千倍繳納。

第四十九條　專利證書特許實施憑照遺失或毀損時，專利權人或特許實施人得聲敘事由呈請補發，但應先登報三天聲明作廢。

專利局補發證書，應於專利公報公告之。

第五十條　新式樣使用之物品及類別，由經濟部另定之。

第五十一條　本細則與本法同日施行。

簡易人壽保險投保規則

行政院三十六年九月二十四日
(卅六)六財字第三八四三二號令頒

第一章　總則

第一條　凡投保簡易人壽保險，除依簡易人壽保險法之規定外，悉依本規則行之。

第二條　簡易人壽保險分終身保險、定期保險兩種。

第三條　終身保險按月付費期間又分爲左列四種。

一、十年付費終身保險（簡稱十終）。

二、十五年付費終身保險（簡稱十五終）。

三、二十年付費終身保險（簡稱二十終）。

四、終身付費終身保險（簡稱終保）。

第四條 定期保險按保險期限又分為左列五種。

一、十年期滿定期保險（簡稱十定）。

二、十五年期滿定期保險（簡稱十五定）。

三、二十年期滿定期保險（簡稱二十定）。

四、二十五年期滿定期保險（簡稱二十五定）。

五、六十歲期滿養老保險（簡稱六十養）。

第五條 前兩條各種保險契約之保險費率，依所定死亡率表，按週息五釐計算（保險費率及保險金額參閱附表）。

第六條 郵政儲金匯業局及其指揮之郵政儲金匯業分局或郵局（以下簡稱保險局）有選擇危險之權，如被保險人之職業認為過分危險或體質認為羸弱時，保險局得拒絕承保，被保險人於保險契約發生效力後，如遭遇一切意外或戰事災害而致喪失生命者，保險局亦依法賠款。

第七條 要保人於要約時，應依式詳實填具投保聲請書，并會同被保險人署名蓋章，向保險局或其派出之業務人員申請辦理之。

第八條 保險單或領款單據遇有遺失或污損不堪再用時，得由要保人或受益人向保險局請求補發或換發副本，其請求換發者，並應附繳原本。

第二章 契約之成立

第九條 要保人於要約時，應依式詳實填具投保聲請書，並會同被保險人署名蓋章，連同第一次保險費，交付保險局或其派出之業務人員，並索取暫收保險費收據。

第十條 要保人於要約時，應邀同被保險人到局會晤，被保險人如在他地，致保險局無法與之會晤時，得委託被保險人所在地之保險局代為會晤。

第十一條 投保之要約一經承認並繳納第一次保險費後，保險人應即填發保險單及保險費收據。

前項之要約經保險人拒絕時，應即通知要保人。

第十二條 保險單應記載左列事項，由郵局儲金匯業局局長署名蓋章，並由保險處處長或簽發局主管人員副署，方為有效。

一、保險金額。

二、保險種類。

三、保險費數額。

四、要保人、被保險人、受益人姓名及被保險人保險年齡。

五、填發保險單年月日及該單之記號號數。

六、保險契約期滿年月日（終身保險除外）。

第三章 保險費之繳納

第十三條 保險費應按月付清，以保險單上所載之日期爲保險費到期之日期，到期之保險費，應於一個月內，向立約時指定之保險局或其派出之業務人員繳納之，並索取保險費收據。

第十四條 保險費得提前繳納，如願將每六個月之保險費作一次繳納者，得享受等於半個月保險費之折扣，其一次繳納十二個月者，得享受等於一個月又半個月保險費之折扣，如願將全部保險費一次繳清者，得按所附一次納費保險契約費率表納費。

第十五條 要保人向保險局按期連續繳納保險費至十二個月者，得享受等於半個月保險費之折扣，倘其中有已逾寬限期間補繳者，應自補繳之次月份起，另行推算，如係由保險局派員收取者，不得享受上項保險費之折扣。

第十六條 同一要保人立有二個或二個以上之保險契約者，得填具契約變動聲請書，連同最後月份保險費收據，一併交付保險局，請求按照預定繳費日期，將各該契約之保險費同時合併繳納，請求停止合併繳納者，手續同。

第十七條 要保人請求變更繳費地點繳費方法或通訊處時，應填具契約變動聲請書，向原保險局聲請辦理。

第十八條 繳納保險費猶豫期間，以兩個月爲限，自保險費到期日屆滿一個月後第一日起算，在猶豫期間補納保險費者，應加繳逾期費，逾期費按逾期保險費總數百分之一計算，其不足一元者，按一元計，如過猶豫期間仍不繳納保險費，保險契約效力即行停止，停止效力後之契約，可於一年以內請求回復契約，并得於五年以內請求終止契約。

第十九條 被保險人於保險契約發生效力後，如遭遇一切意外或戰事災害，毀敗二手或二足，一手及一足，或雙目失明時，得填具契約變動聲請書，連同保險單、最後月份保險費收據、醫師診斷書及其他證明文件，一併交付保險費局，請求作爲中途殘廢，免納以後保險費，保險局承認後，即在保險單上批註，發還要保人，按照核定日期發生效力，如遇被保險人因殘廢而致喪失工作能力，並具有相當證明者，得附帶聲請提前核發保險金額之一部或全部。

第四章 保險金額之給付

第二十條 被保險人死亡時，要保人或受益人應立即填具被保險人死亡報告書 連同保險單、最後月份保險費收據、醫師診斷書及其他證明文件，一併交付保險局，以憑查驗核發保險金額，要保人或受益人在保險局審核死亡手續未完竣前，得覓具保證，請求先行給付保險金額之一部或全部。

第二十一條 保險契約期滿，要保人及受益人應依式填具契約期滿聲請書，連同保險單及最後月份保險費收據，一併交付保險局，聲請核發保險金額。

第二十二條　保險局於給付保險金額時，遇有延未繳納之保險費及逾期或借款之本息未曾清償者，應於給付金額內扣除之。

第五章　契約之變更及回復

第二十三條　要保人得依法請求變更保險契約種類或保險費數額，其已繳納保險費至一年六個月以上者，幷得請求變更爲一次納費保險契約，但以上各項變更後契約之付費期間，不得較原契約爲長，保險金額不得較原契約爲高，幷不得低於法定之最低保險金額。

要保人請求變更保險契約時，應塡具契約變動聲請書，連同保險單及最後月份保險費收據，一併交付保險局聲請辦理。

第二十四條　要保人、被保險人或收益人請求變更原名，要保人請求變更受益人，要保人或受益人死亡，其繼承人接受保險契約繼承權時，應塡具契約變動聲請書，會同被保險人署名蓋章後，連同保險單、最後月份保險費收據，一併交付保險局聲請辦理。

第二十五條　受益人對於受益權之享受，經確定成立後，得將權利自由讓與他人，但以非營利之公共團體法人或祠廟學校及其親屬爲限。

前項權利之讓與，受益人應塡具契約變動聲請書，並會同受讓人署名蓋章，連同保險單，一併交付保險局聲請辦理。

第二十六條　要保人請求回復保險契約之效力時，應依式塡具回復契約聲請書，連同保險單、最後月份保險費收據、猶豫期間及停止效力期間未納之保險費逾期費等，一併交付原保險局或其派出之業務人員聲請辦理，並應邀同被保險人到局會晤，如要保人請求回復契約效力時，幷依法請求借款者，應於前項聲請書上附帶聲明，並依式塡具借款申請書，一併交付保險局辦理。

第六章　發還金額

第二十七條　要保人繳納保險費至一年六個月以上者，或繳納保險費至一年六個月以上而保險契約停止效力後五年以內者，要保人如請求終止保險契約時，得由要保人及受益人塡具契約變動聲請書，連同保險單及最後月份保險費收據，一併交付保險局，聲請發還積存金之一部份，其發還金額等於該契約應有之積存金與左列百分率相乘之數。

契約發生效力未滿三年者　百分之九十。

契約發生效力未滿四年者　百分之九十一。

契約發生效力未滿五年者　百分之九十二。

其他年數依此類推，按年遞加百分之一，但以百分之九十八爲最高限度。

前項發還金額，由郵政儲金匯業局於發還時核算之。

第二十八條　遇有簡易人壽保險法第二十三條第一款第二款或第四款發生時之受益人，或簡易人壽保險法第二十五條情事發生時之要保人，其保險費已繳納一年六個月以上者，得請求發還積存金額之一部份，其發還金額與前條同。

第九章　借款

第二十九條　要保人得依簡易人壽保險法第三十條之規定，請求借款，期間定爲一年，期滿時並得請求續借，借款分繳納保險費借款（簡稱保費借款）及現金借款兩種。

第三十條　每次保費借款之最高額，不得超過該契約一年之保險費，並不得超過當時發還金額，現金借款，一年得聲請一次，最低須在國幣十元以上，最高亦不得超過該契約當時發還金額百分之五十。

第三十一條　在借款期間未滿以前，如遇保險契約停止效力契約期滿或其他事故，受益人或要保人得以領取保險金額或發還金額時，其借款期間亦同時終止。

第三十二條　保費借款之利息，由繳費日起算，現金借款之利息，由借款日起算，要保人於借款期間未滿以前先行償還時，其利息祇算至還款日爲止，借款利率由郵政儲金匯業局隨時訂定公告之。

第三十三條　要保人請求借款時，應依式填具借款聲請書，連同保險單及最後月份保險費收據，交付保險局聲請辦理借款，期滿請求續借時，並應依式填具借款轉期聲請書，連同到期之利息及保險單等，一併交付保險局聲請續借，受益人爲第三人時，前兩項之請求，均須得受益人之同意，並於聲請書上會同署名蓋章。

第三十四條　要保人繳還借款時，須將應還之本息，連同保險單，一併交付保險局，保險局卽將其所收之數，登記於保險單。

第三十五條　要保人於借款到期後，逾一個月仍不償還時，除利息外，尙須加徵逾期費，逾期費按借款數額百分之一計算。

第三十六條　要保人於借款期滿尙未償還，且同時該契約因超越猶豫期間而停止效力時，其所欠之借款，應就第二十五條規定之發還金額內扣除之，並算至猶豫期間屆滿之日爲止。

第八章　團體契約

第三十七條　各機關公司行號工廠學校及其他團體之員工，集合十五人以上，同時訂立保險契約者，得推定一人爲代表人，依照團體契約辦理。

第三十八條　團體契約各保戶之保險費，應由團體代表人或要保團體彙集合併繳納，得享受左列各款之折扣優待。

一、不論向保險局或所派業務人員按月繳納團體保險費至十二個月者，得享受等於一個月團體保險費之折扣。

二、一次預繳團體保險費六個月者，得享受等於一個月團體保險費之折扣。

三、一次預繳團體保險費十二個月者，得享受等於二個月團體保險費之折扣。

前項優待折扣辦法，以團體應享受折扣之當月份團體保險費總數為準。

第三十九條　要保團體及代表人，應依式填具團體契約投保聲請書，連同各被保險人個人投保聲請書及應繳之第一次保險費，交付保險局或其派出之業務人員，並索取暫收保險費收據，團體契約之各被保險人，如經要保團體及其代表人確切保證體格均屬健康時，得免予個別會驗。

第四十條　團體契約訂立後，又加入新契約者，應由要保團體及其代表人依式填具加入團體保險聲請書，連同投保聲請書，交付保險局聲請辦理，已成立之保險契約加入團體時，須附繳保險單及最後月份保險費收據。

第四十一條　團體契約訂立後，遇有要保人將其保險契約退出團體時，應由要保團體及其代表人依式填具退出團體保險聲請書，交付保險局聲請辦理，退出後即自行向保險局繳納保險費，並聲請改為個人契約，團體人數因退出以致不滿十五人時，該項團體契約即行停止，改照個人契約辦理。

第九章　附則

第四十二條　各項聲請書之格式，由郵政儲金滙業局制定，並免費供用。

第四十三條　本規則自公布日施行。

各縣（市）民衆自衛隊組訓規程

行政院三十六年九月二十四日
（卅六）四防字第三八五一六號令頒

第一條　為適應國家總動員之需要，動員全國各縣（市）民衆武力清剿共匪綏靖地方起見，特制定本規程。

第二條　各縣（市）依照本規程組織民衆自衛隊。

第三條　各縣（市）民衆自衛隊分甲乙兩種。

甲、自衛隊　以不脫離生產為原則，均無餉給，每保編成一中隊，每鄉鎮（區）編成一大隊，每縣（市）編成一總隊，其編制如附表（一至三）。

機關及工商團體員工如各單位壯丁人數在五十人以下者，應各參加其住所之保中隊編組，超過五十人者應編成一中隊，二中隊以上編成一大隊，稱爲獨立第幾大（中）隊，直轄於民衆自衛總隊部。

乙、常備自衛隊　在動員清剿共匪時期，各縣（市）得視實際需要及地方財力編組有餉給之常備自衛隊，縣（市）得設一至九個常備自衛中隊，鄉鎮（區）得設一個常備自衛班，其編制如附表（四至五）如無必要，可不設置。

第四條　各縣（市）十八歲至四十五歲之壯丁（年滿二十歲一個年次之壯丁除外），除依兵役法應行免役禁緩役者外，凡有兩丁之戶出一丁，五丁之戶出二丁，超過五丁之戶每滿三丁出一丁，參加自衛隊編組常備自衛隊，應更番挑選自衛隊之精壯者，編組訓練之，每三個月更調一次。

第五條　民衆自衛隊隊丁如中籤徵服兵役者，仍應依法應徵。

第六條　民衆自衛總隊長由縣（市）長兼任，自衛大隊長由鄉鎮（區）長兼任，中隊長由保長兼任（不另設中隊部）。

第七條　常備自衛隊各級幹部應選派本籍有軍事常識之人士充任之。

第八條　民衆自衛隊以使用於本縣（市）爲原則，自衛隊之任務以清剿零匪警衛地方及情報嚮導運輸通訊警戒盤查工程救護爲主，常備自衛隊之任務，以機動剿匪配合國軍及保安部隊作戰爲主。

第九條　各縣（市）城垣碉堡及圍寨已壞破者，應速修復，須建築者應速建築，並須注重側防工事，以加強民衆自衛隊之抵抗力。

第十條　各鄉鎮公路交通網電話網應由各縣（市）政府詳細計劃儘速完成俾發揮民衆自衛隊之機動力。

第十一條　民衆自衛隊在縣（市）境內鄉鎮（區）與鄉鎮（區）間保與保間應聯防會哨，在縣（市）境外應與鄰聯防會哨，其辦法由各縣（市）民衆自衛總隊部針對當地實際情形擬訂實施，並呈報上級機關核備。

第十二條　民衆自衛隊由該省主席兼保安司令，統一管轄並指揮之。

第十三條　各級民衆自衛隊須逐層節制指揮，惟於協助作戰時期中，應受當地高級軍事長官之指揮。

第十四條　民衆自衛隊之訓練，應着重各種自衛技能及政治教育，每週六小時至十二小時，在鄉保者以不妨碍農時爲原則，在城鎮者以不妨碍生計爲原則，機關工商團體就原有廠所編組訓練，其訓練計劃由各省保安司令部厘訂施行，並分報國防內政二部備查。

第十五條　民衆自衛隊之武器彈藥，以民間現有者為基礎，由縣（市）政府調查登記，幷針對當地實際情形妥擬使用及管理辦法，但不得收歸公有，如因清剿匪患確感缺乏及損失消耗時，由省保安司令部查明彙請國防部補充或價撥，其調查登記之械彈種類數量分配情形以及戰役俘獲損耗應列表層報國防部備查，惟彈藥消耗，應呈繳彈殼，方准核銷。

第十六條　配合國軍作戰之民衆自衛隊，因情況緊急不及請撥彈藥而事實確需補充時，得由國軍指揮官長先行撥發，事後報備其撥補之數以不超過一個補給基數（每枝步槍五十粒）為原則，惟軍長（整編師長）對於清剿得力之專員縣長得就鹵獲之堪用武器多予核發，以增加其所屬民衆自衛隊之力量

第十七條　民衆自衛隊之武器彈藥，應由其官兵妥愼保護，在戰況不利無法攜走時，須設法藏匿，以免資敵，否則嚴行懲處。

第十八條　常備自衛隊官兵待遇視地方財力得比照各省保安部隊待遇標準，由各該縣（市）政府會同民意機關酌定之。

第十九條　民衆自衛隊經費，應以自給自足為原則，由縣（市）政府先行核計全年所需數額編入縣（市）總預算，如確有必要，另闢財源時，應由各縣（市）政府擬定辦法，提經民意機關通過後，報請省政府核准施行，幷轉報財政部備查。

第二十條　新收復及匪患嚴重之縣（市）民衆自衛隊經費，確實無法籌措時，由各該縣（市）政府按實際編制造具預算，一面在中央核發之復員補助費內動支，一面報由省政府轉請中央核發。

第二十一條　民衆自衛隊官兵之獎懲辦法，由各該省主席兼保安司令依據實際情形釐訂施行，並分報國防內政二部備查。

第二十二條　民衆自衛隊官兵，因剿匪傷亡依照「人民守土傷亡撫卹辦法」及其有關法令辦理之。

第二十三條　民衆自衛隊對外行文以縣（市）政府鄉鎮（區）公所保辦公處名義行之，但得用條戳。

第二十四條　各級民衆自衛隊旗幟規定如附圖。

第二十五條　民衆自衛隊應一律着短便服佩帶臂章如附圖。

第二十六條　民衆自衛隊之醫療，由縣（市）鄉鎮（區）之衛生機構兼辦。

第二十七條　本規程適用於院轄市。

第二十八條　本規程之規定，如與兵役法令有抵觸時，應停止適用。

第二十九條　本規程自公布日施行。

表(一)

縣(市)民衆自衛總隊部編制表

職別	比照待遇階級	員(名)額 員	員(名)額 名	員兵來源	職掌	備攷
總隊長		一		縣長兼任	主持總隊事務	
副總隊長	中校	一		專任	襄助總隊長處理總隊事務	
總隊附	少校(上尉)	一		專任	協助總隊長副總隊長處理總隊事務	
幹事		四		向縣(市)政府調用	辦理文電經理情報武器等事項	
特務長	少(准)尉	一		專任	庶務及其他不屬於幹事等事項	
司書	准尉	一		專任	繕寫事項	
傳達班長	下士		一	專任	傳達	
司號兵	下士		一	專任	司號	

班 傳令兵	上(一)等兵		五	專任	傳令勤務及炊事	
合計		九	七			

附記

一、專任人員比照保安部隊酌定待遇

二、副總隊長及總隊附由總隊長保薦報請保安司令部（警保處）核委

鄉民衆自衛大隊部編制表 表(二)

職別	員（名）額 員	員（名）額 名	員兵來源	職掌	備攷
大隊長	一		鄉鎮、區長兼任	主持大隊事務	
大隊附	一		鄉隊附兼任	襄助大隊長辦理一切事務	
辦事員	二		由鄉鎮（區）公所調兼	辦理經理武器人事文電庶務等事項	
傳令兵		四	由鄉鎮（區）公所調用	由號兵 名其餘司傳令勤務炊事	

附記		
每大隊轄中隊數不言		

保民衆自衛中隊編制表（表二）

職別	員（名）額 員	員（名）額 名	員兵來源	職掌
中隊長	一		保長兼任	主持全中隊一切事務
中隊附	一		保隊附兼任	兼助中隊長處理一切事務
分隊長	以保內所轄中數		甲長兼任	
分隊附	以保內所轄中數		壯丁中選充	
隊丁			壯丁編組	
傳令兵		一	保丁兼	

民衆自衛隊常備中隊編制表（表四）

職別	比照待遇階級	員（名）額：員	員（名）額：名	職掌	備攷
中隊長	上尉	一		主持全中隊事務	
分隊長	中少尉	二一		主持各分隊事務	每中隊轄三分隊
特務長	准尉	一		辦理經理庶務事項	
文書	上士		一	辦理文書事項	
合計					
附記	武器彈藥以保內原有者編配無武器彈藥以梭標編組之				

職別	階級				備考
班長	中士			九	
副班長	下士			九	
隊丁	一等兵			九〇	每班隊丁一〇名
傳令兵	一等兵			九	內號兵一名餘司傳令勤務炊事
合計			五	一一八	

附記

一、官兵均專任比照保安部隊酌定待遇

二、武器彈藥由縣政府配備

農林部直轄墾區墾殖經營辦法

農林部三十六年九月五日
手參字(卅六)第八四三三號

第一條 農林部直轄墾區經營，除法令另有規定外，依本辦法辦理之。

第二條 各墾區墾殖經營，以戶為單位，組織墾殖隊，其辦法另定之。

第三條 各墾區之土地，由墾區管理機關按照後列原則分配之。

甲、每戶分配荒地面積，以五十市畝至一百市畝為原則，但仍視土壤肥瘠及作物複種指數等，在可能自耕限度之範圍內，酌予增減。

乙、荒地分配位置，召集各墾戶抽籤決定之。荒地分配之先，視地方及其他農情，加以區劃，分成若干小區，一墾戶之應分配畝數超出一小區者，各小區應毗連一處。

丙、荒地分配後，由墾戶各自管理耕種，不得轉租或委託他人代耕，並由墾區管理機關規定限期開墾完竣。

第四條　各墾戶之土地生產收支及盈虧，各自劃分負責。

第五條　各墾殖隊及各墾戶之公共勞作及公益費用，如水利工程交通工程之勞作及費用等，視其性質面積或受益程度，比例分担之。公共勞作，以輪流担任為原則，按戶分別紀錄其參加工作件數，改算工值，至每年主要作物收穫終了時，結算總數及各戶應分担數，不足數者照值補償，超過者應取得溢出之工值。其公益費用，平日應詳細紀錄，至主要作物收穫終了時，比例分担之。

第六條　各墾戶之農事役畜，以由一墾殖隊內兩墾戶或數墾戶合作飼養為原則，但一墾戶需要役畜超出一頭者，由一墾戶單獨飼養。

第七條　各墾戶之人工畜工及其他動力。墾區管理機關及墾殖隊，得統籌支配之，遇墾戶中有有餘或不足或緩急不等時，得支配交換工作，分別紀錄其交換工數或工作件數及估定工值，至主要作物收穫終了時，分別結算，各戶間交換工值，除助人人助對銷外，不足數者應照值補償，超過者應取得溢出之工值。

第八條　人工畜工及其他動力工單位工值之估定，由墾區管理機關，按工作之種類輕重難易繁簡，參酌當地價格，預為規定公佈之。

第九條　各墾戶之農具，如屬合作利用者，由墾殖隊長保管，其使用次序，除墾區管理機關或墾殖隊，得視工作之緩急支配外，必要時，得召集各墾戶，用抽籤法，抽定使用次序，輪流使用之。分戶使用之農具，由各墾戶自行保管，但墾區管理機關或墾殖隊，遇墾戶中農具有餘或不敷時或緩急不等時，得支配交換借用，在借用期間內，借用人將所借農具損壞或遺失者，應負責修理或賠償之。

第十條　各墾戶種子肥料飼料及其他農用消耗品，以聯合採購為原則，必要時，得組織合作社辦理之。

第十一條　各墾戶住房傢具，以聯合購置，分別利用為原則，農倉及水利設備等，以合作舉辦為原則，必要時，得組織合作社辦理之。

第十二條　各墾戶之食糧及其他日用品，以合作購買為原則，必要時，得組織合作社辦理之。

第十三條　各墾戶之主要產品，以集中貯藏合作運銷為原則，必要時，得組織合作社辦理之。

第十四條　各墾戶對於各項資本之借入，應組織信用合作社辦理之。

第十五條　前列各條規定之合作社，由各墾殖隊按其人數住居遠近志願及需要，聯合組織之。

各種合作社，由墾區管理機關派員指導組織，稽核帳目，及協助其社務與業務之進行。

第十六條　凡墾戶公有之農事役畜，大件農具及其他各種牲畜物品設備等之資本，除係組織合作社者，照章辦理外，可將每種資本分作若干股，按各戶之田地面積或其他使用上之需要程度，比例分担，或由各戶自行分認。

第十七條　各墾戶栽培作物之種類品種面積及輪作制度，飼養牲畜之種類品種數量，以及栽植林木之種類數量等，墾區管理機關及墾殖隊，得統籌支配之。

第十八條　墾殖隊各墾戶所作之各項勞作名稱及工數，與各種生活費用生產費用及產品收入等，均應分別紀錄，呈報墾區管理機關備查。

第十九條　墾殖隊內各墾戶，應互負聯保之責，繕具聯保切結，呈送墾區管理機關存查。聯保切結之式樣另訂之。

第二十條　墾區管理機關對於墾民經營墾殖，得根據本辦法另訂各細則，呈報農林部備案。

第二十一條　本辦法自公布之日施行。

國府公報所載中央法規索引

九月份下半月份

國民兵組織管理訓練服役規程　第二九三七號

動員時期軍人或其家屬優待條例　第二九三九號

統計法第一條及第九條修正條文　第二九四一號

船舶登記法第六十二條修正條文　第二九四一號

立法院立法委員選舉罷免法施行條例第九條修正條文　第二九四一號

違警印紙規則　第二九四一號

本府法規

南京市汽車市政建設捐征收辦法

三十六年九月十九日第九十九次市政會議通過

一、南京市政府征收汽車市政建設捐，依本辦法之規定。

二、凡行駛本市區內之各種公私汽車（三輪車以上之機動車），除應依照本市各種車輛管理規則暨使用牌照稅征收細則辦理外，並應依照本辦法之規定，向主管征收機關繳納汽車市政建設捐。

三、汽車市政建設捐捐率，按照附表規定分別征收之。

四、車輛之總噸位（車重及載重）由主管檢驗機關檢驗車輛時同時檢定之。

五、汽車市政建設捐按季征收，以每季首月為繳捐之期，必要時得由主管征收機關規定征收期限並公告之。

六、汽車市政建設捐應在規定期限內繳納，如逾期未繳，在十日以內者，卽照應納捐額加收十分之一，超過十日未滿二十日者，加收十分之二，二十日以上未滿一個月者加收十分之三，一個月以上仍未繳納者，得停止其行駛。

七、左列汽車一律免征市政建設捐。

一、本國元首及其隨從汽車。

一、已納養路費之各種車輛。

一、所有官辦民辦救火機構之救火車及紅色髹漆之救火服務車。

一、公私醫院之救護車。

一、各國駐華使節或代表團自用車。

一、領有其他市縣牌照之汽車經過或停留本市之時間不超過二月者。

一、經本府核准免捐之特種車輛。

八、本辦法自公佈之日施行。

南京市汽車市政建設捐捐率表

等級	車重及載重總量	每季每輛捐率
一級	一噸以下者	十五萬元
二級	一噸——一噸半	十七萬五千元
三級	一噸半——二噸	二十萬元
四級	二噸——二噸半	二十二萬五千元
五級	二噸半——三噸	二十五萬元
六級	三噸——四噸	二十七萬五千元
七級	四噸——五噸	三十二萬五千元
八級	五噸——六噸	三十七萬五千元
九級	六噸——七噸	四十二萬五千元
十級	七噸——八噸	四十七萬五千元
十一級	八噸——九噸	五十二萬五千元
十二級	九噸——十噸	五十七萬五千元

南京市財政局計算土地增值稅額辦法

三十六年九月二十六日第一百次市政會議通過

第一條　本辦法依照土地法第一百七十九條第一百八十條及財政部地政署所訂調整原地價及免稅額補充辦法之規定，幷參酌本市實際情形訂定之。

第二條　本局於征收定期土地增值稅或征收土地所有權移轉時之土地增值稅時，悉依本辦法之規定，計算應征之稅額。

第三條　本市業經依法登記幷規定地價之土地計算其增值時，應先依據物價指數調整原地價。

第四條　物價指數以南京市政府統計處編製之躉售國貨價格爲依據，以二十六年一月至六月爲基期。

前項指數由統計處按月送本局查攷。

第五條　調整原地價時以核算土地增值時前一月之物價指數爲標準。

第六條 本市土地增值稅免稅額定為依據物價指數調整原地價之百分之十。

第七條 計算增值稅額之公式：

I_1 =申請移轉或征收定期土地增值稅前一月之躉售國貨價格指數。

I_2 =三十五年底之躉售國貨價格指數。

P_1 =二十六年之地價。

P_2 =三十五年年底調整地價倍數。

P_3 =調整後之原地價。

P_4 =移轉地價或法定地價或估定地價。

A =免稅額。

B =土地增值稅率。

C= 已執有繳納憑證之工程受益費。

E =土地增值稅額。

$$P_3 = P_1 \times P_2 \times \frac{I_1}{I_2}$$

$$A = P_3 \times \frac{10}{100} = P_1 \times P_2 \times \frac{I_1}{I_2} \times \frac{10}{100}$$

$$E = (P_4 - P_3 - C - A) \times B$$

或$$E = \left\{P_4 - \left(P_3 \times P_2 \times {}^{I_1}/_{I_2}\right) - C - A\right\} \times B$$

$$E = \left[P_4 - C - \left(P_1 \times P_2 \times {}^{I_1}/_{I_2}\right)\left(1 + \frac{1}{100}\right)\right] \times B$$

如求繳納工程受益費者式中C=0

第八條 凡土地所有權移轉或征收定期土地增值稅時已有移轉行為者，應依法按照前條之公式換算之。

第九條 本辦法自呈奉核准後施行。

在政治方面，必須樹立民主法治的基礎，而提高選舉的水準，整肅政治的風氣，尤為當務之急，這裏要分兩點說明：（甲）在今年元旦憲法公佈之後，選舉法規業已如期頒佈，各省市選舉人與候選人的登記次第告成，各省市候舉人競選的活動也正在熱烈進行之中，要知道這次選舉的得失，將決定憲政的成敗，選舉人必須慎投其神聖之一票，而候選人更應自重自愛，矯正民國初期選舉的一切弊端，提出政見，以供廣大選民自由的抉擇，我們必使選舉有嚴正的風氣，才可望選舉有崇高的成就，我們可以說，今年的選舉是中華民國再建的樞紐，也是中華民族復興的指標，惟有全國人民，皆能擇取其所能信任的代表，行使政權，纔可望全國人民皆能擁護民主憲法，永垂不朽。（乙）民主的基礎在法治，當此憲政準備將告完成之前夕，政府與人民必須協力以共求法治精神的貫澈，人民應養成其守法的習慣，而官吏更當事事以法律為依據，務使政治風氣趨於整肅，人民權利得到保障，共進政治之正軌，而後民主制度始得其堅實的基礎。

——蔣主席：三十六年國慶日告全國國民書——

會議紀錄

南京市政府第九十九次市政會議紀錄

時間 三十六年九月十九日上午九時

地點 本府會議室

主席 沈市長　　紀錄 史崇訓

討論事項

1. 市長交議 據教育局轉呈九龍橋國民學校請撥用通濟鎮七里村市地，提請討論案。

決議：准予撥用。

2. 市長交議 據財政局擬訂南京市汽車市政建設捐徵收辦法草案，提請討論案。

決議：修正通過。（辦法見法規欄）

3. 市長交議 據工務局擬具南京市汽車憑證購買汽油辦法，祈核示一案，提請討論案。

決議：暫予保留。

4. 社會局提 擬訂南京市度量衡檢定所組織規程，提請核議，幷請修改本府組織規程第十六條第二項案。

決議：通過，呈行政院幷函經濟部備案。

5. 會計處提 擬請追加歲入「教育部補助收入」一千萬元案。

決議：通過。

6. 會計處提 擬請追加民政局開辦費一千五百萬元案。

決議：通過。

南京市政府第一〇〇次市政會議紀錄

時間 三十六年九月二十六日上午九時

地點 本府會議室

主席 沈市長　　紀錄 史崇訓

（一）討論事項

1. 市長交議 准行政院秘書處函，為國史館需用建館地基，囑查明市內何區土地可以放領或征用一案，飭據地政局簽稱，查本市第六區二一九一（五）段妙耳山有市地一坵，計面積九、四六二三畝，尚合該館建館之用，請核示等情，提請討論案。

決議：送請市參議會審議同意後准予放領。

2. 市長交議 擬投資首都公共汽車公司國幣四十億元，提請討論案。

決議：投資金額照案通過，除十億元為現款外，其餘三十億元以車輛設備估價抵充。

3. 會計處提 擬請追加「本府修建房屋及補充設備費」三千萬元案。

決議：通過。

4. 警察廳 民政局會提 為擬訂「南京市辦理戶籍行政警保聯繫辦法」提請審議公布施行案。

決議：交參事室審查，提下次市政會議討論。

(二)臨時動議

1. 市長交議 據民政局呈各區公所員工日用必需品配購證，在未奉 行政院核發前，擬請由本府發給配購證差額代金，提請討論案。

決議：准自十月份起職員每名按月暫發差額代金二十萬元，工役十萬元，俟奉 行政院核發配購證，即行停止。

2. 市長交議 據民政局呈請發給保幹事每名每月生活津貼十五萬元，以示體恤，提請討論案。

決議：准自十月份起每名按月發給生活津貼十五萬元。

3. 會計處提 擬請追加市立第一補習學校開辦費國幣五千萬元案。

決議：通過。

4. 財政局提 為與地政局會簽核擬處理蔣有昶等呈請發還蔣邦彥遺產一案，提請討論案。

決議：呈請行政院核示。

5. 參事室 財政局會提 擬訂南京財政局計算土地增值稅額辦法，請核議案。

決議：修正通過，函報財政部地政部并市參議會備查。

(辦法見法規欄)

在經濟方面，必須貫徹民生主義的設施，關於民營企業的扶植，土地問題的解決，尤須切實籌劃。抗戰結束之後，經濟建設為舉國一致的要求，而經濟建設的中心目標，是在工業化的過程之中，解決土地問題，使社會生產得以增進，農民生活得以改善，而農村購買力的增加，為工業產品培植擴大的市場，更是都市繁榮的基本條件。我們知道，民生主義的工業政策是以國營的制度防制獨佔資本操縱民生，以保障一般民營企業之自由發展，政府的賦稅制度，銀行的投資方針，都應配合這一個政策，而後社會生產可望進步，出口貿易可望增加，要知道藏富於民，即所以求國力之增殖，中正在前年雙十節，已向全國同胞提出這個原則，作為戰後建國事業的方針，今天更重申此意，深願全國經濟界人士能與政府合作，期其切實實施，奠定我中華民族自力更生的基礎。

——蔣主席：三十六年國慶日告全國國民書——

人事動態

三十六年九月三日至九月十六日止

姓名	服務單位及職別	動態	到離職日期
湯成沅	統計處第三科科員	新任	九月五日
張瀚如	民政局第三科辦事員	新任	九月五日
蔣道中	財政局第三科辦事員	新任	八月一日
黃筱堂	財政局稅捐稽征處稽查員	新任	九月一日
王熾中	財政局稅捐稽征處征收員	新任	九月一日
葉百華	財政局稅捐稽征處征收員	新任	九月六日
張國政	財政局第二科科員	新任	九月八日
王眞亮	教育局統計室佐理員	新任	九月五日
林芷	教育局聯合會計室科員	新任	九月五日
周佩德	社會局第一科雇員	新任	九月五日
梁志松	地政局土地測量隊組員	新任	九月六日
何仲仁	工務局等二科幫工程司	新任	八月廿三日
沈廷璽	工務局第二科雇員	新任	九月三日
閔乃光	工務局第二科幫工程司	新任	九月六日
周邦偉	工務局第一科科員	新任	九月八日
王其炎	人事處科員	新任	九月十一日
李經鑑	會計處第三科雇員	新任	九月十一日
楊玉聖	統計處普考學習生	新任	九月十三日
張德成	統計處第三科書記	新任	九月十六日
蘇受黻	財政局事務員	新任	九月十六日
王兆億	工務局第一科雇員	新任	九月十日
胡邦定	工務局審勘室試用工務員	新任	九月十二日
陳少山	清潔總隊雇員	新任	九月一日
張祖璿	工務局第二科技正	調任工務局第五科技正兼科長	九月十六日

姓名	原職	事由	日期
鄭德民	工務局第二科副工程兼器材股主任	調任工務局第五科副工程師兼保管股主任	九月十六日
閔乃光	工務局第二科幫工程司	調任工務局第五科幫工程師兼採購股主任	九月十六日
宋家治	工務局第二科正工程司兼科長	調任工務局技術室正工程師兼主任	九月十六日
蔡繼昭	工務局第二科技正兼新工股主任	調任工務局第二科技正兼科長	九月十六日
但柏蓀	首都監理所副所長	調任工務局第四科技士	九月一日
鮑家駒	地政局第三科科長	調升地政局簡任秘書	九月八日
何世桐	民政局會計室辦事員	辭職	八月廿五日
李彥	財政局稅捐稽征處稽徵員	辭職	八月卅一日
沈西屏	財政局土地稅稽征處股員	辭職	八月卅一日

姓名	原職	事由	日期
陸岫影	財政局營業稅征收處辦事員	辭職	八月卅一日
魯之翹	社會局第二科辦事員	辭職	九月一日
胡清漪	地政局統計員	辭職	九月一日
謝藩祥	地政局第二科登記員	辭職	九月一日
胡遇賢	地政局第二科登記員	辭職	九月一日
魯岱	地政局第二科臨時雇員	辭職	九月三日
徐作霖	地政局第一科科員	辭職	九月八日
陳敬孚	工務局下關區工務管理處監工員	辭職	九月一日
邵鶴鳴	教育局編審	辭職	九月十日
廖鼎銘	社會局統計室主任	辭職	九月十日
王劍聲	清潔總隊副隊長	免職	九月一日
雍覺先	會計處第二科科員	出缺	九月四日

推行國民體育的方向

沈怡

體育的重要性，一般人大抵都能了解。民族的健康，國家的強盛，皆與國民體育的發達，有深切關係。吾人每見國民體格強健的國家，輒有蓬勃興隆氣象，反之，國民體格衰弱者，不免令人興萎靡不振之感！就個人言，體格強健的人，對人愉快而富同情，遇事樂觀而能積極，體格衰弱的人，對人憂鬱而多不滿，遇事悲觀而難持久。處此競爭劇烈時代，無論從個人、社會、國家、民族各方面觀察，吾人均不能不重視體育。

我國向來以體育與德育智育並列，已充分表示對於體育的重視。但實際上，一個品格高尚，智識豐富的人，如果沒有強健的身體，便易精神疲乏，未老先衰，常不能盡展其所長，這在國家民族，不免是重大的損失。「健康的精神，寓於健康的身體。」體育的重要性，自此一觀點視之，且駕臨在德育智育之上。我國沒有德育節與智育節而獨有體育節，或係根據此意。

既對體育如此重視，且已提倡多年，何以我國一般國民的體格仍不十分健康，仍未能湔雪「東亞病夫」之譏呢？據調查我國各大中學學生的體格很少沒有毛病。學生如此，一般國民的體格，恐也不能例外。此種原因，值得吾人深刻檢討。茲乘三十六年度體育節的機會，願揭櫫兩義以供商榷。

一、設施普遍化

我國體育之未能奏效，設施的不夠普遍，應是重要原因之一。設施的普遍，不但在形式，尤其須在內容。各級學校都設有體育一科，各地也多建有體育場。就形式上說，設施似已相當普遍，但按其實際內容，則學校體育的教材，往往不切實際，且多側重錦標，結果除了造成少數運動員以外，一般學生的體育習慣，並未因之養成，於是產生「離開學校無體育，離開錦標無運動」的局面。而競奪錦標的運動，不免比較劇烈，未易為學生家長所接受。即在現在，也仍有若干家長向學校要求他的子弟免受這種體育訓練，由此並可證明體育之未曾深入民間。各地體育場上，前往利用者，也大都僅限於少數在校學生及由學生出身的青年。一般民衆很少參加。今後體育設施，應注意內容，以健身為目的，以人人都能習行為方法，使其易於普遍，引起一般民衆對於體育興趣，而逐漸養成體育的習慣。

二、用具簡單化

要使體育普及，與體育用品亦很有關係。我國現行的體育用具，多數採自歐美。其中不無設備複雜，須用重價購置者，也有價雖不貴而習行非易者；也有習行雖易而國內尚不能自造者。凡此均為一般國民的經濟能力或時間所不及，無形中即足以阻礙國民體育的發達。今後體育用具，應以簡單，容易使用，容易推廣為標準。此種體育用具的設計與使用方法，自須合乎體育的原理，不悖健身的目的，尤須以能大量自造為原則。現行用具之與上述標準相符者也儘可多多採用，使推廣至各鄉各村，並在各鄉各村建立簡單的體育場，成立各種體育團體，加以提倡與推行。如此，體育才可算是深入民間，而增進民族健康的功效，庶幾可見。

上述兩義，卑之無甚高論，而實為今後推行國民體育應循的方向。其要點為經濟實用，簡單易行，着眼於廣大的民衆，而不僅限於學校的學生。至於怎樣循此方向發展，則仍有賴於我體育界人士大大的努力！

中國都市的發展

陳伯心

中國都市正在發展的通程中。經濟建設的完成，工業化的實現，必將促成全國都市的勃興。現在全國正式設立的「市」，僅有二十幾處，這是僅指人口較多而有近代市政機構及設施的少數區域而言。除此以外，人口較多的市鎮其實為數正多，不過，因為現在設市的條件過高，須有二十萬以上的人口才有設市的可能：所以，如果要增加都市的數量，如何減低這種條件，正是目前多數研究市制問題者所主張。假如以後能將設市所需的人口標準降低，則可以設市的地方，必大見增加；再加上以後經濟的發展而自然發生的新興都市者，則全國都市數量必更加可觀。無論如何，今後中國的都市問題，勢必成為全國政治經濟文化上的重要問題，可無疑義。

今後中國的都市，應如何使其有合理的發展？這個與建國有關的問題，自然值得加以愼重的討論。我個人認用應該從兩方面注意：

第一，大都市的過度集中，有其缺點。考大都市的成立，其主要原因，在於工廠的設置必須接近都市 自工廠生產應為蒸汽動力後，生產範圍擴展，而這種擴展又必須就其原來廠址來做根據。於是，工業生產的擴大，就引起了都市人口的集中。但現今各國對於電力的利用，以及內燃交通機關的發達，已經可使工業生產組織，不必完全集中於都市或其附近，亦不必一定要就原地址擴充；同時，由於交通的便利，以及電報、電話、航空等通訊方法的發達，已經使得大規模的生產事業儘可設置於其他對生產、運銷或國防等有利條件的地方，而不必一定接近人口集中的都市，亦即不必集中於一地經營而仍可施以有效的管理。因之，大都市的集中已經並非為不可避免的現象；工業生產分散於各小都市，仍可獲得適當的發展。

中國地域廣大，人口大部分散於農村，較之各文明國家的人口，多數集中於都市者，誠不可同日而語。今後推進經濟建設，自必須盡量促進都市的發展。但都市發展固屬當前的要務，而如果不加以適當的控制一任人口過度集中少數大都市，則不僅都市過度膨脹的弊害將隨以發生，且將使全國的政治經濟文化發生顯著的差異而不能平衡地發展；且就國防觀點言，全國政治經濟文化如集中於少數大都市，則在這少數大都市不幸而在軍事中毀壞了時，勢將影響整個國家的戰鬥力量。因此，為欲預防舊都市的過度膨脹，應該注意於新都市的創設；即將新興的各種事業，設置於新的適當的地點，如接近交通路線，以及原料動力，或人口較疎的地方。大抵都市的膨脹，由於大規模事業的發達，這種大規模的事業，往往非私人的能力所能舉辦——依民生主義的原則，當以由國家經營為原則，——則這種事業的位置，自可由國家依都市發展的情況妥為配置，亦即由國家來通盤籌劃，以發展新興的都市，適應各種建設事業的需要。

第二，新都市的增設，可以相當防止大都市的膨脹。但中國目前動力的利用與交通運輸的發達，均沒有達到理想的程度，大都市的有利條件一時尚不能完全由較小都市來代替。而新都市的創設，亦非輕而易舉的事情。故一切生產事業，事實上仍不能不以設置於舊都市為原則。因此，如果任令舊都市自然的發展，自仍不免發生膨脹的狀態。所以，我們一方面還要注意到都市計劃的實施，即以擬定適當的都市計劃，來控制都市的發展。關於都市建設的設計，係近代國家推定市政的一種重要步驟，每一都市，均設有主持計劃的專管機關，從事於調查研究以及設計的工作。過去國內各大都市，不乏各自擬定計劃，以為實施建設的準繩者；一直到二十八年六月國民政府公布都市計劃法以後，全國才有了統一的法規。依據都市計劃法的規定，下列各地方，應儘先依據地方實際情況及需要，擬定都市計劃：（一）市，（二）已闢之商埠，（三）省會，（四）聚居人口在十萬以上者，（五）其他經國府認為依本法擬定都市計劃之地方。都市計劃之擬定，並不以成立之市為限，其意在使可能發展為市的地方，均能先期從事於有系統的計劃，使其發展得以遵循合理的途徑。都市計劃除新市建設外，對於舊都市則應另闢新市區，並就原有市區逐步改造至計劃內應行表明的事項，如（一）市區現況，（二）計劃區域，（三）分區使用，（四）共用土地，（五）道路系統及水道交通，（六）公用事業及上下水道，（七）實施秩序，（八）經濟，（九）其他。

這都市計劃僅列舉都市環境改造上若干必須實施的項目，每一都市如能依照這些項目來擬訂計劃，使得一市的建設均能在統盤籌劃下進行，較之無秩序的枝枝節節的建設，在效率上自不可同日而語。但如何能使各項建設，均能得到合理的解決，完滿的效果，則不能不適應實際的需要，與時代的潮流；一方面設法避免都市無限的膨脹。一方面減少戰事所予的威脅，而擬定一種分散主義的空防的都市計劃。這種分散主義的空防的都市計劃，應如何擬訂？我以為須注意下列的原則：

（一）理想的都市計劃，應該依據於地方計劃的原則。這種計劃不僅為都市的擴張，而係對區域全體，包括都市與農村的同時建設，以消滅都市與農村的對立狀態。

（二）採取田園都市、衛星都市或帶形都市的精神，防止都市的無秩序的發展，而對整個都市區域作適當的配置，或圖繞中心，設置衞星式小都市，或將各小都市分配於帶狀的垂直綫上，並於各點間設立廣大的田園或綠地，爲永久的隔離的地帶。至這種小都市的作爲各種用途地域的確定，亦卽適當的分區制度的實施，須作統盤的籌劃，並建立交通幹道，或高速的交通系統，以相聯貫而形成整個都市的建設體系。

（三）就整個都市計劃言，應將都市人口分散於小都市。工業的住居地域，應向四周的郊外分散，而以都市本身的建築言，亦應將集團的建築變爲分散的建築。至主要的建築，尤應以不顯著的目標散布各處　如各種公共建築分散於交通集中各地，而不擁集於一處；側重地下的建築，減少地面的建築；地底車道的開闢，地下室的修築，均可作爲戰時特殊用途。此外，市內並宜多闢空地，而街道尤須儘量放寬。

（四）建築物應予合理的統制。不僅限制建築物的高度和面積，且須兼及建築材料的限制。過高的建築應予禁止。房屋四周多留空場。並應獎勵採用耐火耐炸的堅固材料，以應用鋼骨水泥爲原則。建築色彩，應取光澤灰暗者，並應與附近建築物及樹木的顏色相調和。

在社會方面，必須實行勤儉刻苦的生活，尤須發揚自立自強的志氣。要知道奢侈爲亡國之源，浪費爲建國之敵，當此世界大戰之後，並世各國無不竭其全力，獎勵生產，節約消費，以從事戰後的復興，試看英國厲行節約，限制消費，何等澈底，就是經濟力量雄厚的美國，最近亦呼籲國民，節約食品的消耗，其他新興諸國，更莫不刻苦砥礪，僇力自強，何況我們中國經如此長期的抗戰，又加以共匪的破壞，整個社會殘破瘡痍，國家民族恥辱深重，我們處在這樣艱苦的環境，如果仍舊泄沓因循，不知振作，或浪費無度，或怠惰偷安，那不僅戰後復興渺無希望，整個民族勢將遭受淘汰，無以自存。我在這兩年以來，迭次警惕我同胞「戰後的艱苦，必當倍徙於抗戰之時。」今天更要鄭重勗勉我全國同胞，務必痛澈省悟，知恥自強，革除奢侈浪費，苟且僥倖的惡習，一方面要節衣縮食，刻苦耐勞，同時更要依靠自力，突破難關，這是我國建國的唯一道路，每一個同胞要爲國家盡責任，爲自己求生存，必須有向上的志氣，作刻苦的努力，更希望社會領導人士躬行實踐，盡量提倡，以造成建國的風尚，策進建國的成功。

——蔣主席：三十六年國慶日告全國國民書——

南京市政府公報刊例

一、本公報每半月發行一次

二、凡本府例行公文卽在本公報發佈不另行文

三、本府所屬各機關於收到本公報時應編號歸檔妥爲保存凡註明「不另行文」文件並應注意遵照

南京市政府公報

第三卷　第七期

中華民國三十六年十月十六日

編輯者　南京市政府編譯室

發行者　南京市政府

印刷者　大東新興印書館　南京：建鄴路一三八號　電話：二二二二六號

中華民國三十六年十月三十一日

第三卷　第八期

南京市政府公報

南京市政府編譯室編

目錄

政令

限制三十六年度追加預算

南京市政府訓令　(卅六)府總會字第九六三九號

令所屬各單位

案奉

行政院本年十月四日(卅六)會二字第四〇三〇六號訓令開：

「奉　國民政府三十六年九月三十日處字第一〇五一號訓令開：據本府文官處簽呈稱：『准行政院函，爲本院預算委員會第八次臨時會議決議，本年度國家總預算原亟龐大，執行至今，追加之數復已超過原數兩倍，繼請追加之案仍復紛至沓來，如不嚴加限制，國庫實屬無力負担，茲特擬具三十六年追加預算限制辦法十一條，擬請院會通過後，送請國府核定切實執行，經提出三十六年九月二十三日本院第二十二次會議決議：「修正通過，呈國民政府。」抄同原辦法請轉陳核定，通飭遵行等由，理合簽請鑒核』等情，同時另據主計處呈送本辦法之審查意見到府，經提出三十六年九月二十六日本府委員會第十三次國務會議決議通過，除分函外，合行檢發原辦法令仰遵照，幷轉飭所屬遵照等因，除分行外，合行抄發原辦法，令仰遵照」。

等因；奉此，除分別函令外，合行抄發原辦法一份，令仰遵照。此令！

計抄發三十六年度追加預算限制辦法一份

中華民國三十六年十月十四日

◉三十六年度追加預算限制辦法

一、各機關非有特殊原因，呈經核准成立法案，不得擴充組織，增加原額，亦不得超過預算核定之員額。

二、新增機關其組織未經完成立法程序者，不得先請成立預算。

三、軍費預算，除官兵待遇之調整比照文職公教人員通案辦理及實物預算按其需要核實編列追加外，本年內應就現有預算範圍(包括原預算及歷次追加數)統籌撙節支用，非有特殊急需，先經專案呈准，不得再行追加。

四、各機關經常費本年度應就現有預算(包括原預算及追加數)樽節支用，除因物價關係確有不敷通案追加者外，各機關不得提請追加。

五、各機關本年度內不得再建房屋，其小規模修繕所需之費用，應就原預算內勻支或動支各主管預備金爲原則，不得另外提請追加。

六、臨時費之追加以合於左列各款者爲限：

甲、爲戡亂行憲所必需者。

乙、外交有重要關係之費用。

丙、災害救濟所必需者。

丁、與國庫收入有直接關係之支出。

七、國際會議除聯合國會議外，其須繳納年費或與國家無重大關係者，以不參加爲原則，其預算不得追加。

八、各機關新成立之臨時機構所需人員以調用爲原則，不得增加員額，所需費用應就原主管歲出內勻支或動支各主管預備金。

九、國營事業之已達營業階段或已有收入者，其所獲盈餘應照數追加

歲入，繳解國庫，非經呈准不得移用，其必需擴充之費用，得專案呈請追加或由銀行貸款，

十、各機關事業費或工程費，除與國防有關之緊急工程或搶修工程，得按其最低需要核實增支者外，其餘均不准追加，但各主管歲出得斟酌緩急，呈請移用，將預算酌予調整。

十一、所有依本辦法核准之本年度追加經臨費事業費等以動支第二預備金爲原則，第二預備金如不敷動支，得酌定數目請予追加，但其總額不得超過本年度已核定歲出總額百分之五。

制定慶弔節約實施辦法

南京市政府訓令 (卅六)府總秘字第九六四五號

令所屬各單位

案奉

行政院三十六年十月十一日(卅六)經字第四一三一九號訓令開：「查慶弔節約實施辦法業經制定，除明令公佈並分行外，合行抄發原辦法，令仰遵照並轉飭所屬一體遵照」等因，附抄發慶弔節約實施辦法一份，奉此，除分行外，合行抄發原辦法令仰遵照，並轉飭所屬一體遵照。

此令！

附抄發慶弔節約實施辦法一份(見法規欄)

中華民國三十六年十月十四日

國有土地管理機關及權劃限分原則

南京市政府訓令 (卅六)府總秘字第九三七八號

令財政局
　地政局

案奉

行政院三十六年十月一日(卅六)四內字第三九七〇四號訓令開：

「查公有土地管理辦法，前經於三月七日公布施行，該辦法第五條規定，國有土地由行政院指定機關管理，旋據廣西北各省市政府先後請示國有土地之管理機關，當經交據農林、地政、財政三部擬具原則三項，復交財政、國防、農林、地政、司法行政六部會同審查在案。茲據審查結果，將該原則酌加修正，經提出本年九月二十七日本院第十次臨時會議決議，照「審查修正之原則四項通過」。除呈報備案並分行外，合行抄發原則四項，令仰遵照」。

等因，附發國有土地管理機關及權限劃分原則一份。奉此，除分令財地政兩局外，合行抄發原件，令仰遵照。

此令！

附抄發國有土地管理機關及權限劃分原則一份

中華民國三十六年十月三日

●國有土地管理機關及權限劃分原則

一、國有土地之清理，由主管地政機關會同有關機關辦理，其圖冊由地政機關保管之。

二、國有土地之處分，由保管使用機關會同主管地政機關呈請行政院核定。

三、已經使用之國有土地，由行政院指定原使用機關保管使用，但應造具土地清冊呈報行政院備查。

四、國有土地之一切收益，應由保管使用機關編造收入預算，依法送

經主管機關核定，其收入並應掃數解繳國庫。

抄發衛生試驗所設置辦法

南京市政府訓令 （卅六）府總秘字第九三一一號

令衛生局

案准衛生部本年九月二十七日防（卅六）字第九八七三號申感代電開：

「查調整衛生實驗所一案，經呈奉行政院三十六年九月九日四內字第三五九九五號指令核發省市衛生實驗所設置辦法一份到部，自應遵辦，除公布暨分行外，相應抄送該項辦法一份，電請查照辦理。」

等由，附省市衛生試驗所設置辦法一份，准此，合行抄發原辦法，令仰遵照辦理。

此令！

附抄發省市衛生試驗所設置辦法一份（見法規欄）

中華民國三十六年十月一日

催繳三十六年度地價稅

南京市財政局公告 財佈（卅六）字第五七號

查本市三十六年度地價稅，業於本年九月十日開徵，按照規定，納稅人應於一個月內清繳，逾期照章處罰，近查納稅人依限繳納者固屬不少，而大多數尚藉故拖延，意存觀望，殊屬不合。查地價稅，每年徵收一次，本市本年標準地價，業經重行估定，其稅率仍照去年徵收辦法，暫按基本稅率千分之十五徵收，負担已屬輕微，務希各納稅人收到繳款書後，按照限期納稅，以免加重罰鍰，自誤誤公，事關國課，毋得玩忽，特此公告。

中華民國三十六年十月十六日

新頒及廢止有關國民兵組訓法規

南京市民政局訓令 （卅六）民三字第二七八二號

令各區公所

案奉

南京市政府交下 行政院（卅六）四防字第三八一九九號訓令開：

「據國防部擬呈國民兵組織管理訓練服役規程一種，并請將本院會同前軍事委員會所頒有關國民兵組訓法規，計警察保甲國民兵聯繫辦法等六種，予以廢止等情到院，除將該項服役規程修正公布，并將該六種法規廢止及分行外，合行抄同國民兵組織管理訓練服役規程及廢止法規目錄表，令仰遵照；并轉飭遵照。」

等因奉此，除分行外，合行抄發原附件，令仰遵照。

此令！

附抄國民兵組織管理訓練服役規程一份、廢止法規目錄表一份。（均見法規欄）

中華民國三十六年十月一日

市政要訊

推行節約消費運動

本府為積極推行節約消費運動。特於九月卅日邀集各機關社團及商號負責人舉行「南京市屬行節約消費談話會」，由市長主持。本府各局處、市參議會、憲兵司令部、衛戍司令部、新運會、中西餐館業公會、南貨海味業、菜館麵點業均推派代表參加。市長即席致詞謂：「為應付目前國家物質困難，必須實行節約，行政院訂定七項節約辦法，令飭實施，本市地居首都，自應立即推行，但在同一時間內應分別緩急輕重，擬先推行下列兩項，即「守時與筵席節約」。守時是屬於積極方面的，筵席節約是屬於消極方面的；此一運動，政府並不欲作硬性規定，但願大家自動遵守，我們不推行則已，推行則必求其成功。」繼由馬副市長元放、謝局長徵孚、蕭主委贊育等先後發言，交換意見，結果獲得下列決定：

一、遵照中央規定，應組織節約運動委員會、檢察委員會、督導委員會，為簡化機構計，合併組成「首都節約消費推行委員會」，由市政府、市黨部、參議會、新運會京分會、警察廳、衛戍司令部、市商會、總工會、農會、婦女會、教育會、首都記者聯誼會、民政局、社會局組織之。（該會已於十月十三日成立，下分四組：（一）宣傳組：由市黨部任正組長，記者公會與市商會任副組長。（二）督導組：由參議會任正組長，新運會京分會任副組長。（三）檢察組：由憲兵司令部任正組長，警察廳任副組長。（四）事務組：由社會局負責。）

二、即日起積極推行守時運動。

三、自十月十五日起，積極執行筵席消費節約辦法，惟社會局與中西餐業決定之下列三項：一、禁止出售洋酒。二、停止代客付車馬費。三、禁止歌女嚮導出入餐館，則自十月一日起實行。

舉辦全市戶口總調查

共一、一〇三、五三八人

本市全市戶口總檢查於十月一日開始，至十日完成。此項調查工作係由民政局及首都警察廳各派員四〇九人，會同各區保甲人員辦理，調查時以保為單位，每保編為一組，每組由區公所及警察局雙方人員組成，在各街巷挨戶逐一登記，並親自填寫登記表及戶卡各一份，如發交居民填寫者則於當日收回，查竣後妥貼於該戶之門首，並將查訖證貼於該號門牌之門首。同時，原有保甲順序亦予調整，但以不變更原有保甲番號為原則，如有一甲之戶數超過法定數目者，則酌編為該甲之附甲，其超過數在三十戶以內者編為附一甲，在六十戶以內者編為附二甲，餘類推。此項調查工作完成後，即由各區局分別會同統計呈報，總計截至本年九月底止，全市共有二一三、四八三戶，一、一〇三、五三八口，其中男性六三二、七九六人，女性四七〇、七四二人，另流動人口三一、二八六人，外僑一七八人。

至於適合選舉條件之市民及各職業團體會員之詳細情形，統計如下：

區域方面：

第一區 三九、九七九名　第二區 三九、九九八名

第三區 四七、八三〇名　第四區 四三、三七六名

第五區 九三、七七八名　第六區 六一、〇九九名

第七區　四一、三三〇名　第八區　一二、九一〇名
第九區　二五、五〇一名　第十區　一三、六六一名
第十一區　三一、一六九名　第十二區　三三、二三八名
第十三區　七、四二五名　總　計四九〇、二九四名

職業團體方面：

農　會　五〇、三九〇名　工　會　三一、二七九名
商　會　一五、〇八九名　漁　會　二一四名
自由職業　四、二五三名　總　計一〇一、二二五名

繼續籌辦各項選舉

本市國民大會代表選舉投票，原定於十月二十一日至二十三日三日內舉行，因政黨候選人提名手續辦理不及，已奉中央頒令展延一個月，各項準備工作，除選舉人名冊之編造及公告仍照原規定外，均照原定程序順延一月。立法委員選舉已訂定選舉人名冊編造辦法，分飭各區及各團體造報，並定於十月十七日開始公告五日。監察委員選舉係於參議會舉行，其選舉事務規定由本府辦理，現已就市參議員編造選舉人名冊，送內政部並發佈公告，該項選舉投票，遵照中央公佈應於本年十一月二十二日舉行。

繼續清理軍政機關接收敵偽圈佔土地

地政局為清理各軍政機關接收使用之敵偽佔用地，繼續邀請有關各機關代表會商，當經決議如左：

甲、關於陸軍總司令部接收敵偽佔用土地之處理辦法：

一、官佐眷屬及警衛使用三牌樓土地，暫行租用。

二、晚市劉家衖等地倉庫基地，暫行租用。

三、敵偽建築物由陸軍總司令部與敵偽產業清理處南京分處逕洽處理。

乙、關於資源委員會接收敵佔虹橋土地處理辦法：

一、官溝以東民地以洽購為原則，如無從洽購或洽購不成時，再呈請征收，洽購時先向地政局及敵偽產業清理處南京分處查明會否經敵偽給價征收，已給價者俟業主繳價領回後再行洽購。

二、官溝以西及已築馬路土地，另行訂期請勵志社、資源委員會及工務局等有關機關會商處理辦法。

丙、關於南京電信局接收敵佔牌樓鎮及能仁里土地處理辦法：

一、由中央信託局、蘇浙皖區敵偽產業清理處南京分處調查當時買賣情形（時期金額等項）後，逕洽南京電信局處理。

二、由地政局詢問原業主當時買賣情形，記取筆錄，函送敵偽產業清理處京分處參攷。

丁、關於中大附中接收敵佔土地處理辦法：

一、妙鄉一帶民地已分別向業主洽購或交換，即將籬笆移至經界線上，將妙鄉道路及路西民地讓出，如暫時不能讓出，應即與業主洽租。

戊、關於最高法院接收敵佔土地處理辦法：

一、由最高法院催請司法院迅即核轉征收案。

二、如行政院核准征收，無論預算已否奉准，應由最高法院設法先行籌款墊發地價補償金。

已、關於中大接收廬蓆營一帶敵佔土地處理辦法：

一、現已建有房屋部份，迅向業主洽商購買。

二、為將來發展擬予保留之空地，訂期召集業主開會商討處理辦法。

三、已讓出土地，由中央大學將範圍函告地政局，以便清理。

△本市三十六年度地價稅，業於九月十日開徵，截至九月三十日止，計已塡發繳款書六千餘份，已核算者爲三七四九戶，查徵稅額爲十九億八千二百五十六萬〇六百十四元，正積極設法催征，以裕庫收。

△財政局奉財政部令，關於運輸、糧食兩業營業稅，自三十四年十月起免征兩年，至本年九月底止已屆期滿，十月一日起恢復征收。該局奉令後，即轉飭所屬營業稅徵收處遵照辦理，一面通知該兩業公會轉知各會員行號如期報繳。

△本市三十六年度田賦，原擬十月一日開徵，惟關於折征法幣標準暨帶募積穀辦法尚未奉到粮食部核覆，致册劵賦額無所依據，未能趕繕完成，現已奉到粮食部核定十一萬六千元，正由財政局積極開征。

△本市筵席稅，向由各餐館代徵認繳，其認繳額之計算，亦無固定標準，有一部份餐館，其認繳額比照實際營業額相差懸殊，每以顧客拒付爲藉口，不肯提高認繳額，財政局爲配合筵席消費節約辦法，將應徵筵席稅額一律按菜價百分之十五計算，由社會局核定菜價時一併包括在內，所有各餐館應繳稅款，仍按其實際營業額計算課征。此項辦法已由財政局洽同社會局提交物價評議會規定實施。

△市立第五中學、第一中學、新廊、船板巷、玄武門、大士亭、漢中路、信府河、石鼓路等國民學校校舍新建工程及羅廊巷、綉花巷、香舖營三國民學校校舍修繕工程業經完成，幷予驗收。

△市立第一補習學校經積極籌備招生，已於十月一日在秋文坊正式成立，六日上課。

△首都第一屆公務員運動會於國慶日在市立體育場舉行，本府參加者五十四人，計二十一項，競賽結果，獲男子乙組四百公尺中欄第一（易開榮），女子組六十公尺競賽第一（廖明飛），連其餘成績共得三十一分。

△本市志願兵自第一批撥交後，又續收第二批二百餘人，民政局於九月二十九日（秋節）與優待委員會發動慰勞，致送月餅毛巾鮮肉襪子等慰勞品。此批志願兵不日亦將定期撥交入營。

△民政局爲提高本市自治人員素質起見，特舉辦自治人員訓練班，請沈市長兼班主任，汪局長祖華兼副主任，於十月十四日起假市黨部大禮堂開始訓練，第一期抽調各區保受訓學員九十八人，訓練兩星期再招訓第二期，預計於一個半月舉辦三期，將全市自治人員一律訓練完畢。

△本市民族健康運動委員會，於十月十九日至二十五日舉行民族健康運動宣傳週。發行特刊，請名人作廣播演講，辦理市民健康檢查，廉價發售藥品，放映衛生教育電影，分區作國術表演，並舉辦市民健康比賽大會，由各校及各區推選代表參加，優勝者給予獎品。衛生局王局長祖祥被推爲該會總幹事。

△衛生局所屬各衛生所每日診病人數衆多，爲增進病人營養起見，特訂領用魚肝油辦法，凡在各所就診之病人，經檢查確需服用魚肝油者，均可按次免費領用，並已通飭各衛生所遵照辦理。

△衛生局爲推行衛生教育，特飭各院所利用病人在各院所候診時間，作十分鐘之衛生演講，灌輸各種衛生常識，俾病人得以明瞭保護身體健康之意義與方法，並可在各該家庭代爲廣述，收效較宏，此項教材，均已分發各院所切實遵辦，並飭每日詳細紀錄，以資攷核。

△本市人口逐漸增加，各衛生所接生人數，亦因之增多，爲推進

家庭衛生起見，經衛生局規定每星期舉行母職講習會一次，召集曾經各衛生所接生之婦女來所聽講，俾嬰兒之母親得以認識護嬰之重要，凡已參加該會之婦女，幷規定每半年舉行母職大會一次，藉可聯絡、發揮家庭衛生之效力，現已由該局將講習辦法及講材分別發交各單位積極辦理。

△本市防護團訓練，以往多係分區制，且僅着重軍事訓練，對防毒消防等特種技術之教練，以缺乏教材從未舉辦，首都警察廳特於九月間商請化學兵司派員分區講授；爲檢查訓練效果起見，復於九月廿七日集合城區各區團團員舉行會操，並作防毒救護消防演習。

△社會局與新運總會合辦之第六屆集團結婚典禮，於十月十日下午三時假國民大會堂舉行，參加結婚人數達二百五十三對，首由證婚人市長致詞，繼由社會局謝局長徵孚宣讀結婚男女名單，五時卅分宣告禮成。

△本市公共汽車管理處第一路公共汽車於十月十五日起試辦區間車，分段售票，計夫子廟至新街口一千元：新街口至山西路一千元，山西路至下關一千元，連乘二段一千五百元，直達車仍爲二千元。

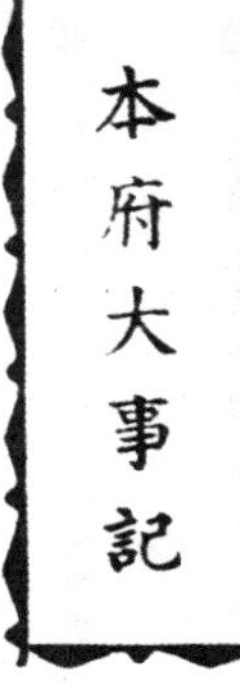

本府大事記

三十六年十月份上半月

十月一日（星期三）

△舉行全市戶口總調查。

十月三日（星期五）

△市長迎見香港總督葛量洪夫婦。

十月八日（星期三）

△舉行第一〇一次市政會議。

十月十日（星期五）

△民政局召開肅清煙毒工作檢討會報。

△舉行首都各界慶祝國慶紀念暨實施憲政宣傳大會，市長主席。

△市長迎見英國議會訪華團。

△社會局與新運會合辦之第六屆新生活集團結婚在國民大會堂舉行。

十月一日（星期六）

△市長接見台北市政考察團。

十月十二日（星期日）

△民政局在本市兵役協會招待各界參觀兵役資料及志願兵生活。

十月十三日（星期一）

△本市節約運動推行委員會成立。

△本市夏令衛生運動委員會召開結束會議。

十月十四日（星期二）

△民政局主辦之自治人員訓練班第一期開學。

法 規

中央法規

慶弔節約實施辦法

三十六年十月十一日行政院(卅六)經字第四一三一九號令頒

一、本實施辦法依據厲行節約消費辦法綱要第二項第九款之規定訂定之。

二、慶弔饋贈紀念物品以適合受者之需要或實用為宜，其價值不得超過饋贈人每月收入百分之二。

前項饋贈如為禮金時與價額同。

三、慶弔招待應以茶點為原則，並禁止濫發請柬。

四、未滿六十歲者不得稱壽，及開市、遷居、新屋落成、死者陰壽暨學孩彌月過歲等，不得酬宴。

五、慶弔文字應以紙書寫，禁用巨幅屏聯及以布帛書寫。

六、使用花籃花圈，如對外賓時，得依其習俗使用，其他慶弔以不用為是。

七、本辦法自公布日施行。

各省市衛生試驗所設置辦法

三十六年九月九日行政院36四內字第三五九九三號指令核准公佈

第一條　省市衛生試驗所之設置，悉依本辦法之規定辦理之。

第二條　省市衛生試驗所應辦事項如左：

一、細菌學及血清學檢驗。

二、寄生蟲學檢驗。

三、病理學檢驗。

四、生理化學檢驗。

五、藥物食品分析鑑定。

六、初級檢驗人員訓練。

七、生物學製品製造（因當地特殊需要經呈准許可後始得製造）。

省市衛生試驗所以辦理檢驗鑑定工作為主，其須為檢驗人員之訓練及生物學製品之製造。

第三條　省市衛生試驗所之設置標準應依左列各規定：

一、應具備固定之所址及設備完善之試驗室。

二、應具備檢驗設備：

1.細菌培養設備。

2.寄生蟲學檢驗設備。

3.血清免疫測驗設備。

4.生理化學檢驗設備。

5.藥品毒物分析鑑定設備。

三、應有細菌免疫學專家一人或二人，藥物化學專家一人或二人。

四、所需經費應列入省市經費預算。

第四條　省市衛生試驗所之設置程序應依左列各規定：

一、呈請設置應說明下列各點：

1.所址面積、房屋種類、房屋間數及衛生設備（應附照片或平面圖）。

2.一般設備及檢驗設備（應附品名數量表册）。

3.如無固定所址及原無設備者，應說明開辦費來源及數額。

4.經常費來源及數額。

5.主要技術人員之學歷及經歷。

6.組織規程。

二、由衛生部派員調查設備實際情形。

三、經衛生部調查認爲合格後轉請　行政院核准始得設置。

第五條　省市衛生試驗所高級技術人員，由中央衛生實驗院藥物食品檢驗局統籌訓練，並由中央衛生實驗院隨時調派專門技術人員赴省市衛生試驗所指導工作

第六條　省市衛生試驗所之檢驗設備，由衛生部協助充實。

第七條　本辦法自公布之日施行。

國民兵組織管理訓練服役規程

行政院三十六年九月二十二日
(卅六)四防字第三八一九九號

第一章　總則

第一條　本規程依據兵役法及其施行法有關各條之規定訂定之。

第二條　除依兵役法係免役禁役者外，凡依法應服甲種國民兵役及乙種國民兵役之男子，其在受訓期中及受訓期滿回鄉者，統稱爲國民兵，其組織管理訓練服役之實施，悉依本規程辦理之。

第三條　關於國民兵組織管理訓練服役等事務，由左列各級機關辦理之：

一、屬於國防部者由兵役局主辦，以部長、參謀總長命令指揮師(團)管區辦理之，軍(管)區設立時，令由軍(管)區轉飭辦理。

二、屬於師管區者，由師管區司令指揮所轄團管區辦理之。

三、屬於團管區者，由團管區司令指揮所轄縣(市)長辦理之。

四、屬於縣(市)政府者，以縣(市)長命令指揮所轄鄉鎮區長及國民兵集訓隊辦理之。

第二章　組織

第四條　國民兵編組依左列規定：

一、地區編組　按鄉鎮區保甲系統，以其各單位內已受訓之甲種乙種國民兵混合編爲鄉鎮(區)保隊甲班。

二、年次編組　甲種國民兵以縣市爲單位，乙種國民兵以鄉鎮(區)爲單位，以出生年爲準，將同一年次之已受訓之甲種乙種國民兵，分編爲二十一歲至四十五歲各年次小組。

第五條　國民兵鄉鎮(區)保隊(以下簡稱各級隊)甲班，以鄉鎮(區)保甲長兼任各級隊長及甲班長。各級隊專任隊附一人，由縣(市)政府遴選該區域或本縣(市)內之在鄉軍官充任，鄉鎮(區)隊附以在鄉中少尉軍官，保隊附以在鄉軍士，分別充任之，各級隊附皆爲有給職，其待遇與副鄉鎮(區)保長同，退役軍官充任時，領有退役年俸者，酌約津貼。

第六條　甲種國民兵年次小組隸屬於縣市政府，乙種國民兵年次小組隸屬於鄉鎮(區)隊，各置組長一人，以遴選各該年次小組內之優秀國民兵充任之，爲無給職。

第七條 各級隊部分別設置於鄉鎮（區）公所保辦公處內，其所需事務人員，由鄉鎮（區）保內職員兼任之。

第八條 各縣（市）就縣市政府所在地設甲種國民兵集訓隊，為年滿二十歲一個年次之甲種國民兵訓練之用，每年訓練三期，其應設隊數，以每年應受訓人數每一百五十人設一分隊，每三分隊成立一中隊，每三中隊成立一大隊為準，以上類推，其幹部由本縣（市）在鄉軍人中遴派之，其待遇與陸軍現役同，其領有退役年俸者，由其薪給內減發之。

合數鄉鎮（區）為一訓練區 設乙種國民兵集訓隊，為年滿二十歲一個年次之乙種國民兵訓練之用，每年訓練四期，其訓練區之劃分，以每年應受訓人數六百人左右為標準，六百人至一千二百人者設兩區，一千二百人至一千八百人者設三區，以上類推 其幹部由本縣（市）在鄉軍人中遴派之，其待遇比照當地保警部隊支給之，其領有退役年俸者，酌給津貼。

第九條 各機關工廠礦場等團體滿二十歲一個年次之國民兵在五十人以上時，得設國民兵集訓分隊或中隊大隊，冠以各該團體名稱，以為實施國民兵軍事管理及訓練之用，直隸於所在地之縣（市）政府，各級隊長由縣（市）政府遴派在鄉軍官充任之，其經費由所在機關担任，訓練期滿後撤銷之。

第十條 國民兵組織系統如附表。

第三章 管理

第十一條 國民兵管理包括國民兵調查異動登記轉役除役死亡等事項，國民兵鄉鎮（區）隊負直接管理及保管初期國民兵

役及齡男子名冊（附表略）、現役及齡男子名簿、甲乙種國民兵名簿（附表略）等之責，縣（市）政府負間接管理并保管初期國民兵役及齡男子名冊、甲乙種國民兵名簿之責，團管區司令部負監督管理并保管甲種國民兵名簿、乙種國民兵名冊（附表略）之責，師管區以上各級機關，負指導監督並調製保管統計表冊之責。

第十二條 國民兵鄉鎮（區）隊每年四至六月應舉行國民兵役及齡男子轉錄登記及現役及齡男子身家調查一次，其規定如左。

一、轉錄登記 由戶籍冊內登記轉錄本年年滿十八歲之男子，編為初期國民兵役及齡男子名冊，必要時得實際調查修正之。

二、身家調查 依據戶籍冊及轉錄之初期國民兵役及齡男子名冊，擇戶抽查或挨戶調查本年年滿二十歲之男子，編造現役及齡男子名簿。

前項轉錄登記及身家調查，無論本籍或寄籍，均於現住地行之。

第十三條 初期國民兵役及齡男子名冊及現役及齡男子名簿，依左列各款規定辦理：

一、名冊名簿應按保甲次序依次編訂之。

二、爾後遞年增造之初期國民兵役及齡男子名冊，應按年次及保甲次序彙訂保管，以備查考。

三、初期國民兵役及齡男子名冊，應造二份，分存於縣（市）政府及鄉鎮（區）隊。

四、初期國民兵役期滿，經身體檢查及抽籤等徵兵處理

決定其應服役種後，應按其應服之役種（常備兵補充兵甲種國民兵甲種國民兵），將現役及齡男子名簿分別編訂 以爲爾後徵集入伍或受訓之用。

第十四條 國民兵離開本鄉鎮（區）在六個月以上時，於辦理戶籍異動登記之同時，應向鄉鎮（區）隊辦理國民兵異動登記。

第十五條 依前條轉移地設籍者，鄉鎮（區）隊應將其本人名簿抄交其本人攜帶繳送設籍地鄉鎮（區）隊，按其原服役種及年次，加以編組。

第十六條 甲種國民兵轉服補充兵役，由師團管區決定，轉令縣（市）政府辦理，其服役依補充兵役之所定。

第十七條 國民兵鄉鎮（區）保隊甲班，應將其單位內國民兵之異動狀態，每半年彙報一次。

第四章 訓練

第十八條 國民兵之訓練，以提倡國民尚武精神，灌輸軍事常識，加強國防力量爲主旨。

第十九條 國民兵訓練，分甲種國民兵訓練及乙種國民兵訓練兩種，均於年滿二十歲之翌年（起役之年）施行之，凡因特殊情事，在起役之年不能受訓，經核准者，得延至下年度補訓之。

第二十條 甲種國民兵訓練，由甲種國民兵集訓隊施行，每年訓練三期，每期訓練時間三個月，以完成步兵基本訓練爲度，其教育計劃另訂之。

乙種國民兵訓練，由乙種國民兵集訓隊施行之，每年訓練四期，每期訓練時間兩個月，以基本軍事動作及應服之勤務演習爲主，其教育計劃另訂之。

前項訓練以不違農時爲原則。

第二十一條 機關工廠礦場等團體年滿二十歲一個年次之甲乙種國民兵，其訓練就各工廠礦場團體之國民兵集訓隊施行之，每年一期，除假期外，每日訓練二小時 其訓練計劃另訂之，如因故不能施行時，仍由所在地之縣（市）甲乙種國民兵集訓隊訓練之。

第二十二條 甲種國民兵及乙種國民兵受訓期滿後，由各該集訓隊造具國民兵名簿。

甲種國民兵名簿每人造具三份，由集訓隊送呈縣（市）政府分別存轉各該兵隸屬之鄉鎮（區）國民兵隊及團管區司令部保管。

乙種國民兵名簿每人造具二份，由集訓隊彙送各該兵隸屬之鄉鎮（區）國民兵隊，以一份存隊，另一份呈縣府保管。

第五章 服役

第二十三條 國民兵平時除接受組織管理外，戰時或非常事變時，依照兵役法第十二條，服任下列勤務。

一、輔助作戰勤務，必要時得參加作戰。

二、維持地方治安。

三、擔任當地之防空勤務。

第二十四條 國民兵服任前條所列勤務，戰時以動員召集行之，非常事變時以臨時召集行之，動員召集之範圍人數年次時間地點，由國防部計劃，以國民政府命令轉飭師團管區縣市政府施行之，臨時召集由縣市政府施行之，但應同時呈報本省最高軍事長官及省政府核備。

第二十五條 國民兵動員及臨時召集順序，以按年次並儘先召集甲種國民兵爲原則。

第二十六條　甲種國民兵平時在鄉受規定之組織管理，戰時或事變時得依命令召集維持地方治安，必要時得直接補充作戰部隊。

第二十七條　乙種國民兵平時在鄉受規定之組織管理，戰時或事變時得依命令召服當地之防空勤務及輔助作戰勤務，必要時召集維持地方治安。

第二十八條　國民兵服任之輔助作戰勤務，其種類如左：

一、運輸。
二、工務。
三、救護。
四、消防。
五、嚮導。
六、通信。
七、交通。

前項勤務，平時於實施教育時應普遍訓練之，戰時或事變時得依實際需要編組使用之。

第二十九條　國民兵維持地方治安，其執行任務如左：

一、間諜之查緝及防止。
二、匪患之搜查警戒及勦捕。
三、水火風雹地震等天災警戒及救護。
四、道路橋樑電桿電線及其他交通通信設備之保護。
五、森林及河流渡口隄岸等之保護。
六、其他有關治安事項。

第三十條　國民兵服任之防空勤務，以防護勤務爲主，其種類如左：

一、警報。
二、通信。
三、交通管制。
四、燈火管制。
五、救護。
六、消防。
七、工務。

第三十一條　國民兵參加作戰，得視當地實際需要情形，編成地方自衛隊或游擊隊，非不得已時，不直接補充作戰部隊。

第六章　附則

第三十二條　國民兵組織管理及乙種國民兵集訓隊所需各項經費，由縣（市）政府列入縣（市）地方預算，甲種國民兵集訓隊經費，列入中央預算。

第三十三條　國民兵之集訓隊營房，得利用公產及地方祠堂廟宇修建，甲種國民兵集訓隊營房修建經費，列入中央預算，乙種國民兵集訓隊營房修建經費，列入縣市預算，其修建辦法另定之。

第三十四條　國民兵受訓之主副食費，由受訓國民兵自行負担。

第三十五條　國民兵在受訓及應召服役期內，如有違反法紀者，依陸海空軍法令懲罰之。

第三十六條　本規程自公布之日施行。

（附表）

國民兵組織系統表

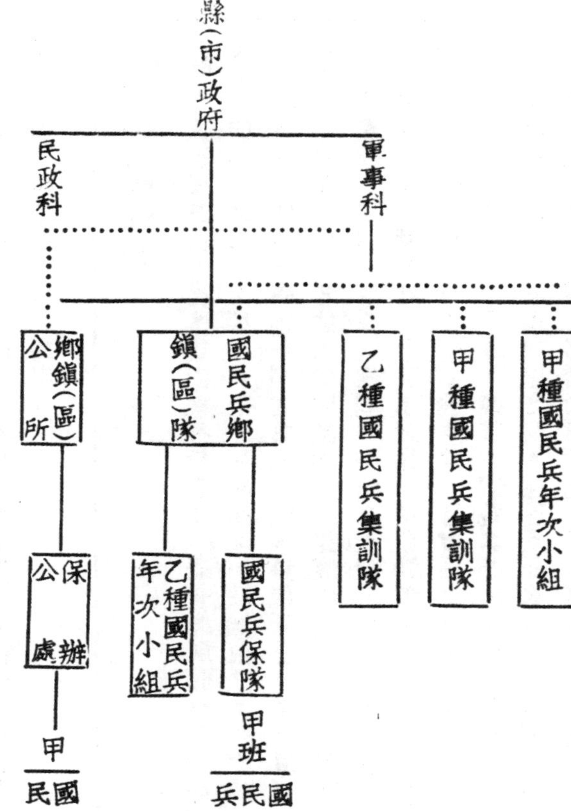

(備註)下列有關國民兵各法規均予廢止：

警察保甲及國民兵聯繫辦法

加強縣長維持治安權責辦法

國民兵役機構與行政機構一致辦法

各省保安團隊與國民兵團自衛隊職權劃分辦法

縣(市)國民兵團與軍事科職權及人事劃分辦法

國民兵團裁撤後國民兵組織訓練管理辦法

國府公報所載中央法規索引 十月上半月

法規	號次
進出口貿易辦法第九條修正條文	第二九四四號
國民大會選舉罷免法第四條修正條文	第二九四五號
立法院立法委員選舉罷免法第四條修正條文	第二九四五號
監察院監察委員選舉罷免法第五條第六條及第十條修正條文	第二九四八號
製鹽許可規則	第二九五四號
受刑人監外作業實施辦法	第二九五三號
檢查食鹽規則	第二九五二號

本府法規

南京市整理契稅實施辦法第六條修正條文

三十六年十月三日第一〇一次市政會議通過

第六條　凡不動產向無契據或原有契據遺失及毀損者，應於整理契稅期內提出有關證件，取具產權四鄰及該管保長之證明，向土地稅征收處聲請補契，並於該不動產所在地之保辦公處公告壹個月，如無異議，照章收取工本費，補發官契。

會議紀錄

南京市政府第一〇一次市政會議紀錄

時間 三十六年十月三日上午九時
地點 本府會議室
主席 薛秘書長 紀錄 史崇訓

討論事項

1. 市長交議 據參事室簽以財政局擬修正本市整理契稅辦法第六條條文，擬予照辦，提請討論案。

決議：照案通過，報財政部備查。（修正條文見法規欄。）

2. 市長交議 據參事室簽呈修正南京市辦理戶籍行政警保聯繫辦法，提請討論案。

決議：照修正案通過。

3. 市長交議 據地政局簽呈，為奉頒京市市有旗地處理辦法及京市促進市有公地處理辦法行政院核定案，似有遺漏及舛訛，請呈院核正，並遵照該兩法規擬具實施細則等草案及各項書式請鑒核審定等情，提請討論案。

決議：(一)照案呈院核正。

(二)標領市有公(旗)地投標規則，交參事室重行審查簽核施行，提會報告。

4. 會計處提 擬請追加統計處統計報表印刷費玖百萬元案。

決議：通過。

棲霞紅葉

今人游棲霞山，由棲霞街東行數百步，過舊時所謂「彩虹明鏡」（即寺右之塘），經半月形之白石蓮池，始抵山門。門右碑亭，即唐高宗明徵君碑也。門內為天王殿，拾級而上，為毘盧寶殿；再上為藏經樓，各依山勢層累而上。毘盧殿之左，走曲廊而上，出別院，即舍利塔及大佛閣、一稱三聖殿，再上即千佛巖。中道為徐鍇徐鉉題名處。上為玉冠峯，本名紗帽，四旁睨之其狀酷肖，乾隆賜改今名。石壁徧鑿佛像，據實地調查所得，為龕二百九十四，造像五百十五尊。棲霞紅葉馳名海內，由千佛巖而上，至棲霞行宮故址，斷垣頹壁之間，往往見如火如荼之楓葉，經霜以後，色愈鮮妍。從行宮循山徑而上，過白雲菴故址，為白乳泉，有石壁大書「試茶亭白乳泉」六字。逶迤而上，可一小時，始達絕頂，所謂鳳翔峯是也。登高而望，千巒起伏，盡出足下，遙見遠山橫黛，秀出雲表者，鍾山也。峯下臨長江，風帆隱現，港灣紛歧，兩岸良田千頃，如錦繡鋪。回首中峯龍虎諸山，則鬱鬱蒼蒼，參差起伏，滿山紅葉絢爛，點綴松柏叢翠之間。山頂方圓可半畝，有三茅宮一座，山後有徑，通龍潭江岸。峯下迤西，矗石凌空，兩巖削立，其直如截，即天開巖也。巖中徑仄且陡，又無石蹬，欲登之者，必攀緣而上，偶一不慎，失足成千古恨矣。巖上有樹生石罅中，其盤根深入巖底，樹梢凌霄欲墜。巖傍更有石屏，禹碑在其陰，碑舊在南嶽，明侍郎楊時喬摹刻於山，幷記緣起。前為疊浪巖，伏石萬疊，明如波濤，舊有德雲庵、般若臺諸勝，今不可考矣。更前行，經桃花澗、一線天，又達寺後。一路澗流縈迴，谿徑窈窕，亂石磋砑，風光勝絕。寺為南都惟一古剎，所謂千佛名藍，六朝勝蹟，與雲崗石窟，南北相映。

人事動態

三十六年九月十七日至三十日

姓名	服務單位及職別	動態	到職日期
張祖珏	市府第一科辦事員	新任	九月十七日
程得英	財政局第二科荐任科員	新任	九月十七日
魏叔持	財政局第二科主任科員	新任	九月十九日
龔笑梅	社會局第二科科員	新任	九月十五日
林定谷	地政局第三科科長	新任	九月二十日
梁淑珍	衛生局科員	新任	九月一日
方敦廉	衛生局護士	新任	九月一日
沈玉珍	第一衛生所護士	新任	九月一日
陳沅	第一衛生所護士	新任	九月一日
陳琼智	市立醫院護士	新任	九月一日
李成勛	市立醫院藥局主任	新任	九月一日
陳玉馨	產科醫院藥劑師	新任	九月二日
劉長華	下關工務管理處試用工務員	新任	九月二十日
劉德琴	會計處第二科辦事員	新任	九月廿四日
繆祖銓	財政局稅捐稽征處臨時征收員	新任	九月廿三日
樊琴珠	衛生局科員	調任第十一衛生所護士	九月一日
張月華	第十一衛生所助理員	調任衛生局雇員	九月一日
張心潔	產科醫院護士	調任衛生局辦事員	九月一日
何冠英	財政局土地稅征收處調查員	調任財政局第四科督征員	九月一日
江春生	財政局土地稅征收處辦事員	調任財政局第四科辦事員	九月一日
李顯河	財政局土地稅征收處技士	調任財政局第四科技士	九月一日
趙志祥	財政局土地稅征收處督征員	調任財政局第四科督征員	九月一日
龔慕蘭	教育局督學	調任教育局編審	九月三十日
崔大鵬	秘書處科員	辭職	九月三十日
高錦堂	秘書處第一科科員	辭職	九月三十日
許勤	秘書處第一科雇員	辭職	九月三十日
馬炳煥	人事處科員	辭職	九月三十日
伍正愷	會計處第三科辦事員	辭職	九月二十日
施建人	園林管理處總務組雇員	辭職	九月廿五日
欒枝一	會計處第一科科員	辭職	九月十七日
汪錦若	土地稅征收處雇員	辭職	八月卅一日
趙士鳳	地政局第二科登記員	辭職	九月廿三日
楊若英	地政局技術室繪圖員	辭職	九月廿三日
鄭至人	地政局秘書室辦事員	辭職	九月廿三日
張維新	衛生局醫師	辭職	八月卅一日
曹昭珍	衛生局科員	辭職	八月卅一日
閻君華	衛生局護士	辭職	八月卅一日
鍾德煒	市立醫院藥局主任	辭職	八月卅一日
劉永生	市立醫院護士	辭職	八月卅一日
陳琪	第一衛生所護士	辭職	八月卅一日
周亞彬	第一衛生所護士	辭職	八月卅一日
吳炎	衛生局技正	辭職	九月十四日
楊孟仁	工務局第三科技士	辭職	九月十六日
張正鳳	稅捐稽征處征收員	免職	九月十五日

南京市政府公報 第三卷 第八期

促進首都建設之基本條件

——錄自中國工程師學會聯合年會專題討論結論——

南京自民國十六年奠都設市後，十八年即由中央成立首都建設委員會，對首都都市計劃與建設程序均有廣泛之商討與初步之設計，且已局部付之實施，惟未作最後整個之決定。時至今日，南京之爲中華民國首都已屆二十年，雖諸項建設較之未奠都前已有顯著之進步，但如衡各國首都之規模，則仍不逮遠甚。過去首都建設未能如理想之迅速順利展開，其原因大別之有三：

一、一般性的：如奠都以來，國內軍事之頻仍及二十六年抗戰軍事之爆發，使首都建設工作不能積極展開，最近國內政治經濟之種種動盪局面，亦或多或少影響於首都建設之進展。

二、技術性的：如都市計劃之迄未完成，建設程序之迄未釐定，使整個建設之進行無所依據，不免趨於治標而未克作通盤治本之計。

三、政治性的：如建設經費之迄無着落，機構權責之未能專一以及一般行政上手續之煩複相互錯綜，牽制使首都建設進行於各方夾縫之中，難期有比較鉅大之成就。

進而言之，一般性的原因在在與政治有關，即技術上的原因亦受

有牽制影響，故檢討首都建設未能順利展開之原因，毋寧政治多於技術，基此原因，促進首都建設，至少應具如下之基本條件：

一、社會必須相當安定，此爲從事一般建設之先決要著，不獨建設首都爲然。

二、都市計劃必須切實完備詳密，首都爲政治重心，其計劃應從政治着眼，一面注意當前需要，一面顧到未來發展，同時對於區域計劃兼籌並顧，互相配合。此事已有南京市政府設立都市計劃委員會積極進行，希望能在短時期內完成。

三、首都爲全國之首都，非南京一市之力所能建設，故建設首都所需經費，允應確定全部由國庫開支。

四、土地問題爲都市建設之基本，原則上應確立民生主義之土地政策，實施土地市有，以配合都市計劃之執行。在是項土地政策尚未確立前，至少應使市政府或其職司土地運用之機構，掌握市內土地百分之十至三十，俾土地之使用，得悉依都市計劃之所規定，不受任何方面之牽掣阻礙。

除上述基本條件外，建設首都在實施方面，應依開闢政治區爲初步工作，且須確定南京對全國以至全世界之水陸空交通據點的配備，以奠定首都之基礎。其次應改進都市防空衛生工程交通設備及其他公用事業之建設，以適應事實之需要。此外首都教育文化應同謀推進，使成爲東南文化中心以至全國文化中心，其發展之主要綱目，並應包括於都市計劃之內，經濟建設亦然。

工業與都市計劃

Richard Paulick 著
顧培恂 譯

一百二十年以前，西方各國，應用現代的科學，如蒸氣、電氣、物理學、化學、生物學之原理，發現一種新的生活方法，這種方法是

對科學發現的一種技術上的利用，但對我們生活方法與標準，確已提高不少，那時科學支配着西方古老的國家和世界上的各國，直到現在，東西兩方各國的生活趨向，才大有區別。

到二十世紀，這就變成一個完全不同的狀態，在和平時候，西方各國是一個過飽和的工業貨品世界，工業品的生產，超過人民的購買力，同時，在東方各國，却有半數人口是在饑寒的生活中度日；但西方各國，則幾悶死在工業品的過份生產上，因此也遭遇到數度經濟的危機，而有許多人民照樣度着那饑寒的生活。

最後西方有幾個國家，爲謀解決這種過份生產，而仍爲貧苦的矛盾現象，他們的方針，就在使本國生產與需要和國外市場成一比例。不幸得很，各國有其各種不同的計劃，有些國家爲和平而推進工業，有些爲戰爭而計劃工業，但是無論如何，各有缺點，從二十世紀的經驗看來，一個國家，若遲遲的加入國外市場的工業生產品競爭，而沒有計劃，那就可說沒有一個國家，是能在現代經濟結構的世界上，求得成功的。

中國就是這一個問題，人口密度高於西方任何國家，如美國、蘇俄，但沒有牠的生產力量。即使世界各國已在生產過剩的情形下，中國却不能直接應用那西方曾經一度使國家富強的自由工業投資方法同樣來謀富強，則中國欲謀進取與進步，必須多在計劃上工作。且較其他國家更需努力。

中國如要收回過去兩世紀中的損失，則全國的經濟、工業運輸、商業與其他活動的整個計劃，實在迫切需要。這不僅是要有遠大的計劃，而且先要注意區域與都市計劃（Regional and town-planning），因爲都市是計劃工業發展的新中心，所以若中國要達到工業化，必須逐漸做到市鎮統一的這條路上去，由近來西方各國的經濟證明着，要奠定區域計劃的基礎，唯一的可能性，就在達到市鎮化。

以上就是指示着都市計劃在中國何等的重要，首先應轉各區分區計劃（包括工業生產等），謀市鎮工業生產發展與便利。若中國要免踏西洋各國城市進展的錯誤覆轍，而謀本國的利益，則都市計劃在中國尤爲重要，這意思的焦點，却就在交通和運輸的計劃上。

工業生產的意思，就是用機械方法集中的生產，工業貨品，若有良好的運輸制度，且有廣闊的銷路範圍，這種集中的生產是可能的，那老式封建制度的城市，所生產的貨物，僅不過立刻供給鄰居而已，牠的運銷範圍很小，在這種狀況下，交通問題，自然就不會發展。而且也用不着去發展牠。這種用手工製造是一種不集中和原始的生產法，應用着原始的簡陋運輸，在中國還是到處可見，中國倘若沒有一個改進的現代運輸制度，就是去建造現代化的工廠，也是失敗的。

一個城市的存在，實具有經濟、社會與技術等種種因子，對於一般的計劃，實在是一個基本，而對於都市計劃，尤爲密切。沒有上面幾種因子的進步和發展，沒有一個城市能謀進步，不明瞭這種種因子，都市計劃僅僅是變成一種裝飾的藝術，正和五十年前，在(Camillo Sitte)時代一樣。

都市計劃並不是一種公式或刻板的軍略，每一城市和每一區域，有牠不同的問題和需要的情形，這些都要靠都市計劃師具有多方的科學訓練來運用了。

樸素的村姑

過去南京的懷戀

盧冀野

你要知道二十年以前南京的情形麼?聽我告訴你：那時的南京，好比是一個粗頭亂服的村姑，自有她一種樸素的美；可以概括的說：南京雖是一座都城，然而極富有野趣。到了這春秋佳日，遊覽之所並不比現在少。遠的如棲霞牛首且不說，只說城區與附郭的湖山。在內橋以北，本上元縣屬；內橋以南，就是江甯縣屬。入民國以後上元已取消，全城的中心移在鼓樓。由鼓樓到下關，下八是八里，由鼓樓到聚寶門（就是現在的中華門）上七是七里，這七八一十五里是由南到北的道路。在北路的風物，鼓樓現在已改了樣子，北極閣老早拆掉了，一帶白粉牆，一座方形的塔，留在記憶中的還是那麼好看。十廟雖然已漸漸摧頹，但還可以蹤迹。後湖，一個蒼蒼莽莽的後湖，現在已修飾得很整齊。當日在豐潤門外的，那一個後湖彷彿已不復見了。小火車從中正街經過南洋勸業場（現在三牌樓小門口一帶）有多少竹林；在挹江門沒有開闢以前，那古老的儀鳳門是入城必經的門戶。西邊如漢西門內龍蟠里，有盋山、清涼山，上面還有南唐後主避暑宮翠微亭遺址。就是那靠近諸葛武侯駐馬坡的烏龍潭，一如圓鏡，水中央一個肥月亭，的確令遊人有「何必西湖」之感。那幽靜的掃葉樓，龔半千遯隱之地，閒來品茗，比起杭州的虎跑來未嘗少讓。水西門外的莫愁湖、華嚴庵、勝棋樓、曾公閣；環湖的楊柳，水上浮幾個白鵝，在夕陽當中，樹下還繫着游艇，那種風光與後湖各擅其勝。東邊便要說到鍾山，半山寺謝公墩那時遊人還不少；尤其在往皇城道中看一看古物保存所。在大中橋下半邊街的那座第一公園，雖無邱壑。也還可以供人遊覽。至於南城，城內的婁湖頭赤石磯，上面有周處祠。東花園還有一個白鷺洲。城外當然首數雨花臺，經過長干橋，憑弔三聖祠，由楳崗謁方正學祠、永甯寺、第二泉、高座寺、梅頤祠，完全不是後來的光景。門西鳴羊街的愚園曾擅一時之名，現已成廢圃了。

那時南京的街道，有的是石板路，有的是石子路，雖然只有一個小小的「馬路工程處」，但是路政並不見得比目前差。最令我失望的有多少好的街名，被後來的無知俗吏隨便更改了。就以現在中華路來說：內橋是南唐大內所在；三山街在明初多麼著名；大功坊爲紀念明代開國功臣而設，極富有民族意義，現在不幸統被改掉了！用南京所有的舊名稱來做路名，眞是無意義的事！那時橋上的房子沒有拆，每一座橋都有一種著名食品：例如內橋金鈺興的鷄絲麪，南門裏橋的蔣順興炸紫蓋肉，外橋馬祥興的美人肝，新橋三泉樓燒餅店之類，「逢橋必有吃」，現在因爲拆屋，而這些食品都已減色了。

南京市在經濟所遭遇最大的打擊，便是緞業的失敗；因爲東四省的失陷，緞子的銷場喪失，於是南京的機戶靠緞業吃飯的，一時都成了飢民了。在二十年前，南京的士大夫們，頭戴緞製小帽，身穿緞製馬褂，蓽本長袍，足穿緞鞋。「一個南京人，全身都是緞。」現在早已找不到一點緞屑了。最後，我還要提一提夫子廟。朋友，想來這夫子廟的大名，你是知道的。你現在假若要去專訪夫子廟，那你一定失望！夫子廟就是一個縮型的南京，這裏就是顯明的滄桑！貢院一點遺留的痕跡已沒有，泮宮也成了斷壁頹垣。八九年淪陷期間的惡相，至今在那裏保存着。我看了傷心，憎惡，也痛恨！

朋友，這村姑樸素的美已喪失了，又還沒有作成時代的妝束。東邊一個疤，西邊一塊脂粉，不知道你看得順眼不順眼。唉！二十年就這樣的過去了呀！

南京市政府公報刊例

一、本公報每半月發行一次

二、凡本府例行公文即在本公報發佈不另行文

三、本府所屬各機關於收到本公報時應編號歸檔妥爲保存凡註明「不另行文」文件並應注意遵照

南京市政府公報

第三卷　第八期

中華民國三十六年十月三十一日

編輯者　南京市政府編譯室

發行者　南京市政府

印刷者　大東新興印書館

南京：建鄴路一三八號

電話：二二二二六號

南京市政府公報

中華民國三十六年十一月十五日

第三卷　第九期

南京市政府編譯室編

目錄

特載

市長在市參議會第一屆第四次大會開幕致詞

三十六年十一月三日

南京市參議會第四次大會今天開幕。回溯貴會自去年十二月一日成立以來，不過將近一年的歷史，但在這短短的將近一年的時間中，貴會舉行過三次大會，一次比一次進步，在成就上實在已經有長足的進展，這在我國民主政治尙在創始的階段裏，是一個可貴的收獲。貴會此次會期，長至十一日，除聽取報告、質詢、及討論議案外，對於將近一年來的努力，也將作一番檢討，虛懷若谷，於進步之中再求進步，欽佩無已。

本人來京服務，至本月十八日整整一年。一年以前，與諸位先生多數素不相識，一年以來，由於共同爲市政建設與市民福利而努力，倍增相互間的認識，此點在本人認爲極可珍貴。因爲由認識可以產生信任。今後市長必將民選，這將是我國市政史上最重要的發展。而民選市長之所異於其他者，其主要的一點卽在於通過市民代表而獲得全體市民的信任。惟有民意機構對行政機構寄與信任，才可使行政機構放手做事；歐美民主國家的政府胥皆重視議會的信任，否則事事須主人或主人的管家操心，事亦未必弄得好。貴會在大會開幕期間，各委員會不斷開會，事無鉅細，給予市政府種種指敎，這種熱忱的關切與督責，本人一面欽敬與感謝，一面也實在感覺不安。

現在社會趨勢過於消極，其表現於政事上者，防範多於鼓勵，祇有破壞性，缺乏建設性，當事者的向上求進的精神，往往遭受不必要的阻礙。此種「精神破壞」的現象，似正方興未艾，充其極，幾乎將視全國難得有一件好事，政府難得有一個好人。而由於當事者上進精神之被破壞，馴致意志消沉，得過且過，無形中影響於物質與精神的建設甚大。若如此下去；詎是國家之福。市政府一年來的工作，難免有錯誤，有缺點，但希望諸位先生憑一年來對本人及我的同僚們的認識，予以嚴格而富於建設性的考查，看我們是否存心做好，如存心做好而或未能做的恰到好處，其原因在環境條件，抑在個人能力，如何共謀克服，多方協助，使首都市政日進於有功，這將給予我們莫大的鼓勵。在今日國事如此蜩螗，生活如此艱苦，每一個工作人員對於各方的鼓勵實在大爲需要。否則，報國有心而動輒得咎，必將使有志之士咸爲束手。

市政府過去多蒙貴會支持，今後更請多予信任。當然，本人及我的同僚們亦應更加努力，以期獲得諸位先生更多的信任。貴會這次大會，在諸位先生進步復進步的努力下，必然有超越過去的成就，而給予市政建設以更多的指導與協助。

首都建設及其現狀

——沈市長三十六年十月二十七日在中央黨部紀念週報告——

國民政府於民國十六年奠都南京後，即以南京爲特別市，至十八年且成立首都建設委員會，對首都都市計劃與建設程序曾廣泛商討，初步設計，且已局部實施，迄今已屆二十年，除去八年抗戰，經敵僞的破壞，計時亦已有十二年。賴中央暨前任各位市長之擘劃，首都市政較未奠都以前，已有顯著之進步。如二十年前，成賢街原爲南京最寬之街道，而二十年後之今日，猶不如中山，太平等路，即是一例。但如衡以各國首都之規模，仍不逮遠甚。本來抗戰勝利，建國正可開始，但戡亂方殷，大規模建設尚非其時。惟一國之首都，往往象徵一國之團結與進步，一國之文化與建設。首都爲國際觀瞻所繫，全國向心所關，因之，一般都市或可因陋就簡，首都則不然，一般都市或可慢些建設，首都則不宜，一般都市或可自力發展，首都則不能。

南京城始築於明季洪武二年，東起鍾山，西連石頭山，南至長干山，北帶玄武湖，周圍六十一里，爲世界最長之城郭。試思以五世紀前之人力物力，建築如此大城，何等艱巨！但當時政府與人民，都感覺建設首都的重要，具有建設首都的決心，此一巨大工程，終於完成。

一世紀半以前，美國華盛頓總統將波多默克河沚沼地區指定爲全國首都，美國國會在一七九〇年七月十六日通過建立美國聯邦政府地址法案，根據法案的規定，這塊沚沼地區應於十年之內改造成美國的首都，並預定在一八〇〇年將國都由費城遷至新城。但當時這新城的名字，還從未出現在報紙上。至一七九二年十月十三日，華盛頓總統親自舉行白宮破土禮，聯邦政府終於按照計劃於一八〇〇年進入其永久首府，當時華盛頓市僅有三千人口，房屋二百七十幢，和當時費城的舒適，實無法相比，但他們毫不遲疑，按照計劃進行，這是何等精神。

我國首都，過去未能如理想之順利迅速建設，考其原因，實由于：一、政治性的：如奠都以來，軍事頻仍，其間又經八年抗戰，即如最近的動盪局面，或多或少，都有影響。二、技術性的：如都市計劃迄未完成，建設程序迄未釐定，整個建設進行無從依據，不免趨于治標。

欲促進首都建設，端賴：（一）都市計劃之確立，（二）建設經費來源之確定。

首都都市計劃須一面注重當前需要，一面顧到未來發展，確定南京對全國以至全世界之水陸空交通據點的配備，並應以開闢政治區爲初步工作，以奠定首都建設的基礎。其次應改進衛生工程，交通設備及其他公用事業，以適應事實之需要，並須與土地政策相配合，以培養其權威性。

南京市政府本年度之工作，着重於改進交通，增加學校，及督促改善發電暨自來水供應諸端。市內幹路經修理加舖柏油路面者，已達十五公里，小街小巷之總長度與幹路相等，約三百公里，修理完成者在百分之八十以上。公共汽車數量亦有增加。市立小學新設二十七校，增收學童計二萬五千人。首都電廠發電量方面，戰前爲二萬瓩，現在增至二萬五千瓩。電燈用戶戰前有四萬四千戶，據登記現在祇有二萬五千戶；惟用電量戰前每月僅三百三十萬度，目前却增至五百五十萬度，供求未能相稱，故今年年底前，正設法再增加發電量四千瓩以應需要。自來水方面，因機器陳舊，設備不敷，負荷已達飽和點。本年最高之出水量每日爲六萬七千公噸，因無備機及輸水總管太小，較高地區如下關鼓樓等地，在用水量達最高峯時　常常感到水壓不足。以全市一百萬人口計，每日需出水量十二萬公噸，現正竭力改善舊廠擬增出水量至每日八萬公噸，按照目前估價，約需費一千二百億元，若另建新廠，每日出水十萬公噸，則需建築設備費約七千億元。

最後，市政府希望於三十七年度開始做三件事：

（一）建設下水道，（二）擴充自來水，（三）開闢政治區。此三項工作之計劃，均已擬定。待籌有經費，當按步進行。

首都爲全國之首都，非一地之力所能建設，所幸中央已核准自三十七年起將首都建設經費列入國庫開支。若照此決心，積極進行，則舉國甚至全世界對於我國整個建設的前途，均將增加其無窮的信心。

本黨負有實行主義，建設國家，拯救同胞之責任，今當共匪猖獗，國家民族遭此浩刼，一般黨員同志惟有集中精力，努力奮鬥，不惜犧牲，不辭勞苦，乃能戡平大亂，拯救人民。除剿匪戡亂工作之外，一切個人榮譽地位，此時皆不應計較，免致分散目標，削減力量。故余對於選舉問題，以爲本黨同志除由本黨決定，列入參加競選者外，其他皆當專心戮力戡亂動員之工作，以期對剿匪軍事有所貢獻。尤其是黨政軍各部門負責任之同志，更應以先天下之憂而憂，後天下之樂而樂的精神，專心致力於本身職務。不僅不以當選爲榮，且須知此時參加競選，而放棄革命黨員之職責，乃爲革命黨員之恥辱。俾可多留若干名額，使友黨人士與社會賢達多得參加政治之機會。吾人須知行憲與戡亂，同等重要，而戡亂實爲行憲之始基，吾人應盡革命責任，不爭個人權利。如此，始能表現本黨同志爲國爲民至公至誠之精神，亦始能完成本黨實行主義建設國家之使命。

——蔣總裁三十六年十一月十日在中央紀念週訓詞。

政令

監察委員選舉程序釋疑兩點

南京市政府公函 （卅六）府總民字第一〇二〇六號

案准內政部本年十月廿三日民字第一一一七五號代電開：

「准河南省政府電詢關於監察委員選舉程序疑義三點，茲節錄釋復兩要點，如（一）各省市參議會選舉監察院監察委員進行程序表中所稱「選舉人名册」，其主要用途，在供選舉人簽名以便核發選舉票，並備查考之用，其登載事項，以姓名為最重要，並應造具二份，以一份公告，一份送選舉監督存查。（二）同表所稱「選舉公告事項」，係指選舉會開會時間及監察委員選舉罷免法施行條例第十四條所定各項辦理選舉職員應盡之職責及其他選舉時應守之規則與應行注意之事項。除分行外，相應電請查照。」

等由，准此，相應函請

查照為荷！

此致

南京市參議會

中華民國三十六年十月二十九日

現任官吏競選監委無須先行辭職

南京市政府公函 （卅六）府總民字第一〇二〇四號

案准內政部本年十月二十二日民字一一〇五七號代電開：

「查前准福建省政府電請解釋現任官吏競選監察委員應否先行辭職疑義一案，經電請司法院解釋去後，茲奉司法院三十六年九月二十三日院解字第三五九四號代電節開：「現任官吏為監察委員候選人，在監察院監察委員選舉罷免法既無應先辭職之規定，自無須先行辭職」等因，除電復福建省政府並分行外，特電請查照。」

等由，准此，相應函請

查照為荷！此致

南京市參議會

中華民國三十六年十月二十九日

嚴禁竊用與强用電流

南京市政府訓令 （卅六）府總工字第九七六六號

令所屬各單位

案奉

行政院三十六年十月八日（卅六）六經字第四〇七九四號訓令內開：

「據經濟部呈，以據首都電廠電呈，京市竊電與強用電流之風日盛，走電肇事，迭有發生，處理困難，請予有效取締等情，轉請通令本市有關機關嚴飭所屬切實遵守使用電氣規章等情，查竊用或強用電流不惟影響電流供應，抑且危害公衆安全，自應嚴行取締，茲據前情，合行令仰該市府轉令所屬嚴切禁止，以利公用而策安全為要」。

等因奉此，查竊用與強用電流不特妨害公用，抑且有礙大衆安全，本府為該項公用事業地方監督機關，所屬各單位尤須切實遵守使用電氣規章，以資表率。除分令外，合行令仰遵照。

此令！

中華民國三十六年十月十七日

抄發銀樓業許可規則

南京市政府訓令 （卅六）府總秘字第九七七四號

令社會局

案准財政部/經濟部三十六年十月十四日財錢乙字第一九三一六號/京商（卅六）字第六四四七八號公函開：

「查銀樓係屬特種營業，於社會經濟及金融市場關係密切，自經濟緊急措施方案頒行，取締黃金買賣，業經本財政部制定銀樓業收兌及製造金飾管理辦法公布實施，為配合管制起見，關於該業業務之經營，允宜採用許可方式，而於開業歇業以及在市場方面所應遵守之事項，均須酌予規定，藉示範疇，爰經參酌現實情況，制定銀樓業許可規則，呈奉行政院卅六年四月卅三日從伍字第一五二一一號指令核定，並飭公布施行等因，除公布暨分行外，相應檢同規則函請查照飭遵」

等由，附銀樓業許可規則一份，准此，合行抄發原規則，令仰遵照，此令！

附抄發銀樓業許可規則一份（見法規欄）

中華民國三十六年十月十七日

廢止財政部管理銀行辦法

南京市政府訓令 （卅六）府總秘字第一〇一四六號

令 社會局 財政局 市民銀行

案准財政部卅六年十月廿四日財錢庚三字第三七二三二號代電開：

「查前以銀行法尚未訂定施行日期，為適應管理銀行需要起見，曾經本部擬訂財政部管理銀行辦法，呈奉行政院核准，由本部於卅五年四月十七日公布施行在案，該項辦法原係銀行法未施行前之過渡辦法，茲於本年九月一日業經國民政府明令將前公佈之銀行法廢止，同日並以明令另行公佈銀行法即日施行，前訂之財政部管理銀行辦法自應予以廢止，除由部公佈廢止，並呈請行政院備案暨分行外，相應電請查照轉行所屬知照」

等由准此，除分令外，合行令仰知照。

此令！

中華民國三十六年十月二十八日

收復區私有土地上敵偽建築物處理辦法釋疑

行政院訓令 （卅六）四內字第四一二二一號

令南京市政府

查前據粵桂閩區敵僞產業處理局代電，請示收復區私有土地上敵僞建築物處理辦法疑義一案，經咨請司法院解釋見復在案，茲准咨復過院，除分行外，合行抄發原件，令仰知照。此令！

計發抄粵桂閩區敵僞產業處理局原代電及司法院咨文各一件

中華民國三十六年十月十一日

◉粵桂閩區敵僞產業處理局原代電

（銜略）查院頒修正收復區私有土地上敵僞建築物處理辦法第四條規定之意旨，對於人民原有建築物因戰事被毀，經敵僞在原基地上重行興建者，准由基地所有權人優先繳價承購；但參照民法第八四一條有「地上權不因工作物或竹木之滅失而消滅」之規定，如該基地設有地上權而存續期間尚未屆滿者，應准由地上權人優先價購；又原有建築物未被毀滅經敵僞加以修建者，似應依同法第五條之規定，先准由地上權人就增修部份交價領回，倘地上權人不承領時，仍准由基地所有權人價購，否則依法拍賣，顯無疑義。又查人民房屋在戰前如基地所有權人及地上權人并非同一業主，基地屬於甲業主，地上權屬於乙業主者，（即租地自建上蓋），或該舖屋之舖客在戰前因有舖底權利關係，經由財政廳或法院請領有舖底執照及登記確定證，依法取得地上權者，而該基地範圍內經敵僞組織或敵僞漢奸在原基地上重行興建房屋或其他建築物，在估價後究應由基地所有權人優先繳價承購，抑由地上權人或舖底所有權人優先價領之處，未敢擅專，理合電請鑒核示遵。

◉司法院咨

案准　貴院上年十一月三十日節京貳字第二一五五三號咨，以據粵桂閩區敵僞產業處理局代電，為請示收復區私有土地上敵僞建築物處理辦法疑義一案，經交據司法行政部及地政署先後議復，意見不同，案關法令疑義，抄同原件咨請解釋見復等由，准此，茲經本院統一解釋法令會議議決，收復區私有土地上敵僞建築物處理辦法第四條，係基於被毀之建築物屬於基地所有人所有之普通情形而為規定，其被毀之建築物為該基地之地上權人所有者，依民法第八百四十一條之規定，其地上權既不因建築物之滅失而消滅，則除其地上權別有消滅原因外，該地上權人仍有以在該基地上有建築物為目的而使用其基地之權，所有敵僞組織或敵僞漢奸在原基地上重行興建之建築物，自無准由基地所有人優先繳價承購之理由。故在此種特別情形，應解為准由地上權人優先繳價承購。所謂舖底權人如依其情形可認為地上權人者亦同。至同辦法第五條第一項所謂原所有權人如其建築物為地上權人所有者，係指地上權人而言。相應咨復查照飭知。

要求自由，必先了解自由的本質，不可只顧個人自由，而侵犯別人的自由；崇尚民主，必先修養法治的習慣，不可專責別人守法，而自己則處置身於法外。

——蔣主席訓詞

市政要訊

籌備冬令救濟

本市冬令救濟，正由社會局設立冬令救濟委員會，積極籌備，該局已擬定本年度冬令救濟計劃綱要如下：

(一)救濟對象——以鰥、寡、孤、獨、老弱、殘疾之貧苦無告者爲標準，其受救濟之人數定爲二十萬人。

(二)救濟方法——子、發放賑款。丑、發放寒衣。寅、發放賑米。卯、設置施粥廠。辰、設置庇寒所。巳、設置活動廚房，對貧苦童嬰供給牛乳，豆漿及其他特別營養品。午、免費醫療。

(三)救濟款物——暫定爲國幣五十億元，除向政府申請補助一部份外，其餘概向社會熱心人士勸募徵集。其所募得之款物，應登報公告之。

(四)救濟機構——由首都各界及地方公正士紳組織冬令救濟委員會，辦理調查，籌募、查放、監核等工作。（委員會辦公地址設南京市政府社會局內）。

本市儲糧委員會成立

本市儲糧委員會，於十月廿五日下午三時在本府正式成立，並舉行首次會議，出席者沈市長，謝局長徵孚，王副議長辯，四行兩局及合作金庫代表等，由市長主席。各委員就儲糧問題詳加討論，購儲數量定爲穀子二十萬担，已商請四聯總處貸款三百億元。該會設主任委員一人，由謝局長徵孚担任。該會主要任務爲監督購儲，至執行購糧則由社會局主持。購糧地分京郊及蕪湖二區，京郊由社會局負責採購五萬担，蕪湖由中國農民銀行代購十五萬担，限於十二月底購齊。

籌開第八屆全市運動會

本市第八屆全市運動會，經十月十二日下午三時召開籌備會決議，定於十一月十二日至十四日在市立體育場舉行。團體個人報名參加，於十月二十九日開始，十一月十三日截止。並規定男女組每一運動員參加田徑賽項目總數，除接力賽跑外，男子組不得多於四項，女子組不得多於三項，每項均錄取四名。團體錦標賽各單位參加之運動員不得超過兩人，團體各項錄取四名。該會經費預計一億四千萬元。

歡送第二期志願兵入營

本市自八月十八日辦理徵集志願兵業務以來，截至十月十八日止，業已征足配額之三分之二，各區配額及征得人數如下：

區別或報告處	1	2	3	4	5	6	7	8	9	10	11	12	13	下關報名處	浦口報名處	新街口報名處	夫子廟報名處	總計
配額	166	97	71	93	145	97	68	27	49	33	70	72	12					1000
征得人數	53	70	66	64	29	77	61	27	20	32	37	45	13	35	32	0	8	669

此項志願兵第一期征集者，早於九月十八日撥交南京團管區，歡送入營，現第二期五二二名，其中四二二名指定赴蘇滬入青年軍二〇二師，一百名則將受國防部副官學校訓練，亦已於十月三十一日在新都大戲院舉行歡送入營典禮。至於志願兵安家費，按規定每名由中央發給五萬元，另由本府遵照行政院指示擬訂本市籌集安家補助費實施

辦法，提經本市兵役協會及本市參議會第二次大會通過，計每名發給安家補助費二百五十萬元，并組織優待委員會暨安家費保管發放委員會，分別負責實施，自八月十八日開征以迄十月十三日止，計各區公所收解市庫者共六一一、三五〇、〇〇〇元，各同業公會收解市庫者共五七二、六一〇、〇〇〇元，兩共合計一、一八三、九六〇、〇〇〇元，上款已發放者計二四五人，合共六一二、五〇〇、〇〇〇元，尚待發放者計七五五人，合計一、八八七、五〇〇、〇〇〇元，不足之數，現正加緊催收中。

加舖柏油路

本市南北交通幹綫，僅賴中山路一綫，因車輛繁密，致路面損壞甚速，抑且影響行車秩序，工務局於擬訂本年加舖柏油路計劃時，卽首重增加南北綫，以便疏導車輛，減輕中山路之負荷。至東西幹綫，如珠江路，中山東路及建康路均爲柏油路面，但廣洲、漢中、昇州各路則仍係碎石路。爲增進行車便利起見，爰經分別改善加舖柏油，綜計本年度巳舖築完成之柏油路面共十五公里，分列如次：

(甲)南北綫共五·七公里　上海路二·七公里，莫愁路一·五公里，雨花路〇·八公里，黃埔路〇·七公里。

(乙)東西綫共五·七公里　廣州路一·三公里，(自中山路起至上海路止)，漢中路〇·七公里，(自新街口起至上海路止)，昇州路一·五公里，中山東路二·二公里(自逸仙橋至中山門一段，)。

(丙)新住宅區共三·六公里　寗海路一·六公里，西康路一·三公里，(以上南北綫)；北平路〇·七公里，(東西綫)。

碼頭修理工程近况

下關二三號碼頭於五月中開工，第一步爲打樁工程　計打十二吋方四十吋長洋松樁四六五根，六月中旬起並着手拋石工程，用大塊石塡築路基，同時將三號碼頭堤岸全長四一〇公尺外側拋石護岸，至七月，與打樁工程同時完畢，旋卽舖築碎石路面，於九月中完成雙車道，開放交通，候冬季水退後，當續做二號碼頭堤岸及二三兩號碼頭全部漿砌塊石護坡等工程。

十號碼頭堤岸於四月下旬開工、八月中旬完成拋石堤岸及路基塡土工程，其餘工程須待低水位時，再行挖深坡脚，加塡護脚拋石，添做漿砌塊石坡面等工程。

以上各項設施固可慶安瀾於一時，然嚴格言之，仍係臨時性質。其治本計劃正在繼續研究中。

標準地價續有評定

本市郊區土地登記處巳於十月成立，開始收件，爲配合工作之進展，經地政局派員將中華門水西門漢中門外等附郭地帶標準地價查估完畢，提送本市標準地價評議委員會第二十次會議修正通過，復經第一〇三次市政會議議決通過。又本市上新河江定鄉扶植自耕農實驗區標準地價，亦經評議委員會第八次會議評議竣事，經第一〇三次市政會議議決通過。玆分別錄載於右：

南京市安德門區中華門外附郭地帶標準地價等級表

等別	級別	每方地價單位萬元	地段
甲	1	一四〇	雨花路（自護城河至正學路）
	2	一二〇	雨花路（自正學路至京市鐵路）
乙	1	八〇	中華門（護城河北）
	2	六〇	掃帚巷　燕翅口　上碼頭　西街
	3	四〇	雨花路（鐵路以南）　京蕪路　正學路　下

等別	級別	每方地價單位萬元	地段
丙	1	一〇	碼頭 東河沿 西河沿 蘆蓆巷 窯灣街 義倉巷 紅梅巷 悅來巷 方家巷 大思古巷 小思古巷 寶塔山 寶塔根 製造局前 製造局後
	2	四	雨花台 珍珠巷 小市口 養虎巷

南京市上新河區水西門外附郭地帶標準地價等級表

等別	級別	每方地價單位萬元	地段
甲	1	八〇	水西門外街（自水西門至禮拜寺）
	2	六〇	水西門外街（自禮拜寺至鴨子塘）
乙	1	二五	上河街 下河街
	2	二〇	南傘巷 北傘巷
丙	1	一〇	上河南街 南傘巷後街 蘇碼頭 鹽碼頭 金安里 瓦廠街 外關頭
	2	四	牌坊街 西街頭 北瓦廠街 瓦廠後街 涵洞口 蘆柴廠 大王廟 小莊子 水巷 二道埂子 南湖邊

南京市上新河區漢中門外附郭地帶標準地價等級表

等別	級別	每方地價單位萬元	地段
甲	1	四五	漢中門外大街（自漢中門至石城橋）
乙	1	二〇	鳳凰街（自石城橋至國民學校轉角地）
丙	1	一〇	鳳凰街（自國民學校轉角地至自來水橋） 鳳凰東街 鳳凰東村 鳳凰西街 漢中門外大街（石城橋以下）
	2	四	二道埂子 紅土山 西蘆柴廠 鬼臉城 鳳凰街（自來水橋以北）

南京市江定鄉扶植自耕農實驗區標準地價表

土地種類	每畝標準地價 單位：萬元
宅地及場地	五〇
上則農地	四〇
池塘及中則農地	三〇
下則農地	二〇
荒地及沙灘	一六

簡訊

△召集中等學校訓導會議　教育局以各中等學校訓導工作亟待加緊實施，經於十月二十六日下午三時在本府會議室舉行市私立中等學校訓導會議，商討一切。

△補助私立中小學校　本市私立中小學校抗戰期間為敵偽破壞特甚，而復員以後協助本市解決學荒，厥功頗偉，教育局除就教育部撥發本市復員費二億元外，幷擬在補助費支出款內撥出二千八百八十萬元，併為二億二千八百八十萬元，撥助市內私立中小學，此案正在審核中，一俟核准，即可轉撥。

△召集清寒助學金審核委員會　本市清寒生助學金申請書，已由各校報送到會，於十月廿一日下午假本府會議室舉行審核委員會，一俟審核完竣，各清寒學生助學金即可發給。

△通知未立案之私立小學限期辦竣立案手續　教育局為救濟失學兒童，除盡量擴展市立各級國民學校大量增班增級外，並獎勵私人創設小學，惟私立小學亦須遵章辦理立案手續，本市尚有若干私立小學未經立案，統限於本年十二月底以前辦齊立案手續，以符定章。

△設置飲水站：衛生局以四所村三义河兩處，均係貧民住戶集中

地區，該處尚無自來水設備，居民飲用河水，未經消毒，易於發生疫癘，乃將善後救濟總署撥給之濾水器兩具，經檢查尚能使用，撥在該兩處設置飲水站，業已派員會同專家前往勘定地點，俟區公所將地權查復後，即可分別裝置。

△辦理滅蚊工作：本市中央路美軍倉庫附近，有水塘雜草甚多，易生蠅蚊，惟以該處塘內多屬魚塘，洒佈D.D.T.不甚相宜，經派員會同美軍顧問團衛生工作人員率領工人將附近一帶雜草悉數清除。

△建築藥庫：衛生局藥庫自太平路遷移糟坊巷第十一衛生所內闢屋存儲後，以房屋狹小，不數應用，現在該處側地上建築藥庫四間，經派員會同審計室人員於十月廿五日在本局會議室監視比價，投標者共有五家，以坤記營造廠壹億另肆百貳拾伍萬伍千元最低價得標，自領照之日起在二十晴天完工。

△辦理下關工人市民難民大規模滅蝨：蝨類為傳染病之媒介，妨害身體健康甚鉅，衛生局於十月廿三日召集各有關機關在熱河路第四衛生所會議商討下關工人市民難民大規模滅蝨辦法，先在新兵招待所，乞丐收容所，鄧府山，笆斗山，救濟院，看守所，監獄，及南馬棚，北馬棚，四所村暨其他工人住宅等處辦理，已于十一月一日至十四日會同各保甲長及警察組織臨時滅蝨隊，分區在指定地點滅蝨，並請美軍協助辦理。

△西華橋衛生分所開始工作：該所房屋前准第十一區公所撥用，以房屋破壞不堪，當經估價飭修，現已工竣，派醫護人員前往佈置就緒，已於十月二十日開始工作，番號為第十一衛生所分所。

△第一區增設第三衛生分所：本市珠江路一帶人烟稠密，亟應籌設衛生所一所，以利市民診療之便，嗣以房屋難覓，躊躇迄今，現已商准一枝園婦女工作指導委員會合作舉辦衛生分所一所，房屋由該會撥用，經費人事及醫療器材，均由本府衛生局負担，該屋已召匠修理，一俟完竣，即可開始工作。

△舉行市民健康比賽：報名者共計三百六十四人，關於體格檢查初檢合格者二一四人，複檢合格者僅六十八人，經X光透視及血液檢查者共計合格四十八人，已於十月二十五日下午二時在中央大學體育館舉行給獎。

△續辦各種選舉：國大代表軍警選舉人登記手續，已於十月二十日補辦完竣，十月二十一日至二十五日由各區依法公告，立法委員選舉人亦經於二十一日公告完畢，現正分派指導人員前往各區各團體分別簽封統計，至監察委員選舉事務亦在極積辦理中。

△招待美軍顧問團參觀徵兵工作：十月二十七日招待美軍顧問團，參觀本市徵集志願兵辦理經過及新兵生活情形。

△八卦洲大小黃洲蘆柴標售價款已如期收足 八卦洲大小黃洲沿江蘆柴招標出售，計八卦洲方面一億七千二百三十萬元，大小黃洲方面八百萬元，得標人均遵限於十月廿五日將價款繳足。

△下關熱河路商場放租問題處理情形 下關熱河路商場放租問題，因熱河路與江邊被拆各戶爭持未決，經於十月二十三日由財政局約集下關參議員區長等會商解決辦法，藉免糾紛，當經決定(一)由伍區長勸導熱河路被拆各戶對江邊拆戶稍予讓步，允許承租使用一部份。(二)補辦申請承租一次，申請人如無營業執照，其補救辦法：熱河路商民可由下關復興建設促進會員證明，江邊商民可憑調查底冊登記，再予嚴格調查審核。(三)迅速公布租金數額。

△玄武湖菊花展覽會及音樂台揭幕 園林管理處舉辦之菊花展覽會及音樂台落成典禮，於十一月一日在玄武湖翠洲揭幕，出席新疆歌舞團及各界來賓數百人，由市長任主席並致詞，隨即由中華交響樂團演奏羅西尼「威廉退爾序曲」貝多芬「命運交響曲」及馬思聰「西藏音詩」等著名音樂，並臨時邀請新疆歌舞團歌「萬歲」一闋。

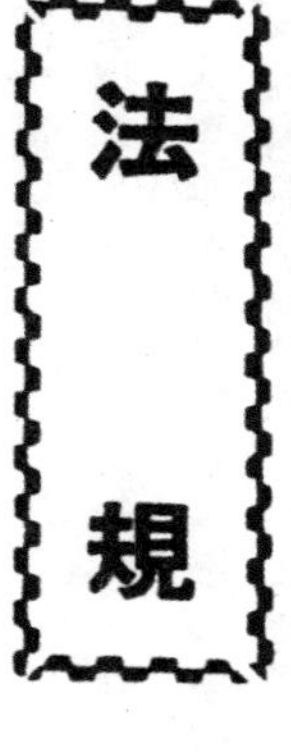

中央法規

縣市開闢特別稅課辦法

三十六年十月八日
財政部參字第六〇八四號令頒

第一條 縣市非因左列各款情形，不得開闢特別稅課：
一、法定收入不敷法定支出者。
二、有特殊性之稅源可資開闢者。

第二條 特別稅課，應由縣市政府擬具詳細征收辦法，提經縣市參議會通過，呈請省政府核准施行，并應由省政府隨報中央備案。

第三條 縣市特別稅課之收支，應列入預算統籌支配，不得指定專門用途。

第四條 縣市政府開闢特別稅課，不得有左列各款情形：
一、與中央或地方稅課重複。
二、對人民主要生活必需品課稅。
三、各地方之物品通過稅。

第五條 特別稅課稅率，最高不得超過原稅物品價值百分之五，征稅物品之價格，由主管機關每三個月公告一次，并報省政府查核。

第六條 特別稅課，應由縣市稅捐稽征機構直接征收，不得招商包征。

第七條 特別稅課，不得以任何名目增收附加稅捐。

第八條 違反特別稅課之罰鍰，其處罰額，最高不得超過應納稅額之五倍。

第九條 本辦法自公布日施行。

各省省營企業整理辦法

三十六年十月二十三日
行政院(卅六)六經字第四三三二三號令頒

第一條 各省省營企業之整理，除法令別有規定外悉依本辦法行之。

第二條 各省省政府應就現有省營企業之性質及經營情形，並衡量各該省財政情況，通盤籌劃，擬具整理計劃，報請行政院備案，切實執行。

第三條 各省現有省營企業，依整理計劃不必由省政府經營者，均得售與民營，即以售獲價款悉數撥作充實省營企業資金之用，藉收財力集中運用之效，但省營企業如有他項股權者，應依其組織規定辦理。

第四條 各省售與民營之企業，其出售方式，應以發售股票為原則，並因應企業資金需要之情形訂定分期出售辦法，但規模狹小之企業，仍得採用標售方式，俾臻簡捷。

第五條 各省售與民營之企業具有下列情形之一者，應採用股票方式出售，並由政府保留適當數量之股權，俾參加其營業方針之決定：
甲、出售之企業其性質攸關全省人民之福利者。
乙、出售之企業規模宏大，其現有資產之折價過鉅，有待政府合資經營者。

第六條　各省省政府與中央有關機關合資經營之企業，得會商各該機關，參照本辦法及國營生產事業酌售民營辦法辦理之。

第七條　各省省營企業出售事宜，由各該省財政廳建設廳會計處暨審計部該省審計處會同各該企業主管機關辦理之。

第八條　各直轄市市營企業之整理，比照本辦法之規定辦理。

第九條　本辦法自公布日施行。

地方金融機關辦理小工業貸款辦法

三十六年九月二十九日

行政院（卅六）六經字第三九三四〇號令頒

第一條　小工業貸款以補助小工業之發展增加日用必需品之供給為宗旨，由地方金融機關（省市銀行總分行處）按照本辦法斟酌當地情形辦理之。

第二條　借款人以有確實住址，經營正當小工業，需要營運資金，並加入各該業同業公會為限，但各該業同業公會尚未成立者不在此限。

前項小工業以製品能供軍用或運銷國外或屬於經濟部依日用品必需品平價購銷辦法第二條指定之日用必需品為限。

第三條　小工業借款數額最高以五百萬元為度。

第四條　借款利率最高不得超過該行一般放款利率之六成。

第五條　借款期限分活期定期兩種，均得用分期攤還辦法償還本息，最長期限不得逾二年，其有特殊情形經貸款機關認可者，得酌量延長之。

第六條　借款須有保證，由借款人於下列方式中任擇一種辦理之：

甲、由殷實商號或工場一家負責保證經貸款機關認可者。

乙、由社會上有信譽之二人連帶負責保證經貸款機關認可者。

丙、以動產為担保，（動產以貨物有價證券能實行移轉占有及有確實價格者為限），其貸款金額不得逾動產價格十分之六。

丁、以不動產為担保，（不動產以有永續確實收益者為限），其貸款金額不得逾不動產估定價十分之四。

前項甲乙兩款之保證人，凡已代人保證尚未清償者，不得再為保證人。

前項兩款以動產為担保之借款，如以貨物為担保品者，其期限應遵照非常時期管理銀行暫行辦法之規定辦理。

第七條　動產調查鑑定所需之費用及不動產登記保險等費用，均由借款人負担之。

第八條　借款人填具借款申請時，（由貸款機關備用），須由各該同業公會或殷實商號工場負責證明，經查照屬實，辦理借款手續後，給予貸款。

第九條　定期貸款提前歸還一部或全部者，得按日結算利息。

第十條　貸款機關為明瞭借款人之營運內容，得隨時查閱其帳簿。

第十一條　借款人所借款項不得用作囤積居奇及其他不正當之用途，或轉貸他人從中漁利，否則一經查覺，得隨時追還其借款之全部。

第十二條　借款人與保證人或保證商號工場，如有遷移，應各自隨時通知貸款機關，否則一經查覺，得隨時追還其借款之一部或全部。

第十三條　借款人限借一戶，不得以一人捏造二名或數戶矇混多借。

第十四條　借款人對於到期應還之本息，如不履行清償時，貸款機關得責成保證人或保證商號工場賠繳，或處分其担保品，所有處分担保品必需費用，由借款人負担之。

第十五條　借款未還淸以前，保證人或保證商號工場不得自動退保，但貸款機關通知借款人換保時，借款人應即照辦，在新保未經換妥以前，原保仍負完全責任。

第十六條　借款人與保證人或保證商號如不履行契約時，貸款機關得報請當地政府予以追償。

第十七條　地方金融機關依本辦法辦理小工業貸款資金不足時，得向中中交農四行聯合辦事總處商借之。

第十八條　各地方金融機關，依本辦法所定契約格式及按月辦理貸款情形，應呈由省政府轉報財政經濟兩部備查。

第十九條　本辦法自公佈之日施行。

公自費留學生結購外匯規則

三十六年十月二十四日

行政院（卅六）六則字第四三五六〇號令頒

第一條　公自費留學生無論已未出國，其結購外匯，悉依本規則之規定辦理。

第二條　公費生包括下列各項經行政院核准有案之留學生：

一、教育部公費生。

二、教育部有案已在國外肄業之各省市公費生。

三、中央各部會所派遣之實習生及研究生。

四、教育部派遣之交換生。

第三條　自費生包括左列各項：

一、教育部攷試及格之自費生。

二、教育部核准出國之獎學金生。

第四條　公費留學生所需外匯應照原預算辦理。

第五條　第三條一項所列學生尙未出國者，在規定出國有效期間內，出國時所需外匯，得以結購時之官價匯率結購外匯。

第六條　第三條第一、二兩項學生已出國者，在規定留學年限以內所需費用，得以結購時之官價匯率結購外匯。

第七條　第三條第三項所列學生所需費用，得以結購時之市價匯率結購外匯。

第八條　自費留學生在留學期間，如已獲得國外獎學金者，申請外匯時僅得結匯獎學金不敷應用之差額。

第九條　自費留學生在留學期間申請外匯，須繳驗學校證明書及所在國我國使領館證明文件，（證件上須註明有無獎學金及其數額）。

第十條　已獲得國外獎學金出國研究人員及應聘出國任教人員，合於專科以上學校教員應約出國講學或研究辦法第二條所規定資格，經核准出國後，得依結購時之官價匯率結購旅費及生活費之差額，申請期限不得超過二年，（約方或聘方獎金或待遇足敷應用並有旅費者除外）。

第十一條　凡以不須申請外匯之條件核准出國者，不得申請外匯。

第十二條　自費生所需旅費係指由中國港口至留學國港口所需二等艙船票票價及雜用為限。

第十三條　自費留學生所需生活費用，以公費生之公費數額每月美金一百五十元為限。

第十四條　公費及核准出國自費留學生，在留學期間患病者，所需醫藥費得檢具證明文件，依結購時之官價匯率結購外匯，但最多不得超過二百美元，非上述二項學生，則依結購時之市價匯率結購同上數額之外匯。

第十五條　公費及核准出國自費留學生在留學期間，如有死亡，其所需喪葬費，得依照結購時之官價匯率結購美金三百元，非上述二項之學生，則依結購時之市價匯率結購同數額之外匯。

第十六條 本規則自公布日施行。

銀樓業許可規則

三十六年四月二十三日行政院從伍字第一五二一一號令頒

第一條 銀樓業之許可除法令別有規定外，依本規則之規定行之。

本規則所稱之銀樓業，凡經營收兌及製造金銀飾暨銀器之商業均屬之。

第二條 本規則之許可機關，在省為建設廳，在院轄市為社會局。

第三條 凡為經營銀樓業之聲請應開具左列事項，連同兩家殷實商號聯保單及業務計畫書，向許可機關聲請許可，俟領得營業執照後，始得開業。

一、名稱（牌號）。

二、資本總額。

三、營業範圍。

四、營業所在地。

五、營業主體人及經理人之姓名年齡籍貫經歷幷住所。

六、約定或僱用技工人數。

前項營業執照之許可機關，應轉請經濟部商同財政部核定後發給，其執照費由經濟部另訂之。

第四條 銀樓業之最低資本額為國幣伍百萬元。

第五條 銀樓業領取營業執照後，應依法為公司登記或商號登記，幷加入當地本業同業公會。

第六條 銀樓業兌出價格中之工資利潤及營業費用，由所在地本業同業公會議定數額，呈經所在地許可機關核准後公告之。

第七條 銀樓業金銀飾及銀器重量之計算，應遵照度量衡法規定之衡制，不得違背定程。

第八條 銀樓業兌出及製造金銀飾銀器，應逐件鐫明成色牌號及營業所在地。

第九條 銀樓業兌出及製造金銀飾銀器，應就其所鐫牌號成色對買主負責收兌，廢業或受處分停業時，均應委託其他合法經營之銀樓承兌，並將承兌之銀樓業牌號，報請其所在地之本業同業公會公告之。

第十條 銀樓業每日之營業時間，由其所在地之本業同業公會規定公告之。

第十一條 許可機關得派員查核銀樓業之帳目簿册，並檢驗售品成色，其成色與所鐫存樣不符時，檢驗人員應將原件就原處簽章封存陳報核辦。

前項查核檢驗，許可機關應於處理終結後，呈報或層轉經濟部備查。

第十二條 銀樓業變更第三條第一項第二款至第五款事項時，應呈報許可機關層轉經濟部備案。

銀樓業廢業時，應向所在地之許可機關繳銷營業執照。變更名稱以廢業論。

第十三條 銀樓業有違反本規則之行為時，由其所在地之許可機關呈准經濟部，為有期間停業或永久停業之處分。受永久停業處分之主體人或經理人，不得再為銀樓業之許可聲請；其他法令規定有處罰較重者，從其規定。

第十四條 銀樓業開業而未領有營業執照者，由其所在地之許可機關勒令停業。

銀樓業領執照後六個月內不開業或違反本規則第十二條之規定者，由許可機關勒令繳銷原領營業執照。

第十五條　本規則施行前業經開業之銀樓業，除已依非常時期銀樓業管理規則呈准營業者外，應於本規則施行後叁個月內，補行聲請許可。銀樓業已依非常時期銀樓業管理規則呈准營業，如其資本額不足五百萬元，應於本規則施行後三個月內補足，聲請換發執照。

第十六條　本規則自公佈日施行。

修正民用航空器失事處理規則

三十六年十月十六日

行政院(卅六)五交字第四二〇六四號令頒

第一條　民用航空器(以下簡稱航空器)失事，依本規則之規定處理之。前項所稱航空器，指民用之飛機氣艇氣球及其他飛航空中之器物而言。所稱失事，指航空器在停放時或滑行時或昇降時或航行中發生意外事故，致航空器或人員乘客或其他人員遭受損害而言。但在日常檢查或修護時，如發現航空器有缺點或損壞情形，不得視為失事。

第二條　航空器遇有失蹤，物主或有關人員應即報告民用航空局，或所在地或其附近地點之民用航空局所屬機構，并就燃料消耗情形判斷該航空器之位置，如判斷仍在空中者，應盡量用對空通訊方法搜索引導之，如判斷燃料已罄者，應盡量對有關地區場站軍警機關查詢或派飛機搜索及準備救護之步驟。

第三條　航空器遇有失事，該航空器所有人或使用人，應以最迅速通訊方法，將失事航空器名稱號碼航綫，失事時間地點，駕駛員與旅客之姓名，郵件物資之數量及失事情形，報請民用航空局或其所在地或其附近地點之民用航空局所屬機構，並通知所在地地方政府，同時對於傷亡人員應予緊急救護及辦理醫治棺殮等善後事宜。航空器完全燬滅時，物主或有關人員亦應報請民用航空局施行調查。

第四條　航空器失事所在地地方政府於得悉失事後，對於該失事航空器及人員乘客與郵件貨物等應儘速設法盡力救護，並在失事地點施以嚴密警衛，同時將辦理情形及有關研究失事資料，以迅速方法通知民用航空局。

第五條　失事航空器及有關物件之位置，除因救護受害人員所必需之移動外，應儘量保持失事時原有之狀態，非經民用航空局許可，不得移動或先行調查，但如對公衆安全或財物有危害者，不在此限。失事航空器機件及一切裝備或另件，須受民用航空局代表之指導，將其移至適當地點　聽候檢查試驗，失事航空器如係墮落水中，應將所載郵件物資取出，移至安全地點，聽候處理。

第六條　民用航空局或其所屬機構接到失事報告後，應即指派調查人員馳往失事地點，辦理左列事項：

(一)調查人員之傷亡郵件貨物財產損失情形。

(二)調查失事後之緊急救護情形及所在地地方政府對失事協助之經過。

(三)飛機失事後如人員無傷亡，財產物資郵件無損失，亦應將飛機損壞之情形查明。

(四)攝取失事照片。

(五)搜集目擊失事者之報告。

第七條　調查人員應於調查完畢後，造具報告書，詳述本規則第六條所載各項調查結果，呈報民用航空局。

第八條　民用航空局接到失事調查報告書後，應即酌由左列有關人員舉行失事審查會議：

(一)民用航空局總飛機師或安全處處長（負責召開會議）。

(二)民用航空局有關單位及調查人員。

(三)交通部航政司代表。

(四)失事航空器之所有人或代理人及空勤人員與地面負責修護人員。

(五)如在場內失事該場之主管人。

(六)目擊者。

第九條　失事審查會議任務如左：

(一)分析失事原因。

(二)研究失事責任。

(三)研究預防同樣失事發生之方法。

(四)編具失事調查報告，呈報民用航空局。

第十條　民用航空局接到失事調查報告後應予儘速公佈。

第十一條　有關失事調查及處理之文電案卷，皆歸民用航空局保管之。

第十二條　外籍航空器在國境內失事應按有關法令及國際規章辦理。

第十三條　本規則自公佈日施行。

國府公報所載中央法規索引　十月份下半月份

本府法規

南京市調驗煙民規則

三十六年十月十七日第一〇二次市政會議通過

第一條　南京市政府為澈底肅清煙毒起見，特依據收復地區公私立醫院診所辦理戒煙調驗監督規則第二條，及各省縣市設置未清煙毒調驗所辦法，暨南京市煙毒總檢舉辦法第六條，訂定本規則。

第二條　調驗主管機關為本市民政局衛生局及首都警察廳。

第三條　調驗執行機關指定本市市立戒煙醫院及市立衛生試驗所，戒煙醫院負責病理學診斷及嚴格監視診察，衛生試驗所負責毒物化驗，檢查尿中有無嗎啡膺鹼毒質存在，根據雙方結果依法裁決，以戒煙醫院統其成。但在戒煙醫院房屋監護設備等未完成前，得由移送機關自行派員監視被調驗人採取小便嚴密封裝逕送衛生試驗所化驗，根據毒物化驗報告，以資定讞。其結果除報告移送機關外，同時須通知市立戒煙醫院查考統計。封裝時應按照本規則第九條之規定辦理。

第四條　戒煙醫院應另闢調驗室，專收調驗人犯，人數衆多時，得臨時增設之。

調驗室須另派專任醫師護士負責，並派警駐守，以防被調驗人有越逃及其它意外情事。

第五條　凡屬煙毒嫌疑人犯或戒後復吸之煙民，經查緝機關查獲後，一面函知首都地方法院檢察處備查，一面逕送戒煙醫院調驗，其調驗結果，仍送原送機關，分別依法辦理。

第六條　凡有左列情形之一者，送由首都地方法院依法審理之：

一、於總登記總檢舉後，經人告發調查確有私自吸食煙毒嫌疑者。

二、已經戒煙醫院施戒勒戒及領藥自戒斷癮之煙民復有煙癮者，得由本市禁煙主管機關定期或不定期臨時抽查調驗。

第七條　凡黨軍政法團服務人員學校員生，有吸食鴉片或烈性毒品嫌疑，由主管機關發交或委託戒煙醫院調驗者，適用本規則調驗之。

第八條　凡交由戒煙醫院調驗之嫌疑煙民煙犯，於受調驗期內，須絕對遵守院規，其規則參照戒煙醫院住院規則加嚴辦理。（規則另訂）。

第九條　凡入戒煙醫院調驗，不問勒交自動，其膳食住院化驗各費，均須按照規則繳納。赤貧者，由保甲長證明經調驗機關復核後，得減免其一部或全部。（收費規則按時值另訂備案施行）。

第十條　調驗時須切實注意者：

一、嚴格檢查以防被調驗人夾帶抵癮藥品。

二、防止家眷接見饋送傳遞。

三、防止執行員工不法徇情舞弊情事。

第十一條　調驗時期規定七日。

第十二條　被調驗人應於入院時，由醫師詳細檢察一般現象，將症狀隨時紀錄，並即派醫護人員監視，於十四小時內採取小便六百西西攪和後，分裝兩瓶嚴密加封，封口由被調驗人加蓋指印及監視人蓋章證明，如有故意規避，逾時不解者，戒煙醫院有權停止採取，通知原送機關作爲自認有毒論。

調驗人犯如在調驗期間身體極度衰弱或發生重大疾病（非關發癮之疾病），經戒煙醫院醫師驗明確實，除採取小便送衛生試驗所化驗外，得函請原送機關予以適當之處置後，幷須隨時分報各主管機關備案。

第十三條　被調驗人在調驗期內，因急病死亡者，通知發送機關驗視後，責令被調驗人家屬領回殮葬，並分報各主管機關備查。

第十四條　戒煙醫院於被調驗人調驗完畢期滿後，塡具調驗裁決書，密封報告，由原送機關派警提回。（裁決書式樣遵內政部所頒式樣辦理）。

第十五條　辦理調驗情形，戒煙醫院須按月塡報三份，彙報衛生局，分別呈轉內政部市政府民政局首都警察廳備查。

被調驗人如不服戒煙醫院及衛生試驗所鑑定結果，得於收到調驗裁決書之日起，七日內陳明理由申請指定其他法定調驗機關復驗，將人犯連同第一次保存小便，移送依法復驗，調驗人對於復驗裁決不得提起再復驗之請求。

第十六條　被調驗人案情重大或有須迴避之關係時，戒煙醫院得請由原送機關指定其他醫院辦理。

第十七條　凡檢舉或告發他人吸鴉片煙毒，於被告受調驗時，該原告發人得申請陪仝調驗，前項請求須於原送機關行之。

第十八條　本規則自公布之日實施，並咨請內政部備案。

修正南京市菜場攤販管理所組織規程

三十六年十月七日本府(卅六)府總祕字第九七五〇號令頒

第一條 南京市衞生局清潔總隊為管理全市菜場攤販保持清潔衞生及整飭市容起見，設置南京市菜場攤販管理所(以下簡稱本所)。

第二條 本所設主任一人，綜理全所事務，副主任一人，協助主任辦理全所事務，均由清潔總隊遴請衞生局長委派之。

第三條 本所分總務、菜場管理、攤販管理三股，各股設股員一人管理員五人，均由清潔總隊長派充之，並得酌用雇員四人。

第四條 本所管理員分別管理市區內攤販菜場及征收租金事項。

第五條 本所需用清潔伕役由清潔隊撥用之。

第六條 本所辦事細則及攤販菜場管理規則另訂之。

第七條 本規程如有未盡事宜得隨時呈請修正之。

第八條 本規程自呈奉核准之日施行。

本府大事記

三十六年十月份下半月

十月十六日(星期四)

△市長在自治人員訓練班訓話。

十月十七日(星期五)

△舉行第一〇二次市政會議。

十月二十日(星期一)

△舉行本市第八屆全市運動會籌備會，馬副市長主席。

十月二十三日(星期四)

△衞生局舉行全市第四次清潔總檢查。

十月二十四日(星期五)

△舉行第一〇三次市政會議。

十月二十五日(星期六)

△本市儲糧委員會正式成立。

十月二十六日(星期日)

△市長宴請中國教育學術團體聯合會第五屆年會出席諸代表。

十月二十七日(星期一)

△市長出席中央黨部紀念週，報告首都計劃及本府本年度工作情形。

△民政局招待美軍顧問團代表參觀本市志願兵招待所。

十月三十一日(星期五)

△舉行第一〇四次市政會議。

△舉行本市三十六年第二期志願兵入營典禮。

會議紀錄

南京市政府第一〇二次市政會議紀錄

時間　三十六年十月十七日上午九時

地點　本府會議室

主席　沈市長　　　　紀錄　史崇訓

討論事項

1.市長交議　據參事室擬訂南京市政府清理戰前市民領繳價款辦法草案，提請討論案。

決議：由秘書處會同參事室、財政局、地政局、會計處審議簽核，提會討論。

2.市長交議　據衛生局民政局會擬南京市煙民調驗規則，經參事室審查修正，提請討論案。

決議：照修正案通過，咨請內政部備案。（規則見法規欄）

3.市長交議　據財政局簽擬南京市地價稅逾期未繳罰則草案，經參事室審查修正，提請討論案。

決議：原則照案通過，條文交參事室重行修訂簽核，俟提會決定，送市參議會審議。

4.會計處提　擬請追加傳染病醫院院址租金壹億元案。

決議：照案通過。

5.會計處提　擬請追加本市選舉事務所經費六億元案。

決議：照案通過。

6.會計處提　擬請追加民政局民衆組訓費六九、四二三、六四五元案。

決議：照案通過。

7.會計處提　擬請追加都市計劃委員會經費五千萬元案。

決議：照案通過。

8.會計處提　擬請追加本府外賓招待費四千萬元案。

決議：照案通過。

9.會計處提　擬請追加南京市動植物園籌備委員會本年九至十二月份經費二千萬元案。

決議：照案通過。

10會計處提　擬請追加財政局「市產查勘整理費」及「征册票照表據印刷費」一三〇、〇〇〇、〇〇〇元案。

決議：照案通過。

臨時動議

1.市長交議　據財政局簽呈，為八卦洲佃農迭請減租並折價征收一案，參照市參議會意見，擬具兩項辦法請鑒核示遵等情，提請討論案。

決議：一、仍照財政局原訂租額九折徵收。

二、照定徵總額撥百分之三十作為補助該洲修堤等費用，其如何分配由財政局斟酌辦理具報。

三、仍徵實物，如實物確已食用完盡，准照啓徵日十天前市價折收。

四、該洲租佃規則應迅速修改呈核。

2.財政局提　據大小黃洲佃農迭請減低租額並折價徵收一案，提請討論案。

決議：(一)三十六年度春租照原訂租額九折徵收。

(二)應徵之實物如確已食用完盡者，准照開征日十天前之平均市價折價徵收。

3.會計處提　擬請追加添建本府工警食堂平房兩間建築費二千萬元案。

決議：照案通過。

4.會計處提　擬請追加補助支出市政府主管五百萬元案。

決議：照案通過。

5.會計處提　擬請追加各區公所員工日用必需品配購證差額代金一

四九、四〇〇、〇〇〇元案。

決議：照案通過。

6. 會計處提 擬請追加本市各保幹事生活津貼一八四、〇五〇、〇〇〇元案。

決議：照案通過。

7. 會計處提 擬請追加財政局稅警服裝費叁千萬元案。

決議：照案通過。

8. 會計處 擬請追減社會局藝員登記費歲入預算二〇、七〇〇、〇〇〇元案。

決議：照案通過。

9. 會計處提 擬請追加教育局本學期增加教員二百人，工友五十名，經臨各費共計七二二、三五〇、〇〇〇元案。

決議：照案通過。

南京市政府第一〇三次市政會議紀錄

時間 三十六年十月二十四日上午九時

主席 沈市長　　紀錄 史崇訓

討論事項

1. 市長交議 據地政局擬訂中華門外等附郭地帶標準地價表提請討論案。

決議：照案通過。（地價表見市政要訊欄。）

2. 市長交議 據地政局、財政局會簽，本市復員後放領之公地十二坵，經市參議會決議改為租賃十年，擬請將各原承領人所繳地價之款，改作十年地租金額，提請討論案。

決議：照案通過。

3. 市長交議 據地政局擬訂江定鄉扶植自耕農實驗區標準地價表，提請討論案。

決議：照案通過。（地價表見市政要訊欄。）

4. 會計處提 擬請追加教育局主管小學教師假期講習班各社教機關補充設備費及社教活動費四千六百萬元案。

決議：照案通過。

5. 會計處提 擬請追加各中學房屋修建費，追減師範生參觀費各一千四百二十萬元案。

決議：照案通過。

6. 會計處提 擬請追加女教員生育代課金五千萬元案。

決議：照案通過。

7. 會計處提 擬請追加本市第八居全市運動會及參加全國運動會代表預選會經費一億四千五百萬元案。

決議：照案通過。

8. 會計處提 擬請追加青年軍過境慰勞招待費六百九十六萬六千六百元案。

決議：照案通過。

9. 會計處提 擬請追加追減各中等學校經臨等費均為四千六百九十四萬一千一百三十元案。

決議：照案通過。

臨時動議

1. 市長交議 據參事室財政局會同修訂南京市財政局加收地價稅逾期繳納催征費辦法草案，提請討論案。

決議：照修正案通過，送市參議會審議。

2. 市長交議 據民政局簽訂南京市任用或民選區長候選人資格標準提請討論案。

決議：照案通過，咨請內政部核復施行。

3. 地政局提 據首都公共汽車股份有限公司呈請將本市第五區第八八二分段市地租用九年，提請討論案。

決議：查該區分段之地權尚未確定，在未確定地權前准暫予租用。

4. 會計處提 擬請追加香舖營小學校校舍建築費一億六千四百五十九萬八千八百元案。

決議：照案通過。

人事動態

三十六年十月一日至十月二十一日止

姓名	服務單位及職別	動態	到離職日期
楊培元	秘書處第一科雇員	新任	十月一日
麥樹燦	人事處科員	新任	十月六日
王建元	會計處第二科辦事員	新任	十月一日
王策	會計處第三科辦事員	新任	十月一日
李星華	會計處第三科辦事員	新任	十月三日
顧璇	會計處第三科雇員	新任	十月四日
張先聖	社會局第三科科員	新任	十月一日
曹復興	地政局統計佐理員	新任	九月廿四日
趙星五	地政局郊區土地登記處總務組長	新任	十月一日
章鈴	工務局審勘室試用工務員	新任	九月廿四日
陶仲輝	園林管理處總務組試用辦事員	新任	九月四日
楊永福	園林管理處總務組試用辦事員	新任	九月四日
周東浦	園林管理處技術組技士	新任	九月廿四日
李敦第	園林管理處推廣組試用技士	新任	十月二日
姚錚	園林管理處總務組試用組員	新任	十月六日
何傑才	市府專門委員	新任	十月一日
李世清	市府第一科雇員	新任	十月一日
程襄生	民政局第三科科員	新任	十月九日
祖述	財政局秘書	新任	十月一日
曾鈞	財政局第四科雇員	新任	十月一日
陳賢齋	財政局營業稅征收處調查員	新任	十月二日
丁道龍	財政局稅捐稽征處征收員	新任	十月七日
陳瑞安	財政局稅捐稽征處臨時征收員	新任	十月八日
王德崇	財政局稅捐稽征處臨時征收員	新任	十月十四日
何學才	地政局土地測量隊求積員	新任	十月八日
王蝶沁	地政局土地測量隊求積員	新任	十月十三日
吳明敬	地政局土地測量隊求積員	新任	十月十四日
張廣才	統計處第一科科員	新任	十月二十日
崔粲卿	民政局第四科科員	新任	十月廿五日
曹成頤	財政局稅捐稽征處科員兼股長	新任	十月六日
童啓祥	財政局會計室科員	新任	十月十六日
曾紀謨	財政局稅捐稽征處調查員	新任	十月二十日
朱序仁	統計處第一科科員	調任財政局統計佐理員	十月一日

姓名	原職	異動	日期
王　俊	地政局土地測量隊第一分隊隊長	調任地政局技術室代理技正	十月一日
潘其行	地政局第二科科員	調任地政局估計專員	十月十三日
湯成沅	統計處第三科科員	調任社會局統計室科員	十月廿一日
范裕鈞	財政局稅捐稽征處征收員	調任財政局第一科辦事員	十月二十日
高建南	地政局會計室辦事員	調任地政局土地登記處組員	十月十五日
湯乃齊	地政局第二科登記員	調任地政局土地登記處組員	十月十五日
王啓泰	地政局第二科登記員	調任地政局土地登記處組員	十月十五日
唐志欄	地政局第二科登記員	調任地政局土地登記處組員	十月十五日
甘　森	地政局第二科科員	調任地政局土地登記處估價員	十月十五日
徐師均	地政局第二科登記員	調任地政局土地登記處審查員	十月十五日
壽錫璋	地政局第二科登記員	調任地政局土地登記處審查員	十月十五日
甘德澤	地政局第二科登記員	調任地政局土地登記處審查員	十月十五日
魏鼎新	地政局第二科登記員	調任地政局土地登記處審查員	十月十五日
方叔賢	地政局第二科登記員	調任地政局土地登記處審查員	十月十五日
王　中	地政局第二科登記員	調任地政局土地登記處審查員	十月十五日
施景泉	財政局第一科辦事員	晉升財政局第一科科員	十月二十日
李經鑑	會計處第一科雇員	調升工務局第一工程處會計科員	十月二十日

姓名	原職	異動	日期
董聿航	地政局第一科雇員	調升地政局郊區土地登記處辦事員	十月七日
郭承禮	地政局第一科雇員	調升地政局郊區土地登記處辦事員	十月七日
蕭漢傑	市府第一科雇員	辭職	九月卅日
黃　炎	財政局視察	辭職	九月卅日
廖作濤	財政局稅捐稽征處科員	辭職	九月卅日
陸永浩	財政局稅捐稽征處征收員	辭職	九月卅日
翁繼先	財政局稅捐稽征處征收員	辭職	九月卅日
貝有旺	財政局統計佐理員	辭職	十月五日
李淑瑩	社會局第三科科員	辭職	九月卅日
盧賢魯	社會局第四科科員	辭職	十月十四日
陳錦華	地政局技術室技士	辭職	十月十四日
范志民	地政局土地測量隊繪圖員	辭職	十月十四日
戴盛虞	民政局科員	辭職	十月十五日
陳　謙	財政局會計室科員	辭職	十月十五日
陳一士	財政局稅捐稽征處科員	辭職	十月十五日
王伯寅	社會局第三科科員	辭職	十月十八日
馬光揚	地政局估計專員	辭職	十月十五日
王光礽	地政局土地測量隊測量員	辭職	十月一日
李　誠	地政局土地測量隊試用測量員	辭職	十月一日

我們應有的工作態度與基本觀念

沈市長在三十六年十一月一日本府月會講詞

乘今天月會的機會，我想談談關於政府人員應有的幾種工作態度，大家都知道，我們工作要認眞，切實，負責，這是我曾經談過了的。今天想談的是比這個更爲基本的工作態度，也可以說是工作的基本觀念，它足以指導我們工作的方向，那就是我們爲誰而要認眞，切實，負責的工作呢？這個對象我們必須弄清楚。

政治的意義，照 國父的解釋，政是衆人的事，治是管理，政治便是管理衆人的事，我們在政府工作，便是替衆人工作，一般認爲政府人員是民衆的公僕，我們自己也常說爲民衆服務，這都很顯明的說明了我們工作的性質和方向。但如何爲民衆服務呢？其間便大有分寸。

民主政治的精髓在服從大多數，政府係爲大多數民衆而工作，在我國佔大多數的無疑是窮人。 國父說：中國沒有資本家，只有大貧與小貧之分，這就一般國民經濟說，與美國那樣工業發達的國家相較，我們大家都是窮人，但就國內說，大貧的數目畢竟比小貧多得多。經過這次長期的戰爭，國內經濟起了一個劇烈的變化，由於經濟偏在現象的發展，資本土地的集中，貧富的距離越來越遠，窮人的數目也越來越多，這種現象恰爲不逞之徒所引爲快意，且正多方加深其程度，實在是我國現在最大的危機，所以我們在政府工作，應該首先爲佔大多數的窮人做事。

魏德邁將軍最近在華時，曾經發表一封答復我國譯員要求留學的公開信，信裏說：「在最近結束的戰爭中，眞正犧牲最大，貢獻最多的，乃屬窮人，農民及其子弟形成了作戰的主要力量。」他認爲學生從軍者有較優裝備，較高薪給，較多食品，是不公平，也實在是不民主的事。他希望中國學生與智識階層能夠以理論與實際行動幫助這般更爲不幸的大衆，共赴艱難。魏德邁將軍說這些話時，具有一個基本觀念，就是他在同一信上說的，「不論貧富對國家都有責任」。由於這種觀念，才使他覺得享受特殊待遇是不民主的。這自然是一種美國的觀念，但却是民主政治應具的基本觀念。以這種觀念爲基點，在政府的立場就應多爲窮人做事。我之引用魏德邁將軍的話，其目的亦即在此。事實上，我國佔大多數的窮人確對國家貢獻最大，我們在政府工作的也應該爲窮人做得最多，這是很重要的一點。

其次，「爲民衆服務」這句話，不僅是說着好聽，而應該眞正服務，在事實上有所表現。政府管理衆人的事，隨時隨地，一舉一動，都與民衆發生關係，我們政府人員要一直把民衆存在心裏，不論發佈一種法令或是擬定一種規章，在着手時，應該先想一想，這種法令或規章將對民衆發生怎樣的影響，會不會在實行的時候發生流弊，會不會把原來利民的轉足以病民，會不會因實行困難而竟至行不通而成爲具文。凡此都該爲民衆着想，而實際上這與政府的尊嚴與威信也大有關係。如果我們爲了國家或是爲了地方的需要，要求民衆暫忍犧牲，我們也應該明白說明，請民衆協力克服困難，這便是服務的態度。對於民衆的申請，我們在批復時，也要依據法理事實加以親切答覆，是者是之，非者非之，純良者不吝予以温慰，刁頑者不憚予以嚴斥，總期事得其平，毋枉毋縱，處處替當事的民衆設身處地想一想，這也是服務的態度。我們是爲民衆工作，凡可以給予民衆以便利的地方，應儘量給予便利，寧可自己麻煩些，却不可爲了貪圖自己的便利，轉使民衆麻煩。

於此，我不妨舉個小小的例，譬如有人要開一個小舖子，依照現在的規定，便須向社會局、財政局、警察廳逐一請領執照，如果開的是飲食店，還須請求衛生局的核准，開一個舖子應該取得這些有關機關的允許是對的，但替民衆着想，爲了開一個小舖子，他須跑四個衙門，而每跑一個衙門，自請求以至獲准，又不知要化費多少時間，這給予民衆的不便利是顯而易見的。這些有關機關都是政府機關，我們政府就沒有法子給他稍稍便利一點嗎？而且在政府方面，爲了辦理這同一件事，要耗費這些機關多少人力物力和時間，也殊不經濟。怎樣把這種手續加以改善簡化，爲民衆方便，也爲自己方便，就很值得研究。這不過是一個例，類此的情形恐怕還多。我們誠能真正存心爲民衆服務，便不難舉一反三，這雖小節，却是政府服務精神的表現，所關頗大。

總之，我們現在談民主，說憲政，我們的工作態度就必須與民主憲政相配合。以前政府的工作人員，稱之爲牧民者，稱之爲父母官，現在則稱之爲公僕，稱之爲公務員，這是一個一百八十度的轉變。我們的工作態度自不能再循舊轍，也須同樣作一百八十度的轉變。我今天提出這幾個基本觀念，卽多爲窮人做事，多爲民衆着想，這是民主政治下政府人員應有的工作態度。希望各位仔細體驗，隨時留意，把這些觀念深植在自己心中，發而爲新的作風，把工作推進到一個新的方向。我們要刷新地方政治，就須從革除舊觀念，培養新觀念開始。

市區快車道路與停車場　三〇〇

Pall Donald著　江祖岐譯

美國交通專家與都市計劃家，認爲現今該國甚多大都市所計劃之快車道路，對於零售商之利益，實有賴於適當之終點設施，良以此等設施，應與快車道路之交通量相脗合也。

彼等深信，在都市商業內，一切改良幹道之計劃，應包括現存停車場之研究，及如何增强停車設施之見解。

對於無需在商業區內停留之車輛，快車道路實具有絕對之優點，但對於需在商業區內停留之車輛，快車道路優點之發揮，須藉停車設施是否適宜爲定。交通專家指出，車輛於旣達目的地後，若需費十分鐘至十五分鐘之時間，以覓致停車場地，則快車道路已無利益可言矣。

在都市商業區內建立快車道路，市内之交通量必因之激增，於是停車場之需求，亦隨之而趨重要。

在快車道路附近，應建立充分之路外停車場，使在商業區內之車輛，於到達目的地後，卽可迅速離開快車道路，否則當鉅量車輛，由快車道路擁入市區時，必使其附近道路之交通爲之阻塞。

在美國，停車問題並非爲一新生之問題。遠在此次大戰之前，交通工程師與商人卽感商業區內停車設施之缺乏，在戰事期間，因汽油配給及其他旅行限制，使交通擁擠獲得部份減輕。但當此等限制撤消後，無論鄉區道路及市内之交通量，卽急陡增加，現今差不多已達戰前水準，倘此後車輛需要再行增加，則無論市區及鄉區之交通量，均將超過其戰前之最高紀錄矣。

各大都市之商業區，若不於最近期內，增添停車設施，則不久以後，交通擁塞及停車問題之嚴重，必將較戰前爲甚。

停車場之缺乏，非特影響商業及乘車者之利益，且爲平衡當地市政財源之有力因數。

輓近都市繁榮，日趨分化。推其原故，實因市區道路太壞及停車設施不足使之然也。在都市四週之區域，因停車極為便利經濟，商業遂逐漸發達，終必使市內之商業，遭受嚴重打擊。再者無論商人或業主，當其在市區內之收益減少時，房屋必任其傾頹，地產價值必因而低落，地價之低落，實為都市捐稅收入之重大損失。

停車問題乃為一地方性之問題，故當地應自行解決之，道路工程師計劃快車道時所注意者，僅限於工程與施工，對於車輛離開快車道路後之措置，則不加注意。

甚多交通專家，認為供車輛全日停放之停車場，不應設於商業區之內部，但可設於商業區之外圍。雖然此項措置，將使若干車輛，於既達目的後，尚需行駛相當路程，以求得其停車場。

在徵收停車費之都市，苟路外停車場，將其每一停車場地，一日內祇租與一輛汽車，實為不經濟之措置。反之，若輪流供數輛汽車應用，無異可增大停車場之容量，並使車輛在尋覓其停車場時，稱便不少。

在交通擁擠之區，為加速車輛行駛速度起見，商業區內禁止車輛在路側停放之法規 必須極端嚴格，並徹底執行之。路側停車，使狹隘之道路更為狹隘，因而減少路面可供車輛通行之寬度，且車輛在路側停車場進出時，每使路上之交通遭受阻塞。

苟商業區內，禁止車輛在路側停放，吾人應設法建立充分之路外停車場以補充之。此等停車場可為公營或商營，但必須收費低廉，使乘車者樂於應用。

在菲列特而菲亞，都市信託局建有四層大廈一所，作為停車及商場之用。商場在地下層，二樓中部及每層之二端。其餘場地，包括屋頂在內，均闢為停車場之用，是項措置，使此一行將退化之商業區回復新生。

在商業極為繁盛之大都市，由於場地缺乏，或地價過貴，近年來多趨向建立地下停車場，在舊金山商業區及逆旅區內，即有四層地下停車場一所 對於調節車輛之停放，頗著成效。

交通專家認為各大都市內，應該設立停車管理機關，並賦予特殊之職權，如徵購土地，建立停車場等。同時其行動，並應與都市分區法規互相一致 在新闢之商業區及住宅區內，建造充分之停車場。

總之停車問題實為一重要之問題，都市應全力設法解決之，商業團體，市政當局及司法機關等，應協力無間，共謀都市之福利。

棲霞山小遊

朱介凡

秋來了，棲霞山看紅葉。京滬一帶凡有雅興，有野趣，也有點閒暇的人 都喜歡於此時節抽那麼一半天工夫去到這裏小遊。而遊罷歸來，又多喜歡插一兩片紅葉在衣帽上，乃至摘下一大把的楓樹枝，綁在汽車上，飄搖過市的。

我有幸十年重遊棲霞。當我立棲霞山上以四望，我想，自己究竟是可以有所安慰了。我經歷了八年抗戰——用往日現成的話來說，我算是「戰亂餘生」，但我不想這麼說法，我們應該說經過了這番鍛鍊，通過了這一艱險，生命價值比之已往要高超，要豐富些了。站在棲霞山這裏來說，十年重逢，它固然比之那一個春天裏，我初見它時要更見風光美妙些，但我感覺自己也幷不枉費這十年。自別棲霞山以來，到今天，我回憶中所裝的山水，比之往日可要多得多了。

這次遊棲霞，本是接受人家的邀請。那曉得一進棲霞寺，遊伴們都高興要在寺院內坐下來，我呢，到一個戶外遊玩的地方，我只喜歡那眞山眞水，也不怕孤獨的遨遊。這樣，出棲霞寺，看千佛巖之後，請他們下去休息，我就獨自一人向東邊小道信步所之，走進松林裏，我喜歡親近終年常青的松柏。那紅葉只是遠望望還美，把你擦近來了，就沒有什麼看頭了。

年輕的松林，晴朗的秋陽，清爽的西風，漸高的山路，我單調一人緩步行走。有那麼一兩處，人家男女老幼野餐歡笑，我才覺自己有點兒寂寞。寂寞也是比較而出的。

後來，走上正道，先到太虛亭，空曠高爽，小立瞭望，西風飄勁，遠山靜穆。眼面前草高色黃，由黃而微紅。四野遠望開了，就只見秋色滿山，我心想，要是這一片秋色的山上棲止着雲霞的時候，那一定更好看了。

更向上行，走到三茅宮，那是棲霞山最高處。下望大江兩岸，水田村舍，如港灣洲渚，別有意境。江上行船，白帆三五，迎風慢慢移動，最具詩情畫意。那偶然看到的兩隻火輪船，冒烟快駛，反覺煞風景了。

下次再來棲霞山，或許能伴着一個也喜愛這樣登山望遠，就地小坐來領味野趣的朋友罷。可惜，往日同有這樣情趣的人，都離別在遠方了。

題秦翰才先生所集僞滿官印軸子

許大盧

吾隨秦君在東北，高樓坐臥久接席，去時慷慨懷遠志，光復河山還趙璧，豈知變起成畫餅，孤城株守驚朝夕。有客新自滿宮來，劇憐文物多狼籍，正苦飽食無用心，同車往探情脈脈。雪深沒脛風滿樓，沐猴戲散悲陳跡，傴僂出入故紙堆，人棄我取半殘籍，攜歸一一共品評，消遣韶光勝博弈。惟君樂此神不疲，屢屢詣之輒有獲，手提背負及神主，塵土污衣漫弗惜。君所網羅記事珠，宮闈秘辛從窺測，更集官牘加剪裁，譜成僞印辨品式。吾愛柬帖與照像　璀燦五光兼十色，

寸縑尺素皆史料，一鱗半爪勤搜剔。君忽發興事箸作，滿宮殘照佳題擇，埋頭握管爲鈔胥，戲謚文勤倘不易。借吾題材許佳釀，一斗一頁計逾百，並云家有狀元紅，他日會當供潤嗌。此中度日如度年，君稿漸積高盈尺，幸告生還賦歸去，天南地北復睽隔。初柔瓊編將殺青，頗思快覩證親歷，旋聞剞劂少閒錢，先裝僞印耀手赤。世間幾輩爛羊頭，昔日忠良今奸逆　君吾重史非重人，獨標異幟成奇癖。遙索拙句記崖略，塊壘塡膺詩境窄，詩成邀君還酒債，追逋不容欠涓滴。

余兩度赴長春。第一次爲民三十四年十一月三日，留兩旬，即返北平。第二次爲民三十五年一月廿四日，與許君大盧偕居滿炭大樓四〇〇號室，旋移四〇七號室。余等本隨沈君怡先生去大連接收，終以形格勢禁，於三月二十二日仍返北平。

余五度遊僞滿故宮，而四次與大盧同行，一次正值大雪之後。在此巨廈之中，僅有余兩人，所謂「雪深沒脛風滿樓」，確寫出彼時實況。

宮有奉先殿，祀列帝列后外，並祀四太妃；爲同治帝瑜妃、珣妃、瑨妃、光緒帝瑾妃也。又祀兩福晉：爲醇賢親王二側福晉，醇親王嫡福晉。後者自爲溥儀本生母。醇賢親王爲溥儀本生祖，即光緒帝之本生父。據史，光緒帝與醇親王均爲醇賢親王嫡福晉所生，今獨祀二側福晉，何耶？余遂攜此神位以歸，冀有以發現其秘密。

余在宮中蒐集簿錄，包括圖書、字畫、被服、器皿、金錢出入，膳食支應，以及信札，日記等，不下四五十種，余所箸滿宮殘照記多取材於此，終日埋首握管，摘鈔不輟，大盧乃戲以文勤爲謚。

大盧好飲，余向其借閱宮中文物，輒索酒爲酬，每傍晚具酌奉之。當戰前數年，曾有人贈余狀元紅一罈，云是乃父生後所釀，計時已有數十年，余乃語大盧，他日回滬，當更以此陳釀相饗，及抵家探詢，竟無下落，於是此債亦永不能償矣。

三十六年春秦翰才識。

南京市政府公報刊例

一、本公報每半月發行一次
二、凡本府例行公文即在本公報發佈不另行文
三、本府所屬各機關於收到本公報時應編號歸檔妥爲保存凡註明「不另行文」文件並應注意遵照

南京市政府公報
第三卷　第九期
中華民國三十六年十一月十五日
編輯者　南京市政府編譯室
發行者　南京市政府
印刷者　大東新興印書館
南京：建鄴路一三八號
電話：二二二二六號

中華民國三十六年十一月三十日
第三卷 第十期

南京市政府公報

南京市政府編譯室編

目錄

特載

最近三個月來的南京市政

——沈市長三十六年十一月三日在市參議會第四次大會口頭施政報告

記得貴會第三次大會舉行於南京稀有的酷熱天氣，現在不覺已是秋高氣爽的季節，時序的變換推移，使我又有機會向諸位參議員先生報告本市最近三個月來的施政情形。我在上次曾經說過，貴會每三個月開大會一次，市政府每三個月準備報告一次，恰如商人結帳，可藉此對過去一段時間的工作作一檢討，這是很值得珍視的機會。在過去三個月中，市政府按照既定的施政方針以及貴會的決議案所執行的種種經過情形，曾經隨時擇要報告貴會或請審議，並且獲得諸位先生不少的協助與合作，這是我首先應該表示感謝的。

貴會上次大會恰舉行於中央頒布全國總動員令之後，當時我對本市市政建設如何配合全國總動員的問題提出了三點，卽加強兵役，厲行節約與穩定物價，同時由市政府送請貴會通過補充施政方針七項，我的這次報告卽想從此說起：

第一、加強兵役 本市本年度徵兵配額，經中央核定爲一千名，並准儘先徵集志願兵列抵征額，不足之數再行依法抽籤征足，此項征集志願兵工作，於八月十八日正式開始，事先特組織兵役協會，發動兵役擴大宣傳，籌集壯丁安家補助費，成立新兵招待所，於各處分設志願兵報名處自動報名，應徵者頗爲踴躍，爲求兵質之精良，對應徵者的體格檢查極爲嚴格，至九月十八日，第一批經檢查合格之志願兵二百五十人，正式撥交南京團管區，並舉行歡迎入營典禮，現在第二批徵集之志願兵又達五百二十二人，亦已於日前撥交入營，預計在最短期內可照規定配額徵集或抽籤補足，本市兵役協會對此事盡了最大的努力，而壯丁安家補助費之籌集，各業公會與各商號的樂予捐輸，亦與有不少助力。

第二、厲行節約　行政院於八月卅一日及九月六日先後頒發厲行節約消費辦法綱要及有關法規七種，本市節約運動的推行，自應以此項辦法爲依據。爲集中力量計，於實施之際，允宜有緩急輕重之分，本市決定先從兩點做起，卽厲行守時運動與筵席消費節約。守時運動已於十月一日開始，筵席節約則自十月十五日起實行，並遵照中央辦法，組織「南京市節約消費推行委員會」，負督導、宣傳、檢察之責，亦已於十月十三日宣告成立，此一運動，我們旣經推行，應該力求其成功，不過節約旣是一種運動，我們雅不願作硬性的強制執行，却希望各界自動的做到，尤希望地方領袖人士登高一呼，蔚成風氣，使人人皆以浪費爲可恥，才能收節約最大的效果。

第三、穩定物價　近月來物價的上漲，是人所共見的事實，關於穩定物價一點，就表面的價目數字觀之，深愧無可報告，南京的物價，大體隨上海物價的上漲而上漲，而上海物價的上漲，又含有全國政治經濟的因素，所以在當前的情況之下，欲以一地的力量謀致一地物價的絕對穩定，事實上有不可能者，但雖如此，我們對於穩定物價的工作，並未絲毫放鬆，且係以全力應付，如積儲糧食，疏暢日用必需品的來源等，無形中使本市此等物品的價格不至過高，減少其所受上海物價的影響，實亦卽是我們努力的微效。由此亦可反證物價評議會的工作自有其作用與價值，其應如何加強之處，則仍有待於計議。至於首都公教人員日用必需品配售與貧戶食米配售仍繼續執行，維持原價，配售技術亦力求改善，最近爲實施大規模儲糧計劃，又商准四聯總處貸款三百億元，由有關方面組織聯儲委員會負責辦理此事，民食旣足，當能影響於市場，而促使物價趨於比較的穩定。

以上所述，係關於配合動員方面的，以下我想把最近市政設施上幾個比較重大的問題提出來向諸位先生報告：

一、學校收費問題　市立各級學校的收費標準，於本學期開學前卽經市政會議通過，定得相當低，已在貴會上次大會有所報告，當時對於市內私立中小學的收費問題，曾說明我們的原則：一方面固應盡量減少學生家長的負担，一方面也應使學校本身得以維持，並有餘力得以添增設備，設法改進。根據這個原則，擬訂私立中小學收費標準，於八月間經市政會議通過後，送請貴會文化教育委員會審議核減通過，各私立中學以此項收費標準，不敷維持，呈述困難情形請求增加，復經於九月六日召集各私立中學校長談話，剴切勸諭，仍照貴會決議標準收費，但各校如因設備不足，經呈准後得酌收擴充設備費，每生以十萬元為度，嗣發覺各校實際收費數目，有未盡符合規定者，又經派員分赴各校調查，就所得結果，再度召集私立中學校長談話會，決定退費等五項處置辦法。我們對於此一問題的處理，始終尊重貴會文教委員會的決議，按照既定原則，顧全各校的實際困難，但也不允許各校巧立名目，加重學生家長的負担。

此外，為獎助清寒學生，使能安心向學，本市有三個團體同時發起助學運動，經合組「南京市清寒學生助學金募集委員會」，統一進行，募集數額預定為五億元，現募集工作正待結束，凡經申請審核合格的清寒學生，在專科以上學校者，每名可獲助學金二十萬元，在中學者每名可獲十五萬元，正陸續審核中。

本學期市立國民學校又續有增設，總計全市現有一四九校一四六七班，較前學期增加五校一四五班，私立國民學校則增九校八十三班，增收學童共約八千人。質的方面亦繼續輔導改進，對於師資之選擇，尤力從嚴格，九月間聯合國文教組織遠東區基本教育研究會議各國代表參觀本市各小學，深致好評。中等學校方面，將原有之市立職業學校，分設農科職業學校及商科職業學校兩校，又接辦國立社會教育學院附中京校，改為市立第六中學，現共有市立中學十二校二〇四班，較前學期增二校二十班，私立中學增五校七十三班，增收學生共約五千人，並繼續分發復員學生及匪區來京的失學青年一〇一名。各校校舍設備亦酌有修建添增，以應需要。社會教育方面，新設之市立第一補習學校業經籌備就緒，於十月初正式開學上課，原有之民衆教育館等亦就財力所及，量予改進，充實內容，並注重電化教育，由電化教育輔導處及巡迴工作隊分別負責辦理。第八屆全市運動會在籌備中，定於十一月十二日在市立體育場舉行。

二、清潔衛生問題　初到南京觀光的人士，多說南京不是一個清潔的都市，南京之不夠清潔，以及如何使其清潔，正是我們時時注意亟謀解決的問題。但一個都市的清潔須由多方面促成，以本市目前的力量，尚僅能以垃圾的處理為主要工作，而因限於物資條件，即此項主要工作亦未能作大規模之展開。本市清潔總隊的應用工具，經陸續添置、修理、改裝，現僅有垃圾手車二百六十輛，垃圾卡車十輛及自行車二十六輛，洒水車六輛，以這僅有的工具，每日收運垃圾約達四百噸，較之今年年初收運量增加一倍以上，可說已盡最大的能事，而全市每日垃圾產量，則尚不止此數，正設法添置收運工具，以應需要。

關於醫療衞生方面　市立醫院爲加強力量推進業務，經市政會議決定組織董事會，已告成立，各區衞生所續有設置，現全市共有衞生所十五所，分所三所，並擬於中山北路建築示範衞生所一所，一俟徵地手續辦妥，卽可興工。但以本市區域之遼闊，現有衞生機構，不夠普遍，最近商得衞生部醫療防疫總隊合作，組設巡迴醫療隊一隊，專爲居處於鄉區及偏僻地區的市民服務，將先在下關區開始辦理。至於各院所的醫藥設備，亦力求充實，較前已多改進。同時對於市民衞生常識的灌輸，以及健康教育的宣傳，多方進行，如舉辦市民健康比賽，與健康教育宣傳週等，於提倡衞生不無功效。

與公共衞生最有關係的尚有兩事，一爲自來水、一爲下水道。本市自來水最近經積極整頓，九月份的出水量每日最高達六萬七千公噸，較之去年同期六萬三千公噸已有增加，並特別注意水質之淸潔，規定水質標準，隨時化驗。又陸續增埋幹管，一方面推進業務，一方面亦卽是使市民多有獲得淸潔飲水的機會。但因水廠機件陳舊，無力新添，雖經分期整修，總難期其發揮最大的效能，故出水量的增加，尚不能與本市人口的增加作適當的配合；而較高地區，如下關鼓樓等地，在用水量達最高峯時，常常感到水壓不足，現正極力改善舊廠，擬增出水量至每日八萬公噸，照目前估計，約需設備費一千二百億元。至於下水道將從治標治本兩方面做去。治本的初步計劃已經擬定，待籌有經費，卽可按步進行，希望能在明年度內開始，目前所做到的僅限於治標。

三、改善交通問題　本市交通問題的癥結，主要在公共交通工具之缺乏與若干道路寬度之不足，而車輛肇禍事件之迭有發生，則多半因駕駛人之不遵守交通規章與不服從崗警指揮，同時市民對交通常識之缺乏亦爲原因之一。針對上項癥結，我們於公共交通工具方面，籌組首都公共汽車股份有限公司，依據貴會第二次大會決議的原則，以官民合組的企業方式經營，資本總額定爲一百億元，其中四十億元由市政府担任，其餘六十億元，由銀團担任二十億元外，均公開招募，此事初議時，曾邀江南汽車公司參加，因條件不合，未成事實，該公司對所謂「專營權」有所申辨，我們對該公司過去在南京服務的成績，深為重視，故仍將一視同仁，希望其共為京市交通謀發展。現首都公共汽車公司正積極籌備中，不久即可成立，所購新車一百輛，亦將陸續運到，這於加強本市交通效能，解決市民行的問題，必將大有裨益。至於市鐵路組設公司事，自成立籌備處後，亦在進行中。

對於道路方面，中山路新街口至林森路一段拓寬快車道改築慢車道工程業已完成，各種車輛行駛，均有定路可循，不復如以前的紊亂，如為經費所允許，將逐段繼續拓寬改築。同時為加強南北綫交通，以便疏導車輛，減輕中山路的負荷，將上海路、莫愁路、雨花路、黃埔路等加鋪柏油路面。東西幹綫之加鋪柏油路面者，則有廣州路、漢中路、昇州路、中山東路逸仙橋至中山門段，使與珠江路、中山東路及建康路相銜接，成為東西貫通之高級路面。新住宅區寧海路、西康路、北平路亦已加鋪柏油，另有新築彈石路面者為老旗街及西家大塘。至於修理小街小巷第三期九十九條，已於八月底如期完成，第四期預定修理一〇五條，亦已完成百分之七十，十一月底可全部竣工。此外為改善築路方法與器材，經向滬訂製冷拌柏油石子機一架，擬購地設廠，以利高級柏油路面之鋪築，凡此均足使本市的道路交通逐漸改觀。

對於交通管理方面，一面於各處裝置交通標誌，添設紅綠指揮燈，加強警力，並劃定各種車輛停放場，酌增單行綫等，指示與疏導並用，以利行車；一面嚴格檢驗車輛及駕駛人執照，凡不合標準者都應取締，以消極防止肇禍而保安全，同時希望市民對於交通常識多加注意，免遭不測，首都警察廳已會同有關機關，訂有交通管理辦法，且獲得市內各軍事機關的合作，切實執行，不久當有成效可見。

四、電廠市營問題　貴會上次大會響應國民參政會的建議，請政府收回首都電廠撥歸本府接管，此案經行政院飭由經濟部會同有關機關核辦具復後，據經濟部函告：他們當即派員前往首都電廠，按照國民參政會的原提案所述各點逐一調查，並就（一）根據現行法律與政策，（二）審核其所為事實兩點加以研討。他們研討的結果，關於第一點，依照民營公用事業監督條例第十九條的規定，須於營業期限屆滿時，中央或地方政府始得備價收回，現在首都電廠營業期限未滿，又正在竭力恢復進行擴展之中，似無撤銷其營業權及另行改組的理由與必要，加以首都電廠原由省營改為市營，繼由市營改為國營，終由國營而招收商股，改爲官商合營之股份有限公司，揆之現在國營事業擬酌量移歸民營的政策，亦尙相符合。關於第二點，首都電荒迄未充分解決，其原因：一方面由於地方上用電量之劇增，其速率遠在電廠增加發電量之上，以致供不應求，一方面由於向外洋訂購之發電設備，其交貨時期遠不如戰前迅速，甚至有須三四年後始能交貨者，以致緩不濟急，此種情形似非改組卽能改善，卽使改組撥歸市營，其財力、物力、人力亦須於事前加以鄭重考慮，經濟部基此二點繕具報告呈復，現正由行政院核辦中，報告書原文已送請貴會參考。

首都電廠最近又因修理機件，發生短期的分區停電情事，這自給予市民若干不便，但就供求狀況觀察，則電廠實已用其現有機件的全力，而逾齡的機件因使用過久，易致損壞，不待言喻。戰前首都電廠發電量爲二萬瓩，現在增至二萬五千瓩，計增四分之一，而用電量戰前每月僅三百三十萬度，目前却增至五百五十萬度，計增三分之二，如此情形，欲求澈底解決，非將國外訂購之新發電機運到裝竣不可，爲謀勉渡難關，早經飭由電廠設法借用發電機，現已借到兵工署剩餘發電機兩部，正在洽運並趕建廠房裝置，兩部發電機可發電四千瓩，一俟裝竣，供電情形當可較好，惟仍希望市民節約用電，共同維護。

五、社會秩序問題　安定社會秩序之道，大致不外乎積極的疏導，弭患於未然，與消極的防範，制事於機先，社會越動盪，我們越需要安全，因之社會秩序的維持亦越見其困難。本市最近三個月來，賴各方的肆應得宜，堪告安定。四十八起勞資糾紛，經社會局調處，均告順利解決，陸續來京的難民，仍繼續救濟，但尤注重於適當地點勸阻難民來京，以回籍就賑爲原則，免使奸宄混入，對於市內流浪街道的乞丐，亦訂有臨時處理辦法，視其情形分別送入乞丐臨時收容所或市立救濟院。而爲加強市立救濟院效能起見，經積極改善，力謀擴充，於增加院內給養及設備之外，復洽請行總與聯總撥助五十億元，重建院舍，現已組織市立救濟院建築委員會主持其事。目前冬令卽屆，對於本年度的冬令救濟亦已成立冬令救濟委員會着手籌辦，預定以救濟二十萬人爲目標，約需款物五十億元，除一部份由政府補助外，勢須賴社會人士之熱心捐募，共襄善舉。凡此諸種措置，均足爲加強維持治安之一助。不過，以社會的動盪，市內偷竊盜殺等案件不免仍有發生，但糾衆暴行情事已不再見，這不能不歸功於首都警察廳的防範嚴密，處理得當，至於防止奸宄，除由警方隨時隨地巡視注意外，最近並由衛戍司令部與市府會銜佈告，依照中央頒布之後方共產黨處理辦法，限潛伏市內共產黨份子於十月卅一日以前脫黨申請登記，逾期卽依法辦理。

六、土地房屋問題　本市地籍，除城廂八區，戰前早經整理，復員後又加補辦，大體已可告一段落外，郊區地籍於本年四月開始測量，六月開始查估地價，十月成立郊區土地登記處，積極推動，現燕子磯之三角測量，漢西門、水西門附郭區及江心洲之導綫測量與戶地平板測量已全部完竣，他如上新河區及中華門附郭之測量工作均在進行中。郊區地價已評定者爲中華門、水西門、漢西門外附郭區及燕子磯區，此外上新河、安德門、孝陵衞及湯山各區地價，尙在調查，不久亦可評定。至於江心洲地價，爲適應扶植自耕農的需要，已提前與城廂各區地價同時評定公布。土地登記方面，爲了扶植自耕農，亦先自江心洲開始，現該地的農田水利、衞生診療、合作事業都已具備相當規模。

市有公地在戰前原無系統的記載，現正着手調查與計劃使用，一俟查竣，卽可先就市內各機關需要情形予以分配，以符公地公用的原則，其餘無公用需要的畸零荒廢之地，則將依據本市促進公地利用辦法之規定，分別予以處理。

清理軍政機關接收敵僞圈佔民地一事，其經過情形，迭於貴會歷屆大會中有所報告，自呈奉　主席交行政院召集有關機關商討後，復經本府數度洽議，現已全部解決者有五個機關，已部份解決，尙須繼續清理者有九個機關，已商定清理辦法尙待實施者有十三個機關，此事大致不久可告結束。

至於房屋方面，四聯總處撥交四行兩局舉辦之中山北路建屋貸款兩百億元，已呈准將貸餘款額留作其他幹路兩旁空地業主申請建屋之用，並規定公敎人員有優先申請權，早已開始放貸，此於解決本市房荒，不無幫助。本市因房荒之故，房屋租賃糾紛案件迭有發生，市政府曾於去年成立房屋租賃管理委員會，但一年來的實際情形有修訂該會業務範圍的必要，因於本年九月一日改組爲房屋租賃糾紛管理委員會，以調處糾紛及評定租價爲主要業務，改組後，因名實相稱，已較前易於爲力。

七、籌備選舉問題　本市國民大會代表及立法委員選舉，由中央遴派選舉委員五人組織本市選舉事務所辦理，委員中包括國民、民社、青年三黨的代表。監察委員選舉事務則由市政府辦理，不另設機構。市選舉事務所於八月十二日成立，卽將選舉人名册依法趕編核對完竣，於八月二十七日公告，並按照選舉人數逐區分發選舉權證。國大代表候選人登記已於九月一日開始，原定十月二十一日至二十三日三日內舉行投票，旋因政黨候選人提名手續辦理不及，已奉中央頒令展延一個月，因之其他各項準備工作亦均按原定程序順延一月。立法委員選舉人名册，於十月十七日公告，十月二十二日開始候選人登記。監察委員選舉規定於貴會舉行，已就貴會參議員編造選舉人名册，送內政部並發佈公告，此項監委選舉，遵照中央規定，應於十一月二十二日舉行。民政局爲配合各項選舉事務之進行，在此三個月內，積極完成有關選舉之準備工作，自接辦戶政後，卽舉辦戶政人員業務講習，自十月一日起開始全市戶口總調查，同時整編保甲，以確立戶政之良好基礎，此項工作業已完成。又分期訓練自治幹部人員，提高保幹事待遇，督導各區於十月十日以前分別召開區民代表會，以加強自治機構，俾與選舉工作取得聯繫。至於原擬在本年九、十、十一、三個月內辦理之本市區保甲長民選事宜，其實施進度早經核定，準備工作多已就緒，但因大選在邇，爲使各區力量不至分散，故民選區保甲長擬延至明年二、三、四、三個月內辦理。

八、財政問題　以上所說各項設施都非財莫辦，財政爲庶政之母，看一看本市的財政情形，便不難約略瞭然於本市市政何以在三個月來未能有顯著之進展。本市本年度的預算，經中央核定的歲出入均列三百二十億元，但由於物價的波動，員工待遇的調整，截至九月底止，本市預算的追加，累計已達一千億元以上，此一千億餘元的支出，自不能全向中央請求補助，必須積極整頓稅收，妥籌財源，但本市並非工商都市，稅收向不充裕，我們又不願增闢新稅，以增加市民負担，所以主要的係從改善徵收技術着手，九月份稅收爲三十五億元，較六月份增收十七億元，這可說是整理所得的成果，其中較著成績者爲房捐，自八月間舉辦房捐總調查後，納捐戶數及捐額均見增加，自治事業費及清潔費與房捐合併徵收，總計三項捐費每月徵額約可達十六億元，但收入雖有增加，却遠不及支出之膨脹，自八月份以來，每月支出在六七十億元左右，而各項收入不過四十億元，收支相抵，月虧二三十億元，最近公敎人員待遇又奉令調整，估計須再追加本年度預算八百億元之鉅，在如此情形之下，維持經常行政費用，尙屬困難，遑論事業之開展。

中央撥助的事業建設專款二百億元，已完全支撥淨盡，本市半年來在敎育、工務、衛生諸方面稍有成績表現者，幾乎均賴此欵之挹注，但以物價的波動，所能做的工作亦已不如預期之多。九月間爲繼續進行急需之建設事業，又擬具五百六十億元預算，呈請行政院撥款，蒙准撥一百五十億元，擬以一百十億元用於添設排水溝管及道路橋樑工程等，二十億元開闢棚戶區，二十億元擴充醫療及清潔設備。同時為擴展教育，又擬具九十六億元預算呈請行政院撥款，現尚未奉指示，但學校增班與若干添建校舍工程，事實上刻不容緩，已由市庫暫行籌墊進行。我們也知道中央的財政並不寬裕，所以對於市政建設經費，凡本身可以設法者無不盡力籌措，旅館與汽車帶征市政建設捐，經貴會先後通過後，即行分別開徵，推行尚稱順利。此外關於市產，如房地租金、洲田徵實等亦經積極整理，收入較前增加。但在本市財政如此困難中，本市本年度田賦，則仍照去年成案折徵法幣，折征率定為每担九萬六千元，（尚未准糧食部核定），這與本市鄰縣之征收實物比較，減輕市內農民負担甚多，值得特別提出報告。

最後，我願順便一提，當前南京市政的推進，誠屬困難重重，但我們對於南京市未來的發展，有理想，也有信心。南京市都市計劃委員會自成立後，經幾個月之努力，初步調查工作大致完成，即將進入計劃階段。經濟建設與文化建設兩委員會，由於諸位參議員先生的分別參加，共同推進，雖成立的時間尚短，亦已給予本市經濟文化的建設以不少鼓勵，我們是在一步一步的做，不氣餒，也不懈怠。

我的報告，僅是三個月來施政的粗枝大葉，當然其中有很多的遺漏，關於各部門施政的詳細情形，以及貴會上次大會決議案的執行經過，另由各局處分別說明，並印有書面報告請諸位參議員先生參閱。

我們自己檢討，對於過去這段時期的工作並不感覺滿意，相反的，缺點與錯誤仍未能避免，而我們自己沒有發覺的缺點與錯誤也許還不少。我老老實實的報告出來，請諸位先生多多指教。

政令

辦理大選應行注意事項

南京市政府訓令　(卅六)府總民字第一〇六二六號

令社會局　各區公所

南京市國民大會代表立法院立法委員選舉事務所

案准

內政部及國民大會代表立法院立法委員選舉總事務所本年十月卅一日民字第一一二六一號會銜公函，為辦理大選訂頒應行注意事項，囑轉飭遵照等由，准此，自應照辦，除分行外，合行抄同原函一件，令仰切實遵照為要！

此令！

附抄發內政部國民大會代表立法院立法委員選舉總事務所公函一件

中華民國三十六年十一月十日

◉抄內政部國民大會代表立法院立法委員選舉總事務所公函　民字第一一二六一號

查憲政應如期實施，中樞迭有昭示，本部所鑒於大選事務之依限辦竣，為準備實施憲政之必要程序，其推行之利鈍，不惟關係憲法施行之良窳，且足以影響國民道德，政治風氣，國家萬年有道之基，能否確速奠定，實於茲是賴，自應於加緊籌劃之中，兼循合法合理之途，以期安固國本，垂範方來，爰就應行注意之點，擬其大者，分列於下：

一、此次大選事屬典重，而限期又已緊迫，加以國民教育尚未普及，選民政治興趣又欠濃厚，辦理之艱，倍逾尋常；然如各級辦事人員咸能懍然於責任之重大，取法事立於豫之古訓，就應行辦理之事務與可能發生之問題，按照法規，酌察事理，妥定辦理方法，加緊策進，自可排除萬難，達成任務；為期上項目的確能實現計，各級主管人員，對於所屬職司，自應慎選賢能，因材器使，有關機關與機關內部各單位之間，均應定期舉行會報，交換意見，切實商討，並應指定專人經常聯繫，務使各級辦事人員對於應辦事務，既能切實負責，末由旁貸，而於整個業務之推進，又能洞澈本末，各抒所見，然後可以齊心同力，共赴事功。

二、各級辦理選舉事務機關、行政機關及其他有關機關人員，負有代表國家推行政令之責，其身份之尊崇，使命之神聖，無與倫比，自應潔身自愛，勤恪奉公，以無負國家付託之重，人民屬望之殷，各該人員務須仰體此意，共矢忠勤，切戒利用職權，圖謀自身及親友競選之便利，以貽伊戚。各該主管人員並應嚴加攷察，注意防範；如遇有不法情事發生，應即加制止，依法處罰，其情節重大時機迫促者，並准先行撤職遴員暫代，然後報請上級機關核辦。

三、競選人員為期爭取選民俾獲當選計，應准其公開演講，印發簡短傳單，並訪晤地方各界人士，然如有串通地方惡劣勢力把持選舉，及宴客饋遺，或其他利用金錢以期當選情事，匪惟觸犯刑章，顯與消費節約辦法牴觸，且足以敗壞風俗，屈抑人才，流弊之大不可勝言，應即採取有效辦法迅速制止，其情節重大者，除依法取消其候選資格外，並應連同其他有關人犯移送法院予以處辦。

以上各項事關準備實施憲政，務請轉飭所屬切實遵照，建國前途實利賴焉！　此致
南京市政府

防止職業婦女團體選舉

南京市政府訓令　(卅六)府總民字第一〇六九一號

令社會局

案奉

行政院本年十一月四日內字第四五二四一號訓令內開：

「據社會部呈稱：『查防止國大代表立法委員選舉舞弊，在國大代表暨立委選舉罷免法及施行條例內，均有詳明規定，本部為杜絕職業婦女團體選舉弊端，曾通飭各省市社政機關派員會同各地選舉機關，負責審查職業團體及婦女所報會員名冊及候選人資格，以免有揑造冒名浮報會員人數情事在案；現大選在卽，除再重申前令，嚴飭各省市社政機關切實執行上述情事發生應負責任外，擬請鈞院嚴飭各省市政府遵照辦理，以肅選政』等情，應准照辦，除分令外，合行令仰遵照」。

等因，奉此，除分行外，合行令仰遵照。

此令！

中華民國三十六年十一月十三日

監委選舉法規釋疑

南京市政府公函　(卅六)府總民字第一〇八一三號

案准

內政部本年十一月八日民字第一一六一二號代電開：

「茲解釋監委選舉法規疑義數點如次：(一)監委選舉罷免法第六條所稱「依法有選舉權」一語，係指憲法第一三〇條前段一般公民具有之選舉權而言，而非專指選舉監委之權。(二)同法施行條例第八條應補充解釋如下：「中華民國國民合於監察院監察委員選舉罷免法第六條被選舉人資格之規定，而在本籍外之選舉區所屬縣市或同等區域居住六個月以上，或有住所達一年以上者，其本籍雖未變更，在該選舉區內亦得被選為監察委員」，(三)凡宣告褫奪公權尚未復權者，當然無監察委員之被選舉權，(四)關於監委選舉依法無停止被選舉權之規定，現任官吏之參加競選者，無須事先辭職。以上各點業經院令核准，希卽查照。」

等由，准此，相應函請

查照為荷。

此致

南京市參議會

中華民國三十六年十一月十五日

確定新聞記者身份

南京市政府訓令　(卅六)府總秘字第一〇五三二號

令所屬各單位

案准

社會內政部三十六年十月廿八日(卅六)安四字第一八五四八號公函開：

「查新聞記者法自民國三十四年六月層奉　國府明令展緩施行後，迄未定期實施，茲因職業選舉在卽，為適應實際需要起見，記者身份亟應明確規定，爰經博採各界人士意見，訂定

凡在報社或通訊社担任發行人、經理、撰述、編輯、漫畫編輯、採訪、廣播、廣播評論員、攝影及以新聞為專業之特約通訊記者或主辦發行廣告之人，均應視為新聞記者，除分呈行政院備案及公告外，相應函請查照，幷飭屬遵照」。

等由，准此，除分令外，合行令仰知照。

此令！

中華民國三十六年十一月六日

整飭吏治肅清貪風 獎勵密告防止流弊

南京市政府訓令 (卅六)府總人字第一〇四〇三號

令所屬各單位

案奉

行政院本年十月廿五日七法字第四三七八七號訓令內開：

「查嚴懲貪污，迭經本院通令飭遵有案，各機關公務人員雖多能恪遵法令，潔己從公，但貪贓枉法者，仍未能免，茲為肅清貪風，整飭吏治暨獎勵密告防止流弊起見，特提示各點如次：

（一）關於貪污之檢舉懲治貪污條例第八第九兩條規定：「直屬長官，明知屬員貪污有據，予以庇護或不為舉發者，以共犯論，但得依其情節，酌量減輕。」「辦理審計會計及其他人員，因執行職務，明知他人貪污有據，不為告發者，處三年以下有期徒刑或拘役。」刑事訴訟法第二百十九第二百二十兩條規定：「不問何人知有犯罪嫌疑者得為告發，」「公務員因執行職務知有犯罪嫌疑者應為告發，」所有人民及公務員對於貪污事件，應儘量向主管機關或上級主管機關舉發。

（二）檢察官及其他人員有偵察犯罪之職責，對於貪污事件，應加強檢舉。

（三）密告人應用眞實姓名及述明詳細地址。

（四）受理機關，對密告人得切實保守祕密，匿名具控者，得視案情內容，予以受理。密告貪污，經查明屬實者，得視密告人身份酌予物質或其他之獎勵。主管長官貪污，准由部屬向上級機關密告，不得視為僭越行為，而予以懲處，如該上級機關，認為於密告人職務有妨礙時，得調用其他機關服務，俾得安心工作。

（五）誣告他人貪污者，應依法治罪。

（六）密告貪污案件，非經調查屬實及判決確定後，不得遽將案情內容宣佈，以免妨礙偵查之進行。

（七）各機關對於貪污案件之辦理情形，應呈報該管上級機關查核。

上述各項經呈奉　國民政府主席蔣核准照辦，並飭關於軍事機關密告貪污部份，應由本院轉令國防部一體飭遵，除分令外，合亟令仰遵照幷轉飭所屬一體遵照。此令！」

等因，奉此，除公告幷分令外，合行令仰遵照，並飭屬一體遵照。

此令！

中華民國三十六年十一月四日

整理契稅展限三月

南京市政府訓令 (卅六)府總財字第一〇六八八號

令第九十十一十二十三區公所

查本市整理契稅，自本年五月五日起開始，原定限期六個月，截至十一月五日止，業經屆滿，茲以鄉區未稅白契尚多，為求澈底整理起見，特依照收復區域各省縣市整理契稅辦法第二條規定，將該項限期自屆滿之次日起再行延長三個月，除函請財政部核備并分行外，合行令仰該區公所遵照，并轉行各保通知各業戶趕速辦理，俾便如限完成為要。

此令！

中華民國三十六年十一月十三日

切實保障征人家屬生活與安全

南京市政府訓令 (卅六)府總民字第一〇六五五號

令各區公所

案准國防部(卅六)成牋字第一二二九五號酉謙代電，為電請轉飭並經常督導所屬優待征人家屬，俾切實保障其生活與安全等由，准此，除函請兵役協會轉飭軍屬優待委員會切實遵辦，並分令外，合行抄發原電，令仰知照。

此令！

附抄發國防部原代電一件

中華民國三十六年十一月十一日

◉抄國防部(卅六)成牋字第一二二九五號原代電

奉 主席蔣侍地字第二二五五三號代電，抄發本部新聞局鄧局長(卅六)秋據字第一九三七號簽呈，附呈山東區視察報告及改進意見一案，其中甲項第廿一條：「現時服役士兵家庭大都貧苦，家屬生活亦極困難，非特難獲救濟，往往反遭鄉鎮保甲人員欺凌勒索，甚至田地房屋妻女等被人串同盜賣侵佔污辱，使士兵不能安心服役，影響士氣至鉅，各級新聞工作人員歷陳此類事實，甚盼中央令飭地方切實保障軍眷生活安全等語，飭轉飭切實保障等因，查征屬優待：(一)優待谷之籌集，行政院三十五年七月二十九日節京三字第七〇四二號訓令曾規定辦法五項，通飭各省市政府遵辦，並由本部於本年四月廿五日，以(卅六)成牋字第四二四七號代電，重抄該項辦法，請各省市政府查照督飭辦理，並規定此項谷物務於每年端午中秋年關三節分別發放，以期實惠征屬各在案；(二)出征軍人婚姻之保障，經由本部電准司法行政部本年七月京(卅六)參字第一三六八號午江代電，轉飭各級法院對征屬婚姻糾紛案件之審理，應切實遵照「出征軍人婚姻保障條例」辦理在卷；(三)新兵補助安家費之籌集發放，行政院於卅六年二月三日經以從二字第三四二一一號訓令規定辦法，通飭遵行有案；(四)征屬積谷之免派(收益在五十市石以下者)，工役及地方臨時捐款之減免，租佃之保障等權益優待，在優待條例中均有明白規定，惟各縣市政府與鄉鎮公所之能否澈底實施，端賴省市政府之經常指示與監督，及各軍師團管區司令之考核與督導，際此動員期間，剿匪任務至屬艱鉅，各地方征屬生活之保障與安全，地方政府應予以特別重視，不可疏忽。奉電前因，除分行各省市政府各軍師團管區司令部外，特電查照轉飭並督導所屬切實認真辦理。又「新兵補助安家費籌集保管發放通則」尚未擬訂之省市，希速擬訂，並於縣市總預算內按實際需要，核列安家費總數，以便籌發，仍將所頒通則咨報本部暨內政部核轉行政院備案為荷。

學生請求更改籍貫處理辦法

南京市政府訓令 (卅六)府總秘字第一〇五九八號

令民政／教育局

案案內政／教育部本年十一月五日人三／叁字第五一三一四／五九四六六號公函開：

「查學生請求更改籍貫手續，「戶籍法」及其施行細則均無明文規定．近來各級學校在校學生及畢業生因屢籍變更，請求更改籍貫者甚多，不能不酌定更改籍貫原則，以資救濟，而示限制，茲依「戶籍法」規定設籍除籍意義，制定「學生請求更改籍貫處理辦法」三項如次：

一、各級學校在校學生如籍貫變更須更改前畢業學校畢業證書所載籍貫時，應檢具本籍地鄉鎮公所或鄉區公所戶籍登記簿謄本一份，連同畢業證書呈由本籍地縣市政府查核，轉呈該管上級政府轉送內政部核辦。

二、各級學校學生更改籍貫，應依照前項規定程序辦理，但在內政部未核定前，可依據戶籍登記簿謄本或國民身份證，以證明其現在籍貫所屬地。

三、各級學校在校學生及畢業生經內政部核准更改籍貫者，應呈由原校轉報主管教育行政機關備案。

以上三項辦法，除由本教育部通令所屬各級學校知照外，相應會同函請查照。」

等由，准此，除分令民政／教育局外，合行令仰知照，並轉飭知照。

此令！

中華民國三十六年十一月八日

依院定敵產停止日期已辦理各案不予翻案

南京市政府訓令 (卅六)府總秘字第一〇三〇四號

令所屬各單位

案奉

行政院本年十月廿八日(卅六)七外字第四四〇八一號代電開：

「查本院前規定敵產停止移轉日期與司法院解釋略有出入，前經國防最高委員會決議，照司法院解釋辦理一案，經於本年五月二日以從陸字第一六六七五號令飭遵照在案，嗣據蘇浙皖區處理敵偽產業審議委員會呈，略以依照院定三十四年十月一日為敵產停止日期辦理各案是否不予翻案，請核示等情，當經轉請國民政府鑒核。茲准國民政府文官處三十六年十月十五日處字第七八九五號公函，略以函准司法院函復，查各區敵偽產業處理機關，前以三十四年十月一日為敵偽停止移轉日期，既係依照行政院令辦理，雖本院解字第三二五〇號解釋，為自中華民國三十四年日敵接受波次坦宣言之日(即八月十五日)起與之相異，並經前國防最高委員會第二百二十七次常務會議決議，照司法院解釋辦理，然在本院解釋未轉行前，其已決定各案，業經處理確定者，自不宜翻案，以免糾紛等由，經陳奉諭轉知行政院等由，除分行外，特電仰遵照。」

等因，奉此，查本案前奉

院令到府，經於本年五月六日以(卅六)府總秘字第四六六九號訓令轉行遵照在案，茲奉前因，除分行外，合行令仰遵照。并轉飭遵照。

此令！

出售物資補充辦法

南京市政府訓令 (卅六)府總秘字第一〇七〇〇號

令所屬各單位

案奉

行政院三十六年十一月七日(卅六)六經字第四六〇〇五號戌虞代電開：

「查本院前為使物資供應合理起見，經訂定辦法五項，於本年六月六日以從戻字第二一六四一號代電通飭施行在案，其中第四項關於物資之售賣，原係規定悉應評價公開招標，惟近據各方建議，以物資種類繁複，質量多寡不一，有非盡適標售，且政府機關需用物資，必令參加標購，事實上亦多困難，爰增訂補充辦法四項如下：

(一)車輛零件及日用品類物資，准由物資供應局按照所在地六個月消費情形，在該限度內託商承銷，其餘仍由局及所屬機構公開標售，其每次估計種類數量月日，應先報由物資供應委員會核定，並呈院備查。

(二)政府機關需用之物資及外商以外匯繳價承購者，准由物資供應局每次根據正式請購公函印件，核明數量種類價格，予以洽售，其貨價均須一律收取現款，並應專案報由物資供應委員會核備。

(三)零雜破損物資，准由物資供應局採取拍賣方式出售。

(四)所有拍賣洽售及標售物資，其價格或底價均應先經評價委員會評定，各地評價委員會未成立以前，應暫以上海評價委員會評定之價格或底價為準，但實際出售價格祇許增加，不准減少。

上列辦法，除分電外，仰即遵照。」

等因，奉此，查本案前奉 院令頒發是項辦法到府，經於本年六月十二日以(卅六)府總秘字第五八〇八號令飭遵照在案，茲奉前因，除分令外，合行令仰遵照。

此令！

中華民國三十六年十一月十三日

簡化重估地價辦法

南京市政府訓令 (卅六)府總秘字第一〇八〇七號

令財政局 地政局

案准

地政部本年十一月十日京地價字第一〇九八號公函開：

「案查全國地政檢討會議關於甘肅省政府所提，擬請不再重估地價，於每年征收地價稅前一月得比例物價指數調整一案，業經大會決議，將案由修正為簡化市地重估地價方法，並將辦法修正通過，送請本部核准施行紀錄在卷。查舉辦重估地價，依土地法第一六〇條之規定，應於地價申報滿五年，或一年屆滿而地價已較原標準地價有百分之五十以上增減時為之，在物價穩定地價無大波動時，五年一重估，尚無若何困難，惟目前物價變動劇烈，地價激增無已，幾於年年應辦重估，茲為辦理便利起見，重估地價方法確有簡化之必要，爰依照大會決議酌加補充，訂定簡化重估市地地價辦法如次：

(一)已辦規定地價之城鎮市地，在物價未穩定前，自三十七年度起於每年六月底前將重估地價辦竣，以便依期利用新成果開征地價稅。

(二)依照原地價等級，調查各等級地價增減情形，分別釐定，各等級地價較原地價增減倍數。

(三)同一地價等級中部份土地地價有特殊增減者，應併入其他相當等級，或單獨計算其增減倍數。

(四)依第二第三兩項釐定之增減倍數，應由市縣政府公布之。

(五)土地所有權人對前項釐定增減倍數有異議時，應依土地法第一五四條之規定，呈請市縣政府提交標準地價評議委員會評議之。

(六)公布期滿不發生異議，或發生異議經標準地價評議委員會評議決定之增減倍數，應即據以改編地價冊及總歸戶冊。

(七)地價冊及總歸戶冊在第一次改編時，應預留空格兩欄，備三年之用，地價等級變動不大時，地價冊及總歸戶冊得免予另造，僅就原冊註明各等級地價每年增減倍數，特殊土地於原冊內另行註明。

以上簡化重估市地地價辦法，除分函財政部外，相應抄同原提案及大會決議辦法，函請查照幷轉飭遵照辦理。」

等由，附抄送原提案及大會決議辦法一份，准此，除分令地政財政局外，合行抄發原件令仰遵照辦理。

此令！

抄發原提案及大會決議辦法一份

中華民國三十六年十一月十五日

◉全國地政檢討會議中甘肅省政府原提案及大會決議案

案　由：擬請不再重估地價，於每年徵收地價稅前一月，得比物價指數調整案

甘肅省政府提

理　由：查舉辦重估地價，原為適應需要增加稅收，在平時物價穩定之下，自無若何困難，惟值此物價波動甚鉅，地價隨之激增，每于重估地價之後，不數月而因物價變動即失效用，如復行重估，經費人力固所不許，且有上月重估，下月即可能增漲百分之五十，實不勝其繁，如聽其增漲，而不重估，則較實際地價過低，影響稅收殊非淺鮮，尤其每因估價時間先後之不同，各地地價互相懸殊，以致依為呈請核減地價之藉口，茲為求各地地價能有一致公允之標準，不致受物價波動影響稅收起見，地價不再重估，雖無法令規定根據，然衡諸目前實際情形，確有實施之必需。

辦　法：(一)各地於每年開徵地價稅前一月，根據各地原規定地價時之物價指數比照現時物價增漲指數比例調整公布施行，以作徵稅之標準。

(二)擬請修正原有法令，俾資遵循。

審查意見：本案案由擬修正「為簡化市地重估地價方法案」，幷將辦法修正如左：

一、調查各地價等級地價增減情形。

二、釐訂各等級地價較原地價增減倍數。

三、同一地價等級中部份土地地價有特殊增減者，應併入其他相當等級或單獨計算其增減倍數。

本修正案擬送請地政部核准施行。

大會決議：

本案照審查意見通過。

地籍整理法令釋疑

南京市政府訓令 （卅六）府總秘字第一〇七八二號

令財政局、地政局

案核

地政部本年十一月八日京地籍字第九二四號代電開：

「案查前據四川省地政局三十六年八月二十六日地二字第三四一一號呈，以據眉山縣地籍整理處呈請解釋法令疑義轉請核示一案，當經本部於本年九月十三日以京地籍字第六六六號呈請行政院核示在卷，茲奉行政院本年十一月三日（卅六）四內字第四五〇六五號指令開：「呈悉。查土地法第五十七條所規定之國有土地，依照前頒補救辦法第二項規定，由該管縣市政府地政機關代管，並代為收益，自公告日起居滿二年，仍無人申請登記，即為國有土地之登記，所請將是項已登記之國有土地指定各該管縣市政府為管理機關，核屬可行，惟其收益依國有土地管理機關及權限劃分原則第四項之規定，應由各該省（市）財政廳（局）監督經收解交國庫，並由各該廳（局）按年度編造收入分配預算，呈送財政部彙核編入國家總預算歲入部門，仰即知照等因，相應電請查照轉知。」

等因，准此，除分令地政、財政局知照外，合行令仰知照。

此令！

中華民國三十六年十一月十四日

提高緝獲烟毒給獎標準

南京市政府訓令 （卅六）府總民字第一〇八〇八號

令各區公所

案奉

行政院本年十一月五日（卅六）四內字第四五六四號訓令開：

「查年來物價迭有波動，舉發烟毒案件給獎辦法第九條規定之給獎標準，應自即日起一律按提高三倍核發，以利禁政，除分行外，合行令仰遵照。」

等因，奉此，自應遵辦，除分行並公告外，合行令仰知照。

如令！

中華民國三十六年十一月十五日

蘇省設置嵊泗設治局

內政部公函 方字第一〇六七號

查江蘇省政府請就該省崇明縣所屬嵊泗列島設置嵊泗設治局一案，業經本部呈奉 國民政府三十六年十月十六日處字第一六九三號令准備案，除分行外，相應函達查照。

此致。

南京市政府

中華民國三十六年十一月一日

市政要訊

市參議會舉行第一居第四次大會

本市參議會第一屆第四次大會，於十一月三日上午九時半假香舖營公餘聯歡社舉行開幕典禮，到參議員四十餘人，市長暨各局處長均列席，首由陳議長裕光致開幕詞，繼由內政部彭次長昭賢及市長等致詞，下午二時由市長報告三月來的市政設施。自第二日起由各局處長蒞會報告工作概況，並由各參議員質詢，九日起討論提案至十五日休會。並定二十八日復會，討論未了議題。

積極籌辦大選事宜

本市國大代表選舉投票所二一八處，所需工作人員達三千餘人，經由本市選舉事務所分別調派，着手組織，並借調本府職員一二〇人，小學教師三八〇人參加工作，所有準備工作，均已就緒，本府高級職員十八人應聘為督導員，指導各投票所工作及解決投票時之臨時糾紛。此項選舉投票日期，業經遵照中央規定於十一月二十一日至二十三日舉行。又本市立法委員選舉人名冊業經編造完畢，現正分發選舉權證。至本市監委選舉，原奉中央規定，於十一月十六日舉行選舉會，二十二日投票選舉，嗣以此項投票日期與國大代表選舉日期重複，奉中央更訂得於十二月十日以前投票，經改訂進行程序，定於十一月二十七日舉行選舉會，十二月三日投票選舉。

第八居市運動會圓滿結束

本市第八屆全市運動大會開幕式，於十一月十二日上午八時在公園路市立體育場舉行，到大會名譽會長朱部長、會長沈市長、副會長馬副市長、總幹事郝更生、總裁判江良規等，計參加單位一百四十三個，出席運動員二千一百餘人，首由沈市長領導行禮，宣佈市運動會開幕，繼由朱部長致詞後，各項田徑節目即次第舉行，計分小學男子組、女子組，初中男子組、女子組，高中男子組、女子組，公開男子組、女子組等，分別比賽，歷經兩日，迄至第二日五時許比賽完畢，舉行閉幕式，由沈市長致詞，圓滿結束。茲錄大會團體總分於後：

小學男子組冠軍　漢口路小學　二九分
小學女子組冠軍　第五區中心小學　二〇分
初中男子組冠軍　遺族學校　四六分
初中女子組冠軍　市立第二女中　四三分
高中男子組冠軍　勵志中學　三六分
高中女子組冠軍　金女大附中　三八分
公開男子組冠軍　中央大學
公開男子組亞軍　空軍司令部
公開女子組冠軍　金陵女子大學
公開女子組亞軍　中央大學

評定第九區標準地價

本市第九區標準地價，業由地政局查估完竣，並提經標準地價委員會第十四次會議評議修正通過，及本府第一〇五次市政會議通過，茲刊錄如下：

南京市第九區標準地價等級表

（一）旱地及池塘

等別	級別	每畝標準地價單位萬元	地段
甲	1	二四〇	橋西街　橋東街　橋東後街　橋東河埂　董家

等級	別	每畝標準地價單位萬元	地段
			巷 順安里 仁愛里 信義里 忠孝里 堯化門 邁皋橋 小市街 東井亭 太平村
乙	1	一九〇	和平里 東門村 上元里 永清里 二仙橋 永固里 百靈街 吉祥街 中心村 合班村 曉莊村
乙	2	一七〇	笆斗東里 笆斗西里 聯珠村 金陵里 永安里 婁子村 佛靈里 渡師石 草鞋街 門里村 安懷村 江家村 長營村 方家營 十字街 高家村 黃家圩 過街篷
乙	3	一四五	瀋陽村 槽後村 張王廟 黑墨村 滕子村 尚塘村 小營村 管家村 何家凹 陸家井 篆塘村 五百村 黃家方 審上村 楊山頭 李家村 烏龍山 窰頭 李家院 梅家塘 謝崗頭 汪家邊 吳家莊 沙地村 樊甸村 伏家橋 清淨寺 下廟 上方村 下方村
乙	3	一四五	柳塘村 朱家邊 陶家村 棗林村 王家前 顧家村 誠實村 親愛村 奮鬬村 合作村 尹劉村 興衛村 三元祠 水田村 紫竹園
乙	4	一二〇	張化村 馮家邊 瓜冲 李家崗 小崗下 佘家冲 許家村 徐家村 興武營 戴家邊 陰陽衛 買家邊 象坊村 瓜園村 萬壽村 大水關 丁家莊 徐家營 東岳廟 城河村 毛家園 進取村
	5	九五	張察村 孫家窪 黃土山 郭家山 四合圩 四合東圩 關帝廟
丙	1	七〇	小沙灘（東份中份西份） 乾路街 乾路頭壠 復興河北 復興河南 後新圩村
	2	六〇	乾路外灘 乾路三四壠 大留東西頭壠 大留東西三壠 雙柳四壠 大沙灘（東份中份西份） 下三百丈 二步壓（巽字離字坤字兌字）南甯東村
	3	五〇	大小腦河 圓洲 北三步壓 外沙包 南三步壓 南甯西村 北平村 涼月村

（二）荒地及沙場地

等級	別	每畝標準地價單位萬元	地段
甲	1	七二〇	橋西街
	2	五八〇	董家巷 橋東街
	3	五〇〇	橋東後街 橋東河埂 順安里 仁愛里 堯化門（沿公路兩側） 邁皋橋（沿公路兩側） 小市街（沿公路兩側）
	4	四〇〇	信義里 忠孝里 百靈街（沿公路兩側）
乙	1	三六〇	二仙橋 和平里
	2	三〇〇	小市街 堯化門 邁皋橋 太平村 吉祥村 中心村 曉莊村 東井亭 合班村 百靈街 笆斗東里 笆斗西里
	3	二六〇	東門村 上元里 永清里 渡師石 永固村 草鞋街 門里村
	4	二四〇	永安里 婁子村 佛靈里 聯珠村 江家村 長營村 黃家圩 十字街 過街篷 高家村

方家營 安懷村 潘陽村 槽後村 張王廟
黑墨村 滕子村 尚塘村 小營村 管家村
何家凹 陸家井 篆塘村 五百村 黃家方
窰上村 楊山頭 李家村 烏龍山 窰 頭
李家院 梅家塘 謝崗頭 汪家邊 吳家莊
沙地村 樊甸村 伏家橋 清浮寺 下 廟
二四〇 上方村 下方村 柳塘村 朱家邊 陶家村
棗林村 王家前 顧家村 誠實村 親愛村
奮鬥村 合作村 尹劉村 興衛村 三元祠
水田村 紫竹園 張化村 馮家邊 瓜 冲
李家崗 小崗下 金陵里
5 一八〇 佘家冲 許家村 徐家村 興武營 戴家邊
陰陽衛 賈家邊 象坊村 瓜園村 進取村
萬壽村 大水關 丁家莊 徐家營 東岳廟
城河村 毛家園
丙 1 一二〇 張簝村 孫家窪 黃土山 郭家山 四合圩
四合東圩 關帝廟
2 九〇 七里鄉 八卦鄉

(三)水田、園林地、荒山及沙蕩

等別 級別 每畝標準地價單位萬元 地段

甲 1 水田二一五 橋西街 橋東街 橋東後街 橋東河埂
園林二九〇 董家巷 順安里 仁愛里 信義里
荒山一九〇 忠孝里 堯化門 邁皋橋 小市街
沙蕩一六〇 東井亭 太平村

乙 1 水田一七〇 百靈街
園林二二五 二仙橋 和平里 東門村 上元里
荒山一四五 永清里 永固里
沙蕩一一〇 吉祥村 中心村 曉莊村 合班村
2 水田一四五 渡師石 草鞋街 門里村
園林一九〇 合班村 永安里
荒山一二〇 婁子村 佛靈里 笆斗東里 笆斗西里
沙蕩九五 聯珠村 安懷村 江家村 長營村 黃家圩
十字街 過街蓬 高家村 方家營
3 水田一二〇 潘陽村 槽後村 張王廟 黑墨村
園林一六〇 滕子村 尚塘村 小營村 管家村
荒山九五 何家凹 陸家井 篆塘村 五百村
沙蕩八〇 黃家方 窰上村 湯山頭 李家村 烏龍山
窰 頭 李家院 梅家塘 謝崗頭 汪家邊
吳家莊 沙地村 窰甸村 伏家橋 清淨寺
下 廟 上方村 下方村 柳家村 朱家邊
陶家村 棗林村 王家前 顧家村 誠實村
親愛村 奮鬥村 合作村 尹劉村 興衛村
三元祠 水田村 紫竹園 張化村 馮家邊
瓜 冲 李家崗 小崗下 戴家邊
水田九五 佘家冲 許家村 徐家村 興武營
園林一三〇 陰陽衛 賈家邊 象坊村
荒山八〇 瓜園村 進取村 萬壽村 大水關
沙蕩六五 丁家莊 徐家營 東岳廟 城河村 毛家園
金陵里
丙 1 水田七〇 張簝村 孫家窪 黃土山 郭家山

園林 九五 四合圩 四合東圩 關帝廟
荒山 六五
沙蕩 五〇
2 水田 五〇 八卦鄉
園林 七〇 七里鄉第二十五保第二十六保（後新圩以南）
荒山 四〇
沙蕩 三五
3 水田 三〇 七里鄉第二十七保（後新圩以北）
園林 四五
荒山 二五
沙蕩 二〇

簡訊

▲督開區民代表會：區民代表會，規定每三個月應舉行一次，現第七八十二十三各區區民代表會，業由民政局督導召開，並改選徐新川為第十二區區民代表會主席。

▲續辦第二期自治人員訓練班：本市自治人員訓練班第一期受訓學員九十八人，業於十月二十九日結業，所有受訓成績，已由民政局分別評定。第二期訓練，並已於十一月六日開訓。

▲辦理末批公職候選人檢覈：本市公職候選人檢覈，業經奉令停辦，惟以前所收之聲請檢覈案一千二百餘件仍須處理，因其中手續多有不全，最近始全部審查完畢，彙報考試院核辦，至此項檢覈工作，現已辦理結束。

▲改善筵席稅課徵辦法：本市筵席稅，係由各菜館按營業情形個別認繳，惟每有藉口顧客拒不繳納，致認繳稅額未能達到理想數字，茲為切實整頓增加稅收起見，經配合筵席消費節約辦法，將應徵稅額，包括於菜價內計徵，再由財政局按照其實際營業收入，核定應繳稅額徵收，業經該局商得社會局同意，自十一月份起實施。

▲催徵地價稅：本年地價稅已於九月十日開徵，惟納稅人尚多意存觀望，延未繳納。茲經訂定催徵有效方法四項：(1)檢查將屆期滿尚未繳納稅款之各戶，預先由郵寄發催繳通知書。(2)檢查業已逾期尚未繳稅之各戶，再行填發罰款通知書，促令注意。(3)稅額在百萬元以上之各戶，隨時派稅警按戶催繳。(4)稅額在千萬元以上者，飭派催徵員持函訪問未繳原因，勸導早日繳納，前項辦法，已先後實施，以利稅收。

▲熱河路商場登記完竣：熱河路與江邊被拆商戶爭租下關熱河路商場租賃糾紛事件，經財政局會商各有關方面決定准予補辦登記一次，業已於十一月五日起至九日止，補辦登記完竣，即將約請下關參議員及有關方面共同審查，以便決定。

▲核定車身重量噸位征收汽車市政建設捐：查本市汽車市政建設捐，係根據工務局訂定機動各車總重量計算標準，按級征收。本市汽車商業同業公會前以營業汽車車身重量加倍，曾經呈請將車身重量，核減為四分之一加入載重計算，嗣經工務局重加核定，改照各該車載重量加三分之一為車身重量，業經財政局轉飭稅捐處於十月三日起按照改訂噸位開始徵收，各車商業已次第遵繳。其餘自用汽車使用牌照稅已徵起八成，為各機關劃一報銷起見，一律仍照工務局原訂總重量計算標準徵收，以免除退還稅款之繁難。

▲增設第十衛生分所：第九區邁皋橋，戰前設有衛生分所一所，戰時毀壞無遺，該區汪區長等，以該處居民衆多，距離燕子磯第十衛生所及七里洲分所，路程較遠，診療不便，請予恢復，當經衛生局派員與該區公所商允撥用房屋，現正積極籌備，定期開始工作。

▲化驗市售牛奶：時屆冬季，本市各牛奶場供應量較爲增多，爲保護市民健康，並防止各該商攙雜生水或未經消毒起見，特規定自十一月十日起，派員分往各牛奶場輪流抽樣化驗，如有不合標準者，即予督飭改善，以重衞生。

▲限期飭令華藏寺遷葬寄柩：華藏寺內寄柩頗多，有礙衞生，經由衞生局飭令清潔總隊轉飭該寺限於十月底以前一律遷葬，除有主棺柩均已遷葬外，尚有少數棺柩，查無柩主，無法通知，業已函請社會局公告，並飭代葬局代爲遷葬。

▲舉行大規模滅蝨：十一月四日上午九時，衞生局王局長率領主管人員及稽查等，會同美軍顧問團工作人員二十餘人暨該局巡迴醫療車，至下關四所村難民區舉行大規模滅蝨工作，當將美軍顧問團撥用之自動噴霧DDT器開始工作，該器同時可噴射十人，經二小時之時間，爲二千一百二十人滅蝨，其中有疾病者，即由巡迴醫療隊分別予以醫治，秩序甚好，並於六日在下關工人福利社廣場作第二次滅蝨。

▲繼續訓練環境衞生初級幹部講習班：衞生局前爲加強環境衞生工作，培養幹部人材起見，舉辦環境衞生高初級幹部訓練班，經聘請衞生警政專家於九月十五日在清潔總隊內開班，分別訓練，現高級班已於十月二十四日結束，初級班前期學課，亦已授畢，除高級班不再舉辦外，初級班後期各課程，均已擬訂：仍繼續訓練。

▲商定清除市內馬糞辦法：本市馬車經行路綫沿途所遺馬糞不絕，尤以下關、水西門、三山街、夫子廟等停車場時有馬糞堆積，有礙觀瞻，經由清潔總隊於十月二十四日召集警察廳各區警察局及馬車業公會派員會議，當經決議，由馬車業公會自備工具，招僱伕役，分配各道路與停車場所隨時清除，並由清潔總隊所屬各路隊及該管警局所會同視察，一俟置辦就緒，即行實施。

▲組織國民教育參觀團赴滬杭兩地參觀：教育局爲改進本市教育及增進教育工作人員進修起見，上學期曾組中等教育參觀團赴滬杭參觀，本學期組織國民教育參觀團團員，擬定二十五人，計中心國民學校校長八人，國民學校校長八人，中心國民學校輔導研究主任四人，教育局五人，定十一月下旬出發參觀，時期暫定一週。

▲各級國民學校舉行各學科公開教學：本學期全市各級國民學校各學科公開教學及批評討論會，已於十月二十三日開始舉行，已舉行者有高級國語、自然、音樂、中級國語、常識，低級國語、常識、唱遊等八科，每次舉行教育局均派主管人員出席指導，並聘請專家批評或講演，每一批評會參觀教師暨指導人員與專家等發言，極爲踴躍，研究興趣十分濃厚。

▲學校修建工程：市立第四中學及顏料坊、興衞村、慈悲社、淵聲巷等國民學校修理工程，市立商科職業學校及太平門國民學校九華山分校新建校舍工程，均已完工，並經派員驗收竣事。

▲編印南京市教育概覽：本市爲使各界明瞭京市教育實況，特編印南京市教育概覽一冊，以備索取，並代說明，該書於本月三日出版，內容爲市政府及教育局之沿革、教育局現行組織、本市最近教育概況、抗戰前與復員後京市教育概況之比較等主要材料，各項統計，如本市面積及人口分佈與密度表、本學期市私立中小學概況表、兩學期來失學與在學兒童百分比表，國民學校中等學校社教機關抗戰前後概況表、各級學校教職員學歷統計表等，均爲重要之統計材料，並附錄市私立中等學校一覽表、社教機關一覽表、專科以上學校及非市屬中等學校名稱地址表，封底裏並選印市內公私機關銅版多種，手此一編，可見本市教育之梗概。

法規

中央法規

營業牌照稅法

國府三十六年十一月十四日令公佈

第一條　各市縣征收營業牌照稅，依本法之規定。

第二條　各種商業均征收營業牌照稅，但不得以其他任何名目增收附加稅捐。

第三條　凡經營商業者，應於營業開始前，開具左列事項，申請營業牌照稅征收機關調查登記，核定稅款，發給營業牌照後，方得開業：

一、營業種類。

二、商號名稱及所在地。

三、營業人姓名籍貫及住所。

四、營業資本額。

五、為公司組織者其公司註册之年月日及登記號數。

前項營業牌照，每年換發一次，於每年度開始第一個月內換發之，繼續營業之商號，於換領營業牌照時，應重行申報其資本額。

第四條　營業牌照稅應按資本額及營業種類劃分等級課稅。

前項資本額，以其原報資本額或實收股本加公積準備盈餘滾存等項合併計算之。

第五條　營業牌照依前條分級課稅，其稅率最高級不得超過其資本總額千分之三十。

第六條　凡同一商號兼營數種營業，其稅級不同者，以其中最高稅級之營業課稅，但資本賬簿會計能完全劃分者，得分領營業牌照分別課稅。

第七條　左列各種營業得分別減免其營業牌照稅。

一、純粹官營之各種商業，照原稅額減除百分之二十。

二、產銷合作社專銷其社員產品者，照原稅額減除百分之六十。

三、依公司法組織經註册登記者，照應納稅額減征其百分之二十。

四、消費合作社專對社員營業者，及監獄工場或慈善團體附設工場之銷售所專銷其手工產品者，均免征營業牌照稅，但仍須請領牌照酌收工本費。

第八條　工廠就其廠內躉售產品，免征營業牌照稅，但設立門市部零售產品或於廠外另設營業所者，仍應照征營業牌照稅。

第九條　官商合營之各種商業，均應照征營業牌照稅。

第十條　營業牌照稅按年征收，其在年度開始半年以後開業者，減半征收之。

第十一條　營業牌照不得轉賣讓與或借用。

第十二條　凡歇業者，應將原牌照繳還註銷，其遷地營業增資改組變更營業種類或由承頂人繼續營業者，應將舊照繳銷，另行納稅重領新照，但增加資本或變更營業種類者，其原納稅額得扣除之，遷地營業者，得僅收工本費。

第十三條　征收機關對應納營業牌照稅之營業，必要時得檢查有關物件簿册書據等項。

第十四條 違反本法第三條第一項之規定，未經請領營業牌照遽行營業者，除勒令停業外，並處以應納稅額二倍至五倍之罰鍰。

違反本法第三條第一項之規定，不於年度開始後一個月內納稅換照而繼續營業，或違反第十二條之規定遷地營業增資改組變更營業種類而不換領新照者，除責令補繳應納稅款換照外，並處以應納稅款一倍至三倍之罰鍰。

營業人申報資本額不實或朦報營業種類希圖短稅者，除責令補稅換照外，處以短納稅額二倍至五倍之罰鍰。

依照前二項之規定，經責令補稅換照而不於十五日內繳稅換照者，得勒令停業。

第十五條 違反本法第十一條之規定，轉賣讓與或出借營業牌照者，處以五十萬元以下之罰鍰。

歇業而不將原照繳銷者，處以十萬元以下之罰鍰。

對於征收機關依本法第十三條之規定實施檢查爲抗拒者，處以五萬元以下之罰鍰，情節重大者並得勒令停業。

前三項之罰鍰，不適用罰金罰鍰提高標準條例之規定。

本法之罰鍰由法院以裁定行之。

對於前項裁定，得於五日內抗告，但不得再抗告，法院得酌定期限令人受罰人繳納罰鍰，逾期不繳者強制執行之。

第十六條 營業牌照稅征收細則，由各省市政府依照本法分別擬訂，送請財政部核定之。

營業牌照稅之征收率，由各市縣政府依法分別擬訂，提經市縣參議會議決，層轉財政部備案。

第十七條 稅源不旺地區，得經市縣參議會議決，由省政府核定免征之，並轉報財政部備案。

第十八條 本法自公佈日施行。

（備註：三十五年十二月五日公布之營業牌照稅應予廢止）

營業稅法第五條修正條文

國府三十六年十一月十四日令公布

第五條 營業稅稅率規定如左：

一、以營業收入額爲課征標準者，征收百分之三。

三、以營業收益額爲課征標準者，征收百分之六。

（備註：營業稅法載本公報第二卷第十期）

使用牌照稅法

國府三十六年十一月四日令公布

第一條 各市縣征收使用牌照稅，依本法之規定。

第二條 凡使用公共道路河流之車船肩輿馱獸，均須向所在市縣請領牌照，繳納使用牌照稅，但不得以其他任何名目增收附加稅捐。

第三條 使用牌照得按年或半年換發一次，其應納稅款於換照時征收之。

未經依本法納稅領得使用牌照之交通工具，不得行使。

第四條 使用牌照稅應就駕駛種類及載重數量，分別自用營業，劃分等級課稅。

第五條 使用牌照稅，課營業者，依左列規定，課自用者，減少四分之一征收之。

甲、車

（一）機器行使者

1. 乘人小汽車　每輛全年國幣五十萬元至一百萬元。
2. 乘人大汽車　每輛全年國幣八十萬元至一百六十萬元。
3. 載貨汽車　每輛全年國幣八十萬元至一百六十萬元。
4. 機器脚踏車　每輛全年國幣二十萬元至四十萬元。

(二)人力駕駛車　每輛全年不得超過國幣五萬元，但三輪車得加收二分之一。

(三)獸力駕駛車　每輛全年不得超過國幣二十萬元。

乙、船

(一)人力駕駛者　每隻全年不得超過國幣三十萬元。

(二)機器行駛者　每噸全年國幣一萬元至二萬元。

丙、肩輿　每乘全年不得超過國幣二萬元。

丁、獸馱　每隻全年不得超過國幣五萬元。

第六條　有左列情事之一者，免徵使用牌照稅：

甲、已在其他市縣領照納稅，其經過或停留本市縣之時間不超過二月者。

乙、專駛公路河流之公有交通工具，以及在設有海關地方行駛已經海關征收船鈔之輪船，但以上交通工具仍須請領牌照，并酌收工本費。

丙、專供農業上應用之交通工具。

第七條　使用牌照應註明種類、號碼、有效期間及發給之市縣。

第八條　使用牌照應置於所屬工具易見之處，但獸馱牌照得由經營人隨手攜帶。

第九條　使用牌照不得轉賣、讓與、借用或逾期使用。

第十條　牌照如有遺失損壞，經查明屬實者，得補發新照，酌收工本費。

第十一條　違反本法第二條第二項及第九條之規定者，除令領照納稅外。并處以一倍至五倍之罰鍰。違反本法第八條之規定者，處以三萬元以下之罰鍰。

前項罰鍰，不適用罰金罰鍰提高標準條例之規定。

第十二條　本法之罰鍰，由法院以裁定行之。

對於前項裁定，得於五日內抗告，但不得再抗告。

法院得酌定期限，令受罰人繳納罰鍰及應追繳之金額，逾限不繳者，強制執行之。

第十三條　使用牌照稅征收細則。由各省市政府依本法分別擬訂，送請財政部核定之。

使用牌照稅之征收率，由各省縣政府依法分別擬訂，提經市縣參議會議決，層轉財政部備案。

第十四條　稅源不旺地區，得經市縣參議會議決，由省政府核定免征之，并轉報財政部備案。

第十五條　本法自公布日施行。

屠宰稅法第二條及第三條修正條文

國府三十六年十一月四日令公布

第二條　凡屠宰牲畜，無論自用或出售，均應征收屠宰稅，但不得以其他任何名目增收附加稅捐。

前項所稱牲畜，以豬牛羊騾馬等五種爲限。

第三條　屠宰稅從價征收，其稅率最高不得超過百分之十。

南京市政府公報 第三卷 第十期

（備註：房宰稅法載本公報第二卷第五期）

房捐條例

國府三十六年十一月四日令公布

第一條 各市縣征收房捐，依本條例之規定。

第二條 凡未依土地法征收土地改良稅之市縣政府所在地及其商業集鎮之房屋，均得征收房捐，其征收範圍及免征標準，由市縣參議會決議，經市縣政府呈由省政府核准，幷報財政部備案，院轄市應經行政院核准。

第三條 房捐向房屋所有人征收之。其設有典權者，向典權人征收之。

第四條 房捐捐率如左。

一、營業用房屋，出租者不得超過其全年租金百分之二十，自用者不得超過其房屋現值千分之二十。

二、住家用房屋，出租者不得超過其全年租金百分之十，自用者不得超過其房屋現值千分之六。

凡發生房屋恐慌之都市，經市縣參議會之議決，得征收空房捐，空房捐分別按營業房屋住家房屋，比照前項各款自用房屋捐率加倍征收之。

征收空房捐之都市，對於在征收空房捐期間新築之房屋，應免征其房捐一年。

第五條 房捐依地方習慣，得按月或按季定期征收之。

第六條 出租房屋應捐額，以其租約所載之租金及押租利息合併計算，其以實物為押租者，按時值估定之。自用房屋應徵捐額，以房主自報房屋現值核算。

前項押租利息，應參照當地銀行錢莊定期存款利率計算。

前項租金或房屋現值，征收機關認為不實時，得予估定，如有爭執，得交由房屋評價委員會評定之。

房屋評價委員會組織規程，由財政部定之。

第七條 凡轉租之房屋，其轉租租金超過原租金者，其超過部份應納房捐，由轉租人負担。

第八條 出租或轉租之房屋，應納房捐得由承租房客代繳，抵付房租，但第七條應納之房捐，向轉租人征收之。

第九條 出租房屋應自出租之日起十日內，由出租人申報租額，自住房屋應自居住之日起十日內申報房屋現值。

空房應自開征空房捐之日起十日內或房屋出空後二十日內，由房主申報之。

第十條 房屋所有權人或其典權人隱匿房產不報或以不正當方法希圖短漏捐額者，除責令補繳應納捐額外，幷照短繳捐額處以三倍以下之罰鍰，轉租人隱匿不報或短漏捐額時亦同。

第十一條 房捐逾征收期限延宕不繳者，依左列情形分別加收滯納金，逾期三個月以上者，主管征收機關，幷得移請法院追繳之。

一、逾限一月者，照所欠捐額加征滯納金十分之二。

二、逾限二月者，照所欠捐額加征滯納金十分之五。

三、逾限三月以上者，照所欠捐額加征滯納金一倍。

第十二條 本條例之罰鍰，由法院以裁定行之。

對於前項裁定，得於五日內抗告，但不得再抗告。

法院得酌定期限，令受罰人繳納罰鍰及應追繳之金額，逾期不繳者，強制執行之。

第十三條 房捐征收細則由各省市政府依本條例分別擬訂，送請財政部備案。

房捐之征收率，由各市縣政府依法分別擬訂，提經市縣參議會議決，由省政府報請財政部備案。

第十四條　本條例自公布日施行。

國府公報所載中央法規索引　十一月上半月份

法規	號數
簡易人壽保險法第五條及第三十七條修正條文	第二九七一號
動員戡亂期間勞資糾紛處理辦法	第二九七一號
修正後方共產黨處理辦法第三第七第十二第各條條文	第二九七二號
國民大會代表選舉罷免法施行條例所附選舉票式說明	第二九七四號
國民大會代表選舉罷免法施行條例所附當選證書說明	第二九七四號
國民大會代表 立法院立法委員選舉補充條例	第二九七八號
國民大會代表選舉罷免法第四條修正條文	第二九七八號

本府法規

南京市文獻委員會組織規程

三十六年十月三十一日第一〇四次市政會議通過

第一條　南京市為徵集保管及編纂文獻資料，設置南京市文獻委員會（以下簡稱本會）。

第二條　本會置委員十五人，由南京市政府延聘專家及有關機關學校首長充任；就委員中指定主任委員一人，主持會務，副主任委員二人，襄理會務。

第三條　本會徵集資料之範圍如左：

一、本市沿革有關之府縣各種舊志書及各項地圖。

二、本市有關之詩文著述及金石拓片。

三、本市流傳之禮典樂器。

四、本市之地方民俗歌謠。

五、本市地方古蹟名勝照片。

六、本市重要及特殊方物之照片。

七、本市公私機關團體發行之刊物。

八、本市私人著作及譯述。

九、本市鄉賢名宦之遺蹟、遺像、傳記、行述、碑誌。

十、本市人民私家譜牒。

十一、其他。

第四條　本會應調查之事項如左：

一、本市政府與其附屬機關以及人民團體之設施狀況。

二、本市出產主要物品產額。

三、本市之一般工資物價。

四、本市人民之宗教信仰。

五、本市人民之經濟狀況。

六、本市人口出生與死亡率。

七、本市人民忠烈事蹟。

八、其他。

前項調查應分月分類，製成紀錄或統計比較表，存備查攷。

第五條　本會設左列各組：

一、編纂組　担任編纂市志或修補舊志及搜集各種文獻，編印專刊等事宜。

二、採集組　担任設計、調查、徵集、訪詢、通訊等事宜。

三、整理組　担任登記、編目、繪圖、鑑定、收藏、陳列等事宜。

四、總務組　担任文書、會計、出納、庶務、出版等事宜。

前項各組，得視實際情形併為三組掌理之。

第六條　本會各組各置組長一人，組員共十五人至二十二人，由主任委員派充之，分別辦理本會事務。

第七條　本會得酌用僱員。

第八條　本會兼任委員為無給職。

第九條　本會因事實上之必要，得延聘專家為顧問。

第十條　本會為纂修市志，得設置通志館，其組織另定之。

第十一條　本會辦事細則由南京市政府訂定，咨報內政部備案。

第十二條　本規程自南京市政府公布日施行。

南京市通志館組織規程

三十六年十月三十一日第一〇四次市政會議通過

第一條　南京市政府為補訂舊志纂修市志特設置南京市通志館（以下簡稱本館），隸屬於南京市文獻委員會。

第二條　本館設館長一人，副館長一人，由文獻委員會主任委員遴選人員請市長函聘之，秘書一人，編纂二人至三人，協纂採訪若干人，事務員一人，書記若干人，由文獻委員會職員兼任。

第三條　本館得設南京書庫貯藏各種文獻資料，必要時並得分設甲乙兩庫，設主任一人，由館長聘請市立圖書館館長兼任之。

第四條　本館於必要時得聘請特約採訪。

第五條　本館辦事細則另定之。

第六條　本規程如有未盡事宜，得由南京市文獻委員會報請南京市政府核准修正之。

第七條　本規程自南京市政府公布日施行。

南京市地政局代管逾期未經申請登記土地暫行辦法

三十六年十一月七日第一〇五次市政會議通過

第一條　本辦法遵照　行政院三十六年七月十日(卅六)四內字第二七〇三九號訓令規定訂定之。

第二條　凡本市登記區內逾期未據申請登記之土地，除法令別有規定外，悉依本辦法規定辦理。

本市復員後逾期未申請查驗圖狀之土地，亦準用本辦法之規定。

第三條　本市登記區內逾期無人申請登記或未申請查驗圖狀之土地，由本局分別查明依照土地法第五十七條規定為無主土地之公告。

前項公告期間為兩年。

第四條　依前條所為公告於滿三個月後，該土地無人主張權利者，由本局代管，公告期滿，仍無人主張權利者，即為國有土地之登記，並呈報　行政院備查。

前項土地有他項權利設定者，得由權利人於公告期內提呈他項權利證件，呈請登記，並由本局清理之。

第五條　依本辦法代管之土地，其所有收益由本局列冊呈報南京市政府指定市金庫專戶存儲，俟土地權利歸宿確定後，解繳國庫或發還所有人。

第六條　依本辦法代管之土地，在公告期內，原所有人得提出產權證件申請登記或補請查驗，經審查屬實後，准予撤銷代管處分，並發還其收益。

前項撤銷代管之土地，得照土地代管期內收益總額征收十分之一之保管費。

第七條　本辦法自南京市政府報請　行政院備案後公佈之日施行。

南京市管理水管商規則

三十六年十一月七日第一〇五次市政會議通過

一、本規則遵照內政部公佈之自來水管承裝商管理規則第三條之規定訂定之。

二、凡在本市內裝修製水設備消防設備衛生設備冷熱水設備冷熱氣設備以及其他給水設備等之商店統稱為水管商，均應遵照本規則之規定，向工務局登記。

三、凡申請登記各水管商須備具下列各條件：

1.資本總額在壹仟萬元以上者（流動資本與材料各半）。

2.店主本人或聘用之經理或技師：（一）領有經濟部或前工商部實業部衛生工程科技師或技副執照者。（二）或在本規則施行前已執行裝置給水設備業務四年以上成績優良經工務局考驗合格者。惟第二項係准暫用仍須在申請登記核准後一年內補聘領有第一項規定執照者。

3.須另雇有工務局考驗合格之水管工者。（在工務局之水管執照未發以前，可暫以本市自來水管理處所發者送驗。）

四、水管商請登記應納登記費國幣貳萬元領取登記書分別填明下列各項呈送工務局審核。

（甲）商店之名稱地址及電話號數設立日期。

（乙）商店主人或代表人之姓名住址，並附最近二寸半身免冠正面照片三張。

（丙）組織之性質業務之種類及已往經驗（附證明文件）。

（丁）資本總額。

（戊）經售給水設備之種類及牌號。

（己）水管工之姓名及住址。

（庚）保證商號名稱地址資本額及代表人姓名。

（辛）社會局發給之營業執照及登記資本額。

以上各項於登記後，如有變更，應於五日內呈請工務局更正。

五、水管商接到核准登記通知單，應於七日內繳納保證金存入工務局指定之銀行，其額依照資本總額百分之五計算，但至多繳至國幣三百萬元，此外不再計繳，同時繳領照費國幣五萬元領取執照，准在本市市區內營業，逾期十五日不繳保證金者，作放棄登記論，凡審查未合格之水管商於接到通知書後，照單開具辦法補正手續重行請求登記。

六、水管商執照應於每年七月一日至十五日內繳向工務局驗照隨納驗照費國幣壹萬元，逾期一週不繳驗者，得吊銷其執照。

七、水管商執照應懸掛於商店中最顯明處，如有遺失損壞或更換執照內項目，應報請補給或換給隨納新照費國幣貳萬元，否則除罰鍰國幣貳拾萬元外，仍勒令補換新照，其遺失者，並須登報聲明三天，十五日後，會同原保證人出具保單申請補發。

八、水管商停止營業後，所領執照應即繳銷，其原繳保證金，可於繳銷水管商及全體水管工執照日起滿三個月後，呈准工務局發還，惟如有已登記之水管商三家書面負責担保，得於七日後發還之。

九、已登記之水管商不得代替未登記之水管商出面營業，亦不得將工程轉包給未登記之水管商，違者除吊銷執照外，並沒收全部保證金。

十、凡未領工務局執照之水管商，不得在本市區內懸牌營業或兜攬工程，如有違犯，應罰停止營業三月之處分，並勒令補行登記，在停業期間其工作器具暫予扣留，所裝一切給水設備，並應拆除沒收充公。

十一、水管商受託裝修屋內給水設備及衛生設備除僅裝龍頭外，皆應先備具規定尺寸之圖樣，並塡各規定式樣之報告單呈請工務局審查，此項圖單，必須由工務局登記開業之「衛生工程科」技師或技副負責設計簽字，方得核准領取工作執照，其執照費依下列之規定繳納，但總數至多不得超國幣貳拾萬元。

（一）冷熱水箱每具國幣伍仟元。

（二）衛生器具如面盆脚盆浴缸便桶等每件國幣壹萬元。

（三）暖氣汽爐熱水鍋爐等每具國幣壹萬元，如已領照而欲修理者不另取費。

十二、受託水管商領得工作執照後，應懸掛於工作地點明顯之處，以備工務局隨時派員持證查核，水管商及業主不得拒絕，應隨時聽從指示。

十三、關於給水設備無論應用自來水井水或河水，均應由水管商照第十一條之規定辦理。

十四、水管商未領有工作執照而先行動工者，除暫停止其工作並罰鍰國幣貳拾萬元外，仍勒令補領執照，其照費按第十一條加倍計算。

十五、水管商已領得工作執照而不按照圖樣中位置件數及尺寸實行者罰鍰國幣拾萬元，並勒令更正，如添裝情事，應按照第十四條之規定辦理。

十六、水管商裝置各種給水設備其工程皆應按照「南京市給水設備工程規範」之規定辦理。

十七、凡各項管件裝置完竣尙未蓋覆以前，應由水管商呈請本市自來水管理處派員勘驗，如勘驗結果認爲尙有未妥之處，應再修改報請復驗，須經認爲合格後方得使用。

十八、凡水管商如違背本規則各條之規定或其他有關係之本市法令者，除有專條規定處分外，得處以國幣伍拾萬元以下之罰金，如案情重大者，得吊銷其執照。

十九、水管商保證金，如提支罰金達三分之一時，由工務局限令補繳足額，倘延不補繳，即行吊銷執照，至補足額日止另行領照營業。

二十、水管商得雇用工徒免予攷試，由工務局發給執照，惟人數不得超過已向工務局登記之工匠，並不得獨自出外工作。

二十一、本規則如有未盡事宜，得隨時呈請修正之。

二十二、本規則自南京市政府核准公佈之日起施行。

南京市管理自來水水管技工規則

三十六年十一月七日第一〇五次市政會議通過

一、本規則遵照內政部自來水水管技工考驗規則訂定之。

二、凡裝修給水設備之工匠或工徒，本規則統稱水管工，應向工務局申請登記考驗領照。

三、申請登記考驗之水管工匠應具下列之條件：

（1）體格健全無不良嗜好者。

（2）粗通文字者。

（3）有裝置技能幷有二年以上之經驗，而成績優良得有證明者或持有自來水管理處之執照者。

（4）熟習本市給水規範者。

四、水管工請求登記考驗之手續由水管商代辦之，其手續如左：

（1）繳納登記費工匠每份國幣壹萬元，工徒國幣伍仟元（無論登記合格與否概不退還），領取登記書。

（2）於三日內將登記書開具下列各項呈送工務局審核（並附二寸半身免冠正面照片二張）：

甲、水管工姓名年齡籍貫住址。

乙、工資或津貼數。

丙、已往經驗。

丁、雇主之保證書。

如變更雇主，應由新雇主報請工務局改正執照記錄，如遷移本人住址則由本人自行報請更正，否則每次罰鍰國幣伍千元。

又水管工如能證明其為私人長期雇用者，雇主並應照登記之水管商領取工匠執照手續辦理，其保證金額為國幣貳拾萬元，於六個月後發還，但此項水管工祇准在執照上載明之雇主產業內工作，否則以無照論，每次罰鍰國幣拾萬元，由雇主負責繳納。

五、水管工接到工務局考驗口試通知單，應隨帶本人圖章遵限至局應試，俟領得執照方可正式工作，不能簽本人姓名者，概不發照，惟工徒得免試，由工務局發給執照。

六、凡水管工考驗不合格或屆時因故未試者，得於三個月後重行繳納登記費補試。

七、凡考驗合格之水管工，得合格通知書後，於七日內來局領取執照不另取費。

八、凡登記考驗合格之水管工，應於每年一月份內親自向工務局內呈驗執照，隨繳驗照費工匠國幣伍千元，工徒國幣叁千元，其新領執照者，屆時亦應按照呈驗，逾期不驗者，照下表處罰，由水管商負責繳納。

工別	應納費 \ 期限	二月十五日以前 有舊照	二月十五日以前 無舊照	三月一日以前 有舊照	三月一日以前 無舊照	三月十五日以前 有舊照	三月十五日以前 無舊照	四月一日以前 有舊照	四月一日以前 無舊照
工匠	罰款	貳萬元	貳萬元	肆萬元	肆萬元	陸萬元	陸萬元	捌萬元	捌萬元
	補照		伍千元		伍千元		伍千元		伍千元
	驗照	伍千元	伍千元	伍千元	伍千元	伍千元	伍千元	伍千元	伍千元
	共計	貳萬伍千元	叁萬元	四萬伍千元	伍萬元	陸萬伍千元	柒萬元	捌萬伍千元	玖萬元
工徒	罰款	貳萬元	貳萬元	肆萬元	肆萬元	陸萬元	陸萬元	捌萬元	捌萬元
	補照		叁千元		叁千元		叁千元		叁千元
	驗照	叁千元	叁千元	叁千元	叁千元	叁千元	叁千元	叁千元	叁千元
	共計	貳萬叁千元	貳萬陸千元	四萬叁千元	四萬陸千元	陸萬叁千元	陸萬陸千元	捌萬叁千元	捌萬陸千元
備註	即在水管商保證金內扣提，不另通知。								

九、水管工工作時，須將執照隨身攜帶，如經工務局職員檢查時不能將執照出示者以無照論，照第十三條處罰，但學徒不得獨自出外工作。

十、水管工執照如有遺失損壞，應即由水管商填具請求補發水管工執照聲明書，報請工務局補發，隨納補照費，工匠每份國幣五千元，工徒每份國幣三千元，遺失者並須登報聲明，十日後連同報紙填具保單向工務局補領新照，否則以無照論，照本規則第十三條處罰。

十一、水管工如停止執業，無論所領執照已否期滿，應由雇主於停止雇用後二日內收回繳存工務局，領回保證書，否則每份罰鍰國幣拾萬元，並飭令雇主追繳之。

十二、水管工執照不得塗改或交他人頂替使用，否則吊銷執照。

十三、凡未經領照之水管工，不得在本市市區內工作，如有違犯，罰鍰國幣拾萬元，得於一個月後向工務局請求登記攷驗，其雇主則照違章工人數每名罰鍰國幣拾萬元，其雇主如係未登記之水管商，並應照水管商規則第十條處罰之。

十四、水管工裝置或修理水管水具等，不得故意留難或需索額外費用，否則罰鍰國幣五萬元。

十五、水管工徒於學習期滿後，可報請工務局考領工匠執照，並繳納補照費國幣五千元。

十六、水管工在某一工作未完時，不得隨意停工或有罷工情事，違者依法嚴辦。

十七、凡水管工如違背本規則各條之規定，除有規定處分者外，得視情節輕重，處以國幣拾萬元以下之罰金或吊銷其執照。

十八、本規則如有未盡事宜，得隨時呈請修正之。

十九、本規則自南京市政府核准公佈之日起施行。

三三四

南京市管理電料店及電用承裝人規則

三十六年十一月七日第一〇五次市政會議通過

第一條　凡本市區內之電料店及電氣承裝人均由工務局依本規則管理之。

本規則所稱之電料店，係指銷售電氣器具及材料，並為用戶裝修電氣設備之店舖，其不經營銷售電氣器具及材料，專以裝修用戶電氣設備者，稱為電氣承裝人。

第二條　凡欲在本市區內經營電料店，及電氣承裝人之業者，應先向工務局申請登記填具登記書，隨繳登記費國幣貳萬元（無論准否，登記費概不發還），依式填寫下列各項呈請審核。

甲、名稱地址電話及創設日期（附證明）。

乙、組織性質（如係合夥經營應開列全體股東姓名，公司組織應附呈公司章程）。

丙、資本總額。

丁、代表人姓名年齡籍貫住址及聲請電料店及電氣承裝人之關係。

戊、社會局發給之營業執照及登記資本額。

第三條　登記書經審查合格後，電料店及電氣承裝人應於接到通知後七日內向工務局繳付領照費國幣伍萬元，並應繳納保證金存入工務局指定銀行，其額依照資本總額百分之五計算，但至多繳至國幣叁百萬元，此外不再計繳，保證金繳納後，由工務局發給執照，准在本市區內營業，電料店及電氣承裝人辦理前項手續，如逾期滿兩週者，即將聲請登記書註銷。

第四條　經註册發照之電料店及電氣承裝人，工務局將其印鑑式樣及僱用匠徒副本，發交電廠存查，電廠得協助工務局督導管理。

第五條　經註册之電料店及電氣承裝人，應在營業處所顯明地位標明「南京市工務局註册認可」字樣。

第六條　電料店及電氣承裝人必須雇用經工務局攷驗核准登記之電匠及學徒，違者停止其營業或吊銷執照，凡未經註册領照之電料店及電氣承裝人，不得在本市區內營業或兜攬工程，違者除勒令停止外，並處以國幣貳拾萬元之罰金。

第七條　電料店及電氣承裝人不得將執照轉借他人，亦不得將工程轉包與未領執照者，違者隨時取銷其執照，並沒收其保證金。

第八條　電料店及電氣承裝人如執照遺失，應登報三天聲請補發，其變更商店內部組織者，應即聲請換給新照，均隨繳補發換發新照費國幣貳萬元，違者一經查明，即勒令停業，俟補領換領新照後始准復業。

第九條　電料店及電氣承裝人應將其執照，於每年六月一日至七月一日繳驗，經工務局審驗後方能繼續有效，逾期一月不繳驗者，即吊銷其執照。

第十條　電料店及電氣承裝人停止營業或受吊銷執照處分時，應即向工務局繳銷所領執照，並繳存所雇用之匠徒執照，其繳存之保證金，於各項執照繳畢之日起，滿一個月後發還之。

第十一條　電料店及電氣承裝人承辦用戶電氣設備之裝修業務，應遵照各項電氣法規章則及電廠手續辦理，不得使用或銷售劣質材料及對用戶留難額外需索，開價不公或未得電廠許可，擅動電廠之設備，暨串同用戶竊電等情事，違者視其情節輕重，得予以書面警告、罰金、暫時或永久停止營業及吊銷執照等處分。

第十二條　電料店及電氣承裝人經令飭繳納罰款，逾期不遵辦者，工務局得在其保證金項下扣抵，其保證金缺額，仍應由電料店及電氣承裝人於十日內補足，違者停止其營業或吊銷其執照。

第十三條　本規則如有未盡事宜，得隨時呈請修改之。

第十四條　本規則自南京市政府核准公佈之日起施行。

南京市管理電匠及電氣學徒規則

三十六年十一月七日第一〇五次市政會議通過

第一條　南京市電匠及電氣學徒（以下簡稱學徒），均由工務局依本規則管理之。

第二條　電匠及學徒，須先向工務局登記領取執照後，方准在本市區內工作。

第三條　電匠及學徒聲請登記時，隨繳登記費，電匠每名國幣壹萬元，學徒每名國幣五千元（登記費無論合格與否概不發還），塡具登記書，呈請工務局審核。

第四條　電匠接到考驗通知後，應即準期隨帶應用工具到局攷驗（學徒免試），合格者由工務局通知領照，不合格者得於三個月後請求免費覆試。

第五條　電匠及學徒領照時，應繳呈雇主塡具之保證書，如尚未被雇用，得向工務局請發證明書，證明其已經攷驗合格，俟雇用後，再憑雇主出具之保證書領取執照，學徒不得請發證明書。

第六條　電匠學徒工作時，須隨身攜帶執照，否則處以國幣貳萬元之罰金，學徒工作時，應由電匠領帶學徒，人數不得超過電匠人數，違者處罰其雇主，每名國幣壹萬元。

第七條　電匠學徒執照如有遺失或損壞，應即報請補給或換給，電匠每名納費國幣伍千元，學徒每名納費國幣叁千元，其係遺失者，應登報聲明。

第八條　電匠學徒執照，不得塗改或假借與他人，違則吊銷其執照。

第九條　電匠學徒於雇主有變更時，應向新雇主取得保證書，換回舊雇主保證書，電匠學徒如遇暫時或永久停業時，應由雇主負責，將其執照於一週內向工務局繳存或繳銷，換回保證書。

第十條　凡未經領照之電匠或學徒，不得在本市市區內工作，違者除處以國幣壹萬元之罰金，並勒令其登記外，並處雇主以每名國幣拾萬元之罰金。

第十一條　電匠學徒應於每年一月四日至一月卅一日止，親自向工務局繳驗其執照，每逾期一月或不足一月，處以國幣壹萬元之罰金，逾期四個月以上者，除由雇主負責繳納其罰金外，並吊銷其執照三個月。

第十二條　電匠學徒為用戶裝置電氣設備時，應遵守各項電氣法規章則及電廠定章與手續，如違吊銷其執照或處以罰金，其有對用戶故意留難，額外需索或擅移電廠電氣設備，暨串同用戶竊電等情事者，處以國幣三萬元罰金或吊銷其執照，電廠對電匠學徒應協助工務局督導管理。

第十三條　電匠學徒違背本規則而為條文未經明定處罰者，得視情節輕重，處以罰金或吊銷執照。

第十四條　本規則如有未盡事宜隨時呈請修改之。

第十五條　本規則自南京市政府核准公佈之日起施行。

本府大事記

十一月份上半月

十一月一日（星期六）

△園林管理處主辦之玄武湖菊花展覽會揭幕，並舉行音樂台落成典禮。

十一月三日（星期一）

△市長出席市參議會第一屆第四次大會，報告最近三個月來本市施政概況。

十一月七日（星期五）

△舉行第一〇五次市政會議。

十一月十二日（星期三）

△本市第八屆全市運動會揭幕。

△教育局會同新運動總會、童軍總會為慶祝國父誕辰紀念，在五台山草坪舉行兒童音樂會。

十一月十三日（星期四）

△本市第八屆全市運動會閉幕。

十一月十四日（星期五）

△舉行第一〇六次市政會議。

會議紀錄

南京市政府第一〇四次市政會議紀錄

時間：三十六年十月三十一日下午三時
地點：本府會議室
主席：沈市長　紀錄：史崇訓

討論事項

1.市長交議：據財政局簽擬自十一月一日起將本市筵席稅起征點提高為兩萬元，提請討論案。
決議：照案通過，咨請市參議會備查。

2.市長交議：據參事室擬訂南京市文獻委員會組織規程草案，並修正南京市通志館組織規程，提請討論案。
決議：照修正案通過，咨請內政部備案。（修正組織規程見法規欄）

3.市長交議：據工務局呈「南京市管理水管商規則」「南京市管理自來水水管技工規則」「南京市管理電料店及電氣承裝人規則」暨「南京市管理電匠及電氣匠徒規則」等四種草案，一併提請討論案。
決議：留待下次市政會議討論。

4.市長交議：據地政局擬訂「南京市地政局代管逾期未經申請登記土地暫行辦法」提請討論案。
決議：留待下次市政會議討論。

5.秘書處 民政局 會計處 財政局 會簽：為各保幹事薪給擬調整為加成數四千倍、基本數九十萬元，生活津貼二十萬元暨各區公所職員薪津除照公教人員辦理外，在未領到日用必需品配購證前，改發差額代金二十五萬元，提請討論案。
決議：照案通過自十月份起實行。

6.會計處提：擬請追加慶祝憲法成立暨開國三十六年紀念大會經費四二、六一七、八三〇元案。
決議：照案通過。

7.會計處提：擬請追加本府建築木柵等費三千萬元案。
決議：照案通過。

8.會計處提：擬請追加九三勝利二週年紀念大會經費五千萬元案。
決議：照案通過。

臨時動議

1.參事室 財政局 會提：擬調整各項行政規費征收標，準提請核議案。
決議：准自十一月份起照表列徵收標準實行。

2.財政局提：為擬具熱河路商場租金計算標準四種提請討論案。
決議：由參事室會同財政、地政、工務三局審議簽核提會討論。

3.教育局提：擬將本市文化建設委員會所訂推行建校興學運動辦法，送請市參議會協助實施案。
決議：照案通過。

南京市政府第一〇五次市政會議紀錄

時間：三十六年十一月七日上午九時
地點：本府會議室
主席：沈市長　紀錄：史崇訓

討論事項：

1.市長交議：據衛生局呈擬將剪子巷市地一、四三五畝撥發市立醫院建築職員宿舍提請討論案。

決議：由地政、教育兩局會同查明簽核提會報告。

2.市長交議：據地政局呈擬第九區各種地目標準地價等級表提請討論案。

決議：照案通過。

3.市長交議：據財政局簽擬調整市民住宅租金「甲種」每月每間六萬元「乙種」每單位（五間）每月三十萬元，並予續訂半年租約，提請討論案。

決議：照案通過，函復中央信託局查照辦理。

4.市長交議：據工務局呈擬「南京市管理水管商規則」，「南京市管理自來水水管技工規則」，「南京市管理電料店及電氣承裝人規則」，「南京市管理電匠及電氣匠徒規則」等四種草案，一併提請討論案。

決議：照案通過。（四種規則見法規欄）

5.市長交議：據地政局擬訂「南京市地政局代管逾期未經申請登記土地暫行辦法」提請討論案。

決議：照案通過，呈請行政院備案。（暫行辦法見法規欄）

6.會計處提：擬請追加捐稅調查費三〇六、二一三、〇〇〇元案。

決議：照案通過。

7.會計處提：擬請追加招待遠東區基本教育會議費用一千萬元案。

決議：照案通過。

8.會計處提：擬請追加捐稅調查費二七、〇〇〇、〇〇〇元案。

決議：照案通過。

9.會計處提：擬請追加青年軍過境慰勞招待費三百萬元案。

決議：照案通過。

10會計處提：擬請追加江心洲扶植自耕農費三一、四八〇、〇〇〇元案。

決議：照案通過。

11會計處提：擬請追加首都防空司令部、防空情報所及防空監視哨經常費三二、八二二、五〇〇元案。

決議：照案通過。

12會計處提：擬請追減救濟院房屋修繕及補充設備費及追加該院孤兒書籍及冬季草墊費各二千四百萬元案。

決議：照案通過。

13會計處提：擬請追加追減防空司令部及所屬經臨費均為一九、〇三六、〇〇〇、元案。

決議：照案通過。

14會計處提：擬請追加戒煙醫院院址租金一億元案。

決議：照案通過。

15會計處提：擬請追加歲入「債務收入」一、三一四、六三六元及歲出「商場菜場工程費」三、三一四六三六元案。

決議：照案通過。

臨時動議：

1、參事室 地政 財政局 工務 局會提：為奉交審查熱河路商場租金標準一案，謹將審查意見提請討論案。

決議：交財政局照審驗意見擬訂租金數目簽核施行提會報告。

2.首都警察廳提：本市各處搭蓋之棚戶，可否視為臨時戶予以編查案。

決議：由警察廳會同民政局暫予以臨時戶編查，嗣後仍應照章取締。

人事動態

三十六年十月二十二日至十一月四日止

姓名	服務單位及職別	動態	到離職日期
劉致和	地政局土地登記處辦事員	新任	十月廿四日
葛廣霆	財政局會計室	新任	十一月一日
宋亞清	教育局第二科科員	新任	十月十八日
謝慧珍	教育局統計室佐理員	新任	十月廿三日
王蘊明	財政局秘書室科員	新任	十月三十日
翁象先	地政局第一科雇員	新任	十月廿四日
陳國楨	地政局郊區土地登記處審查員	新任	十一月一日
史舜京	地政局郊區土地登記處登記員	新任	十一月一日
歐陽炯	地政局土地測量隊測量員	新任	十一月一日
伍珊	地政局土地測量隊繪圖員	新任	十一月三日
劉靜敏	地政局土地測量隊繪圖員	新任	十一月四日
何祚熹	市立救濟院安老所管理員	新任	十月卅一日
陳紓霖	財政局第四科科員	晉升財政局第四科賦籍股主任兼代稽征股主任	十月
何珊元	市府秘書	調升財政局簡任秘書兼第二科科長	十一月一日
程良玉	社會局第一科辦事員	辭職	十月十五日
倪妙生	公共汽車管理處課員	辭職	十月廿一日
鈕寒冰	市府第一科科員	辭職	十月卅一日
譚啓棟	統計處第一科科長	辭職	十一月一日
沈心岷	統計處第三科科員	辭職	十一月一日
周師載	財政局簡任秘書	辭職	十月卅一日
程建勳	財政局薦任視察	辭職	十月卅一日
王孝椿	財政局薦任視察	辭職	十月卅一日
洪文瑞	財政局第一科科長	辭職	十月卅一日
陳長華	財政局第一科雇員	辭職	十月卅一日
沈曾源	財政局會計室雇員	辭職	十月卅一日
王建元	財政局稅捐稽征處調查員	辭職	十月卅一日
林道生	財政局土地稅捐征收處催征員	辭職	十月卅一日
周景杭	教育局復員教師	辭職	十一月一日
蔡文權	教育局第四科科員	辭職	十月十六日
曾垂鑫	地政局土地登記處登記員	辭職	十一月一日
羅承熹	地政局土地測量隊測量員	辭職	十一月一日
徐功立	市立救濟院安老所管理員	辭職	十月二十日
閻樹桂	公共汽車管理處幫工程司	辭職	十一月三日
石道伊	市府專門委員	留職停薪	十一月一日

南京市政府公報 第三卷 第十期

華盛頓建都史話

錄自美國新聞處編：「新聞資料」

一世紀半以前不久，美國總統喬治，華盛頓和他的內閣聘用了一個法國建築家拉恩方特少校，要他從事一項將波多默克河沼澤地區改為全國首都的巨大工程。

美國政府當其初建立成功的時候，是很弱的。美國內外有許多人都懷疑其存在的有無永久性，可是開國元勳們却於經過考慮以後，決心建立起一個首都來向世界表示美國對於本國及其前途的信心，而這個建築也將顯示他們深信不疑的這個新的國度將可獲致的力量與尊嚴。

在一番激烈的爭辯以後，國會在一七九〇年七月十六日通過了一條法案來建立美國聯邦政府的地址，地址定於波多默克河岸，「應不超過十方哩。」全國首府旁的土地則包括多樹木的曠野，田地和池沼。當時這塊土地和任何城市的距離都很遠，最近的一個殖民區是喬治城，這喬治城也絕非一個大都市。根據該法案的規定，池沼地區應於十年之內改造成為美國的首都，並且預定在一八九〇年將國都由費城搬到這個新城市來，但當時這城市的名字還未出現在報紙上。

作為建設國都的第一步是，本身也是一位建築師的國務卿傑弗遜

先擬訂了一個新城市的一般計劃，確定在這個城市中要包括國會、總統的官邸與花園、市政府廳；市場、公園和醫院。每個建築物旁邊都必需擁有相當於八英畝的廣場空地，總統府旁邊應該有兩塊廣場。街道要垂直交叉，並且寬度不可少於一百呎，或超過一百二十呎，房屋不可高過兩層，以便街道經常具有陽光與良好空氣，並減少火災的危險。

結果兩位能幹的人就當選來勘察地址，一個是賓夕文尼亞州的天文家與數學家伊利考特少校，由他負責勘察地界，另一位是拉恩方特少校，他因為對美國獨立具有狂熱的興趣，所以才來到美國，隸屬於華盛頓麾下。

拉恩方特少校於一七九一年着手工作，二十六天內就打成了最初的圖樣，經過華盛頓同意，由華盛頓召集地主議定協議，使他們出讓數千英畝的土地給未來的首都。一七九一年四月十五日，當時尚未定名的哥倫比亞郡的界石就放下了。

在拉恩方特的心裏，他好像看到：從波多默克河畔的小山、谷地、沼地及河流之中，升起了一個具有廣闊街道和紀念性建築物以及巨大的廣場和充份空地的城市。他曾要求傑弗遜將現存各大城市的風景片寄給他，他說他無意抄襲，但願以那些圖樣來激發他的幻想。

傑弗遜當時正任駐法大使，他告訴拉恩方特說：關於國會，他贊成採取古典式的；至於總統府，他則贊成現代化建築。

喬治華盛頓也有他自己的建築趣味，可是他的選擇出之以建議而並非出之以命令。

拉恩方特雖不拒絕聯邦政府的建議，但是他有他自己的打算。在他預想中的聯邦城，它應該有兩個集點，一個是卡庇托爾山（國會所在地）還有一個是總統府。從這兩中心出發，馬路應作放射形。這的確是個都市設計的大傑作，由於拉恩方特預見首都在共和國發展時將

愈增其壯美，他原先的設計，早已留下擴展與建設的餘地，拉恩方特計劃的具體情形雖有變更，但是他總的思想已成爲首都的基礎。

這期間，首都一直沒有名稱，直到一七九一年九月八日經過了一種非正式的洗禮才算有了名稱。事情發生時是國務卿傑弗遜與參議員瑪迪遜返浮琴尼亞故居，在喬治鎭小憇，與聯邦專員瓊森，司徒特與卡洛爾等舉行會議。他們談到了經費，街衢的命名，建築物費以及最後這整個地方的命名。他們決定這塊聯邦區應名爲「哥倫比亞區」，而區內的城市應名之爲「華威頓市」。八年後的一八七一年國會正式通過這些名稱，使成合法。

一七九二年十月十三日，一位生於都柏林的建築師何本爲白宮起擬了許多計劃，並由華威頓總統親自舉行破土禮。何本爲現稱的「白宮」建設與美化耗費了卅年功夫，他當年爲莊嚴肅穆的人物的大廈所作設計，迄今並無大變。至於卡庇托爾的計劃係由醫生與詩人桑頓所設計。可是一八一四年國會大廈爲英軍所焚，因此它的本來面目業已大變。

聯邦政府按計劃於一八〇〇年進入其永久首府。其時華威頓市人口已有三千，分佈各處的房屋二百七十幢。可是和洋場十里的費城的舒適相比，直顯其粗陋與艱困。亞當斯總統夫婦在尚未完工而牆色不白的「白宮」只得到中間可住的房間。國會的場所情形尤壞。卡庇托爾的地方只能容納卅六位參議員與六位最高法院法官。參議院的一百〇六位議員佔了一幢渾名爲「灶」的破屋。聯邦政府職員一二五人，只佔到一幢卅間的雙層建築。

以後首都繼續發展，但幾十年間並無計劃可言。十九世紀中葉，華威頓景物唯一重要的增加是卡庇托爾大廈加蓋的鐵質圓屋頂。它高達二百八十七呎，晚間四週用採照燈照射，通宵長明。爲了以壯觀瞻，並增象徵意義，國會大廈門前立了自由碑，其高度較常人大三倍。

拉恩方特原先的手稿「華盛頓市計劃」於一八八七年發現，於是後人按其計劃建造了著名的林蔭路—由國會通至波多默克河邊的美麗的林肯像。華威頓紀念碑是個簡單的方塔，高達五百五十英尺，位於林蔭道中，成爲華威頓鶴立鷄羣之矗立物。

本世紀以來，華府業經有計劃地予以美化。一九一〇年曾正式成立「美術委員會」。一九二六年「國立首都公園與設計委員會」組設成立。二十一年來，它是華府建築，公園與歷史文物的設計者與保護者，目前華府公園數量驚人，面積達六、二三一英畝，華貴的大理石建築爲數不少，此外還有不少美國偉人的紀念碑，例如，華威頓、傑弗遜、馬歇爾、漢彌爾敦、林肯、與格蘭特等。

英國之田園市

楊哲明

田園市創始於英國，英國首先創辦田園市者有二：一爲利次屋市（Letchworth），一爲維爾文市（Wellwin）。

一、利次屋市

它是田園都市之始祖，位置於Herdfordshire與倫敦距離三十二英里之處，創於一九〇三年。經營此田園市之機關爲合股公司。此種合股公司之名稱叫做「第一園林都市有限公司」，購農田三千八百一十八英畝。當時每英畝土地之價值大約爲四十金鎊。該地原有三小村落，然位置過偏，且全段之中央又沒有建築物之設立，購地以後，該公司工程師卽將全段規畫，預計爲可住三萬五千人之小都市。如工業區、住宅區、店舖、公園以及其他一切應用之建築物，亦莫不一一設立，並且計劃有鐵道通通其間，指定在市中心點爲建築車站之地點。

該公司將田園新市計劃完成以後，卽開始闢路，進行給水，排水等工程，並裝置瓦斯電力等場所。至一九〇四年始從事建築樓房。他如土地之整理及宣傳招徠之職務，則另外組織辦事處一所，以專司其事。土地處理之方法，採用批租制，期限爲九十九年，或九百九十九年不等，每年徵取相當之租價。所以一切建築，該公司除少數應用自建者以外，槪由承租人自行建築，不過要依該公司所規定之章程。工人住宅之屋宇多由私人或團體或地方政府所建設，其他中等階級之居民則多由其本人建築，或由建築公司投資承辦。現該市已頗具規模，如店舖、工廠、製造場、公會所、電影院以及俱樂部等等，無不應有盡有。該市現在之人口，約有一萬一千餘人，從事於工業者居大多數。全市住戶約二千七百餘戶，店舖約九十餘間，製造場及工場等五十餘間。

利次屋市之經營，完全由公司負責。其籌款之方法，半由借款，半由股份及債劵，公司股份本利之規定，最多不得超過百分之五，然因經濟困難之故，照百分之二五分派，業已多年如此。按揭借貸及債劵之利息，則開始卽已照派。查該公司一九二一年度之純收入，在未除揭借債劵等利息之前，該公司收入之總額爲一八、四七八鎊。但據上文所說，可知該公司之支出，對於樓房建築之費用，所費極少，因一切建築差不多完全爲承租地者所自行承辦，故所支出之款，當以工程方面之費用爲多。

二、維爾文市

它是英國第二田園都市，爲另一公司所經營。該公司之名稱爲「維爾文田園都市有限公司」Herdforshire的附近，購地約四英方里。該地距離倫敦約二十英里，距離利次屋市約十三英里。維爾文市之新計劃，何霍氏贊助之力亦很大，不過前後兩公司各自爲政，不能合作。維爾文市地段不及利次屋市之大，但已規畫成一個可住五萬人口之都市。周圍之農業區域亦較利次屋市少。經營維爾文市進行之步驟，和利次屋市差不多相彷彿。經過了測量及種種布置之手續，完全定該市爲工業區。該地價值每畝約四十鎊，全市畫定公園及農業區外，住宅、店舖、製造等場所，約佔面積一千一百萬畝，亦有鐵道通過其間，足以做鐵道總匯之重要地點。因爲該鐵道不獨連接自東至西之交通，並且可以連接倫敦及北來之路。該市不獨合乎衛生，且爲美麗之市區。雖經濟方面感受困難，其進步則較利次屋市爲速，最足令人稱許。該地本屬荒地，向無建築，自設立新車站及市政工程處以後，該地之地位及價格亦藉此得以增加。現在業經建築之住宅約有四百戶，工場數十處，更開始建築大小工廠一所，幷且有倫敦之糖果製造廠亦將遷入該市發達之情形，從此亦可以推測。全市之人口已有二千餘。

有某公司於該市開始建設時，卽在彼處組織一大銷貨場，資本由衆募集，該場盈餘之利，完全撥歸維爾文市維持之費用。其意義以此大勸銷場可以代無數之小商店，百貨雲集，可預爲該市之中心點。此外又注意田園都市及改良農業者組織新村農會，專門從事於發展農業區域之進行。對於清潔牛乳及水果蔬菜之供給，亦不遺餘力。

經營維爾文市之資本是從股份、按揭、借貸及債劵而來，揭借及債劵之利息，均按照定章發給，惟股份利息金則完全沒有支付。一九二一年至一九二二年度（卽開始以來之第二年）之純收入總額爲五千零一十五鎊。公司收入項下有一宗重要進款—得政府借助之款，由工部維持部根據一九二一年之建築章程而成立。凡是經政府承認之團體，若田園都市之建設而購地築路，安設溝渠，以及排水等工程需費時，政府允許按照工程估價額借以現款，以利其工程之進行；但所借之額，以至多不得過不動產價百分之七十五爲限。現行之利息定爲五厘；還本之期，則由十五年至六十年不等，須視該工程生利之程度如何而定。維爾文市迭次借入之總額爲一十一萬五千九百八十三鎊，上列表中之揭借款項，亦包括在內。三十年以外，始爲還本期。田園都市計畫得政府之資助，要以維爾文市爲先，政府此舉，對於田園都市創造之進行非常重要，從此更可以證明田園都市事業之價值，已爲政府所特認。

利次屋市及維爾文市之建設計劃已如上述。英國之田園市，繼利次屋市及維爾文市而起者，亦屬不少，要以該兩市之成績爲最顯著。

南京市政府公報刊例

一、本公報每半月發行一項
二、凡本府例行公文即在本公報發佈不另行文
三、本府所屬各機關於收到本公報時應編號歸檔妥爲保存凡註明「不另行文」文件並應注意遵照

南京市政府公報
第三卷 第十期
中華民國三十六年十一月三十日
編輯者 南京市政府編譯室
發行者 南京市政府
南京：建鄴路一三八號
印刷者 大東新興印書館
電話：二二二二六號

南京市政府公報

中華民國三十六年十二月十五日

第三卷　第十一期

南京市政府編譯室編

目錄

特載

市長在市參議會第一屆第四次大會閉幕致詞

三十六年十一月二十九日

貴會第四次大會開幕以來，對當前首都市政，經過不少時間嚴格的質詢與熱烈的討論，議決了許多重要議案，給予市政府許多寶貴指示，今天圓滿閉幕了。回顧自開幕以至閉幕期間，諸位參議員先生關切市政的精神，使大會獲得可贊美的成就，本人對於諸位的辛勞與熱忱，應該首先表示感謝。

此次大會市府各部門工作報告，又恢復以往由各單位分別說明的辦法，分別說明自然比概括敍述來得詳細，而市府聽取諸位質詢案所得的益處也比較的更多。在諸位熱烈的質詢中，事無鉅細，俱承關懷，充分的代表市民表達了他們的公意，使市政府明白了自己所不曾發覺的若干缺點或錯誤而知有所改進，雖則有若干質詢係由隔膜或誤會而引起，但那應該說是市府各部門報告難免籠統，不夠精細之故，而因有此質詢，市府得有一解釋機會，足以增進相互間精誠的交流，也是非常有意義的。

此次大會尤可珍貴的一點，是諸位參議員先生在質詢時，指責固然不肯輕易從寬，而在討論時，則深深體念到市政設施上所遭遇的實際困難，相信我們確在存心做好，指示洞中肯要，贊助不遺餘力，這種嚴正負責的精神，無形中給予我們甚大的鼓勵。

我們目前對民主政治運用的經驗，在我國未來憲政發展史上必將發生重要的作用。本人常覺得貴會每開一次大會，即等於我們上了一課「民主」的講堂，所獲實多。這是一種最具體的教育，是在實際工作中學習民主的方法，培養民主的風格，充實民主的內容。就歷次大會的成就看來，希望最燦爛的地方民主政治之花，將首先開放於首都，而蔚為全國各地所景從。

末了，謝謝諸位先生給予市府的隆重的禮物—那麼多的質詢案與決議案。這都是諸位先生心血的結晶，本人願意鄭重表示：市政府必盡力之所及切實執行貴會此次大會的一切決議案，在執行期間如果遇有環境條件不夠之處，並將請諸位先生隨時不吝指教與協助！

制止選舉舞弊案

南京市政府公函 (卅六)府總民字第一一三六八號

案奉

行政院本年十一月二十二日(卅六)四內四八五三六號訓令開：

「案奉 國民政府三十六年十一月二十日處字第一二五八號訓令開：『據監察院呈，為據本院監察委員黃鳳池、向乃祺、陳翰珍、劉壽潮等呈稱：為建議事，此次大選關係地方利害國家安危至深且鉅，當選舉興辦之日，即憲政實施之時，亦即民主政治進展之始。過去政治由上而下，現在政治由下而上，倘運用不良，敗壞道德，紊亂秩序，不僅為地方之害，且將貽國家之憂，自宜早加防範，免釀選災。蓋自政府籌備選舉以來，各地從事競選者風起雲湧，流弊所及，甚至有挾其來歷不明之金錢，廣事招徠，募致流氓地痞為爪牙，為之奔走，設處招待，設席宴會，誘以嗜好，投以物品，凡此所為，類似行賄，據今所聞已有費至十數億元者，試問廉清自好之士，能作此奢闊之舉否？自必非豪劣即貪污矣！廣錢通神，若輩必操勝算，如此選舉若不嚴切禁止，設法糾正，則正氣無由申張，賢能何能選出，盱衡現勢，心所謂危，管見所及，特為建議，以備採擇等情，轉請鑒核施行到府。查此次選舉關係憲政實施暨建國前途至深且鉅，各參加競選人員均應恪遵法令，依循正軌，以爭取選民之同情，不得稍有威脅利誘或其他舞弊情事，原呈所請應准通飭注意。除分令外，合行令仰遵照，轉飭各主管機關切實注意為要。』等因，自應遵辦，除分行外，合行令仰遵照切實注意，并轉飭遵照。」等因，奉此，自應遵辦，除分行外，相應函請查照為荷！

此致

國民大會代表

立法院立法委員 南京市選舉事務所

中華民國三十六年十二月一日

規定監委候選人簽署次數及票選不足法定名額之處理

南京市政府公函 (卅六)府總民字第一〇八八一號

案准內政部本年十一月八日民字第一一三〇六號代電開：

「監委選舉人對候選人之簽署，以一次為限，如經查明簽署重複，則以最先提名者為有效，後者應令補正，特電查照轉知。」

暨同日民字第一一七六三號代電開：

「查各省市參議會或臨參會選舉監委，如投票結果當選不足法定名額時，應依法再投票至補足額時為止，茲規定再選時，應依法另提候選人，並應迅速完成提名手續，以免延誤，原定投票完畢期限，特此電達查照。」

各等由，准此，相應一併電請查照為荷！

此致

南京市參議會

中華民國三十六年十一月十七日

行總救濟業務移交社會部接辦

南京市政府訓令　（卅六）府總秘字第一一八八八號

令所屬各單位

案奉

行政院三十六年十一月二十七日（卅六）六經字第四九二八○號訓令開：

「據社會部及善後救濟總署本年十一月八日會呈稱：『奉鈞院本年九月二十五日（卅六）六經字第三八六六四號訓令指示調整現行救濟行政權職實施辦法第一項：「前振濟委員會撤銷時移交善後救濟總署接管之救濟業務，應即移交社會部辦理。」等因奉此，自應遵照，經本部署商定於本年十一月十九日先將前振濟委員會移交本署案卷及財產辦理交接，理合檢同該項案卷清册，暨財產清册各一份，呈請鑒核，並請俯將上項辦法，通令各省市政府知照』等情，除指復准予備案，幷分行外，合行令仰知照。」

等因，奉此，除分令外，合行令仰知照。

此令！

中華民國三十六年十二月一日

禁止侮蔑宗教

南京市政府訓令　（卅六）府總秘字第一一三四○號

令所屬各單位

案奉

行政院本年十一月二十四日（卅六）四防字第四八六○三號訓令開：

「查人民信教自由，憲法已有明文規定，回教傳入中國歷時已久，早爲我國主要宗教之一，自應尊重其習俗，不得任意侮蔑，乃查邇來各地報紙，竟有無端岐視該教，妄肆詆毀者，匪僅妨礙宗教之信仰，抑且昧於民族團結之意義，值此戡亂時間，亟應嚴加取締，各地政府應即布告週知，禁止侮蔑宗教，以示團結，而固國本，除通令外，合行令仰遵照，並轉飭所屬一體遵照。」

等因，奉此，自應遵照，除佈告暨分令外，合行令仰遵照，並轉飭遵照！

此令！

中華民國三十六年十一月二十九日

改定公文封信封式樣

南京市政府訓令　（卅六）府總秘二字第一一二○三號

令所屬各單位

案奉

行政院三十六年十一月五日（卅六）二文字第四五三七一號訓令開：

「案據交通部三十六年八月二十八日總文字第三四四八號呈稱：『據本部郵務總局呈稱：「本局刻正計劃大量採購郵票蓋銷機分發各局應用，以加速郵件處理速率，並爲配合該項機械之使用，正採用經濟部中央標準局規定之標準尺度，推行標準信封。爲使標準劃一推行順利起見，謹建議將公文封及信封格式及尺度分別更改如後：(一)格式：查現行之公文封及信封格式，其粘貼郵票處，均在封面下端，須將郵票橫排粘貼，無論用人工或機械蓋銷，均感不便，郵遞不免因而遲緩，擬請改定封面上端左角爲粘貼郵票處，將郵票不祗一枚者，自上而下粘貼。(二)尺度：原規定信封尺度爲狹長形式，須將信箋橫摺三等分裝入，始臻平整，惟原規定之較小一種公文封尺度，正與本局推行之標準信封相同，如將標準信箋橫直各一摺後，即可裝入，使用上既較簡捷，尺度又可劃一，擬請即將原定之信封尺度改用此一標準。（即與較小一種之公文封及本局推行之標準信封相同）。以上建議，可否請由鈞部轉呈行政院採納實施，理合檢同擬定式樣計劃信封四枚，（每種兩枚，備分別存轉），備文呈請鑒核示遵」等情。經核該局建議各節，尚屬適當，理合檢同所擬式樣計信封及公文封各一枚，備文呈請鑒核，並轉飭改用」等情，附呈公文信封樣各一件。據此，查本院原定統一各機關公文用紙格式，對於公文封及信封雖有標準尺度，但未硬性規定，俾各機關得按紙張大小需用情形印製，該局所擬公文封尺度與原規定相合，封面組織僅將原來在下端貼郵票處改於左上角，所留貼郵票地位亦覺狹小，如貼郵票在三枚以上，即將其下發文日期一欄遮掩，茲經酌於修正，將封面各欄一律取銷，於右傍劃一直欄，將某機關公文封字樣印於上段，所有地址、字第號，附件年月日發文等字樣，分三行排印於下，左傍全為貼郵票地位，並於左上角印「貼郵票處」四字。至所擬信封尺度，較原定縮小與普通製售之信封大致相同，甚合節省物力原則。惟國產普通紙料不宜於膠水封口，若以磅紙印製，耗費亦鉅，准照所擬尺度，封口仍照以前通用式樣，封面中間直框取銷，將某機關緘及地址年月日發等字樣，分三行排印於右下角，右傍為貼郵票地位，仍於左上角印「貼郵票處」四字，用向作信封之國產紙印製，既不妨礙推行標準信封之意，又符合經濟及提倡國貨原則。除指令准予改用並分令外，合行檢發修正公文封信封樣各一件，令仰遵照改用，並飭屬遵照」等因，計抄發修正公文封信封式樣各一件。奉此，除分令外，合行檢發式樣，令仰遵照改用，並飭屬遵照！

此令。

附發修正公文封式樣各一件（略）

中華民國三十六年十一月二十六日

抄發糧食流通管理辦法

南京市政府訓令　（卅六）府總秘字第一一一二一二號

令社會局

案奉

行政院三十六年十一月二十二日（卅六）五糧字第四八五三三號訓令開：

「據糧食部呈，以本年糧食生產，長江流域各省較為豐稔，華北南及東北各省，則因水旱災祲，共匪滋擾，糧食多感不足，各地商人難免不挾鉅糧游資，向長江一帶高價收購，南北軍政機關或以購補軍糧，或因採購民食，核發採運證，委商購辦，深恐在鉅量吸收自由外運之下，刺激糧價暴漲，釀成匱乏現象，故長江流域各省糧食，似有加以管理之必要，且有一部份省市訂有局部糧食管制辦法，尚乏統籌規定，本部為期明瞭長江流域糧食動態，藉以統籌調節華南北各省地糧食之盈虛，爰依據動員戡亂完成憲政實施綱要第六條之規定，擬具糧食流通管理辦法草案，請核定公佈施行等情。案經交付有關機關開會審查，將原辦法酌加修改，並提出三十六年十一月十一日本院第三十次會議決議「通過」，除由院公布施行並指復暨分行外，合行抄發該項辦法，令仰遵照，幷轉飭遵照。」

等因，附發糧食流通管理辦法一份，奉此，合行抄發原辦法，令仰遵照，並轉飭遵照。

此令！

附抄發糧食流通管理辦法一份（見法規欄）

中華民國三十六年十一月二十六日

市政要訊

本市國大代表選舉竣事

本市國大代表選舉，於十一月二十一日至二十三日舉行，第一日爲婦女團體投票，共設三十一投票所，第二日爲職業團體投票，共設六十七投票所，第三日爲區域投票，共設九十三投票所，選舉竣事後，分七處開票，選舉結果於十二月二日由本市選舉事務所公布如次：

(一)區域選舉：陳裕光五六四一五票，劉詠堯四二七〇〇票，陳紀彝(女)一四六六四票，賴佩文(女)八六八三票，杜崇法五三一一票根據規定，本市國大代表須有一名女性，故陳裕光，陳紀彝正式當選，劉詠堯，賴佩文，杜崇法三人候補，其餘各人所得票數如次：胡萬億三七一二票，蕭育華三二〇八票(中途放棄)，吳棣芬九六六票，陸元浩五七四票，另廢票八六八票，合計此項參加區域投票者一三七、一〇一人。

(二)婦女團體：林瑞藹四五九四票，李棠一二八一票，崇啓一二〇八票。

候補：濮舜卿，五八三票，王湧德一二二票，吳蔭華六票。

(三)農會：戴家饋四八五八票。

候補：華德臣二六一八票，朱芳啓一〇四六票。

(四)工會：劉光軍五四五七票，蘇子青四九八九票。

候補：劉守英一三四七票，宗長福一二六一票，徐吉爻四票。

關於全國性及分區之職業及婦女團體選票，市選所現亦已統計完竣，即日呈交全國性職業團體事務所彙計。以上當選之八位代表，並由市選所通知即繳二寸半身照片兩張，辦理檢覈手續，以便發給當選證書。

冬令救濟委員會成立

本市冬令救濟委員會，於十一月廿四日下午二時半，假介壽堂開成立大會。到各機關團體代表谷正綱、韓文煥、馬星野、盧前、馬元放、王纆齋、王潞等三百餘人，由市長主席，對本年冬令救濟，以懇切之語調向出席各團體領袖邀請協助。繼由谷部長致詞，渠盼全市民衆，一方面爲孤苦無告之同胞予以援助，一方面爲全市安寧着想，熱烈捐輸。旋由社會局謝局長報告該會籌備經過，並對冬令救濟實施原則，款物籌募計劃，貧戶調查辦法，款物發給辦法，施粥站設置辦法，庇寒所設置辦法等各項計劃，加以詳細說明。報告畢，當場通過上述各項計劃及該會組織規則，並推定常務委員廿五人，聘請伍崇學爲籌募委員會主任委員，王纆齋、穆華軒爲副主任委員，盧前爲監核委員會主任委員，汪光彭爲副主任委員；馬星野爲宣傳委員會主任委員，吳道一、黃少谷爲副主任委員。又大會通過之組織規則，其內容如次：

第一條：本市爲辦理三十六年度冬令救濟業務特組織三十六年度首都冬令救濟委員會(以下簡稱本會)。

第二條：本會以左列各機關團體代表及地方熱心人士組成之。

(一)首都警察廳(二)憲兵司令部(三)首都衛戍司令部(四)南京市參議會(五)新運會京分會(六)南京市特別市黨部(七)紅十字會南京分會(八)民政局(九)財政局(十)衛生局(十一)社會局(十二)南京市商會(十三)本市各商業同業公會(十四)本市各銀行及各錢莊負責人(十五)本市各區區長(十六)各慈善團體(十七)各報社社長(十八)各電台經理(十九)各信用合作社負責人(二十)地方熱心人士。

第三條：本會設常務委員十五人，由前條所列各機關團體担任之，設主任委員一人請市長担任，副主任委員一人由社會局局長担任之。

第四條：本會設查放事務兩組：

一、查放組：掌理貧戶調查複查抽查及發放賑款賑物等事項。

二、事務組：掌理文書會計庶務及聯繫事項。

第五條：本會設下列各委員會：

一、籌募委員會掌理籌募賑款賑物事項。

二、監核委員會掌理監督查放一切督飭事項。

三、宣傳委員會掌理一切宣傳事項。

第六條：本會查放事務兩組各設組長一人，由各委員互推担任，幹事若干人，由各委員機關團體中調任，監核委員會敦請有關上級機關担任籌募宣傳二委員會由有關各機關委員担任之。

第七條：本會職員均以各機關調用為原則，必要時得雇用臨時雇員。

第八條：本會各組及各委員會辦事細則另訂之。

第九條：本規則呈奉核准施行。

本市冬令救濟會自成立後，即積極展開各項工作，並首先決定救濟對象以京畿之貧苦市民為主，至於留京難民之救濟，由社會部辦理，經該部邀集有關機關會商，擬訂救濟辦法如次：(一)難民以不在京市辦理救濟為原則。(二)原有難民已編戶口視為市民。(三)乞討難民依首都乞丐臨時處理辦法辦理。(四)老弱婦孺殘疾遣送回籍，撥款交原有省府救濟，(五)年壯難民實行以工代賑，願回籍者予以遣送。(六)成立難民處理委員會。(七)設立難民疏導站於京市附近。(八)關於蘇皖魯等省難民救濟由社會部另行辦理。

該會為求一百億元冬令救濟款項早日徵募完成起見，已令本市各劇院電影院於十二月一日起於票價中附加救濟捐。

確定熱河路商場鋪攤位租金額

熱河路商場鋪攤位及二樓辦公室租金，業經財政局遵照第一〇五次市政會議審查通過之租金標準，按建築物價值總額之百分之二十為全年租金之原則，擬訂鋪攤位及二樓辦公室各級租金數額，後提經第一〇六次市政會議通過施行。租金表如下：

下關熱河路商場各級鋪攤位及辦公室租金表

三十六年十一月編訂

類別	等級	位置	號次	每平方公尺租價（元）	每間面積（平方公尺）	每間每月租金（元）	間數	本級每月租金總數（元）
鋪面	甲	商場正門兩側沿街鋪面	一—一〇	六二、〇〇〇	三一、〇〇	一、九〇〇、〇〇〇	一〇	一九、〇〇〇、〇〇〇
	乙	第一進兩支路及中間幹路兩旁鋪面	一一—一八 一九—五八	五二、〇〇〇	二五、〇〇 二二、〇〇	一、三〇〇、〇〇〇 一、一五〇、〇〇〇	八 四〇	五六、四〇〇、〇〇〇
	丙	第二進兩支路兩旁鋪面	五九—七四	四〇、〇〇〇	二〇、〇〇	八〇〇、〇〇〇	一六	一二、八〇〇、〇〇〇
	丁	第三進兩支路兩旁鋪面	七五—九四	三〇、〇〇〇	二二、〇〇	六六〇、〇〇〇	二〇	一三、二〇〇、〇〇〇

攤位	乙	第一進支路及中間幹路之攤位	九五—一一〇	五二、〇〇〇	六、〇〇	三〇〇、〇〇〇	一六	四、八〇〇、〇〇〇
	丙	第二進支路之攤位	一一一—一一四	四〇、〇〇〇	六、〇〇	二四〇、〇〇〇	四	九六〇、〇〇〇
	丁	第三進支路之攤位	一一五—一一八	三〇、〇〇〇	六、〇〇	一八〇、〇〇〇	四	七二〇、〇〇〇
辦公室	丁	二樓單間辦公室	不列號	三〇、〇〇〇	二五、〇〇	七五〇、〇〇〇	一八	一三、五〇〇、〇〇〇
總計								一二一、三八〇、〇〇〇

備考：一、本表租金係按建築物價值及地價總額之百分之二十為全年租金，一年分十二個月收租。

二、以全部舖攤位及辦公室所佔面積核算每一平方公尺應攤租金，並按各單位所佔面積之平方數核算其每月應付租金，面積較廣者租金較多。

三、租金分等係視各單位所佔位置之優劣而定，位置較優者每平方租金亦較高。

四、租金核算至萬元為止，畸零數四捨五入。

簡訊

▲舉行全市各級國民學校校長談話會　本學期各級國民學校上課已十一週，舉凡校務上共同性質之應興應革事項，及公開教學工作之推行，注音符號講習會之舉辦，教員學歷證件之補驗，代課教員資歷之審核，訓育工作之改進，兒童社會活動工作之推進等事，亟須研討決定，經教育局於十一月二十日下午三時在夫子廟第一國民學校大禮堂，召集全市各級國民學校校長舉行談話會，交換意見決定一切。

▲南京市國民教育參觀團改名為南京市教育參觀團　教育局原擬組織南京市國民教育參觀團赴滬杭兩地參觀，現改名為南京市教育參觀團，目的地仍為滬杭，參觀團員二十五人，計中心國民學校校長十二人，國民學校校長七人，首都國民教育實驗區主任一人，市立幼稚園主任一人，教育局四人，參觀期限十日，已舉行談話會兩次，置團長一人，並設參觀、總務兩組，擬訂參觀團表册等項，已於十一月三十日出發。

▲擬具分區辦理注音符號講習班辦法　教育局為加強各級國民學校國音教育，特擬具分區辦理注音符號講習班辦法，準備分區抽調各區國民學校國語教師，舉行注音符號講習，再由受訓教師分別領導各該校全體教師進修注音符號，俾能由注音符號矯正國字讀音，而正確國音教學。

▲選送埃及交換展覽兒童圖畫　我國駐埃及使館為增進兩國交誼，舉行兩國小學生圖畫作品交換展覽，曾電外部向國內徵集，本府教育局特選集各級國民學校圖畫作品三百幀，送請教育部彙轉埃及藝術之友會參加交換展覽。

▲舉辦民衆音樂會　十一月十七日下午七時半，假介壽堂邀請中央電台音樂組，江甯師範音樂科，中華交響樂團，國立音樂院等音樂團體共同演奏適合民衆之樂曲，邀請各界準時到會，計演奏二小時，

聽衆八百餘人。

▲舉行首都各界慶祝第八屆防空節紀念大會　十一月二十一日假大華戲院舉行首都各界慶祝第八屆防空節紀念大會，到各界代表暨防護團員等二千餘人。

▲實施滅蝨　四所村難民區及下關實驗兒童福利社均經衛生局先後派員前往辦理滅蝨工作，茲以本市救濟院老人堂收容人數約有六百九十人，又首都監獄監犯約有一千二百餘人，衛生局為防止傳染病發生起見，又於十一月十九、二十兩天派員分往滅蝨。

▲改善娛樂稅課徵方式　本市各戲茶廳及音樂茶座應征娛樂稅，其課征方式尚未盡善，茲為增加稅收起見，經召集電影戲劇業同業公會商討調整，經決定照現在社會局評定戲茶資價目扣除一成彩資（根據社會局勞資協定），再作十成計算，以四成為茶資，以六成為戲資，按戲資之一百二十五分之二十五為娛樂稅（原計算方式為按戲茶資之四成為戲資，以百分之二十五為娛樂稅，）經調整後，稅收已較增加。

▲田賦開征情形　本年度田賦，已於十一月十一日開征，截至十一月十七日止，正賦以及帶征各項共計收起二千四百八十三萬一千六百九十四元，刻正督飭征收人員加緊稽征，並策動保甲長努力催征中。

▲加緊徵收冬季使用牌照稅暨汽車市政建設捐　本市冬季使用牌照稅暨汽車市政建設捐，自十月一日開始徵收以來，截止十一月二十日止，計自用乘人汽車一・二三四輛徵獲稅款一八四・八三〇・八〇〇元，營業乘人汽車一二八輛徵獲稅款二五・五七四・四〇〇元，自用運貨汽車二二二輛征獲稅款三一・八一三・五〇〇元，營業運貨汽車三七九輛征獲稅款七三・二一三；六〇〇元，自用乘人大汽車一三三輛，征獲稅款二六・九九六・二〇〇元，營業乘人大汽車三二輛徵獲稅款八・六一三・六〇〇元自用暨營業機器脚踏車五七輛徵獲稅款四・〇三六・九〇〇元，人力車六・七四九輛徵獲稅款八〇・九八八・〇〇〇元，自用暨營業三輪車一・九六三輛征獲稅款三九・一六三・五〇〇元，馬車五二〇輛征獲稅款一三・〇〇〇・〇〇〇元，板車暨雜項車輛稅款一四三・一六九・四〇〇元，船照稅款三八・三九〇・〇〇〇元，合共徵獲稅款六六九・七八九・九〇〇元，汽車市政建設捐徵獲九七七・九二五・〇〇〇元，以上兩項稅捐，均超過原訂比額，現仍繼續徵收中。

▲八封洲及大小黃洲三十五年秋租徵收情形　關於該兩洲三十五年秋租，自本年春租租額解決後加緊征收以來，截至十一月二十日止，全部應征租款，計八封洲已徵收國幣七千三百三十一萬零四百四十九元，達成全部應徵租額百分之九十八，大小黃洲已告全部征收清結。

▲奉准緩徵軍政機關或學校佔用民地三十六年度地價稅　迭據各業戶先後來呈，以本市各軍政機關或學校佔用民地尚未發還及訂租或征用者，請按照去年成案，仍予緩徵本年地價稅，經已據情轉奉財政部財地三寒代電指示：「如經查明屬實者，三十六年度地價稅准予緩征」，財政局業已遵電辦理。

▲民政局以市民民事糾紛增多，動輒成訟，為便於此種糾紛之調解，經在各區設立調解委員會，專門處理各區民事糾紛。至各區調解委員會主席人選，業經正式發表，計一區熊振德，二區錢貫之，三區魯佐藩，四區張仲宜，五區董育華，六區張金城，七區王應勤，八區吳坤山，九區華德臣，十區王國銓，十一區吳貴長，十二區徐萬貴，十三區歐陽德謨。

法規

中央法規

動員戡亂期間勞資糾紛處理辦法

行政院三十六年十一月一日
（卅六）六經字第四四九三二號令頒

第一條　本辦法依動員戡亂完成憲政實施綱要第五條及第十五條之規定制定之。

第二條　動員戡亂期間凡工礦交通公用事業發達之地區，為謀勞資問題之迅速處理，以安定生產秩序，均得呈准設置該地區勞資評斷委員會隸屬於市縣政府。

第三條　勞資評斷委員會職權如左：

（一）關於工人待遇調整事項。

（二）關於勞資糾紛之緊急處理事項。

（三）關於交通公用事業及公營事業勞工糾紛之處理事項。

第四條　勞資評斷委員會設委員九人至十五人，由縣市政府就當地社會經濟治安糧食衛生行政主管人員及參議會商會總工會暨重要同業公會產業職業工會及其他有關機關負責人分別聘派充任之，以社會行政主管人員為主任委員，綜理會務，並得互推三人為常務委員，處理日常會務，主任委員於勞資發生糾紛時，得指有關之同業公會及產業職業工會負責人充任臨時委員。

第五條　勞資評斷委員會應因事實之需要隨時開會，開會時遇有必要時臨時通知有關之勞資雙方派代表列席會議。

第六條　勞資評斷委員會應依照當地適用之有關法令之規定，隨時考察企業、營業及工人生活狀況為適當之調整，以安定工人生活、維持生產、防止糾紛。

第七條　雇主或工人在未經勞資評斷委員會評斷以前，不得因任何勞資爭議停業關廠或罷工怠工。

第八條　勞資評斷委員會之裁決任何一方有不服從時，主管機關得強制執行，其情節重大者，並得依照妨害國家總動員懲罰暫行條例懲罰之。

第九條　本辦法自公佈日施行。

糧食流通管理辦法

行政院三十六年十一月二十二日
（卅六）五糧字第四八五三三號令頒

第一條　依據動員戡亂完成憲法實施綱要，對於糧食流通管理，特訂定本辦法。

本辦法實施區域暫以長江流域之江蘇安徽江西湖南湖北四川六省及上海南京漢口重慶四市為限。

本辦法所指糧食係谷米小麥麵粉四種。

第二條　沿長江流域各省糧食，應自由流通，其運出長江口外者，須經糧食部核准，由海關查驗。

第三條　運出長江口外糧食，應由糧食部審酌實施區域生產量除去消費量及必須供應軍糧外之餘額核准報運。

第四條　合法糧商報運谷米小麥三種出長江口外者，應檢具部頒糧商執照（或執照照片），將採購地區起訖地點糧食種類及數量逐項載明報請糧食部核准後，由糧食部通知採購地地方政府，並轉飭當地糧食公會知照。

每家糧商報運糧食每次最高額米以五千市石谷以一萬市石小麥以三千市石爲限，但不得在上海南京兩地購辦。

前項核准購運之糧食，應由該商於裝運前報請糧食部核發准運憑證。

第五條 沿長江各省市所產麵粉運出長江口外者，均採取限額報運制，由糧食部逐月核定，其已成立公會者，由糧食部按該區生產總量統籌核定，就其已開工各廠由公會比例分配，並將廠名商標（或牌號）分配額及各廠運往地點詳細列表同式五份，報請糧食部核辦。

合法糧商報運麵粉時應就各廠分配額內向廠方洽購，廠方不得抬價擱售。

第四區麵粉工業同業公會之廠商開設在實施區域以外者，不適用本辦法。

第六條 糧食部接到各區公會麵粉分配表時，應按廠核發准運憑證載明麵粉商標（或牌號）准運數量起訖地點，一面檢附原表迅咨財政部，並逕通知有關海關查照。

第七條 糧食部核發之准運憑證，以發出日起一個月爲有效期間，逾期未起運者作爲無效。

第八條 凡政府機關在實施區域或採購糧食運出長江口外者，應先將擬購種類數量及用途報請糧食部核定，由糧食部指定地區採購之。

第九條 各輪船承載糧食應憑糧食部准運憑證查照其所託載之起訖地點及糧食種類數量是否符合，此項准運憑證，應與艙單隨同攜帶（如係麵粉須連同完稅照），以備海關查驗放行。

第十條 海關查獲未經糧食部核准運出長江口外之糧食，以私運論，依海關緝私條例處理，幷將查獲之糧食，交由當地糧食主管機關暫爲存倉保管。

第十一條 糧食部爲辦理報運審核事宜得組織審核委員會，其組織規程另定之。

第十二條 本辦法自公布之日施行。

管理鎢銻運售辦法

行政院三十六年十一月十五日
（卅六）六經字第四七一七〇號令頒

第一條 鎢銻運售除法令另有規定外依本辦法管理之。

第二條 從事鎢銻採煉商應將其設備能力及每月預定生產數量，於開業前詳晰報請資源委員會所屬之當地管理機關核明登記 其開業在先者，應於本辦法公布時補行登記。

第三條 管理鎢銻機關得依據採煉商所報預計生產數量派員隨時考察指導，幷照實際生產數量責令分旬繳售。

第四條 國內公私工廠需要鎢銻原料者，應向當地管理機關聲請核准配售，商民不得私自售購。

第五條 採煉商不得私自囤積礦品，如有違反第三條之規定者，得會同當地警察或縣市政府依照鎢銻收購條例第七條之規定，按當時收價八折強制收購之。

第六條 曾經領有資源委員會運輸護照或出口許可證於運輸鎢銻時漏未攜同隨運者，得依照鎢銻收購條例第七條之規定處理，其幷未請領照證意圖私行運輸出口者，概以違反本辦法論處。

第七條　違反本辦法各規定者照妨害國家總動員懲罰暫行條例第五條第一項第二五兩款及第二項之規定懲處之。

第八條　因案沒收之礦品，得按當時收價由管理礦品機關備款收購以五成解交國庫五成撥充獎金，其支配方法另定之。

第九條　本辦法自公布日施行。

國府公報所載中央法規索引

三十六年十一月份下半月

本府法規

修正南京市立醫院組織規程

三十六年十一月十四日第一〇六次市政會議通過

第一條　本院依據南京市政府組織規程第十條之規定組織之隸屬於南京市衛生局，掌理市民疾病治療及保健指導等事宜。

第二條　本院置左列各科室及藥局：

(一)內科　甲、普通內科，乙、小兒科，丙、癆科。
(二)外科　甲、普通外科，乙、骨科。
(三)皮膚泌尿科。
(四)產婦科。
(五)耳鼻喉科。
(六)眼科。
(七)牙科。
(八)檢驗科。
(九)X光科。
(一〇)保健科。
(一一)電療科。
(一二)會計科。
(一三)護士室。
(一四)事務室。

前項各科室視業務之繁簡得裁併或增設之。

第三條　本院設院長及副院長各一人，由衛生局聘任之，並呈報市政府備案，院長綜理院務並監督所屬職員，副院長輔助院長處理院務。

第四條　本院各科室及藥局各置主任一人，必要時各科及護士室並得添置副主任一人，均由院長遴請衛生局聘任之。

第五條　本院置醫師藥劑師護士長及護士助產士技士技佐藥劑生其員額如次：

主治醫師五人至八人，由院長遴請衛生局聘任住院醫師五人至八人，助理醫師十五人至二十二人，藥劑師四人、護士長九人至十一人，護士三十人至五十人，助產士六人至八人，藥劑生四人至六人，技士三人至五人，技佐五人至八人，均由院長派充，呈請衛生局備案。

第六條　本院置事務員十四人至十八人，均由院長派充呈報衛生局備案，事務員承院長之命，受事務室主任之指揮分別辦理文牘出納人事庶務住院詢問掛號等事項。

第七條　本院會計室設會計主任一人，助理員四人至六人，依國民政府主計處設置各機關會計機構之規定，辦理本院歲計會計事項，受院長之指揮，並受市政府會計長監督指揮。

第八條 本院因事務上之必要得酌用雇員。

第九條 本院因醫務之需要，得附設高級護士學校及高級助產學校，並得與公私立之護士學校訂定合作辦法。

第十條 本院辦事細則及其他各項規則另定之。

第十一條 本規程如有未盡事宜得隨時呈請修正之。

第十二條 本規程自呈奉市政府核准公佈之日施行。

修正南京市政府設計考核委員會組織規程

三十六年十一月十四日第一〇七次市政會議通過

第一條 南京市政府（以下簡稱市政府）為實施行政三聯制屬行分級設計考核，特設置南京市政府設計考核委員會（以下簡稱本會）。

第二條 本會關於設計考核及工作競賽工作之技術方面受行政院設計考核委員會及中央有關機關之指導。

第三條 本會以左列人員組織之：

一、主任委員一人，由市長兼任之。

二、副主任委員一人，由副市長兼任之。

三、委員十五人由秘書長參事及各局處長兼任之。

第四條 本會設秘書一人，由主任委員就本會委員或市政府高級人員中指派專任，秉承主任委員副主任委員之命處理日常會務。

第五條 本會分設計考核及工作競賽三組，每組各設組長一人，由主任委員就本會委員或市政府高級人員中指派兼任之

第六條 本會設計考核工作競賽各組各設專門委員專員及辦事人員各若干人，由主任委員就市政府各級人員中分別調派担任之。

第七條 本會各組應與市政府人事會計統計各處密取聯繫。

第八條 本會之職掌如左：

一、關於行政三聯制之推行事項。

二、關於市政府施政方針或中心工作之草擬或審議事項。

三、關於市政府年度計劃及其他計劃之草擬或審議事項。

四、關於直屬或附屬機關工作計劃之審議事項。

五、關於計劃與預算之配合事項。

六、關於市政府工作進度工作成績之督導考核事項。

七、關於直屬機關或附屬機關工作進度工作成績之考核事項。

八、關於市政府派遣考核人員之擬議事項。

九、關於市政府工作經費人事考核結果之彙報事項。

十、關於市政府工作競賽之計劃執行評判獎懲報告事項。

十一、其他有關設計考核及工作競賽事項。

第九條 本會每月舉行會議一次，必要時得召開臨時會期。

第十條 本會辦事細則另定之。

第十一條 本規程自公佈之日施行。

南京市政設計考核委員會辦事細則

三十六年十一月十四日第一〇六次市政會議通過

第一條 本細則依據南京市政府設計考核委員會組織規程第十一

條規定訂之。

第二條　本會開會由主任委員召集之會議時，以主任委員爲主席，主任委員因事缺席時，由副主任委員代理之。

第三條　秘書秉承主任委員副主任委員之命辦理本會一切日常事務，并聯絡各組暨指導監督所屬職員。

第四條　設計組之職掌如左：

一、關於行政三聯制之推行事項。

二、關於施政方針或中心工作之草擬或審議事項。

三、關於年度計劃及其他計劃之草擬或審議事項。

四、關於各直屬或附屬機關工作計劃之審議事項。

五、關於計劃於預算之配合事項。

六、其他有關設計事項。

第五條　考核組之職掌如左：

一、關於協助行政三聯制之推行事項。

二、關於工作進度工作成績之督導考核事項。

三、關於派遣考核人員之擬議事項。

四、關於工作經費人事考核結果之彙報事項。

五、其他有關考核事項。

第六條　工作競賽組之職掌如左：

一、關於工作競賽方式之擬議事項。

二、關於工作競賽之主持辦理事項。

三、關於工作競賽結果之品評事項。

四、關於工作競賽結果之獎懲事項。

五、其他有關工作競賽事項。

第七條　各組組長秉承主任委員副主任委員之命，督導所屬職員主持各該組事務。

第八條　專門委員專員分別配屬於各組，由組長指導，分任設計考核及辦理工作競賽等事務。

第九條　辦事人員承長官之命辦理文書庶務等事務。

第十條　凡事務關係兩組之以上時，應協同辦理各組人員，幷得互相調用。

第十一條　本會辦公時間依照南京市政府之規定。

第十二條　本會職員出勤支給旅費辦法，依照南京市政府之規定。

第十三條　本會職員考勤辦法，依照南京市政府之規定。

第十四條　本細則由本委員會通過後施行，修正時同。

本府大事記

十一月份下半月

十九日（星期三）

△市選舉事務所舉行記者招待會。

二十一日（星期五）

△舉行首都各界慶祝第八屆大會。

△本市國大代表選舉第一日，舉行婦女團體投票。

二十二日（星期六）

△本市國大代表選舉第二日，舉行職業團體投票。

二十三日（星期日）

△本市國大代表選舉第三日，舉行區域投票。

二十四日（星期一）

△本市冬令救濟委員會成立。

二十八日（星期五）

△舉行第一〇七次市政會議。

△市參議會第一屆第四次大會復會。

二十九日（星期六）

△市參議會第一屆第四次大會閉幕。

會議紀錄

南京市政府第一〇六次市政會議紀錄

時間：三十六年十一月十四日上午九時

地點：本府會議室

主席：沈市長　　紀錄：史崇訓

討論事項

1.市長交議：據衛生局呈請修訂市立醫院組織規程，提請討論案。

決議：照修正案通過。（修正規程見法規欄）

2.市長交議：據設計考核委員會簽擬修正組織規程暨辦事細則，提請討論案。

決議：照修正案通過，呈請行政院備案。（修正組織規程見法規欄）

3.會計處提：擬請追加本市市立各中學流亡公費生膳食費及師範生膳食津貼費五五四、六二五、〇〇〇元案。

決議：照案通過。

4.會計處提：擬請再度追加各區公所員工日用必需品配購證差額代金及保幹事生活津貼八五、五〇〇、〇〇〇元案。

決議：由民政局查明各區公所職員應領差額代金名額簽核後提會報告。

5.會計處提：擬請追加本市各機關本年度經常費一、八五八、二五八、八二〇元案。

決議：照案通過。

6.會計處提：擬請追加「抗戰損失調查委員會」經費壹千萬元案。

決議：照案通過。

7.會計處提：擬請追加本市監察院監察委員選舉經費貳千萬元案。

決議：照案通過。

8.會計處提：擬請追加工務局臨時費貳拾貳億元案。

決議：照案通過。

臨時動議

1.財政局提：為遵照上次市政會議決議原則，擬訂熱河路商場舖攤位及二樓辦公室租金數額，附具圖表，提請討論案。

決議：照表訂租金等級數目實行。

2.地政局提：為中國紅十字會南京分會請租市地建築診療所一案，經查有五區五四九段土地尚合於該會使用，擬具處理意見，提請核議案。

決議：查該區段之地權尚未確定，在未確定地權前，准暫予租用。

人事動態

三十六年十一月五日至十八日止

姓名	服務單位及職別	動態	到離職日期
馬君秀	財政局營業稅辦事處事務員	新任	十一月五日
蘇慶豐	地政局第三科科員	新任	十一月五日
童福臨	地政局土地測量隊繪圖員	新任	十一月六日
誠籛平	會計處第三科辦事員	新任	十一月一日
洪富祥	會計處第三科辦事員	新任	十一月一日
黃　珊	會計處第二科辦事員	新任	十一月三日
景純達	財政局第三科臨時雇員	新任	十一月八日
潘敏琪	社會局第三科辦事員	新任	十一月一日
范鉄珊	社會局第二科科員	新任	十一月八日
何中煜	社會局視察兼第三科主任科員	新任	十一月十七日
王化江	社會局統計室主任	新任	十一月十八日
呂季瀾	統計處專員	調升統計處第一科科長	十一月一日
吳人堇	財政局營業稅征收處副主任	調升財政局營業稅征收處主任	十一月五日
歐昌維	財政局營業稅征收處主任	調任財政局荐任視察	十一月五日
王　策	會計處第三科辦事員	調任第三中學會計室佐理員	十一月十七日
詹世驊	財政局市產管理室主任	調任財政局視察	十一月一日
黃斌山	財政局稅捐稽征處辦事員	調任財政局稅捐稽征處稽征員	十一月一日
程華祥	地政局督導員	調任地政局荐任科員	十一月一日
歐陽炯	地政局土地登記處審查員	調任地政局荐任科員	十一月十七日
袁鵬飛	民政局第二科科員	免職	十一月十一日
李　騏	民政局第二科雇員	免職	十一月十一日
胡治民	財政局第一科辦事員	病故	十一月卅一日
李懷瑾	財政局第三科雇員	辭職	十一月卅一日
童啓祥	財政局會計室科員	辭職	十一月卅一日
黃立軍	財政局營業稅征收處雇員	辭職	十一月卅一日
陳國杰	社會局第二科辦事員	辭職	十一月六日
陶嘯伯	地政局技術室技佐	辭職	十一月七日
嚴相松	地政局土地測量派測量員	辭職	十一月八日

南京市政府公報 第三卷 第十一期

南京市與農業建設

沈市長十一月二十九日在農學界十八團體聯合年會致詞

今天參與盛會，得與各位先生見面，並給予我說話的機會，非常愉快與榮幸。中國四千年來一直是「以農立國」的國家，全國農民佔總人口百分之八十以上，農業對國家的重要，不言可喻。卽大都市如首都的南京，遠東第一大埠的上海，在其四周郊區也還是一個廣大的農業區域，當今國家趨勢固然必須工業化，可能有若干鄉村在未來成爲工業重鎭，也可能有不少人民在未來由農夫而變爲工人，但無論如何，農業在國家與國民經濟生活上，將與工業佔有同等重要地位。並由於國家的工業化運動，促使農業現代化，而形成新農業的勃興。在建國途上，新農業的扶植推廣，實在大爲需要。各位先生都以振興新農業爲職志，歷來研究實驗的成績，昭然在目，令人欽佩，此屆年會，必然對於國家更有進一步的貢獻。

在目前情況下，農業界似乎有一種普遍的苦悶，卽是；研究實驗所獲的成績，大都僅囿於實驗場範圍之內，尚未推廣普遍到廣大的鄉村。在實驗場所生產的稻粒如此大，麥粒如此壯，蔬果如此繁盛，各種產量都比較豐富，應用了新的種子，新的方法，這成績值得驕傲。但在廣大的鄉間田地上，我們所目睹的農業，一切還是照舊！照舊！

照舊。我十分相信，從事新農業的人士，無一不欲以其實驗所得的優良成績，普及至於全國窮鄉僻野，以增進國家的生產，奠定新農業的長遠基礎。其推廣之所以未能盡如理想，另有許多客觀的原因，譬如與當地一般政治。經濟金融工業等等均有關聯，非僅賴主觀的努力所能完全奏效。有人認爲農民的保守性特強，喜歡墨守祖傳的成法，不容易接受新的事物，我覺得這不是全部的事實。在我看來，農民無不希望其收成增加，在初接觸新事物的時候，或者不無遲疑，但一經發現其優點，便會衷誠接受，竭力推行。所以新農業倘能與政治、經濟、人才各方面作適當之配合，則推廣普及，自實驗場出來，深入到農村上去，並不是不可能。

自然，推廣新農業，如上所述，有其必須具備的客觀條件，而在現在有好些地方尚未具備這些條件，其不易推廣，也是意想中的事。但就首都的南京來說，以南京在政治經濟上所佔地位之優越，全國優秀農業人才集中在中央者不在少數，南京四郊又是相當廣大的農業區域，如把中央農業實驗所，林業實驗所與畜牧實驗所等的優良成績推及於南京郊區，換言之，卽是把南京郊區作爲現有的農林試驗場的擴大，這一工作似乎有一試的價値，而且有重大的意義。

就嚴格的市政立場說，農業原不包括在市政範圍之內，歐美市政卽是如此，但中國是一個農業國家，卽在工業化之後，農業的比重也必超過歐美，故在中國都市闢有廣大農區，應是十分適合國情。南京市區佔地五百餘方公里，在世界各大都市中，可說很大，當時劃定如此遼闊的市區，一面爲謀未來市政的發展，一面恐亦含有促使首都成一田園都市之意。故在中國言市政，不能不視其環境，連帶注意農業的建設。南京自設市以來，由於人力、財力、物力、時間等等的限制，僅能致力於城廂的諸種建設，對於郊區農業尚不暇顧及，但以南京土地之肥，水利之便，農業發展大有前途，且爲本市經濟建設重要之一項，着手也不容再緩。我們看一看附郭諸山，林木不茂，阡陌之間，無論任何農產品與試驗場里所產者相形之下，無不見絀。中央農業實驗所的成績，在國際上卓著聲譽，而在國內，卽在其附近亦尙少受到影響，此種情形，試一對照感相如何？

在京郊推廣新農業，凡屬於行政方面的種種問題，市政府當視力之所及妥謀配合，但各種實驗，尤其在技術方面，則必須有賴於貴會各位先生的規劃指導與協助。我以在南京市服務的資格，乘今天機會，爲南京市民向各位提出這個要求。

南京市下水道計劃概要

南京市工務局下水道工程處擬

第一節　引言

南京依山臨江，形勢險固，自六朝建都以還，人口陡增，都市之規模已具，北伐成功後，國府奠都於此，一躍而爲全國政治文化之中心。

國府奠定之後，京市市政建設隨之而興，舉凡電訊、道路、給水等漸具規模，惟全市下水則賴窪地池塘及數年前舊有磚溝爲之宣洩，而塘水不流，磚溝窒塞，平日污水未能暢洩而漫溢市街，一遇暴雨，則有如洪潦突至，行人裹足，因而蚊蚋孳育，疾病叢生，對於市民之衛生實爲莫大之威脅，而於市容之整飾，尤爲一難治之贅疣。

民廿二年市政當局曾有整治下水道之計劃，當時卽由荷庚款項下提撥八十餘萬元，組設工程處專司其事，先由城南區着手進行，正擬興工之際，因敵騎侵入，工程中心，以是停頓八載，所測立之標誌，大都遺失不全，漫不可考，新增資料亦復不少，故目前工作又須自測量與搜集資料兩方面重行起始，再進之而作設計與施工焉。

第二節　工程計劃綜述

工程建設之要旨，應以合乎經濟爲原則，易言之：卽以最低之代價而謀最高之效能。本市區域廣大，交通頻繁，下水道之建設自不能同時舉辦，一蹴可舉，而須本「後其緩先其急」之原則，順序推進，茲擬分爲四期施建，以主要幹道氾濫最嚴重之區爲首期，人烟稠密地帶次之，交通頻繁區域又次之，最後再推及之於次要路巷，至於新闢道路溝管之埋設，自需同時進行，以資配合，綜計以上工程，若期以三年不輟，可望其成。

建築本市下水道，又須兼治秦淮河。緣秦淮河爲歷代勝蹟，以養護失宜，今成一泓臭水，該河縱橫交貫，向爲城南區排水之總匯，將來本市下水道幹管之出口，擬卽與該河相聯，苟本流排水不暢，下水進注勢必滯瀦不動，爲害更烈，故秦淮河之整理實爲首要之圖。

秦淮主流橫亘城南，支流則曲折縱橫，均多淤塞，目前以資料不全，整理之法自難確定，但疏浚主流，塡塞支流，以及東西水關之擴充，三汊河一帶尾閭之控制，殆爲應予考慮之問題。

本京地勢低平，而江水又漲落懸殊，一遇汛期，江水倒灌入河，泛濫街市，及至枯水時期，則河水入江，頓成乾涸，爲控制水流，或須另在適當地點增建水閘，保持水位，以利下水之排除。

綜上所述，疏浚河床，擴建抽水站水閘等工程，均須先事籌辦，趕築完成，則將來舖設溝管時，雨水可隨時宣洩，而施工時河水水位亦收控制之效矣。

第三節　測量

南京全市地形圖係於民國十七年所測，時歷念載，情況自異，民廿三年雖測定標準基點五十隻，今所存者，不過十之一二。況今後修建下水道方針，不僅限城南一隅，已如前節所述，故水準基點亟需普設，方可引測擬建區之路面高程，而作設計溝道之依據，又以本市地勢平坦，基點測量精確度須期達到第一級標準，始符施工之要求。餘如秦淮河縱橫斷面之測量，池沼之勘測，地下水位高程之調查，均須愼重從事者也。

第四節　資料之搜集及整理

下水道工程所賴之資料，包括雨量紀錄、人口密度以及土地段類三項，茲分述於后：

(一)雨量紀錄　下水係地面雨水及污水之合稱，而污水流量遠較雨水爲小，在設計合流制溝管時，向以暴雨量爲設計之依據，故暴雨量之分析與研究極爲重要，茲因京市北極閣氣象台之紀錄爲時甚暫，須參照上海徐家匯天文台廿七年來之資料合併分析，求出合理之雨量、頻率及時間三者間之相互關係，然後訂立可憑設計之流量。

(二)人口密度　污水量之大小，影響管綫之最小坡降及處理方法之擇取，同時復與人口密度同相增減，本京人口調查及未來人口之估計，均爲設計時必要之參考，目前人口普查，民政局已積極辦理，至人口未來增減率，則又以市區發展計劃而定，再與其他都市相比對照，以獲一較爲可靠之預計。

(三)土地段類　暴雨強度一經估定，隨卽對於各區地面性質作縝密之考查，以便核定「流量係數」。此項工作之進行，須向地政局調錄各區面積與段類，並勘查房屋之稀密，路面舖築之情形，然後參照都市計劃委員會所擬發展之計劃，從事設計。

第五節　設計

所有資料彙齊整理及初步測量完成之後，卽開始設計，本工程設計之主要項目分爲下列五項：

(一)整治秦淮河之設計。

(二)尾閭控制工程之設計。

(三)抽水站之設計(包括機房建築閘門等)。

(四)標準溝管之設計。

(五)進水口入孔及其他附屬建築物之設計。

(六)管道之設計。

第六節　施工

本工程大部份材料，厥爲鋼筋水泥溝管，其造價幾爲全部工程費之六成，故宜設廠製造，較爲經濟，而材料標準亦易於控制，更可把握時機，以應需要。

溝管之舖設或採分段發包辦法，由下而上，以臻隨舖隨洩之功用，至其他附屬建築物之建造，河床之疏浚，同採嚴格之規定，以求與原設計相脗合，而達最高之效率也。

第七節　工程概算

本工程全部工程費，按目前市價估計，約需國幣九千九百四十四億六千一百八十萬元，驟視之，似覺龐大，然本市地區之遼闊爲全國之冠，施工之艱巨，恐亦非國內其他都市所可比擬，加以鋼筋水泥爲本工程主要材料，其戰後價格已達戰前之十萬倍，故概算數額亦不得不隨之增加。

第八節　工程預定進度

本工程係屬成型都市內之地下建築，施工步驟自以不妨礙交通，隨挖隨舖爲原則，若能順利推進，三年之內可望完成。

第九節　結論

按都市有如人身，其電訊恰如神經，道路猶如骨骼，而下水道則可與人身之排洩器官相比，苟人身以排洩不暢，必罹疾病，故下水道之建築實爲都市建設重要之一環，不可或忽，况南京又爲首都所在，整潔衞生不僅應爲全國之表率，實亦影響國際之觀瞻，衡諸各項建設之輕重，則南京下水道亟宜提前籌辦者也。

南京市政府公報刊例

一、本公報每半月發行一項

二、凡本府例行公文即在本公報發佈不另行文

三、本府所屬各機關於收到本公報時應編號歸檔妥爲保存凡註明「不另行文」文件並應注意遵照

南京市政府公報

第三卷 第十一期

中華民國三十六年十二月十五日

編輯者 南京市政府編譯室

發行者 南京市政府

南京：建鄴路一三八號

印刷者 大東新興印書館

電話：二二二二六號

中華民國三十六年十二月卅一日

第三卷　第十二期

南京市政府公報

南京市政府編譯室編

目錄

省市參議員當選監委後不得兼任

南京市政府公函 (卅六)府總民字第一一五一八號

案准內政部本年十一月二十八日民字第一二八二〇號代電開：「查本部前准陝西省政府代電，請解釋參議員當選為監察院監察委員後，可否兼任一案，經呈奉行政院指復，以省參議員當選為監察委員後不得兼任等因，奉此，關於市參議員當選為監察委員，自應準用此項解釋，除分行外，相應電請查照。」等由，准此，相應函請

查照為荷！

此致

南京市參議會

中華民國三十六年十二月五日

監委選舉罷免法施行條例第二十一條釋義

南京市政府公函 (卅六)府總民字第一一五三四號

案准內政部本年十一月二十八日民字第一二八二一號代電開：「查本部前據湖南省民政廳代電，節以監察院監察委員選舉罷免法施行條例第二十一條規定：『監察委員於選出之省市議長或首長有彈劾案提出時，其省市議會對該監察委員不得為罷免案之聲請。』此項規定，究係指彈劾案提出至終結期內，抑係指該監察委員整個任期內不得為罷免案之申請，不無疑義，電請核示等情，經本部議具意見，函請司法院秘書處轉請解釋在案；茲准司法院三十六年十一月十一日院解字第三六三七號公函，復以『茲經本院統一解釋法令會議議決，監察院監察委員選舉罷免法施行條例第二十一條所定停止罷免案聲請之時期，自彈劾案提出時起至該案終結時為止，至罷免案之聲請，在被聲請罷免之監察委員提出彈劾以前者，其罷免程序之進行，自不因而停止』等由，准此，相應電請查照。」等由，准此，相應函請

查照為荷！

此致

南京市參議會

中華民國三十六年十二月五日

注意保護行道樹

南京市政府訓令 (卅六)府總祕字第一一五二六號

令各區公所

案據本市園林管理處三十六年十二月二日呈稱：「查行道樹為美化市容之需要，自栽植修正以至成齡，殊為不易，乃最近市區中央路、中山北路、北平路、山西路以及湖南路一帶行道樹樹枝，多被市民

任意砍伐，非惟影響樹幹成長，抑且枝折皮剝，有礙觀瞻，自應有所糾正，除仍飭負責員工隨時嚴加防止外，祇以市區範圍廣大，防範難周，擬請鈞府即賜佈告，並轉知首都警察廳及民政局飭屬一體保護，以維公物，而整市容，實爲公便。」等情，據此，查行道樹之培植，不僅具有美化市容之作用，且與市民衛生，亦有密切關係，自應妥爲保護，以期蔚蔚成蔭，據報前情，除電首都警察廳飭屬防範，並分行外，合行令仰遵照，隨時保護爲要！

此令。

中華民國三十六年十二月五日

改進禁煙縱橫聯保連坐推行方式

南京市政府訓令　（卅六）府總民字第一一四〇一號

令各區公所

案准內政部本年十一月二十日京禁壹字第六五六三三號代電開：

「查肅清煙毒善後辦法第八條規定，肅清煙毒應由各級地方政府普遍發動社會制裁，厲行縱橫聯保連坐，係依防奸防匪辦理聯保之精神，發揮查檢之作用，實爲加強施禁之最有效辦法，本部爲使推行盡利，曾於三十五年七月三日提示辦理禁煙聯保連坐要旨七項，分函各省市政府查照辦理，祇以橫的聯保未便強使人民負本人以外之法律責任，故特別規定，應由地方政府以策動方式鼓勵人民自行發起，或滲透民意機關，或訂入保甲公約，以確能實現立法精神及禁政要求爲主，迺近查各地方政府或自訂辦法強制執行，而未徵得民意機關同意，或幷未策動人民自行發起而訂入保甲公約，或視爲無足輕重而延不舉辦，均有昧於原意。現行憲在邇，一切行政措施，未便與憲法精神稍有抵觸，除縱的聯保，在加重基層行政人員對禁政應負之責任，自得以命令強制區鄉鎮保甲長履行，如有應懲罰事項，即可依照禁煙考核獎懲規則予以行政處分外，所有橫的連坐，如未經民意機關決議同意，或另以其他方式策動自行約束者，爲避免違憲之嫌，應即一律停止實施，所有已罰之糧食或罰金，應專案保管，全數撥充各該縣市肅清煙毒善後經費，非經呈奉該管省政府核准不得動用，以符捐助禁煙經費之旨。惟禁煙工作艱鉅，尤須堅持不懈，政府單方面力量有限，仍賴發動社會之全面力量相輔而成，各地方政府仍應依社會制裁之意義，商請民意機關正式提出發動社會力量協助政府完成禁政案，其辦法內容以（一）協助宣傳禁令，（二）協助檢舉煙毒案犯，（三）協助自新煙民謀生，（四）相約制裁煙犯，（如不與煙民往還，不與煙民子女通婚等），（五）相約克盡協助義務，（如違背前各項義務，甘願自罰捐助禁煙經費，負責檢舉煙案，如併此不履行者，發動輿論予以制裁等），或用正式規定禁煙公約之方式提出之，幷由當地禁煙分支會或民意機關主持，會同地方行政機關執行，藉以發揮古代鄉約精神樹立共起拒毒之風氣，倘能善爲運用，其收效當較政治力量爲尤鉅。除分電各省市政府幷呈報行政院鑒核外，相應電請查照辦理爲荷。」

等由，准此，除函請市參議會對於如何發動社會力量，協助本市維持禁政效果，以期永絕煙毒，提出卓議發動辦理，暨分行外，合行令仰遵照，幷轉函各區民代表會知照。

此令！

中華民國三十六年十二月二日

加强查禁罌粟花殼莖葉實施步驟

南京市政府訓令　（卅六）府總民字第一一五六七號

令各區公所

案奉

行政院三十六年十一月二十五日(卅六)四內字四八八三二號訓令開：

「內政部呈擬加強查禁罌粟花殼莖葉實施步驟七項，請通飭遵辦等情，查罌粟花殼莖葉既可熬水抵癮，自應查禁，以利禁政，除分令外，合行抄發該實施步驟，仰即遵照辦理爲要！」

等因，附抄發內政部原呈一件，奉此，自應遵辦，除分行並佈告外，合行附發佈告一紙，并節抄內政部原呈內實施步驟七項，令仰遵照原頒實施步驟內有關部份切實辦理，并將佈告實貼區公所門首，俾衆周知爲要。

此令！

附發布告一件抄發加強查禁罌粟花殼莖葉實施步驟七項

中華民國三十六年十二月六日

◉加強查禁罌粟花殼莖葉實施步驟七項◉

一、各縣市政府設治局及院轄市政府（以下統簡稱縣市局）對於罌粟花殼莖葉，應佈告嚴禁買賣運輸或藏留，並限令藏有者，於佈告之日起三個月內，自動呈繳當地區鄉鎮公所或警察局所轉繳該管縣市局沒收。

二、各地國藥店所存罌粟殼（卽粟殼）一律禁止買賣，應依前項規定自動呈繳沒收，該管區鄉鎮公所或警察所並應派員逐家曉諭，勒令繳出，取具「再無存留，如違甘願依法受嚴厲處」切結存案，統限於佈告日起三個月內辦理完竣。

三、各區鄉鎮公所或警察局所應於收繳限期屆滿後十日內，將收繳罌粟花殼莖葉彙繳該管縣市局點收，並將持有人姓名住址及上項毒劑物種類數量，繳交日期，列册一併報請備查。

四、各縣市局應於收繳限期屆滿後二十日內，將沒收之罌粟花殼莖葉彙列清册呈報該管省市政府核准定期公開焚燬，院轄市得自定日期公開焚燬之。焚燬時，應邀集民意司法及有關機關代表到場公開鑑別過秤，並將焚燬日期、地點、罌粟花殼莖葉種類、數量、到場監焚機關代表職銜、姓名及焚燬情形，製成紀錄三份，以一份存案，兩份報請省政府查核，抽存一份，餘一份彙轉內政部備查。院轄市以一份存案、一份逕報內政部。

五、依第一、二兩項在規定收繳限期以內自動呈繳或查出勒繳罌粟花殼莖葉之運輸販賣或持有人援法律不溯既往之原則，均得免予懲罰，如自佈告之日起屆滿三個月後查獲者，應連同人犯解送當地有權審判機關依法治罪。

六、各縣市局在收繳限期內查出收繳之罌粟花殼莖葉，概不給獎，限滿後查獲者，依照左列標準核給獎金：

1.不足五十觔者給予一萬元之獎金。

2.五十觔以上不足一百觔者，給予五萬元之獎金。

3.一百觔以上者，給予十萬元之獎金。

前項獎金之分配，依照查緝毒品給獎及處理辦法第五、六兩條之規定辦理。

七、前項應發獎金，各縣市局應於收到案件移送審理之前查明數量先行墊發，其直接解送審判機關未由縣市局轉解者，受理審判機關應於收到案件後儘速核明數量與獎額，通知當地縣市局墊發，查緝人亦得送請當地縣市局轉詢給獎。各縣市局墊發之獎金，應依規定表式填報省政府核轉內政部轉呈核撥歸墊，院轄市逕報內政部核辦。

公營機關禁支額外津貼
前訂盈餘提獎辦法廢止

南京市政府訓令　（卅六）府總會字第一一七四二號

令各局處、市銀行、公共汽車管理處、自來水管理處

案奉

行政院三十六年十一月十一日（卅六）六財字第四六五九七號訓令開：

「案奉　國民政府卅六年十一月三日處字第一一八八號訓令開：查中央主管公有營業及事業之各部會，間有以員工福利為名，對於所屬機關攤派款項以供預算外之開支者，殊屬不合，此次調整公務員生活補助費數額較前增加百分之一百廿五，為數甚鉅，各員工生活已勉可維持，嗣後各機關自不得再行巧立名目，額外津貼，及向所屬機關派款情事。又公有營業及事業機關應由各主管部會嚴加督飭，切實遵照營業預算及決算編審辦法之規定辦理，并將所有應解盈餘逕行解繳國庫，不得擅自移用，以重國帑。除分行外，合行令仰該院分別轉飭各有關機關遵照等因，奉此，自應遵辦，除分行外，合行令仰遵照，并轉飭所屬遵照。」

等因，奉此，本市公有營業機關自應比照辦理，所有應解盈餘應逕行解繳市庫，不得擅自移用，以重公帑。除分行外，合行令仰知照！再前訂南京市政府直屬事業機關盈餘提獎辦法，與上項規定牴觸，應即廢止，並仰知照。

此令！

中華民國三十六年十二月十一日

澈底劃一公用度量衡

南京市政府訓令　（卅六）府總社字第一一八〇一號

令所屬各單位

案據社會局轉據本市度量衡檢定所呈稱：「竊查推行新制度量衡，為配合建設平準物價便利貿易安定民生之要政，本市各行業商店已陸續推行，則公用度量衡似應儘先劃一，以為民倡。謹按度量衡法第十一條規定：「凡有關度量衡之事項，除私人買賣交易，得暫行市用制外，均應用標準制。」又本所為改進本市度政，前經擬訂南京市度政改進計劃大綱，呈奉鈞局本年九月一日社四字第四六五〇號指令核定，其中第五條載：「南京市政府屬下各級機關學校團體之公用度量衡，應儘先改用新制，澈底劃一，以為民倡」等語。是公用度量衡之劃一，不容再緩。擬請轉呈市政府通飭所屬一體遵照辦理，凡有舊度量衡器具尚可以改造者，應速交本市領有度量衡營業許可執照之廠店改造，由承修廠店送經本所檢定合格後發回應用；倘不堪改造者，則應從速購用新制器具，以為民倡，而促劃一之完成。當否請核示」等情，請鑒核俯准施行前來；經核所陳尚屬可行。除分令外，合行令仰遵照，并轉飭所屬一體遵照。

此令！

中華民國三十六年十二月十三日

經濟部公告專利各案

經濟部公告　工字第六九二六六號

茲依獎勵工業技術條例第十七條規定，將本部獎勵工業技術審查委員會第一〇六次會議審查合格認爲應予獎勵各案公告之，自公告之日起六個月內，如無利害關係人提起異議，卽爲審查確定，予以核准。又專利權因戰事影響，致受損失，呈經審查合格應予延展專利期限各案，併依專利權延展專利期限辦法第五條規定公告之。特此公告。

計開

(一)審定專利案件

(一)資源委員會　氧化鋁薄膜之製法，專利五年。
(二)郭毅之　簡易煉焦爐，新型，專利三年。
(三)孫佩琦　由氮基蒽醌經過鹽酸硫酸處理製成士林藍之方法，專利五年。
(四)蔣學忠　剝繭選繭機之聯合裝置部份，新型，專利五年。
(五)朱壽民　以原呈方法精製之單寗，新型，專利三年。
(四)王祖培　煤氣烹煮爐之螺旋形通灰針部份，追加專利。
(七)盧翊庭　袖珍傘傘骨上牽引絲結構部份，新型，專利五年。
(八)陳定宇顏世亮　該項電筒筒身內部中間之變換電池與燈泡聯接線路開關部份，及電筒燈頭與筒身之彈珠接合裝置，新型，專利五年。
(九)凌蓮君　碼珠計算器甲式上部翻頁及乙式上部移數盤與兩式上單位標識之裝置，新型，專利三年。
(十)余定棟　繪圖四用儀內斜行孔部份新式樣，專利三年。

(二)延展專利案件

(一)熊思敬　輕便石印機。

中華民國三十六年十一月　日

本府大事記

十二月份上半月

十二月一日(星期一)
△市參議會舉行成立週年紀念會。
△南京市民銀行奉令改名爲南京市銀行。

三日(星期三)
△民政局招待美國記者參觀本市新兵入營情形。

四日(星期四)
△舉行首都都市計劃資料展覽會籌備座談會。

五日(星期五)
△舉行第一〇八次市政會議。
△本市冬令救濟委員會成立浦口庇寒所及施粥站。
△本市地方自治人員訓練班第三期開學。

六日(星期六)
△本市參議會第四次大會舉行臨時大會。

九日(星期二)
△行政院通過任命黃珍吾爲首都警察廳廳長。

十日(星期三)
△首都公共汽車公司成立。

十二日(星期五)
△舉行第一〇九次市政會議。

十三日(星期六)
△本市首屆忠烈紀念日，市參議會集合首都各界在毘盧寺舉行公祭暨紀念大會。

十五日(星期一)
△市長裁定本市中華門外籮梢兩業業務範圍。
△市長裁定下關食鹽起卸糾紛。

市政要訊

市長裁定籮梢業及食鹽起卸糾紛

本市中華門外籮梢業糾紛持久不決，影響治安與民食頗鉅；市長異常重視，經詳加研究後，已對該兩業業務範圍予以公正而合理之裁定。此項裁定書於十二月十三日下午以緊急命令送達，並曉諭雙方應冷靜反省，體察本身工作之重要，相互合作，如有故違，決繩之以法。該兩業工人已於次日復工。茲錄裁定業務範圍之全文如下：

甲、中華門外及通濟門內外糧食行區域起卸工作，除梢業外，一律由籮業辦理。

乙、中華門外及通濟門內外油糖酒雜貨，一律由籮業辦理。

丙、（一）凡中華門外及通濟門內外糧船機坊行號之糧食，其用梢袋運輸，所有裝梢上坡上車運輸，概由梢業負責。（二）凡中華門外及通濟門內外糧船機坊行號之糧食，其用蔴袋裝運，所有裝袋摔絞上坡上車運輸，概由籮業負責。

丁、凡機關鄉戶用戶在中華門外及通濟門糧行區域運往城中，城內之食米，由雇客自由僱用，如有自行搬運者，該籮梢兩業均不得借任何名義索取費用。

戊、木船過檔工作由籮業辦理。

己、江南鐵路中華門外車站一切貨物起卸及運輸工作，除米糧運輸部份由梢業辦理外，餘均歸籮業辦理。（米糧照原有習慣辦理。）

又本市下關運輸職業工會商輪分會與南京市食鹽起卸出艙業職業工會，前因下關食鹽起卸問題發生糾紛，牽延已久，市長對此事亦於十二月十五日作公正之裁定，以緊急命令送達雙方，限令遵照辦理，其判定原文如后：

一、本辦法根據南京市勞資評斷委員會三十六年十一月二十日第四次會議決議原則，詳細劃分業務，規定如左：

1.凡靠岸裝載食鹽之輪船，無論官鹽商鹽，其出艙過檔起坡進棧工作以輪船為單位，二與一之比，由商輪分會担任兩船，食鹽工會担任一船，工作次序：自裁定之日起，第一第二兩船由商輪分會工作，第三船由食鹽工會工作，以後照此依次輪流。

2.凡跨江裝載食鹽之輪船，無論官鹽商鹽，其出艙過檔起坡進棧工作以輪船為單位，二與一之比，由食鹽工會担任兩船，商輪分會担任一船，工作次序：自裁定之日起，第一第二兩船由食鹽工會工作，第三船由商輪分會工作，以後照此依次輪流。

二、兩會會員均以現有會員為限，不得隨意增加，其組織應如何加強幷求其健全，另案辦理。

三、嗣後兩會起卸食鹽工作，如需要臨時僱用非會員工作時，均按照規定力資給付，不得任意剝削，倘經檢舉，決依法懲處。

四、本辦法實施後，所有以前評斷之辦法及社會局頒發之各項解釋該兩會業務糾紛之命令一律廢止，倘有違背，決依法嚴懲。

首都公共汽車公司正式成立

首都公共汽車公司於十二月十日正式成立。該公司經半年之籌備，規定資金一百億元，由本府投資十分之四，國家銀行投資十分之二，另招民股十分之四，並規定如民股總額超過十分之四時，本府及銀團可依照需要，讓出部份股權。自公告招股後，各方向該公司認股者計有二百七十餘戶，惟認額不多，現市參議會正在協助進行中。在公司籌備期間，曾由公共汽車管理處名義向四聯總處貸款二百億元，該公司第一批新車卽由此款訂購。此項新車於十二月十一日開始在本市行駛，仍照以前市公共汽車路綫幷停靠原有之站台。初期分配行駛各綫之新車計六十輛，一個月後可增加一百輛，屆時並將增闢一二條圓路路綫，再逐漸增加車輛，本市市區內之交通此後當可比較改善。

該公司之新型公共汽車，係物資供應局向美國克雷司勒公司特別定製之T二三四型道奇卡車改裝而成，引擎馬力達一一八匹，舒適堅固，每輛可載客六十人，擁擠時可載八十五人，較本市目前各項車輛之容量爲大。車輛內部高達七十五吋，乘客可直立無礙，並置有通風器，藉以調節新鮮空氣，車頂隔層裝置絶緣板一層，有防熱禦寒之效。車內之小窗及燈光配置，亦均美觀便利。其他有關司機駕駛安全之配備，更屬周密，如遮陽板、後照鏡、雙重喇叭、指向燈及避光幕等設備均齊全。車身下半部紅色噴漆，上半部乳油色噴漆，尤爲醒目美觀，便於辨認。

籌辦首都都市計劃資料展覽會

本府自都市計劃委員會成立以來，對於首都建設計劃之調查準備工作積極進展，茲爲提高市民對於市政問題之研究興趣與明瞭起見，決將搜集所得之有關市政計劃之資料公開展覽，業於十二月四日召開籌備座談會，由市長親自主持，各局處均派員參加，議決定名爲「首都都市計劃資料展覽會」，於十二月三十一日舉行預展，明年一月一日在白下路新建之市民大會堂開幕，一月四日閉幕，必要時將展覽期間酌予延長，歡迎市民前往參觀。

辦理難民醫療衛生

本市冬令難民醫療衛生事宜，經衛生局（該局擔任首都過境難民處理委員會衛生組）擬訂實施綱要如下：（1）巡迴醫療由第四衛生所及傳染病醫院負責辦理。（2）病人住院醫療由傳染病醫院及城南醫院收治，遇有急症隨到隨診。（3）難民如有生產情事，由下關產科醫院收容待產。（4）預防工作由衛生局指派醫護人員實施種痘及白喉預防針。（5）每星期定期舉行滅蝨一次（6）關於清潔方面，飭由清潔總隊經常派伕在難民區巡迴清除。（7）設有難民不幸死亡，經由難民委員會將申請書塡送衛生局後，立飭主管人員負責處理。茲將該局辦理此項工作與首都過境難民處理委員會連繫情形表列於左：

工作類別	負責單位或人員	工作時間及地點	電話號數	承辦手續說明
巡迴醫療	葛毅方 葉衍增	門診治療在下關熱河路第四衛生所及分所內巡迴醫療之時間及地點另訂辦理	三三七七三	診療地點請委員會指定時間逕洽
住院醫療	商埠街醫院 城南醫院	上午八時至十二時下午二時至五時急診隨到隨診	三三〇八四 二一九九三	請委員會派員負責護送醫院治療
住院生產	下關二板橋產科醫院	仝右	三二〇二五	請委員會派員負責護送
預防工作	周戎敏	每日指派護送人員分往各處實施種痘及白喉預防注射	二四三六四	種痘及注射兒童請委員會招集協助辦理
滅蝨工作	許崇德	每週舉行一次集合時間地點另訂辦理	二四三六四	請委員會指定地點招集人員協助辦理

清潔管理	下關清潔隊	由清潔隊指派清潔伕經常於義民住區巡迴清潔	三二六三〇	請委員會搭蓋臨時厠所並指定傾倒垃圾場所以便收運
運葬工作	陳少懷	每日上午辦理申請手續地點在清涼山	二二〇三八	先由委員會將申請書塡送衛生局再由衛生局飭知負責人辦理（申請書向衛生局要）

遴定各區調解委員會委員

本市各區調解委員會業經民政局先後督導組織成立，已誌本公報，茲將各該區調解委員會委員名單揭載於后：

第一區

（主席）熊振德　（委員）張文伯　王鳳城　高宗山　劉少如　吳棠　馬俊

第二區

（主席）錢貫之　（委員）柳書堂　何容海　孫亞夫　程啓祥　龔繼賢　金森

第三區

（主席）魯伯蕃　（委員）王金龍　吳嘉福　仇煥卿　王永鈞　羅運泰　楊杰　邱吉甫　李壽樑

第四區

（主席）張仲宜　（委員）朱汝楫　魏旣昌　焦讓之　黃慶昇　謝德琳　章培芝　徐玉書　戴洛卿

第五區

（主席）董育華　（委員）謝樞　姚福炳　程潔　蘇仲文　童振波　吳高錦　張仁德　鄭儁

第六區

（主席）張金城　（委員）陳文卿　朱利生　石運先　常樹滋　李茂林　謝寶全　陳淸文　李呂瀛

第七區

（主席）王應勤　（委員）陳家禮　甯聘卿　蔣鶴龍　朱葆山　吳鳳鳴　戴華亭　劉恆有　樊正康

第八區

（主席）吳坤山　（委員）張少泉　劉德文　俞仁德　邵夢棠　張竟成　林克孝　王振祥　傅楚

第九區

（主席）華德臣　（委員）李梧　陳積善　周甘芳　謝執中　高中炳　吳廣和　周起鈞　戴家靖

第十區

（主席）王國銓　（委員）王惠凡　龔宗泌　孫仁緯　楊萬鍾　胡德祺　和允根　楊代康　楊宜海

第十一區

（主席）吳貴長　（委員）沈玉鴻　楊知詳　周夢蝶　錢指秀（故）　范隴武　趙家海　任學才　胡萬億

第十二區

（主席）徐萬貴　（委員）夏正麟　馮篤之　郭楚誠　王化鵬　王興仁　郭光貴　張達炎　高瀛洲

第十三區

（主席）歐陽德謨　（委員）鄒智敏　孟正源　周德熹　顧世忠　袁廣才　楊忠德　劉正森　時聚美

簡　訊

△本市市民銀行更名為南京市銀行　本市市民銀行前向財政部申請登記，已得財政部核准，並正式更名為南京市銀行，同時該行為便利市民計，擬在城北、下關、燕子磯、上新河、孝陵衛等處設立辦事處，城北辦事處已於十二月九日成立。

△教育參觀團出發　教育局組織之南京市教育參觀團，一行二十四人，於十一月三十日出發，先赴杭州參觀四日，然後赴滬參觀，以學校行政、一般教學、幼稚教育、特種教育、國民教育實驗區及社會教育等事項為其觀摩對象。

△發給第二批清寒學生助學金　本市清寒學生助學金募集委員會審核委員會，於十月二十一日舉行第一次會議，共審核通過申請助學金中學生五八九名，所有助學金業經發給在案，茲第二次會議於十二月三日下午舉行，復經審核通過申請助學金中學生一五〇九名，專科以上學生一〇〇八名，以所募之款不敷分配，每人暫發十萬元，俟捐款續收後再行補發，現各校均已陸續前來具領。

△招待首都電影與播音工作同志座談會　十二月九日晚六時半首都電影與播音工作同志座談會第三十五次例會，假本府餐廳舉行，席間除曹守恭報告影音瑣聞，陳汀聲等講演外，並表演電動華文打字機，放映「一舞難忘」影片，教育局特備茶點招待，該局第三科同仁亦參加座談。

△籌辦戲劇人員訓練班　民間藝術改進會擬舉行戲劇人員訓練班，經教育局令與市立第一民衆教育館合辦，並將酌予補助。

△編印注音符號講習班教材　本市國民學校教員注音符號講習班，已決定自第一區至第六區先辦六班，每班授課十八小時，十二月十四日起正式上課，設班地點，參加講習人員及講師等均已確定，所有注音符號講習教材及教學過程草案，業經擬定，俟該班教務會議審議通過後，即行付印。

△組織南京市中等學校體育研究會　教育局為增進本市公私立中等學校體育教師研究興趣及聯絡感情，並加強體育教育實施起見，特組織南京市中等學校體育研究會，業於十一月三十日上午九時在私立鍾英中學大禮堂舉行成立大會，計出席各中學校體育教師五十三人，由教育局督學俞晉祥代表出席指導，教部並派由國民體育委員會郝常務委員更生出席指導，當場選舉理監事正式成立，會後並由中華全國體育協進會放映體育活動影片。

△籌設香林寺觀門口兩國民學校　本市香林寺及觀門口兩處居民，均願將地方公有房屋及廟宇騰出，辦理國民學校，教育局已派員查勘，並計劃一切，擬於寒假後分別設校收容各該地區附近失學兒童。

△完成糟坊巷藥庫建築　衛生局糟坊巷建築藥庫，係由坤記建築工程行於十月間以壹億零四百二十五萬五千元得標承建，現已完工，並已於十二月一日會同驗收。

△婦嬰保健所附設產院　衛生局第九衛生所與中央衛生實驗院合辦之婦嬰保健所，辦理婦嬰工作以來，頗著成績，每月接生人數在百人以上，茲為適應產婦住院生產之需要，即將該所領到之活動房屋兩幢分別裝建，作為產科醫院之用，關於設備費用，已由衛生局補助，現設有病床二十張，嬰兒床十五張，業已開始工作。

△檢查幼稚園學生體格　本市私立鼓僂幼稚園學生體格，經衛生局於十二月二日指派醫護人員攜帶器械前往分別檢查，共計檢查學生一百五十二人。

△舉辦健康教育運動　此項健康運動經衛生局分別辦理如下：

1.在「首都教育」「中央日報醫聲」發行專刊，2.上月分將全市國民小學教師分別予以X光檢查計檢查十次，共計九百五十五人，3.舉辦衛生展覽會，分八區舉行，每區展覽時間二至三天，參觀學校共五十校，學生及家長計二一三五〇人。

△建築學校噴飲泉　本市各中小學向無飲水設備，茲為便於各生飲用自來水起見，先就市立第三第五及香鋪營小學建設噴飲泉四座，并計劃陸續在各校增設。

△擴大預防白喉工作　白喉係急性傳染病，兒童最易感染，邇來本市已稍有病例發生，衛生局為積極預防，廣為宣傳，喚起市民注意，業將關於預防白喉意見，印成函柬，發交各機關轉知各職員切實注意預防，如有兒童在二十人以上者，開送姓名地址人數，衛生局立飭附近衛生所約期前往注射，並飭所屬各院所為本市兒童及小學學生予以免費注射預防針，又在各影院放映預防白喉標語，以廣宣傳。

△籌辦戶籍登記工作競賽　民政局為積極整理本市戶政，並增進各區戶政人員工作效能起見，除組織巡迴督導組分赴各區協助辦理戶政業務外，並依據內政部戶籍登記工作競賽實施辦法，擬訂本市戶籍登記工作競賽實施辦法，定於每年六月及十二月分區保兩級各舉行工作競賽兩次，現此項辦法已經本府核定送內政部核備。

△籌撥本市志願兵安家補助費　本市志願兵安家補助費預定籌集總額為三十億元，內安家補助費二十五億元，（本市配額一千名每名二百五十萬元），征兵行政經費五億元，即以本市適齡男子之優待金（原名緩役金）抵充，惟當時各區所征得之優待金總計僅十億餘元，不敷甚鉅，以事實需要，乃於十一月三日由本府向四聯總處暫借二十五億元，言明期限一月，以征得之優待金償還，現借期屆滿，截至十一月二十六日止，市民銀行代收之優待金僅一、四一九、九三六、〇〇〇元，除飭各區加緊催收外，並會同優待委員會與各同業公會商討催收辦法。

△舉辦第三期地方自治人員訓練班　本期訓練於十二月五日開始，計調訓區公所職員及保幹事九十五人，仍假市黨部大禮堂為授課地址，訓練期間二週，已於十二月十九日結束。

△督征春夏兩季自治事業費　本年春夏兩季自治事業費，前經飭由各區保幹事征收，計春季查征額為八六〇、七五五、〇〇〇元，截至十二月六日止，已征起六二一、三六九、〇〇〇元　將達八成；夏季查征額為一、〇三五、一四七、〇〇〇元，截至十二月八日止，亦已征起四五三、七五六、〇〇〇元，茲復由財政局會同民政局指派視察八員，分赴各區查驗各保幹事經領之收據，並督飭趕速征解，儘於十二月內全部征齊。

△代管得勝洲蘆柴　本市第十二區得勝洲新生灘地，係屬國有土地，附近市民爭請承領，並有莠民偷割該地所產蘆柴，糾紛迭起，現已由財政局代管，並將本年生產之蘆柴由石天坤等承贌，除被莠民偷割部份已函請警察廳追究外、承贌人石天坤應繳蘆柴贌價二千五百萬元，業已繳納解庫。

法規

中央法規

筵席及娛樂稅法

三十六年十二月一日國府令修正

第一條 各市縣征收筵席及娛樂稅，依本法之規定。

第二條 筵席及娛樂稅，由顧客負担。

第三條 筵席稅稅率，最高不得超過百分之二十。

第四條 日常飯食免稅，但有奢侈情形者，仍應照前條規定征稅。

前項免稅標準，由市縣政府按當地物價情形擬訂，送請市縣參議會議決。

第五條 凡以營業為目的之電影戲劇書場歌場球房溜冰場及其他娛樂場所，均征娛樂稅，但一切音樂及不以營利為目的之娛樂，均免征娛樂稅。

前項娛樂稅，得由市縣政府按娛樂性質，分別劃分等級，經市縣參議會議決課稅，其稅率最高不得超過原價百分之三十。

第六條 筵席及娛樂稅，不得以其他任何名目征收附加稅捐。

第七條 筵席及娛樂稅，由營業人代為征收，征收時應塡征發稅憑證，註明納稅款額，交納稅人收執，如顧客抗不納稅，由代征人報請當地警察局或司法機關強制執行之。

第八條 征收筵席及娛樂稅之各項書據賬簿及票券等，得由經征機關編號蓋印，但不得征收任何名目之費用。

第九條 代征人應將稅款按期報繳，如有逾期不繳，及不為代征或故意短征稅款者，除追繳外，處以一倍以上五倍以下之罰鍰，經處罰兩次以上仍故犯者，得勒令其停業。

代征人如有征稅不給憑證及以多報少等情弊，一經檢舉或被查覺，即移送法院依法處斷。

代征人因檢舉人之檢舉而被處罰時，其罰金應以二分之一提獎與檢舉人。

第十條 凡應征收之筵席稅及娛樂稅之營業，於開業遷移改業歇業及轉讓時，應於三日前呈報征收機關，違者處以十萬元以下之罰鍰。

前項之罰鍰，不適用罰金罰鍰提高標準條例之規定。

第十一條 征收機關對於征收筵席及娛樂稅之營業，必要時得派員調查，營業人不得拒絕。

第十二條 本法之罰鍰，由法院以裁定行之。

對於前項裁定，得於五日內抗告，但不得再抗告。

法院得酌定期限，令受罰人繳納罰鍰及應追繳之金額，逾限不繳者，強制執行之。

第十三條 筵席及娛樂稅征收細則，應由各省市政府依本法分別擬訂，送請財政部核定之。

第十四條 筵席及娛樂稅之征收率，由各市縣政府依法分別擬訂，提經市縣參議會議決，層轉財政部備案。

稅源不旺地區，得經市縣參議會議決，由省政府核定免征之，並轉報財政部備案。

第十五條 本法自公布日施行。

房屋租賃條例

三十六年十二月一日國府令頒

第一條　省市政府所在地及其他人口繁多租屋困難經省政府指定地區之房屋租賃，適用本條例之規定，本條例未規定者，適用民法土地法及其他法令之規定。

第二條　可供居住之房屋，現非自用且非出租者，該管政府得限期一個月內命其出租。

自用之房屋超過實際需要，依土地法第九十六條之規定，得限期命將超過需要之房屋出租。

違反前二項所為之命令者，強制其出租，並得處五千元以下之罰鍰。

第三條　房屋出租，除租金外，得收担保金，担保金最高額不得超過兩個月租金之總額。

約定担保金違反前項規定者，除超過部份應返還承租人外，並得處以超過額二倍以下罰鍰。

第四條　租金按資給付，其最高額得由該管政府經民意機關之同意，按當地經濟狀況，予以限制。

約定租金超過前項最高額之限制者，其超過部份視為不當得利，承租人得於給付後六個月內請求退還之。

第五條　出租人於租金担保金外，不得收取小費或其他任何名義之費用。

第六條　承租人不得以房屋全部轉租他人，其以房屋之一部轉租者，如契約有反對之訂定時，應先經出租人之書面同意，或將轉租契約送交出租人簽證。

轉租租金，按房屋轉租部份與原租金比例計算，不得超過原租金一倍，原有担保金者，其担保金計算亦同，並應以租金、担保金超出原額部份之半數給付出租人。

轉租房屋，不得收取頂費小費或其他任何名義之費用。

第七條　本條例施行前，承租人將房屋全部轉租他人者，由現有承租人與有出租權人在六個月內另訂契約，其未經出租人同意而以房屋一部轉租他人者，除依前條規定，補具簽證手續外，出租人得將其轉租部份之房屋收回，另行出租，但原次承租人有優先承租權。

前項簽證，出租人如無正當理由，不得拒絕。

第八條　違反第五條及第六條第三項之規定者，處以所收費額三倍以下罰鍰。

第九條　出租人非有左列情形之一時，不得終止契約。

一、承租人以房屋供違反法令之使用者。

二、承租人因可歸責於自己之事由，積欠租金，除以担保金抵償外，達二個月以上者。

三、承租人故意或過失毀壞房屋，而不為修復或相當之補償者。

四、承租人違反第六條第一項之規定者。

五、出租人依第十一條規定將房屋收回自用，經確實證明者。

六、約定租賃期限已屆滿者。

七、承租人局閉房屋，不為使用，達六個月者。

八、房屋必須改建，已於三個月前通知承租人，並已領得建築執照者。

九、承租人違反租約所定之限制者。

第十條　租約所定期限在一年以上，而該地經濟狀況顯有變動，當事人得請求酌量增減其租金，其租約未定期限者亦同。

第十一條 租約未定期限者，滿二年以後，出租人如因正當事由有收回自用之必要時，應提出確切證明，並於三個月前通知承租人退租。

第十二條 承租人依租約之所定給付租金，出租人無正當理由而拒絕收受時，承租人得以出租人名義，將租金提存銀行或郵局，並通知出租人。

第十三條 前四條之規定，於民法第四百二十五條之受讓人準用之。

第十四條 房屋經改建而仍出租者，原承租人有優先承租權。

第十五條 收回自用之房屋，如遇三個月空閑不用，或於一年內改租他人者，原承租人有繼續請求承租權，並得請求損害賠償。

第十六條 第一條地區內各該管政府，應依土地法第九十四條及第九十五條之規定，建築人民住宅，並應獎勵人民建築住宅。

第十七條 第一條所定地區內之機關，對於所屬人員供備宿舍者，不收租金，未供備宿舍者，應給予相當金額之補助。

第十八條 本條例所定罰鍰，由法院以裁定爲之。對於前項裁定，得於五日內抗告，但不得再抗告。

第十九條 房屋所有人如於租賃關係存續中，無故迫令承租人遷出，承租人得請求司法機關予以有效之保護。

第二十條 未經合法手續並無正當權原，而佔用他人房屋者，房屋所有人得通知其於一定期限內遷出，並得請求司法機關強制其遷出。

第二十一條 各省市政府爲適應第一條所定地區之需要，得擬訂補充辦法，呈請行政院核定之。

第二十二條 本條例自公布日施行，其有效期間爲三年，期滿後，前條補充辦法同時失其效力。

學生自治會規則

三十六年十二月十日教育部訓字第六六二〇六號令頒

第一條 中等以上學校學生自治會之組織，應依照本規則之規定。

第二條 學生自治會以根據三民主義培養學生自治精神，促進其德育智育體育羣育之發展爲目的。

第三條 學生自治會由全校學生組織之，其名稱上應冠以各校校名。

第四條 學生自治會爲學生在校內之課外活動組織，不得參加校外各團體活動或有校與校間聯合組織。

第五條 學生自治會應由學校校長及主管訓導人員負責指揮監督，各種會議及活動，應由學校分別選派教職員担任指導。

第六條 學生自治會之組織，應由學校訓導處或教導處指定每年級或每院系學生二人至三人先成立籌備會，於二星期內登記會員，召開大會，訂定辦事細則 推選職員，正式成立。

第七條 學生自治會應於成立後兩星期內，繕具辦事細則及職員履歷、會員人數，報由學校備查。職員履歷表應填明左列各項：

一、會員號數。

二、姓名。

三、籍貫。

四、性別。

五、年齡。

第八條 學生自治會設理事會處理會務，理事人數分別規定如左。

一、學生人數在一千五百人以下者，設理事十一人至十七人，候補理事三人至五人，並由理事互選常務理事一人至三人。

二、學生人數在一千五百人以上三千人以下者，設理事二十五人至三十一人，候補理事七人至九人，並由理事互選常務理事三人至五人。

三、學生人數在三千人以上者，設理事三十九人至四十五人，候補理事十一人至十五人，並由理事互選常務理事五人至七人。

第九條 學生自治會之理事，由會員大會選舉操行學業成績確屬優良而具有領導能力者充任之，任期定為半年，連選得連任一次。

前項當選之理事，其操行學業成績及領導能力經學校審核不合格者，應以得票次多數之適合標準者依次遞補。

第十條 學生自治會酌設學藝、健康、服務、風紀、事務五部，各部設總幹事一人，幹事若干人，總幹事由理事會推選理事兼任，幹事由理事會指定會員充任，各部之任務如左：

一、學藝部 關於學術研究書刊出版及藝術表演事項。

二、健康部 關於衛生及體育活動事項。

三、服務部 關於互助合作及生產勞動事項。

四、風紀部 關於新生活規律之實踐及秩序與紀律之促進事項。

五、事務部 關於文書庶務會計及會員之登記事項。

第十一條 學生自治會理事總幹事有左列各項情事之一者，應即解任。

一、有不得已事故經會員大會議決准其辭職者。

二、曠廢職務經會員大會議決令其退職者。

三、違背校規受學校懲戒處分，經會員大會議決令其退職或由學校令其退職者。

四、經學校核准休學或退學者。

第十二條 學生自治會理事及總幹事中途解任者，理事以得票較多之候補理事補充，總幹事由理事會另行推定，均以補足前任之任期為限，幹事有解任者，其缺額由理事會另行指定其他會員充任之。

幹事之解任，除上列第三第四兩款外，由理事會決定之。

第十三條 會員大會於每學期之始及每學期之終各舉行一次，遇必要時，經理事會之決議或會員四分之一以上之建議，經學校之允許，得由理事會召開臨時大會。

第十四條 理事會每兩星期開會一次，必要時得由常務理事召開臨時會。

第十五條 學生自治會之決議，以在規定之任務範圍以內為限，不得干涉學校行政，有違反上項情形者，學校得撤銷之。

學生自治會如違背校規，情節重大時，學校得解散之。

第十六條 學生自治會會員在會務範圍以內，具有選舉、罷免、創制、複決之權。

第十七條 學生自治會之經費，以會員會費充之，必要時得請學校補助。

第十八條 本規則自公布日施行。

國府公報所載中央法規索引 十二月份上半月

本府法規

南京市立救濟院董事會組織規程

三十六年十一月二十九日第一〇七次市政會議通過

第一條 南京市社會局為監督促進市立救濟院救濟業務，設立南京市立救濟院董事會（以下簡稱本會）。

第二條 本會設董事十一人，除南京市社會局局長為當然董事外，餘由社會局聘請左列人員充任之。

（一）社會部指派一人。

（二）南京市政府指派一人。

（三）南京市參議會推定一人。

（四）地方熱心公益人士七人。

第三條 本會設常務董事三人，由董事會互選之，並互推一人為董事長，處理本會日常事務，對外代表本會。

第四條 本會之任務如左：

（一）關於市立救濟院業務之督導整理改善事項。

（二）關於市立救濟院資產及經費之監理保管事項。

（三）關於市立救濟院修建設備之計劃及費用籌募事項。

（四）關於市立救濟院生產孳息租穀之監督保管事項。

第五條 本會每月開會一次，由董事長召集之，必要時得召開臨時會，並為會議之主席。

第六條 本會董事任期二年，期滿按第二條規定分別推派聘任之。

第七條 本規程自呈奉南京市政府公佈日施行，修改時同。

南京市政府第一〇七次市政會議紀錄

會議紀錄

時間：三十六年十一月二十九日下午二時

地點：本府會議室

主席：沈市長　　紀錄：史崇訓

報告事項

1.秘書處報告：奉交下　行政院訓令一件，為中央對收復區各省市政府授權辦法實施期限，業經呈奉　主席三十六年十一月六日戌魚府交乙代電核准再予延長一年，原辦法內之「戰時特別預備金」并准改為「第二預備金」等因飭遵一案，奉　批「提會報告」等因，特為報告。

2.秘書處報告：奉交下衛生局呈一件，為據屠宰場呈擬調整檢驗費數額標準表到局，經函准財政局核復，以屠宰場所擬調整檢驗費數額表，與市參議會第一屆第二次大會休會期間警政衛生暨社會事業兩委員會討論決議：「以後檢驗費應以猪肉限價比例增加，隨時調整，不得驟漲數倍」之原則，尚屬相符，自可同意等由，檢同原表請核示等情；經參事室審核，尚無不合，奉　批「提會報告」等因，特為報告。

討論事項

1.市長交議：據衛生局呈擬「修正南京市管理菜場攤販規則草案」，提請討論案

決議：交參事室會同衛生局照審議意見修正簽核，提會報告。

2.市長交議：據財政局簽呈准國防部第二廳申請將岔路鎮徐茂村市地五、八七三畝撥用十年請核示等情，提請討論案。

決議：送請市參議會審議同意後准予撥用。

3.市長交議：據財政局簽呈資源委員會中央化工廠租賃燕子磯鎮高家廠市地合同草約，提請討論案。

決議：照案通過，函復中央化工廠籌備處查照簽訂。

4.會計處提：擬請追加園林場圃整理費七九、二五二、〇〇〇元案。

決議：照案通過。

5.會計處提：擬請追加首都公共汽車股份有限公司投資資本金拾億元案。

決議：照案通過。

6.會計處提：擬請追加補助支出「社會局主管」叁千萬元案。

決議：照案通過。

7.會計處提：擬請追加補助支出「市政府主管」貳千萬元案。

決議：照案通過。

8.會計處提：擬請追減追加地政局歲入歲出預算案。

決議：照案通過。

9.會計處提：擬請追加藥品器材購置費六千萬元案。

決議：照案通過。

10會計處提：擬請追加市參議會開會費二四六、二五〇、〇〇〇元案。

決議：照案通過。

11會計處提：擬請追加追減民政局臨時費各壹千萬元案。

決議：照案通過。

12會計處提：擬請追加市政府主管「公報印刷費」壹億元案。

決議：照案通過。

13會計處提：擬請追加區民代表會經費六百五十二萬元案。

決議：照案通過。

14會計處提：擬請追加補助支出「教育局主管」九百二十萬元案。

決議：照案通過。

15會計處提：擬請追加本府及各局處冬季煤炭費七五〇、〇〇〇、〇〇〇元案。

決議：照案通過。

16會計處提：擬請追加都市計劃委員會經費捌千萬元案。

決議：照案通過。

17會計處提：擬請再度追加各區公所員工日用必需品配購證差額代金及保幹事生活津貼九三、三〇〇、〇〇〇元案。

決議：照案通過。

18會計處提：擬請追加首都消費合作社增撥股金拾萬元案。

決議：照案通過。

臨時動議

1.市長交議：據教育局簽請撥用岷崙路市地建築校舍，提請討論案。

決議：准予撥用。

2.市長交議：為下關熱河路第四十九號市地，前由資源委員會洽准留作中國石油公司租建加油站，並提經第九十一次市政會議決議保留，茲據教育局簽請撥用該地建築民教館，提請討論案。

決議：准予撥用，由地政局洽資源委員會另擇適當市地，留備中國石油公司租建加油站，簽核後提會報告。

3.社會局提：為監督及促進市立救濟院業務起見，擬訂該院董事會組織規程，提請核議案。

決議：照案通過。（組織規程見本期法規欄。）

4.地政局提：准首都警察廳請撥第一重劃區迄北路濱江路口市地一坵，計面積〇、一九一三畝，為下關車站警察所遷建基地，提請討論案。

決議：准予撥用。

5.地政局提：准新生活運動促進總會婦女指導委員會函請撥租市地，經勘定六區二五七八(一)段市地一坵，可否准予租用，提請討論案。

決議：暫予保留，提下次市政會議討論。

南京市政府第一〇八次市政會議紀錄

時間：三十六年十二月五日上午九時

地點：本府會議室

主席：沈市長　紀錄：史崇訓

討論事項

1.市長交議：據財政局呈擬修正「南京市政府對於延抗稅捐之市民停止公用設備暫行規則」暨「南京市財政局獎勵員警協助檢查車輛漏捐規則」，提請討論案。

決議：交參事室會同財政局、工務局、警察廳、自來水管理處暨首都電廠審議簽核；提下次市政會議討論。

2.會計處提：擬請追加工務局雜項工程費暨追減教育局各社教機關房屋修建費，均為七〇〇、〇〇〇、〇〇〇元案。

決議：照案通過。

3.會計處提：擬請追加工務局歲入歲出預算各七四、九五〇、〇〇〇元案。

決議：照案通過。

4. 會計處提：擬請追加婦女工作委員會及新生活運動促進會補助費九、〇〇〇、〇〇〇元案。

決議：照案通過。

5. 會計處提：擬請追加統計處開辦費貳千萬元案。

決議：照案通過。

6. 會計處提：擬請追加地政局歲入壹億元歲出壹億貳千萬元預算案。

決議：照案通過。

7. 會計處提：擬請追加市黨部社會事業費壹億陸千萬元案。

決議：照案通過。

8. 會計處提：擬請追加市參議會補充設備費五千萬元案。

決議：照案通過。

臨時動議

1. 市長交議：關於本府投資首都公共汽車公司股款肆拾億元，除已撥現款拾億元外，其餘以公共汽車管理處一部份資產作抵之叁拾億元，應如何估價撥付案。

決議：一、茲因首都公司創立會已定十二月十日召集，為遵守信約及顧全事實起見，在公共汽車管理處全部資產未經估價委員會估定以前，可先撥一部份交首都公司使用。

二、為將來核算簡單及目前協助交通並為檢查便利起見，可就該處呈府資產清册中暫行指撥舊客車五十輛交首都公司（清單略，各車車號附後）。

三、前項車輛俟估價委員會將價值估定後，即在五十輛中抽撥若干輛抵充該叁拾億元股款，其餘部份與該處資產整個另作處置。

◎附暫行撥交首都公共汽車公司之舊客車五十輛車輛號數：

一〇一　一〇二　一〇三　一〇四　一〇六　一〇七　一〇八　一〇九
一一〇　一一二　一一五　一一六　一一七　一一八　一二〇　一二一
一二三　一二四　一二六　一二八　一二九　一三〇　一三一　一三二
一三四　一三五　一三六　一三七　一三八　一三九　一四〇　一四一
一四二　一四三　一四四　一四五　一四六　一四七　一四八　一四九
一五〇　一五一　一五二　一五三　一五四　一五五　一五六　一五八
一五九　一六〇

人事動態

三十六年十一月十九日至十二月一日止

姓名	服務單位及職別	動態	到離職日期
李貽燇	秘書處辦事員	新任	十一月廿七日
宗福海	教育局第二科辦事員	新任	十一月四日
王家槐	教育局聯合會計室科員	新任	十一月十一日
程海曙	教育局第一科科員	新任	十二月一日
周維才	地政局第二科臨時雇員	新任	十二月一日
方心如	地政局郊區土地登記處臨時雇員	新任	十二月一日
王琦	衛生局護士	新任	十月廿一日
謝開范	衛生局科員	新任	十一月一日
吳康榮	衛生局技士	新任	十一月廿一日
徐寶時	衛生局辦事員	新任	十一月廿一日
楊鎮遠	衛生局雇員	新任	十一月廿一日
王祖堯	工務局第三科科員	新任	十二月一日
彭才高	統計處第三科科員	新任	十一月十六日
易靜	統計處第三科書記	新任	十一月十九日
楊德新	民政局第二科科員	新任	十一月二十日
葉承游	民政局第二科辦事員	新任	十一月廿一日
戴德民	財政局營業稅征收處雇員	新任	十一月二十日
周鳳祥	財政局事務員	新任	十一月廿四日
胡潛	財政局稅捐稽征處稽征員	新任	十一月廿五日
伍玉成	財政局專員	新任	十一月廿五日
王陞	第八衛生所助理員	調任衛生局雇員	十一月十六日
葉永保	衛生局第四科科長	調任火葬場主任	十二月一日
葛毅方	第四衛生所所長	調任衛生局醫師	十二月一日
林肇施	財政局稅捐稽征處科員	調任財政局稅捐稽征處稽征員	十一月一日
黃筱堂	財政局稅捐稽征處稽征員	調任財政局稅捐稽征處科員	十一月一日
陳國楨	地政局土地登記處審查員	調升地政局薦任科員	十一月十七日
羅世傑	財政局稅捐稽征處雇員	晉升財政局稅捐稽征處調查員	十一月一日
杜兆珍	教育局第三科科員	辭職	十一月三日
林芷	教育局聯合會計室科員	辭職	十一月十日
王裕和	地政局土地測量隊繪圖員	辭職	十一月三十日
劉如娟	地政局土地測量隊求積員	辭職	十一月三十日
張啓輝	衛生局護士	辭職	九月三十日
于中瑛	衛生局醫師	辭職	十月卅一日
朱勇	工務局下關區工務管理處工務員	辭職	十二月一日
張瀚如	民政局第三科辦事員	免職	十一月廿九日
金圖南	工務局審勘室技佐	免職	十一月廿四日
方福均	工務局審勘室技佐	免職	十一月廿四日

南京市政府公報　第三卷　第十二期

三八〇

南京市忠烈紀念特輯

忠義凜千秋，浩刼都門傷往事；
星霜今十載，揚輝祀典範羣倫。

——沈市長輓詞

一時烈跡，曠世咸驚，重義輕生，千萬英靈歸白下；
十載哀思，舉國同悼，酹花獻酒，兩三菊葉傲霜枝。

——陳議長輓詞

永念國殤

十二月十三日

十年前（民國二十六年）十二月十三日，為首都淪陷，日寇進城開始大規模屠殺之第一日。先是，日寇分四路攻南京，右翼之東路自京杭國道之溧陽，經南渡鎮，北攻句容正南之天王寺。十二月五日，寇佔句容，分兵兩支，一支繞湯水鎮北九華山之背，攻麒麟門。麒麟門位南京正東，為中山門外之屏障。一支自天王寺沿石子路攻我光華門東南之淳化鎮，為寇主力所在。右翼之西路乃攻廣德之寇，為避我軍之主力，折北取道京建路，佔郎溪東壩等要點，由此分兩路，一路攻宣城，襲我灣沚車站，一路北攻水陽鎮，繞湖攻當塗，渡江攻和縣，沿長江北岸進入浦口。又一路則由溧水北攻秣陵關。十二月八日，我秣陵關陣地移至牛首山。九日，光華通濟二門已有寇蹤。十日，湯山我軍移至中山門外，攻牛首山之寇乘勝前進，與我戰於雨花台之南，以斷蕪湖南京之聯絡，北烏龍山陣地亦毀。是日以後，南京市民開始撤退。十二日，日寇進城，十三日，國軍奉令撤退，而日寇之南京大屠殺開始，南京城內火光血海，愁雲慘淡，我軍民同胞死於日寇鎗下者達十餘萬人。勝利後，南京市參議會舉行第一次大會時明定每年十二月十三日為南京市忠烈紀念日，以示對死難者之哀悼而加強國人之警惕。

毘盧寺前祭忠魂

今年十二月十三日為首屆忠烈紀念日，是日上午首都各界假毘盧寺舉行隆重公祭典禮，中供殉難忠烈同胞之靈位，上懸　蔣主席輓贈之「永念國殤」四字。九時正，市參議會祭禮開始，由陳議長主祭，本府由沈市長主祭，市黨部由沈委員祖懋主祭。祭畢，即舉行紀念大會。由陳議長任大會主席，略謂：「首都淪陷已經十週年，當時為正義，為國家，為世界和平而犧牲的軍民同胞與物質損失，無從作準確估計。日本佔領我首都，滿擬我國可以投降，詎知反因此加強全國上下同仇敵愾的決心，此種決心，足使後世矜式。」繼由沈市長，馬副市長，沈委員祖懋等致詞，語均沉痛。紀念會後，各民衆團體各學校學生與市民絡續自由往祭者達萬餘人。

沈市長講詞

我今天參加道个紀念會有兩個感想：第一，十二月十三日首都陷敵到現在已有十年，我們一直到今天才有機會紀念我們的殉難同胞，雖是一件傷心的事，但我們能夠洗雪我們殉難同胞的十年奇冤，而在今天舉行這一紀念，也應感到興奮。第二，我們紀念這十萬爲國殉難的同胞，不僅要我們每一个南京市民牢牢記住，全中國人都不能忘記這歷史上慘痛的日子。我很希望以後能擴大範圍，不僅僅南京這一地方舉行紀念，全國人都能夠紀念它。

主席所昭示我們的，要我們以德報怨，這是表示民族的偉大。但我們切不可忘記這慘痛的事實。如果忘記這些事實，便是民族的麻痺。我很希望我們全體市民時時警惕。

祭文

維中華民國三十六年忠烈紀念日，南京市長沈怡，恭祭於首都淪陷殉難軍民同胞之靈曰：兩間正氣，時危益彰，激昂忠愛，競作國殤。在昔強敵，陷我畿輔，萬象軍民，捐軀守土。青燐碧血，阡陌縱橫，陽九灰劫，創鉅痛深。復我神京，歷時三載，物換星移，靈爽長在。精耀日月，氣壯山河，表忠揚烈，萬世不磨。尙饗。

日寇禍京始末記

——錄其「屠殺之慘案」一段——

陶秀夫

日寇之入城也，時當(陰曆)十一月之中旬。其時西城東城之居民寥寥無幾，紛赴美教士所組織之難民區。難民區者，位於鼓樓之隅，即淪陷之民藉以托庇美教士之住所也。惟是雜處此間，而白日魔鬼之現形，仍不能祈安全於萬一。故自日寇入城之次日，彼肩負鎗械之寇，名曰檢查，實卽開始屠殺焚燒，奸淫擄掠矣。

當其擄城時，五花八門川流不息者，日寇也。日寇入門，輒問：有花姑娘否？有則挾之以去；無則凡男子老少之在宅中者，咸令啓衣搜查，如珍寶首飾貲財等物，悉取去，若身有攜帶銅元者，則取而擲之於院外。越數日，強姦之風未已，而屠殺之燄益張。荷鎗實彈者日巡視於難民區之住宅，此去彼來，不下數十次。其名則曰檢查遺留之兵士，實則消滅壯丁。凡年在十六歲以下，五十歲以上者，率不能免捕捉。而捕捉之壯丁排列戶外，宛如常山之蛇，首尾銜接。惟時作者所蜷伏之室已捕去二十有八人，俄而又有寇至，視余室僅有六七十歲之老人三四聾耳，覩余鬚之尙黑，疑余年壯，復強迫入隊，余出，而佩刀之寇搖手示余，幸免於難，蓋知余已年將六十矣。至第二日，有一逃出此難者，謂該隊分爲三部，每部隊約三百餘人，步行至下關煤炭港之空場，日寇以機鎗從隊尾掃至列隊之首。彼性機警，聞鎗聲之將及，乃仆於他人之尸下，得免於死，屠殺既畢，於是日寇去，而彼脫血衣而逃矣，及彼再逃入難民區中，談當時情形，歷歷如繪，令人不寒而慄。

此事余按之遠東法庭審訊日犯屠殺案，略相符合。合衆電之言曰：「日軍進入南京後，大肆屠殺中國軍民之暴行。」中國證人許傳音博士出席國際法庭作證，——許氏以美國伊利諾斯大學博士學位，在南京供職多年，此次日寇入城，伊卽從事救濟工作，與美人及其他西方人士協力保護平民。日寇入城後，逢人便殺，許氏曾隨日寇巡視城內，覩各街堆積屍體，請其設法移去，又有某大街，點數屍體可五百具以上，而多數則於未死之前慘遭非刑之支解，其屍橫臥街道，可爲日寇到處射殺行人之證。許氏並謂日寇在城，不分南北東西，其慘殺之殘暴，事同一律，城內無處無屍，亦無一日寇不以殺人爲快。當時日寇之南京司令官，則松井石根也。故遠東法庭審日寇松井時，松井聆許氏之言，狀至戰慄，以手掀臂，呈不安之狀者至再。許氏終言，當時中國慈善機關僅紅十字會一家，掩埋各街之露屍達四萬二千具之鉅，其中且多婦女於日寇強姦後以刺刀殺之者；而南京設有安全區，居住平民，日寇以為有棄去武器之中國軍士，著平民之服裝，遂進行搜索，以嫌疑而鎗決者也。然吾按許氏此說實為吾目睹消滅壯丁之事實。許氏所謂安全區者即當時號稱難民區也，謂難民區有藏匿中國之軍士，即所以為消滅壯丁計也。

吾更猶有說者，日寇既屠殺壯丁之後，中島隊之野心未已，於是又有領安居證之一計焉。當其於未領證之前一日，有為虎作倀之詹某，以殺戮同胞為心，即陰以事賊作父，於是假上海路之曠場，號召難民，圍如堵牆，而詹某則挾一日寇驅汽車而來，其汽車上則置棹高如演講之台，謂夫彼之此舉實難民之救星也，此後領證安居，必有保而始授證，如果無保者，或單身居此者，或因拉夫而來者，速於此時離開衆人另成一隊，日軍可遣送回汝之家鄉，是有起死回生之德也。人羣之中有聆是言者，奔至伊所指定之一處。嗣更再三言之，而奔至該處者幾及二千人，演講既畢，日寇乃統率此二千人以去，不二日而日寇遂悉殲之，不一年而詹某亦以鬼呼索命死矣。

十年前南京的大屠殺

南京的父老和諸姑姊妹當不會忘記十二月十三日，不會忘記十年前這個血和淚書寫成的歷史的日子，那一天，我們生於斯，長於斯的南京，淪陷敵手，我們成千成萬生於斯，長於斯的父老兄弟諸姑姊妹死於日軍瘋狂的大屠殺中。

從那天清晨開始，失却了人性的日軍，在江邊，在城頭，在行人必經過的地帶，開動了機關槍，掃射我們扶老攜幼倉皇逃死的人民，普通士兵更在城區，在四郊闖入民宅，搶刼財物，姦殺婦女，刺死平民；無數投江想泅水求登彼岸，逃避日軍瘋狂屠殺的男女，幾乎全部在江邊日軍機槍掃射下，葬身於紅浪紛翻的江水中。

無處不是死屍

這一場屠殺連續進行了好些日子，在下關，在中山路，在整個南京，無處不是死屍，無處不塗著我們同胞的鮮血，長江的水都變成了紅色。死於這次屠殺中的同胞究竟有多少，雖然還沒有正確的統計數字可稽，估計當在二十五萬以上，僅只紅十字會和崇善堂掩埋的屍首，已達十五萬五千三百三十八具之多，其由日軍投屍江中，或泅水逃生而遭機槍掃射死於江中，以及由家屬自行收埋者，還不在內，合計起來，只有比二十五萬多。

是誰殺的？

再查一查民國廿六年三月末，首都警察廳戶口調查的統計數字，南京市民共計一、〇一九、六六七人，只隔了一年，廿七年二月末，日本在南京特務機關的估計，南京人口只二〇〇、〇〇〇人，及至是年十月南京偽組織的調查，共計是三二九、四八八人，比較一下，在這場大災難中南京於死難逃亡中失去了多少生命，這是一個嚇人，使人不願意置信的數字。

主持這場大屠殺的劊子手是谷壽夫、脅板、中島、竹下、柳川、岡本保、長谷川、伊藤、拾皮、金谷等部隊，除了主犯松井石根和谷壽夫而外，橋本欣五郎也是大屠殺案中相當主要的角色。他本來是黃龍會七幹部之一，有老黃龍會之稱，其後又組織日本青年黨，其暴戾殘忍，實非筆墨所能形容。當日的屠殺雖出於松井石根的命令，但是士兵的屠殺狂，也有一部份是橋本欣五郎煽動起來的、任何人提起這兩個殘忍的代表者無有不切齒痛恨的。

屠手也抖了

從那個慘痛恐怖的日子到現在已整整十年了，但是那使人驚心，使人恨、使人怒的情景，在南京市民的記憶中，仍舊像是剛纔的事件樣鮮明，身歷其境的老百姓，刼後餘生，記起往事來，還會緊張，還會心悸，還會顫慄。有個日本士兵回述當日的情景，他說：當日他與同伴防守江邊，奉命遇人卽開槍，當時有無數中國老百姓，如潮向江邊湧來，想渡江逃走，但是江上已經連船的影子都沒有了，因此有很多人跳下江，顯係想泅水而逃。當時他便照命令開動機關槍，不斷掃射，江水立卽變成了紅色，當他看到其中老人、婦女、兒童，呼喊痛哭，慘絶人寰的景象時，心裏也覺得不忍，便停止了機槍掃射，在他旁邊的軍曹不以爲然，強迫他繼續掃射，他以力絶推辭，那軍曹便自己動手掃射。還有一個日本士兵自稱：他在中華門外用刺刀殺死逃奔的老百姓，他說他是奉了長官的命令。後來自己也覺得心悸，手發軟發抖，他在事實上也不能繼續屠殺了，但是命令是不許停止。

算不清的屍

當時在南京市中街頭、巷尾、在四郊則溝渠、池塘、田埂、草堆中到處是屍堆，到處是死人，其中有八九十歲的老年人，有懷孕的婦女，有剛剛離母懷的嬰孩，有年輕的男女學生。南京紅十字會在十二月廿二日開始收埋城内各處屍體，直到第二年的夏天，工作還沒有完結，及至是年十月才得了一個數目，總計是四萬三千具。同時崇善堂也組織了四個掩埋隊，連續工作了四個月，共埋屍體十一萬二千二百六十七具。誰會相信這是眞的，誰會相信這是人間，這簡直是地獄，人間地獄！南京老百姓誰也不會忘記殘暴日軍的猙獰的面目，誰都該記得在幕府山下的村中，被圈在那裏的五萬七千四百十八個難民與俘虜，先絶其飲食，其後俟其凍餓將死的時候，再用鐵絲和繩索將兩個人的脚綁在一起，排成四隊，趕到下關草鞋峽，先用機槍掃射，再一用刀亂刺亂砍，剩後再潑上汽油，燒之以死。

史頁的污點

這些這些還不過是日軍暴行的一部份，一個輪廓畫，其殘忍手段實罄竹難書，他們曾在屠殺之前，先灌之以水，灌之以煤油，剜目、割耳，劓鼻，刺額、割舌，極盡殘忍之能事，然後始置之於死，這種勝於瘋狂的殘暴行爲，實在是人類歷史上空前未有的污點。

在五台山下，在雨花台，在下關，在長江邊、在南京其他數十百處地方，埋葬了中華民國多少子孫，埋葬着多少南京城的市民；今日當我們遙望着那些荒丘，望風憑弔時，我們得記着這慘痛的記憶。

一寸山河一寸血，我們不能忘記南京曾受過的侮辱、我們不能忘記南京多少父老兄弟諸姑姊妹的慘死，我們不能忘記我們以無數萬千生命換來的勝利，我們要緊緊掌握着我們的勝利，永勿使歷史再度重演。（南京中央日報資料室）

血的記憶

焦才

十年前的十二月十三日破曉辰光，首都淪陷敵手。

敵軍於十二日的晚間，已佔領光華門一帶的若干據點，飛機場也有一部份敵軍侵入，旋爲桂永清部的教導總隊擊退，嗣卽巷戰開始，而此時一部份守軍已接獲退却命令。但下關一帶之督戰部隊則尚未接獲撤退命令；因而秩序異常紛亂。守軍唯一之退路，卽渡江西撤，挹江門城門口小人多，踐踏呼號，致城內之廿萬守軍能渡江者不到五萬人，江中木筏及渡江之物，皆被拆卸一空，而奉命於獅子山駐守掩護退却之卅二軍，皆全軍覆沒。十三日晨敵軍完全佔領首都，而大屠殺卽開始。那時英、法、美、德諸國人士合組之難民區，自上海路爲起點，將各國使領館都包括在內。無法逃出的市民，即進入難民區居住，後來紛亂中一部份守軍也改裝潛入。因爲漢奸的報告，敵人即入內大肆搜捕，屠殺三日後，敵焰稍息，但改爲明目張胆的殺戮，爲長期之陷害。三日間受難之軍民、婦女，總共卅萬人以上，詳細數目簡直無法統計。而無論戰鬥人員，非戰鬥人員，凡年青力壯的，或着中山裝，或手有老繭，或藏有書籍，皆隨敵人之意志而隨地殺戮。數十人，數百人排列用機槍掃射，用火油燒殺，用刺刀誅戮，總之無所不用其極。敵軍之暴行，震驚世界，而於中國抗戰史上染上鮮紅之一頁。

緬懷華小姐

外籍人士組成之難民區，維護難胞，因那時英、美、德諸國尚爲中立國，敵寇有時亦避諱一二。在難民區中有一位美籍女士，很少人知道她完全的名字，而以中國的稱呼方法，叫她華小姐。她在難民區中作維護婦女工作，無微不至，最緊張的幾天，華小姐終日不休。日本人常在難民區內要婦女至軍部侑酒，或小隊敵軍黑夜入難民區強刧婦女施行奸污，華小姐以一異國女兒，抱一己的同情心，盡力護衛。有敵軍蹤跡，市民即報告華小姐，用種種方法驅退敵軍，有時嚴重交涉。敵軍對第三國人士，本取懷柔態度，但因華小姐與彼等取對立態度，大爲不滿，竟以拳打脚踢加以污衊。而華小姐則仍不折不撓，以她微弱的力量維護金陵女子文理學院的一環，使成爲難民區中中國婦女之福地。而這位華小姐不幸在廿七年底病逝，沒有看到她的國家和我們並肩作戰，也沒有看到同盟國家的勝利，可算是一個遺憾。

葉家花園的白骨

在玄武湖背面，一個不大知名的地方，叫葉家花園，那裏有一塊荒地，現在已變做麥田，而那一塊地方，有近萬位仁人志士，殉國於此，到現在，還是白骨纍纍。敵人在大屠殺之後，秩序稍稍安定，但屠殺並未終了，不過是改作暗地裏而已。敵人的祕密刑場就在這塊地方，今天劫後餘生的抗戰蒙難同志，還要去憑弔一番，昔日並肩工作的同志，現在都已變爲荒郊白骨。

首都淪陷期間，敵後工作有軍統局、中統局、忠義救國軍、黨團方面的人員，以及後來各部會派來陷區的專員，這幾個單位有作行動工作、有作宣傳工作、有作組訓工作，總之「以組織對組織」，在南京淪陷的八年黑暗時，時時閃出光彩的火花，留下很多悲壯的事蹟。民國二十七年張偉、黃呂兩個行動隊，兩次刺殺偽南京督辦高逆冠吾，平憲銘烈士躍登汽車發槍射擊；那時候貢院街的聚寶齋古玩舖，是行動隊的交通站。二十九年猛炸中報館，三十年九月十八日炸火車站，因有二十九人遭敵逮捕同時殉難。三十一年有兩次刺汪逆，工作同志已打入汪之衛士團，但事機不密，胡定炎、程克信殉難。那時尚有一絕妙計劃，企圖將汪精衛活捕回重慶，有南洋華僑黃逸光，他父親與汪逆是莫逆之交，黃爲汪逆駕駛飛機，黃亦愛國志士，與地下黨部連絡後，準備乘機將汪逆載回重慶，惜因事機不密，黃逸光被執殉難。他如散發宣傳標語，取得敵方情報，燒壞敵偽祝捷牌坊，以十四歲幼童爬上屋頂，將汪逆丈餘大畫像等一晚之間塗黑，凡此種種，都予陷區民衆以極大的興奮。在離勝利不久的時候，還有一件震動東南半壁的事件，那就是兩架偽政府的飛機，飛到天目山反正的事件，因此事，偽政府的航空署撤銷反正的飛行人員，將主席並曾召見。這許多許多行動，不知化費了多少鮮血才換得來的，就以忠義救國軍這一個單位來說，已有二百七十四位殉職，現任抗戰蒙難同志會的理事長蔣尚爲，總幹事朱翰臣，副總幹事王鏞寬，金襄諸位都是身歷各役，蒙難而幸未殉難的志士。

死者已矣，用鮮血換來的勝利果實，怎能任牠霉爛，用鮮血換來的教訓又怎能忘記呢？（轉載南京大剛報）

南京市府政公報第三卷總目

南京市政府公報第三卷第十二期

地政

教育文化

民政與選舉

第一期至第十二期

簡訊 副刊

南京市政府公報刊例

一、本公報每半月發行一次

二、凡本府例行公文即在本公報發佈不另行文

三、本府所屬各機關於收到本公報時應編號歸檔妥爲保存凡註明「不另行文」文件並應注意遵照

南京市政府公報

第三卷　第十二期

中華民國三十六年十二月卅一日

編輯者　南京市政府編譯室

發行者　南京市政府

印刷者　大東新興印書館

南京：建鄴路一三八號

電話：二二二二六號

中華民國三十七年一月十五日

第四卷　第一期

南京市政府公報

南京市政府編譯室編

目錄

特載

想到飢寒中的同胞

沈市長三十六年十二月二十四日下午八時在中央廣播電台廣播詞

各界同胞，今夕何夕，正是舉世歡騰慶祝耶誕的前夕，觸景生情，我們正面臨一件極其重要的工作，也是一件極其神聖的工作——冬令救濟。

我們深深感覺這件工作，對當前飢寒中的同胞太重要了，我們感覺這是義不容辭也是責無旁貸，這件工作需要快做，而且要做得切實，所以今年特別提前成立冬令救濟委員會，眞是衆擎易擧，應該首先感謝各方面給予我們熱烈的贊助，因此使我們一切應行準備工作，都已順利展開。

第一是籌募的工作，今年把籌募的數額特別提高了，爲的是可以多救助一些貧苦同胞。預定籌募的數字是一百億，比上年增加到二十倍，看這個數字似乎龐大，然而我們一想到目前本市貧苦同胞之不在少數，轉覺此數幷不爲多。

現在最可慶幸的是自從發動籌募以來，謝謝各方面寄予深厚的同情和熱烈的協助，慷慨解囊，令人感動，現在新運會正發動萬元運動，各學校也發動千元運動，工商各界紛紛自動捐輸，其他各方連國際朋友們在內，莫不解囊相助，在這捐募競賽的高潮中，我們預計籌募的成果，非常樂觀。

其次爲求救濟工作的普及，我們今年特別注重貧苦的調查，現在已經各區公所和警察局所爲我們煩勞，請他們迅速完成這件調查工作，衷心希望所有貧苦同胞不要稍有疏漏，都能獲得一點救濟，我們常常感覺「迅速」「確實」是我們調查工作應有的要求，這短短的時日當中，要完成這件工作，的確相當辛苦，但是我們一念及休戚相關的意義，有力出力，担負調查工作的各位，我想一定能圓滿達成這個任務。

再次，我願意向大家說明，在今年冬令救濟工作中所要做的事，是設立庇寒所，設立施粥站，現在已經有好幾處都成立了，並且準備在春節前分區發放振款、振物，雖然這些也許是戔戔之數，不過有句俗話。「物輕意重」，在此大家都是很困難的時候，由此更可表示本市同胞一點解衣推食的精神，此種精神在今日最最需要提倡，最最值得寶貴，何況在這歲暮天寒，受到救濟的人，仍是感覺不可缺少，感覺人世間尙有此種可貴的溫情。

我們始終感覺政治應以謀大多數人的利益爲前提，尤其是今日，全國也好，地方也好，窮苦的人，眞是愈來愈多，今日的大數中國人都是窮人，今日的中國政治，就應多多在此着眼，「服務第一」應是我們一貫的精神，尤應面對飢寒中同胞忠誠服務，社會生活，繫於同情，社會工作，全憑協力，何況「樂善好施」「紓困濟貧」「老吾老以及人之老，幼吾幼以及人之幼」，原爲我中華民族數千年的美德，我們十二分期望全市同胞有力出力，有錢出錢，通力合作，達成今年首都冬令救濟的任務。

政令

辦理本市滿族國大代表選舉

南京市國民大會代表立法院立法委員選舉事務所公告 京選區字第五二五號

案奉

國民大會代表立法院立法委員選舉總事務所(卅六)亥銑選字第八一二三號代電開：

「國大代表選舉罷免法第四條，前奉國府本年戌有明令修正，規定由滿族選出者十七名，其選舉辦法業經本所修正呈奉核准為(一)代表產生地域：東北九省二市(大連、哈爾濱)凡南京市、北平市、天津市、迪化市、廣州市、杭州市、長沙市、瀋陽市、歸綏市、成都市、開封縣、荊門縣(因當時為旗營駐防地方)等市縣，(二)選舉方法：東北九省二市(大連、哈爾濱)因尚未辦理選舉，應將具有此項選舉權之國民，另造名冊，辦理選舉，其他市縣已舉行普選，如具有此項選舉權，而未領取普選選票尚保留選舉權證者，可於規定日期內，持向所在地選所申請登記，各選所接受此項登記後，迅即造具名冊兩份，一份存查，另一份送選舉總所備核，並照册憑證發票就地選舉，(三)候選人產生及投票計票方法，由政黨就滿族人士中(不分區域)提出三倍候選人，送交國選總所轉發，公告選舉結果，報由選舉總所彙計公告，除東北九省二市外，其他市縣投票地址，均為各該市縣選所所在地，投票日期至遲不得逾十二月三十一日，特電希遵依照第二條規定，於十二月廿二日辦理登記，并造具名冊，其選舉人名單，俟本所另行轉發公告！」

等因，奉此，自應遵辦，茲規定凡具有本市選舉權而未領取普選選票尚保留選舉權證之滿族同胞，可向住所所在地區公所取具族籍證明書，於前項規定日期；持同選舉權證，逕來本所聲請登記，以便參加選舉，特此公告週知！

中華民國三十六年十二月二十三日

自治事業費增加一倍徵收

南京市政府佈告 (卅六)府財佈字第一二一五號

查本市自治事業費自本年十月份起照原徵數額增加一倍徵收，業經南京市參議會第一屆第四次大會決議通過，除分令財政局遵照外，合行佈告週知。

此佈！

中華民國三十六年十二月二十六日

行政官署對人權案件不得率爾處分

南京市政府訓令 (卅六)府總訴字第一二〇三九號

令各單位

案奉

行政院本年十二月十七日(卅六)七法字第五二六八二號訓令開：

「查目前中央或地方各行政官署，對於關係人民權利之案件，每未將事實調查明確，即行處分，結果人民對於該項處分有所不服，依法向該管行政官署提起訴願時，原處分官署往往未能在法定期間內答辯，以致案難結，影響人民權益及政府威信甚大，如不予以糾正，將何以杜流弊，而肅官箴，今後各行政官署，對於關係人民權利案件之處理，在全部事實未調查明確前，不得率爾處分，旣經處分有案，若人民對之不服，提起訴願時，應卽依法於收到訴願書副本後，十日內答辯，否則以違法失職論處，除分令外，合行令仰知照，幷轉飭所屬，一體知照。」

等因，奉此，除分別函令外，合行令仰遵照，幷轉飭所屬一體遵照。

此令！

中華民國三十六年十二月二十二日

發還戰前被日方凍結之貨物

南京市政府訓令　（卅六）府總統字第一二一一三號

令南京市商會

案准

行政院賠償委員會三十六年十二月十日京（卅六）二字第三二九八號代電略開：

「准我國駐日代表團譯轉盟軍總部關於戰前訂貨解凍發還規章到會，經查原譯件規定我國人民前存日本之貨物，因受一九四一年七月海運凍結法被日方扣留者，現可解凍發還，相應抄附原譯解凍發還規章摘要，請查照轉飭所屬商會通告商民，如有受海運凍結被日方扣留之貨物，可卽檢附證件，呈轉過會，俾憑核轉洽還。」

等由，計抄附原譯件摘要一份到府，准此，合亟抄同原件，令仰該會遵照通告商民，如有於戰前受海運凍結被日方扣留之貨物，應卽檢呈證件來府，以憑核轉洽還，毋稍延誤為要。

此令！

附抄發因受海運凍結被日方扣留之貨物解凍發還規章摘要一份

中華民國三十六年十二月二十三日

◉因受海運凍結法被日方扣留之貨物解凍發還規章摘要

卅六年十月二十日公佈

凡屬同盟國及中立國人民之貨物，前存日本因受一九四一年七月海運凍結法限制，被日方扣留者，現可解凍發還。

又在戰爭爆發前（按指係太平洋戰爭）購買，並已付款之商品，或於日本凍結法令施行時屬於轉口至他國之商品，均依本規章辦理。

此項貨物之解凍發還必須具有下列之條件：

（一）在珍珠港事變前，同盟國或中國人士或其經理人，已取得該項貨物之所有權者。

（二）該項貨物之裝運，係受凍結法令或其後因戰爭關係而遭阻止者。

（三）該項貨物業已用外匯或日金付淸貨價，或以同盟國或中立國人士先前運貨至日本，應由日人付出之日幣貨款抵付貨價，業已付淸者。

（四）解凍發還之商品，應無日人參與之股份。

該項解凍發還貨物，如非屬業經規定應予撥入日本之物品者可獲准許輸出，日本如在申請發還之物品中有屬於應輸入之物品者，則總部得以協商方式購買之，而將應付之貨價，記入該物主所屬之國家帳內（按指該國家得由日本輸出其他同價值之商品作為交換）。

關於貨物之處置及運輸，應由申請解凍發還人或其委託在日之代表人負責辦理，盟總概不負責任，凡屬同盟國所有權之商品，在戰爭爆發時，留存於日本者在戰爭期中大部份已被日方變賣處分，但該項商品，如能查悉所在，亦得依本規章辦理歸還與合法之物主。

附註：

戰前向日人定購貨物已付一部分貨價者，亦可提出申請。與該部分貨價相當之船貨，如經發現亦可歸還與原主。但若無實際上準備裝船而被扣留之貨物可查尋者，不在此例。

抄發修正南京市工程受益費征收細則

南京市政府佈告 （卅六 府工佈字第一二二四號

查本府於民國十九年公布之「南京市築路攤費暫行規則」，歷時已久，與中央現行法規多有未合，爰經參酌實際情形，幷遵照國民政府二十三年八月公布之「市縣工程受益費征收條例」重行修訂，函准本市參議會提交第一屆第三次大會決議，照案通過，幷經檢同上項細則，呈請 行政院備案各在卷，茲奉 行政院(卅六)財字第五〇一九〇號指令，以經修正核定，幷將名稱改為「南京市工程受益費征收細則」，抄發改正本，飭即公布施行等因，奉此，除函請市參議會查照外，合行粘附奉發征收細則，布告周知。

特此布告！

附粘南京市工程受益費征收細則一份（見法規欄）

中華民國三十六年十二月十九日

新疆增設裁撤各縣局並更名

南京市政府訓令 (卅六)府總秘二字第一二〇九〇號

令所屬各單位

案准內政部卅六年十二月十七日方字第一二二六號公函開：「案查前准新疆省政府公函，以該省僻處邊陲，交通不便，民族複雜，情形特殊，所有歷年行政區域之變更，多未報核，檢送該省縣名表請查核等由，經核該省增設昭蘇鞏哈甯西温泉阿圖什岳普湖阿合縣裕民民豐和靖和碩等十一縣，及新源烏河二設治局，裁撤葉爾羌縣及賽圖垃設治局，又呼圖嬖縣更名景化，托克蘇縣更名新和，霍爾果斯縣更名霍城，布倫托海縣更名福海，可可托海設治局升縣，更名富蘊，青格里河設治局升縣，更名青河，和什托落蓋設治局升縣更名和豐，烏魯克恰提設治局升縣，更名烏恰，又托克遜伊吾庫爾勒特克斯四設治局升縣等等，均經呈奉 行政院核定，轉奉 國民政府令准備案，除通行外，相應函請查照」等由，准此，除分令外，合行令仰知照。

此令！

中華民國三十六年十二月二十二日

冀省增設灤寗梗陽兩縣

南京市政府訓令 (卅六)府總民字第一二一五一號

令各局處

案准內政部方字第一二〇〇號公函開：

「案查前准河北省政府代電，以該省灤縣豐潤兩縣幅員遼闊，人口衆多，平時已感鞭長莫及，值茲綏靖剿匪時期，治理尤感困難，擬將灤縣南部劃設灤甯縣、豐潤縣南部劃設梗陽縣，繪具詳細區域圖說，送請核辦到部，當經核議，呈請 行政院核示在案，茲奉指令，業經呈奉 國民政府令准備案，除通令外，相應函請查照。」

等由，准此，除分令外，合行令仰知照。

此令！

中華民國三十六年十二月二十四日

鄂省增設大洪陽日兩設治局

南京市政府訓令 (卅六)府總民字第一二一五一號

令各局處

案准內政部方字第一二〇一號公函開：

「案查前准湖北省政府代電，以該省大洪山區及房縣、興山、鍾祥、隨縣、保康、京山等縣邊區，層巒叠嶂，易滋匪患，擬請設立大洪、陽日二政治局，經核現行地方行政制度，僅縣與設治局 設立政治局，於法無據，應改為大洪陽日二設治局，業經呈奉 行政院核定，除通行外，相應函請查照。」

等由准此，除分令行，合行令仰知照。

此令！

中華民國三十六年十二月二十四日

市政要訊

舉行開國三十七年慶祝行憲大會

首都各界於中華民國三十七年度元旦，假本府大禮堂舉行開國三十七年慶祝行憲大會，到本市黨政軍憲警暨各機關學校社團代表來賓等百餘人行禮如儀後，首由市長致詞略謂：

「今爲中華民國開國三十七年的第一天，同時我國實施憲政，故今日舉行紀念儀式意義相當重大，尤其目前正值國家在風雨飄搖之中，我們人人都希望得一康樂富強的國家，這希望不難獲致，并且已一天接近一天，但是我們必須要有這信心，我們的國家不久卽可接近光明前途，最中正的康莊大道，我們絕不能消極或失望。西洋某名哲學家說過這句話：「永久不失望，卽使你失望，然仍需要在失望中繼續努力。」正好像今晨天氣，全市浸浴在大霧之中，但不久卽告豁然而朗，三十七年的新年也就象徵今天天氣一樣，光明就在我們面前，我代表全市市民恭祝最高領袖萬歲，中華民國萬歲！」辭畢，繼由各機關代表沈祖懋等相繼致詞，語多勉勵，至十時禮成。

首都都市計劃資料展覽會圓滿結束

首都都市計劃資料展覽會，於三十六年十二月三十一日舉行預展，邀請各機關首長暨參政員參議員新聞記者等，前往參觀，本年元旦正式揭幕，至四日圓滿結束，會中陳列資料，共分四部份，一爲都市計劃概念之介紹與說明；二爲首都市政之現狀，卽首都都市計劃資以設計之現實資料，三爲國內外各大都市之計劃資料；四爲有關首都計劃之一部分模型，如政治區模型，市行政區模型等，關於第二部份又依本府所屬各單位之職業劃分爲民政、地政、工務、教育、衛生、財政、社會等七大類。出品共數千餘件，統計圖表居多，分列二十一室，市民逐日往觀者甚爲踴躍。

冬令救濟積極展開

本市各項冬令救濟工作，自冬令救濟委員會積極推動，經先後發動各界募捐，採取各種不同之方式進行，如廣播募捐，自由勸募及集體捐助，以樹立募捐競賽之風氣，同時與新運會發動萬元運動，各學校發動千元運動相配合，情況更爲熱烈，各界人士均紛紛自動捐輸，成績極爲可觀，預定之百億目標當可如數募足。同時對於貧窮戶口，經各區公所及警所之努力，已在短時期內完成調查工作，俾使救濟得以普及，並先後在各處設立庇寒所，浦鎭庇寒所之施粥廠，已請准糧食部就貧戶米項下撥與一千五百石施賑，鄧府山庇寒所亦已開始收容難民，十二月二十二日市長會偕社會局謝局長徵孚，新聞處陳處長克成前往視察，因鑒於該市難民未能飽食，故自二十三日起每人每日改發九合，以求改善。

籌辦本市滿族國大代表及立委監委選舉

本市國大代表選舉業務，原已告一段落，市選舉事務所近復奉令辦理本市滿族國大代表選舉，所有選舉人登記手續已辦理完竣，原訂於上年十二月三十一日舉行投票，嗣因滿族候選人名單尚未奉選舉總事務所頒發，致無法如期舉行，須俟此項候選人名單公布後，再行訂定選舉日期。此外，市選舉事務所爲積極籌辦立委選舉，特於上年十二月十九日召集幹事以上人員舉行工作會報，研討立委選舉事務之進行步驟，根據市區人口分佈情形，確定經費預算，着手調整各區投票所數目及設置地點。至立委選舉權證，亦在籌備另印換發中，又監委之選舉工作，前因各政黨遴選參議員名單尙未公佈，以致展延，現上項名單業經公布，並已於本月八日由市參議員舉行投票，以慶深庵得二十九票，孫玉琳得二十一票當選。

籌議改善下關碼頭

三十六年十二月二十二日及二十三日下關三號碼頭及二號碼頭，呈現龜裂現象，原有拋填之石塊往下陷落三十丈，其原因爲前此碼頭江灘之測量工作，因受測量器械之限制，僅能測離江底七十公尺以內之情形，至七十公尺以外之情形，須待水利部迴音測量機於今春由美國購到後，始可測明碼頭整個形勢，故此塌陷情形，事先殊不易作有效之防止，市長曾偕有關部門人員前往視察實際情形，現正積極從事於治標工作，以維現狀，至治本方面，已由交通部水利部及本府派員會同擬就修建下關碼頭之具體計劃，惟該項建築費估計約需千億元，已由交通部呈請行政院核定中。

△完成徵兵業務：本市三十六年度奉配兵額一千名，自八月十八日開始徵集至十二月十日已全部徵足，最後一批志願兵二百四十三名，已於十二月十七日正式撥交入營，合計連前兩批共撥交志願兵一千零一名。

△舉行區長座談會：民政局爲商討本市三十七年度民衆自衛組訓事宜，於十二月十七日在本府會議室召集各區區長舉行座談會，商討進行。

△籌組本市民衆自衛隊：本市民衆自衛組訓工作，業經遵照行政院頒發各縣(市)民衆自衛隊組訓規程規定，積極籌備，並已擬訂「南京市三十七年度組訓民衆自衛隊計劃大綱」及支出經費概算書、自衛總隊部編制表等呈院核備，及分函市參議會等有關機關查照。

△實行戶政工作競賽：本市辦理戶籍登記工作競賽推行辦法規定區競賽成績由民政局考核，保競賽成績由區考核，並設置區保兩級工作競賽考核委員會，各保競賽工作經分別展開，並由巡迴督導組加強督導，抽查各保戶籍登記情形，以配合工作，已於上年年內完成。

△接收八府塘菜場：八府塘菜場經工務局修建完工後，即經兵役協會借用，現以兵役協會會務已於上年十二月二十一日結束，經由衞生局菜場攤販管理所會同工務局派員前往接收，惟內部已有損壞之處，俟接收淸楚修理完竣後，卽可開放之。

△開放熱河路菜場：熱河路菜場建築工程大部完竣，惟尙有水電等配備未會齊全，爲迅速開放計，已由衞生局菜場攤販管理所召集有關單位會商同意，將已登記審定之攤戶一七五戶，積極整編攤位號碼，一俟水電接竣，卽行正式開放。

△限制增設宰猪作：衞生局爲集中屠宰並便於管理起見，經規定本市宰作以現有之十六家爲限，嗣後祇准歸併，不再增設，並已呈由本府轉函市參議會查照。

△下水道測量工作：工務局對本市下水道之測量工作，正在積極推進，業經測竣市區主要幹道縱橫斷面達七十公里。

△修築道路：下關重劃區濱江路基填土工程自安樂路至老江口一段，業已完成，刻正鋪築彈石路面，又金川門彈石路面工程已完成百分之六十。集慶路及長樂路正開始測量地形。

△舉行第三次輔導會議：教育局於上年十二月二十日上午十時在本府會議室召集全市中心國民學校校長暨輔導主任舉行本學期第三次輔導會議，議決：(一)各科研究會聘請專家講演，由各中心校接洽，研究會舉行地點，一至七區中心校在各該校舉行，九至十三區假市

立師範舉行。(二)推一、二、三、四、十一區中心校修訂行政表册，由四區中心校召集，並請督學張右源出席參加。(三)推一、五、六、七、九區中心校修正學生簿本，由一區中心校召集，並請主任張家衡出席參加。

△訂購中華小學文庫：教育局為充實各級國民學校兒童讀物，增加兒童閱讀能力及生活知能起見，特與中華書局洽妥照最優惠辦法，訂購該局出版中華小學文庫一百二十六部，每部有高級中級低級三集，高級一集，寒假後凡有完全小學部之國民學校，一律每校分派一部，僅有小學中低級之國民學校，一律分派中低兩集。

△令飭市私立中小學勸募教師進修金：本市各校教師進修金一案，前經市參議會決定實施辦法後，教育局即擬訂勸募辦法，呈經本府轉函市參議會審准在案，茲經市參議會決定勸募辦法五項，已轉由該局通令市私立各中小學遵照勸募。

△救濟總署撥助市立救濟院建築經費：市立救濟院建築工程需費甚鉅，蒙善後救濟總署允予撥助五十億元，現該項工程已交由馥記營造廠承包，於上年十二月二十六日開工。

△舉行第七屆集團結婚：社會局與新運會合辦之第七屆新生活集團結婚，於本年一月一日假勵志社大禮堂分兩次隆重舉行，上午到第一對至一百三十對，於十時三十分開始，由王副院長雲五，黃總幹事仁霖，謝局長徵孚證婚，並由王氏致詞，勗勉新人，十二時許完成，第一三一對至二五三對於二時三十分開始，由沈市長，黃總幹事，謝局長證婚，市長即席勉各新人互相合作，言簡意切，極為懇摯，兩次婚禮證書均由黃氏頒發。

本府大事記

十二月份上半月

十二月十七日　(星期三)

★首都警察廳新任廳長黃珍吾正式視事。

★本市志願兵第三批二四三名撥交團管區，連第一、二兩批共計一千〇一名，已徵足全部配額。

★民政局舉行各區區長座談會。

★教育局召集各國民學校校長舉行談話會。

★衛生局召集有關機關會商清潔大掃除辦法。

十二月十九日　(星期五)

★舉行第一一〇次市政會議。

★市選舉事務所召集幹事以上人員舉行工作會報。

十二月二十日　(星期六)

★教育局舉行第三次輔導會議。

十二月二十一日(星期日)

★市長偕社會局謝局長新聞處陳處長赴鄧府山視察庇寒所及救濟院新址。

十二月二十三日(星期二)

★市長赴下關視察二三號碼頭。

十二月二十四日(星期三)

★召開兵役協會第三次全體委員會議

十二月二十五日(星期四)

★召開兵役協會優待委員會全體委員暨各業公會理事長聯席會議。

十二月二十六日(星期五)

★舉行第一一一次市政會議

十二月三十日　(星期二)

★本市地方自治人員訓練班舉行第三期畢業典禮

十二月三十一日(星期三)

★首都都市計劃資料展覽會舉行預展。

法規

中央法規

戡亂時期危害國家緊急治罪條例

國府三十六年十二月二十五日公布

第一條　本條例於戡亂時期適用之。

第二條　犯刑法第一百條第一項第一百零一條第一項之罪者，處死刑或無期徒刑。

通謀外國或其派遣之人而犯前項之罪者，處死刑。

預備或陰謀犯前二項之罪者，處十年以上有期徒刑。

犯前項之罪而自首者，減輕或免除其刑。

第三條　參加以前條犯罪為目的之團體或集會者，處五年以下有期徒刑。

犯前項之罪而自首者，減輕或免除其刑。

第四條　依前二條之規定自首而免除其刑者，得令入感化教育處所，施以感化教育，感化教育期間為三年以下一年以上，如認為有延長之必要者，得法定期間之範圍內酌量延長之。

第五條　有左列行為之一者，處死刑或無期徒刑或十年以上有期徒刑。

一、將軍隊交付匪徒，或聽其指揮訓練者。

二、率隊投降匪徒者。

三、將要塞軍港軍用場所建築物軍用船艦橋樑航空機鐵道車輛軍械彈藥粮秣及其他軍需品電信器材，與一切供通訊轉運之器物交付匪徒，或毀壞或致令不堪用者。

四、煽惑軍人不執行職務或不守紀律或逃叛者。

五、以關於要塞軍港軍營軍用船艦航空機及其他軍用場所建築物或軍事之祕密文書圖表消息或物品，洩漏或交付匪徒者。

六、為匪徒招募兵役工伕，或募集錢財者。

七、為匪徒之間諜者。

八、為匪徒供給販賣或購辦運輸軍用品，或製造軍械彈藥及其原料者。

九、為匪徒供給販賣或購辦運輸軍用被服食糧或其他供製造被服之材料與可充食糧之物品者。

十、意圖妨害戡亂，擾亂治安，或擾亂金融者。

前項之未遂犯罰之。

預備或陰謀犯第一項之罪者，處七年以上有期徒刑。

犯第一項之罪而自首者，減輕或免除其刑。

第六條　以文字圖畫或演說為匪徒宣傳者，處三年以上七年以下有期徒刑。

第七條　犯懲治盜匪條例第二條第一項第三條第一項第四條第一項第三款之罪者，處死刑無期徒刑或十年以上有期徒刑。

第八條　犯本條例之罪者，除軍人由軍法審判外，非軍人由特種刑事法庭審判之。

前項特種刑事法庭之組織，由行政院會同司法院定之。

第九條　依動員戡亂完成憲政實施綱要之規定應處罰者，其審判適用前條之規定。

第十條　前二條案件之審理，得許辯護人員出庭辯護。

第十一條　本條例施行區域，由國民政府以命令定之。

第十二條　本條例自公布日施行。

加强金融業務管制辦法

行政院三十六年十二月二十三日(卅六)六財字第五三六〇二號

第一條　爲加強控制信用，安定金融，配合經濟政策，特訂定本辦法。

第二條　國家行局庫之業務，應依照四聯總處之規定，以推行政府政策爲主要任務，下列各款尤應切實辦理。

(甲)各項放款應以協助交通公用事業重要民生日用必需品生產事業及出口物資之增產外銷爲限。

(乙)在設有金融管理局地方，國家行局庫之各種放款，包括當押放款透支貼現押匯等，應逐筆列表，其匯出匯入款，應按地名列表，報請管理局查核，其不合現行法令規定者，管理局得依情節輕重令其作應有之糾正。

(丙)各行局庫存放同業款項，在設有中央銀行地方，應一律存放中央銀行，其未設有中央銀行地方，得互相存放，但均不得以買匯貼現或其他任何方式，以資金轉放省市銀行或商營行莊。

(丁)各行局庫因調撥聯行間頭寸，必需匯款時，應先向中央銀行商洽辦理，如中央銀行不克及時辦理，得買入匯款，但以異地收支者爲限，其期限不得過五日，其付款人並必需爲原賣匯行之聯行。

第三條　省市銀行之業務，應嚴格遵照省市銀行條例規定，下列各款尤應切實辦理。

(甲)各項放款以協助地方生產公用交通等事業之發展爲主，除日用重要物品及本省特產之運銷業務外，不得對一般商業放款。

(乙)省市銀行存放同業款項，除當地無中央銀行者得存放於其他國家行局庫外，應一律存放當地中央銀行，不得以任何方式以資金存放其他國家行局庫或轉放商業行莊。

(丙)凡已經核准設立之省銀行省外辦事處，除匯兌外，不得經營其他業務，違者撤銷其辦事處。

第四條　銀錢行莊存款放款利率，不得超過中央銀行核定牌告日拆。

第五條　任何銀錢行莊對農工礦商之放款，應以合法經營本業者爲限，當地有同業公會組織者，並以加入各該公會者爲限。行莊承做前項放款，無論以貸放或透支方式辦理，均應於事前訂立契約。

第六條　任何銀錢行莊每一交易發生，應即根據事實，填製傳票，記入規定帳簿，各項放款必須逐筆記載其用途，以備查核。

第七條　任何銀錢行莊對於存款戶，限用本名開戶，其使用支票者，並須查明其確切之住址及身份，詳爲記載備查，並應取具保證。

第八條　支票出票人有違反票據法第一三六條規定時，付款行莊應負檢舉責任。

第九條　商營行莊在交換所退票金額，佔該行莊當日交換總額百分之五以上，連續三次，經查明顯有藉辭退票，以圖軋平交換差額者，得由當地金融管理機關規定限期，飭令調整頭寸，並飭當地行莊在限期內停止對該行拆放款項。

第十條　任何銀錢行莊，非經府政委託不得經營物品購銷業務，或另立字號別作經營，違反者以囤積居奇論罪，並得由財政部吊銷其營業執照。

第十一條　銀錢行莊不得收受以黃金外幣為借款之抵押品，除顧客租用保管庫，依照規定備具手續者外，一律不得收受顧客寄存或委託代管黃金外幣，違者一經發覺，作為該行莊自有，應即送交中央銀行收兌，其有觸犯黃金外幣買賣處罰條例罪嫌者，並照該條例究辦。

第十二條　商營行莊因週轉不靈，經中央銀行停止票據交換時，應即由財政部勒令停業，吊銷其營業執照，限期清理債務，儘先償付所收之存款。

第十三條　國家行局庫省市銀行違反本辦法規定時，由財政部按情節輕重，令飭各該行局庫予應負責任人員以申誡記過撤職處分，情節重大者並應移送法院究辦。

第十四條　商營行莊違反本辦法第四條第五條第六條之規定時，除法律另有處罰規定者從其規定外，並得勒令撤換負責人或科或併科各該行莊以所營業務金額百分之五十以下之罰鍰。

第十五條　軍政機關公款之存匯，如有違反軍政機關公款存匯辦法之規定時，金融管理機關應向軍政主管機關或各級審計機關切實檢舉。

第十六條　本辦法自公佈日施行。

公務員退休法施行細則

三十六年十二月二十二日秘文字第二五八號令頒

第一章　總則

第一條　本細則依公務員退休法第十七條之規定制定之。

第二條　本法第二條所稱審定資格登記有案，指依公務員任用法規審定合格或准予任用准予派用准予試用人員，及依聘用派用人員管理條例審定登記之聘用派用人員，所稱長警，指警長及警士。

第三條　本法第五條所稱心神喪失，指瘋癲白癡等不能治癒者，所稱身體殘廢，指有左列情事之一者而言。

一、毀敗視能。
二、毀敗聽能。
三、毀敗語能。
四、毀敗一肢以上機能。
五、毀敗其他重要機能。

第四條　本法第六條第二項所稱因公傷病，指有左列情事之一者而言。

一、因執行職務所生之危險，以致傷病。
二、因盡力職務，積勞成疾。
三、因出差遇險，以致傷病。
四、因辦公往返，或在辦公場所遇意外危險，以致傷病。
五、非常時期在任所遇意外危險，以致傷病。

前項第二款所稱盡力職務，須以三次考績或考成成績優良者為限，所稱積勞成疾，應繳驗公立醫院或領有執業證書醫師診斷書及服務機關證明書。

第五條　認定退休年齡，除長警由其退休時之服務機關查實證明外，以經銓敘機關登記有案者為準。

第六條　計算任職年資，以在國民政府統治下者為限。

第七條　本法第二條規定之人員曾任有給之聘用派用職務，及軍用文職經銓敘登記有案或具有任卸職文件者，其年資得合并計算。

第八條 本法第九條所稱按現任公務員之增給待遇比例增給，其經費應依退休金支給系統另編預算，由支給機關在給予退休金時照核定比例增給，其標準由考試院會同行政院定之。

第九條 在本法施行前退休者，仍適用舊法，但依公務員卹金條例核定退職之卹金，其金額得參照本法第九條規定酌予調整。

第二章 辦理退休之程序

第十條 聲請退休人員應塡具聲請退休事實表二份，檢同像片二張及證明文件，呈報服務機關遞轉銓敘部。

命令退休者，前項表件逕由服務機關分別塡報，其因心神喪失或身體殘廢命令退休者，並應附送公立醫院或領有執業證書醫師診斷書。

省縣級委任職公務員之退休案，由服務機關遞轉所在區考銓處初核後，再送銓敘部。

第十一條 公務員聲請退休事實表及證明文件，先由服務機關核明，如與事實不符程序不合或證件不足者，應分別駁回或令其補正。

第十二條 應命令退休人員，服務機關未命令退休者，銓敘機關查明後，通知其服務機關或其上級機關依法辦理。

第三章 退休金之發給

第十三條 退休人員經審定給予退休金者，由銓敘部塡發退休金證書，遞由原轉請機關發交退休人後，彙案通知審計機關備核，並呈考試院轉呈國民政府備案。

第十四條 公務員退休金，依其最後服務機關之經費，屬於中央者，由國庫支出，屬於省市（行政院直轄市）級者，由省市庫支出，屬於縣市級者，由縣市庫支出。

第十五條 中央機關公務員退休金以銓敘部爲支給機關。省市機關公務員退休金以省市財政廳局爲支給機關，縣市公務員退休金以縣市政府爲支給機關。

公務員退休金交由退休人現住地之郵局或銀行轉發。

第十六條 公務員退休金於每年六月起一次發給。

第十七條 公務員退休金由國庫支出者，其證書分爲二聯，第一聯存銓敘部，第二聯交退休人，由省市庫及縣市庫支出者，加第三聯，交支給機關。

第十八條 退休人請領退休金，應於每年四月前，將退休金證書送支給機關，並開具詳細通訊地址及通匯郵局或銀行，請求匯發，支給機關受請求後，應於屆發款期，將退休金匯票連同退休金證書及空白領據，寄發退休人。

第十九條 公務員退休金，如遇特殊情形，支給機關得匯由退休人之服務機關或其現住地之縣市政府轉發。

第二十條 郵局或銀行憑退休金領取人所持匯票及退休金證書付款，並在退休金證書上註明發款數目，加蓋戳記後，將退休金證書發還取領人。

第二十一條 公務員退休金之報銷程序如左。

一、國庫支出退休金，由銓敘部按月彙編退休金支出計算書類，連同領據，送審計部核銷。

二、省市庫支出退休金，由省市財政廳局按月彙編退休金支付計算書類，連同領據，送審計處核銷。

三、縣市庫支出退休金，由縣市政府按月彙編退休金支付計算書類，連同領據，呈送本省財政廳轉請審計處核銷。

第四章　退休金之停發

第二十二條　支給機關應將退休人之姓名年齡籍貫住址隨時分別開送退休人現住地之警察地方自治及司法機關備查。

退休人如有本法第十二條各款及第十三條第一項第一款情事之一時，該管警察地方自治或司法機關應即通知支給機關停止支給退休金，但依本法第十三條第一項第一款情事停止支給者，得於復權後，提出證明文件呈請支給機關自復權之月起續發。

第二十三條　退休人之退休金領受權喪失或停止後，如有蒙混冒領等情事，除由支給機關追繳冒領之退休金及證書外，並應依法懲處。

退休人有本法第十三條第一項第二款情事時，應自行報告支給機關並繳還原領退休金證書，如不報告，繼續朦領者，除依前項規定辦理外，並取銷其再退休時之權利。

第二十四條　省縣市公務員退休金，依法應終止發給者，由支給機關按年彙報銓敍部。

第五章　附則

第二十五條　退休金證書如有遺失或污損時，應詳敍事由並取具保證書，報由當地之縣市政府查實後，遞轉銓敍部補發或換發。

第二十六條　本細則所定各種書表格式，由銓敍部定之

第二十七條　本細則自公佈日施行。

公務員撫卹法施行細則

三十六年十二月二十二日秘文字第二五九號令頒

第一章　總則

第一條　本細則依公務員撫卹法第十九條之規定制定之。

第二條　本法第二條所稱審定資格登記有案，指依公務員任用法規審定合格或准予任用准予派用准予試用見習人員，及依聘用派用人員管理條例審定登記之聘用派用人員，所稱長警指警長及警士。

第三條　本法第三條第一項第一款所稱因公死亡，指有左列情事之一者而言。

一、因執行職務所生之危險，以致死亡。

二、因盡力職務積勞成疾，在任所死亡。

三、因出差遇險或罹病，以致死亡。

四、因辦公往返或在辦公場所遇意外危險，以致死亡。

五、非常時期在任所遇意外危險，以致身亡。

前項第二款所稱盡力職務，須以三次考績或考成績優良者為限，所稱積勞成疾，應繳驗公立醫院或領有執業證書醫師診斷書及服務機關證明書。

第四條　計算任職年資，以在國民政府統治下為限。

第五條　本法第二條規定之人員曾任有給之聘用派用職務及軍用文職，經銓敍登記有案或具有任卸職文件者，其年資得合併計算。

第六條　本法第八條所稱現任公務員之增給待遇比例增給，其經費應依撫卹金支給系統另編預算，由支給機關在給與撫卹金時，照核定比例增給，其標準由考試院會同行政院定之。

第七條　在本法施行前死亡者。，仍適用舊法，但依公務員卹金條例核定之卹金，其金額得參照本法第八條規定酌予調

整。

第八條　在本法施行前依舊法核定之卹金，其給與期間仍受本法第十二條之限制。

第九條　本法第十七條所稱殮葬補助費，由服務機關按死亡人之家庭狀況及當地物價酌量支給，呈上級機關核准備案，並准作正報銷。

第二章　聲請撫卹之程序

第十條　依本法第三條第五條規定請領撫卹金，應由遺族塡具聲請撫卹事實表二份，檢同證明文件，呈由該公務員死亡時服務機關遞轉銓敍部。

省縣級委任職公務員之請卹案，由服務機關遞轉所在區考銓處初核後，再送銓敍部。

第十一條　依本法第四條規定請領撫卹金，應由遺族塡具聲請撥卹事實表二份，連同原領退休證書，呈由支給機關遞轉銓敍部。

第十二條　本法第九條第一項所定各款遺族，應於遺族聲請撫卹事實表內依次詳細塡列，其殘廢之夫或殘廢而不能謀生之已成年子女，除應繳驗公立醫院或領有執業證書醫師之診斷書外，並應取具現住地之警察或地方自治機關證明書。

第十三條　遺族塡送之事實表及證明文件，由服務機關核明如有與事實不符程序不合或證件不足者，應分別駁回或令其補正。

第三章　撫卹金之發給

第十四條　公務員遺族經審定應給與撫卹金者，由銓敍部塡發撫卹金證書遞由原轉請機關發交領受人後，彙案通知審計機關備核，並呈考試院轉呈國民政府備案。

第十五條　公務員撫卹金依其最後服務機關之經費屬於中央者，由國庫支出，屬於省市（行政院直轄市）級者，由省市庫支出，屬於縣市級者，由縣市庫支出。

第十六條　中央機關公務員撫卹金，以銓敍部爲支給機關，省市機關公務員撫卹金，以省市財政廳局爲支給機關，縣市機關公務員撫卹金，以縣市政府爲支給機關。

公務員撫卹金交由遺族現住地郵局或銀行轉發。

第十七條　公務員撫卹金於每年六月起一次發給。

第十八條　公務員撫卹金由國庫支出者。其證書分爲二聯，第一聯存銓敍部，第二聯交撫卹金領受人，由省市及縣市庫支出者，加第三聯，交支給機關。

第十九條　公務員遺族請領撫卹金，應於每年四月前，將撫卹金證書送支給機關，並開具詳細通訊地址及通匯郵局或銀行，請求匯發，支給機關受請求後，應於屆發款期，將撫卹金匯票連同撫卹金證書及空白領據，寄發領受人。

第二十條　公務員撫卹金如遇特殊情形，支給機關得匯由死亡者之原服務機關或其遺族現住地之縣市政府轉發。

第二十一條　郵局或銀行憑撫卹金領取人所持匯票及撫卹金證書付款，並在撫卹金證書上註明發款數目加蓋戳記後，將撫卹金證書發還領取人。

第二十二條　公務員撫卹金之報銷程序如左。

一、國庫支出撫卹金，由銓敍部按月彙編撫卹金支出計算書類，連同領據，送審計部核銷。

二、省市庫支出撫卹金，由省市財政廳局按月彙編撫卹金支出計算書類，連同領據，送審計處核銷。

三、縣市庫支出撫卹金，由縣市政府按月彙編撫卹金支出計算書類，連同領據，呈送本省財政廳轉請審計處核銷。

第四章　撫卹金之停發

第二十三條　支給機關應將撫卹金領受人之姓名年齡籍貫住址隨時分別開送領受人現住地址警察地方自治及司法機關備查。前項領受人如有本法第十三條第十四條所列各款情事之一時，該管警察地方自治或司法機關應即通知支給機關停止發給撫卹金。

第二十四條　撫卹金領受人之領受權消滅或喪失後，如有朦混冒領等情事，除由支給機關追繳冒領之撫卹金及證書外，並依法懲處。

第二十五條　省縣市公務員撫卹金，依法應終止發給者，由支給機關按年彙報銓敍部。

第五章　附則

第二十六條　依本法第十條規定撫卹金領受人有變更時，應依左列規定取具證明連同原領撫卹金證書報由支給機關遞轉銓敍部註銷或換發。

一、改嫁或死亡者，取具警察或地方自治機關證明文件。

二、宣告死亡者，取具司法機關證明文件。

三、原爲殘廢不能謀生現能自謀生者。取具警察或地方自治機關證明文件。

第二十七條　撫卹金證書如有遺失或污損時，應詳敍事由並取具保證書報由當地之縣市政府查實後，遞轉銓敍部補發或換發。

第二十八條　本細則所定各種書表格式，由敍銓部定之。

第二十九條　本細則自公布日施行。

國府公報所載中央法規索引

三十六年十二月份下半月

本府法規

南京市工程受益費征收細則

行政院(卅六)財字第五〇一九〇號令頒

第一條　本細則依市縣工程費征收條例第七條之規定訂定之。

第二條　凡市區內因建築道路清理溝渠橋涵，不論爲新闢或拓寬，其所需工程費，除由政府負担一部分外，其餘得依照左列規定，向各該路兩旁受益範圍以內之公私土地業主征收之。

(一)路寬八公尺以下，征收全部工程費百分之七十五。

(二)路寬八至十二公尺以下，征收全部工程費百分之七十。

(三)路寬十二至十六公尺以下，征收全部工程費百分之六十五。

(四)路寬十六至二十四公尺以下，征收全部工程費百分之六十。

(五)路寬二十四至三十二公尺以下，征收全部工程費百分之五十五。

(六)路寬三十二公尺以上，征收全部工程費百分之五十。

第三條　建築道路工程費，包括路面人行道橋涵溝地價補償金及房屋拆遷費等所需之各項費用。

第四條　凡受益範圍以內之土地，不論機關商店住宅或空地，得依照左列標準，征收工程受益費。

(一)按受益土地之臨街寬度，平均征收核定受益費總額四分之一。

(二)按受益土地之深度，為臨街沿路房基綫起，向兩旁深入，各為該路寬度之一倍，在其前一半範圍以內者，征收四分之二，在後一半範圍以內者，征收四分之一。

第五條　凡鄰近道路，其受益範圍重複時，其受益面積之分界，以左列規定為標準。

(一)甲乙兩交叉路之轉角處，以兩路交點分角綫為界。

(二)平行道路之距離較小者，以重複部分之等分綫為界。

第六條　受益土地益主應繳之受益費，得以因築路而被征土地之地價補償金及被拆房屋之拆遷費抵繳之。

第七條　工程受益費向直接受益之土地所有權人征收之，其設有典權者，向典權人征收之。

第八條　受益土地所有權人應繳之工程受益費，得由租戶代繳折抵租金。

第九條　凡建築市區內道路，其工程受益費總額，經市政府核准，並請送市參議會審議通過，呈經行政院核准後，依照本細則第四、五兩條所規定之征收標準，分別計算，通知各受益土地所有權人。

第十條　受益土地所有權人，於收到繳款通知書後，應依限向市庫或指定銀行繳納之。

第十一條　受益土地所有權人，倘逾限不繳納受益費者，依照左列各款辦理。

(一)逾期在一個月以內者，照應繳費加征滯納金百分之五。

(二)逾期在三個月以內者，加征滯納金百分之十。

(三)逾期在六個月以內者，加征滯納金百分之十五。

(四)逾期超過六個月者，除加征滯納金百分之二十外，得依法追繳。

第十二條　凡沿路寬度不滿四公尺，或深度不滿三公尺，或面積不滿十二平方公尺之殘餘土地，或原基地不足建築一間房屋，得由市政府召集該殘地及其鄰地各業主協議整理，如無結果時，市政府得將該項殘地，照原定地價補償金額較優補給價款，一併征收之。

第十三條　凡有機關團體廠商或私人等，願意資助修築道路費用者，市府得以其資助之數，減輕沿路受益範圍內土地業主受益費之負担，或另行指定該路其他建設之用，並視資助數額之多少，由市府予以嘉獎。

第十四條　市政府為審核工程受益費征收事宜，得設置工程受益費審核委員會，其組織規則另訂之。

第十五條　本細則自公布日施行。

修正南京市財政局獎勵員警協助檢查車輛隱漏稅捐規則

三十六年十二月十九日第一一〇次市政會議通過

第一條　本市各警局隊員警協助檢查車輛隱漏稅捐，其提獎辦法悉依本規則辦理之。

第二條　凡在本市行駛之車輛，未按規定期限照章繳納使用牌照稅及汽車市政建設捐者，以隱漏稅捐論。

第三條　凡隱漏稅捐之車輛，經發覺後，除照章補繳稅捐外，並依照使用牌照稅征收暫行細則第六條及汽車市政建設捐征收辦法第六條之規定處罰。

第四條　凡各員警或本局稽查員，如發現有隱漏稅捐之車輛，得予扣留，限令補繳稅捐及罰款後，再行發還。

前項稽查員扣留車輛時，應就近會同崗警執行之。

第五條　隱漏稅捐車輛由各員警緝獲，送由本局辦理後，應於罰款中提三成充獎，如由本局稽查員查獲經警協助辦理者，應於罰款中提二成充獎。

上項獎金於每案確定執行後三日內，按右列規定分配之。

第六條　本規則如有未盡事宜得隨時修正之。

第七條　本規則自呈奉　南京市政府核准之日施行。

今天的民主憲政，僅僅是一個發端，規模粗粗建立，一切自然不能夠盡如理想，我們必須要在今後進程中逐漸修正缺點，逐漸充實內容，要想這個工作做得正確，做得迅速，必須注意民主制度的根本，這個根本就是「人的精神」，因為古人說過「徒法不能以自行」，民主制度還是要靠人的精神，來作正確的運用，本人就職的時候，發表廣播，曾經提出「崇法務實」的信條，希望全國同胞認識法律的尊嚴，提高守法的精神，加強對於國家的責任感想。這一段話，在今後行憲時間，更有他的重要性。「民主」僅僅是一個最高的政治概念，使這個概念具體形之於事實的乃是制度，就「憲政」，使這個制度正確實施，井井有條，每一個人都能夠保有法律所賦予的權利，却都能夠不妨害他人的權利和國家的權利，這是全國國民尊重法律與秩序的精神和愛好自由的精神，相輔相成的結果。

——摘自行政院長張羣元旦講詞——

會議紀錄

南京市政府第一零九次市政會議紀錄

時間　三十六年十二月十二日上午九時
地點　本府會議室
主席　沈市長　　紀錄　史崇訓

討論事項

1. 市長交議　據財政局呈擬修訂本市屠宰稅徵收細則第三第四兩條條文，提請討論案。
決議：照修正案通過，送請市參議會審議。

2. 會計處提　擬請追加市參議會開會費壹千五百萬元案。
決議：照案通過。

3. 會計處提　擬請追加女教員生育代課金柒千貳百萬元案。
決議：照案通過。

4. 會計處提　擬請追減統計調查費及追加統計表報印刷費各肆百萬元案。
決議：照案通過。

5. 會計處提　擬請追減首都防空情報所及追加首都防空司令部經常費各五百萬元案。
決議：照案通過。

6. 會計處提　擬請分別收回與動支第二預備金案。
決議：照案通過。

7. 會計處提　擬請追加稅捐徵收處遷移設備費陸百萬元案。
決議：照案通過。

8. 會計處提　擬請追加各區區民代表會經費一八、七二〇、〇〇〇元案。
決議：照案通過。

臨時動議

1. 地政局提　為新生活運動促進總會婦女指導委員會請租市地一案，遵照第一零八次市政會議決議，重行勘定六區二五七八（二）段市地一坵，擬予租用，其租賃期限應如何決定，併請核議案。
決議：准予租用五年，期滿後留撥教育局建築校舍。

2. 工務局提　為首都與江南兩公司承辦本市公共汽車，擬訂合同草案，暫分配行駛路綫圖，提請討論案。
決議：准照所擬合同暨路綫分別簽訂，幷函請市參議會備查。

南京市政府第一一零次市政會議紀錄

時間　三十六年十二月十九日上午九時
地點　本府會議室
主席　沈市長　　紀錄史崇訓

討論事項

1. 市長交議　據財政局呈擬修正（一）南京市政府對於延抗稅捐之市民停止公用設備暫行規則。（二）南京市財政局獎勵員警協助檢查車輛隱漏稅捐規則，併請討論案。
決議：一、照修正案通過，呈請行政院備案。
二、照審議意見修正通過（修正規則見法規欄）

2. 會計處提　擬請追加紅十字會京市分會補助費捌百萬元案。
決議：照案通過。

3.會計處提 擬請追加追減教育局經臨各費均爲四億元案。

決議：照案通過。

4.會計處提 擬請追加南京市選舉事務所經費二四四、九五〇、二〇〇元案。

決議：照案通過。

5.會計處提 擬請再度追加各機關經常費九九二、八七三、六〇〇元案。

決議：照案通過。

6.會計處提 擬請追加「其他補助收入」及社會局主管各項臨時費歲出各四一、八〇〇、〇〇〇元案。

決議：照案通過。

7.會計處提 擬請追加追減民政局臨時費預算各一七、五〇〇、〇〇〇元案。

決議：照案通過。

8.會計處提 擬請追加社會局救濟事業費陸千萬元案。

決議：照案通過。

9.會計處提 擬請追加其他補助收入及救濟院房屋修繕及補充設備費五三、九五七、一五四元案。

決議：照案通過。

臨時動議

祕書處提 本市公共汽車管理處前向華美工程實業商行訂購馬克牌三十九座公共汽車三十輛，除已付定金七萬五千美元外，尚應續付車價二十萬零八千五百美元，因迭呈行政院請結購官價外匯未獲邀准，直至本年九月始准以市價結購外匯，而市庫支絀，無法籌措，該商行則迭次來函催促履行合約，並有籌繳美金九萬五千元可先運交公共汽車拾輛之議，否則定金恐亦難以收回，究應如何處理，提請討論案。

決議：由薛祕書長會同陳局長、謝局長、雍會計長、楊參事研究簽核，提會報告。

本府發起之冬令救濟運動，已獲得各方普遍響應，法國駐華大使梅理藹特致函市長表示同情 並捐款三千萬元。茲將梅大使致市長原函附錄於右：

市長閣下：頃閱報載，貴市長發起京市冬令救濟運動，誦讀之餘，至爲感動，爰特附上中央銀行三千萬元支票一紙，送請轉交，明知區區之數，無異杯水車薪，惟受人類同情心之驅使，略表微意而已，當此歲暮嚴寒之際，深信貴市長之努力與慈懷，將使貧民減輕不少苦難也。本大使順向貴市長表示敬意，此致

南京市沈市長

梅理藹

人事動態

三十六年十二月三日至十二月十六日

姓名	機關	職務	動態	新機關	新職務	日期
徐靜	秘書處	雇員	新任			十二月一日
侯心善	民政局第三科	辦事員	新任			十二月三日
程誌賢	會計處第二科	科員	新任			十一月廿四日
車誠濬	會計處第二科	科員	新任			十二月十二日
王祥衡	統計處第三科	科員	新任			十二月十三日
李素君	民政局	統計員	新任			十二月十二日
許文源	民政局第一科	主任科員	新任			十二月十五日
彭偉朗	財政局捐稽征處	科員	新任			十二月六日
陳堯昶	社會局	秘書	新任			十一月廿二日
戴其瑞	社會局第二科	科員	新任			十二月十二日
曹金熙	地政局土地測量隊	繪圖員	新任			十二月十五日
王毓麟	地政局	督導員	調任	地政局	秘書	十二月十日
蔡如海	市府	專門委員	調兼	財政局第三科	兼代科長	十二月十日
姜文賢	民政局第四科	辦事員	晉升	民政局第四科	科員	十二月四日
劉德琴	會計處第二科	辦事員	晉升	會計處第二科	科員	十二月十五日
王士楨	民政局第一科	科員	辭職			十二月十二日
石椒華	民政局第二科	雇員	辭職			十二月十三日
王一臨	財政局第三科	薦任科員暫代科長	辭職			十二月十日
劉師湯	財政局	視察	辭職			十二月十五日
梁元愷	社會局第一科	科員	辭職			十二月十三日
楊伯卿	地政局土地測量隊	試繪圖員	辭職			十二月十日
趙士沐	地政局第二科	主任科員	辭職			十二月十五日
戴金甫	地政局	人事佐理員	辭職			十二月十六日
黃師正	教育局第一科	科員	辭職			十二月四日
施興琪	地政局第一種	辦事員	辭職			十二月八日
關漢明	社會局第三科	雇員	免職			十二月五日
龐志吾	地政局第一科	辦事員	免職			十二月四日

副刊

開闢政治區辨惑

沈怡

南京是首都，首都之所以異於其他都市者，在乎爲一國之政治中心，於地方政府以外，更有一中央政府在。從事都市計劃者必須把握此特點；從首都之計劃方面與佈置方面，儘量運用此特點，以確立首都之規模，而最足以表示此特點之措施，厥爲中央政治區。如美國首都華盛頓市，其都市之形成與發展，幾乎全部由於肩負了此一神聖而光榮的使命。故建設首都，在實施程序上應以開闢政治區爲奠基工作，此爲各國首都建設之通例，南京市當亦不能例外。

但一提起政治區，每易使人浮起畫棟雕樑，美奐美輪的一幅燦爛圖畫，即所製政治區圖案或模型，爲表明各機關之分布狀況，亦不得不以縱橫錯落之房屋相示。因此，有人認爲開闢政治區，不過是大興土木，將國民政府以下在京之小大官署集中於一處而已，此爲太平盛世之事，豈當今國勢阢隉，民窮財盡之時所宜？今固無論無偌大經費從事於此，即使有此經費，造了幢幢的高樓大廈，亦徒壯觀瞻，究於國計民生何補？政府在京各機關現均有其官署，雖分散各處，尙不覺有何不便，首都建設事業爲市民所迫切需要急待舉辦者正多，何不捨此就彼，而必欲以開闢政治區爲奠基工作？假如移此經費用之於其他方面，豈不更好？

此爲若干人士對於開闢政治區的批評，驟聞之，似亦言之成理，其實對於開闢政治區之用意顯有誤會，且因此種批評極爲動聽，關係於未來開闢政治區工作之進行甚大，不可以不辨。

南京市的建設應從首都的規模着眼，已不容爭辨，首都之特點既在乎有政治區，則遲早必須開闢，以適應此一政治都市所需要之條件，亦無用疑。觀乎南京奠都二十年來，雖早有開闢政治區之議，而迄未作最後決定，以致政府各機關在戰前新建之房屋，皆自由擇地興工，無論在交通上，效率上以及觀瞻上，均深深感覺遺憾。如再不及時着手，則將來自由擇地興築之官署及公共建築，必較今日更多，爾時如再欲開闢政治區，將更不易爲力。論者或有從城市安全着想，以集中爲不必要，所慮固遠，但以現代立體戰爭毀滅性之巨大，整個城市且無法安全，豈獨一政治區而已。今後城市安全之關鍵，主要繫於國防上超城市之積極設施，而未必在於一地一區之個別布置。且集中於政治區之機關，並非必須爲國民政府以下在京大小官署之全部，例如國防部及其所屬在京各機關，或不妨視事實需要而另闢一區，甚至行政院所屬各部會，亦可根據已成事實而不必全部集中。凡此儘有商榷探討之餘地。但無論如何，全國政治機關之主體，如國民政府及其五院與有關公共建築如國民大會堂、總統府等，至少應集中於政治區，使國內及國際人士觀光首都者，登臨其地，即覺氣象萬千，不期而起高山仰止之感。故建築一事，雖屬物質建設，誠能運用得宜，大足以代表民族之精神與文化，從而可觀一國之盛衰，固未可以狹義的看法衡之。

然吾人之作此說，又非欲立時興建國府五院等官署於一處以形成政治區之謂。一般說來，一幢幢高樓大廈，如政治區圖案或模型所示者，乃政治區完成後之景象，却非開闢政治區即須着手之工作。吾人所謂開闢政治區，其主要意義全在於：

一、確定政治區之地點與範圍，將區內土地悉數收爲公有。

二、釐定區內道路系統，先闢幹道，次及支路，同時敷設下水道、給水及一切必要的公用設備。

三、在政治區確定之後，凡政府機關興建房屋，如其性質應建於區內者，一律不容再建於區外。

開闢政治區，以確定地點與範圍爲主要關鍵，但確定以後，如不臨以實際之開闢工作，則政治區終將成爲紙上空談。實際開闢工作之首要者，不在興土木，乃在徵土地，闢道路。區內土地必須全部由政府掌握，始能作合理之分配與使用。政治區有了確定的地點，便須將道路、下水道、自來水及必要公用設備等，加以相當程度之佈置。而尤重要者，當茲戡亂方殷之際，雖大規模建設尚非其時，但二十年來，國步何嘗有一日安定，而政府各機關由於實際之需要，從事官署建築，仍所在皆是。因此吾人不得不寄希望於此後各機關有新建築之需要時，必須嚴格遵守在政治區內建築之原則。涓滴之水，可成江河，欲求政治區之實現，捨此莫由。大凡一事之成，最難在開始，以目前情形推測，政治區之全部建設完成，需期十年以上，甚至二三十年之時間，但如因其爲期尚遠，而併初步之開闢工作，亦認爲不急之務，不及時開始，則二三十年之後，仍難免蹈今日雜亂無章的景象，首都之爲首都，將始終難期確立其規模。故從都市計劃立場言，開闢政治區實爲今日首都建設之要圖，已不容再緩。吾人之目的在佈置一個暫以幾條道路組成的政治區規模，與土木之舉尚在其次，即所闢道路，如因限於經費，亦不妨先築低級路面。或以爲如此而曰開闢政治區，毋乃太覺簡陋，但簡陋不過一時，而所含的開始之義，且將使此事抽芽、發葉、開花、結果。因規模既具，循此而於大局稍定之時，就其需要，衡其財力，逐步改進，則政治區建設工作雖屬艱鉅，終有完成之一日。請再以美國首都爲例，華盛頓市在一百五十年前尚爲波爾默克河之一池沼地區，一八〇〇年美國政府自費城遷入此新都時，全市僅有人口三千，房屋二百七十幢，不可爲不簡陋，但美國政府能事先把握首都所具之特點，在計劃方面與佈置方面儘量以政治區之規模爲依歸，又能毫不遲疑，按照計劃不斷進行，始有今日蔚爲國際名都之華盛頓市，此一歷史教訓，足爲吾人取法。

吾人不憚對此作反覆之辨述，蓋有冀於朝野人士共明斯義，以助政治區開闢工作之順利進行。政治區之範圍現正由行政院審定，大致依照戰前計劃，仍以明故宮爲中心，區內土地大部分爲公地及旗地，其屬於民地者爲數甚少，徵地工作並不困難，道路系統亦有成議，一俟核定，即可進行。至於開闢政治區之外，京市急需之其他建設事業，仍應分頭前進，此固理所當然，無待詳述者。

促進南京現代化
應先由自來水和下水道着手

毛理爾

作者毛理爾先生爲美國名衛生工程專家，於清宣統三年即來我國，在北洋大學任教多年，門弟子遍國內。勝利以後，先生由美國務院派遣來華，任衛生部顧問，襄助重慶市下水道之完成。最近再度來華，一意以助成首都下水道之建設爲職志，現京市府禮聘先生爲工程顧問，本文係其近作。

南京現正邁步趨向着一個現代化首都的發展途徑中，勝利以來，人口激增，新建築物之多，一如雨後春筍。若干街道都改舖了路面，公共交通也逐漸在改進之中。然而整個現狀，我們還是不能認爲滿意，除非全市的環境衛生，有了基本的改善以後。

到現在爲止，南京的自來水辦得實在不算錯，由於供應量的太少，而無法再增，所以至今還只有少數居民能夠享用，每到夏季，甚至速現在這些用戶尙有供不應求之感。因此一般居民不得不取用不潔的井水和塘水，以供飲料，造成歷來許多可怕的傳染病和高度的死亡數字，最使人不能滿意的，莫過於下水道的現狀。遍觀全市，祗有極少數的地區敷設了幾段新式的下水道，而大多數的地區還在依靠着老式的陰溝。這些陰溝本來只是爲排除雨水而設的，且其工程大都因陋就簡，卽對於水流應有之坡度，亦未妥加設計。以致水流漫溢，街道塵土混入陰溝後，往往沉澱溝底，堵塞水流，一逢暴雨，滿街積水成渠，非俟雨止而後已。

在中國內地的大小縣份，幾乎全是用這種老式陰溝來排洩雨水，若以現代眼光來看，這種陰溝簡直不成其爲下水道。所謂下水道者，必須於排洩雨水之外，還能兼洩廁所及廚房內一切污水，使人工處理糞便或聽任污水在地面上暴露的事實完全絕跡。南京固然有若干地方已是馬路平舖，華廈聳立，看上去十分整齊，但普遍的環境衛生，還是停滯在原始狀態中，依舊和窮鄉僻壤無異。

從人們自私的觀點來看，我以爲凡居住於首都的進步份子，都不應對着這擺在眼前的惡劣環境衛生，而漠不關心。卽使說所有霍亂傷寒種種傳染病，都發生在貧民區域，然而也必然可能蔓延到全市居民。因爲任何人不能避免與傭工及市場有所接觸，而所食的蔬菜，種植時由於加糞施肥的不合衛生，處處都潛伏着疾病傳播的媒介，都是防不勝防。所以全面的改善，實有其迫切需要。時代在進步，因此在中國，今日提倡公共衛生已不是一種奢侈，而是一件迫不及待的需要。尤其在這個較之十年以前人工代價日高的年頭，過去還以爲雇人挑不潔的井水或塘水，乃是最經濟的辦法，在今日這種情形已成過去。除非世界上還有人工十分低廉的地方，否則挑水決不會比用水管輸水來得經濟。况且這二種辦法，其清潔與衛生的價值，更無法比擬。

除經濟與便利的觀點外，清潔與健康，健康與死亡，死亡與人口，人口與國家的強盛，都有其聯繫的因素。南京每年的死亡率約近一萬人，倘若我們能將這地方的環境衛生好好改善，這種死亡一定可以大大減少，所以環境衛生與良好的醫藥和營養，實在是同樣重要。

自來水和下水道的建設，費用雖鉅，但是對於市民健康的貢獻，是大大值得的。講到舉辦自來水，事實上在經費方面是可以做到自給自足的，因爲水費的收入，足可以償付一切的設備和開支。至於下水道的經濟利益雖不顯著，其意義之大，在城市建設中，幾無其他事業可以相提並論。一旦下水道完成，不但人工處理糞便及污水的費用可以省去，更重要的事實，在於防止疾病，減低死亡，增進人民健康，這種種皆非金錢可以計量其價值。作者在重慶時曾做過一個估計，若每年能將死亡率減低，由此省下的棺木費，很可以鋪設一段相當長的下水道。假如再將每年醫藥和住院費用推算一下，則更可了然於防止疾病要比治療疾病經濟多了。

一個現代化的城市必須具備兩大條件：（一）有清潔充足的自來水。（二）有完善的下水道系統，二者不能缺一。我竭誠希望這兩件偉大的工作，能在最短期內，實現於南京首都。

當前都市計劃之途徑

哈雄文

際茲「計劃」時代，言經濟，必曰「計劃經濟」；言建設，必曰「計劃建設」。都市計劃者，其目的在使人民之「衣食住行樂育」入于正軌；故謂之爲「計劃人生」之計劃，亦無不可。

都市計劃之歷史由來已久，都市計劃之科學與技術，則爲近數十年事，因工業之發達而猛晉，隨人類活動方式之錯綜而繁複，吾人研究此一問題，對其整個性與獨特性，實首應加以尊重與了解。

一、何謂都市計劃之整個性？都市計劃，經緯萬端，實不僅在道路橋樑之修建，公用事業之配備，分區使用之實施，而有賴於政治、軍事、經濟、社會、教育等之整個配合。欲使配合無間，則更有賴於官民軍之合作。惟有通力合作，方能分受其利。否則各自為政，各受其害。例如在市中心區設置軍用機械廠（武昌）或在住宅區內大量徵收軍用土地（南京），均屬破壞都市計劃整個性之行為。計劃縱好，何能實施。

二、何謂都市計劃之獨個性？都市計劃與其他建設計劃不同，蓋前者屬於長期建設，非若後者可以一氣呵成，指日見效。長期建設，有待於不斷的資料之搜集，及現況之研究，以達到現有弱點之糾正，與將來痛苦犧牲之避免。換言之，即明瞭過去錯誤，了解現在事實，為現在與將來民生，創造有利的物質環境。

明乎此，更明乎我國經濟落後，及物質缺乏之事實，方知我國都市計劃之重點，自與歐美各國者異其趣向，而不得不在現實條件許可之下，自闢其途徑，自樹其作風。試言五端，以待商榷。

一、衛生重於一切

我國國民經濟，瀕於破產，一般生活水準，極形低落。若干大都市雖不乏優良華美之新型建築，但污穢地區，及一般不衛生之現象，如道路狹隘，居室櫛比，公私排水及排污設備不良，狼藉遍地，仍所在皆是。以大都市之優厚條件，尚屬如此，其他較小城市之情形，更不難想像。故我國今後都市計劃之重點，當以衛生為第一要義。

二、放棄美麗憧憬，實行簡單樸素建設。

美化都市之主張，自有其理由與價值。然在目前民生凋弊，財政拮据之情況下，對於都市計劃，洵應絕對放棄美麗憧憬，而以民生需要為前提，樹立「切實」之作風，實行簡單樸素之建設。

三、有效之建築政策與執行。

年來視察各地市政建設，常見建築零亂之情形，遠甚於戰前。推究其故，實因缺乏適應戰後情形之建築政策。其間有既定政策者，復以執行不力，形同具文，未能收其實效。例如沿主要幹道建築物高度之限制，棚戶之有效管制，及空地廣場之保留等，（京市廣場之上，嘗見電話間及警察人員辦公室之興建，實屬惡例。）俱屬都市計劃之重要部門，亟應加以糾正。糾正之道無他，在有效之建築政策與有效之執行而已。

四、樹立都市計劃者之權威

都市計劃之內容與技術，本極繁複而艱深。而在實施上，又常遭種種之阻礙與困難。其原因雖多，但都市計劃者之權威未能樹立，實為其重要原因之一。樹立之道，首在廣泛之宣傳以爭取民意機關之合作，及延請專家，交換意見，以引起大衆興趣。其次在計劃之實施上，應抱無畏之精神，從事強有力之取締，及違法之嚴懲。同時更應訂定各種獎勵辦法，以協助計劃之推進。

五、推行鄰區制以解決交通擁擠問題。

近來各都市之交通，擁擠不堪。影響所至，常造成生命、財產、及時間上不必要之損失。解決此項交通擁擠問題，竊以為鄰區制之推行，實屬切要。所謂鄰區制者，係以二千至五千人為一居住集團，配以適當之公共設備，使成一共同生活之單位。此一單位之一切活動，其本區之交通容量，足以應付裕如。非必要之需要，不致增加他區交通之容量。至區與區間之交通，另以幹線聯絡，而構成一佈滿全市之道路系統。

此項制度，歐美各國戰後多已施行。我國武昌長沙等市區計劃中，亦正採用。惟在大都市中實施，必須經過縝密之研究。我國保甲制度，實行有年，正可利用此社會單位，以樹立建設單位，俾地方自治，庶可名符其實也。

南京市政府公報刊例

一、本公報每半月發行一次

二、凡本府例行公文即在本公報發佈不另行文

三、本府所屬各機關於收到本公報時應編號歸檔妥爲保存凡註明「不另行文」文件並應注意遵照

南京市政府公報

第四卷 第一期

中華民國三十七年一月十五日

編輯者 南京市政府編譯室

發行者 南京市政府

印刷者 大東新興印書館

南京：(四)建鄴路一三八號

電話：二二二二六號

中華民國三十七年一月三十一日

第四卷　第二期

南京市政府公報

南京市政府編譯室編

目錄

政令

本市粮食管理注意事項五點

南京市政府訓令 （卅六）府總秘字第一二三五一號

令社會局

案准粮食部本年十二月二十四日粮管（卅六）字第三四七六〇號亥迴代電，以厘定南京市粮食管理注意事項五點，囑查照轉飭切實辦理等由，准此，合行抄發原代電一件，令仰遵照，切實辦理爲要。

此令！

附抄發粮食部原代電一件

中華民國三十六年十二月三十日

◉附抄糧食部代電

南京市政府公鑒：准監察院本年十一月廿二日法字第九六六九號函開：「據本院監察委員會廷奎本年十一月十日呈稱，爲提案建議事，查粮食關係軍糈民食至爲重要，南京市爲首都所在地，人口已逾百萬，粮食供應尤不可一日或缺，必有充分儲備，始可無虞匱乏，又必有合適調劑，乃能穩定價格，現行粮食管制辦法規定，進入南京市區粮食，不准外運， 至由南京起運米谷小麥麵粉至長江口外華南華北（各埠者，非經粮食部核准，一律不予放行，惟查京滬兩地粮價頗有懸殊，難免不無由南京購粮運往上海情事發生，爲確保南京百餘萬市民食粮充裕起見，似應對大量購粮酌予限制，以免刺激粮價，影響市民生活：（一）凡國營事業機關在京市爲員工採購食粮其數量超過一千石者，應報請粮食部查核，其一次採購數量，應以該機關全體員工一個月之總需量爲限，並應逐月採購，以免刺激粮價，其在產區採購至京市配發員工者，不受限制。（二）粮食部對於京滬兩地國營事業機關員工所需粮食數量，應予調查設法儲備，並應按兩地實際情形，指定各該地粮行儘量由產區採購供應之。案關調劑京市民食，謹擬建議如上，理合呈請鑒核，轉行粮食部核辦等情，據此，相應函請查照辦理見復。」等由，查都市民食本部向極注意，就京滬而言 兩市公私立學校員生新聞從業人員慈善團體囚犯及貧民等（上海市並包括產業職業碼頭工人在內）每月所需食粮 自本年六月份起，已定量定價按月予以配售，同時，並與四聯總處訂定粮食押款押匯辦法獎助粮商運銷，以裕民食。近爲儲備粮食，以期穩定粮價起見，本部復經協助南京市政府向四行貸款三百億元購儲稻谷二十萬市石，上海市政府貸款七百億元購儲食米十萬市石，以備調節民食之用，惟南京爲首都所在地，前經規定除過境者外，凡進入市區之粮食不准外運，自不得運銷上海，爲穩定粮價安定民生，原建議限制大量購粮一節，確屬必要，茲再厘定南京市粮食管理注意事項如次：

（一）除確有證明係過境之食粮外，其已進入市區粮食，無論機關商民，一律不准採購外運。

（二）京市各事業機關員工所需食粮應開列需粮數量報部備查，然後商同社會局委託粮商在產區陸續購用，不得在市場大量採購，以免刺激粮價。

（三）機關委商購粮，應以機關實有員工二個月實用量爲限，不得購粮囤積或套購轉售圖利。

（四）限期完成粮商登記，加強管理，非粮商不得經營粮食業務，並健全糧食公會組織，輔導向產區購運，以裕糧源，其購運概況，應依照規定，表報社會局查核。

（五）嚴密管理糧食市場，凡糧食買賣，均應在市場以內成交，不得故抬價格，並嚴查操縱糧價囤積居奇，以期安定民生。」

等語，函復外，特電請查照，轉飭社會局切實辦理為！食部亥迴糧管二。

鄉區未稅白契限期投稅

南京市政府訓令　（卅七）府總財字第二三三二號

令九、十、十一、十二、十三區公所

查本市整理契稅，前經依據　行政院公布收復區域各省縣市整理契稅辦法之規定，訂定自三十六年五月五日至十一月四日止，限期六個月截止，嗣以限期將滿，鄉間未稅白契尚多，復經函准財政部展限三個月，至本年二月四日止各在案。現此項展限日期即將屆滿，期滿決不再行展延，為貫澈整理契稅起見，應再由該區公所轉飭所屬各保保長，切實轉知各業戶，如有未稅白契，務於限期前趕速投稅，逾限即行照章科罰。除分令外，合行令仰遵照。

此令！

中華民國三十七年一月九日

本市軍車肇禍案劃分審判權限

南京市政府訓令　（卅七）府總民字第四〇〇號

令各區公所

案准國防部（卅六）遼字第二六六四七號公函，略以南京市區軍車

肇禍案件，因海陸空勤四總部各有軍法機構設置，其審判權限劃分辦法，業經簽奉　主席核准施行在案，特檢附該辦法，函囑查照　並轉飭所屬知照等由，附辦法一份，准此，除電首都警察廳查照並分行外，合行抄附原辦法令仰知照。

此令！

附抄發南京市區軍車肇禍案件審判權限劃分辦法一份

中華民國三十七年元月十四日

●南京市區軍車肇禍案件審判權限劃分辦法

一、南京市區內之軍車肇禍案件受理權限，除法令別有規定外，依照本辦法辦理。

二、軍車肇禍在犯罪地或在追捕中者，不論該行為人屬何機關係何級職，得由首都衛戍司令部暨憲警就地予以逮捕拘禁偵查檢證及其他必要處分，但對無審判權之被告，應於二十四小時內，按下列五六兩條分別移送各該主管機關辦理。

三、軍車肇禍後逃脫者，由首都衛戍司令部或憲警先行負責澈查蒐集證據，按下列五六兩條所定級職及管轄權限，送由各該主管機關依法究辦。

四、軍車肇禍案件各受理機關應依行為人所犯法條從重處斷，如肇禍情節十分可惡，顯已超過過失範圍者，得依故意殺人或故意傷害論罪，如因帶客攬運而發生事件時，除依懲治貪污條例第三條從重處刑外，並得按情節連坐其負責之上官。

五、被逮捕拘禁之行為人，如係各軍事機關部隊學校尉級以上人員，應即按其所屬分別解送各該管軍法處訊辦，如不屬於各該軍法處管轄者，應解送國防部軍法處訊辦。

六、被逮捕拘禁之行為人，如係各軍事機關部隊學校尉級以下人員或

士兵，均由首都衛戍司令部依法訊判，專案報核。
前項案件中央最高軍事機關認為有必要時，得予提審，或涖審，或移轉管轄。

七、本辦法自公布之日施行。

人民原存黃金准在國內攜運 但不得偷運出口或轉販牟利

南京市政府訓令（卅七）府總秘字第四〇一號

令所屬各單位

案准

內政部（卅七）安肆字第三七二號子佳代電開：

「准財政部三十六年十二月廿六日四二五〇〇號代電，以黃金條塊，雖經政府明令禁止買賣，惟對於人民原存之黃金，在國內攜運並無偷運出口或轉販牟利情事者，不得加以干涉等由，除分行外，相應電請查照，轉飭所屬警察機關遵照」。

等由，准此，除分行外，合行令仰知照。

此令！

中華民國三十七年元月十四日

本府大事記

一月份上半月

一月一日（星期四）

▲元旦本市各界紀念開國慶祝行憲並擴大慰勞戡亂將士大會在本府大禮堂舉行。

▲首都都市計劃資料展覽會揭幕。

▲社會局會同新運總會合辦之第七屆新生活集團結婚在勵志社大禮堂舉行，參加者共二五四對。

一月二日（星期五）

▲市長在官邸設宴為美軍顧問團團長克魯斯餞行。

一月五日（星期一）

▲蔣主席召見市長，對今後市政指示三點。

▲舉行本府本年度第一次月會，市長主講：「新年工作方針」。

一月六日（星期二）

▲新任工務局局長原素欣就職。

一月八日（星期四）

▲舉行本市監察委員選舉投票。

一月九日（星期五）

▲舉行第一一二次市政會議。

一月十日（星期九）

▲舉行本市物價評議會第十一次會議。

一月十四日（星期三）

▲首都都市計劃資料展覽會閉幕。

▲本市滿族國大代表選舉在民衆教育館及建康路國民小學校兩處投票。

▲市長召集各公用事業機關負責人舉行談話會，宣布行政院頒布之公用事業實施調整價格之計算公式。

市政要訊

搶修下關碼頭

工程計劃業奉政院核准

去歲十二月下關二號三號碼頭相繼塌陷後，本年一月七日一號碼頭（又名三北碼頭）又突告塌陷，躉船鐵鍊被擊斷，面積約達四丈長，二丈寬。工務局爲求行人之方便與安全計，已將江邊馬路封鎖，改定新路綫如下：（一）由城門出城往公用二號碼頭至海軍碼頭者，行人車輛均改由中山北路轉入湖北街逕往（中山北路湖北街交叉口豎有指示牌）。（二）由中山碼頭或電廠碼頭一帶往海軍碼頭者，改由公共路轉湖北街通行（在三北碼頭公共路口豎有指示牌）。（三）由海軍碼頭入城者，可由大馬路轉熱河路，或江邊路經湖北街轉中山北路通行（江邊路湖北街交叉口豎有指示牌）。

治本方面，前由交通部水利部會同本府擬具之下關碼頭整修計劃，需費一千一百九十六億，業已呈經行政院會議通過，先撥二百億元搶修，並成立南京港工程處主持此項修建工作，玆將該項工程計劃分兩部門錄述於下：

甲　搶修江岸碼頭計劃綱要及施工程序

計劃綱要：（一）工程範圍自一號碼頭至海軍碼頭計長一一一四公尺。（二）坦坡較陡地段，爲防止上載土石堤岸滑動起見，用木樁或鋼筋混凝土樁三排，樁長暫定爲十五公尺，前後排行列須岔開。（三）低水以下護坡，用柳捆或拋口，視施工季節與材料獲得之難易，同時亦須顧到工程上之經濟條件，隨時酌定，至其寬度暫定爲平均四十五公尺。（四）低水下安全坡上之餘土必要時加以整理。（五）低水位以上用石砌護坡，在鬆土或拋石灘岸上，上下兩層均做乾砌，待其穩定後，將其上層加做漿砌層，若在實土上，則可觀情形乾砌與漿砌兩層同時施工。（六）防水子堤及欄杆燈柱等在實土地段卽做永久式者，在鬆填地段僅做臨時式欄杆，待其鬆填沉實後再做永久式者。（七）擋土牆用樁基及一：四：八混凝土底脚。

施工程序：（一）打樁應在任何其他工程之先，工施擬在兩個月內完成。（二）打樁完成一小部份時，繼之以挖土砌坡及擋牆等工程。（三）防洪堤欄杆燈柱等工程殿後。（四）拋石數量計需十萬公方，擬自打樁開始起卽同時進行。以上搶修江岸碼頭工程計需國幣九百三十五億元。

乙　改善道路計劃綱領

（一）開闢延吉路，寬度預定爲二十八公尺，長三百八十公尺，（自車站廣場至江邊馬路）。（二）建築黑洋橋，該橋擬築成永久式橋，載重二十公噸，橋面淨寬十八公尺，橋長約五十四公尺。（三）整修江邊馬路，該路寬三十公尺。以上道路改善工程計需國幣二百六十一億元。

本市滿族國大代表選舉結束

本市滿族國大代表選舉，於一月十四日上午八時至下午六時在夫子廟民衆教育館及建康路國民小學兩處投票，候選人有溥儒等五十二人，選民一萬〇三百八十五人，選舉結果，洪明峻二四八七票，吳雲鵬一四五一票，富伯平一〇八五票，王虞輔八八三票，唐俊八三五票，戴靳八〇三票，庫耆雋七四六票，李鄉樹四三七票，鮑靜安三一一票，溥儒一〇八票，畢天尼一四八票，音德善九七票，王湘濤七六票，富聖廉五五票，關植凱三三票，唐君武一一票，唐舜君二票，共九千六百三十九票，廢票計三七〇張，上項開票結果，本市選舉事務所已呈報選舉總所，彙計完畢，即可發表當選人名單。

籌備選拔本市參加全運會代表

第七屆全國運動大會定期於本年五月五日在滬舉行，本市對於選拔訓練工作，正在着手籌備，已由教育局擬具南京市參加第七屆全國運動大會代表隊選拔訓練委員會組織規程及選拔訓練辦法，暨聘請選拔訓練委員會委員名單，提經第一一二次市政會議修正通過。茲特刊錄於后：

南京市參加第七屆全國運動大會代表隊選拔訓練委員會組織規程

第一條　本會定名爲南京市參加第七屆全國運動大會代表隊選拔訓練委員會（以下簡稱本會）。

第二條　本會之任務如左：

一、決定參加全運會項目。

二、辦理各種運動預選比賽事宜（田徑賽及全能運動在第八屆市運會中選拔）。

三、辦理選手集中訓練事宜。

四、決定參加全運會人選事宜。

第三條　本會設委員十三人至十七人，由南京市政府聘任之，並指定一人爲主任委員，一人爲副主任委員。

第四條　本會設總幹事一人，由主任委員就委員中聘任之，秉承正副主任委員處理會務。

第五條　本會設左列各組：

一、田徑組。

二、籃球組。

三、足球組。

四、排球組。

五、網球組。

六、壘球組。

七、游泳組。

八、其他組。

第六條　各組設組長一人，幹事一人至三人，均由本會聘任之，辦理各該組事務。

第七條　本會全體委員會議及各組聯席會議，均由主任委員定期召集之。

第八條　本會經費由市政府撥給，其預算另定之。

第九條　本會於選拔訓練工作完成時結束。

第十條　本規程由南京市政府公佈施行。

南京市參加第七屆全國運動大會代表隊選拔訓練辦法

一、本市參加第七屆全國運動大會選手之選拔與訓練，由南京市參加第七屆全國運動大會代表隊選拔訓練委員會（以下簡稱本會）負責辦理。

二、各項選手選拔日期如左：

1.游泳　三十六年九月九日。

2.田徑賽及全能運動 三十六年十一月十二日至十三日。
3.足球 三十七年二月中旬。
4.籃球 三十七年二月下旬。
5.排球 三十七年三月上旬。
6.網球 三十七年三月中旬。
7.壘球 三十七年三月下旬。
8.其他 三十七年四月上旬。

三、田徑賽及全能運動代表就第八屆市運會各項運動優勝運動員中選拔，其人數由委員會決定之。

四、游泳代表就本市三十六年九九體育節公開游泳賽各項優勝運動員中選拔，其人數由委員會決定之。

五、球類及其他項目之選拔，由委員會聯合市體育會舉辦公開比賽加倍挑選。

六、各項選手選出後，於四月一日起至四月三十日止一律在中央大學集中訓練，訓練期內食宿由本會供給。

七、在訓練期內，如有不守規約及不接受指導者，委員會得取消其選手資格。

八、游泳、田徑及全能運動等項未得參加之運動員，如自認有相當成績者，可於訓練前申請委員補行測驗。

九、各項選手經訓練後，由委員會根據訓練成績及進步情形，決定正式代表人選，組織代表隊。

十、本辦法由南京市政府公佈施行。

南京市參加第七屆全國運動大會代表隊選拔訓練委員會委員名單

馬元放 郝更生 江良規 沈棨熙 徐紹武 張匯蘭 馮公智 陳均謨 陳家駒 徐汝康 徐鑣 宋鴻坦 周翰青 楊汝熊 俞晉祥

三〇

評定第十二區標準地價

本市第十二區標準地價，業由地政局查估完竣，並提經地價評議委員會第十五次會議修正通過，復經三十六年十二月十九日本府第一一〇次市政會議通過，茲刊錄如下：

第十二區標準地價等級表

（一）宅地 場地

等別	級別	每畝標準地價（單位萬元）	地段
甲	1	一五〇〇	三叉河大街
	2	一〇〇〇	河北大街 新河口街
乙	1	六〇〇	江東門 大王茶亭東
	2	四八〇	拖板橋 仁東街 河南大街 新河村 北新河村 下沖街 大王茶亭北
	3	三六〇	新橋街 新河口南街 新河口北街 河南後街 河北後街 皇木廠 崇安橋 新河口後街 新橋南街 新橋西街 普提閣 螺絲橋 大王南圩村 賽虹橋北村
	4	三〇〇	菜市口 荷花池 棉花堤 積餘村 清江村街 雙閘 北河口 二道橋街
丙	1	二四〇	北圩村 上北圩村 東林村 徽州灘 江灘 蓮花村 頭關天保村 清江村南圩 天后村 大勝關 李盛村 金盛村 雙龍村 白馬村 中梗村 圓通村 積善村 青石村 白鷺村 汪家村
	2	一八〇	廠圩村 興隆村 橫梗村 大勝村 史家村 和平村 仁勝村

等別	級別	每畝標準地價(單位萬元)	地段
	3	一五〇	大利村 中利村 寇家林 新家村 大中和村 趙家園村 中勝村 平良村

(二)園林

等別	級別	每畝標準地價(單位萬元)	地段
甲	1	三六〇	三叉河街 江東門 大王茶亭東 河北大街
乙	1	三〇〇	拖板橋 仁東街 河南大街 新河口街 新河村 北新河村 下冲街 大王茶亭北
	2	二四〇	新橋街 新河口南街 新河口北街 河南後街 河北後街 皇木廠 崇安街 積餘村 新河口後街 新橋南街 新橋西街 菩提閣 清江村街 螺絲橋 大王南圩村 賽虹橋北村
	3	二二〇	棠市口 荷花池 徽州灘 江灘 棉花堤 雙閘 北河口 二道橋街
丙	1	二〇〇	北圩村 上北圩村 東林村 青江村 南圩天后村 大勝關 李盛村 蓮花村 頭關大保村 金勝村 雙龍村 白馬村 中梗村 圓通村 積善村 青石村 白鷺村 江家村
	2	一六〇	廠圩村 興隆村 橫梗村 大勝村 史家村 仁勝村
	3	一三〇	大利村 中利村 寇家村 新梗村 中和村 趙家園村 中勝村 平良村

(三)水田 旱地 池塘

等別	級別	每畝標準地價(單位萬元)	地段
甲	1	三〇〇	三叉河大街 江東門 大王茶亭東 河北大街
乙	1	二四〇	拖板橋 仁東街 河南大街 新河口街 新河村 北新河村 下冲街 大王茶亭北
	2	二〇〇	新林橋 新河口南街 新河口北街 河南後街 河北後街 皇木廠 崇安街 積餘村 新河口後街 新橋南街 新橋西街 菩提閣 清江村街 螺絲橋 大王南圩村 賽虹橋北村
	3	一八〇	棠市口 荷花池 徽州灘 江灘 棉花堤 雙閘 北河口 二道橋街
丙	1	一六〇	北圩村 上北圩村 東林村 青江村 南圩天后村 大勝關 李盛村 蓮花村 頭關天保村 金勝村 雙龍村 白馬村 中梗村 圓通村 積善村 青石村 白鷺村 江家村
	2	一四〇	廠圩村 興隆村 橫梗村 大勝村 史家村 和平村 仁勝村
	3	一二〇	大利村 中利村 寇家村 新梗村 中和村 趙家園村 中勝村 平良村

(四)荒山 沙蕩

等別	級別	每畝標準地價(單位萬元)	地段
甲	1	二四〇	三叉河大街 江東門 大王茶亭東 河北大街
乙	1	二〇〇	拖板橋 仁東橋 河南大街 新河口街 新河村 北新河村 下冲街 大王茶亭北
	2	一六〇	新橋街 新河口南街 新河口北街 河南後街 河北後街 皇木廠 崇安橋 積餘橋 新河口後街 新橋南街 新橋西街 菩提閣 清江村後街 螺絲橋 大王南圩村 賽虹橋北村
	3	一四〇	棠市口 荷花池 徽州灘 江灘 棉花堤 雙閘 北河

口　二道橋街

丙

1　一二〇　北圩村　上北圩村　東林村　齊江圩南村　天后村　大勝關　李盛村　蓮花村　頭關天保村　金勝村　雙龍村　白馬村　中梗村　圓通村　積善村　齊石村　白鷺村　江家村

2　一〇〇　廠圩村　興隆村　横梗村　大勝村　史家村　和平村　佃勝村

3　八〇　大利村　中利村　冠家村　新梗村　大中和村　趙家園村　中勝村　平良村

簡訊

▲實行本市糧食市場緊急措施　一月初本市米價不斷上揚，經社會局遵奉糧食部指示，訂定對於糧食市場實行緊急措施辦法五項，制止在本市大批採購運出食米，並分別由該局與糧食督導團檢查倉庫囤積，與澈查城内外郊區各門市糧店發售價格暨調閱各米行廠方之帳册，嚴加管制，現市内米價由糧食業茶會議訂牌示，社會局與警廳隨時派員查督，漲風已漸趨平定。

▲首都都市計劃資料展覽會閉幕　首都都市計劃資料展覽會自一月一日開幕，原定四日閉幕，嗣應各界要求，特展期一週，於十日正式閉幕。

▲馬兼局長視察國民學校完畢　教育局馬兼局長，於去年十一月間開始，逐日偕同督學出發各區視察各學校教育實況，截至本年一月十三日止，已將國民教育部份視察完畢，總計國民學校一四九所，又分校二十七所，共一七六所，凡學校所在之地無論遠近均經前往，視察結果認爲一般情形均甚良好，較上學期進步甚多，關於應行改進各點，即將分別決定，指示各校辦理。

▲訂定各級國民學校聘用教員補救辦法　本市各級國民學校教員中，有三十四年十一月甄審合格教員，試用任期二年居滿者，有登記合格教員及甄選錄取教員，因避寇及被匪，證件遺失，迄未能補驗學歷證件者，教育局曾一再規定日期補驗，仍以種種困難迄未辦理，茲特擬訂補救辦法，甄審合格期滿教員，將依上兩學期服務成績，凡列一二等者，均仍繼續選用，未繳學歷證件成績列三等以上者，一律予以試用，待證件繳驗後，即改爲正式任用。

▲分配教師進修金　本市各級學校經參議會決定徵募教師進修金後，各級學校已由教育局驗印收據發動徵募，現各校均已結束，中等學校並已將收據繳送教局，當於一月七日下午三時由該局召集各校校長，議商分配問題，各級國民學校因校數較多，正在辦理呈報手續，一俟完畢即行分配。

▲各區中心國民學校舉行各種研究會議　本市各區國民學校除本學期熱烈舉行各科演示教學外，並由各區中心國民學校主持各種研究會議，該項研究會議共分十二種，已於三十六年十二月廿七日開始，至本年一月十五日結束，每種會議，除各級國民學校教師參加外，並由教育局派員指導及聘請專家演講。

▲分配並核發各私中匪區流亡學生救濟金　教育局奉教育部令，在復員經費内提撥兩億元，充各校匪區流亡學生救濟費，經決定撥充各私立中等學校匪區流亡學生救濟之用。

▲繼續徵集與埃及國交換兒童圖畫作品　教育局前爲與埃及國交換兒童圖畫作品，曾征集本市各級國民學校兒童圖畫作品三百幀，送呈教育部轉外部轉送，嗣奉　教育部令繼續徵集，茲已徵得作品六百三十頁彙送教育部轉送。

▲調查全市國民學校下學期增級及添置情形　教育局以三十六年度第一學期即將結束，所有全市各級國民學校下學期擬添班級及修繕校舍，添置急需物品等情形，急待統計籌辦，經令發調查表式飭各校遵填送核中。

▲驗收學校修建工程　計驗收市立一中、四區中心國民學校暨鄧府巷、仙鶴鎮、火瓦巷、鼓樓、馬道街、邊營、北尙莊、七里洲、莫

愁湖等國民學校修理工程，及明孝陵、于家巷國民學校等新建工程，並核定市立一女中、四中、虹門口五區中心等國民學校修建竹籬工程，及體育場建築工友宿舍廚房與安置電燈等工程。

▲辦理注音符號講習會結業事宜　教育局舉辦之注音符號講習會一至六區六班，自上年十二月十四日開課以來，已經五週，該會會舉行教務會議，決定考查學員成績辦法，幷已於一月二十五日下午一時半起在羊皮巷市立師範聯合舉行考查，同日下午四時，在市師舉行結業典禮。

▲舉行本市高級護士助產學校畢業會攷　本市高級護士助產職業學校第十七屆畢業生會攷，於一月七日至十日在石鼓路國立中央高級助產職業學校大禮堂舉行。

▲加強國民體育委員會工作　本市國民體育委員會去歲成立，工作積極展開，本年特增派體育督學俞晉祥爲委員兼秘書，負責計劃推展工作，以加強該會會務之發展。

▲裝置巡迴醫療車　衛生局前已設置巡迴醫療車一輛在下關一帶工作，玆爲增進市郊巡迴醫療計，特向公共汽車管理處購車兩輛，改裝巡迴醫療車，內部設計完竣，正在估裝，即可分赴郊區工作。

▲建築示範衛生所　衛生局爲建築示範衛生所，經在中山北路征用民地一・〇三八七畝，該所平面圖，並經本市都市計劃委員會審定，業已在中央日報刊登招標公告，於上年十二月三十日下午在該局開標，並由審計部派員監標，計投標廠商十家，結果朱炳記營造廠以二十四億元得標，限七十五晴天完工。

▲擴大健教宣傳　本市健康教育委員會爲擴大健康教育宣傳起見，特於上年十二月二十日假市立一中大禮堂舉辦學生衛生演講暨圖畫比賽。關於衛生演講，計分中級高級兩組，參加者廿四人，每組錄取三名，參加圖畫比賽者計二五四幅，分高級中級低級三組，每組錄取兩名，凡經錄取者，均分別給與奬品，以資鼓勵。

▲整飭宰豬作　衛生局近爲整頓各宰豬作，特令屠宰場通飭各作於上年十二月廿九日前，舉行清潔大掃除，幷督飭設置各項應有設備，本年一月由該局派員分赴各作視察，指導改善。

▲加強檢驗工作　屠宰場舉辦之檢驗生訓練班，業已結束，計受訓者廿二人，畢業者十六人，以獸醫人數有限，故自本年一月一日起派上項畢業檢驗生分赴各宰作協助各獸醫辦理檢驗工作。

▲舉行立委選舉　本市立法委員選舉權證，業於一月七日開始壎發，投票所計區域選舉九十五所，職業選舉五十七所，亦已於一月六日依法公告，投票所工作人員均經分別派定，並已於一月二十一日至二十三日舉行選舉投票。

▲編製本市抗戰損失統計　本市抗戰損失查報，奉令於上年十二月底截止，本府統計處正趕編上項損失統計，送行政院賠償委員會彙編。

▲改變本市各城門開關時間　本市挹江、光華、中山三門，爲便於行旅，漏夜開放，但須嚴密檢查，其餘各門規定每日下午十二時關閉，翌晨五時開放。

▲三十六年十二月各項稅收統計　三十六年十二月份營業稅納庫數爲二、五〇七、六六二、一〇二元，地價稅三十六年稅款六九八、八九六、二八八元，又補收三十五年度稅款二六、二三七、六八九元，土地增値稅三一六、七四四、九九六元，房捐自治事業費淸潔費一、五二四、九二七、五〇〇元，屠宰稅一、〇六六、五五四、八〇〇元，使用牌照稅汽車建設捐四三二、九八六、二〇〇元，筵席稅四二七、七八七、〇六〇元，娛樂稅一、一六一、二七〇、八一四元，營業牌照稅市政建設捐廣告捐三〇五、三三七、八〇〇元，春夏兩季自治事業費四二九、一二四、五〇〇元

▲首都冬令救濟委員會，截至一月十五日止，共已實收本市冬賑捐款總數達二十三億八百六十五萬一千〇四十六元（內有本府捐款十億元），已支用救濟款爲三億七千六百〇五萬五千一百元，現餘十九億三千二百五十九萬〇五千九百四十六元，尙有各方認捐賑款爲數甚鉅，正加緊催收中。

法規

中央法規

動員時期軍人及其家屬優待條例

三十六年九月二十六日國民政府令公佈
十一月一日施行

第一章 總則

第一條 動員時期軍人及其家屬之優待依本條例規定之。

第二條 本條例所稱家屬以直系血親及配偶或受其扶養之人爲限。

第二章 管理

第三條 動員時期軍人及其家屬之優待由左列各機關辦理之。

一、中央以內政部爲主管機關國防社會財政教育各部爲協管機關，如其他各部會有關連者，隨時會商辦理。

二、省以省政府爲主管機關，軍管區司令部爲協管機關，省兵役協會爲承辦機關。

三、院轄市以市政府爲主管機關，所在地之師團區爲協助機關，市兵役協會爲直接承辦機關。

四、縣市以縣市政府爲主管機關，各師團區司令部爲指導機關縣市兵役協會爲直接承辦機關。

第四條 動員時期軍人及其家屬家庭狀況，省市政府縣區鄉鎮公所應隨時調查統計。

第五條 動員時期軍人家屬應不分本籍寄籍與寄居久暫，得憑證召文書或服役證書，向居住地之縣市政府申請優待。

第六條 各省市政府各軍師團管區對所屬辦理優待業務人員，應隨時嚴爲督導考核，依法獎懲。

第七條 各地辦理優待情形，應由承辦機關按月或分季層報省市政府轉內政國防二部備查。

第三章 優待種類與實施

第八條 優待種類分爲權益生產救濟榮譽四種。

第九條 權益優待：

一、動員時期軍人之徵召，如在校學生及在職員工，應保留其學籍及底缺，無職業者，退伍復員後，有優待就業之權利。

二、動員時期軍人在服役期間，其配偶或未婚妻無論持何理由，不得離婚或解除婚約。

三、地方自治基層人員，應儘先遴選軍人家屬之合格者充任。

四、動員時期軍人之訴訟案件，受理機關應提前處理。

五、動員時期軍人家屬，得酌予減免地方臨時捐款及工役。

六、動員時期軍人家屬，得酌予免派積谷。

七、動員時期軍人在應徵前所負之債務無力清償者，准展期至服役期滿後第二年內清償之，其因作戰陣亡或因公積勞成疾，或受重傷致成殘廢，或因傷病歸休死亡者自陣亡死亡或歸休之日起，滿三年後於二年內由其本人或繼承人清償之。

八、動員時期軍人在應徵召前出典之田地或房產，如服役期間，其約定或法定期限屆滿無力回贖者，准展期至服役期滿後第二年內回贖之，其因作戰陣亡或因公積勞成疾或受重傷致成殘廢，或因傷病而回籍死亡者，自陣亡死亡或停役歸休之日起滿三年後於二年內由其本人或繼承人回贖之。

九、動員時期軍人在服役期間，其家屬賴以維持生活之財產債權人，不得請求強制執行。

十、動員時期軍人及其家屬在應徵召前，承典或承租耕作之田地，或房屋在服役期間，如無其他耕作或收益之田地與房屋時，出典或出租人不得收回，改與改租他人。

十一、動員時期軍人家屬有耕作能力而無耕地者，縣市政府於擇定公地放租放息，或放領時應給予承租承息，或承領之權。

第十條 生產優待：

一、各縣市政府凡設有工廠者，應盡量收容失業之軍人家屬入廠習藝工作。

二、動員時期軍人家屬組織生產合作社時，主管機關應優先予以貸款及協助。

第十一條 救濟優待：

一、動員時期士兵入營後作戰勤務期間，其家屬或未婚妻確不能維持生活者，由政府酌發一次安家費或分期撥發金谷以救濟之。

二、國立省立中等以上學校所設公費免費生學額，應依照規定標準，儘先核給家庭貧困之動員時期軍人子女。

三、動員時期軍人在服役期間，其子女在六歲下無力教養及親屬年老無法生活者，得免費入當地公立之托兒所或救濟院。

四、動員時期軍人家屬患病時，得免費入軍醫院公立醫院衛生院等醫療衛生機關診療。

五、動員時期軍人家屬在作戰期間，被敵殺害者由地方政府給予埋葬費，並從優撫卹。

六、動員時期軍人因病死亡不能埋葬子女無力婚嫁或遭遇意外災害者，得向當地區鄉鎮公所或兵役協會申請救濟。

第十二條 榮譽優待：

一、動員時期軍人於出發入營及凱旋還鄉之日，當地政府應聯合各界人士舉行歡送歡迎會，酌贈紀念物品。

二、動員時期軍人家屬之婚喪大故，當地鄉鎮公所或兵役協會應發動地方人士慶弔。

三、每年春節端午中秋三節：各地方政府鄉鎮公所應聯合當地各界舉行慰勞動員時期軍人家屬大會，並贈送慰勞物品。

四、動員時期軍人其因作戰獲致特殊功勳者，除依法獎勵外，其原籍地方政府及有關機關學生應加表揚，俾示崇敬。

五、動員時期軍人其因作戰死亡除依法令勳賞撫卹外，中央及各省市政府所在地方，應設忠烈祠及公墓或紀念碑等，並按期祭掃，以慰忠烈。

第十三條 生產優待救濟優待所需之經費，除由國庫開支外，其籌集辦法另訂之。

第四章 優待之停止

第十四條 動員時期軍人有左列情形之一者，停止其本人及其家屬應享受之優待。

一、入營後逃亡者。

二、被通緝者。

三、歸休退役退伍停役除役復員三個月以外者，但本條例就其優待另行訂有較長之期間者，不在此限。

前項事實由部隊主管長官通知其原籍縣市政府或鄉鎮公所辦理之。

第十五條　已享受優待之動員時期軍人家屬有左列情形之一者，各鄉鎮公所或縣市政府得斟酌情形，停止其應享受之優待。

一、被通緝者。

二、褫奪公權者。

三、受徒刑處分者。

四、有妨害兵役之事實者。

第十六條　動員時期軍人及其家屬有左列情形之一者，除停止應享受之優待外，並追還其已領之優待款項及物品。

一、投降敵人者。

二、有通敵行爲者。

前項事實，由部隊主管長官或司法機關通知其原籍縣市政府或鄉鎮公所辦理。

第五章　附則

第十七條　本條例施行細則由各省市政府擬訂，呈由內政國防二部會同核定後實施。

第十八條　本條例施行日期以命令定之。

政府機關接收運用敵僞產業處理辦法

三十六年十二月二十五日行政院令頒

第一條　凡由各機關接收保管運用之敵僞產業物資，除法令另有規定者悉依其規定辦理外，對於國營事業機關以價售爲原則，其他政府機關（包括軍事機關）應呈經行政院核准，分別價售轉賬出租或移交處理，一律由敵僞產業處理機關，會同接收機關根據原接收清册按現在價値作價，呈報行政院核定。

第二條　凡現由政府機關及國家行局借作辦公使用之敵僞房地產，其性質業經確定爲敵僞產業而無任何產權糾紛者，應依下列之規定辦理。

一、房地產係由數個機關使用者，應由財政部收購出租使用。

二、房地產係由一個機關單獨使用者，應由使用機關專案呈請行政院核辦。

第三條　凡現由各有關機關接管運用及由海關接收移交中央信託局經營運用之敵僞碼頭倉庫，應依下列之規定辦理。

一、不附屬於碼頭之倉庫係由數個機關使用者，應由財政部收購出租使用。

二、不附屬於碼頭之倉庫係由一個機關單獨使用者，應由使用機關專案呈請行政院核辦。

三、碼頭及附屬於碼頭之倉庫爲臨時性機關使用者，應向敵僞產業處理機關登記借用，俟該機關結束後另行核辦。

四、碼頭及附屬於碼頭之倉庫係由政府機關使用者（包括軍事機關），應由使用機關專案呈請行政院核辦。

五、碼頭及附屬於碼頭之倉庫與不附屬於碼頭之倉庫，除上列一至四款之規定者外，應由敵偽產業處理機關作價，由國營事業機關優先承購，如國營事業機關承購之後尚有剩餘，再出售民營。

第四條 凡依規定作價讓售之敵偽產業物資或院令核准繳價之房地產或碼頭倉庫等價款，應由承受機關繳解敵偽產業處理機關，如承受機關無法付現時，得由敵偽產業處理機關報請財政部在該承受機關應撥經費內扣抵轉賬，如承受機關不能立即付現或轉賬，得依下列規定，洽商敵偽產業處理機關酌予分期繳價。

一、原料物資及機器零件等屬於消耗品者，其價款得於三個月內繳清。

二、房地產碼頭倉庫機器設備等固定資產價款，應於六個月內付清，其價款較鉅者，得酌予延長，但以不超過一年為限。

三、如確因價款過鉅無法依限籌付時，應呈請行政院核准追加預算轉賬，或由財政部收購出租使用。

第五條 依前列各條中應由財政部收購出租及專案核准出租之敵偽房地產或碼頭倉庫或機器設備，應按借用接收敵偽房地產收購出租辦法之規定辦理。

第六條 凡撥交各機關接管運用之敵偽工廠場礦及由中央信託局經營出租之房地產碼頭倉庫，在讓售價款尚未付清或轉賬以前所有營運盈益租金使用費等另有專案核定外，均應繼續按期繳解敵偽產業處理機關。

第七條 讓售之敵偽產業物資須予移交承受機關者，如讓售價款係一次付款，應於收款後即行移交，如係分期繳款，應酌按實際情形，呈請行政院核准後，於收款達半數後移交，或收款一部份後移交，或先行移交，惟所有各類產業中之房地產，均須俟全部價款付清後，再行移交產權證契，並依法向地政機關辦理產權移轉手續。

第八條 敵偽產業物資經決定仍交由處理機關標售或讓售者，原接收保管機關或現使用機關應即移交騰讓，在保管期間其經營運用之收益及應繳使用費等，並應照繳處理機關。

第九條 敵偽產業物資移交承受或接辦機關或交由處理機關時，應以依照原接收清册及原接收狀況為準，如有短少損壞情事，應造册報由處理機關依照規定辦理，借用敵偽房屋，其修繕費用未經敵偽產業處理機關同意擔任者，不予補償。

第十條 原接收機關或保管機關對於接收各單位間為維持復工需要撥用機器設備，應填具資產移轉對照表，報由處理機關備查，迨終止接收或保管時，仍應彙總造册，交原處理機關依照規定辦理。

第十一條 敵偽產業處理機關依本辦法所收各機關之價款及盈益租金等，均應隨收隨繳國庫，並應將處理及繳解情形，按月分別造册，呈報行政院轉交財政部查核。

第十二條 本辦法自公布日施行。

借用接收敵偽房地產收購出租辦法

行政院三十六年十二月二十五日
(卅六)外字第五三八四一號令頒

第一條 凡合於政府機關接收運用敵偽產業處理辦法規定或核准由財政部收購出租使用之敵偽房地產或碼頭倉庫或機器

設備，應由現使用機關塡具收購出租產業清册一式二份（格式從略），分別送交敵僞產業處理機關核辦及財政部備查。

第二條　前項淸册經敵僞產業處理機關審核無訛後，應卽彙案通知財政部地政機關審計機關會同擬定價格，送由財政部編具追加預算呈院核定，依照規定手續轉賬，其屬於房地產及碼頭倉庫等，並應由敵僞產極處理機關通知地政機關辦理產權移轉手續。

第三條　轉賬及產權移轉手續完成後，應由敵僞產業處理機關將產權契證列册送交財政部，由財政部轉交中央信託局保管經租，並分別通知原借用機關向中央信託局洽定租金及辦理承租手續。

第四條　該項租金由承租機關按月繳交中央信託局彙解國庫。

第五條　中央信託局經租該項產業，得按月照租金總額扣百分之五手續費，並應按月將經收租金及手續費表報財政部備核。

第六條　租期以一年爲限，期滿後如須繼續租用者，應洽商中央信託局另訂租約，期滿或中途退租者，承租機關應將所租房產交還中央信託局，不得自行轉租頂讓。

第七條　承租機關對於所租用之房屋應妥爲保護，不得損毀破壞。

第八條　該項房屋之轉移承租手續，統限於三十七年三月底以前辦理完竣，過期不辦者，由敵僞產業處理機關依法標售。

第九條　本辦法自公布日施行。

醫事人員甄訓暫准執業辦法

衛生部三十六年十二月二十五日醫字第一五六五九號令頒

第一條　本辦法依醫事人員甄訓辦法第八條定之。

第二條　暫准執業分左列二種，由衛生部核派。

一、原地開業。

二、派在衛生醫療機關（以下簡稱機關）服務。

第三條　暫准執業限期爲一年。

第四條　指定在原地執業者，由衛生部委託當地醫事學術團體或醫事職業公會或衛生醫療機關隨時考核其學識技能，於開業一年期滿時，塡具考核表（表式略），送衛生部審查，加註意見，彙轉醫事人員甄訓委員會審議。

受委託之團體或機關，應由三人至五人組織委員會辦理之。

第五條　指派在機關服務者，於服務一年期滿時，由所在機關考核其平日担任醫事工作情形，塡具服務成績證明書（附式），備文送衛生部審查，加註意見，彙轉醫事人員甄訓委員會審議。

前項服務已滿六個月以上，其所在機關撤銷結束者，得認作服務期滿，不再指派機關服務，其未滿六個月者，應另行指派機關服務，至滿一年爲止。

第六條　指派機關服務者，應於通知到達十日內起行，並將啓程日期函報衛生部醫政司備查。

逾期不起行者，提請醫事人員甄訓委員會取銷暫准執業資格，但因事故得報請核准緩行，以一個月爲限。

第七條　指派機關服務者，所需旅雜費用，概行自備，其依本辦法第五條第二款後段另行指派機關服務者，所需旅雜費，得由另行指派之機關酌給之。

第八條　指派機關服務期間，由所在機關酌給薪津，但經指定在原機關服務者，得仍照支原薪。

第九條　衛生部對於暫准執業人員，遇有必要時，得通知當面考詢。

第十條　指定機關服務或原地開業者，適用各有關醫事法規之規定。

第十一條　本辦法自公布日施行。

國府公報所載中央法規索引

一月份上半月

三十六年度國庫收支結束辦法	第三〇二三號
商業會計法	第三〇二三號
榮譽軍人授田條例	第三〇二四號
特種考試復員軍官佐轉學考試及格人員轉任文職條例	第三〇二五號
大學法	第三〇二八號
專科學校法	第三〇二八號

本府法規

南京市地政局郊區土地登記複丈規則

三十六年十二月二十六日第一一一次市政會議通過

第一條　本市舉辦郊區土地登記期間業主聲請複丈，除法令別有規定外，悉依本規則之規定。

第二條　業主於聲請登記時，認為地籍公布圖上有左列情形之一者，得依本規則之規定聲請複丈。

甲、土地界址面積不符者。

乙、土地坐落不明者。

丙、土地漏未指請測丈者。

丁、土地於測量後變更於公布圖不符者。

戊、其他有應請複勘之情事者。

第三條　業主聲請複丈，應填具申請書繳納複丈費。

第四條　複丈費按照原丈土地之地類面積分別徵收，凡不足一畝者，概以一畝計，其收費標準規定如左：

甲、原丈宅地每號面積每畝繳徵國幣五萬元，一畝以上五畝以內者除一畝，以五萬元計算外，餘每畝繳徵國幣二萬元，五畝以上者除五畝照前計算外，餘每畝繳徵國幣一萬元，五十畝以上者以五十畝計。

乙、原丈農地及荒地每號面積五畝以內者，每畝繳徵國幣二萬元，五畝以上者除五畝照前計算外，餘每畝繳徵國幣一萬元，十畝以上者，除分別照前計算外，餘每畝繳徵國幣五千元，五十畝以上者照五十畝計。

第五條　登記處於接得聲請書後，應即予以審核，如聲請人認為其錯誤不須實施覆丈即可予更正者，應即通知測量隊，予以更正，並免繳複丈費。

第六條　登記處於審核後，認為有實施複丈必要者，於繳費後應即通知測量隊，最短期內定期派員複丈，並先期通知聲請人，邀同關係人準時到場，會同複丈。

第七條　聲請人於指定複丈時間，因故不能到場親自指界時，應備具委託書委託代理人到場，或於複丈日期前一日呈明原因，請求改期，但改期兩次，或未事先呈請改期者，應重行繳費請丈。

第八條　複丈時，如發生爭執，複丈員應將爭執部份，以紅色線標明，並註記爭執人姓名。

第九條　複丈完畢，如無異議，應即由聲請人及關係人在複丈圖上簽名蓋章，複丈員應將複丈圖連同複丈報告書呈核。

第十條　關係人經邀約而不到場者，複丈員得照聲請人所指界址測繪。

第十一條　複丈報告書經核定後，即依照更正有關圖册，關係人因故未能到場者，應將複丈結果通知關係人，如關係人有異議時，應於五日內繳費聲請再丈，否則即照複丈結果更正圖册。

第十二條　複丈結果其錯誤原因，如確係測量員測量錯誤，原繳複丈費發還。

第十三條　本規則自呈奉　市政府核准之日起施行。

南京市平民住宅設計委員會組織規程

三十七年一月九日第一一二市政會議通過

第一條　南京市政府為推行平民住宅建設事項，特設置南京市平民住宅設計委員會（以下簡稱本會）。

第二條　本會設委員十五人至二十一人，由市長遴聘之，並指定主任委員副主任委員各一人總理會務。

第三條　本會設總幹事一人，由主任委員指派之，秉承主任委員之命，處理日常事務。

第四條　本會任務如左：

一、關於本市平民住宅資料之蒐集研究事項。

二、關於本市平民住宅興建計劃之擬訂事項。

三、關於本市平民住宅經費基地工程之籌劃事項。

四、其他有關平民住宅設計事項。

第五條　本會每月舉行會議一次，必要時，得召集臨時會議。

第六條　本會委員均為名譽職，所需辦事人員，由本府各有關單位調用之。

第七條　本會辦事細則另訂之。

第八條　本規程自公佈之日起施行。

中國政府自知其必須有完備切實的自助計劃，而使一般行政改革與軍事改革繼之實施，或相輔而行。中國政府所準備實施之主要財政經濟改革，約如下述：

（一）儘可能範圍節減政府一切支出——法幣支出與外幣支出。

（二）改善國稅省稅地方稅制及其管理，俾達增加收入與平均負担之雙重目標。

（三）為增進公務員及軍官士兵之工作效率，其待遇將逐漸予以提高；一面並實施員額之逐漸縮減計劃。

（四）日用品供給之控制必須加強，并擴大範圍，藉以防止投機與物價之暴漲。

（五）盡力建立一種使幣制趨於穩定之基礎，俾外援得收最大功效。

（六）改善銀行與信用制度，加強中央銀行之管制責任，繼續推行遏止通貨膨脹之政策。

（七）鼓勵貨物出口，盡力排除出口之障礙。

（八）改進進口貨之管制，俟環境許可時，管制辦法之含有緊急措施性者，當酌予變更。

（九）發展農業生產，改善農村經濟，並實施土地改革。中美農業技術合作團之建議，其可提前實施者，即予採行。

（十）儘可能範圍恢復交通及重要工礦業，以期增加生產，減少過分依賴舶來品之輸入。

——張院長十項改革計劃聲明（一月二十八日）

會議紀錄

南京市政府第一一一次市政會議紀錄

時　間：三十六年十二月二十六日上午九時
地　點：本府會議室
主　席：沈市長　　紀錄：史崇訓

討論事項

1. 市長交議　據地政局呈擬南京市地政局郊區土地複丈規則，提請討論案。
決議：照案通過。（見法規欄）

2. 市長交議：據地政局擬訂本市第十二區各種地目標準地價等級表，提請討論案。
決議：照案通過。

3. 市長交議：據教育局轉呈第四中學擬請撥用該校操場內假定市地以利教育等情，提請討論案。
決議：暫交教育局代管，俟地權確定再行核撥。

4. 會計處提：擬請追加本市急要事業費一五〇億元歲入歲出預算案。
決議：照案通過。

5. 會計處提：擬請追加市產查勘整理費三千萬元案。
決議：照案通過。

6. 會計處提：擬請追加民辦救火會補助費二六五、〇〇〇、〇〇〇元案。
決議：照案通過。

7. 會計處提：擬請追加市政府主管各項臨時費一八七、〇〇〇、〇〇〇元案。
決議：照案通通。

8. 會計處提：擬請追加「都市計劃委員會經費」三八、〇〇〇、〇〇〇元案。
決議：照案通過。

9. 會計處提：擬請追加商場菜場工程費二五一、〇〇〇、〇〇〇元案。
決議：照案通過。

10 會計處提：擬請追加衛生局防疫費六千萬元案。
決議：照案通過。

11 會計處提：擬請追加「征冊票照表據印刷費」及「田賦征收事業費」一二二、〇〇〇、〇〇〇元案。
決議：照案通過。

12 會計處提：擬請追加教育經臨各費歲入歲出預算三九、〇〇〇、〇〇〇元案。
決議：照案通過。

13 會計處提：擬請追加社會局各項臨時費一五、〇〇〇、〇〇〇元案。
決議：照過通案。

14 會計處提：擬請追加教育局臨時費歲入歲出預算七五一、〇〇〇、〇〇〇元案。
決議：照案通過

15 會計處提：擬請追加市政府主管行政會議費五百萬元案。

決議：照案通過。

16會計處提：擬請追減追加教育局主管各項臨時費均為一五、二五〇、〇〇〇元案。

決議：照案通過。

17會計處提：擬請追加「各種教育會議費」四百萬元案。

決議：照案通過。

18會計處提：擬請追加「戒煙醫院藥品器材費」二四、〇〇〇、〇〇〇元案。

決議：照案通過。

19會計處提：擬請追加「貧戶食米處理費」一千萬元案。

決議：照案通過。

20會計處提：擬請追加「其他補助收入」及「防空設施器材費」三〇二、七二四、〇〇〇元案。

決議：照案通過。

21會計處提：擬請追加平民住宅工程費五六、二九九、〇〇〇元案。

決議：照案通過。

22會計處提：擬請追加追減各款歲入歲出預算以資清結案。

決議：照案通過，另由會計處會同財政局補辦追加歲入歲出「冬令救濟費」十億元預算列入表報。

南京市政府第一一二次市政會議紀錄

時間：三十七年一月九日上午九時

地點：本府會議室

主席：沈市長　　紀錄：史崇訓

(一)報告事項

1.秘書處報告　奉交下教育地政兩局會簽一件，為衛生局呈請撥用蒟子巷（四區四三八〇(二)分段）市地建築職員宿舍一案，經照第一〇五次市政會議決議，查明該市地戰前係由社會局征收，專為建築簡小校址，不作別用，現蒟子巷國民學校學童擁擠，校舍不敷，亟待擴建，該項市地仍須繼續保留使用，請鑒核等情一案，奉批「提會報告」等因，特為報告。

2.秘書處報告　奉交下教育局簽呈一件，「為第七屆全國運動大會前經教育部公布，定於明年五月五日在滬舉行有案，時間迫切，各省市選拔代表工作，已在分別積極進行，本市對於選拔訓練工作，似亦應着手籌備，理合擬具南京市參加第七屆全國運動大會代表隊選拔訓練委員會組織規程及選拔訓練辦法草案，暨選拔訓練委員會委員名單，簽請鑒核示遵」等情，經據參事室審核呈稱：「除組織規程草案第二條第二款括弧內「第八」下應增一「市」字外，餘無不合，至該項經費，商准會計處可在該局社教活動費內撙節支用，擬准照辦」等情一案，奉批「如擬，提會報告」等因，除遵擬指令外，特為報告。

(二)討論事項

1.市長交議　江南鐵路公司函請興築中正路東新馬路，並定名為靜江路，以誌紀念，提請討論案。

決議：照案通過。

2.地政局提：據第九區八卦洲三十四保保長凌九如等，請撥外沙包公地籌建國民學校，提請核議案。

決議：准予撥用。

(三)臨時動議

1.社會局提：為依據行政院制訂配售美國救濟物資辦法第四條之規定，擬具南京市美國救濟物資配售委員會組織規程草案，提請討論案。

決議：交參事室會同財政局會計處審議修正簽核後，呈請行政院核定施行。

2.社會局提：為推行平民住宅建設事項擬訂南京市平民住宅設計委員會組織規程草案提請討論案。

決議：修正通過。（修正規程見法規欄）

人事動態

三十六年十二月十七日至三十一日

姓名	服務單位及職別	動態	到離職日期
黃楚玉	秘書廳第二科辦事員	新任	十二月十六日
楊先進	財政局額外專員兼稅捐稽征處股長	新任	十二月二十日
徐靜英	地政局辦事員	新任	十二月十八日
張威智	衛生局檢查員	新任	十一月二十日
龔孝傑	衛生局科員	新任	十一月廿七日
陳文瑷	衛生局視察	新任	十一月廿八日
黃俊良	衛生局雇員	新任	十一月廿八日
雍玉英	會計處第三科辦事員	新任	十二月廿六日
謝明新	會計處第三科辦事員	新任	十二月三十日
楊長林	財政局土地稅征收處催征員	新任	十二月三十日
金敏琦	財政局土地稅征收處雇員	新任	十二月三十日
汪漢興	教育局第四科科員	新任	十二月十二日
朱景生	教育局第四科辦事員	新任	十二月十二日
閻　振	地政局第一科雇員	新任	十二月廿六日
孟　遷	地政局第一科雇員	新任	十二月廿九日
管中允	財政局視察	調任財政局額外專員	十二月二十日
謝卓傑	地政局第二科科長	調升市府專門委員	十二月一日
伍玉成	財政局額外專員	調任財政局秘書	十二月二十日
王琢人	市府專員	調任市府視察	十二月廿五日
黃亞雄	會計處第三科雇員	晉升會計處第三科辦事員	十二月十五日
夏正寅	財政局土地稅征收處調查員	辭職	十二月十六日
胡傳臧	地政局第二科科員	辭職	十二月廿三日
王望槐	衛生局辦事員	辭職	十一月九日
張心潔	衛生局辦事員	辭職	十二月十五日
唐餘佑	地政局土地測量隊檢查員	停薪留職	十二月廿四日
楊文壽	財政局土地稅征收處股長	辭職	十二月六日
朱保唐	財政局稅捐稽征處股長	辭職	十二月卅一日
錢　浩	教育局第四科辦事員	辭職	十二月十二日
陳平白	社會局第一科科員	辭職	十二月廿四日
蕭祥菩	地政局土地測量隊測量員	辭職	十二月廿九日
虞文治	地政局土地登記處臨時雇員	辭職	十二月卅一日
李三和	秘書處第一科雇員	免職	十二月卅一日
張希尙	秘書處第一科雇員	免職	十二月卅一日
陳萬星	秘書處第一科雇員	免職	十二月卅一日
劉洪福	秘書處第一科雇員	免職	十二月卅一日
李茂之	秘書處第一科雇員	免職	十二月卅一日
鄭家榮	地政局土地登記處調查員	病故	十二月廿九日

南京市政府公報 第四卷 第二期

新年的工作方針

沈市長在三十七年一月五日本府月會講詞

今天，我們舉行新年第一次月會，在時序上，這僅是一年的開始，三十七年未來的日子還長得很，但一回想去年年初，我們在此舉行國父紀念週，其情形恍如在目前，不是一年光陰已經很快過去了嗎？所以，當茲新年開始之際，我們必須把握時機，來確立這一年的工作方針。

如一般所了解，政治是管理衆人的事。衆人是我們施政的對象，我們要爲大多數人做事。由於社會經濟的限制，由於天災人禍的煎迫，我們中國人民中佔最大多數的無疑是窮人。一國如此，一市也如此。我們市政府的工作應以謀大多數市民的福利爲目標，尤應多爲窮苦市民着想。這個認識極爲重要。各單位均應本此認識來確定工作方針，展開其本身在今年應做的工作，並決定工作上應取之步驟。有若干單位也許會覺得其本身與市民無甚關聯，但只要想一想，整個市政府是爲市民服務的政治機構，則市政府的各個組成分子，無論其職掌如何，必然直接間接與市民發生關係，仔細想去，自能有所領會。

四四

就本市當前的情形說，大多數市民迫切的需要很多，即我們市政府應做待做的事很多，其中最重要的工作之一是解決居住問題。居住之成爲嚴重問題是曾受戰禍各國一般的現象，英國工黨政府即是以「解決居住問題」爲其對內政策之重要部分而獲得選民的擁護，工黨政府執政以來，雖不是以全部力量解決此一問題，但的確用了大部分力量，絕不敢忽視其所含的重要性。返觀我國各大都市，幾無一不發生居住問題，有的且較南京爲嚴重，這情形也絕不容我們忽視。居住問題的發生，自有其多方的原因，不限於一城一地，但南京旣有此類事實存在，我們市政府就負有解決問題的責任。這是大多數人共有的問題，要求解決，需要很大的財力，物力，人力，以南京市經費的竭蹶，當然談不到在短期內予以澈底的解決，但至少在今年應盡力之所及使此一問題走上正確解決的途徑。

解決居住問題可分兩方面來說：一方面是窮人的居住問題，也即是棚戶問題，首應加以解決。都市裏有棚戶存在，是都市市容的汚點，但我們之要首先解決棚戶問題，不是單單爲了市容，主要因爲這是當前嚴重的社會問題之一，而棚戶所佔人數又相當衆多之故。目前棚戶區的居民，生活在汚穢，凌亂，不衛生的環境，極易招致疾病與死亡，亟應設法改善。我們現已勘定一個廣約二百畝的地區，開闢道路，敷設下水道，自來水管以及其他必要的公用設備，把區內劃成若干整齊段落，以供窮人建築其棚戶；同時並就他們現在築一棚戶所需的費用，材料，人工等加以研究，作爲標準，爲之設計一個比較改良的棚戶圖樣，在區內先建幾所模範棚戶，以供他們取法，使他們化同樣的建築費，用同樣的材料與人工，而能獲得一個較好的住處。由此而造成的區域，在實際上雖仍是棚戶區，但因爲有了整齊的道路和適度的衛生公用設備，至少比現在的棚戶區在環境上有所改善。在好高鶩遠者看來，或將以爲我們竟把這種改良棚戶作爲解決棚戶問題的一法而有所不滿，但我們面對現實，只有衡量現有的力量逐步做去，不敢預存任何奢望。這種改良棚戶，我們也僅認為試驗性質，如試驗結果良好，將繼續推行，就原有的棚戶區逐一加以同樣的佈置，如此推廣改善，對於窮人居住問題的解決，終當有所幫助。

另一方面，關於平民的居住問題，包括一般公教人員住宅在內，也有待於解決。我們今年在這方面也準備作若干努力。不過這方面所需經費遠比開闢棚戶區為大，問題也較為複雜。個人希望此一問題的解決最好以「住者有其屋」為原則，住者對於自己的房屋在使用上必會加以愛護，間接即可在管理上減少許多困難。我曾到過蘇聯，參觀過他們的公共住宅，他們一切講究集體，住宅當然公有，各家沒有小廚房，只有公共大食堂，住宅裏面畢竟不如歐美小住宅屬於私有者之整齊清潔，這或者是人類一般的弱點，至今還不能克服過來，我們中國人也未能例外。不過，要做到「住者有其屋」，應如何設計，如何入手，都有待於研究商討，我們希望在今年至少能有一個開始。

以上是解決本市居住問題的簡略說明。問題是整個的，但實施起來却不是某一單位所能單獨為力，必須本府各單位分別出力，在時間上步驟上互相配合，才能在今年期望獲得若干成就，所以各單位對此問題有關的具體工作計劃與進度，應有密切聯繫，以求進行一致。我們所要為大多數人做的事，不僅限於居住問題一端，在處理其他問題上，各單位的合作聯繫也極重要。「為大多數人做事」是我們共同的目標，我們就應以此共同目標作為合作聯繫的基礎，在行動上表現出我們整個的力量。

此外，在行政手續上，我們也應該力求簡單敏捷，合理而有效率。一切行政手續都直接間接與市民有關，改善手續不獨可節省不少人力物力，提高行政效率，實際也即是為大多數市民謀便利。我在此次首都都市計劃資料展覽會中，看到衛生局陳列的改善醫師等申請登記手續的資料，過去有關此事的法規共有十一種，現在改為一種，過去申請者須用呈文，現在改用表單，這給予申請者有多少便利，大家可以想像得到。我相信各單位都有類此的改善，也相信今後必能繼續多多改善。

至於首都物質建設，今年擬着手三事：(一)擴充自來水，(二)敷設下水道，(三)開闢政治區。美國名衛生工程專家毛理爾先生現由本府聘為工程顧問，他最近發表「促進南京現代化應從自來水與下水道入手」一文，文內對本府自來水的辦理成績頗加稱道，但現有出水量最高日為六萬七千公噸，尚不足供應百萬人口的需要，如不擴充，今年夏季即將感覺困難，現擬實施緊急工程，暫擴充至每日出水八萬公噸。下水道為都市建設的骨幹，本市已敷設的新型下水道為數極微，大都為舊式陰溝，洩水不暢，如全部敷設新管，按照去年十二月物價預算約需一萬億元，如此鉅款自非一時所能籌措，擬分三年完成，今年先做三分之一，至少也需二三千億元。開闢政治區是建設首都的奠基工作，首都之異於其他都市者，即在於此，其主要意義在於確定政治區的地點與範圍，將區內土地悉數收為公有，按照計劃先闢道路，築下水道，佈置自來水及其他公用設備；政治區一經確定，以後政府機關有新建築時，如其性質應建於區內者，不容再建於區外，如此積之十年二十年，政治區的規模自能燦然大備。有人認為開闢政治區為大興土木，非目前民窮財盡時期所宜，實有誤會。本人近寫「開闢政治區辨惑」一文，對此有所闡述，各位可以參看。

過去一年，由於各位的齊心協力，本府各項工作都有若干進展，今年新的工作開始，在進行中也許會比去年更繁重，更艱苦，而更有賴於各位同人的努力。相信各位必能不負為南京市大多數市民服務的使命。

南京市政府公報　第四卷　第二期

首都政治區計劃的意義

陳占祥

首都政治區是中華民國最高的行政中心，實際上的需要是大家所承認的。自民國十九年起到現在內政部營建司最近所擬的計劃止，這許多年間，政府始終在孜慮這個計劃，可見這個計劃的需要與否，似乎不必再討論。目前的問題是怎樣來計劃這個區域。首都政治區是全國人民精神寄託的地方，那末這計劃亦應當是我們國家精神的表現，這是一個非常大的問題。我們不敢說這個計劃是最理想的；不過我們願把做計劃時的意義在這裏說明一下。

當初我們開始計劃的時候，曾經把過去所有的首都政治區域計劃都詳細研究過，我們當時覺得幾何圖樣決不足夠來代表我們建築及都市計劃的特點。幾何圖樣是抽象的，做得不好，往往是一個平面圖樣（Two Dimensiomal Pattern）。就是做得很好，某一個作家的幾何圖樣與另一個作家的作品比較的時候，我們最多可以說「這個樣子比那個樣子好看」；可是這是極容易引起爭執的一點。因為「好看」的標準，是不存在的，這不過是一個人的口味而已。一個這麼重要的計劃，決不是單單的「口味」問題，所以許多以往的幾何圖樣的計劃，都只存下了幾個空殼子，裏面的內容（所謂精神的寄託），就根本沒有。我們覺得首都政治區將來最後外表方式(亦就是那個殼子)是怎麼樣，現在可以不必加以十分的研究，最要緊的問題是內容應當是什麼（亦就是說精神）。我們相信從裏面做到外面是對的，我們決不可拿了一枝鉛筆在紙上畫了一個圓圈，或是一個長方形加上幾根直線曲線，希望由此產生一個美麗的圖樣就可以了事。反過來說，假使我們能夠把握着精神的中心，再來設法設計一個合理的計劃，那末我們至少不會走了極端的錯路。一個建築師不能夠先決定一個房子的外表，然後再計劃房子的內部，這是大家都知道的。首都政治區在都市計劃美

術立場上說，就是一座房子，它的房間就是房屋間的空間，那末各空間的關係就是最後式樣的表示。這一點在西方建築術早就承認了。像意大利文藝復興的建築學者 Alberti Palladio 之流，在他們的著作上都有很詳細的討論。我們古代城市的計劃，早就包括這一套用意，但是却沒有著作來討論過。我們用不到舉一個在遠地的例子來說明這一點，就拿我們附近的明孝陵來做個例子吧。明孝陵無疑的是一個封建精神的表現，這個封建的精神在那時生活內用「禮」來表現的，所以整個設計就根據當時祭帝皇的禮節而產生。陵內的設計，除了那些「天文」「地理」外，沒有一個空地或是建築物是無緣無故佈置着的。它設計的程序是這樣的：封建——禮節——佈置——外表。並不是當時那個「建築師」喜歡怎麼造，就這麼造來配合他的口味。

當初我們開始設計的時候，就得問新中華民國精神——民主——，是在那裏有最顯明的表示。我們這幾個人決不可以，亦不敢來作武斷的決定，當然最明顯的表現，是在我們的憲法內。既然首都政治區已是行政中心，那亦就是勵行憲法的中心，那末我們唯一的根據，就是我們的憲法。以後的問題，就是怎樣把憲法上的精神，在立體上表現出來。除此之外，還有別的考慮，像地形，史蹟，與南京市的關係，還有我國向來把重要的建築，放在朝南的通習。於是先決定了大綱，同時再顧慮到別的因素，我們才得到了最後的結果。假使我們的計劃，似乎覺得複雜，或是不好看，那末我們並不希望在這裏辯護，可是我們可以說，這個計劃所以有這樣的外式，因為我們是從裏面做到外面，這是中華民國首都政治區，不是華威頓，倫敦或巴黎。我們相信「這是最合理的做法。」

有幾點關於設計的，可以解釋一下：第一，首都政治區沒有由西到東的通道，不需經過政治區的車輛，必需繞道，否則將來車輛一多，莊嚴的政治區恐被車輛破壞無遺。第二，由南到北穿過政治區的中

心軸道，是條舉行國家典禮時的正道，這是最重要的軸心。在這軸心上，却站著最重要的機構。第一是國大會堂，軸心的最後一段是國民政府同五院。第三，進政治區入口處有五，可是裏面的道路，都不是四通八達。這理由就由第一點而來。第四，中山東路逸仙橋口是五入口處之一，由這裏起，到勵志社，有一條康莊大道，專為閱兵之用。這條路的終點，剛巧是一塊高地（近中山門），在這裏我們利用地勢，放了一座國家紀念堂。這個堂可以當為紀念陣亡將士國家偉人的建築物，亦好像一個國葬祭禮舉行的地方。

假使讀者對於道路系統有特別興趣的話，或許會覺得政治區的道路系統不合理想，那末我們回答是：政治區乃是政治中心區域，不是為方便交通而設計，同時我們以為環政治區的大道，已經足夠區外的交通。

假使讀者認為我們的計劃還不夠週到，那末我們是十分承認的。這是百年大計，非幾個人幾個團體能在短時期內可以担任的。我們希望這是一個開始，眞正是對的開始。首都政治區計劃，還得費一番心血，還得有全民的擁護。我們不希望獻一個計劃只能滿足少數人，因為這計劃是我們全國人民的，非但是現在人民的，而是以後中華民國國民的。我們不得不小心，我們不願意把少許設計者的心思來請全國人民接受。

在目前財政困窮的時候，或許有人說可以不必這樣做，一個計劃就是計劃，並不是費錢的事情。我們所希望的，不過是在可能範圍內做一個完美的計劃，使得以後建設可以按步就班去做。我們一定要下極大的決心，把這計劃好好的做，然後慢慢的實現。假使我們這一代人，造不起一個較明故宮稍為偉大一些的首都政治區，那末我們簡直將為天下後世所遺笑！

我們的結論是這樣：自從一六六六年倫敦大火後，克利司德福爵士Sir Christopher 的倫敦計劃，把社會的秩序 Social Order 與都市式樣分道而走後，由此都市計劃成為了一個美麗的空殼子，以後始終沒有見到一個有靈魂的都市，像新德里，康培拉，華盛頓等。我們雖然覺得方式上是不夠美，可是我們的出發點是對的。這是一個試驗的開始，我們希望，我們要不惜時間，不惜金錢，好好的來幹，使得將來中華的人民肯覺得可以驕傲的一天。

都市的建築美

劉敦楨

美，雖然不是構成建築的唯一因素，也不是建築師以全力追求的最終目標；但最低限度，一個建築物的形範，比例，色彩，以及綫條花紋等等，必須做到和諧與統一，同時並須與環境調和，才能夠得上美的水準。達到這水準以後，方能完成建築物必具條件與應有使命的一部分。同樣來說，由建築聚集而成的都市，如果個別的建築，支離破碎，不能互相調和；或者全市建築，不能與它的自然環境融洽配合，那麼，這都市是否合乎美的標準，可以不言而喻。

南京為六朝舊都，全國首府，一切施設，應當樹立模楷，以為今後建國的表率。可是北伐定都以來，道路交通，逐漸改進，而公私建築，在漫無管制之下，陸續興造，以致官署商廛，新舊繽紛；朱門白屋，雜然並列；不論在大小高低或式樣色調方面，無一不是凌亂而無系統的現象。這種情況，固然趕不上北平宮殿巍峨，莊嚴偉大，甚至不如上海洋場十里，給人單純統一的印象。假使當年建設開始的時候，訂立縝密計畫，嚴格施行，則二十年來，也許在同等物資條件之下，可以建設更整齊的市容，與更優美的環境。其給予市民有形無形的影響若何，值得我們深切的反省。

語云：前車之覆，後車之鑑。作者不敏，願就此點，略貢芻蕘，以供大方採擇。

建築管制本爲近代都市重要行政之一，但我國現行制度，對於建築結構的安全，雖已制定法令，施行有年。而美術方面，始終一貫，採取放任態度。實爲此問題癥結所在。例如建築物的高度，僅以街道寬度爲標準而限定其最高尺寸。在較寬的街道，其臨街建築．必至六七層大廈，與二三層較低的商店，參差並立，此其一。再就位置而言，街道兩側的建築，或臨街或退縮，應隨區域予以不同的規定；否則主要市街的建築，一部份建于建築綫的邊緣，一部分任意退後，勢必造成犬牙鋸齒的狀態，此其二。市內重要建築，不問其爲公有私營，凡面臨廣場，或位于街道終點與交义點者，其體積大小與所採式樣色彩，不僅求其莊嚴美麗，尤須使其與環境調和，此其三。一切紀念性建築與公用建築，如紀念碑柱，銅像，噴水，花壇，橋梁，埠頭，堤岸，以及路燈，郵筒，路側靠椅，垃圾箱之微，皆應盡力使其美化，此其四。商業性招告，爲最易破壞市容因素之一，若能仿傚巴黎成法，每一塊招牌，均須先得市政當局許可，似乎最與理想接近。否則限制招牌面積，禁其伸出屋面以上；或科以特種捐稅；或于指定地點，設立揭示柱，以資調濟；或如英國曼傑司特市規定招牌模型，強制市民採用；或舉辦廣告招牌展覽會，以促進市民審美觀念，此其五。古建築爲民族文化精神所寄託，非萬不獲已，不能任意撤毀，如須修葺，應覓專家主持，以免修理而乖原制，此其六。市內名勝古蹟，應參酌原有形勢與歷史傳統，予以修理。如秦淮濁水，亟待疏濬；利涉諸橋，或施以朱闌，映以綠柳，藉復南明燈船之盛，此其七。凡此所述，挂一漏萬，不能盡首都美化的必需條件，然其事皆超軼今日建築法規以外，似宜另設委員會，延聘美術家建築師專司其責。凡與市容有關的建築物，非經此委員會審查許可，不得任其建造。

此委員會的工作。不僅斤斤於取締一項而已。積極方面、尤須以獎勵方式，喚起市民對建築美的認識。如按年選擇市內最美建築，權免其業主應納捐稅的一部；而對擔任此工作的建築師與營造廠，授以獎牌或獎狀，以示崇異。當然，在今日干戈未戢，民生凋弊，此舉似乎離事實過遠，然首都人口，正在加速度膨脹狀態中；公私建築、陸續增加，漫無止境：則市政當局，自應未雨綢繆，防止更紊雜局勢的產生。

關於建築式樣，本不應有所限制，但在原則上，每一城市，均應有其特殊風格，而此風格的表現，大都取决于當地的建築作風。年來抗戰結束，建國伊始，明故宮一帶，已指定爲首都政治區建築地點，將來政府主要官署莫不萃集於是。此一工作，將成爲民國以來最偉大的工程之一，亦爲今後我國的建築師努力創造最佳機會。其布局，結構，外觀，以及內部設備，一方面固須適合時代需求，一方面復須發皇固有文化的優點，而不以剿襲泥古爲能事。此區域的建築，一旦告成，定能產生適合時代國情的新作風，爲我國文化放出萬丈光芒，然則將來首都建築，在大體上，應以政治區爲中心，而與之調和配合，構成特有風格，似與事勢較爲切近。敢就所見，敦促市民的注意。

南京市政府公報刊例

一、本公報每半月發行一次

二、凡本府例行公文即在本公報發佈不另行文

三、本府所屬各機關於收到本公報時應編號歸檔妥爲保存凡註明「不另行文」文件並應注意遵照

南京市政府公報

第四卷　第二期

中華民國三十七年一月三十一日

編輯者　南京市政府編譯室

發行者　南京市政府

印刷者　大東新興印書館
南京：(四)建鄴路一三八號
電話：二二二二六號

中華民國三十七年二月十五日

第四卷　第三期

南京市政府公報

南京市政府編譯室編

目錄

劃定首都政治區原則四項

南京市政府訓令 (卅七)府總秘字第八七六號

令地政局
　工務局

案奉

行政院本年一月二十四日(卅七)四内字第四〇四五號訓令開：

「查首都政治區一案，前經本院第十二次臨時會議決議，推定張王李俞(交)俞(財)朱周白蔣楊雷各委員等開會審查，擬定原則四項：(一)首都政治區以二十四年本院院會通過之中央政治區土地使用支配圖，加入勵志社中央醫院一帶為範圍，(即以明故宮為中心，東南兩面以城牆為界，西沿秦淮河，北自竺橋，東經國防部至突出之城角為界。)(二)在政治區界限內，私有土地(包括旗地)一次征收，並將應發地價，列入明年度(卅七年度)預算，在被征區域內，民有建築物如政府一時不需用者，可仍准原所有人使用。(三)以後政府機關需要建築時，應就政治區範圍内建築。(四)建設政治區，先從道路水電等着手。並注意職員宿舍學校及其他有關問題設計原則，由本次出席人另開審查會研究，復經提出卅六年十二月十九日本院第十四次臨時會議決議：『通過，呈　國民政府。』當即呈請　國民政府核示去後，茲奉本年子葉府交字第一四九七六號代電開：『呈及附件均悉，所陳關於劃定首都政治區案原則四項，可予照辦』等因，除分行並將首都政治區建設計劃及設置設計委員會各項問題另定期開會審查外，合行令仰知照。」

等因，奉此，除分令工務地政局並函都市計劃委員會外合行令仰知照。

此令！

中華民國三十七年元月二十八日

金鈔違法案件應送司法機關究辦

南京市政府訓令 (卅七)府總秘字第九九九號

令社會局

案准

財政部三十七年一月二十七日財錢乙字第四五〇四二號代電開：

「查黃金外幣買賣處罰條例，業經　國民政府修正公布施行，條例中對于金鈔黑市買賣之處罰所定各項罰則，除第二第三兩條關於攜帶出入國境部份由海關執行外，第一條之處罰均應由法院裁判。嗣後查獲金鈔違法案件，均應送由當地司法機關依法究辦，幷將查獲偵訊及辦理經過情形報部查核。除分行中央銀行暨各地金融管理局查照飭屬遵照外，相應電達查照，飭屬遵照。」

等由，准此，除電知首都警察廳外，合行令仰遵照。

此令！

中華民國三十七年元月三十日

公布本市管制雜糧稅類及其對稻谷折率表

南京市政府公告 (卅七)府社佈字第一一號

案准糧食部亥黠糧管(卅六)字第三五一七一號代電開：

「查管制雜糧應悉依非常時期違反糧食管理治罪暫行條例辦理一案，前經本部電准貴府將貴市實施管制雜糧種類電部，轉飭查照辦理等由，經即統籌核定，其對稻谷之折合率，專爲執行本條例第四條折算之用，幷呈請 行政院鑒核去後，玆奉行政院本年十二月十五日（卅六）五糧字第五二二四〇號指令開：「呈件均悉，准予照辦，除分行司法行政部及國防部知照外，仰即知照，此令」等因，相應抄同貴市依照非常時期違反糧食管理治罪暫行條例管制雜糧種類及其對稻谷折率表，電請查照，登報公告施行，幷檢寄公告報紙三份過部備查爲荷」。

等由，附抄件一份，准此，除飭由社會局令知本市糧食商業同業公會外，合行抄附該項折率表公告週知！

附南京市依照非常時期違反糧食管理治罪暫行條例管制雜糧種類及其對稻谷折率表

管制雜糧種類	對稻谷一市石折合率
料豆	八、〇市斗
黃豆	八、〇市斗

中華民國三十七年元月二十二日

接待賓客及召開會議免用茶點

南京市政府訓令 （卅七）府總秘一〇〇三〇號

令各局處

案奉

行政院卅六年十二月廿七日（卅六）一庶字第五四四〇二號訓令內開：

「案准文官處本年十二月十九日處字九七一〇號公函內開：『奉 主席本年十二月十八日手令：「國府各處局接待一般賓客及召集會議，不可使用茶點，以資節約，中央各部會及機關與軍事學校等亦應如此。希即通飭遵照爲要。」等因，奉此，相應函達查照，並轉飭遵照』等由，准此，除分令外，合行令仰遵照，並轉飭所屬一體遵照爲要。此令！」

等因，除分令外，合行令仰遵照，並轉飭所屬一體遵照爲要。

此令！

中華民國三十六年一月三日

抄發現行狩獵法及其施行細則

南京市政府訓令 （卅六）府總秘字第八一六號

令社會局

案准

農林部三十七年一月十九日設林（卅七）字第一四一三號代電開：

「查山澤鳥獸爲國家富源之一，人民狩獵，或爲娛樂，或爲職業，皆應有合理之管理，以期適度發展。我國現行狩獵法，自民國二十一年十二月二十八日國府公佈，二十六年四月一日施行以來，雖經歷十載，然抗戰期間軍事繁忙，各省對於此項法令多未能切實推行。玆已勝利復員，建設開始，人民狩獵逐漸增多，亟應及時管制，切實依法推行。本部有鑒於斯，爰檢送現行狩獵法及狩獵法施行細則各一份，務希轉飭所屬，依照該法及該細則各條規定，按時公佈開獵閉獵日期，並認眞印發查驗狩獵證書，藉重獵政。又狩獵證書費用原規定爲一元，已與現時幣值不合，並請依照法令酌量增收，以符實際。相應電請查照辦理。」

等由，附狩獵法及狩獵法施行細則各一份，准此，除電首都警察廳外，合行抄發原件令仰遵照。

此令！

附抄發狩獵法及狩獵法施行細則各一份（見法規欄）

中華民國三十七年元月廿六日

市政要訊

改進首都公共交通及電力供應

公共汽車分十二路由首都江南兩公司負責
電力供應節流開源預計可增加一萬六千瓩

本市公共交通，工務局現正力謀改進，擬將本市現有之交通車輛與交通路綫，重作有計劃之分配並加強管理，於最短期內即可付之實施。其改進之要點：

（一）與首都江南兩公共汽車公司分別訂立合同，以十年爲期，使該兩公司分別負起指定之公共交通任務。

（二）重新調整路線，暫分本市主要路線爲十二路，奇數路線由江南公司負責客運，偶數路線由首都公司負責客運，另闢第廿一路，由特約汽車公司（如中央、堅行等運輸公司與公共汽車管理處訂立特約）行駛。

（三）江南、首都兩公司之每一路線，均規定至少維持車輛若干；合計兩公司各不得少於一百輛客車。

（四）工務局如認爲某路有增加車輛之必要，可通知負責該路客運之公司立即增加車輛，如承辦公司不履行其任務，可撤銷其承辦權。

（五）承辦公司如欲調整票價，須由工務局核定。

附誌新路線於下：

江南汽車公司行駛路線：

第一路從建康路到下關，至少保持二十五輛車。

第三路從建康路到山西路口，至少保持十六輛車。

第五路從京蕪車站到江邊，至少保持二十五輛車。

第七路從新街口到孝陵衛，至少保持十輛車。

第九路從淮海路到螺絲橋，至少保持十二輛車。

第十一路從淮海路到燕子磯，至少保持十二輛車。

首都汽車公司行駛路線：

第二路從中華門到下關車站及江邊，至少保持二十五輛車。

第四路從建康路經莫愁路新街口復回建康路，至少保持十五輛車

第六路從新街口經漢中、上海、廣州、西康、山西、湖南等路、復回新街口，至少保持十五輛車。

第八路從漢中路經中山東路到靈谷寺，至少保持十輛車。

第十路從建康路經朱雀、白下、中華、昇州、莫愁、上海等路到下關車站，至少保持二十五輛車。

第十二路從京蕪車站經中華、中正、中央等路到和平門車站，至少保持十輛車。

× × × ×

本市電力供應，因原動力不足及竊電者衆多，以致不堪負荷，時有停電之虞。治本之計，已由首都電廠向美國訂購五萬瓩發電機一部，將於民國三十九年夏季運抵本市使用，並計劃以本市沿江近處擇一適當地點興建新廠，全部約需二千八百萬美元。此一新廠預計可發電十萬瓩，其中以三萬瓩供普通市民，七萬瓩則供輕工業及公用事業之用，並將供應戚墅堰分廠，惟新廠約須民國四十年始可建成。目前之對策，將一面節流，使用戶循正軌方式取得電流，並防止機關與個人於額外自動裝置電燈任意竊用；一面開源，現已向兵工署借到二千瓩

發電機一部，善後救濟總署二千瓩發電機兩部，另資源委員會所屬當塗馬鞍山礦場電機，能發電一萬瓩。亦已商妥購買其半，綜上三處，共可增加電力一萬一千瓩，又現用透平機若將零件換過，亦可增五千瓩。預計短期間內本市電力即可加強。

本市立法委員改選舉竣事

本市立法委員選舉，業已依照規定於一月二十一日至二十三日舉行投票，全市共分設九十五投票所，選民參加投票頗為踴躍，並於一月二十四日當衆開票完畢，將開票結果紀錄如下：

一、胡鈍俞 二三七二七票；
二、黃　通 二二六二〇票；
三、劉百閔 一六一八五票；
四、秦　傑 一六一五四票；
五、陳耀東 一五九二八票；
六、李清悚 一五〇八六票；
七、張文伯 一〇九四二票；
八、任卓宣 一〇七四一票；
九、劉蘅靜 四七一八票；
十、朱亦松 六六四票。

至於本市當選立法院立法委員名單，亦經市選舉事務所於一月卅一日正式公告，計胡鈍俞、黃通、劉百閔、秦傑、劉蘅靜（女）等五人當選立法委員，陳耀東、李清悚、張文伯、任卓宣等四人當選候補立法委員。

本市房屋租金標準呈院備案

本府前以本市房屋租賃管理委員會改組為房屋租賃糾紛處理委員會，曾將南京市房屋租金標準及南京市房屋租賃管理規則加以修正，送請本市參議會審議。茲准該會提會修正函復過府，除南京市房屋租賃管理規則，因立法院通過之房屋租賃條例業經國府公佈施行，毋庸另訂外，已由本府將南京市房屋租金標準依照修正公佈，幷備文呈請行政院備案。茲附錄本市房屋租金標準如下：

南京市房屋租金標準

（一）南京市地區內之房屋租金適用本標準之規定，本標準未規定者，適用民法土地法及其他法令。

（二）房房租金額，以土地及其建築物之申報總價額年息百分之十為標準。

前項建築物無申報價額，歷時已久，其顯與事實不合時，由南京市房屋租金評議委員會按同樣之建築物，照市價折舊估訂之。

（三）約定租金在本標準施行以前，於約定期內從其約定。

（四）約定租金在本標準施行以前，未經約定租期者，在本標準施行後三個月內，不得請求變更。

（五）房屋租金均應以國幣按月計算，不得以外幣或其他物品計租金，不得預收一個月以上之租金。

（六）本標準自公佈之日起施行。

發放貧戶救濟款物

首都冬令救濟委員會對於本市應受救濟之貧戶，業經完成初查複查抽查工作，總計二十二萬一千〇二十九人，共五萬三千五百十七戶，除庇寒所粥站及其他臨時緊急救濟工作均經分別辦理外，幷自二月二日起，依照保甲順序發放貧戶救濟款物，其標準如下：

甲級（七口以上）：每戶國幣十萬元，米一斗（或麵粉十斤）。

乙級（五口以上）：每戶國幣六萬元，米一斗（或麵粉十斤）。

丙級（三口以上）：每戶國幣六萬元，米五升。

丁級（二口以上）：每戶國幣四萬元，米五升。

又自該會成立以來，得各界熱心人士贊助，慷慨捐輸，截止三十七年二月七日止，所收到捐款及實物爲數甚夥，已於二月九日在中央日報全部公佈，以資徵信，現款部分總計六、三三三、九一九、〇三〇、七二元。

救濟四所村災民

一月十五日本市四所村難民區棚戶發生大火，共燒燬瓦草棚一千一百間，蒙受此次災禍者，計普通戶二三二戶，流動戶二八三戶，共五一五戶，被災人口，計普通人口九〇一人，流動人口一〇九二人，共二一〇二人，均因此而陷於飢寒交迫之境。十六日上午本府社會局特派該局第三科陳科長前往調查災情，並撥款五千萬元作爲緊急救濟。同日下午二時，市長偕社會局謝局長徵孚等親往四所村慰問災民，對緊急災款之支配情形，垂詢甚詳。各界熱心人士，亦多踴躍捐款，協助救濟，計金陵大學捐出棉衣七百件，中國婦女協會捐出棉衣二百餘件，社會部亦撥發救濟衣物一千件，以救濟此數千災民。關於善後問題，正由本府以小本貸款方式予以協助搭建新屋。又首都警察廳行政處戶政科業與民政局商定，對該區棚戶重行編定戶口，並將新門牌發給各新建棚戶。

調整水電商工資本限額及納費標準

本市水電商工管理規則，前經提交本府第一〇五次市政會議決議修正通過，並已公佈施行。惟近來物價高漲，各該規則內所訂資本總額及應納各費標準，衡諸目前實際情形均覺過低，經工務局重新擬定該項規則內之資本總額及應納各費標準，業經提交本府第一一三次市政會議通過。茲將修正各點錄述於下：

一、管理水管商規則第三條第一項，規定資本總額在一千萬元以上者，提高爲資本總額在壹億元以上者（流動資本與材料各半）；管理電料店及電氣承裝人規則，前未規定資本限額，亦比照增加，作爲審核資本時之標準。

二、管理水管商規則第五條，暨管理電料店及電氣承裝人規則第三條，分別規定繳納保證金至多繳至國幣三百萬元，此外不再計繳一節，改爲繳納保證金至多繳至國幣壹千萬元，此外不再計繳。

三、水管商電料店及水管電匠工徒應納之登記費執照費等，因近來紙張及印刷費用激增，改照原定各項應納數額三倍繳納。

四、管理水管商電料店規則暨管理自來水水管技工電匠工徒規則內，規定之各項罰鍰亦覺過輕，改照原定之各項罰鍰三倍繳納。

▲下關碼頭開始修建　下關碼頭工程已由交通部水利部及本府共同組織南京港工程處合力修建，現行政院業已核發經費三百億元，修建工程即將開始。工務局已飭下關碼頭倉庫管理處鳩工先作平土工作，從一號碼頭起到海軍碼頭止，沿岸築成護岸斜坡，防止江水繼續冲刷，並爲建築新碼頭奠定基礎。

▲教育局增設中小學　教育局本學期新設第三女子中學第一第二兩初級中學；及第一區香林寺，第六區迴龍橋，第七區實善街，第十區湖底村，第十一區關門口，第十三區隱靜寺等六個國民學校；並調動中學校長，計市立師範學校校長由劉漢山繼任，三中校長由紀乃經繼任，二中校長由張辰繼任，新設之第三女中校長則由宗啓担任。

▲調整社教機關房舍　本市民教館白下路新屋落成後，經交教育局統籌支配，該局現併同原有之各社教機關館舍重行分配如下：（一）新屋之一半，撥充第一民教館館舍，餘由參議會利用。（二）第一民教館之第一部，撥作民衆圖書館館舍，並留一部份為教育局首都教育出版社及推行失學民衆補習教育委員會辦公處所，第二部及六角亭仍歸一館使用。（三）圖書館原址留書庫一大間，教育局教育資料室一間，餘借通志館應用。

▲舉行一月份國民學校校長談話會　教育局于一月十九日下午二時半，在夫子廟第一校召集各國民學校校長舉行一月份談話會，報告本學期結束應行注意事項。

▲改訂各級國民學校辦理民教部辦法　本市各級國民學校辦理民教事業，其中成人補習班教員本係另設員額，下學期擬一律由學校教員兼任，以期推廣。

▲籌組參加全運會選拔訓練委員會　全國運動會舉行有期，本市為準備參加起見，特籌組選拔訓練委員會，聘請郝更生、江良規等十三人為委員，已於本月二十四日開首次會議，並擬具預算，積極準備選拔及訓練工作，以便如期出席全運會。

▲召開兵役協會會議　本市兵役協會因前所籌募之三十六年新兵安家補助費不敷家用，于一月二十七日下午四時假本府舉行全體委員會議，商討補籌辦法，經決議修正通過，並函請本府轉送市參議會備查，及分令各區尅速遵辦。

▲召開自衛總隊第一次組訓會議　本市民衆自衛隊總隊部于一月二十七日下午二時假本府會議室舉行第一次組訓會議，商討本年度有關民衆組訓事宜，經決議各級隊部限於元月三十一日以前全部組織成立，二月十五日開始訓練。

▲本市患肺病教師免費診治　教育局為明瞭各級國民學校教職員健康狀況起見，前請健康教育委員會洽商結核病防治所，為市屬各小學教員舉行肺部檢查，於去歲十二月底完成。玆悉檢查結果如下：全市市立各級國民小學教師共二千四百人，前往檢查者一千六百二十六人，佔絕大多數，其中僅有七十五人不經X光透視。應重複檢查者七十三人，有病而可正常工作者二十人，應避免過度勞動者十五人，應全部休息者二十四人，應部份休息者二十五人。此項統計將由健康教育委員會逕請衛生局設法予以診治：輕微者給與免費魚肝油，較重者打免費人工氣胸，病重者給與免費病床治療。

▲成立邁皋橋衛生分所　衛生局在邁皋橋設置之衛生分所，定名為第十衛生分所，其房屋業經修竣，幷已指派醫護人員前往，於一月廿日開始工作。

▲建築盥洗所　本市新街口行人衆多，衛生局為適應市民需要起見，特在該處建築盥洗所一所，業經會同工務局設計繪圖，已於上年十二月十五日在該局開標，投標廠商計有仁記、坤記、黃秀記、大誠、利華等五家，結果大誠營造廠以壹億五千二百三十一萬餘元最低價得標，限三十五晴天完工，已於上年十二月廿三日開始動工。該所裝設水電工程亦經於上年十二月二十日在衛生局比價，請由會計處審計室派員監比，參加廠商計有源和、華特、俊記、正大、華新等五家，以俊記水電行最低價八千萬元得標，時間與盥洗所同時完工。

▲聯合檢查公共場所及商場之清潔　公共場所清潔規矩運動，業經衛生局將新生活守則三種分別通發，於一月十三日開始實行，並已於一月二十日會同各有關機關所派高級職員舉行分區總檢查，同時指導改善，以憑獎懲。

▲訂定保護英使領館及英僑辦法通飭施行：自九龍事件發生及廣州英領館被焚後，本府立卽電飭首都警察廳對首都英使館英僑民應妥為保護，該廳經卽訂定保護辦法，令飭各局隊遵照。

法規

中央法規

民營事業申請政府保證向國外借款審核辦法

行政院三十七年一月二十四日(卅七)六財字第四〇八五號令頒

第一條　民營事業向國外洽定借款須由政府保證者，應依本辦法規定申請。

第二條　民營事業申請政府保證向國外借款，應備具左列各件，向主管事業機關申請：

(1)事業組織章程及註册日期。

(2)最近三年資產負債表及損益計算書。

(3)借款草約。

(4)借款用途及還款辦法。

(5)產品外銷及外匯收入估計。

(6)國家銀行承還保證書。

第三條　主管事業機關對於上項申請保證借款認爲必要時，應將原呈各件再送財政部審核。財政部審核合格並呈經　行政院核准後，由財政部轉請外交部通知外國政府准予保證，或由財政部逕向外國銀行保證之。

第四條　借款合約簽訂後，民營事業應分別抄呈財政部主管事業機關及中央銀行備查。

第五條　民營事業申請政府保證向國外借款之審核，應與國家工業政策配合，其優先程序如左：

甲、借款用以購進生產出口物資器材，可以產品換取外匯者。

乙、借款用以購進母機製造生產工具，間接可以節省外匯支出者。

丙、借款用以購進國內必需之生產器材者。

第六條　借款償還期限，應與借款金額比例規定，最短不得少於五年。

第七條　政府保證借款之民營事業，應將其產品售得外匯悉數存儲保證銀行，備付借款到期本息。

第八條　在借款未清償前，民營事業應將其年度決算書表分呈財政部及主管事業機關查核，財政部及主管事業機關並得派員考核其營業狀況。

保證銀行對於担保借款事業之稽核辦法，由雙方自行商定。

第九條　本辦法自公布日施行。

各省市縣地籍整理經費籌集辦法

行政院三十七年一月二十一日(卅七)四內字第三四〇三號令頒

第一條　各省市縣舉辦地籍整理，除由中央核定業務撥款辦理外，得視地方需要增辦業務，其經費之籌集，依本辦法之規定。

第二條　籌集地籍整理經費，應以左列各款財源爲限：

一、依土地法第六十五條征收之登記費及　行政院三十五年十二月二十五日節京二字第二四七五八號訓令征收之權利書狀費。

二、征收測繪費。

三、各省市縣政府在預算內指撥之專款。

第三條　各省市縣政府依照前條第二款征收測繪費，應經省市縣民意機關之同意，並呈請　行政院核定後施行。

第四條　各省市縣政府依本辦法規定籌集經費，舉辦地籍整理，應擬具計劃預算，報請地政部轉呈行政院核准後辦理。

第五條　前條地籍整理計劃預算，經地政部核准後，各該省市縣政府得以預算所列之收入為担保，向土地金融機關抵押借款，但借款數額不得超過核定地籍整理經費預算總數二分之一。

前項借入款項，應依核定地籍整理經費預算覈實動支，不得移作他項用途，其所需借款利息，應在該項經費預算內劃列科目，取據報支。

第六條　各省市縣政府舉辦地籍整理借款，應於簽定借款契約後，抄同契約副本，報請地政部備查，於借款本息清償後，亦應報請地政部備查。

第七條　各省市縣政府依本辦法第二條之規定籌得之款項，除充作地籍整理經費外，如有剩餘，應悉數解繳公庫。

第八條　本辦法自公布日施行。

狩獵法

二十一年十二月二十八日國府公布二十六年四月一日施行

第一條　本法所稱狩獵，指以獵具或鷹犬捕取鳥獸而言。

第二條　獵具之種類名稱及限制，由內政實業兩部按各地方情形定之。

第三條　本法所稱鳥獸分左列四種：

一、傷害人類之鳥獸。

二、有害牲畜禾稼林木之鳥獸。

三、有益禾稼林木之鳥獸。

四、其他可供食品或用品之鳥獸。

前項各類鳥獸之名目，由實業部定之。

第四條　前條第一類之鳥獸，得隨時狩獵，第三類之鳥獸除供學術上之研究經特許者外，不得狩獵，第二類及第四類之鳥獸其開獵及閉獵日期，每年由該管市縣政府分別定之。

第五條　狩獵人除為第三條第一類鳥獸之狩獵外，應依本法呈請狩獵地之市縣政府核准登記，發給狩獵證書，但無中華民國國籍者，應經國民政府之特許。

第六條　狩獵證書除附印狩獵法外，應記載左列事項：

一、狩獵人之姓名、年齡、籍貫、職業及住所或居所。

二、捕取鳥獸之種類及名稱。

三、獵具之名稱。

四、狩獵地。

五、有效期間。

六、證書字號。

狩獵證書費國幣一元。

第七條　狩獵人未攜帶狩獵證書者，不得狩獵。

第八條　狩獵人於其他人園林耕種地或有圍障之土地內，非得佔有人或看管人之同意，不得狩獵。

第九條　狩獵不得利用汽車汽船或航空器為之。

第十條　狩獵人非經特許，不得於夜間狩獵。

第十一條　左列各項之人不得狩獵：

一、未成年人。

二、有精神病人。

三、士兵或警察。

四、受本法之處罰未經過一年者。

第十二條　左列各地不得狩獵：

一、古蹟名勝。

二、公園。

三、公路及公水道。

四、人民聚居或羣衆聚集之地。

五、未收穫之耕種地。

六、其他經實業部省市縣政府或各地警察機關指定或人民呈請准禁止狩獵之地。

第十三條　狩獵不得以左列方法為之：

一、炸藥。

二、毒藥。

三、劇藥。

四、陷阱。

遇有特別情事，須用前項方法時，應呈請市縣政府及警察機關核准，並先期布告及牌示狩獵之處。

第十四條　狩獵期間，每年自十一月一日起至翌年二月末日止，前項期間如有特別情形，得由市縣政府提前或移後並延長之，除布告外，並應呈請上級官署彙轉實業部備案。

鳥獸衆多之地，市縣政府應規定每種鳥或獸之開獵閉獵日期。

第十五條　市縣政府每年應將禁止狩獵之鳥獸種類及名目，於開獵前布告。

第十六條　市縣政府及警察機關遇有左列情形之一時，得停止狩獵：

一、宣布戒嚴時。

二、發現盜匪時。

三、准許狩獵之鳥獸有保護之必要時。

四、准許狩獵之地有禁止狩獵之必要時。

第十七條　違背第四條第六條第八條第十一條第十二條第十三條者處以五十元以下之罰金，並得撤銷其狩獵證書。

第十八條　本法施行規則，由實業部定之。

第十九條　本法施行日期以命令定之。

狩獵法施行規則

二十四年十月二十五日實業部公布二十五年十月八日實業部修正第二第十六第十七第十八條二十六年四月一日施行

第一條　本規則依狩獵法第十八條規定制定之。

第二條　本法第二條獵具之種類名稱及限制，由內政實業兩部就各地方情形另定之。

第三條　本法第三條各類鳥獸之名目，由實業部另定之。

第四條　狩獵證書分甲乙兩種，甲種狩獵證書依本規則所附第一第二書式印藍色文字，乙種狩獵證書依第三第四書式印紅色文字。

凡以狩獵為職業者，發給甲種狩獵證書；以狩獵為娛樂者，發給乙種狩獵證書。

第五條　狩獵證書自該狩獵地本年開獵日起至翌年閉獵日止為有效期間。

第六條　乙種狩獵證書費除依本法第六條第二項規定外，加收手續費國幣十元。

第七條　中華民國人民請領狩獵證書者，應申明請領證書之種類，並開具本法第六條第一項一至四各款事項，附繳同條第二項之證書費，及本人最近二寸半身照片二張，呈請狩獵地之縣市政府，或隸屬行政院之市主管局核辦。

但請領乙種證書者，並須附繳本規則第六條之手續費國幣十元。

第八條 無中華民國國籍人民請領狩獵證書者，除申明請領證書之種類開具本法第六條第一項一至四各款事項，附繳同條第二項證書費及本人最近二寸半身照片二張外，並須附具各該國領事之國籍證明書呈請狩獵地所屬之省主管廳，或隸屬行政院之市主管局核辦。但請領乙種證書者，並須附繳本規則第六條之手續費國幣十元，所指狩獵地在通商口岸以外時，並須呈驗內地遊歷護照。

第九條 前條呈請案，省主管廳應先徵求狩獵地縣市政府之意見，市主管局應先徵求本市警察機關之意見，再呈實業部轉請核轉。

第十條 領有狩獵證書者，使用獵具，應遵守內政實業兩部公佈之名稱種類及限制，其未經公佈之獵具，得呈由狩獵地之市縣政府驗明核准臨時使用，但仍須呈請內政實業兩部核准備案。

第十一條 中華民國人民請領之狩獵證書，由狩獵地之縣市政府或院屬市之主管局製發。

無中華民國國籍人民請領之狩獵證書，由狩獵地所屬之省主管廳或院屬市之主管局刊印，即於奉准後塡發。

第十二條 隸屬行政院之市主管局及縣市政府應將發給各種狩獵證書情形，每年造具清册兩份，呈由主管機關分轉內政實業兩部備查。

第十三條 狩獵證書在有效期間內，因污壞或遺失請求更換或補給者，向呈請時之原官署爲之，並依本法第六條第二項繳費。

第十四條 狩獵人所攜帶之證書獵具及所獲鳥獸，狩獵地公安人員得檢查之，如爲無中華民國國籍之人民，狩獵地在通商口岸以外時，其內地遊歷護照亦同。

第十五條 實業部依本法第十二條之規定劃禁獵區域時，其區域與期限，除實業部公報內公告外，並由該區域主管官署佈告周知，如由各省市縣政府或警察機關指定或人民呈由地方官署劃定時，除先期佈告外，並須將區域期限及理由依次報實業部備案。禁獵區域及期限之變更廢止或繼續時亦同。

第十六條 違反本法第五條第七條之規定者，依行政執行法第五條之規定辦理，其冒用他人證書狩獵者亦同。

第十七條 違反本法第九條第十條之規定，不服狩獵地市縣政府或公安人員制止者，得撤銷其狩獵證書，違反本規則第四條第二項規定者，領甲種狩獵證書者亦同。

第十八條 本規則與狩獵法同日施行。

國府公報所載中央法規索引 一月份半下月

本府法規

南京市公用事業委員會組織規則

三十七年一月十六日第一一三次市政會議通過

第一條 南京市政府爲改進本市公用事業起見，特設南京市公用事業委員會（以下簡稱本會）。

第二條　本會職掌如左：

一、公用事業現狀改善建議事項。

二、公用事業困難解除建議事項。

三、公用事業發展之規劃建議事項。

第三條　本會議決之案件，由南京市政府轉飭主管機關辦理之。

第四條　本會設委員九人至十一人，由市長聘任之，幷指定一人爲主任委員主持會務。

第五條　本會每兩星期開會一次，必要時，得召開臨時會，並得邀請各公用事業及有關機構派員列席。

第六條　本會設秘書一人，秉承主任委員之命，處理本會日常事務。

第七條　本規程如有未盡事宜，得隨時修改之。

第八條　本規程自公佈之日施行。

南京市管理典押當業補充辦法

經濟部京商（卅七）第二五七六號及內政部禮字第一三四號核准

第一條　本辦法依據內政經濟兩部公布之典押當業管理規則第二十八條規定，參酌本市情形訂定之。

第二條　本市典押當業之管理，除依照典押當業管理規則辦理外，悉依本辦法之規定。

第三條　設立典押當業，除依商業登記法聲請登記外，並應填明左列各項，連同切結暨應繳執照費，由社會局驗明資本加具考語，分別轉請發給營業執照，方能開業，違者除勒令補領執照外，並處以典押當業管理規則所定之罰鍰。

1.名稱（牌號），2.資本總額，3.營業所在地，4.出資人姓名年齡籍貫住所，5.經理人姓名年齡籍貫住所

押當業之營業執照，由社會局轉請市政府發給，並分報內政經濟兩部備案；典當業之營業執照，由社會局轉請內政部會同經濟部發給。凡經核准營業之典押當業，由社會局將執照內所列事項，開送首都警察廳備查。

第四條　經營典押當業之資本額，暫照典押當業管理規則之規定，提高一百倍辦理。

第五條　經營典押當業者，應於開業後一月內，向保險公司按架本及當物十足保險，於保險後，應將保險單向社會局呈驗，違者得停止其營業。

第六條　典押當業受當估價不得低於當物市價五成，典押利率暫定月息十七分。

第七條　典押當業滿典滿押期限不得短於三個月，滿期五日之內，仍准取贖或付清利息轉票，逾期不贖又不轉票者，得將典押物質變賣。

第八條　典押當戶在典押後一個月內取贖者，無論日數多寡，其利息概以一月計算，滿月後五日內不計利息，超過五日以一月論。

第九條　凡典押當業如有違反本辦法之規定者，市民得向社會局檢舉，經派員查明屬實時，卽依法處罰。

第十條　本辦法經咨報內政經濟兩部核准備案後，公布施行。

修正南京市自來水管理處組織規程第十四條條文

三十七年一月十六日第一一三次市政會議通過

第十四條　本處設正工程司六人，副工程司十五人，幫工程司二十人，工務員二十人，悉承長官之命，分掌各課廠股事務。

（註：原組織規程見本公報第三卷第一期第二七頁。）

修正南京市地政局辦理市區土地請丈規則第三條條文

三十七年一月三十日第一一四次市政會議通過

第三條　請丈費暫照土地面積計算，凡不足一畝者，概以一畝計，征收國幣十萬元；超出一畝者，其超出部份，每畝征收五萬元，五十畝以上，每畝三萬元，不足一畝，以一畝計。

（註：原規則載本公報第一卷第十二期第三〇一頁）

修正南京市地政局辦理各機關委託測量規則第三條條文

三十七年一月三十日第一一四次市政會議通過

第三條　各機關委託測量費用，暫照估計面積計算，於本局受理委託時，一次繳納，凡面積不足十畝者，概以十畝計，收國幣五十萬元，十畝以外，五十畝以內，不足五畝，以五畝計，每五畝收費二十萬元，五十畝以外，不足五畝者，以五畝計，每五畝收費十五萬元，壹百畝以上，每五畝收費十萬元，貳百畝以上，不足叁百畝，概以貳百畝收費，叁百畝以上，伍百畝以內，概照叁百畝收費，伍百畝以上，概以四百畝收費。

（註：原規則載本公報第一卷第十二期第三〇一頁）

修正南京市財政地政兩局土地稅工作聯繫辦法第八條條文

三十七年一月三十日第一一四次市政會議報告修正

第八條　地政局辦理土地移轉登記時，應將所報賣價或標準地價，塡具三聯單，除一聯存查外，以一聯交納稅義務人，一聯移送財政局核算增值稅額，塡發繳款書，通知納稅人，前往南京市銀行公庫繳納稅款取得收據，以憑換發所有權狀。

南京春節風俗識小

今之「春節」卽俗所謂「舊曆新年」。南京向爲都會所在，春節舊俗頗趨繁麗。春節前日卽「舊年除夕」，是日必須大掃除，自大門以至廚門，均貼春聯，語皆吉祥。入夜不寢，名曰守歲，必備炭火一盆，呼之「元寶火」。時居子初，則虔祝天地於中堂，供以香茗發糕之屬，闔家少長咸集，舉行辭歲禮。行輩之長者必給幼輩以壓歲錢。辭歲之後繼以接年。元旦，各家起身皆遲，謂之「睡元寶覺」。起身後。第一句話卽爲「恭喜」。初二日開始拜年。供給拜年客必備之品曰茶盒，置以糕餅糖果之屬，其茶則佐以白芹松子胡桃仁，表示敬意。拜年者須畀僮僕。「恭喜包」，以紅紙色錢。「恭喜」之聲不絕於耳，紅紙包亦川流不息。新年五日不下生米，須於除夕預責之，謂之年飯，按人計米，每口六升，至多止於三十六升，取其得六數而止六，猶之祿耳。滿盛於算，插松柏枝，置棗子栗子百果花生諸物於其上，供之堂中。年飯必插松柏者，取其松柏長靑。置棗兒栗子者，取其早生子早得力也；百果，取其百子千孫也；花生，取其長生不老也；均含有吉利祝福之意。

會議紀錄

南京市政府第一一三次市政會議紀錄

時間　三十七年一月十六日上午九時

地點　本府會議室

主席　馬副市長　　紀錄　史崇訓

討論事項

1.市長交議：據南京市自來水管理處簽擬修正該處組織規程第十四條條文，提請討論案。

決議：照修正案通過。（修正條文見法規欄）

2.市長交議：據蔣有䄅等呈請發還蔣邦彥遺產提請討論案。

決議：敍案呈請行政院核示。

3.市長交議：據社會局擬訂南京市社會福利事務中心區組織規程草案，提請討論案。

決議：一、規程交參事室會同社會局照審查意見修正簽核後，咨請社會部備查，幷提會報告。

二、小本貸款及平民食堂由社會局先行簽核舉辦。

4.市長交議：據工務局呈擬修正水電商工管理規則所訂資本總額及應納各費標準，提請討論案。

決議：照修正案通過。

5.市長交議：據財政局擬訂南京市市有房地產管理辦法草案暨租約租照格式，提請討論案。

決議：交參事室會同財政地政兩局照審查意見修正簽核，幷提會報告。

臨時動議

秘書處提：為擬訂南京市公用事業委員會組織規程草案，提請核議案。

決議：照案通過。（組織規程見法規欄）

南京市政府第一一四次市政會議紀錄

時間　三十七年一月三十日上午九時

地點　本府會議室

主席　薛秘書長　　紀錄　史崇訓

報告事項

秘書處報告　奉交下財政地政兩局會簽一件，為土地稅工作聯繫辦法，自卅五年第四十九次市政會議通過實施以來，迄已年餘，尚稱順利，茲為益加縝密，並切合本市征收土地增值稅實際辦理情形起見，提經第六次土地稅工作聯繫會談商討決定，擬將前項聯繫辦法第八條條文修正為「地政局辦理土地移轉登記時，應將所報賣價或標準地價塡具三聯單，除一聯存查外，以一聯交納稅義務人，一聯移送財政局核算增值稅額，塡發繳款書，通知納稅人，前往南京市銀行公庫繳納稅款，取得收據，以憑換發所有權狀」，原條後半段文字照舊，以上所擬修正條文是否有當，理合簽請鑒核示遵等情，經參事室審核尚屬可行，擬請准予修正一案，奉批「提會報告」等因，特為報告。

討論事項

1.市長交議　據教育局轉呈第四中學請撥龍蟠里第四三五段市地建築宿舍，提請討論案。

決議：暫交教育局代管，俟地權確定再行核撥。

2．市長交議 據財政局呈擬自本年二月份起，將筵席稅起徵點提高爲四萬元，提請討論案。

決議：照案通過，函復市參議會查照。

3．市長交議 據地政局呈第十二區江心洲業主田屏藩等申請復評該洲標準地價，提請討論案。

決議：交參事室審查簽核，並提會報告。

4．市長交議 據財政局呈擬修正本市營業牌照稅使用牌照稅房捐暨筵席稅娛樂稅等五項征收細則，提請討論案。

決議：條文照案通過，內訂各項稅率捐率，俟參議會審定修正後，咨請財政部核定施行。

5．秘書處提 據本市公共汽車管理處呈擬將前向行總訂購修理設備四十四箱，全部價讓首都公共汽車公司，以清債務，提請討論案。

決議：應繳行總價款，暫由本府墊付，並洽行總提清訂貨。

臨時提案

1．市長交議 准資源委員會函囑於下關廣場附近指撥公地，以便中國石油公司建築加油站，提請討論案。

決議：准暫行承租。

2．市長交議 據民政局呈擬南京市籌募三十七度營房建費辦法草案，提請討論案。

決議：辦法修正通過，由工務局估定修建費，併請市參議會審議。

3．地政局提 爲擬改訂增收土地權利書狀工本費以免虧累，提請討論案。

決議：准自一月份起，新收案件照擬訂增收標準施行。

4．地政局提 爲擬修正南京市地政局辦理市區土地請丈規則暨南京市地政局辦理機關委託測量規則第三條條文，提請討論案。

決議：照修正案通過。（見法規欄）

本府大事記

一月份下半月

一月十六日（星期五）

▲市長偕社會局謝局長往四所村慰問該村大火後災民。

▲本市民衆自衛隊總隊部成立。

▲舉行第一一三次市政會議。

十七日（星期六）

▲教育局召開第二次童子軍教練員座談會。

十九日（星期一）

▲本市訓練委員會召開會議。

▲教育局舉行一月份國民學校校長座談會。

二十一日（星期三）

▲本日爲立法委員選舉第一日，全市分設九十五處投票所。

二十二日（星期四）

▲繼續舉行立法委員選舉。

二十三日（星期五）

▲本市立法委員選舉結束。

二十四日（星期六）

▲參加全運會南京市代表選拔訓練委員會召開首次會議。

二十七日（星期二）

▲舉行兵役協會全體委員會議。

▲本市民衆自衛總隊部舉行第一次組訓會議。

三十日（星期五）

▲舉行第一一四次市政會議。

▲南京市選舉委員會召開會議，討論結束事宜。

三十一日（星期六）

▲市選舉事務所公告本市立法委員當選人及候補人名單。

人事動態

三十七年元月一日至十三日

姓名	服務單位及職別	動態	到離職日期
王竹淇	秘書處第一科雇員	新任	元月一日
張星遠	秘書處第一科雇員	新任	元月一日
鄒超俊	秘書處第一科雇員	新任	元月一日
吳國強	秘書處第一科雇員	新任	元月一日
吳柱周	秘書處第一科雇員	新任	元月一日
李根閣	秘書處第一科雇員	新任	元月一日
徐少夫	秘書處第一科雇員	新任	元月一日
邢玉林	秘書處第一科雇員	新任	元月一日
陳錫山	秘書處第一科雇員	新任	元月一日
王靜波	財政局稅捐稽征處額外雇員	新任	元月二日
沈祖鎔	財政局營業稅征收處副主任	新任	元月五日
原素欣	工務局局長	新任	元月六日
王　前	市府專員	新任	元月八日
鄒興志	財政局稅捐稽征處事務員	新任	元月五日
祝力生	財政局稅捐稽征處征收員	新任	元月八日
姚明遠	財政局土地稅征收處催征員	新任	元月十日
馬慧卿	教育局第一科調用人員	新任	元月七日
郝文冲	教育局第二科科員	新任	元月十日
呂述惠	教育局聯合會計室科員	新任	元月十一日
李雨村	社會局第一科科員	新任	元月八日
陳鑾華	地政局土地測量隊求積員	新任	元月七日
陳秀芬	地政局第一科臨時雇員	新任	元月十日
管中元	財政局額外專員	調任財政局荐任視察	元月一日
齊尊周	公共汽車管理處處長	調任市府專門委員	元月六日
唐康馥	公共汽車管理處副處長	晉升公共汽車管理處處長	元月六日
黃筱堂	財政局稅捐稽征處科員	晉升財政局稅捐稽征處股長	元月一日
張鴻翔	財政局稅捐稽征處辦事員	晉升財政局稅捐稽征處科員	元月一日
張丹如	市府專門委員兼代工務局局長	免兼職	元月六日
吳寶元	地政局土地登記處調查員	辭職	元月二日
何宏志	財政局稅捐稽征處征收員	辭職	十二月卅一日
盧貫珠	教育局視導室國民教育輔導員	辭職	元月十日
王家槐	教育局聯合會計室科員	辭職	元月十日
袁　誠	地政局秘書室科員	辭職	元月七日

南京市政府公報 第四卷 第三期

京市教育新設施

馬副市長在三十七年二月二日本府月會講詞

南京市教育在抗戰以前，原有良好之基礎，惜爲敵僞摧毀殆盡，復員以來，力謀恢復發展，經二年半來之努力，在量的方面雖已超過戰前，但質的方面，離實際需要，相差猶遠，今年又奉令緊縮，此後在事業方面，只能在現狀之下，求其充實，同時在人員配備方面，亦須重爲合理之調整，務期於維持原狀之中，幷謀部份之擴充，藉以適應社會之需要。茲將最近設施分述如左：

學校之增設與調整

（一）中等教育方面：本市市立中等學校，原共有十二所，卽男中六所，女中二所，師範本校及分校各一所，農職、商職各一所。第二學期起，決將師範本分校合併於小市口新校舍辦理，另添設三女中，一初中，二初中，各一所，合共十四所。各校班級亦經重行核定，計一中二八班，二中一六班，三中一六班，四中二二班，五中三二班，六中八班，一女中一八班，二女中二二班，三女中六班，一初中四班，二初中四班，師範十三班，商職十班，農職五班，共二〇四班。本學期擬招收新生者有（一中）初一上、高一上各二班，（四中）初

一上一班，（六中）初一上、高一上各一班，（一女中）高一上一班，（二女中）初一上、高一上各一班，（三女中）初一上、高一上各一班，（二初中）初一上一班，合共一三班，藉以收容春季畢業之小學學生及初中學生。至其他年級，除最高班級外，如有缺額，亦准各校招收插班生。

（二）國民教育方面：本市市立國民學校共有一四九所，學期開始新設者有：第一區香林寺，第六區迴龍橋，第七區寶善街，第十區湖底村，第十一區關門口，第十三區隱靜寺，共六所，分校獨立者有第二區馬府街，第四區老府橋，第八區老江口，第九區八卦洲第四校，第十區小水關，第十一區方家巷，第十二區江心洲第三校計七所。原有學校因環境太差撤銷歸併者有評事街二校，及貓魚市二所。故第二學期開始可增加十一所，合原有之學校，共一六〇所。關於各校員工之配備，已訂定「南京市國民學校員工設置暫行辦法」，須發各校遵行，依照該辦法之規定，可節省若干員工，用於新設之學校，一本人不虛設，事無偏廢之原則，以求質量之幷進。

各校人事之調整

關於各級學校敎職員之考核，經參照公務員考績條例訂有「南京市各級學校職敎員考核暫行辦法」，共分五等，八十分以上者爲一等，七十分以上者爲二等，六十分以上者爲三等，不滿六十分者爲四等不照五十分者爲五等。列一二等者予以調升或加薪、記功、嘉獎，列四五等者予以減薪、記過或免職。第一學期之考核卽依照該辦法辦理。古人論爲治之道，要能綜覈名實，信賞必罰，本人爲期明瞭實際情況起見，經於去年十一月下旬開始總視察，至本年一月中旬結果，所有本市各級學校，本校分校合共一百八十餘所，無論城郊鄉區遠至八卦洲、七里洲、江心洲、以及皖邊之大小黃洲，均經實地前往視察，

故本學期各校辦理成績等級之評定，除依照督學平時視察之結果外，幷參酌本人視察後之意見。關於校長人事調整方面，中等學校，除三中校長及師範校長呈請辭職已派員接充外，其他各校幷無變動。國民學校方面，調升或調降者十四人，撤職者一人，免職者五人，辭職者一人，務使努力者有所激勵，失職者知所戒懼。至於教員方面，其考核辦法亦與校長相同，凡列在五等者始予撤換，決不隨意更動。

社會教育之推進

本市社會教育基礎極爲薄弱，市立第一民敎館新廈業已落成，即將遷入，本學期擬添設下關民敎館一所，又民衆圖書館、補習學校房屋亦擬籌款建築。關於掃除文盲，南京市文化建設委員會通過之推行失學民衆補習教育辦法，擬於本學期開始逐步實行，在學校方面，業已訂定各級學校辦理失學民衆補習教育辦法，凡各級學校在五班以上者，必須辦理民敎班一班至三班，其他推行辦法亦正在與各大學及有關方面商討進行。

都市應有的衛生建設

金寶善

都市爲人口集中的地點，亦爲經濟或政治的中心，所以一切衛生事業，莫不發源於此。例如英國先有利物浦城市衛生設施，然後才有全國各城市公共衛生設施，再次漸及於鄉村衛生。其他各國，亦莫不皆然。我國都市，原亦無衛生設施，民國紀元前，京師巡警總所曾於所內設置衛生處，但僅辦理淸潔街道等工作，不具有現代化衛生設施，國府奠都南京後，於十七年八月改北平爲特別市，設立衛生局，旋南京上海等市，亦相繼設置衛生局，分別從事各該市衛生建設工作。

都市人口集中，車水馬龍，市廛櫛比，工廠林立，光線空氣，均感不佳，加之塵囂繁雜，居處更屬不甯，影響市民身心健康頗鉅，且疾病流行，極易傳染，尤爲可怕，但如有良好的公共衛生設施，疾病率和死亡率當然可以減低。據前北平協和醫院教授蘭安生的估計，大城市的死亡率爲百分之三十，其中死於胃腸病結核病心臟病肺炎腦脊髓膜炎及初生兒破傷風者的特別死亡率，總計爲一六〇一，公共衛生設施，可以減低此種特別死亡率的百分之四六·六，尤其對於胃腸病及初生兒破傷風收效更大，由此可知都市衛生建設的重要。

現代各國都市衛生設施，大都因醫學和科學的進步而進化，一方面灌輸民衆衛生知識，培養民衆衛生習慣，使其明瞭衛生要旨，注意衛生行爲，領略衛生設施的重要性，而自動的對於衛生上健康上負起應負的責任；一方面用政府和社會的力量，以醫學爲中心，有計劃的推進各項防疫保健設施，以促進市民身心的健康。我國因工業落後，經濟困難，各大都市一切建設均尙未能完全臻於現代化，正有賴於計劃研究，從新建設的需要，自不待言。徵諸世界各國都市衛生設施的史實，左列各項，實爲我國都市衛生建設今後努力的目標。

一、衛生工程與環境衛生。衛生工程中如給水工程，下水道工程等，環境衛生中如污物處理，撲滅有害動物及昆蟲等，均爲預防胃腸傳染病、腸寄生蟲病、瘧疾、鼠疫、斑疹傷寒等傳染病的重要措施。根據衛生史所示，凡衛生工程及環境衛生良好的都市，胃腸傳染病等均鮮發現，使人口死亡率降低的事例，至爲顯明。衛生工程與環境衛生與都市人民健康關係的密切，於斯可見。環觀世界各國，雖在小的城市，均有自來水和下水道工程，環境衛生的改善，則更不待言。我國都市已有自來水設備者尙屬少數，下水道的設備，即各大都市亦尙欠健全，至於環境衛生，尤有待於改善。所以衛生工程與環境衛生的興衰，實爲都市衛生工作中重要的一環，今後至低應於二十年內使五萬人口以上的城市，均有自來水和下水道設備，幷將環境衛生完全改善。而各大城市則更應特別致力於衛生工程與環境衛生之改善，首都的下水道及秦淮河的疏濬整理，必須於最短期間完成。

二、傳染病管理。都市因人口集中，傳染病傳播迅速，流行堪虞，我國都市人民，歷年死於急性傳染病（如霍亂傷寒天花等）者甚衆、患梅毒與肺結核的，爲害尤足驚人。據戰前南京市衛生事務所檢查產婦患梅毒者，佔總數百分之一八，北平市統計每年每十萬人死於肺結核者約三百人左右，卅三年中央衛生實驗院在重慶沙坪壩一帶透視檢查大中學校員生工廠職工等的結果，發現有活動結核症者，男子最高者達百分之一六·八，女子中最高者達百分之一二·二，都市傳染病管理應當更爲嚴密，其重要工作，除注意改善環境衛生，與辦自來水及下水道工程，以遏止傳染病的發生外，并應按期施行預防注射，以增強人民身體上抵抗力，設置傳染病醫院，以實驗傳染病患者的隔離治療，設置花柳病及結核病防治機構，以分別辦理花柳病結核病的防治療養等項工作，均爲都市衛生設施的首要之圖。

三、婦嬰衛生。我國因婦嬰衛生落後以致嬰兒和產婦死亡率均屬過高，據估計，一歲以下的嬰兒死亡率約爲千分之二〇〇，產婦的死亡率約爲千分之一五，較歐美各國約高達三倍至五倍之多，我國都市出生率約爲千分之三十以上，如以首都而論，現有人口在一百萬以上，每年出生嬰兒約有三萬以上，必有多數嬰兒和產婦會遭遇着枉死的危機，如能積極擴充，展開婦嬰衛生工作，普遍辦理產前產後檢查，推廣新式助產，則嬰兒和產婦死亡率均可減低。所以都市婦嬰保健機構，允宜詳細計劃，妥爲增設，以適應社會實際需要。

四、學校衛生與衛生教育。學校爲學生受教育生活的場所，其衛生設施至關重要。都市學校林立，學生衆多，學校衛生尤屬迫切急需。據南京上海各大城市自民國十八年至二十六年檢查學童體格的結果，其中有缺點者佔百分之九十以上，完全健康者不及百分之十，學校衛生極應加強辦理，如健康檢查，沙眼治療，牙齒及各種缺點矯治，學校環境衛生之改善等項工作，能普遍設施，則學生體格自可增強。此外對於衛生教育，亦應切實注意，以灌輸衛生知識，養成衛生習慣，使其能明瞭衛生要旨，注意衛生行爲，而自動致力於身心保衛，增進健康。

五、工業衛生。工業勃興，製造技術急速進步，而勞工生活環境則日趨惡劣，其疾病及災害亦日益增多。十九世紀末葉至二十世紀初，英國國民二十歲以下的死亡人數，佔全死亡人數百分之五十，曼澈斯特市的平均年齡僅二十二歲，工業地區居民的死亡率，常較國民平均死亡率爲高，實爲嚴重事實。我國勞工死亡率尚未有精確統計，現今各種工業建設，正方興未艾，必須廣設勞工醫療機構，舉辦勞工健康保險，配合推進，以促進工業建設的發展。

六、醫療設施。我國醫療事業，因人材缺乏，經濟困難，進展較緩，未能普遍爲人民服務。據南京北平南甯等市歷年統計，生前未經任何醫療而死亡者約百分之三十左右，曾經受現代醫藥治療者不及百分之二十。再就病床設備而論，以南京市言，現有醫院病床總數不過千餘，現有人口一百多萬，平均每一千人中約有病床一張、以視美國平均每千人中有病床七張，相差六七倍之多，其他各大都市，自亦不能例外，是以不能滿足目前社會需要。今後都市醫療病床設備，至少應以每千人有病床二張爲標準，并應視人口及經濟文化等發展情形，隨時按照實際需要，而酌予提高，以期普及醫療設施。他如精神病結核病等防治機構，亦應設法增設，首都方面，更應有一完整的醫療體系，以使患病的人民均能獲得現代醫藥治療、早日恢復健康。

七、生命統計。生命統計，係以數學統計方法研究人類生命現象的科學，爲衛生建設重要的部門，世界各國對於此項工作，均有良好的規範，我國生命統計尚未全面開展、在都市方面，以北平辦理爲完善，南京市現正積極推進。吾人希望在五年之內、各大都市均能將此工作辦理完善，出生死亡婚姻疾病等項，有精確統計，以奠定良好的基礎，作爲衛生建設的依據。

京市「水」的問題

吳抗勉

你們的問題，也是我們的問題——爲什麽開了龍頭沒有水？二層樓上，水會上不來？水費老是要調整？

水量問題

長江的水源當然四季都是足夠的。問題是在如何能把大量的水引入我們的水廠，加以淨化，再輸送到各人的家裏。

按照目前水廠的設備：在引水方面，有一、二〇〇公厘進水管一道，抽水機四具，（六八〇匹馬力者三具，二五〇匹馬力者一具）；四部機器晝夜不停地工作，那末每天可能引入八萬多公噸的水。但事實上機器需要養護與修理，所以經常只能開動三部，吸水量總在七萬公噸以下。在淨化方面，有混合池二座，明礬就在這池內攪和。沉澱池二座，總容量是七、〇〇〇公噸，水中的污物，加了明礬之後，希望在這池內沉澱下來，所以不能讓它流得太快，以免把沉澱物帶走，從進口到出口，需有二小時半的停留，才能達到除去百分之九十渾濁度的目的。還有快砂濾池六座，濾砂的面積是六六〇平方公尺，日可濾水六六、〇〇〇公噸。濾過的水，還要加漂白粉或液體氯消毒，然後流入二、七〇〇公噸容量的清水池，以便輸出。在輸水方面有高壓打水機四具（三〇〇匹馬力者三具，八〇〇匹馬力者一具），照目前情形，每天可以輸出約七萬公噸。

綜觀上述設備，我們水廠的出水量受了砂濾池的限制，每天只能出水六六、〇〇〇公噸。去夏九月間最高日用水量已達六七、八九〇公噸，超過了我們的額定出水量，所以在下關、中山門，以及新住宅區等較遠較高的地區，發生了斷水的現象。遠的地方沒有水，是因爲這有限的水量，被接近水廠的用戶，先截了去；高的地方沒有水，那只能怪水的天性，選着省力的途徑流。

秋涼了，每戶的用水量逐漸減低，可是新用戶不斷在增加，直到目前，每日的用水量還是很接近我們的額定出水量。我們能拒絕人家申請接水嗎？實在是不可能。因爲根據統計，現在用水的人口約爲四十萬；而城區連下關在內，人口已在七十萬以上。換句話說，就是有三十萬人，還沒有「水」的享受！依照首都建設的趨勢，城區及下關區的人口增至百萬以上，指日可待，水量的不足尤屬顯著，今夏供水問題，當更嚴重。

水壓問題

剛出水廠的水，有六十公尺高的壓力，所以在清涼山上的水庫也能裝滿了水。可是這種壓力逐漸消損在輸水管裏面。按照京市管線系統，平均每經過一公里的平路，要損消五公尺的壓力。到下關去的管線，長約十二公里，那邊的水壓幾等於零，沒有壓力的水，你要它到達二層樓，那是不可能的。我們在下關，中山門、北極閣、大光路等處設立增壓站，也就是爲了要使這長途奔波的水繼續前進，再向上昇。

京市幅員廣大，建設事業突飛猛進；較遠的地區會有給水的需要，高樓大廈的興建乃必然之事，這些場所的給水，水壓便是一個極大的問題。

水價問題

售水的單位是「度」，亦稱爲「公噸」，就是一立方公尺的水，相當於普通的二十擔。目前每度水價爲五、九〇〇元，約合每擔僅二九五元，尚不到戰前（民廿六年水價爲每度二角）的三萬倍以上。雖公用事業的電價來比，戰前每度電是二角，現在是六、三一七元，那末是三萬倍以上。再拿郵費來比，戰前一封平信是五分錢，現在是二千元，那末是四萬倍。再根據統計公佈數字，糧食一項爲戰前的六四、五八三倍，雜項爲戰前的六三、四四四倍，其他燃料及衣着，所漲的倍數更不止此！所以要維持我們的業務，覺得格外困難。

結論

要解決水量和水壓的問題，根本的辦法，唯有增設水廠，改善輸水網。增加一個每日出水量十萬公噸的水廠，和八千公噸的生鐵管線，（以用水人口一百萬每日每人用水量一二〇公升爲對象），按照目前估計，約需七千餘億元以上 這龐大的數字，決非專待水費經常收入所能負担！唯一的希望是請政府撥一筆建設專款。即使有了錢，這工程也得有三年、五年才能完成。在此過渡期間，我們的兩個急救的辦法：一個是改良製水的效率，如加大進出水管，改用較粗砂粒，使濾水時間加快等等，希望每天的出水量能達八萬公噸，附帶還要添置些備用的機件，以免抽水機損壞而停水，並增埋漢中路幹管一道，（長約一五公里，口徑爲五〇〇公厘），以利供水。另一個辦法爲規定新用戶暫以裝接一三公厘進水管及龍頭一只，專供飲水爲限，這個辦法，完全是爲了多數人着想，在出水量未能增加以前，我們絕對要維持大衆的飲料，只好請少數人少享受點。相信這種辦法，能獲得各界的同情和亮管，唯有如此，那末今年夏季的供水，或者可以勉強維持。

關於水價，我們也不願意隨便漲，可是我們也決沒有財力來貼補、因爲我們是事業機關，完全自給自足，希望政府根據實際情形，定出一個合理的公式，以作將來水費的標準。

首都建設正積極進行，相信「水」的問題總可以解決。我們的目標，是使「水」能流遍京市，達到每一層高樓！取之無盡用之不竭！

南京之古墓

盧前

南京所存古墓，頗多有疑問者。宋以前人之墓，最著者有九。金偉軍「待徵錄記地編」中所載，雖未必爲定論，然大都有所依據，可以備一說也。

吳魯肅墓，呂志駁邑乘之妄，而未詳所由誤，按朱見虞（濬）詩註，乃魯維肅墓，掘地時濬曾目覩其碑。案維肅明武科解元，見科貢表。門西鳳凰台之晉阮籍墓，前人定爲阮孝緒冢似矣，按顧文瑗「瓦官古跡名賢考」，宋時有阮姓居此，歿即葬焉，名阮生里。至王覽墓，部宇和云，後祁村祁姓人葬其祖，夢覽示兆，掘地得碣，有東晉王覽之墓六字。然覽在西晉已顯貴，即後人移葬，不應簡略如此，當別是一人。而謝安墓，曹能始名勝志據舊志，不知王安節高座寺志之析寺志云，在長興者，始興王掘發後，謝氏爲長興令者遷葬之，宋大觀墓田碑可證，在上虞者，應屬元與煥，是金陵之墓亦如宋理宗也。其次梁代諸墓，可考其眞。侍中南康簡王墓，在上元句容間石獅圩地，王名績，高祖第四子，七歲能察洗改解書之弊，居母董淑儀喪，哀毀過甚，年廿五而卒。又吳平忠侯蕭景墓，在花林，碑用反字，官中撫將軍，南史誤爲中領軍，溧水陳泰庸爲詩辨之。宋賢有三墓：張孝祥墓，景定志在上元清果寺南，畿志因之，應天志在江浦七坮山，李維樾縣志因之，陳府志竟兩存焉。按周應合以宋人誌宋墓應不妄，而孝祥爲張籍後，烏江人，今隸江浦七坮之墓，或其祖塋耳。程偃孫墓，在清涼山後，周應合請求明道先生後裔，偃孫來自池陽，敎使讀書，不幸早卒，葬於此，見景定志，陳府志。清遠軍節度使王德墓，德字子華，肇州人，有勇略，以十六人禽上黨僞守姚太師，南渡後，平苗劉，捷柘皐，涖官金陵，卒於荆南任，葬鍾山淸眞寺側，傅雱所撰神道碑猶存。偉軍去今已百年。南京建置，凡此古墓俱應修繕，然頗有單佚其地者，今惟嗣宗墓及諸梁墓尙存，嗜古之士，偶一憑弔於夕陽衰草間耳。

南京市政府公報刊例

一、本公報每半月發行一次

二、凡本府例行公文即在本公報發佈不另行文

三、本府所屬各機關於收到本公報時應編號歸檔妥爲保存凡註明「不另行文」文件並應注意遵照

南京市政府公報

第四卷　第三期

中華民國三十七年二月十五日

編輯者　南京市政府編譯室

發行者　南京市政府

南京：(四)建鄴路一三八號

印刷者　大東新興印書館

電話：二二二二六號

中華民國三十七年二月二十九日

第四卷　第四期

南京市政府公報

南京市政府編譯室編

目錄

特載

爲勸募清寒學生助學金向各界呼籲

沈怡

寒假轉瞬屆滿，各校就要開學，本市有許多家長正爲他們孩子的學費發愁，亦正有許多學生因家境清寒，耽心進不了學校，這是當前一個值得重視的問題。因爲物價不斷增漲，公私立學校皆感維持不易，學生應繳各費儘管可以限制到很低，但總須使學校能夠維持得了，因之本學期所訂收費標準，不免還是一個相當大的數字，非目前若干家長的經濟能力所能完全負担。我們不能坐視現已在學的學生因此而中途失學，對於清寒學生我們必須予以及時的，必要的幫助。學生在家庭是子弟，在國家則是未來的公民，我們皆有培育子弟教養未來公民的責任。假如有大羣學生因不能繳費而迫使他們學業中輟，這是國家何等的損失，又是社會何等的不幸。

市政府財政困難，預算有限，自審沒有足夠的力量解决此一嚴重問題，但仍在積極設法由市庫籌撥款項，不過「杯水車薪」，勢難收到廣大的實效。社會對幫助清寒學生，向來很表同情，此一問題之解決，端賴社會各界人士共同予以熱烈的支援。上學期本市曾組織清寒學生助學金募集委員會，頗著成績，以當前清寒學生境況之愈趨艱困，本學期助學工作更有積極展開之必要。我誠懇籲請輿論界，各報社，各廣播電台，用文字，用聲音，將勸募清寒學生助學金這件事廣爲宣揚，以喚起全社會的同情，進而藉全社會的力量，以嘉惠那些行將失學的清寒學生。「己飢己溺」是中華民族傳統的美德，深信這種美德，仍舊是今日社會大衆的良知良能。子弟失學是一件最痛苦的事，而看到人家子弟失學，其痛苦當不下於自己子弟失學，這一點痛苦的感覺，就是無上珍貴的同情。請社會各界人士憑這一點同情，慷慨解囊，踴躍捐輸，共襄盛舉。現在正是春節，俗尚酬酢，倘能將春宴的全部或一部份用費，移充助學金，即此一端，清寒學生已受賜不淺。

各方捐款請直接送到本市清寒學生助學金募集委員會，會址在市政府內，款由南京市銀行代收，聚沙成塔，集腋成裘，我敬先爲清寒學生向社會各界人士致其感謝之忱。

最後有一點須加述及者，近來各校同學自行發起助學運動，分頭勸募，這在學生本身，基於「自助助人」的旨趣，用意實未可厚非，但如漫無約束，難免發生流弊，現已發現有若干勸募方式，超過必要的程度，足以喪失社會對學生的尊重，因此不得不切望學校負責人妥爲指導，並希望各校同學鄭重將事，不要輕易自隳助學運動的正確性，致喪失社會廣泛的同情，是所企幸。

三十七年二月十七日

政令

整理軍法通用範圍與憲法抵觸之法令

南京市政府訓令 （卅七）府總秘字第一三五〇號

令所屬各單位

案奉

行政院本年二月六日(卅七)七法字第六三一五號訓令，為奉 國民政府主席蔣代電，為戡亂時期危害國家緊急治罪條例頒佈以後，有關擴大軍法適用範圍與憲法抵觸之法令，應予整理廢止一案，提示三項，飭遵照并轉飭所屬一體遵照等因，奉此，除分行外，合行抄發原訓令一件，令仰遵照，并飭屬一體遵照！

此令！

抄發行政院訓令一件

中華民國三十七年二月十二日

抄行政院訓令

奉

國民政府主席蔣三十七年一月二十四日子迥府交乙字第一五〇八一號代電，為戡亂時期危害國家緊急治罪條例頒佈以後，有關擴大軍法適用範圍，與憲法抵觸之法令，應予整理廢止，茲分別指示如次：(一)綏靖區及東北九省臨時緊急軍政措施辦法第二項第五款，及關於粵桂甘新四省盜匪案件劃歸軍法審判之命令，應明令廢止，後方共產黨處置辦法第八條應予修正，一律依照戡亂時期危害國家緊急治罪條例辦理。(二)上述三種法令分別廢止修正以前，各地特種刑事法庭應迅速依法成立，以便將各項案件，移轉管轄。(三)關於戒嚴區域，依照戒嚴法規定，得由軍法審判之案件，與上述法令不衝突，自可依法辦理。以上三項，統希遵照辦理等因，奉此，查(一)關於綏靖區及東北九省臨時緊急軍政措施辦法第二項第五款，經於三十六年七月廿五日提出本院第三次臨時會議決議，採用國防部陳總長所擬第二項辦法，軍法機關仍適用原辦法第二項第五款所列懲治盜匪條例及戰時交通器材防護條例，其餘妨害兵役治罪條例禁烟禁毒治罪條例，歸由司法機關辦理，並呈奉

國民政府核准備案，暨分別函令在案，現在憲法業已施行，其第九條規定「人民除現役軍人外，不受軍事審判」，而戡亂時期危害國家緊急治罪條例，亦已公布施行，關於上述盜匪及妨害交通器材案件，依照有關法律之規定，除軍人為被告，或依戒嚴法由軍法審判外，其無軍人身份之被告，應由特種刑事法庭審判，觸犯懲治盜匪條例，及戰時交通器材防護條例其餘之罪者，仍依法由普通司法機關審理之，至後方共產黨處置辦法，核與戡亂時期危害國家緊急治罪條例頗有抵觸之處，本院擬予廢止，現正徵詢有關機關意見中，俟另案辦理。(二)關於組設特種刑事法庭一案，本院正在積極辦理中，在該項特種刑庭成立前，其應受理之案件，除歸軍法審判者外，得先由司法警察機關進行調查犯人犯罪情形及蒐集必要之證據。(三)關於戒嚴區域，依照戒嚴法規定，得由軍法審判之案件，與現行法令不抵觸，自可依法辦理。除以代電陳復鑒督，並分別函令外，合行令仰遵照，并轉飭所屬一體遵照。此令！

取締錢兌業經營非法業務

南京市政府訓令　(卅七)府總秘字第一一七六號

令社會局
　財政局

案准

財政部三十七年一月三十日財錢乙字第四五二一七號代電開：

「查自經濟緊急措施方案公佈施行後，黃金外幣均經禁止買賣，原有經營外幣兌換之錢兌業自應即時停業清理；又查非經營金融業務者，襲用錢莊銀號等名稱，應予取締，並經本部通飭遵照在案，玆據報稱全國各大都市仍有若干錢兌業利用原有牌名，暗中經營非法業務情事，自屬不合，應予一律取締，其原有牌號，並應限期取銷，以符法令，除分電外，相應電請查照辦理，並將辦理情形見復」。

等由、准此、查本案前准財政部咨行到府，經於三十六年十二月三十一日以(卅六)府總秘字第一二三九四號令知飭遵辦在案，准電前由，除令社會局遵辦具報外，合行令仰知照。知財政局遵照辦理具報。

此令！

中華民國三十七年二月六日

各地對滬穗兩地匯款及運鈔之管理

南京市政府訓令　(卅七)府總秘字第一二八三號

令所屬各單位

案准

財政部三十七年二月四日財錢乙字第四五五七一號代電開：

「本部前准四聯總處轉呈　主席手諭，關於國家行局暫行停止放款案內指示事項第六點開：對各處匯至上海之匯款，應嚴格限制與檢查其確實之名戶與款之來源等因，並准全國經濟委員會函為第二十六次大會討論關於調整內匯匯率，並限制現鈔攜運，以鼓勵資金內流，防止游資集中京滬穗等地刺激物價案，經決議通過，抄同原議案函請查照辦理等由，當查為配合管制金融緊縮信用之加強實施，防杜內地資金過度集中都市，而對於正當工商業資金之流通，仍不使阻滯起見，對於匯兌管理與運鈔管理，自應同時實施，以資周密，當經與中央銀行一再研討，除調整內匯匯率一點，請由四聯總處另案核議辦理外，關於各地對滬穗兩地匯款，及運鈔之管理，玆訂定實施辦法四項：(一)各地國家行局庫省市銀行，及商營行莊，匯至滬穗兩地之匯款，及滬穗兩地國家行局庫省市銀行，及商營行莊之匯入匯款，其數目在兩億以上者，應逐日將詳細情形列表，送當地金融管理局查核，當地未設金融管理局者，送當地中央銀行查核，金融管理局或中央銀行認為必要時，得通知匯款行，嗣後對於某一匯款人停止承匯或對某一收款人停止解付。(二)各地國家行局庫省市銀行，及商營行莊每月向中央銀行要求代調款項之額度，直接向當地中央銀行洽商之。(三)凡由內地攜運現鈔至滬穗兩地，每人不得超過貳億元，違者將其超過部份送交當地中央銀行專戶存儲發給三個月定期存單到期發還，此項規定，對於銀錢行莊一律適用。(四)因正當用途未能向銀行匯款或調撥，必須自行攜帶現鈔至滬穗兩地，得向當地金融管理局申請發給運現證明書，憑證攜帶，不受上項之限制，此項申請，在未設金融管理局地方，向當地中央銀行為之，各金融管理局或各地中央銀行塡發運現證明書，應按月列表報請財政部查核。除呈報行政院鑒核備案，並公告暨分行外，特電請查照」。

等由，准此，除分令外，合行令仰知照！

此令！

中華民國三十七年二月九日

補充規定承包營造工程增給包價辦法

南京市政府訓令　(卅七)府總秘字第一三〇四號

令各局處

案奉

行政　本年二月三日(卅七)六經字第五七六三號訓令開：

「奉　國民政府處字第六八號訓令開：據該院(卅六)經字第一七三六號呈，爲承包工程在未完之期間，因工資調整比例增給承包金額處理辦法，前經國防最高委員會批准，幷奉鈞府卅六年三月廿八日處字第二五九號訓令飭遵，當由院分令飭遵在案，惟原處理辦法，僅適用於各機關在緊急措施方案頒行前與各包商所訂立之建築合約，而事實上在緊急措施方案頒行後物價仍復上漲，京滬兩市自五月份起，已恢復按工人生活指數調整工資，因之包價中工資部份，如不能援用上項處理辦法，則支出大增，包商自有虧累，而工程延誤，機關亦蒙損失，茲爲減少糾紛起見，除由院令飭內政部會同南京市政府切實加強對營造商之管理外，並擬具生活指數解決後，包價中工資部份調整辦法兩項，以補前頒處理辦法四項之不足，而作爲行政上之救濟，其辦法如次：(一)在經濟緊急措施方案頒行後，爲機關與包商所訂建築合約，如中途工資經已調整，包價中工資部

份暫准援用前頒『承包工程在未完工期間，因工資調整，比例增給承包金額處理辦法』，酌予調整包價。(二)各機關嗣後與包商訂立建築合約時，應于合約中分別訂明建築材料工資管理費及合法利潤所佔包價比例數額與工資調整後包價中工資部份之調整辦法，概以合約爲準，嚴格執行。其預付包商之款項，應注意監督其用途，凡不合標準之營造廠，不得與之訂立建築合約。上項補充法規，亟須頒行，請鑒核備案，並分行有關機關知照等情，查原辦法前經由府以處字第二五七號訓令分行在案，茲據前情，應准備案，除分行外，合行令仰知照，幷轉飭所屬一體知照等因，查承包工程在未完工期間，因工資調整，比例增給承包金額處理辦法，前于三十六年四月二日由院以從九字第一一七二二號訓令飭遵在案，奉令前因，除分行外，合行令仰知照，此令」。

等因，奉此，查本案前奉　院頒該項辦法四項，當經於上年四月四日及五月十二日二十二日先後以府總秘字第三六六一號四八九一號五一九六號訓令飭知在案，茲奉前因，除分行外，合行令仰知照！

此令！

中華民國三十七年二月十一日

加强營造業管理

南京市政府訓令　(卅七)府總秘字第一四五七號

令工務局

案准

內政部本年二月營字第一五八號丑虞代電開：

「案查前奉　行政院(卅七)六經一七三六號訓令，着由本部會同京市政府加強營造業之管理，對營造商之登記，應重加

審查，凡不合標準者，一律註銷其登記，其不履行合約義務故意延誤承包工程者，亦應查明懲處，或禁止其續包第二家工程，或吊銷其營業執照，以杜流弊爲要等因，當經飭司邀集貴市主管人員暨有關機構遵照院令原則，幷針對現實，訂定加強營造業管理辦法一種，經核尙屬可行，除呈院備查，幷函送上海市政府同時施行外，相應檢同辦法一份，電請轉飭主管機關，自文到之日起，嚴格遵照實施，仍將辦理情形見復，以憑轉報爲荷」。

等由，附加強營造業管理辦法一份，准此，合亟抄發原辦法，令仰遵照，嚴格實施，並將辦理情形具報憑轉爲要！

此令

抄發加強營造業管理辦法一份（見法規欄）

中華民國三十七年二月十六日

查禁新出麻醉藥品兩種

南京市政府訓令　（卅七）府總祕字第一一四二號

令民政局

案准

內政部三十七年一月三十日京禁叁字第六五一二號子陷代電開：

「准外交部本年一月十四日條(卅七)子第九九三號及同月十六日條(卅七)字第一二〇九號兩公函，以准聯合國祕書長略知美國政府已核准一烷二氫嗎啡氫氯化物簡名氫氯化參多賁（Mitspon hydrochloride）之製造與買賣，惟其用途僅限於癌症之醫治，祕魯政府前供國內消用之氫氯化可卡因(Cocaire hydrochloride)將於一九四八年製造外銷，該項藥品之製造，將由公共衛生部或政府指定之經理人辦理各等由，查該新出一烷二氫嗎啡氫氯化物及氫氯化可卡因兩麻醉藥品，久服可以成癮，我國自應視爲屬於一九三一年七月　三日所訂經一九四六年十二月十一日議定書予以修正之「限制製造及調節分配麻醉藥品公約」第一條第一組甲類予以管制，以免流毒社會，除分行衛生財政兩部外，相應電請轉飭所屬切實查禁，幷希見復。」

等由，准此，除電首都警察廳並令衛生局暨電復外，合行令仰遵照幷轉飭各區公所遵照。

此令！

中華民國三十七年二月五日

規定防空司令部及指揮部用令範圍

南京市政府訓令　（卅七）府總祕二字第一一四〇號

令所屬各原位

案奉

行政院卅七年一月卅日(卅七)四防字第四九九〇號訓令開：

據國防部代電，請明令規定各防空司令部防空指揮部爲執行防空緊急事宜，對于其轄區內之縣及省轄市政府水陸警察機關水電廠等得直接用令等情，所請對縣市政府及水電廠等用令，應准照辦，復查防空司令部防空指揮部轄區內之縣境水陸警察機關人員，均兼任軍防民防職務，所請對水陸警察機關用令一節，應對其兼職而言，惟仍宜與省保安司令部主辦防空人員先行會商，除分行外，合行令仰知照，並轉飭所屬一體知照！

等因，奉此，除分令外，合行令仰知照，並轉飭所屬一體知照。

此令！

中華民國三十七年二月五日

市政要訊

本市中小學生繳費標準及免費辦法確定

本市公私立中小學三十六年度第二學期學生繳費標準，已由教育局根據上學期標準，並斟酌實際情形分別擬具草案，經第一一六次市政會議決議通過，並轉送市參議會審議修正通過，該項標準所列數字如後：

市立中學

市立高級中學收學費四十萬元，設備費三十萬元，雜費十萬元，合計八十萬元。市立初級中學收學費三十萬元，設備費三十萬元，雜費十萬元，合計四十萬元。另住宿生不論高初中一律收宿費三十萬元。上列費用，師範生全部免繳，清寒學生免費名額，為百分之三十。學費中高中以二十五萬元，初中以二十萬元作獎學金；高中以十五萬元，初中以十萬元作教師進修金。

私立中學

私立高級中學收學費八十萬元，補助費二百萬元，設備費五十萬元，雜費二十萬元，合計三百五十萬元。私立初級中學收學費六十萬元，補助費一百八十萬元，設備費五十萬元，雜費二十萬元，合計三百一十萬元。另教師進修金高中十五萬元，初中十萬元，亦暫向學生家長勸募。實驗費高中二十萬元，初中十萬元，惟各校實驗如係在教室內示範實驗，應在設備費內開支，不得另行收費；若有物理化學實驗室而能分組由學生自行實驗者，始得收實驗費。住宿生不論高初中一律收宿費六十萬元。貧寒學生免費名額百分之三十。此外代辦學生書籍簿本等費應核實估計，不得多收。童軍費應在設備費內開支，不得另收。

公立小學

市立國民學校，高級收補助費二十萬元，中低級十六萬元，幼稚園二十萬元，中以八萬元作教師進修金，其餘作設備費。貧寒學生免費名額平均數為百分之四十。

私立小學

私立小學高級收學費三十五萬元，補助費六十萬元，設備費十五萬元，合計一百一十萬元。初級收學費三十萬元，補助費五十萬元，設備費十萬元，合計九十萬元。另教師進修金一律收八萬元。上列各數均係最高額，各校不得超收，其願減低者聽。清寒學生免費額為百分之三十。教師進修金依照市參會決議辦法，在中央未核准補助以前，暫向學生家長勸募。代辦學生書籍簿本等費應核實估計，不得多收。高級學生童軍費應在設備費內開支，不得另收。

本市市立暨私立學校學生免費暫行辦法，亦經教育局修訂，提第一一六次市政會議通過，並轉送市參議會審議通過。該項辦法規定私校免費學額應佔全校總人數百分之三十，市校免費學額佔全校學生總人數百分之十至八十不等。為求普遍起見，本學期免費額將有完全免費及部份免費兩種，由各校斟酌實際情形分別免繳，使清貧學生有普遍全部或部份免費之機會。茲將市校及私校免費辦法全文錄後：

市立學校免費辦法

甲、免費項目：

(一)中等學校：以學費及設備費兩項為限。

(二)國民學校：以補助費內之設備費及教師進修金兩項為限，各校得就上列項目，斟酌實際情形，分別免繳。其免繳之辦法如下：

一、中等學校，全免或就二項總額免二分之一。

二、國民學校——全免或半免。

乙、免費資格：

(一)家境清寒，經調查屬實者；

(二)革命功勳子女及抗戰軍人遺屬無力繳費，有確實證明者；

(三)現任本市市立各級學校教職員本身之子女二人；

(四)同胞兄弟姊妹有三人以上同入市屬學校肄業，自第三人起，因家長之請求免費者。

丙、申請手續：由學生家長塡具申請表兩份，送經學校負責審查，造具名冊，連同該表一份，轉呈教育局核准備案。（申請表式另定之）

丁、免費名額：

(一)中等學校佔全校學生總人數百分之三十。

(二)國民學校佔全校學生總人數之百分比如下：

第一區百分之十；第二區百分之十五；第三區百分之十五；第四區百分之三十；第五區百分之十五；第六區百分之十五；第七區百分之二十五；第八區百分之六十；第九區百分之四十五；第十區百分之六十；第十一區百分之五十；第十二區百分之四十五；第十三區百分之八十。

第八至第十三區之學生免費名額，得由各校呈請教育局核准，酌量提高百分比額。

上列百分比，係以全免名額為標準，所有部份免費應合併計算。

私立學校免費辦法

甲、免費項目：以學費補助費設備費及教師進修金四項為限，各校得就以上項目斟酌實際情形分別免繳，其免繳辦法如下：

(一)完全免費——四項全免。

(二)部份免費——就四項總額免四分之三、四分之二、四分之一。

乙、免費資格：

(一)家境清寒，經調查屬實者；

(二)同胞兄弟姊妹有三人以上同入市屬學校肄業，自第三人起因家長之請求免費者；

(三)本校教職員子女。

丙、申請手續：由學生家長塡具申請表二份，送經學校負責審查，造具名冊，連同該表一份，轉呈教育局核准備案。（申請表式另定之）

丁、免費名額：佔全校學生總人數百分之三十。

上列百分比，係以全免名額為標準，所有部份免費應合併計算。

南京市粮食消費合作社展開業務

社會局為便於分配美國救濟食米，並為求米粮雜糧等分配儲運之妥善，以期平抑米價，安定民生起見，特成立南京市糧食消費合作社，由該局邀請十個有關機關共同籌備。經籌備會議決議採取「保證」制，並推定粮食部儲運處沈國瑾，合作事業管理局王世穎，中央合作金庫壽勉成，社會局謝徵孚、俞寶書，市參議會王潞，市合作社聯合社馮斌甲、傅選青、鄭厚博，行政院美國救濟物資處理委員會趙連福，南京市美國救濟物資配售委員會陳堯昶，首都民生日用必需品配售委員會裘槐堂，地方志願代表陳鑫智、陳家禮、張耀庭等十五人為籌購委員，並以謝徵孚、王潞、壽勉成、馮斌甲、沈國瑾、趙連福、陳鑫智為常委，推謝徵孚為主任委員。

籌備委員會分設社務、業務、督導、財務、總務等五組，並在市區內設立辦事處若干處，下設供應站若干處。本市市民均得自由入社，凡在該社業務區域之市民，無吸食鴉片或其他代用品宣告破產及褫…舂公權之情事者，得爲該社個人社員，凡不以營利爲目的之社團機關，皆可加入爲該社法人社員。社股金額定爲每股五萬元，個人社員每人至少一股，法人社員至少五百股。該社現已決定採總分社制，總社負責社務之監督，分配，登記等事項，分社辦理業務。現該社已於二月十四日假市商會開始辦公。

籌議改良八卦洲洲地

本市八卦洲位於江中，距城約廿餘里，自民十八年開墾以來，先後開得頭步墾二萬八千餘畝，二步墾九千餘畝，南三步墾六千餘畝，北三步墾八千餘畝，外灘一千餘畝，全洲面積共約五萬餘畝，人口二千餘戶，一萬二千餘人，主要生產爲大麥、小麥、苞米、黃豆、綠豆、紅豆等，芝麻、蠶豆、油菜、棉花、稻穀等亦略有生產，淪陷期間堤埂失修，河渠淤塞，涵洞潰漏，抽水機亦完全破壞，以致連年歉收，農民破產，三十六年春初曾發動全洲佃農修築堤埂七千餘丈，疏濬河溝一萬餘丈，堵塞缺口二處，幷修理全部抽水機。本府以該洲土地肥沃，爲增加農民生產，改善農民生活，擬在該洲實施機械耕種，並積極籌組合作農場，經財政局於本年一月十四日邀集有關機關商討，市長親臨主持，決定由本府與農林部農業推廣委員會，農林部農墾機械物資管理處，中國農民銀行，中央合作金庫，行政院善後救濟委員會，農林部農田水利工程處，地政部土地利用司及中大金大兩農學院共同籌備，請農業推廣所擬實施計劃，以先實施機械耕種，一面籌組合作農場爲原則，並請農林部農田水利工程處，前往查勘該洲，水利設施情形，現已完成，至籌備期間經費係由本府及推廣所分擔，一俟計劃核定，即可着手進行。

熱河路商場放租問題解決

下關熱河路商場自去年十月工竣以來，因熱河路被拆商戶與江邊被拆商戶名額上爭持未決，迄未放租。緣熱河路拓寬與拆除江邊馬路棚戶時，原擬興建商場數處救濟此等被拆住民，嗣因物價波動甚鉅，預算不敷，未能一一實現，僅建成熱河路商場一處，乃引起熱河路與江邊兩方之爭執，經財政局會同各有關方面數度開會商討，始決定申請承租原則八項，並准拆戶普遍登記，再定取捨，截至登記期滿日止，申請承租者共一四五戶，遂根據前訂八項原則，由下關區各參議員及區民代表會主席，本府各局及第七區公所下關警察局等各有關機關人士，分組逐戶實地調查，製成報告，並於一月十五十七兩日分別召集總審查會議，承參議會陳議長裕光出席主持逐一覆審決定，熱河路被拆商戶合格者八十五戶，江邊被拆商戶合格者三十三戶，於二月二日分別通知，在綏遠路國民小學校大禮堂參加號位抽籤，計抽中甲等鋪位者，岳志義等十戶，乙等鋪位者，王恒豐等四十八戶，丙等鋪位者，夏錦棠等十六戶，丁等鋪位者，李金等二十戶，乙等攤位者，李樹生等十六戶，丙等攤位者，徐筱經等四戶，丁等攤位者，楊傳元等四戶，總計抽中一一八戶（商場鋪攤位總數爲一一八個）。除訂租繳租手續定期另行辦理外，爭執多時之熱河路商場放租問題，至此乃告解決。茲將該商場抽中各戶戶名刊錄於後：

（甲等鋪）岳志義　徐成浩　甯子春　任本道　李清富　赫根榮
楊震孫　王記元　王原齡　吳九如
（乙等鋪）王恒豐　葛廣富　李德春　史祥生　鄭維江　劉致和
劉學正　秦國杰　陳有餘　馮士元　黃俊臣　孫康保　仲大富　朱恒
甫　羅必智　楊殿富　姚必煥　郭文源　茅於慧　楊鑑秋　陳逸民
李長發　劉冠軍　陳鑄銓　孫紹禹　林恒餘　裴承業　沈愼裕　范亞
平　楊德禮　何中孝　王作江　卜榮嘉　魏漢臣　董學寬　喬國良
高寶林　朱世森　趙學義　謝拜言　蔣廣賢　黃紹歧　趙之華　姚銀

海　龍宗棠　方春粮　嚴永福　張桂鵬
（丙等舖）夏錦棠　周啓發　彭金鏞　周忠順　劉必才　楊運林
吳玉來　黃世元　張正霖　喬永泰　趙長步　周義泰　陳奎鏞　竇德
仁　王兆源　趙祥華
（丁等舖）李　淦　楊賢德　張朱氏　胡曹氏　陳旭敏　黃　誠
季玉林　周鴻賓　楊國禮　任永保　張文清　蔣元楷　樊正康　胡廷
登　管長連　邵秀根　陳榮華　孫永才　季鶴皋　宣信福
（乙等攤）李樹生　趙聽生　秦文煥　劉正義　周玉慶　朱輔成
熊玉林　胡定奎　謝問天　任猷鏞　陸竇氏　朱國榮　潘壽春　王家
鈞　陳積祿　劉國明
（丙等攤）徐筱經　謝懷亮　梁有義　夏月初
（丁等攤）楊傳元　張鈞林　楊寶恩　張崇高

簡訊

△召集市私立中等學校校長會商募集獎學金事宜　教育局為勸募三十六年度第二學期中等學校學生獎學金事宜，經於二月九日下午二時，在市政府會議室召開市私立中等學校校長會議，當經決定辦法，實行勸募。

△教育局繼續舉辦輔導教學　教育局為發揮輔導效能，增進實驗研究之成果，上學期曾舉行各科演示教學四十二次，並分全市為十二區，舉行分科研究會。所有市內小學教師一律參與研究討論。該局督學室於召開第五次輔導會議時，對上項輔導工作加以檢討，結果認為半年來之輔導工作尚有進展，如公開教學，分科研究之實驗成績均相當滿意，為求普遍推行起見，本學期決定繼續舉辦。

△舉辦寒假學術講演會　中國教育學會總會發動全國各地分會與教育行政機關合辦寒假學術講演會，教育局特與該會南京分會聯合籌辦，自二月十六日至廿一日講演一週，共十六次，內容偏重實際問題，及歐美教育新設施之介紹，對現階段教育工作人員之責任亦有所指示。

△結束市選所工作　本市選舉事務所自上年八月十二日正式成立以來，經先後辦理國民大會代表及立法院立法委員選舉業已完成，該所工作人員原係由各有關單位調用，現除酌留本府各單位調用人員辦理結束外，其餘人員均於一月底分別調回原機關。

△核發監察委員當選證書　本市監察院監察委員選舉結果公佈後，已據各當選人分別表示願意膺選，經已發給當選證書，現任參議員者，幷通知其依法於一星期內擇一辭職。

△召開各區區長座談會　為討論補籌卅六年度新兵優待金事，經於二月二日在本府會議室舉行區長座談會，即席決議自二月十七日起，由民財兩局派員分赴各區督征，各區保務於二月底以前征收完成。

△免禁緩役審查委員會成立　本市已申請之免禁緩役適齡壯丁，總計四六七七人，經兵役協會組設免禁緩役審查委員會，以便從事審查，幷於二月三日在本府會議室舉行成立會，經當決定：（一）公推本市十三區區民代表會各委員担任審查工作，幷實行抽查。（二）三月份補辦申請一次。

△派員往東郊施種牛痘　衛生局前據第十二衛生所報稱，東郊鎖石村發現天花病人，業已派員前往防治等語，為迅速撲滅起見，經又指派醫護人員前往協助普遍施種牛痘，惟以市區遼闊，各鄉村地處偏僻，容有未能週知，復經函請警察廳轉飭所屬各該警局所，如區內市民遇有傳染病發生，即由該局所通知所在地衛生所，以便立即派員辦理，以杜蔓延。

△整理科巷菜販　科巷內菜販林立，行人擁擠，交通阻塞，亟應分別整理，經衛生局飭由清潔總隊菜場攤販管理所召集該管警局會商辦法，決議將科巷菜場南部空地闢為臨時菜場，惟該處僅能收容菜販二百餘挑，而科巷現有菜販約四百餘人，其未能容納者，一律遷至白菜園文昌巷壽星橋一帶擺設，營業時間規定每日上午十時至十一時。

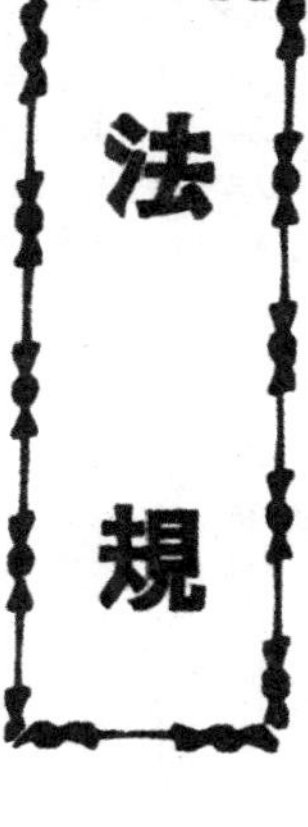

中央法規

三十七年度營利事業所得稅稽征辦法

行政院三十七年一月卅一日六財字第五三五八號令頒

第一條　三十七年度營利事業所得稅之稽征，除依所得稅法規定辦理外，應依本辦法辦理之。

第二條　主管征收機關應於年度開始後估定暫繳稅額，先令納稅義務人繳納，俟依照稅法查定應納稅額後，再行通知補稅，如有溢繳，應退還之。

第三條　暫繳稅額依左列規定估定之。

一、參照三十七年度與三十六年度歲入預算及營利事業所得稅預算比較增加之倍數暨三十六年與三十五年物價總指數比較增加之倍數爲標準，將三十六年度核定，各納稅義務人應納營利事業所得稅與利得稅之總額暫照六倍計算繳納。

二、凡在三十六年新設立或三十五年終了前設立而尙未納稅之營利事業，暫按其申請登記　資本實額百分之一二、六計算繳納。

前項估定暫繳稅額之依第一款計算者，其在三十五年度之營業期間未滿一年，或依第二款計算者，其在三十六年度之營業期間未滿一年或在一年以上者，均應按其實際營業期間相當全年之比例換算之。

第四條　主管征收機關應於二月十五日起一個月內將納稅義務人估定暫繳稅額，塡發繳款書，送達納稅義務人，限自送達日起三十日內繳納之。

第五條　主管征收機關接到納稅義務人所得額之申報後，左列營利事業應卽進行查賬。

一、公司。

二、各級政府所辦公營事業及官商合辦事業。

三、本店及分支店營業所不在一地，資本未經劃分。營業未經獨立，而應由本店合併納稅者。

四、合併、解散、轉讓、歇業而經清算者。

五、不屬於前四款之範圍，賬簿完備，而經主管征收機關指定者。

第六條　不屬於前條各款規定之營利事業，得依標準計稅制調查所得額。

第七條　凡依標準計稅制調查所得額之營利事業，應就第五條查賬行號之資料，編製各種計稅標準比率。

前項編製標準比率之行號單位，如不足第八條第三款規定之成數時，應就賬簿單據比較完備之行號加查補足之。

第八條　編製標準比率之方法如左。

一、編造製時應詳分業類，一業之中，應分製造與買賣，批發與零售，並就資本額與營業額（或收益額）分爲大中小各等級，由主管征收機關視當地情形及實際需要分別酌定。

二、分業或分類分級計算各種資本週轉率、銷貨毛利率、銷貨費用率、資本毛利率、資本費用率、資本收益率、收益費用率及銷貨純益率與資本純益率。

三、各業行號單位，不得少於各該行業全部單位之百分之五，其分類分級計算者，不得少於各該類級之百分之五。

第九條　凡無賬簿之行業，得比照上年核定之比率，參酌三十六年實際營業狀況，及物價變動情形，推算其純益率及其他各種比率，如無上年核定比率者，其各種比率，得就該行業三十六年實際營業狀況參酌性質相近之行業比照推定之。

第十條　凡依標準計稅制調查所得額之營利事業，其申報所得額合於第八條或第九條所訂之標準者，從其申報所得額，其不合標準者，應就左列規定，按照各該業類之標準比率計算其所得額，不再施行查賬。

一、凡買賣業及製造業，遇按銷貨額所計之所得額高於按資本額所計之所得額時，以銷貨純益率核計所得額，如按資本額所計之所得額高於按銷貨額所計之所得額時，以資本純益率核計之。

二、凡供給勞務或信用之行業，以資本純益率核計所得額。

三、銷貨額不確實時，得以資本週轉率核計之，其在供給勞務或信用之行業，其收益額不確實時，得以收益費用率核計之。

第十一條　依法應予逕行決定者，得依第八條或第九條標準比率從重估計所得額。

第十二條　主管征收機關核定應納稅額後，應按其高於暫繳稅額之差額填發繳款書，送達納稅義務人於十日內繳納之。如自溢繳而應予退稅者，應自暫繳稅額繳納之日至收入退還書送達前一日止，按照中央銀行給付銀錢行莊存款準備金之利率，計算退款利息，併入應退稅額內填發收入退還書，一併退給之，其應納稅額與暫繳稅額相等者，應通知之。

第十三條　納稅義務人不依期限繳納稅款，主管征收機關應送請法院依所得稅法規定處罰之。

前項處罰，法院應於接到案件後七日內辦理執行之。

第十四條　本辦法自公布日施行。

征實期間農地規定地價補充辦法

地政部三十七年二月二日京地價字第一七七號令頒

一、各縣依據土地法及其他有關法令規定農地法定地價時，同時應調查當地最近二年內主要農產物價格，以其平均數，將農地法定地價折合為實物數額。

二、在已辦農地地籍整理尚未依地價稅征實暨新辦農地地籍整理之地方，均應依照前項方法，將農地法定地價折合為實物數額。

三、在同一縣區內，因規定地價時間先後不同，對於同等級土地以地價折合實物，應使所折合之實物數額彼此相近，力求公允。

四、地價冊及總歸戶冊應增設「折合實物數額」一欄，於記載地價時同時記載折合實物之數額。

五、在征實期間將農地法定地價折合實物數額後，逕依法定地價稅稅率計算其應征糧額。

六、依照前項規定計算所得之全縣應征糧額，如與該縣征糧配額不相符合時，應以全縣地價所折合之實物總額，除該縣征糧配額所得之商，即為該縣農地征糧之稅率，並應呈報財政糧食地政三部備案。

七、在已辦地籍整理並依「地價稅折征實物三原則」及「戰時田賦征收實物條例」第七條之規定折征實物之地方，仍按原辦法辦理。

征實期間農地規定地價補充辦法計算舉例

甲、折合實物例：

設某縣於本年舉辦農地規定地價，並假定有某宗土地其法定地價為一〇〇萬元，如當地主要農產物為稻穀，其最近二年之平均價格為每石一〇萬元，則依本辦法第一條之規定，該宗土地法定地價折合之實物數額應為稻穀一〇石，其算式如次。

$$1,000,000\div100,000=10\text{石}$$

乙、擬訂稅率例：

設該縣農地地籍整理完竣，依地價册或總歸戶册統計結果，該縣全部稅地之法定地價總額為五、〇〇〇億元，及折合實物總數額為五、〇〇〇、〇〇〇石，依本辦法第五條之規定，則該縣全部應征糧額總數應為七五、〇〇〇石，其算式如次。

$$5,000,000\text{石}\times\frac{15}{1000}=75,000\text{石}$$

如該縣之征糧配額適為七五、〇〇〇石，應即「以此項千分之十五法定稅率，乘各宗土地法定地價折合實物數額，即得」各該宗土地應征糧額，例如某宗土地之法定地價折合實物數額為一〇石，則該宗土地應征糧額應為一斗五升，其算式如次：

$$10\text{石}\times\frac{15}{1000}=0.15\text{石}$$

如該縣應征糧額總數與該縣征糧配額不相符合時，則應依本辦法第六條之規定，以全縣地價折合之實物總額，除該縣征糧配額所得之商，為該縣之征糧稅率。

1\. 該縣征糧配額超過全縣應征糧額時，設該縣征糧配額為120,000石，則其稅率應為千分之二十四，其算式如次：

$$120,000\text{石}\div5,000,000\text{石}=\frac{24}{1000}$$

依此稅率乘各宗土地之法定地價折合實物數額，即可得各該宗土地應征糧額，例如該宗土地法定地價折合實物數額為一〇石，則應征糧額應為二斗四升，其算式如次：

$$10\text{石}\times\frac{24}{1000}=0.24\text{石}$$

2\. 該縣征糧配額小於全縣應征糧額時，設該縣征糧配額為60.000石，亦以同法求其征糧稅率為

$$60,000\text{石}\div5,000,000\text{石}=\frac{12}{1000}$$

依此稅率乘各宗土地之法定地價折合實物數額，即可得各該宗土地應征糧額，例如該宗土地法定地價折合實物數額為一〇石，則應征糧額應為一斗二升，其算式如次：

$$10\text{石}\times\frac{12}{1000}=0.12\text{石}$$

惟於實際計算之時，可先依地價册統計該縣農地全部稅地之法定地價總額及折合之實物總額，並依本辦法第五條之規定，以法定稅率試求該縣應征糧額總數，如應征糧額總數，適與該縣征額配額相符，應即以此項法定稅率為該縣征糧稅率，如應征糧額與征糧配額不相符合，應依前述乙擬定稅率之1 2兩例之方法，以求適合於糧額配額之稅率，再按求得之稅率，即可依上述方法計算各該宗土地之應征糧額。

各機關建築工程料價調整辦法

行政院三十七年二月五日(卅七)營三字第六一〇七號令頒

(一)各機關與各包商所訂立之合約，除約內載明無須調整者外，其因中途發生物料價款上漲而有增加價款之必要者，得呈由第一級機關，察酌實際情形，准其增加，但以包商能履行合約義務者為限。

(二)料價之增加數，應就合約規定尚未付清款項部份與辦理該工程應有程序及所需材料名稱數目，按調整日各該料價格計算請補，其因包商對於已領工料款未能及時按照工程估價單購足物料所致之損失部份，應由包商自負之。

(三)增加料價，應依照後附之某項工程料價調整計算表格詳細填例，報經主管機關覈實准支。

(四)上項核准增加之料價，如各機關原請預算不敷時，得專案檢具包商所填料價計算表，並抄同該機關准報原案，依例編具概算，轉請追加。

(五)凡料價上漲程度不及原定價格五成以上者，得俟工程完竣後併案請增。

加強營造業管理辦法

內政部三十七年二月營字第一五八號丑虞代電頒

一、為加強管理營造業，減少工程糾紛，除管理營造業規則，已有規定外，依本辦法辦理。

二、各地方主管營造業機關，自奉到本辦法之日起，應暫停發給營造業執照三個月，在停止發照期間，并不得發給臨時執照。

三、停止登記期間應將已核准登記之營造廠商依照管理營造業規則之規定重行審查，對下列各款尤應切實辦理：

甲、各級廠商資本額應依三十二年修正規則所訂額數比照當地最近生活指數百分之二為標準，由當地主管機關調整公布，飭令廠商限期呈驗，其資金不足者，得以不動產折算。（所有以前各地自行調整資本額一律廢止）

乙、各級廠商應具工程經驗依原規則所訂額數重行呈驗，并嚴格取締偽造證件，如呈驗包工合同，必須附繳完工證件，工程價值應按當時物價相差額折算。

丙、已登記營造業除同額以上資本之舖保外，應加具同等同業三家之聯保，該項聯保應得當地同業工會之證明。

四、已登記之營造業如發現有左列情形之一時，應撤銷其登記證。

甲、登記已滿一年，尚無營業或因故喪失營業能力而繼續無營業一年者。

乙、經理人或廠主，已非原登記之本人或將登記證借與他人冒用者。

丙、經理人或廠主兼任公務員者。

丁、一人兼充工廠之技師者。

戊、不依本辦法第三條應審或經審查不合規定者。

五、已登記之營造業承辦工程，有左列情形之一時，經被據實檢舉或由地方主管營造業機關調查屬實，均應予以處分。

甲、不履行合約義務或故意延誤工程者。

乙、因技術不精或玩忽業務，致業主或他人蒙受損害者。

丙、對於投票手續有不法行為者，及未得業主之同意轉讓他人或利用未登記之廠商假用名義頂替者。

丁、偷工減料，不服建築師或業主之指揮者。

戊、違反建築法令者。

六、地方主管營造業機關應經常嚴格考查營造廠商之業務行為，遇有前條各款之一時，得按情節之輕重執行左列之處分。

甲、警告。

乙、罰鍰。

丙、半年以下停止營業。

丁、停止或禁止一部份營業。

戊、撤銷登記。

情節過重者，并得移送法院究辦，其因不履行合約義務所涉訟者，在未判決前，應暫停止其承辦其他工程。

七、本辦法施行區域及日期，由內政部定之。

捐資興學褒獎條例

教育部三十七年一月三十日叁字第五九四三一號電頒

第一條　凡私人或團體捐助公立或已立案之私立學校、圖書館、博物館、美術館、體育場、民衆教育館或其他有關教育文化事業者，依本條例給予褒獎。

外國人捐資興學者，得依本條例給予褒獎。

第二條　褒獎方法如左：

一、獎狀分爲四等，由省政府或直轄市政府給予之。

二、獎章分金質銀質兩種，由教育部給予之。

三、匾額由國民政府給予之。

第三條　捐資給獎標準如左：

一、捐資三十萬元以上，不滿五十萬元者，給予四等獎狀。

二、捐資五十萬元以上，不滿壹百萬元者，給予三等獎狀。

三、捐資壹百萬元以上，不滿貳百萬元者，給予二等獎狀。

四、捐資貳百萬元以上，不滿伍百萬元者，給予一等獎狀。

五、捐資伍百萬元以上，不滿壹千萬元者，給予銀質獎章。

六、捐資壹千萬元以上，不滿伍千萬元者，給予金質獎章。

七、捐資伍千萬元以上者，給予匾額。

第四條　凡依本條例第三條所定應給獎狀者，由主管官署開具事實，檢附捐資證件，及受獎人履歷，呈請省政府或直轄市政府核明給予，年終由省市政府分別彙報教育部內政部備案。

第五條　凡依本條例第三條之規定，應給獎章者，由主管官署開具事實檢附捐資證件及受獎人履歷，呈經上級機關，送由教育部會同內政部核呈行政院核准後，由教育部給予之。

第六條　凡依本條例第三條之規定，應給予匾額者，由主管官署開明事實，檢附捐資證件，及受獎人履歷，呈請上級機關，送由教育部會同內政部核呈行政院轉呈國民政府給予之。

第七條　僑居國外之中華民國人民依本條例第三條所定應給褒獎者，由當地使領館開具事實，檢附捐資證件及受獎人履歷，報請僑務委員會會同教育部內政部核辦，在未設使領館地方得由校長或學校董事長或其他僑民教育主管人員，呈請僑務委員會核明後，會同教育部內政部給予之。

第八條　捐資在蒙古西藏地方者，由蒙古各盟旗官署西藏地方官署依本條例之規定，分別授獎，年終彙報教育部內政部蒙藏委員會備案。

第九條　凡已領有獎狀或獎章繼續或於兩地以上捐資者，得合計捐資數目晉獎，但以一次為限，一人不得同時給予兩種獎狀或獎章。

第十條　凡經募捐資超過本條例第三條各款所列數額十倍以上者，得比照同條規定給予褒獎，但募捐爲其職務上應有之工作者，不適用本條例之規定。

第十一條　凡以不動產或國幣以外之動產捐資者，應按當地時價折合國幣計算。

第十二條　給予外國人之褒獎，由教育部會同內政部外交部核辦。

第十三條　區額獎狀獎章之款式，由內政部定之。

第十四條　本條例自公佈日施行。

國府公報所載中央法規索引

二月份上半月份

本府法規

南京市園林管理處管理道路廣場樹木暫行辦法

三十七年二月五日第一一五次市政會議通過

一、南京市園林管理處（以下簡稱本處）為管理本市各道路行道樹及廣場花木植物，俾能維護正常生長，以美化市容起見，特訂定本辦法。

二、本市各道路之行道樹及各廣場之花木植物，所有栽培修整及管理，概依照本辦法辦理之。

三、本市各道路之行道樹及各廣場之花木植物，由本處栽培之。

四、凡本市市民及各公私團體，對於行道樹及廣場花木植物均有共同保護之義務，本市各區自治工作人員及崗警並有隨時維護協助本處保護之責。

五、凡發現有損害行道樹或花木植物之行為時，本處員工或一般市民均得予以制止，如不服從而加以損害時，並得就近送往警察局所，或據情報告附近警察局所依照損害公物罰則處理之。

六、凡行道樹或花木植物，如被車輛或牲畜損毀，經本處員工或附近商店居民發現時，應即記明車輛號碼，並將車輛駕駛人或管理牲畜之人，送往附近崗警或警察局所依法處理，照價賠償。

七、凡行道樹或花木植物，如被未成年兒童攀折損毀時，應由其家長或監護人負責賠償。

八、有左列情形之一者，認為有損害行道樹或花木之行為：

（一）搖動及攀登或解脫縛繫物者。

（二）以金屬絲或繩索纏繞樹幹者。

（三）在樹身或支柱拴繫牲畜，或晒晾衣物者。

（四）在樹幹上擅行安設用具，或利用搭蓋棚架者。

（五）在樹之根部傾潑污水，或其他有礙生長之化學液體者。

九、有左列情形之一者，得認為行道樹或花木已遭損害：

（一）拔取樹本或支柱者。

（二）用力或其他器物削傷皮部者。

（三）攀折枝幹或摘取枝葉者。

（四）將器物釘入枝幹者。

（五）有損害行道樹或花木之行為不受制止，而致樹本枯萎者。

十、市民或機關團體因交通建築等關係，確有遷移或修剪行道樹與花木之必要時，應通知本處辦理，如其申請非關公用業務，其一切費用應由聲請人負擔之。

十一、沿行道樹植立電力線電話線桿，其架線高度距地面至少應為七公尺，電桿與樹幹間距不得小於一公尺，以免妨礙行道樹之生長。

十二、商店居戶及保甲長如因切實保護行道樹或花木而致發育優良者，得由本處查明實際情形，報請　市政府予以獎勵。

十三、本辦法經呈奉市政府核准後公佈施行，其修改亦同。

本府大事記

二月上半月份

二月二日（星期一）

▲本市冬令救濟委員會開始發放貧戶冬令救濟賑款，市長偕謝局長徵孚親臨施賑區視察。

三日（星期二）

▲本市兵役協會免緩役審查委員會成立。

六日（星期五）

▲舉行第一一五次市政會議。

十日（星期二）

▲首都各界春節勞軍運動第一日，市長出席勞軍大會代表蔣主席向衛戍司令部所屬官兵致敬。

十一日（星期三）

▲首都各界春節勞軍運動第二日，市長，副市長，薛秘書長等代表首都市民慰勞本京衛戍部隊。

十二日（星期四）

▲首都各界春節勞軍運動第三日，市長代表首都市民親赴湯山陸軍醫院慰勞傷兵將士。

▲首都過境難民處理委員會浦鎮庇寒所全體難民數百人，聯名上書市長致敬。

十三日（星期五）

▲舉行第一一六次市政會議。

十四日（星期六）

▲社會局發起組織之南京市糧食消費合作社開始辦公。

人事動態

三十七年元月十四日至二十七日

姓名	服務單位及職別	動態	到離職日期
段慕平	人事處雇員	新任	元月十四日
段啓榮	會計處第二科科員	新任	元月十六日
周靜君	地政局第一科科長	調任地政局督導室督導主任	元月十五日
戴籛年	會計處第二科辦事員	調任城南醫院會計佐理員	元月二十六日
周祥泰	地政局督導室股主任	晉升地政局第一科科長兼股主任	元月十五日
張秋棣	地政局督導室股主任	晉升地政局估計專員兼股主任	元月十五日
方心如	地政局第三科臨時雇員	辭職	元月十五日
武青雷	社會局第一科科員	免職	元月二十六日

新的認識和新的作風

馬元放

——給市立一中陳校長重寅的一封信——

重寅吾兄：

你送來的「市立一中之自我批判」，已經收到，我近來雖是很忙，但仍從頭至尾，細細地將它看完，使我深深的發生了共鳴。

去年十二月十九日，我參加南京市國民學校校長座談會，曾向大家致詞，「這次座談會，或許是本學期的最後一次，我們當學期結束的時候，應該詳細檢討，切實反省，做校長的是否盡了做校長的責任，做教員的是否盡了做教員的責任，是否對得起自己的職責，社會的屬望與國家的付託，在我，常是這樣的檢討，這樣的反省」，看了你的自我批判，使我精神上有「不孤」之感。

「教育」是何等莊嚴的名詞，教育事業又是何等神聖的事業，我們應看一看現在一般教育的情況，是不是已有莊嚴的氣象，是不是已達成神聖的使命，至少要自問教育成績的表現，是不是差強於其他部門。說來眞夠慚愧，實在需要批判，需要警惕。

古人論爲治之道在「綜覈名實，信賞必罰」，我是時刻向這目標做去。但是要切實做到這一點，必須對於實際情形，知道得十分清楚，所以我於去年十一月間，即開始全市總視察，到本年一月中旬，才視察完畢。除中等學校及社教機關不計外，本市十三個區內的國民學校，本校一百四十九所，分校二十七所，遠之如八卦洲、七里洲、江心洲以及皖境的大黃洲、小黃洲，凡有學校的地方，都一一親自去過。鄉區道路崎嶇，車輛不通，都要徒步跋涉，每天常步行三四十里多至五六十里不等，在去小黃洲視察時，中途遇雨，捨舟登岸時竟滑跌在江邊，弄得泥污滿身，幾乎落下江去，雖是這樣的吃苦費力，但因有個前進的目標，精神上仍舊是非常的愉快。

當三十六年度開始的時候，我曾向同人說過，三十五年度是「整理年」，三十六年度應該是「改進年」，這次視察以後，覺得一般情形，均甚良好，除少數幾個學校外，都在力求改進，凡一見有國旗飄揚之處，即知爲學校所在，便不覺心神嚮往，步履輕健，這是我的很大的安慰。

我常常想到現在做事固須「有能力」，還必須「肯努力」，這次到各地視察，覺各同人一般工作現象，可以分爲下列四類：

一、有能力，肯努力；

二、有能力，不努力；

三、能力弱，而肯努力；

四、能力弱，又不努力。

曾國藩說過：「祇問耕耘，不問收穫」，但不管你能力如何，只要有一分努力，一分耕耘，自會有一分收穫，我這次看到一部份校長能力既強又肯努力，成績便很優異，又一部份校長能力並不弱，可是不自努力或是努力不夠，便無成績可言，可見努力之可貴，更勝於能力。當然一件工作的成功，自有種種必備的條件，如做人之道等等，各種條件都能配合，成功便有很大的可能，但條件的配合，仍在於個人的努力，使它適當而據以改進。

我對於用人，自問向無成見，例如本局重要職員如祕書、科長等等，過去多無一面之雅，經人介紹，再加諮訪，如堪稱職，即予任用。我以前曾主持過江蘇教育，俗語所謂「班底」，並非沒有；所以如此，完全因爲教育是神聖的事業，而且百步之內必有芳草，用人更應以「惟才惟能」爲標準，正惟如此，所以我對於同人的考核，也儘量的客觀。本學期少數的人事調整，不僅是根據督學平日的考核：並亦參酌我這次視察的結果，雖不能說是信賞必罰，但在不能懸格過高的情狀中，總還沒有離開一秉至公的原則，這是堪以自信的。

現在做事眞難，幾乎到處都有窒礙，要是全憑自己理想做去，那遭遇的窒礙，將更會加多。在此有時就不得不紆迴曲折的前進，走上自己所要到的途徑。你到校之初，有好多不必要的誤會，不必要的麻煩，可以避免而沒有避免，你說經過磨鍊以後，處事做人，稍有進步，此於將來校務之發展，或當有所裨益。但這只是一時的行權達變，算不得是進步。吾人無論修己待人，一切還當以「誠」爲本。先聖說過：「誠者物之終始，不誠無物」；又說，「誠者非自成己而已也，所以成物也」，又說「唯天下至誠爲能化」，所以「誠」是一切事業的原動力，尤其從事教育工作的人，更應一本乎「誠」。上面所引的「成物」之「成」與「能化」之「化」，皆是教育的任務，堪以造就者使之「成」，不堪造就的使之「化」，化而有成，成而再化，環進不已，乃能達到樹人的目的。而這個「成」字與「化」字，只是從「誠」中方可得來，假如我們眞能以誠修己，以誠待人，我想一般自私自利的人和你所謂「老氣橫秋，自命特殊階級而教學不佳」的極少數教員，終會有自知慚愧改悔之一日。

先聖又說，「君子喻於義，小人喻於利」。義利之辨，自古最爲重視。何以成爲小人，因爲他只喻於利，只知道自私；何以成爲君子，因爲他能喻於義，消除一己之私，而做得合理得宜。利之所趨，義即無有，人如蔽於私欲，則一切不明。中庸說「誠則明矣，明則誠矣」。要消除自私，亦必本乎誠，這是與前面所說，可以互相發揮的。

貪污之風，完全由「喻於利」生出來的，教育事業既不容自私，更非以自利。義利之辨，於此最當分清，若不分清，則貪污之風，必將沾染，這是絕不容許的。「貪污」的對面是「廉潔」，貪則必污，廉則能潔，惟其能潔，方得守廉，可見「潔」之一字，實爲「廉」之張本。這個「潔」字與我們教界同人生活清苦的「清」字相當。我們的生活，固然是苦，但苦得要清。又惟有苦才顯得清，假如衣食過充，便也看不出清來。所以我們的苦，正是表示出我們的清。這個苦，這個清，足以增高我們的人格，我們當引以爲光榮，正不必慊以爲憾。

我知道由於你和各同人的努力，所以一中這個學校，在外表上，精神上都有進步，你說你等待光榮的撤職或是被打倒，我看，這句話還缺少氣度。假如你眞爲肯努力而被撤職或被打倒，在你算是光榮，在對方便是恥辱，社會上自會有公評的。要知，我們努力，爲的是盡我們的責任，我們正不必縈心於被撤職或打倒，也不必關懷於社會的虛聲，我們的工作，是我們的責任，必須嚴肅確實地幹去。

我自審持躬很剛直，同時對事業則很能忍耐，「動心忍性」是我唯一的箴言。以前被敵僞刧持囚禁在南京，歷三年又二個月之久，不爲所屈，便是這種性格的表現。我爲着我的理想，是一切無畏——不淫、不移、不屈，也惟其爲實現我的理想需要忍耐的時候，我也得忍耐——愼思、明辨、篤行，希望你以此爲參考，忍受克服一切的困難，邁步前進。

國步艱難，於今已極，我們生在這個時代，實在需要確立新的認識並樹立新的作風，如何保持「教育」這個名詞的莊嚴，如何達成這個神聖的教育任務，還須我們日自三省，共同予以更大的努力。

馬元放　三十七年二月一日

江心洲扶植自耕農鳥瞰

陳懋哉

扶植自耕農，實現耕者有其田，而達成地盡其利之目的，其方式有直接創設與間接創設兩種。前者在以運用政府力量，運用國家資金，征收私有土地加以整理重劃，分配與自爲耕作之農民承領使用，而按年攤還其領地之地價，至償清而取得該地之所有權，以完成一完全自耕之農民。後者在爲政府或其他有關之金融機關，間接貸款予農民購贖其用爲耕作所需之土地，而亦分期攤還其價款。故此項工作實爲以土地行政與金融配合運用，而促進政府土地政策之及早實現之重大事業。江心洲扶植自耕農實驗區爲市地政局農民銀行及合作金庫等共同辦理，蓋以遵奉中央政策，查照市府定案，爲實驗耕者有其田而開創者，因事屬創舉，成規缺乏，籌劃推動，多感困難，歷時半載，各項計劃正逐步實施，功效甚爲顯著，各方多予注視，筆者曾實際參與其役，爰就觀感所及，略加論述，藉正明達。

江心洲位於南京市西南，北緯三二、三度，東經一一八、六四度、係冲積而成，居長江之中，四面環水，故名。東臨夾江，西瀕大江，由西南而東北成一狹長帶形，長約三十二里，最寬處僅五里，周圍約六十里，築堤環繞其外，沿堤植柳，春夏葱蘢碧綠，與歸帆夕照相映，風光至佳。地勢沿堤較高，中部較低，全洲面積三萬五千餘畝，土質屬沙性壤土，宜於栽植各種農作物。昔日荒蕪棄置，葭葦叢生，其後人民移殖其上，經築堤排水開墾後，今已成爲鷄犬相聞，人煙稠密之農業區。本洲現隸南京市第十二區第五保，一一二七戶，農戶佔百分之八十七。土地分配與利用都潛伏着嚴重的問題，故於本洲推行扶植自耕農政策，不但具有示範作用，且可以解決并改善當地農民生活。

（一）調整土地分配：本洲自人民移殖開墾至今，人口增多，地權日趨集中，土地分配已成畸形，茲實行有償收買應予徵收之土地，加以整理重劃，按一定原則與實際需要，分爲單位農場，放與自爲耕作之農民承領使用，使耕者有其田，而農場合於農戶之耕作能力，人與地得合理之分配。

（二）促進土地使用：洲地爲四面環水，面積三萬五千餘畝，土壤多屬沙性，甚肥美，雖有部分地帶每年收獲僅一次，然土性與農作物之種類與投施之分量，並與興建水利頗具關係，倘以全洲土地爲範圍，高地築堰，低處修渠，俾資灌溉排水，消除災患，同時輔導農場，合作經營，改善耕作技術，全洲農戶均蒙其益，必能同心合力以底於成。

（三）發展農村建設：農村衰敝，由來已久，年來地價糧價之上漲，農民收入增加，暫呈表面繁榮現象，實則農村建設事業之基礎，并未建立，農民大衆生活亦未改善，洲地爲一般人士視爲化外之區，更無論矣。今於一定區域內，從事多項農村建設事業之興辦，如促進農村合作，改良農產運銷，發展農村教育，改善農村衛生，加強農民組訓，以期達成全區域農民富強康樂之境。

（四）樹立事業楷範：遵令辦理扶植自耕農事業，於原則勢在必行，於事實則草創伊始，他處既無成規可循，而其實施之程序，又無具體法令之規定，故此一實驗區之辦理，亦屬試驗性質，如上述三端均能依次辦到，則視該區域爲辦理扶植自耕農之具體完成，自應繼向其他各鄉鎮推行，逐步普及，於本京使其成爲耕者有其田之整個示範區，爲國內各地推行此項事業之參證，以促平均地權政策之及早實現。

江心洲扶植自耕農實驗區辦事處於卅六年初，奉市政府訓令指定為辦理扶植自耕農事業區域，並與中國農民銀行合作金庫共同辦理，但以事屬草創，關係重大，設計推行理當慎重，迭經雙方切實會商，擬定江心洲扶植自耕農實驗區辦理程序大綱一種，嗣即依照上項辦法大綱逐步進行，茲略述其梗概如次：

（一）土地整理：扶植自耕農須有確實根據，以調整人地分配之關係，而江心洲地籍未經整理，基礎急須確立，故各保土地測量及各項詳細調查，歷時四月始畢。其分戶測量各保圖幅已檢查繪算完成者，已開始辦理土地登記，且於去年十一月八日開始收件，預算本月底逐步完成。

（二）地權調整：江心洲地價，由各業主及佃戶陳議意見，復經市地價評議會依據地方情形評定，計有三等：上等每畝四十萬元，中等三十萬元，下等二十萬元，劃分地價區，依照標準地價自行申報，依據政府規定，將該區域內農地實施分配自為耕作之農戶，其屬不在地主，由政府貸款徵購，舉辦土地重劃，儘先分配與自為耕作之善良農戶，重行調整地權分配。

（三）農田水利：為扶植自耕農而舉辦農田水利事業，由農林部水利工程處，擬具計劃逐步實施，并由農民銀行之同意，先於需要區域增設抽水機，已由洲上推舉代表會同購辦，并購得常州萬威鐵工廠卍字牌三十四馬力臥式迸柴油引擎十二吋口徑離心力抽水機一架，已設置完成，試行抽水工作。

（四）合作事業：中央合作金庫為配合扶植自耕農事業推進，特於洲上倡導合作事業，已先由運銷生產及消費三部門開始工作，以後再逐步推廣。

綜上所述，就江心洲之環境及扶植自耕農實驗區辦理之目標，經過各端，作一概括報導，非謂其所得之成果，悉合預期之理想，實則工作草創，由於客觀條件之不足，其不能令人滿意合處頗多。惟其可能表現者，不僅為耕者有其田之示範，且促成土地改革之先型，使該區農民能免除地主剝削之痛苦，並得永遠享受富強康樂之幸福。故此示範區之創辦，似可為非常時期創辦新興事業之參考，予以證明未來土地政策之實施，切合時代環境之要求，而於世之對土地改革運動常抱懷疑畏懼觀念者，亦得一有力之反證。深望政府當局，速頒「扶植自耕農」之法令，以為各地辦理之依據，全國推行，以達「耕者有其田」之目的。

八卦洲墾佃概況

八卦洲位於南京市東南長江之中心，距城約二十餘里，西南與七里洲及泥灘洲相連，原係江淤積成，相傳在明朝時代已經發現，俗有鐵練鎖孤洲之稱，（孤洲即本洲）。今在本洲天河口對岸之名勝三台洞，尚有鎖孤洲之鐵練存焉。

數百年來，本洲仍是一片荒灘，歷向生長蘆草，在民國紀元前雖曾有人致力開墾，均未獲成效。至民國成立，政府為體恤遜清宗室起見，特指撥本洲收益為旗民生計之資，歸旗民生計處管理。

民十五年，我北伐軍克復南京，即從旗民生計處收回，派左炳濤為管理員，迨後南京設市，本洲即劃歸市有，由第一任市長劉紀文氏，先後派陳公俠梁汝縉任管理員，管理處設本洲老官房，（現已倒塌），梁管理員於民十八年間擬具開墾計劃，呈由 市政府，轉呈行政院核准試辦三萬畝，結果開成二萬八千七百餘畝，即現時之頭步墾，編為乾坎艮震等字號，從事墾荒者多屬安徽省無為縣人民。十九年葉邦倐任管理員，計劃築埂工程未竣，市長易人，本洲管理員亦隨之更換為關培元。民二十年間大水為災，全洲一片汪洋，洲民流離失所，痛苦萬分，後因市長疊更，本洲管理員亦時隨之調換張浩然、汪明傑等，祇因頭步墾之埂堤工程浩大，直至民廿一年石管理員肇基時，始續將埂堤計劃建築完成，洲民方得安心耕種。後因環境關係，石管理員調職，更換余澄，始建築新管理處於乾路街（於戰時炸燬）。至列管理員應佳接事後，於二十五年呈准開二步墾，編為巽離坤兌各字號，開成九千餘畝，自二十五年興工築埂，至二十六年完成。繼將南北三步墾放佃編為元亨利貞各字號，共計七千餘畝，正在開始築埂之間，即因抗戰軍興，列管理員奉調入城練兵，致未竟全功　繼任管理員楊簡，任　方兩月餘，首都即淪陷矣。

本洲自二十六年冬淪陷後，偽府設洲產整理處，辦理本洲租收各項事宜，先後續開成南三步墾三千餘畝，北三步墾（連偽放佃）四千七百餘畝，並將原劃定元亨利貞各字號取銷，界址更變，又將各步墾之公地牧牛場等地段放墾，影響原有地號地形之紊亂，致使現在枝節橫生，管理困難，非從新清丈，無法整理，且堤埂失修，河渠淤塞，抽水機完全破壞，涵洞潰漏，以致連年失收，農民破產，造成開墾以來破天荒　窮困。

勝利以還，於三十六年春初，發動全洲佃農修築堤埂七千餘丈，疏濬河溝壹萬餘丈，堵塞缺口二處，全部抽水機修理完成，因工程太大，至七月底始能工竣。

查本洲頭步墾及二步墾，南、北三步墾，除種植地五萬零九百餘畝外，另劃定學校地百餘畝，專為補助地方興學之用，商場地九十餘畝，專為建設商場之用，牧牛場二百八十餘畝，專為洲民牧牛吃草之用，設計尚為完美，全洲面積周圍約五十五華里餘，住戶二千餘戶，人口一萬二千餘人，（根據本鄉鄉公所五月份戶口統計）。本洲出產主要為大麥、小麥、苞米、黃豆、綠豆、紅豆，少數為芝麻、蠶豆、油菜、棉花、稻穀等，副產為蘆柴、雜草，等類，佃農少數畜猪、牛、羊、鷄、鴨、鵝等類，且有河溇可植菱、藕，及養魚。本洲佃農大半為安徽無為縣人，其次為江蘇六合人，再其次為各省籍人。本洲市場為上壩、下壩兩處，上壩有本洲管理處，本鄉（八卦鄉）鄉公所，八卦洲警察所及市立上壩小學校，萬字會等所在，對江之北，有全國工業著名之水泥化學工廠。下壩有小學校及下壩警察所，對江之南，有遠近素著之棲霞山、燕子磯之名勝在焉。本洲居民淳厚，尚節儉，惜乎學校太少，除上壩下壩雙柳復興河等處，有市立小學校四所外，他處祇有書塾，實不敷入學兒童之需要，其他如農業學校，農民教育館、書報社、運動場，以及公共衛生，慈善事業等，均付缺如，現正策動熱心地方公益人士，提倡建設。本洲總計有農田五萬餘畝，土壤肥沃，鄰近首都，倘能提倡機械利用，完成水利建設，推廣各種副業，增加農民生產，並多植菓木林樹，點綴堤岸風景，更注意於現代化之科學農村建設，則今後不但在國內可稱為農村示範區，抑且在首都亦可稱為郊外風景區焉。

題畫

許大盧

珠藤花底覓君家，簾幕深深一剪斜；正是舊時王謝宅，緣何都唱後庭花？

玉簪墮地悄無聲，幻作名花照眼明；那敢妬人隨唱樂，階前脈脈獨含情。

楊柳風微燕子斜，江南猛憶有人家；兒童拍手山妻笑，阿母今朝插滿花。

南京市政府公報刊例

一、本公報每半月發行一次

二、凡本府例行公文即在本公報發佈不另行文

三、本府所屬各機關於收到本公報時應編號歸檔妥爲保存凡註明「不另行文」文件並應注意遵照

南京市政府公報

第四卷 第四期

中華民國三十七年二月二十九日

編輯者 南京市政府編譯室

發行者 南京市政府

印刷者 大東新興印書館

南京：(四)建鄴路一三八號

電話：二二二二六號

中華民國三十七年三月十五日

第四卷 第五期

南京市政府公報

南京市政府編譯室編

目錄

專載

南京市政府三十七年度施政綱領

京市市政建設，向秉興利惠民之最高原則，以適應此時此地大多數市民之需要，斯致最高度與普遍之利益爲目標。三十六年度曾循此目標，對本市民政、財政、教育、社會、工務、地政、衛生各項設施，訂定施政方針，幷置重點於擴充學校、興建房屋、穩定物價、改善交通、修理街巷、清潔環境六端，集中力量，黽勉以赴。一年以來，雖受財力、人力、物力之種種限制，差尙獲有進展。

本年爲實施憲政之第一年，京市建設於仍循原定目標外，尤應配合憲法規定，積極邁進。當前最急要者，爲平民住宅、下水道、給水供電諸問題之速謀解決。而首都所在，中央政治區之開闢，亦須及時着手，以奠定建設之基礎。茲將三十七年度應辦之重要工作列舉如次：

一、民政　實施區保甲長民選，完成自治幹部訓練，以奠定自治基礎。嚴密戶籍登記，舉辦戶口抽查，積極組訓民衆，加強自衛力量，幷推行軍屬優待工作。

二、財政　整頓固有稅收，開辦定期土地增值稅，幷加緊清理市有洲地房產，同時清理舊欠，防止欠稅風氣之孳長，以期充裕市庫，而謀收支之平衡。

三、教育　增設學校，擴充班級，先側重於國民學校，初中及女子中學方面，以廣失學學子之收容。擇要添設社教機構，及積極辦理民衆補習教育，以利市民進修，提高謀生能力。一面加強指導各級學校及社教機構，輔助其充實設備，改進內容，以求素質上之進步。

四、社會　切實穩定物價，調節糧食供應，加強工商登記，推進合作事業，以安定社會經濟。重建市立救濟院院舍，幷切實整頓院務，設置社會福利中心區，以加強社會救濟。籌建平民住宅，以謀一般市民住的問題之改善。

五、工務　建設下水道，疏濬秦淮河，以謀汚水、雨水排除問題之澈底解決。開闢中央政治區，先自征購土地闢築主要道路入手，以樹立初期之規範。改建市區現有幹路，整修街巷，疏導溝渠，以增進交通上之便利。擴充給水設備，改善電氣供應，以應市民日常需要。增闢風景區，改善園林設備，以調劑市民生活。

六、地政　繼續舉辦郊區地籍測量，幷開辦本市第九、十二兩區土地登記，以確定人民產權。此外重估城區地價，促進公地利用等，亦爲本年度之施政中心。

七、衛生　擴大預防注射及種痘，完成衛生網，辦理巡迴醫療，以增進市民健康。嚴密管理僻街小巷之清潔，以改善環境，整肅市容。此外幷推廣安全助產，以減少產婦危險。

社會局辦理冬令救濟受奬

南京市政府訓令 （三十七）府總秘字一九五九號

令所屬各單位

查社會局辦理三十六年度冬令救濟工作，計劃周詳，措施得宜，用能博得社會各界之同情，踴躍輸將，使貧苦無告之市民咸沾實惠，該社會局長及經辦人員辦事認眞，應予嘉奬，以資激勵，除分令外，合行令仰知照！

此令。

中華民國三十七年二月二十八日

開辦中華門外附郭地帶土地登記

南京市地政局佈告 地郊登佈字第〇〇〇二號

查本市中華門外附郭地帶土地測量業已辦理竣事，並估定標準地價，呈經 市政府公佈週知在案，茲自即日起辦理土地登記開始收件，並限於兩個月內收件完畢。凡該附郭地帶所屬業主及其權利關係人，應在規定限期內，檢同證明文件，前往中華門外雨花路四五號本局中華門外收件分處查看公佈圖，聲請登記。其在戰前已經聲請登記及在戰後已經聲請查驗者，均應檢同所有權狀及分段圖或文件收據，重行聲請登記，如聲請人確因故不克親自前往時，得依土地法第五十一條之規定附具委託書由代理人聲請之。倘逾登記期限，無人聲請登記之土地，或經聲請而未補繳證件者，則依土地法第五十七條之規定，視為無主土地，由本局予以公告期滿，即遵照 行政院三十六年七月十日頒布之處理無主土地補救辦法，由本局代管，事關人民產權，希踴躍聲請登記，幸勿遲延自誤為要！

此佈。

附節錄土地法第五十一條，土地法第五十七條。

行政院三十六年七月十日頒佈處理無主土地補救辦法。

土地法第五十一條：土地總登記由土地所有權人，於登記期限內檢同證明文件聲請之，如係土地他項權利之登記，應由權利人及義務人共同聲明。

前項聲請得由代理人為之，但應附具委託書。

土地法第五十七條：逾登記期限無人聲請登記之土地或經聲請而逾限未補繳證明文件者，其土地視為無主土地，由該管市縣地政機關公告之，公告期滿，無人提出異議，即為國有土地之登記。

行政院三十六年七月十日頒佈之處理無主土地補救辦法：

（一）依土地法第五十七條及第五十八所為之無主土地，公告期限得酌予延長至二年為止，（土地法第五十八條規定公告期限為「不得少於二個月」）。

（二）在公告開始後三個月內，如無人補行聲請登記，由該管市縣政府地政機關代管，並代為收益，自公告日起屆滿二年，仍無人聲請登記，應即為國有土地登記，前項代管收益，在代管期間，不得動用，但于發還土地時，得酌收代管費用，其數額不得超過收益總額十分之一。

未經核准登記之縣市合作金庫不得開業

南京市政府訓令 (卅七)府總祕字第一九一二號

令社會局

案准

社會部本年二月二十四日社(三十七)合四字第五〇二九號代電開：

「查各縣(市)合作金庫之設立，應依照合作金庫條例第三條及其施行細則第六條之規定，經核准登記後，始得開業，茲據報各縣市合作金庫尚有未經核准登記擅自開業情事，殊屬不合，應予禁止，除分電外，相應電請查照，轉飭遵照」。

等由，准此，合行令仰遵照，此令！

中華民國三十七年二月二十七日

徵集國史資料

南京市政府訓令 (卅七)府總祕字第一八〇〇號

令各局處

案奉

行政院本年二月十九日(卅七)八編字第八二二七號訓令開：

「案奉國民政府本年一月二十八日處字第九十六號訓令節開，據國史館依據三十五年十一月二十三日本府公布之國史館組織條例第七條，凡有關史料文件各機關應抄送國史館向各機關徵集或調閱有關資料時，各機關不得拒絕之規定，草擬徵集國史資料計劃大綱，呈請本府備案，並請通令各院部會暨各省市府一體遵照等情，應准照辦，除分令外，合行抄發原件令仰遵照，並轉飭所屬遵照等因，除遵辦並分令外，合行抄

發原徵集國史，資料計劃大綱一份，仰即遵照並轉飭所屬遵照為要」。

等因，附抄發計劃大綱一份，奉此，除分行外，合行抄發原件，令仰遵照，並轉飭遵照。

此令。

附抄發徵集國史資料計劃大綱一份

中華民國三十七年二月二十四日

〇徵集國史資料計劃大綱

國史館成立伊始，應以蒐求史料為當務之急，惟茲事體大，非一手一足之烈所能為，役必賴各級政府協助，社會人士匡襄，始能舉此鉅業，成為信史。且國史範圍，所包甚廣，故蒐求史料辦法，亦應不厭求詳，謹本此旨，擬具徵集計劃大綱如左：

一、與中央各機關之聯繫。

(一)民國肇建以來，舉凡推翻滿清、掃蕩軍閥、抵抗日本侵略、廢除不平等條約諸大端，皆為中華締造之偉績，亦即民國開創之實錄，邇來黨史史料編纂委員會業將革命資料加以蒐集整理，且將以所有資料另行籌設民國開國文獻館，以資陳列，其間所有文字記載紀念實物，皆為國史所當取資，故本館今後應更與黨史史料編纂委員會及開國文獻館隨時協商，取得密切聯繫，籍收合作之效。

(二)國防部自三十六年一月成立史政局，並將其所轄各機關部隊學校次第建立上下貫通之史政機構，以便從事戰史軍事史國防史三種之編纂，並經該部規定建立是項史政機構目的，在於一以備國史之採摭，一以供業務，考鑑，並謂凡一般檔案文書及公有圖書刊物照片印刷等，應於每屆年終檢查清理一次，其已過時間性或無存留必要者，另行編集造具目錄清冊，呈送國防部核轉國史保管機關賡續保存之

。可知當該局創辦之時，雖尙不知本館已正式成立，然其意欲爲國史徵集資料固已昭著，且該局所擬編纂之戰史軍事史國防史及所擬蒐集之各種資料「亦皆在國史範圍之內，故本館今後亦應與該局取得密切聯繫，以期有所藉助。

（三）夫史料之累積，不僅專賴一時之蒐求，而尤貴有經常之整理及保存，是以歷代起居注實錄皆有專司撰述之人，故至修史之時，綴集甚便，今後擬由本館呈請國民政府通令各機關皆仿國防部史政局之例，從速建立史政機構，其辦法可就各機關現有之資料室編審室編譯室公報室以及其他調查統計等部份斟酌捐益合併設立，專司各該機關所管業務史料之蒐集及整理，勒爲專編，連同所有重要資料，按年移送本館，以備採摭，在各機關史政機構尙未成立之前，可先各據已有資料將其所管業務之沿革遞嬗變遷之經過詳爲敍述，編爲一書，如立法院所編之「中華民國立法史」，教育部所編之「第一次中國教育年鑑」，（現正續編第二次中國教育年鑑），交通部鉄道部合編之，「中國交通史」等書之例，或自行出版，或逕將原稿移送本館，以供撰述各志之參考。

（四）自三十年十月國民政府公布各機關保存檔案暫行辦法後，各機關以其所存檔案目錄，移送本館，以備採擇者，固屬甚多，然未切實奉行者，仍屬不少，今後尤望各機關對此特別注意，凡以失時效之檔案先行造其目錄清册送館，以備選擇，或逕將全部失效檔案移送本館，以便整理，其未失時效之檔案，亦應准許本館隨時派員前往調閱，抄錄其中含有祕密性質者，經告之本館自當代收祕密，至於各機關保管檔案之負責人員，亦宜隨時與本館直接取得聯繫，遇必要時，並得由本館界以名譽職，受本館之委託，代辦抄錄指定有關之檔案。

二、與地方各機關之聘繫。

（一）本館徵集各地之文獻資料，必須透過地方文獻徵存機關始能便於進行，故各地文獻保存機關之有無·對于本館徵集工作之推進·實有直接之影響。現爲明瞭各地文獻保存之實際狀況起見，宜由本館分函各省市政府調查，各省市通志纂修之情形與文獻保存之實況，以便隨時與各省市通志館及文獻委員會直接取得聯繫，其有限於經費或其他因，致文獻保存機構尙付厥如者，宜由本館正函內政部重申前令，限各省市文獻委員會及通志館尅期組織成立，以利地方文獻之徵存。

（二）各省市通志各縣縣志，業經全部或部份纂修完竣，並已出版者，請各纂修機關盡量寄贈，以供參攷，其各省市縣之志稿，業經全部或部份纂修完竣，而尙未出版者，請將已成部份目錄抄寄經本館選擇認爲可供國史採摭者，函請纂修機關代爲抄錄見寄，至於文獻委員會所有文獻資料，亦請造具目錄清册寄館審閱，其有可以採摘者，亦應函請保存機關代爲抄錄見寄，凡印刷抄錄郵寄等費如須繳納，經商酌後照付。

（三）爲與各地文獻徵存機關密切聯繫起見，各該機關負責人員，如省市通志館長縣志局長及各省市文獻委員會主任委員等，得由本館酌量聘爲名譽職，隨時受本館之委託，辦理指定之採訪編輯事項，並可按其工作情形，酌給採訪編輯費用。

三、徵集之範圍。

國史包蘊綦繁，故其所需資料，亦至廣泛，上自國家典章經制，下至民間遺聞軼事，皆在蒐集採訪之列。然若不先明範疇，勢將茫無斷限，用爲採括，以立科條。

一、政府機關之文書：

（1）清代邸抄。

（2）清代各級政府之檔案。

（3）民元以來各級政府之檔案。

（4）民元以來各級政府之公報。

(5)會議紀錄。
(6)調查報告表。
(7)工作計劃與報告。
(8)概況一覽。
(9)法規章則。
(10)統計圖表。
(11)期刊年鑑。
(12)專著。
(31)照片。
(14)其他記載。

二、公私團體之記載：
(1)檔案。
(2)概況一覽。
(3)期刊年鑑。
(4)調查報告書。
(5)統計圖表。
(6)專著。
(7)其他記載。

三、方志：
(1)省市通志。
(2)縣志。
(3)鄉鎮都邑志。
(4)其他專志。

四、名人遺蹟：
(1)近代名人傳狀碑誌家傳行狀年譜。
(2)近代名人著作。
(3)近代名人日記。
(4)近代名人函牘墨蹟。
(5)近代名人照片。
(6)近代名人遺物。

五、私家撰述：
(1)有關歷史之著述。
(2)各種專門著述。
(3)近人詩集文集。
(4)近人筆記。
(5)近代家乘野史。
(6)其他有關史事之記載。

六、報章雜誌：
(1)清季以來之各種日報。
(2)清季以來之各種期刊雜誌。

四、徵集之方法。

(一)徵集之方式：為使徵集工作得以順利進行起見，除由本館督飭專司徵訪人員從事徵訪各種資料外，並請中央地方各級政府與文獻徵存機關，予以充分協助，其徵集方式暫訂如下：

一、由本館設置徵訪員，按時分別至各機關團體或私人處所採訪重要事實之原委。

二、請各機關指定專門人員，依照本館所訂之體例，編輯各該機關之紀事，按月送至本館以供彙編。

三、由本館徵訪員注意各方面出版情形，隨時徵購或函索所需各種資料。

四、請各機關隨時寄贈其所出版之期刊公報專著年鑑等出版品，以供參攷。

（二）協助徵集之機構：前節所言協助本館徵集史料之各機關，約略可分下列各類：

一、中央政府　如國民政府所屬各院部會等。

二、地方政府　如省市縣政府等。

三、中央及地方文獻徵存機關：如（一）黨史史料編纂委員會。（二）開國文獻館。（三）國立中央研究院。（四）各國立博物院。（五）各國立圖書館。（六）各省市（院轄市）通志館。（七）各省市（院轄市）文獻委員會。（八）各省市立圖書館。（九）各縣市修志局。

四、社會團體：如各地文化團體與商會工會農會等。（詳目可至社會部調查）

五、出版機關：如各地日報社及雜誌期刊社等（詳目可至內政部調查）。

六、海外各地：如駐外大使館、各使館、領事館、華僑會館、書報社、學校、商會等。

（三）獎勵辦法：本館為鼓勵各方面協助徵集國史資料起見，宜按各方貢獻大小價值輕重，訂定獎勵辦法如次：

一、呈請政府予以褒揚。二、由本館發給獎狀。可分為甲、乙、丙、丁、四種。三、聘請担任名譽職：如名譽纂修採訪等。四、致送酬金：一、編輯費。二、採訪費。三、抄錄費。五、贈送本館出版書刊。六、贈送其他相等價值之書籍。

本府大事記

二月份下半月

二月十七日（星期二）

◎市長邀集各機關團體首長及各參議員商討勸募清寒學生助學金事宜。

十八日（星期三）

◎市長歡宴參與五市糧食配售會議各首長，對配售糧食事宜交換意見。

◎首都各界舉行新生活運動十四週年紀念大會，副市長代表市長出席，並致詞。

◎社會局與新運會合辦之第八屆新生活集團結婚，在勵志社舉行。

二十日（星期五）

◎舉行第一一七次市政會議。

二十一日（星期六）

◎市長假中央飯店孔雀廳舉行茶會招待各界勸募清寒學生助學金。

◎民政局召開南京市戶政會議，局長汪祖華出席主持。

二十四日（星期二）

◎舉行本府各局處首長會報，市長主持，商討平衡本市財政收支問題。

◎地政局邀請各界人士舉行地政座談會。

二十七日（星期五）

◎舉行第一一八次市政會議。

◎本市民食配售委員會舉行會議。

市政要訊

獎助市內大中學清寒學生

本市清寒學生助學金募集委員會，自上學期成立以來，曾發動第一次勸募助學金運動，頗著成績，該會鑑於當前清寒學生境況之愈趨艱困，均於本學期開學之前，再度積極發動助學金募集運動，總額定爲三十億元，先由各界認募，以三月十五日爲截止期，不足之數概由本府補助，經於二月十六日下午二時由該會主任委員沈市長邀集各委員陳裕光、王雒、蕭贊育、吳光業、常德普、馬元放、謝徵孚、楊克天、薛次辛、王纘齋、穆華軒、程覺民、馬星野、陳博生、周勵庸、陳振綱，吳道一、王宜聲、郭紹裘、倪亮，舉行會議，經決議如下：

（一）助學金募集總額定爲三十億元，先請銀行墊付。

（二）以本市大中學清寒學生爲對象，名額分配，大學生六百名（私立公立各三百名），中學生二千四百名（私立公立各一千二百名），共三千名。

（三）三十億元助學金分配辦法：

甲、私立大學生每名一百五十萬元，獎助三百名，共四億五千萬元。

乙、公立大學生每名五十萬元，獎助三百名，計一億五千萬元。

丙、私立中學生每名一百五十萬元，獎助一千二百名，共十八億元。

丁、公立中學生每名五十萬元，獎助一千二百名，計六億元。

（四）規定凡本市公私立中等以上學校清寒學生於二月十七日起即可向原校申請。

（五）通過辦理助學金申請及審核辦法案（附錄於後）。

（六）組審核委員會，以陳裕光（主任委員）、李清悚、黃通、駱繼常、馬元放、侯景華、吳光業、常德普、沙學浚、楊希震、范謙衷、陳重寅、徐元璞、俞釆丞、陸自衡、黃麗明等十六人爲委員，負責審核工作。

嗣於二月二十一日下午二時，該會假中央飯店孔雀廳茶會招待各界，由市長主持，被邀到會者爲各參議員、各校校長、各工商團體、各銀行代表、各政府機關代表、陳裕光等百餘人，首由市長闡述募集助學金之意義，次由副市長報告去年第一次助學金收支情形，復由市長敍述此次籌募助學金運動之經過。詞畢，陳議長裕光繼起呼籲各方響應。現該會已於二月二十五日再度舉行委員會議，決定助學金之分配辦法如下：

（一）各校助學名額之分配：

（甲）公立專科以上學校：中央大學一七八名，政治大學八四名，東方語專一二名，國立劇專六名，國立藥專一四名，國立音樂院六名。

（乙）私立專科以上學校：金陵大學一三三名，金陵女大五十名，建國法商八三名，重輝商專三四名。

（丙）市立中等學校：市立一中一四五名，市立二中九三名，市立三中九一名，市立四中一一一名，市立五中一八三名，市立六中四五名，市立一女中九六名，市立二女中一一三名，市立三女中三〇名，市立一初中二〇名，市立二初中二〇名，市立師範六七名，市立商職五六名，市立農職二一名，預備名額一〇九名。

（丁）非市屬中學及初中：江寧師範二七名，中大附中九八名，國立護職七名，國立助職十二名，國立印刷五名，國立蠶業五名，國立邊疆二三名，鍾英中學四七名，安徽中學四四名，中華女中三八名，匯文女中六三名，鍾南中學十八名，青年會中學二一名，東方中學四三名，成美中學二四名，金大附中九五名，金女大附中二二名，育羣中學四七名，華南初中十三名，冶城初中十三名，明德女中四五名，弘光中學二四名，勵志初中一八名，石城中學二〇名，惠民初中一九名，憲光中學一一名，伯純中學九名，昌明初中一七名，道德初中一四名，培育初中一七名，南蘇中學四四名，大雄中學二二名，金陵護士四名，樂羣中學一〇名，復興初中三二名，鍾山中學一四名，淳育中學三六名，和平中學八名，聖池中學一八名，中正中學一四名，大中中學一八名，預備名額二三九名。

（二）助學金數額，除公立大學外、私立大學、公立中學、私立中學助學金數額，分為全額及半額兩種，由各校自行斟酌辦理。

（三）凡已領有公費之學生，確係家境清寒者 ， 得請半額助學金。

（四）各校初審結果，限期於三月十日前報送。

三十七年二月

●南京市清寒學生助學金募集委員會辦理助學金申請及審核辦法

（一）本市清寒學生助學金之申請及核發，由本會組織審核委員會辦理之。

（二）本市清寒學生助學金總額為三十億元，其分配數額如左：

1.公立專科以上學校學生三〇〇名，每名五〇萬元，合計一億五〇〇〇萬元

2.私立專科以上學校學生三〇〇名，每名一五〇萬元，合計四億五〇〇〇萬元。

3.公立中等學校學生一二〇〇名，每名五〇萬元，合計六億元。

4.私立中等學校學生一二〇〇名，每名一五〇萬元，合計一八億元。

（三）凡本市公私立中學以上學校之在籍清寒學生皆得申請。

（四）本會所指清寒學生，其標準如次：

（1）家在匪區經濟來源斷絕者。

（2）父母俱亡家境貧寒靠親戚撫養者。

（3）兄弟姊妹衆多父母無力使其入學者。

（4）家中無生產之人或乏正常收入而度日維艱者。

（五）凡清寒學生申請助學金，應塡具申請書，幷覔保證人經加章後送交學校，由學校在規定分配名額內負責舉行，初審認為合格後，加蓋校印，附具評語，再由學校轉送本會審核委員會審核。（附申請式樣，由各校依照式樣大小自行油印。）

（六）初審及複審之程序如次：

（1）檢閱申請書，注意其是否清寒及清寒程度。

（2）檢查幷紀錄其成績（新生以入學試驗成績為準）。

（3）凡申請逾額時，則以其清寒狀況與成績優劣為先後比較之，比較方法如次：

（甲）以學業成績優劣為先後排列之。

（乙）學業成績相等者，以其操行成績為先後排列之。

（丙）品學成績相若者，以其清寒程度為先後排列之。

（丁）前三項均相若者，以籍貫區別之在匪區者在先。

（七）各校初審時，對於公費生免費生及領有其他獎助學金者，應予剔除，惟免費生及領有其他獎助學金或補助費其數額不及本會助學金之數額者，得由各校酌量辦理之。

（八）凡經審核合格之學生，其助學金發由學校轉給。

（九）凡學生領取助學金如經人檢舉有作僞假冒情事，保證人應負追還或賠償之責。

（十）本辦法經本會委員會通過施行。

積極籌辦全市民食配售

本市民食配售事宜，由本市民食配售委員會主持辦理，此次配售爲全面性之措施，凡居住南京市區以內，經正式登記戶籍，並持有國民身份證者，均享有民食配售之權利。民食配售以戶爲單位，每戶發給糧食配購證一張，按其人口之多少，不論大小，每口每月憑證配售食米一市斗；有戶籍之外國僑民，亦享有此項權利。至無住宅而住在機關中之人員，由主管機關負責造册呈送配售會照發。市民對於粮食配售證，不得任意轉讓，如有遺失損燬，除因不可抗力之事情以外，概不補發。至於配售食米之價格，由配售粮食議價委員依照中熟米議價低百分之五，於每月一日之前五日議定，並於一日公佈，在一個月內不予變動。配售食米之業務，由特約承銷機構辦理之，現本市特約承銷商已決設一百五十處，按市區人口之分佈情形配置，俾予市民以充分之便利。凡承銷商辦理售米，業務成績優良者，自當予以奬勵，其有不遵規定辦理或有舞弊情事者，當依法嚴懲。現該會已決定自三月一日至十日止，發給配購證，並已組織發給配購證委員會，由各警局局長，各區區長，區民代表會主席爲委員。委員會下設八十一個工作團，每團設主任一人，警所所長爲兼主任。工作團之下設工作小組四〇九個，由保長兼任主任。一俟配購證發出，卽可開始配售食米。

下水道第一期工程準備興工

本市下水道工程處，現正積極從事於下水道之興建工作，以配合首都都市建設計劃，建立一完整之下水道系統。該項工作，計分兩部份，第一部爲準備工作，第二部爲建築工程。第一部準備工作中又分測量與設計兩階段，該處現已完成測量工作之大部，計用標點測量，城區共設立水準樁一百五十座，馬路高低測量共一百公里，秦淮河測量共十七公里（包括主流與幹流）。第二部建築工程擬分三期實施，第一期從主要幹道積水較嚴重地段入手，已由本府撥給該處經費一百五十億元，卽將在中正路洪武路一帶埋設溝管。以上兩路下水道工程係屬整個系統中之一部份，因地勢較低，每逢淒雨，污水沒脛，修建均不容緩，至關於下水道之全部詳細計劃，尙待研究，惟原則業經確定，卽以鼓樓爲下水道之分水嶺，鼓樓以南者出秦淮河，以北者出金川河。

籌劃建築平民住宅

本府決定於本年內建築平民住宅，以逐漸解決居住問題，初步計劃中將建造房屋二千零四十宅，完成後依照原造價（公共建築造價和地價公家負担）分別售予住戶，對象以一般公敎人員爲主，其中最寬廣之甲種屋，按照目前市價估計僅需一億元之譜。已組設平民住宅設計委員會主持其事。該會主任委員由薛秘書長次莘兼任，副主委謝局長徵孚，原局長素欣兼任，建屋經費則向社會部福利事業救濟委員會請求撥助，第一步計劃之完成需款二千五百億元。應完成之二千零四十宅中，包括甲種住宅六百家，乙種住宅及丙種住宅各七百二十家。

甲種住宅，包括起居室、臥室、廚房連餐間、天井、每屋佔地四十四平方公尺，可容五人。

乙種住宅，包括臥室，擱樓，廚房，每屋佔地二十六平方公尺，可容四人。

丙種住宅，包括臥室，屋內後半側隔爲廚房。

各種住宅均以六宅爲一排，每排前後空距四公尺，左右兩頭空距六公尺至十公尺，每單位並有公廁、管理所、衛生所、水井或自來水站，並於庭院間布置花木。

第一步計劃完成並售出後，可收回建屋成本二千零六十八億元，然後再購地築路，另建新屋，如此更番再建，除公共建築及地價補償損耗外，現時估計最後可建成一萬零八百二十五宅（內甲種四六一五宅，乙種三二一〇宅，丙種三〇〇〇宅）可容五萬人。

南京區救濟特捐募集委員人選決定

募集救濟特捐，南京區（包括鎮江、常州、蕪湖）應募集六千億元，僅佔全國總額十萬億中之百分之五。至南京區募集委員會委員，業由行政院選定沈怡、陳裕光、冷遹、翁標、朱世珩、王官聲、王繹齋、程覺民、陶桂林、伍崇學、張簡齋、劉衡靜、蕭贊育、高壽恆、馬星野等十五人担任，並指定沈怡為主任委員，陳裕光、冷遹為副主任委員。該委員會業於三月十一日舉行成立會，沈市長主席，討論該會組織，計分五組：（一）總務組組長沈怡；（二）調查組組長王繹齋，（三）宣傳組組長蕭贊育，（四）審核組組長陳裕光，（五）物資處理組組長程覺民。另設蕪湖、鎮江、武進三分會，由各該縣長兼分會主任委員。至於募捐之對象為：一、在抗戰及戡亂期間收入特豐者；二、巨商巨富；三、資力雄厚營業發達之社團法人。

△積極進行造林運動　本府為綠化首都，會同中央林業實驗所積極進行造林運動，先擇定郊區京湯公路沿線及青龍山、幕府山（包括太平門外和平門外一帶）、八卦洲等一帶荒山着手，預計栽植樹苗六百萬株。經於二月二十一日上午十時由民政局邀同中央林業實驗所園林管理處及第九、第十、第十三等區區長及組長在本府會議室商討一切進行事宜，決議由中央林業試驗所無價供給樹苗，運送至各指定區域植用，並負責技術上之指導工作。至調查荒山面積，發動人力以及栽植後養護等事項，則由本府責成各該區保甲長切實辦理，於三月二十日以前栽植竣事。

△免緩役申請截止　本市三十七年度免役緩役之申請業經截止登記，計申請人四、六九七名。免緩役審查委員會，業已開始分區抽查，並議定由市參議會副議長王踏，參議員任志遠、夏時、秦仲翔等分別担任，抽查辦法每戶抽查兩保，每保抽查五戶，俟全部抽查工作完畢後，即可公佈申請免緩役人之名單。又本年度征兵，定四月一日開始，征集方式儘量採用抽籤制決定。

△督導征收補籌三十六年度優待金　民政局依據補籌三十六年度新兵優待金座談會，決議會同財政局派員於二月十九日起至二十一日止分，赴各區督導，俾能如期完成補籌優待金。

△召開戶政會議　民政局為加強警保聯繫改進戶政查記工作，經於二月二十一日邀請人口局、首都警察廳及各區戶政組長等舉行戶政會議，經會訂市民申報戶口注意事項，確定程序及採用表式，并為切實辦理戶籍行政，議定各項加強警保工作聯繫辦法。現正由民政局公佈實施。

△彙編複查戶口統計　首都警察廳於一月二十五日至二十八日舉行戶口複查，業已結束，並經彙編完竣，計全市共四〇九保，七七一九甲，二一二九八八戶，人口一一一八七三四人，內大口八七二七五二人，小口二四五九八二人，壯丁三一八〇九二人，學齡兒童一一一六五五人，夫婦同為公務員者三四九〇人，有配給者三四四四人，無配給者四六人，流動人口三一四三九人，外僑一〇〇一人。

△增加各級國民學校班級　本市各級國民學校因事實需要，紛請增班，惟本學期限於經費，在不增加員額原則下，就各校依據新編制而緊縮之人員數，斟酌增加班級，業經決定第一次增加班級數四十班。

△招標完成中央路國民學校未完工程　國大籌委會因借中央路國民學校作招待國大代表之用，教育局特委託該會代辦該校建築未完工程。招標結果以四十三億五千元萬由悅昌營造廠承建，經教育局派員參加核定後，已正式訂約，由該廠承辦，即日興工。

△接辦盲啞學校　教育部在本市設立之盲啞學校，近由教育局奉令接辦，已派定督學曹樹人等前往接收，並請教部派員監交。

△分發貧苦兒童冬衣　本市近得衛生部轉發英國援華會捐助貧苦兒童冬衣一千五百件，經由衛生局會同婦女工作指導委員會前往洽領，並由母嬰保健會會同該會分別查發本市貧苦兒童，以資救濟。

△開放新街口盥洗所　新街口設置盥洗所一所，於上年十二月二十三日開工建造，現已全部完成，內部水電設備亦已裝竣，於三月一日正式開放，並經衛生局派定管理員常駐管理，以維整潔。

△設置淨水站　下關三汊河及五所村一帶居戶大部係屬貧民，衛生局為謀該處居民飲水清潔及預防疫癘傳染起見，已決定在該兩處各設置淨水站一所，分別裝設淨水機兩部，預計每所每日可產淨化飲水一萬四千加侖，每人每日平均以二加侖飲水量計算，足可供給七千人飲用，一俟款到，即行着手裝置。

△辦理擴大種痘運動　衛生局為預防天花起見，舉行擴大種痘運動，擬訂辦法如下：1.通飭所屬各院所及委託公私立醫院暨開業醫師診所一律免費為市民種痘。2.飭令各衛生所組織種痘隊派赴所轄各保舉行挨戶種痘，並函請各區公所及警局所協助辦理。3.市立小學未種痘之新生，由健康教育委員會派員佈種。4.函致各機關團體及眷屬兒童在卅人以上者，可函知該局立即指定所在地附近衛生所定期前往佈種。5.印製種痘宣傳品分發各公私醫院及開業醫師診所黏貼。6.訂製幻燈片交由各電影院放映，俾易週知。

△軍事機關使用民地商租情形　陸軍總司令部接收使用柏菓園劉家崗晚市一帶敵偽佔用民地，業經地政局邀請該部代表及有關業主，於二月十九日開會，商定租用辦法，租賃期間暫定三年，租金按法定地價年租百分之十，於每年二月底以前一次付清。

△開闢小北門模範馬路一帶住宅區　地政局為研究開闢小北門馬路一帶住宅區問題，經於二月二十四日下午召開座談會，計到地政部、內政部等有關機關代表及參議會地政財政兩會委員、六區參議員暨六區區民代表主席等二十餘人，均踴躍發言，該項紀錄整理後即送參議會參考。

法規

中央法規

京滬平津穗五市民食配售通則

行政院三十七年二月二十四日第四十四次會議通過

第一條 政府為配售京滬平津穗五市民食訂定本通則。

第二條 五市配售民食事務，由各市市長負責主持，並設置民食調配委員會（以下簡稱調配會）辦理之。各市如已有糧食調配機構者，得呈請行政院核准辦理配售民食事宜，不另設民食調配委員會。

第三條 民食調配委員會，得由市長兼主任委員，並設副主任委員一人或二人，行政院處理美國救濟物資委員會（以下簡稱院委會）、糧食部、社會部、市參議會代表各一人及其他聘派之必要人員為委員，其組織由各市自行擬定，報院核備。

第四條 各市調配會，應憑詳實之戶口登記，印製以戶口或人口為單位之糧食配售購證，發予市民，憑證向指定之糧食配售處自行購糧，糧食配購證之印製，以不易偽造便於攜帶為原則，糧食配購證不得轉讓，印製所需費用，由院委會於業務費項下核付。

第五條 市民憑證配售之食米不分大小，每人每月定為一市斗（十五市斤，麵粉等量），市民每人每月應配之糧額必須在規定之期間內購買，期滿作為放棄論。

前項配售食糧以美國救粮濟售給五升（或等量麵粉）及政府米售給五升，政府應配之食米（或麵粉），其糧源由糧食部及市政府各負責籌辦二分之一。

第六條 配售米麵價格由市調配會照當時當地同等品質市價減低百分之五之範圍內，核定公佈，每月調整一次，分報院委會糧食部備查。

第七條 凡經指定之配售處，得在配售所得價款中給予手續費（包括損耗在內）百分之五，配售後，每日配售糧食價款應於次日繳存指定代理出納之銀行，入糧食配售專戶帳，每月結清一次。指定之配售處，如不照規定將價款繳存者，市政府應負監督攷核懲處與追索之責任，關於美國糧食配售價款由院委會另訂辦法處理之。

第八條 配售糧食一切會計業務，得委託信譽卓著之會計師事務所代辦，以示公開，幷由糧食部院委會會同稽核之。

第九條 市調配會應將配售糧食之實物賬目及存款賬目，按旬以旬報表分寄糧食部及院委會核備。

第十條 美國救濟糧應由各市調配委員會向院委會各市辦事處接收配發。

第十一條 各市配售實施細則，由各該市市政府擬呈行政院核定之。

第十二條 本通則自核准之日施行。

空軍烈士遺體處理辦法

行政院三十七年二月十九日（卅七）四防字第八一三一號令頒

第一條 空軍烈士遺體之處理依本辦法之規定。

第二條 空軍烈士指作戰陣亡或因公殉命之空軍官兵。

第三條 空軍烈士遺體之收殮，左列機關部隊人員應負責辦理之、

一、原屬機關部隊。
二、距殉職地點最近之空軍機關部隊。
三、殉職地之地方機關。
四、隨在任所之烈士家屬。
五、在前方共同作戰之友軍（或陸空聯絡組）。

第四條 地方機關或友軍代為收殮之空軍烈士遺體應覓地暫厝，並通知其原機關部隊或空軍總司令部，其在戰地殉職之空軍遺體，得由友軍或地方機關會同陸空聯絡組或附近空軍機關就地埋葬（墓地須製定鮮明標識），并通知或呈報空軍總司令部備查。

第五條 收殮空軍烈士遺體費用，由經辦收殮之空軍機關部隊照空軍官兵埋葬費規定，填具死亡證書三份，呈請空軍總司令部核發，其經由友軍或地方機關代為收殮者，其費用應檢同單據，送由附近空軍機關轉報，或逕送空軍總司令部核實撥收歸墊。

第六條 收殮空軍烈士遺體之機關部隊，應將辦理情形呈報，或通知空軍總司令部備查。

第七條 空軍烈士如有武器、地圖、文件、照片、胸章符號、軍人手牒、身份證明書、及足資記念之飾物等件，應由收殮之機關部隊繳送空軍總司令部。

第八條 空軍烈士遺體之埋葬事宜，依左列規定辦理：
一、照烈士遺囑辦理。
二、未立遺囑者，徵取遺族意見後核定。
三、由遺族呈請空軍總司令部核准，自行運回原籍安葬。
四、合於公葬者，照空軍烈士公墓埋葬規則辦理。

第九條 本辦法自公布日施行。

三十七年度各類所得稅起征額及稅率表

行政院三十七年二月九日(卅七 六財字第六七〇三號令頒

（一）第一類甲項公司營利所得稅。
（甲）起征額 每年所得額合計資本額滿百分之十者。
（乙）稅　率
一、所得額合計稅資本額在百分之十以上未滿百分之十五者，課稅百分之四。
二、所得額合計稅資本額在百分之十五以上未滿百分之二十者，課稅百分之七。
三、所得額合計稅資本額在百分之二十以上未滿百分之三十者，課稅百分之十。
四、所得額合計稅資本額在百分之三十以上未滿百分之四十者，課稅百分之十三。
五、所得額合計稅資本額在百分之四十以上未滿百分之六十者，課稅百分之十七。
六、所得額合計稅資本額在百分之六十以上未滿百分之九十者，課稅百分之二十一。
七、所得額合計稅資本額在百分之九十以上未滿百分之一百三十者，課稅百分之二十五。
八、所得額合計稅資本額在百分之一百三十以上未滿百分之二百者，課稅百分之三十。
九、所得額合計稅資本額在百分之二百以上未滿百分之三百者，課稅百分之三十。
十、所得額合計稅資本額在三百以上者，一律課稅百分之四十。

屬於公用工礦及運輸事業，其稅額依前項各款規定減征百分之十。

（二）第一類乙項合夥獨資及其他組織營利事業所得稅。

（甲）起征額　每年所得額滿五千萬元者。

（乙）稅　率

一、所得額在五千萬元以上未滿一億元者，課稅百分之四。

二、所得額在一億元以上未滿二億元者，課稅百分之七。

三、所得額在二億元以上未滿四億元者，課稅百分之十。

四、所得額在四億元以上未滿八億元者，課稅百分之十三。

五、所得額在八億元以上未滿十六億元者，課稅百分之十七。

六、所得額在十六億元以上未滿三十五億元者，課稅百分之二十一。

七、所得額在三十五億元以上未滿八十億元者、課稅百分之二十五。

八、所得額在八十億元以上未滿二百億元者，課稅百分之三十。

九、所得額在二百億元以上未滿四百億元者，課稅百分之三十五。

十、所得額在五百億元以上者，一律課稅百分之四十。

屬於公用工礦及運輸事業者，其稅額依前項各款規定減征百分之十。

（三）第二類甲項業務或技藝報酬所得稅。

（甲）起征額　每年所得額滿二千四百萬元者。

（乙）稅　率　百分之三。

（四）第二類乙項定額薪資所得稅。

（甲）起征額　每月所得額滿二百萬元者。

（乙）稅　率

一、所得額在二百萬元以上者、一律課稅百分之一。

二、所得額超過一千萬元至二千萬元者，就其超過額加征百分之二。

三、所得額超過二千萬元至四千萬元者，就其超過額加征百分之三。

四、所得額超過四千萬元至六千萬元者，就其超過額加征百分之四。

五、所得額超過六千萬元以上者，就其超過額加征百分之五。

（五）第三類利息所得稅稅率為百分之五。

（六）第四類財產租賃所得稅。

（甲）起征額　每年所得額滿二千萬元者。

（乙）稅　率　百分之四。

（七）第五類一時所得稅。

（甲）起征額　每次所得額滿一千萬元者。

（乙）稅　率　百分之六。

（八）綜合所得稅。

（甲）起征額　每年綜合所得額超過三億元者。

（乙）寬減額　一、扶養親屬之寬減額每人一千五百萬元。

二、教育寬減額每人五百萬元。

（丙）稅率

一、所得額超過三億元至五億元者，就其超過額課稅百分之五。

二、所得額超過五億元至十億元者，就其超過額課稅百分之七。

三、所得額超過十億元至二十億元者，就其超過額課稅百分之十。

四、所得額超過二十億元至四十億元者，就其超過額課稅百分之十三。

五、所得額超過四十億元至一百億元者，就其超過額課稅百分之十七。

六、所得額超過一百億元至三百億元者，就其超過額課稅百分之二十二。

七、所得額超過三百億元至九百億元者，就其超過額課稅百分之二十八。

八、所得額超過九百億元至三千億元者，就其超過額課稅百分之三十五。

九、所得額超過三千億元至五千億元者，就其超過額課稅百分之四十二。

十、所得額超過五千億元以上者，一律就其超過額課稅百分之五十。

國府公報所載中央法規索引

本府法規

南京市民食配售暫行辦法

三十七年二月二十六日南京市民食配售委員會通過

第一條　本辦法依糧食部頒佈京滬平津穗五市民食配售通則第十一條之規定訂定之。

第二條　凡居住南京市區以內，經正式登記戶籍，並持有國民身份證者，均享有民食配售之權利。

第三條　民食配售以戶為單位，每戶發給糧食配購證一張，按其人口之多少，不論大小，每口每月憑證配售食米一市斗

第四條　市民所需食米，除配售一市斗外，其餘得向自由市場購買之。

前項自由購買之數量，於必要時，亦須憑證購米，並限制每人不得超過一市斗，原發之配購證上印就備用之證票，隨時公告使用。

第五條　市民糧食配購證不得轉讓，遇有遺失損燬，除因不可抗力之事故，以外概不補發。

第六條　定期定量配售之米，應於規定期內購買，逾期未購者，視為棄權。

第七條　配售食米以政府儲備糧及美國救濟糧各半供應。

第八條　配售食米之價格，由配售糧食議價委員會於每月一日之前五日議定，並於一日公佈之。

前項議定價格，在一個月內不予變動。

第九條　配售食米之業務，由特約承銷機構辦理之，該項承銷機構應按市區人口之分佈情形爲適當之設置，俾予市民以充分之便利。

第十條　承銷機構辦理售米業務成績優良者，應予以獎勵，其有不遵照規定辦理或有舞弊情事，依法嚴懲。

第十一條　本辦法實施細則另定之。

第十二條　本辦法試辦期間暫定爲四個月。

第十三條　本辦法之執行機構爲南京市民食調配委員會。

第十四條　本辦法呈奉　行政院核准施行。

南京市民食配售暫行辦法實施細則

三十七年二月二十六日南京市民食配售委員會通過

第一章　總則

第一條　本細則依南京市民食配售暫行辦法第十二條訂定之。

第二條　南京市民食配售暫行辦法未載明之事項，悉依粮食部所頒京滬平津穗五市民食配售通則及行政院處理美國救濟物資委員會所訂京滬平津穗五市配售粮食計劃綱要之規定辦理。

第二章　配售範圍

第三條　凡居住南京市區以內有一定之住所經辦理戶籍登記手續，並持有國民身份證者，不分職業性別年齡，均爲配售對象。

第四條　居住南京市區以內之外國人民亦享有配售之權。

第三章　配售質量及時期

第五條　配售不論大口小口，每口每月憑糧食配購證配售食米一市斗，合十五市斤。

第六條　配售食米分政府儲備粮及美國救濟粮兩種。政府儲備粮概定爲中熟米，美國救濟粮以運到接收之米，悉照原質配售。

第七條　米質樣品，應於配售處所公開陳列，以便購買者核對其配購之米，是否與樣品相符。

第八條　配售定爲每月一次，在規定之一個月期內，隨時可以購買，但不得將甲月之糧，移至乙月購買。

第四章　配售價格

第九條　配售食米價格，按照當地市價減低百分之五爲度。

第十條　政府儲備粮及美國救濟糧之品質，如有差級，應比照市場同等品質核定售價。

第十一條　售價由民食調配委員會主任委員及糧食部代表行政院處理美國救濟委員會代表共三人組成配售糧食議價委員會議定之。

第十二條　配售糧食議價委員會，應於每月一日之前五日議定，於一日公布施行，並分報行政院處理美國救濟物資委員會及糧食部備查。

第十三條　售價每月調整一次，在一個月以內，即使市價上漲，配售價格並不隨之變動，但遇市價低落於配售價格在五日以上時，則配售價格應按低落後之市價比照減低百分之五，如低落後之市價又變動再高於第一次之議價至五日以上時，仍得恢復原議價減低議價及恢復原價均應由配售糧食議價委員會爲之。

第十四條　議定之配售價格，除正式登報公告外，並應於每一承銷配售食米之處所標籤出售，如再減低價格時亦同。

第五章 配購證之發給及使用

第十五條 配購證稱「南京市民糧食配購證」嵌印京字嘉禾以資識別，並編印號碼便於查考。

第十六條 配購證之低面一律加蓋關防，以防假冒。

第十七條 配購證分為三聯，一聯為存根，二聯作為卡片，三聯發給享有配售權利之市民。

第十八條 發證以戶為單位，每戶發給一張，填寫戶主姓名住址，視該戶人口多少。填明配糧數量。

第十九條 發證時應將首都警察廳及民政局之戶籍册相互參照，以憑核發。

第二十條 戶主領證時，應繳驗國民身份證，填發員隨即在國民身份證上加蓋「發」字戳記，以免重領。

第二十一條 凡未辦理戶籍登記及未領有國民身份證，或新遷入市區之市民，均應補辦以上兩項手續，始得申請核發配購證，新生之嬰兒經合法登記後，亦得申請補發。以上兩項申請，向各保甲長為之，送請區長彙辦。

第二十二條 遇有死亡或遷出市區時，應即報請換發，或取消其配購證。

第二十三條 冒領重領或私自塗改戶籍人數以及化名希圖多領者，一經查出，除吊銷其配購證外，並視情節之輕重送請法院究辦，或予以其他適當之處罰。

第二十四條 配購證之發給完全免費，擔任填發之工作人員不得藉故索取任何費用，違則依法嚴懲。

第二十五條 配購證僅得在指定之地區以內購買，如有異動，應即申報，經加蓋移轉戳記後，始得適用於新指定之地區。

第二十六條 配購證印就分期配糧票花，每月為一期，每期一票，購買時應當面將票花撕下，交與承銷商，預先撕下者無效。分期配糧票花限於規定之當月可用，逾期作廢。

第二十七條 配購證上有印就「備用」字樣之分期配糧票花，係準備於必要時指定准向自由市場購糧之用，政府有其他決定時，亦得隨時公告其使用方法。

第二十八條 配購證遇有遺失或損燬，除不可抗力之原因以外，概不補發。

第二十九條 配購證不得轉讓，不得塗改。

第六章 承銷機構

第三十條 配售糧食之零售業務，全部委託市內經營糧食之合作社及米號承辦，統稱為承銷商。

前項承銷商暫定為一百五十個單位，由民食調配委員會選定之，並由雙方協議訂立合約，載明雙方應有之權利與應負之義務，共同遵守。

第三十一條 承銷商應為左列之設施：

一、懸掛南京糧食配售處之標誌。

二、陳列配售食米之樣品。

三、標明配售米價之標籤。

四、合乎中央標準之量器。

五、配售票花粘貼簿。

六、其他經規定應用之表報。

第三十二條 承銷商向指定倉庫領米，第一個月依估計數量承領以後，須以出售收回之配購證票花為憑，在甲月份未售完之剩餘米額移作乙月份配售額，不得自行出售。

第三十三條 承銷商得在售配所得價款中給予手續費百分之五，該項手續費每月結算一次。

辦理成績優良之承銷商，另予以獎勵。

第三十四條 承銷商憑糧食配購證按照規定數量及價格出售，並將持證人撕下之票花粘貼簿上，當日結清出售總數，於月終時塡明月報表，連同票花粘貼簿彙送民食調配委員會核備。

第三十五條 承銷商應將逐日所收價款，於次日午前全數解繳指定之銀行專戶存儲，不得延誤。

第三十六條 民食調配委員會應經常派員前往各承銷店巡迴視察督導，並得調閱有關配售業務之賬簿表册。

第三十七條 承銷商有左列情形之一者，得視其情節之輕重，予以取消承銷資格，或暫停營業，或吊銷營業執照之處分。

一、不遵照第三十一條所列各款之規定者。

二、換易劣質米或有摻雜情事者。

三、剋扣分量或故延配售經市民檢舉查明屬實者。

四、配售所收價款不遵照規定解繳者。

前項處分，由民食調配委員會函請社會局辦理。

第七章 財務、會計、統計及報告

第三十八條 民食調配委員會配售糧食所得價款之收解，由糧食部及行政院處理美國救濟物資委員會規定日期，並指定銀行專戶存儲。

第三十九條 民食調配委員會之管理費用及業務費用，得在配售糧食所得價款中撥付之。管理費用以不超過百分之一，業務費用不超過百分之四爲原則。

第四十條 民食調配委員會之會計業務，得委託信譽卓著之會計師事務所代辦，以示公開，並由糧食部及行政院處理美國救濟物資委員會與美國政府中華救濟團會同稽核之。

第四十一條 民食調配委員會應分編物資賬與現金賬兩種，按旬編具報表兩份，分送有關兩部會。

第四十二條 民食調配委員會應製成各種業務統計圖表，並就其辦理配售業務之實際情形及因辦理配售所獲之成果，作成詳細之紀錄，每月編具報告書，分呈有關機關。

第八章 附則

第四十三條 關於倉儲加工裝運損耗等，悉依糧食部之規定。

第四十四條 本細則呈奉 行政院核定施行。

修正南京市衛生局管理菜場攤販規則

三十七年二月二十日第一一七次市政會議修正

第一條 南京市衛生局（以下簡稱本局）爲維持本市道路及菜場攤販之淸潔秩序，幷整飭市容起見，特訂定本規則，督飭淸潔總隊遵照實施。

第二條 凡市區內公私立之菜場菜販及攤販，均依本規則之規定管理之。

第三條 本市各公立菜場依照所在地定名爲南京市〇〇路或〇〇街菜場。

第四條 各菜場之營業時間自每日上午六時起至下午六時止，必要時得報經核准延長或變更之。

第五條 凡在菜場內設攤營業者，應以左列各項物品爲限：

1. 新鮮之生熟水產及鳥獸肉類或醃臘食品。
2. 新鮮之菜蔬及醃醬之菜蔬。
3. 鮮乾菓品類。
4. 點心類。

5.其他合於衛生之食品及飲料等。

第六條 各菜場視當地市面情形劃分攤位，每一攤位以十五平方市尺爲準，編列號碼，分爲甲乙丙丁四等，各攤位每月應納之租金另定之，市內各臨時菜攤場，如因事實需要，得呈請核定征收臨時租金。

第七條 凡菜販欲承租公立菜場內攤位者，應先憑具申請書一份，經審查合格憑發許可證後，方得入場設攤營業，其患有惡疾及傳染病之菜販，概不准許入場營業，其臨時攤販之承租，由菜場管理人員隨時指定之，上項申請書，得附收每份工本費國幣二千元。

第八條 承租之菜販，在其攤位範圍內，得爲營業上必要之設備，但貨物之陳列，不得越出攤位以外，對於攤位以內之整齊與清潔，應隨時保持，退租時須於半個月前呈報歇業，繳銷許可證，并將以前營業上之自行設備，即行拆除，恢復原狀。

第九條 各菜場內攤販不得出售腐爛等妨害衛生之物品。

第十條 各菜場由主管人員指派管理員在場巡迴視察，處理一切事務。

第十一條 各公立菜場內菜販如有違背左列情事之一者，得科以壹萬元以上叁萬元以下之罰金，或停止一日以上三日以下之營業，如情節重大者，並得撤銷其承租權。

1.不受菜場管理員之管理與指揮者。
2.冒名朦領攤位者。
3.私行轉租頂替者。
4.販買漏檢漏稅及腐敗肉類或其他不潔食品及飲料者。
5.不守秩序擾亂公共安寧及妨害他人營業者。
6.使用不準確之量衡用器有欺詐顧客之行爲者。
7.收買來歷不明之食品者。

第十二條 菜場以公立爲原則，但因事實需要，有設立私立菜場之必要時，須報經本局核准備案後始得設立，並應遵照本規則之規定，受主管人員之監督與指揮。

第十三條 凡在本市區內本局劃定之區域及攤位，設立小本營業攤販者，須依照左列之規定辦理之：

1.各攤販須領有許可證後，方得自搭蓬蓋設攤營業。
2.各攤販領得許可證後，應將許可證配置鏡框，隨攤懸帶，以便隨時檢查，倘有變更攤位或停歇情事，必須申請換領或繳銷之，不得有擅將許可證轉租推讓或調換等情事。
3.各攤販在劃定區域，如係設立臨時露天攤位者，每攤位面積不得超過五市尺長三市尺寬之規定，並不得有妨礙市容及交通暨任何建築等情事。

第十四條 攤販如有違背前條各項規定之一者，該攤位得隨時撤銷，並科以壹萬元以上叁萬元以下之罰鍰。

第十五條 各攤販攤位之等級，按照設攤地點市面情形審核規定之，每等攤位每攤每月應納之租金率另定之。

第十六條 各攤位應繳租金，一律以每月一日起算，每月十一日至二十日爲繳納期間，逾限不繳者，除追繳外，並科以左列之滯納罰金或撤銷其攤位。

1.逾限五日以上者，科以應納租額百分之十罰金。
2.逾限十日以上者，科以應納租額百分之二十罰金。
3.逾限十五日以上者，科以應納租額百分之三十罰金。
4.逾限二十日以上者，撤銷其攤位。

第十七條 各攤販不得收買來歷不明之貨物及賣違禁物品，違者送交警局依法究辦。

第十八條 攤販攤位如因整頓市容或改善交通有妨礙時，得隨時將該攤位撤置或遷移之。

第十九條 凡屬菜攤菜販及攤場露天固定攤位租金，得視事實需要，隨時呈准調整之。

第二十條 本規則自呈奉南京市政府核准之日施行，修改時同。

南京市各菜攤場租金征收率表

一 菜場攤位租金征收率（每一攤位面積以十五平方市尺為準）。

甲等 每月租金國幣伍萬陸千元。

乙等 每月租金國幣肆萬捌千元。

丙等 每月租金國幣肆萬元。

丁等 每月租金國幣叁萬貳千元。

二 夫子廟攤場攤位租金征收率（征收標準以每一平方市尺為單位，其不足一平方市尺者，以四捨五入法計算之）。

甲等 每一平方市尺每月租金國幣壹千伍百元。

乙等 每一平方市尺每月租金國幣壹千貳百元。

丙等 每一平方市尺每月租金國幣九百元。

丁等 每一平方市尺每月租金國幣六百元。

上項面積以清潔總隊及菜場攤販管理所派員會同夫子廟攤販聯誼會代表實地勘丈者為準。

三 露天固定菜攤及攤場租金征收率（每一攤位以十五平方市尺為準）。

甲等 每月租金國幣肆萬元。

乙等 每月租金國幣叁萬元。

一一〇

修正南京市自來水管理處用戶申請特設幹管攤費暫行辦法

三十七年二月二十日第一一七次市政會議通過

第一條 凡未列入本處計劃配水管網內之幹管，而由用戶申請自願墊付該幹管埋設全部工料費，經本處核准者，稱為用戶申請特設幹管。

第二條 凡用戶申請特設幹管，其輸水量除自用外，尚有餘量及有新用戶使用該特設幹管者，得依本辦法辦理之。

第三條 凡用戶申請特設幹管之所有權，應屬於本處，特設幹管之口徑應由本處核定之。

第四條 用戶申請特設幹管之全部工料費，應於施工前，報請本處審定之，完工後由本處驗收。

第五條 凡用戶申請特設幹管或申請延長或申請分接已有特設幹管，其長度在五十公尺以內或口徑五十公釐以下者，全部工料費，由申請用戶担負之，凡有新用戶欲使用該特設幹管或該延長段或該分接段經本處核准者，不須攤費。

第六條 申請特設幹管或申請延長或申請分接，已有特設幹管，其管徑超過五十公釐，且長度超過五十公尺者，其超過五十公尺部份之全部工料費，由原申請用戶與使用該特設幹管或該延長段或該分接段之新用戶分別依照輸水量比例負担，惟先由原申請用戶墊付之。

第七條 特設幹管或其延長段或其分接段原申請用戶所墊付之工料費，以攤費時物價指數（埋設水管之物價指數）折合原值計算之，上述物價指數，由本處核定，其應得攤費部份，由本處向新用戶代收無息償還原申請用戶，至輸水餘量足額時為止

第八條　（每年六月底及十二月底各結算一次）。

各種不同口徑水管之輸水能量，依其實際使用（同時放水）之十三公釐徑龍頭只數，根據本處供水設備工程規範規定為準。

第一表　各種衛生設備折合裝置十三公釐徑龍頭只數換算表

衛生設備名稱	折合十三公釐徑龍頭只數	備考
十三公釐徑龍頭	一	
二十公釐徑龍頭	二	
二十五公釐徑龍頭	五	
面盆	〇、五	有熱水設備者以二倍計算
便桶	一	
尿斗	〇、三	
浴缸	二	有熱水設備者以二倍計算
蓮蓬頭	〇、五	有熱水設備者以二倍計算
水盆	〇、五	有熱水設備者以二倍計算

第二表　裝置十三公釐龍頭只數與實際使用（同時放水）十三公釐龍頭只數折合換算表

裝置十三公厘龍頭只數	每只與實際使用十三公厘龍頭之折合率	折合成實際使用之十三公厘龍頭只數
一	一、〇〇	一、〇〇
二	〇、七二	一、四四
三	〇、六三五	一、九〇五
四	〇、五七五	二、三〇〇
五	〇、五二〇	二、六〇〇
六	〇、四六五	二、七九〇
七	〇、四一五	二、九〇五
八	〇、三七五	三、〇〇〇
九	〇、三四五	三、一〇五
一〇	〇、三二	三、二
一一	〇、三〇	三、三〇
一二	〇、二八	三、三六
一三	〇、二六	三、三八
一四	〇、二五	三、五〇
一五	〇、二四	三、六
一六	〇、二三	三、六八
一七	〇、二二	三、七四
一八	〇、二二	三、九六
一九	〇、二一	三、九九
二〇	〇、二二	四、四
二一	〇、二二	四、八四
二二	〇、二四	五、二八
二三	〇、二六	五、九八
二四	〇、二八	六、七二
二五	〇、三〇	七、五〇
二六	〇、三二	八、三二
二七	〇、三三	八、九一
二八	〇、三三	九、二四
二九	〇、三四	九、八六
三〇	〇、三四	一〇、二〇
三二	〇、三四	一〇、八八
三四	〇、三四	一一、五六
三六	〇、三四	一二、二四
三八	〇、三四	一二、九二
四〇	〇、三四	一三、六〇
四二	〇、三四	一四、二八
四四	〇、三四	一四、九六
四六	〇、三四	一五、六四
四八	〇、三四	一六、三二
五〇	〇、三三	一六、五〇

五五	六〇	六五	七〇	七五
〇、三二	〇、三一	〇、三〇	〇、二九	〇、二八
一七、六〇〇	一八、六〇〇	一九、五〇〇	二〇、三〇〇	二一、〇〇〇

一一二

八〇	八五	九〇	一〇〇	一〇〇
〇、二七	〇、二六	〇、二五	〇、二三	〇、二二
二一、六〇〇	二二、〇〇〇	二二、五〇〇	二三、〇〇〇	

第三表　各種口徑水管在不同水壓損失下可同時開放13φ公厘龍頭只數表

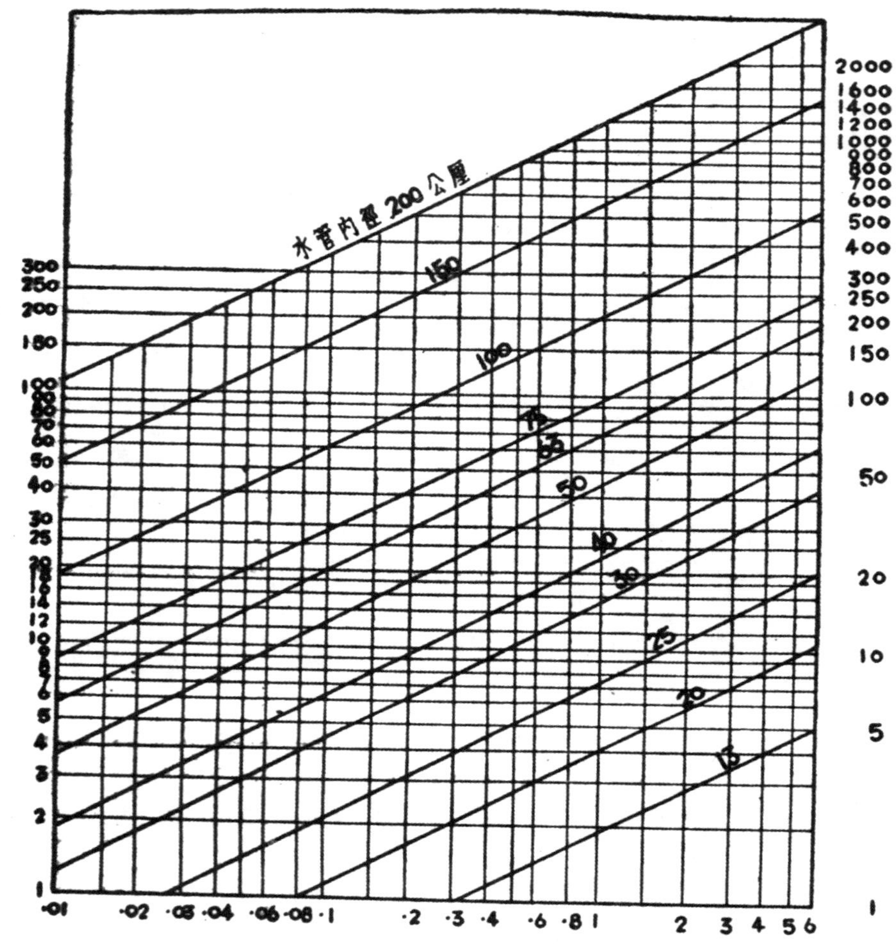

每30公尺長度管內水壓損失(瓩／平方公分)

附註：1·管內允許之水壓損失以甲戶水表後剩餘0·7瓩／平方公分爲準

2·13公厘徑龍頭水量以每分鐘11公升爲計算標準

第四表　各種口徑水管輸水能量比例表

口徑(公厘)	13	20	25	30	40	50	63	75	100	150	200
輸水能量比例	1	2	4	8	12	24	36	54	120	320	640
Q2(或Q3……)之值	0,0015	0,0031	0,0062	0,0125	0,0187	0,0375	0,0562	0,0843	0,1875	0,5000	1
	0,0031	0,0062	0,0125	0,0250	0,0375	0,0750	0,1125	0,1687	·,3750	1	
	0,0083	0,0167	0,0333	0,0667	0,1000	0,2000	0,3000	0,4500	1		
	0,0185	0,0370	0,0740	0,1481	0,2222	0,4444	0,6667	1			
	0,0277	0.0555	0,1111	0,2222	0,3333	0,6667	1				
	0,0416	0,0853	0,1666	0,3333	0,5000	1					
	0,0833	0,1667	0·3333	0,6667	1						
	0,1250	0,2500	0,5000	1							
	0,2500	0,5000	1								
	0,5000	1									

（附註）由第一表求得各種衛生設備折合裝置13公釐之龍頭只數，再由第二表求得實際使用（同時放水）之31公釐龍頭只數，由第三表經由本處核定特設幹管口徑及實際使用（同時放水）13公釐徑龍頭只數，然後由第四表求得Q 2之值。

第九條　凡新用戶使用上項特設幹管或其延長段或其分接段者，以每戶為單位，其應繳之攤費，依其所裝水管之輸水量與幹管剩除輸水量之比例，決定照攤費時之物價指數折合償付之，茲規定其公式如下：

$A_1 = CP(L-50)(1-Q_1)$…………………………（1）

$A_2 = A1\dfrac{6Q_2}{1-Q_1} = CP(1-50)(1-Q_1)\dfrac{Q_2}{1-Q_1} = CP(1-50)Q_2$…（2）

$A_3 = \dfrac{Q_3}{1-Q_1} = CP(1-50)(1-Q_1)\dfrac{Q_3}{1-Q'} = CP(1-50)Q_3$……………………………………………

Q_2+Q_3+…　………$=1-Q_1$時卽為攤費終了…………（3）

A_2+A_4+…………………$=A_1$時卽為攤費終了

公式中A 1　原申請用戶應收回攤費總數。

A 2（A 3……）＝第二家（第三家）……應貼與原申請用戶之

攤費額。

C＝攤費時物價指數與原申請用戶埋管時物價指數之比，其數值由本處核定。

P＝每公尺幹管埋設時之工料費。

L＝管線長度以公尺計。

50＝常數50公尺以內者不須攤費。

I＝特設幹管或其延長段或其分接段之輸水總量，以實際使用13公釐龍頭只數計。

Q1＝原申請用戶實際使用13公釐龍頭只數，與特設幹管或其延長段或其分接段可實際使用13公釐龍頭之百分比。

Q2＝第二家（新用戶）實際使用13公釐龍頭只數，與特設幹管或其延長段或其分接段可實際使用13公釐龍頭之百分比。

Q3＝第三家（新用戶）實際使用13公釐龍頭只數，與特設幹管或其延長段或其分接段可實際使用13公釐龍頭之百分比。

根據上述公式，視新用戶之使用情形分別照下列各條計算Q2……之值。

1.直接在特設幹管上接水者，其Q2之值，為該戶所實際使用之13公釐龍頭只數，與幹管可實際使用之13公釐龍頭只數之比，其攤費應貼與特設幹管原申請用戶。

2.延長該特設幹管者，其Q2之值，為在該延長段內可實際使用之13公釐龍頭只數，與幹管可實際使用之13公釐龍頭只數比，其攤費應貼與特設幹管原申請用戶。

3.分接該特設幹管者，其Q2之值為在該分接段內可實際使用之13公釐龍頭只數，與幹管可實際使用之13公釐龍頭只數之比，其攤費應貼與特設幹管原申請用戶。

4.在延長段上直接接水者，其Q2之值為該戶所實際使用之13公釐龍頭只數，與在該延長段內可實際使用之13公釐龍頭只數之比，其攤費應貼與該延長段申請用戶。

5.在延長段外再延長者，其Q2之值為在該再延長段內可實際使用之13公釐龍頭只數，與原延長段內可實際使用之13公釐龍頭只數之比，其攤費應貼與原延長段申請用戶。

6.在分接段內直接接水者，其Q2之值，為該戶所實際使用之13公釐龍頭只數與在該分接內可實際使用之13公釐龍頭只數之比，其攤費應貼與原分接段申請用戶。

7.在分接段外延長者，其Q2之值，為在該延長段內可實際使用之13公釐龍頭只數，與原分接段內可實際使用之13公釐龍頭只數之比，其攤費應貼與原分接段申請用戶。

8.在分接段之延長段內直接接水者，其Q2之值，為該戶所實際使用之13公釐龍頭只數，與該延長段內可實際使用之13公釐龍頭只數之比，其攤費應貼與該延長段申請用戶。

上述各項攤費計算如遇第五條所規定之情事時，概不須攤費。

第十條　本辦法自呈南京市政府核准日施行，修正時亦同。

會議紀錄

南京市政府第一一五次市政會議紀錄

時　間：三十七年二月六日上午九時

地　點：本府會議室

主　席：沈市長　　紀錄：史崇訓

討論事項

1.市長交議：據園林管理處呈擬南京市園林管理處管理道路廣場樹林暫行辦法，提請討論案。

決議：照審查意見修正通過。（修正辦法見法規欄）

2.秘書處提：為本府員工福利基金應否改變籌募辦法，提請討論案。

決議：仍照原訂辦法實行。

南京市政府第一一六次市政會議紀錄

時　間：三十七年二月十三日上午九時

地　點：本府會議室

主　席：沈市長　　紀錄：史崇訓

討論事項

1.教育局提：為擬修正本市市立各級學校學生免費暫行辦法，並擬訂私立中小學學生免費暫行辦法草案，提請討論案。

決議：修正通過，函請市參議會審議。

2.教育局提：為擬訂本市市立各級學校暨私立中小學校三十六年度第二學期學生繳費標準表，提請討論案。

決議：照表訂繳費標準通過，函請市參議會審議。

南京市政府第一一七次市政會議紀錄

時　間：三十七年二月二十日上午九時

地　點：本府會議室

主　席：沈市長　　紀錄：史崇訓

討論事項

1.市長交議：據自來水管理處呈擬修正「南京市自來水管理處用戶申請特設幹管攤費暫行辦法」，提請討論案。

決議：照修正案通過。（辦法見法規欄）

2.市長交議：據衛生局呈擬修正「南京市衛生局管理菜場攤販規則」，提請討論案。

決議：照修正案通過。（修正規則見法規欄）

3.市長交議：據社會局呈擬南京市協導榮軍就業辦法，提請討論案。

決議：辦法交參事室重行審查，關於協導榮軍就業事宜，由社會局儘量設法介紹。

人事動態

三十七年元月二十八日至二月十四日止

姓名	服務單位及職別	動態	到離職日期
王復	統計處第一科普考學習	新任	元月二十六日
劉可宗	財政局額外專員	新任	元月十九日
黃品謨	財政局統計員	新任	元月二十一日
曹文煥	財政局額外征收員	新任	元月二十二日
戴建戎	教育局秘書室辦事員	新任	元月二十日
張宗炘	教育局第四科科員	新任	元月二十日
陳玉如	教育局第四科雇員	新任	元月二十日
程鑫榮	教育局第三科調用人員	新任	元月二十四日
程希賢	教育局視導室調用人員	新任	元月二十六日
李誠	民政局第三科科員	新任	二月六日
史定生	地政局土地測量隊測量員	新任	二月五日
何鼎蓁	衛生局薦任視察	調任市府專員	元月一日
申源	財政局統計員	調任大小黃洲管理處主任	元月十六日
楊玉聖	統計處普考學習	調任統計處第一科科員	二月一日
張漳生	第十三區區長	調任民政局薦任視察	二月一日
丁培鑫	民政局第四科科長	調任第十三區區長	二月一日
吳紹樵	民政局薦任視察	調任民政局第四科科員	二月一日
徐祖沂	財政局臨時征收員	調任財政局雇員	二月一日
高玉春	財政局征收員	調任財政局臨時征收員	二月一日
何裕光	財政局事務員	調任財政局辦事員	二月一日
丘俊	統計處第一科科員	調任地政局統計佐理員	二月六日
曹復興	地政局統計佐理員	調任工務局統計佐理員	二月十日
陳美瓊	地政局第二科登記員	調任地政局人事佐理員	二月十日
陳景農	土地稅征收處股員	晉升土地稅征收處第四股股長	二月一日
温昭伯	土地稅征收處辦事員	晉升土地稅征收處第二股股長	二月一日
唐希彬	營業稅征收處雇員	晉升營業稅征收處辦事員	二月一日
王祥衡	統計處第三科科員	辭職	元月二十日
吳君實	財政局稅捐稽征處科員	辭職	元月二十日
王元震	財政局稅捐稽征處征收員	辭職	元月二十二日
彭偉朗	財政局稅捐稽征處科員	辭職	元月三十一日
朱運鼐	財政局視察	辭職	元月三十一日
金仲堅	土地稅征收處股員	辭職	元月三十一日
秦尹耕	土地稅征收處調查員	辭職	元月三十一日
崇啓	教育局督學	辭職	元月三十一日

張辰	教育局督學	辭職	元月三十一日
侯沛澤	教育局第一科科員	辭職	元月三十一日
陳文鐸	地政局土地測量隊測量員	辭職	元月二十九日
郭功奇	地政局土地測量隊測量員	辭職	元月三十一日
管永祥	地政局技術室技士	辭職	元月三日
張劍寒	地政局土地登記處組長	辭職	二月四日
王啓泰	地政局土地登記處組員	辭職	二月四日
陳達	地政局第二科科員	停職	元月三十一日
沈驥乾	大小黃洲管理處主任	免職	元月十五日
郭長沛	民政局第四科薦任科員	免職	二月六日
卓超	民政局第三科薦任科員	免職	二月七日
張種蓮	人事處科員	開缺	元月三十一日

金陵瑣談

張祖道

雞籠雲樹

雞籠山，在覆舟山西二百餘步，（據輿地記）一名龍山，建康志云：「高三十丈，周迴十里。」寰宇記云：「西接落星澗，北連栖玄塘，狀如雞籠，因名。宋元嘉中，黑龍屢見元武湖（按卽玄武湖），此山正臨湖上，改曰龍山。」齊武帝射雉鍾山，至此聞雞鳴，故亦稱雞鳴埭。元至正元年，山椒建觀象臺，置儀表，明改爲欽天，故又名欽天山。山上建有涵虛閣、望湖亭，山半有槓岫閣，俱元圯。光緒戊子，江甯藩司奉新許公重建，以復元蹟。山多石骨。道光中，陶文毅公，種松萬株，彌滿山下，爲金陵四十八勝景之一。惟其後人所伐殆盡，今所存者，僅山南九眼井旁一株耳。

牛首烟嵐

牛首山，在中華門外三十里，雙峯角立，取其形似，故名。爲唐法融談禪處，所謂牛頭宗是也。建康志云：「周四十七里，高一百四十丈，本名牛頭山，佛書所謂江表牛頭是也。」山有雙峯，正對晉宣陽門，王導指曰：此天闕也，故又名天闕山。梁武帝於山下建仙窟寺，世又謂元仙窟山。由山椒起，石級百磴，杉檜行列而上，日白雲梯，宏覺寺在焉。精藍廬舍，錯立左右。寺左爲白龜池，右爲虎跑泉，前爲兜率巖，太虛泉在焉，下爲文殊洞，洞前爲含虛閣，下爲辟支洞，右有安初洞，又有煤洞，下有地湧泉，旁有佛廬山，上兩峯間有飲馬池，東峯巔有錫杖泉，山南有雪梅嶺，北有石鼓，東北有慧光寺，又東有寂照寺，今並廢，山產茶，香色俱絕，名天闕茶，又產蘭，一莖十數花，葉少而闊，色碧香細、又有佳菊，朱潤身天闕山房種也。春時桃李盛開，紅白迷望，風雨晴霽；無不堪遊，郡人有「春牛首；秋棲霞」之諺。爲金陵四十八勝景之一。

商飇別館

商飇館，在紫金山西南，亦金陵四十八勝景之一，景目名「商飇別館」，齊武帝建，登之以宴羣臣、周圍數里，又名「九日臺」。建康志引覽古詩注云：「在縣北三里，齊武帝以九月九日宴羣臣，講武習射，應金風之節。」中有高梧清翠，景緻清幽。

南京市政府公報　第四卷　第五期

京市路燈裝置之回顧與前瞻

轉載首都電廠『京電』復字第五期

憶前建設委員會接辦南京電燈公司之全部業務，更名爲建設委員會首都電廠，不久適逢　孫總理奉安大典，其迎櫬大道路燈，首由首都電廠出資裝置，即自江邊中山碼頭起，經中山北路中山東路陵墓大道至墓前之路燈，計共兩百餘盞，此乃京市有正式路燈之創始。其時首都電廠正謀整修機件，改良線路，擴充設備，力求業務之改進，在此百事待舉之秋，對於京市路燈之建設與維護不遺餘力，儘量擴充，時加注意。後爲配合京市路政革新之需要，於廿年春由市府主持，與工務局、警察廳、建設委員會及首都電廠等五機關，組成南京市路燈委員會，專責督察，其經費來源，本在電廠用戶用電電度上附加路燈費，每度國幣兩分，（戰前電燈每度爲一角八分，約佔百分之十一強。）由電廠義務帶收，按月彙解路燈委員會，以作全市路燈裝置及維持之用。此項路燈經費，既出自各用電之燈戶，故決在電廠桿線已達之通衢街巷，而至電戶配電低壓線路者，先後分期裝置路燈，並委託首都電廠代爲計劃設計，分批施工，經營七八年後，京市路燈電壓已到達標準二百三十伏，其光度已維持至適當光度二〇〇瓦一〇〇瓦六〇瓦及四〇瓦等四級之分配，玆將戰前京市路燈供電設備概述之：

（一）路燈專用饋電線路——路燈饋電線路電壓，爲配合電廠之饋電電壓系統起見，亦採用幹線爲四千伏，電壓用三相四線，分支線路爲二千三百伏。電壓用單相線，並借用電廠之新街口東門街下馬牌坊等處配電所備之高壓油開關控制設備三套，以饋送（一）城南城中區，（二）城北及下關區，（三）陵園及中山門外區之路燈電源，其路燈專用饋電路線，分佈如下：

（甲）自新街口電廠配電所起，借用電廠桿木，架設四千伏路燈專用饋電總線，1.向南經中正路直達上浮橋，至集慶路中又分支自白下路口，東至太平路，西至水西門外，2.向東經淮海路，達黃浦路東口，復延長經三條巷向南至門東箍桶巷，均爲三相四線，又自白路下口分支，向東至通濟門及光華門口，3.向西經豐富巷，沿漢中路，至漢西門外石城橋，又自漢中路向北延長，經高家酒館至中山路，達中央路馬家街口，又自鼓樓向西北，沿中山北路，與城北區路燈饋電幹線相啣接。

（乙）自東門街配電所起，亦架設四千伏路燈饋電專線一路，沿東門街至中山北路，1.向南經中山北路，與城南區之路燈饋電線路相接，又分支自大方巷至新住宅區，2.向北沿中山路出挹江門，至江邊碼頭，又分支線經熱河路，至大馬路中及車站。

（丙）自下馬牌坊配電所起，亦有專用路燈饋電線路，1.向東經京杭國道，至陵墓大道及墓前，2.向西經新村路，至運動場及靈谷寺。

所有路燈專用饋電線路之導線，線號爲英規七根十二號或七根十四號及一根六號三種，線路總長度爲七一、二三公里。

（二）路燈專用配電線路——路燈配電電壓爲二百三十伏，其專用路燈配電線路，凡電線路線已達之處，均已滿佈專線，其導線線號，規定均用大於一根英規八號者，全市總長已有二三三、四四公里，又有自二千三百伏至二百三十伏電壓容量，分爲十五、十、七、五、五、及二千伏安之配電路燈專用變壓器八十三具，總容量爲六四四、五千伏安。

其他如上新河、邁皋橋、燕子磯等地，亦已有路燈配電線路，借用電廠配電變壓器電源以供電，另設低壓開關以控制之。

（三）路燈之裝置——路燈分爲柱燈、懸燈、架燈三種：（一）柱燈燈形有六角及圓型多種，燈柱有鉄柱及水泥柱兩種，均用鋼甲地下電纜供電，共計有四十盞，（二）懸燈爲用廿二吋大搪磁罩，配合生鉄避雨燈頭座，用鋼絲繩懸掛於路之中央者，計有三七七盞，（三）架燈分有三公尺長及一公尺長者兩種，其三公尺者用一吋半或一吋四分之一口徑鍍鋅鉄管灣成燈架，固定裝置，十二吋白元球燈罩者，計三二〇只，其一公尺者，用洋板鉄，灣成長至一公尺之燈架，用十二吋搪磁罩，避雨燈頭，及固緊羅絲口燈泡，共有六九七七盞。

以上爲戰前京市路燈設備之概況。當時路燈之光，已普照市區，南至京蕪路，北至燕子磯，東至孝陵衛，西至上新河，惜乎於二十六年十二月十三日，仍在大放光明中，與石頭城同陷，待至勝利歸來，河山依舊，但昔日所有之路燈饋電配電專用綫路均被拆毀殆盡，僅餘之殘破不堪之路燈六〇六盞，亦慘淡無光，回憶戰前路燈共有七七一四盞專用饋電綫路七一公里，配電線路三三二公里，變壓器容量六四四、五千伏安之路燈設備，而今安在哉。

今者，京市路燈之復興工作，雖由京市路燈委員會主持，曾數擬計劃，但限於經費，又無專款，進展較難。且電廠亦在極度困難中，勉力應付此不易應付之環境，然仍本服務之精神，在可能範圍內，以最經濟之辦法，將此刼後餘生之六百餘盞路燈，首先恢復光明，並沿用舊料與舊燈，利用敵僞時期之路燈系統（用繼電器，以單線低壓控制），墊款墊料，又恢復放光者，達一七七三盞（卅五年底統計），但多與電廠配電變壓器同一電源，因此每逢電廠分區停電之區之路燈，亦同時失明，又因任何一具繼電器失靈，其後所有路燈均不能控制，故深感不便，電廠雖力謀補救，但限於敵僞已成之路燈供電系統，一時無法避免，祇就電廠原有之饋電綫路上，增掛路燈專用變壓器，雖仍用低壓繼電器控制，但可減少一部份在停電區域內之路燈同時停電，但繼電器故障之弊病，仍難避免，故於卅六年起，電廠決定照戰前規範及供電系統，謀逐步之革新，幸沈市長涖新主政，關心路燈，即籌備專款，重建城南區路燈饋電專用路綫，計自中正路經白下路中華路、東展至長樂路箍桶巷，西展經長樂路上浮橋至集慶路、共長四公里，又添設門東門西一帶路燈配電專綫二根，一〇五五檔，計長三一、六五公里，並在中山北路路燈，亦改用專綫供電，其他另星添設，仍用繼電器控制之路燈綫路，約長七、三二公里，添裝路燈，共有六三二盞，至卅六年底之統計，全市路燈已有柱式燈卅二盞，對綳式燈一九九只，三公尺鐵管式燈二七四只，一公尺架燈一八九九只、其他路燈一一只，路燈專用饋電綫路五、六七公里，專用配電綫路三一、六五公里，路燈繼電綫路，約計一三一、四三公里，路燈用變壓器計十一具，共一一七、五千伏安，此二年來之路燈經費，除市府撥交指定建設專款五億餘元外，其他另星擴充及經常維持費用，概由路燈附加費收入支付，每月僅一千餘萬元，不敷甚多，隨時由電廠撥墊，迄今已共墊路燈各款已達八億餘萬元以上矣。

今後之路燈復興工作，當視路燈經費之來源，以及配合電廠業務之擴充，與電廠路綫整理之情形而定，但對於京市路燈應需進行之工作，亦不得不事前建議摘要如後：

（一）中央路全部路燈——中央路城區至和平門車站之要道上，電廠已完成新桿之建設，故路燈之裝置刻不容緩，需架設路燈專用饋電綫二公里，配電綫三、一公里，架燈一五〇盞。

（二）城北區路燈之擴充——鼓樓以北之路燈，現仍沿用敵人之路燈之供電系統（即用繼電器低壓控制之），並祇供給中山路及新住宅區之少數路燈，似嫌不足，擬自東門街電廠配電所起，架設7/井32或7/井14四千伏路燈專用饋電線路，經東門街，循中山北路向北擴展，出挹江門至江邊，南展至鼓樓，並分支（一）經大方巷至新住宅區，（二）經湖南路至中央路，（三）分支至模範馬路，（四）分支經熱河路至車站，共需饋電綫路長一九、一八公里，配電專線長爲二三、一公里，變壓器容量一五五千伏安，架燈三三〇餘盞。

（三）中山東路路燈之添製——自黃埔路口至中山門一段，至今尚無路燈設備，亦需即行裝置，但該區若用專綫控制，因需敷設之專線較長，費用甚鉅，擬仍暫用繼電器，以低壓控制之，但亦需架設路燈配電綫路三公里，柱燈二八盞，架燈卅一盞。

（四）城中區路燈另星添裝——城中區之大街要道，雖已有路燈裝置，惟其次要街道，尚付缺如，但架設專線之費用過鉅，亦仍用低壓繼電器，控制路燈變壓器供電，每月擬添路燈一百盞，年計一二〇〇盞，並需架設配電綫路七〇公里。

京市本年度以上燈路之計劃，若以去年年底之值價估計，當在四十億之譜，本所自當追隨市府與警廳努力以赴之。

左宗棠在南京之二三事

左宗棠於光緒八年春以大學士出爲兩江總督兼南洋通商大臣。十一年春，奉召回京。前後在任兩年，時年已七十餘歲。當務之急，惟在江海籌防，然於南京省城關係民生之事，亦未嘗以瑣屑忽之，試述其設施之數事：

時距紅羊之變，已歷十餘年。然城中荒地猶多，房屋不給需要。宗棠飭保甲總局查明各處地基，如其業主有力起造，責令從速修建；其業主無力與業主無存者，由官撥款興建，分鬧市、中市與僻靜處所爲上中下三等。一俟落成，核定某屋工料價若干，榜示通衢，註明冊籍。其屋先由官出租，俟工料價在房租內收足，其屋便交原業主領去執管，不須再行繳價。其業主無存者，仍由官收取租息。辦法既定，先將城北花牌樓及吉祥街一帶興工，專造近街門面。其餘空地，隨後次第興作。當先後造成數百所。

南京城郊向多林木，自經紅羊之變，所在濯濯，生意索然。一日，宗棠外出，見一童山，顧詢左右爲何山。對以此即獅子山。宗棠笑曰：獅子無毛，威儀何存。宗棠又察知民間炊事所需薪柴，末由取給，所賴以舉火，僅有葦柴。雖有煤炭，自江船運至，然以只能遠泊下關，距城關三十餘里，起卸所費，幾與成本相埒，非錙銖必較之平民所能享用。葦柴火力，既不如煤炭之猛烈耐久，且一百斤需錢二百餘文，估計每家一日兩餐，即共需一百斤之數，貧戶尤以爲苦。於是斥資購買松杉秧苗數百萬株，佈種山野，聽民樵采。

秦淮河導源於句容縣之赤山湖，流至南京城之通濟門外，分兩支：一沿城壕繞至江東橋入口，一由東水關入城，與珍珠河、青溪諸水會流，出西水關入江。春夏水漲，兼江潮灌輸，朝夕不斷。至秋冬水涸流停，舟楫難通，即汲飲亦皆穢濁。宗棠既將赤山湖與秦淮河之上下游加以修治，更就中和橋下建立石閘，秋冬閉之蓄水。並修復東西水關閘板，相時啓閉，開東關閘以灌清流，啓西關閘以洩蓄水。歷十月而工成，命名曰通濟閘。計長二十四丈，寬三丈六尺，高二丈六尺，閘門五道。上建屋五楹，存閘板，派員專司其事，於是水源以清，又無礙舟楫，共糜銀四萬數千兩。

南京市政府公報刊例

一、本公報每半月發行一次

二、凡本府例行公文即在本公報發佈不另行文

三、本府所屬各機關於收到本公報時應編號歸檔妥爲保存凡註明「不另行文」文件並應注意遵照

南京市政府公報

第四卷　第五期

中華民國三十七年三月十五日

編輯者　南京市政府編譯室

發行者　南京市政府

南京：(四)建鄴路一三八號

印刷者　大東新興印書館

電話：二二二二六號

南京市政府公報

中華民國三十七年三月三十一日

第四卷　第六期

南京市政府編譯室編

目錄

特載

市長在市參議會第一屆第五次大會開幕致詞

三十七年三月九日

市參議會第一屆第五次大會今天開幕，市政府同人又有一次機會得以恭聆大會許多寶貴的指示與意見，衷心實感到無限喜悅。這次大會有兩點爲前次大會所未有，值得特別提出：第一，民青兩黨參議員首次出席大會，顯示貴會的範圍擴大。第二，大會首次在新落成的會所舉行，象徵貴會的基礎奠定。這兩點都足以預卜此次大會必然有更豐富的收獲，以促進市政，造福市民，令人欣慰。

貴會第三次大會爲表揚石故市長的功績，曾決議由市政府擇一建築物，定名衡青館，以資紀念；現經決定，即以此一同時爲民衆教育館的所在，作爲衡青館，並於今天與大會開幕同時懸匾。衡青館地點之作此選擇，含有一點微意；石故市長遺愛在民，自經貴會決議表揚，即以新落成的民衆教育館來紀念他，實最足以表示市民與石故市長間之精神，永遠打成一片，而定在今天懸匾，則是乘大會開幕之際，獲得各位參議員先生與來賓的參加，藉示此舉的莊嚴隆重。本人覺得石故市長在任時，尙無民意機構的組織，他在辦事上所遭遇的困難決不比現在少，而其所能獲致的市民協助一定沒有如現在貴會給予市政府之多，但他的耿介廉潔，始終爲市民所懷念，其故値得我人深思，値得後人效法。

貴會這次大會舉行於卅七年春季開始之際，今年市政大計，想必早在各位參議員先生的遠慮之中。今年是行憲年，而又戡亂方殷，社會的安定實在最爲需要以當前地方經濟的支絀，各項應辦的建設未能盡辦，在設施上何者應先，何者宜緩，似不能不在安定社會這一前提下而有所抉擇。市政府竭盡期待各位參議員先生指教。過去一年間，由於民意機構與行政機構之充分合作，在市政設施上不無若干進展，此一優良傳統，希望今年更能發揚光大，共同邁進。市政府願在民意的指揮下，追隨貴會之進步，爲樹立地方民主政治的規範而努力。

一年來南京市政的檢討

沈市長三十七年三月九日在南京市參議會第一屆第五次大會施政報告

值茲大地春回之際，貴會舉行第一屆第五次大會，市政府各部門的工作將由各單位分別向大會報告，本人擬先就過去一年間的市政設施作一概括的檢討，請諸位參議員先生指教。

一、政治

民政方面，去年四月一日成立民政局，其最重要的工作是訓練自治人員，充實基層組織，於十月間舉行全市戶口總檢查一次，戶政基礎已告確立。國民大會代表與立法委員選舉，依照規定組設市選舉事務所於去年十一月間與今年一月間分別如期辦竣。監察委員選舉事務由市政府辦理，亦已於今年一月間由貴會諸位參議員投票選出。此次大選為我國普遍行使民權之第一次，在選舉進行之際，因缺乏經驗，或有準備不夠周詳之處，大體上尚稱順利圓滿。此外，值得特別提及者，為本市一千名徵兵配額，自去年八月開始徵集志願兵，至十二月間即已如數募足，本市兵役協會的協助，最可感謝。

財政方面，本市捐稅由於財政局之不斷改進徵收技術，收入已有增加。但因本市非工商都市，而首都所在，建設費用且較其他若干都市為鉅大整理舊稅有其一定的限度，各項稅率有若干種係由中央訂定，遵照辦理，不容變更；有若干種雖可酌量調整，但為儘量減輕市民負担，且調整得比原稅率為低，如房捐照三十五年度減半，即是一例。故所增收入仍遠不如支出之膨脹。去年度市預算最初經中央核定為三百二十億元，由於物價的波動，員工待遇的調整等，至年終陸續追加預算累計達一千億元以上，收支迄未能獲得平衡，大半須仰賴中央的補助。財政情形竭蹶如此，市政設施的展開，因之受到莫大影響。所幸中央特撥事業專款先後四種，共計四百餘億元，得資挹注。今年上半年度市財政赤字預算將更鉅大，如何解決，尚有待於商討。

地政方面，城廂八區的地籍初步整理已完竣，進而開始郊區地籍的整理，郊區面積幾占全市總面積十分之九，先從燕子磯、上新河兩區及漢西門、水西門、中華門外附郭區入手，於去年四月開始戶地測量，六月開始查估地價，十月成立郊區土地登記處，積極推進，至去年年終，各項內外業測繪已大致就緒。各區標準地價，除安德門、孝陵衛、湯山等區外，均已陸續評定公布。江心洲扶植自耕農實驗區自成立辦事處以來，即提前舉辦區內土地登記，已將完成，所有農田水利，衛生診療及合作事業等亦均粗具規模。至於清理軍政機關接收敵偽圈佔民地一事，幾經與有關機關商討洽議，一部分已獲解決，但困難仍多。土地問題為都市建設的基本，本市地籍與地權的整理，不僅有關人民的利益，抑且為謀土地使用合理化之張本，其意義甚為重大。

二、工程

中山路拓寬快車道改築慢車道工程已完成新街口至林森路一段，原擬改築至鼓樓，因經費不繼而中輟，今年仍當逐段繼續進行。其他各主要幹路之鋪柏油路面者共長約十五公里，小街小巷修竣者計三百七十四條，佔總數百分之六十左右。橋樑經修建或加固者有九龍橋、江東橋等十餘座。下關碼頭臨時護岸工程已告完成，治本計劃由交通部、水利部會同本府擬訂，呈奉行政院核定撥款興工，現正籌組工程處積極進行。

市內各幹路如中山北路等兩旁空地，由四聯總處貸款建屋，與工者已不在少。同時各機關與市民對於建築房屋也頗踴躍，一年來工務局核發的公私建築執照達一千五百餘件，此於本市房荒的解決與市面的繁榮，不無裨益。

自來水經一年的整頓，每日出水量爲六萬餘公噸，已達機量的最高峯，全市幹管長度自二〇五·七六五公里增至二一七·四一四公里，計新埋一一·六四九公里；用戶自七、一二九戶增至八、八二一戶，計新增一、六二九戶，平均每月增加一百四十戶以上，業務已較前大有改進。但以本市人口計，現有出水量尚不足以供需要，而較高地區如下關及鼓樓附近，在用水量達最高峯時，常常感到水壓不足，現正積極計劃擴充。

電氣方面，首都電廠維持二萬五千瓩的發電能力，已盡其最大努力。但因用電量增加，超過發電能力，以致機件時有損壞，不得已曾數度實行分區停電以從事修理，這對於市民自然深感不便。分區停電所節省的電力約爲五千瓩，據查報，由於竊電而損失的電力亦達此數。假如竊電之風能加戢止，即無形中爲電廠增加五千瓩電力，供電情形當可較好。竊電者爲一己私利而損及大衆，這是一個相當嚴重的問題，現正籌商對策，希望社會共同予以制裁。同時積極開源，向兵工署借用的發電機一部及善後救濟總署配給發電機二部均已運京，一俟裝竣，可增加發電量六千瓩。

交通方面，籌組半年由官民合辦的首都公共汽車公司已於去年十二月十日正式成立，一百輛新車加入市區行駛，使本市公共交通的效能已較前增強。行駛路綫現由工務局加以調整，暫定十二綫，分由江南首都兩公司負責，已訂立合同，另闢三綫交由特約車行駛，此項調整辦法，不久即可實施。至於市鐵路籌組公司一事，仍尚在與有關方面交換意見。

三、教育

去年本市教育經費佔全市總預算百分之四十五，由量的擴充至質的改進，兼籌並顧，頗有成就，教育局的努力殊堪稱道。一年來計增設國民學校三十二校四百三十二班，中等學校三校二十九班。今年國民學校又新增十一校六十班，合計已達一百六十校一千五百二十七班，中等學校添設女中一校，初中兩校，合共十四校，各校班級重行核定共爲二百零四班，較之戰前市立中學僅四校三十六班，大見增加。各中小學校舍新建或添建者二十餘校，設備教具力謀充實，復員以來所形成的學荒現象，至此已見減輕。質的方面亦正積極改善，如編造教學工具，組織各科研究會及參觀團，甄審教師，加強輔導等，行之經年，尚著成效。去年九月間聯合國文教組織遠東區基本教育研究會議各國代表參觀本市各國民學校，深致好評。

社會教育方面，本市社教基礎原較薄弱，去年於原有的社教機構量力充實設備外，復建築市民大會堂，修建市立體育場，添設第一補習學校，近又接辦教育部所設的盲啞學校，此外對於電化教育，設立電化教育輔導處及巡迴工作隊分別負責辦理。關於掃除文盲，已決定由各級學校在五班以上者，必須兼辦民教班一班至三班，其他推行辦法，正由教育局與有關各方商討進行。

於此應附帶提及一事，即是學校收費問題。市政府於「儘量減低學生家長負担，並顧及學校本身維持能力」的原則下，釐訂各級學校收費標準通飭施行，各費雖已限制得很低，仍不免是一個相當大的數字，非若干家長的經濟能力所能完全負担。補救之計，一方面是提高免費額，一方面則是募集助學金，使清寒學生都能安心向學。本學期助學金總額定爲三十億元，助學名額爲三千人，由各方先行墊款通知各校申請分發，一面籲請社會人士捐輸，希望不久卽能募集足額。

四、衛生

環境衛生根本上須從下水道的完善設備及自來水的普遍供應入手，本市因限於物質條件，以目前的力量，僅能以垃圾處理爲主要工作。清潔總隊在一年中陸續添置垃圾手車二百餘輛，自行車二十餘輛，修理垃圾卡車十輛，洒水車六輛，收運垃圾數目已自每天一千八百手車逐漸增至每天四千手車，總計全年收運量達一百二十萬手車之多，以這僅有的工具而論，可說已盡最大的能事。

醫療衛生方面，市立醫院添建門診部及病房後，病床自一百張擴充至一百五十張，城南醫院病床自三十張擴充至五十張，傳染病院病床自三十張擴充至八十張，此外產科醫院等病床亦酌有添設，內部設備逐予充實。市立醫院且組織董事會，以期加強力量推進業務。全市衛生所原僅十三所，現已增至十五所，又分所四所，並於中山北路新建示範衛生所，今年四月可以竣工，此外更組設巡迴醫療隊，爲居處於鄉僻地區的市民服務，先在下關區試辦，現正增置車輛，將推廣至其他各區。

至於防疫工作，注重於接種及預防注射，一年來接種牛痘者約二十四萬人，受預防注射者約四十二萬人，去年夏令本市幸未發生疫症，此項預防工作值得稱道。此外對於市民衛生常識的灌輸，健康教育的宣傳以及其他保健工作的進行，對於提倡衛生，不無裨助。

五、社會

過去一年間，由於整個局勢的動盪，本市不免受到影響，一切社會工作，屬於消極的臨時性的措施多，屬於積極的長期性的建設少。物價問題關係整個經濟，有全國的普遍性與感染性，往往非一地一隅之管制所能澈底奏效，本市物價評議會成立以來，對於各項物價多方謀取穩定，頗能任勞任怨，不懈不怠，物價之最足以威脅民生者爲糧價，公教人員日用必需品配售與貧戶食米配售之實施，對於社會生活的安定深有裨益。現正利用本市去年向四聯總處貸款三百億元所儲購的糧食，及美國救濟糧與糧食部之所供應者，開始實施全面配糧計劃，每一市民按月可獲配米一斗，價格較市價低百分之五，以減少民食的威脅。

救濟工作，自去春的難民救濟至年終的冬令救濟，社會局均盡力以赴，統計先後由本市救濟及遣送的難民達十萬以上，相當於全市總人口十分之一。冬令救濟預定以救濟二十萬人爲目標，約需款物五十億元，勸募結果，截至本年二月七日止，共計國幣六十三億餘元，小麥一千五百餘包，受救濟人數達二十五萬人，均超過預期之數，各方熱心人士的慷慨捐助，至可感謝，此舉無形中使社會上減少偷竊盜刼事件之發生，卽是維持社會安寧之一助。市立救濟院洽請行總及聯總撥助五十億元，重建院舍，現已興工，預計今年五月間可以完成，院內設備及給養亦力謀充實與增加，較前已多改進。

一年來勞資爭議及工人與工人間的糾紛合計不下百餘起，均由社會局會同有關各方調處，得以順利解決，未曾發生任何工潮。較近的如梢籮業及食鹽起卸業的糾紛，醖釀較久，終經調處成立協議。此外首都警察廳對於治安各方面之防範嚴密，處置適當，於維護公衆安寧頗多貢獻。

六、今年方針

今年施政擬置重點於兩方面：一方面爲社會民生謀安定，一方面爲首都建設奠基礎。關於前者，偏重於：

（一）平民住宅之建造，已成立南京市平民住宅設計委員會籌劃進行。

（二）配售制度之加強，就全面配糧辦法隨時加以改善。

（三）社會救濟之推廣，以市立救濟院為基點擴大其範圍，並設置社會福利中心區。

（四）民衆自衛的組訓，已組織本市民衆自衛總隊部，積極開始組訓。

關於後者偏重於：

（一）下水道之建築，第一期就積水較嚴重地段如中正路洪武路一帶先行埋設。

（二）自來水之擴充，決先籌建下關及玄武湖臨時水廠，期於今年夏季完成。

（三）政治區之開闢，依中央核定的政治區範圍，先從征購土地闢築主要道路入手。

至於首都建設經費，前經呈奉中央核准自三十七年度起列入國庫開支，嗣以行憲即將開始，本年上半年度預算奉令仍照去年辦法編列，所有首都建設經費奉准逐案核定撥補，目前已核定四百億元。

至於未來整個的都市計劃，自都市計劃委員會成立後，經數月之努力，初步調查工作已大致完成，今年年初曾舉行首都都市計劃資料展覽會，徵求各方的校正與補充，現已根據此項調查所得的資料，開始計劃工作。

檢討過去一年的施政，雖不無若干進展，但限於事實上的諸種困難，殊未能盡如所期。今年戡亂方殷，在撥亂反正以前，恰如黎明前的一段時間，也許更為黑暗。而今年可能遭遇的困難，或較去年為尤甚。我們決心以更大的努力來不斷克服困難，尤期望貴會諸先生隨時予以更多的指導，更多的協助與更多的合作。

市長在市參議會第一屆第五次大會閉幕致詞

經過前後十餘天熱烈的垂詢與討論，貴會第五次大會今天圓滿閉幕。此次大會獲得超越的成就，都是諸位參議員先生辛勞努力的結果。本人謹代表市政府同人深致謝意。在會期內，市政府把過去的施政情形報告給大會，向大會換取了許多寶貴的指示，以作未來施政的依據，可以說，貴會每開一次大會，即將市政推進一步，而此次大會適舉行於三十七年度開始不久之際，關係於本年市政的推進尤大，所有決議各案尤可珍貴。本人應特別表示感謝的是此次大會為市財政本年度的平衡收支問題延長會期數日，而最後終於獲得了圓滿的決議。

本來民主政治的精神即在於儘量表達民意，由批評政治進而改善政治，使政治上的一切設施皆以民意為依歸。對於政府錯誤的措施，不吝嚴詞予以指正，而對於政府合理的措施，也不惜全力助其完成。貴會歷次大會都具有此種精神，而由於不斷的進步，此次大會表現得更見充分。市政府的一切設施極願接受民意的批評，隨時改善，但在當前的環境與事實下，澈底改善不免有困難，我們惟有從困難中求進步，從無辦法中想辦法，所以尤願民意機構以全力協助其合理措施的完成。此次大會一切決議案，經過諸位參議員先生的深思熟慮，縝密商討，無疑即是改善市政的具體辦法。市政府必虛心接受，盡力實施。倘在實施之間遭遇若干困難，更希望諸位隨時指正，共謀困難之克服，以促進市政的改善。

政令

議定各鄉區建築物估價標準及第十區等不動產田地標準價格

（卅七）府總財字第二一二三號

南京市政府訓令

令第九十十一十二十三區公所

案據財政局本年二月七日簽呈稱：

「查本市鄉區契稅不動產標準地價，於本年一月卅一日由職局召開本市鄉區不動產評價委員會常會，出席委員超過法定半數以上，經決議修正通過各鄉區建築物估價標準表暨地價標準，除地政局已先後評定第九區十二區及附廓地帶地價公布外，其他各鄉區暫行擬定評估價格作為課稅標準，自本市整理契稅展限屆滿（即二月六日收件起）實施，并呈報鈞府核准後令行各鄉區公所知照，不另公布，俟地政局評定地價，即予廢止紀錄在案，理合檢同該項會議紀錄暨附表等，簽請鑒賜核准令行各鄉區公所知照」！

等情，附會議紀錄暨附表前來，經核尚屬可行，除分令外，合行抄發本市各鄉區建築物估價標準表第十區等不動產（田地）標準價格表，令仰該區公所知照，并轉飭知照！

此令。

計抄發本市各鄉區建築物估價標準表，第十區等不動產（田地）標準價格表各一份。

中華民國三十七年三月四日

◉本市各鄉區建築物估價標準表

區別	類別	一級	二級	三級	備攷
九區	樓房	一、四〇〇萬	一、二〇〇萬	一、〇〇〇萬	上列以每一間上下為單位如二間三間為一幢者照原數每一間加八成廂房減半西式加倍
	平房	八〇〇	七〇〇	六〇〇	上列以每一間架樑計算如係五七架樑照減為八成廂房減半西式加倍
	草房	五〇〇	四〇〇	三〇〇	上列以每一間計算如二間為一幢應照原數每一間加八成
十區	樓房	一、二〇〇	一、〇〇〇	八〇〇	與第九區同
	平房	七〇〇	六〇〇	五〇〇	與第九區同
	草房	四五〇	四〇〇	三〇〇	與第九區同
十一區	樓房	一、六〇〇	一、二〇〇	一、〇〇〇	與第九區同
	平房	八〇〇	七〇〇	六〇〇	與第九區同
	草房	五〇〇	四〇〇	三〇〇	與第九區同
十二區	樓房	一、六〇〇	一、二〇〇	一、〇〇〇	與第九區同
	平房	一、〇〇〇	七〇〇	六〇〇	與第九區同
	草房	六〇〇	四〇〇	三〇〇	與第九區同
十三區	樓房	一、四〇〇	一、二〇〇	一、〇〇〇	與第九區同

平房	一、〇〇〇	七〇〇	六〇〇	與第九區同
草房	六〇〇	四〇〇	三〇〇	與第九區同

說明：一、在附廓暨市鄉者為一級交通便利附近市街者為二級鄉間為三級

二、草房以門窗齊全有牆脚者始得征稅

南京市第十區等不動產（田地）標準價格表

地目	第十區	第十一區	第十三區	湯山鎮	備攷
宅地及場地	四〇〇萬	三八〇萬	四二〇萬	一、二〇〇萬	
園林	二六〇	二五〇	二七〇	七〇〇	
水田	二二〇	二一〇	二三〇	六〇〇	
旱地及池塘	二〇〇	一九〇	二一〇	六〇〇	
荒山及沙蕩	一四〇	一三〇	一五〇	三〇〇	

一、上列價係以每畝之數計算

二、第七區姜家圩地方靠近第十二區卽以該區價格計算

三、湯山鎮係參照地政局第十六次標準地價評議委員會決定及陸軍大學征購民地價額為標準

嚴禁竊挖偷運本京城墻磚土

南京市政府佈告

（卅七）府佈字第一一九號

查本京城墻磚土常被人竊挖偷運，影響城防至非淺鮮，亟應嚴予禁止，嗣後如再有竊挖城墻城磚或泥土者，一經查獲，定予依法嚴懲！除電首都警察廳，並飭民政局通飭所屬嚴禁偷挖外，合行佈告週知。

此佈！

中華民國三十七年三月十五日

取締銀樓業向黑市搜購黃金

南京市政府訓令

（卅七）府總秘字第二二六〇號

令社會局

案准

財政部三十七年三月四日財錢乙字第四七九八九號代電開：

「據報自本部將銀樓業收兌及製造金飾管理辦法第四條修正公佈後，銀樓業以官定飾金售價與黑市金價相差頗鉅，將來勢必形成購者多而賣者絕無之現象，飾金原料來源將生困難，故該業近來羣向黑市搜求黃金，致黑市金價趨漲不已等情，查銀樓業收兌及出售飾金均應照當地主管官署核定價格計算，并不得向黑市搜購黃金規定有案，原情報所稱銀樓業多向黑市購買黃金一節，自應切實查禁，除此飾金賣買恢復之初，尤應加強取締，除分電各省市政府及各有關機關查照飭屬查禁外，相應電請查照，飭屬查明取締，仍希將辦理情形報轉本部查核」。等由，准此，查前准核該部電知該項辦法第四條條文已呈准修正公佈等由到府，經於本年二月十八日以（卅七）府總秘字第一四六八號令飭知照在案，准電前由，合行令仰遵照辦理，並將辦理情形具報憑轉。

此令！

中華民國三十七年三月八日

攜運現鈔赴穗改以五千萬元為限

南京市政府訓令

（卅七）府總秘字第二三七六號

令各所屬單位

案准

財政部本年三月六日財錢乙字第四八〇六八號代電開：

「查關於各地對滬穗兩地匯款及運現管理實施辦法四項業經本部公告分行，幷經呈奉行政院備案在案，自該項辦法實施以來，現鈔南流之風仍未稍戢，茲為從嚴限制起見，應卽將上項辦法內攜運現鈔赴穗，以二億元為限之規定，改為以五千萬元為限，除電飭本部廣州金融管理局遵照公告，幷由部分行外，特電請查照」。

等由，准此，查本案前准該部電知過府，經於本年二月九日以（卅七）府總秘字第一二八三號令飭知照在案，准電前由，除分令外，合行令仰知照。

此令！

中華民國三十七年三月十一日

張家口市更名張垣市

南京市政府訓令

（卅七）府總民字第二四〇一號

令各局處區公所

案准

內政部方字第一四二號公函開：

「案查前准察哈爾省政府代電，以該省張家口市，擬請更名張垣市，業經本部呈奉　行政院轉奉　國民政府令准備案，除通行外，相應函達，卽希查照」。

等由，准此除分令外，合行令仰知照。

此令！

中華民國三十七年三月十二日

本府大事記

三月份上半月

三月一日（星期一）

△舉行本府三月份月會，原局長素欣報告本市工務概況。

二日（星期二）

△本市物價評議會舉行第十三次會議，決議酌採各業自動議價辦法。

五日（星期五）

△市長接見比利時駐華大使館代辦魏利。

△舉行第一一九次市政會議。

六日（星期六）

△都市計劃委員會舉行都市計劃技術座談會。

八日（星期一）

△首都各界婦女舉行婦女節紀念大會，市長出席致詞。

△南京市民食配售委員會與糧食業公會簽訂配銷食米合同。

九日（星期二）

△市參議會第一屆第五次大會開幕，同時舉行衛青館命名典禮。

△本市全面配米計劃開始實施。

十日（星期三）

△發放本市清寒學生助學金。

十一日（星期四）

△南京區救濟特捐募集委員會舉行成立會。

市政要訊

市參議會第一屆第五次大會揭幕

市參議會第一屆第五次大會，於三月九日上午九時在白下路新會所舉行開幕式，並爲紀念石故市長瑛（衡青），將此新會所命名爲「衡青館」，同時舉行命名典禮。到參議員四十五人，市長及本府各局處長均出席，主席陳議長致開幕詞，略謂：「此次會議在新落成之會所舉行，充分象徵本會基礎從此奠定，今年爲行憲開始之年，亦國家多難之年，我人明瞭此次大會之任務綦重，應切實檢討過去、砥礪將來，與市民密切合作，度此難關。環顧國內，去年一年政治、軍事、經濟各方面，均足使我人警惕，不過，過去者亦已告一段落，現在行憲開始，民意機構先後成立，此乃一新象徵，新力量，希望亦有一新的開端。本會今年之目標，在市政建設之要求下，不求太多太廣，只求在民生方面作一有力之實施。」繼由市長致詞，（演詞見本期特載欄）詞畢攝影。復由全體參議員出席衡青館命名禮，由市長主持，兩次儀式，共歷時四十五分鐘。下午舉行第一次會議，市長報告施政情形，歷一時半始畢，繼由沈九香、胡學信、俞采丞、楊德文等對糧食糧價等問題提出書面詢問，市長一一予以答覆，至五時許散會。三月十日至三月十五日上午由本府各局處及首都警察廳分作工作報告，並由各參議員提出有關市政各項問題質詢，均經由各有關單位主官以口頭或書面答覆。三月十五日下午起審查及討論議案，至十九日休會，二十六日復會，下午正式閉幕。

市政經費力謀開源節流

本年上半年度本府預算收入總額爲二千六百億元，其中希望中央補助者一千六百億元，自籌者一千億元，此項自籌財源中之捐稅收入列爲九百六十億元，係遵照中央法令規定最高稅率及自治事業費調整稅率計算，市參議會臨時大會曾於二月間決議兩項原則：（一）自治事業費暫不調整，（二）屠宰稅等五項稅捐或則酌予增加，或則暫不增加，因此收入預算須自九百六十億元減至六百二十億元，換言之，收入減少三百四十億元，至中央補助款項，前奉行政院令准照三十六年度補助成案辦理，上半年共准撥補一般補助費四百四十億元，與原所希望補助數字相差達九百餘億元之鉅，若公教人員待遇再行調整時，則本市上半年度預算將更鉅大，今後如何彌補此赤字預算之問題，正由本府財政局就下列數事積極辦理，以求開源：

一、原有稅捐嚴密整頓，以期市民應繳納者能按期照繳，政府所征收者能按數收到。深望市民與本府密切合作。

二、屠宰稅稅率應遵奉中央所頒之稅率征收，已函請參議會予以覆議調整增加。

三、糧商之營業稅，中央一再命令實施徵收，一俟獲得市參議會之支持，卽將着手辦理。

四、自治事業費標準最低，復難於徵收，而支出反與時俱增，其徵收標準亟應加以合理調整。

至節流方面，現本府各局處對於辦事人員及經常經費均照預算極力撙節，除特殊必要外，一律不准增加。

此外中央撥助本市建設費計四百億元，均經分配用於建設工程，其中撥爲擴充自來水設備者二百億元，與修下水道者一百五十億元，修築道路者五十億元，正由工務局及自來水管理處分別積極辦理。

調整人獸力車各項收費數額

工務局舉辦本年度人力獸力車輛登記檢驗換發牌照事宜，已於二月二十一日起開始，該局以原定應收各項規費數目，本屬低微，近因物價高漲，印製牌照等費均較上年增加數倍，不敷成本甚鉅，不得不酌予調整，經該局擬具人力獸力車輛各項收費數額調整表，由本府參事室審核，定為登記檢驗費一律增加一倍、行車執照費及號牌費一律增加二倍，提經第一一八次市政會議修正通過。茲附錄各種人力獸力車輛各項收費數額調整表如下：

各種人力獸力車輛各項收費數額調整表

類別	登記檢驗費	行車執照費	號牌費
營業馬車	一〇，〇〇〇元	三〇，〇〇〇元	九〇，〇〇〇元
自用人力車	一〇，〇〇〇元	三〇，〇〇〇元	四五，〇〇〇元
營業人力車	一〇，〇〇〇元	三〇，〇〇〇元	六〇，〇〇〇元
自用三輪人力車	一〇，〇〇〇元	三〇，〇〇〇元	六〇，〇〇〇元
營業三輪人力車	一〇，〇〇〇元	三〇，〇〇〇元	七五，〇〇〇元
甲等板車	一〇，〇〇〇元	三〇，〇〇〇元	七五，〇〇〇元
乙等板車	一〇，〇〇〇元	三〇，〇〇〇元	六〇，〇〇〇元
騾車	一〇，〇〇〇元	三〇，〇〇〇元	六〇，〇〇〇元
貨箱車	一〇，〇〇〇元	三〇，〇〇〇元	六〇，〇〇〇元
單輪手車	一〇，〇〇〇元	三〇，〇〇〇元	四五，〇〇〇元
雙輪手車	一〇，〇〇〇元	三〇，〇〇〇元	四五，〇〇〇元
水車	一〇，〇〇〇元	三〇，〇〇〇元	四五，〇〇〇元
自用自行車	一〇，〇〇〇元	三〇，〇〇〇元	四五，〇〇〇元
營業自行車	一〇，〇〇〇元	三〇，〇〇〇元	六〇，〇〇〇元
三輪自行車	一〇，〇〇〇元	三〇，〇〇〇元	六〇，〇〇〇元

簡訊

▲配發各級國民學校課桌椅　本市鄉區各級國民學校大部份對課桌椅設備均感缺乏，教育局於本年一月間統籌訂購課桌椅七百五十套，茲已派員驗收，先行配發本學期各新設學校暨鄉區各校應用，幷擬於統籌設備費內撥款續購課桌椅五百套，全數配發鄉區各校應用。

▲續增各級國民學校班級並分發教師　本學期各級國民學校因報考兒童衆多，第一次未核准增級各校，仍繼續請求，業經核准第二次增加班級數二十班，所需教員仍由教育局分發。

▲整理八府塘菜場：八府塘菜場曾由民政局借與南京市兵役協會使用，上年十二月間函准該會交還衛生局接收後，當以內部略有損壞，由清潔總隊菜場攤販管理所修葺完竣，重行整理，已於本年二月廿五日全部開放，該菜場現設有攤位三百九十五個。

▲下關熱河路菜場定期正式開放：下關熱河路菜場曾於本年一月一日開放，嗣被青年軍二〇二師一部份軍隊連同馬匹擅自駐入，致菜攤無法營業，旋卽停頓，復經幾度交涉，始於二月廿九日遷讓，現正將損壞之處修理，卽可正式開放。

▲呈報煙毒鑑定結果：　本市緝獲之煙毒品，經於二月二十五日邀請各機關代表舉行公開鑑定，所有鑑定結果及會議紀錄，已報內政部備查，其已鑑定之煙毒品，幷分別轉解衛生部製藥及訂期公開焚燬。

▲辦理三十六年度免緩役審查：　本市三十六年度役齡男子免緩

役審查，業已完竣，計合格者四四三三人。

△籌辦本年度征兵：　本市本年度征兵，奉令於四月一日開始，所有準備工作，正在積極籌辦，幷訂期召集地方人民團體及各有關機關首長商决征兵方式，經費來源及開征日期。

△續辦補籌三十六年度新兵優待金：　補籌三十六年度新兵優待金事宜，原限於二月二十八日征收完成，惟以時值廢年，各區均未能如期征足，已分飭展延至三月十五日結束，幷續由民政局及財政局派員分赴各區督導催收。

△編整老莯市所轄區街巷門牌：　首都警察廳據北區警察局呈，以老莯市所轄區內房屋年來增建甚多，原有街道門牌不足編列，街名亦多不相符合，因就地命名與以改編，計新訂街名有竹林新村，吉祥新村，瑯琊新村等，呈報到府，業經本府令准備查，幷指令北區警察局會同第六區區公所，迅將門牌戶口整編報核。

南京貢院談往

江南鄉試，包括江蘇、安徽兩省，在南京貢院舉行。每次與試士子，多至一萬六七千人，點名搜檢，往往經歷一晝夜而未畢，且有因擁擠仆斃者。道光十二年一科鄉試，林則徐以江蘇巡撫爲監臨，分爲三路點名，預先計算各屬應試士子多少，按照時刻，分配均勻。又刊印章程，隨試卷分發。某時某路點某學，可以一目瞭然。每到一時，更發礮懸旂，（夜間懸燈）大書三路應點學分，由內而外，以及街衢巷渡，無不周知。故各屬應試士子均可聽號礮而出發，望燈旂而進行，秩序井然。從早上起，沒有到夜，便已完畢。其後江南鄉試入闈士子，加至二萬四五千人，則徐的點名制度應可格外顯其功用，可惜點名時支配人數不均，時刻以中路爲早遲，而左右不齊，燈旂又內外不符，不免仍多紛亂。（根據李元度撰林文忠之事略及金壺七墨鄉闈章程）

同治三年六月，曾國荃克復南京，曾國藩從安慶馳往視察，只見一片荒蕪，公私蕩然。他要在最短時期內繁榮市面，恢復地方元氣，於是排斥了老學究的迂談，號召秦淮畫舫，他自己也帶了幕府人員到秦淮遊賞，這是後人許爲經濟。同時，他趕快補行江南鄉試，他在奏報中說：「江寧省城賊踞最久，居民流亡殆盡。此次官兵克復，羣酋縱火焚燒，昔年巨室富家，改造僞府，微有存在，此外房屋極少，街市尚未復業。臣嘗至貢院履勘一次，號舍一萬六千餘間尚完好，惟監臨主考官房及各所，片瓦無存。現經委員廣集工匠，趕緊興修，擬於十一月舉行鄉試，庶冀士子雲集，商民亦可漸次來歸矣。」此舉意義，自在表示偃武修文，而尤在招徠商賈。蓋江南鄉試一場，應試士子與作伴親友來者，總有四五萬人，歷時先後將及一個月，確可使市面隨之繁榮也。修葺貢院，卽賁之國荃、國藩鄭重叮囑道：「貢院九月可以畢功，大慰大慰。但規模不可狹小，工程不可草率。吾輩作事，動作百年之想。」所謂百年大計，此又國藩向來舉辦一切事業之精神與態度。（根據曾文正公奏議與家書）

法規

中央法規

簡化事前審計程序暫行辦法

國民政府三十七年三月六日處字第二一九號令頒

第一條 駐公庫審計人員停止核簽公庫支票。

第二條 綏靖區內軍政機關之軍政費，依「綏靖區及東北九省臨時緊急軍政措施辦法」第二條第三項之規定辦理者，應於報請行政院備案後，通知審計機關備查。

第三條 軍事機關之營繕工程及購置財物，得參照「抗戰時期稽察軍事機關營繕工程及購置變賣各種財物暫行辦法」之規定，依左列辦法辦理。

（一）關於軍事緊急者，其招標或中途增減價款，得呈經主管機關核准，先行辦理，但應將合約及有關文件送審計機關查核，工程完竣時，並應通知審計機關監視驗收，購置貨到時，得由主辦機關負責驗收，並將驗收結果通知審計機關，審計機關得派員調查或抽查之。

（二）關於軍事機密者，得呈經主管機關核准辦理，但須將辦理經過驗收結果隨時通知審計機關，審計機關得派員調查或抽查之。

第四條 各公有營業公有事業機關之營繕工程購置財物，依左列辦法辦理。

（一）營繕工程之招標或中途增減價款，得呈經主管機關核

准，先行辦理，其合約及有關文件應送審計機關查核，工竣時並應通知審計機關監視驗收。

（二）購置財物之招標驗收，得呈經主管機關核定辦理，但須將辦理情形連同有關文件送審計機關查核，審計機關得派員調查或抽查之。

第五條 中央各機關稽察限額，適用「稽察各機關營繕工程及購置變賣財物辦法」之規定，並由審計部按物價指數隨時增減之。

第六條 關於軍務費之審核辦法，由審計部與軍事主管機關參酌「新預算財務制度實施方案」另行商訂之。

第七條 本辦法在憲政政府成立有關審計法律未變更前適用之。

懲治走私條例

國民政府三十七年三月十一日公布

第一條 私運政府管制物品及應稅物品進口出口者，處五年以下有期徒刑。

第二條 因私運物品進口出口，而有左列行爲之一者，處七年以下有期徒刑。

一、持械拒捕傷害人未致重傷者。

二、公然聚衆持械拒捕時，在場助勢者。

三、公然聚衆威脅緝私員警時，在場助勢者。

第三條 因私運物品進口出口，而有左列行爲之一者，處死刑無期徒刑或十年以上有期徒刑。

一、持械拒捕傷害人致死或重傷者。

二、公然爲首聚衆持械拒捕者。

三、公然爲首聚衆威脅緝私員警者。

第四條 明知爲私運進口出口物品，而爲之運送銷售或藏匿者，處二

年以下有期徒刑或拘役。

第五條　稽徵關員或鐵路公路舟車航空人員，明知為私運進口出口物品而放行，或為之運送銷售或藏匿者，處七年以上有期徒刑，因收受賄賂或其他不正利益而放行或運送者，處無期徒刑或十年以上有期徒刑。

第六條　鐵路公路舟車航空人員，發覺私運進口出口物品，而不通知稽徵關員者，處三年以下有期徒刑或拘役，因強暴脅迫為之運送，能通知而不通知者，亦同。

第七條　私運物品進口出口行為，為本條例所未規定者，依刑法海關緝私條例及其他關於取締走私之法律辦理。

第八條　本條例施行期間為一年。

第九條　本條例自公布日施行。

衛生人員動員實施補充辦法

行政院三十七年二月二十四日四防字第八九二八號訓令頒

第一條　國防部為配合全國總動員戡亂政令，有關衛生人員動員實施事宜，除行政院卅三年十二月頒佈之修正衛生人員動員實施辦法規定者外，悉依本補充辦法行之。

第二條　應受動員之衛生人員包括如左：

一、召回閒散在外及非軍事機關任職之陸軍醫事學校歷屆各科班畢結業員生及本部軍醫志願生。

二、徵用全國公私立醫事學校卅四年以前未經徵調之畢業生百分之四十五。

三、徵用全國公私立醫事學校卅四年以後之畢業生百分之四十五。

前項二、三兩款之畢業生其現在醫事教育機關服務者，一律以留校服務論。

第三條　動員步驟得按實際需要依照前條第一項之順序徵用，其徵召報到日期地點等，悉由聯合勤務總司令部臨時登報公佈，並通知有關部署。

第四條　各公私立醫事學校畢業生，由教育部令飭各校造具通訊錄送國防部軍醫署受徵用之學生，由軍醫署約請教育部衛生部社會部會同按分配比例以抽籤方法決定之，陸軍醫事學校畢結業員生，由軍醫署暨各補給區司令部兵站總監部供應局負責調查聯繫，其他非軍事性質之衛生機構聘有是項人員時，應造册送軍醫署備查。

第五條　各員生一經公佈徵召後，除殘廢痼疾者（須具有效證明文件報請核准免役者）外，均限於一個月內，向指定地點報到，不得藉故拖延，違者依法懲處，並予緝辦。

第六條　受動員之各員生，其正在軍事機關（或部隊學校）服務者，應於公佈徵召之一個月內，報由現職服務機關，轉送軍醫署備查。

第七條　受動員之各員生，原服務機關如非軍事機關部隊學校，非經商得軍醫署同意，不得藉故留用或錄用，否則以妨害動員法辦理。

第八條　受徵調之各公私立醫事學校畢業生，服務年限暫定為一年，於服務期滿後，應准復員退職，非經徵得徵調生同意，不得延長留用，惟須於期滿前一個月內檢具服務證明文件（包括派令服務證明書委任狀等），並附寄脫帽半身二寸像片一張，報由所在服務機關（部隊學校）轉請聯合勤務總司令部核發徵調期滿證明書，在奉准退職或未領得前項證明書前，不得擅自離職。

第九條　受召回之陸軍醫事學校各科班畢結業生報到服務期滿貳年後，由軍醫署分別考核其成績及學識能力，予以分期考選進修。

第十條　受動員之各員生至服務機關後，不得任意藉故請假或請調，如因故須請假兩個月以上者，應先報請軍醫署核准後始得離職，各軍事機關（部隊學校）亦不得任意藉故擅自將受動員之各員生辭退，否則均依法辦理。

第十一條　受動員各員生之到差旅費，准由軍醫署核實發給徵調生於復員退職時，准由所在服務機關按當時給與規定發給薪給三個月作爲復員旅費款，均准專案報銷。

第十二條　本辦法自公佈日施行。

國府公報所載中央法規索引

三十七年三月份上半月

聘用派用人員管理條例實施辦法第二條及第三條修正條文　第三〇七七號

修正森林法施行細則　第三〇七九號

本市法規

南京市地政局代管逾期未經申請登記土地暫行辦法

本府三十七年三月三日公佈

第一條　本辦法遵照　行政院三十六年七月十日(卅六)四內字第二十〇三九號訓令規定訂定之。

第二條　凡本市登記區內逾期未據申請登記之土地，除法令別有規定外，悉依本辦法規定辦理。

本市復員後逾期未申請查驗圖狀之土地，亦準用本辦法之規定。

第三條　本市登記區內逾期無人申請登記或未申請查驗圖狀之土地，由本局分別查明，依照土地法第五十七條規定爲無主土地之公告。

前項公告期間定爲兩年。

第四條　依前條所爲公告於滿三個月後，該土地無人主張權利者，由本局代管公告期滿，仍無人主張權利者，即爲國有土地之登記，並呈報　行政院備查。

前項土地有他項權利設定者，得由權利人於公告期內提呈他項權利證件，呈請登記，並由本局清理之。

第五條　依本辦法代管之土地其所有收益，由本局列冊呈報南京市政府指定市金庫專戶存儲，俟土地權利歸宿確定後，解繳國庫或發還所有人。

第六條　依本辦法代管之土地，在公告期內，原所有人得提出產權證件申請登記或補請查驗經審查屬實後准予撤銷代管處分，並發還其收益。

前項撤銷代管之土地，得照土地代管期內收益總額征收十分之一之保管費。

第七條　本辦法自南京市政府報請　行政院備案後公佈之日施行。

南京市代用國民學校規則

三十七年二月二十八日本府總秘字第一九五一號令核准

第一條　本規則根據　部頒國民學校法第六條第二項之規定，並依

照　部頒代用國民學校規程訂定之。

第二條　本市立案私立小學辦理成績優良，經查明屬實，並商得該校董事會之同意，得由教育局指定改為代用國民學校，或本市私立小學立案後辦理滿五年著有成績因經費支絀無法維持者，得呈請教育局核准改為代用國民學校。

第三條　私立小學改為代用國民學校後，仍保存其原有私立之校名，稱為「南京市某某代用國民學校」。

第四條　代用國民學校校長，應由董事會遴選呈請教育局核委，教員得由校長聘任。

第五條　代用國民學校聘任教師，應依照市立國民學校規定辦理，並將新聘教師證件送局審核，聘書送局加蓋銅印始能生效。

第六條　代用國民學校校長教職員，不得因人事更迭而進退，非有左列情形之一者不得解職：

一、觸犯刑法證據確鑿者。

二、行為不檢或有不良嗜好者。

三、任意曠廢職務者。

四、成績不良者。

五、身體殘廢身染痼疾不能任職者。

第七條　代用國民學校經常費由教育局負担，但需用臨時費，應由董事會負責籌措之。

第八條　代用國民學校應依照市立國民學校辦法按月將經常費收支情形造具報銷送局審核。

第九條　代用國民學校購置設備等費請領報銷驗收等辦法，均應依照市立國民學校規定辦理。

第十條　代用國民學校每學期征收學生費用（代辦費除外），除與市立國民學校相同外，並應於開學後一月內，將收費數目連同存根呈報備核。

第十一條　代用國民學校應分設兒童教育與失學民衆補習教育兩部，兒童教育以辦理一年至四年四個學級為原則，必要時亦得設置高級（五年級及六年級）失學民衆補習教育以辦理初級成人班及婦女班為原則，必要時亦得設置高級成人班及婦女班。

第十二條　代用國民學校之課程教材設備及其他一切設施，均應依照市立國民學校規則辦理。

第十三條　代用國民學校校長教師請假辦法，應比照市立國民學校辦理。

第十四條　私立小學改為代用國民學校後，其原有之財產，仍由董事會管理作充實學校設備之用，如董事會不願繼續辦理，並願將學校全部財產捐贈公有者，教育局得取消其代用性質，改為市立國民學校。

第十五條　私立小學改為代用國民學校後，如不遵照本規則辦理，或董事會不能負責或學校辦理成績不良者，教育局得取消其代用名義，停發經費，或呈准市政府，改為市立國民學校。

第十六條　本規則自呈奉　市政府核准公佈之日施行，並呈報　教育部備案。

會議紀錄

南京市政府第一一八次市政會議紀錄

時　間：三十七年二月二十七日上午九時

地　點：本府會議室

主　席　沈市長　　　　　　紀　錄：史崇訓

討論事項

1.市長交議　據工務局呈擬調整本年度人力獸力車輛各項收費數額表，提請討論案。

決議：照審查意見修正通過。（修正人力獸力車輛各項收費數額表見市政要訊欄）

2.市長交議　據首都警察廳呈請指撥新住宅區內公地為老菜市警察所遷建之用，查珞珈路有空地一坵，可否准予撥用，提請討論案。

決議：交地政局會同警察廳核議，簽提下次市政會議討論。

臨時動議

地政工務局提：為奉　諭整飭中山北路鼓樓至挹江門段路容，擬限令該段各業戶於三月十五日前，將圍牆部份報建動工，逾期一律征收，提請核議案。

決議：照案通過，簽呈　主席備查。

南京市政府第一一九次市政會議紀錄

時　間：三十七年三月五日上午九時

地　點：本府會議室

主　席：沈市長　　　　　　紀　錄：史崇訓

討論事項

1.市長交議　據民政局簽擬，自本年三月份起將國民身份證工本費每份改收國幣五千元，以資挹注，提請討論案。

決議：照案通過。

2.會計處提　擬請自本年一月份起調整市立各中學公費生副食費為三六四、〇〇〇元及防空司令部官兵副食費為三〇九、〇〇〇元案。

決議：照案通過。

臨時動議

參事室提　為擬訂南京市市政府清理戰前市民領繳價款辦法草案，提請討論案。

決議：照案通過，送請市參議會審議。

人事動態

三十七年二月十一日至三月二日止

姓名	服務單位及職別	動態	到離職日期
胡延庠	財政局稅捐稽征處科員	新任	二月十七日
陳恭寅	財政局簡任秘書兼第二科科長	新任	二月十八日
金翰璋	社會局第一科科員	新任	二月九日
王如恆	地政局土地登記處雇員	新任	二月十一日
楊錦梅	地政局土地測量隊繪圖員	新任	二月十四日
沙孝馥	地政局土地測量隊測量員	新任	二月十六日
范威道	地政局土地登記處調查員	新任	二月十六日
趙啓祥	地政局第二科科長	新任	二月十六日
張劍寒	地政局土地登記處組長	復職	二月二十七日
陳海鵠	市府薦任科員	調任市府專員	二月二十一日
史崇訓	市府薦任科員	調任市府編審	二月二十一日
王琢人	市府薦任視察	調任市府第一科科長	三月一日
李秀茹	會計處第一科科員	調任市立第三女子中學會計員	三月一日
段啓榮	會計處第二科科員	調任教育局會計室科員	三月一日
陳鐘熙	財政局第一科科長兼市產管理室主任	調任財政局第三科科長兼市產管理室主任	三月一日
蔡如海	財政局第三科兼科長	調任財政局第二科兼科長	三月一日
徐祖鑫	公共汽車管理處會計室課員	調任自來水管理處會計室辦事員	二月二十二日
陳光叔	公共汽車管理處督察室稽查	調任首都車輛監理所辦事員	二月二十九日
何珊元	財政局簡任秘書兼第二科科長	調任市府專門委員兼總務處處長	二月一日
王鴻緒	財政局稅捐稽征處稽征員	調任財政局稅捐稽征處辦事員	二月一日
魏叔持	財政局第二科主任科員	調升市府專員	三月二日
詹世驊	財政局委任視察	晉升財政局第一科科長	三月一日
葉玉芳	財政局臨時雇員	晉升財政局第三科辦事員	三月一日
謝卓傑	市府專門委員暫兼地政局第二科科長	免兼職	二月十八日
吳毓華	市府專員兼第一科科長	免兼職	二月一日
陳恭寅	財政局簡任秘書兼第二科科長	免兼職	三月一日
楊錦梅	地政局土地測量隊繪圖員	留職停薪	二月二十日
吳斌才	財政局額外征收員	辭職	二月十五日
沙孝馥	地政局土地測量隊測量員	辭職	二月二十日
舒松森	市府薦任科員	辭職	二月二十九日
黃景華	統計處第一科科員	辭職	三月一日
周若夫	統計處第二科科員	辭職	三月一日
祝漱芳	財政局營業稅征收處辦事員	辭職	二月二十九日
洪美雯	財政局土地稅征收處雇員	辭職	二月二十九日
高建南	地政局土地登記處組員	辭職	二月二十八日
陳志尚	公共汽車管理處總務課辦事員	病故	二月二十九日
林蕙	地政局土地測量隊繪圖員	停職	二月十六日

南京市政府公報 第四卷 第六期

都市計劃問題

本文為地政論壇第一次座談會的結論，曾載三十七年一月二十日大剛報，係就地政觀點，檢討首都都市計劃諸問題，茲特轉載，藉供參考。（編者）

（上）

工業革命後，都市發展實有一日千里之勢。根據最近各國統計，大約全世界的人口，集中在占全世界土地一萬萬分之一的城市面積之上。因之，人口密集，使人與人，人與地的土地問題日趨嚴重。都市問題也就跟着發生了。所以市地問題實在是一切都市問題的癥結，必須市地問題獲得解決，然後其他問題才有根本解決的希望。頭痛醫頭，脚痛醫脚，是不能解決任何問題的。輓近許多社會學者及一般市政專家無不認土地政策是都市政策的重心，土地行政是都市行政的要着。譬如南京現今最嚴重的居住問題，交通問題，都是由于不易取得建築基地而造成的。

現在南京土地問題，約可分析如下：

一、地用問題

（一）用不得當：市地利用全在位置，因之市地利用極有獨占的性質。雖市地的範圍可以無限向農村擴張，（如不為山河所阻），但經濟上與技術上的範圍終有相當限制；交通固然對都市區擴張有很大的助力，但市民的來往因須顧及時間與舒適，絕不能像貨物一樣地可以自由運輸。因此，市地利用，須極度節約，始稱經濟。同時市地利用，鄰接櫛比，如工廠地的利用和住宅地的利用，文化教育地的利用和鬧市場地的利用，極易衝突。如不配置合理，決難達到充分利用的目的。且都市為一嚴密的整體，人與人的關係至為複雜，人與地的問題至為嚴重；但人與人的關係易於改善，人與地的關係却不易解決。因此市地利用，須合乎經濟，各種利用須成適當比例。今南京住宅用地僅佔百分之二十九‧二，比英美德一般的平均數少百分之十五，道路用地僅百分之四，比英美德一般的平均數尤少百分之三十；他如政府機關散亂各處，商業不能分區發展，交通沒有整個系統，尤為外國都市所少見。

（二）廢置不用：市地面積既屬有限，且性質又易獨佔；所以市地利用須特別集約，尤不可荒廢不用，甚至作為園藝式的農業經營，也是極不經濟的。現在南京市地幾無買賣，即新街口周圍土地五千萬一方（市房用地），百子亭土地三百萬一方（居宅用地），也只有價無市；然而相反的南京城區（郊地除外）私有空地竟佔百分之二十四‧七七，公有空地又佔百分之一五‧三（佔公地的百分比）；農地佔百分之五十六，而建築不及地價百分之二十者更不知凡幾！地不盡利，可見一般。

（三）土地不曾重劃：多數市地之利用不當與廢置不用，多因土地位置及其面積形式不便利用，或不能利用。市地人口密集，各人利用，各種利用極易衝突，因之使用的結果，常常發生銳用地內區地等現象；如不採用土地重劃，土地利用問題必不能澈底解決。南京空地甚多，而抗戰淪陷期內建築物破壞不少；目下土地重劃，正是最好良機。前年九月下關土地重劃曾有很好成績，而城內如湖南路中山北路間等地之地坵複雜情形，竟未舉辦重劃，實今南京市地利用之一大障礙。

二、地權問題

土地私有弊害，久為一般世人所詬病；市地地權有獨占的性質，利用又不合理，所以市地私有的弊害，遠較農地為嚴重。因此，一般社會學家及土地改革論者，多主張市地公有；因為市地面積有限，管理甚多，利用固定，管理亦便；而為使其達到合理的經濟使用，隨時適應都市設計，更非公有不為功。不過公有之論，有主張全部公有者，有主張部分公有者。全部公有理論至為高超，但實行頗有困難，因為現在的市地，什九多為人民私有，如全部沒收，將引起社會不安，而給價收購，又非政府財力許可。因此退一步而主張部分公有。至於部分公有之方：或用購買徵收等法，將現有公地比例漸漸擴張，或用征稅登記等法對私有的收益處分等權加以限制。我 總理平均地權政策，征稅用於一般土地，至購買征收以推廣公有土地，則對市地特別注重（見實業計劃）。此種政策，現今先進諸國多已行之，如德國市有地都在35%以上，烏爾木（Ulm）且佔80%左右。今南京市有地僅27%，已屆甚少，而已有之市地旗地反放領於人民，眞有悖乎總理市地市有化之遺教和世界市地市有化之趨勢。

三、地價與地稅問題

土地政策各派論者紛紜其說，然今據各種理論之探討與各國事實的證明，採用地稅的手段比較易行而可靠。但是地稅的前提在地價，而地價估定不易，地稅推行甚難。今南京市標準地價之低，與實際市價不知相差多少倍，此中原因，約有二端：

（一）地價評議委員會之中，受土地所有者代表之影響，為顧及地主們的利益，自不願將標準地價估得較高而儘量把宅壓低。

（二）市府地稅之不推廣與市地之不征收：平均地權又首在估定地價，而欲地價高低適當，乃以照價征稅和照價收買為其限制的手段。今市府對市地既不征收，地主低估地價自然毫無損失。況如此估價，地稅可以少納，地租可以多得。英美各大市府，地稅都佔歲入重要項目。而德國諸市地稅，尤佔首要地位。今南京地稅僅佔市財政收入14.13%而面積不及城區三分之一；但是不合法的房捐——稅及土地改良物却非常苛重；因此地租為地主不勞而獨享，房捐一部轉嫁於房客；住宅問題因宅地之不易取得，和建築物之苛重房捐，更見嚴重，交通道路開闢，因土地之不徵收當不易發達；於是勞動問題，衛生問題，竊刦問題，道德問題，就接踵而來了。

（下）

南京既為我國首都，自為政治文化的中心，也該是工商交通的要點，國策實施，國家建設，當以南京為始基，以南京為模範；所以南京市區一切措施，一切建設，尤須着眼於整個國家，有百年遠大的計劃。首都要談計劃，最重要的，須注意下列四點：

（一）人口集中趨勢將較國內其他都市為甚——此種趨勢，由民國十七年後人口日益增加可以證明，而今後集中的速率當與日俱增；至於民國十九年出版的首都計劃所載人口增加計算公式未免過於呆板，失之不確。現在英國已有五分之一的人集居倫敦，美國已有十分之一的人口集居華盛頓。我國今後首都的人口雖不定與英美同其比例，但數十年後，首都工商發展，國民經濟繁榮，那時人口增加一千萬當是必然的事實。然而如何使此龐大數目的人口，安全舒適地分布居住在這都市裏，實在必須在今天有個未雨綢繆的打算，假使今天的南京，一味聽其自然的發展，其結果將使來日的南京市政困難重重，當着一個都市人口一天天增多的時候，建築物的層數增高，街道之寬度，交通系統之調節，都須事先作有計劃的設施，否則，必至發生很多的弊害，影響都市的發展，那時，無論舊的改良和新的建設都要噬臍無及了。

（二）建設計劃應該注意國民經濟的發展——一國首都的建設，直接代表整個國家的文化，間接影響整個的國民經濟。我國文化經濟重心，由北南移，已是歷史的趨勢；長江為我國的一大動脈，沿岸物產豐富，人口密居，將來我國的經濟重心雖仍在上海，但上海只能成為商業的都市，輕重工業難有很大的發展，這原因由于上海生活程度太高，地處海濱，頗偏東南，以致勞力，原料太貴，產品成本提高。南京一向生活程度較上海為低，而地位不若上海之偏，為我國東南水陸交通之樞紐，復居人口密集之中心，勞力易供給，由滬而來的新式工業技術易於接受，原料產品的運銷，均甚便利。所以日後南京的輕工業將有很大的發展，而相與配合的重工業亦將有相當的希望。現在都市無論文化經濟皆為農村的領導，農業與工業正有密切的關係，農民轉為工人亦是經濟的趨勢。一個都市的發展，大半賴於生產的工商諸業，單靠純消費的政治文化是難有長久的繁榮的，因此今後南京的建設須着眼遠大；所謂首善之區，初不僅就表面而言。

（三）整個計劃應以「土地區劃」為先決的基本條件——否則各項建設，決不能發生最大的效力，都市本身，將不能作有秩序的合理發展。考今日各國都市計劃，都以土地區劃為第一步驟；而五百年前明太祖遷都來京，也曾施行過分區制度，（分全城東西南北中為官署邸宅，娛樂，學藝，商業等五區），現在南京人口分佈不均，工廠商店住宅雜處……，在在都在顯示「土地區劃」在首都都市計劃中之重要；況今城區空地不少，不合標準的房屋（如污穢、湫溢、朽杞）甚多，而郊區遼闊，十九都沒有都市建設的初基，故不論舊區的改善和新區的建立，均皆阻礙甚少，執行甚易。

（四）今後建設應採衛星式的分散政策——現在科學已發展到原子能時代，一個都市計劃（尤其首都都市計劃）也應該注意於國防上的意義。我們知道，原子彈的威力很大，爆炸的面積至廣，據兩次原子彈實驗的結果，其毀滅最大者為火力，而減少其威力的地方只有靠丘與濱水。都市為一切着火物集中之區，欲在未來的戰爭中減少其破壞，避免敵人一網打盡的危險，譬如巴黎的放射式，華盛頓的棋盤式，以及倫敦柏林的調和式都不能採用，最好的只有衛星式多建子城比較安全。因此南京日後的發展，應計劃地向下列兩個方向進行：

（1）向沿江發展以為工商區：因水陸交通便利，原料產品易於運輸。

（2）向靠山發展以為政治文化居住區：因地勢高爽，環境幽靜，適於生活，工作與研究。

至於市區內的軍事設施，今後應為撤除，因為現代的戰爭，已不在一城一市之爭奪，如在市內設置要塞，這易招致敵人的攻擊，即欲拱衛首都，設置要塞，亦宜選擇距市區較遠之地。

總之，日後首都的精華，切不可置諸城內。新街口，夫子廟等地，人口擁擠，建築物密集，應儘量疏散；最重要者，須有計劃的向浦口，下關，三汊河，雨花台，孝陵衛，湯山，燕子磯，堯化門儘量發展，多建工商文化等子城，使將來一千萬的人口平均分布，土地使用，土地分配，土地價格，導入合理的途徑，一切建設如公用，交通，建築可有秩序的發展。那麼首都計劃的目的，庶乎其達矣。

南京市政府公報刊例

一、本公報每半月發行一次

二、凡本府例行公文即在本公報發佈不另行文

三、本府所屬各機關於收到本公報時應編號歸檔妥爲保存凡註明「不另行文」文件並應注意遵照

南京市政府公報

第四卷 第六期

中華民國三十七年三月三十一日

編輯者 南京市政府編譯室

發行者 南京市政府

南京：（四）建鄴路一三八號

印刷者 大東新興印書館

電話：二二二二六號

中華民國三十七年四月十五日

第四卷　第七期

南京市政府公報

南京市政府編譯室編

目錄

專載

南京市政府三十七年度中心工作計劃

查本年為實施憲政之第一年，又值動員戡亂積極推進之際，本市一切政務設施自應以憲法規定為依歸，幷配合動員戡亂大計，努力邁進，期於安定社會秩序之餘，進而謀市民福利之普遍增進；同時本市為首都所在，首都之規模亦應及時速謀確立。本年度本府中心工作，在物質建設方面，當先着手興築下水道，擴充自來水，開闢政治區三事，並繼續拓修道路，改善交通。在國民經濟方面，當加緊地籍整理，實施地權限制，籌建平民住宅，穩定市場物價，調節糧食供應，獎助合作事業。在社會安全方面，當以協調勞資關係，加強社會救濟，倡導及實施兒童與農工福利，推廣醫療保健，改善環境衛生為要務。在教育文化方面，當力謀國民教育之推廣，中等教育及社會教育之擴展，幷加強督導原有各級學校及社教機關，改進內容，充實設備，以減少失學人數。至於自治工作，原為實施憲政之基礎，本年必須實現區保甲長民選，一面完成自治幹部之訓練，以配合本市各項庶政之推行。茲分述於次：

甲、民　政

一、辦理區保甲長民選：本市各級自治人員民選，上年度已擬定實施步驟，報送內政部核定，擬於本年上半年度完成區保甲長選舉，並舉辦自治幹部訓練，以加強工作效能。

二、嚴密戶籍登記：戶籍貴乎精確，本年度戶籍登記及異動登記擬力求嚴密，隨時舉辦戶口抽查，並依內政部規定換發全部身份證，以清戶籍。

三、實施自衛組訓及征兵：為配合戡亂鞏固地方治安，今年度擬成立民衆自衛隊，將本市十八歲至四十五歲之役齡男子二十二萬餘人，全部完成組訓。至本年度征兵業務，除參酌上年度征集志願兵辦理外，擬寬籌安家補助費，幷切實推行軍屬優待工作。

四、籌建區保辦公處所及充實設備：本市各區公所，除一六兩區外，餘均無固定辦公處所，本年度擬新建區公所七處，各保辦公處亦使均有固定地址，同時充實其設備。

乙、財　政

一、整理稅捐：本市稅源不裕，而納稅人中又有未明稅法隱匿取巧多方逃避者，致收入益趨微薄，本年度擬將房捐、筵席稅、屠宰稅、營業稅等切實加以整理，幷改善征收技術，加強稽征制度，以期達到便民裕庫之目的。

二、開辦定期土地增值稅：本市自二十六年七月第一次規定地價後，已屆十年，依照土地法規定，應征收定期土地增值稅，擬先由有關局編造應征戶名冊，期於本年春季開始征收。

三、整理市有房地產：市有房地產數字雖夥，而均散佈各處，零亂瑣碎，且多糾葛，上年度經派員實地調查，繪製圖冊，當於本年度內全部加以澈底整理。

四、征收地價稅：本年擬先就已整理完成之各戶辦理總歸戶，並照三十五六年度核定之累進起點地價，補征各該年地價稅累進部份，俟七月間標準地價依法調整公布後，再行開征三十七年度地價稅。

丙、教育

一、增校添班：本市目前尚有大量學齡兒童未獲就學機會，中學方面女生及初中學生亦日漸增多，均亟待擴充，擬於本年度內增設國民學校十所，增加二百班，幼稚園三所，增加二十班；女子中學一所，初級中學二所，增加十三班；幷遷建商業及農業學校。

二、添設社教機構：本市社教機構數量過少，擬於本年度內增設民衆教育館一所，科學館一所，獨立民校二所，補習學校一所，幷完成市民大會堂及體育場第二期建築設備。

三、加強民衆補習教育：本市失學民衆達二十四萬人，擬以最大力量於本年度內舉辦民衆補習教育，除前條所述設立獨立民校外，擬於各國民學校內附設民教班二百班，並採用自學方法，發動識字民衆教不識字民衆，以宏效益。

四、加強督導各級學校及社教機關：為求各級學校及社教機關內容之進步，除充實設備外，擬一面加強輔導，一面嚴密考核，其辦法包括編印輔導書刊與補充教材，製造基本教學工具，舉辦各種講習會，獎勵工作人員研究進修，增加視導次數及嚴密檢定各校教師等等。

丁、社會

一、切實穩定物價：上年度成立物價評議會，對於主要日用必需品及有關各業價目均經加以評議，本年度擬繼續遵照中央規定辦理，幷加調查工作，疏導物資來源。

二、調節糧食供應：上年度曾向四聯總處貸款購儲糧食，本年度擬視糧食市場情形隨時配撥，幷以貸款方式協助糧商經常購儲，以裕糧源；一面擴大配售範圍，加強糧食管制，以期穩定糧價。

三、推進合作事業：本年度擬以推進鄉區合作事業及普及合作教育為重心。

四、加強社會救濟：重建市立救濟院工程業於上年度開始，擬於本年五月前完成，一面切實整頓院務，清理院產，幷擴大生產事業，加強院內救濟；此外在市區內設置社會福利中心區，辦理平民食堂，小本貸款，職業介紹及其他臨時救濟事項。

五、籌備社會福利：本市兒童福利事業尚在剏辦時期，本年度擬依照事實需要，次第舉辦兒童營養站、兒童樂園、指導工廠及有機團體設立托兒所，扶掖本市各育幼機構幷優予獎助；此外幷就現有農工福利督促進幷予擴展，暨實施工廠衛生檢查等。

六、籌建平民住宅：為改善本市平民居住現狀，擬寬籌經費建築平民住宅，由本府延聘專門人員成立平民住宅設計委員會規劃進行。

七、加強人民團體組訓：為健全組織配合憲政實施起見，對各團體基層組織擬切實輔導，充實其業務；幷繼續舉辦職業團體幹部訓練，暨推行各種社會運動，以配合政府動員法令。

八、協調勞資關係：勞資關係之協調與否影響社會秩序至大，今後擬繼續保障勞資雙方合理利益，消弭勞資糾紛，幷防止罷工怠工等情事之發生。

戊、工　務

一、興辦下水道第一期工程：為澈底解決本市污水雨水之排除起見，下水道工程之建設實已刻不容緩，本年度擬以興辦第一期工程為目標，包括建築抽水站，購置二百匹馬力抽水機四座，埋築市區幹路下水道長二十公里，幷疏浚秦淮河七公里，同時建築鋼筋混凝土低水槽等。

二、開闢中央政治區：依照內政部所規劃之中央政治區計劃，全部面積約八千四百畝，內須征購之地約三千畝，本年度擬先辦理征地手續，幷於下半年內闢築主要道路，以樹基礎。

三、拓建幹路：本市中山路拓寬快車道，上年度已完成新街口至林森路一段，本年度擬繼續將林森路至鼓樓一段加以改建，以期呵成一氣。中正路自淮海路至白下路一段亦擬加以拓寬，完成快慢車道及人行道等設施。至於舊市區幹綫擬酌量開闢，先由長樂路（自中正路至鐘阜路段）及集慶路（自中正路至光華路段）入手。各幹綫受損之柏油路面及郊區公路幷酌加翻修，以利交通。

四、改建橋梁：本市橋梁大半窳敗，尤以逸仙、新橋、武定三橋亟須改建。逸仙橋位於主要幹路綫上，擬改建鋼筋混凝土排樑式橋，以垂久遠；其餘二橋則參酌情形興建永久性或半永久性橋梁。

五、建築菜場：本市人口日增，原有菜場深感不敷需要，本年度擬增建菜場兩處，幷各設新式冷藏庫。

六、整修小街小巷：本市整修小街小巷，上年度已完成三百七十四條，本年度除經常保養外，擬將未修街巷二百九十九條分兩期整修完成，同時疏導其溝渠。

七、設置道路溝渠各種應用材料製造廠：本市道路溝渠工程所需柏油、溝管、路沿、路牙及碎石等，為數甚夥，為期提高品質，節省公帑，及便於使用，擬分設（一）拌柏油廠，（二）水泥製品廠，（三）採石廠，自行製採，藉應工需。

八、擴充給水設備：本市自來水廠各項設備及供水網，因今日人口數目及分佈情形與開辦時迥異，致有幹管大小失宜，水壓不足，或出水量不敷需要等現象；擬於本年度內擇要擴充，增設幹管，整修增壓設備，改裝混水唧機，進出水管，添裝清水唧機及增建清水池等，以期增加出水量，俾應需要。

九、整理碼頭設備：下關江邊自一號碼頭至海軍碼頭止各項公用設備，擬於本年度內先行整理一部份。

十、添設路燈：本市路燈上年度曾添設七百盞，本年度擬繼續添裝，以二千盞為目標。

十一、擴充園林設備：本市地域遼闊，人口衆多，園林設備不敷遠甚，本年度必須分別擴充，除玄武公園繼續修建屋宇鐘亭，整理園路，其餘鼓樓、莫愁湖、白鷺洲、忠烈等公園，均澈底修理屋宇亭榭，及斟酌情形予以擴充外，幷擬增闢雨花台公園，俾利城南一帶市民之遊息。

己、地　政

一、續辦郊區地籍測量：本市郊區地籍測量，上年度曾就第九十二兩區先行舉辦，以人員及儀器之不足，未能完成，本年度當加緊進行，幷擬推展至第十 十一 十三 三區。

二、舉辦郊區土地登記：上年度曾於第十二區江定鄉扶植自耕農實驗區間辦郊區土地登記，本年度擬續辦該區其他訂份及第九區之土地登記事宜。

三、重估城區地價：標準地價依法滿一年後重估一次，上年度本市城區標準地價於七月八日公布，本年度俟時期屆滿後，當再全部重行估定。

四、限制地權：依照中央土地政策並添酌本市地理經濟情形，規定不得爲私有土地之範圍暨私有土地最小與最大面積，以及外人租購土地權利之限制，此項辦法擬於本年度內厘訂完成，付之實施。

五、實施公地管理：本市公地上年度經派員調查現況，自第二區入手，依次及於全市各區，本年度擬一面繼續調查，一面依照　行政院核定之處理辦法分別處理，除合於公用之土地儘量保留並積極利用外，其畸零荒廢土地，將准由鄰地合併承領，或核定用途，分別放租放墾，期達地盡其利用之目的。

庚、衛　生

一、擴大預防接種注射：本年度擬購備大量疫苗，爲市民免費注射及佈種，預計注射五十萬人，接種二十萬人。

二、完成衛生網：爲求醫療普遍，本年度擬於全市各區各設完善之衛生所一所，並在各鄉區酌設分所，所有掛號候診等手續力求簡單迅速。

三、擴建傳染病醫院：本市傳染病醫院係租用民屋，地位有限，而租金極鉅，擬於本年內自建院址，幷增設病床。

四、辦理巡迴醫療：本年度擬裝設巡迴醫療車數輛，備在市郊駛行，沿途爲市民診病，遇有重病者即護送醫院收容，以利病民。

五、推廣安全助產：本市產婦仍多假手穩婆，爲推行安全助產計，本年度擬於各衛生所增派助產士，加強外出接生工作。

六、加強清潔工作：本市清潔總隊以人力物力之限制，致未能盡量發揮其效能，擬於本年度內酌增工具，多派班伕，以期增強掃除收運工作，對於僻街小巷清潔尤當加意整理，幷依照上年違反清潔罰則，會同首都警察廳切實執行，以宏效力。

七、舉辦保甲衛生訓練：爲提高區保衛生人員之知能起見，本年度內擬舉辦保甲衛生人員訓練，訂定訓練課程，編印各項訓練教材，抽調全市保甲衛生人員，分班施以訓練。

八、嚴密醫事人員及醫藥業之管理及登記：依照各種醫事人員及醫院藥商藥廠管理規則之規定，繼續辦理登記，凡私自開業及私售未經化驗合格之成藥，隨時分別予以取締。

檢發本市三十七年實施征兵方案

南京市政府訓令（卅七 府總民字第二七三二號）

令各區公所

查本市本年度徵兵，奉令於四月一日開始，業經擬具南京市卅七年度實施徵兵方案提付南京市兵役協會全體委員暨地方各有關機關法團首長討論，卅七年度徵兵工作聯席會議通過，除呈報暨分別函令外，合亟檢發該項徵兵方案，令仰切實遵照辦理，并將辦理情形隨時具報為要。

此令！

附發南京市三十七年度實施徵兵方案一份

中華民國三十七年三月十九日

●南京市三十七年度實施征兵方案

南京市政府遵奉　國民政府防字第二五六〇六號及孝宜字第〇九〇八號代電之規定，參酌本市實際情形與上年度辦理征兵經驗，依據兵役法及三十七年度征兵實施要則，擬訂本方案。

甲、　原則

(一)征兵名額依照　中央規定，按照人口比例配賦各區，轉配各保，配賦數額如附表。

(二)征兵方式採取正規征兵辦法，按現役適齡男子中籤籤號順序實施征集，但各區保如有現役適齡男子志願應征，准予儘先征送，列抵各該區保配額。

(三)本年度應征年次，依照規定，以征集年滿二十一歲（民國十六年出生者）之一個年次為原則，不足時得逐次延伸至二十五歲（民國十二年及十五年出生者），合共五個年次。

(四)本年四月內完成各項征兵準備工作，賡即開始征兵，六月底完成。

五)應征入營新兵安家補助費分區統籌統付，其籌集與補助標準，由兵役協會另訂籌集保管發放通則施行。

乙、　要項

(六)本年度應行征集之現役適齡男子各項册籍，概依各區保現有戶籍轉錄，為求詳實起見，應由民政局督飭各區保就原有戶籍予以複查整理。

(七)依據本市免緩役審查委員會第一次會議決議案，本年三月補辦免緩役申請一次，以利人民依法申請，而期減少征兵糾紛。

(八)抽籤由市集中辦理，採取間接抽籤方式。。

(九)體格檢查於入營時合併舉行。

(十)在實施征兵以前各區保實際負責征兵人員，應予以充實，并施以短期講習，其不稱職者，并予酌量調整。

丙、　其他

(十一)本市兵役協會及各種委員會，仍依上年成例繼續設置人員，經費并予酌量充實。

(十二)依照奉頒三十七年度征兵實施要則之規定，籌設新兵征集所。

(十三)應征入營新兵在征集所停留期間，所有招待費用（包括膳食慰勞等項），由各區保籌集安家補助費時，加收二成彙繳市銀行，以憑支用（預算另編）。

（十四）本方案於提經兵役協會全體委員會議通過後實施，幷函送參議會備查。

南京市三十七年度配賦各區兵額數簡表

三十七年三月五日

區別	人口總數	配額
第一區	一六五七四四	二九八
第二區	一一五四九九	二〇七
第三區	七五六五〇	一三六
第四區	九九四〇八	一七八
第五區	一五九八二〇	二八七
第六區	一一二七三二	二〇二
第七區	八九五六二	一六一
第八區	三〇二七一	五四
第九區	五三三二八	九六
第十區	三七六九一	六八
第十一區	八〇六〇〇	一四五
第十二區	七八〇二五	一四〇
第十三區	一五六四二	二八

辦理申請歸還戰時損失文物

南京市政府公告　（卅七）府統佈字第二十一號

案准

行政院賠償委員會（卅七）二寅灰代電略開：「關於戰時損失文物（包括藝術歷史宗教教育性質之動產及不能以普通生產交易方法補替之文庫），亦係被刼物資之一，自應依照申請歸還刼物案提出申請，以憑彙案交涉歸還，囑查照飭屬，並通告人民迅速填表檢證，報轉憑辦等由，准此，除分令外，合亟公告週知，凡本市公私團體及人民如有損失文物者，應予公告之日起一個月內，檢證逕向本府統計處領取表格，依式填報，以憑彙轉，特此公告！

中華民國三十七年三月二十四日

關於漢奸告發案件之處理

南京市政府訓令　（卅七）府總秘二字第二七三五號

令所屬各單位

案奉

行政院三十七年三月十六日（卅七）七法字第一二五七五號訓令開：

「奉　國民政府本年三月九日處字第二二八號訓令開：查十民或團體對于抗戰期間漢奸案件之告發，以三十五年十二月三人一日以前爲限，業經本府于三十五年十二月十三日以處京字第四五二號訓令通飭遵照有案，是漢奸之告發，自三十六年一月一日起卽已截止，惟年來尚有假借告訴名義，紛請訴究情事，頗滋流弊，嗣後凡未經檢察官偵查之案件，除確係被害人告訴者外，應卽無庸置議，其在偵查或審判中者，亦應遵照各種審限法令，根據確實證據，從速辦理，以資結束等因，自應遵辦，除通行外，合亟令仰知照，並轉飭知照」

等因，奉此，查關於定期結束檢舉漢奸一案，前奉　院令飭知經於卅五年度十二月廿四日以(卅五)府總秘二字第一二八五號通令遵照在案，茲奉前因，除分令外，合行令仰知照。

此令！

中華民國三十七年三月十九日

攜運現鈔赴粵以五千萬元爲限

南京市政府訓令　(卅七)府總秘字第二九一二號

令所屬各單位

案准

財政部三十七年三月十九日財錢乙字第四九一七三號代電開：

「查本部前爲從嚴限制現鈔南流，經將各地對滬穗兩地匯款及運現管理實施辦法內攜運現鈔赴穗以二億元爲限之規定，改以五千萬元爲限，由部分行飭遵，幷呈請行政院鑒核備案在案，茲爲澈底防止，輾轉攜運現鈔赴穗起見，該項五千萬元之限制，應即適用於粵省全境，除分行外，特電請查照」。

等由，准此，查本案前准該部電知過府，經於本年三月十一日以(卅七)府總秘字第二三七六號令飭知照在案，茲准前由，除分令外，合行令仰知照。

此令！

中華民國三十七年三月二十四日

調整查禁罌粟花殼莖葉給奬標準

南京市政府訓令　(卅七)府總民字第三〇三五號

令各區公所

案奉

行政院本年三月二十二日(卅七)四內字第一三六四三號訓令內開：

「查罌粟花殼莖葉，前經本院訂定給奬標準，通令查禁在案，茲以物價波動，爲利斷禁起見，應予調整如次：(一)不足五十斤者，給予五萬元之奬金。(二)五十斤以上不足一百斤者，給予十萬元之奬金。(三)一百斤以上者，給予二十萬元之奬金。除分令外，合令行仰遵照辦理。」

等因，奉此，自應遵辦，除分令並公告外，合行令仰遵照。

此令！

中華民國三十七年三月三十日

粵南山管理局改置南山縣

南京市政府訓令　(卅七)府總民字第三〇〇七號

令各單位 區公所

案准

內政部方字第一九六號公函略開：

「准廣東省政府函以南山管局已設置十餘年，一切設施均具規模，擬改爲南山縣治，請核辦一案，經呈轉層奉　國民政府核准備案，請查照。」

等由，准此，除分令外，合行令仰知照。

此令！

中華民國三十七年三月二十七日

市政要訊

繼續實施四月份民食配售

本市民食調配委員會辦理第一期三月份民食配售，按照議定價格每市石二百十萬元發售，至三月三十一日業告停止。第二期決定於四月二日起開始，業經本市配售糧食議價委員會議定四月份配售食米價格每市石二百七十萬元，此項價格雖較上月提高六十萬，但此次美米品質極佳，實際價值並未提高。

民食調配委員會配售組截至三月三十一日止，共發出配購證二五〇、四八〇張，三月份糧食部應撥米九〇、〇〇〇石，截止三月三十日止，已撥八八、〇一七石一斗，尚須補撥一、九八二石九斗，三月份社會局應撥米三〇、〇〇〇石，截止三十日止，已撥一一、七一九石二斗，尚須補撥一二、二八〇石八斗，至外傳承銷商收購證票，摻雜米質等流弊，民食調配委員會已予密切注意，並已派稽核督導人員赴各區調查，仍盼市民隨時檢舉，以謀改善。

撤銷自治費及清潔費 改徵臨時市政建設捐

為調整原有市稅增加稅額，減少征收費用，藉裕庫收起見，特擬具將原有征收之自治事業費及清潔費取銷，合併改征臨時市政建設捐，於首都電廠各用戶所繳電費下附收，送經市參議會第十九次會議修正通過，於四月份起開徵，其徵收辦法如次：

(一)名稱為臨時市政建設捐：原有自治事業費及清潔費撤銷，不再徵收，另闢臨時市政建設捐稅源，暫定徵收期間為三個月，其徵收辦法免收範圍暨計徵標準如下：

(二)徵收辦法：在首都電廠各用戶所繳電費下附收，但市政府應迅速切實監督改善首都電廠以及停電竊電等情事，在臨時市政建設捐開徵期滿以後，得視其整頓之成效如何，再行集會商討繼續徵收與否。

(三)免徵範圍：

一、用電在十度以下者。

二、公私立學校，慈善團體，報社，通訊社，公私立醫院，自來水廠，外交使館。

三、本市出征軍人家屬經兵役協會及市政府證明者。

四、領有貧戶配購證之貧民。

(四)計徵標準：照舖商住戶每月電費計算。

一、工商：甲、銀行錢莊，金銀樓業，娛樂場所百分之十。

乙、商舖百分之六。

丙、用電力之工廠百分之四。

丁、日用必需之工廠百分之二。

二、住戶：甲、十一度至廿度百分之一。

乙、廿一度至五十度百分之二。

丙、五十一度至一百度百分之六。

丁、一〇一度至二百度百分之六。

戊、二百度以上者百分之十。

機關社團比照住戶徵收。

(五)徵收手續由市財局與電廠洽訂。

四所村平民住宅基地徵價提高

本府奉令於下關五所村建築平民住宅，除利用公地作為基地外，並在近旁徵收民地二百十六畝，曾於去冬按土地徵收條例，飭由地政局召集該地業主四十餘家會商，以十五億代價徵用，嗣因該地業主大多耕耘度生，一經徵收，生計陷於困難，致會商多時未決。現因該項平民住宅之建築刻不容緩，三月二十三日下午地政局復召集業主，由業主邀請參議員宗長福、李棠、在該局會議室會商，由地政局周局長一夔主持，到業主代表戴華庭等十餘人，商討結果，擬訂折衷辦法，改訂地價為五十六億元，徵購土地分甲乙丙三等給價，計平坦地一百六十六畝為甲等，每畝二千四百萬元；坟地荒地三十畝為乙等，每畝一千九百二十萬元；水塘二十畝為丙等，每畝一千二百萬元，平坦地有青苗者照價加一計算，並開始派員調查登記，於短期內交付地價，四月初平民住宅之建造工程，即可開始。

調整屠宰檢驗費數額

衛生局據屠宰場擬調整征收檢驗費數額表，經本府審核與現時肉類限價比例，尚無不合，准自本年三月六日起施行，並提第一二〇次市政會議報告，茲將新訂檢驗費數額表刊載於下：

新訂檢驗費數額表

猪：	每次征收	二萬六千元
牛：	每次征收	七萬三千元
羊：	每次征收	二萬六千元
騾：	每次征收	三萬元
馬：	每次征收	三萬元

開始修築下水道工程

本市下水道工程　各項測量設計等準備工作，大體均已就緒，刻已由中央撥下工費一百五十億，決定先就逸仙橋以西，常府街，五老橋，太平路，鄧府巷等一帶急要處分區裝設管子。此項下水道污水之洩泄，均賴秦淮支流，倘下水道工程裝置後，秦淮河床已嫌過高，現建鄴大橋及長樂路新橋，因河床較其他各處為高，故成為天然的分水嶺，刻已由下水道工程處商同毛理爾顧問擬訂疏濬計劃，待挖出之河泥有去路後，即可開始疏濬。

△興建臨時水廠　本府以市民向本市自來水管理處申請裝置水表者日多，預料本年度夏季自來水用水量將益增加，而本市自來水管理處三汊河水廠出水量有限，不敷應用，經呈請中央專撥興建臨時水廠費，二百億元，業奉中央核准，並已陸續撥到，交由該處在下關等地購置地基及材料，不日即可興工建築，一俟工竣，出水量當可增三分之一強。

△聯合國勸募兒童救濟金中國委員會南京分會成立　該會南京分會成立大會於三月二十日下午三時在本府會議室舉行，到委員謝徵孚等三十餘人，由分會會長沈市長主席，致開會詞，以「救救人類的下一代」為題，報告響應聯合國勸募兒童救濟金之意義。繼由中國委員會委員熊芷代表致詞，旋即討論提案，並推定各負責人選，五時散會。

△舉辦師範教育運動週　教育局奉令舉辦師範教育運動週，自三月二十九日開始至四月四日止，除擬訂辦法，通令市師及有關各校遵辦外，於三月三十日下午二時邀集本市師範教育專家舉行師範教育討論會，共到二十餘人，對當前師範教育提出問題後，由出席人員先後發言熱烈討論，歷時三小時始行散會。

△指定各中學添辦特別班　教育局近以失學青年甚多，各校原有班級

無法容納，特指定各中學增設特別班，計一中、六中、各二班，三中、四中、二初中及一、二、三、女中各一班，合計十班，已訂定暫行辦法令飭各校遵照辦理。

▲開始發給本學期清寒學生助學金　本學期各校清寒學生助學金，除市立中等學校外，所有公私立專科以上學校非市屬中等學校及私立中等學校之助學金，已依照分配名額通知各校，於三月十日前辦竣初審工作，於三月十日起向教育局具領轉發。

▲發給甄選教員合格證書　三十六年暑期教育局舉辦之甄選國民學校教員，計正取壹百名，備取六十名，封存部份，經甄選委員會提出者壹百叁拾肆名，總共貳百玖拾肆名，分別發給甄選合格證明書。

▲暫發國民學校教師進修金　各級國民學校教職進修金，本學期在學生補助費內一併收繳，刻因各校尚未將詳細數字呈報教育局，致無從計算，但為給予各校教職員以便利計，每名暫發壹百萬元，各校已具領轉發。

▲盲啞學校正式接收　教育部特設盲啞學校，已由教育局派曹督學樹人接收幷兼任校長。

▲調查未立案私立中學　本市私立中學未經立案手續而自行招生，於法殊屬不合，特由教育局視導室派員分別澈查彙報，以憑取締。

▲清理本市第二區市有公地　本市第二區市有公地實況業經調查完竣，此項公地除已作公用者外，尚有未指定用途之地，總計為六十一坵二二、三九六七畝，但大部份已為人民自動佔用，建有簡單房舍，既不整齊，且多不合使用標準，亟應採取合理措施，經衡定有無公用需要及地形環境面積大小等因素，草擬處理原則四項，報經本府會報決定，趁此次市參議會開第五次大會之時，繕同清表於三月二十四日送請審議，一俟決定，即可依照辦理。

▲整理江心洲地籍　地政局為轉移第十二區江心洲扶植自耕農實驗區各業主對於土地登記觀望心理起見，前經邀集該洲有關方面開會，說明土地登記與扶植自耕農雖有聯帶關係，但兩項業務各不相同情形，復於本月十九日佈告，凡照章聲請登記之土地，一經公告期滿無人聲明異議者，即行頒發書狀，絕不延擱或變更辦法，以堅業務信念，現該洲第三十六保第一批登記案一〇四件業經公告期滿，並已繕就書狀，一俟繪就分段圖，即可頒發；又截至三月二十三日止，上新河收件處共收登記案九六八件，水西門收件處共收四一七件，中華門收件處共收二五件。

▲開始辦理學校衛生工作　關於本年各中小學校衛生事宜，已由衛生局於三月一日起分派醫護人員開始前往辦理，其工作項目計分1.健康檢查，2.缺點矯治，3.預防接種，4.簡易治療5.改善環境衛生，6.充實衛生設備，7.身長體重測量，8.衛生隊訓練等等。

▲辦理國民大會醫療衛生事宜　國民大會開會期間之醫療衛生工作，前經國大籌委會函邀衛生局担任，除在大會內成立衛生處外，並為配合各招待所工作起見，經計劃成立衛生室十一所，每室指派醫師護士各一人駐室，經常辦理，已於三月二十四日開始工作。

▲籌設雙閘鎮衛生分所　衛生局前據雙閘鎮公所函，請在該鎮設一衛生分所，經已派員前往商定，准撥房屋三間作為設置分所之用，現正修葺房屋着手籌設。

▲開放熱河路臨時菜場　下關熱河路臨時菜場已於二月二十九日全部開放，所有永甯街復興街一帶菜販，均悉數入場營業，間有浮挑菜販，亦經由清潔總隊菜場攤販管理所會同下關警察局隨時取締。

▲流動衛生所開始工作　衛生局新置之流動衛生所車輛設備，均次第裝竣，已於三月二十一日起開始工作，其工作項目計分：(1)預防接種，(2)簡易治療，(3)簡易外科手術，(4)簡易牙病防療，(5)砂眼防治，(6)簡易檢驗，(7)婦嬰衛生指導，(8)環境衛生指導

，(9)宣傳衛生教育，(10)監督指導幷協助鄉區衛生分所各項工作。

▲召開各區調委會主席座談會　本市各區調解委員會均已組設成立，此種組織原為民衆排難解紛平息爭端，法良意美，為積極督導加強工作起見，經由民政局於三月三日召集各區調解委員會主席舉行座談會，硏討今後工作方針決定辦法多項，分別實施。

▲推行護林辦法　本市郊區荒山造林運動，經本府會同中林所商定辦法，正在積極推行，至造林後林苗之保護工作，亦經訂定護林獎懲辦法要點，分飭各區公所責成當地保甲長及業主加意保護，俾造林運動得有良好成績。

▲召開在鄉軍官會座談會　三月二日在本府會議室召開在鄉軍官會座談會，經討論決定1.經費依照國防部規定，由該會自籌，必要時，請由民政局酌予補助。2.該會會址由有關機關協助勘覓。3.就業輔導由民衆自衛總隊部儘量安插等案。

▲召開三十七年度征兵有關單位聯席會議　三月六日經邀請市兵役協會全體委員及地方各有關機關法團首長舉行聯席會議，商討本年度征兵事宜，經決定：1.通過南京市三十七年度征兵實施方案，2.決定應征新兵每名發給安家補助費二千萬元，3.安家補助費之籌集保管發放辦法，交優待委員會擬具通則，提付下次會議討論等案。

▲查禁無照槍枝　本市近來無照槍枝時有發生，足以妨害治安，為加強人民自衛槍枝管理嚴防意外起見，首都警察廳新訂定「加強自衛槍枝管理及無照槍枝應行注意事項」一種，通飭各局隊所切實執行。

▲取締員警無票乘車　首都警察廳為整飭警紀，已下令嚴禁員警無票乘坐公共汽車。

▲彙編二月份戶口統計　本年二月份各種戶口統計，業已彙編完竣，全市共計四〇九保七七二七甲，二一六七三八戶，一二三七，四三〇口，內男六五三，〇三六人，女四八四，三九四人，又流動人口三一，六二六人，外僑一，一七五人。

本府大事記

三月份下半月份

十六日（星期二）

★本市免役緩役審查委員會舉行第二次會議。

十九日（星期五）

★舉行第一二〇次市政會議。

★市長參觀衛生局所裝置之「流動衛生所」。

二十日（星期六）

★社會局主辦之冬令救濟贈物義賣開獎。

★聯合國勸募兒童救濟金中國委員會南京分會成立。

二十四日（星期三）

★市長宴別印度大使梅農及澳洲公使高伯蘭二氏。

三月二十七日（星期六）

★本市民食配售委員會舉行第四次會議。

三月二十九日（星期一）

★首都各界舉行慶祝第一屆國民大會開幕暨革命先烈紀念，青年節紀念大會，市長出席並致詞。

法規

中央法規

工會法施行細則

三十七年三月二十五日
行政院(卅七)六經字第一四四九七號令頒

第一條 本細則依工會法第六十二條之規定訂定之。

第二條 工會名稱應定為某某縣(市)某某業產職業工會或某某廠(場)產業工會、某某縣(市)總工會、某某省(市)總工會、中華民國某某工會全國聯合會、中華民國全國總工會。

第三條 工會組織區域跨越縣市行政區域者，由省政府或省政府指定之縣市政府主管，跨越省市行政區域者，由社會部或社會部指定之省市政府主管。

第四條 工會籌備會設立後，應於三個月內召開成立大會，必要時得呈准主管官署延長之，但延長之期間，不得逾三個月。

第五條 本法第十三條所稱代表僱主行使管理權者，係指業務主管人員及人事管理人員，被僱人員包括職員及工役。

第六條 產業工會會員，因違反廠場規則，經僱主依法解僱者，得不保留其會員資格。

第七條 工會會員之除名，應經會員大會或會員代表大會之決議。

前項除名之會員，得由工會依章程限制其於一定期間內在該工會區域內從事本業。

第八條 本法公布前已加入工會為會員，而依本法之規定喪失會員資格者，應於本法公佈後六個月內退出工會。

第九條 凡具有勞資兩重資格，同時參加勞資兩種團體者，不得當選為工會理事監事。

第十條 工人拒絕加入工會時，經勸告警告仍不接受者，得由工會依章程規定或會員大會(或會員代表大會)決議，予以一定期間內之停業。

第十一條 工會常務理事在三人以上時，得組織常務理事會，並得互推一人為理事長，處理日常事務。

第十二條 候補理事候補監事遞補理事監事時，其任期以補足原任理事監事之任期為限。

第十三條 當選之理事監事，自接到工會通知後，如因正當理由不能就任時，應於十日內以書面聲明之。

第十四條 理事監事因故不能出席會議時，得以書面分別委託候補理事監事臨時代表之，但每一候補理事監事以代表一人為限。

每次會議，前項委託之代表，不得超過出席人之半數。

第十五條 凡以員工混合組織之產業工會，其當選理事監事名額之比例，工人不得少於二分之一。

第十六條 工會舉行會員代表大會，其依法選出之會員代表，因故不能出席時，得以書面委託各該工會或各該本業其他會員代表出席，惟須提經各該工會之同意，每一代表並以代表一人為限。

第十七條 工會會員如不依法繳納會費，應由工會限期繳納，逾期仍不繳納者，得予以警告罰款，停權等處分。

第十八條　工會對失業會員，應酌量減免其經常會費。

第十九條　本法第二十三條所稱工資及會員收入，應將各項津貼及僱主供應之膳宿費計算在內。

第二十條　縣市總工會、省市總工會、產業工會、全國聯合會及全國總工會會員工會入會費，由成立大會議定征收之，經常會費由會員大會在各該會員工會收入百分之十範圍內議定征收之。

第二十一條　產業工會不得組織與該產業同性質之生產合作社。

第二十二條　工會為勞資間糾紛事件之調處，以未經依勞資爭議處理法聲請或交付調解者為限。

第二十三條　本法第五十一條所稱之半數，係指同一省區域內具有成立縣市總工會條件之縣市之半數。

前項縣市，應由各該省社會行政主管官署依據實際情形予以認定，並呈報社會部備案。

第二十四條　跨越縣市之工會，得直接加入省總工會，跨越省市之工會，如無該業工會全國聯合會組織者，得直接加入全國總工會。

第二十五條　產業工會全國聯合會及全國總工會會址。應設於首都。

第二十六條　各縣市各業工人，因不足法定人數，不克單獨組織工會時，得聯合其他同一情形之各業工人，組織該地區各業工人聯合會，其組織辦法另定之。

第二十七條　本法公布前各業工會所組織之省聯合會，應於本法施行後撤銷之。

第二十八條　工會支部所屬之小組，超過十個以上時，得呈准主管官署增設幹事，組織幹事會，並互推常務幹事一人，處理日常事務。

第二十九條　工會之合併或分立，其進行程序，應參照本法第九條之規定辦理。

第三十條　本法公布前成立之工會，應依法改組者，限於本法公布後一年內改組完竣。

第三十一條　本細則自公布日施行。

清理各省田賦辦法

三十七年三月十三日
行政院(卅七)五糧字第一二〇七七號令頒

第一條　各省田賦除已辦土地陳報、簡易清丈或測量登記其冊籍完整之縣（市）外，悉依本辦法之規定清理之，但其人力財力能辦理地籍整理之縣（市），仍應辦理地籍整理。

第二條　各省清理田賦工作，由省政府督飭省田糧主管機關會同財政地政機關擬具實施計劃暨辦法呈經中央核定後，令由縣（市）政府督同縣（市）田糧機關辦理之。

第三條　各縣（市）舉辦清理田賦業務，應由縣（市）政府督同縣（市）田糧機關組設編查隊，由縣（市）長兼任總隊長，縣（市）田糧處副處長或田糧科長兼任副總隊長，下轄各分隊，每分隊設技術員一人，編查人員若干人，由技術員兼任分隊長，鄉鎮長兼任分隊附，督同編查人員暨保甲長辦理之。

前項編查人員應儘量調用各鄉鎮田賦征收人員充任之，必要時得添用臨時技術人員及雇員，除技術人員及雇員得視當地物價酌給薪津旅費外，餘均為無給職，但得酌給公旅費。

第四條　各縣（市）清理田賦期間，應由縣（市）政府及縣（市）田糧機關遴派高級人員分區巡迴督導，酌支旅費。

第五條　清理田賦之程序如左。

一、逐坵調查　清理田賦以鄉鎮為單位，派用編查人員會同鄉鎮長勘定縣（市）鄉（鎮）界，豎立界標，就一鄉（鎮）內之自然地形，如山川道路，並參酌現有保界，劃分為若干段，於每段逐坵調查前，應先由技術員就段內各類坵形測定標準坵塊，求出其面積，以為逐坵調查時折算面積之標準，然後由編查人員攜帶土地清單，會同當地保甲長，按段逐坵調查土地坐落四至畝分產量收益地價賦額地類地目業戶姓名住址使用人姓名住址等項，逐一登記於土地清冊（清冊格式另定之），並以段為起訖，編列地號。

二、按戶驗契　各鄉保於每段土地調查完畢後，應即由分隊部會同鄉鎮公所，通知業戶，攜帶契據糧串及其他有關證件，至土地所在地之鄉鎮公所呈驗，編查人員接到上項證件後，應即與土地清冊調查各項逐一核對、核對無誤，由業戶保長經辦人分別在土地清冊上蓋章或捺指印，並在原契左上角加蓋「驗訖」戳，製給驗契證明單，隨同原證件，一併發還，如核對有不符時，應查明不符情形，將原契或清冊分別予以更正，並予更正處加蓋承辦人私章，以昭慎重，公有及共有土地，應將代表人及共有人姓名住址詳細填於附註欄，如係白契，應另冊登記（冊式另定之），准予驗契後三個月內免罰投稅，無契土地應由業戶取得地鄰保甲證明書，經縣（市）政府公告一個月，無人提出異議，即認定其產權，並准予公告期滿三個月內免罰從輕投稅，倘逾限仍不投稅者，即照現行契稅罰鍰辦法，從重處罰。

前項驗契證明單及土地清冊得酌收工本費，其收費標準，由省政府擬訂報糧食部核定。

業戶呈驗契據時，應報明真實姓名，其不使用本名者，經查覺後，依姓名使用限制條例之規定處罰。

三、審查抽丈　每段土地驗契竣事，即應將編查後面積分別統計，如驗契後面積不及調查面積百分之八十以上者，除擇定各項土地就每段四隅及中央分別抽丈外，並應詳查未繳驗契據之業戶姓名，如有逾限不驗或隱匿漏驗短報冒報情事，一經查實，除依戰時征收實物條例第二十一條之規定，按其應繳賦額處以二倍至五倍之罰鍰外，並依賦籍整理業戶逾限申報或冒報匿報短報土地處罰辦法之規定辦理。

四、公告　全鄉（鎮）清理田賦完成後，應由編查分隊長會同鄉鎮保甲長，按保召集保民大會，將編查結果當眾宣讀公告，各保公告完畢，再由編查分隊長會同鄉鎮公所列冊公告一個月，於公告期間遇有產權爭議糾紛者，應由鄉鎮保甲長會同編查分隊長予以調解，調解無效時，令向司法機關訴請依法處理。

五、複查更正　人民於公告期間，如認為有錯誤遺漏者，得申請複查更正，必要時得派員履地勘丈，更正後並須在土地清冊更正處加蓋業戶保長及承辦人私章，以昭慎重，其有於全縣清理田賦工作完畢後始發現編查錯誤或遺漏時，仍准予聲請複查更正，其更正辦法應依土地陳報複查更正辦法之規定辦理。

六、編造冊籍　每鄉清理田賦工作完畢，即應將土地清冊按段裝訂成冊（土地清冊），然後按鄉（鎮）歸戶塡造歸戶冊（戶領坵冊），據以塡造征糧底冊，並另造白契無契土地登記冊各三分，以一份存縣（市）政府，一份呈省政府，一份呈中央。

七、改訂科則　全縣清理田賦工作完畢後，應依地目土地肥瘠及每畝產量收益，改訂田賦科則，最多不得超過九則，其改訂標準，應按每畝土地收益十分之一為準。

第六條　無主土地應由鄉（鎮）公所代報，其土地收益充鄉鎮公所教育建設之用，但應承賦額亦應由鄉鎮公所代繳，倘逾二年仍無人認領時，得視為公產，由縣（市）政府收回。

第七條　各縣（市）改訂科則後，如因溢出土地，致全縣（市）總賦額超出原賦總額者，得將各等稅率分別酌予減輕，但以不少於原賦總額為限。

第八條　改訂科則應由縣（市）政府及縣（市）田糧機關會同擬訂，送請縣（市）參議會審議後，呈請省政府核轉財政糧食兩部暨地政部核定，轉請行政院備案。

第九條　各縣(市)清理田賦工作限八個月內完成，於必要時得酌予延長，其經費除以工本費抵補外，如有不敷，應由縣（市）政府就契稅溢收項下開支，經費概算與業務計劃，應於業務開始前，由縣（市）政府會同縣（市）田糧機關詳細擬具，送經縣（市）參議會審議後，呈請省政府核定，轉請財政糧食兩部暨地政部備案。

第十條　各級工作人員經辦清理田賦，其成績優良者，應分別從優獎敍，如有違法舞弊情事，一經查實，依法重懲，其考核獎懲辦法，依院頒經辦土地陳報人員考核辦法之規定辦理之。

第十一條　本辦法自公布之日施行。

國府公報所載中央法規索引

三月份下半月份

本市法規

修正南京市路燈管理委員會組織規程

三十七年三月十九日第一二〇次市政會議通過

第一條　本市為統一路燈管理事宜，設立南京市路燈管理委員會（以下簡稱本會）。

第二條　本會由南京市政府首都警察廳首都電廠各派代表一人為委員，並互推主任委員一人組織之。

第三條　本會會址設於南京市政府內。

第四條 本會任務如左：

(一)關於路燈之設計事項。

(二)關於路燈之裝置事項。

(三)關於路燈之修理事項。

(四)關於路燈費之徵收事項。

(五)關於裝修路燈經費之籌劃事項。

(六)關於其他路燈之管理事項。

第五條 本會設秘書一人，承主任委員之命，處理本會一切事務。

第六條 本會設工程司一人，工務員二人，事務員二人至三人，承長官之命，分掌技術、文書、會計、庶務等事項。

第七條 本會因事務上需要，得酌用雇員。

第八條 本會委員概為無給職。

第九條 本會職員由主任委員就各參加機關調用之。

第十條 本會每月開常會一次，必要時得開臨時會，均由主任委員召集之。

第十一條 本規程如有未盡事宜，得隨時呈請修改之。

第十二條 本規程自南京市政府核准之日起施行。

人事動態

三十七年三月三日至三月三十日止

姓名	服務單位及職別	動態	到離職日期
方左英	市府專門委員	新任	三月十一日
黃玉珊	市府專門委員	新任	三月十一日
黃克明	社會局第一科科員	新任	三月十二日
田書誠	教育局第一科科員	新任	三月二十五日
朱孝宸	財政局稅捐稽征處征收員	調任財政局稅捐稽政處辦事員	三月一日
蔣文清	市府薦任科員	調任市府視察	三月二日
蔡繼昭	工務局技正兼第二科科長	調任工務局技術室主任	三月十一日
方左英	工務局第二科兼科長	市府專門委員調兼	三月十一日
黃玉珊	工務局第四科兼科長	市府專門委員調兼	三月十一日
張仁春	市府專門委員兼工務局第四科長兼碼頭倉管理處處長	免兼工務局第四科科長	三月十一日
王之楨	工務局正工程司兼築路股主任	晉升工務局正工程司兼第五科長	三月十六日
徐慎文	教育局視察室辦事員	改派教育局視察室僱員	三月十五日
張祖璿	工務局技正兼第五科科長	辭職	三月十六日
傅爾梅	社會局第一科科員	離職	三月三日
趙澄	社會局第一科科員	離職	三月二十一日
曹述芳	地政局土地登記處登記員	辭職	三月三日
童淮生	社會局第一科科長	辭職	三月八日

會議紀錄

南京市政府第一二零次市政會議紀錄

時　間：三十七年三月十九日上午九時

地　點：本府會議室

主　席：沈市長　　紀錄：史崇訓

報告事項

秘書處報告　奉交下衛生局呈一件，爲據屠宰場呈擬調整征收檢驗費數額表，轉請鑒核示遵等情一案，經參事室審核與現時肉類限價比例，尚無不合，奉　批「應准照辦，自本年三月六日起施行，仍提會報告。」等因，除已遵擬指令外，特爲報告。

討論事項

1.市長交議　據路燈管理委員會簽擬「修正南京市路燈管理委員會組織規程」，提請討論案。

決議　照修正案通過。（組織規程見法規欄）

2.市長交議　據工務局呈，爲黃棟記營造廠請補發戰前承建督糧廳小學校舍未領工款及保證金，應如何清償，提請討論案。

決議　俟市參議會審定本府清理戰前市民領繳價款辦法，再予核發。

南京市政府第一二一次市政會議紀錄

時　間　三十七年四月二十日上午九時

地　點　本府會議室

主　席　沈市長　　紀　錄　史崇訓

討論事項

1.市長交議　據財政局呈擬修正「南京市財政局營業稅征收處組織規程」，提請討論事案。

決議　照修正案通過。（修正條文待下期刊出）

2.市長交議　據教育局請撥江蘇路湖南路轉角市地爲第六區中心國民學校擴建校舍，提請討論案。

決議　准予撥用。

3.市長交議　據教育社會地政三局會簽據學風文藝社請租第五區七五〇段地建築社址，請討論案。

決於　由地政社會兩局擬具社團承租公地辦法，送經市參議會審定後再予核租。

4.秘書處提　爲委託律師田鶴鳴向華美工程實業銀行，交涉退還公共汽車管理處前訂馬克牌公共汽車三十輛定金七萬五千美元，該行建議原以官價一萬二千元折合美金一元計算，退還國幣七億八千萬元，成立和解，取消原訂購車契約，如不願接受，靜待法律解決等語，應如何處理，提請討論案。

決議　依法訴追，並將本案經過情形，函知市參議會。

南京市政府公報 第四卷 第七期

救救人類的下一代！

響應聯合國勸募兒童救濟金運動

沈市長三十七年三月二十日在聯合國勸募兒童救濟金南京分會成立致詞

今日的兒童是明日世界的主人。誰不希望明日有一個和平安樂的世界？然而放着眼看看今日的兒童有多少是掙扎在飢餓線上，受着貧窮疫癘的侵蝕，失教失養，成了無辜犧牲的羔羊？這數字說來驚人，全世界各地竟有三億以上的兒童在過着非人的生活，單在我們中國的就有六千四百萬之多。這一巨大的數字，實在是整個人類的隱憂。我們為了明日安樂和平的理想世界的建築，必須在今日先救救人類的下一代，救救那些陷入悲慘境遇中的可憐的兒童。

那些兒童的遭受苦難，並不是他們自己造成的，而是我們這一代所犯的種種錯誤，與不人道的行為，帶給下一代以無情的災害。我們撫心自問，能不愧對下一代，為救濟他們而努力嗎？任何動物都愛護它們的下一代，人類對於自己的下一代愛護培養，原高出於其他動物之上，看見一個啼飢號寒的兒童，比看見一個窮苦的成人，更易激起人們的同情，這是人類至高至上的惻隱之心的表現。擴充這惻隱之心至全世界，我們能對於這廣大的三億無告的兒童羣無動於中，漠然不問嗎？

聯合國在這時發動兒童救濟金勸募運動，實在是非常切合需要的事。這一運動訴之於人類的責任心與同情心，不問國界、種族、宗教以及政治信仰，普遍的救濟全世界的苦難兒童，以全世界的努力，共同愛護人類的下一代，為建築明日和平安樂的世界，培養其健康活潑生機盎然的主人。

這是一個偉大的運動。它的偉大不僅在於作世界範圍的普遍救濟，而在於出之以國際間互助合作的方式。國際間的互助合作是世界和平的基石，以此方式進行兒童救濟勸募運動，即無異為明日的世界播下和平的種子，使每一身受救濟的天真兒童，衷心的體會到全人類給予他們的溫暖的好感。在另一方面，這是世界性的自助的努力，看似幫助他人，實際即係自助。在救濟兒童的總目標下，沒有什麼受施之分，施者同時也就是受者，一個貧困的國家所受者且將多於所施者，但這無礙於以其所有施給那些還不如他們的朋友。這一運動使各國自力更生之外，更使每個國家認清自己是國際間一份子，休戚相關，而增進國際間的祥和之氣。

在我們中國，以苦難兒童的數目多至六千四百萬人，需要救濟自然特別殷切，這個勸募運動對於我們更顯得具有深長的意義。戰後我們所做的兒童救濟工作不是沒有成效，但比起別國來，委實相差很多。現在聯合國發動了全世界的勸募，我們的兒童將可獲得整個人類的仁愛心的援助。我們也應該激發自己的責任心與同情心，慷慨解囊，踴躍捐輸，來響應這個偉大的運動，來合力完成這個艱巨的任務。這不僅是為了中國的兒童，也是為了世界的兒童。全世界的兒童都得救了，中國的兒童也一定可以得救。

請閉目想一想，那些在苦難中的兒童是怎樣殷切的等待着要飯吃，要衣穿？假如我們自己的孩子在啼飢號寒，我們是不是立即盡力之所能，為他們設法，給他們吃飽穿暖？「幼吾幼以及人之幼」是我們中國的傳統美德。聯合國勸募兒童救濟全中國委員會已於三月十五日起收受各方的捐獻，請充分發揚這傳統美德吧，與各國攜手，共同救救人類的下一代！

區域設計

——富裕國計民生的藍本——

李春芬

國計民生的富裕，是靠了建設來獲致，而建設成功，又是以計劃的善宜與否做條件。因為國家建設的工作，決不是空中構造樓閣，而是須要根據實際的環境，作有計劃的開發，這就是說，國家建設的規模，一定要以區域建設做基礎，分析各區的實際環境，針對各區的特殊問題和需要，定出各種計劃，以為區域建設的張本。如此才是國家建設的要圖，國計民生的基礎，才能深根固蒂。所以區域設計（Regional planning），乃是區域建設或發展（Regional development）的一種必不可少的基本步驟。

區域設計的性質：區域設計，頗多以政治區域作空間單位，這是很不切合實際的，因為一個國家的資源，在類別上，固多因地而異，而量的方面，又是分佈不均；而國土以內的地形，氣候，水文，土地利用以及民情等，並不因縣界省界的橫越，而遽然改觀。所以開發和合理利用的計劃，一定要因地制宜。換句話說，設計定策，應和實際的自然或經濟區域配合，所以區域設計和發展，從地理學的角度看起來，是在區域的自然環境上面，蓋上一層新的人文建施，使二者分佈的型式，和諧調適。因此，舉凡和區域繁榮有關的各種因素及其相互間的關係，應加以澈底的分析，和綜合的研究。這也就是說：一切建設工作的設計，必須根據區域本身的個性。牠不但決定設計的內容，並且也確定區域的空間範疇。如以政治區域作為設計單位，將會使一個共同個體支離破碎，整個區域的開發或問題的解決，不能通盤籌算，結果支支節節，顧此失彼，有時因為利害衝突，問題不得解決，常引起無窮的糾紛。

區域設計的地理基礎：以上曾提過，區域本身性質，決定區域設計的內容，而區域個性，又各不相同，所以設計的項目，也就相互異趣。不過設計定策，都是以地理背景做基礎。舉凡區域以內的自然和人文的要素，動的靜的，都是研究考查的對象。如土地，氣候，植物，水文，礦產，力源，物產，交通，人口，都市等，均包括在內。任何一種要素，都要從牠的性質，分佈的型式，和影響利用或被利用的情況三方面加以澈底的分析和研究，探知區內各種資源的利用，是否和自然環境協調，有沒有地盡其利，有沒有浪費或越軌濫用而招致惡果。過分和不足，都不是健全合理的象徵，而有改進或重新規劃的必要，務使資源的開發和利用，與其直接的環境，發生和諧的關係。

關於人文要素的動向，如人口的移動，工廠的遷設，貨品的運輸，在設計中，應因勢利導，使其動向，納於正常的軌道之內，在造福於整個區域的原則之下，盡最高的效能，不可坐視其自生自滅，聽其自然。此外，凡與本區繁榮有關而牽涉他區的問題，也應兼籌並顧，譬如某一沿海商港，因過分膨脹，而感覺市區人口過度稠擠與交通運輸的過分擁塞，這兩個問題的解決，必須與附近其他的城市和港口取得聯絡，一方面計劃如何疏散過多的人口，一方面對於貨物的集散，作合理的調整，以免頭重脚輕，妨害都市健康。

區域設計的重點：以上所論，多偏於經濟開發的區域設計，惟設計的重點，各地不盡一致，有的着重於政治管理，社會福利，經濟開發或國防建設。譬如法國為了便利政治單位的管理，其區域設計的重點於政治，西伯利亞亦然。又如我國胡煥庸與洪紱兩位先生的重劃省區，也是以政治爲重點的區域設計。以經濟開發爲重點的，美國可爲代表，TVA卽爲一例。我國進行的YVA和KVA，也屬於這一類。目前各國盛行的都市區域設計是在改善都市的生活環境和增進各性能區的發揮，如防止汚區(Slum)的發生，減少交通運輸的擁塞，以及建設新的衞城以減輕都市人口的過分密集等其重點是屬於社會方面。英國的所謂美化城市運動(Garden city movement)，重點亦在此。

戰後各國區域設計的動態：歐洲各國，因直接受戰禍影響，市鎭村集，多被破壞，人民流離失所；而美洲方面，尤其是北美，則因都市人口增加，居住問題，亦感困難。所以最近兩年來，歐美區域設計的活動，多集中於市鎭的計劃發展，和解決房荒的問題，中央和地方的設計機構，合力推行，以謀原有市鎭的恢復，擴展，或重建。一九四六年，美國四十八州中，有二十八州，通過了市鎭建設的法案；同年英國國會，也通過了設立新鎭的法案，預計建設二十個新鎭，其中十個，是在倫敦市區的附近，目的在疏散倫敦市區的擁擠。歐洲大陸各國，雖受物資的限制，然而市鎭設計的進行，亦不後人。蘇聯若干市鎭的建設計劃，早於一九四五年通過；法國亦已開始積極推動市鎭重建計劃；意大利於去年成立了一個聯合設計委員會，主持建設災區的各種計劃。其他如波蘭之華沙，荷蘭之鹿特丹等，也正在設計亟謀恢復，市鎭設計，在最近兩年中，可算是風起雲湧盛極一時的了。

豁蒙樓上看濃春

吳鳳

住在南京，到了春天，不免要到雞鳴寺去看看，陰沉沉的天色，零零落落的積雲，土潤苔滑，雞鳴寺路上積滿了泥漿，那個紅色的山門上的兩行金字，「大千世界，不二法門。」被才生的兩株小樹遮起來了。屈折的走上殿去，好消息，豁蒙樓開放了。

「豁蒙」的出典是杜甫的一句詩：「憂來豁蒙蔽。」怎樣能排遣這憂愁呢？望一下後湖的烟樹恐怕是沒有用的吧？那裏正是南朝時代水軍的處所，一個好武的皇帝——宋孝武帝——在這兒練水軍。一個佞佛的皇帝——梁武帝，却在這台城上面困守而餓死了。多少詩人曾經在這兒憑吊玄武湖，沒有一個人能消去愁懷，他們都爲了那好武的人們歎息，然而皇帝而能讀詩的却只有一個李後主。這眞是時代的不幸了。

這樓是光緒十五年張之洞建的，那時他是兩江總督，題了額跋云：「余創議於雞鳴寺造樓，盡伐樹木，以覽江湖，……擷用杜甫詩憂來豁蒙蔽名之，光緒甲辰，無競居士張之洞書。」後來梁啓超也題了樓額，現在的匾額則是戴季陶先生的法書了。

明窗淨几，茗碗釘鐺，兩位畫師在臨窗作畫，描寫的是一角台城與紫金山。山端上正有一片雨雲，老畫師的筆很快地，幾筆捉了下來，過一會，雲向南邊逃去了。

在畫碟上他用了不少紅紫，用來畫那座覆舟山，一片赤紅色的荒山。

掉過頭再看後湖，一片綠，正是葱黃嫩綠，秋冬之際的那一片荒穢的蘆葦沒有了，這倒減去不少蕪雜，一易粗頭亂眼而爲倩裝的少婦，還不是濃裝的城裏人，一個鄉間的少婦。

俯視胭脂井，那塊碑也已經重新樹了起來。走下去看碑文上面塗了綠色，好像也上了春裝，漂亮起來了。張麗華那個女人被吊了起來，……從這井裏捉到青溪中橋上殺掉了。中橋現在是四象橋，是十分熱鬧的地方了。

走來走去，全是戰伐之餘留下來的故蹟，這個多災多難的國家，留下這麼許多悲慘歷史的遺蹟。

南京市政府公報刊例

一、本公報每半月發行一次

二、凡本府例行公文即在本公報發佈不另行文

三、本府所屬各機關於收到本公報時應編號歸檔妥爲保存凡註明「不另行文」文件並應注意遵照

南京市政府公報

第四卷　第七期

中華民國三十七年四月十五日

編輯者　南京市政府編譯室

發行者　南京市政府

印刷者　大東新興印書館
南京：(四)建鄴路一三八號
電話：二二二二六號

中華民國三十七年四月三十日

第四卷　第八期

南京市政府公報

南京市政府編譯室編

目錄

改訂房捐捐率

南京市政府佈告（卅七）府財佈字第二十六號

查本市房捐捐率，前經遵照國民政府三十六年十一月公佈之修正房捐條例改訂，並函准市參議會提付第一屆第五次大會決議、租賃營業用房照租金征百分之十四；住房照租金征百分之七，自產營業用房照産價征千分之十，住房照産價征千分之五等語，茲自四月份起按照上項決議房捐捐率改征，除飭財政局遵照辦理外，合行布告，仰各納稅人一體週知。此佈！

中華民國三十七年四月三日

加收逾期繳納土地稅催征費

南京市政府佈告（卅七）府財佈字第二十七號

本府為加強征收土地稅效能起見，經飭據財政局擬訂加收逾期繳納土地稅催征費辦法一種，送經市參議會第一屆第五次大會決議通過，合行抄錄原辦法佈告，希土地納稅人一體週知。此佈！

南京市財政局加收逾期繳納土地稅催徵費辦法

一、南京市財政局開徵土地稅（地價稅土地增值稅，）為防止滯納增裕庫收起見，特訂定本辦法。

二、納稅人於接獲繳稅通知後，應於規定期限內照數繳納，逾限不繳者，依下列規定辦理。

1. 逾期未滿一月者，除遵照應納稅額加徵罰鍰百分之二外，並照稅額加收催徵費用百分之八。

2. 逾期一月以上者，除照稅額按月加徵罰鍰百分之二外，並照稅額按月再加收催徵費用百分之十三。

三、納稅人對繳稅通知所載事項認為有不符時，應於收到通知十日內，備具理由書向本局申請查明更正，仍依限繳納，其未在限期內申請更正　致逾限期滯納者，仍依第二條規定辦理。

四、本辦法自呈奉南京市政府核准，送經市參議會通過後公佈施行。

（附告）凡各業戶如未收到卅五、六年度地價稅繳款通知書者，祈至貢院街四十五號市財政局土地稅徵收處洽領清繳。

中華民國三十七年四月三日

國大代表可否兼任參議員釋疑

南京市政府公函（卅七）府總民字第三五四一號

案准

內政部本年四月七日民八字第二八七六號代電開：

查行憲之國民大會代表可否兼任縣參議員，或將來依憲法産生之議會議員一案，業經本部呈奉行政院指令，抄附司法院解字三八六九號咨，以案經司法院統一解釋法令會議議決：當選國民大會代表後兼任縣參議員，現行法既無限制，自非不得兼任；至得否兼任將來依法產生之省市縣議會議員，應依其時之法律定之，等因，奉此，相應電請查照並轉行知照！

等由，准此，相應函請查照為荷！

此致

南京市參議會

中華民國三十七年四月十二日

田賦按照成績分別獎懲

南京市政府訓令　（卅七）府總財字第三三五六號

令九、十、十一、十二、十三區區公所

查田賦收入，國課攸關，矧值戡亂期間，尤較平時重要，各級行政人員應如何盡力征解，用濟時艱，乃查各區保長，對於催征卅六年度田賦，能努力以赴，成績優異者，固不乏人而延玩因循，泄沓放任者亦復不少，若不嚴加獎懲，其何以昭效戒，而利政令之推行，經飭據本府財政局查明所有催征卅六年度田賦折征法幣征賦區域各保，截至本年十月十日限滿時止，征獲田賦成績優異者，共有八保計：

第十二區卅五保保長陸德仁，全數征齊，應特予褒獎，並記功一次，第九區區第三保保長史榮淮，第十六保保長陳煥才，第十區第廿一保保長吳仕旺，第十一區第十九保保長朱長泉，第廿四保保長徐宗錦，第十二區第九保保長竇有順第卅六保保長劉兆麟等七人，均能征起九成，應予嘉獎。

又截至上述期限滿時止，征起成績低劣者，亦有八保計：

第十區第廿五保保長陶大河，廿八保保長王懷林第十二區第四十五保保長顧興堯，第十三區第五保保長陳忠治第七保保長王祖林等四人，均僅能征起四成，應予申誡，並由區嚴督繼續催征，第十區第廿六保保長周義樑，第十二區第四十四保保長趙瑞祥等二人僅能征起三成，又第十二區第卅五保保長韓威保乃僅二成，均應嚴予申誡，並由區嚴屬督促繼續催征，以觀後效除分令外，合行令仰遵照，並轉飭遵照。

此令！

中華民國三十七年四月七日

國人財產被日刦至英境者應速檢證件填表申請給還

南京市政府訓令　（卅七）府總統字第三三六四號

令所屬各單位

案准

行政院賠償委員會京（卅七）二寅宥代電，略以關于戰時人民財產被日本刦至盟邦英國或英屬境內者，可申請轉洽發還，囑查照飭屬，並通告人民，迅即依照規定塡表檢證報轉憑辦等由，准此，除分令暨公告外，合行抄發原代電令仰遵照，並轉飭所屬一體遵照，如有財產被日本刦至盟邦英國或英屬境內者，應速依照規定塡具申請歸還刦物表格四份，檢同被刦及物權證件，於本年四月底以前報府，以憑彙轉爲要。

此令！

附抄發原代電乙件

中華民國三十七年四月八日

抄行政院賠償委員會代電

南京市政府公鑒：准外交部代電開，案查前以盟僑在華財產被日人刦至日本者，彼方已開始根據遠東委員會議決案，代向盟軍總部申請歸還轉發，其由盟國境內刦至中國於日本投降後爲中國政府接收者，亦已根據收復區敵僞產業處理辦法予以發還，我僑民在盟國境內財產，在日本佔領期間被刦至日本者，以及我國內人民財產被日本刦至盟國境內者，自應要求盟國政府予以互惠辦理，經呈准行政院照請各盟國政府查照核辦見復，並轉請查照在卷，茲據英國大使館代電，以准英國政府復中國政府所請自當根據互惠原則予以辦理等由．相應轉請查照核辦見復等由到會，查我國僑民在盟國境內財產被刦至日本者，已由外交部電我駐有關盟國使館通令，當由地華僑向當地盟國政府申請洽還，至我國內人民財產被刼至英國境內者，現在亦可申請轉洽發還，除分電外，相應電請查照，轉飭所屬並公告人民，如有財產被日刼至英國或英屬境內者，速照規定填申請歸還刼物表格四份，檢同被刼及物權證件，一併報轉到會，憑轉洽辦為荷，行政院賠償委員會京（卅七）二寅宥印。

晉授及加授勳章標準

南京市政府訓令 （卅七）府總人字第三三二六號

令各局處

案奉

行政院卅七年三月二十七日人字第一四八〇五號訓令開：

「案奉 國民政府三十七年三月九日第二二九號訓令開：

『據稽勳委員會三十七年二月二十一日勳字第四九號呈稱，查勳章條例第十一條規定，授予勳章得因積功晉等，幷得加授別種勳章，同條例施行細則第五條規定，凡積功呈請晉授卿雲勳章景星勳章，須於上次授予同種類勳章滿三年，始得爲之，非因特殊情形不得提前晉授或超擬勳章等次各等語，惟應予晉授或加授勳章及其應敍勳等似應有詳晰之規定，以資審核依據，玆謹擬訂晉授及加授勳章標準草案，提經本會第十六次委員會議決議通過，理合繕具原草案，呈請鑒核備案，並通行知照等情，據此，應准備案，除指令幷分行外，合行抄發晉授勳章標準令仰知照，並轉飭知照』等因，奉此，除分行外，合行抄發原標準，令仰知照，並轉屬知照。」

等因，附抄發晉授及加授勳章標準一份，奉此，除分令外，合行抄發晉授及加授勳章標準一份，令仰知照。

此令！

附抄發晉授及加授勳章標準一份

中華民國三十七年四月六日

◉晉授及加授勳章標準

一、凡積功晉授勳章等次，或加授別種勳章，除勳章條例第十一條及同條例施行細則第五條已有規定外，依本標準辦理之。

二、晉授勳章等次卿雲景星兩種勳章爲準，曾授其他分等勳章者，不予比照晉等。

三、晉授勳章等次或加授別種勳章，除有特殊情形者外，均須於上次授勳後得有勳績幷須滿三年者，始得爲之。

四、中央或地方官吏在職十年以上，成績昭著，曾依勳章條例第五條第八款及同條例施行細則第八條之規定授予勳章後，復經任職三年成績昭著，除政務官外，須經三次考績或考成均列一等者，得予晉授勳章等次或加授別種勳章，餘類推。

五、晉授卿雲勳章等次或加授卿雲勳章，均以勳勞特著者爲限，其係一般勳勞，應授景星勳章。

六、晉授卿雲或景星勳章等次，除特殊情形外，應各依其原授等次晉授之。

七、加授卿雲或景星勳章，除特殊情形外，應依原授景星或卿雲勳章授制之初授等次授予之。

八、辦理外交人員及友邦人員，必要時，得特予晉授勳章等次。

九、曾授各種勳章獎章，不得視同積功，僅憑升轉官職，亦不得改晉勳等。

十、本標準自呈奉 國民政府核准備案之日施行。

經濟部公布審定專利各案

經濟部公告　京工37字第〇八七五九號

茲依獎勵工業技術條例第十七條規定，將本部獎勵工業技術審查委員會第一〇七次審查合格認爲應予獎勵各案公告之，自公告之日起，六個月內，如無利害關係人提起異議，即爲審査確定，予以核准，又專利權因戰事影響致受損失，呈經審查合格應予延展專利期限各案，併依專利權延展專利期限辦法第五條規定公告之。特此公告！

計開

(甲)審定專利案件

(一)何甘義　擺動式噴霧機之擺動裝置部分，新型專利五年。

(二)劉作舜 張宏謀　號碼顯示燈板與簿鍵控制盤之配合裝置，新型專利五年。

(三)周開邦　電筒反射燈頭上旋轉及電珠升降裝置，新型專利三年。

(四)陳耿民　三合一式新型電燈頭之三用裝置部分，新型專利三年。

(五)黃煥曾　壓煮鍋鍋蓋頂壓力自動調節部分，新型專利三年。

(六)顧羨吉　閱書架自由旋轉構造部分，新型專利三年。

(七)華金泉　以原呈方法製成之鍍鎳鉛字，新型專利五年。

(八)華金泉　復用給寫玻璃版，新型專利三年。

(九)傅君輝　以還原方法製成之銀光紙，新型專利三年。

(十)黃苗夫　染色服裝書簽，新式樣專利三年。

(乙)延展專利案件

(一)大明實業廠股份有限公司　手搖速印機自動給紙部分之構造新型。

中華民國三十七年三月

本府大事記

四月份上半月份

四月二日（星期五）

★舉行第一二一次市政會議。

三日（星期六）

★聯合國勸募兒童救濟金中國委員會與新運總會聯合舉行「國際兒童聯歡會」，市長暨副市長均列席指導。

四日（星期日）

★首都慶祝兒童節大會在玄武湖音樂台舉行，馬副市長出席致詞。

★社會局與新運會合辦之第九屆集團結婚典禮，假勵志社禮堂舉行。

★衛生局主辦之「流動衛生所」開始行駛郊區辦理醫療工作。

七日（星期三）

★本市民衆自衛第五大隊舉行擴大週會，市長親臨訓話。

九日（星期五）

★本市民食調配委員會舉行第三次會議。

十日（星期六）

★舉行第一二二次市政會議。

★本市勞資糾紛評斷委員會舉行第七次會議，調解各報社印刷技工請求加薪事件。

十一日（星期日）

★南京市民衆自衛隊舉行第一次大檢閱，到各區隊員約五千餘人，由市長與黃珍吾廳長主持。

市政要訊

本市第一次檢閱民衆自衛隊

本市民衆自衛隊，於四月十一日上午八時假公共體育場舉行第一次大檢閱，到東、南、中、西、北各區隊員約五千餘人，由沈兼總隊長怡，黃副總隊長珍吾主持，並到有各機關長官中央組織部副部長谷正鼎、警察總署署長唐縱、國防部政工局長鄧文儀、憲兵司令張鎮、衛戍司令部張參謀長等二十餘人，由副總隊長古田才任總指揮，率全隊繞場一週，繼即檢閱，各隊員精神均甚飽滿，檢閱完畢，旋由沈兼總隊長致詞，說明民衆自衛之重要性，繼由谷副部長致詞，闡述民衆自衛隊乃政府幫助人民組織抵抗共匪之隊伍，要求每個隊員均能辨別奸匪，成為消滅共匪之幹部，然後社會可以安定，國家可步康樂。復由唐局長，鄧局長等相繼致詞，至十一時始畢。

首都慶祝兒童節

本市本屆兒童節，四月三日下午三時先由聯合國勸募兒童救濟金中國委員會及新運總會聯合舉辦「國際兒童聯歡會」，假勵志社舉行，到各國兒童共四百人，沈市長及馬副市長均列席指導。慶祝大會則於四月四日上午十時半在玄武公園翠洲音樂台舉行，全市各校小學生到會者約一千五百人，由馬副市長兼教育局長担任主席，首致開會詞，略謂兒童為民族的幼苗，是人生中的春天。深盼各校師長及社會各界好好地保護這些幼苗；並勉各生將來責任重大，要努力用功，以不負衆人之期望。旋由社會部谷部長代表張鴻鈞等相繼致詞，希望各生踴躍參加世界兒童救濟金勸募工作，最後為兒童大合唱，共有四十二小學校五百個學生參加，迄十一時半始告結束散會。

改進營業稅申報制度與徵收機構

財政局鑑於營業稅申報制度及徵收機構，缺點頗多，經研究決定改進如下：

一、改進申報制度　過去財政局營業稅徵收處派員按戶收取報表，係依照直接稅局原定辦法，蓋因接辦之初，為顧及本市財政困難，不得不爭取時間，遷就事實暫照辦理，但行之既久，發現其中頗易發生流弊，為杜絕弊端，樹立制度起見，決定一律採用自動申報，不再派員收取，經於四月十日公告及通知各企業公會轉飭各商號一體遵照，并將自動申報應行注意各點，交各電影院幻片宣傳。

二、試行直接催報　該處曾就納稅人中以期普及較大單位逕行通知，飭於四月十五日前自動申報，此項直接通知之七百餘戶中已於通知後三日內申報該處者，計有一百五十餘戶實施，結果或可養成商人自動報繳之良好習慣。

三、加強催繳步驟　上年及本年一月份欠稅計達百餘億元，業已公告限期催繳，其逾期不繳者，擇尤移送法院強制執行，並加處罰，以儆效尤。

四、設立稽徵分處　為求嚴密稽徵并便利商人報繳起見，遵照修正營業稅徵收處組織規程在下關新街口慧圓街設立分處三所，現已覓定處址，並派定人員，即可正式成立。

編查遺漏稅戶　該處現有課稅單位僅一萬一千餘戶，按諸本市商業狀況及其他登記機關統計數字已達一萬六千餘戶，相差甚多，該擬在各分處成立之後，詳為編查，俾無遺漏並藉以確定業地領戶冊。

江心洲扶植自耕農實驗區近況

江心洲扶植自耕農實驗區現正著手於完成地籍整理與建設自耕農新村兩大目標，茲分述其工作近況如次：

（一）加緊完成地籍整理

1.測量　總計實測經緯儀導線點四四〇點，清丈繪圖及計算面積等工作，五保已全部完成。

2.土地登記　三十六保已登記一一二號四五一畝，三十七保六九七號四〇七畝，三十八保五五一號五九四三畝。

3.覆丈　凡有業佃經界不清請求復丈者，卽予依法復丈。

（二）積極建設自耕農新村

1.組設實驗區建設委員會，由區公所，警察所、農會、合作社、自耕農農戶代表，及辦事處人員組成，內設圩務組、地政組、工程水利組、農業組。

2.開辦農田水利工程　現已由農林部農田水利工程處派遣第三工程隊協助A.開闢溝渠；B.修建涵洞。

3.農業推廣　由農業推廣委員會會同聯合國糧食農業組織（FA.O.）來洲考察協助農戶貸款洽購曳引機及抽水機。

4.合作指導　協助成立國民小學分校一所，向農林部洽領寒衣百件，轉發貧苦自耕農戶，創辦實驗區壁報，已出二期，籌建診療所，農民倉庫，農民俱樂部等辦公房屋，已由中農行允予貸款照辦。

教育局續辦收復區僞中學業業生甄審

教育局對於收復區敵僞所設公私立中等學校畢業生甄審，曾於三十六年九月舉辦一次，現因該項中等學校畢業未經甄審者爲數尙夥，爲便利彼等升學起見，經該局決定續辦甄審一次，規定自四月八日至十七日止申請登記，四月二十四、二十五兩日舉行考試，甄審各生成績，以平均滿六十分者爲合格，但主要科目中有一項不及三十分者，不予平均，茲將甄審辦法刊載如下：

◉南京市教育局續辦收復區敵僞所設中等學校畢業生甄審辦法　三十七年四月

一、本市收復區敵僞所設公私立中等學校畢業生未經甄審者，可按本辦法申請參加甄審。

二、甄審考試各生成績，以平均滿六十分者爲合格，但主要科目中有一不及三十分者，不予平均，主要科目在中學爲國文英文算學，在師範爲國文教育概論教材教法，在職業學校爲國文及該科主要科目二科。

三、登記日期及地點　自四月八日起至四月十七日止，向本局第一科登記。

四、登記手續：申請登記各生，應繳下列各件經審查核准後，再行發給准考證。

1.登記表一份（樣式略），2.最近二寸脫帽半身照片三張，3.僞校畢業證書，4.陷於匪區未及參加甄審之證明書（樣式略），5.考試紙張印刷工本等費十五萬元。

五、考試科目：

高中：三民主義、國文、英文、數學（代數幾何三角）、理化、史地。

高級職業學校，加試參加某類性質之職業科目一科（臨時決定）

初中：三民主義、國文、英文、數學（算術代數幾何）、理化、史地。

初級職業學校加試參加某類性質之職業科目一科（臨時決定）

高中師範：三民主義、國文、數學、（算術代數幾何三角）、理化、史地、教育概論、教材教法。

簡易師範：三民主義、國文、數學、（算術代數）、理化、史地、教育概論、教材教法。

六、各科考試，程度一律按照部頒課程標準。

七、考試日期及地點　考試日期四月二十四日考試地點於四月二十二日下午在本局公告欄公佈。

八、凡在三十六年九月以前考入公立或已立案之私立專科以上學校肄業各生，可檢具本辦法第四條應繳各件暨專科以上學校成績單呈局審核，得免去一部或全部考試，初中畢業生已升入高中須參加甄審各生，亦得依照本項辦法辦理，但戰時失學自修生雖已升學，不得申請免試。

九、其他省市敵僞中等學校畢業生願在本市甄審者，須呈准原校所屬主管教育廳局委託本局代辦，但第八項辦法本局不受委託。

十、現肄業公私立中等學校學生不得躐等參加甄審，如發現此類情形除不計其成績外，幷開除其學籍。

十一、參加甄審各生所繳證件，如發現僞造情事，除不計其成績外，幷移送法院辦理。

十二、收復區未立案之私立中學在三十四年八月以前之畢業生及戰時失學自修中學生經審查認可者，亦得按照本辦法之規定參加甄審，審查辦法另訂之。

[簡]訊

△三月份配米統計　本市民食調配委員會三月份發證戶數人數，業已竣事，計普通住戶第一區：二八、四〇七戶，一六三、九四四斗。第二區：二二、一九九戶，一一八、一九三斗。第三區：一一、九二二戶，六七、五三二斗。第四區：二二、六九七戶，一〇七、五六三斗。第五區：二九、四七六戶，一五五、六三〇斗。第六區：二〇七九八戶，一〇二、六二八斗。第七區：一七、一一五戶，八八、九四九斗。第八區：六、七〇二戶，三〇、五三七斗。第九區：一一、四六一戶，五二、〇九二斗。第十區：六〇五六戶，三五，五八二斗。第十一區：一五、四五一戶，六八、八六三斗。第十二區：一五、四七九戶，七五、七四〇斗。第十三區：二、三八八戶，一五、三八六斗。合計：二一〇，一五一戶，一〇八二，六三九斗。又：公共機關住戶共發配購證六〇一戶，七八，五一二斗，故三月份發證總數爲二一〇、七五二戶，人數爲一、一六一、一五一人。

△本市公用事業調整價格　本市四月份公用事業調整價格，已經市工務局核定如次：電力每度二萬九千五百元，增加百分之四十五，自來水每度三萬三千元，增加百分之五十七。小火車票每張二萬二千元　增加百分之五十。公共汽車票價以遠近距離分列三種票價，原售一萬元者增爲一萬六千元，原售一萬四千元者增爲二萬二千元，原售一萬八千元者增爲二萬六千元，增加百分之五十。上列新價，水電自四月一日起計算，小火車及公共汽車則自十一日開始加價。

△辦理國民大會醫療情形　衞生局辦理國民大會醫療業務，兩週以來，（自三月二十九日起至四月十日止）計診治病人四千七百八十九人，送中央醫院住院醫治者十六人，治愈出院者六人，病故者一人，送市立醫院住院醫治者二人。

△建築淨水機房屋　衞生局前計劃在三汊河五所村兩處裝置淨水機各一部，以便該處居民飲用，以重衞生，此項房屋現經本府及審計

室派員於三月三十日會同比價，以坤記營造廠壹億伍仟捌百參拾陸萬柒仟元得標，業已開始動工，定二十天完工，擬於五月一日開放。

△籌發免費自來水券　衛生局爲防止傳染病及救濟貧民飲料起見，經於四月五日邀請有關機關會商決定：（1）仍照上年辦法由民政局分飭各區公所，將該區赤貧住戶姓名住址造冊，於四月底以前分送民政衛生兩局及自來水管理處參攷。（2）定五月十日先開始散發。（3）散發時由民政衛生兩局及自來水管理處各派四人分組會同辦理。（4）預計每月分發一萬五千戶，計六、七、八、九、四個月，各區分配數目，由民政局核定。

△舉辦兒童健康比賽：衛生局爲促進兒童健康起見，經規定分區舉辦兒童健康比賽，並以本市各區衛生所推行之單位，定於四月四日至十五日爲報名期間，四月二十日至三十日體格檢查，五月一日會同各有關機關評判取錄名額，已將擬定之比賽辦法及分數計算表分飭衛生局所屬各衛生所遵照辦理。

△核發緝獲烟毒獎金：本市查緝烟毒工作，自三十六年七月起至三十七年一月止，共緝獲烟土三百二十二兩八錢，嗎啡四十兩四錢，經民政局邀請各有關機關公開鑑定，除將可以製藥部份解送衛生部外，所有應發獎金四百六十五萬一千二百元，經由本府先行墊發，並通知各查緝機關具領。

△改選第一區區民代表會主席：本市第一區區民代表會主席馬俊病故，所遺該會主席一缺，經召開該區臨時區民代表會改選吳棠繼任。

△編查本市棚戶保甲門牌：民政局以邇來難民麕集，遍地搭蓋棚房，此類暫居戶口，亟應澈底清查編組保甲門牌，經該局擬定棚戶編查辦法四項，分令各區遵辦，另函警廳轉令各局所會同編整，并限於四月十五日以前編查完成。

△舉行禁烟檢討會：民政局於四月十三日邀請本市各有關機關舉行禁烟檢討會，檢討過去辦法辦理禁政得失情形，並商定今後工作實施辦法。

△舉行戶口清查：民政局爲嚴密戶口登記，並配合市民食糧配售適齡男子調查等項業務推行起見，業經飭令區保戶政人員會同首都衛戍總司令部、憲兵司令部、首都警察廳及民食配售委員會舉行全市戶口清查一次，並已於四月初旬全部完成，現正積極辦理保甲戶口數字統計中。

△免緩役申請登記展期：民政局辦理本市現役適齡男子免緩役申請事宜，自四月一日舉行補辦，原定於四月十五日截止，嗣以各區辦理申請仍未完成，經兵役協會免緩役申請審查委員會函請本府再予展期十日至四月二十五日截止，以便人民繼續申請。

△師範教育運動週實施經過：教育局奉教育部令自三月二十九日至四月四日舉行師範教育運動週，該局除於三月三十日下午邀集專家舉行師範教育討論會外，並邀請專家及行政長官逐日作廣播演講，四月一日上午舉行市立師範學校學生效忠國家服務教育宣誓，馬兼局長出席訓話，四月三日復在市立師範學校舉行師範教育座談會會馬兼局長主持，到市參議會王副議長與文教委員多人及市師全體教員，會中情緒至爲熱烈。

△參加第二屆全國航空模型競賽：本市國民體育委員會發動愛好航空模型青年參加第二屆全國航空模型競賽，報名人員共有五十四人超過大會規定項目及人數，經於三月二十七日上午在市立體育場舉行公開選拔比賽，結果錄取優勝選手二十一名，於四月四、五、六三日參加全國競賽，結果本市選手林紹基榮膺汽油動力模型甲組第一名，並創全國新紀錄，其餘得分者亦多。

法規

中央法規

特種刑事法庭組織條列

三十七年四月二日國府令公布

第一條　本條例依戡亂時期危害國家緊急治罪條例第八條制定之。

第二條　特種刑事法庭分中央特種刑事法庭及高等特種刑事法庭。

第三條　高等特種刑事法庭受理戡亂時期危害國家緊急治罪條例所規定之案件，其設置地點及管轄區域由司法行政部定之。

第四條　中央特種刑事法庭設於首都，隸屬於司法院，依特種刑事法庭審判條例之規定，覆判高等特種刑事法庭判決之案件。

第五條　高等特種刑事法庭置庭長一人，簡任或薦任，審判官若干人，檢察官一人至三人，均薦任或簡任；主任書記官一人，薦任，書記官若干人，委任，由司法行政部遴選司法及軍法人員分別提請任命或派充之，其庭長及首席檢察官以司法官爲限。

前項人員得儘由現有司法及軍法人員兼任。

第六條　中央特種刑事法庭置庭長一人，審判官若干人，檢察官一人至三人，均簡任，主任書記官一人，薦任，書記官若干人，委任，由司法院遴選合格人員分別提請任命或派充之。

第七條　特種刑事法庭庭長綜理行政兼充審判長，監督該庭事務，審判官、檢察官分別審判檢察事務，主任書記官掌理記書室事務，書記官分掌紀錄等事務。

前項檢察官有二人以上時，以一人爲首席檢察官。

第八條　高等特種刑事法庭審判，以三人或五人合議行之，中央特種刑事法庭覆判，以五人合議行之。

前項合議庭之審判長，除庭長兼任外，以資深之審判官或庭長指定之審判官充之。

第九條　特種刑事法庭得視事實之需要，酌用雇員、庭丁及司法警察各若干人。

第十條　特種刑事法庭之審判條例另定之。

第十一條　本條例施行日期以命令定之。

修正各縣(市)民衆自衛隊組訓規程

三十七年四月六日行政院(卅七)四防字第一六二四九號令頒

第一條　爲適應國家總動員之需要，動員全國各縣(市)民衆武力清勦共匪綏靖地方起見，特制定本規程。

第二條　各縣(市)依照本規程組織民衆自衛隊。

第三條　各縣(市)民衆自衛隊分甲乙兩種。

甲、自衛隊　以不脫離生產爲原則，均無餉給，每保編成一中隊，每鄉鎮(區)編成一大隊，每縣(市)編成一總隊，其編制如附表(略)。

機關及工商團體員工，如各單位壯丁人數在五十人以下者，應各參加其住所之保中隊編組，超過五十人者應編成一中隊，二中隊以上編成一大隊，稱爲獨立第幾大(中)隊，直轄於民衆自衛總隊部。

乙、常備自衛隊　在動員清勦共匪時期，各縣(市)得視實際需要及地方財力，編組有餉給之常備自衛隊，縣（市）得設一至九個常備自衛中隊，每三至四個中隊得設一大隊部統轄之，鄉鎮（區）得設一個常備自衛分隊或班，其編制如附表（略），如無必要，可不設置。

第四條　各縣（市）十八歲至四十五歲之壯丁（年滿二十歲一個年次之壯丁除外），除依兵役法應行免役禁役緩役者外，凡有兩丁之戶出一丁，五丁之戶出二丁，超過五丁之戶，每滿三丁出一丁，參加自衛隊。編組常備自衛隊，應更番挑選自衛隊之精壯者編組訓練之，每三個月更調一次。

第五條　民衆自衛隊隊丁，如中籤徵服兵役者，仍應依法應徵。

第六條　民衆自衛總隊長由縣（市）長兼任，自衛大隊長由鄉鎮（區）長兼任，中隊長由保長兼任（不另設中隊部）。

第七條　常備自衛隊各級幹部，應以選派本籍復員在鄉軍官軍士充任為原則。

第八條　民衆自衛隊以使用於本縣（市）為原則，自衛隊之任務，以清勦零匪警衛地方及情報嚮導運輸通訊警戒盤查工程救護為主，常備自衛隊之任務，以機動配合國軍及保安部隊作戰為主。

第九條　各縣（市）城垣碉堡及圍寨，已破壞者，應速修復，須建築者應速建築，並須注重側防工事，以加強民衆自衛隊之抵抗力。

第十條　各鄉鎮公路交通網電話網，應由各縣（市）政府詳細計劃，儘速完成，俾發揮民衆自衛隊之機動力。

第十一條　民衆自衛隊在縣（市）境內鄉鎮（區）與鄉鎮（區）間保與保間應聯防會哨，在縣（市）境外應與鄰縣聯防會哨，其辦法由各縣（市）民衆自衛總隊部針對當地實際情形擬訂實施，並呈報上級機關核備。

第十二條　民衆自衛隊由各該省主席兼保安司令統一管轄並指揮之。

第十三條　各級民衆自衛隊須逐層節制指揮，惟於協助作戰時期中，應受當地高級軍事長官之指揮。

第十四條　民衆自衛隊之訓練，應着重各種自衛技能及政治教育，每週六小時至十二小時，在鄉保者以不妨礙農時為原則，在城鎮者以不妨礙生計為原則，機關工商團體就原有廠所編組訓練；其訓練計劃由各省保安司令部厘訂施行，并分報國防內政二部備查。

第十五條　民衆自衛隊之武器彈藥，以民間現有者為基礎，由縣（市）政府調查登記，并針對當地實際情形，妥擬使用及管理辦法，但不得收歸公有，如有損失，應由地方政府設法賠償，其因清勦匪患確感缺乏及損失消耗時，由省保安司令部查明，彙請國防部補充或價撥，其調查登記之械彈種類數量分配情形以及戰役俘獲損耗，應列表層報國防部備查，其彈藥消耗並應呈繳彈殼方准核銷。但配合國軍作戰之民衆自衛隊，因情況緊急，不及請撥彈藥，而事實確需補充時，得由國軍指揮官長先行撥發，事後報備，其補撥之數，以不超過一個補給基數（每枝步槍五十粒）為原則。

第十六條　國軍鹵獲之堪用武器，除部隊留用者外應由戰鬥直接各軍長（整編師長）以上之軍事主管，依照核定價格價撥縣（市）政府，以增強其自衛力量，其已送繳補給機關之俘獲武器，應由綏靖公署以上機關核定價撥，並應取具各縣（市）政府購槍付款印據，層報聯勤總司令部備查。

前項價撥武器，以步槍手槍輕重機槍及手榴彈為限。

第十七條　民衆自衛隊之武器彈藥，應由其官兵妥慎保護，在戰況不利無法攜走時，須設法藏匿，以免資敵，否則嚴行懲處。

第十八條　常備自衛隊官兵待遇，視地方財力，得比照各省保安部隊待遇標準，由各該縣（市）政府會同民意機關酌定之。

第十九條　民衆自衛隊經費，應以自給自足為原則，由縣（市）政府先行核計全年所需數額，編入縣（市）總預算，如確有必要另闢財源時，應由各縣（市）政府擬定辦法，提經民意機關通過後，報請省政府核准施行，並轉報財政部備查。

第二十條　新收復及匪患嚴重之縣（市），民衆自衛隊經費確實無法籌措時，由各該縣（市）政府按實際編制造具預算，一面在中央核發之復員補助費內動支，一面報由省政府轉請中央核發，如無復員補助費時，應由省政府在中央所撥緊急措施費內先行提撥，事後報請中央核備。

第二十一條　民衆自衛隊官兵之獎懲辦法，由各該省主席兼保安司令依據實際情形釐訂施行，幷分報國防內政二部備查。

第二十二條　民衆自衛隊官兵因剿匪傷亡者，應由縣（市）政府於每一戰役終了時，迅予查明，依照「人民守土傷亡撫卹辦法」及其有關法令辦理之，其所需恤金，由縣（市）政府照綏靖區臨時費籌給辦法籌給，如數額過大，得呈請省府在省預算內核補。

第二十三條　民衆自衛隊對外行文，以縣（市）政府鄉鎮（區）公所保辦公處名義行之，但得用條戳。

第二十四條　各級民衆自衛隊旗幟，規定如附圖（略）。

第二十五條　民衆自衛隊應一律着短便服，佩帶臂章，如附圖（略）。

第二十六條　民衆自衛隊之醫療，由縣（市）鄉鎮（區）之衛生機構兼辦，其配合國軍作戰者，得由配合部隊之野戰醫院及後方兵站醫院收容醫療之，但須持有配合之部隊指揮官長或該管縣長塡發之負傷證，始准入院醫療，入院醫療之官兵服裝，由院貸給，傷愈繳還，其主副食由原屬之自衛隊或縣（市）政府自理。

第二十七條　本規程適用於院轄市。

第二十八條　凡轄境業經陷匪之縣（市），應由各該縣（市）長就本縣流亡難民中其擇精壯者組織自衛隊，參照第三、四兩條之規定編組訓練，由省保安司令部或國軍指揮官分別依照第十五、十六兩條之規定酌給武器　於國軍進剿時隨同還鄉。

第二十九條　本規程之規定，如與兵役法令有抵觸時，應停止適用。

第三十條　本規程自公布日施行。

國府公報所載中央法規索引

四月份上半月

本市法規

修正南京市財政局營業稅征收處組織規程第二第七第八第十條條文

三十七年四月二日第一二一次市政會議通過

第二條　本處設左列各課，並就各地區設立征收分處，均得分股辦事。

一、事務課。二、查征課。三、登記課。四、審核課。五、第一征收分處。六、第二征收分處。七、第三征收分處。

增列第七條　各征收分處直屬於本處，承辦各該地區營業稅之查征事宜，對外概由本處名義行之。

（增列本條後，其下各條文應以次改稱爲第八第九第十第十一第十二第十三第十四條）。

第九條　本處設課長四人稽征分處主任三人，稅務員四十五人至六十人，稽征員三十八人至四十五人，辦事員十五人至二十五人，均委任，雇員十三人至二十人。

第十一條　本處置會計員一人，會計佐理員一人至二人，統計員一人，均委任，分別辦理歲計會計及統計事務。

附註：原組織規程見本公報第三卷第一期第二十七頁

修正南京市自來水管理處供水章程第十四第二十三條條文

三十七年四月九日第一二二次市政會議通過

第十四條　凡數家同居而用一家出名報裝者，其出名報裝之家，須負完全責任，其非同一門牌者不得合用一水表，違者以竊水議處。

第二十三條　修復路面費依照本市工務局規定之單價，按路面種類及面積計算之。

土　路　每平方公尺十萬元。
彈石路　每平方公尺三十萬元。
碎石路　每平方公尺四十萬元。
柏油路　每平方公尺九十萬元。
混凝土路　每平方公尺一百五十萬元。

該項單價隨水費調整百分率比例增減之，上項費用由本處代收，每月終繳解市庫。

附註：原章程於二十五年十二月十五日公布施行。

修正南京市水上交通管理規則第二章第二第三第四第五條條文

三十七年四月九日第一二二次市政會議通過

第二章

第二條　凡在本市區內航行之各種船舶其總容量在二萬公斤以內者，不論自用或營業，均須向主管之船舶管理所登記檢驗，向財政局納捐，領有牌照，方得航行。

第三條　船舶之容積，以三立方尺為一公噸，其以斤數表示容量者，以三立方公寸為一公斤。

第四條第九項　機械式樣馬力速率及製造廠牌號。

第五條第二項　遊船

一、十五平方公尺以上者。
二、十二平方公尺以上未滿十五平方公尺者。
三、九平方公尺以上未滿十二平方公尺者。
四、六平方公尺以上未滿九平方公尺者。
五、三平方公尺以上未滿六平方公尺者。
六、三平方公尺以下無篷座設備之划子。

第十二條　（二）遊船每年四月。

第七章

第三十七條至四十七條原定罰鍰數字最高金額為二千元，最低為二百元（第二六次市政會議通過），修正為最高十萬元，最低一萬元。

附註：原規則載本公報第一卷第五期第九三頁

修正南京市工務局遊船登記檢驗給照暫行辦法第二第四第十一第十二條條文

三十七年四月九日第一二二次市政會議通過

第二條　遊船無論已領牌照或未領牌照者，每年概須重行登記檢驗領換牌照，但在玄武湖內之遊船，得由工務局委由本市園林管理處協助辦理並管理之。

第四條第五項　划槳篙子等件，應備具齊全，但在玄武湖內不得使用二义以上之篙子。

第十一條　凡遊船過戶時，應申請辦理過戶手續，並呈驗有關契約後，方准登記檢驗過戶。

第十二條　遊船逾期未經聲請登記檢驗者，以無牌照論，應即禁止使用，其已受檢驗之遊船，未經呈准，不得擅行變更其設備。

附註：原辦法載本公報第一卷第六期第一二二頁。

南京市政府第一二二次市政會議紀錄

時　間：三十七年四月九日上午九時

地　點：本府會議室

主　席：沈市長　　　紀錄：史崇訓

報告事項

秘書處報告

（一）奉交下工務局呈一件，為本市原訂建築規則施行已久，其中條文與現時情況未盡適合，前經擬具修正草案呈奉交參事室審核後，復由本局移請都市計劃委員會暨本市建築技師公會徵求意見，期臻妥善，謹彙集各方建議，並參酌實際辦理情形，重行修正完竣，理合檢同修正草案呈請鑒核示遵等情一案，奉　批「轉咨內政部備案幷提會報告」，等因，除已分別遵擬函令外，特為報告。

（二）奉交下參事室据地政局會簽一件，為本市標準地價評議委員會復議江心洲標準地價一案，遵經詳加研討該洲復議後之標準地價，係純屬業權，並無佃權在內，與規定地價法令符合，如遇征收該洲土地時，對於墾荒成熟所形成之佃權，似可就其性質議發土地改良費補償金，且業權與佃權之有明確劃分，在本市亦僅該洲有此獨特現象，似不致引起其他各地佃戶要求佃權地價事件，再該洲在土地登記期間內，仍征田賦，下年度重估地價時，該洲扶植自耕農之地權調整工作，亦將逐步完成，尚可依新估地價核征地價稅，該會復議之標準地價尚屬允當，似可准予備案，奉令前因，理合簽請鑒核等情一案，奉　批「准照復議辦法辦理，幷提會報告。」等因，除已遵擬指令外，特為報告。

討論事項

1．市長交議　據自來水管理處簽擬修正「南京市自來水管理處供水章程」，提請討論案。

決議　照審查意見修正通過。（修正條文見法規欄）

2．市長交議　據工務局簽請設置棚戶區管理委員會並附該會組織規程草案，提請討論案。

決議　交參事室會同工務、衛生、社會、民政、教育五局暨首都警察廳審查，再提會討論。

3．市長交議　據工務財政兩局簽擬修正「南京市水上交通管理規則暨遊船登記檢驗給照暫行辦法」，併請討論案。

決議　照修正案通過。

臨時動議

1．市長交議　擬選定鼓樓公園定其附近地帶為市政治區，檢同圖說提請討論案。

決議　選定鼓樓公園及其附近地帶為市政治區，呈請　行政院核准保留征收。

2．首都警察廳提　為明故宮基地埋藏舊磚石塊擬予挖掘利用，提請核議案。

決議　交工務局會同有關各單位研究，再提會討論。

專載

免役禁役緩召申請須知簡表

南京市民政局第三科編

申請項目	申請事由	適用兵役法條款	應繳證件	法定申請人	申請單位	其他注意事項
免役	凡身體畸形殘廢或有痼疾不堪服兵役者	四條	1.免役申請書三份(附像片四張) 2.本市衛生機關及許册醫院驗屬實證明書	家長或本人	住在保辦公處	
禁役	曾判處七年以上有期徒刑以上之刑者	五條	1.禁役呈報書三份(附像片四張) 2.原判決書之副本或照片	仝右	仝右	請原司法機關向南京市民政局出具通知以憑核對否則不予審查
緩征	犯最重本刑為有期徒刑以上之刑之罪在追訴中者	廿四條三款	1.緩征申請書三份(附像片四張) 2.原審理機關之證明書	仝右	仝右	請原審理機關向南京市民政局出具通知以憑核對否則不予審查
緩召	犯最重本刑為有期徒刑以上之刑之罪在追訴中或犯罪徒刑在執行中者	廿六條五款	1.緩召申請書三份(附像片四張) 2.原審理機關之證明或原判決書之列本或照片	仝右	仝右	請原審理機關或原司法機關向南京市民政局出具通知以憑核對否則不予審查
緩征	因公出國者	廿四條一款	1.緩征申請書三份(附像片四張) 2.出國護照之抄本或照片	仝右	仝右	請原派遣機關向南京市民政局出具通知以憑核對否則不予審查
緩征	高中(或同等之師範學校或職業學校)以上學校學生未畢業者	廿四條二款	1.緩征申請書三份(附像片四張) 2.本期肄業學校出具之證明	仝右	仝右	請原肄業學校向南京市民政局出具通知以憑核對否則不予審查
緩召	現任有關國防工業之專門技術員工經審查核定者	廿六條一款	1.緩召申請書三份(附像片四張) 2.專門學校畢業證書機關場廠任技術職務證書或技工檢定書	仝右	仝右	1.上項證書或檢定書由各該管主管機關審定出具之 2、請各該管機關向團管區司令部遣送初核名册
緩召	曾在教育部認可之師範學校畢業現任小學教師一年以上經審查合格者	廿六條二款	1.緩召申請書三份(附像片四張) 2.現任合格小學教師登記證及聘書或照片	仝右	仝右	請上級教育機關向南京市民政局遣送名册以憑核對否則不予審查

緩召	患病經證明不堪服作戰任務者	廿六條三款	1.緩召申請書三份（附像片三張或書斗箕） 2.本市衛生機關或註冊醫院檢驗屬實之證明書	仝右	仝右
緩召	獨負家庭生計責任而無同胞兄弟或有同胞兄弟均已應召或未滿十八歲者	廿四條六款	1.緩召申請書三份（附像片三張或蓋斗箕） 2.保甲證明書	仝右	仝右
免予征集	高中以上學校畢業取得軍訓及格證書者	明令規定	1.緩征申請書三份（附像片四張） 2.軍訓及格證書	仝右	仝右
免予征集	經核准復員退役之軍官佐屬及士兵及退職有案之軍用文職人員	仝右	1.緩征申請書三份（附像片四張） 2.有關合法證件	仝右	仝右
免予征集	教部中華教育電影製片廠藝術人員	仝右	1.緩召申請書三份（附像片四張） 2.該廠證明書	仝右	仝右
免予征集	防空部隊官兵縣市防空監視哨員兵	仝右	1.緩召申請書三份（附像片四張） 2.主管機關證明書	仝右	仝右
緩征	醫師牙醫藥劑師護士助產士在高中以上學校畢業取得軍訓及格證書者及在戰時曾受征調服務軍事機關或部隊一年以上而有軍醫署發給之正式證件者	仝右	1.緩征申請書三份（附像片四張） 2.高中以上學校軍訓及格證明書一份服務證明一份或軍醫署發給之軍事機關部隊一年以上證明書一份	仝右	仝右
緩征	醫事職業學校（或護士助產士藥劑士等）學生未畢業者	仝右	1.緩征申請書三分（附像片四張） 2.醫事職業學校肄業證件一份	仝右	仝右
緩征	國防工業專門技術員工曾在高中以上學校畢業取得軍訓及格證書者	仝右	1.緩征申請書三份（附像片四張） 2.服務技術機關證明書一份軍訓及格證書一份	仝右	仝右
緩征	交警總局之交通警察現在担任綏靖守備工作視爲常備隊者	仝右	1.緩征申請書三份（附像片四張） 2.服務證明書一份或證明冊一份	仝右	仝右
緩征	中國中央交通農民四行職員曾在高中以上學校畢業取得軍訓及格證明	仝右	1.緩征申請書三份（附像片四張） 2.服務證明書一份軍訓及格證書一份	仝右	仝右
緩征	中央信託局郵政儲金匯業局職員曾在高中以上學校畢業取得軍訓及格證書者	仝右	1.緩征申請書三份（附像片四張） 2.服務證時書一份軍訓及格證書一份	仝右	仝右

緩征	機關公務人員曾在高中以上學校畢業取得軍訓及格證書者	仝右	1.緩征申請書三份(附像片四張) 2.服務證明書一份軍訓及格證書一份	仝右	仝右	
緩征	現任警官及長警在中央各級警官學校畢業經中央各軍事學校畢業生調查登記有案者	仝右		仝右	仝右	
緩征	經核准轉業軍界之軍官佐屬士兵	仝右		仝右	仝右	
緩征	聯合勤務總司令部所屬各被服廠額定編製內縫紉技工	仝右	1.緩征申請書三份(附像片四張) 2.聯勤部之證明書	仝右	仝右	請聯勤部向南京市民政局出具現役證明冊
緩征	曾受正式軍事訓練取得軍事學校學籍者	仝右	1.緩征申請書三份(附像片四張) 2.訓練及格證書或畢業證書	仝右	仝右	
緩征	匪區來歸之難民未轉入本籍者	仝右	1.緩征申請書三份(附像片四張) 2.呈以證明身份之合法證件	仝右	仝右	
緩征	國營中國電影製片廠及中央電影攝影廠與所屬各分廠技術人員	仝右	1.緩征申請書三份(附像片四張) 2.各該廠之證明書	仝右	仝右	
緩征	現已退(除)役及退職但未經正式辦理退(除)役及退職手續之軍官佐屬	仝右	1.緩征申請書三份(附像片四張) 2.原隸屬之師部或獨立旅部以上之部隊及軍事機關學校所比之日令任職令	仝右	仝右	
緩召	獨負家庭生計責任而有同胞兄弟而均已應召者	廿六條一項四款	1.緩召申請書三份(附像片四張) 2.各部隊作戰官兵證明書	仝右	仝右	
緩召	經設權之鍊礬廠技術人員	廿六條一款	1.緩召申請書三份(附像片四張) 2.主管機關證明書	仝右	仝右	
緩召	公營電汽車等專門技術員工	仝右	1.緩召申請書三份(附像片四張) 2.各該廠之證明書	仝右	仝右	
緩召	鹽工技術員(晒丁)	仝右	1.緩召申請書三份(附像片四張) 2.主管機關之證明書	仝右	仝右	
免予征集	陸海空勤各總司令部所屬廠場技術員工	仝右	1.緩召申請書三份、附像片四張) 2.各主管機關證明書	仝右	仝右	

免予征集	現任小學教師暫准放寬緩召尺度之規定	廿六條一項二款	1. 緩召申請書三份(附像片四張) 2. 有關合法證件		
緩征	警官長警曾在高中以上學校畢業取得軍訓及格證書者	明令規定	1. 緩征申請書三份(附像片四張) 2. 有關合法證件	仝右	仝右
緩征	在受訓中之中央各級警官學校學生	仝右	1. 緩征申請書三份(附像片四張) 2. 學校畢業證書一份	仝右	仝右
緩征	現任各機關公務員地方自治人員各級黨部團部職員及民意機關與各種法定團體代表曾在高中以上學校畢業取得軍訓及格證書者	仝右	1. 緩征申請書三份(附像片四張) 2. 各機關服務證書一份軍訓及格證書一份	仝右	仝右
緩征	前項人員曾受正式軍事訓練取得軍事學校學籍與核准復員轉業之軍官佐及士兵有正式文件者	仝右	1. 緩征申請書三份(附像片四張) 2. 各機關服務證書一份軍事學校學籍證或正式復員轉業之證明文件一份	仝右	仝右
緩征	東北各省以及隴海路以北各省縣保安大隊官兵	仝右	1. 緩征申請書三份(附像片四張) 2. 服務證明書一件	仝右	仝右
緩征	中紡公司技術員工曾在高中以上學校畢業持有軍訓及格證書者	仝右	1. 仝右 2. 服務證明書一件軍訓及格證書一件	仝右	仝右
緩召	鉄路技術員工	仝右	1. 緩征申請書三份(附像片四張) 2. 專門學校畢業證書機關場廠服任技術職務證明書或技工檢定書一份	仝右	仝右
緩征	高中以上畢業學生	仝右	1. 緩征申請書三份(附像片四張) 2. 高中畢業證書	仝右	仝右
緩征	現任警察與各級警官長警等年滿二十三歲者	仝右	1. 緩征申請書三份(附像片四張) 2. 服務證明書一份	仝右	仝右
緩召	國防工業技術員工如係工人出身歷續取得技術員地位者	仝右	1. 緩召申請書三份(附像片四張) 2. 廠場服任技術職務證明書	仝右	仝右

1. 師範畢業現任小學教師未滿一年者
2. 非師範畢業曾受試驗或無試驗檢定現任小學教師一年以上者
3. 收復區國民學校教員甄審及格現任小學教師一年以上者

國父對於南京都市計劃之昭示

節錄實業計劃第三部

南京為中國古都，在北京之前，而其位置乃在一美善之地區，其地有高山、有深水、有平原，此三種天工，鍾毓一處，在世界中之大都市誠難覓如此佳境也。而又恰居長江下游兩岸最豐富區域之中心，雖現在已殘破荒涼，人口仍有一百萬之四分一以上，且曾為多種工業之原產地，其中絲綢特著，卽在今日，最上等的綾及天鵝絨，尚在此製出。當夫長江流域東區富源，得有正當開發之時，南京將來之發達，未可限量也。

在整治揚子江計劃內，吾嘗提議削去下關全市，如是則南京碼頭當移至米子洲與南京外郭之間，而米子洲後面水道，自應閉塞，如是則可以作成一泊船塲，以容航洋巨船。此處比之下關，離南京市宅區域更近，而在此計劃之泊船塲與南京城間曠地，又可以新設一工商業總匯之區。大於下關數倍。卽在米子洲，當商業興隆之後，亦能成為城市用地，且為商業總匯之區。此城市界內界外之土地，當照吾前在乍浦計劃港所述方法，以現在價格，收為國有，以備南京將來之發展。

南京對岸之浦口，將來為大計劃中長江以北一切鐵路之大終點，在山西、河南煤最豐富之地，以此為與長江下游地區交通之最近商埠，卽其與海交通亦然，故浦口不能不為長江與北省間鐵路載貨之大中心，猶之鎭江不能不為一內地河運中心也。且彼橫貫大陸直達海濱之幹線，不論其以上海為終點，抑以我計劃港為終點，總須經過浦口。所以當建市之時，同時在長江之下面穿一隧道以鐵路聯絡此雙聯之市，決非燥急之計。如此；則上海、北京之直通之車，立可見矣。

現在浦口上下游之河岸，應以石建，或用士敏土堅結，成為河堤，每邊各數英里。河堤之內應劃分為新式街道，以備種種目的建築所需。江之此一岸陸地，應由國家收用，一如前法，以為此國際發展計劃中公共之用。

新建設與新精神

馬元放

三十七年四月十七日在市立第三女子中學成立典禮致詞

今天，市立第三女子中學舉行成立並補行開學典禮，本人躬與其事，樂觀厥成，非常快慰。

政府財政，原甚困難，要添辦學校，本不是一件容易的事，市立三女中，是新成立的一個學校，一切設備，當然還不夠充實，有待於今後之陸續補充，這個學校能在很短時間之內，籌備完竣，這不能不歸功於崇校長及各位同人之努力。同時崇校長常常說起教職員同人，均能勤奮服務，通力合作，全體同學，亦能恪守規律，用功讀書，這是很好的現象，聽了更為快慰。

我以前曾經說過，國步艱難 於今已極，我們生在這個時代，需確立「新的認識」並樹立「新的作風」。這幾句話的用意，是希望南京市辦學的人，對於辦教育要有新的認識，再從新的認識，樹立新的作風。所謂「認識」，就是要確實知道我們做的什麼事。所謂「作風」就是要確定我們怎樣做，能不斷研究和改進，才可得到辦學預期的效果。

我們所以要確立新的認識，目的在從事新的建設；我們所以要樹立新的作風，為的是我們應該有新的精神，這新的建設與新的精神，那就不單是教職員一方面的負担，而是學生應該共同完成的任務，尤其是三女中是新開辦新創建的，更該一起步就走上這新的途程。

我們有了新的認識，認清了應該做些什麼，便得着手去做，就是建設，建設的範圍很廣中華民國黨法第十三章基本國策第五節教育文化第一五八條「教育文化應發展國民之民族精神，自治精神，國民道德，健全體格，科學及生活知能，」這足表明辦理教育是要造就這樣的健全國民。又如「中國之命運」所指示，就有心理建設，倫理建設，社會建設，政治建設和經濟建設五方面。政治建設和經濟建設，在學生時代，暫時談不到學校教育的目的除了學習各種知能而外，更要完成，心理，倫理，社會這三方面的建設，心理建設注重在養成獨立自主的思想，倫理建設，注重在固有道德——八德——之實踐，社會建設注重在勵行新生活運動的規律。這都包括在德育，智育，體育，羣育裏面，根據這樣去教，根據這樣去學，就可以建設出完備的人才以効力於國家。大家不要以為「建設」這兩字，只是有形的建設，如造房子，造鐵路等等，要知道教育是無形的建設，造就人才，乃是各種建設的基本，有了這一種新的建設，才能有新的國民，才能創造新的時代。

我們既知道教育是一種新的建設，我們將用什麼方法，就是以什麼作風來創造新精神？我現在就以你們的校訓——「誠、毅」兩字來講。校訓是一個學校訓導學生的標準，就是這一個學校的作風，也就是這一個學校教學的方法。一個學校的精神，全在校訓上表現，能實踐校訓，就是有精神，就是教學成功；不能實踐校訓，就是精神不夠，教學失敗。

我希望你們能以你們校訓「誠、毅」兩字來創造新的精神，我曾說過「吾人無論修己待人，一切當以誠為本」。「誠」的極簡明的解釋，就是「真實不欺」。真是「不假」，實是「不虛」。惟有真才，可以有它的本質，惟有實才可以永久存在。修己是對自己的，待人是對他人的。對他人固然不可以欺騙，對自己也不可以欺瞞。以教學是言，我們要真正教一點東西，實在教一點東西，這便是誠。以求學而言之 我們真正要學一點東西，實在學一點東西，這也便是誠。我們為學做人，要毫不虛假，我們待人處事，也要毫不虛假，不欺自己，不欺他人，為學做事，一切方面，自然都有成就。這是人類行為最初的起點 大家必須要做到：為學做事，必須要誠，但什麼應該學，應該做，什麼不應該學，不應該做？這是需要預先選擇的。我再說「誠」字的較深的意義就是「擇善固執」。善是好，合理的，惡是不好，不合理的，必須要細心去探求，發見它他的真實，如真正實在是善是好是合理，便應一心一意去學它，做它，這就是現代通行話叫做「真理的追求」，而追求真理乃是學者應有的工作，也就是求學的本分。

既已擇善，必須固執，說到固執，就是一心一意去做，如何方能一心一意不分心，不退縮，要發揮這種力量，接着便需要一個「毅」字，毅也有兩方面的意義，一方面是持久的努力，一方面是堅忍而不拔，在平常狀態之下，毫不動搖，一心一意地去做；在危難的時候，毫不畏懼，仍是一心一意地做去，這就是毅。誠是根本，毅是運用，所謂誠毅，就是要你們專心致力真正實在地求學，做人，將來為社會國家去做事。

湯之盤銘曰：「苟日新，日日新，又日新」，這是大學上的一句話，這就之自強不息的意思，也就是做人，辦學的指標。大學這部書是為學的最高的指導，而它的指導的原則，就只一個「新」字。這個新，不是「新奇」之新，而是「新鮮」之新，就如清晨的空氣一樣的新鮮，自有蓬勃的朝氣。三女中是新的，我願你們永遠保持新鮮的空氣，更永遠保持蓬勃的朝氣。天天進步。惟有如此，才夠上談到新的建設與新的精神。

樹人是你們新的建設，誠毅是你們新的精神，從此以後、一批一批誠毅的女青年，由三女中學有成就而走到家庭，走到社會，走到國家，這是我的希望，也就算我今天在這典禮上的祝賀，願大家努力進步。

公開論政的場所

「市民會堂」與「市民會議」

譯自美國「基督教科學箴言報」

每星期二晚間，當鐘聲響起來的時候，就有一次的「空中市民會議」經過無線電廣播出去了。市民會議的節目，是教育與娛樂的混合，因此使「市政會議」成了每個家庭必聽的節目，許多沉悶的內政及國際問題，經過市民會議幾分鐘的辯論，就不再沉悶和枯燥了。因爲市民會議中應用的是戲劇化的言辭，而且出席的人們，他們的意見也不一定代表主持者或者任何聽衆，因此結果不致平淡無味，因此，紐約市民大廳就樹立了美國境內最特殊的一種成人教育方案。

市民會堂的主席鄧尼先生，是「空中市民會議」的發明人，他現在還有很豐富的理想。他目前的計劃中，包括擴大紐約市的市民會堂，並且開闢教室與小型禮堂使成爲引人入勝的，進步的成人教育中心。他最近的中心理想，是在紐約組織的指揮之下，在全美國各地成立各地的市民會堂。他曾在他寬大的辦公室中宣佈說：紐約市民會堂將指揮全美國各地的同一機構，他將經常指導各地的機構。每年的會費則將決定於各地機構規模之大小。在一九四七年夏季，鄧尼曾經在廣播中和全美人民討論他的計劃，結果很多人表示對他的計劃發生興趣。

根據鄧尼先生的意見，市民會議的觀念，在今天遠較任何時期來得重要。他說：「我們的民主制度今天正在遭受試煉，看起來這個制度將在未來的十年中遭逢最嚴厲的試煉。看它能不能在人類之中成爲一個公平法則的測量工具。現在我們正面臨着若干世代以來，最大的機會和最大的挑戰。過去我們曾經以忠實和客觀地運用心智的方法來解放物質世界的能力，今天，我們應該學習運用我們的心智・來發掘自己潛在的能力，以建公立理與和平。如果我們想長此生存的話，我們是必需如此的。

「在目前危機中，什麼是教育的責任呢？過去，我們曾經花費千百萬的金錢於科學研究，而很少顧及人事關係上的重要問題。因此，當人類絕望地摸索人事關係的答案時，我們的機械世紀已經站在自我毀滅的邊緣了。人類是害怕理想的・因爲人類沒有獲得應用理想的工具。鄧尼先生相信，當前問題的討論、不一定就是沉悶而無味的。在過去的十二年中，千百萬的人們，一個星期接着一個星期地，業已「自動的暴露了他的意思」，而在許多最好的無線電娛樂節目的競爭之下，寧願聽取「空中美國市民會議」。

鄧尼先生又說：「善人和惡人好像是參加在道德的鬥爭之中。自私，偏狹，正無所不用其極地代替人類心智中的寬大，愛情」。

市民會堂起源

市民會堂乃是一八九四年、六個紐約婦女爲了爭取投票權利而進行運動後的產物。那一年，這些婦女是失敗了、後來他們就聯合成立了政治教育聯盟，以作爲討論公共問題的論壇。他們的目的在於促起男性注意，就是在那個時代中，婦女已經有能力考慮當前的全國及國際問題，因此，也就暗示出他們有權選擧。一九三七年，這個組織的名稱，就改爲「市民會堂」了，這組織以一個地方機構而不斷地在成長。一九三〇年，鄧尼先生參加了這個組織，担任副主席，他對於表演，戲劇和聲音教育的修養，使「市民會堂」獲得了全國性組織的堅強基礎。

鄧尼先生有一個鄰人拒絕傾聽羅斯福總統的爐邊閒話，這件事使鄧尼先生頗受刺激。他感覺到，假定大家都拒絕聽取一個政治問題的對方意見，那麼，美國言論自由和討論自由偉大原則，甚至是美國政府的民主形式，都將受到危險了。鄧尼先生說：早期美國生活中以市民會議來解決公共問題的日子已經過去了。在一個複雜的工業文化裏，一個人可以足不出戶，僅僅閱讀他所選擇的報紙，僅僅傾聽他所信任友人的語言，並且可以拒絕任何反對的思想。鄧尼先生認爲，民主地思想和民主地解決問題的方法，是應該予以恢復的。

六次試驗性節目

鄧尼先生思想的結果是「空中美國市民會議」。這個空中市民會議在一九三五年開始了六次試驗性的節目。第一次的題目是：「美國將採何項道路——法西斯主義，共產主義，社會主義還是民主制度」？結果接到了三千封信，這個收穫是驚人的，因爲這個節目沒有被大事宣傳，而美國人一般說來是對政治漠不關心的。後來，每年「市民會堂」接獲各方來信平均每年都有十萬封。全美國和加拿大的人民也都採取這個方案而以通訊擧辦他們自己的「市民會議」。信件之中，有些是淺陋的意見，但也有高超的理論。從這些來信中，「市民會堂」獲得了許多參考意見來擧辦他們日後的廣播。而且，所有的來信，都具予以答覆的。

鄧尼先生笑着描寫「市民會堂」的問題說，每星期二晚間擧行的討論會，並非毫無困難。有時候，需要用四十個人來從事做聯繫工作，以邀請一次廣播中的四個演講人。這個組織爲每年爲了邀約第一流的演講人，所耗於電話和電報的費用就有一萬美金。

參加市民會堂演講的，有各方面的著名思想家，其中包括關於國際問題，工業、勞工、社會問題等方面的專家。參加最近一次問題演講的，有前任駐蘇大使潘立德；作家兼評論家費迪曼，（他同時是另一個著名無線電廣播節目「請告消息」的主持人）；最近重新當選爲美國聯合汽車工人工會的主席路德；前任美國駐丹麥公使羅斯；俄亥俄州參議員塔虎特；前任內政部長伊克斯；著名作家兼專欄作家湯姆生：戰時物價管制局局長鮑爾斯。空中市民大廳並在八個到二十個星期的短促時間內，專對一個問題，由著名的演講家演講，因而成爲若干組的研究班。這乃是市民會堂一旦具有充足經費擴充建築以後，企圖擴展的工作。

市民會堂的音樂部，乃是鼓舞全世界年青音樂家的聖地。今天許多著名的音樂家，第一次的公開演奏都曾在市民會堂擧行。上一季，有一百零七個音樂家在市民會堂裏擧行他們第一次的紐約公開演奏。

南京市政府公報刊例

一、本公報每半月發行一次

二、凡本府例行公文即在本公報發佈不另行文

三、本府所屬各機關於收到本公報時應編號歸檔妥爲保存凡註明「不另行文」文件並應注意遵照

南京市政府公報

第四卷　第八期

中華民國三十七年四月三十日

編輯者　南京市政府編譯室

發行者　南京市政府

南京：(四)建鄴路一三八號

印刷者　大東新興印書館

電話：二二二二六號

中華民國三十七年五月十五日

南京市政府公報

第四卷　第九期

南京市政府編譯室編

目録

行政院及內政部關於選擧事務核辦程序

南京市政府公函 (卅七)府總民字第四一四一號

案准

內政部本年四月二十四日民四字第三四二九號代電，略以督導各地建立各級民意機關及辦理各項選擧便於劃分權責增進效能，經擬具「行政院及內政部關於選擧事務核辦程序」一種，呈奉 行政院指令核准，抄附原件囑查照辦理等由，准此，除飭民政局遵照外，相應隨函抄送該程序一份，即希

查照為荷！

此致

南京市參議會

中華民國三十七年五月一日

●行政院及內政部關於選擧事務核辦程序

(甲)關於省及院轄市參議會者：

一、依照省市參議員各選擧條例之規定，其解釋權屬於選擧監督，今後各方呈院請求解釋之件，擬請概行交部辦理彙報備查(往昔係交部議復後再以院令行之)。

二、省市參議員名冊依照規定，應由選擧監督轉呈行政院請院令各省市照辦，如仍有逕行呈院者，幷請交部審核備查。

三、關於省市參議會之開會閉會日期，由部按季表報，今後各方呈院之件請抄交。

四、省市參議會員異動，由部按季造表呈院(四、七、十、一各月初為呈報期間)，今後各方呈院之件請抄交核辦。

五、省市參議員及議長罷免案，由選擧監督依法核定，於異動表內彙報。

六、省市臨時參議會期滿後，應否改為參議會由部按照呈院核准之原則辦理彙報備查，今後有關此類案件請概行交辦。

七、省市參議會秘書長人選，由部根據省市參議會及省政府意見核轉提請院務會議通過後先行派代，仍由部督促，依法送審後，層呈國府簡派，(早已由部呈奉核定，惟過去各省市多未依照辦理，今後擬請院令各省市切實照辦)。

(乙)關於省市臨時參議會者：

此項事務，原係由院逕行辦理，其後亦有交由部辦者，今後擬請仍由院核辦，惟請將辦理情形令部知照，以資聯繫，以後各省市送部之件，當由部簽具意見呈院核辦，但秘書長之派用程序，似可依照省市參議會秘書長派用程序辦理。

(丙)關於縣及省轄市參議會者：

概應由各該省民政廳長兼選擧監督依法核辦，其不能解決者，報請內政部核示，內政部無法解決時，再呈院核示。

公布本市房屋租金計算辦法

南京市政府佈告 (卅七)府房佈字第三十五號

案查本市房屋租金標準，前經制定公佈，並呈請行政院核備在案，茲奉 行政院(卅七)四內字第一三〇八八號指令修正，為房屋租金計算辦法，飭即遵照等因，奉此，自應遵辦，合將奉發本市房屋租金計算辦法公佈於後，仰各周知，此布！

中華民國三十七年四月二十日

◉南京市房屋租金計算辦法

第一條 本辦法依房屋租賃條例第四條之規定訂定之。

第二條 南京市地區內之房屋租金適用本辦法之規定，本辦法未規定者，適用民法土地法及其他法令。

第三條 房屋租金額以土地及其建築物之申報總價額年息百分之十爲標準。

前項建築物之價額在未依法估定前，由南京市房屋租金評議委員會按同樣之建築物照市價折舊估定之。

第四條 約定租金在本辦法施行以前，於約定期內從其約定。

第五條 約定租金在本辦法施行以前，未經約定租期者，在本辦法施行後三個月內，不得請求變更。

第六條 房屋租金應以國幣按月計算不得以外幣或其他物品計算租金，並不得預收一個月以上之租金。

第七條 本辦法自公佈日施行。

限期換領三十七年度營業牌照

南京市政府佈告 (卅七)府財佈字第四十一號

查各商號營業牌照規定每年應更換一次，並於年度開始第一個月換發之，現三十七年度已屆四月，本市各商舖行號申請領照者，固屬甚多，而延不申請者仍復不少，茲特規定凡在本市經營商業之商舖行號，無論已領未領營業牌照者，均限於本年五月三十日以前塡具申請書向財政局申報資本額，以便調查核定應納稅額通知繳稅，其有新舊未請領營業牌照濾行開業或繼續營業現仍延不請領以及已領三十六年度營業牌照不遵上項規定期限換領三十七年度營業牌照者，一經查覺，均予按章處罰或勒令停業，除令南京市商會轉飭各業同業公會通飭遵辦外，合亟佈告，仰全市商民一體遵照辦理，毋違爲要此佈。

中華民國三十七年四月二十九日

懲治盜匪條例施行期間再展限一年

南京市政府訓令 (卅七)府總祕二字第三九〇九號

令所屬各單位

案奉

行政院卅七年四月二十日(卅七)七法字第一八八七二號訓令開：

「查懲治盜匪條例施行期間業於本年四月八日屆滿，本院近以値茲戡亂時期，前項條例施行期間有延展之必要，經呈奉國民政府明令上述條例施行期間，自本年四月八日起再展限一年，（載本年四月十九日第三一一一號國民政府公報）除分令外，合行令仰知照，幷轉飭所屬一體知照」。

等因奉此，查上項條例施行期間，前奉院令飭知自三十六年四月八日起再展限一年等因，當經於卅六年四月九日以(卅六)府總祕二字第二七九三號訓令通飭知照在案，茲奉前因，除分令外，合行令仰知照。

此令！

中華民國三十七年四月廿三日

取得典物之土地所有權人應課土地增値稅

南京市政府訓令 (卅七)府總祕字第三八二九號

令地政局
　財政局

案准

地政部本年四月十六日京地價字第七四一號代電開：

「陝西省政府卅五年申寄府地二字第620號代電，為出典人逾期不回贖土地，典權人依法取得所有權，應否征收土地增值稅等由，經前地政署呈請行政院核示在卷，茲奉行政院三十七年四月八日(卅七)六財字第16588號訓令略開，當經轉咨司法院解釋在案，茲准司法院三十七年三月三十日院解字第三九〇八號咨復，典權人依民法第九百二十三條第二項或第九百二十四條但書，取得典物之所有權，係依法律之規定而移轉，其性質為特定繼承，自應依土地法第一百七十六條第一項第一百七十八條第二款第一百八十二條之規定徵收土地增值稅等因，除電復陝西省政府並分行外，相應電請查照轉飭知照」。等由，准此，除分令財政、地政局外，合行令仰知照。

此令！

中華民國三十七年四月二十一日

本府大事記

四月份下半月份

四月十六日（星期五）

▲舉行第一二三次市政會議。

四月十七日（星期六）

▲首都電廠舉行成立二十週年紀念慶祝會，市長出席致賀詞。

四月二十一日（星期三）

▲教育局召集有關單位代表商討取締不良連環圖書事宜。

四月二十二日（星期四）

▲南京市推行布鞋勞軍運動委員會成立。

▲民政局邀請本市各有關機關公開鏟定二、三月份緝獲烟毒品。

四月二十三日（星期五）

▲舉行第一二四次市政會議。

▲本市夏令衛生運動委員會成立。

四月二十四日（星期六）

▲新任瑞典駐華大使阿馬斯頓，希臘駐華大使艾奇樂及印度駐華大使潘尼迦三氏分別來府訪晤市長。

▲蒙古國大代表團長穆克登寶，副團長梁芝祥等四人訪晤市長。

四月二十五日（星期日）

▲本市適齡壯丁申請免緩役截止。

四月二十六日（星期一）

▲民政局召開三十七年度征兵聯席會議。

四月二十八日（星期三）

▲本市四月份民食配米截止。

四月三十日（星期五）

▲舉行第一二五次市政會議。

市政要訊

辦理預防霍亂注射

衛生局為加強預防霍亂注射工作，已提前於四月十五日起舉辦，預定注射五十萬人，業將擬定之計劃及處理霍亂病人之辦法，分別函令該局所屬各院所，及公私立醫院暨開業醫師一律為市民免費注射，並擬組織注射隊派赴本市各區保擴大注射，及在本市火車輪船等各交通要站設置檢疫站，辦理檢疫事宜，其他如嚴格管理冷飲商店及攤販，擴大防疫宣傳，噴洒D.D.T.，擴充收治霍亂病床等等工作，亦均將次第辦理。玆將該局所訂三十七年霍亂預防菌注射及處理霍亂病人辦法刊誌於下：

甲　預防注射

（一）市立小學員生，工友及市民，可逕向本市衛生局及附屬醫療機關請求免費注射。

（二）機關團體及中等學校等，應自備疫苗，並供給車膳費，開明駐地及注射人數函知衛生局，由衛生局指定所在地附近市屬醫療機關或由衛生局約期派員前往代為注射。

（三）軍事機關部隊官兵注射，應向軍醫署洽辦。

（四）衛生局委託市區各公私立醫院診所及開業醫師，為市民免費預防注射。

乙　處理病人

（一）各公私立醫院及開業醫師，倘發現霍亂病人，應於四小時內用最迅速方法報告衛生局（電話二四三六四）。

（二）各醫務人員對於霍亂病人，應施以急救，並設法暫予隔離，以免沿途吐泄，傳染他人。

（三）衛生局接得報告後，即行派醫護人員前往調查及施行消毒，辦理預防工作，並採取病人大便送衛生試驗所檢驗；一面將病人護送至市立傳染病醫院或其他公私立醫院隔離治療，但護送費由病家負担。

（四）凡霍亂病人家庭由衛生局派員指導應注意衛生事項，並勸導附近居民全體注射預防針。

注射地點

玆列注射霍亂疫苗醫療機關地點及電話號碼如後：

市立醫院，下江考棚，二三五四七。

產科醫院，下關二板橋，三二〇二五。

城南醫院，雨花路，二一九九三。

傳染病醫院，下關商埠街，三三〇八四。

戒烟醫院，中華路望鶴崗，二二八六五。

第一衛生所，下江考棚，二二三四七。

第二衛生所，石鼓路。

第三衛生所，山西路，三二〇五四。

第四衛生所，下關熱河路，三三七七三。

第五衛生所，莫愁路。

第六衛生所，蔣王廟。

第七衛生所，小火瓦巷，二三一八四。

第八衛生所，三汊河。

第九衛生所，豐富路，二二八四〇。

第十衛生所，燕子磯。

第十一衛生所，糟坊巷，二四〇二一。

第十二衛生所，湯山。

第十四衛生所，五福街。

第十三衛生所，上新河。

第十五衛生所，浦口。

四所村分所，四所村。

七里邨分所，七里邨。

邁臯橋分所，邁臯橋。

西善橋分所，西善橋。

預防方法

方法：（一）飲用自來水。（二）不吃露天攤販食品。（三）不吃蒼蠅叮過的食物。（四）注射霍亂預防針。（五）不要和病人接觸。（六）病人卽送入醫院隔離治療。

飲水消毒：衛生局備有消毒水作飲水消毒之用，需要者可於每日上午八時至十時，自帶玻璃容器至衛生局免費取用。

病人糞便及嘔吐物處理：可自備市售生石灰撒佈於病者糞便及嘔吐物上。

修正本市民食配購證換領及補領手續

本市民食配購證換領及補領手續，業經民食調配委員會會同有關單位重行修正，公告並印刷分發，俾使市民週知。茲誌其內容如下：

（一）凡市民因家庭人數增加或減少而需要換證者，可塡具申請書，連同原領配購證，逕向所屬警所申請換領新證，由各該警所給與收據，並經各該警所長查明屬實，彙造名冊三份，自留一份，其餘二份送請該管警局核定後，每隔三日彙造一份，由該會塡發新證，仍轉由各該警察所發給市民。

（二）新遷入本市居住之市民，未經領得配購證者，應憑遷入遷出證，及戶主國民身份證，方可申請補領。

（三）凡換領或補領配購證者，均應於當月一日起至十五日止，辦理申請手續，過期移入下月辦理。

（四）凡全家遷離本市者，應將所領配購證向原發證警所繳銷，。如不繳銷，經查出後，依照南京市民食配售暫行辦法實施細則第二十三條規定辦理。

（五）各機關公共宿舍住戶，因人數增減，應於當月十五日前由各該機關主管造具名冊，加蓋印信，連同原領之配購證，送該會換發新證。

本市四月份換證發證工作，截至月底為止計普通住戶一、八〇六張，八、一九八人，其中有因人口增減而換證者，計二五四戶，一、四〇八人，故實際補發配購證為一、五四二戶，六、七九〇人。機關公共宿舍住戶、因三月份格於限期，故四月份申請者甚為踴躍，截至月底為止，准核補發者計二九五單位，四〇、二九三人，申請繳銷者計一一戶，四一九人，實際增發人數為三九、八七四人，四月份總計補發配證人口總數為四六、六六四人。

自來水廠整修工程竣事

本市三汊河自來水廠之整修工程，業已完竣，日內將試行唧水，預計本月底卽可使用。該項整修工程，包括修理八百匹馬力之清水唧機，裝設混水吸管及改裝不堪使用之機器零件，原定計劃於一個月內完成，嗣因鑑於在整修期間，使用三部三百匹馬力之清水唧機供應市區用水，尚無匱乏，為保證整修後之新設備耐用起見，特稍延數日，俾新建築之鋼骨水泥脚座等，益臻堅固，再行使用，以策萬全。又該廠因整修後，供水量較多，原有輸水管將感不敷應用，近又計劃增設輸水管一條，不日卽可開工。下關自來水廠業已開工趕造，廠址在首都電廠近旁，現正進行土方工程。所有器材設備，自來水管理處均已購置齊全，故該項工程已不需招商承包，由工務局飭工代建，如工作順利，三個月後可望完成。此外在玄武湖附近建設水廠問題，因基地未能解決，現尚無法着手。

公布本市參加第七屆全運會代表團名單

本市參加本年度在滬舉行之第七屆全國運動會代表團名單及田徑游泳等十一組選手，經教育局國民體育委員會會同本市參加全運選拔訓練委員會審查公布，總共錄取七十九人，經於四月十八日上午九時在中大體育館召開代表隊隊務會議，選舉各隊隊長，並規定代表隊應自四月十九日至五月二日分別在中大金大金女大政大等校舉行訓練，全部名單已委託江良規先生攜滬向全運會報名，茲將本市代表團名單刊錄於下：

（總領隊）俞晉祥

（指導員）宋鴻坦　周翰青　牛炳鎔　徐恕忠　沈榮熙　王汝珉

（幹　事）徐　犨

（團　員）劉樹杞　曹澤生　朱裕厚　王立權　黃庭柱　袁澂道

傅承知　陸夢龍　劉夢梅　劉生祺　宮潤瑛　黃時純

范道鶴　胡志綏　楊金指　郭子偉　孫丕瑾　劉坤厚

王　鼎　周光中　羅　達　黃齊彭　王其曼　陳慶懷

靳榮裕　樂蓮琴　舒昌天　葉亦青　郭秉嚴　吳安然

蔡國衡　胡慰玲　胡兆玲　蕭嘉玲　胡翠華　李麗梨

陸景珩　唐作璋　王志義　陳婉若　常東起　俞　誠

俞人佳　張素央　萬徵業　邱　鏗　蔣才起　黎樹杞

易聲階　何孟池　周　銳　龐貴欽　潘韻雪　林振基

薛濟山　曾鳳相　沈慈蔭　鄭杏鮮　高詠蒲　徐素文

梅文象　郭大同　梁蘊明　程春榮　譚碧雲　周錫勛

馬權棟　佘　勁　蕭傳旌　陳　燁　蔣良銳　曾啓祥

王翰華　劉夢筠　徐明義

調整本市廣告捐捐率

財政局以本市廣告捐，係於去年八月間修訂，本年度各項稅率均已提高，故對於廣告捐捐率亟宜重予調整，當參照實際情況，擬具調整捐率表，提經三十七年四月二十三日第一二四次市政會議決議通過，自五月份起實施，茲將新訂本市廣告捐稅率表刊誌於後：

南京市廣告捐稅率表

廣告類別	說明	單位	期限或張數	修正捐率（元）	章則	附註
普通廣告	公共廣告牌	每平方市尺	每月	六〇〇	第十四條	至少一年為期并得按市價酌收建造工本費補償金
	公共廣告亭	每平方市尺	每月	一、〇〇〇		
特種廣告	二三三二平方市尺（公地）	每平方市尺	每月	一、二〇〇	第二條	以三個月為一期一次征收
	二三三二平方市尺（私地）	每平方市尺	每月	一、〇〇〇		以三個月為一期一次征收

類別	面積	單位	期間	捐額	條文	備考
臨時廣告						
招貼	一三〇平方公尺（公地）	每平方市尺	每月	一、〇〇〇		以三個月爲一期一次征收
	一三〇平方公尺（私地）	每平方市尺	每月	五〇〇		以三個月爲一期一次征收
	八三平方市尺（公地）	每平方市尺	每月	六〇〇		不滿三八平方市尺者照三八平方市尺計算
	八三平方市尺（私地）	每平方市尺	每月	四〇〇		
招貼	十五平方市尺		每百張	二〇、〇〇〇	第廿八條	招貼最大不得超過十五平方市尺
招貼	三平方市尺		每百張	四〇、〇〇〇		
招貼	六平方市尺		每百張	六〇、〇〇〇		
招貼	十二平方市尺		每百張	一〇〇、〇〇〇		
招貼	十五平方市尺		每百張	一五〇、〇〇〇		
露佈			每平方市尺	一、〇〇〇		
游行廣告						
手提背負者		每人	每天	一五、〇〇〇	第卅二條	
樂工		每人	每天	二〇、〇〇〇		
馬車		每輛	每天	四〇、〇〇〇		
汽車		每輛	每天	八〇、〇〇〇		
其他		每輛	每天			有特殊情形者酌定捐率
傳單廣告						
	一平方市尺以內		每百張	一〇、〇〇〇	第卅八條	
	二平方市尺以內		每百張	二〇、〇〇〇		
	三平方市尺以內		每百張	三〇、〇〇〇		
公共場所廣告						
外國者		每平方市尺	每月		第卅九條	
內部者		每平方市尺	每月			包括布幕廣告

公共汽車廣告	在外圍者	每件	每星期	二〇、〇〇〇	第四〇條
	在外圍者	每件	每半月	四〇、〇〇〇	
	在外圍者	每件	每一月	八〇、〇〇〇	
	在內部者	每件	每一月	二〇、〇〇〇	
船舶廣告	船身長二十以內者	每艘	每月	一〇〇、〇〇〇	第四〇條
	船身長二十尺以外者	每艘	每月	一五〇、〇〇〇	
電影廣告	幻燈片	每片	每月	現調整爲十分之二計算	第四一條
霓虹燈廣告		每平方市尺	每月	三〇、〇〇〇	第四一條

註：娛樂場所及奢侈消耗品應照上表規定捐率加二倍征收

簡訊

▲分期添設路燈二千盞　工務局鑒於本市街巷原有路燈不敷應用，經於上年度添設七百盞，本年度擬再添設二千盞，將分作三期裝設，第一期四百盞，業已在四月全部裝竣，第二期八百盞，將於五月開始添設，第三期八百盞，俟第二期添設完畢，即繼續裝置。

▲修葺自大勝關至燕子磯一帶江堤　本年度防汛工程費三十餘億，已由本府核發，主要工程爲修葺自大勝關至燕子磯一帶之江堤。該堤內全爲農田，防汛工程至爲重要。全段工程由第一區工程管理處戴根法工程師主持，採以工代賑方式，即將動工。預期全部工程在春汛前可完竣。

▲辦理甄審收復區中等學校畢業生考試　教育局奉令續辦收復區中等學校畢業生甄審，於四月八日起至十七日登記，計申請登記者一百八十二人，經審查結果，其中證件確實合於甄審辦法第八條准予免試者計六人，僞造證件者四十四人，其餘均准與考，於四月二十四五兩日在白下路市立第三中學舉行各科考試，實到一百十人，除核對照片不符剔去六人，當場記名不予閱卷外，其餘試卷正在評閱中，即將揭曉。

▲會商取締不良連環圖書　教育局爲禁止不良連環圖書之流行，以免影響兒童身心之發展，近經擬定「南京市連環圖書審查委員會組織規程草案」暨「南京市連環圖書審查及取締暫行辦法草案」各一種，於四月二十一日召集首都警察廳及社會局代表會商進行，一俟決定，即行實施。

▲完成郊區荒山造林　本市郊區荒山造林，前經民政局會同農林部中央林業實驗所積極推進，計在中央門外幕府山，燕子磯附近荒山，及東笆斗山，京杭公路兩側湯山至坟頭村荒山，紫金山北坡，太平門外蔣廟暨八卦州一帶，栽植馬尾松側柏苦楝楓楊重陽木杞柳插條

及桑樹等七百二十萬零三千二百八十九株，種植面積爲二萬四千五百二十九畝，較原定栽植株數超過百餘萬株，所植苗木，並經訂頒自治人員護林奬懲暫行辦法，分飭各該管區公所督促所屬，加強保獲，以策成林。

▲鑑定緝獲烟毒品　本市二三月份緝獲烟毒案共一百五十六起，計緝獲烟毒品毛重三百四十七兩一錢三分七厘，經民政局於四月二十二日邀請本市各有關機關公開鑑定，幷核定淨重及成份，計合於製藥烟土淨重一百五十八兩八錢五分，嗎啡七兩九錢六分，一併解送衛生部，其不合製藥之烟毒品毛重一百七十二兩四錢三分七厘存待焚燬，並於四月二十四日舉行禁烟會報，商討有關擴充戒烟醫院及籌辦「六三」禁烟紀念節事宜。

▲成立本市推行布鞋勞軍運動委員會　民政局於四月二十三日在本府會議室召開南京市推行布鞋勞軍運動委員會成立大會，經通過南京市推行布鞋勞軍運動委員會組織規程及實施細則，並推定該會主任委員副主任委員及總務宣傳勸募三組負責人，定於五月八日在民政局開始辦公。

▲召開三十七年度征兵會議　民政局於四月二十六日邀請兵役協會全體委員及地方有關機關首長在本府會議室舉行聯席會議，討論三十七年度本市征兵業務；經通過南京市兵役協會各區分會組織規程草案，南京市兵役督導團組織及督導辦法草案，南京市三十七年度新兵安家補助費支出概算書草案，幷決定由市商會及軍屬優待委員會發動勸募慰勞品，用以慰勞應征新兵。至本市新兵征集所，業經勘定借用下關興中營南京團管區營房。

▲繪製本市第十三區與江寧縣界址圖說　本市第十三區與江寧縣界址，業經劃定，並已豎立界樁，復經民政局派員會同區公所將該項界址繪具圖說，詳註界樁字號，送供地政局爲繪製本市詳圖之參攷。

▲籌建第四區公所永久所址。本市第四區公所原係租借民房使用，因租金無法協議，糾紛迭起，近經商准地政局勘定雙塘三〇九段市地一畝餘，擬請撥充該區籌建永久所址之用，現正由民政局派員會勘中。

▲完成本市三月份各項人口統計　民政局前爲配合市民食糧配售及本年度適齡男子調查，經舉行全市戶口清查一次，所有三月份各項人口統計，業經整理竣事，計全市共有人口一、一六七、〇七五人，內計男六七〇、八〇四人，女四九六、二七一人，較上月份男增一九、三四四人，女增一〇、七四八人。

▲籌建糞碼頭　衛生局以推進本市糞便處理，端恃運輸之便利，故對於糞碼頭之建築實屬不容稍緩，前經糞便處理所在漢中門外北瓦廠街設置一所，因該處居民反對，迭起糾紛，復經衛生局會同工務局下水道工程處另行勘定水西門外鉄窗櫺涵洞，並邀請各有關機關會勘，僉認爲地點合宜，當由糞便處理所計劃，並繪具圖式購備材料，正在興工間，詎該處居民又出而阻撓，後經衛生局邀集董參議員育華穆參議員華軒等及有關機關暨地方士紳集議商討，即可解決。

▲重估本市地價　地政局辦理本市重估地價工作，業奉地政部核定經費及分配員額，規定本市本年上半年度應重估城內市區下關浦口及中華門水西門漢中門附郭等地區地價，並規定此項業務應於四月一日開辦，至遲應於六月底辦竣，此項重估地價地區，計共土地總面積爲八萬七千一百一十六畝，三萬七千九百九十三宗，遵照規定，應調查二千五百三十三宗，該局業於四月份開始辦理，由調查員就調查結果逐日列表填報，預計於六月中旬可以調查竣事，在七月初可將調查結果整理計算完竣，依法公布。

▲田賦征實情形　財政局辦理本市卅六年度田賦征實征借以及帶征各項；截至本年四月二十六日止，共計征起二十三億六千三百餘萬元。

法　規

中央法規

修正提審法

三十七年四月二十六日國府令修正公布

第一條　人民被法院以外之任何機關非法逮捕拘禁時，其本人或他人得向逮捕拘禁地之地方法院或其所隸屬之高等法院聲請提審。

第二條　人民被逮捕拘禁時，其執行機關應即將逮捕拘禁之原因，以書面告知本人及其本人指定之親友，至遲不得逾二十四小時。本人或其親友亦得請求為前項之告知。

第三條　聲請提審以書狀為之，應記左列事項。

一、聲請人之姓名、性別、年齡、籍貫及住所或居所，他人為聲請時，幷應記載被逮捕拘禁人之姓名、性別、籍貫。

二、非法逮捕拘禁之事實。

三、執行逮捕拘禁之機關及其所在地或公務人員之姓名。

四、受聲請之法院。

五、聲請之年月日。

第四條　法院接受聲請書狀，依法律之規定認為顯無理由者，應於二十四小時以內以裁定駁回之。

不服前項裁定者，得於裁定送達後五日內抗告於上級法院，但對於高等法院所為之裁定不得抗告。

第五條　法院對於提審之聲請，認為有理由者，應於二十四小時內向逮捕拘禁機關發提審票，幷即通知逮捕拘禁機關之直接上級機關。

第六條　提審票應記載左列事項。

一、執行逮捕拘禁之機關及其所在地。

二、被逮捕拘禁人之姓名，性別、籍貫。

三、發提審票之法院。

四、應解交之法院。

五、發提審票之年月日。

提審票應以副本送達聲請人，其發提審票之法院與應解交之法院非同一者，幷應以副本送達應解交之法院。

提審票於必要時，得以電報代之。

第七條　執行逮捕拘禁之機關，接到提審票後，應於二十四小時內將被逮捕拘禁人解交，加在接到提審票前已將被逮捕拘禁人移送他機關者，除即聲復外，應即將該提審票轉送受移送之機關，由該機關於二十四小時內逕行解交如法院自行移提，應立即交出。

第八條　執行逮捕拘禁之機關，在接到提審票前，已將被逮捕拘禁人釋放者，應將釋放事由及時日，速即聲復。

法院訊問被逮捕拘禁人後，認為不應逮捕拘禁者，應即釋放，認為有犯罪嫌疑者，應移付檢察官偵查。

第九條　執行逮捕拘禁之公務人員違背第二條第一項或第七條第一項之規定者，處二年以下有期徒刑拘役或一千元以下罰金。

第十條　本法自公布日施行。

修正公務員懲戒法

三十七年四月十五日國府令公佈

第一章 通則

第一條 公務員非依本法不受懲戒，但法律別有規定者，不在此限。

第二條 公務員有左列各款情事之一者，應受懲戒。

一、違法。

二、廢弛職務或其他失職行為。

第二章 懲戒處分

第三條 懲戒處分如左。

一、撤職。

二、休職。

三、降級。

四、減俸。

五、記過。

六、申誡。

前項第二款至第五款處分，於政務官不適用之。

第四條 撤職，除撤其現職外，並於一定期間停止任用，其期間至少為一年。

休職，除休其現職外，並不得在其他機關任職，其期間至少為六個月，休職期滿，許其復職。

第五條 降級，依其現任之官級降一級或二級改敍，自改敍之日起，非經過二年不得敍進。

受降級處分為無級可降者，比照每級差額減其月俸，其期間為二年。

第六條 減俸，依其現在之月俸減百分之十或百分之二十支給，其期間為一月以上一年以下。

第七條 記過者，自記過之日起一年內不得進敍，一年內記過三次者，由主管長官依前條之規定減俸。

第八條 申誡，以書面或言詞為之。

第九條 懲戒事件由公務員懲戒委員會議決者，不論受懲戒處分與否，均應於議決後七日內，連同議決書三份呈報司法院，其受懲戒處分之被付懲戒人為荐任職以上，或相當於荐任職以上者，由司法院轉呈國民政府或通知其主管長官行之，為委任職或相當於委任職者，由司法院通知其主管長官行之，均應通知銓敍機關。

第三章 懲戒機關

第十條 監察院認為公務員有第二條所定情事，應付懲戒者，應將彈劾案連同證據移送公務員懲戒委員會審議。

第十一條 各院部會長官或地方最高行政長官，認為所屬公務員有第二條所定情事者，應備文聲敍事由，連同證據，送請監察院審查，但對於所屬荐任職以下公務員，得逕送公務員懲戒委員會審議。

第十二條 荐任職以下公務員之記過與申誡，得逕由主管長官行之。

第四章 懲戒程序

第十三條 懲戒機關於必要時，對於受移送之懲戒事件，得指定委員調查之。

第十五條 懲戒機關應將原送文件抄交被付懲戒人，並指定期間命其提出申辯書，於必要時並得命其到場質詢。

被付懲戒人不於指定期間內提出申辯書，或不遵命到場者，懲戒機關得逕為懲戒之議決。

第十六條　懲戒機關對於受移送之懲戒事件，認為情節重大者，得通知該管長官先行停止被付懲戒人之職務。
長官對於所屬公務員，依第十一條之規定送請監察院審查或公務員懲戒委員會審議而認為情節重大者，亦得依職權先行停止其職務。

第十七條　公務員有左列各款情形之一者，其職務當然停止。
一、刑事訴訟程序實施中被羈押者。
二、依刑事確定判決，受褫奪公權刑之宣告者。
三、依刑事確定判決，受拘役以上之宣告在執行中者。

依前二項規定停止職務之公務員，未受免職或休職處分或科刑之判決者，應許其復職，並補給停職期內俸給。

第十八條　依前二條停止職務之公務員，在停職中所為之職務上行為，不生效力。

第十九條　公務員懲戒委員會委員之迴避，準用刑事訴訟法關於推事迴避之規定。

第二十條　懲戒機關之議決，以出席委員過半數之同意定之，出席委員之意見分三說以上，不能得過半數之同意時，應將各說排列，由最不利被付懲戒人之意見，順次算入次不利被付懲戒人之意見，至人數超過半數為止。

第二十一條　懲戒機關之議決，應作成議決書，由出席委員全體簽名。
前項議決書，應由懲戒機關送達被付懲戒人，通知監察院及被付懲戒人所屬官署，並送登國民政府公報或省市政府公報。

第五章　懲戒處分與刑事裁判之關係

第二十二條　懲戒機關對於懲戒事件，認為有刑事嫌疑者，應即分別移送該管法院或軍法機關審理。

第二十三條　同一行為已在刑事偵查或審判中者，不得開始懲戒程序。

第二十四條　同一行為在懲戒程序中開始刑事訴訟程序，於刑事確定裁判前停止其懲戒程序。

第二十五條　就同一行為已為不起訴處分或免訴或無罪之宣告時，仍得為懲戒處分，其受免刑或受刑之宣告為未褫奪公權者亦同。

第六章　附則

第二十六條　應受懲戒之行為，雖在本法施行前者，亦得依本法懲戒之。

第二十七條　本法施行日期，以命令定之。

兵役奬懲條例

三十七年四月十五日國府令公布

第一條　凡各級辦理兵役者及中華民國國民對於兵役事務應予奬勵或懲罰時，除法律另有規定外，依本條例之所定。

第二條　應行奬勵之事蹟如左。
一、辦理兵役認眞公正，成績卓著者。
二、辦理優待軍人家屬事務確實迅速，使受優待之家屬得有實惠者。
三、慨捐優待軍人家屬基金者。
四、協助推行兵役出力，成績卓著者。
五、父兄鼓勵其子弟或配偶勸勉其丈夫從軍，已成事實者。
六、其他應行奬勵，而有具體事實者。

第三條　獎勵之種類如左。

一、記大功。

二、記功。

三、嘉獎，以書面為之。

前項第一款第二款之獎勵，以適用於辦理兵役人員為限，除管區人員由國防部直接核定者外，由各級主管機關分別辦理，按月列表層轉銓敘機關備案。

第四條　應受懲罰之行為如左。

一、征兵調查無故不依限呈報者。

二、體格檢查不實者。

三、監察不盡職責者。

四、辦理優待軍人家屬不力者。

五、誤解兵役法令，致役政推行發生阻礙者。

六、辦理兵役不遵法令程序者。

七、各級管區及縣市政府鄉鎮公所無故不遵限呈報各種表册者。

八、徵召期間管束保育無方者。

九、其他阻礙或玩忽兵役法令，未致犯罪程度者。

第五條　懲罰之種類如左。

一、記大過。

二、記過。

三、申誡，以書面或言詞為之。

前項第一款第二款之懲罰，以適用於辦理兵役人員為限，除管區人員由國防部直接核定者外，由各級主管機關分別辦理，按月列表層轉銓敘機關備案。

第六條　對於兵役事務，具有特殊功績，應給勛章者，或具重大過失，應付懲戒者，依各該法令之規定。

第七條　本條例第二條及第四條各款之情形，除依第三條及第五條各款，分別予以獎勵或懲罰外，并由核定機關分別通令或公布之。

第八條　本條例自公布日施行。

國府公報所載中央法規索引　四月份下半月

本市法規

南京市民衆自衛總隊部組織規程

三十七年四月十六日第一二三次市政會議通過

第一條　本規程依照行政院頒發各縣（市）民衆自衛組訓規程之規

定訂定之。

第二條 總隊部隸屬南京市政府，並受南京市訓練委員會之監督，辦理全市民衆自衛組訓事宜。

第三條 總隊部設總隊長一人，由市長兼任，副總隊長三人至五人，其中一人為專任，總隊附二人皆專任，分別由市政府商調及派充之，綜理一切隊務及指揮監督所屬各大中隊部。

第四條 總隊部下依照市區區域及實際需要，分置若干區域大中隊部及直屬大中隊部，各設兼任大中隊長，專任或兼任大中隊附各一人，秉承總隊部之命令，辦理各區保民衆組訓及各機關暨工商團體及齡員工組訓事宜。

上項專任大隊附，以中校七人少校六人配任之，專任中隊附四十一人中，以上尉二十一人中尉二十人配任之。

第五條 總隊部內分置總務編練訓導三組，各設專任上校組長一人，秉承總隊長副總隊長總隊附之命令，處理各組執掌事項。

第六條 總隊部得設專任少校組員三人，上尉組員二人，中尉組員一人，准尉組員二人，兼任組員十人，分配三組辦事。

第七條 大隊部得設兼任辦事員二人，中隊部不設屬員。

第八條 總隊部及所屬大中隊部調用兼任人員，均為無給職，專任人員待遇，依照地方團隊待遇標準辦理。

第九條 總隊部組長組員及大中隊長隊附由總隊長委派，呈報市政府備案，各大中隊辦事員由大中隊部遴請總隊部派充之。

第十條 總隊部及各大中隊部辦事細則另定之。

第十一條 本規程自南京市政府公佈之日施行。

人事動態

三十七年三月卅一至三十七年四月十三日止

姓名	服務單位及職別	動態	到離職日期
楊壽田	會計處第三科雇員	新任	四月一日
姚宣	財政局營業稅征收處課長	新任	四月一日
衛璧聯	財政局營業稅征收處課長	新任	四月一日
王樂平	財政局營業稅征收處稅務員	新任	四月一日
王嵩	財政局營業稅征收處稅務員	新任	四月一日
張謹誠	財政局營業稅征收處稅務員	新任	四月一日
倪定梓	財政局營業稅征收處稅務員	新任	四月一日
王鎮西	財政局營業稅征收處稅務員	新任	四月一日
金伯納	財政局營業稅征收處稅務員	新任	四月一日
黃文新	財政局營業稅征收處稅務員	新任	四月一日

呂應時	財政局營業稅征收處稅務員	新任	四月一日
甘華惠	地政局估計專員	新任	四月二日
田嘉麟	地政局土地登記處辦事員	新任	四月五日
曹　鈞	市府第一科雇員	新任	四月一日
王克念	市府第一科雇員	新任	四月一日
孔獻眞	財政局額外雇員	新任	三月卅日
周國樑	財政局額外調查員	新任	四月一日
徐　薰	財政局營業稅征收處第一分處主任	新任	四月一日
孫家駿	財政局營業稅征收處第三分處主任	新任	四月一日
婁國英	財政局營業稅征收處稅務員	新任	四月一日
周伯泉	財政局營業稅征收處稅務員	新任	四月一日
汪錦翬	財政局營業稅征收處稅務員	新任	四月一日
陸國楨	財政局營業稅征收處稅務員	新任	四月一日
蔡文卿	財政局營業稅征收處稅務員	新任	四月一日
屠渭楨	財政局營業稅征收處辦事員	新任	四月一日
胡延庠	財政局科員	調任財政局營業稅征收處第二分處主任	四月一日
勞　勤	公共汽車管理處稽查	調任工務局事務股主任	四月一日
陶敬恂	會計處第一科雇員	調任教育局聯合會計室雇員	四月一日
曾慶祺	會計處第一科科員	調任自來水管理處會計室課員	四月一日
李端玉	財政局稅捐稽征處辦事員	調任財政局稅捐稽征處征收員	四月一日
吳人望	財政局營業稅征收處主任	調任財政局視察	四月一日
朱博夫	教育局秘書兼人事室主任	調任教育局第四科科長兼人事室主任	四月一日
侯景華	教育局第一科科長	調任教育局秘書兼第一科科長	四月一日
陳嘯青	教育局第四科科長	調任市立第一民衆教育館館長	四月一日
呂述惠	教育局聯合會計室科員	調職市立師範會計員	四月一日
陳恭寅	財政局簡任秘書	調兼財政局營業稅征收處兼主任	四月一日
沈子涵	財政局稅捐稽征處雇員	晉升財政局稅捐稽征處辦事員	四月一日
裴志遠	公共汽車管理處總務課雇員	晉升公共汽車管理處總務課助理員	四月一日
程和卿	教育局第四科雇員	辭職	四月一日
鞠萬和	民政局第三科雇員	辭職	四月二日
張玉龍	本府第一科雇員	辭職	三月三十一日
趙子健	本府第一科雇員	辭職	三月三十一日
蘇敏曾	地政局督導員	停薪	四月一日

會議紀錄

南京市政府第一二三次市政會議紀錄

時間 三十七年四月十六日上午九時

地點 本府會議室

主席 沈市長　紀錄：史崇訓

討論事項

1.市長交議　據民衆自衛總隊部呈擬「南京市民衆自衛總隊部組織規程草案」，提請討論案。

決議　修正通過。（修正組織規程見法規欄）

2.市長交議　據工務局呈，爲自來水管理處籌建下關臨時水廠，須佔用唐山路計劃路綫之一小部份，擬（一）將該路計劃綫向西略移，（二）仍保持原計劃綫，准其暫行建築，俟將來闢築該路時，再予拆除，應如何辦理，提請討論案。

決議　照所擬第二項辦法辦理。

3.市長交議　據衛生局請撥第二區二九九之（二）分段市地建設營養站，提請討論案。

決議　准予撥用。

臨時動議

1.市長交議　擬比照公教人員待遇標準調整本市保幹事薪給，提請討論案。

決議　准自四月份起按生活指數二十一萬倍發給。

2.市長交議　爲本市自治人員日用必需品，已呈奉　行政院准予自四月份起配售，擬取消各區公所員工配購證差額代金及保幹事生活津貼，提請討論案。

決議　自四月份起取消各區公所員工配購證差額代金及保幹事生活津貼，其應領之日用必需品配購證，由民政局併同自衛總隊部官兵造列名冊，報　院核發。

南京市政府第一二四次市政會議紀錄

時間 三十七年四月二十三日上午九時

地點 本府會議室

主席 沈市長　紀錄：史崇訓

討論事項

1.市長交議　據財政局簽擬自五月份起調整本市廣告捐率，提請討論案。

決議　自五月份起照表訂捐率施行。

2.地政局提　爲首都警察廳請撥新住宅區公有空地爲老菜市警察所遷建之用一案，經會洽有匡廬路蘇州路轉角市地一坵，可否准予撥用，提請核議案。

決議　准予撥用。

3.財政局提　擬自五月份起調整本市筵席稅起征點爲拾萬元，提請核議案。

決議　照案通過，送請市參議會審議。

臨時動議

財政局提　擬訂本年整理房捐治本治標兩方案暨調查整理房捐實施辦法，提請討論案。

（一）調查整理房捐實施辦法通過。

（二）夏季房捐暫按去年秋季捐額四倍征收，俟調查完竣訂定應征捐額，再覈實計算，如不足四倍，多收部份應予退還，若超過四倍，少收部份免予補繳，至原捐額在一千元以下之房屋暫行緩征。

（三）本年度普查房捐經費定爲七億元。

南京市卅七年度征兵工作

＝民政局汪局長祖華在五月三日新聞記者招待會報告詞＝

本市本年度奉　令實施徵兵二千名，經遵照於本年三月展開各項準備工作，諸如戶口之複查，現役適齡男子之身家調查，免緩役之申請審核，新兵徵集所之籌辦等項，率均由於各方之熱忱襄助，如期順利完成，至深感荷。惟茲事體大，本府除遵照　層峯指示原則，參酌地方實際情形，慎重實施外，値此徵兵工作行將正式開始之前夕，爰先將本市本年度實施徵兵計劃之犖犖大者，摘要報告，尙希與會　諸君不吝指正。

一、本市本年度徵兵工作，奉　令限六月底完成，任重期迫，各項工作之實施程序，自須愼密策劃，用期推行順利。查志願服役，本爲人民之愛國行動表現，本市爲歷代舊都，披閱史籍，每當國家多事之秋，不乏忠義之士挺身赴難，拯人民於水火，當茲共匪猖獗，國難方殷，戡亂建國工作刻不容緩之際，此輩慷慨仗義爲民請纓之熱血男兒，尤應予以鼓勵激發。又本市爲首都所在，各地失學失業青年，麕集此間，每感出路苦悶，如何引導，趨向正當途徑，本府亦屬責無旁貸，權衡得失，故本年度決儘先徵集志願兵，藉應情勢需要。爰訂於五月十五日開始報名登記，六月十五日截止，期滿不足名額，依法開籤徵集補足。

二、應服兵役爲人民應盡天職，但入營後，其家屬之生活，及退伍後職業之安置，政府必須預爲綢繆，妥爲保障，方可減少新兵後顧之憂。本市本年度應徵新兵，除每名一次發給安家補助費二千萬元，及經常協助維持其家屬生活外，幷依法規定學生准保留學籍，職工准保留底缺，失學失業者服役期滿退伍後，得享有就學就業之優先權利。事關建國建軍大計，本府當負責逐步實施，尤盼市民予以全力支持。其中籌集新兵安家補助費一項，更盼市民本有錢出錢之宏旨，踴躍輸將，俾羣策羣力，順利完成本年度徵集任務。

三、行憲伊始，首重法治，本年度徵兵工作，本府保證必能依法施行，其未中籤者，決不妄行徵集，已中籤者，亦當依照規定徵集程序，徵送入營，決不使拉抓綑綁之違法行爲發生於首都。尙望市民深體斯旨，毋自驚擾，因而影響社會秩序。

四、本府對於各級役政人員辦理本年度徵兵工作，迭經令飭依法秉公辦理，如有違法瀆職，或意圖留難者，深盼人民列舉事實，開具眞實姓名，檢舉密告，一經查實，當必執法以繩，決不姑寬。

以上各點，爲本府本年度辦理役政之既定決策，與處理一般役政問題之基本態度，竭誠希望今日出席　諸君，賜予廣爲宣揚，俾全體市民深切了解，庶幾減少紛擾，而利役政之推行，進而達成戡亂建國之使命。

市地重劃之利益

黎寧

增高城市區域效能

城市計劃是對於建築一個新城市或改造一個舊城市，預定一種長遠計劃。目的在達到城市或市民生活之改良。將城市作為一個有機體去研究，則各城市之區域效率當為研究此有機體的對象。我國城市計劃不發達，無區域計劃之顯然劃分，都市之混合區，多占全市五分之四以上。以無區域之劃分，即無效率之可言。

今日之都市計劃專家，因都市之改造困難重重，經費亦巨，以未能利用土地重劃之利益，故結果所謂地區劃分成為紙上空名。我們認為不論城市之改造或建築新城市時，欲求增加區域效率，必須依照城市計劃推行各區域之土地重劃。依照該區之未來發展，規定各區之特殊功用，使整個城市具有機能的結構統一，可以滿足市民對於住居、經濟、娛樂、政治、商業、文化、體育、休息等要求。因各區土地使用價值增高，而真正科學化之現代都市，方能出現。

避免城市改造時之損失

未經計劃之城市，受人口增加之影響，擬加改造，殊為困難。一六六六年倫敦火後計劃，是個極有名之都市改造計劃，主持者為萊茵爵士，結果受地權擁有者之反對而廢棄，今日談市政建設者，多認為遺憾。都市土地權所有人常因地產投資具有固定性，不願意有所改革。不知都市計劃如未能達到土地之經濟利用時，其對於國家社會，民族健康之損失更重。因都市人口集中之結果，必然發生種種衛生、治安、經濟、社會諸問題。其繼續發生之弊害，何可勝言。根據美國之調查，紐約街道未能容納今日汽車之交通流量，因交通失事之損失，年達數百萬美元之巨。如芝加哥街道，每年改造亦達數百萬元之巨。此點值得吾人警覺者，即城市計劃之初，必先舉行土地重劃，以減少未來改造之負担費用。此種改造之費用，或因耗費過巨而致無法實施者。因此在新城市建築或被毀城市之重建，不可再蹈此覆轍。

補救市政建設之經費

市政建設占市庫支出之最大部分，而今日市庫稅收及中央補助，往往不能抵足市府開支，建設更無論矣，故市政建設，往往因經費無着而擱淺。然舊式城市或經戰爭破壞之城市，其道路及市區，又非急加改良，或重新計劃不可，則土地重劃辦法，應施行於幹道修築之地區或新市區開拓之地區或新村成立之地區，此為最溫和之土地政策，亦為補救市財政赤字之政策。

依土地法第二百二十條規定，重劃區域內，其道路公園及其他公用地，以不超過該區域之總面積百分之二十五為限。依城市改良地區特別征費通則第二條之規定：「各城市改良地區，因築路或建築碼頭，得向道路兩旁或碼頭附近之受益土地征收受益費」。同法第七條規定：「築路征費地段面積，應自道路邊線起向兩旁深入，以不超過該路之兩倍為限」。

這裏明白規定地區之改良及實行地區重劃，除得征收公用地百分之廿五以外，還須依沿路線網之二倍道路深度徵收受益費。此種辦法，為徵收受益費以為築路或築碼頭之經費，然往往因徵收受益費而不能施行土地重劃，以致路面完成後而經界凌亂如故，政府舉辦市政建設之先必須籌措巨款，甚為困難。

受益費之徵收，不免有偏枯損益之弊，而欲達土地改良之目的甚難。因經界不能改善，即市容無法整齊，而土地不能盡其經濟的效用。我們建議在建築道路之初，即舉行土地重劃，而公用及道路用地改徵為百分之四十。除百分之二十劃為道路公園廣場公用外，其餘百分之二十由土地重劃會議指定，交市政府經營。市政府獲得此百分之二十土地，可發行土地債券，向銀行抵押。地權所有人不用撥付現款，不用繳納土地增值稅，由經界凌亂之土地換取適合於建築臨街之整齊平坦及地價增高之地段，此誠一舉兩得之「四六土地重劃法」。

此辦法可先試行於一區，再依道路網之擴展而推進，以達市地重劃及市地國有之目的。

南京市政府公報刊例

一、本公報每半月發行一次

二、凡本府例行公文即在本公報發佈不另行文

三、本府所屬各機關於收到本公報時應編號歸檔妥爲保存凡註明「不另行文」文件並應注意遵照

南京市政府公報

第四卷 第九期

中華民國三十七年五月十五日

編輯者 南京市政府編譯室

發行者 南京市政府

印刷者 大東新興印書館
南京：(四)建鄴路一三八號
電話：二二二二六號

中華民國三十七年五月三十一日

第四卷 第十期

南京市政府公報

南京市政府編譯室編

目錄

夏季房捐暫按前訂捐額四倍征收

南京市政府佈告 （卅七）財府佈字第四二號

查房捐爲本市主要自治稅捐，自應在便民裕課公平負担原則下積極整頓，茲以該捐自三十六年七月總調查後，迄今已逾十月，房屋租值增漲甚鉅，核與原查定租值相差懸殊，亟待重行查估，惟因辦理此項查估手續尚需時日，爲便利目前征稅起見，特規定本年度夏季（四至六月份）房捐，先行暫按去年秋間調查捐額增加四倍征收，一俟查估完竣，如各種房屋實際應征捐値尚不及去秋四倍時，再將多收部份核計退還，倘超過四倍時，則不予追溯補繳，又自夏季起主要街道舖戶及住宅區住戶改爲通知自行繳款，不再派員征收，除飭財政局剋日辦理重行查估工作，並先行分別按戶繕發通知或派員征收夏季捐款外，合行佈告週知，此佈！

中華民國三十七年五月三日

抄發黃金外幣買賣處罰條例

南京市政府訓令 （卅七）府總秘字第四五〇三號

令社會局

查本府前以取締黃金投機買賣辦法及禁止外國幣券流通辦法　奉令廢止後，關於黃金外幣買賣案件之處理，是否依照黃金外幣處罰條例辦理，又銀樓業收兌及製造金飾管理辦法係依據取締黃金投機買賣辦法訂定，是否亦同時廢止，經函請財政部錢幣司核復去後，茲准該司本年四月八日幣乙字第二九九號函復稱查取締黃金投機買賣辦法及禁止外國幣券流通辦法廢止後，關於取締黃金外幣買賣案件之處理，自應適用黃金外幣買賣處罰條例辦理，至銀樓業收兌及製造金飾管理辦法，仍屬適用，並未廢止，茲檢同黃金外幣買賣處罰條例一份，復請查照等由，附黃金外幣買賣處罰條例一份，准此，合行抄發原件令仰遵照。

此令！

附抄發黃金外幣買賣處罰條例一份（見法規欄）

中華民國三十七年五月十二日

查獲違法買賣金鈔暫仍提成給奬

南京市政府訓令 （卅七）府總秘字第四五四五號

令社會局

案准財政部本年五月十一日財錢乙字第五三三六二號代電開：

「查關於違法買賣金鈔案件沒收之金鈔所兌價款，原均按照財務罰鍰處理辦法分別提發奬金，惟自國民政府三十六年十二月十九日修正黃金外幣買賣處罰條例公布施行後，照第五條：『凡依照該條例沒收沒入追征之物，均應繳歸國庫』之規定，自不應再予提奬，本部以是項規定，不免有失奬勵舉報查緝之旨，當經呈奉鈞院令准轉咨立法院將原條文予以修正在案，在該項條文未經修正以前，所有沒收金鈔原不得兌價提奬，茲據上海金融管理局本年四月二十八日滬管發稽字第七七九號代電，略以違法買賣金鈔案件之查緝，多賴告密人舉報，現查獲沒收之金鈔，既不能兌價提奬，不但告密人恐將裹足不前，即執行人員之效率，亦必銳減，茲黑市金鈔已見急劇上漲，影響所及，必使整個經濟市場發生波動，擬懇鈞部轉呈行政院轉咨立法院迅將條文修正并恢復墊發獎金辦法，以利事功等語，查違法買賣金鈔案件確多賴告密人舉報，如對舉報人不予獎勵，勢難鼓勵告密，致失查緝線索，影響取締黑市交易工作之推行，近日黑市金鈔急劇上漲，如不力加取締，確有影響整個經濟市場之慮，為適應事實需要起見，所有查獲違法買賣之金鈔，在法律未修正前，擬請仍准暫照財務罰鍰處理辦法提成給獎，除電陳行政院備案并請轉咨立法院迅為修正原條文，以利實施暨分行外，相應電請查照辦理為荷！」

等由，准此，合行令仰遵照辦理。

此令！

中華民國三十七年五月十三日

公告危害國家緊急治罪條例施行區域

南京市政府訓令 (卅七)府總秘二字第四三〇一號

令所屬各單位

案奉

行政院三十七年五月一日(卅七)七法字第二一四七五號訓令開：

「奉 國民政府本年四月二十二日處字第三九二號訓令，為戡亂時期危害國家緊急治罪條例施行區域，准由該院依實際需要酌定公布等因，茲指定本條例施行區域為戒嚴地域，及首都、上海、武漢、廣州、北平、濟南、西安、杭州、福州、蘭州、迪化、開封、成都、重慶、天津、鎮江、合肥、九江、青島、徐州、蕪湖、襄陽、瓊州、喀什之高等法院或分院或其繫屬之高等法院或分院訴訟管轄區域，並核定高等特種刑事法庭設置於上開首都等二十四處，除公布通飭及呈報 國民政府備案外，合行令仰知照，並轉飭知照」。

等因，奉此，除分行外，合行令仰知照，並飭屬一體遵照。

此令！

中華民國三十七年五月五日

協助高等特種刑庭執行職務

南京市政府訓令 (卅七)府總秘二字第四三七三號

令所屬各單位

案奉

行政院三十七年五月一日(卅七)七法字第二一四七六號訓令開：

「查戡亂時期危害國家緊急治罪條例施行區域及高等特種刑事法庭設計處所一案，業經本院另令飭知在案，各地軍政機關及軍警部隊於該法庭執行職務時，務應切實協助，合亟令仰遵照，并轉飭所屬遵照。」

等因奉此，查本案關於戡亂時期危害國家緊急治罰條例施行區域及高等特種刑事法庭設置處所，前奉 院令行知到府，經於本年五月五日以(卅七)府總秘二字第四三〇一訓令知照在案，茲奉前因，除分令外，合行令仰遵照，并轉飭所屬一體遵照！

此令！

中華民國三十七年五月七日

市政要訊

普遍供應自來水之三項措施

本市自來水管理處爲普遍供應市民食用水，經擬訂一頗具救濟意義之建設計劃，此一計劃，包括下列三項措施：

（一）擬在市區現無自來水設備之地區，分別設立水站，專供給無力申請裝設水管之市民，經該處最近勘查結果，全市應設立水站三十處。

（二）人口密集且多半住戶無力申請裝設水管之地區，如門東、門西一帶，由該處請款免費裝設水管。

（三）從六月開始，配發貧戶水券，憑券無償供水；此一辦法，去年夏季會一度實行，惟因調查不夠確實，收效未如所期，本年度該處擬請民政局、警察局普遍切實調查，使貧戶能確得實惠，非貧戶無濫冒機會。

關於舖設水管與設立水站之工程費用，業經衛生部核准，於美國援華醫藥物資項下撥充，總計爲三百億元，材料由該處自備。所請款項，專作工費之用。業已撥到，即可全面施工。

又三汊河水廠之擴充建設，包括改建吸水井及增建唧機室，均經承包開工趕造。下關之臨時水廠，由下關碼頭倉庫飭工代辦，現在積極進行中。

籌劃重建雨花公園

本市中華門外雨花台，爲南京名勝之地，戰前古墓名碑甚多，風景幽雅，明方正學祠即建於台畔，楊忠襄剖心碑，亦豎立山麓，整年遊人如雲，首都淪陷後，燬於兵火，荒蕪不堪，市參會爲景仰先賢，保存名勝，建議本府重加建築，改爲雨花公園，以供京市市民及各方人士游覽憑弔之所，本府已責令園林管理處週密計划，迅速辦理，該處特派技正林書濟，工程師徐淦元，邀同第十一區參議員趙大春，胡學信，區長張富根，南郊警察局局長喻澤清，於五月四日赴雨花台實地察勘，以爲計划繪圖之根據，進行步驟，將先行測量地積，然後依據原有地形，佈置亭台碑塔，方孝孺祠，卓敬祠，節孝坊等，仍在原地重建，遍山將種植樹木花草，車行及步行道路，亦將重行建築，此外並發現古鐘一口，爲明朝天順六年建造及乾隆御碑一方，均極名貴，亦將設計妥爲安置，俟測量完竣，即可逐步動工，不久當可恢復舊觀。

補辦免緩役審查

本市免緩役審查委員會於五月八日舉行第三次全體委員會議，討論補辦免緩役申請辦法，決定如下：

一、本市本年度補辦免緩役申請，業於四月廿五日截止，惟尚有少數申請糾紛未得解決，且糾紛情形各異，又非僅憑延長申請時間所能解決者，玆爲爭取時效，迅謀澈底解決起見，決定辦法：（一）由市民政局及南京團管區司令部派員分赴各區，會同該管區長、保安組長及區民代表會主席，在合法合理之原則下予以就地解決。（二）解決上項糾紛，每區訂爲一日，由區公所通知各當事人及各該管保甲長，於斯日集中區公所聽候解決，並由本府與團管區各派一人協助，其日程如下：

五月六日：第三、五兩區，

五月七日：第四、二兩區，

五月八日：第一、六兩區，
五月十日：第七、八兩區，
五月十一日：第九、十兩區，
五月十二日：第十一、十二兩區，
五月十三日：第十三區。

二、値此綏靖期間，人民因匪亂關係，異動頗大，故依兵役法廿條四款規定「獨負家庭生計責任而無同胞兄弟者，有同胞兄弟均已應召或均未滿十八歲者」辦理緩召，申請者取具證明頗感困難，解決辦法：（一）依兵役法廿六條四款辦理申請之申請人，如爲本市市籍未經保甲長出具證明書者，不予受理。（二）依兵役法廿六條四款辦理申請，如申請人係寄籍本市而原籍又非匪區者，須由原籍地保甲長出具證明書，幷在本市覓具妥保辦理申請。（三）依兵役法廿六條四款辦理申請，如申請人原籍爲匪區無法獲得保甲長證明者，可持左列證件之一，向現住地保甲長担保獲得證明。

（一）現服務機關主管長官證明文件。
（二）兩家殷實舖保。
（三）同鄉會負責人之證明。
（四）族譜。

三、此次補辦免緩役申請案件，亟待開始審查，如何推定委員担任審查工作？議決：（一）仍由各區長代表會主席担任審查工作。（二）以迴避審查本區爲原則。（三）分區審查以抽籤方式決定。（四）審查日期由民政局決定後，分別通知各委員。

調整各項行政規費征收標準

本府前訂各項行政規費征收標準，與目前物價情形比較，已覺過低，亟宜調整，經參事室與財政局會同擬訂調整標準，提經第一二五次市政會議決議，自五月份起照新訂征收標準施行。茲將新訂各項行政規費征收標準列表於下：

新訂行政規費征收標準表

主管機關別	規費名稱	新訂標準	備攷
民政局	戶籍申請書	五千元	工本費
	國民身份證	一萬元	工本費
財政局	營業稅免征證	四萬元	工本費
	使用牌照稅納稅證	五千元	工本費
	筵席稅結賬單	四萬元	工本費
社會局	工商業登記費	十五萬元	資本在一百萬元以內者

項目	金額	備考
工商業登記費	二萬元	資本在一百萬元以上每加一百萬元者加收如上不足一百萬元者以一百萬元計算
申請書工本費	五千元	
娛樂場所登記費	一百二十萬元	京劇話劇評劇清唱音樂彈詞
	一百九十萬元	電影院及兩種以上之遊藝場
	六十萬元	說書場武術場彈子房
申請書工本費	五千元	
地政局		
申請路天場所登記執照費	四萬元	
申請書工本費	五千元	
共同利權保持證書費	一萬元	
市區清丈費	十萬元	每畝計征收如上不足一畝者以一畝計算
	六萬元	超出一畝者每畝征收如上不足一畝者以一畝計算
鄉區機關委託測量費	一百萬元	十畝以下者計征收如上
	三十萬元	十畝以上五十畝以內每五畝收費如上
	二十萬元	五十畝以外每五畝收費如上
工務局		
建築修繕什項請照圖單工本費	六萬元	
營造業開業執照及工程記載表工本費	十八萬元	
建造師開業執照費	十萬元	
營造業申請開業登記費(甲等)	二百萬元	
營造業申請開業登記費(乙等)	一百萬元	

機關	項目	費額	備考
	營造業申請開業登記費(丙等)	四十萬元	
	營造業申請開業登記費(丁等)	二十萬元	
	建築師申請開業登記費(甲等)	四十萬元	
	建築師申請開業登記費(乙等)	二十萬元	
	建築修繕什項等執照費	一律按造價千分之一計算造價不足千萬元作千萬元計	
	補照費(遺失請求補發執照)	十萬元	
	人力獸力車輛過期登記罰款	四萬五千元以上九萬元以下	人力車
		廿二萬五千元以上四十五萬元以下	馬車
		十三萬五千元以上廿二萬五千元以下	板車
		四萬五千元以上十三萬五千元以下	水車　手車　騾車　貨箱車　自行車
		七萬五千元以上廿二萬五千元以下	三輪車
	人力獸力車輛登記給照費	十八萬元	自用馬車　營業馬車
		十一萬元	自用人力車　單雙輪手車　水車　自用自行車
		十三萬元	營業人力車　自用三輪人力車　乙等車板　騾車　貨箱車
		十三萬元	營業自行車　三輪自行車
		十七萬元	營業三輪車　人力車　甲等板車
	船舶登記給照費	十四萬元	遊船　船舶
衛生局	菜場管理所申請書成本費	一萬元	
	醫事人員註冊費	十萬元	已由衛生局呈奉市政府卅七年四月六日(卅七)府總祕字第三三三一號指令准自四月十一日實行

醫事人員執照成本費	五萬元
醫院註冊費	十萬元
醫院執照成本費	五萬元
中西藥商註冊費	十萬元
中西藥商執照成本費	五萬元
有關衛生各業商店註冊費	十萬元
有關衛生各業商店執照成本費	五萬元
清涼飲食商店註冊費	十萬元
清涼飲食商店執照成本費	五萬元

簡訊

△劃定南京市政治區　市長鑒於鼓樓公園一帶，地勢崇高，風景優美，且居全城中心，擬劃定爲南京市政治區，此項動議已由本府呈請行政院核准，該地一概免予征作其他用途。

△市鐵路線計劃延長軌道至江邊　本市市鐵路原由武定門抵達京滬車站，現由市鐵路管理處計劃延長軌道直達江邊大興碼頭，並建立大興車站，以吸收長江水運客貨，至於鐵軌經費等問題，正在洽商中。

△興建市民營養站　衛生局於五月八日接奉中央撥到專款十八億元，並指定是項專款，爲舉辦增進市民營養，促進市民健康之用。該局現已勘定龍王廟附近地帶之空地，擬建築一市民營養站，不日即開始興建。該營養站成立後，將專事配製豆代乳粉，免費供應貧病婦嬰等食用，以增進營養，促進健康。

△籌組房屋救濟委員會　本市房荒程度已隨人口密度而加劇，其間雖經本府洽請四聯總處開放建築貸款，獎勵人民自動建築，但因貸款程序繁瑣，而未能普及，致難達預期效果，爲針對現實需要減輕房荒起見，經與中國農民銀行會洽，決定仿照上海市冬令救濟委員會所辦之房屋義賣運動，籌組本市房屋救濟委員會，以發行獎券爲手段，從而推進市區住宅，冀達減輕房荒之目的，地政局於五月十一日邀集有關機關法團舉行座談會一次，經交換意見後，在原則上已作一決定，即1.由本府聯絡各有關機關法團組設健全機構，專司其事，2.中獎機會較上海市提高一倍，獎券售價以顧及一般人民經濟負担爲準，3.由中國農民銀行核放市地改良貸款八百億元，充作事業基金，至設立機構及事業整個計劃時，再行定期商討。

△下水道工程即將開始　本市下水道工程各項測量設計等準備工作，大體均已就緒，刻已由中央撥下工程費一百五十億元，決定先就逸仙橋、西常府街、五光橋、太平路、鄧府巷一帶分別修設水管。

積極展開重估地價工作　地政局為重估地價工作，先由本市第四區著手，該區已抽查三百八十宗，並已繼續抽查其他各區，此項抽查工作預期於六月二十一日辦理完竣，六月二十五日即可公布。

△調查本市第二期市有公地實況　本市第二期市有公地實況，業由地政局派員調查完竣，此項公地除已為公用者外，尚有未指定用途之地共計為六十一坵二百二十三萬九千六百七十畝，但大部份已被市民佔用，建有房屋，現地政局對此項被佔有之公地，已著手衡定其有無公用需要及地形面積之大小，正在草擬處理辦法。

△五月份本市公用事業調整價格　本市公用事業五月份調整價格一事，已由工務局按照各機構要求增加數字核減，計自來水一立方公尺為四萬一千元，較上月增百分之二十三，電每度三萬七千元，路燈每度一萬八千五，臨時燈每度七萬四千元，較上月增百分之二十五，公共汽車票價分二萬，二萬八，三萬六，較上月增百分之三十，小火車票價二萬八千元，較上月增百分之二十七・五，並已呈請沈市長核准，提交參議會經建小組通過，水電兩項於五月一日實行，公共汽車小火車於十一日實行。

△教育局關懷肺病教師　本市各級國民學校教職員，因工作勤勞，患肺病者特多，同時薪資甚微，無法休養治療，教育局深表同情，特制定肺病療養暫時辦法，呈經本府核准，各級國民學校教職員自五月一日起至七月三十一日止，均可實行全休假及半休假，藉資修養，在休假期間，各休養教職員各發半薪或全薪，至所授課程，可由各校聘請合格人員代理。

△定期續勘浦口區省市界綫　本市浦口第八區與江浦縣界綫，前經幾度會勘，均以江浦縣代表固執成見，未成定案，現經商得江蘇省政府同意，即行依據二十五年省市界綫舊案辦理，茲已於五月二十日會同江浦縣代表前往會勘訂樁。

△鑑驗積存烟毒　民政局四月份驗收烟毒品計九十二案，重五五七兩，經於五月八日邀請各有關機關公開鑑定，分別處理。

△自衛總隊易稱民衆自衛指揮部　南京市民衆自衛總隊奉令擴大組織，改稱為「南京市民衆自衛指揮部」，由首都衛戍總司令孫連仲担任指揮官，市長及警察廳長黃珍吾任副指揮官。

△本市財政收支趨向平衡　本年度四月份市庫，因稅課收入增加，收支已趨平衡，據財政局報告：在收入方面，總計一二八、〇二〇、八七五、三九五、七三三元內，包括三月份結存三、五九二、五七七、三五八、五五五元中央補助收入九六、九八一、〇六四、三〇〇元，稅課收入一二〇、五三五、七四九、二〇六、五二二元，公產孳息收入六七八、六二〇、三二〇元，規費收入八一五、七三一、九八五、六八元，懲罰及賠償收入九九、五二八、二五二元，其他收入三〇三、九九三、九七二、九八八元：借入款四、五〇〇、〇〇〇、〇〇〇元，暫收款五一三、六一〇、〇〇〇元。支出方面，總計為九〇、一六四、五〇三、八五〇元，內包括經常費三、三七二、七三五、〇〇〇元臨時費二三、五六八、五五八、八五〇元，生活補助費六三、二二三、二一〇、〇〇〇元收支相抵結存三七、八五六、三七一、五四五、七三元。

法　規

中央法規

中華民國總統府組織法

三十七年五月一日國府令公布

第一條　總統依據憲法行使職權，設總統府。

第二條　總統府置資政若干人，由總統就勳高望重者遴聘之，對於國家大計，得向總統提供意見，並備諮詢。

第三條　總統府置秘書長一人，特任，承總統之命，綜理總統府一切事務，並指揮監督府內所屬職員。

總統府置副秘書長一人，簡任，輔助秘書長處理事務。

第四條　總統府置參軍長一人，特任，承總統之命，辦理有關軍務事項。

第五條　總統府設左列各局。

一、第一局　掌理法令文告之宣達、文書之撰擬保管、印信之典守、會議紀錄等事項。

二、第二局　掌理機要文件之撰擬、機要案件之查簽及轉遞、調查材料之研究整理事項。

三、第三局　掌理有關軍事命令之宣達、文件之承轉及其他有關軍報事項。

四、第四局　掌理各項典禮、閱兵、出巡、授勳、國際禮儀、接待外賓等事項。

五、第五局　掌理印信關防官章之鑄造、勳章獎章獎旗紀念章之製發、本府所頒法規及公報之編印、職員錄之刊行、公文用紙之劃一印製等事項。

六、第六局　掌理本府庶務出納、來賓登記、交際、交通、衛生、醫藥等事項。

七、機要室　掌理有關機要電務事項。

八、侍衛室　掌理有關侍衛事項。

第六條　總統府置典璽官一人，由第一局局長兼任之，承秘書長之命，典守國璽。

第七條　總統府置秘書十二人至十八人，簡任，承秘書長之命，辦理撰擬審核重要文件及其他特交事項。

第八條　總統府置參事四人至六人，簡任，承秘書長之命，辦理撰擬命令審核方案及特交核議事項，必要時得置專門委員三人至七人，荐派或簡派，襄助辦理。

第九條　總統府置編審十四人，荐任，其中四人得為簡任，承秘書長之命辦理呈府備案各項規程章則及各機關工作報告之審核編輯等事項。

第十條　總統府置參軍十人至十五人，就現役陸海空軍將官中任命之，承參軍長之命，辦理有關軍務及特交事項。

第十一條　第一局置局長副局長各一人，簡任，科長七人，專員三人至五人，速記員二人，均荐任，科員六十人，委任，其中二十三人得為荐任，書記官四十九，事務員十三人，均委任，雇員五十四人。

第一局設總收發室，掌理府內文件之總收發及登記分配事項，置主任一人，荐任，科員九人，委任，其中三人得為荐任，書記官五人，事務員三人，均委任，雇員五人。

第十二條　第二局置局長副局長各一人，簡任，科長三人，專員二人，均荐任，科員十八人委任，其中八人得為荐任，書記官十一人，事務員三人，均委任，雇員十人。

第十三條　第三局置中將局長一人，中少將副局長一人或二人，少將高級參謀五人至七人，上中少校參謀十五人至二十一人，中少校副官一人至四人，上中尉副官三人，並置秘書四人至八人，荐任，其中四人得為簡任，科員十五人至二十三人，委任，其中十人得為荐任，書記官十人至十五人，繪圖員二人，事務員三人至六人，均委任，必要時得置專門委員一人或二人，荐派或簡派，分科辦公時，科長由高級參謀兼任之，雇員八人。

第十四條　第四局置中將或簡任局長一人，少將或簡任副局長一人，上校或荐任科長三人，並置秘書一人，荐任或簡任，科員十二人至十六人，委任，其中八人得為荐任，書記官四人，事務員六人，均委任，必要時得置專門委員一人或二人，荐派或簡派，雇員四人。

第十五條　第五局置局長副局長各一人，簡任，技正三人至五人，荐任，其中二人得為簡任，科長三人專員二人均荐任，科員二十人，委任，其中六人得為荐任，技士十人，委任，其中三人得為荐任，技佐十二人，書記官十九人，事務員六人，均委任，雇員七十八人。

第五局設鑄印工廠、製章工廠，印刷工廠，各置廠長一人，荐任。

第十六條　第六局置中將或簡任局長一人，少將或簡任副局長一人，上校或荐任科長七人，科員十五人至三十七人，委任其中十人至二十六人得為荐任，書記官十人至十五人，事務員十五人至三十人，均委任，主任醫官副主任醫官各一人，荐任或簡任，醫官五人，荐任，司藥三人，看護長一人，均委任，雇員三十人。

第十七條　機要室置主任副主任各一人，秘書二人，均簡任，科長二人，視察四人，均荐任，科員二十人，委任，其中六人得為荐任，雇員二人。

第十八條　侍衛室置中將侍衛長一人，少將副侍衛長三人，上中少校侍從武官四人，上中少校侍衛官十六人，上中少校警務員十六人，上中少尉侍衛官十二人，上中少尉警務員十二人，上中少尉侍衛四十二人中校參謀二人，中少校副官二人，並置秘書一人，荐任或簡任，書記官二人，事務員二人至四人，均委任，雇員二人。

第十九條　第三局第四局第六局機要室侍衛室之科員事務員繪圖員，按其學歷經歷，得為軍職銓敘。

第二十條　總統府設人事處，置處長一人，簡任，依法律之規定，掌理本府人事管理及奉交有關人事之查簽登記等事項。人事處置科長三人或四人，荐任，科員三十三人，委任，其中十五人得為荐任，書記官十六人，事務員一人，均委任，雇員十九人。

第二十一條　總統府設會計處，置會計長一人，簡任，依法律之規定，辦理本府歲計會計事項。會計處置科長二人或三人，荐任，佐理員二十三人，委任，雇員二人。

第二十二條　總統府設統計室，置主任一人，荐任，依法律之規定，辦理本府統計事項。
統計室置佐理員十二人，委任，雇員一人。

第二十三條　總統府設警衛總隊及軍樂隊，其編制由秘書長會同參軍長擬訂，呈請總統核定之。

第二十四條　總統府置參議若干人，由總統府聘任之。

第二十五條　總統府設國策顧問委員會及戰略顧問委員會，其組織均另以法律定之。

第二十六條　總統府設稽勳委員會，其組織另以法律定之。

第二十七條　中央研究院、國史館、國父陵園管理委員會隸屬於總統府，其組織均另以法律定之。

第二十八條　總統府處務規程，由秘書長擬訂，呈請總統核定之。

第二十九條　本法施行日期，以命令定之。

黃金外幣買賣處罰條例

三十六年十二月十九日國府令公布

第一條　未經法令許可，買賣黃金外幣或以黃金外幣代替通貨作為交易收付者，處一年以下有期徒刑，拘役或科或併科相當於買賣標的物價額一倍以下之罰金。

如屬銀錢行莊撤銷其營業執照，處經理人一年以下有期徒刑，併得併科相當於買賣標的物價額一倍至三倍之罰金，非銀錢業而以非法買賣黃金外幣為常業者，亦同。

前項黃金外幣，不問屬於犯人與否，沒收之，其供收買黃金外幣所用之財物，併沒收之，如全部或一部不能沒收時，追徵其價額。

第二條　攜帶黃金出國境者，每人以關秤二兩為限，攜帶外國幣劵出國境者，每人以美金一百元或其等值之其他外幣為限，超過者由海關沒入，其超過之數，但經政府允准者不在此限。

（三十六、十二、修正）

第三條　凡入國境隨身攜帶之黃金，每人以關秤拾兩為限，隨身攜帶之外幣每人以美金壹百元或其等值之其他外幣為限，其超過限額之數，應向海關報明登記，於入境之日向當地中央銀行或其委託之兌換處所依市價兌領國幣，經海關查問而隱匿不報者，由海關沒入之。

第四條　凡過國境旅客，每人隨身攜帶之黃金或外幣超過前條規定限額者，其超過部份，得於入境時向海關報明登記，繳由海關代為保管，於六個月內出國時，憑保管證及出國證明文件領回原物，逾限由海關送由中央銀行依市價兌換國幣，憑保管證發還。

第五條　依本條例沒收沒入及追徵之物，應卽繳歸國庫。

第六條　本條例自公布日施行。

地方國民教育經費整理及增籌辦法

（審查修正本）

行政院三十七年四月二十八日（卅七）國防字第二〇七〇七號令頒

第一條　國民學校及中心國民學校（以下簡稱國民學校），依法應隸屬縣政府其經費列入縣預算統籌支給，幷由縣政府依照憲法規定參酌地方實際情形，逐漸遞增，以資充實。

第二條　國民學校應依照規定切實籌募基金，其已籌得之基金，應限期完成捐贈手續，確定所有權。

第三條　國民學校經常費如縣級財政不敷開支時，應依照下列規定增籌之。

一、經縣參議會之決議及省政府之核准舉辦「學谷捐」學谷捐之捐率及其實施辦法，應視地方國民學校經常費之需要，由縣政府依照人民財富及其負担能力分別規定，呈准省政府核定施行，並報財政教育兩部備查。

在綏靖區之各縣市不予適用。

二、鄉鎮公有款產收益及鄉鎮造產收益應以百分之五十撥充國民學校經常費。

三、以上兩項收入，應作專款處理，公布收支，不得挪用。

第四條　國民學校臨時不敷時，應由縣政府發動社會人士捐募國民學校建築設備及充實圖書儀器等費，以人民自願樂輸為原則。

第五條　各縣應即依法確立教育特種基金，其原有之學款學產應切實整理，將溢收歸入特種基金。

第六條　各地方應先就原有國民學校數量切實增籌經費充實內容，俟財力充裕後，再行增校增班。

第七條　本辦法施行後以前所有之一切攤派及學校征收之各費，均一律禁止。

第八條　本辦法自公布日施行。

國府公報所載中央法規索引　卅七年五月份上半月

本府法規

南京市政府組織規程第十六條第二項修正條文

三十七年五月三日行政院(卅七)日內字第二一五〇六號令頒

第十六條　2.社會局度量衡檢定所置所長一人，荐任，檢定員二人至三人，事務員一人至二人，均委任，幷得用雇員一人至二人。

南京市屠宰稅徵收細則

三十七年五月六日本府修正公布施行

第一條　本細則依照屠宰稅法第八條之規定訂定之。

第二條　本市徵收屠宰稅，悉依本細則之規定辦理。

第三條　凡在本市區內屠宰猪牛羊馬騾五種牲畜，不分牝牡大小及屠宰營業之用或公司團體工廠暨住戶等宰殺自用者，均應徵收屠宰稅，但不得以其他任何名目增收附加稅捐。

第四條　屠宰稅稅率按屠宰之牲畜時值價格一律從價徵收，最高不得超過百分之十。

前項徵收率，應由市政府擬訂，提經市參議會議決，送請財政部備案。

第五條　牲畜時值價格，應以其重量，按每市斤之單價計算(不足一市斤免計)，其單價得依市價或照市社會局之評定價格為標準。

第六條　屠宰稅由徵收機關直接徵收，不得招商包徵。

第七條　屠宰商人或宰戶應於屠宰前，向財政局屠宰稅徵收人員或處所將牲畜種類隻數及屠宰日期報請登記後方得屠宰。

第八條　凡牲畜屠宰分劏成兩邊以後，須經財政局徵收處所派員查驗計斤徵收稅款塡給稅票加蓋驗戳方准持同稅票運出屠宰場售賣或食用，其未設屠宰場之地方，如必須設置屠宰場，應由當地區保長呈請市政府核示，但鄉鎮人民自宰自用之牲畜，除照規定辦理外，得免運入屠宰場宰殺。

前項稅票由財政局印製蓋用局印發交屠宰稅徵收人員或處所加蓋戳記後掣用。

第九條　凡屠宰之牲畜不論市斤重量多寡每畜一隻規定塡發稅票一張稅票格式另訂之。

第十條　凡由市區以外運入本市之鮮肉在二十市斤以上，除持有原屠宰地徵收機關所給已完納屠宰稅之憑證經查驗後予以免徵者外，不論營業或自用，仍應按照本細則第四條之規定計徵稅款。

第十一條　違反本細則第七第八兩條之規定私自屠宰，或未經加蓋驗戳，以及未持同稅票卽行將肉售賣或食用者，除追繳稅款外，並處以應納稅額一倍以上五倍以下之罰鍰。

第十二條　凡持過期屠宰稅票運售各項屠宰牲畜者，除追繳稅款外，並處以應繳稅額二倍以上五倍以下之罰鍰。

第十三條　凡由市區以外運入鮮肉二十斤以上者，未經報請財政局屠宰稅徵收人員或處所查驗，經查獲者，除追繳稅款外，並處以一倍以上三倍以下之罰鍰。

第十四條　凡僞造或塗改屠宰稅稅票意圖欺詐瞞稅者，除追繳稅款外，並處以應繳稅額一倍以上五倍以下之罰鍰。

第十五條　屠宰稅罰鍰，由法院以裁定行之，對於前項裁定得於五日內抗告，但不得再抗告，法院得酌定期限命受罰人繳納罰鍰及應追繳之金額逾限不繳者，強制執行之。

第十六條　屠宰稅罰鍰依財務罰鍰處理辦法處理之。

第十七條　本細則由市政府提經市參議會議決，送請財政部核定後公布施行。

備註：原南京市屠宰稅徵收細則載本公報第二卷第八期第二五四頁，現已廢止。

南京市營業牌照稅徵收細則

三十七年二月　日本府修正公布施行

第一條　本細則依照營業牌照稅法第十六條之規定訂定之。

第二條　凡在本市區內經營商業，除履行商業登記外，並應依照本細則之規定，於營業開始前，塡具申請書，經徵收機關調查核定稅額，徵收稅款，發給營業牌照後，方准開業（申請書式另定之）。

第三條　營業牌照稅按資本額及營業種類劃分等級徵收，凡屬左列各種商業其資本額在五百萬元以上者，徵收千分之三十，不滿五百萬元者免徵，但仍須按章請領牌照，酌收工本費每張壹萬元。

一、戲館、電影院、戲茶廳、音樂廳、書場、球場、彈子房、溜冰場、遊藝場、雜耍場。

二、中西餐食業、麵點業、茶館業、清涼飲食店、甜食店、咖啡店。

三、旅館、堆棧、倉庫、轉運業。

四、屠宰業（包括屠戶湯房肉案等）。

五、牙行、委託拍賣商行、典當舖、皮貨業、估衣業。

六、理髮店、浴室。

七、海味乾菓業、糖食罐頭食品水菓業、醃臘業、野味業、雞鴨業。

八、珠寶首飾、玩具樂器、金銀器業。

九、化妝品業、鐘表、鑲牙、照相、及西式木器業、中西服裝業、綢緞呢絨業。

十、迷信品業、婚喪儀仗業、爆竹業、香燭業。

十一、捲煙釀酒業、煙酒零售業。

十二、參茸燕窩銀耳業。

十三、其他經財政部核定應行取締之營業。

第四條 凡不屬於右列之各種商業，其資本額在五百萬元以上者徵收千分之十，不滿五百萬元者免徵，但仍須按章請領牌照，酌收工本費每張一萬元。

前項資本額內徵收機關依據原報資本額，或帳册所載實收股本加公積準備盈餘滾存等項合併計算之，其無帳册可查，或帳册所載不實者，得依其營業狀況估定之。

第五條 營業牌照稅不得以其他任何名目增收附加稅捐。

營業牌照每年更換一次，於每年度開始第一個月換發之，繼續營業之商號於換發營業牌照時，應重行申報其資本額營業牌照稅按年於換照時徵收其在年度開始半年以後開業者，減半徵收之。

第六條 同一商店兼營兩種以上業務而其資本各別獨立者，應分別納稅領照。

第七條 左列各種營業分別減免其營業牌照稅。

一、純粹官營之各種商業，照原稅額減除百分之二十。

二、產銷合作社專銷其社員產品者，照原稅額減除百分之六十。

三、依公司法組織經註册登記者，照原稅額減除百分之二十。

四、消費合作社專對社員營業者，及監獄工廠及慈善團體附設工場之銷售所專銷其手工產品者均免徵營業牌照稅，但仍須按章請領牌照，酌收工本費每張一萬元。

第八條 工廠就其廠內躉售產品免徵營業牌照稅，但設立門市部零售產品，或於廠外另設營業所者，仍應照徵營業牌照稅。

第九條 官商合營之各種商業，均照徵營業牌照稅。

第十條 凡營業人增資改組改換營業種類，或由承頂人營業者，均應繳銷舊照，另行納稅，重領新照，但增加資本或改換營業種類者，其原納稅額得扣除之，其遷地營業者亦應繳銷舊照，換發新照，不另納稅，酌收牌照工本費一萬元。

第十一條 凡營業商店未經請領營業牌照而遽行開業者，除勒令停業外，并處以應納稅款二倍至五倍之罰鍰。

第十二條 違反本細則第三條之規定，如營業人抗拒檢查帳册，處以五萬元以下之罰鍰，情節重大者，并得勒令停業。

違反本細則第五條之規定，如營業人不遵照規定期限換領營業牌照除飭補繳應納稅款換照外，並處以應納稅款一倍至三倍之罰鍰。

違反本細則第十條之規定，除飭補稅換照外，並處以應納稅款一倍至三倍之罰鍰。

第十三條　營業牌照不得轉賣讓與或借用，倘有違反，處以五十萬元以下之罰鍰。

第十四條　歇業時，應於一個月內將所領營業牌照呈請註銷，違者處以十萬元以下之罰鍰。

第十五條　前三條之罰鍰不適用罰金罰鍰提高標準條例之規定。

第十六條　營業人申報資本額不實，或僞造帳册希圖短稅者，經查明除飭照章補稅幷處以二倍至五倍之罰鍰外，情節重大者得勒令停業。

第十七條　各營業商店收到徵收機關核定稅額繳款通知單時，應於五日內繳清稅款，請領營業牌照存執，如逾期不繳者，每逾期三日卽照應納稅額加收滯納金十分之一，照此類推，以至應納稅款之同額爲止，如逾期一個月以上尚未清繳者，得停止其營業追繳欠稅及滯納金，在未據清繳前不得復業。

第十八條　營業牌照應置於顯明處以便檢查，如有遺失應呈明遺失情形，經查明屬實者得補發新照，幷酌收工本費一萬元。

第十九條　本細則之罰鍰，由法院以裁定行之。對於前項裁定得於五日內抗告，但不得再抗告，法院得酌定期限令受罰人繳納罰鍰，逾期不繳者，強制執行之。

第二十條　依本細則所處之罰鍰，應依財務罰鍰處理辦法處理之。

第二十一條　本細則提經市參議會議決，幷函准財政部核定後公布施行。

備註：原南京市營業牌照稅徵收細則載本公報第三卷第六期第二〇七頁。

本府大事記

五月份上半月份

一日（星期六）

▲開征臨時市政建設捐。

三日（星期一）

▲舉行記者招待會，汪局長祖華報告本年度徵兵工作計劃。

四日（星期二）

▲第七屆全運會之本市代表隊赴滬出席。

五日（星期三）

▲營業稅徵收處遷入本府辦公。

▲市長赴五台山草坪檢閱本市童子軍。

▲工務局召集本市各公用事業單位代表商討本月份公用事業調整價格問題。

▲新聞處設宴歡迎江西新聞界京滬訪問團。

▲社會局與新運會合辦之第十屆新生活集團結婚在勵志社舉行。

七日（星期五）

▲社會局調解三輪車勞資糾紛，成立協議復工。

八日（星期六）

▲舉行第一二六次市政會議。

十日（星期一）

▲民政局召集各區保安組長舉行兵役座談會。

十一日（星期二）

▲民政局汪局長祖華辭職，由本府劉參事愷鍾繼任。

▲英國太平洋艦隊司令包毅德來訪市長。

十二日（星期三）

▲舉行房屋救濟委員會籌備會議。

十三日（星期四）

▲召開民衆自衛隊訓練委員會議。

十四日（星期五）

▲市長設宴歡迎包毅德。

▲舉行第一二七次市政會議。

十五日（星期六）

▲開始本年度徵兵工作。

會議紀錄

南京市政府第一二五次市政會議紀錄

時間：三十七年四月三十日上午九時
地點：本府會議室
主席：沈市長　紀錄：史崇訓

報告事項

秘書處報告　奉交下自來水管理處簽呈一件，爲敷設水管後修復路面費用之調整，係根據工料估計與水費調整百分率之比例不合，此項費用應由工務局依照工料時値隨時調整通知本處辦理，較爲妥善，謹將鈞府第一二二次市政會議通過之修正供水章程第廿三條重加修正，俾符實際，是否有當，請鑒核示遵等情一案，經參事室審核，尚屬切合是實，並參酌工務局意見，將該條條文酌予修改，請核奪等情，奉　批「照辦仍提市政會議報告」等因，除遵擬指令外，特爲報告，幷附修正條文於後

修正供水章程第二十三條條文

修復路面費，依照本市工務局規定之單價，按路面種類及面積計算之。

土　路　每平方公尺十萬元。
彈石路　每平方公尺三十萬元。
碎石路　每平方公尺四十萬元。
柏油路　每平方公尺九十萬元。
混凝土路　每平方公尺一百五十萬元。

前項費用由本處代收，每月終解繳市庫嗣後工務局如因工料費漲落而單價有增減時，隨時通知本處調整之。

討論事項

1.市長交議：據民政局簽擬「首都消防委員會組織規程草案，」提請討論案。
決議：交參事室會同有關各單位審查，再提會討論。

2.市長交議：爲空軍總司令部洽購御史廊土地案內有第八民衆學校基地一坵及其他市有空地廢官路官溝等四坵，可否依照四周民地價格轉讓，提請討論案。
決議：該五坵市地在空軍總司令部洽購御史廊土地範圍內，本府旣難單獨使用，姑予照四周民地價格轉讓，並函徵市參議會同意。

3.市長交議：據地政局簽爲照本市促進公地利用辦法規定，選定公地十九坵放租，請審定公佈，提請討論案。
決議：放租方式採用投標制租金標額底價，應就現市價核計，由地政局會同財政局參事室研擬辦法。

4.市長交議：據秘書處工務局社會局會簽爲本府籌建平民住宅一案，擬先開闢棚戶區及平民住宅區各二處，並經勘定其地點及所需基地面積，擬分別征用暨保留撥用，提請討論案。
決議：先開闢棚戶區及平民住宅區各二處，所定基地，公地部份保留撥用，民地部份由地政局依法征用。

5.市長交議：據本市鐵路管理處簽擬「南京市鐵路管理處組織規程草案，」提請討論案。
決議：函准交通部同意後提會報告。

臨時動議

參事室
財政局會提：擬調整各項行政規費徵收標準提請核議案。

決議：自五月份起，照審查修訂徵收標準施行。（新訂徵收標準見市政要訊欄）

南京市政府第一二六次市政會議紀錄

時　間：三十七年五月七日上午九時

地　點：本府會議室

主　席：沈市長　　　紀錄：史崇訓

討論事項

1.市長交議：據財政局簽擬「南京市勘報災歉施行細則草案」，提請討論案。

決議：交參事室照審查意見修正簽核後，呈請　行政院核定施行，并提會報告。

2.市長交議：據地政局簽為學風文藝社呈請准予提前租用第五區第七五〇段市地建築社址，提請討論案。

決議：暫予保留。

3.地政局財政局參事室會提：為遵照第一二五次市政會議決議，擬具放租市地處理原則兩項，提請核議案。

決議：一、放租方式採用招標制。

二、核計租金標額底價所依據之地價，應以接近市價為準。

三、已放租之市有房地未滿期者，其租金應衡酌市價租金實況予以調整，已滿期者應予收回另行招標放租，統由財政局擬訂辦法提會討論。

四、辦理放租程序及職權之劃分，照所擬原則通過。

臨時動議

1.工務局提：據首都電廠呈，現於下關籌建二十萬瓩發電新廠，其基地上有錦州路計劃線穿過，擬請准予取消，以利建築，是否可行，提請核議案。

決議：取消錦州路計劃綫，並呈請　行政院備案。

2.財政局提：擬函市參議會將送請審議之修正本市房捐徵收細則第二十四五兩條刪除，以符實際，提請核議案。

決議：函請市參議會退回所擬修正房捐徵收細則，再併案提會討論。

3.財政局提：准市參議會函復修正本市計算土地增值稅額辦法擬照案施行，提請核議案。

決議：照案施行，函復市參議會查照，并報財政地政兩部備查。

人事動態

三十七年四月十四日至四月二十七日止

姓名	服務單位及職別	動態	到離職日期
黃永江	市府調查室科員	新任	四月十六日
宋以彰	財政局人事佐理員	新任	四月十四日
廖新民	財政局營業稅征收處稅務員	新任	四月十四日
張洪鈞	財政局營業稅征收處稅務員	新任	四月十五日
沈琳琪	財政局營業稅征收處稅務員	新任	四月十七日
劉寬	財政局營業稅征收處稅務員	新任	四月二十日
李泰觀	財政局營業稅征收處稅務員	新任	四月二十一日
朱長龍	財政局營業稅征收處稅務員	新任	四月二十二日
徐鳴和	財政局營業稅征收處額外雇員	新任	四月二十三日
張紀良	財政局稅捐稽征處額外征收員	新任	四月二十七日
許天定	地政局技術室技正	新任	四月二十六日
沈培初	財政局營業稅征收處調查員	調任財政局營業稅征收處稅務員	四月二十日
范嘉穀	財政局營業稅征收處調查員	調任財政局營業稅征收處稅務員	四月二十日
柯德溶	財政局營業稅征收處股員	調任財政局營業稅征收處稅務員	四月二十日
劉靜敏	地政局土地測量隊繪圖員	調任地政局第一科辦事員	四月二十日
瞿少卿	財政局營業稅征收處股長	調任財政局營業稅征收處稅務員	四月二十一日
李震初	財政局營業稅征收處股員	調任財政局營業稅征收處稅務員	四月二十一日
李敦三	財政局營業稅征收處股員	調任財政局營業稅征收處稅務員	四月二十一日
陳志禹	財政局營業稅征收處股員	調任財政局營業稅征收處稅務員	四月二十一日
徐繡文	財政局營業稅征收處股員	調任財政局營業稅征收處稅務員	四月二十一日
陳賢齊	財政局營業稅征收處額外調查員	調任財政局營業稅征收處稅務員	四月二十一日
廖長郁	財政局營業稅征收處查征員	調任財政局營業稅征收處稅務員	四月二十一日
楊彥寒	財政局營業稅征收處查征員	調任財政局營業稅征收處稅務員	四月二十一日
朱孝利	財政局營業稅征收處查征員	調任財政局營業稅征收處稅務員	四月二十一日
嚴振	財政局營業稅征收處查征員	調任財政局營業稅征收處稅務員	四月二十一日
陳鍾傑	財政局營業稅征收處查征員	調任財政局營業稅征收處稅務員	四月二十一日
曹承蔭	財政局營業稅征收處查征員	調任財政局營業稅征收處稅務員	四月二十一日
王嵩年	財政局營業稅征收處查征員	調任財政局營業稅征收處稅務員	四月二十一日
沈華甫	財政局營業稅征收處查征員	調任財政局營業稅征收處稅務員	四月二十一日

周宏順	財政局營業稅征收處查征員	調任財政局營業稅征收處稅務員	四月二十一日
侯峴麟	財政局營業稅征收處查征員	調任財政局營業稅征收處稅務員	四月二十一日
蔣洵	財政局營業稅征收處查征員	調任財政局營業稅征收處稅務員	四月二十一日
盧榮宗	財政局營業稅征收處查征員	調任財政局營業稅征收處稅務員	四月二十一日
朱耀輝	財政局營業稅征收處查征員	調任財政局營業稅征收處稅務員	四月二十一日
周泰煊	財政局營業稅征收處查征員	調任財政局營業稅征收處稅務員	四月二十一日
邱少雲	財政局營業稅征收處查征員	調任財政局營業稅征收處稅務員	四月二十一日
張祿鼎	財政局營業稅征收處查征員	調任財政局營業稅征收處稅務員	四月二十一日
張豹	財政局營業稅征收處查征員	調任財政局營業稅征收處稽征員	四月二十一日
張履平	財政局營業稅征收處查征員	調任財政局營業稅征收處稽征員	四月二十一日
王瑋清	財政局營業稅征收處查征員	調任財政局營業稅征收處稽征員	四月二十一日
徐同春	財政局營業稅征收處查征員	調任財政局營業稅征收處稽征員	四月二十一日
方宗皙	財政局營業稅征收處查征員	調任財政局營業稅征收處稽征員	四月二十一日
任冶棟	財政局營業稅征收處股員	調任財政局營業稅征收處稽征員	四月二十一日
吳廣銓	財政局營業稅征收處調查員	調任財政局營業稅征收處稽征員	四月二十一日
莫誰敵	財政局營業稅征收處額外調查員	調任財政局營業稅征收處稽征員	四月二十一日
劉榮華	財政局營業稅征收處額外調查員	調任財政局營業稅征收處稽征員	四月二十一日
李宗岐	財政局營業稅征收處額外調查員	調任財政局營業稅征收處稽征員	四月二十一日
張樹人	財政局營業稅征收處雇員	調任財政局營業稅征收處稽征員	四月二十一日
施正縉	財政局營業稅征收處文書股股長	調任財政局稅捐稽征處第四股股長	四月二十一日
劉可宗	財政局額外專員	調兼財政局額外專員兼市產室主任	四月十八日
汪興基	民政局第四科辦事員	晉升民政局第四科科員	四月十七日
李齊篔	民政局視察室雇員	晉升民政局視察室辦事員	四月十七日
徐淦泉	財政局稅捐稽征處辦事員	改派民政局視察室雇員	四月二十七日
楊先進	財政局稅捐稽征處額外專員兼第四股股長	免兼職	四月二十一日
陳鍾熙	財政局第三科科長兼市產室主任	免兼職	四月十八日
歸廷福	市府調查室科員	辭職	四月十五日
黎樹昌	財政局人佐理事員	辭職	四月十日
方雄昌	財政局營業稅征收處額外雇員	辭職	四月三日
陳其福	地政局土地登記處地價組組長	調兼地政局土地登記處地價組組長兼估計事員	四月二十六日

南京市政府公報 第四卷 第十期

論社會救濟

魏永清

觀念的改變

一般人對於救濟事業有一個錯誤的觀念，就是貧苦殘疾的人是很可憐的，給予救濟是給與恩惠，這是由於慈善的觀念，所以救濟事業一向是由宗教團體去辦。對於這些廣大人民的需要，政府是有責任的。在一個民主國度裏，一切國民的價值和身份是相等的，「社會公道」是基於人類價值均等，醫藥和教育的機會均等。

人類生來都是平等的，賢愚不肖乃是環境造成的，在一個眞正民主國裏，沒有特權，沒有階級，人人都有權利要求良好的環境和均等的教育機會；況且特權階級的享受，有時是建築在貧病人們的痛苦上的，所以往大處想救濟同胞是人類的天職，救濟國民是政府的責任。

因此社會上流浪兒童的教養是政府的責任，不是政府的恩惠；失業青年的輔導就業，退伍軍人的訓練轉業，聾啞盲殘者的教養訓導，特種婦女的救濟，貧苦老人的收養，整個國民的健康，和一般人民食衣住生活水準的提高，都是政府的責任，不是政府的恩惠。

一般人對於救濟事業還有一個錯誤的觀念，就是救濟是衣食金錢等物質的給予，是維持被救者的生活，這是消極的。其實現代的救濟事業是由消極的觀念進到積極的觀念。積極的救濟不只是使被救濟者吃的飽穿的暖，乃是使他們恢復自力更生的能力。受救濟不過是一個過渡的時期；這個時期自是愈短愈好。因此救濟流浪的兒童乃是給以營養和受教育的機會，使他們將來可以自謀生活的出路，並且使他們的天才亦不因孤苦無依而湮沒。佛蘭克林、愛迪生幼時何嘗不是流浪兒童呢？

盲啞殘疾者，普通我們都認爲是廢人，救濟他們乃是使他們不受凍餓，其實盲啞殘疾者若受相當訓練，仍是可以對社會有貢獻，仍可恢復其謀生的能力。此外如一切失業的游民，街頭的妓女，都可由消極者變成生產者。蘇聯的禁娼辦法乃是先給以轉業訓練，使他們先有工作，然後娼妓不禁自絕。

方法的考慮

「救濟」二字所給予人的印象是對貧苦人們的衣食給與，其實救濟不全是給予物質的援助，物質救濟是必須的，但物質救濟如果運用不得當，也足以使受救濟者更依賴，更敗壞，人格更墮落。在街上看到貧苦的成年人或兒童向你乞討時，由於惻隱的心腸，你便給他錢，在你認爲是救濟，殊不知這是錯誤的，因爲你在培養他的依賴性，這種不勞而獲的金錢是容易的，故此乞討便成了他們的職業，他們再不願求上進了。你給他錢，便是毀壞他。這樣不分靑紅的「救濟」是有害的。

救濟必須從基本入手，方有效果，救濟要按着受救濟人的需要，人的需要不同，所以受救濟的性質也不同。怎樣能知道人的需要呢？這不能不借重於社會調查法，尤以個案調查法最爲重要。

個案調查法在救濟工作中相當於醫病的診斷。診斷是醫生找出一個病源，於是把病人的飲食、起居、住房、衛生、來往朋友等可能的病源和一切的病象都研究了，然後才能斷定是什麼病，然後才能開藥方，最後才能按方服藥。經過相當時期，病才能醫好。

救濟事業中的個案工作是把需要救濟人的一切家庭歷史和現狀，個人歷史、環境、教育、經濟狀況、工作能力、性情、人格、特殊技能、身體健康、心理情緒、來往朋友等等加以詳細考察，審慎分析，尋求其困難所在和原因，然後按着他的需要，設計一個解決的方案，再照着設計逐步施行出來。

由這個方法所發現的，也許是一個人的健康很壞，需要營養或者需要醫療；也許是他的特殊技能無法施展或者缺乏資本；也許是他需要教育；一切按着需要準備個別的救濟計劃去實施。

受救濟人的個案記錄，應當詳細，並應妥愼保存，救濟的經過情形，應當按着日期隨時記錄。如果主辦人員更替時，案情是銜接的，不致中斷，不致使後接的人感到棘手。一個受救濟人不到復員或者能自立時，該案不算結束。就是該受救濟人能自立而救濟停止後，該案仍不能算結束，因爲仍然有一種事後訪問工作需要繼續。即使一個受救濟人已能自立，主持救濟工作的人或機關仍要與他聯繫，過一相當時期，如一個星期，一個月，或半年去訪問一次，看他是否仍需協助

路有乞丐，街有娼妓，市有游民，野有餓莩，這是國家的恥辱，這表示一個國家沒有能力照顧國民的生計，因此政府應當一方面努力求經濟的展開，工商業的復興；一方面要拿出錢來救濟所有不能生活和失業的人。政府不應當吝惜這筆錢。救濟工作不一定要全用類似救濟院的機關，事實上也不可能。所以除了我們所熟知的「院內救濟」外，尚有「院外救濟」。院外救濟是比較範圍大些，也比較經濟；但調查施救和監督的工作是非常繁重的，而且是必須受過訓練，有相當經驗的人才可以担當。

院外救濟工作的開始，可以先把一個城市劃分爲幾個救濟區域。這種社會救濟區不一定與行政區域相同。在每個區域裏設一個救濟站，每站設有受過訓練的調查員若干人，經常在他本區域裏作調查的工作，凡某區中的貧病、失業、殘疾、娼妓、游民、孤老無依、幼童、乞丐等，都可到該區救濟站去申請救濟。而那區內的社會救濟調查員等，對該區應受救濟的人，都應瞭如指掌，存有記錄。每星期有三次或二次會報，區裏的調查員等均出席報告調查結果，討論並計劃救濟方案，決定並實施救濟，每星期各區救濟站主任應由上級機關召集一次，報告已受救濟者的情形，免得重複，討論並交換救濟上的實際經驗。

這種劃區設救濟站的辦法，在歐西各國多已施行，美國紐約城即其一例。紐約城約分十餘區，每區均有受過訓練的調查員近百人，作者曾參觀過幾個救濟站，見他們工作緊張，規模宏大，一切記錄及受救濟人姓名卡片索引都井然有序，一索便得。

救濟的方法不外(1)把流浪兒童送入教養機關教養，即或教養機關都滿額，不能再收容時，仍可採用兒童寄養的方法，由政府津貼寄養兒童於商店習藝，或寄於合適人家留養。(2)失業青年的救濟，可設法介紹職業或收訓轉業，或用工振方法救濟他們。第一次世界大戰後，美國經濟凋敝，失業衆多，由於羅斯福的新政，政府從一九三三年起，收訓失業青年。於一九三五年政府收訓一七至二八歲的青年達五十九萬三千餘人，分散在二六五二個訓練中心，花了一、一七三、四〇萬美元，到一九三六年九月，三年半中共收訓了並救濟了一百六十萬人。(3)殘疾人應當送他們到教養所施以技能訓練。(4)貧病患者設法送入免費醫院或施醫處所。如果能仿照北平市設立區域衛生事務所的辦法，在救濟站中，除了調查員外，增設醫師護士助產士等，經常在各該區域內巡迴看顧貧病患者，則更爲完美。(5)年老無依的人既沒有那末多老人院可以收留他們，則可採用按月津貼方法，與以食物票，憑票到特約商店去取食物生活，政府則按時與商店憑票結帳。

推斷一個國家民主與否，前進與否，最好的方法是看他們的社會

事業和救濟工作有無辦法，成績如何。這二樣是成正比例的。愈是前進的國家，社會事業與救濟工作愈是發達。因爲社會事業與救濟工作是以「人」的均等價值爲出發點，這也正是「民主」的基本哲學。

我國新都市計劃的技術問題

李靜一

設計新都市須有一定的基本原理，在設計的當中，我們不僅應統一都市的式樣，同時更應注意美的創造。現在我們就都市的技術設計問題加以討論。

（甲）平面的布置　從藝術或工學任何其他方面說，進化的定律是從複雜到單純，從曲線到直線。站在現代的美學觀點上說，新都市的平面應是「直線」的型式。因此，都市的道路，雖受地形的限制，但必須以直線爲原則，換言之，街道的布置須是棋盤式的。因爲交通發達的結果，使距離縮短。過去以曲路可以減少步行疲倦的說法，已毫無理由。在交通繁雜之後，加以速率大增，曲路最易發生事故。棋盤式街道的都市，既有幾何秩序的美，幷可使建築物構造簡易。我國舊都市的道路既順其自然發展，建築物又任意擇地營造，這是我國都市萎靡的最大原因。

（乙）交通　由於交通工具的發達及人口向都市的集中，交通問題成了現代都市的難題之一。今天都市交通最嚴重的問題是交通系統的混亂，以致事故日多。至於市心的擁擠阻塞情形，尤令人焦心。因此廣闊的單純的路線，計劃井然的棋盤型式市街，適足以解決這交通的問題。然而棋盤型市街的缺點是义點太多。爲消除這個缺點，交义處將任一方面的路線加高一層，這樣可以補其缺點。

（丙）私人用地之控制　在都市當中，私人用地普通恆佔全市面積十分之六七，對此等用地之控制，自應列爲主要設計之一。其方法應爲：

實行分區制度——分區制度卽將全市土地按其使用劃爲若干地區，而對市內一切設施建築加以地域限制之謂。實行分區之後 不僅經濟便利，且可穩定地價，減少土地投機。

建築線之規定——建築物除特許外，不得突出須布道路路線以外。

建築物之限制——如建築物之高度，空地之面積，以及構造之設備等均加以限制，以達安全衞生之目的。

對於私人用地之如此限制，可收下列效果：第一、可以分散市面利用之方式，保持合理而齊一狀態；第二、可使各種市地得爲適當比例的利用；第三、可緩和市地利用的擁擠，特別是在交通和住宅方面；第四、可以減少推廣市地的費用，使爲合理的，有秩序的發展。

（丁）衞生工程之設計　我國舊都市最大的缺點就是不衞生。爲要增進市民健康，減少病症之發生及死亡率之增長起見，衞生工程之設計應列爲今後新都市設計中之一要項。無論對於給水工程、溝渠工程、綠面工程或空氣之調劑、垃圾之處理，均須妥適設計。在日常生活中，給水工程對於吾人的影響太大，許多病菌，如霍亂傷寒等病症，多由水的傳染。至溝渠工程，其重要不亞於給水工程。舊都市沒有注意排污問題，對於污水無法處理，造成都市罹病率與死亡率的增高。且舊都市對於垃圾之處置不妥當，爲蒼蠅蕃殖的良所，而增加病菌傳染的機會，這對於整個民族健康關係太大。其次所謂綠面工程乃包括公園、運動場、道路上之樹木，以及一切風景區之增設等。公園是都市的肺，而新都市公園應是文化公園，使入園的市民，於身心怡曠之際，更懷念祖國之偉大。

在都市設計當中，除了上述各問題外，尚須注意市區的防空，建築物之樣式與材料，以及工業地域之計劃等問題，以期計劃一完美之新都市。

南京市政府公報刊例

一、本公報每半月發行一次

二、凡本府例行公文即在本公報發佈不另行文

三、本府所屬各機關於收到本公報時應編號歸檔妥爲保存凡註明「不另行文」文件並應注意遵照

南京市政府公報

第四卷　第十期

中華民國三十七年五月三十一日

編輯者　南京市政府編譯室

發行者　南京市政府

印刷者　大東新興印書館
南京：(四)建鄴路一三八號
電話：二二二二六號

中華民國三十七年六月十五日

第四卷　第十一期

南京市政府公報

南京市政府編譯室編

目錄

專載

一年來之禁烟工作

民政局劉局長愷鍾五月三十一日在記者招待會報告

本市禁政工作曾由衛生社會兩局先後主管，上年五月始由本局接辦，玆將一年來工作擇要報告如左：

（一）確定分工原則　遵照中央規定，除市政府爲主辦機關外，由民政局秉承統籌辦理，警察廳負責查緝，教育局負責宣傳，衛生局負責調戒，法院負責審理。

（二）釐訂施禁步驟　本局辦理禁政，經參照中央提前肅清烟毒辦法，配合本市實際情形，推行之步驟如次：

第一期（三十六年六月十五日前）實施普遍宣導，由教育局會同有關機關辦理。

第二期（三十六年七月十五日前）辦理總複查，在六月十五日前，由本局督飭各區公所辦理。烟民登記，計有烟民六四〇人，另查得嫌疑烟民一一九六人，經移送警察廳偵查辦理，隨卽由市立戒烟醫院發藥自戒，並督導各區保甲辦理聯保連坐切結。

第三期（三十六年七月十五日後）實施總檢舉，曾由市政府頒行烟毒總檢舉辦法一種，規定市民可向左列機關舉發烟毒案件：

1.保辦公處。　2.區公所。　3.市政府民政局。

4.警察局所。　5.警察廳。　6.地方法院檢察官。

實施以來，計破獲烟毒案五九八件，全部烟毒品重一、八二九、六五九兩（截至三十七年四月底止），不論由市民檢舉，抑由機關查獲，均由本局依照規定標準發給獎金。

（三）加強工作聯繫　邀請與禁政有關各機關團體每月舉行禁烟工作會報一次，商討業務有關問題。

（四）保管鑑定烟毒　查緝機關緝獲烟毒品，自三十六年七月份起，由本局驗收保管，至四月底止，烟毒品毛重一八二九・六五九兩經先後邀請有關機關公開鑑定，計合於製藥者一、〇三七・九二五兩已繳解衛生部驗收，其餘於六三禁烟紀念日公開焚燬。

（五）核發烟毒獎金　查獲之烟毒品經公開鑑定後，卽由市政府核發獎金，獎金標準依照物價隨時酌予調整，現行給獎標準如下：

⑴純烟土膏每兩二十萬元

⑵精製嗎啡海洛因高根每兩四十萬元。

⑶粗製嗎啡海洛因高根每兩二十萬元。

總計自本局接辦禁政以來，截至五月份止，共發獎金三〇、五三〇、一五〇元。

（六）督飭區保配合查緝　由各區公所依照聯保連坐辦法配合查緝機關工作，並在保民大會普遍宣導禁令，各區區長工作努力記功者二人，工作怠忽免職者一人，記過者七人。

(七)籌備本年六三禁煙紀念節，已邀請有關機關舉行籌備會兩次，決定於是日上午十時在淮海路中央大舞台舉行各界擴大紀念會，推定沈市長爲主席，並請內政部張部長講演，會後擬焚燬烟毒品八七一・一八四兩。

(八)今後工作展望　本市禁政工作年來賴輿論界及社會人士之指導協助者至多，惟殘餘烟毒尚未根絕，而共匪佔領區域復公開種植運售，以毒化我人民，至堪痛恨。今後本市施禁方針，擬以下列四點爲重心：

(1)加重刑典　過去各方人士深感審理烟案執法用刑太輕，此後當與法院嚴密配合，加重禁烟治罪，務求法無枉縱，俾使烟民懍於刑禁之森嚴，而不敢輕蹈法網。

(2)嚴密查緝　本市烟毒查緝成效尚著，警犬隊成立後破獲案件尤多，惟運售藏吸等烟案迄仍經常發現，警察廳刻擬有加強查緝辦法一種，已提經本月份禁烟工作會報通過，即付實施。

(3)加強調戒　市立戒烟醫院爲主要調戒機關，惟以院址狹窄，舖位有限，工作不無感受限制，上年七月曾租得安品街房屋四十餘間爲院址，不幸房屋適爲聯勤總部經理署首都被服廠佔用，迭經交涉，終未遷讓，現經法院判決令其遷出，並經本局一再交涉，即可讓出，一俟院址擴充就緒，即將辦理嫌疑烟民調驗及已戒烟民復驗等工作。

(4)繼續宣導　督飭區保配合社會力量繼續宣導，務使一般市民均知自動拒毒，舉發烟案，少數烟民必能自重自愛，憬然悔悟使吾首都煙毒絕跡，幸我新聞界諸公多賜宣導，俾禁政工作得以早日完成。

總統禁煙節訓詞

本年六三禁煙紀念，舉行於行憲政府成立之始，此其意義極爲重大，蓋實施憲政，在除舊布新，爲國家求進步，爲羣衆謀福利，對於國民體格之加強，與民族健康之增進，實爲當前各項設施之基本要素。溯自鴉片流毒我國，瞬逾百年，貽害之鉅，痛深切膚。前當訓政時期，政府決心禁絕煙毒，曾經制訂二年禁毒，六年禁煙計劃，付諸實施。中間雖因全面抗戰，蒙受敵僞之毒化影響，而我禁煙政策之執行，仍能一本初衷，以時推進，絲毫未曾疏懈。乃自勝利復員以後，共匪稱兵叛國，製造分裂，禁政猝遭破壞，逆氛所及，幾使歷年已有之禁烟成績，一旦隳毀。言念及此，良足痛心！政府現正以戡亂建國爲務，期於短期內戡平匪亂，出民水火，値此之際，豈容遺留餘毒，重爲民害，凡我國人，應各曉然於積患之必須盡除，斷禁之不可再緩，乘此時機，一致奮發，合力協助政府推行禁令，永絕根株。其染有不良嗜好，或以種售毒物牟利者，尤當深加儆惕，勿存僥倖嘗試之心，自觸禁網。而各級主管禁政或協辦機關，民衆團體以及海外領館僑團，更應切實糾察，悉力以赴，使殘餘烟毒，早日廓清。各省市軍民長官，均有其應盡之職責，並當分飭所屬於禁吸，禁運，禁種諸端，認眞辦理，即以成績之等差，爲考課之黜陟。其查禁不力者，立予糾劾，從嚴懲處。要知烟禁一事，所關綦重，國脈絕續與民命存亡，胥決於此。今當行憲之時，如有一人舊染未除，或有一隅餘毒潛伏，即爲國家之玷，民族之羞。政府令出推行，除惡務盡，甚盼全國各級官吏，各界人士，趁此禁烟紀念日期，廣爲宣傳，擴大拒毒運動，並以全力迅速展開更積極更澈底之禁烟工作，期能達成任務，早竟全功，藉應時代之要求，而副友邦之期望。滌瑕蕩穢，咸與維新，憲政前途，實利賴之。

禁止小麥攙雜泥砂水分

南京市政府訓令 (卅七)府總秘字第五一二九號

令社會局
　民政局

案據農林部三十七年五月廿七日設推（卅七）字第一一八六四號代電開：

「據麵粉工業同業公會全國聯合會理事長杜鏞本年四月二十六日麵全(37)字第三九號呈，略以現在自產之小麥品質日趨退化，且任意攙雜泥沙水分，視若慣常，有每百斤小麥中含有灰土等物達十餘斤者，益以運費高昂，各廠以鉅大之貨價購此無用之雜質，且因水分過多原料成品極易霉爛，在各廠固有無窮之虧累，在國家生產亦為莫大之損耗，擬請通電各省市政府轉飭各縣政府明令禁止小麥攙水攙雜，并布告週知等情到部，查小麥攙雜泥沙水分，非特廠商蒙受損失，且以水分過多，易致霉爛，國家物資損耗實大，亟應予以制止，除電復并分電外，相應電請查照，轉飭各縣（市）政府嚴予制止為荷」！

等由，准此，除分令民政局社會局外，合行令仰遵照，並轉飭遵照！

此令！

中華民國三十七年六月二日

營業稅征收處增設分處三所

南京市財政局公告 財布(卅七)字第一七二號

查本局營業稅征收處為業務上所需要及便利商民遞送營業額申報表起見，業經依照該處修正組織規程增設分處三所，第一分處暫設在中山東路逸仙村內，第二分處設在慧圓街十號（營業稅處原址），第三分處設在下關熱河路熱河商場內，現各分處已於四月廿六日分別成立，開始辦公，該處總處原設在慧圓街辦公，現已遷入本局內辦公，凡本市營業商戶，每月對營業額遞送報表，務須依照規定於每次月五日內就近報送，以憑核課，除分行外，合行公告，希各週知！

中華民國三十七年四月三十日

禁止竊取九袱洲外灘蘆筍青蘆

南京市財政局佈告 財佈(卅七)字第一七四號

案據九袱洲莊首童達興報稱：本洲外灘蘆筍青蘆時有難民竊取情事發生，請予制止等情前來，查該洲外灘蘆筍青蘆具有護埂之用，亟應禁止竊取，除飭該莊首負責隨時看護外，如再有竊取情事發生，定即依法究辦，合亟佈告，仰各一體懍遵。

此佈！

中華民國三十七年五月四日

調整屠宰稅稅額

南京市財政局佈告 財佈(卅七 字第一八四號

查本市豬肉市價，業經物價評議會評定為每市斤十四萬四千元，按百分之六稅率課徵，豬每頭應征收屠宰稅四十八萬四千元，合亟佈告，仰屠商人等一體週知，務各按照規定稅額繳納毋違。

此佈！

中華民國三十七年五月十九日

市政要訊

本市市界全部定妥

本市與江蘇省江寗、江浦、六合三縣毗隣，其中除六合縣以大江為界，其餘兩縣與本市之界址，由於敵偽時期地形變更頗大，經本府幾次磋商，原屬江寗縣之湯山區，業已正式歸屬市區。至於浦口與江浦交界區，本府最近復派科長王鑄舜，測量隊長瞿中文，浦口區長程銳等為勘界代表，與江浦縣負責人協商，結果決定為減少人民產權糾紛，依照戰前地籍訂立界樁，其地形模糊之處，則再行測量勘訂。本市市界久延未決，迄今已全部定妥，計市區總面積為五五九・五五六五平方公里。

籌建平民住宅

本市平民住宅，前已決定於五所村，二伏莊兩地興建，現復由平民住宅設計委員會勘定中山門內半山園及金川門內紅廟兩地另行建築，前者佔地九十市畝，後者佔地一百三十四市畝，每區各建住宅二十六排，一百五十六宅，全部共為五十二排，三百十二宅，每排面積三百五十二平方公尺，每一住宅有起居室，臥室，廚房，套房各一間，其中除起居室及閣樓舖以杉木地板外，餘均為水泥地面，屋頂之上，覆以靑瓦，計劃中是項建築以簡單經濟合乎衛生為主。半山園區全部建築經費預算為一千五百八十五億元，金川門區為一千四百十五億元，均係由銀行貸款，待征收手續辦妥後，即可開始建築。關於此等房屋租售對象則僅限平民，凡擬承租或購買者，須先塡具申請書，連同家庭狀況調查表及國民身份證向平民住宅管理處申請，若屬承租，其租金按照本府規定標準按月繳納，若屬購買，則僅限房屋部分，地基以定期承租為原則，為減輕購買人經濟負担起見，分為一次付款與二次付款兩種，惟絕對不許轉售。

首都各界舉行六三紀念大會

首都各界六三紀念大會假中央大舞台舉行，到各機關各學校代表二千人，主席團到董育華，黃珍吾，蕭贊育等多人，馬副市長元放主席，內政部禁煙委員會王主任委員德溥宣讀總統六三禁煙紀念訓詞，繼由馬副市長致詞，說明開會意義及今後努力目標後，民政局長劉愷鍾報告京市禁煙工作情形，強調四點，為今後工作重心：（一）用重典，（二）嚴查緝，（三）加強調驗，（四）覓取人民協助。並由各機關代表李溥霖等先後致詞，末由馬副市長代表大會向警犬隊長王芝祿獻「掃蕩毒氛」錦旗一面，旋高呼口號，奏樂禮成。會後在中央大舞台門前空地公開焚燬煙毒及煙具，由地檢處、地方法院，行政院，內政部，市參議會派員監督，計焚燬本府保管之煙毒品七百九十一兩七錢四分三，煙具一百三十五件，及禁煙委員會保管之煙毒品一萬四千六百一十公分，鹽酸嗎啡一盒，海洛因少許，煙花籽煙幼苗煙莖殼等五種一包，至一時許始畢。

籌發本年度應徵新兵安家補助費

本市籌發三十七年度應征新兵安家補助費實施辦法，業經本市兵役協會擬訂草案送由本府轉准本市參議會提交第五次大會休會期間民政財政兩委員會第二次聯席會議決議通過，茲將原辦法及籌集數額說明刊載於下：

南京市兵役協會籌發三十七年度應征新兵安家補助費實施辦法

第一章 總則

一、南京市兵役協會為轉移社會風氣及鼓勵人民應服兵役，幷期達到應征新兵無後顧之憂，而奠定建國建軍之基礎起見，特依照行政院三十六年二月三日從二字第三四二一號訓令及動員時期軍人及其家屬優待條例之規定，幷參酌本市實際情形，訂定本辦法。

二、凡本市本年度應征新兵，除依照發給安家費及依法給與優待外，幷一律發給安家補助費法幣貳仟萬元。

三、本市本年度安家補助費籌集保管發放事宜，由本會督同各有關委員會負責辦理之。

第二章 籌集

四、本年度應征新兵安家補助費籌集總額，預定為四百億元，另加收慰勞金一成（包括新兵在市集中後之膳食被服招待慰勞等項費用），總計為四百四十億元，依左列方式籌集之。

1.未應征之現役適齡男子（民十二年至十六年出生之五個年次）捐獻：

甲等三百萬元　乙等二百萬元　丙等一百萬元
丁等五十萬元（赤貧及清寒學生免收）

2.商店捐獻：

甲等三百萬元　乙等二百萬元　丙等一百萬元
丁等五十萬元　戊等二十萬元

3.一般住戶捐獻：

甲等一百萬元　乙等五十萬元　丙等三十萬元
丁等二十萬元（赤貧免收）

4.殷實富戶捐獻（以一百萬元為起點）。

5.特殊共同事業戶捐獻（以一千萬元為起點）。

6.其他義賣獻金遊藝會等方式之募集。

應征新兵及現役軍人家屬，不在籌集對象之列。

五、征收安家補助費等級之核定，現役適齡男子及住戶（包括富戶）應以家庭富力為準，商店（包括特殊共同事業戶）應以資本額或營業額為準，幷應由各保保長召集所屬甲長保國民學校校長本保區民代表地方公正士紳舉行會議，予以核定，列榜公告，開始征收，必要時，得由各保召開保民大會公開決定之。

六、各保召開安家補助費評定等級會議時，各該區公所及區民代表會應派員列席指導。

七、各區保於征收安家補助費期間，應注意漏丁之檢查，如有發現，除依照「南京市三十六年度辦理役齡男子身家調查免役禁役緩征緩召申請審查實施辦法」第十二條規定辦理外，並應依照本辦法繳納安家補助費。

八、本年安家補助費規定，自本辦法公佈之日開始征收。

九、征收安家補助費收據，由本會統一印製。

第三章 發放

一〇、安家補助費以全部補助應征新兵為原則，附征之慰勞金，則用為新兵在市集中後之膳食被服等項招待費用，有剩餘時，應掃數撥作軍屬優待基金，用以興辦軍屬福利事業，不得移作他用。

一一、安家補助費由保辦公處（或本會委託之代收處所）逐日收解區公所轉解本會指定之國家銀行或市公庫核收。

一二、應征新兵辦妥保證手續，並經檢查體格合格後，其應領之安家補助費，應於入營前一次發清。

一三、安家補助費由本會會同各該管區保逕發新兵家屬親自具領，發放時並由本會函請各有關機關派員會同監放。

一四、應征新兵於具領安家補助費後，如有發生逃亡或藉故拖延入營情事，除依法追究外，并責任其家屬負責賠償。

一五、安家補助費收繳發放及實存數額，由本會分期登報公告。

第四章 附則

一六、各級辦理安家補助費籌集保管發放人員如有違法舞弊情事，概依違反兵役治罪條例嚴懲。

一七、本辦法提經南京市參議會審議通過後公佈施行，并分報行政院國防部內政部備查。

一八、本辦法如有未盡事宜，得由本會隨時修正，并分報有關機關備查。

南京市三十七年度應征新兵安家補助費籌集數額說明

款項名稱	等級及金額	說明
(一)未應征之現役適齡男子(民十二年至十六年出生之五個年次)捐獻	甲等三百萬元 乙等二百萬元 丙等一百萬元 丁等五十萬元	以上所定標準除赤貧及清寒學生免收外，其餘捐獻人捐獻等級，概依本辦法第五條規定，由各保開會評定之。
(二)商店捐獻	甲等三百萬元 乙等二百萬元 丙等一百萬元 丁等五十萬元 戊等二十萬元	以上所定標準，概以三十六度征收地方自治事業費所調查之商店行號營業資本額為依據，凡本市商舖行號繳納地方自治事業費，其經核定在三級以上者，列為甲等，五級以上者列為乙等，七級以上者列為丙等，九級以上者列為丁等，十級以下者列為戊等。
(三)一般住戶捐獻	甲等一百萬元 乙等五十萬元 丙等三十萬元 丁等二十萬元	以上所定標準，除赤貧免收外，其餘捐獻人捐獻等級，概依本辦法第五條規定，由各保開會評定之。
(四)殷實富戶捐獻	以一百萬元為起點	關於富戶資格及捐獻數額之核定，概依本辦法第五條規定，由各保開會評定之。
(五)特殊共同事業戶捐獻	以一千萬元為起點	凡員工在三十人以上而為合資經營之商舖行號公司工廠，均列為特殊共同事業戶，其捐獻數額核定，概依本辦法第五條規定，由各保開會評定之。
(六)其他義賣獻金游藝會等方式募集		如前列五項捐獻籌集仍不足預定總額時，再視實際情形分別按照以上各項方式辦理補足之。

附記：(一)應征新兵及現役軍人家屬不在籌集對象之列。

(二)本市各商店及住戶(包括殷實富戶及特殊共同事業戶)除本身繳納新兵安家補助費外，戶內如有現役適齡男子，仍應依照核定等級繳納各該役齡男子應繳之新兵安家補助費。

取締不良連環圖畫

本市連環圖畫充斥，街頭攤販隨處可見，因其文字淺顯，且配以圖畫，極為兒童及一般市民所歡迎，而內容則多荒誕不經，為害殊大，教育局近奉教育部與內政部指示及本屆市參議會決議，應予嚴格取締，特會同社會局，首都警察廳擬訂「南京市連環圖畫審查及取締暫行辦法」與「南京市連環圖畫審查委員會組織規程」，業經本府核准，自六月一日起開始實施。審查委員會現已成立，主任委員由教育局主任秘書章柳泉担任，秘書由教育局科長楊汝熊担任。該會內設登記、審查、查禁三組，分別由社會局、教育局、首都警察廳代表負責，經費由本府撥發。嗣後凡租售連環圖畫者，須先申請該會登記並經審查合格後，方准營業，否則即予取締。茲將該項辦法與組織規程刊載於下：

◉南京市連環圖畫審查及取締暫行辦法

一、為禁止不良連環圖畫之流行，以免影響兒童身心之發展起見，特訂本辦法。

二、關於連環圖畫之審查及取締事項，由首都警察廳、社會局、教育局各派代表組織南京市連環圖畫審查委員會負責辦理之。

三、凡在市內販售或出租連環圖畫之書攤，均應向審查委員會申請登記，經核准登記後方得營業。

四、凡經核准登記之書攤開始營業時，應將全部樣本送審查委員會審查，經審查合格，由會加蓋戳記後方准陳列或出售。

五、連環圖畫之內容，凡合於左列標準之一者，准予發售或出租。甲、激勵愛國精神培養民族意識。乙、發揚固有美德培養良好習慣。丙、灌輸史地及科學常識。丁、鍛練健康體格提高藝術欣賞。

六、連環圖畫之內容凡有左列各項情形之一者禁止其發行：甲、有迷信怪誕之敍述者。乙、有近於猥褻之描繪者。丙、有殘忍惡毒之圖面者。丁、有詳述作惡犯罪之方法者。戊、有不合情理或歪曲史實之記載者。

七、審查委員會應隨時派員調查並獎勵人民檢舉，如發現有未經登記之書攤及違反標準之連環圖畫，即報由首都警察廳予以取締或沒收，並懲處其負責人。

八、本辦法由首都警察廳、社會局、教育局會同擬訂，報經市政府核准後施行。

◉南京市連環圖畫審查委員會組織規程

一、南京市連環圖畫審查委員會（以下簡稱本會）係根據南京市連環圖畫審查及取締暫行辦法第二條之規定組織之。

二、本會設委員七人，由首都警察廳，市社會局，市教育局派員担任之，並互推一人為主任委員。

三、本會會址設於教育局。

四、本會每月開會一次，必要時得由主任委員召集臨時會議。

五、本會任務如左：甲、辦理連環圖畫書攤登記事宜。乙、辦理連環圖畫之調查及審查事宜。丙、辦理連環圖畫書攤之查禁事宜。丁、其他有關本市連環圖畫之審查取締事宜。

六、本會為辦事便利起見，設下列四組各推定委員一人負責主持：甲、登記組、辦理連環圖畫書攤登記事宜。乙、審查組、辦理連環圖畫審查事宜。丙、查禁組、辦理連環圖畫及書攤之調查及取締事宜。

七、本會設秘書一人，編審三人至五人，視察五人至七人，幹事三人至七人，由主任委員商請各參加機關調派兼充之，承主任委員之命分掌指定事務。

八、本規程如有未盡事宜，得隨時呈請修改之。

九、本規程經呈奉市政府核准後施行。

簡訊

△改建利涉橋　工務局以夫子廟利涉橋，年久失修，不堪使用，前曾擬定改建計劃，呈請中央撥款改建，全部經費約五十餘億元，已奉中央核准，仍改建為木橋，即將開始興工。

△修建九龍橋游泳場　教育局為市立體育場呈請修建九龍橋游泳場一案，經呈本府核准撥發專款三億元，已飭市體育場迅即擬具修建計劃，並電首都警察廳催讓該游泳場房屋，以便興修開放。

△籌設玄武湖國民學校　玄武湖內前原設有昆明小學，迄未恢復，教育局鑒於湖內各洲兒童就學困難，決定於本年暑期後復校，定名為玄武湖國民學校，並委派吳究曾為籌備員，積極籌備。

△收復區中學畢業生第四次甄審揭曉　教育局續辦收復區中等學校畢業生甄審，試卷經評閱完竣，於五月十七日將及格學生名單揭曉，計高中合格者卅八名，高中師範高中商科各五名，簡師三名，初中四名。

△出席全運會代表團返京　本市參加第七屆全國運動會代表團一行八十六人，於五月三日由俞總領隊晉祥率領赴滬出席比賽，業於十七日賽畢返京，各項成績計女子田徑方面，俞人佳得六十公尺第二名，林振基得跳高第四名，跳遠第五名，胡翠華得標槍第六名，共得十一分，在全國五十八單位中名列第八位。其他方面，常東起得中丙級摔角冠軍，女子壘球隊獲得季軍錦標，足球隊得落選賽冠軍，女子游泳張素央得四百公尺自由式第六名，男子網球單打蔣良銳得落選賽亞軍，男子排球不幸於複賽中即遇全國排球勁旅上海隊，結果以三比二極接近之比數敗北。

△初審本年度補辦現役適齡男子免緩役申請　民政局辦理本年度補辦現役適齡男子免緩役申請案件，已據各區陸續呈報，經該局會同兵役協會免緩役申請審查委員會於五月十二日開始辦理初審工作，預計六月初可以全部初審完成，彙報團管區復核。

△辦理下關第二期土地重劃　地政局辦理下關第一期土地重劃業經辦竣，第二期土地重劃辦法，亦已公布，正積極推進中，惟以該重劃區內所有興中營一帶土地為憲兵營佔用，迭經轉商而該營終難遷讓，兼以熱河路北端數百棚戶之遷移以及興中小學佔用民地諸問題，均應亟待解決，始得着手重劃，地政局曾於五月十五日召集敎工兩局開會商討，以該區重劃，關係多數民衆之利益，絕不能因憲兵營之佔地而終止，茲為遷就事實，對興中營一帶之土地在憲兵營未遷讓前暫緩重劃，其他地帶則照原定計劃積極進行，並以此項工作關係人民產權至鉅，除已分別通知各業主隨時向該局提供意見作為參考外，復於五月二十二日召集該區參議員業主代表及有關各機關再行會商，以資進行。

△自來水管理處租購水站地基　自來水管理處為普設供應市民飲水，擬在本市各區增設自來水零售站二十四處，經地政局協助洽購或租用水站地基，經於五月二十二日召集各區集議，決定協助辦法，分由各區遵照辦理。

△調整中西醫師診金　衛生局近因物價高漲，關於中西醫師診金之調整，經該局邀集社會局及中西醫師公會派員商討，經決議普通門診診金連同掛號費在內，不得超過十五萬元，出診診金五華里以內不得超過五十萬元，五華里以外，不得超過八十萬元。

△擴大白喉預防注射　衛生局以白喉為急性傳染病，兒童最易感染，經將所備白喉類毒素，分發本市各開業醫師為兒童免費注射，藉以保護兒童健康。

△整飭本市消防設備　本市民辦各區救火會組織多數未臻健全，

設備亦有未盡符合條件者，經本府與有關機關會商決定，將設置首都消防督導委員會，分區按月督導，以期逐漸改善，其督導範圍包括設備情形，技術訓練，器材添置及其保管，與經費之支用，關於各民辦救火會隊員薪津，本府已准按月撥發，嗣後如發現辦理不善或浮報冒領，經查明屬實，即予嚴格整飭，並停發隊員薪津，其情節重大者，送法院辦理。

▲決定婦女組訓本市編組原則　本市民衆自衛總隊婦女組訓座談會，於五月十九日下午三時假本府新聞處舉行，討論結果，決定本市十三行政區每區編組一中隊（即三分隊，每分隊四十二人，合計一千六百三十八名）。編隊年齡自十八歲至四十五歲，第一期以知識婦女為對象，俾先造就幹部人才，中隊長為專任上尉。所授課程分宣傳、慰勞、救護、情報、盤查，訓練期間定為二月。

▲本市人口統計　民政局為求本市人口有精確之統計，曾令飭各區保對所屬戶口，作精密調查，據各區保調查結果，五月份全市人口共為一、二〇〇、六〇五人，內男六八八、六八三人，女五一〇、九二二人，較上月份計男增一八、八七八人，女增一四、六五一人。

本府大事記

五月份下半月

五月十六日（星期日）

△市長在市立體育場檢閱本市自衛總隊。

十七日（星期一）

△財政局開始房屋總調查。

△衛生局王局長祖祥赴滬與聯總上海辦事處洽商撥贈本市藥品事宜。

十八日（星期二）

△市長接見印尼、香港、菲列賓、暹羅、越南等地參加全運之華僑選手二百六十五人。

十九日（星期三）

△本市民衆自衛總隊舉行婦女組訓座談會。

△民政局召開南京市勸募布鞋勞軍運動委員會第二次會議。

△教育局召開本學期第二次輔導會議。

二十日（星期四）

△市長出席首都各界慶祝總統副總統就任大會。

二十一日（星期五）

△舉行第一二八次市政會議。

二十二日（星期六）

△南京市救濟福利事業審議委員會成立。

△教育局主持之連環圖畫審查委員會成立。

二十五日（星期二）

△民政局召開兵役督導團第一次會議。

二十六日（星期三）

△市長副市長歡宴本市出席全運選手。

二十七日（星期四）

△民政局召開五月份禁煙工作會報及六三禁煙紀念籌備會議。

△民政局召開區政座談會。

二十八日（星期五）

△舉行第一二九次市政會議。

三十一日（星期一）

△舉行招待記者會，馬副市長主持，民政局劉局長愷鍾報告「一年來禁煙工作」。

法規

中央法規

戒嚴法

三十七年五月十九日國府令公布

第一條 戰爭或叛亂發生，對於全國或某一地域應施行戒嚴時，總統得經行政院會議之議決，立法院之通過，依本法宣告戒嚴或使宣告之。

總統於情勢緊急時，得經行政院之呈請，依本法宣告戒嚴或使宣告之，但應於一個月內提交立法院追認，在立法院休會期間，應於復會時即提交追認。

第二條 戒嚴地域分爲二種：

一、警戒地域 指戰爭或叛亂發生時受戰爭影響應警戒之地區。

二、接戰地域 指作戰時攻守之地域。

警戒地域或接戰地域，應於時機必要時，區劃布告之。

第三條 戰爭或叛亂發生之際，某一地域猝受敵匪之攻圍或應付非常事變時，該地陸海空軍最高司令官得依本法宣告臨時戒嚴，如該地無最高司令官，得由陸海空軍分駐團長以上之部隊長依本法宣告戒嚴。

前項臨時戒嚴之宣告，應由該地最高司令官或陸海空軍分駐團長以上之部隊長，迅速按級呈請，提交立法院追認。

第四條 宣告戒嚴時，該地最高司令官應將戒嚴之情况及一切處置，隨時迅速按級呈報總統。

第五條 宣告戒嚴之地域，應時機之必要，得變更之。

第三條第二項及第四條之規定，於戒嚴地域之變更準用之。

第六條 戒嚴時期，警戒地域內地方行政官及司法官處理有關軍事之事務，應受該地最高司令官之指揮。

第七條 戒嚴時期，接戰地域內地方行政事務及司法事務，移歸該地最高司令官掌管，其地方行政官及司法官應受該地最高司令官之指揮。

第八條 戒嚴時期，接戰地域內關於刑法上左列各罪，軍事機關得自行審判或交法院審判之。

一、內亂罪。

二、外患罪。

三、妨害秩序罪。

四、公共危險罪。

五、僞造貨幣有價證劵及文書印文各罪。

六、殺人罪。

七、妨害自由罪。

八、搶奪強盜及海盜罪。

九、恐嚇及擄人勒贖罪。

十、毀棄損壞罪。

犯前項以外之其他特別刑法之罪者，亦同。

第九條 戒嚴時期，接戰地域內無法院或與其管轄之法院交通斷絕時，其刑事及民事案件，均得由該地軍事機關審判之。

第十條 第八條、第九條之判決，均得於解嚴之翌日起，依法上訴。

第十一條 戒嚴地域內，最高司令官有執行左列事項之權。

一、得停止集會結社及遊行請願，并取締言論講學新聞雜誌圖畫告白標語暨其他出版物之認為與軍事有妨害者。上述集會結社及遊行請願，必要時并得解散之。
二、得限制或禁止人民之宗教活動有礙治安者。
三、對於人民罷市罷工罷課及其他罷業，得禁止及強制其回復原狀。
四、得拆閱郵信電報，必要時并得扣留或沒收之。
五、得檢查出入境內之船舶車輛航空機及其他通信交通工具，必要時得停止其交通，并得遮斷其主要道路及航線。
六、得檢查旅客之認為有嫌疑者。
七、因時機之必要，得檢查私有槍砲彈藥兵器火具及其他危險物品，并得扣留或沒收之。
八、戒嚴地域內，對於建築物船舶及認為情形可疑之住宅，得施行檢查，但不得故意損害。
九、寄居於戒嚴地域內者，必要時得命其退出，并得對其遷入限制或禁止之。
十、因戒嚴上不得已時，得破壞人民之不動產，但應酌量補償之。
十一、在戒嚴地域內，民間之食糧物品及資源可供軍用者，得施行檢查或調查登記，必要時并得禁止其運出，其必須徵收者，應給予相當價額。

第十二條　戒嚴之情況終止或經立法院決議移請總統解嚴時，應即宣告解嚴，自解嚴之日起，一律回復原狀。

第　條　本法自公布日施行。

兵役協會組織規程

三十七年五月十五日行政院(卅七)日防字第二五七〇〇號令頒

第一條　省(市)縣(市)依兵役法施行法第三十三條組織兵役協會，冠以省(市)縣(市)之名稱。

第二條　省(市)縣(市)兵役協會分別以左列人員為委員。

一、省(市)兵役協會。
(1)省(市)參議會代表。
(2)省(市)政府代表。
(3)省立中等以上學校校長代表。
(4)在鄉軍官代表。
(5)戡亂軍人家屬代表。
(6)其他有關機關法團代表。
(7)當地負有聲望之公正人士。

二、縣(市)兵役協會。
(1)縣(市)參議會及鄉鎮民代表會代表。
(2)縣(市)政府代表。
(3)縣立中小學校校長代表。
(4)在鄉軍官代表。
(5)戡亂軍人家屬代表。
(6)其他有關機關法團代表。
(7)當地負有聲望之公正人士。

前項委員均為無給職。

第三條　兵役協會設委員十一人至十九人，就中推選常務委員三至五人，並互推一人為主任委員。

第四條　兵役協會如因業務繁重，得商經省(市)縣(市)政府之同意，酌設專任人員，其薪貼比照省縣級公教人員待遇支給之。

前項專任人員以六人為限。

第五條 兵役協會之業務如左：

一、關於協助辦理兵役法令之宣傳事項。

二、關於兵役行政改進之建議事項。

三、關於協助征兵調查免役禁役及緩征緩召審查身體檢查抽籤征集等事項。

四、關於新兵監交及入伍退伍歡迎歡送事項。

五、關於監察協助戡亂軍人及其家屬之調查優待事項。

六、關於新兵生活之促進改善服務事項。

七、關於協助舉辦征屬福利暨生產事宜事項。

八、關於國民兵調查組訓之協助事項。

九、關於兵役糾紛之評議暨兵役弊端之檢舉糾正事項。

十、其他有關兵役行政之協助事項。

執行右列各項業務，應與各級兵役機關切取聯繫。

第六條 兵役協會於舉行調查檢查抽籤征集及遇戰事發生時，得在會內臨時組織左列各種委員會。

一、免役禁役緩征緩召審查委員會。

二、體格檢查委員會。

三、監交委員會。

四、優待委員會。

第七條 臨時成立協助辦理兵役之各種委員會，其費用由省（市）縣（市）政府撥付。

第八條 舉行抽籤時，兵役協會委員應分別到場監視。

第九條 兵役協會每三個月開常會一次，如有應辦事項，得由常務

委員商請主任委員召開臨時會。

第十條 兵役協會經費，由省（市）縣（市）政府以補助支出分別列入省（市）縣（市）預算。

第十一條 兵役協會得酌支辦公費，但不得超過專任人員薪餉總數三分之一。

第十二條 各省及各院轄市兵役協會圖記，應依照社會部三十一年三月四日公布之人民團體圖記刊發規則第三條第二款之式樣，自行刊製應用，並報各該省市政府備案，各縣市兵役協會圖記，依照該項規則同條第三款規定之式樣，自行刊製應用，並報各該縣市政府備案。

第十三條 兵役協會由各該省（市）縣（市）政府分別召集組設之。

第十四條 兵役協會辦事細則另定之。

第十五條 本規程自公布之日施行。

總統府公報所載中央法規索引 五月二十日至三十一日

法規	號次
收復地區土地權利清理辦法第六條修正條文	第二號
營利事業及自由職業者之業務所申請登記規則	第三號
主計部組織法	第五號
預算法	第七號
決算法	第七號
會計法第十六條第二十二條第三十七條第九十條第一百十九條第一百二十三條第一百二十四條第一百二十五條修正條文	第七號

本府法規

基本教育首都示範區計劃委員會組織規程

三十七年五月二十一日第一二八次市政會議通過

第一條 南京市政府爲遵照中央決定推進基本教育首都示範區工作起見，特設置計劃委員會(以下簡稱本會)。

第二條 本會之任務如左：

一、關於學齡兒童入學及失學民衆受教之規劃事宜。

二、關於教學訓導實驗研究之指導事宜。

三、關於師資培養教員進修之計劃事宜。

四、關於校舍建築設備之補充事宜。

五、關於經費之籌集支配事宜。

六、其他有關基本教育之推進事宜。

第三條 本會設委員二十九人至三十五人，除市政府教育局長爲當然委員及指派本府有關局處代表爲委員外，並就左列人員分別聘請之。

一、行政院秘書處代表。

二、教育部代表。

三、財政部代表。

四、社會部代表。

五、衛生部代表。

六、市參議會代表。

七、中央大學師範學院代表。

八、教育專家。

第四條 本會設常務委員五人，就教育部市政府市參議會各單位代表及專家中推任之，並以市政府代表爲召集人，開會時爲主席。

第五條 本會設秘書一人並設設計指導經費總務四組，各設組長一人幹事若干人，由常務委員就教育局職員中調用之。

第六條 本會於必要時得設建築工程處，辦理關於校舍之建築事宜。

第七條 本會開會時，教育局秘書科長視導室主任得列席會議。

第八條 本會會議每兩月舉行一次，常務委員會議每兩週舉行一次，均由常務委員召集之必要時均得舉行臨時會議。

第九條 本會辦事細則另訂之。

第十條 本規程由市政府公布施行，並函報 教育部備案。

南京市園林管理處駐衛警服務規則

三十七年五月二十一日第一二八次市政會議提會報告

第一章 總則

第一條 本處駐衛警之服務，除遵照本處公園管理通則及一切有關法令外，悉依本規則之規定。

第二條 無論在服勤或散值時間，均應注意服裝之整潔，奮發精神，嚴守紀律，保持禮貌，忠勤服務。

第三條 凡有報告，應根據客觀事實不得飾詞誇大與隱匿。

第四條 偵查事件務須注意環境線索縝密處理。

第二章 一般勤務

第五條 無論值勤與否，凡與本處職員或遊園人士有所接洽時，均應致敬禮，幷接受其指示與申述。

第六條 奉到長官命令時，應立即執行其任務。

第七條 凡經指定服勤地點後，非因特殊勤務不得擅離職守，交替值勤時，應俟接替人到達，幷將未了事件交代完竣後始得離守。

第八條 本處員工攜帶什物等件(除公文包外)，離處時應憑主管部份放行證放行。

第九條 本處辦公廳暨各園林場圃區域附近，應禁止居民置放危險物品，以防意外。

第十條 對於遊客有所詢問或超越正常行動時，應和平應對，幷善意勸誡。

第十一條 對於附近居民（包括湖民）、應善意愛護遇有勸令遵守本處一切規章或爲消極取締時，態度應婉和，不得有粗魯行動。

第十二條 未經申請本處核准登記之流動商販一概不准入園（包括水陸各地營業。

第十三條 流動商販所售食品，應隨時檢查注意衛生淸潔，幷禁止拋棄一切雜物於水陸各地。

第十四條 遊人無論與任何方面發生糾紛時，應據理秉公排解，不得稍涉偏袒，其情節重大者，幷應呈處處理。

第十五條 對於船戶應令其在船埠附近接應顧客，不得任其在馬路中心兜攬。

第十六條 對於遊人以及本處員工安全，均應特別注意，隨時保護。

第十七條 遇有重要事故，不能處理解決時，應立卽層報主管人員核辦。

第三章 園區勤務

第十八條 每一日夜應於重要地點分別佈崗、幷輪班値勤（値勤表排定應以一份呈總務組備查）。

第十九條 無論値勤與否，對於園區水陸產物以及一切公有財產，均應嚴密保護。

第二十條 園區或湖面各處應禁止拋棄菓皮紙屑煙燼等一切雜物，並婉勸投入廢物箱。

第二十一條 園區各商店茶社日常傾倒垃圾場所，應令其置備木箱加蓋，每日交淸潔隊運出園區。

第二十二條 園區或湖面各處除指定之隱蔽場所外，應禁止曬晾衣物，以重觀瞻。

第二十三條 園區應絕對禁止豢養牲畜或攜帶牲畜入園。

第二十四條 園區或湖面各處應禁止狩獵及攜帶武器入園。

第二十五條 園區橋樑樹木應禁止遊客及小孩攀登，以免毀傷，而策安全。

第二十六條 園區各處屋廊及石椅石凳，應勸止遊客偃臥。

第二十七條 園區草坪應取締各種球戲及列隊操演。

第二十八條 園區水陸各地除公廁外一律禁止便溺。

第二十九條 園區水陸各地，應隨時查察是否整潔，必要時得通知監工人員轉知園工迅予淸除，或幫同處理。

第三十條 園區各茶社商店應隨時檢查食物淸潔飲料來源，以注重衛生。

第三十一條 園區內外如有火警，應立卽層報主管人員，幷同時鳴笛全體出動，會同員工集中力量設法搶救。

第三十二條 遊客攀折花木，應隨時勸止，如已摘採有據者，應隨時伴同到處，照章罰辦。

第三十三條 非在開放期間或指定區域，一律取締釣魚。

第三十四條 鄉人担草經過園區須遵本處規定時間，否則一律取締（本條專限玄武公園用）。

第四章 湖面勤務

第三十五條 每一日夜應於湖面駕船巡查，並輪班値勤（値勤表排定應以一份呈總務組備查）。

第三十六條 凡遇遊客有遭遇危險情事，應立卽搶救，幷儘量設法警戒，其受有傷害者，應卽護送至附近醫院。

第三十七條 遊湖男客如有聚衆留難女客舉動或出猥褻言語時，應加勸誡，並將女客護送至安全地帶。

第三十八條 遊客攀折荷蓮及一切水產，應隨時勸止，如已摘採有據者，應隨時伴同到處，照章罰辦。

第三十九條 湖面及濱湖各處如發現園區各茶社商店傾倒垃圾或流動商販拋棄雜物，應隨時勸止，如再違反時，立即報處核辦。

第四十條 湖面及魚池應禁止洗衣洗菜淘米及浣濯不潔器物。

第四十一條 湖面各處，應勸止遊客乘船釣魚，在未開放期間，尤須注意取締。

第五章 車輛管理

第四十二條 未經本處許可入園之車輛，一律禁止入園。

第四十三條 車輛出入園區應指揮緩行，並不得超車。

第四十四條 車輛(包括存放自行車)入園應指揮依次排定停放地點，不得任其爭先，紊亂公共秩序。

第四十五條 遊客存放自行車輛，應協助服務站辦理發給牌號以及收取保管費用事項，並予以保護。

第四十六條 遊客如因故遺失存放原車車牌時，應協助服務站處理。

第四十七條 第四十四條至第四十六條暫適用於玄武公園。

第六章 夜間巡邏

第四十八條 巡邏至十二時後，如發現形跡可疑之人逗留園區，應即詳加盤詰。

第四十九條 巡邏時間如發現奸宄匿跡園區，應以鎮靜態度沉着應付。

第五十條 巡邏時期非至必要之正當防衛時，絕對不准使用槍械。

第七章 附則

第五十一條 本規則自呈奉 南京市政府核准後公布施行，其修改亦同。

南京市園林管理處工人管理規則

三十七年五月二十一日第一二八次市市政會議提會報告

第一章 總則

第一條 本處為管理長工及臨時工人，特訂定本規則。

第二章 雇用

第二條 本處雇用工人無論技工或普通工人，應先就其智力體力經驗，經各主管人員測驗合格後方得雇用，並應填具到工通知單工人登記表暨保證書等分別送交有關部份存查(通知單登記表保證書等式另訂之)。

第三條 工人之保證以取具舖保為原則，其無法覓得舖保者，得經主管准許採用人保如所覓保證人舖保閉歇或人保亡故或聲明解除保證責任時，該工應於十日內另覓新保，重填保證書送處，否則即行解雇，但在新保證人未經覓妥以前，原保證人仍不能解除責任。

第三章 服務

第四條 工人應遵守本處一切有關規章並絕對服從主管人員之指揮調遣。

第五條 工人應遵守公共紀律勤慎整潔和衷共濟，不得恃衆要挾，妨害秩序或加害於他人。

第六條 工人對於一切公物均應加意愛護謹慎使用，如有疏忽損害或浪費遺失毀損盜賣等情事，除按第二十一條及第二十二條規定予以懲處外，並應照價賠償。

第七條 工人於工作時，應將本處製發之符號臂章佩帶於規定地位，如有遺失，須向本處所場圃聲敘原因，聽候補發。

第八條　工人工作時間，以每日八小時爲準，如遇緊急工作必須定時完成者，得酌予延展工作時間，其平時工作起訖鐘點，另由本處配合季節，轉知各園場按季規定公佈施行之。

第四章　給假

第九條　工人非因疾病及特殊情事，一律不得請假，以免妨礙工作。

第十條　工人請假須自塡具請假單，送請各該主管人員核准，除因特種事故外，非經核准不得先行離職（請假單式另訂之）。

第十一條　工人請假期滿後，應卽到工銷假，如須續假，亦應重塡請假單呈候核准。

第十二條　工人請假期內自行覓請替工代理，並應在離工前，將經手未完工作及經管之材料，工具鑰匙等交明替工保管，如所請替工在代理期間有違犯規約或不稱職守，經開革或辭工者，其本缺槪不保留。

第十三條　工人病事假每年均不得超過十四天，如已超過十四天卽按日扣除工資。

第十四條　工人請假未經核准或假期已滿幷未銷假亦未請准續假又復不到處所場圃工作者，均以曠工論，工人無故遲到及早退亦以曠工論。

第十五條　各種工人曠工每滿三小時以半日計，滿五小時以全日計，應扣半日或一日應得餉津，不滿半日者予以申誡一次，曠工積滿五次卽予開革。

第五章　工資

第十六條　長期雇工一律按月計算工資，臨時雇工按日計算工資。

第十七條　無論技工或普通工在規定工作時間以外，經主管人員指派延長工作時間時，得酌予津貼或加給加勤費，其延長工作時間在三小時以上照半工給予津勤，在五小時以上照全工給予津勤。

第六章　獎懲

第十八條　工作努力成績優越者，得予記功。

第十九條　有左列情事之一者得予增加工資。

一、記功滿三次者。

二、本其已往技術上之經驗建議於主管人員經本處核定可予採納施行確有成効者。

三、遇意外災患經防止周密或搶救公物特別出力者。

四、有其他特殊勞績者。

第二十條　工作懈怠或擅離工作地點者得予記過。

第廿一條　有左列情事之一者，得視情節輕重，予以減低工資或解雇。

一、記過滿三次者。

二、違反本處規章者。

三、不服主管指揮調遣管理者。

四、賭博，酗酒，或聚衆鬥毆擾亂公共秩序者。

五、蔵匿或攜帶危險物品違禁品出入服務處所者。

六、蓄意毀損各項公物者。

七、因工作上重大過失以致本處業務受有損失者。

八、營私舞弊或有竊盜行爲者。

九、已受刑事處罰者。

十、工作能力太差，屢經指導無效者。

十一、有其他不正當行爲者。

第廿二條　工人受懲戒後確能改過自新，幷經主管查明屬實者，得酌量情形添輕或註銷其處分，如功過相當，亦可查明核准後相互抵銷之。

第七章 解雇

第廿三條 工人因故不能繼續工作，自請告退時，應聲明理由層轉本處核准後，方可解雇。

第廿四條 工人自行告退或因故解雇時，均應將經手材料工具符號臂章等一切公物交代清楚方准離工。

第廿五條 本處如因工作減少或其他原因，須解雇工人時，除各該工人平日並未受過懲戒處分者，得酌量津貼其一部份川資外，其餘概應無條件離工。

前項津貼川資數額，至多以半月工資爲限。

第八章 撫卹

第廿六條 工人執行公務而致傷病死亡或在受雇期內積勞病故者，得由處依照市政府員工撫卹條例辦理，給予撫卹。

第九章 附則

第廿七條 無論長期或臨時工人雇用部份，均須於解雇以前填具到工離工通知單四份，保證書兩份，除以一份自存外，餘均呈處核定後分別發交總務組人事室會計室備查。

第廿八條 本規則自呈奉 南京市政府核准後公佈施行，其修改亦同。

台灣省市政考察報告

（上接第二四六頁）若台中市之中山堂，亦可作千餘人集會之地。

三、醫院 各市市立醫院，非獨建築宏大，且均設備齊全，診療所亦散佈市內，防疫治病並重。聞各市數十年來絕少發生霍亂，市民衛生狀況可見一般。

四、公園 各市均有市立公園，若台北市並有動物園、植物園，因氣候温暖，花木生長較速，均具熱帶風景，公園佈置，樹木多於花草，面積甚廣大。

五、菜場 各市公共菜場，爲便利市民起見，均屬較爲小型，而多量散佈，建築以簡單樸實堅固爲主。

六、屠宰場 台北市有市立屠宰場三所，均用人力工作，由衛生及財政雙方管理，日宰豬二百頭，牛十頭，集中屠宰，管理便易，於民食衛生捐稅收益，均有裨益。

七、垃圾焚燒爐 台北市有垃圾焚燒廠三處，每晝夜可燒燬垃圾四〇公噸，爐子爲「岩本」式，構造簡單，完全利用垃圾自燃方法，晝夜不熄火。

八、電話 全省電話甚爲普遍，荒鄉僻鎮均可通達。各市市內電話，多爲自動式，惟經戰爭破壞，若高雄台南及嘉義等市，迭遭轟炸，損壞頗多，尚未全部恢復。

九、公共汽車 台北基隆及高雄三市，市內均有公共汽車，車輛行駛，供求相當，尚稱便利，乘客長隊候車之情形，尚不多見，採用購票上車制，車上絕不售票，票價遠近一種價格，各站售票，設有簡單之木棚者，有託附近商店經售者，單售半票，隨車祇有一女收票員，憑票單上車，尚未見無票乘車者。

十、瓦斯 台北市原有煤氣製造廠，供應市民，用爲燃料，惟在戰時轟炸損壞，迄未恢復。又新竹市有天然瓦斯，來自其南二十公里處之錦水礦區，瓦斯井四十餘口，深度三千公尺，經常發出天然瓦斯，在錦水附近數十公里範圍以內，均已埋設輸氣管，源源供應。新竹一市，月耗廿萬立方公尺，用戶達一千四百戶，並有區間汽車，亦以此代燃料，取之不盡，價廉而便利也。

會議紀錄

南京市政府第一二七次市政會議紀錄

時間：三十七年五月十四日上午九時
地點：本府會議室
主席：馬副市長　　紀錄：史崇訓

討論事項

1.市長交議：據衛生局呈，爲前撥建營養站基地不敷應用，請併撥第二區二九七(二)分段市地以應需要，提請討論案。
決議：併予撥用。

2.工務局提：擬修整攷試院至太平門段原有舊路拓寬路面至十二公尺，並擬取消黃河路東段計劃綫，檢同圖說，提請核議案。
決議：一、呈請　行政院核准後，照圖征地拓寬。
二、黃河路東段計劃綫應否取消，交都市計劃委員會研究簽核，幷提會報告。

3.工務局提：擬自本年三月一日起至十月三十一日止暫停營業三輪車登記發照八個月，提請核議案。
決議：一、三輪車開放原則不予變更，在本年三月一日以後申請之營業三輪車暫停登記發照。
二、曾經登記之營業三輪車及不論以前曾否登記之自用三輪車，均仍照章登驗給照。
三、准由人力車商憑人力車執照換發三輪車執照，凡破舊人力車被淘汰者，幷准以原執照換發三輪車執照。

南京市政府第一二八次市政會議紀錄

時間：三十七年五月二十一日上午九時
地點：本府會議室
主席：馬副市長　　紀錄：史崇訓

報告事項

秘書處報告　奉交下園林管理處呈一件，爲奉府總秘三字第一〇三一三號訓令，飭將應予修正之舊有法規修訂呈核等因，遵經重行擬訂駐衛警服務規則及工人管理規則草案各一種，請鑒核示遵等情，經參事室審核酌予修正，簽請指令遵照施行，幷提會報告等情一案，奉　批「如簽辦理」等因，除遵擬指令外，特爲報告。(上列兩項規則見法規欄)

討論事項

1.市長交議　據地政社會兩局簽擬「南京市社會團體承租市有公地暫行辦法，」提請討論案。
決議：留待下週舉行工作會報交換意見後，再提會討論。

2.教育局提　擬訂基本教育首都示範區計劃委員會組織規程草案，提請討論案。
決議：照案通過，並函報教育部備案。

3.民政局提　擬比照公教人員五月份生活指數調整本市保幹事待遇提請討論案。
決議：自五月份起按生活指數二十七萬五千倍發給。

4.財政局提　擬訂屠宰稅征收人員獎懲規則提請核議案。
決議：交參事室會同財政局、衛生局、會計處審查修訂，再提會討論。

人事動態

四月二十八日至五月二十五日止

姓名	服務單位及職別	動態	到離職日期
陳中立	財政局營業稅征收處稅務員	新任	四月二十八日
林伯蛟	財政局營業稅征收處稽征員	新任	四月二十八日
宋定一	財政局額外雇員	新任	四月二十八日
許天祓	財政局額外雇員	新任	四月二十九日
陳昶倫	財政局統計佐理員	新任	五月一日
仇良儉	財政局營業稅征收處會計佐理員	新任	五月一日
黃端賢	財政局營業稅征收處稅務員	新任	五月一日
鄭燊	財政局營業稅征收處稅務員	新任	五月一日
夏家聲	財政局營業稅征收處辦事員	新任	五月三日
王春	教育局第四科科員	新任	四月十二日
曹立德	教育局第四科雇員	新任	四月十二日
趙萓若	教育局聯合會計室辦事員	新任	五月一日
朱興	地政局土地測量隊測量員	新任	五月四日
俞萃珠	工務局人事佐理員	新任	五月一日
曹吳澍	工務局第二科技士	新任	五月一日
沈乘龍	民政局簡任祕書	新任	五月十一日
劉希臻	民政局第四科荐任科員	新任	五月十一日
俞大鑫	民政局第四科科員	新任	五月十一日
趙希哲	財政局額外雇員	新任	五月一日
朱劍如	財政局額外調查員	新任	五月五日
宋連芳	財政局營業稅征收處稅務員	新任	五月七日
石榴奇	財政局營業稅征收處稅務員	新任	五月七日
劉國祥	財政局額外雇員	新任	五月八日
楊撫羣	財政局額外調查員	新任	五月十日
徐修林	財政局第一科辦事員	新任	五月十日
姜貴恆	地政局第一科雇員	新任	五月五日
郝家琪	地政局第一科雇員	新任	五月六日
陳兆熊	地政局土地測量隊測量員	新任	五月十一日
陳鴻佑	市府第一科雇員	新任	五月十六日
李世清	民政局第四科雇員	新任	五月十六日
晏瑾華	民政局第四科雇員	新任	五月十七日
湯汝菊	民政局第四科雇員	新任	五月十八日
何志成	財政局營業稅征收處副主任	新任	五月十五日
毛健	財政局營業稅征收處稅務員	新任	五月十五日
段希賢	財政局臨時調查員	新任	五月十五日
魏乃梓	地政局土地測量隊測量員	新任	五月十七日
胡蔭瑗	統計處第三科科長	新任	五月二十一日

張心仁	民政局第四科科長	新任	五月十九日
唐仁林	地政局土地測量隊雇員	新任	五月十九日
劉慶生	地政局土地測量隊繪圖員	新任	五月二十五日
王啓泰	地政局土地登記處組員	復職	五月七日
汪祖華	民政局局長	調任市府參事	五月十一日
黃比瀛	鐵路管理處處長	調任市府專門委員	五月十一日
查奉璋	民政局簡任秘書	調任市府專門委員	五月十一日
劉愷鍾	市府參事	調任民政局局長	五月十一日
謝明新	民政局會計室辦事員	調任民政局辦事科	五月二十一日
翁　羽	財政局稅捐稽征處稽征員	調任財政局大小黃洲管理處助理員	五月一日
張治法	財政局大小黃洲管理處助理員	調任財政局稅捐稽征處稽征員	五月一日
劉　沛	財政局大小黃洲管理處會計	調任財政局稅捐稽征處征收員	五月十日
王瑋清	財政局營業稅征收處稽征員	調任財政局第三科科員兼審核股主任	五月十日
景純達	財政局額外雇員	調任財政局土地稅征收處辦事員	五月十日
張慕秋	財政局第三科科員	調兼財政局第三科科員兼公庫股主任	五月一日
蔡繼昭	工務局技術室技正兼主任	調兼工務局碼頭倉庫管理處兼副處長	五月一日
鄭廷幹	財政局額外雇員	調任財政局雇員	五月十一日
劉志平	財政局額外雇員	調任財政局雇員	五月十一日
朱序仁	財政局統計佐理員	調任財政局營業稅征收處統計員	五月十一日
竺陳理	財政局營業稅征收處股員	調任財政局營業稅征收處稅務員	五月十一日
陳卜豐	財政局營業稅征收處股員	調任財政局營業稅征收處稅務員	五月十一日
汪德英	財政局營業稅征收處股員	調任財政局營業稅征收處稅務員	五月十一日
沈　浩	財政局營業稅征收處股長	調任財政局營業稅征收處課長	五月十一日
吳吉人	財政局科員	調任財政局營業稅征收處稅務員	五月十一日
彭咸甫	財政局科員	調任財政局營業稅征收處稽征員	五月十一日
溫樹蓀	財政局科員	調任財政局營業稅征收處稽征員	五月十一日
李佩諍	財政局稽征員	調任財政局營業稅征收處稽征員	五月十一日
王瑞鏞	財政局稽征員	調任財政局營業稅征收處稽征員	五月十一日
徐石生	財政局稽征員	調任財政局營業稅征處稽征員	五月十一日
陳超然	財政局營業稅征收處查征員	調任財政局稽征員	五月十一日
陳汝霖	財政局營業稅征收處查征員	調任財政局稽查員	五月十一日
蔣有敬	財政局稅捐稽征處臨時征收員	調任財政局稅捐稽征處征收員	五月一日
趙志祥	財政局第四科督征員	調任財政局第四科辦事員	五月十四日
沈祖鎔	財政局營業稅征收處副主任	調任財政局額外專員	五月十五日
羅寶瑜	地政局土地登記處登記員	調任地政局土地登記處組員	五月十二日

高俊南	地政局技正兼理土地測量隊隊務	調兼地政局技正兼土地測量隊隊長	五月十五日
黃熙	市府科員	調升民政局秘書	五月十一日
張仲潔	財政局稅捐稽征處辦事員	晉升財政局稅捐稽征處稽征員	五月一日
汪振華	財政局稅捐稽征處臨時調查員	晉升財政局稅捐稽征處稽征員	五月一日
鄧開燊	財政局稅捐稽征處稽征員	晉升財政局稅捐稽征處科員	五月十四日
江春生	財政局第四科辦事員	晉升財政局第四科督征員	五月十四日
周繼唐	地政局土地登記處臨時雇員	晉升地政局土地登記處組員	五月十二日
徐同春	地政局土地登記處臨時雇員	晉升地政局土地登記處組員	五月十二日
盧智虎	地政局土地登記處臨時雇員	晉升地政局土地登記處辦事員	五月十二日
吳承志	地政局土地登記處臨時雇員	晉升地政局土地登記處辦事員	五月十二日
潘啓先	財政局人事佐理員	晉升地政局土地登記處科員	五月十二日
王中	地政局土地登記處審查員	晉升地政局土地登記處契據專員	四月二十八日
邱子文	財政局會計室辦事員	改派財政局會計室雇員	五月一日
范如仲	財政局土地稅征收處辦事員	辭職	四月三十日
李泰觀	財政局營業稅征收處稅務員	辭職	五月八日
曹冰	財政局第一科辦事員	辭職	五月十日
魏炳樞	教育局第四科辦事員	辭職	五月十一日
高興舟	統計處第三科科長	辭職	五月二十日
侯心善	民政局第四科辦事員	辭職	五月二十二日
徐靜英	地政局第一科辦事員	辭職	五月二十二日
林潤華	地政局土地登記處登記員	辭職	五月二十四日
李世清	市府第一科雇員	辭職	五月十五日
汪先步	民政局秘書	辭職	五月十二日
吳紹權	民政局第四科科長	辭職	五月十二日
魯慶煌	民政局第四科科員	辭職	五月十二日
崔朵卿	民政局第四科科員	辭職	五月十二日
吳鳳嫒	民政局第一科雇員	辭職	五月十四日
周海青	民政局第四科雇員	辭職	五月十七日
楊家駿	教育局第四科科員	辭職	五月六日
言忠信	地政局土地測量隊測量員	辭職	五月十五日
楊瑞	市府第一科辦事員	辭職	四月三十日
胡潛	財政局稽征員	辭職	四月三十日
劉競薰	地政局土地測量隊繪圖員	辭職	四月二十八日
汪璧雲	地政局土地測量隊求積員	辭職	四月二十八日
楊紹愷	地政局土地測量隊測量員	辭職	四月三十日
章鍾蘭	地政局土地測量隊測量員	辭職	四月三十日
唐志嫻	地政局土地登記處審查員	留職停薪	五月四日
劉憲綸	財政局營業稅征收處額外調查員	停職	四月三十日
李麟祥	教育局第四科雇員	免職	四月十七日

南京市政府公報 第四卷 第十一期

堅守崗位為首都建設努力

沈市長在六月一日本府成立廿一週年紀念會上講

本年六月一日為本府成立二十一週年紀念日，上午十一時在大禮堂舉行紀念儀式，全體同人出席，市長致詞，以「堅守崗位為首都建設努力」相勗勉。謹誌全文如次：

今天舉行六月份月會，同時紀念南京市政府成立廿一週年。「紀念」最大的用意，是要提醒我們，檢討過去，策勵將來。南京市政府在這古老的夫子廟，各地來首都觀光的人們，或以為不夠像樣，所以上次台灣省參議會訪問團和運動員先後到南京來，我不能不向他們說些南京的歷史，使他們有所了解。其實在古老而破舊的房屋裏，不是不可能建設一個偉大的都市，例如戰前日本東京發生大地震後，東京政市府就是在木屋內建設了現代化的東京市。我們的首都在今天，雖有很多不能滿人意的地方，但檢討過去的工作，也不是毫無成就，這成就雖然很微小，然而也能使我們得到一些安慰，但我們決不能因此而自滿。現在時局十分嚴重，生活在南京的人們或許不會有太深的感覺，因為南京畢竟是首都，比起全國各地是較為安定的，但我們不能苟安，我們對時局要有深刻的認識，不能糊里糊塗地過日子；同時要隨時提醒自己，雖不能有功於國家，但也不能做國家民族的罪人。我們不能太激烈，也不能太消極。我要引用一句名言：「永遠不要失望」，即使在失望之中，也要依然站在崗位上，不斷地努力，來克服我們當前的困難。

我們現在服務於南京市，這在個人的生命史上，應是一個很難得的機會，因為南京是首都，而這個首都到現在還未建設起來，一切有待於我們的努力，我們應在這艱難的時候，一顯身手，在這古老的房屋內，創設我們的現代化的首都，經過十年廿年甚至於五十年的努力，那時的南京燦爛輝煌，假如我們還健在的話，回憶起來，一定足以自豪，所以我們不能錯過這個好機會，大家應該好好的努力。

我常常覺得，我們比歐美人幸運的多，他們的國家已經很進步，不易有表現才能的機會，而我們中國，則到處需要人才，中國人發揮能力的機會，比英美人多得多了，我們應該珍惜這個機會，為國家民族大大的出力。我們生到這世界上來，走着人生的路程，一定要活得有意義，不要糊里糊塗地過日子。我們生而有幸，為這大時代中的中國人，又生而有幸，服務於建設尚未完成的南京市，希望各位自己能不斷地力求進步，以不負此大好的機會，以不虛此寶貴的一生。

在一小時以前，我和各單位首長舉行會報，就提起這個廿一週紀念日，對於我們應是一種策勵，各單位的工作，應有一定的目標，大家不妨以南京市民的資格，甚至是中華民國國民一分子的資格，為首都建設提出意見來，然後就目前力量所能做到的努力做去，我不想標榜工作競賽之名，卻希望有工作競賽之實，務期在近一年內，使首都市政按步進展，到明年今日，我們再來檢討我們的工作，這樣，我們的紀念才有意義。

台灣省市政考察報告（摘要）

張丹如

本府專門委員張丹如先生最近奉派赴台灣考察該省市政設施，返京後，撰就「台灣省市政考察報告」一篇，茲摘要刊布於后，藉供參考。

日人於民前十七年（一八九五年）佔領台灣後，在台北設總督府統治全台，而於佔領後第五年（民前十二年），卽公佈台北市及台中市「市街計劃」及「家屋建築規則」，此卽台省實施都市計劃之正式開始。嗣後各城市街鎭逐年絡續完成都市計劃，並正式公佈者，至民卅四年光復時止，共計九市及六十一街莊（鎭）。

考其都市計劃之工作，視市鎭之地位及人口數量，分別緩急，先定市街計劃，卽道路系統，並制定房屋建築規則，如是則市鎭之發展，已有軌道可循，市容可收整齊劃一之效，已計劃之七十市鎭中，大都屬此。待市鎭發展略具雛形時，規定其綠地面積，及公共建築地址，再預測工商業繁榮之需要，劃定工商業等之分設區域。台灣省內交通便利，電力供應普遍，工業並不集中都市，故各市劃定工商業分區者，尙祗台北及高雄兩市。

都市建設經費

都市既有完美之計劃，如無經常可靠之建設經費，則美滿之計劃，無法實施。考台灣都市計劃令中，規定執行都市計劃所需經費，得徵收都市計劃稅，並在都市計劃令施行規則中，明文規定都市計劃稅之稅源及稅率，附抄如左：

一、地租附加稅　地租百分之十以內。
二、家屋附加稅　家屋稅百分之十以內。
三、營業稅附加稅　營業稅百分之八以內。
四、特別營業稅附加稅　特別營業稅百分之八以內。
五、雜種稅附加稅　雜種稅百分之五以內。

都市建設開始後，若道路之新築擴展，路面之改良，下水道之建築，土地重劃整理等工作，所需經費，頗爲鉅大，非祗都市計劃稅所能負担，且其實施範圍所及之地主，直接受益者最多，若其經費出諸全市市民負担之都市計劃稅殊不公允，故考其法令中，均有受益者負担之規定，此亦爲其建設經費之又一來源也。

各市道路

省轄九市，除基隆，高雄及台中爲新闢都市外，餘皆爲舊城改造者，經數十年之經營，城牆早已拆除，道路系統，已照計劃改築，除台北及新竹尙留有城樓作爲廣場之點綴古蹟外，均無陳蹟可尋。道路系統，井然有序，主要幹道均爲高級路面，且柏油路面大多爲柏油石子及柏油砂，路幅寬廣，既少灰塵，尤適步履，市容確有現代化之外觀。次要道路大多爲卵石路面，石子路面次之，蓋本省河流之中均有卵石，亦隨地取材之法也。

各市商業區道路之人行道，均一律在商店騎樓之下。蓋台灣氣象，驟雨多而且大，颶風更猛烈可怕，採用騎樓建築，便利行人。台北及高雄等市內，其最寬幹道達五十公尺，以遊息道將車行道分隔爲三條，依現時之人口及車輛情形，尙無顯著之需要，但爲將來之發展，亦未可厚非。道路廣場相當寬大，均爲圓形，佈置殊甚合宜。台北台中及新竹市等火車均穿過市區，平交道殊多危險，現時車輛尙少，影響交通不大，但有損害居民安寧，終爲缺點。

下水道

各市下水道均係明溝式，位於車馬與人行道之間。明溝斷面爲狹而深之矩形，磚石砌築，內粉洋灰，溝底作圓形，坡度適當，尚少淤積，每逢交叉路口，貫以暗溝，通入大排水溝，洩入河流之內，大排水溝大多利用市內原有河道，加工整濬，鋪砌岸坡，以利洩水。明溝經常清除工作由警察局主管。各市熱鬧之區，水流暢達，尚能保持清潔。市區邊緣及偏僻地段，淤積污濁，隨處可見，各市蚊子較多，均由於此。

攷台省多大量驟雨，下水道須排洩最大雨量，故採用明溝制度，自屬經濟。惟各市地勢大都平坦，欲求全部溝水，流速迅捷，殊非易事。經各方詳加攷察，發現下列幾點：

一、肥料缺乏，糞便寶貴，市民家有糞坑，並不洩入明溝。

二、自來水供應充足，價格低廉。

三、市民清潔習慣較進步。

四、人口密度稀，污水量少。

故各市明溝制之下水道，目前尚能維持相當之清潔，但蚊虫之繁殖，不可避免，終為現代都市之污點。

自來水

全省有給水設備之市鎮，共計一百二十三處，其中小型之最簡單者，係利用山中泉水，蓄以池，導以管，供應居民。又如潮洲地方，用鐵管打入土中，至相當深度，（據告卅公尺以內），即有地下水，源源湧出，惟水頭衹一公尺許高。至於經過沈澱過濾及消毒等正式處理方法，設備比較完備者，全省衹四十餘處。

電力

全省已完成之發電廠，共三十四處，原設發電量三二、一萬瓩，內水力廠二十六處，計二六、七萬瓩；火力廠八處，計五、四萬瓩，火力廠大多用為調節及補助冬枯之不足。水力廠中尤以日月潭發電廠獨佔一五、八萬瓩。各廠設備，經戰時炸燬，及颱風洪水，損壞甚巨，光復後由台灣電力公司接收時，實際發電量共四萬瓩，刻經修復已增至十二萬瓩，各市用電，均仰給於此。傳電高壓線，進入市內者，電壓為三三〇〇〇伏特，經路桿附設之小變壓器，進入居戶，電壓變為一〇〇伏特。水力發電，價格低廉，且以前供應充足，故市民用電，已有普遍之習慣矣，

公共建築及公用設備

各市公共建築，如市政府、學校、公共會堂、醫院、公園等均構造堅實，規模宏大。蓋此種公共建築，非獨為市容之重點，且亦為人民建築之模範，自不可因陋就簡。日人深得此道，盡力經營，目前各市壯麗之市容，似已收示範之效。又都市公用設備，與市民生活有切膚之關係，亦為現代都市不可缺少之條件。若台北市人口最近方增至三十餘萬人，垃圾有焚燬之設備，屠宰由市府集中辦理，電力之外，尚有煤氣供應。其他各市居民更少，而菜場普遍，公園宏大，電訊便利，均具有現代化之基礎矣。

一、學校建築　國民教育，強迫普及，依人口密度分為學區。集中建校，基地寬大，校舍宏壯，每校二三十教室者比比皆是。小學生陶冶於偉大壯麗之環境，及活潑天眞之集體生活中，有利其身心之發展，實非淺鮮。聞就學兒童人數，佔學齡兒童數，台北市百分之九十五以上，其他亦在百分之八十五以上。

二、公共會堂　都市之中，市民公共集會，應在適中地點，有一定會所。此項房屋為一市建築之代表，應以雄壯寬大為主，台省各市均能俱備。若台北之中山堂，地處市區中心，外觀壯偉，內部宏大坐位舒適，有二千餘座位之多；（下接第二三九頁）

南京市政府公報刊例

一、本公報每半月發行一次

二、凡本府例行公文即在本公報發佈不另行文

三、本府所屬各機關於收到本公報時應編號歸檔妥為保存凡註明「不另行文」文件並應注意遵照

南京市政府公報

第四卷 第十一期

中華民國三十七年六月十五日

編輯者　南京市政府編譯室

發行者　南京市政府

印刷者　大東新興印書館

南京：(四)建鄴路一三八號

電話：二二二二六號

中華民國三十七年六月三十日

南京市政府公報

第四卷 第十二期

南京市政府編譯室編

目錄

政令

嚴禁房租索取金條食米

南京市政府訓令 (卅七)府總房理字第五四〇七號

令民政局

案奉

行政院(卅七)四內字第二五〇九一號訓令內開：

査茲奉 國民政府代電開：「據報四川省房主出租房屋，不索取金條，即索取食米，往往拒絕以法幣計算租金，此種風氣，現巳延及京滬各地，請嚴令禁止等語，查此風若長，實影響幣信甚鉅，即希查明核辦為要。」等由，當經擬定辦法兩項：(一)請立法院在房屋賃條例第四條文內增加一項，明文規定房屋租金以法幣為限，不得以實物或其他物品計算，(二)在房屋租賃條例尚在修正以前，令飭各省市政府仿照南京房屋租金計算辦法之例，依照房屋租賃條例第二十二條之規定，擬定補充辦法，禁止租金索取金條食米，以資救濟；已於本年五月七日以(卅七)四內字第二二四三〇號訓令通飭各省市政府遵辦並行知有關各部在案，茲復於本年五月十八日提出本院第十六次會議決議：「先由院通令禁止，條例應通盤檢討後，再行修正。」除分令外，合行令仰轉飭所屬一體嚴行禁止。」

等由，奉此，自應遵辦，除分別電令外，合行令仰該局轉飭所屬一體遵照，嚴行禁止為要！

此令！

中華民國三十七年六月十五日

未獲地價稅繳款書業戶限期洽領納稅

南京市財政局公告 財佈(卅)七字第一八九號

查本市三十五年三十六年度地價稅開徵以來，其中繳款書因業主住址不明或異動無法投遞者甚多，凡各業戶已向地政局辦理土地登記尙未接獲繳款書者，應自公告日起兩星期內，攜同土地區段號數至貢院街四十五號本局土地稅徵收處洽領繳款書納稅，倘逾期不領取者，即以滯納論，照章課罰，並加收催徵費，如逾越法定時間而欠不繳納者，即依土地法第二百零一條之規定，交由司法機關拍賣抵償，幸勿自誤，特此公告！

中華民國三十七年六月一日

抄發財務罰鍰提獎分配細則

南京市政府訓令 (卅七)府總秘字第五一七〇號

令 會計處 社會局 財政局

案准

財政部本年五月二十八日財錢乙字第五四九〇六號代電開：

「查本部前為激勵舉報查緝違法買賣金鈔案件起見，曾規定凡查獲違法買賣沒收之金鈔，應以五成解庫，五成充獎，如經告密而處分之案件，得先提三成獎給告密人，餘數再按上開成數分別獎解，充獎部份再按十成分配：(一)緝獲機關五成、(二)協助機關二成，(三)主辦機關(即處分機關)三成，於三十六年二月二十六日以財錢乙字第三九〇號代電通行有案，茲以上開提成充獎成數與財務罰鍰處理辦法及財務罰鍰提獎分配細則規定稍有出入，現違法買賣沒收金鈔，在黃金外幣買賣處罰條例未修正前，業經由部核定暫准照財務罰鍰處理辦法提成給獎通行在案，爲免嗣後給獎辦理分歧起見，所有違法買賣沒收金鈔之提獎，自本電到達之日起應一律依照財務罰鍰處理辦法及財務罰鍰提獎分配細則規定辦理，本部財錢乙字第三九〇號不再適用，除分行外，相應抄附財務罰鍰提獎分配細則，電請查照并轉飭遵照」。

等由，附財務罰鍰提獎分配細則一份，准此，查財務罰鍰處理辦法前奉行政院令頒到府，經於三十六年一月二十四日以（卅六）府總祕二字第六六四號令飭遵照在案，准電前由，除分令暨電首都警察廳外，合行抄發原件令仰遵照。

此令！

附抄發財務罰鍰提獎分配細則（見法規欄）

中華民國三十七年六月四日

禁止販運買賣械彈廢品及零件

南京市政府訓令　（卅七）府總祕二字第五四〇五號

令所屬各單位

案奉

行政院三十七年六月八日（卅七）四防字第二七九〇一號訓令開：

「據國防部三十七年五月二十一日柱練字第一六七號呈稱：「據聯合勤務總司令部三十七年四月十日曾衡彭字第六九三三九號呈，以械彈廢品（包含銅彈殼）及零件，均爲可供製造械彈之原料，且以是類廢品零件裝配爲完好械彈手續極爲簡便，若任聽民間販運買賣，而爲奸匪所收購利用，影響戡亂前途，殊非淺鮮，値此動員戡亂之際，擬請依照國家總動員法第三條第一八兩款及第七條一項之規定，通令全國一律禁止販運買賣，以利戡亂等情前來，查該部所呈各節，核與國家總動員法應行管制之動員物資規定相符，且該項械彈廢品（包含彈殼）零件，散失民間爲數極多，亟應加以禁止販運買賣，以免被匪收購利用，除飭該部從速擬訂報繳收購辦法另行呈核外。理合轉請鑒核，准予通令全國一律禁止」等情，核尚切要，除分行外，仰即遵照，並轉飭遵照。」

等因，奉此，除分令外，合行令仰遵照，並飭屬遵照爲要！

此令！

中華民國三十七年六月十二日

外僑向地方機關行文應用中文

南京市政府訓令　（卅七）府總祕二字第五三六九號

令所屬各單位

案奉

行政院本年六月九日（卅七）七外字第二七九六七號訓令內開：

「據外交部本年六月二日呈，爲准河北平津區敵僞產業處理局函，以該局辦理有關外僑申請發還產權案件，若來文僅用其本國文字是否應予接受，請明白解釋，俾有依據，等由，本部認爲一、外國僑民向地方機關申請辦理案件自可飭令具呈中文呈文，二、使館除其兼理領事事務人員得直接行文地方機關，如以使館名義行文，收文機關應將辦理情形抄同使館原件外轉由本部復達，三、各國領事遇事向地方機關行文，如僅用其本國文字，可洽請補送中文譯本，除逕復外，謹請核備，並通飭知照等情，應准照辦，除分行外，合行令仰知照，並轉飭所屬一體知照。」

等因，奉此，除分令外，合行令仰知照，並轉飭飭知照。

此令！

中華民國三十七年六月十二日

市政要訊

積極辦理防汛築堤工作

時居夏汛，江水上漲，本市濱江田地頗多淹沒，大小黃洲地處揚子江下游，近以江水暴漲，水流湍急，冲刷劇烈，尤以小黃洲西南洲頭，崩潰最烈，新埂西南種麥灘地，冲刷殆盡，且已淹至新埂外五十公尺處，而新埂不夠洲堤標準，難作砥柱，經該洲管理處會同有關單位代表勘測洽商，決定新埂後四百公尺處築一新堤，業巳動工趕造，全長約一五〇〇公尺，頂闊四公尺，外坡與內坡均根據洲堤標準修築，平均高約三公尺。並經工務局發給防汛材料予以補助，藉資搶救。又第九區漕洲圩，復新圩先後發現有圩堤涵洞，被水冲刷，經以蔴袋裝土堵塞，得免泛濫，此外，長莊圩，戚莊圩，四合新圩及新民洲等，均亦危急，現正由區公所督率圩划迅組防汛工作隊嚴密注意，並經民政局轉函工務局派員分赴各圩指導防護，又十二區雙閘地方於五月二十二日江水突漲之時，幾至泛濫成災，亦由該區公所籌集木料，發動民工，會同工務局修堤工程處指撥蔴袋打樁運土，予以堵塞，他如江心洲，毛公渡等處，亦經督飭洲民按照上年度防汛辦法切實注意防護。至於下關至燕子磯之濱江大堤，工務局現正擬利用本市救濟福利事業委員會之救濟經費，以工賑方式積極計劃修築，預計每日動員二千至三千人工作，約於三個月內可告完成，以期防止水患。

發放貧民免費自來水券

衛生局爲預防疫癘，本年夏季仍按向例發放貧民免費自來水劵，業經邀集各有關單位代表商定發放辦法七項：

一、四個月水劵作一次發放。

二、直接發放。

三、發放時遇有移動變更，得由發放人臨時決定增減，增加數目不得超過原定數額百分之五。

四、發放時由發放機關各派四人，共計十二人，担任指導，並由衛生局商請金女大、明德、匯文、市立一二三女中指派學生共一百名爲發放員，伙食由衛生局津貼每名二十萬元，一天發完。

五、發完後由發放員及指導員負責盖章。

六、由衛生局通知各水爐水站，如有拒絕發水情事，一經告發，即予停業。

七、散發水劵參考資料，其內容包括下列各點：

(一)有自來水者不發。

(二)有舖面者不發。

(三)棚戶及赤貧住戶一律發給。

(四)勸導棚戶及赤貧住戶勿飲井水。

衛生局根據上述第四項辦法商得明德女中同意，於六月二十六日由該校學生一百人分赴各區發放，估計每月發放一萬五千戶，四個月共爲六萬戶，供水九百萬英加侖，合四〇、九〇九公噸。

展開全市衛生檢查

本市夏令衛生運動委員會自組織成立後，積極展開工作，由警察廳就原有所屬官警組織臨時衛生警察隊，隊設隊長一人，由該廳檢查組任隊長各警局警務隊長任區隊長，執行衛生檢查，取締，督導工作，茲將該會清潔檢查工作計劃，及衛生工作競賽辦法要點分誌於次：

甲、工作計劃

一、檢查工作起止日期，以夏令衛生運動委員會規定日期爲準。

二、檢查對象爲飲食業公共場所之清潔衛生，尤着重清涼飲料之製造與販賣。

三、關於飲食物品之鑑定，由衛生局負技術責任。

四、絕對禁止售賣之夏令飲品，先由衛生局發佈佈告，使商民週知，以免執行檢查時發生誤會。

五、冰棒小販流弊滋多，其販賣證應請夏令衛生運動委員會統一製發佩帶，以資識別而利檢查。

六、本年度衛生局擬訂爲霍亂年，爲維護市民健康加強檢查，以利防疫，訂定檢查日程如次：一、隊員對每一營售商販須間日或三日檢查一次。二、區隊長或隊副每週內抽查一次。三、隊部指定人員經常督導或抽查。

乙、競賽辦法

一、以市區內各中西餐館、酒菜館、小食店、各飲料及菜場爲競賽單位。

二、本辦法每一競賽單位之項目擬定如下：（一）器皿用具，（二）飲食料品，（三）廚房炊具，（四）廁所便池，（五）侍應員工，（六）痰盂，（七）公用毛巾，（八）其他。

三、本辦法競賽於每月月終舉行一次或二次，由檢查組派員前往各飲食店實施檢查，分別記分，上項檢查成績應按月分別通知各競賽單位改進。

四、本辦法工作競賽每月舉行評判一次，於運動終了時總評判一次，以終結之平均成績爲總成績。

五、本辦法夏令清潔衛生成績總分數爲下列五等。（一）九分以上者爲優等。（二）八分以上不及九分者於甲等。（三）七分以上不及八分者爲乙等。（四）六分以上不及七分者爲丙等。（五）不及六分者爲丁等。

六、終結總成績在甲等以上者，由本會報請主管機關分別予以獎勵，其列入丁等者，督促改善，必要時各等級得以色紙區分印明（如清潔競賽列等等字樣），張貼於各該店面之顯著地位。

舉辦本市各級國民學校教員登記及檢定

教育局爲調整本市國民教育師資，並保障其服務起見，特舉辦全市各級國民學校現任教員登記及檢定，並由國民學校教員檢定委員會辦理此項檢定事宜，該委員會主任委員由馬兼局長元放担任，並遴派章柳泉，岳科，程宗潮，朱博夫，張右源，畢琳，謝劍南，張家衡爲委員。規定自六月十一日至卅日爲登記期間，逾期不予辦理。茲將南京市各級國民學校現任教員登記及檢定辦法刊布於下：

南京市各級國民學校現任教員登記檢定及辦法

卅七年五月十八日(卅七)府總秘字第四七一六號令修正備案

第一條 爲調整本市國民教育師資，並保障其服務起見，特舉辦全市各級國民學校現任教員登記及檢定，由教育局組織南京市國民學校教員檢定委員會辦理之。

第二條 凡本市各級國民學校現任校長、主任、教員及幼稚園主任、教員均須依照本辦法參加登記或檢定。

第三條 本市各級國民學校現任教員，凡具有下列資格之一者，祇須申請登記，經審查合格後，發給登記合格證。

（一）師範學校畢業者。

（二）舊制師範學校本科或高級中學師範科或特別師範科畢業者。

（三）高等師範學校或專科師範學校畢業者。

（四）師範學院或大學教育學院教育科系畢業者。

第四條 本市各級國民學校現任教員，凡具有下列資格之一者，得受無試驗檢定，經審查合格後，發給檢定合格證。

(一)簡易師範學校或簡易師範科畢業者。

(二)舊制鄉村師範學校或縣立師範學校畢業者。

(三)幼稚師範學校畢業者。

合於前三款資格之一者，以受國民學校初級部及幼稚園教員之無試驗檢定為限。

(四)合於前三款資格之一，曾充教員二年以上或曾參加假期訓練三次成績合格者。

(五)高級中學舊制中學或其他同等以上學校畢業，曾充代用教員一年以上或曾參加假期訓練二次成績合格者。

第五條 本市各級國民學校現任教員，凡未具有第三四兩條各款資格之一者，須受試驗檢定，檢定合格後，發給試驗檢定合格證。前項教員在本市連續服務滿二年以上而服務成績平均列在三等以上者，得請求無試驗檢定。

第六條 本市各級國民學校現任之試用教員，凡未能繳驗學歷證件者，一律須受試驗檢定。

第七條 本市各級國民學校現任教員參加登記及檢定時，應填登記表呈繳畢業證書服務證明書，最近二寸半身照片二張，送由原服務學校彙送教育局國民學校教員檢定委員會辦理。

第八條 本市各級國民學校現任教員（包括卅六年八月甄選合格及本學期新任教員）塡有攷查表，經審查證件合格者，或應補繳學歷證件業已補繳，並經審查屬實者，或曾於廿六年在本市小學服務准予免繳學歷證件有案者，均毋須再繳驗證件。

第九條 本市各級國民學校現任教員經登記及檢定合格發給證書時，凡過去領有本市備用教員登記合格、甄審合格或甄選及格等各種證明書，應即繳回。

第十條 本辦法由南京市教育局訂定施行，並呈報 南京市政府及教育部備案。

訊

▲修整舊有人行道 本市重要街道及舊有之人行道，在戰時損壞甚多，勝利以還，未加整修，現各商店已恢復舊觀，，其門前人行道亟待整修，工務局擬先就山西路、中山路、中山東路、林森路、珠江路、太平路、昇州路、中華路、建康路、湖南路、朱雀路及挹江門外中山北路等舊有人行道及附近之路線，次第加以修整，所需費用，已由工務局根據內政部核准之本市建築管理規則，並按照工料市價，向業主收取。其實施辦法，業經第一三一次市政會議通過，已送市參議會審核中。

▲救濟難民舉辦工賑 本市救濟福利事業委員會，為救濟一萬五千名難民，將發動工賑，社會部已允撥二十億元作救濟金，此項工賑工作共有兩種，一為修築下關至燕子磯沿江之江堤，一為開闢泰山路，係自雞鳴寺側台城開闢新城門，溝通玄武湖，再自城脚第一條長堤，連接環州停車場。

▲辦理兒童急救工作 聯合國兒童救濟委員會，在南京方面籌集救濟金，共計五十餘億元，現正予以統籌支配，關於南京市兒童救濟工作計劃，亦經聯合國兒童救濟委員會通過。社會局已組成兒童急救工作審議委員會，即將計劃設立兒童營養供應站四十個，以促進全市貧苦兒童之營養。

▲籌劃設立救濟站 社會局以糧食部停辦本市貧戶食米配售後，致一般赤貧市民陷於窘境，而救濟機關因限於經費，無法儘量收容。

現爲加強院外救濟，特計劃在本市城中城南城北三地區，各設院外救濟站一所，救濟之對象，將以赤貧爲限，除發給救濟金及實物外，幷兼辦小本信貸，以期扶植其自謀生存，救濟經費，預定爲五百餘億元，現正向社會部請款中，一俟獲准，卽可實施。

▲六月份調整公用事業價格　關於本市六月份公用事業調整價格，業經參議會於六月八日下午三時舉行社會事業及經濟建設兩委員會聯席會議，就工務局交付之核減價格，依據政院所頒公式計算，作最後審核。討論決定如下：（一）電費照上月加百分之廿，電力，每度四萬零八百元，電燈四萬四千四百元，（二）水費照上月加百分之卅，每度四萬九千二百元，（三）小火車調整後之票價爲三五、〇〇〇元，（上月票價爲二八、〇〇〇元。）增加百分之廿五。（四）公共汽車調整後之票價，短程二五、〇〇〇元，中程三五、〇〇〇元，全程四五、〇〇〇元，（原分二〇、〇〇〇元，二八、〇〇〇元三六、〇〇〇元三種）增加百分之二十五，均自六月十一日起實行。

▲連環圖畫書攤限期登記　本市連環圖畫審查委員會自五月廿二日成立後，當卽積極展開工作，現已依照本市連環圖畫審查及取締暫行辦法之規定，限令本市各連環圖畫書攤，自六月一日起，一律向審查委員會登記股辦理登記手續，以便實施管理。

▲勘定擬建新校舍地點　本市指定爲基本教育示範區，經勘定珍珠橋、老虎橋、火瓦巷、夫子廟、集慶路、石鼓路、司背後、江蘇路、裴家橋、老江口、熱河路、小市口、江東門等處爲擬建新校舍地點，已設計製有圖樣者，有裴家橋、火瓦巷、江東門、江蘇路等處。

▲醫療上新河難民　衞生局奉社會部電飭醫療上新河患病難民，除令飭該區第十三衞生所負責診療外，恐該所人力不敷，復指派醫護人員開駛流動衞生所車前往協助辦理，據報難民前後來去登記者約二千餘人，現有人數約八百餘人，每日由十三衞生所派員前往辦理注射及接種工作，並爲該處難民醫治疾病，計自六月四日起至六日止，共種痘四百〇五人，霍亂注射八百〇二人，診病一百五十五人。

▲裝置噴洒DDT車　衞生局設置DDT工作隊以來，各機關團體來函請洒佈者日衆，惟因該局人力有限，爲求工作迅速計，經造置手推車兩輛，將行總配給之噴洒DDT機裝置車上，於六月十五日完工，此項車輛噴洒面積較大處所，可以減少人力。

▲籌備發行房屋救濟獎券　地政局爲籌辦本市發行之房屋救濟獎券，經於六月九日邀集各參加機關舉行第四次座談會，當經決定加推五金電料及水管兩同業公會爲房屋救濟獎券委員會委員，並已於六月十六日舉行成立會，關於辦公地點及業務經費預算暨各種業務規章等項，亦經研商決定，現正編造預算，並擬訂業務章則，至獎券票面，發行技術，建築用地，招標建築等事項，則決定由各組負責機關積極準備，提房屋救濟獎券委員會決定。

▲辦理本市交通概況調查　統計處擬應用統計方法，對本市交通概況作一簡單之分析，業經由該處參攷本市已往交通概況及其他都市情形，擬訂調查表式，分向本市水陸空各運輸機關調查，待調查完竣，卽可開始整理彙編報告，以供有關各界參攷。

▲辦理征兵業務　本市新兵征集所已於六月一日開始接收應征新兵，截至八日止，各區征送新兵經體格檢查合格者計一百名，其中已撥交團管區者九十五人，本市兵役督導團亦於六月五日出發、分赴各區實地督導。

▲江心洲成立保合作社　江心洲扶植自耕農實驗區目前除積極整理地籍、並注意農田水利工作之展開，更爲增進農民福利起見，推行合作事業，成立保合作分社，迄目前止，計先後成立五個分社，充實機構組織，加強人事管理，俾合作事業趨於完善，至於總社及各分社業務資金、除自籌外，幷申請中央合作金庫協助。

法規

中央法規

財務罰鍰提獎分配細則

三十七年五月二十八日財政部財錢乙字第五四九〇六號電頒

第一條　本細則依財務罰鍰處理辦法第五條第六條訂定之。

第二條　財務罰鍰處理辦法規定，提解主辦及協辦機關出力人員之五成獎金作為十成分配，其分配標準如左：

甲、屬於中央財務罰鍰者：

一、緝獲機關及協助機關四成。

二、主辦機關三成。

三、解主管部三成(包括主管署局)。

乙、屬於地方財務罰鍰者：

一、緝獲機關及協助機關四成。

二、主辦機關三成。

三、解主管廳(局處)三成。

第三條　前條甲乙兩款第一目之緝獲機關及協助機關應得成數平均分配，如僅有緝獲機關而無協助機關時，原訂定數全部歸緝獲機關，如僅有協助機關而無緝獲機關時，原訂成數以二成歸主辦機關，如並無緝獲機關及協助機關時，其原定成數以三成支配於第二目，一成支配於第三目。

第四條　本細則第二條甲款第二目所稱之主辦機關，係綜合部署以下

之各該機關上下各級機構而言，其各該機構應得之成數，由主管署(局)以命令定之，并報部備案。

第五條　依財務罰鍰處理辦法提給舉發人之獎金，每案不得超過國幣三億元，主辦機關提給在事出力人員之獎金，每案每人不得超過國幣三千萬元。

第六條　主辦機關應於每案確定執行後三日內，將獎款分別提解，並逐案填列報告表(表式另訂)遞報於該管上級機關，但應解上級機關之款額不足十萬元時，得於每月月終彙集報解。

第七條　本細則自財務罰鍰處理辦法實施之日起施行。

各縣市民衆自衛隊組訓規程補充辦法

三十七年五月二十四日行政院(卅七)四防字第二六五〇八號令頒

第一條　為發揮民衆力量，加速剿匪，安定社會，特訂定本辦法。

第二條　民衆自衛隊之編組，以依照各縣市民衆自衛組訓規程規定，按鄉鎮保甲編組為原則，人口密集，村落龐大之地區，得以自然村為編組單位。

第三條　民衆自衛隊幹部，應就下列人員中選用之。

一、歷練有素之在鄉本籍軍官。

二、有號召力量之當地人士。

三、本籍轉業軍官及退役青年，品質確屬優良者。

第四條　民衆自衛隊隊丁，在安全區內，依照各縣市民衆自衛隊組訓規程之規定，兩丁之戶出一丁，五丁之戶出二丁，超過五丁之戶，每滿三丁出一丁，參加自衛隊編組，但在剿匪地區之壯丁，應一律編組為普通自衛隊。

第五條　縣市民衆自衛總隊部，應調集鄉鎮各級自衛隊及各種任務隊幹部，分別實施訓練，其訓練內容應以戰鬥動作射擊技

衛及如何運用襲擊伏擊突擊配合守碉守寨等方法如何執行守哨盤查巡邏會哨等任務爲主，幷歷練夜間與白晝各種不同之情況，各種任務隊幹部則應着重與其任務有關之知識技能，教材均應簡明扼要，由國防部印發各縣市翻印，訓練期間以一個月爲原則，得視事實需要延長或縮短之。

第六條 民衆自衞隊訓練，除常備自衞隊應依照陸軍訓練綱要辦理外，並應注意下列各項。

一、着重前條所列各項自衞技能之訓練。

二、加強政治訓練，着重對共匪暴行陰謀之揭發。

三、儘量避免與任務無關之科目。

四、就地訓練，以不脫離本鄉及生產爲原則。

第七條 民衆自衞隊除常備自衞隊担任機動剿匪及扼守要點外，自衞隊不分平時戰時，均須分派固定任務，其有武器之自衞隊，平時担任守碉守哨盤查巡邏會哨守衞保護電綫，有警時担任攻防戰鬥，其無武器之自衞隊，得分別組織下列各種任務隊，平時在不脫離生產原則下，切實清查戶口，增修碉堡，使潛匪無法容身，緊急時期迅速集合，各司其職。

一、工程隊 每鄉組成一中隊，並得依職業技能及事實需要，編成石工木工鐵工爆破橋樑電信各隊，自備工具，担任增修碉堡城寨工事安設或掃除障礙物架設或撤收電綫整修或破壞道路橋樑等，由鄉(鎭區)長統一運用。

二、給養隊 每保編成一分隊担任砍柴燒水煑飯做菜及送茶送飯。

三、偵探隊 就全鄉中選拔適任人員，每鄉組成一隊，担任偵探匪情，由縣(鄉鎭區)長臨時派遣之，以三日行程爲限。

四、肅奸隊 每鄉組成一中隊，每保組成一分隊(隊丁十至十五人)，担任秘密調查內奸，幷得攜帶短槍，俾於察覺之際逕行破獲之。

五、宣傳隊兼清查隊 挑選知識青年，每鄉組成一中隊，每保組成一分隊(隊員十至十五人)担任(一)各種宣傳文件，及洗去共匪標語，蒐集共匪一切宣傳文件並焚燬之，(二)清查戶口，驗收身份證，稽查出入人口。

六、傳令隊 每鄉組成一分隊，每保組成一班，平時僅補助鄉(區鎭)保公所之傳令，戰時或匪情嚴重時，担任設置遞步哨。

七、救護隊 每鄉組成一中隊，每保組成一分隊(看護三人至五人，担架丁十二人)，遇有傷亡或傳染病發生時，担任救護之責。

八、運輸隊 每鄉組成一中隊，每保組成一分隊，分批或分段担任運輸，凡大車馱馬，均可編入運輸隊。

第八條 民衆自衞隊武器彈藥，依照左列規定辦理。

甲、常備自衞隊之武器，以使用縣(市)公槍爲原則，不足時得報請省保安司令部統籌辦理。

乙、自衞隊以使用本村或本保之民間私有槍枝爲原則，不足時由縣市政府統籌調配。

丙、民衆自衞隊之彈藥，如因作戰消耗，應由縣(市)政府轉報省保安司令部核銷，並得請求免費補充，其補充數量，視匪情輕重及自衛隊作戰能力與成績而定。

丁、自衛隊配合軍隊作戰，情況緊急，無法請領彈藥時，得由當地駐軍長官先行撥用。

第九條　常備自衛隊之待遇，得參酌省保安團及地方實際情況，由各縣(市)政府擬訂標準，提交縣(市)參議會通過後實施之，自衛隊派有任務者，供給伙食。

第十條　民衆自衛隊作戰要訣如左。

甲、橫的配合　縣與縣間，鄉鎮與鄉鎮間，應互相應援，以壯聲勢，任何一鄉鎮發生匪情時，其鄰近各鄉鎮，應不待命令，立即出動救援，任何一縣發生匪情時，其鄰近各縣，應不待命令，立即出動救援，以擊潰來犯之匪爲止。

乙、縱的配合　鄉鎮據點被攻擊時，除應向其毗連各鄉鎮告急外，並應將來犯之匪番號兵力等情況飛報縣政府，縣政府應於接獲報告後八小時內，調派常備自衛隊馳抵戰地應援，如匪方兵力較大，并得於接獲報告時，隨即轉報專員公署，請求派隊協助，專員公署應於接獲報告後十二小時內，調派保安部隊馳赴戰地，如匪方兵力仍屬較大，應即報請駐軍進剿，駐軍應於接獲報告後二十小時內，馳赴戰地助戰。

前項時限，得由當地軍事最高長官按照途程遠近明白規定。

丙、保存實力　在匪我力量懸殊情況下，如傾一縣之力不足以救一鄉，傾全區(行政督察區)之力不足以救一縣，又兼保安部隊及駐軍均不敷調配時，則縣長專員應率領常備自衛隊及精壯之自衛隊轉進隣縣或隣區，待機反攻。

第十一條　民衆自衛隊組訓，各省保安司令部應派員分赴各縣市，各縣市應派員分赴各鄉鎮，巡迴督導，並將組訓情形擬具報告，分別呈報核辦。

第十二條　民衆自衛隊組訓及運用之考核，由左列各機關辦理。

一、鄉鎮民衆自衛工作成績之考核，由縣政府爲之。

二、各縣市民衆自衛工作成績之考核，由省保安司令部爲之。

三、各省市民衆自衛工作成績之考核，由國防部爲之。

第十三條　民衆自衛隊幹部及隊丁奬懲，除有關法令別有規定外，依下列規定辦理。

甲、幹部之奬懲。

壹、奬勵部份　各縣市長兼總隊長及各級負責幹部有左列情形之一者，應分別予以(1)晉升、(2)記功、(3)嘉奬。

(一)辦理民衆自衛隊組訓，能如期完成而成績優良者。

(二)賞罰分明，民衆自衛隊紀律特優者。

(三)指揮民衆自衛隊協助國軍及保安團隊剿匪，能圓滿達成任務者。

(四)率領民衆自衛隊修建公路碉堡及構築其他工事，成績優良者。

(五)在匪我實力均等之情況下，能襲獲勝，收復失土者。

(六)俘獲匪首或大批勝利品者。

貳、懲處部份　各縣市長兼總隊長及各級負責幹部有左列情形之一者，應分別予以(1)撤職、(2)記過、(3)申誡。

(一)未遵照規定如期組訓民衆自衛隊，或組織不健全，徒具形式者。

(二)對爲所屬自衛隊管束無方，紀律廢弛者。

(三)督率民衆修建公路碉堡及構築其他工事不力者。

(四)收復區內零匪及奸匪地下組織不能肅清根絕，任其擾害治安者。

(五)小股奸匪來犯，不能迅速緝剿，任匪逃逸，或避免與實力相等之匪作戰者。

(六)情報不確實迅速，遺誤軍機，而致剿匪部隊失利者。

(七)對於隣區自衛隊及國軍或保安團隊應援不力，致剿匪失利者。

(八)玩忽職守，致遭匪軍襲擊而有重大損失，或計劃部署失當致作戰失利者。

乙、隊丁之獎懲。

壹、獎勵部份　民衆自衛隊之隊丁有左列情形之一者，應分別(1)嘉獎，(2)給予獎金，(3)給予實物，(4)免除勞役。

(一)俘獲匪首或鹵獲武器及匪軍有關軍事上之重要文件者。

(二)擊斃匪首經查明屬實者。

(三)深入匪區偵獲重要情報者。

貳、懲處部份　民衆自衛隊之隊丁有左列情形之一者，應分別予以(1)禁閉，(2)勞役，(3)申誡。

(一)假借事故圖充勤務者。

(二)違背召集或冒名頂替者。

(三)奉召遣命令，無故稽延者。

第十四條　民衆自衛隊剿匪傷亡之撫卹，應依照人民守土傷亡撫卹辦法及其有關法令辦理。

第十五條　本辦法自公布日施行。

總統府公報所載中央法規索引　六月上半月

本府法規

南京市處理棚戶會報暫行辦法

三十七年五月二十八日第一二九次市政會議通過

一、南京市政府爲處理有關棚戶問題，特設置南京市處理棚戶會報（以下簡稱本會報）。

二、本會報由南京市政府，首都警察廳及市工務局，民政局、社會局、衛生局、教育局各指定固定人員一人參加。

三、本會報設主席一人，由市政府指定之人員担任之。

四、本會報任務如左：

一、有關棚戶處理之報告事項。

二、有關棚戶處理之興革設計事項。

三、有關棚戶處理工作之分配事項。

四、有關棚戶處理工作實施之檢討事項。

前列事項，經本會報決定實施方法，呈經市長核定後交由各主管單位執行。

五、本會報文件之處理，由工務局指定人員兼辦之。

六、本會報每半月舉行一次，必要時得臨時召集之。

七、本辦法自提經市政會議通過後施行，修改時亦同。

南京市教育局整理未立案私立中小學暫行辦法

教育部三十七年五月十三日中字第二五八二〇號令備案

(一)南京教育局為整理現有未立案私立中小學起見，特訂定本暫行辦法。

(二)現有未立案之私立中小學，須遵照本暫行辦法，迅卽辦理立案手續。

(三)私立中小學須籌備自建敷用之校舍，并須有充實齊全之設備，達到部定標準。

(四)私立中小學須籌足基金(卽每年經常費)存入本市銀行，中學最低數目依部定標準，小學最低數目為五億元。

(五)私立中小學之開辦費(包括建築費及設備費)及每年經常費最低數額依教育部三十七年四月二日之規定如左：

校別	開辦費		每年經常費
	建築費	設備費	
高中	三十億元	二十億元	三十億元
初中	二十億元	十五億元	二十億元
高初中合設之中學	四十億元	廿七億五千萬元	四十億元
小學	十億元	五億元	五億元

(六)私立中學之為初中者，應於校名上加「初級」字樣，不得混稱為中學。

(七)未立案之私立中小學，須於本年六月底以前依照規定辦理完成董事會立案手續，違則卽予取締。

(八)本暫行辦法由本局公布施行，並呈市政府教育部備案。

會議紀錄

南京市政府第一二九次市政會議紀錄

時間 三十七年五月二十八日上午九時

地點 本府會議室

主席 馬副市長　　紀錄 史崇訓

報告事項

1.原局長報告　第一二七次市政會議本局提議修整考試院至太平門段原有舊路，拓寬路面至十二公尺，幷擬取消黃河路東段計劃綫一案，經准都市計劃委員會遵照決議第二項詳加研究，簽註意見，以黃河路計劃綫為城北區通達中央政治區幹綫之一，與從考試院至太平門一段現有舊路兩者用途不同，且黃河路東端亦有計劃路綫一小段，北接太平門，倘黃河路東段計劃綫與此北接太平門之一段路綫一旦開闢，則城北區至政治區及太平門之交通均可兼備，加以考試院至太平門原有舊路過於彎曲，不合幹道標準，本會認為黃河路東段計劃綫應予保留等語，相應報告，並請核議，當經決定，「仍予保留」。

討論事項

1.市長交議　據首都警察廳請撥七里街市有空地一圻為建築警察所所址，提請討論案。

決議　原則照案通過，需撥面積由警察廳會同工務地政兩局勘定簽核，幷提會報告。

2.市長交議　據參事室擬訂「南京市處理棚戶會報暫行辦法草案」，提請討論案。

決議　修正通過（修正辦法見法規欄）

南京市政府第一三〇次市政會議紀錄

時間 三十七年六月四日上午九時

地點 本府會議室

主席 沈市長　　紀錄 史崇訓

討論事項

1.市長交議　據民地政局請撥第四區雙塘三〇九段市地為該區區公所所址，提請討論案。

決議　准予撥用。

2.市長交議　據陸軍在鄉軍官會電請撥租花露崗市地建築會所，提請討論案。

決議　留待該會籌有建築專款，再予核租。

3.會計處提　擬追加追減本市三十七年度歲入歲出預算，提請討論案。

決議　照案通過。

人事動態

三十七年五月二十六日至六月一日止

姓名	服務單位及職別	動態	到離職日期
劉希文	會計處第一科科員	新任	五月十六日
廖遠東	會計處第二科科員	新任	六月一日
王可求	民政局第三科辦事員	新任	六月一日
陳堅忍	公共汽車管理處會計主任	調任 會計處專員	六月一日
汪有桂	公共汽車管理處會計室課員	調任 會計處第二科辦事員	六月一日
李侃	統計處第二科荐任科員	改派 統計處第二科科員	六月一日
金養良	統計處第三科辦事員	改派 統計處第三科書記	六月一日
李意正	地政局第一科辦事員	晉升 地政局第一科科員兼出納股主任	五月二十八日
陳雪華	地政局第一科雇員	晉升 地政局第一科辦事員	五月二十八日
羅鳳岡	市府荐任視察	辭職	五月三十一日
王鑑	民政局第三科科員	辭職	五月三十一日
楊樹憲	社會局第四科科員	辭職	五月二十七日
陳啓秀	地政局土地測量隊繪圖員	辭職	五月二十四日

本府大事記

六月份上半月

六月一暫（星期二）

▲舉行本府成立第二十一週年紀念會，市長副市長出席致詞

▲新兵招待所開始收容應征新兵。

六月三日（星期四）

▲本市各界舉行六三禁煙節紀念會，副市長担任主席。

六月四日（星期五）

▲舉行本府第一三〇次市政會議。

▲中正路下水道修整工程開始動工。

六月七日（星期一）

▲民政局舉行第一次區長會報。

六月九日（星期三）

▲南京市救濟福利事業委員會舉行第三次會議。

六月十一日（星期五）

▲舉行第一三一次市政會議。

▲舉辦本市各級國民學校現任教員登記。

六月十二日（星期六）

▲本市民衆自衛隊幹訓班舉行結業式。

南京市政府公報 第四卷 第十二期

南京港工程局概況

一 成立緣起

南京港工程與交通、水利及市政，均有密切關係，所以交通部水利部及市政府，對於築港均亟關切。去年下關碼頭之坍陷，更引起各界之注意，經三方面會商結果，由交通部主持其事，本年三月南京港工程局成立。

二 工作範圍

京港局使命為修築江岸及籌劃新港，現在決定先搶修下關江岸，自發電廠上煤碼頭至海軍碼頭一段，為第一期工程，同時着手新港計劃，以為將來工作之準備。

三 工作述要

（一）計劃——根據長江工程總局下關浦口間長江水深圖，及其他資料，得知下關浦口間江面驟然縮窄一倍有餘，其下關碼頭凸出江中，又當河道之外灣，所以大溜頂衝江岸，刷陡深及六十公尺，故碼頭坍陷，病在深水，已甚明瞭，僅防治江岸上部，決難見效，欲使水溜

外移，平緩岸坡，非在深水築壩不為功。江岸坦坡可用柳排保護，以免水流風浪之侵蝕。京港局本此原則計劃修築潛壩四道，護岸一千一百七十公尺，四月中旬，將計劃及概算呈部，惟因資料不足，將來或須改善。為充實設計資料，已於四月間組織測量隊，施測江邊及沿岸江底，紀錄水位，并籌備鑽探研究土壤，準備水工試驗，俾使計劃更為經濟合用。

（二）備料——工程需用材料，以片石，柳枝為主，早已開始調查接洽山場料場，并洽公路總局機械築路隊，使用機械開石，以資迅速，業經在燕子磯附近選定山場，并已施測運輸道路及存料場，以備開工。關於柳枝之產地，價格，亦經調查，以備採購。同時派員赴滬洽運配撥木船汽車等運輸工具，并在下關江邊整修運料道路，以備應用。

（三）施工——下關江岸深六十公尺，潛壩護岸需石三十八萬立公方，以目前之設備與財力，決非一二月內可辦到，所以大水以前，難以大量興修，希望工款早撥，迅速備料，秋季水落，即時搶修，俾使明年洪水期間，江岸得有保障。再深水施工最為困難，非有熟練技工，難以迅速準確，故已洽得黃河水利工程總局借調河工隊以備實施。

（四）工款——第一期工程需款六千餘億，尚未核定，撥款當須時日，僅開石一項，尚難大量開始，即整理江邊運輸路石料，亦為向工務局借用，為把握時機，迅速備料計，經多方設法，現正向四聯總處洽借國策貸款，并請處理美國救濟物資委員會工賑協助，如能有成，當可早日興工。

（五）新港——京港局為謀取聯繫，並集思廣益計，曾聘請有關部門高級技術人員為顧問，於四月下旬召開顧問座談會，研討新港事宜，並於五月中旬，會同有關部份，實地視察長江主流及乂河，上自梅子洲以上大勝關，下至八卦洲以下，藉以明瞭水勢地形，確定範圍，

以便早日施測完成計劃。

四　將來展望

根據　國父實業計劃，南京爲將來九條鐵路之集中點，海路聯運，尤爲需要，且下關水深，海船亦可泊停，頗具河港之優良條件，爲顧及目前需要，及將來發展，均應整個規劃，分期舉辦，以免隨意建設，破碎零星，有礙將來之合理發展。南京築港爲我國內河港之創始，京港局同仁，均感興奮，深盼社會人士，多予指導贊助，以期早日完成使命。

南京市立盲啞學校概況

南京市立盲啞學校創立於民國十六年十月三日，其時南京市政府鑒於普育堂內十數盲童無以爲教，乃派堂長附設盲童學校，十八年春，改隸教育局，增設啞科，正式定名爲南京市立盲啞學校，委陳子安爲校長。二十一年春，陳校長逝世後，由陳光煦接充。迄民國二十六年，抗戰軍興，始而疏散，繼而撤退。民國二十七年秋，在重慶復課，旋又遷往江津，三十一年春，改隸教部，易名爲「教育部特設盲啞學校」。勝利後，三十五年秋，由渝復員回京，勘定中華門內剪子巷六十二號爲校址，祇以數年來流離轉徙，所有設備，蕩然無存，三十六年春添建「明德樓」。七月，陳校長辭職，部派督學邱鶴兼理校務，九月復派白今愚爲校長。三十七年二月，奉　部令交還南京市教育局辦理，恢復舊名，派督學曹樹人兼代校長。

該校分盲啞兩科，各設主任一人，協助教、訓兩處推進各該科科務。盲科附設編譯股，編譯盲字教本及參攷書。全校班次，分師範、中學、及小學三部，師範部有盲高中師範科一年級一班（三年級已於寒假畢業）；中學部有盲科初中一年級一班，啞科初中一二年級各一班，小學部盲科四班，啞科七班，合計十五班，每班人數自八名至二十六名不等。依盲啞教育個別教學原則，每班人數約爲八名至十二名，每班人數過多，則不便教學，該校啞科低年級三班，限於校舍及設備，故名額較多。

關於盲啞學生之教育方法，盲生學習凸點文字，共有五十四個字母，每一字母以六個凸點分合拼成，每個盲生均有一具寫字板，板面滿佈六點一組凹點，上覆空格之銅尺，以厚紙夾在銅尺與字板之間，然後用形似錐子之鐵筆一點點刺在厚紙上使成凹點字，再翻紙用指摸凸點，依各種凸點排列之不同，讀出字音，復就字音尋求字義，此種盲字現在全國通用，名曰「心目克明」。十年前，該校教務主任葉冰華另用注音符號，根據象形對稱兩個原則，編制「國音盲字」一套，有幾所學校加以採用。

啞科學習普通文字，以手語法作爲傳達文字之工具，以口語法教以發音學話。手語有二種：一爲注音符號手語，幫助教學甚大，係用注音符號編成一套手語，以手語打文字，與打信號相似，看到此種手語，即可了解其文義。二爲比擬手勢：以雙手或一手比擬某種事物，多數爲象形的比擬。

關於該校之課程，除依照部頒師範中小學課程標準外，增加盲啞學校特殊科目，如盲科凸字，啞科手語，發音，學語等，均採國定本教材。

該校現有教職員共四十二人，內盲教員七人，啞教員一人，在校服務年限，最久者十七年，大學及專科畢業或肄業者半數，待遇與市立中小學相等。

盲啞學生男女二〇七人，盲六〇人，啞一四七人，自十歲至二十餘歲，來自國內各省市，川籍學生約佔五分之一，亦有西藏啞生一人，公費生名額共計二百名，自費生除繳膳費外，學、雜、宿各費均免。

該校於民國二十二年春，組織盲啞童子軍，中國童子軍總會編爲聾啞第一團，戰前曾參加全國童子軍大露營及京市童子軍鄧府山大露營，本年奉　令改名為「中國特種童子軍第一團」。五月五日首都童子軍大露營，參加六小隊，頗得各方好評。

盲啞學生之升學與就業問題，就已往中學畢業之盲啞學生觀之，計升學者，盲生有中大教育系者一人，國立音樂院者一人；啞生有赴美留學者一人，國立藝專一人，正則藝專一人，武昌藝專五人，勞作師範一人。就業者，盲人担任普通中學音樂教師者一人，國內盲校教師九人，盲殘院教官一人，其他八人；啞人担任啞校校長教員者七人，攝影師一人，打字員一人，文書及科員三人，製板業一人，會計員、統計員各二人，其他四人。

從建立市財政體制中充裕市建設財源論

程養廉

自從近代各國對政治的主張，從消極的進步到積極的政治以來，「無為而治」，早已成為歷史上的名詞了。人口密集的都市，因交通、水、電、衛生、教育、休閒、消防、警衛等迫切需要公家來管理整頓或維持，市政設施，尤其注重積極性的建設。惟能為積極性的建設的市政，其所需用人用物的經費，才可說是必要的，是經濟的。

然而同樣一筆財源，支配和處理的得當與否，關係很大。市政府的支出，大別之可分為二。一為建設支出，二為普通支出。前者，支出之結果為獲得永久性之財產，或供給長時期便利之效用者，係屬於資本支出的性質，後者，支出之結果不過足以維持行政工作之進行。故其性質為一種費用支出。兩種支出，性質既有不同，為應付支出應籌劃的財源，自亦應有所區別。本來市政支出，無非由市民負担。所以無論任何支出，莫非籍稅課來挹注的。祇是建設支出往往需要鉅額資金，非在一個年度中市民所能負担得了的，所以應該要用舉債方式；以延展其負担於以後各年度的市民身上，庶幾公平；只要這一種支出，的確用於建設事業上面。準此而論，則建設支出應以發行公債為主要的財源。費用支出，則以當年度的稅課收入為主要的財源。

不過，有時候舉辦長期債務，或因種種關係遭遇困難，增闢稅源又限於法令，而且債務償還，仍須取諸租稅，而稅課往往是普遍性的人民負担，若按納稅能力與負担公平原則來衡量市政建設，有的地方，各人受益的程度顯有差異。譬如建築或修造市內馬路，最受深切利益的人，或者說直認受益的人，有兩種。一種是這一條馬路兩旁的商店居戶，一種是乘坐汽車的人。如果將這一筆修造費用由全體市民不分遠近貧富都來負担，自然有失公平之道。因而舉借長期債務來修造，亦非適當之辦法。在介乎舉債和徵稅兩項財源之中的，本來還有特賦的方法。特賦的法定名稱叫工程受益費。政府在辦理某項工程時，可以估計所需費用，先向銀行借款墊付（短期借款），一俟該項工程舉辦完成，就按受益者為公平的攤派。如前述修馬路一事，如全市普遍修造，就可利用這種方式，向汽車所有主攤派。

不過任何財源，要用得得當，必須要嚴格遵守原定用途。易言之，為了某種支出而籌集的財源，務必用於這一種支出上面，決不可互相移挪流用，循至膨脹了費用的支出，減縮了建設支出，那就冤枉了。所以市財政的體制，必須建立基金制度。最少要設置三種基金：（一）普通基金，凡費用支出及其財源屬之。（二）資本基金，凡資本支出及長期債務收入屬之。（三）特賦基金，凡以工程受益費抵借之款項，其收支歸墊皆屬之。這三種基金之預算、會計、出納、均應獨立處理。惟特賦基金每一個工程帳戶結束時，如有餘款，應轉入資本基金，以供一般建設之用。

誠能確立財政體制，做到量出以為入，則政府可昭信於人民，人民自樂於輸將，市庫因此而充盈，百廢乃可以俱舉，市政建設，實利賴之。

南京市政府公報第四卷總目

特載

專載

政令、市政要訊

政治

社會與救濟

財政

南京市政府公報　第四卷　第十二期

衛生

警政

法規

中央法規

政治

社會

財政

南京市政府公報 第四卷 第十二期　二六六

南京市政府公報 第四卷 第十二期

二六八

南京市政府公報刊例

一、本公報每半月發行一次

二、凡本府例行公文即在本公報發佈不另行文

三、本府所屬各機關於收到本公報時應編號歸檔妥爲保存凡註明「不另行文」文件並應注意遵照

南京市政府公報

第四卷 第十二期

中華民國三十七年六月三十日

編輯者 南京市政府編譯室

發行者 南京市政府

印刷者 大東新興印書館
南京：(四)建鄴路一三八號
電話：二二二二六號

第 0189

中華民國三十七年七月十五日

第五卷 第一期

南京市政府公報

南京市政府編譯室編

目錄

特載

告本屆中學畢業同學

沈市長在三十七年六月二十九日南京市公私立中等學校聯合畢業典禮致詞

今天，集合全市各市立私立中等學校本屆畢業生，在此地舉行盛大的聯合畢業典禮，這在南京恐怕還是第一次。本人有機會得和在場的五千畢業同學講話，覺得十分愉快。我於愉快之餘，更要寄以無限期望，同時觸景生情，也不免要發生許多感觸。我這一種矛盾的情緒，實有感於這許多純潔可愛的青年，過去在學校處處有師長教導愛護，現在眼看他們一出校門，沒有一個正常的大環境來好好培養他們，使他們蔚成國家未來的棟樑。反之，只有摧殘，只有冷淡，使他們徬徨歧途，茫茫然莫知所從。誰尸其咎，誰負其責？凡是五四運動時代的青年，沒有一個沒有責任，本人當然亦不在例外。

「畢業」，就字面上解釋，是「完畢學業」的意思，但各位都知道，學無止境，現在所完畢的不過是無止境的學業上的一個階段，這個階段的畢業，同時即是另一個階段的開始。現在中學畢業了，將來可能再在大學畢業。但即在大學畢業後，也不就是學業終了。一個向上求進步的人，永遠不知道有畢業。現在所謂畢業，實際只是完畢受教育的一個階段。

各位畢業後，有的升學，有的就業，都是開始向另一階段前進。升學的人，不用說是繼續研究學問，就業的人，雖因家境關係不能升學，但也不是就此把學業停止了。在這廣大的社會中，到處都是學問，也到處可以求學，古今中外在業餘自學而卓然有所成就的人為數不少，這全在乎個人的如何自處，明乎此，凡不能升學的畢業同學，就無所用其灰心。

不升學，即就業。說到就業，近年流行一句話，叫做「畢業即失業」，這句話不免說得過分。依照建國的需要，我們只嫌各級人才太少，決不會嫌其太多。但由於社會的動盪，生產的萎頓，百業蕭條，大規模的建設工作無由開始，因之形成了一般的「人浮於事」的局面，每年各學校都有大批的畢業生出來，他們的出路不容易個個獲得適當的解決，也是事實。處在這樣一個憂患多事之世，沒有一個有心人現在不感覺到心頭沉重，尤其是純潔而有熱忱的青年學子。他們由於對大環境的煩悶，往往不自覺表現出一種急燥盲從的行為，其出發點雖值得使人深深同情，但其結果却令人興不勝危懼之感，因為這不但是影響了同學們寶貴的學業，甚且足以破壞已經很脆弱的社會秩序。同學們，你們的熱忱，你們的煩悶，以及你們的無可告訴和莫知適從，不但使我萬分感慨，而且使我無限同情。因為當五四運動的時候，我亦是參加這一個運動的一份子，回溯既往，環顧目前，我真是有說不出的傷心慚愧。今天有這一個機會和諸位同學說話，我不能不把我肺腑之言，奉告諸位。

目前的大環境誠使人煩悶，焦急，但絕對不是說我們是絕望了，甚至希望仍是無限的等待着我們，問題就是要看我們走的路對不對。在此國家多難之秋，我們必須認清目標，要有積極的精神，冷靜的頭腦，準確的判斷，來沉着地衝過這一個艱巨的時代。同學們，你們都是將來國家社會的負責者，你們的責任何等重大，千萬要自重自愛。你們不要以爲現在沒有好人，只有你們才是愛國的，有熱血的，要曉得除你們之外，也有不少愛國的，有熱血的人在。他們除了自已刻苦奮鬥之外，唯一的期待，唯一的希望，就是寄在全國的青年們身上。同學們，你們應當更加努力，勿燥急，勿灰心，更不可憑一時的衝動，把目標認錯，這不但無以救國，甚至把自己亦毀了，這一點是需要你們特別認識清楚的。

古語云「不患寡而患不均」，今天我們是既寡而又不均。國家窮到這步田地，我們必須首先使社會恢復安定，然後靠建設使這個國家由窮，而小康，而富庶，同時再能切切實實的求均，這樣我們自然而然的成爲世界上一個富強康樂的國家。因此，現在可說有兩條路在此，一條是到建設的路，一條是走向破壞的路．我們還是走那一條路呢？這些問題都是大家值得好好想一想的，這些問題的答案也正是各位未來努力的目標。

國家辦教育，希望每一個受教育的人都爲國家服務。各位在學校裏，對於自己的未來，大抵也不會缺乏偉大的抱負，現在畢業了，面對着升學或就業的若干困難，我們應該有面對現實的勇氣，從現實中認識時代，從現實中改良社會。

最後，各位在學校裏，幾年來和師長同學相處一起，互有深切的感情，現在一旦分離，難免依依，在各校師長方面，眼見如許佳子弟從自已手中培植出來，無不爲各位的前途祝福；各位也應該努力自愛，以不負師長平日的訓誨。在我本人，更要借此機會，對各校師長過去爲國家作育人才的辛勞，表示深切的感謝。

道之以德齊之以禮

馬副市長在三十七年六月二十九日南京市公私立中等學校聯合畢業典禮致詞

今天舉行南京市公私立中等學校初中高中聯合畢業典禮，參加學校四十三所，畢業學生共五一七六名，大家聚集在一起，眞是濟濟多士，非常愉快。

過去每屆中學畢業生都是各在各校舉行畢業典禮，雖也是這樣的儀式，可是各個舉行與這次的聯合舉行，其間有很大的不同的意義。

現在我要講孔子說的「道之以德，齊之以禮，有恥且格。」孔子有弟子三千人，匹夫而爲百世師，他不獨是一個大思想家，並且是一個大教育家。惟其因爲他的思想適合國情，適合我們的民族性，所以才有三千弟子去受教，並且他的教化一直至於今日流傳萬世。三民主義是先聖後聖的傳統繼承，現在我們的國家是基於三民主義的國家，我們的教育是基於三民主義的教育，亦就是直接孔子的教育，所以我先提出他這兩句話來。

「道之以德，齊之以禮」這兩句話有很深的精義，說盡了教育的方法與功能，也說盡了求學做人的途徑與指標。「道」是教訓，是領導。「齊」是整齊，是一致。教訓領導使歸於整齊一致，這是教育的方法，也是求學的途徑。「德」是品德，是操行，「禮」是禮節，是規律，既對於爲人，又對於作事，這是教育的功能，也是求學的指標。總起來說，「道之以德，齊之以禮」，就是教訓領導，品行一致，去走向爲人之道與作事之道。各位同學在學校，初中階段或高中階段都已受了三年的教育，今天的聯合畢業典禮就是「齊之以禮」的一端，是要以這一個形式來表示你們所受三年的教育成績。我希望你們大家注意這個「齊」字，爲了這一個「齊」字，所以今年將你們的畢業典禮聯合舉行。

「齊」是「整齊」的齊，也是「齊步走」的齊。這是大家所慣熟了的。整齊的「齊」，是保持良好的秩序，是「靜」的；齊步走的「齊」，是劃一向前的行動，是「動」的。爲人作事，不外乎動靜兩面，在動靜兩面都能齊，那就對於爲人作事就不會有什麼錯誤，就可以獲得預期的成功。目前匪亂正亟，因之人心浮動，沒有了綱紀，也就是沒有了規律。你們大家都具有科學的知識，試想沒有規律的事物，能夠存在嗎？能讓他存在嗎？我們不能任流匪一逕亂下去，我們必須把失去規律的一切，要它回復規律，這就是說，我們要把亂世變爲太平的治世。這是目前的情形，也是今後迫切的需要。把失去了的規律回復到有規律，就是「齊」，如不能齊，那亂世還是亂世，不會太平。但我們要使我們的社會國家能齊，我們必須先從本身齊起，一切要合乎規律，就是一切要合乎國法、人情、事理，如果不合，便是「越禮犯分」，便是踰軌。今天這個聯合典禮，不過是一個「齊」的榜樣，至於經常生活方法應該如何齊法，那靜的時候應該像排隊那樣的齊，動的時候應該像齊步走那樣的齊，保持秩序，劃一行動，團結向前，毫不紛歧，這是做人作事的道理，這是建設國家復興民族的基礎，我們一刻也不能忽略它。

或者要說你們高中畢業的須升入大學，初中畢業的須升入高中，都還在讀書時代，上面關於齊的道理，現在你們尚未到處人立事的時候，似乎言之過早。但我們要知道，教育的功能不是立刻見效的事，一個優良的品性必須從小的時候培養起，有了優良的品性，將來才有完善的人才。「明禮義、知廉恥、負責任、守紀律」是人生的根本，必須在受教育時期，以「道之以德齊之以禮」來首先給它培養好的。

現在人總說進學校去讀書，而很少聽人說進學校去「受教育」，這是一個不完備的觀念，是錯誤的。進學校固然是去讀書，但是進學校的目的決不是讀幾本書就算了事。你們進學校一面是求學，求知識，一面還須學做人，學爲人的一切，這才是教育的全部的意義。假如光是有學問而欠缺做人的條件，這個人仍然是沒有正用的。一個人的品性就如一樣物事的品質，假如品質已壞，就一切談不上了。

爲學是學的做人，做人是將來去作事，這是一貫而不可分割的。「道之以德」是做人，「齊之以禮」是作事，以「道之以德」爲實質的準備，以「齊之以禮」爲外觀的表現。「明禮義，知廉恥」就是道之以德，應該以此爲教導，對此爲學習。「負責任，守紀律」就是齊之以禮，應該依此爲表現，以此爲準則。我們要「道之以德」，才能「齊之以禮」。也就是說我們要明了禮義、知了廉恥，才能負起責任，恪守紀律。責任不可不負，紀律不容不守，也就是說禮義不可不明，廉恥不能不知。禮義廉恥，無時而不有，無地而不在；責任紀律，無事而不有，無人而不守，做事時代有做事時代的禮義廉恥責任紀律，求學時代也有求學時代的禮義廉恥責任紀律。教育即生活，「道之以德，齊之以禮」，是每個人的全部的生活，而尤重在求學時期，以爲終身的根本。

「禮是規規矩矩的態度，義是正正當當的行爲，廉是清清白白的辨別，恥是切切實實的覺悟」，這四句話你們都已爛熟，用不着再講的。不過什麼才是「規矩」？怎樣才算「正當」？在目前這個邪說流行的時候，很需要我們明白「辨別」，切實「覺悟」，萬不可好奇驚新，人云亦云，去隨聲附和盲目追從。最簡單的一句，就是作亂的人，正在用盡種種方法要毀滅我們這個國家，消滅我們這個民族，我們如果要國家，要民族，那就對於影響危害民族國家生存的言論、行動，那怕極其細小的如借故鬧學潮，我們都要辨別，都要覺悟，不獨不附和，並且要給他打擊，這一個原則是「勿以惡小而爲之」。再如凡有助於保持秩序齊一行動的，如糾舉不法的職業學生，我們應該挺身而出，不要以爲不干已事，這又一個原則是「勿以善小而不爲」。凡此爲與不爲，善與惡，也就是規矩與非規矩，正當與不正當。善惡就是是非，是非才是眞正的利害。「明是非，辨利害」，就是「有恥且格」，格就是辨，有恥就是明，這是「道之以德，齊之以禮」的第一步功夫，同時也是它的最終的目的。如果能做到明是非，辨利害，那就自然會做到負責任，守紀律；反過來說，如果能做到負責任守紀律，那你就無愧於所受的「道之以德，齊之以禮」的教育，亦無愧於我前面所說的那個「齊」字。在今日的狀況之下，這是我應該不憚其煩，諄諄爲各位同學所特別說明的。

你們有的人從初中升到高中，由高中升到大學，我這一番話可以算作「贈別」的言詞，希望你們受更進一步的教育時，有更進一步的認識，把自已這個「人」逐漸堅強地「樹」立起來。那你們所求得的更高深的知能，才不致於沒有安排使用的着落。其次，我要談到一般未能升學的同學和不升學而就業的同學，未能升學的同學，是今年未能升學，將來還是要升學的，這就應該如同還在學校裏一樣，於品學方面，加緊自修。不升學而就業的同學，應該認識「學校卽社會」，社會就是我們終身的學校，對於做人，作事，還是要擇善固執不斷地學習。諸位的前途有無限的光明，深望珍重「道之以德，齊之以禮」的教訓，珍重自己的前途。最後，祝你們進步無量。

南京市公私立中等學校高初中畢業歌

鍾山幾幾，江水湯湯；
首都巍巍兮，虎踞龍蟠；
宏開黌舍兮，濟濟一堂。
五育並重，日就月將；
欣三載兮修畢，瞻前路兮彌長！

同學們，認清方向，挺起胸膛，
前進！前進！我們態度堂堂，我們精神泱泱；
有志竟成，教訓莫忘！
同學們，努力，努力，
謀國家富強，祝民族無疆，爲母校增光。

政令

頒發行政院施政方針

南京市政府訓令

令所屬各單位(不另行文)

案奉

行政院三十七年六月二十五日(卅七)八審字第二九八七八號代電開：「茲抄發本院施政方針一份，仰即遵照並轉飭遵照。」等因，附抄發行政院施政方針一份，奉此，除分令外，合行抄發行政院施針方針令仰知照，並飭屬知照。

此令！

附抄發行政院施針方針一份

中華民國三十七年六月二十八日

翁院長施政方針報告

主席，各位立法委員先生：

今天出席立法院大會，報告行政院的施政方針，首先要說明的，目前是行憲和戡亂的時期，政府的職責，應對行憲和戡亂兩方面同時並重。

本人奉命担任行憲後的第一屆行政院院長，深知目前國家局勢的嚴重，中外瞻望之殷切，自應竭其駑鈍，盡瘁職務。現在全國上下，一致期望庶政之革新，並當抱定最大決心，不畏縮，不敷衍，發揚朝氣，依照憲法及其他法律的規定，積極樹立憲政制度，並應依照三民主義及憲法所定之基本國策，以人民之意志為意志，以國家之利益為利益，認眞籌劃，切實執行。

戡亂工作在此時，實具有深切重大之意義，戡亂之具體目標，在肅清共匪，綏靖地方。在憲政國家，各種政黨原為法所不禁，但任何政黨皆須不越法律的範圍，決不能保持武裝，亦不能擾亂地方，亦不能剝奪人民財產，亦不能破壞地方治安。不幸我國的共黨，不顧一切，侵擾人民，危害國家，所以政府責無旁貸，不能不認眞戡亂，我們必先深切瞭解亂之不能不戡，然後方能加強決心，增厚實力，以期早收戡平之效果。

我們要盡這戡亂的責任，必須集中意志與加強力量，而後具體措施，方能有效。具體措施之最關重要者，自為軍事。

軍事方面，主要方針，在於積極增強東北華北華中各戰地之國軍戰鬥能力，維持各級官兵之適當生活，整飭軍紀，振作士氣，並充分提高克敵制勝之決心，以肅清共匪為此時代救國建國最必要之任務。同時並充實地方武力，配合作戰，以逐步擊滅共匪主力，縮短戡亂期限，同時加緊清除地方散匪，安定後方。全體武裝人員，應以迅速戡平匪亂為對國家對民族無上之職責，抱滅此而後朝食之決志，認眞進行。對於徵兵方法，並求切實改善。對於戡亂意義，務求家喻戶曉，改善新兵待遇，實行優待徵屬，減免滋擾，充裕兵源。

關於地方武力，當加強各省保安團隊，提高待遇，籌撥槍械，對於民衆自衛之力量，當加緊組訓，發揮拚命保命及拚產保產之精神。

並鼓勵在鄉軍人，參加訓練工作，對於武器之修造及籌購，並儘量協助。

關於動員法令，應加以統一簡化，並在綏靖區及作戰區域，實施總體戰制度，使事權統一，軍事政治經濟切實配合，加強戡亂效用。全國人民因共匪擾亂，受害慘烈，莫不迫切期望戡亂工作迅速竣功。政府懍此職責，自當儘速進行，期使武力增強，將共匪迅速肅清。

行政方面基本目標，爲建立廉潔而有效率之政府，而對於軍事，必須爲有力之支持。第一是軍費的供應，國家開支預算在經常時期，原應統籌並顧，收支平衡，但在此戡亂軍事正在加緊進行之時，軍事費用，自必不可省，因此預算擬分爲兩部分，一爲普通預算，包括各種經常用途，一爲特別預算，其中以剿匪開支佔其主要地位。如此辦理，既存財政之常經，復顧戡亂之急需。至軍費開支，自當力重核實，使所發款項，悉供正當而必需之用途，幷能確實迅速發轉各部隊及各軍事機關學校應用。

其次，是軍服與軍糧的供應，軍服方面需用紗布，自當努力籌供，俾免缺乏。全國所需軍糧爲數極爲浩大，我國糧食產量，本有不足，故美援物資，首爲糧食，以濟我國的民食。爲供應大量軍糧起見，歷來係用徵實徵借辦法，實爲政府萬不得已的措施。政府深知人民籌繳之不易，惟有切實督促主管機關嚴厲飭令所屬各級經辦人員，必須體念人民負担的沉重，增加人民籌繳的便利，力袪流弊，認眞處理。同時希望全國人民鑒於戡亂期間軍糧關係之重要，踴躍貢獻，使本年徵實徵借的數額，可以全數達到。

地方行政，不僅直接關係人民利益，對於剿匪工作，亦有深切影響。在此戡亂之時，前方省份，如何配合軍事行動，後方省份，如何逐漸實行自治，均屬切要之圖。關於省政府職權，必須使其切實加強，使能負有一省自衛之責。縣長爲其層政治之骨幹，尤應愼重遴選，提高待遇，確定任期，使能興利除弊，爲民服務。對於保甲制度，並望認眞加強。又爲經常行憲計，宜早規定省縣自治通則。此項通則，在行憲以前業經行政院提由國務會議切實研究，現已提送立法院籌劃修訂，一方面奠立人民自治之制度，同時並顧全國家政令之統一，對於全國組織，自具有重大關係。

軍事之外，目前局勢，當以財政爲首要之圖。本年下六個月收支，已由財政機關加以估計，不日即可向立法院提出普通及特別預算。爲勉敷戡亂時期之重大開支計，收入方面，必須盡力增加，以免通貨膨脹過甚，人民痛苦加深，因之，如關稅、鹽稅、貨物稅、直接稅等，必須認眞振作，切實整理，尤在求人民負担之公平，其有關立法職權者，當擬具草案，提請立法院審議修訂，深盼能得立法委員之同情，一致策進，以奠定在此時代最爲適宜之稅制。除稅收外，各項公有物資，亦宜妥爲運用，以期補充收益。

在此戡亂之時期，徵收稅款，應注重有錢出錢之原則，掌錢愈多者，出錢亦應愈高，實行方法，必須實行姓名使用條例，妥速施行財產登記，以此登記爲基礎，則財產稅遺產稅所得稅等，均可切實徵收，既有裨於國庫，復無損於人民。且以此有餘之基金，協助並改進窮苦民衆之生活，使全國貧富，不至相懸過甚。

財政辦法，不外開源節流。開源方面，尤在整理稅收制度。收稅應確定目標，簡化手續，儘量減少非必要之人員，並增高收款之效率，此其一。目前都市人民納稅，遠較鄉村爲低，應如何由財政機關妥愼制定辦法，依人民負担之能力，確定納稅之比率，此其二。在此物價高漲之時，稅率必須與物價發生聯繫，按期調整，規定稅數，庶克確符實際，增高收款，此其三。稅務機關，可併者應併，可裁者應裁，其有開支浩大，超過收款之數額者，於國無補，於民有害，更應澈底整理，此其四。循此標準，切實進行，期有進步，具體辦法，當隨時公布施行。支出方面，戡亂期間，自以軍事費用爲最大項目。此項用途，固屬必不可少，但當力求核實，免除虛耗。此外凡屬不生產之支出，當儘量節省。建設所需資金，亦當視其成效之遲速，緊縮籌撥。政府並當提倡節約之風氣，以減少無謂之消耗。

近年以來，政府公務員額，增加過多，亦曾屢議設法裁減，而實際成效，並不甚多。在服務人員既感待遇有限，生活維艱，而在國庫開支，則又員額繁多，負担奇鉅，竭全部收入，猶不足以供經常養人之用。此種畸形狀況，成爲此時不易遽爲解除之現象。但又不可不精誠努力認眞改良，惟賴各機關共體時艱，嚴定職責，認眞考察，務使所用人員，人人各有任務，裁汰冗員，提倡效率，庶見實際功效。

以上開源節流辦法，不可徒託空言。必須用重大力量堅持進行。整理財政，更應注意根本辦法。舉其要端；如幣制如何改革，使因確實準備，而得有大衆信用；公債如何改善，使確能實際發行而溝通公私關係；游資如何使用，引入正當途徑，而停止波動市場；美援如何運用，使確供目前急需而奠定復興始基。凡此各點，均爲轉險爲夷之關鍵，急需由主管機關，招集專門人員，妥速準備，熟籌方案，於適當時期，逐步進行。

總之，財政目標，第一步在求得穩定之基礎，第二步即實行革新之方法，必須確具決心，堅毅實行，幷望能得立法委員之同情與支持，使政府依法進行，克收實效。在此進行程序中，更當特爲注重三項辦法：一、爲金融及外匯之管制，二、爲輸出入貿易之管理，三、爲物價之安定；實則此三者，互相關聯，互有影響，必須通盤籌劃，同時幷進，方能確見功效。

通盤籌劃之具體目標，應使（一）輸出貿易速爲加高，戰前主要輸出物資，自當充分協助，增加外銷，而戰後開始外銷之物資，如紗布水泥食糖等，尤應加以鼓勵。出口生產事業，本身所需外匯，應在一定限額以內，優先供給。目前外匯辦法變更，對出口事業，應有之匯利益，業已儘量顧到。（二）華僑匯款便於匯入，戰前華僑匯款，華爲平衡國際收支之主要項目，年來因外匯匯率關係，逐漸減少，外）辦法變更後，華僑匯款，自將加多，此後幷當更增其匯款之便利。（三之僑對於祖國，素極愛護，在此國步艱難之時，尤盼加多助力。（三米取締走私，制止資金逃避，以增多政府正當之收入，減少國家財富，外移。（四）重要物資及生活必需用品，確能供應。目前五大都市理麵配給辦理頗有成效，自當逐漸擴大範圍，幷增加配給物品之種類）幷推廣合作事業，以期於平抑物價有裨。（五）運輸便利，運費合過，公用事業之價格，幷當參照一般物價，限制其上漲之速率。（六活農工生產，從速振作增加。幷使生產狀況合於常經，生產成本不至昂，價格日趨平穩。以上六者實現，則經濟基礎日臻健全，人民生亦可安定。

從經濟根本觀點言之，應最先注意者可分三端，一爲工業生產及交通之建設，二爲土地分配之改善，三爲農業之改進，玆請分別言之。

在抗戰時期，原曾擬訂戰後五年建設計劃，目前因共匪擾亂，地方未安，原訂計劃，此時無法照辦，必須按照戡亂時期之實況，以及逐步進展之方針，重行規定，各大區域，形勢不同，辦法自亦因之而異。例如東北區域，上年夏間出煤甚多，鋼鐵業經復產，車輛機車均有出產。嗣因共匪猛攻，損害特多。軍事現尤加緊，但瀋陽附近之烟煤、電力等產，猶仍照常進行，並不停止。華北方面，重要煤礦，淪陷頗多，但開灤之煤，平津唐山之鋼鐵，天津之紗布紙張，青島之紗布橡膠等，各項事業，仍繼續努力，繼進不怠，幷仍當作適當之補充。報載政府方針，將北方工廠，大量南移，純出謠傳，絕非事實。各地鐵路電訊，屢被共匪破壞，凡爲事實所許，一律皆認眞維持，隨軍事推行，不使中斷。更進而南如淮南，及華東煤礦，出煤較多，皆在軍事期中，奮勇進行，并不稍輟。東北及華北担任交通及生產人員，被匪侵攻，或爲俘獲，或受死傷，不畏艱險，努力支持，至今未已。

惟政府戡亂之方向係自南而北，正猶從前對日抗戰之方向之自西而東。抗戰對日，重在鞏固西部基地，庶以收復東部失土。對共匪之戡亂，自須加強南方實力，庶能北向發揚，事勢所趨，至爲明顯。因此較大規模之新建設，不能不在長江以南較爲集中。具體舉例，如粵漢浙贛等路，雖勉已通車，而工程匆促，運力未強，自應認眞修建，各項支線，亦待認眞補充。成渝鐵路爲後方主要鐵路，亦當積極興築，湘贛等省煤源尙多，而缺乏投資，產量過少，勢必須生產交通同時並舉。又如台灣省內工業，生產數量頗多，沿海各省，亦宜注重。內地已有工礦事業基礎，並仍當繼續維持，並特別注重電廠之擴充，以刺激一般工業之發展。以事業種類而言，如鋼鐵、石油、紡織、糖、紙、電工及其他主要實業，亦均應積極擴展，認眞協助，紡織事業，爲民生必需，尤當集合政府人民力量，共爲策進。但紡織所需棉花，因主要產區爲共匪滋擾，收購數量，不能甚多，目前不足之數，尙超過美援可以輸入之數，故發展不能不有事實上之限制。但紡織事業係我國最主要之民生工業，不特供應國內需要，尙可輸出國外，政府自仍應盡力維護，加多生產。

以上辦法，期對工礦產量，迅速加多，運輸狀況，更爲改善，凡此要舉，政府皆宜儘先籌劃，切實施行，所有擴充增建工作，均可在二三年內，獲得顯著之成效。

平均地權，原爲　國父民生主義之要點，從前因籌劃較周，以致施行略緩。但如二五減租辦法，已減輕農民對地主之負担，對於綏靖區域，以前已公布土地處理辦法，實際上華北各地，對於土地分配，已實行整理，推行雖尙未廣，實施已開其端。此時政治刷新，必須提起決心，將土地分配列爲要政，加強加速，付之實行。其辦法：（一）宜參酌前所規定綏靖區土地處理辦法，並參考華北現已實行之利弊情形，由地政機關督導各綏靖區域及非綏靖區租佃問題嚴重之地區，列爲課程，積極實施，務期實效。並當釐定計劃，扶植自耕農，由政府規定公正辦法，將非自耕之土地，分配無地農民承領自耕，以澈底解決土地問題。（二）宜對其他省份限期辦理土地陳報，並依照規定標準，將佔地過廣之土地，規定公廉價格，配售農民，在未售出之前，實行累進稅制，以示限制。（三）宜普行二五減租辦法，以減輕佃農負担，如此積極辦理，限期完成，以期實惠早及於農民。

共匪宣傳，向以改革土地自命，實則此項主義，並非爲彼黨所發明，而其實行辦法，大抵順彼者可成地主，逆彼者則受剝削，藉以賞罰之成份居多，實行平均之意義極少。政府辦法，則專誠爲平均地權，輔助農民而用力，目的既正，成效自必特高。

其次爲農業之改進，我國以農立國，垂數千年，但糧食缺少，爲量甚多，必須認眞設法，早爲大量增產。出口農產如茶、絲、桐油、猪鬃、食糖、及植物油等項，亦標準不齊，銷路多阻。對此關係國本之事業，自應急爲輔助，大量改進。要領所在，尤當大量增高農田水利工程，使有灌溉之利，建設肥料工廠，採用化學肥料，以增收穫數量，改善生產及製造方法，以期產品改良，用途加廣。至如農業機械之應用，自應幷爲顧及，而合作組織之實施，自應更加努力，大量推廣。於此幷願說明者，水利工程不但灌溉農田，而且關係江河運輸，海港疏濬，對於國家前途具有遠大影響，自當更爲促進，以增成效。

政府對於黃泛區，已有復興局之設置，善後救濟器材，爲數甚多，豫南剿匪軍事獲有進展，即當積極進行，使大量荒地變爲良田，千萬失業之人，獲得就業之機會。

合作事業之推廣，爲目前特應注重之一要端，應從多方面認眞建立，并用金融力量，助其進行。

我們深信三民主義爲中國立國的根本，在此時期，更當實力推行民生主義。民生主義之要點：（一）爲平均地權，尤以土地改革爲中心工作。（二）爲節制私人資本，當從財產稅所得稅遺產稅等方面善爲推進。（三）爲建設國家資本，故對於國營生產及交通事業，更宜加強培植，認眞發展，使吾國民生經濟，更得堅強有力的近代基礎，如此精誠力行，對於全國經濟，當能造成嶄新氣象。

對於國際關係方面，總統就職演詞中，已有詳明指示。茲依照國際狀況，綜其要旨，可分四點：

第一、精誠維護聯合國憲章，並加強聯合國組織的力量，主持正義，以奠立國際和平的基礎。

第二、中國對於世界各國，一律敦睦邦交，聯絡友誼，其中美國在抗戰時期，及抗戰以後對于吾國援助特多，自當更增聯繫，以期共同提倡民主，維護和平。

第三、對於日本關係，中國不採報復主義，但宜依照國際協定，切實解除其武裝，並防止其侵略政策之復活。惟日本人民生活必需之條件自可允其早爲恢復，進入和平民主之途。

第四、對於遠東各邦，中國均願建立友好關係，並使中國僑民，均能安心營業，以貢獻於戰後之復興。在新興各國中，印度地大人多，具有政治風度，尤望共策進行，以貢獻於國際和平之進步。

美國近時又決定對我國之實際援助。此次美援方案，一方面贈送糧食、棉花、石油、肥料等重要物資，既供我國急切之需要，助我均衡國際之收入，又可減輕貨幣之膨脹。同時貸借款項，以協助中國生產交通之建設，自爲我國經濟復興之一新機。我國方針，必須對於美援善爲使用，並與我國自助工作，善爲配合。自助方案，行政院前已規定十點，此項規定，甚合當前實狀，此後當更爲認眞實行，期使所得效果，更爲加高，藉以使友邦協助之善意，確能充份實現。

關於教育文化方面，當特別注重學校教育與社會實際需要之配合，對於國民教育，當謀推廣普及；科學研究，並當力爲獎勵。近來共奸方面，時思將共黨之中心思想，灌注於一般青年，往往是非顚倒，實爲今日急應矯正之要端。青年思想，原極純正，端在教育文化機關和學校當局，宣揚眞理，善爲輔導。教育經費，並當遵照憲法之規定，占普通預算百分之十五。

此外如各地難民，亟待救濟，邊疆狀況，極宜重視，海外僑民，善爲聯繫，應有政務，爲數甚多，補網必得綱，振衣挈其領，要領所在，惟賴政府抱革新及前進之決心，認清目標，積極進行。在此進行途程中，重要問題，及其具體規定，皆待立法與行政兩方面共爲努力，方能得法定的規轄，爲順利之推行。此後行政方面，定當向立法院隨時報告，隨時提議，不欺不飾，惟實惟眞，以期得立法委員之瞭解。並請立法院方面，同念國步之方艱，挽救之不可緩，重大方針，明白昭示，共爲努力，使戡亂早能成功，民生早得康樂。實深幸甚。

明令嘉獎馬兼局長

南京市政府令 (卅七)府總人字第五六九四號

查教育局兼局長馬元放辦理本市教育，悉心擘劃，得於戰後殘破局面之下漸復舊觀，貢獻殊多，特予明令嘉獎，用昭激勵。

此令！

中華民國三十七年六月二十二日

放租市有畸零公地

南京市政府公告 (卅七)府地佈字第五十七號

茲有附表所列市有畸零公地四十六坵，依照南京市促進市有公地利用處理辦法及實施細則各規定公開放租，凡本市市民需租用此項土地者，可於七月五日至十日止，向本府財政局市產室領取申請書依法申請承租，特此公告。

中華民國三十七年六月二十九日

附放租公地清表

區	段	坐落	面積 單位方丈	使用限制
一	1066	小紗帽巷	六、六五	住宅用地
二	7 二	金鑾巷	九、四九	住宅用地
二	14 二	洪武路	九、四六	商業用地
二	193	廳後街	約二九、五七	住宅用地
二	271 二	西方庵	一〇、九〇	住宅用地
二	330 一	宰牛巷	一〇、七〇	住宅用地
二	330 二	宰牛巷	六、〇二	住宅用地
二	330 三	宰牛巷	五、六九	住宅用地
二	330 四	宰牛巷	九、九四	住宅用地
二	952 四	四條巷	三、二五	商業用地
二	1173 一之二	文正橋	一、〇六	住宅用地
二	1173 一	文正橋	三六、一九	住宅用地
二	1440 一	東井巷	四、九七	住宅用地
二	1470 一	建康路北四巷	三、八八	住宅用地
二	1474 一	東文思巷	五、二六	住宅用地
二	1102 一	鍋底塘	二、〇〇	住宅用地
二	1404 一	鍋底塘	四六、二六	住宅用地
二	1420 一	文思巷	四、九四	住宅用地
四	572	朱家苑	一一、二七	住宅用地
四	1867 北部	花露崗	一六、六七	住宅用地
四	3846	貴人坊	一七、五一	住宅用地
四	3935	長樂路	四、八四	商業用地
四	4428 一	陶家巷	五、五九	住宅用地
五	3204 一	張府園	六、八三	住宅用地
二	366 三	太平路	八、七〇	住宅用地
二	342 三	宰牛巷	一二、八四	住宅用地
二	545 二	白下路穆家巷	二六、六七	住宅用地
二	546 二	晒廠	三、五四	住宅用地
二	573 三	沙塘灣	六、〇〇	住宅用地
二	593	三十四標	二二、四九	住宅用地
二	598	三十四標	五八、四六	商業用地

二	677	致和街	三六、九九	住宅用地
二	1028二	城佐營	一〇、〇一	住宅用地
二	1550	岩巷	四、三四	住宅用地
二	1033二	白下路	一七、七二	商業用地
二	未編號	白下路六三號後	七、二二	住宅用地
三	3034毗隣東部	管家巷	五、七四	住宅用地
三	365 毗隣北部	烏衣巷	約六、〇〇	住宅用地
三	3074	高家巷	二七、二〇	住宅用地
三	3305	長樂路	一〇、二一	住宅用地
三	3723	八間房	二八、一四	住宅用地
四	1000	皇册庫	二、八一	住宅用地
五	769 二	徐家巷	五、六九	住宅用地
六	1366	瓜圃橋	一二、五八	住宅用地
六	4615	西家大塘	一五、四一	住宅用地
中華門外附廓		上碼頭	一二、〇〇	住宅用地

右表所列土地如已先期具文申請承租者，亦希依照上開辦法向市財政局領塡申請書，不再逐案通知。

附抄促進市有公地利用處理辦法及實施細則有關租用條文

第七條　依本辦法放租（或放領）之公地，由市政府就土地之客觀環境分別核定爲工商業住宅或農業使用區域，責由承租（或承領）限期依照核定方式使用。

第八條　承租（或承領）公地人以具有南京市公民資格者爲限，駐本市區內之政府機關或法團，亦得比照前項規定承租（或承領）市有公地。

第十條　承租（或承領）公地人以自住自用自耕爲限，如變更用途或轉租者，由市政府按原價收回，另行放租。

促進市有公地利用處理辦法實施細則有關條文

第七條　第二項前項之申請（除參加標領外）同一土地經二人以上之請租時，得視土地全宗面積之大小劃定使用單位，予以分租或分領，如土地面積僅屬最小單位而不能劃分時，則以抽籤法決定。

第七條　第三項在公地利用辦法公佈前，已據申請承租之需用土地人，亦得比照前項規定辦理。

取締公司商號私擅兼營銀行業務

南京市政府訓令 （卅七）府總秘字第五七三九號

令社會局、財政局

案准經濟部、財政部本年六月二日京商三七字第一一八二〇七、財錢庚三字第〇〇三四九三號咨開：

「查普通公司商號私擅兼營銀行業務，前經本兩部會同通電各省市政府嚴予取締，違者應勒令停業，並處以罰鍰在案，惟對於違反上開禁令之公司商號，應否勒令整個停業，或僅責令該兼營銀行業務之部門停業，尚無一致之規定，茲值加強管利金融，暨促進生產之際，關於上述情形，亟應明白規定，用資配合，嗣後查獲此類案件，除確係農工礦生產或公用交通事業之廠商，應處以罰鍰，幷責令將該兼營銀行業務之部門停業，以示兼顧外，其他公司商號私擅兼營銀行業務者，不論業別或規模大小，應一律處以罰鍰，並勒令整個停業，惟關於局部或整個停業之處分，應先由各地方主管機關照上開標準，報由財政部咨商經濟部後核定令飭執行，除分別咨令外，相應咨請貴市政府查照，并轉飭所屬一體遵照。」

等由，准此，除分令外，合行令仰遵照辦理。

此令！

中華民國三十七年六月二十四日

規定小麥買賣單位量量

南京市政市訓令 (卅七)府總秘字第五八〇一號

令社會局

案准

經濟部本年六月二十二日京工37字第一八五五號公函開：

「准農林部本年五月二十七日設(卅七)字第一一八六三號代電開：據麵粉工業同業公會全國聯合會理事長杜鏞本年四月二十六日麵全(卅七)字第三九號呈，略以現在各地小麥買賣重量單位有以一百市斤為單位者，有一百七十二斤者，有一百四十餘斤者，有二百市斤者，殊不一致，擬請規定一律以一百市斤為單位等情到部，查原呈所請，係屬貴部主管範圍，除電復外，相應電請查照辦理見復等由，准此，查度量衡法第六條對於市用制之名稱及定位規定，每担等於一百市斤，該項度量衡法，早經國府明令公布，由前工商部通令，於民國十九年一月一日起全國一致施行各地，各種舊度量衡制度及器具並迭經通令禁止使用各在案，現在各地小麥買賣重量單位，懸殊不一，當係各地仍有沿有舊制與市用制折合所致，於法未合，自應嚴予取締，事關全國度量衡劃一，除電復暨分函外，相應函達，即希查照通令所屬一體遵照。」

等由，准此，查本案前准糧食部電知過府，經於本年六月八日以(卅七)府總秘字第五二四八號令飭遵照在案，茲准前由，合行令仰遵照，並轉飭遵照。

此令！

中華民國三十七年六月二十六日

抄發修正辦理粮食押款押匯辦法

南京市政府訓令 (卅七)府總秘字第五七三八號

令社會局

案准

糧食部本年六月二十一日糧管(卅七)字第一八七七一號巳馬代電開：

「查本部前為簡化糧貸手續以利推行起見，經將卅六年卯迴代電頒發之辦理糧食押款押匯原則及其實施辦法酌予修正，送請四聯總處查核辦理在案，茲准四聯總處秘書處京業字第二六六五二號巳文代電開：前准糧管(卅七)字第九九二五號代電，略以前訂辦理糧食押匯押款原則及辦法，施行將近一年，迭據各方報告，以原訂辦法手續過繁，糧商不願申貸，因此未著成效，請將辦理手續加以簡化，以利推行等語，茲經參酌各項意見，將原訂原則及實施辦法修訂為辦理糧食押匯押款辦法，如荷同意，即將原訂原則及實施辦法廢止，請查照核復等由，經提奉六月十日本總處第三六五次理事會決議，准照修正案通過等因，除分電外，相應檢附該項辦法一份，復請查照，嗣後有關糧食押款押匯案件，即照該項修訂辦法辦理為荷等由，附修正辦理糧食押款押匯辦法一份，准此，除電復及分行外，相應檢同修正辦法一份，電請查照通行，并將原訂辦理糧食押款押匯原則及其實施辦法予以廢止為荷。」

等由，附修正辦法一份，准此，合行抄發原附件，令仰知照。

此令！

附抄發修正辦理糧食押款押匯辦法一份(見法規欄)

中華民國三十七年六月二十四日

市政簡訊

▲市立中學統一招生　教育局爲統一市立中學招生標準，並謀學生投考便利起見，決辦理統一招生，組織南京市立中學統一招生委員會主持其事，該會置委員二十七人，互推七人爲常務委員，由馬兼局長担任主任委員，李清悚、沈九香、張紹揆、周守璜等二十六人爲委員。並由該委員會決定招收初中一年級新生男七百五十名，女四百名，高中一年級新生男五百名，女三百名，共一千九百五十名，各校插班生及師範職業學校新生由各校自行辦理。報名日期：七月十一日至十五日。考試日期：高中七月二十一日及二十二日；初中七月二十三日。

▲請撥公有市地添建校舘　依照本市教育實施三年計劃，在三年內需要添建學校及社教機關甚多，復因中央已定本市爲基本教育首都示範區，所需基地更感迫切，曾由教育局會同地政局查明市有公地，分別列表簽報本府准予保留在案，茲教育局又函請地政局增撥一批，計國民學校半山園等四十七處，共一二七·九五一四畝，中等學校半山園等一四處，共二四二·八〇七四畝，社教機關珠江路等七處，共一七·八九〇五畝，總計六八處，共三八八·六四九三畝，正洽商簽撥中。

▲夫子廟籌建圖書館　基本教育首都示範區計劃委員會決議在夫子廟泮宮內興建圖書館及民衆學校，該處現有臨時攤販，亟須飭令遷移，以利興工，教育局爲顧念各攤販實際困難，特於六月十八日下午三時在市府會議室召集市參議會等有關機關及攤販代表舉行談話會，商談結果：（一）大成殿及台階下兩丈以內地方先行讓出，餘視工程需要次第遷讓，（二）遷讓之攤販，以自行設法另覓地址爲原則，市參議會及市政府於可能範圍內儘量予以協助。

▲舉辦貧戶配米　南京市貧戶米配售計劃，已獲美國中華救濟團之同意，自七月份起開始辦理，每月三千石，暫以三個月爲限，南京市救濟福利審議委員會於六月三十日開會，決定配售原則，每人每月一斗，照戶口配米價格減低百分之八十，收回少數米款，用以扶助貧民自力更生，如辦理小本貸款，低利公當等積極性之救濟工作。

▲舉辦小本貸款　社會局爲救濟貧苦市民，決定舉辦小本貸款，對象爲手藝而無資金營業者，例如小販、菜攤，或其他各種攤販，貸款數目由一百萬元至一千萬元止，限期抽選，凡申請貸款者，向小本借貸處填寫申請書，一經審查合格，即將如數發給貸金。

▲人力車馬車噴洒DDT　人力車馬車三輪車上，每易孳生虱蚤，極易傳染回歸熱，斑疹傷寒等病症，衛生局爲防患起見，業已分別通知各該公會轉知各會員，於六月十四日起將上項車輛駛至規定地點集中，分別噴洒DDT，以資預防。

▲成立逸仙橋衛生所　衛生局以逸仙橋地處繁盛，人烟稠密，關於辦理醫防接生等工作極爲重要，經在逸仙新村內餘屋籌設衛生所一所，指派醫護人員於六月十六日開始工作，定名爲逸仙橋衛生所，該所於六月二十六日召開第一次母親會，將霍亂防治法，沙眼防治法分別指導，故到會母親咸表好感，嗣後每週輪流召開母親會及兒童會各一次，以便灌輸一般衛生常識。

▲招考實習醫員　衛生局爲培植醫護人員，經飭由市立醫院在京滬兩地同時招考，計參加者共四十一名，錄取正取生十五名，備取生十五名，業由該院通知正取者於六月底入院實習。

▲規定遷葬坟柩費用基數　衛生局因鑒於現時物價時有波動，關於坟柩遷葬費用，勢須隨時調整，爲簡化計，擬規定費用基數，隨每

月政府公佈公教人員生活指數調整發給，經邀集社會局代葬局會同商討，依棺柩狀況分別決定基數，計有主坟柩每具四元，無主坟柩二元五角，空六七角五分，寄柩三元。

▲辦理征兵業務　新兵征集所接收各區征送新兵，截至六月十八日止，計經體格檢查合格者共一六一人，新兵安家補助費自六月初旬開始勸募，截至六月十八日止，各區經收繳解者約共十五億元，現民政局已指派高級人員分赴各區加緊督征。

▲補辦現役適齡男子免緩役申請審查初審完竣　本年度補辦之現役適齡男子免緩役申請審查案件，已據各區分別冊報，總計申請人數爲一七、三二〇人，經初審合格者爲一六、六九九人，正彙送南京團管區復核中。

▲籌辦區保甲長民選　本市區保甲長選舉辦法，業經民政局擬定，提請市政會議通過，并將區長選舉辦法送請市參議會審議，保甲長選舉辦法送請內政部核備。

▲完成本市五月份人口統計　本市五月份人口數字業已統計完竣，人口總數計：一、二一六、六五一人，內男六九八、七五九人，女五一七、八九二人，比較上月男增九、〇七六人，女增六、九七〇人。

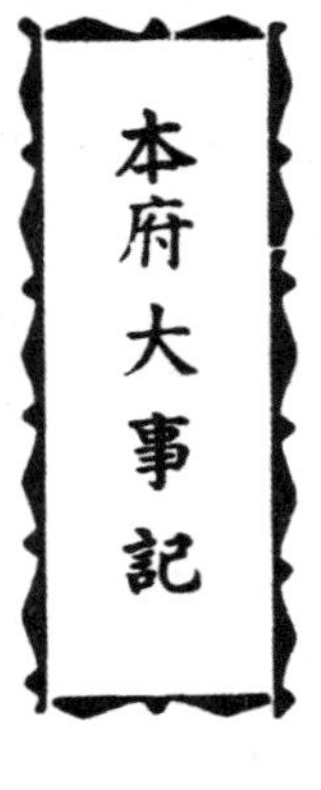

六月份下半月

六月十六日（星期三）

▲南京市房屋救濟獎券委員會舉行會議。

▲本市民衆自衞隊第二期受訓民衆舉行點驗式。

▲衞生局設置逸仙橋衞生所。

十八日（星期五）

▲舉行第一三二次市政會議。

十九日（星期六）

▲市長等檢閱本市防護團。

二十一日（星期一）

▲南京市救濟福利事業審議委員會舉行會議。

二十二日（星期二）

▲南京市兒童急救工作審議委員會舉行會議。

二十三日（星期三）

▲南京市房屋救濟獎券委員會舉行第二次會議。

二十四日（星期四）

▲南京市勸募布鞋勞軍運動委員會開始辦公。

二十五日（星期五）

▲舉行一三三次市政會議。

二十六日（星期六）

▲市參議會舉行臨時大會，專題討論民食配售問題，市長暨社會局謝局長徵孚等出席報告，並答覆質詢。

▲衞生局發放貧民免費自來水券。

▲教育局召開六月份國民學校校長談話會。

二十九日（星期二）

▲舉行本市公私立中等學校聯合畢業典禮，教育局馬兼局長主席，市長出席致訓詞。

法規

中央法規

城市信用合作社管理辦法

財政社會部卅七年六月十五日社(37)合四字第〇〇〇〇一六/〇一四七三五號咨發

第一條 城市信用合作社之管理，除法律另有規定外，依照本辦法之規定辦理。

第二條 城市信用合作社之設立，應開具設置地點發起人姓名住址及資歷，連同章程草案，業務計劃，報經當地合作主管機關，層轉社會部會同財政部許可後再行辦理成立登記，非完成成立登記，不得開始營業。

第三條 在財政部指定限制增設銀錢行莊地區，不得增設信用合作社，其餘地區每城市以設立一社為原則，並應為專營組織，但在工商業發達之城市，經社會部會同財政部核准得增設一社至三社，在本辦法公布前已開業之城市信用合作社，由財政部社會兩部會同甄別其組織及業務，不健全者得勒令停業，清理改組或解散之，其已核准尚未開業者，須經財政社會兩部重加審定後，方得開業。

第四條 城市信用合作社社員以勞動者，公教人員及小工商業者為限，現任銀錢行莊服務人員不得為信用合作社之發起人，或兼任信用合作社理事或經理。

第五條 城市信用合作社社員，非依照合作社法第十四條之規定，完成入社手續一個月後，不得對其放款。

第六條 城市信用合作社收受存款及貸放款項，應專以本社社員為對象。

第七條 城市信用合作社每一交易發生時，應即將交易內容詳實塡製傳票，記入規定帳簿。

第八條 城市信用合作社違反第五第六第七各條之規定者，勒令解除其負責人之職權，再有違反者，幷得勒令停業，清理改組或解散之。

第九條 城市信用合作社所受存款，應照左列比例繳存保證準備金於中央合作金庫或其指定代理銀行。

一、活期存款百分之八。

二、定期存款百分之五。

前項保證準備金得由財政部核定，以政府發行之債券部份抵充。

第十條 城市信用合作社成立後，應於每年年度開始時詳訂業務計劃，呈由當地合作主管機關，層轉社會部及財政部查核。

第十一條 城市信用合作社主要業務項目如下：

一、關於社員小額存款之推廣。

二、關於社員節約儲蓄之提倡。

三、辦理社員生產上必需資金或生活上必須費用之放款。

城市信用合作社對社員之放款，每戶不得超過已繳股金公積金及放款前一日存款總餘額之百分之二，但必要時得經理事會之決議變通之，期限不得超過六個月，利率應依照利率管理條例之規定辦理。

第十二條 違反前項規定者，勒令解除其負責人之職權，幷限期調整

第十三條　，其不依限期調整或自有違反者，勒令解散。

城市信用合作社每屆年度終了，應將業務報告書，資產負債表，財產目錄，損益計算表，盈餘分配案於社員大會通過後十五日內，呈由當地合作主管機關分轉社會部及財政部查核。

第十四條　城市信用合作社之業務及帳目，得由社會部財政部派員會同當地合作主管機關，或委託中央合作金庫派員檢查，必要時，並得單獨派員檢查。

第十五條　本辦法所規定之處分，由財政社會兩部會商後，命令各該地合作主管機關行之。

第十六條　本辦法自公布之日施行。

修正辦理糧食押款押匯辦法

四聯總處卅七年六月十日第三六五次理事會議通過

一、糧食部為促進糧食流通調節盈虛充裕糧存底起見，特商同四聯總處訂定本辦法。

二、申請辦理糧食押款押匯之糧商，須具有下列各項資格：

(一)依照糧商登記規則登記合格領有糧食部頒發之糧商營業執照，經營採購運銷業務之糧商。

(二)當地糧食業同業公會會員。

(三)具有充裕資本卓著信用者。

三、各地糧商申請辦理押款時，應由當地糧政主管機關會同四聯分處或其指定銀行及其他有關機關，就當地糧食供需情形　購運糧食計劃，連同押款押匯額度，　分別陳報糧食部及四聯總處核定辦理。

四、糧商以購存糧食向國家行局辦理押款，該項作押糧食所存倉庫，應由銀行檢查認可。

五、各地糧商辦理糧食押款押匯時，所有一切押款手續担保事項期限及利息等，均應依照各該地承辦國家行局之規定辦理。（必要時，得查酌實際情形，簡化手續，減低利息，延長期限及放寬押款押匯成數）。

六、糧商使用押款押匯採購糧食時，由當地糧政主管機關嚴密監督考核，嚴禁移作別用。

七、糧商運用押款押匯採購糧食，應分向產糧豐餘地區或集散市場購運，不得競購，刺激糧價。

八、糧食缺乏或糧價波動時。當地糧政機關得責成糧商提前取贖押存糧食出售應市，如糧商違不遵辦，即參照其各批糧食成本酌加利潤，予以強制收購，會同當地有關機關評價出售調節民食，除代償還押款銀行本息外，餘數發還糧商，并將辦理情形報糧食部備查。

九、糧商違反本辦法第六條或第七條之規定經當地糧政機關查明屬實，除通知押款行局追收全部押款押匯本息，并一面吊銷糧商營業執照外，并得移送司法機關依法治罪。

十、各地糧政機關及四聯分處或其指定銀行對於糧商辦理押款押匯購運儲押銷售情形及押匯數額，應隨時查核，按月分報糧食部及四聯總處備查。

十一、政府機關辦理糧食押款押匯，得比照本辦法第三第四第五第六第七等各條之規定辦理之。

十二、本辦法如有未盡事宜，得隨時修改之。

十三、本辦法經糧食部商准四聯總處同意後公布施行。

總統府公報所載中央法規索引六月份下半月

各省市辦理新增糧食增產業務簡則 第二五號

立法院組織法第十九條修正條文 第三三號

革命抗戰功勳子女就學免費補助條例審查細則 第三四號

本府法規

南京市國民學校教職員任用待遇保障進修規則

三十七年六月二十五日第一三三次市政會議通過

第一章 總則

第一條 本規則依據教育部公佈之「國民學校教職員任用待遇保障進修辦法」及「國民學校法」與「中心國民學校及國民學校規則」有關各條之規定，並斟酌本市情形訂定之。

第二條 本規則所稱之國民學校，除特別註明者外，通用於中心國民學校，國民學校及幼稚園，中心國民學校，國民學校及幼稚園組織辦法另訂之。

第三條 凡本市國民學校教職員之任用待遇保障進修，除法令別有規定外，悉依本規則辦理。

第二章 任用

第四條 本市國民學校教員除任用本市市立師範學校畢業生外，由本市教育局就具有國民學校教員之資歷者，舉辦國民學校教員登記或甄選，並於學年開始前一個月內公佈合格教員之姓名學歷，如遇人數過多，得分期公佈之。

第五條 凡具有左列資格之一者，不分性別籍貫，得向本市教育局聲請登記或參加甄選，經審査或甄選合格公佈者，均可被聘為本市國民學校教員，其登記審查及甄選辦法另訂之。

一、師範學院或大學教育學院教育科系畢業者。

二、高等師範學校或專科師範學校畢業者。

三、師範學校畢業者。

四、舊制師範學校本科或高級中學師範科或特別師範科畢業者。

五、專科以上學校非教育科系畢業經檢定合格者。

六、簡易師範學校或簡易師範科或舊制鄉村師範學校或幼稚師範學校或高級中學舊制中學或其他同等以上學校畢業經檢定合格者。

第六條 本市國民學校教員之任用，除本市市立師範學校畢業學生，由本市教育局分發各校聘用外，均由校長就登記或甄選合格教員名單中選聘，如遇確無合於需要人選時，得由校長專案呈准教育局另聘合格教員，並補辦登記手續。

第七條 本市國民學校教職員應由校長於學年或學期開始前聘任，以一學期為原則，續聘任期為一年，期滿攷績列二等者續聘二年，連續服務三年以上考績列二等者，續聘三年，其不在學年度開始時之續聘，仍以一學期為限，期滿不續聘者，應於學期結束前通知並呈報教育局。

第八條 本市國民學校續聘教職員，應將聘約連同存根，於學期開始一週內，呈送教育局核定薪額，加蓋教育局鋼印後方生效力，新聘教職員並應將聘約連同存根相片及各項證件於開學二週前呈送教育局，經審查合格，核定薪額，加蓋教育局鋼印後方生效力。

第九條　本市國民學校中心國民學校校長主任幼稚園主任之資格，應照左列之規定。

一、具有第五條所列一至四款資格之一，服務國民教育一年以上具有成績者，得為國民學校或中心國民學校教導主任輔導研究主任。

二、具有第五條所列一至四款資格之一，服務國民教育二年以上具有成績者，得為國民學校校長。

三、具有第五條所列一至四款資格之一，服務國民教育三年以上，並曾充小學校長或担任教育視導工作具有成績者，得為中心國民學校校長。

四、幼稚師範學校畢業或具有第五條所列一至四款資格之一，對於幼稚教育富有經驗或研究者，得為幼稚園主任。

第十條　本市國民學校中心國民學校之校長幼稚園主任，由教育局就合於前條規定之資格者任用之，本市現任教職員及教育行政人員，有合於是項資格而成績優良者，得儘先任用。

第十一條　新任國民學校校長或幼稚園主任，應於呈報就職時塡具任用審查表，連同各項證件呈請教育局核定薪額。

第十二條　國民學校事務員由校長任用之，並報教育局核定薪給。

第三章　服務

第十三條　本市國民學校設校長一人，綜理全校校務，並指導教職員分掌教導及其他事務。中心國民學校校長兼負輔導各該區內國民學校及私立小學之責及協助辦理區內強迫入學事宜。

第十四條　本市國民學校教職員均為專任職，不得兼任校外有給職務，在校除担任課務外，並應秉承校長分理校務及負訓導與保育等事宜。

第十五條　本市國民學校在四班以下者，由校長兼教導主任，滿五班者，指定級任教員一人兼教導主任，六班以上者，置教導主任一人，十九班以上者，增置副教導主任一人，每班置級任教員一人，科任教員在高年級每兩班置一人，中年級每三班置一人，低年級每四班置一人，滿六班至十二班者置事務員一人，十三班以上者，增設事務員或書記一人，二十一班以上者再增置事務員或書記一人。

本市中心國民學校設教導輔導研究及總務三部，各置主任一人，十九班以上者，增置副教導主任一人，每班置級任教員一人，科任教員高中年級每兩班置一人，低年級每三班置一人，除照國民學校之規定設置事務員外，另增設事務員或書記一人。

各校高中低三階段每階段班數達到四班時，得指定該階段內之級任一人兼階段主任。

本市幼稚園置主任一人，但須兼任教員，每班滿四十兒童置教員二人，滿四班置事務員一人。

凡施行半日二部制之班級，每班置級任教員一人，不增設科任教員，增置主任及事務員計算班數時，以兩班折合全日制一班。

第十六條　本市國民學校教職員每週任課時間規定如左：

職別	學級數	任課分鐘
一、校長：	一班至五班	四八〇——六〇〇
	六班至九班	三六〇——四八〇
	十班至十八班	二四〇——三六〇
	十九班以上	九〇——二四〇
二、主任：	六班至九班	四八〇——六〇〇
	十班至十八班	三六〇——四八〇
	十九班以上	一八〇——三六〇
三、級任教員：		八〇〇——一〇〇〇
四、科任教員：		九〇〇——一一〇〇

國民學校教員經教育局指定担任研究工作者，得酌減任課分鐘。

中心國民學校校長及輔導研究部主任得不兼課。

第十七條 本市國民學校校長所兼之課在五班以下抵充科任教員半人，六班至九班者與教導主任所兼課之總數抵充科任教員一人，十班至十八班者抵充科任教員半人，十九班以上者校長及教導主任副主任三人兼課總數抵充一人。中心國民學校教導總務二部主任所兼課之總數在六班至九班者抵充科任教員一人，十班至十八班者抵充半人，十九班以上連同副教導主任三人所兼之課抵允一人。

第十八條 本市國民學校教職員應出席規定之校內校外各種會議，并受教育局之指導，舉行各種教學訓導兼辦社教及推行自治等之實驗或試驗，負責報告其結果與研究心得。

第十九條 本市國民學校事務員秉承校長及主任之命辦理文書會計及一切庶務，其未設事務員者，各項事務由教員分任之。

第二十條 本市國民學校教職員在校期間，每日至少八小時，假期中應輪流到校辦公。

第二十一條 本市國民學校教職員在受聘期間不得藉故辭職，如必須退職者，須商得校長同意請得代理人後方可離校，校長并應將接替人員依法定手續呈報教育局備核。

第二十二條 本市國民學校教職員非因疾病及特殊事故不得請假，如因故請假，應自請登記及甄選合格人員代理，經校長允准方得離校，請假在三日以上者，須塡三聯請假單檢同代理人證件，由校長呈報教育局備查。

第二十三條 本市國民學校校長請假一日以上者，應塡具請假單，先行呈報教育局核准。

第二十四條 本市國民學校校長主任請假時，除課務得請校外合格人員代理外，如非單級之學校，其職務應由校內主任或教職員代理之。

第二十五條 本市國民學校教職員遇有左列事項請假時，於履行二十二條請假手續後，得享受原有待遇，其代課人員之薪給，由校長呈請教育局另行支給之。

一、父母或配偶喪亡，得請假一星期，并酌給路程假。

二、女教員生育得請假六星期。

第二十六條 本市國民學校教職員請假日數，除第二十五條規定者外，事假每年合計不得逾二星期，病假不得逾三星期，逾限得以事假抵銷，如確係重病，可酌予延長。假滿而不銷假或未經校長允准而擅自離校者，即由校長改聘合格人員。

第二十七條 每學期終了時，各國民學校校長應將教職員請假事由日數統計列表呈報教育局備核。

第四章 待遇

第二十八條 本市國民學校教職員之薪級規定如左：

月薪額	級別
300	1
280	2
260	3
240	4
220	5
200	6
190	7
180	8
170	9
160	10
150	11
140	12
130	13
120	14
110	15
100	16
90	17
80	18
70	19
60	20

第二十九條　本市國民學校教職員之待遇，依各人之資格入級。

一、合於第五條第一項資格者，支第十二級薪。

二、合於第五條第二項資格者，支第十四級薪。

三、合於第五條第三項及第四項資格者，支第十六級薪。

四、合於第五條第五項資格者，支第十七級薪。

五、合於第五條第六項資格者，支第十八級薪。

第三十條　本市國民學校教員之薪級核定辦法，除依前條之規定核定其入級底薪外，並依其過去服務之年資核加年資薪，其標準每五年晉一級，但以有服務證件足資證明者為限。

第三十一條　本市國民學校教員兼職員者，按時職務之繁簡，依左列之規定加薪。

職別	學級數	加薪數
一、校長	一班至五班	加二十元
	六班以上	加三十元
二、主任		加二十元
三、級任		加一十元

第三十二條　本市國民學校事務員之月薪，由各校校長視其資歷及職務繁簡，依照第二十八條之規定，自二十級至十六級擬定其薪額，呈經教育局核准支給之。

第三十三條　本市國民學校教職員於學期開學前到校者，自學期開始時支薪，每年以十二個月計算，其中途受聘或於開學後到校者，自到校之日起薪。

第五章　考核

第三十四條　本市國民學校教職員之考核，根據視導標準，就其工作及學識等項以分數評定之，共分為五等，其分數列八十分以上者為一等，七十分以上者為二等，六十分以上者為三等，不滿六十分者為四等，不滿五十分者為五等。

第三十五條　本市國民學校教職員依據考核結果，分別予以獎懲，其辦法規定如左：

一、列一等者嘉獎記功或調升。

二、列二等者嘉勉。

三、列三等者不予獎懲。

四、列四等者申誡或記過。

五、列五等者免職。

第三十六條　本市國民學校教員之考核，於每學期結束前，由校長初核呈報教育局，由視導室督學復核後，報由局長參酌主管科意見決定，並於學年終了時，綜合兩學期之考核獎懲之。

第三十七條　本市國民學校校長之考核，於每學期結束前，由教育局督學初核，報由局長參酌主管科意見決定獎懲之。

第三十八條　本市國民學校教職員有左列情形之一者，教育局得隨時予以解職。

一、違犯刑法證據確鑿者。

二、行為不檢或有不良嗜好者。

三、任意曠廢職務者。

四、身體殘廢或身有痼疾不能任事者。

第三十九條　本市國民學校教職員以久任爲原則，並依法保障。其考核成績列三等以上而無前條各項情事之一者，應一律續聘，其考核成績列在四等者，除有特殊情形外，亦應續聘，但兩學期連續列在四等者應予解職。

第六章　年功加俸

第四十條　本市國民學校教職員之年功加俸，以連續在本市國民學校服務者爲限。

第四十一條　本市國民學校教職員年功加俸辦法採用俸給晉級制，其考績列二等以上者，每兩年晉一級，列三等者每二年晉一級，其成績優異，考核列一等者，依本規則第三十五條之規定，應予調升者，依調升之職薪支給，連續兩學期記功者，得晉一級支薪。

第四十二條　年功加俸之晉級支薪於學年開始時核定之，由教育局將教職員獎勵事項及年功加俸核定事項，令知各校校長并轉知各教職員。

第四十三條　本市國民學校事務員之加薪，由校長另案報請教育局核定之，但最高薪額不得超過十一級。

第七章　退休撫卹及子女入學優待

第四十四條　本市國民學校教職員之退休，遵照部頒修正學校教職員退休條例及其施行細則辦理之。

第四十五條　本市國民學校教職員之撫卹，遵照部頒修正學校教職員撫卹條例及其施行細則辦理之。

第四十六條　本市現任或依部頒教職員撫卹條例領有卹金之已故國民學校教職員，其子女肄業本市市立各級學校者，得按其服務年限之久暫，享受免費待遇，其辦法另訂之。

第八章　進修

第四十七條　本市國民學校教職員之進修，應隨時注意教導知識技術之改進，道德之修養，體魄之鍛鍊以及其他學術之研究。

第四十八條　凡左列各種研究進修機關及組織經教育局指定者，本市國民學校教職員均應參加之。

一、教育局舉辦之假期訓練班或講習會。

二、依照部令組織之各級國民教育研究會。

三、本市組織之國民學校各科教學研究會。

四、本市市立師範學校或國立師範學院附設之進修班及函授學校。

第四十九條　本市國民學校教職員參加前條所列研究進修事項，其成績由進修機關報告教育局作爲考核下學期各該教職員服務成績之參考。

第五十條　本市國民學校教職員平時進修成績研究心得及有關教育之著作，各校校長應彙呈教育局審查，如確有特長，得酌予獎勵。

第五十一條　本市國民學校教員連續服務每滿十年而成績優良者，除按年功加俸外，得給進修假一年，以利進修，並得享受原有待遇，代課教員之薪津，由校呈請教育局另行支給，其辦法及名額另訂之。

第五十二條　本市國民學校教職員合於前條規定時，應塡具休假進修申請表，由服務學校呈送教育局核定之。

第五十三條　本市國民學校教職員休假進修，分爲「研究」及「考察」兩種，以與所任教課或職務有關者爲限。前條研究之處所或考察之地區，由教育局指定之，必要時並酌予補助旅費。

第五十四條 休假進修之敎職員應就志願或指定研究考察之事項，擬具計劃書，呈送敎育局審核。

第五十五條 休假進修之敎職員，應於每半年及進修完畢時，分別將研究或考察情形及結果繕具書面報告，呈送敎育局審查，其成績優異者，並得由敎育局呈請敎育部給予獎金。

第五十六條 休假進修之敎職員進修期滿，應仍回原校服務，非經敎育局核准，不得轉往其他學校服務。

第九章 附則

第五十七條 本規則如有未盡事宜，由敎育局呈請 市政府增訂之，並轉咨敎育部備案。

第五十八條 本規則經市政府核准，並報敎育部備案後公佈施行。

南京市取締城區埋葬辦法

三十七年六月十八日第一三二次市政會議通過

一、南京市政府（以下簡稱本府）爲取締城區以內埋葬坟墓，特訂定本辦法。

二、凡屬城區以內土地，一律不准再築新坟。

三、城區以內舊有坟墓，除有歷史上紀念價値特准保留者外，其餘凡屬有主者，應於該土地使用時，由坟主自行設法遷葬，倘不遵時，得由南京市衞生局（簡稱衞生局）舉行火葬，或委託代葬局代爲遷葬，所需費用由使用土地者負担。

四、凡城區以內無主坟墓，經本府於計劃使用該土地時定期公告期滿無人認領者，得由衞生局舉行火葬，或委託代葬局代爲遷葬，所需費用由地主或使用土地者負担。

五、違反本辦法第二條規定者，經報告發覺後，除照違警罰法予以處分外，並勒令其家屬於三日內自行遷葬，倘不遵時，由衞生局舉行火葬，或委託代葬局代爲遷葬，其費用由坟主自行負担。

六、凡棺材出殯，除向首都警察廳登記外，幷由警察廳通知衞生局。

七、本辦法經本府公布後施行，幷呈報 行政院備案，修改時同。

南京市民辦救火會督導辦法

三十七年七月二日第一三四次市政會議通過

一、南京市政府爲督導考核本市民辦救火會業務以增進其工作效率起見，特訂定本辦法。

二、設置督導委員會，由民政局、社會局、財政局、會計處、首都警察廳各派代表一人，救火聯合會派代表二人爲委員，並互推一人任主任委員。

三、督導委員會每半月開會一次，必要時得開臨時會。

四、督導委員會任務如左：

1.救火隊員之點驗，2.救火隊員訓練服務之考查，3.救火設備之查驗，4.財產之調查，5.收支賬目之審查，6.其他有關督導事項。

五、各區救火會經點驗檢查發現有下列情形之一者，得經督導委員會之決議，報請主管機關停發其補助經費，幷督導其改組，經查改屬實後，再補助其費用。

1.經費收支無淸晰之賬目者，2.救火人員實有數目與册報人數不符者，3.救火設備簡陋不堪負担救火任務者，4.救火器材損壞致救火業務停頓，經限期整修，逾限未能辦理者，5.怠忽救火業務情節重大者。

右列各款得視事實需要，調派有關各機關人員協助辦理。

六、督導委員會應將督導經過及決議案件，送請主管業務機關令行民辦救火會聯合會辦理。

七、督導人員之出差費用由原服務機關負擔之。

八、本辦法自公佈之日施行。

會議紀錄

南京市政府第一三一次市政會議紀錄

時間：三十七年六月十一日上午九時

地點：本府會議室

主席：沈市長　　紀錄　史崇訓

開會如儀

報告事項

秘書處報告　奉交下參事室簽呈一件，爲遵照第一二八次市政會議決議案會同各有關單位審查財政局所擬屠宰稅征收人員獎懲規則，僉以一年前該局曾擬訂有關稅務人員獎懲規則一種，由本府函准財政部核復，俟由該部統一頒訂在案，屠宰稅征收人員旣同屬公務員，而公務員獎懲原有考績法可資依據，在未奉財政部頒訂是項獎懲辦法前，自未便另訂單行規則。屠宰稅征收人員待遇菲薄，工作情形特殊，確屬實情，爲提高其工作效率計，似應由財政局於辦公費項下寬籌伙食及車馬費，予以足量之補助，俾資激勉。復查屠宰稅收歷來不旺之原因，係由於偷漏稅捐。故欲增裕稅收，加強查征工作，實爲根本解決辦法云云。當經決議三點(一)本規則在未奉財政部頒訂有關稅務征收人員獎懲規則可資遵循前應暫從緩議。(二)爲顧念征收人員工作情形特殊，應由財政局於辦公費項下寬籌伙食及車馬費，予以足量之補助，俾資激勉。(三)加強查征工作，以杜偷漏，藉裕稅收等語，檢同紀錄請鑒核一案，飭「令行遵照，仍提會報告」等因，除遵擬訓令外，特爲報告。

討論事項

1. 市長交議：據地政局簽准空軍總部函請備價承領一區二三五四（一）分段劃歸市有溢地，爲顧全事實困難，可否援例，准由該部以每畝六千六百萬元承領，提請討論案。

決議：准暫租用五年。

2. 市長交議：據工務局簽擬「南京市工務局翻修人行道實施辦法」提請討論案。

決議：照案通過，送請市參議會審議。

3. 市長交議：據地政局簽爲依照市參議會建議原則，擬將放租公地仍採用抽籤方式，核計租金用評議制度，幷擬公告放租畸零公地，併請討論案。

決議：畸零公地應准公告放租，其租金送由評議委員會評議，並以抽籤方式決定承租人。

4. 市長交議：據園林管理處請撥第一、四、六、三區內第七二八等分段市地四坵，闢建小公園，提請討論案。

決議：准予撥用。

5. 市長交議：據地政局簽呈本市房屋救濟獎券委員會組織簡則及發行房屋救濟獎券計劃綱要暨農民銀行貸款合約草案，請予備案，幷令行財政局爲承還貸款保證人，提請討論案。

決議：原則同意，幷准由財政局爲承還貸款保證人。

6. 市長交議：據園林管理處請撥東花園第三區三一五三／二八一分段市有空地拓展苗圃，提請討論案。

決議：准予撥用。

7. 社會民政局會提　擬選定第六區二八五八（二）段及二八三〇（二）（三）段市有空地兩坵，委託本市婦女工作委員會分建婦女兒童福利兩站，提請核議案。

決議：撥所定市地兩坵，交社會局委託婦女工作委員會分建婦女暨兒童福利站。

（四）臨時動議

1. 會計處提：擬請追加園林管理處普通歲入歲出預算各共八四六、〇〇〇、〇〇〇元案。

決議：照案通過。

2. 會計處提：擬請追加選舉事務所經費二九七、四一八、三八四元案。

決議：照案通過。

3. 會計處提：擬請追加統計處補充設備費五〇〇、〇〇〇、〇〇〇元案。

決議：照案通過。

4. 會計處提：擬請追加教育局主管歲入歲出（教育部補助收入及支出）預算各一、〇〇〇、〇〇〇、〇〇〇元案。

決議：照案通過。

5. 會計處提：擬請追加教育局主管歲入歲出（捐獻收入及獎學金）預算各三、〇〇〇、〇〇〇、〇〇〇元案。

決議：照案通過。

6. 會計處提：擬請追加商場菜場工程費四三、八九〇、〇〇〇元案。

決議：照案通過。

7. 會計處提：擬請追加固定資產市民住及宅商場保養費三〇、〇〇〇、〇〇〇元案。

決議：照案通過。

8. 會計處提：擬請再度追加本市各機關經常費六、五二一、七六〇、五〇〇元案。

決議：照案通過。

9. 民政局提：為擬訂本市區長副區長保長副保長暨甲長選舉實施辦法三種草案，併請核議案。

決議：交參事室會同民政局首都警察廳審查簽核施行，並報內政部備案。

南京市政府第一三二次市政會議紀錄

時　間　三十七年六月十八日上午九時

地　點　本府會議室

主　席：沈市長　　紀錄　史崇訓

討論事項

1. 市長交議：據衛生局呈擬「南京市取締城區埋葬辦法」，提請討論案。

決議：修正通過，幷呈請　行政院備案（修正辦法見法規欄）

2. 市長交議：據財政局呈擬「南京市政府統一核發各項營業證執照規則」，提請討論案。

決議：交參事室會同有關各局處審查簽核施行

3. 會計處提：擬請追加「戶籍表冊印刷費」一二〇、〇〇〇、〇〇〇元案。

決議：照案通過。

4. 會計處提：擬請追加工務局主管歲入歲出預算一三、〇〇〇、〇〇〇、〇〇〇元案。

決議：照案通過。

5.會計處提：擬請追加教育局主管普通歲入歲出預算一八、一〇一、五〇〇、〇〇〇元案。

決議：照案通過。

6.會計處提：擬請追加市政府主管「員工接送汽車費」預算六〇〇、〇〇〇、〇〇〇元案。

決議：照案通過。

7.會計處提：擬請追加市政府主管「園林場圃整理設備費」預算一九八、四二四、八〇〇元案。

決議：照案通過。

8.會計處提：擬請追加「首都公共汽車股份公司投資資本」三、〇〇〇、〇〇〇、〇〇〇元案。

決議：照案通過。

9.會計處提：擬請追加財政局主管「稅捐調查費」四〇〇、〇〇〇、〇〇〇元案。

決議：照案通過。

10會計處提：擬請追加社會局各項臨時費一、四八八、〇〇〇、〇〇〇元案。

決議：照案通過。

11會計處提：擬請追加市參議會交通費四八、四六〇、〇〇〇元案。

決議：照案通過。

12會計處提：擬請追加土地測量隊及鄉區土地登記處經費四五〇、〇〇〇、〇〇〇元案。

決議：照案通過。

13會計處提：擬請追加女教員生育代課金二五〇、〇〇〇、〇〇〇元案。

決議：照案通過。

（四）臨時動議

1.市長交議：據財政局簽擬：自五月份起，調整逸仙村及廣州路市民住宅租金，甲種每月每間六十萬元，乙種每月每幢（五間）三百萬元，並予續訂半年租約，提請討論案。

決議：交參事室審查簽核施行。

2.民政局提：擬調整本市保幹事六月份生活指數為三十八萬倍，提請核議案。

決議：照案通過。

南京市政府第一三三次市政會議紀錄

時間　三十七年六月二十五日上午九時

地點　本府會議室

主席　沈市長　　紀錄　史崇訓

討論事項

1.市長交議：據教育局呈擬「南京市國民學校教職員任用待遇保障進修規則草案」，提請討論案。

決議：修正通過，幷報教育部備案。（修正規則見法規欄）

2.會計處提：擬請追加減本市三十七年度歲入歲出預算案。

決議：照案通過。

3.會計處提：擬請追加市政府機要費五〇〇、〇〇〇、〇〇〇元案。

決議：照案通過。

南京市政府公報 第五卷 第一期

南京市都市計劃現實問題

本文係都市計劃委員會徐秘書琳所作，曾由該會送請各小組審查修正，現已呈送本府，以供採擇施行。此文針對本市當前之迫切需要，列舉建設上十個最急要問題，一一加以計劃，極有見地，用亟刊出，以供參考。

都市計劃之目的，以廣義而言，在謀全市合理平均之發展，以適應全體市民「住」「行」「作」「憩」等必需之條件，而提高其生活水準。故都市計劃非僅求詳密完善，尤貴切實合用。吾人從事南京都市計劃，最值得考慮者，即如何擬一妥善適當之計劃，可供當局作有效之實施。因之，吾人認為計劃不宜偏於理想，亦不可以短視。吾人必須把握事實，首先自調查工作著手，根據所獲資料加以研究，然後矚前顧後，配合需要，擬具方案，庶幾計劃可以順序推行而不致流為空談也。

按照國府公佈都市計劃法規定：「都市計劃區域應依據現在及既往情況，並預期至少三十年內發展情形決定之。」是以都市計劃不宜僅顧眼前之需要，而不為將來之發展留有餘地。惟根據已有資料推測未來情況，其準確之程度如何，胥視預測之年限及範圍而別。倘時間愈久，範圍愈廣，則其差度亦愈大。因之，吾人擬定計劃之對象與時效應求適當，而不宜誇大，以免迷亂眞正之目標，反致計劃難以實現，此應注意者一。

地理上條件及歷史特徵每影響城市之發展。南京環山帶水，觀察地勢，將來拓展多少受有限制；以言歷史，南京為歷代建國之地，現為我國首都，故政治建設重於一切；此種特徵可指出未來之趨勢，發展為政治與文化之總匯可能性較大。南京非巨大通商港埠，復無上海特有之條件，將來未必成為我國工商業首屈之地，亦在意料之中。因之，此後人口之吸收及增加率必有限度，則於計劃之範圍與對象亦受約束，此應注意者二。

更有進者，預測南京將來之發展，可能在若干年後人口增至數百萬人，而作為計劃最終之目標及對象，此則有待進一步之研究與商榷，方可擬定全盤計劃。惟無論如何，計劃必須分別緩急，由近而遠，目前之市區及其百餘萬之人口，實為南京都市計劃之重心所在，尤以城區約八十萬人口為其主要對象。故計劃改善現況，為吾人當今最急要之工作，亦為全盤計劃中之一部份，必須強調指出。蓋都市計劃每被人誤視為不易達到之遠景，類乎畫餅充飢，若從改善現狀入手，則可立見效果，易得市民之瞭解與協助，使計劃可以推行無礙，吾人對於此點應有深切之認識，而不可忽視。

南京現狀之應計劃改善者頗多，水電供應，道路交通，居住房屋，公園綠地及衛生設備等等，皆感匱乏不敷，而直接影響市民之生活環境。何者應興，何者應革，以配合此百萬人口之需要，則為吾人所欲瞭解之現實問題，而應首先予以計劃者。茲值調查工作告一段落開始計劃之時，作者認為下列各項係針對市民之迫切需要，謹提出以備商榷，並供當局之參考。

(一)給水

甲、現狀

1.現在每日最高給水量約爲六七，九〇〇公噸，每日平均給水量約爲六〇，〇〇〇公噸。

2.現在給水人口約爲四十萬人，但區包括下關區(卽第一至第七區)現有人口約八十萬人，故僅有百分之五十人口有自來水供應。

乙、計劃目標

如前所述，城區尚有四十萬市民無自來水之供應。查自來水旣爲日常生活所必需，復與市民衞生有關，則解決此四十萬市民之給水問題，允應列爲計劃中之首要目標。

丙、計劃項目

盡量擴充現有水廠設備，以提高其給水量至每日八萬公噸，並計劃建築新水廠，其給水量至少爲每日十二萬公噸。

(二)給電

甲、現狀

1.現在首都電廠供電量爲二五，〇〇〇瓩。

2.給電區域連及城區浦口及西南郊區，但發電機負荷已至不能保障機器安全之程度。

3.時有輪流局部停電情事，且各工廠所需電力大多尙無力供應。

乙、計劃目標

照目前城區約八十萬人口之普通用戶，連同工商業用電，如永利化工廠，龍潭棲霞山水泥廠及其他工廠廠家估計，至少約需五萬瓩之電量，方能供求平衡，吾人卽以此爲初步目標。

丙、計劃項目

1.按照上述目標，應再增電力二五，〇〇〇瓩。首都電廠爲應付當前需要，已向美訂購五萬瓩新發電機一座，似應督促並協助該電廠籌建新廠，設法早日將新發電機運到。

2.在新發電廠未完成前，應作臨時補救。首都電廠已向善後救濟總署配購二千瓩發電設備一組，又向兵工署借得二千瓩發電設備二組，並向經濟部要求撥配日本賠償工廠之發電配備，似應協助其實現，且督促從速裝置，增加供應，以應急需。

(三)道路

甲、現狀

1.城區現有道路(里巷不計)之質量略述如下：

(子)道路長度總共約二四九公里，其中主要路線僅長六七十公里。

(丑)道路面積總共僅一，八四五，八七八平方公尺，尙不足二平方公里，(郊區不在內，)約佔城區面積百分之四。

(寅)路面種類：混凝土及柏油路合計四六一，一八九平方公尺，碎石彈石煤屑及土路合計一，〇六八，一六九平方公尺，卽高級路面僅佔百分之三十強，低級路面則佔百分之七十弱，且主要道路之慢車道及路肩大部仍爲碎石或彈石路面。

2.城區橋樑載重在五噸以下者計四三座，佔百分之六十四強；五噸以上十噸以下者十九座，佔百之二十八強；十噸以上十五噸以下者僅四座，十五噸以上者僅一座，兩者合佔百分之八弱。

3.根據兩次主要道路運量觀測之紀錄，其主要結論爲：本市南北方向之交通遠較東西向者爲繁密，碑亭巷一帶路面狹窄，車輛擁擠難行，下關至市中心區端賴中山北路一線，殊不足以應付需要。

乙、計劃目標

道路之質量旣均不足以應付需要，吾人之初步目標，乃在最低限度內提出改善與增闢道路之計劃，藉以解決目前最急要之現實問題。

關於改善者，其目的在增加負荷繁重運量之能力，吸引車輛行駛，使其不致集中於少數主要路線，並解除天晴揚塵天雨泥濘之弊；關於增闢者，其目的在增加南北及東西方向之交通路線，以適應最低限度之需要。此外政治區內自亦應釐訂道路系統，先行開闢幹道。

丙、計劃項目

1.下列各項似應首先改善：

(子)中山北路，中山路，中正路，中山東路及漢中路之慢車道，似應一律改舖柏油路或混凝土路面，並將兩旁人行道一律修整。

(丑)熱河路，中央路，太平路，朱雀路，中華路，上海路，莫愁路，寧海路，珠江路，林森路，廣州路，湖南路，山西路，北平路，建康路，昇州路之兩邊路肩，(自一公尺寬至三公尺不等)，均應一律改舖柏油路面；又綏遠路，白下路東段及福建路應改築柏油路面。以上各路之人行道未舖路面者，亦應一律修整。

2.下列各路似應新闢或拓寬：

(子)闢築計劃路線綏遠路一段，(自熱河路至鹽倉街，)拓寬鹽倉街並闢築計劃路線江蘇路，使與上海路啣接。——增加南北交通線，以減輕中山北路之負擔。

(丑)拓寬多倫路並闢築計劃路線之湖北路，以連接中山北路南端。——增加南北交通路線，以減輕中山北路之負擔。

(寅)開闢模範路，(自中山北路至中央路，)以貫通中山北路至中央路間之東西向交通。

(卯)闢築計劃路線北平路，(甯海路以東，)直達鼓樓廣場，——以便利住宅區向東之交通。

(辰)闢築計劃路線東海路及計劃路線黃河路一段，(自泰山路至東海路，)以啣接太平路。——增加南北交通，以減輕成賢街負擔。

(巳)拓寬洪武路，以溝通中華路直達中山東路之交通。

(午)拓寬建鄴路，以聯繫莫愁與白下路，——以便利南區之東西交通。

3.城區橋樑載重在十噸以下者六十二座，均不合標準，應陸續改建為永久性載重二十噸級之橋梁。

4.俟政治區道路新系統核定後，應即籌築第一期幹路六公里，以作開闢政治區之先聲。

(四)下水道

甲、現狀

1.城區現有下水道共長一五七公里許，全城至少有九十公里之道路尚無下水道之設備，且現有下水道亦多口徑過小，不足宣洩，其殘毀淤塞之情狀，亟應增設及改建。

2.城東政治區及城北區地甚空曠，道路稀少，下水道更未建立。

3.整個下水道系統未經確定。

乙、計劃目標

下水道關係衛生交通至鉅，實與上水道(自來水)同等重要，惟如全城同時修建，限於經費及人力，勢不可能，似應分為三期以三年完成之。吾人擬以主要幹道及時常積水之地區列為第一期，並以此為最急要目標。

丙、計劃項目

1.確定下水道系統。

2.建築第一期下水道工程，計城南區四〇公里，城北區二六公里，下關區四公里，合共七〇公里。

3.建築濾抽水站，(包括一切機器設備。)

——淮河幹流計長四二公里。

5. 隨政治區之道路完成進度同時建築其下水道。

(五)公共交通

甲、現狀

1. 市公共汽車連特約車及江南公司現有行駛車輛共約一五〇輛，（根據三十六年十月資料，）每日運量約十三萬人，連同市鐵路，公私自備汽車及人獸力車，每日總運量共計約二十萬人左右。

2. 京市每日在城區內行動人數，估計約達三十萬人以上，至少尙有十萬人不能享受公共交通工具之便利。

3. 公共汽車乘客擁擠不堪，現有行車路線集中少數幹路，未能普及全城。

乙、計劃目標

目前交通之困難，由於公共汽車行駛路線及車輛兩感不敷，故應設法同時增加，使每日運量達到至少三十萬人之目標。

丙、計劃項目

1. 全市公共汽車應添置新車二五〇輛，其中二〇〇輛立卽加入行駛，連同原有行駛之一五〇輛，合共應有三五〇輛之數，其餘五〇輛作爲備用車。

2. 除原有行駛路線仍繼續保持外，應參照前述之修築道路計劃，增闢行車路線，謹提出下列路線以供參考：

（子）自漢中路莫愁路口，經上海路、廣州路西段，寗海路山西路，中山北路，上海路，廣州路東段，中山路，新街口，仍回漢中路莫愁路口。

（丑）自建康路中華路口，經昇州路，莫愁路，上海路，江蘇路，鹽倉橋街，綏遠路，熱河路至下關車站往返。

（寅）自建康路市黨部前，經朱雀路，太平路，東海路，黃河路，湖北路，多倫路，綏遠路，熱河路至下關車站往返。

（卯）自白下路洪武路口，經白下路，太平路，東海路，黃河路，北平路東段，寗海路，廣州路，上海路，莫愁路，建鄴路，回白下路原處往返。

（辰）自珠江路成賢街口，經珠江路，東海路，黃河路，湖北路，中央路，黑龍江路，福建路，江蘇路，上海路，廣州路，回珠江路原處往返。

（巳）自漢中路莫愁路口，經莫愁路，昇州路，建康路，大光路，中興路，中山東路，新街口，回漢中路原處往返。

以上擬增路線六條，大部份須俟前述新闢道路完成後方可採用，故新置車輛目前僅能加入現可行駛之路線，以減少擁擠，將來再行配置新路，俾行駛範圍逐漸普及全城。

(六)居住房屋

甲、現狀

1. 根據調查，城區內各區之居住密度平均俱在每平方公里五萬人以上，（卽各區居住人數與居住面積之比，）而以第一區之一部份達七萬二千餘人爲最密。

2. 城區現有居住面積約計一二。八九平方公里，佔城區全部土地面積（玄武湖等水面面積不在內）約百分之二十九，現有居住房屋擁擠不堪，因之房荒問題嚴重，但城北區一帶地甚空曠。

3. 城南區房屋櫛比，空地甚少，一遇火警，施救不易。

4. 棚戶旣礙市容，又爲火災犯罪癘疫之淵藪，本市城區內棚戶頗多，分佈於宮後山、小王府巷、沙塘灣、八府塘、武學園、后宰門、乾河沿、牌樓巷、磨坊巷、寶善街，三义河鐵路沿綫及四所村、五所村等處，尤以下關區內棚戶簹集較多。

5. 城區內上等居住房屋約佔全部百分之十二，中等者約佔百分之七十八，其餘約佔百分之十，列為下等，可謂簡陋不堪，似應取締淘汰。

乙、計劃目標

觀察上述居住現狀，吾人認為解決房荒為目前主要目標，其次則為取締窳敗房屋及棚戶，以整市容。惟現在究有多少市民居住擁擠，必須供給房屋，以及究造若干房屋方可解決此問題，則尚無詳細調查與統計資料可作參考。如依一般情況加以估計，似建造可供十萬人居住之房屋，足以解決目前之房荒，擬即以此數為目標。

丙、計劃項目

1.計劃建造可容六萬人房屋，作為公教人員及中產階級市民之住宅，待居住區域劃定後，選擇空曠地區為建造地點，每幢房屋容量不宜龐大，每一區域建造多幢，分散排列，另佈置綠地花木、停車場、菜場、公共電話、郵亭等必需設備，使成為獨立之新村。

2.選定適當地點，計劃建造可容四萬人之平民住宅，俾於棚戶及窳敗房屋取締後，仍有房屋可資供應。

3.建築上述房屋需款頗鉅，目前政府財力恐有不逮，故應分期進行，且必須由銀行投資，與政府合作進行，完成後，或租或售，使市民在較小之負擔下，均有能力租購，以解決房荒。

（七）公園綠地

甲、現狀

本市自然環境優越，地形起伏，山河壯麗，乃綠化都市之最佳資料，但已開闢之園地為數殊少。

城區面積四四・五四六平方公里內，（水面在外），綠地總面積僅約一・九八八平方公里，佔城區面積百分之四・五三。而全部綠地內，公園僅〇・二六四平方公里，所佔百分比尤微。蓋較大之公園及陵園大道多在城外，城區內僅有鼓樓，白鷺洲及玄武湖三公園。以言人口，城區人口總數約八十萬人，平均每人所享受綠地面積僅二・五〇平方公尺，故現有公園形成過度擁擠，實不足以饜市民之需求。

乙、計劃目標

城區最大公園為玄武湖，但該公園偏處城東北，而多數市民集居城南，目前市內交通未臻便利，殊不足以供大多數市民日常游憩之需要。故在城南增闢具有優美環境與完善設計之公園一處，實為必要。此外應顧及財力，在城內各區開闢小型公園及廣場，以便利附近市民，亦為急要之圖。

丙、計劃項目

1.儘速擴充城南郊忠烈公園。

2.盡量利用市有公地，在城內各區多闢小型公園及廣場。

（八）衛生

甲、現狀

1.醫院　現有公私立醫院十二處，（少數規模小者與未向社會衛生二局登記者不在內。）總計設病牀一、八〇五張，平均每日住院病人一、一一六人，門診病人二、九四〇人，各院咸有擁擠現象，多數病家不免向隅。

2.衛生所　市立衛生所現有十九所，各所設備均欠充實，除正在建築中之第九衛生所附設產院將有病牀二十張外，均不收住院病人，而門診病人則頗為擁擠，總計各所每日平均二、〇六五人，堪與醫院抗衡。

3.菜市場　本市菜市場除臨時設置卅一處外，固定者僅有六所，殊感不敷，其臨時設置者多在馬路兩旁，妨礙衛生交通。

4.公共廁所：現有公共廁所十二所，以城區遼闊，人口衆多，實不敷遠甚，故在偏僻街巷及空地等處仍多隨地便溺者，殊屬有礙衛生。

5.垃圾、本市在淪陷期間積存垃圾極鉅，還都後雖經積極清除，三十五年除運出新產垃圾二八五，九六二•四立方公尺（折合四七六，六〇四手車單位）外，並曾運出舊存垃圾一，四八七•二立方公尺，（折合二，四七九，八一二手車單位。）惟三十六年因人口激增，新產垃圾數量亦增加甚速，竟自元月份之三一，四二三•八立方公尺，（折合五二，三七三手車單位），增至九月份之六九，四一九•四立方公尺，（折合一一五，六九九手車單位），預計全年數量將較三十五年增加一倍半左右。同時在清運垃圾設備方面，則日漸損壞，限於經費，無法添置，現有手車可用者祇三百輛，汽車二輛，已損壞不能用，故三十六年除盡全力清除新產垃圾外，尙無餘力顧及積存垃圾。現有積存垃圾計八八處，數量共爲二，二三二，九一五立方公尺，（合三，七〇六，五二五手車單位。）

乙、計劃目標

醫院、衛生所、菜市場及公共廁所，均就市政府財力許可範圍儘量增設，積存垃圾應於一年內全部運出，此後新產垃圾亦須隨時清除不使積留，爲當前之急要目標。

丙、計劃項目

1.城北地區廣袤，醫院較少，擬在城北建築市立醫院一所，設置病牀一百張。

2.除已有衛生所十五所及分所四所合計十九所外，擬在城區增設衛生所十所，並盡量充實現有各所設備。

3.選擇相當地點，增建菜市場六所，盡量利用市有公地，並顧到分佈均勻。

4.選擇人煙繁密地點，增建公共廁所十二所，並須顧及分佈適當。

5.添置足夠之清運垃圾工具，如汽車、手車，使在一年內將積存垃圾全部運出，並加速隨時清除新產垃圾。

（九）中小學校

甲、現狀

1.在城區之中等學校，國立者四校，（另有專科以上學校附設職業班，）市立者十三校，（男中八，女中三，師範一，職業一，）私立者三十五校，共五十二校。學生二七，三五五人。其中市立中學之校地，（校舍連運動場地），經統計平均每一學生僅佔〇•七二平方丈，私立者則爲二•一八平方丈。

在城區之小學，國立者二校，市立者七十三校，私立者四十校，共計一一五校，學生七四，二八四人。其中市立者平均每生佔地〇•三一平方丈，私立者每生佔地一•一七平方丈，可見大多數學校，學童多而校舍場地過小。以上中小學照目前設備，其容量均已至飽和現象。

2.據民政局卅六年三月份之人口調查，城區六歲至十二歲者計八六，五二八人，是爲小學之適齡兒童，但已入學者七四，二八四人，可見失學兒童尙有一二，二四四人。城區十二歲至二十歲者計九三，〇八七人，是爲中學之適齡青年，現已入學者僅二七，三五五人，中學雖非強迫教育，但失學青年仍多。

乙、計劃目標

本市人口增加中，需要舉辦之文教建設固多，但戰後財政極度困難，故目前最急要者，吾人認爲應首先解決兒童失學問題，尤以中小學爲基本教育，似應集中力量辦理，務使現有小學失學兒童一萬二千二百餘人及中學失業青年全數獲得入學之機會爲目標。

丙、計劃項目

1.擴充現有中小學校之校地校舍及設備。

2.選擇適宜地點增設市立中小學新校。

3.獎勵社教團體及私人創設私立中小學校。

(十)土地重劃

甲、現狀

1.城區基地以原屬農田者居多，大小不一，形狀互異，且於開闢道路時多未加整理，任其自然，致缺少出路者有之，狹隘紆曲者有之，而產生種種不合理之畸零地形，既不切實用，復有礙市容，對於經濟上之損失尤鉅。

2.城區辦理土地重劃者，除戰前所辦江蘇路、寧海路、北平路、漢口路一帶之第一第四住宅區外，三十五年年底於下關區辦竣第一期土地重劃，其範圍為東至京滬鐵路，南至京市鐵路，西至惠民路，北至老江口江邊，共計面積一三三・二四四一畝；第二期土地重劃之範圍，為東沿護城河至京市鐵路，南至綏遠路以北，西至惠民路，北至京市鐵路，總面積計一五五・九二一六畝；實地狀況圖已測繪完成，其計劃亦已經前地政署核定，幷已依法公告，期滿即將着手實施。

乙、計劃目標

土地重劃，關係本市之交通經濟安全與衛生至鉅，其目的在地盡其用，幷增進市容之美觀。惟在房屋稠密之地區，實施不無困難，故空曠之地若不及時舉辦重劃，則將來必多阻礙。吾人應即選定建築物較少空地較多之地區，擇要辦理土地重劃，作為初步目標。

丙、計劃項目

1.辦理第三期土地重劃，其範圍為東至惠民河，南至老江口，西至揚子江，北至大馬路，總面積計二一二・四七九四畝，實地狀況圖已測繪完成，似應從速擬具詳細計劃核定公佈施行。

2.中山北路、中央路、黑龍江路所圍三角地區之土地重劃，總面積約六千四百畝，應從速擬定計劃公佈施行。

金陵雜詠

許大廬

廿年世事幾桑田，獨此孫陵未變遷：儘有人間無盡意，先生只自愛長眠。（中山陵）

舊家子弟霸三湘，揚武敷文盡擅場，今世正須和事老，九原可作與商量。（譚 墓）

大明開國仗梟雄，戰士儒生芻狗同，留得馬陵瓜味美，南都功業一時空。（明孝陵）

久傳國色在僧寮，客至宜逢花正嬌，却似驅車崇效寺，小園刼後更寥寥。（靈谷寺）

柳陰聽罷麗人歌，放棹藕花香裏過，別有風光須領略，高城秀嶺隔煙波。（玄武湖）

滿樓黃葉客來[illegible]，三五鄰山喚欲譍，壁上好詩誰拂拭，如癡如醉瞻孤僧。（掃葉樓）

南京市政府公報刊例

一、本公報每半月發行一次
二、凡本府例行公文即在本公報發佈不另行文
三、本府所屬各機關於收到本公報時應編號歸檔妥爲保存凡註明「不另行文」文件並應注意遵照

南京市政府公報
第五卷第一期
中華民國三十七年七月十五日
編輯者 南京市政府編譯室
發行者 南京市政府
印刷者 大東新興印書館
南京：(四)建鄴路一三八號
電話：二二二二六號

中華民國三十七年七月三十一日

第五卷　第二期

南京市政府公報

南京市政府編譯室編

目錄

特載

市長在市參議會第一屆第六次大會開幕致詞

三十七年七月五日

方今國家行憲未久，市參議會於此時召開第一屆第六次大會，以貴會歷次大會之成就，本人深信在此次大會中必更能發揮民主力量，配合國策，以推動市政之進步。目下戡亂軍事緊急，經濟危機深刻，市政設施往往遭遇意外之困難，本人尤望有如此機會得聆各位參議員先生之指教，共同研究。

當前最大的，也是最切要的，是如何安定社會民生的問題。貴會歷次大會都曾對此提出卓見，本人也曾一再說過，這是一般市民所深切關懷的問題。但安定社會又豈易言。一般說來，如果糧食充裕，物價穩定，社會便可安定大半。本市糧食自實施配售制，「有」「無」問題差已解決，所餘的是「貴」「賤」問題。但糧價的貴賤與整個物價有關，而物價問題又有全國性的因素，地方政府之所能爲力者，收效委實不大。不過，社會安定的需要，愈來愈迫切，物價上漲的若干人爲的因素，必須竭力加以克服。各位參議員先生對此問題必有所見，希望不吝提示具體而有效的辦法，凡爲地方職權所及者，市政府無不竭誠努力做去，冀爲市民減輕一點生活上的威脅。

另一方面，如欲安定社會民生，還須多多舉辦社會救濟。譬如最近來自匪區或迫於天災的難民，在市區內日見增多，他們以本市爲首都，絡繹來歸，希望獲得救濟。本市應如何救濟他們，這已不是單純的慈善事業，而是一項重要的後方工作。市政府雖設有救濟院等機構，但在應付目前廣大的需要上，殊嫌不夠。又如市內隱貧赤貧人數，雖尚缺少精確統計，爲數定不在少，如何予以援助，也是一個極重要的問題。但救濟事業，不獨所需經費鉅大，非市庫財力所能全部負担，而要使救濟工作發揮其應有的效能，尤有賴於中央及社會各方的協助與支持，希望各位參議員先生對此提示高見，以切實的辦法號召全社會共起進行，並使市政府在行政上也可有所遵循。

本人因凜於我們對國家對市民所負職責之重大，謹提出上述兩點，請指教。

半年來之南京市政檢討

沈市長三十七年七月五日在市參議會第一屆第六次大會施政報告

自貴會上次大會於三月二十六日閉幕，至此次大會開幕，中經三個月有零，三十七年上半年度又已過去。本人在上次大會報告時，以三十六年全年度的施政爲主，此次擬報告三十七年上半年度的工作。

檢討此半年來的工作，殊無特殊成就可資報告，各單位工作的展開，亦未能盡如預期。在茲戡亂軍事緊急，經濟危機深刻之際，爲了應付隨時發生的事件，幾乎卽須耗費大部分時間與精力。其詳細情形，各單位另有報告，本人僅就整個市政執行的經過，作一粗枝大葉的敍述。

市政上第一個遇到的困難，卽是財政問題。市政府的最正軌的收入，應是市民繳納的稅捐。大家都知道，南京為一政治都市，其稅源並不如工商都市之寬裕，三十六年度本市財政取給於地方稅捐者僅佔三分之一，而仰賴於中央補助者竟達三分之二。今年（三十七年）上半年度的情形亦並不兩樣。依據實情估計，此半年來地方稅捐收入約一千五百餘億元，中央補助款幾達四千億元，共計五千五百餘億元，前者佔十分之三，後者則佔十分之七。此為一不健全之現象，但從此一現象中可以說明一點，卽南京市十分之七的市政經費由中央負担去了。假如沒有中央的補助，僅就現有的地方稅收量入為出，市政府除維持行政工作外，將更不易在事業上有所設施。但中央財政也很困難，而當此民生凋敝之際，又決不能增加市民的負担，所以本市財政一直以不增新稅整頓舊稅為原則，以期減少中央之補助，漸趨於健全。最近營業稅之改行自動申報制度，卽是整頓的一例，但在施行時亦曾遭受不少困難，希望能獲得各方協助，以達整頓的目的而充裕市庫。

在支出方面，本市三十七年上半年度實際總支出，估計約達七千億元以上，與收入總額五千五百餘億元相較，尚有赤字一千五百餘億元，須待設法彌補。理財之道不外開源與節流，目前開源如此難，理應節流，但就支出項目分析，事業費佔十分之九，行政費僅佔十分之一，事業須力謀發展之不遑，不便緊縮，而一個市政府，包括如許單位，半年之間行政費用不過七百餘億元，可說已經無可再節。倘以經臨等費劃分，在七千億元之總支出中，經常費只佔百分之三，臨時費佔百分之四十七，生活補助費所佔比數最大，達百分之五十。由於物價之波動，公教人員待遇之按月調整，生活補助費在政府支出中誠成為鉅額負担，但公教人員每月所得實際還是很微薄，很清苦的。

所有收入分配於市政各部門，其間為適應當前之需要，頗有偏重之處，大體言之，地方收入用於教育事業者較多，中央補助款除普通補助費二千二百億元係撥充生活補助費外，其餘均為專款，以用於工程建設及衛生，救濟等事業者較多。中央對本市補助的專款，原則上以有關首都建設者為限，其中有一部分還是由中央核轉處理美國救濟物資委員會就救濟金項下撥助者。本市因地方本身收入太少，在施政上不是有多少款，辦多少事，而是應辦多少事，須籌多少款，再看籌款的結果，以定辦事的進程，有好些應辦的工作多因待款或乏款而不得不展延或中止。其間運用籌劃，實在頗費苦心。各項經費分配之有偏重，並非對各局有何偏心，良以教育為精神建設，工程為物質建設，衛生為謀全體市民的健康，而救濟則是安定社會的要素，都為本市當前最迫切的需要，這亦卽是所以偏重的理由。

市內教育經教育局兩年來積極整頓，增校添班，已經漸復舊觀，今年市立國民學校又新增十一所，添設九十二班，連前共為一六一校，五五九班，據統計全市學齡兒童十一萬人，其中失學者已減至百分之十四，不到二萬人，去年此時為百分之三十三。最近中央指定本市為基本教育示範區之一，核准補助費八百億元，已由教育局成立「基本教育首都示範區計劃委員會」積極進行，此於本市教育之擴充與改進，必將大有裨益。中等學校今年新設女中一所，初中二所，並為救濟失學青年，又指定各中學增設特別班共十一班，收容失學青年五百餘人。對於私立中小學亦力謀整飭，補助私立小學五億元，私立中學十五億元，又將教育部准撥市屬各中學之補助費十億元，全數補助私立中學，並另為向四聯總處洽借緊急貸款八十億元，以扶植其發展。

夏令已屆，衛生局於防疫諸端早有佈置。預防注射於四月間卽行開始，預定本年注射五十萬人以上。貧民夏季免費自來水劵照舊發放，每月暫定一萬五千戶，每戶月供五介侖，另於三汊河及四所村兩地設置淨水站，使兩地貧民可以就近獲取清潔飲料。市內衛生所已設十五所及分所四所，各所房屋與設備，半年來迭經修繕補充，醫療效能較前已見增加，近擬在四牌樓及雙閘鎮各增設一所，正在籌備中。中山北路示範衛生所原定四月底竣工，因增加工程等關係，稍稽時日。流動衛生所，即巡迴醫療車，自設置兩輛試辦以來，耗錢少而收效宏；對鄉區市民極有幫助，擬再添置三輛，以加強效能。城南醫院專為貧病市民診治，原有設備，不敷應用，正謀擴充。清潔總隊的垃圾手車亦已定製新車一百輛，半年來清除之垃圾，計達五十萬手車之譜。

工程建設的主要項目為修築道路，敷設下水道，擴充自來水。中山路拓寬快車道改建慢車道工程，照去年繼續進行，其自林森路至珠江路一段已於六月底完成。下水道第一期基本工程因中央專款撥到稍遲，受物價波動影響，未能全按預定計劃施工，現太平路中家巷及薩家灣兩地下水道已於四五月間先後完工，中正路下水道工程亦已於六月三日開始；對於市內雨後積水嚴重的地區，擬實施緊急下水道工程，已分別勘測，其中洪武路，長吉新村及雙塘巷三處，即將動工興建。自來水擴充工程，原定計劃於改善水廠唧水設備外，籌建下關及玄武湖兩臨時水廠，嗣以玄武湖水廠基地洽購未成，乃改變計劃，在中央路南段及傅厚崗換裝較大口徑之幹管，加強鼓樓增壓站，此項工程費用由中央指撥專款貳百億元，又獲得衛生部同意，在美國援華醫藥臨時補助費項下補助三百億元，自積極施工以來，七八月間可全部完成。下關一帶及鼓樓附近今夏給水問題屆時可告解決。

社會救濟方面：因為各地匪禍天災相繼迭乘，來京的無衣無食的難民難童日益增多，救濟範圍已不限於本市貧苦無告之市民，工作非常繁重，所需經費物資為數鉅大，勢非本市財力所能負担，幸賴各方協助合作，始能分頭應付。如冬令救濟款物之發放，幾乎全得力於社會人士之熱心捐助。自去年十二月至今年五月遣送難民達十三萬餘人，皆由首都過境難民處理委員會主持辦理，而該會即係由社會局會同有關機關組織而成者，深獲各方之支援。此外尤值得特別提出者，為獲得社會部與處理美國救濟物資委員會及聯合國國際兒童急救金委員會之合作，使本市救濟事業今後可創一較新之局面。如社會部撥發專款二十億元，補助本市各公私立之兒童救濟院所，以改善兒童之營養，又與國際兒童急救金委員會共同配撥兒童急救款物，交由本市於適當地點設置兒童急救膳食供應站，其供應對象，不僅限於兒童，且及於孕婦及乳母。本市勸募兒童急救金，預定六十億元，承各界人士之熱心倡導，現已募得五十億元，由該會統盤分配，其分配於本市之款物，將遠較本市所募得者為多。處理美國救濟物資委員會對本市之補助，主要為難民救濟，由本市依照社會部所訂計劃，擬具難民救濟實施辦法及概算，請求該會撥款，一面成立南京市救濟福利事業審議委員會，以審議此項款項之運用。救濟方法暫分實施工賑，協助還鄉，及臨時救濟或收容等三項，而尤注重於工賑。其已決定以工賑方式辦理之工程，計修築沿江堤岸及京郊道路，疏濬秦淮河、玄武湖，開闢新棚戶區，使難民以自力建築棚戶住屋及救濟處所。此項工賑方式，於救濟難民之餘，兼寓促進建設之用，一舉兩得，富有積極意義。

此外，本市應辦而以限於財源未能舉辦之工作，不在少數，則就急要者洽請有關機關合作辦理。如下關碼頭工程浩大，需款綦鉅，治本計劃絕非本市目前所能從事，乃與交通部水利部合作，由交通部組織南京港工程局主持進行。首都電廠發電量已達飽和點，而向國外訂購之機器一時尚難運到，乃向兵工署借得發電機二組，可增加發電四千瓩，現已在裝置中，以資勉渡難關。市辦公共汽車前以限於財力，未能擴展，賴貴會與銀團之協助，改組爲官民合營之公司，效能已較增強。市鐵路窳陋過甚，亟需整頓，前亦有籌組公司之議，未能實現，經與交通部商妥合作，由部方委托京滬區鐵路管理局代管，卽將柚換枕木，增加車輛，修建車站，現已有枕木五千根運到備用，一面由市鐵路管理處整飭業務，以期改善。江心洲扶植自耕農實驗區係與中國農民銀行及中央合作金庫共同辦理。八卦洲土地肥沃，擬實施機械耕種，籌組合作農場，已與農業推廣委員會等機關共策進行。郊區荒山濯濯，乃於今春商由中央林業試驗所供給苗木，會同發動各區荒山業主自行造林，計共植樹五百餘萬株，插柳二百萬株，合佔面積二萬餘畝。在籌備中之四牌樓衞生所亦將與中央大學醫學院合辦公共衞生教學區。凡此均欲使本市出較少之經費，而獲致較大之效果，以期有利於市民。至於本市糧食配售係與糧食部及美國中華救濟團合作，其配售情形在上月二十六日貴會臨時大會時已有報告，茲不贅。

以上所述，僅是施政的大略情形，沒有提及的當然還有不少，留待各局報告。其中說到困難，乃是實際情形，並不是想藉此推諉責任。過去全賴貴會協助，各方幫忙，自信亦勉盡了最大努力，用能克服大大小小的若干困難，勉渡難關，値得欣幸，値得感謝。但一回念光陰如駛，二十月來，究竟爲首都建設做了些什麽，爲南京市百萬同胞解決了些什麽問題，殊不免忽忽若有所失。將來困難有增無已，此何等局勢，豈一手一足之烈，僅憑一片熱忱而能力薄弱如個人者所能勝任，因此時常在想如何方得早償退避賢路之願。個人從來不患得患失，從來亦不輕易消極，現在看事或不免消極了一點，做事態度仍然充分積極。此本人生性如此，深以藉此一吐爲快。至於本人在職一日，仍必一如過去，竭盡心力，追隨諸位參議員先生之後，努力一日，亦望諸位先生一本過去精神，照樣協助，庶幾同舟共濟，豈唯個人私幸，本市市政前途，實深利賴。

市長在市參議會第一屆第六次大會閉幕致詞

三十七年七月十七日

貴會此次大會開了兩星期，今天閉幕。謝謝諸位先生在溽暑中如此辛勞，給市政府許多指示。尤可欣幸的是三十七年下半年度市概算案，獲得貴會修正通過。照議會之母英國巴力門來說，民意機關代表人民監督政府，首先是審核政府的預算，由是而審核政府的一切，替人民監督公帑。貴會對市政府各項施政的嚴正質詢，充分流露監督公帑的認眞精神，而於審核市概算時，則又非常了然於市政府目前所遭遇的實際困難。我們對於民意的指責，竭誠接受。對於民意的支援，衷心感禱。

目前是一個非常時期，施政困難，所在多有，而最困難者厥爲平衡預算。本市財政的竭蹶程度，日深一日。三十七年上半年度六個月間不敷共約一千五百億元，此在施政報告時曾有提及，下半年度僅就七月份估計，支出約需四千五百億至五千億元，而收入包括地方稅收與中央補助費在內，不過二千億元，不敷達二三千億之鉅，來日困難不會比現在少，因此，市預算之不易執行，從而影響於各項事業與計劃之進行，不難想像。在此時期，殊不免令人與心餘力絀之感。但縱觀大局，當前南京市政雖說困難重重，然以貴會一向所發揮的民主力量，以及與市政府的合作精神，相信羣策羣力，一德一心，必能同舟共濟，不患困難之不能克服。本人在此崗位一日，自必竭盡心力，努力做去。希望諸先生仍如過去一樣，隨時不吝予以指示與協助。

市政要訊

市參議會召開第一届第六次大會

市參議會第一届第六次大會於七月五日上午九時半，在白下路該會會所正式揭幕，由陳議長裕光主席，致開幕詞，略謂：在此戡亂時期，通貨膨脹無已　以致物價飛漲，影響人民之生計與社會之安定殊鉅，而市政之困難，亦與日俱增，故我人應研究下列兩問題，一爲如何維持公用事業，使其不致賠累過甚，一爲如何平衡預算，俾收支得以合理平衡，欲安定社會必先解决此兩現實問題。嗣由内政部彭部長昭賢代表，及沈市長相繼致詞，至十一時禮成。下午舉行第一次會議，市長作施政總報告並答覆參議員之質詢。七月六日至九日由本府各局處及首都警察廳分別報告工作概况，並由各參議員提出有關市政各項問題質詢，均經各有關單位主管分別答覆。七月十一日起審查及討論議案，計修正通過本市三十七年下半年度歲入歲出總概算案，及公用事業調整價格計算辦法，釐訂社團租用公地辦法等議案四十餘件，於十七日下午五時五十分舉行休會式，首由陳議長裕光致閉幕詞，繼邀市長致詞，迄六時三十分完滿閉幕。

南京市國民教育研究會舉行第二次大會

教育局召開南京市國民教育研究會第二次大會，於七月十日上午九時半在白下路市立第三中學大禮堂開幕，到教育部朱部長代表，沈市長等及會員程柏廬、羅廷光、薛天漢、張天麟、金采之、潘平之、李清悚、張紹揆暨各區國民教育研究會代表，各中心國民學校校長，輔導主任及教育局秘書、科長、督學、輔導員等，共約八十餘人。由馬兼局長元放主席報告，首謂：本會自去年五月底舉行第一次大會以來，遵部定辦法，今日舉行第二次大會。次述一年間本市國民教育在質量方面已有迅速的進展及本府對教育經費方面的重負，末向教部之輔助，專家之協助，表示謝意，並勉大會同人努力。繼由朱部長代表致詞，首述本市被指定爲基本教育示範區之意義，尤以教育經費比額超過憲法所規定，足以示範全國，次對本市各級國民教育研究會之研究精神及成就表示滿意，亦足爲全國楷模，盼繼續求進步。沈市長致詞，略述市政府經濟概况，說明教育經費比額，實以普及教育爲京市當前之急務，故特竭市府財力勉爲，但仍未能普及，實深遺憾。次對大會各種報告，表示欣慰，並慰勉全市教育同人在清苦生活之中，能埋頭樂幹，表示崇敬。以後由會員程柏廬、羅廷光、張天麟、李清悚等相繼發言，十二時三刻全體攝影，聚餐。下午二時半至六時舉行分組審查會議，計分教育基金組，普及教育組，輔導工作研究組，教導組，分別張由天麟、吳研因、雷震淸、馬客談等爲召集人。此次提案事前均由教育局提出中心問題，通知各級國民學校期前研究，由局彙編，故審查工作極爲順利，提付討論後，通過籌募國民教育基金辦法及推進普及基本教育工作辦法等重要議案多件，十二日即告閉幕。

規定夏令急救治病辦法

衛生局鑑於夏令防疫工作繁重異常，如夜晚偶有救急事件，深恐處理無人，特指派專任人員每晚輪流值班，並準備救護車一輛，俾可隨時出動處理，規定辦法如下：

一、每日自下午六時至翌晨八時止，推定主管科長負責處理，並指派專人（職員一人司機一人）駐局

二、如遇路倒或急救病人發生：

(1)輕病送就近衛生所急診。

(2)重病者可電告衛生局「二四三六四」或「二二〇三八」派車輸送。

(3)市立等四院備有急診免費病床。

(4)急症性傳染病之家庭，衛生局可派員消毒。

(5)通令所屬各醫院，凡衛生局救護車送到之路倒病人，應卽先予收治，翌晨再辦轉院手續。

(6)令飭各衛生所如有警察送來之上項病人，應先行急救治療，再送就近醫院收治，此項辦法自七月十六日開始實行。

調整各項行政規費標準

本府各局處所收行政規費，其征收標準已多與現在實際情形不符，又工本費之收入，亦多有不敷印製費之支出，無形增加市庫之負担。按征收規費原則，其收入至少應能支付征收規費所需之經費，以免市庫賠累。依此原則，經由財政局邀請各有關機關商討，調整各項行政規費標準，提經第一三五次市政會議通過，自七月十五日起施行。

◉新訂各項行政規費標準表

主管機關別	規費名稱	新訂標準
民政局	國民身份證工本費	每份肆萬元
財政局	補發土地稅繳款書工本費	每份叁萬元
	契紙工本費	每張伍萬元
	契稅申請書	每張壹萬元
	推收申請書	每張壹萬元
	營業稅免征證	拾萬元
	使用牌照稅納稅證	貳萬元
	筵席稅結帳單	拾萬元
	營業額申報單	每册貳萬元
社會局	京劇話劇評劇清唱音樂彈詞登記費	三、七八〇、〇〇〇
	電影院及丙種以上遊藝登記費	四、七五〇、〇〇〇
	說書場武術場彈子房登記費	一、八九〇、〇〇〇
	露天場所登記費	一二〇、〇〇〇
	申請書工本費	一五、〇〇〇
	工商業登記費資本額在一百萬元以內	四五〇、〇〇〇
	資本額一百萬元以上（不足一百萬元以一百萬元計算）照百分之二征收卽資本額愈大登記費愈高	二〇、〇〇〇（卽百分之二）
	工商業申請書工本費	一五、〇〇〇
地政局	請丈費	（市區）第一畝征收國幣四十萬元，第二畝以上每畝征收二十萬元，五十畝以上每畝征收十二萬元。（郊區）面積不足十畝概以十畝計收國幣三百萬元，十畝以外五十畝以

		內不足五畝以五畝計，每五畝收費八十萬元，五十畝以外不足五畝以五畝計，每五畝收費六十萬元，一百畝以上每五畝收費廿萬元，二百畝以上不足三百畝概照二百畝收費，三百畝以上，五百畝以內概照三百畝收費，五百畝以上概照四百畝收費。
	申請書書狀費	貳萬元
	他項權證明書	未滿一〇〇〇萬元者二十萬元，一〇〇〇萬元以上每滿一〇〇〇萬元加十萬元，不足一〇〇〇萬元以一千萬元計，遞增至一百萬元爲止。未滿一〇〇〇萬元者十萬元，二〇〇〇萬元以上每滿一〇〇〇萬元加五萬元，不足一千萬元以一〇〇〇萬計，遞增至五十萬元爲止。
	保持證費	五萬元
	更正登記塗消登記更名登記住所變更登記費	壹萬元
衛生局	醫事人員註册費	三〇〇、〇〇〇元
	醫事人員執照成本費	一五〇、〇〇〇元
	醫院註册費	三〇〇、〇〇〇元
	醫院執照成本費	一五〇、〇〇〇元
	中西藥商註册費	三〇〇、〇〇〇元
	中西藥商執照成本費	一五〇、〇〇〇元
	有關衛生各業商店註册費	三〇〇、〇〇〇元
	有關衛生各業商店註册證成本費	一五〇、〇〇〇元
	清涼飲食商店註册費	三〇〇、〇〇〇元
	清涼飲食商店註册證成本費	一五〇、〇〇〇元
衛生局菜場攤販管理所	菜場特等攤位租金	每月三〇〇、〇〇〇元
	菜場甲等攤位租金	每月二五〇、〇〇〇元
	菜場乙等攤位租金	每月二〇〇、〇〇〇元
	菜場丙等攤位租金	每月一五〇、〇〇〇元
	菜場丁等攤位租金	每月一〇〇、〇〇〇元
	攤場甲等攤位租金	每月五、〇〇〇元
	攤場乙等攤位租金	每月四、〇〇〇元
	攤場丙等攤位租金	每月三、〇〇〇元
	攤場丁等攤位租金	每月二、〇〇〇元
	臨時菜場甲等攤位租金	每月一五〇、〇〇〇元
	臨時菜場乙等攤位租金	每月一〇〇、〇〇〇元
工務局	水電商領照費	四十萬元
	水電商登記費	十五萬元

水電工匠登記費	六萬元
水電學徒登記費	三萬元
水電商違章罰金	照一三六次市政會議修正調整數額增加二倍
水電工匠學徒違章罰金	照一三六次市政會議修正調整數額增加二倍
船舶遊船登記檢驗費	五萬元
船舶遊船執照費	十萬元
船舶遊船號牌費	二十萬元
船舶遊船違章罰款	伍萬元以上三十萬元以下
建築修繕雜項請照圖單工本費	十五萬元
營造業開業執照及工程記載表工本費	五十萬元
建築師開業執照費	二十五萬元
營造業申請開業登記費(甲等)	五百萬元
營造業申請開業登記費(乙等)	三百萬元
營造業申請開業登記費(丙等)	一百萬元
營造業申請開業登記費(丁等)	五十萬元
建築師申請開業登記費(甲等)	一百萬元
建築師申請開業登記費(乙等)	五十萬元

四〇

建築修繕什項等執照費	按核定造價收執照費千分之一不足千萬元者以千萬元計
補照費	二十萬元

人獸力車應收各費調整表

類別	費別	調整費額
各種人力獸力車輛	登記檢驗費	一〇〇、〇〇〇
自用馬車 營業馬車	行車執照費	二〇〇、〇〇〇
營業三輪人力車 甲等板車	行車執照費	二〇〇、〇〇〇
其餘各種人力獸力車輛	行車執照費	一八〇、〇〇〇
自用馬車 營業馬車	號牌費	三六〇、〇〇〇
營業三輪人力車 甲等板車	號牌費	三六〇、〇〇〇
營業三輪人力車 自用三輪人力車	號牌費	三〇〇、〇〇〇
乙等板車 騾車	號牌費	三〇〇、〇〇〇
貨箱車 營業自行車	號牌費	三〇〇、〇〇〇
三輪自行車	號牌費	三〇〇、〇〇〇
自用人力車 單輪手車	號牌費	二六〇、〇〇〇
雙輪手車 水車 自用自行車	號牌號	二六〇、〇〇〇

簡訊

▲成立井水消毒隊：衛生局因鑑於井水之清潔與否，關係市民之健康至鉅，除已經常免費贈送漂白粉與本市各居民及詳告使用方法以期普遍外，近復成立井水消毒隊兩隊，專任辦理此項工作，期間定為三個月，自七月份起至九月底止，所需人員除職員由該局選用臨時雇員充任外，其餘伕役，飭由清潔總隊調充，並擬先從城南着手辦理。

▲建築市立醫院產科病房：市立醫院產科病床尚感不敷，茲為擴充業務計，在該院後面空地建築產科病房一幢，經於七月二日在該院開標，由坤記營造廠得標承辦，不日即可興工。

▲第二期注音符號講習會結業：教育局舉辦之國民學校教員第二期注音符號講習會，自五月八日開課以來，已歷八週，上課時間計共三十二小時，於七月四日上午八時在第三區夫子廟第一國民學校舉行結業總考及結業典禮，馬兼局長親臨致詞，並全體攝影留念。

▲公用事業七月份價格調整：本市公共汽車、小火車、水、電等公用事業調整價格，於七月十日由工務局核定，公佈施行。自十一日起，公共汽車票價由三萬、四萬、五萬元三種，增為八萬、十一萬及十五萬元三種。小火車票則由三萬五千增為八萬元。水電兩項價目追自七月一日起算，計自來水每度由五萬三千三百元增為十五萬八千元。電力由每度四萬二千五百元增為十萬〇五千元，電燈則由每度四萬六千元增為十一萬五千元。

▲積極推行勸募布鞋勞軍事務：本市勸募布鞋勞軍運動委員會為加強勸募工作期收速效起見，經籌組勸募總隊及大隊推行勸募業務，所有各隊隊長人選業經分別函聘，計總隊長為沈市長夫人，保甲大隊長為民政局劉局長夫人，婦女大隊長為沈慧蓮女士，職業大隊長為社會局謝局長夫人，國營事業大隊長為電信局計局長夫人，金融大隊長為銀行公會程理事長夫人，文教大隊長為馬副市長夫人，軍人大隊長為國防部何部長夫人，警察大隊長為警察廳黃廳長夫人，公務大隊長為黎劍虹女士，正訂期舉行茶會，商討勸募事宜。

▲舉行七月份區長會報：七月三日民政局召開七月份區長會報，除聽取各區一月來之工作報告外，對於各區保工作之改進、志願兵之徵集，安家補助費之徵收，民食配購證之發放等問題，均有詳細研討與決定，并督飭各區分別辦理。

▲督飭各區組織禁烟協會分會：本市禁烟協會早經成立，惟各區分會迄未組織，為期早日完成禁斷政策，經民政局督飭各區公所協同地方人士迅將禁烟協會分會組織成立，協助政府肅清烟毒。

▲召開六月份禁烟工作會報：六月三十日民政局召開六月份禁烟工作會報，檢討禁政成績及策劃今後工作之推進，并經決議：（一）實施加強查緝方案，並督飭區保厲行檢舉，以收根絕烟毒之效。（二）提高烟毒查緝獎金以資鼓勵。（三）由本府邀請有關機關研討，如何杜絕本市烟毒之來源。（四）簡化領獎手續等案。

▲加緊徵集志願兵：民政局辦理各區徵送志願兵事宜，截至七月六日止，計經體格檢查合格已撥交南京團管區者共二八三人，擬即發動兵役督導團二次出發各區督徵，務期迅速完成徵集任務。

▲募集新兵安家補助費：各區徵解安家補助費，截至七月六日止，共計一百十九億元，現各區仍在加緊籌集中，又第十區三十一保保長石秉才保幹事程班銀率先依限如數募集足額，該員等辦事認真，已由民政局分別傳令嘉獎，以昭激勵。

▲發放新兵安家補助費：本市已撥交南京團管區之新兵安家補助費，業於七月六日由兵役協會邀請各有關機關代表在下關團管區分別發放，計實發二七九名，共國幣五十五億八千萬元。

法規

中央法規

都市民食配售辦法

三十七年六月三十日

行政院(卅七)五糧字第三〇五四七號令頒

第一章 總則

第一條 為辦理都市民食配售，特訂定本辦法。

本辦法所稱之都市，以經行政院指定者為限。

第二條 辦理都市民食配售，其業務主管機關，在中央為糧食部，在院轄市為市政府，在省轄市為省政府。

第三條 糧食部為指導都市民食配售，設都市民食配售指導室（簡稱指導室），其組織另定之。

第四條 各市設民食調配委員會（以下簡稱民調會），由各市市長主持，辦理配售民食事務，民調會之下得設民食調配處（以下簡稱調配處）。

第二章 都市民食調配委員會

第五條 民調會隸屬市政府，其名稱一律冠以都市名稱，如「〇〇市民食調配委員會」。

第六條 民調會置主任委員一人，由市長兼任，如有特殊情形，得由行政院核派其他人員担任，並置副主任委員一人或二人，委員及當然委員九人至十二人，以糧食部、社會部、市參議會代表一人，當地糧食業同業公會代表一人，及其他聘派之社會人士，或必要人員為委員，各市政府之社會局長、民政局長、警察局長及民食調配處處長為當然委員，均為無給職，民調會組織另定之。

第七條 民調會必需經費，由各該市政府經費預算內勻支。

第三章 民食調配處

第八條 調配處置處長一人，必要時得置副處長一人，處長副處長均由民調會主任委員商請糧食部之同意派充之。

第九條 指定辦理民食配售都市之市政府，如認為無另設調配處之必要，其所有糧食配售業務逕由民調會辦理時，得專案呈請行政院核准辦理，惟有關本辦法糧食與價款等項之規定，仍應受糧食部之指揮監督。

第十條 調配處對於配售糧食之接收保管調運及配售後所得之價款之列報，應受糧食部之稽核與監督。

第十一條 調配處組織規程人員編制薪俸標準及經費預算，由民調會擬送糧食部轉呈行政院核定，調配處經費於配售糧價款項下列支。

第四章 糧源

第十二條 都市配售糧源，由糧食部統籌，其中各市應自籌四分之一。

第十三條 辦理配售之都市，對於糧食部所籌與之配售糧食，除應依本辦法之規定辦理配售外，不得作任何其他用途。

第五章 配售

第十四條 本辦法所指都市配售為全面性，其每人每月配售之糧量及種類，由糧食部斟酌糧源與市場供應情形決定之。

第十五條 各市配售糧價，由民調會就所配售糧食之品質等級，按照當地上月份一至二十五日之平均門售價格，分別核定之。

前項配售糧價，一經公佈實行後，全月一致，不予變更。

第十六條 調配處辦理全面配售，應憑詳實之戶口登記，按口發給糧食部所預定印製之都市民食配購證，憑證向配售糧食承銷商店購買每月所配售之糧食，糧食配購證限於本人於限期內使用，不得轉讓，配購證之樣式及發給方法與程序另定之。

第十七條 凡經指定之配售糧食承銷商店，在配售所得價款中，給予手續費（包括損耗在內）百分之五。

第十八條 配售糧食承銷商店每日配售之糧食價款，應於次日連同配購證票花彙繳指定之銀行，存入糧食部配售糧食專戶賬內，每月清給一次。

指定之銀行，應於每三日將所收配售糧價款分別店戶連同配購證票花列表送調配處查核登賬。

第十九條 配售糧食承銷商店如不遵照規定將價款繳存者，市調配會應負監督考核懲處與追索之責任。

第二十條 配售糧食承銷商店不得將承銷之糧食調換套購摻雜短少斤斗及其他舞弊留難額外需索等不法行爲。

第二十一條 調配處應將配售糧食之實物賬目及存款賬目，按旬編具旬報表，按月編具月報表，呈報糧食部核備，其表式另定之。

第六章 會計與決算

第二十二條 各市配售糧食一切會計業務，由各該市政府主計機關負責辦理，所需必要經費，幷於調配處預算內列支，調配處每期應辦理決算，分報糧食部、主計部查核。

第七章 稽查

第二十三條 糧食部爲稽考查核各市配售糧食之辦理情形，應隨時派員赴各市稽查一切糧食配售事務。

第八章 附則

第二十四條 各市如需辦理糧食以外之日用必需品之配售時（如油布糖煤等），其所需業務費用，應由所經辦之物品另行籌措列報，不得在配售糧食收入項下開支。

第二十五條 各市配售糧食承銷商店如違本辦法第十八、十九、二十各條之規定時，應由調配處查明事實，取銷其承銷資格，其情節重大者，得呈報民調會，分別情形之輕重，移請市政府或法院懲處。

第二十六條 各市調配處辦理配售業務，得按照本辦法之規定，擬定實施細則，呈報各該市民調會核轉糧食部備案。

第二十七條 本辦法自公佈之日施行。

總統府公報所載中央法規索引

七月份上半月

本府法規

南京市房捐徵收細則

三十七年七月十四日(卅七)府財佈字第六一號令公布

第一章 總則

第一條 本細則依照房捐條例第十三條之規定訂定之。

第二條　本細則所稱之當事人卽房主及其代理人或經租人等。

第三條　本細則所稱之房主除原房主外，凡出典之房屋係指受典人於抵押之房屋不移轉占有者係指抵押人而言，凡抵押房屋移轉占有者係指受押人而言。

第四條　本細則所稱之產價，係指房屋之現值而言。

第五條　本細則所稱行租租額，係以租約所載之租金及押租利息合併計算。

第六條　本細則所稱之鋪房，係指住戶以其房屋供營業之用者，所稱之住房，係指住戶非以其房屋供營業之用者。

第七條　凡在本市區內之房屋，除政府機關及公私學校所有之自用房屋外，均依本細則之規定征收之。

第八條　凡公營事業機關使用之房屋，不論自用或出租，一律征收房捐。

第九條　房屋係店面式而非營業者，按住房征捐，非店面式而營業者，按鋪房征捐。

第十條　娛樂場所商店堆棧按鋪房征捐。

第十一條　報館及其他自由職業團體經主管機關立案或登記者，按住房征捐。

第十二條　無租賃手續之借住房屋，按自產自住征捐。

第十三條　凡租賃房屋，其轉租租金超過原租者，除轉租部份照轉租租金征捐外，其自住部份之租價，應以轉租租金爲比例合併計算征捐（超過原租之房捐由二房東負担）。

第十四條　凡房屋移轉前業主如有欠捐時，後業主應於立契前報告財政局追繳，否則歸後業主担負。

第十五條　凡鋪房住房征捐自起租之日起算，在國曆每月十五日以前者，照全月捐額征收，在十六日以後者減半征收。

第十六條　房捐由財政局派員調查核定捐額後繕發繳款通知書，交納稅人持向市庫及指定之銀行或征收處繳納之。

第二章　鋪房捐

第十七日　鋪房按其行租租額征收捐款百分之十四，但財政局認房租有不實時（如輕行租重押租或租雖輕而由房客出資修理等類），得用估計方法定之，其屬自產者，由財政局按產價估計租值，按率征捐或由業主自行報價，如財政局認爲所報不實時，得派員復查，照時値估價，依其價額每年征捐千分之十（卽每一千元每年征收房捐十元）。

第十八條　鋪房捐款歸房主負担，由房客按月代繳，准在行租內扣除；鋪面閉歇或遷移時，如有欠捐，應由房主負責繳納。

第三章　住房捐

第十九條　住房按行租租額征收捐款百分之七，但財政局認爲房租有不實時（如輕行租重押租或房租雖輕而由房客出資修理等類），得用估計方法定之，其屬自產者，由財政局按產價估計租值按率征捐或由業主自行報價，如財政局認爲所報不實時，得派員復查，照時値估價，依其價額每年征捐千分之五（卽每千元每年征收房捐五元）。

第二十條　在房捐由房主擔負房主住本宅者，由房主彙繳房主不住本宅者，則有房客按月代繳，在行租內扣除，其由房客代繳者，房客遷移時，房主應卽報告財政局，並補繳所欠房捐。

第四章　罰則

第二十一條　捐戶對於租金有以多報少情事，一經查出，或被人告發，按照隱漏捐額，處以三倍以下之罰鍰。

第二十二條　房捐捐款各捐戶於收到財政局房捐繳款書後，應在規定繳款期限前如數繳納，如逾限未繳者，即依照左列各款加征滯納金。

一、逾限一月者，照所欠捐額加征滯納金十分之二。

二、逾限二月照者，所欠捐額加征滯納金十分之五。

三、逾限三月以上者，照所欠捐額加征滯納金一倍。

第二十三條　本細則之罰鍰由財政局送由法院裁定之。

第五章　附則

第二十四條　本細則提經市參議會議決，並函准財政部核定後公佈施行。

南京市私立補習學校管理辦法

三十七年七月二日第一三四次市政會議通過

（一）總則

一、南京市教育局為管理本市私立補習學校，特根據「補習學校法」「補習學校規則」「修正私立學校規程」，幷斟酌本市實際情形，訂定本辦法。

（二）設校

二、私立補習學校須先由創辦人呈經本局核准方得開辦，其已開辦者，應於本辦法公布一月內補辦申請登記手續，逾期即予取締。

三、大學程度之補習學校，以由公立或已立案之私立大學獨立學院或專科學校舉辦為原則。

四、私立補習學校呈請開辦時，應開具左列各事項，送呈查核。

1.學校名稱及其類別。

2.學校所在地及校舍情形

3.學校組織暨課程科目及程度。

4.學校設備及基金情形。

5.經費來源及經常開辦各費預算表。

6.擬收費數額。

7.創辦人姓名履歷及住址。

8.贊助人（須在本市有正當職業幷填明履歷及住址）三名簽名蓋章，填具保證書。

五、私立補習學校經核准開辦一年以上經考查成績辦理優良者，得依照修正私立學校規程規定手續呈請立案，其基金數額由本局視其規模大小科目繁簡酌予核定，為簡化手續起見，董事會與學校得准予同時立案。

六、凡機關團體欲借用市立各級學校教室舉辦補習學校者，須事先商得該校同意，由雙方會同呈報本局核辦，經批准後方得借用，惟對私人概不出借。

（三）定名

七、凡本市私人所設講習所傳習所訓練班速成班等補習機構，均應改稱私立補習學校，並不得省去補習字樣，私立中小學附設補習班者，一律稱為補習班或短（暑）期補習班。

八、凡一校僅設一科者，稱某科補習學校（例如會計補習學校），設二科以上而均屬普通科（指國英算史地常識等科）者，稱普通補習學校，設二科以上而均屬職業科（指會計速記打字駕駛無線電等科）者，稱職業補習學校，普通科及職業科均設者，稱補習學校。

九、各校校名上，均須冠以私立字樣，並不得以當地地名為學校名稱。

十、私立補習學校，無論已經本局核准開辦或登記與否，在未完成立案手續以前，不得擅稱立案或備案。

（四）收費

十一、私立補習學校之收費以學費雜費及講義費為限，其所設科目須實習者，得加收實習費。

十二、各校收費數額，由本局規定之，並得隨時酌予調整。

（五）視導

十三、凡經核准開辦或立案之私立補習學校應於每期結束時，將辦理情形呈報備查，至少每半年呈報一次。

十四、各校辦理情形，由本局隨時派員前往視察，至少每六個月視察一次。

十五、私立補習學校如不遵本辦法之規定辦理者，本局得隨時予以糾正，其有斂財情事或情節重大者，即予取締或依法究辦。

（六）附則

十六、本辦法未盡事宜，悉遵照補習學校法補習學校規則及修正私立學校規程之規定辦理。

十七、本辦法由南京市教育局呈奉　市政府核准公佈施行，並呈報教育部備案。

修正南京市工務局管理廣告章程

三十七年七月九日第一三五次市政會議通過

第一章　總則

第一條　本章程依照修正南京市政府組織規程第十一條第五款訂定之。

第二條　凡在本市區域內張設廣告者，均應遵照本章程之規定。

第三條　凡為發展營業，不論用紙用板或其他材料，就他人舖面房屋牆壁道路杆木車輛船舶幻燈電影或其他物品上揭佈或設置文字圖畫以及散發傳單遊行宣傳者，均為廣告，但就自己營業場所裝設或揭佈招牌旗幟標誌揭貼不在此限。

第四條　凡機關學校之文告標語，或其他無招徠營業性質之招貼告白等，不以廣告論，得在工務局指定地位揭佈。但揭佈之地位失當或其他經工務局認為不合者，得由工務局隨時矯正之。

第五條　廣告文字及圖畫均應以純正為主，不得有下列各項意義：

一、妨害公安，二、傷害道德，三、挑撥離間，四、朦混欺騙，五、利用他人之商標或版權，六、其他經工務局認為不合者。

第六條　揭佈廣告之場所，應以下列各處為限，一、工務局建設之公共廣告牌亭，二、工務局指定之臨時廣告場，三、商民報請工務局核准設置之特許廣告場。

第七條　設置廣告不得有下列各項情事：

一、妨害行政，二、妨害交通，三、妨害市街光線，四、妨害行旅視線，五、跨越街道，六、妨害消防工作，七、妨害他人主權，八、易生危險，九、易堆垃圾，十、易藏盜賊，十一、其他經工務局認為不合者。

第八條　凡揭佈或設置廣告者，均須依照本章程之規定，先送請工務局核准繳納廣告費，醫藥廣告由工務局會同衛生局核定。其租用他人所有物或舖面揭佈及設置廣告者，均須取得業主允許證明呈驗。

第九條　廣告費應按廣告種類依本章程之規定分別計算征收，但娛樂場所廣告及奢侈消耗品，應按照規定費率加二倍征收。

第十條　凡機關學校團體非營業性宣傳揭佈廣告者，得申請工務局核定免費。

第十一條　凡定期之廣告，須在下端註明起止月日或逕署某月某日止，以便稽查，定期屆滿，如欲繼續揭佈者，須於期滿前七日遵章呈報續繳廣告費，幷更註展滿日期。

第二章　普通廣告

第十二條　凡在工務局設置之公共廣告牌亭揭佈廣告者，爲普通廣告。

第十三條　普通廣告以油漆爲限，其面積每面不得超過二三二平方市尺。

第十四條　普通廣告之費率另表規定之。

第十五條　凡欲揭佈普通廣告者，須先將廣告圖樣揭佈日期及佔用面積，送請工務局核准繳納廣告費後方准揭佈，但遇必要時，得由工務局遷移或取銷。

第十六條　揭佈後時效未滿自行撤銷者，所繳廣告費概不發還，其由工務局取銷者，按未滿日期扣發之，但遇天災人禍或其他不可抗力之情事，致廣告受有損壞時，其未滿期之廣告費不爲發還。

第十七條　滿期之廣告，欲在原處地位繼續揭佈者，須先申請保留續繳廣告費。

第十八條　凡未經工務局核准及未照章繳納廣告費任意揭佈普通廣告者，除照另表所列全年之費率處罰外，幷勒令補繳欠費。

第三章　特種廣告

第十九條　凡就道傍屋頂及牆壁上自行設置之油漆廣告，經工務局核准者，爲特種廣告。

第二十條　特種廣告應先將設置地點繪製詳細圖樣呈請工務局核准，繳納廣告費，方得設置。

第二十一條　特種廣告之費率，另表規定之。

第二十二條　期滿之特種廣告仍欲繼續設置者，須於期滿前七日向工務局申請，繼續繳納廣告費，倘逾期不繳者，得由工務局沒收其廣告。

第二十四條　特種廣告如遇必要時，得由工務局通知設置人遷讓之。

第二十五條　凡設立特種廣告並未呈准工務局或未照章繳納廣告費者，按另表所列全年應繳費率加倍處罰，並勒令補繳欠費。

第四章　臨時廣告

第二十六條　凡在工務局指定之公私牆壁或一切正在建築期內之圍籬等處張貼之紙質廣告，或以布幟木板鐵皮等物製成裝設或懸掛之廣告，爲臨時廣告。

第二十七條　臨時廣告須先送請工務局核准繳納廣告費後方得揭佈或裝掛，但不得阻礙交通。

第二十八條　凡以紙質或布幟木板等物製成之臨時廣告，其費率另表規定之。

第二十九條　凡未經工務局核准蓋戳或未照章繳納廣告費或未在指定欄內張貼之臨時廣告其屬於紙質者，應照另表所列費率至少以五千張計算處罰，其屬於其他裝置張掛者，應照另表所列費率每一方尺按二十方尺計算處罰。

第五章　遊行廣告

第三十條　凡遊行街市招徠營業者，爲遊行廣告。

第三十一條　遊行廣告應於舉行前二日繕具申請書，說明遊行人數樂器件數或車輛種類及輛數，呈經工務局會同警察廳核准，繳納廣告費後，方准遊行，其宣傳布幟等按臨時廣告納費。

第三十二條 遊行人數之費率另表規定之。

第三十三條 遊行人數每次每班至多不過十五人，汽車馬車輛數或裝飾，不妨害交通為限。

第三十四條 規定遊行日期如因氣候關係或其他特殊情形不能舉行時，得向工務局申請延續之。

第三十五條 遊行廣告應嚴守秩序，不得妨害交通，並須攜帶繳費收據，以備稽查。

第三十六條 遊行廣告有不遵守本章程辦理者，一經查覺，除按另表所列費率加五倍處罰外，並禁止其遊行。

第六章 其他廣告

第三十七條 凡散發或揭佈在列各條之傳單或招貼廣告幻燈等，應先呈請工務局核准，並繳納廣告費，方得揭佈及放映。

第三十八條 凡散發含有招徠營業性質之傳單，其費率另表規定之。

第三十九條 凡在茶館酒肆戲院遊藝場或公園花園等處，揭佈張掛之廣告，其在外圍者，照特種收費其內部者(包括布幕)減半征收之。

第四十條 凡以公共汽車或船舶揭佈之廣告，其費率另表規定之。

第四十一條 凡在他人屋頂舖面及公私地基裝設之霓虹燈廣告在電影院放映幻燈之廣告，其他電動廣告，其費率另規表定之。

第四十二條 凡違反上列各條之規定，一經查覺，除傳單照一千張計算五倍處罰外，除照另表所列全年費率計算處罰，並勒令補繳欠費。

第七章 非廣告

第四十三條 裝設或揭佈非廣告之招牌、旗幟、標誌、揭示等所用之材料，應依下列之規定：

甲、竹木、磚石以及繩索、鉛絲、鐵絲等材料，不得腐朽，以防傾落。

乙、紙張布棉等材料不得破舊，有礙觀瞻。

第四十四條 凡就屋頂裝設非廣告之招牌標誌等，應將其高度連屋身計算不得超過工務局規定之限制，並於施工前分呈核准。

第四十五條 凡就屋外及其餘屋外牆壁張佈非廣告之標誌揭示等，均應將文字圖樣，建築方法，依照本章程第六、八兩第各項之規定，并須呈經工務局核准。

第四十六條 凡房屋招租及尋人或尋找失物等非廣告之揭貼，除本人門首外，須就指定之各廣告場揭貼之，不得隨處亂貼。

第八章 附則

第四十七條 本章程如有未盡事宜，得隨時修正之。

第四十八條 本章程自南京市政府核准之日起施行。

附註：原章程見本公報第三卷第四期第一四四頁

南京市廣告費率表

廣告類別	說明	單位	期限或張數	費率	章則	附註
普通廣告	公共廣告牌	每平方市尺	每月	六〇〇	第十四條	得按市價酌收建造工本費補償金
特種廣告	二三二平方市尺(公地)	每平方市尺	每月	一、二〇〇		以三個月為一期一次征收

臨時廣告	二三二平方市尺(私地)	每平方市尺	每月	一、〇〇〇	第二十一條	
	一三〇平方市尺(公地)	每平方市尺	每月	一、〇〇〇		
	一三〇平方市尺(私地)	每平方市尺	每月	五〇〇		
	八三平方市尺(公地)	每平方市尺	每月	六〇〇		
	八三平方市尺(私地)	每平方市尺	每月	四 〇〇		不滿八三平方市尺者得照八三平方市尺計算
	招貼	一平方市尺半	每百張	二〇、〇〇〇		招貼最大不得超過十五平方市尺
	招貼	三平方市尺	每百張	四〇、〇〇〇		
	招貼	六平方市尺	每百張	六〇、〇〇〇		
	招貼	十二平方市尺	每百張	一〇〇、〇〇〇	第二十八條	
	招貼	十五平方市尺	每百張	一五〇、〇〇〇		
	露佈		每平方市尺	一、〇〇〇		
遊行廣告	手提背負者	每人	每天	一五、〇〇〇		
	樂工	每人	每天	二〇、〇〇〇		
	馬車	每輛	每天	四〇、〇〇〇	第三十二條	
	汽車	每輛	每天	八〇、〇〇〇		
	其他		每天			有特殊情形者酌定費率
傳單廣告		一平方市尺以內	每百張	一〇、〇〇〇		
		二平方市尺以內	每百張	二〇、〇〇〇	第三十八條	
		三平方市尺以內	每百張	三〇、〇〇〇		
公共場所廣告	外圍者	每平方市尺	每月	按特種廣告計算	第三十九條	包括布幕廣告
	內部者	每平方市尺	每月	按特種廣告折半		
公共汽車廣告	在外圍者	每件	每星期	二〇、〇〇〇		
	在外圍者	每件	每半月	四〇、〇〇〇	第四十條	
	在外圍者	每件	每月	八〇、〇〇〇		
	在內部者	每件	每月	二〇、〇〇〇		
船舶廣告	船身長二市尺以內者	每艘	每月	一〇〇、〇〇〇		

	船身長二市尺以外者	每艘	每月	一五〇、〇〇〇	
電影廣告	幻燈片	每片	每月	按映費二〇%	
	膠片	每片	每月	按映費二〇%	
電動廣告	室外	每種	每月	按映費二〇%	第四十一條
霓虹燈廣告		每平方市尺	每月	三〇、〇〇〇	

註：娛樂場所及奢侈品消耗品應按上表規定費率加兩倍征收

南京市工務局碼頭倉庫管理處辦理貨物寄託規則

三十七年七月九日第一三五次市政會議通過

第一章　總則

第一條　本規則根據本處組織規程第三條第二項訂定，凡關於貨物寄託事項除法律別有規定外，悉依本規則辦理之。

第二條　本處直轄倉庫得接受貨物之寄託及其有關業務之經營。

第三條　本處接受貨物寄託之時間，隨時規定公告之。

第四條　本處之通知或催告無從送達或送達困難時，應登報公告之。

第二章　寄託手續

第五條　凡欲將貨物向本處寄託者，應先塡具貨物寄託書，經本處承允後，繳付約定之保證金，於約定日期將貨物運至指定之倉庫。

如在自約定之日起三日內寄託人失約時，本處得取銷其預約，幷將保證金扣抵失約期間之租費，多還少補。

第六條　寄託物在保管上須特別注意者，寄託人應在貨物寄託書內加以聲明，但本處得斟酌情形接受或拒絕之。

第七條　除特別規定外，本處對於下列各種貨物，得拒絕受託，已承允者，得將預約取消。

一、有危險性者。二、違禁品。三、包裝不完全者。四、易於腐爛損壞變質者。五、其他不適於保管者。

第八條　寄託人應將印鑑留存，以備提貨過戶及必要時核對之用，如寄託人要求不留印鑑者，本處只憑倉單辦理，不負因此所發生之一切責任。

第九條　貨物進倉出倉之搬運及其他事務所需用之工役，概由本處雇用，但經許可者不在此限。

第十條　寄託物進倉手續辦竣後，由本處發給倉單或先發給臨時收據，其發給臨時收據者，寄託人儘三日內換取倉單。

前項倉單除加蓋本處印信外，並須有主管人員簽名蓋章，寄託人不得汚損或塗改，如發現倉單不合規定時，應當時聲明補正或更換，其於事後發現者，須取具舖保聲請更正或更換，經查明後方得辦理之。

第十一條　寄託物寄託時期，由寄託人向本處申請核定之。

第三章　倉租

第十二條　倉租按月計算，自受託之日起至下月同日之前一日止爲一個月，(例如一月十日至二月九日爲一個月)，不滿個一月者作一個月計算。

第十三條　本處應收之倉租手續費墊款或寄託物進出搬運檢查取樣修理打包過秤防疫以及保管上特別設施等項費用，應由寄託人或倉單持有人隨時付清其各項費用,收取之標準另訂之。

第十四條　本處所收保證金或其他預收費發還寄託人之款項概不計息。

第四章　檢驗或取樣

第十五條　寄託物進倉後，本處認爲有檢查之必要者，得通知寄託人限期攜同倉單到本處會同檢查，如逾期不理，倉庫得不經寄託人或利害關係人之同意，就寄託物全部或一部爲之，其因此所生之損害，本處不負責任。

第十六條　倉庫所載之貨物名稱種類品質等，均係根據寄託人所塡貨物寄託書照錄，並不經本處檢定，凡倉單受讓人或貨物之保險人如欲審查貨物之內容時，均應隨帶倉單或備具憑證，經本處同意後，得至倉庫自行檢閱。

第十七條　寄託人或倉單持有人如欲摘取貨樣，應攜帶倉單或繕具通知單，加具原留印鑑，送交本處核驗辦理，其未留印鑑者，概憑倉單辦理。

第十八條　寄託物如因檢點取樣以致損害或變更進倉包裝或原來狀態者，寄託人或倉單持有人或取樣人或檢定人應出具證明書，本處概不負責。

第五章　過戶

第十九條　倉單如有過戶轉讓或質押等情，須經寄託人背書及倉庫負責人員在倉單上批註並檢證，否則不生效力。

第六章　掛失

第二十條　倉單設有遺失，應由寄託人向本處書面聲明事由申請掛失，並登本處同意之著名日報二家以上各三天，聲明遺失作廢，一面邀同本處同意之殷實保證人塡具保證書，經兩個月後如無糾葛,本處方能補給新倉單,其提供寄託物與當時市價相等數額之現金或其他相當之擔保品，經本處認可者，得提早補給新倉單，如發生糾葛時，仍由申請人負責。

第廿一條　印鑑圖章設遇遺失時，應由寄託人攜同倉單向本處書面聲明事由申請掛失，並登本處同意之著名日報二家各三天，聲明作廢，經一個月後如無糾葛，再行取具妥保，另換新印鑑。

印鑑如用簽字，設遇簽字人死亡或其他原因致不能簽字時，應由合法代理人或本人攜帶倉單及證件，向本處書面聲明事由，並登本處同意之著名日報二家各三天，經一個月後，如無糾葛，再行覓具妥保，更換新印鑑。

前二項情形如申請人提供寄託物與當時市價相等數額之現金或其他相當之担保品經本處認可者，得提早更換新印鑑，其發生糾紛者，由申請人負責。

第廿二條　倉單或印鑑圖章遺失在聲明掛失以前，寄託物已被轉讓或提取者，本處不負責任。

第七章　提取寄託物

第廿三條　寄託人或倉單持有人提取寄託物時，應背書於倉單其留有印鑑者加具原印鑑，連同未清付之費用，送交本處核驗校收後方得提取，提清時卽應將倉單繳銷。

其分批提取者，應由本處將每次提取之數量批註於倉單，至提清時，再將倉單繳銷。

第廿四條　寄託物提取時，在堆存地點所遺碎屑或破損脚貨，應由寄託人當場取去，本處不負保管責任。

第八章　限期遷出寄託物

第廿五條　本處遇下列情事之一時，得向寄託人或倉單持有人限期遷出寄託物。

一、發覺託物有本規則第七條所列情形者。

二、為預防災患認為有遷出寄託物之必要者。

三、倉庫房屋全部或局部翻造者。

四、倉庫地址遷移。

五、倉庫全部或局部停辦。

六、積欠倉租或其他費用逾三個月者。

七、寄託物價值本處認為不足抵償倉租及其他費用者。

第廿六條　寄託人或倉單持有人接到限期遷出寄託物通知後，應於限期內將倉租及各種費用付清，並將寄託物遷出，如逾期不理或時機急迫，本處得將寄託物代為遷移，因此發生之損害，本處概不負責，其費用由寄託人負担或依法拍賣，將所得價款抵充倉租及其他費用，有餘照還，不足照補。

第廿七條　因寄託物變質損壞及其他原因以致損壞倉庫或其他物品時，本處得向寄託人或倉單持有人要求賠償，倘竟置不理，即向保證人作同樣之要求仍不置理，本處得照前條處理之。

第九章　保管責任

第廿八條　寄託物堆存於倉房內者，以移出倉房點交與提貨人為保管責任終了，堆置於倉外露天者，以點交與提貨人為保管責任終了後，如有遺失損壞以及其他一切損害，本處概不負責。

第廿九條　本處對於寄託物所負損害之責任，以直接由於倉庫故意或重大過失者為限。

第三十條　寄託物除由本處洽定公司代保火險，遇有因火災致受損害時，由保險公司依照契約負賠償之責外，如因天災事變水盜兵險蟲傷鼠咬潮霉燥蝕防疫防水罷工以及其他一切不可抗力或不可避免之情事，致受損害時，或約定將寄託物在倉房外露天堆置者，因陽光雨露風沙霜雪以及其他倉房外或露天堆置所不能避免之損害，本處概不負責。

前項代保火險費，寄託人應於寄託物進倉時先繳一個月，嗣後每一個月結付一次，前項寄託物於進倉後三日內，雖已付保險費用，尚未經洽定公司將保險手續辦理完竣，如遇有火災而損害時，本處除負責退還其所繳保險費用外，本處不負其他責任。

第卅一條　寄託物倘遇損害，寄託人或倉單持有人仍應負賠償損害前後之倉租以及其他一切費用之責。

第十章　附則

第卅二條　本規則呈奉　南京市政府核准後施行，其修改亦同。

修正南京市衛生局清潔總隊組織規程第七條條文

三十七年七月六日第一三四次市政會議通過

第七條　本總隊設會計室，置會計主任一人，薦任或委任，佐理員二人至四人，均委任，依照主計部設置各機關歲計會計人員條例之規定，辦理本總隊歲計會計事務，受總隊長副總隊長之指導，並受南京市政府會計長之監督指揮。

會議紀錄

南京市政府第一三四次市政會議紀錄

紀錄 史崇訓

時間 三十七年七月二日上午九時

地點 本府會議室

主席 馬副市長

討論事項

1. 市長交議 據參事室簽擬「南京市消防事業督導辦法」，提請討論案。

決議：修正通過（修正辦法見本公報第五卷第一期法規欄）。

2. 市長交議 據教育局呈擬「南京市私立補習學校管理辦法」，提請討論案。

決議：修正通過，并報教育部備案（修正辦法見法規欄）。

3. 會計處 衛生局提 據清潔總隊呈請修正該隊組織規程第七條條文提請討論案。

決議：照修正案通過（修正條文見法規欄）。

臨時動議

1. 市長交議 據工務局擬訂「南京市城磚收集保存及使用辦法草案」，提請討論案。

決議：函徵衛戍總司令部同意後，分報內政國防兩部備案施行。

2. 地政局提 擬修訂本市土地測繪費收取標準：（一）農田山地每畝六萬元，（二）溝塘減半，（三）坟地免收，提請討論案。

決議：照案通過，送請市參議會審議。

3. 財政局提 擬具「南京市徵收自衛捐實施辦法」，提請核議案。

決議：交參事室會同民政財政社會三局暨會計處審查簽核後，送請市參議會審議。

南京市政府第一三五次市政會議紀錄

紀錄 史崇訓

時間 三十七年七月九日上午九時

地點 本府會議室

主席 沈市長

討論事項

1. 市長交議 據工務局呈擬修正南京市工務局管理廣告章程，提請討論案。

決議：照審查意見修正通過（修正章程見法規欄）。

2. 市長交議 據工務局轉呈碼頭倉庫管理處擬訂該處辦理貨物寄託規則草案，提請討論案。

決議：修正通過（修正規則見法規欄）。

3. 市長交議 據地政局呈擬改訂承領溢地繳價標準，提請討論案。

決議：所有三十七年三月底以前未了之承領溢地各案，均限於本年十月底前辦竣承領手續，三月以後承領溢地各案，均限於本年年底以前辦竣承領手續，統按繳款時公佈之標準地價繳納，逾期撤銷其承領權，由地政局收歸市有。

4. 參事室 財政局提 擬調整各項行政規費征收標準，提請核議案。

決議：自七月十五日起照表訂征收標準施行（見市政要訊欄）

人事動態

三十七年六月二日至七月六日止

姓名	服務單位及職別	動態	到離職日期
李知遠	會計處科員	新任	六月十日
張介夫	會計處科員	新任	六月十日
徐榮陞	會計處科員	新任	六月十日
高嘉麟	會計處科員	新任	六月十日
車履華	教育局會計室科員	新任	六月二日
黃廷幹	教育局聯合會計室科員	新任	六月二日
張志仁	本府第一科雇員	新任	六月一日
榮雨勤	民政局第三科辦事員	新任	六月四日
李傳如	民政局第四科辦事員	新任	六月七日
楊志雄	地政局土地測量隊測量員	新任	六月三日
邵仁濟	地政局第三科辦事員	新任	六月五日
錢希曾	市立救濟院組員	新任	六月四日
戴文卿	市立救濟院雇員	新任	六月四日
傅厚澤	民政局薦任視察	新任	六月十六日
莫文傑	會計處第三科辦事員	新任	七月一日
陳永淦	統計處專員	新任	七月一日
黃振漢	人事處科長暫代處務	晉升人事處處長	六月七日
朱　靜	人事處主任科員	晉升人事處第一科科長	六月九日
宋光逵	人事處主任科員	晉升人事處第二科科長	六月九日
倪鶴祺	民政局第二科辦事員	晉升民政局第二科科員	五月十日
張廣林	民政局第二科雇員	晉升民政局第二科辦事員	五月九日
黃昌謨	財政局統計室統計員	晉升財政局統計室代理主任	六月一日
羅逵鳩	財政局雇員	晉升財政局征收員	六月一日
華允蕙	地政局第三科雇員	晉升地政局第三科辦事員	六月一日
趙萱華	園林管理處總務組雇員	晉升園林管理處總務組辦事員	元月一日
王其炎	人事處科員	晉升人事處第一科主任科員	六月二十五日
李雪松	人事處科員	晉升人事處第一科主任科員	六月二十五日
譚　輝	人事處科員	晉升人事處第二科主任科員	六月二十五日

姓名	原職	調任	日期
賈鴻昶	人事處科員	晉升人事處第二科主任科員	六月二十五日
嚴　銳	人事處第一科辦事員	晉升地政局第一科科員	六月二十五日
徐養田	人事處第一科雇員	晉升地政局第一科辦事員	六月二十五日
董世淳	會計處第一科科員	晉升會計處專員	六月十六日
何伯仁	園林管理處專員	調任本府專員	六月一日
楊開三	財政局征收員	調任財政局土地稅征收處催征員	六月一日
楊長林	財政局土地稅征收處催征員	調任財政局征收員	六月一日
周振銳	財政局營業稅征收處稅務員	調任財政局營業稅征收處事務課課長	六月一日
段啓榮	教育局會計室科員	調任市立師範會計員	六月二日
朱玉寶	統計處專員	調任統計處第二科科長	六月二十二日
張清和	工務局雇員	調任統計處辦事員	七月五日
朱敬恆	地政局土地測量隊總務組組長	調任地政局科員	七月一日
瞿中文	地政局技術室股主任	調任地政局土地測量隊總務組組長	七月一日
王鐵華	教育局聯合會計室科員	調任會計處第二科辦事員	七月一日
翁偉淇	財政局第四科科長	調兼財政局第四科科長兼市產管理室主任	六月二十二日

姓名	原職	事由	日期
史陶鎔	民政局第四科辦事員	辭職	六月二日
蘇受黻	財政局事務員	辭職	五月三十一日
蔡達人	市立救濟院組員	辭職	五月三十一日
蔣一帆	市立救濟院辦事員	辭職	五月三十一日
張叔夜	民政局荐任視察	辭職	六月九日
邵仁濟	民政局第四科雇員	辭職	六月九日
温玉英	教育局聯合會計室辦事員	辭職	五月三十一日
林志鈞	地政局第一科科員	辭職	六月八日
胡蔭瑗	統計處第三科科長	辭職	六月二十一日
金伯納	財政局營業稅征收處稅務員	辭職	六月十八日
施廷棟	財政局稅捐稽征處征收員	辭職	六月十五日
宋家蕙	園林管理處玄武公園管理所技佐	辭職	六月三十日
劉可宗	財政局額外專員	辭職	六月三十日
李世清	民政局第四科雇員	辭職	六月三十日
倪鶴祺	民政局科員	免職	七月二日
吳隆赫	會計處專員	免職	七月一日
江有柱	會計處第二科辦事員	免職	七月一日

本府大事記

七月份上半月

▲七月二日（星期五）

舉行第一三四次市政會議。

▲三日（星期六）

民政局召開區長會報。

▲五日（星期一）

市參議會第一屆第六次大會揭幕。

放租市有公地開始申請登記。

▲六日（星期二）

市長偕市參議員趙信臣，高文，陳樹人，及工務局原局長袁欣箕勘察自下關至燕子磯一帶沿江江堤。

▲七日（星期三）

新聞處陳處長克成主持消暑晚會招待新聞記者

▲九日（星期五）

舉行第一三五次市政會議。

▲十日（星期六）

南京市國民教育研究會第二次大會揭幕，馬兼局長担任主席，市長出席致詞。

放租市有公地申請登記截止。

▲十二日（星期一）

南京市國民教育研究會第二次大會閉幕。

泛玄武湖

守眞

浹旬細雨放新晴，玄武門東景色淸；幾輩客來花下醉，一堤人在鏡中行。渡頭艇子迎桃葉，刼後湖波照石城，日落遊人歸去後，荒荒野水有餘情。

登掃葉樓

掃葉樓高接落霞，當年大隱此爲家；畫中高士猶留像，龕下枯僧祇賣茶。石磴拂雲防折屐，粉牆題句欲籠紗；（壁間易順鼎題句猶在）淸涼山色寒如此，徙倚闌干日正斜。

遊莫愁湖

振衣獨上勝棊樓，樓外湖名號莫愁；此日楸枰差一着，當年煙水亦千秋。石城艇子看紅板，豔曲諸郎唱夜遊；小閣惟餘荒礎在，人豪戡戰憶曾傷。

謁孝陵及總理陵園迤邐至譚墓

瞻仰雙陵正氣多，同驅胡族整山河；官天下與家天下，靑史千秋較如何？孤墳三尺吊茶陵；落日荒碑字有棱；公是前生修到福，居然埋骨傍雙陵。

介紹南京市立第二民衆教育館

又新

他們埋着頭，緊靠着老百姓的肩膀，一些不虛張聲勢地平平實實的做着各種新的社教實驗。

首都市立第二民衆教育館在西郊上新河，這地方與市區在交通上雖然有公共汽車聯接着，但一切人情風俗環境各方面，已經是近乎鄉村的風味了，這一個實際上在做着鄉村社會教育的民教館，似乎默默無聞，然而他們這些熱心人民教育的十幾位同志，却埋着頭，緊靠着老百姓的肩膀，一些不虛張聲勢地平平實實的做着各種新的社教實驗。現在我願意把他們最近二三個月來的新的教育實施作一個簡單的報導：

一、婦女識字站：這是一種適合於鄉村人民胃口，既不要錢，收效又大的教育方法。先是就各保加以調查，統計出在家務上、生活上可以抽出若干時間來接受識字教育的青年或中年婦女，然後就集中在一塊或靠在一處的農家，成立若干識字站。名稱可以數字來分別，或某一組的婦女都是姓張的就叫張家識字站。識字時間是就各站婦女們的空閒時候，教師則用隔日輪流辦法，今日這一站，明日那一站，以房屋較大的農家做教室。認字時打破刻板式的上課，而採取親切的團坐的對話，牆上掛一塊活動小黑板，可以隨便寫字。沒有固定的上課時間，完全看聽講學生的興趣，濃厚時一講就講上一兩小時，工作忙碌時，就聊上一二十分鐘的山海經。沒有固定的死板書本，而採取現實的活的教材，有時講些時事常識，有時像說書似的說一兩個富有教育意義的故事，有說有唱，有笑有跳，自由、歡樂、愉快、充滿了人類的眞的感情，和教育的愛。在這種活的教育中，再編出與講的有關係的簡要課文，給她們認字，這是活的教育，這是透過生活有血有肉的活教育。像這樣的婦女識字站，他們已經在上新河十八保成立了三站，以後還準備慢慢的擴充到四站五站六站………。

二、黑板報：在交通要道，鬧熱街頭或菜市場口，裝置懸掛黑板的木架，將隔日夜裏收聽中央電台的新聞，用通俗、簡練、明白的字句重新加以改編，然後再用各種紅綠的顏色粉筆，以正楷一筆一筆抄好，不寫簡字，不用古體字，並且用各種藝術字調寫大小標題，醒目，美觀，引人注意，有時插繪地圖，說明時事；有時再參以一兩幅富有社會意義的漫畫，更是引起民衆注目。每項消息都由顯明的線條分開，使觀衆把一件一件的事看得一目了然。每天清早就叫工友一塊塊掛出去。早上走過馬路或上菜市場去買菜，可以看見許多男男女女的民衆在認眞看報，甚至於運十一二歲的娃娃也在唸。這種報導消息，比市區的日報快得多，這樣的黑板報，他們已經在施教區內成立了四個。

三、藝術教學團：這個藝術教學團，一共有三十幾個團員。團員中有社會兒童，有學校兒童，更有青年，共分歌詠、繪畫、話劇三組，任憑各團員的愛好選習，有的單選一組，有的選兩組，有的三組全選。歌詠話劇二組在晚上學習，繪畫在午後。這個藝術教學團，有着一個理想，那就是想在目前忽略藝術教育的學校兒童中，和跌落在教育圈子外面的社會兒童中，予以一般的藝術陶冶，培養他們在人生進程中應具藝術生活一面的認識。這個團從成立到現在才不過兩個半月。現在各組正着手於基本的練習，預料不久以後一定有很好的成績。他們還準備定期表演哩！

四，姑娘會：這是他們正在着手進行的又一新的社教實施。他們想把十五歲左右的未曾出嫁的，不在學校唸書的姑娘們組織起來，用集會方式，予家事，保育兒童，縫紉，以及各種生產常識的講解。

他們除掉以上幾種新的值得介紹的社教實施外，其他經常的事業有中級補習班，民衆夜校，兒童教育團，私塾輔導，士兵教育，定期書刊，新聞剪報，以及一般的文化教育活動。最近他們又在下關成立了一個分館，展開了又一新据點的教育陣地。他們的工作很緊張，生活很嚴肅，不裝飾，講實際，切切實實，深入人民的生活底層中，做普及人民教育的工作。（轉載三十七年七月十日南京和平日報）

英國怎樣處置物價問題

科朋斯作

緊接着限定工資的辦法以後，英國對於國內的物價問題，現在已發動一次決定性的攻擊戰。英國像其他國家一樣，遭遇到許多本國貨價格有增無已的趨勢，有幾種貨物的漲價，最近幾個月來漲得很兇，這個事實是很明顯的，要遏制工資比率不得上升，如果對於物價沒有任何完全制止的辦法，那是不會有結果的。因此英國的計劃：第一，控制各種貨物與服務的價格使等於正月與十二月兩個月的平均價，第二，積極削減生產品與銷售的價格與成本，來達到這種控制辦法。

管制的第一階段，將用一連串的物價管制法，來固定各種貨品的最高價格，顧客可以完全知道新高價，如果售貨商所定的價格超過限價，就得受罰款處分，當局又使盡各種方法促使售貨商把所定的價格低於最高限價。

第二階段，是由政府和有關各製造商，批發商和零售商之間舉行自動會商來處理的，這個辦法具有可以避免強迫性的種種好處，並且可以給予各派人士集合他們的理想和困難的一個充分的機會，根據開始初步工作時所表現的精神來判斷，覓致減低物價之有效辦法的機會是很大的。

除了這個辦法之外，還有一個法子就是增加稅額，以吸取「剩餘」利潤或購買力的利益，不過這個辦法有個最大的弱點，而且已爲英國政府所認清，增加稅額往往是影響到消耗者方面的，歸根結蒂，物價仍舊上漲了，即使在最優越的情勢之下，用課稅來吸取通貨膨脹的進益，並不能直接壓低物價，這種辦法所做的一切，只是把更多的錢，轉爲國有而已，現在英國辦法的目的，是在於減低物價，並且使得在貨物與服務方面的進益價值增多，假使英國要避免再度增加一般工資，那末這種情形必須要做到的。

從這一點，我們却不可武斷說防止通貨膨脹的課稅方法以後也不適用，假使當前的計劃未能如預期的有效，那末爲了避免通貨膨脹的再度發生，就必須增加利潤和非主要貨品的稅額，這在下次預算中可以列入。

很自然的，這些步驟對於英國人民是很重要的，除了合理保持國內物價所得助力以外，生產方面更能由掙得更多的金錢的激勵而獲得實益，而不斷增加的生產，又可使得英國得以較爲低廉的價格，而輸出更多的貨物。出口貨價格這個問題，使我想到英國的反通貨膨脹戰鬥的國際方面的影響，因爲英國有賴於大部分原料與食物的進口，生產價值的問題當然也就大部分有賴於世界商品價格了，假使這些進口貨價格不斷提高，那麼英國要減低出口貨價格就是不可能的。

從國際貿易方面而言，英國已經是處於不利地位，英國進口貨的價值，比它運出去的出口貨的價值要高得多，這個困難，在去年度收支平衡的數字上，充分顯示出來，因了貿易在這方面的缺口的緣故，現在已經計算出去年度英國海外貿易在這方面的虧空可能是三億鎊，較四億四千九百萬鎊的實際數字爲少，換句話說，六億七千五百萬鎊虧空的總數，可能減少半數。

南京市政府公報刊例

一、本公報每半月發行一次

二、凡本府例行公文即在本公報發佈不另行文

三、本府所屬各機關於收到本公報時應編號歸檔妥爲保存凡註明「不另行文」文件並應注意遵照

南京市政府公報

第五卷第二期

中華民國三十七年七月三十一日

編輯者　南京市政府編譯室

發行者　南京市政府

印刷者　大東新興印書館

南京：(四)建鄴路一三八號

電話：二二二二六號

中華民國三十七年八月十五日

第五卷 第三期

南京市政府公報

南京市政府編譯室編

目錄

特載

明辨是非共赴國難

翁院長三十七年七月二十九日告全國民衆書

吾國痛受中共的破壞與擾亂，中央政府原望誠意協商，苦心妥洽，以期避免武力的使用，不幸中共方面固執成見，不願共上憲政的途徑，決計擴充部隊，割據地方，破壞社會秩序，摧殘人民生命財產，以致釀成動搖國脈的險象。政府為鞏固國本及保護人民計，迫不得已，決定實行戡亂，以期剿平叛國的匪徒。

附從共黨者原為中國人民，其愛護國家與其他良民用心應無二致，所苦者，此等人民為中共匪黨的威力所脅迫，被逼走入歧途，共同從事於危國害民的工作，所以一切作為，實應由中共匪黨負其責任。

中共為什麼要危國害民堅持不怠呢？實因中共為世界共黨活動的一部份，中共的每一行動，每一宣傳，無不以共匪國際的意嚮為依歸，始終一致，沒有絲毫的歧異。由本月十日中共所發表的接受共產國際情報局處分南斯拉夫共產黨的決議，更可充分證明。

所謂共產國際情報局，係由歐洲九個國家的共黨代表於去年九月下旬在波蘭華沙開會所決定設立，原定局址在南斯拉夫的首都伯爾格來德，於十月五日共同發表宣言，指美英法等國為侵略國，要由共產主義的國家負責保護其他國家之領土及主權，並認美國援助西歐南美及中國，即為侵略他國的實證。共產主義國家必須將此類工作澈底打破。到了本年夏間，美國國會議決各項援外辦法，歐洲八個國家的共黨代表復在華沙開會。商議打擊與破壞美援的方法，同時議決並宣告南斯拉夫共黨的罪狀，且正式革除了南國共黨的黨籍。此種歐洲共產國際的行為，原專為歐洲而發，並未提及中國在內。乃中國的共產黨同聲相應，於七月十日發表聲明，對南國共黨備加指責，並命令匪黨幹部「認眞研究共產國際情報局關於南共問題的決議，藉以加強黨內關於階級的、黨的和國際主義的自我批評精神和紀律性的教育」。這種同聲共應的作為，正是證明中國共黨確受同一共產國際中心力量的統轄與控制。

我們知道，中共對其黨徒的「教育」和「自我批評」，是用苛刻的檢討與殘暴的清算做執行的手段，且中共的決議中，申明紀律，更可見他們這一次檢討與清算，必將極盡其苛酷殘忍的能事，以根絕其黨內僅存一線的民族意識，而不使有絲毫的存留。本來，中國共黨早為共產國際的支部，他的黨徒必須向共產國際效忠，執行共產國際的命令，這在他的黨章及黨員入黨誓詞上，都原已明白訂定的，所以匪黨這次接受共產國際譴責南共的決議，並藉此機會加深控御黨徒的紀律，原為意料中事，不足為怪的。

共產國際情報局譴責南共，指出幾個罪名，更確證共產黨許多口號，都是無恥的騙術。南共第一個罪名是發揚民族主義，中共既然接受這種決定，便是根本否定了民族主義。南共第二個罪名是允許小資產階級及農工人等代表全國以代替共黨的一黨專政，中共既然接受這種決定，可見他們號召的「民主聯合政府」，不過是他們政治陰謀的烟幕。南共第三個罪名是允許土地私有，人民可以賣買土地，中共既然接受這種決定，可見他們所宣傳的招撫富農，穩定中農，便只成了空虛的口號，實際上決不可靠。南共第四個罪名是個人經濟遍及全國，中共既然接受了這種決定，可見共黨所言保護城市工商業，只是無恥的騙局。由此可見共產國際的實際方針與中共所用的宣傳口號互相衝突，正是以子之矛，攻子之盾，其虛僞之處，實非常明顯。中共所稱愛國主義與民族陣線，如果是眞，就決不接受共產國際的譴責南共，既然接受了，可見中共所標榜的口號，純是存心欺詐，決不可信的了。

我們藉此機會，應該眞確認識中共這種行爲，正是匪黨國際間諜性，毫無保留的表現，也就是匪黨危國害民最堅實的證明。我們對於這種國際武裝第五縱隊的本質與野心，既然澈底認識，那末，努力防禦，便是我們最大的職責，決不可輕爲放棄。全國國民到了此種存亡主奴的關頭，決沒有模棱兩可瞻顧徘徊的餘地。

國父說：「民族主義就是國族主義」。又說：「我們鑒於古今民族生存的道理，要救中國，想中國民族永遠存在，必要提倡民族主義。」民族是自然力所造成的人羣，在人類本性中，其深厚的根底。我中華民族立國於東亞，已具有久長的歷史及歷史不變的精神，實賴民族大義深入人心，決不是外來暴力與邪說所能動搖。近百年來，中國因帝制昏庸，受了不平等條約的束縛，五十年來，更因日本軍閥實力侵掠佔領土地，益爲激動了我同胞的民族情感，加強了我同胞的國家意識，發而爲救亡圖存運動，於是我 國父與全國仁人志士，倡導國民革命爲中國之自由平等而奮鬥，大家所趨，海內外煥然從風，我總統秉承 國父遺志率師北伐，統一全國，且堅剛抗戰，恢復五十年來的失土，取消一百年來的不平等條約，每一步驟，無不以中國之自由平等與統一獨立爲目的。事實昭然，當爲全國國民所共知。

對日抗戰勝利結束之後，國民政府毅然決定，召開國民大會，制定民主憲法，組織民選政府，努力向民治民有民享的目標邁步前進，如果沒有共匪的騷擾與戡亂的進行，選舉方法及憲政規模，自必更爲完善。

乃觀共黨方面的歷來行動 向具有自便私圖的目的，彼黨早知我同胞民族精神爲不可輕侮的力量，不得不假借各種口號以隱蔽其共黨國際支部和第五縱隊的本質，所以他們在我國民革命軍北伐的時期，表面上以打倒帝國主義相標榜，實際上用計阻撓北伐，並進而分化國民革命的陣營。在國民政府成立全國政權統一之後，中共更在贛南及陝北，組設獨立政府，割地自雄。在全面抗戰時期，共匪號稱參加抗戰，實際上則藉此擴充武力，準備其反抗政府的計劃。到了抗戰結束，共黨目標首在搶收日軍武器，設立脫離政府的解放區域，一面阻撓國民大會，反對民主憲法，以阻礙憲政之進行。可見中共自始創以迄今日，從未放棄其打倒政府分裂國家的野心，其實用方法，向來極權專制，與其所倡的新民主主義，鑿枘矛盾，絕不相符。其所宣傳，更詭詐欺騙，挑撥離間，毫不講信義與眞實。而其所謂自我批評與紀律，更明爲他們壓迫黨徒的工具。所以彼此互相比較，中共的不顧國家，別有企圖，實歷來皆然，昭明若揭。

因此，我們對於良好國民受中共甘言所貽，加入彼黨，遂嚴受控制，而背棄祖國，實覺深爲可憫，亦因此我們勸告全國國民，充份明識共黨確是共產國際的附屬組織，確爲危國害民的根源，必須戒愼警惕，切勿爲他們的僞言邪說所誘惑。

當此匪黨國際陰謀充分暴露之時，正是誤入共黨尙具天良的人民急思自拔翻然來歸之日。凡是不願作奴隸不肯做漢奸的同胞，都是國家所應愛惜，人民所應提攜，無論他們過去曾否與國軍作戰，曾否與鄉里爲敵，只要他們脫離匪黨毅然來歸，政府定必曲予成全，加以保護，在憲法之下，一致爲救國建國而努力。

政府更願對社會上各方人士明白提告，剿匪戡亂並不是黨爭，更不是內戰，實因中共確是附從共產國際出賣國家主權破壞人民權利的危險力量，政府及全國愛國同胞不能不合力戡平，以期保存國脈。

上面所述，去年歐洲九國共黨所發宣言，已明言他們的目的是在打擊美國援助其他國家，使其不能收效。中國共黨當然亦採取同一方針，因此，正當美國國會議決援華方案，美國援華主管人員將要到華之時，不先不後，中共在各學校鼓動了反美風潮，種種鼓吹，實則純係共黨的世界方針在我國的表現，決不是我國同胞眞正的公意。

在這種明證實驗的事實指示之下，深望全國國民對於是非邪正，能夠明確辨明，共向救國建國的正確方向，一致努力！

本府大事記

七月份下半月

七月十六日（星期五）

▲舉行第一三六次市政會議。

十七日（星期六）

▲市參議會第一屆第六次大會閉幕。

二十日（星期二）

▲舉行兵役會議，市長主持。

二十一日（星期三）

▲市長偕工務局原局長素欣等赴下關燕子磯一帶視察水位情形。

二十三日（星期五）

▲舉行第一三七次市政會議。

二十四日（星期六）

▲本市布鞋勞軍運動委員會勸募總隊舉行成立大會。

二十五日（星期日）

▲教育局主持之國民學校教員暑期講習班舉行開學典禮。

二十八日（星期三）

▲教育局舉行本市私立學校立案審查委員會第一次會議。

三十日（星期五）

▲舉行第一三八次市政會議。

三十一日（星期六）

▲連環圖畫書攤登記截止。

政令

規定縣市社會科局事業費用途六目

南京市政府訓令　（卅七）府總秘字第六五八二號

令會計處
　社會局

案准　社會部三十七年七月二十四日社（37）會一字第二〇四四七號代電開：

「案據安徽省社會處電，為規定各縣市社會科局事業費用途三項，請核示等情到部，查社會事業費範圍甚廣，用途亦多，若不衡量緩急，擇要辦理，則財力分散，難收宏效，且當此行憲戡亂幷進之際，地方社政措施尤應配合國策，採取重點，以應需要，關於縣市局社會事業費項下之分目，茲經規定分為一、視導費，二、人民團體獎助費，三、社工人員訓練及講習費，四、社會福利事業費，五、社會服務事業費，六、合作事業費等六目，由各縣市依照實際需要斟酌選列，俾資因應而赴事功，據電前情，除電復幷分行外，相應電請查照，幷希轉飭會計處知照，暨各縣市政府遵照為荷。」

等由，准此，除分令社會局會計處外，合行令仰知照。

此令！

中華民國三十七年七月二十九日

派往各地臨時担任醫療之醫師無庸依醫師法第七第九條辦理

南京市政府訓令　（卅七）府總秘字第六四一五號

令衛生局

案准　衛生部醫（37）字第一二七八八號代電開：

「查關於在政府醫療機關服務之醫師，是否應領開業執照及加入醫師公會，經前衛生署呈奉行政院指令咨准司法院解釋，醫師在政府醫療機關擔任醫療工作者，應向所在地縣市政府呈驗醫師證書，請求登錄，發給開業執照，並加入所在地醫師公會等因，通行知照有案，惟中央及各省市醫療隊派往各地擔任醫療之醫師，其工作多屬臨時急救性質，且係經常流動，若依醫師法規定，非請領醫師開業執照不得執行醫師業務，似與其所任工作有礙，是項醫療隊工作人員可否免領開業執照，茲復呈奉行政院本年七月六日四內字第三一一四〇號指令開：「呈悉，案經咨准司法院本年六月廿二日院解字第四〇三六號咨復，略以案經本院統一解釋法令會議決議，來文所述，被派前往各地臨時擔任醫療工作之醫師，如無在該地繼續行醫之意思，自無庸依醫師法第七條第九條辦理等由，合行令仰知照，此令。」等因，奉此，除分行外，相應電請查照，並轉飭知照。」

等由，准此，合行令仰知照，並轉飭知照！

此令。

中華民國三十七年七月二十二日

醫師死亡應彙報衛生部

南京市政府訓令

(卅七)府總秘字第六四九七號

令衛生局

案准

衛生部三十七年七月二十三日醫(37)字第一三三四〇號代電開：

「據福建省衛生處電呈，為醫師死亡應否報部及醫師證書應如何處置，請予核示等情，茲核定(一)醫事人員死亡報告應按月彙報本部，(二)醫事人員死亡應由其最近親屬報告當地主管衛生行政官署，並將醫事證書附呈註銷，除指復並分行外，相應電請查照，轉行知照為荷。」

等由，准此，合行令仰知照，並轉飭知照。

此令！

中華民國三十七年七月二十七日

四川平昌設治局提升為縣

南京市政府訓令

(卅七)府總民字第五七六三號

令各局處
各區公所

案准

內政部方字第三八四號公函開：

「案查前准四川省政府咨，以該省平昌設治局設置三年有餘，一切設施具有軌範，請提升為縣等由，當經本部呈　行政院轉奉　國民政府本年五月十九日令准備案，除通行外，相應函達，即希查照。」

等由，准此，除分令外，合行令仰知照。

此令！

中華民國三十七年六月二十四日

經濟部公告審查合格專利各案

經濟部公告

京工(37)字第一七七九四號

茲依獎勵工業技術條例第十七條規定，將本部獎勵工業技術審查委員會第一〇八次審查合格，認為應予獎勵各案公告之，自公告之日起，六個月內，如無利害關係人提起異議，即為審查確定，予以核准，特此公告！

計開

侯德榜　利用食鹽及合成氨同時製炭酸鈉及氯化氨之方法，准予發明專利十年。

台灣糖業有限公司　糖精清淨處理法，准予專利五年。

方金濤　以半聚合苯酚類及塑膠作成之香料調和持久劑，准予新型專利三年。

震旦機器鐵工廠無限公司　以原呈方法製成之空氣泡沫劑，准予新型專利三年。

李禹言　梳毛紡大牽伸前紡機，准予新型專利五年。

葛鳴松　織布機上開口反序裝置部分，准予新型專利五年。

唐堅吾　快印機上濾墨滾筒及勻墨印褥配合部份，准予新型專利三年。

中國電工企業公司　電鐘報時器之構造及其與分針時針之電路裝置，准予新型專利五年。

張忠康　馬達開關之瓷壳部份，准予新型專利三年。

黃如璜　視距捷算器，准予新型專利三年。

市政要訊

加緊修堤防汛

邇來長江上游水位繼續報漲，又值大潮泛溢期間，致本市沿江各處堤防均受威脅，七月二十一日下午惠民河水位曾一度激漲至五四、三〇公尺，爲本年以來最高紀錄，其後漸退，但水位降低極微，退落甚緩，自七月二十日至七月二十六日一週間本市城內外河道水位紀錄如下。

日期	下關惠民河（兩端通長江）上午九時	下關惠民河（兩端通長江）下午三時	秦淮河 西關閘內 上午九時	秦淮河 西關閘內 下午三時	秦淮河 西關閘外 上午九時	秦淮河 西關閘外 下午三時
三七年七月二〇日	五三、九九	五四、一九	五三、九〇	五三、九三	五三、九〇	五四、〇九
二一	五四、〇一	五四、二七	五四、〇〇	五四、〇五	五四、一〇	五四、一〇
二二	五四、〇一	五四、二六	五四、〇八	五四、一〇	五四、〇五	五四、〇四
二三	五三、九九	五四、二〇	五四、〇五	五四、〇八	五四、〇四	五四、一四
二四	五三、九九	五四、一八	五四、〇七	五四、〇六	五四、〇四	五四、一三
二五	五三、九八	五四、一五	五三、九九	五三、九九	五三、九八	五四、〇六
二六	五三、九六	五四、〇八	五三、九九	五三、九五	五三、九八	五四、〇〇

工務局對於此次水位增高，十分注意，特加緊修堤防汛，督導搶險，以維安全。其工作約如下述：

甲、堤防

一、上新河區由巡邏隊日夜查視防護，江堤可告無礙，河堤因大名堤身單薄，易致滲漏，正由地方組織巡防隊搶修中。

二、燕子磯區和尚圩一帶堤防，借用美軍顧問團卡車趕運土方，由民工搶做加高，至鎮上缺口已堵住，水已排出。

三、下關區江邊防洪堤已搶做完成，惠民河堤當二十一日下午水位高漲時有數處漏水，經下關區雇工搶堵，幸未出險。

四、洲堤方面，八卦洲七里洲堤墳土加高，江心洲已撥抽水機一架。

乙、抽水

一、下關四所村裝置八匹馬力柴油抽水機一架，正在抽水。

二、下關熱河路口裝設八匹馬力柴油機一架排除外河倒灌之積水

三、金陵閘添裝八匹馬力柴油抽水機一架，連前共有兩架，排除白鷺洲一帶積水。

四、城內秦淮河東關固定抽水站，因電力關係經常祇可開用一機，且每晚需停開三小時，排水力量仍嫌不足，故擬在西水關添裝抽水機。（1）向浦口租用二十五匹馬力十二吋管柴油抽水機兩架，最近即可運到裝設。（2）向首都電廠借來九吋管抽水機，另由工務局租用十五匹馬達一具，即可裝在西水關，總計在西水關方面，共可裝設抽水機六架，可與東水關抽水站同時抽水，俾使城內秦淮河水位降低，而各低窪處倒灌漫溢情形可逐漸減少。

改善戶口配給米發放辦法

本市戶口配給米證之發放程序與方法，經民政局派員與民食調配委員會商討改善辦法，決定下列幾項：

一、本市戶口未配售證過去係由各保辦事處分發，惟遷入遷出之戶口異動登記，係由警察局所經辦，因其未能與各級地方自治機構緊密聯繫，以致時生糾紛，今後設法由各區公所與警察局協同造册造證。

二、每月戶口配米，限期於廿五日截止，現正考慮展限至月底。

三、自八月份起配米證一次應用六個月，不再每月換發，以簡手續。

四、七月十五日前依限補報異動名冊之市民配米證，限期於廿三日由民調會送達各區公所，轉交各保分發。

五、各區因辦理戶口配米賠墊之經費，由民調會核實歸還。

加强勸募布鞋勞軍工作

本市布鞋勞軍運動委員會勸募總隊於七月二十四日舉行成立大會，由總隊長應懿凝女士及該會副主任委員沈慧蓮女士茶會招待各隊長暨全體工作同志，並經決定下列各事項：

一、勸募期限自八月一日開始，八月底完成。

二、勸募布鞋之原則：

1.以接收現品爲原則，非不得已不收代金。

2.使有錢者多出錢，有料者多出料，有力者多出力。

3.勸募布鞋不限於成品或材料或能力，得由人民自由担負一種，並由各級推行機構妥爲配合應用或集中縫製繳交。

三、繳鞋手續：

1.一般住戶捐獻布鞋得就近向住在區保繳納。

2.凡依職業性質或性別繳納布鞋者，得就近繳於所隸團體或供職機關彙繳所隸大隊接收，其願逕繳大隊者亦可。

3.布鞋收據由會統一印發各大隊使用。

續訂包商承辦糞便管理契約

本市糞便管理，於三十六年四月十六日由衛生局與商人代表吳英夫訂立「包商承辦南京市糞便管理事項契約」，（原契約載本公報第二卷第六期），據原契約，承辦期間定爲一年，至本年四月十五日已屆滿期，衛生局特簽擬修正契約，經參事室審查後，提交第一三六次市政會議決議通過，茲將修正契約各點刊載於下：

◉修正包商承辦南京市糞便管理事項契約

二、承辦時間定爲三年，如成績優良，期滿招商承辦時，得優先繼續訂約承辦，如處理所喪失承辦權利時，所置糞車船隻糞池碼頭等用具設備，得請由衛生局按照時價評定折舊計算，讓與繼續承辦商。

七、在承辦三年期間，市府不收取處理所一切費用。

八、承辦區域內所有廁所，應由處理所逐日清除，並按日挨戶收取，由市民自行傾倒便桶，不得索取費用，其由市民自願委託傾倒便桶者，所收工作酬給費數額，由衛生局商得市參會同意，以命令定之。凡街巷溝渠池塘等處，如發現糞便，亦應由處理所負責清除。

江心洲扶植自耕農實驗區近訊

一、清理地權：江心洲各保土地登記除少數業戶申請複丈外，所有土地均已全部登記完成。

二、土地使用人登記：江心洲三十四及三十八兩保已全部完成，共登記四八一戶，其詳細情形正趕製卡片分別統計中，幷已於七月十四日起分爲三小組開辦三十五、三十六、三十七，三保土地使用人登記，至七月底已大部登記完竣。

三、土地金融指導：1.舉辦肥料耕牛及種子等貸款，現已貸放七十九億。2.辦理實物貸款代向農行接洽貸放農地改良物貸款以上等苞米折價貸放，現已貸六十億元，其餘尚有兩保正辦申貸手續。

四、洲民福利：1.在新河口對岸建築之合作社新址，七月底落成，即可開始供銷。2.最近江水陡漲，堤埂堪虞，卅八保下永定圩已被淹沒，受災農民卅餘戶，已由地政局會同社會處商辦賑濟，趕發搶險器材，以保圩堤。

簡訊

△籌議舉辦儲糧防荒計劃　社會局爲防止糧荒，擬於秋季新穀登場，即開始購糧備荒，預定數量約在五萬石，現正會同財政局草擬儲糧計劃，惟購糧所需經費數字龐大，際此市庫萬分困難之情況下，無力籌集，擬向中國農民銀行洽商貸款，將來所需之款，由該行以全部糧款總貸給百分之八十，其餘百分之二十則由市庫設法籌措。

△救濟奶粉接收入倉　聯合國兒童急救基金會配撥南京市區第一批兒童救濟物資，計奶粉七萬八千七百磅，折合時值約法幣四千億元，於七月二十六日運抵下關煤炭港江邊車站。南京區兒童急救會特於二十七日上午十時半，在車站舉行簡單而隆重之交接儀式，到有市參議會議長陳裕光，社會部司長張鴻鈞、各兒童福利機關代表及各報記者等，儀式於滿載纍纍物資之貨車前舉行，由聯合國代表安德生女士Miss Anderson將奶粉一大盒親手移交社會局謝局長徵孚接收，儀式旋於攝影中完成。現該項奶粉存於本府倉庫中，並經決定用以配給本市貧苦之十二月以下嬰兒及十四歲以下病童，預計受益者約達九千人。

△增設並調整國民學校　教育局爲謀下學期增設國民學校，除已在玄武湖添設玄武湖國民學校，並由基教示範區部撥專款興建婁家橋暨集慶路兩校新校舍外，於鄉區特將第九區萬壽村國民學校吉祥村分校獨立爲吉祥村國民學校，第七區牌樓鎭國民學校大石山分校獨立爲大石山國民學校，第十二區雙閘國民學校趙家園分校獨立爲趙家園國民學校，又以市立師範尚無附屬小學，特將該校附近之第十一區窰灣國民學校改爲市師附小，由市師接辦，第四區高崗里國民學校改稱集慶路國民學校，又第十區黃馬村第十一區高柏村兩國民學校均以學生無多，分別併入第十區馬羣鎭及第十一區花神廟兩國民學校辦理。

△連環圖畫書攤登記限期截止　連環圖畫書攤登記截至六月底止，已達二百餘家，現經審查委員會第二次會議議決登記期延至七月底止，八月一日起開始查禁，並由會函請首都警察廳通令各局所勸導各連環圖畫書攤依限來會登記。

△審查私立學校立案　教育局爲嚴格執行私立學校立案標準，並限制不合格私立學校之設立，特由各科科長暨全體督學組設私立學校立案審查委員會辦理一切，該委員會於七月廿八日上午九時在本市會議室舉行第一次審查會議，由章主任祕書代表局長主席，議決要案多件。

△供應三汊河貧民飲水　衛生局前爲便利三汊河貧戶飲水清潔，並預防疫癘傳染起見，曾在該處設置淨水站，裝設淨水機一具，自開辦以來每日免費供給貧戶飲水一桶計五加侖，平均每天前來領水者計一百餘戶。

△小便池已建築完竣　本市添建小便池地點，前經衛生局會同工務局派員查勘，指定十六處，除市府路姚家巷口先行建築完成外，其餘十五處現亦已由清潔總隊次第建成。計（甲）東路五處：(一)中山路韓家巷口，(二)中山路鄧府巷口，(三)保泰街中段，(四)珠江路焦狀元巷口，(五)碑亭巷宗老爺巷口。（乙）南路二處：(一)建康路針巷內，(二)中華路王府園河邊。（丙）西路兩處：(一)莫愁路朝天宮口，(二)秣陵路口。（丁）北路四處：(一)鼓樓公園南。(二　鼓樓車站前。(三)中山北路立法院對面。(四)玄武門五洲公園。（戊）中路一處：二郎廟蔡家花園口。（己）下關一處：熱河路東南旅館旁

△調查貧戶配發貧米　本市配發貧戶米，已由各區組成福利審議委員會分會負責辦理，調查審議各區貧戶，分別造册，即可完成。

△辦理役政　各區征送新兵經體格檢查合格撥交南京市團管區者

，截至七月二十五日止，共計四二〇名，各區經收新兵安家補助費業已解庫者，截至七月二十三日止，共為二〇七億元，上項兵款前經令限各務於七月底如數完成，現正由民政處及團管區派員加緊督催中。

△劃分登記本年度造林業權　本市本年度辦理之工賑造林，其森林收益如何分配，經函准農林部決定私有山地上所造之林，歸業主所有，公有土地上所造之林歸地方政府所有，現已飭各區並公告各山地業主開明地址面積，向該管區公所申請登記報核，以便確定業權，其公有部份，亦經詳列地址面積，函請農林部備查。

△解送五六月份合於製藥之烟毒品　本年五六兩月份驗收之烟毒品，業經民政局邀請各有關機關共同鑑定，其合於製藥部份計烟土淨重八百三十一兩六錢，嗎啡淨重一百六十五兩五錢，海洛因淨重二兩，經於七月十七日解送衛生部驗收。

△籌辦區保甲長民選　本市區保甲長民選工作，除區長選舉辦法已送請參議會審議外，保甲長選舉辦法已報奉內政部核定，現已開始籌備。

△夏令辦公時間更改　本府奉院令規定夏令辦公時間，自八月一日至三十日止，每日上午八時至下午一時，下午輪值辦公，自四時至六時，現已遵令飭屬辦理。

會議紀錄

南京市政府第一三六次市政會議紀錄

時間　三十七年七月十六日上午九時

地點　本府會議室

主席　沈市長　　紀錄　史崇訓

討論事項

1. 市長交議　為華美商行應退前公共汽車管理處付給訂購馬克牌公共汽車三十輛定金七萬五千美元一案，經照第一二一次市政會議決議，委託律師田鶴鳴依法追訴，據報案經法官勸諭雙方在外試行和解，否則由原告購結匯單將所訂車輛購回等語，本案應如何處理，提請討論案。

決議：交任參事會同雍會計長陳原兩局長研究簽報　市長核辦。

2. 市長交議　據衛生局簽擬修正包商承辦南京市糞便管理事項契約，提請討論案。

決議：照審查意見修正通過。（修正各條見市政要訊欄）

南京市政府第一三七次市政會議紀錄

時間　三十七年七月二十三日上午九時

地點　本府會議室

主席　沈市長　　紀錄　史崇訓

討論事項

1. 市長交議　據財政局呈為蔣有昶等請求發還沒收財產一案，呈奉行政院核示，如未送達處分書，得隨時提起訴願等因，本府以前批示可否視同處分書論，抑或通知該民等逕依訴願程序辦理，提請討論案。

決議：遵照　院令核示，通知蔣有昶等逕依訴願程序辦理。

2. 工務局提　為擬訂南京市簡易建築請照暫行辦法，提請討論案。

決議：交參事室會同工務局地政局首都警察廳審查，簽報市長核定施行。

法　規

中央法規

考試法

三十七年七月二十一日總統令公布

第一章　總則

第一條　公務人員之任用，與專門職業及技術人員之執業，均依本法以考試定其資格。

第二條　公務人員與專門職業及技術人員之考試，分普通考試高等考試二種，遇有特殊情形時，得舉行特種考試。

第三條　中華民國國民具有左列資格之一者，得應普通考試。

一、公立或立案私立中等以上學校畢業者。

二、經普通檢定考試及格者。

第四條　中華民國國民具有左列資格之一者，得應高等考試。

一、公立或立案私立專科以上學校畢業，或經教育部或考試主管機關承認之國外專科以上學校畢業者。

二、經高等檢定考試及格者。

三、有專門學術或技能，經審查合格者。

四、經普通考試及格者。

第五條　普通考試高等考試之分類分科及其應試科目，由考試院定之。

第六條　普通考試，高等考試分類分科之應考資格，由考試院定之。

第七條　特種考試高於高等考試者，其考試法另定之，特種考試相當於高等考試者，其應試資格依第四條之規定，其分類分科及應試科目，由考試院定之。

前項以外之特種考試，其分類分科應考資格及應試科目，由考試院定之。

第八條　有左列各款情事之一者，不得應任何考試。

一、犯刑法內亂外患罪，經判決確定者。

二、曾服公務有貪污行爲，經判決確定者。

三、褫奪公權者。

四、受禁治產之宣告者。

五、吸用鴉片及其代用品者。

專門職業及技術人員考試應考人，除依前項規定外，並應受各該職業法所定之限制。

第九條　普通考試於首都及各省區或考試院所指定之省區，高等考試於首都或考試院所指定之省區，每年或間年舉行一次，但遇有必要時得臨時舉行之。

第十條　應考人之年齡，依考試種類，由考試院定之。

第十一條　各種考試，應以筆試口試測驗或實地考試等方式行之。

第十二條　普通考試高等考試及特種考試，均得分試舉行。

第十三條　公務人員考試與專門職業及技術人員考試，其應考資格及應試科目相同者，其及格人員同時取得兩種考試之及格資格。

第十四條　各種考試之筆試，除有特別規定者外，概用本國文字。

第十五條　舉行普通考試或高等考試前，得先舉行檢定考試，檢定考試規則，由考試院定之。

第十六條　舉行考試時，組織典試委員會，辦理典試事宜，典試法另定之。

第十七條　舉行考試時，派監試人員監試，監試法另定之。

第十八條　考試及格者，由考試院發給證書，並登載公報。

第十九條　對於考試及格人員，事後發現有第八條所列第一項各款情事之一，或冒名冒籍，或潛通關節，或僞造變造證件情事者，由考試院撤銷其考試及格資格，並調銷其及格證書，如涉及刑事，移送法院辦理。

第二章　公務人員考試

第二十條　各省區之公務人員考試，分別在各該省區舉行，應考人以本籍爲限。

全國性之公務人員考試，應分省區或聯合數省區舉行，並應按省區分定錄取名額，由考試院於考期前三個月公告之，其定額比例標準，爲該省區人口在三百萬以下者五人，人口超過三百萬者，每滿一百萬人增加一人。

第二十一條　公務人員之升等，除法律別有規定外，應經升等考試，法另定之。

第二十二條　各機關雇員考試，應經考試院規定原則由各機關辦理。

第三章　專門職業及技術人員考試

第二十三條　專門職業及技術人員之考試，除適用本法第十一條規定外，並得以檢覈行之。

第二十四條　專門職業及技術人員之檢覈，除審查證件外，得舉行面試或實地考試。

第二十五條　中華民國國民具有左列資格之一者，得應專門職業及技術人員普通考試之檢覈。

一、公立或立案私立專科以上學校畢業，或經教育部或考試主管機關承認之國外專科以上學校畢業者。

二、公立或立案私立高級職業學校畢業，並在行政或公營民營事業機關服務，成績優良，有證明文件者。

三、曾任委任職或與委任職相當職務，成績優良，有證明文件者。

第二十六條　中華民國國民具有左列資格之一者，得應專門職業及技術人員考試之檢覈。

一、公立或立案私立專科以上學校畢業，或經教育部或考試主管機關承認之國外專科以上學校畢業，並在行政或公營民營事業機關服務，成績優良，有證明文件者。

二、公立或立案私立專科以上學校畢業，或經教育部或考試主管機關承認之國外專科以上學校畢業，並在專科以上學校講授主要學科，有證明文件者。

第二十七條　前兩條各款所定服務或講授之年限，由考試院定之，但不得少於二年。

第二十八條　非中華民國國民應專門職業及技術人員之考試，另以法律定之。

第四章　附則

第二十九條　凡具有本法第三條第一款第四條第一款第二十五條第一款或第二十六條第一款所規定之學歷，而其學校在本法公布前因政令未達未經立案者，經提出確實證件，得承認其應考資格之學歷。

第三十條　本法施行細則，由考試院定之。

第三十一條　本法自公布日施行。

監察院及監察委員收受人民書狀辦法

（三十七年七月二十日監察院第二十二次會議通過）

第一條 本辦法依監察法第四條之規定制定之。

第二條 監察院及監察委員收受人民書狀，得不批答，其所訴不在本院職權內者，應通知具訴人，并發還原件。

第三條 人民書狀以詳述事實為要，不拘程式，但具訴人應詳註姓名性別年齡籍貫職業及住址，如係法人或團體，并須註明其名稱及其負責人，本院得酌量案情關係，不予宣佈。

第四條 人民向本院呈訴事件，如係曾在行政機關訴願或在法院控訴有案者，應陳述經過或檢附呈狀批判等件，以備查核。

第五條 人民書狀於正件外，并應加具副本一件，以備轉發，但附抄證據等件不在此限。

第六條 人民呈訴事件應列舉證據，關於物證方面，如有原物或照片可呈核者，并須附送。

第七條 人民對於公務人員違法或失職之行為，認為情節重大，請求急速處置者，得用電呈，但須詳舉事實狀況，以憑審核。

第八條 關於舉發公務人員違法或失職事項之傳單宣言揭帖等件，監察委員提案及審查時，得酌予參考，但舉發人方面不得認為與正式書狀有同等效力，並不得援為呈訴有案。

第九條 本辦法有修正必要時，由監察院會議議決修正之。

第十條 本辦法經監察院會議通過施行。

動員戡亂時期製發國民身份證實施辦法

行政院三十七年七月二十三日(卅七)四內字第三三四七一號令頒

第一條 為配合動員戡亂，加強製發國民身份證之實施起見，特制定本辦法。

第二條 凡未製發國民身份證之區域，應依本辦法規定，於辦理設籍登記後三個月內製發完成（綏靖區於辦理戶口清查後三個月內製發完成）。

第三條 製發國民身份證，應根據戶籍登記簿（綏靖區根據戶口清查表）過錄以後辦理之，請求補發換發，應備具聲請書。流動人口及判處徒刑在執行期間者，不得發給國民身份證。

第四條 國民身份證以一律貼用相片為原則，並於粘相片騎縫處加蓋鋼印，如確因照相困難，得暫以箕斗代替。

第五條 各縣應製備製發國民身份證清冊，並黏貼領證人相片或記載其箕斗備查。

第六條 年滿十八歲以上之人民，須一律發給國民身份證，年在十八歲以下者，由各省市斟酌辦理。

第七條 國民身份證因毀損滅失或變更登記過多時，應依法補發換發，必要時得普遍換發。

第八條 遷徙人口辦理遷徙登記時，主管機關應查驗其國民身份證，並於戶籍登記簿及國民身份證內有關欄位分別塡註備查。

第九條 各省縣製發換發及補發國民身份證數量，應按月統計，每半年彙報內政部備查。

第十條 國民身份證一律不得攜往匪區，違者即予收繳，並酌予懲罰。

第十一條 已製發國民身份證區域為匪佔據時，應查明字號及確數，迅速呈由該管省市政府分別函令作廢，嚴密查防並報內政部備查。

第十二條　由匪區來歸人民，得憑原領證換發，其仍留匪區者，應將原領證妥爲保存，以備收復時換發。

已印製尚未發出之國民身份證，如被匪刼去時，應依前條第一項之規定辦理。

第十三條　國民身份證製發後，應經常檢查，其實施辦法由各省市參酌地方情形訂定之。

第十四條　國民身份證之檢查，由各地方自治人員會同當地軍警負責辦理之。

第十五條　凡有關人民身份證明事項，應以國民身份證所記載者爲依據，各機關於配賦權利義務時，得查驗其身份證。

第十六條　凡拒領重領冒領國民身份證者，應比照戶籍法第五十三條第五十四條課罰。

第十七條　凡僞造變造國民身份證或出賣轉借冒領國民身份證，圖謀不軌者，應送由司法機關依法究辦。

第十八條　本辦法自公布日施行。

總統府公報所載中央法規索引

三十七年七月份下半月

本府法規

南京市政府統一核發各項證照規則

三十七年七月三十日第一三八次市政會議通過

一、南京市政府（以下簡稱本府）爲簡化核發各項證照手續便利市民起見，特制定本規則。

二、本府爲執行前項任務特設統一發照室，由各有關單位調派原辦法發照人員集中辦公，並指定一人爲主任。

三、凡市民申請，領取各項營業執照牌照許可證註册證登記證等公文，一律逕送統一發照室辦理。

四、統一發照室收到前項申請文件，視其性質分送有關單位，於七日內（如遇必須調查而展延日期時應通知發照室）核簽意見後，核發統一式之工商營業登記證，由主管局處簽署印章。

五、凡特種性質之證照，須專案由主管局處辦理者，由統一發照室收轉承辦局處或申請人。

六、各項證照應收費用，由統一發照室依照原有規定一次代收，幷依原預算科目分別解庫，一面通報有關局處。

七、統一發照室應依限催促各有關局處辦理發照事宜。

八、首都警察廳對於其主管特種營業，公共娛樂場所、舊貨業、旅館業、澡堂飲食業、理髮業、證章符號業、印刷業、傭工介紹所洗染業、中西服業、修理鐘表業、車行業、煤汽油業、古玩業、高籤業及火柴業十七種，除公共娛樂場所旅館業澡堂業應先由工務局檢查合格建築物之安全經驗明後核發許可證，其餘各行業應先由警察廳審查合格，核發許可證，再憑核發統一式工商業證。

九、遇有申請領證人違犯規定必須吊銷證照時，由主管單位通知統一發照室傳知有關局處，并承辦府稿通知警察廳。

十、本規則自公布日施行。

附件：一、本府各局處核發營業證照一覽表（略）

二、統一式之工商營業登記證格式（略）

人事動態

三十七年七月七日至七月二十日

姓名	服務單位及職別	動態	到離職日期
張玉良	民政局科員	調任民政局人事管理員	七月三日
伍玉成	財政局秘書	調任財政局額外專員	七月八日
李維明	財政局稅捐稽征處主任	調任財政局秘書	七月八日
李藝林	地政局土地測量隊檢查員	外調都市計劃委員會計劃處幫工程師	七月十五日
蔡如海	財政局本府專門委員兼二科科長	調兼財政局專門委員兼二科科長及稅捐處主任	七月八日
程得英	財政局薦任科員	調兼財政局薦任科員兼稅捐處二股股長	七月二十日
施鵬程	財政局科員兼稅捐處二股股長	免兼財政局科員	七月二十日
朱靜	民政局人事管理員	免兼	七月三日
曾永慧	民政局第四科辦事員	辭職	七月九日
錢曉雲	財政局稅捐稽征處事務員	辭職	六月三十日
潘毅琪	社會局第三科辦事員	辭職	七月九日
宋蓮芳	財政局營業稅征收處稅務員	病故開缺	六月三十日
李震初	財政局營業稅征收處稅務員	病故開缺	六月三十日

副刊

台灣日月潭及水力發電廠

張丹如

日月潭爲台灣之名勝，亦爲全省最大水力發電之蓄水庫，位於台中縣屬能高區之魚池鄉，距台中市九十公里，公路汽車可以直達。該處係在台灣中央山脈，玉山與能高山之間，海拔七百二十六公尺，原爲一山谷，中有小積水潭兩個，故名日月潭。山谷有二谷口，其西南口名頭社，東南口名水社，在谷口各建土壩一道成爲一蓄水庫。土壩之構造，水泥心子泥土築成，其長度及高度計：

水社： 長三六三公尺 高三〇・三公尺。

頭社： 長一三〇公尺 高一九・一公尺。

潭之最大水面積爲七・七平方公里，深二一・二公尺，週圍一六公里，貯水量一四二、二〇〇、〇〇〇立方公尺。

地處叢山之中，取水自非易事。在潭之東北方，相距二〇公里之武界地方，有濁水溪，源遠流長，終年不枯，攔溪築水泥壩，長九〇、九公尺，高四八・五公尺，蓄高水位，開鑿隧道一六・七公里，明暗水渠一・八公里，穿越兩山峯，共經一八・五公尺長之導水始路，將溪水引入潭中。

化蕃社盛裝之蕃女

環潭皆山，樹木茂盛，叢嵐疊翠，四季不彫，頗得天然之妙。潭圓如鏡，碧水無波，山影倒映湖心，宛如一幅圖畫。且以地勢高超，朝嵐夕暉，氣象萬千，瞬息倏忽，變幻無窮，誠爲台灣之絕勝，令人流連忘返。潭中有汽輪及小舟可雇，遨舟湖中，心曠神怡，且有下列數名勝，可登臨遊覽。

光華島：居潭之中央，原名珠子島，上有神社，可登島眺望，係人工築成，以爲點綴風景之用。

化蕃社：相傳日月潭谷中，即今之潭底，蕃民逐水而居，自成一部落，建築時，遷全體蕃民至潭東山上，即今之化蕃社，刻尚有百數十人居此。蕃民搗米用木杵，以木杵撞石，因得湖水及谷中空氣之共鳴，其聲宏亮，作金石聲，杵歌舞踊，與湖山之勝共傳，遊人蒞此，大有世外桃源之感。

涵碧樓：居潭之西北，爲日式建築，公路車直抵樓下，臨湖憑眺，全潭風景，一目瞭然，房間軒敞，膳宿均可，爲遊人唯一駐足處。

文武廟：東北角上有一古廟，原名關帝廟，現改稱文武廟，自湖邊拾級可登，建築與國內之廟宇相同，規模雖不大，但在此叢山峻嶺中，尚有此一紀念建築物，遊人至此，敬佩之情油然而生。

溢水井

潭中水位高逾井日時
即溢入井中通潭至外

尙有水力發電之附屬工程四處：一、進水口，爲潭水來源之處。二、溢水井，爲防潭水高漲漫溢之井。三、送水閘兩處，卽潭水放至發電廠之啓閉閘門，亦成爲湖上之點綴品。工程與名勝，相得益彰，此之謂歟！

還　水　閘

由此水閘經隧道4公
里送水至大觀發電廠

大觀水力發電廠

潭水經四公里隧道，並由水壓鐵管五條，各長六六〇公尺，上部直徑二・〇公尺，下部一・五公尺，導水入廠，每管水力，衝擊橫軸雙水輪型Pelton水車一部，每水車出力33,000 H.P.，直接轉動0,000K.W. 11,000vojts三相，60 Cycle發電機一部，全廠發電總量爲100,000K.W發電利用水量，最大時41.6M/Sec平均23.2M3/Sec有效落差三二〇・五公尺。

鉅工水力發電廠

潭水由大觀廠放出後，經隧道五公里，至鉅工廠，由水壓鐵管二條，長各二四八公尺，上部直徑三・〇公尺，下部二・一公尺，導水入廠，其水力各衝動垂直軸 Francis Turbine 水車一部，每車最大出力30,000H.P. 直接轉動23,300K W.、11,0 0Vojts三相60 Cycle之發電機一部，全廠總發電量爲46,600K.W.，發電用水量最大41.6 M3/Sec平均23.2MS/Sec、有效落差一二三公尺。如大觀廠停止時，由日月潭直接送水來此。

台灣全省　電量

台灣全省水力發電資源，經調查所得，共一七五處，發電量三、五五二、五〇〇K.W.，其統計如下：

	(個數)	(K W)
已開發	二六	二六七、四〇〇
未完成	六	二七二、四五〇
未開發	一四三	三、〇一二、六〇〇
共計	一七五	三、五五二、五〇〇

已開發之二十處中，以發電量比較，大觀廠居第一，鉅工廠爲第二。大觀原名日月潭第一發電廠，三十六年蔣主席巡遊該廠時，題名爲大觀；鉅工原名日月潭第二發電廠，係蔣夫人所題名者。

金陵雜詠

許大盧

拓疆殲敵費凝思，想見君臣鬪智時，勝負但須爭一子，不應貪取滿盤棊。（勝棊樓）

陵谷千年莫細論，經壇花雨只荒原，石丸顆顆紅兼白，恐是楊邦義方孝孺血淚痕。（雨花台）

水濁樓空柳無摧，盛衰今昔足低徊，勸君雒誦漁洋句，莫再呼船挾妓來。（秦淮河）

「鷄鳴寺」

張狂

（折桂令）是六朝佛地樓台，舊名同泰，煙鎖秦淮。想侯景稱兵，粱皇餓死，名利塵埃。何處是台城故地，聽老僧胡亂安排。空留址在，徙費人猜。

南京市政府公報刊例

一、本公報每半月發行一次

二、凡本府例行公文即在本公報發佈不另行文

三、本府所屬各機關於收到本公報時應編號歸檔妥爲保存凡註明「不另行文」文件並應注意遵照

南京市政府公報

第五卷第三期

中華民國三十七年八月十五日

編輯者　南京市政府編譯室

發行者　南京市政府

印刷者　大東新興印書館

南京：(四)建鄴路一三八號

電話：二二二二六號

中華民國三十七年八月三十一日 第五卷 第四期

南京市政府公報

南京市政府編譯室編

目錄

政　令

切實施行財政經濟緊急處分令

南京市政府佈告 （卅七）府總秘二佈字第六四號

案奉

行政院（37）未皓亥六財代電開：「茲遵奉總統財政經濟緊急處分令，並製定（一）金圓券發行辦法，（二）人民所有金銀外幣處理辦法，（三）中華民國人民存放國外外匯資產登記管理辦法，（四）整理財政及加強管制經濟辦法四種，定於八月十九日公佈施行。自金圓券發行辦法公佈之日起，法幣及東北流通券停止發行，所有法幣以三百萬圓折合金圓壹圓，東北流通券以三十萬元折合金圓一圓，限於十一月二十日以前兌換金圓券，在兌換期內，法幣及東北流通券均暫准照上列折合率流通行使。人民持有黃金白銀銀幣或外國幣券者，應於本年九月底以前向中央銀行或其委托之銀行依下列規定兌換金圓券：（一）黃金按其純金含量每市兩兌給金圓券二百元。（二）白銀按其純含量每市兩兌給金圓券三元。（三）銀幣每元兌給金圓券二元。（四）美國幣券每元兌給金圓券四元。其他各國幣券照中央銀行外匯率兌給金圓券。全國各地各種物品及勞務價格，應照本年八月十九日各該地各種物品及勞務價格依兌換率折合金圓出售，由當地主管官署嚴格監督執行。除原案另令公佈通飭施行暨分電外，特電遵照切實奉行妥慎辦理，幷轉飭所屬及商民一體知照。」等因，奉此，除分電外，合亟布告通知。

此佈！

中華民國三十七年八月二十一日

南京市政府訓令 （卅七）府總秘字第七二四四號

令所屬各單位

案奉

總統府本年八月廿一日府貳字第一一二〇號未馬代電開：「中央此次依據動員戡亂時期臨時條款之規定，於本月二十日頒布財政經濟緊急處分命令及各項辦法，業已通令全國一體施行，此乃改革幣制穩定經濟之必要措施，曾經長期縝密之研究，針對當前國計民生之迫切需要而審慎訂定。綜其要旨，有應特爲昭示者：第一、新幣制金圓券之發行係以十足準備公開發行，以使新幣制之信用永久確立。第二、人民所有金銀外幣及存放國外外匯資產之處理，係使人民凍結無用之資金，導入工商事業正當之用途，並充分顧全人民固有之利益，絕無絲毫之損失。第三、整理財政及加強管制經濟辦法，則對平衡收支穩定物價促進生產爲積極之推動，並對投機操縱囤積居奇諸不良現象爲嚴格之取締。深信循此辦法全般實行，不惟民生疾苦將獲蘇解，即國家大計之財政基礎亦得奠定。各級政府及全國人民必須同德同心通力合作，俾此重大措施，迅收最良效果，尤其各級地方政府負有執行之責，應即切實曉喻人民，凡能忠實守法，共同努力，於新幣制之推行與經濟之安定者，政府自必充分保障其權益，倘有投機囤積怙惡不悛，敢於違反法令，以圖自私自利者，則是自絕於國家民族，無異爲奸匪作倀，其罪行即等於賣國之漢奸，無論其憑藉何種勢力地位，各級地方政府應即當機立斷，執法以繩，嚴加懲辦，不容稍有寬假。所望各級政府切體時需，自懔職責，以決心建立事功，以強力打破障礙，無論遭遇任何困難，中央必爲全力主持。設或陽奉陰違，怠忽職守，致法令不能貫澈，或對所屬執行人員監督不嚴，攷核不力，致所屬違法舞弊，影響法令之實效者，則各級主管應負失職之咎，中央亦必嚴厲處分，決不稍存姑息。須知中央此次改革幣制，整理財政管制經濟，實為整個國家民族榮枯禍福所繫，以我國民力之富，地利之厚，我政府各級人員果能認清法令之精神，抱定堅強之信念，赴以最大之決心，率身作則，發奮圖功，則新幣制與新經濟之成就，決可於最短期間克致自力更生之明效，其各勉之。」等因，奉此，自應遵照，除分行外，合行令仰遵照。

此令！

中華民國三十七年八月廿五日

取締誣蔑國內少數民族之書報影劇

南京市政府訓令 （卅七）府總祕字第六六八一號

令社會局
　教育局

案准

內政部本年七月二十八日（卅七）安四字第一一四五六號代電開：

「准教育部電送第一屆國民大會第一次會議溥代表儒等三十四人提「擬請政府明令禁止關於誣蔑國內少數各民族之書報雜誌影劇等之刊行與出演，以求民族團結」案，請查核辦理等由，除飭屬注意辦理并分行外，相應抄同原件，電請查照。飭屬注意查核，并依法取締為荷。」

等由，附送提案一份，准此，除分令外，合行抄發原附件，令仰遵照辦理！

此令！

附抄發提案一份

中華民國三十七年八月三日

◉附抄發提案全文

溥代表儒等三十四人提：擬請政府明令禁止關於誣蔑國內少數各民族之書報雜誌影劇等之刊行與出演，以求民族團結案。（提案第七四一號）

理由：查團結國內各民族共圖國是，為政府一貫之政綱，祇以少數國人忽略國策，對於團結民族一節，未能善為運用，以致書報雜誌之寫作，常含誣蔑國內各少數民族之氣氛，甚至編成劇本攝製影片公開出演，實屬刺激民族間之情感，影響國內各民族之團結，對於建國前途殊非所宜。

辦法：請政府明令全國對於刊載有誣蔑少數民族之言論文辭或圖畫之書報雜誌禁止發行，並取締此類劇本影片之演出攝製，如發現有此類事件之發生，應予沒收或銷毀。

提案人溥儒等卅四人

工商部撤銷顏料工業名稱

南京市政府訓令 （卅七）府總祕字第六六八二號

令社會局
　工務局

案准

工商部本年七月三十日京工（卅七）字第七一六七五號公函開：

「查前工業同業公會法第二條所稱重要工業，曾經前經濟部先後指定電氣業等二十九種，業已分行在案。茲查上項指定二十九種中之顏料工業，原係指製造染用顏料之工業，乃因組織公會每與塗料工業組織公會發生名稱上之爭執，蓋在英文譯名顏料一名詞，亦可用於塗料Pigment，染料為Dyestuff，而習慣上染料廠商稱Dyestuff為顏料，歷史已久，難於改變，故其爭執之癥結，厥在顏料一詞之爭用。本部爲消除誤解起見，擬將顏料二字避而不用，即將原指定之顏料工業予以撤銷，另依工業會法第六條之規定，指定塗料油漆工業及染料工業爲重要工業。前者指製造塗料及油漆之工業，後者指製造有機染料如硫化元等之工業。又營造工業亦經本部指定爲重要工業。除以部令公布暨分行外，相應函請查照，並轉飭知照。」

等由，准此，除分令工務局、社會局外，合行令仰知照。

此令！

中華民國三十七年八月三日

廢止棉花採購證運輸證移動證

南京市政府訓令 （卅七）府總秘字第六八九七號

令社會局

案准

工商部全國花紗布管理委員會南京辦事處本年八月四日京管業字第二三四號公函開：

「案奉工商部全國花紗布管理委員會本年七月三十一日全管採字第六四九二號訓令開：「查本會前依照全國花紗布管理辦法實施統購棉花，曾制定棉花採購證，棉花運輸證，並爲加強上海地方管理效力，另制定棉花移動證，經先後通行辦理在案，茲奉部飭該項棉花採購證運輸證移動證，均於八月一日一律予以廢止等因，除遵照辦理並分別呈報函令公告外，合行令仰遵照」等因，奉此，除分別函知外，相應函請查照。」

等因，准此，除分電首都警察廳外，合行令仰知照。

此令！

中華民國三十七年八月十二日

本府大事記

八月份上半月

八月一日（星期日）

★本市社會教育工作人員暑期講習會舉行始業典禮。

二日（星期一）

★舉行本府八月份月會，劉局長愷鍾報告本市民政概況。

★民政局召開第三次區長工作會報。

五日（星期四）

★全市戶口總複查開始。

六日（星期五）

★市立中等學校統一招生錄取新生揭曉。

七日（星期六）

★舉行第一三九次市政會議。

★本市國民學校教員暑期講習班舉行結業典禮。

★本市社會教育工作人員暑期講習會舉行結業典禮。

十日（星期二）

★市長召集本市各公用事業機關代表商議調整水電價格。

十一日（星期三）

★全市戶口總複查竣事。

★本市民食調配委員會調配處正式成立。

★市長爲勸募救濟特捐舉行茶會招待本市各界知名人士。

★本市兵役協會舉行全體委員會議。

十三日（星期五）

★舉行第一四〇次市政會議。

市政要訊

舉辦全市戶口總複查

本市舉辦戶口總複查，依照擬訂之「戶口總複查辦法」，已於八月五日開始，至十一日辦竣。事先將有關市民應行注意事項，如複查對象複查辦法等，登報公告，並印發宣傳品二十萬份，分送各戶，以期家喻戶曉，便利推行。民政局發動各保幹事各警區警員及各甲長八千餘人，從事此項工作，於每日上午七時至下午七時按戶清查，如發現以少報多或重領冒領身份證者，卽予糾正，幷收回其重領冒領之身份證。該局及各區公所各警局均指派員警分赴各區實地督導。內政部人口局包局長，沈市長及民政局劉局長且均曾親自分巡各區。經一週之努力，如期完成。事後，劉局長發表談話如次：

「清查戶口為實施地方自治首要之圖，且為一切庶政之母，故各級政府對於戶籍行政均應推行不遺餘力。以本市言，本局成立年餘，對於戶政經不斷之努力，已粗具規模，然因限於人力財力，辦理未如所期，距離理想尚遠，今後尚待吾人加倍努力。

「現值戡亂期間，人口異動頻繁，欲求戶籍登記之絕對正確，殊非易事，全國性之戶口普查既暫難辦理，故惟有戶口調查之實施，以濟當前之急，此次戶口總複查卽為上述要求而舉辦。

「此次戶口總複查期間定為一週，現已如期完成。複查過程中一般情形尚稱良好，惟各戶以少報多及重領冒領身份證者發現不少，均予更正。各機關等共同事業戶有未依照規定辦理戶籍登記，以致影響本市戶口統計之精確。實際上普通住戶較特殊住戶守法，工作時亦較順利。至於檢討吾人本身工作情形，當首推人力之不足，如各保僅有幹事一人，平時事務繁重，對於戶籍登記不能適時而正確，其次則為警保兩方之聯繫，尚嫌不夠，送滬戶籍登記申請書，未能按時轉送，且警察戶口段與保甲戶口段未盡配合，因而影響工作效率。至於全市戶口卡片迄未集中管理，以致對於重領身份證者，難以稽查，嗣後當力謀改善。

「此次複查工作，深得各界尤其輿論界及全市市民之協助，得使本市戶口總複查如期完成，本人至為快慰，幷表示謝意，尤以區保甲複查人員之揮汗工作，甚值嘉慰。」

至於總複查之結果，經民政局統計如下：

區域別	保	戶	人口 共計	男	女	備註
總計	四〇九	二五一、九二七	一、三五一、九七六	七五一、三五七	六〇〇、六一九	
第一區	三五	三三、二二九	二〇二、二五八	一一六、七六七	八五、四九一	
第二區	二四	二三、六七七	一三四、四二九	七五、四五二	五八、九七七	
第三區	三一	一四、九八〇	八三、二四〇	四六、九四六	三六、二九四	
第四區	三六	二一、九二五	一〇六、五七四	五三、一七七	五三、三九七	
第五區	三五	三四、六三三	一八三、八九一	一〇一、八六三	八二、〇二八	

第六區	二六	三三、五二二	一九二、六〇四	一〇七、〇七七	八五、五二七
第七區	二五	二二、二七七	一〇二、六六三	五九、二二五	四三、四三八
第八區	一九	八、〇四五	三九、四三六	二二、八五五	一六、五八一
第九區	三八	二二、三七八	六五、八七六	三四、八四九	三一、〇四七
第十區	三七	七、六二五	四〇、四六〇	二二、一六三	一八、二九七
第十一區	四六	一九、二〇五	八九、九八四	四八、七五四	四一、二三九
第十二區	四七	一六、三九八	八六、八五六	四七、四〇七	三九、四四九
第十三區	一〇	四、〇三三	二三、六八〇	一四、八三一	八、八五四

三、市立補習學校學生繳費標準參照市立中學標準百分之八十計算。

確定市屬中小學收費標準及原則

本市三十七年度上學期市立中小學繳費標準及私立中小學收費原則，業由教育局擬具，送請市參議會審核，經該會八月十七日第八次臨時大會修正通過，茲分別刊誌如下：

南京市立各級學校學生繳費標準

三十七年八月十三日市政府第一四〇次市政會議通過
三十七年八月十七日市參議會第八次臨時大會通過

甲、南京市立中等學校三十七年度第一學期學生繳費標準

項目	高中	初中	說明
學費	一千萬元	九百萬元	師範學校及職業學校學生免繳
設備費	九百萬元	八百萬元	師範生免繳
雜費	一百萬元	一百萬元	師範生免繳
合計	二千萬元	一千八百萬元	合計數指通學生而言
宿費	六百萬元	六百萬元	師範生免繳

附註：一、學生免費名額為百分之三十，免費辦法另訂之。
二、學費總額內教師進修金佔百分之四十，餘額得撥充獎學金。

乙、南京市市立各級國民學校三十七年度第一學期學生繳費標準

項目	高級	中級	低級	幼稚園	備註
補助費	四百萬元	三百二十萬元		四百萬元	

附註：一、學生免費名額平均數為百分之四十，免費辦法另訂之。
二、教師進修金佔總數之百分之三十，設備費佔百分之七十。

南京市私立中小學收費原則

三十七年八月十三日市政府第一四〇次市政會議
三十七年八月十七日市參議會第八次臨時大會通過

一、各校收費項目，依照局頒辦法，各項數額於每學期開始前，由學校當局召集學生家長會全體委員共同商訂，呈報教育局核定後實行，必要時教育局得令飭該校另議。

二、各校收費數額應在維持學校最低限度開支及多數家長經濟能力所能負担之原則下決定之。

三、各校百分之三十清寒學生免費名額應切實施行，在開學後兩週內

，各校須將核准免費學生姓名年級及免費數目造册呈報 教育局，經查核後，由教育局向社會人士公告。

四、各校教職員薪金以一次發給爲原則，如不能一次發給，應由校長召開全體教職員會議共同決定妥善辦法。

五、各校應以所收學費及補助費用於教師待遇，所收設備費分別用於規定之各項設備，不得挪作他用。

六、各校應由教職員組織經費稽核委員會，切實審核收支數目，按月公布帳目，報請教育局查核。

七、各校收支預算及决算，每學期應依法送由董事會按期呈報教育局查核，不得藉詞拖延。

籌備本年度第二期征兵工作

本市本年度第一期征兵名額，中央規定爲二千名，截至八月九日止，各區征送新兵經體格檢查合格撥交南京團管區者，共計八四六名，各區經募新兵安家補助費規定爲四百四十億元，業經繳解者，計共二百七十億元，其中以第八區及第十三區對於分配兵額及新兵安家補助費配額均已如期如數征集足額，除已由民政局分別傳令嘉獎外，其他各區仍在督飭加緊趕征中。至第二期征兵工作，奉令配賦兵額一千三百名，幷限十月底前征集完成。現正參酌第一期辦理征兵得失，重新擬具「南京市三十七年度第二期征兵實施原則」，經於八月十一日之市兵役協會全體委員會議審議通過。

茲將「南京市三十七年度第二期征兵實施原則」各要點，摘錄如下：

（一）本市本期兵額奉 中央配賦壹千三百名，按各區適齡壯丁人數減去免緩役壯丁後平均配賦。（本市情形特殊，擬籲請中央減爲一千名。）

（二）本期征兵預定十月一日開始，十月底完成，幷在九月底以前完成各項征兵準備工作。

（三）抽籤分區實施，九月底以前各區應一律完成抽籤工作。

（四）本期征兵征集方式，以抽籤爲主，志願爲輔，由南京市政府訂定征集志願兵限期，逾期不能征集足額之區保，即須開籤征集足額。

（五）本期新兵安家補助費數額酌予提高，並力求劃一，仍分區自行籌發，幷以兵役協會區分會爲實施主體，爲防止流弊劃一步調起見，新兵安家補助費及慰勞金應合併辦理，由市兵役協會議定籌發標準，通飭各區遵照施行。

（六）本期有關征兵行政及招待費用，由市政府統籌撥發。

積極勸募救濟特捐

本市救濟特捐之勸募，已進入最後階段，爲積極進行計，沈市長於八月十一日邀集本市金融及工商各界知名人士，在本府會議室舉行茶會，就認捐問題，作剴切之協談。

此次應邀出席者，計有穆華軒、王仲卿、陶桂林等五十九人，督導委員會委員盧前及民政局長劉愷鍾，亦均列席。首由市長及盧委員分別致詞，繼即開始座談，各出席人先後起立發表意見，大都對於特捐之意義，甚表擁護；但對勸募方式及若干習用名辭之概念，略加辯正。最後市長將各發言人之意見作一綜合結論，略稱：「關於勸募方式，絕對以各位自動捐獻爲原則，募集數額，南京區原定六千億，其中三千億屬中央範圍，地方僅攤捐獻三千億，且由本市、常州、鎮江及蕪湖四地共同負担。」市長並強調：「希望南京區發生示範作用，領導其他各地踴躍輸將。古人所謂先禮後兵，吾人希望僅做到禮爲止，不要再用兵」。最後並稱：「依照中央規定，地方勸募工作，本月十五日卽將結束，必要時自可延長數日，唯切盼儘速捐獻，日內市府將有函件通知各位先生，函中列有數字，然此非有強迫性者，不過供各位參考而已。」市長致詞畢，當場穆華軒認捐五十億，王仲卿認捐三十億，水管處代認捐十五億，均博得熱烈掌聲。六時一刻散會。

次日（八月十二日）市長卽發出勸募函一百餘封，其中大部分人士均願自動捐款，惟有四函退回，業將此四人姓名在報端公布，繳款者目前爲數尚少，正督促辦理中。

本市標準地價評定公布

本市三十七年度各登記區標準地價等級表，經地政局會同財政局重新擬定，提交第一三八次市政會議通過，復送請標準地價評議委員會複議後，簽報市長核定，業於八月十一日以府令公布施行。此次核定之標準地價，最高價爲每方丈二億四千萬元，地段在新街口廣場東北東南轉角地。最低價爲每方丈四十萬元，地段在九袱洲下則地。較三十六年度標準地價，最高增加六十倍，最低增加三十六倍。

處理流亡來京學生醫療事宜

衛生局爲辦理豫籍流亡來京學生醫療事宜，前經指定二三四五衛生所免費診治，並另派醫護人員分往注射預防針及噴洒DDT，八月七日該局參加教育部召開會報，決定除豫籍學生患有疾病，仍由上開各衛生所照常診治外，關於魯籍流亡學生醫療預防工作，由各負責單位組織巡迴醫療隊分別辦理，茲列表如下：

首都各機關處理流亡來京學生衛生組醫療工作表

學生住宿地點	學生人數	醫療負責機關	負責接洽代表	電話號碼	備考
下關綏遠路七區小學	二三五	衛生部醫防總隊第六大隊	馬植培	二三三三四——一七	下關商埠街
下關綏遠路龍江小學	一五四		仝	仝	仝
下關興安路小學	五三二		仝	仝	仝
下關惠民中學	一〇八		仝	仝	仝
下關二板橋國民小學	六二		仝	仝	仝
二條巷逸仙橋兩校	二六〇				
珠江路一區中心小學	三一七	中央醫院	戴長銑	二四一五四直接 二四一五四—三院長室	黃埔路
老虎橋小學	二四〇	大學醫院	宋朝鼎	二四九六二	成賢街
鼓樓二臨中	四五〇	南京紅十字會	林蕙熙	二四三三一	太平路
航建學校	三六	衛生局第八衛生所	楊振棟		三义河
保善街小學	二一二				
保善街北口中國農民倉庫	二三八	衛生局第四衛生所	葛毅方	三三七七三	下關熱河路
五台山中心學校	一千餘人	南京市衛生局	周戎敏	二四三六四	夫子廟市政府內

三牌樓小學	三〇五	南京市衛生局	周戎敏	二四三六四	夫子廟市政府内
漢口路小學	一四〇	仝	仝	仝	仝
香舖營小學	二四七	仝	仝	仝	仝
朝天宮小學	二三八	仝	仝	仝	仝
羊皮巷三女中	二一二	仝	仝	仝	仝
府西街三區中心學校	二八三	仝	仝	仝	仝
大行宮小學	二八〇	仝	仝	仝	仝

附註：1. 各巡迴醫療隊所用藥材，由各負責單位自行準備。
2. 預防所用霍亂疫苗由衛生局負責供給。
3. 滅繩滅蚊滅臭虫，城内各處由衛生局負責辦理，下關各處則由醫防第六大隊負責。
4. 重病住院由市立醫院大學醫院中央醫院鉄路醫院各負責單位同時收容三人，入院手續由各巡迴醫療隊醫師塡發轉診單，仍由各單位依照手續負責送醫院。
5. 住院所需掛號住院醫藥等費暫行記帳，由教育部清結償付。
6. 巡迴醫療隊人員由教育部酌予津貼。

本市各機關節餘移充員工福利金

行政院於三十六年七月一日第十次政務會議通過「各機關學校節餘薪俸及生活補助費移充員工福利用途實施辦法」，該項辦法通用範圍以中央各機關由國庫直接支撥生活補助費者爲限，地方機關不在此列。本市位居首都，市屬各機關員工生活，其艱苦初不稍遜于中央各機關，爲使各級人員同享福利忠心供職起見，經由會計處參酌中央規定先例，擬具「南京市各機關生活補助費節餘提充員工福利金辦法」，提經第一三九次市政會議通過施行。茲將該項辦法刊錄於下：

南京市各機關生活補助費節餘提充員工福利金辦法

一、各機關三十七年上半年度業經核定應支用之員工生活補助費於年度終了後尚未支用之節餘，得移充員工福利金，但雖經核定而機關幷未成立或成立後裁撤者，其未支用之款，不得視爲節餘。

二、員工福利金之用途，以左列各款爲限，幷不得分給員工個人使用。

1. 員工消費合作社基金。
2. 修建員工宿舍。
3. 充實醫藥衛生設備。
4. 員工醫藥喪葬補助費。

三、各機關節餘及其移充福利金之用途，由第二級主管機關於本年八月底以前查明數目，擬具辦法，送請市政府核准後再予提用，幷應依法辦理報銷手續。

四、本辦法適用範圍，以本市公教機關由市庫直接支撥生活補助費者爲限。

簡訊

▲市立中學統一招生放榜　市立中學統一招生考試成績於八月三日結算完畢，四日由招生委員會依成績次序取定密碼，五日晨八時在市立第一中學舉行密封揭曉會，共到各機關代表各報社通訊社記者等百餘人，當衆拆啓密封，將錄取成績最優各密碼之報名號數及姓名，隨時按其志願分寫大榜及油印榜，下午五時許全部完成，隨送教育局用印後，即在本府大門外發榜，計正取高初中男女生一千九百五十名，備取一百五十名。

▲國民學校教員暑期講習班舉行結業　本市國民學校教員暑期講習班，於七月廿六日開始講習兩週，至八月七日舉行結業考試，八日上午八時在市立第三中學舉行結業典禮，並展覽習作成績及音樂體育表演會等。

▲社教講習會結業　教育局主辦之社會教育工作人員暑期講習會，自八月一日始業以後，歷時一週，業於八月七日圓滿結束，當在市立第一民教館舉行結業典禮，由馬兼局長親臨主持，對學員指示今後應本教育方針繼續努力，以實現國家教育政策，歷一小時禮成，此次參加考試各學員，成績及格者將由會發給結業證明書。

▲審核私立中學招生班級　教育局為明瞭各私立中學收容學生之容量起見，前曾通令各校於三十七年度第一學期招生前，將原有班級數，畢業班級數及擬招新生班級數，呈送該局核定。現據各校呈報，均分別依照視導室提供之意見予以決定。

▲接管童子軍理事會　中國童子軍總會為調整各級童子軍行政機構，規定各省市支會理事長由教育廳局長兼任，並於七月底改組完竣。本市方面於七月十六日開始改組，並於二十二日交接清楚。現該會由葉饗源為總幹事，假第一民教館正式辦公。

▲辦理孤兒院醫療　本市市立孤兒院兒童醫療事宜，前經衛生局指定邁臯橋分所派員辦理，茲以夏令期間恐患病者較多，復經加派醫務人員一人，於每週一三五整天在該院服務，以利患者。

▲鑑定七月份緝獲烟毒品　本市七月份緝獲烟毒品，計烟土一〇七六兩一錢三分，烟膏四兩五錢六分，烟灰五兩六錢二分，白麵五錢二分五厘，海洛因二錢三分，其他八兩一錢七分，合計毛重一〇九五兩二錢三分五厘，經於八月十日由民政局邀請各有關機關公開鑑定，其合於製藥者，計淨重一〇七八兩二錢，解送衛生部，其不合製藥者，另行定期焚毀。

▲中正路下水道第一期工程完成　本市中正路白下路段東側下水道工程，自六月初開工後，現第一期工程業告完成，並已填土，次步工程，繼續進展中，至中正路下水道全部整治工程，預計至明年春間可告完成。

▲水電新價核定　本市水電等公用事業，以物價高漲，一再呈請調整價目。八月十日經市長召集工務局長原素欣，自來水管理處長吳杭勉，及首都電廠廠長陸法曾等，商討新價標準。決定從八月份起，水電新價為：電力每度收費三六萬元，表燈每度收費三八萬元，自來水每公噸（即每度）收費四八萬元

法規

中央法規

監察法

三十七年七月十七日總統令公佈

第一章 總則

第一條 監察院依憲法之規定，行使同意、彈劾、糾舉及審計權，並提出糾正案，除同意權及審計權之行使另有規定外，悉依本法之規定。

第二條 監察院以監察委員行使同意權、彈劾權、糾舉權及以各委員會提出糾正案。

第三條 監察委員得分區巡迴監察，其規程由監察院定之。

第四條 監察院及監察委員爲行使職權，得收受人民書狀，其辦法由監察院定之。

第二章 彈劾權

第五條 監察院對總統、副總統提出彈劾案時，依憲法第三十條及第一百條之規定辦理。

第六條 監察委員對於違法或失職之公務人員，應向監察院提彈劾案。

第七條 彈劾案之提議，以書面爲之，並應詳敘事實。

第八條 彈劾案提議後，在未經審查決定前，原提案委員得以書面補充事實。

彈劾案向懲戒機關提出後，於同一案件如發現新證據，經審查後，應送懲戒機關併案辦理。

第九條 彈劾案經提案委員外之監察委員九人以上之審查及決定成立後，監察院應卽向該管懲戒機關提出之。

彈劾案之審查，應由全體監察委員按序輪流担任，審查規則由監察院定之。

第十條 彈劾案經審查認爲不成立而提案委員有異議時，應卽將該彈劾案另付其他監察委員九人以上審查，爲最後之決定。

第十一條 彈劾案之審查委員與該案有關係者，應行迴避。

第十二條 監察院院長對於彈劾案，不得指使或干涉。

第十三條 監察院人員對於彈劾案，在未經懲戒機關議決處分前，不得對外宣洩。

第十四條 公務人員違法或失職之行爲，情節重大，有急速救濟之必要者，監察院將該彈劾案向懲戒機關提出時，得通知該主管長官爲急速救濟之處分。

主管長官接到前項通知，不爲急速救濟處分之者，被彈劾人受懲戒時，應負失職責任。

第十五條 監察院認爲被彈劾人員違法或失職之行爲有涉及刑事或軍法者，除向懲戒機關提出外，並應逕送各該管司法或軍法機關依法辦理。

第十六條 彈劾案經向懲戒機關提出及移送司法或軍法機關後，各該管機關應急速辦理，並將辦理結果迅卽通知監察院轉知原提案委員。

懲戒機關於收到被彈劾人員答辯時，如認爲必要，得通知監察院轉知原提案委員。

第十七條 懲戒機關對彈劾案逾三個月尚未處理者，監察院得質詢之。

第十八條　凡經彈劾而受懲戒之人員，在停止任用期間，任何機關不得任用。

被彈劾人員在懲戒案進行期間，如有升遷，應於懲戒處分後撤銷之。

第三章　糾舉權

第十九條　監察委員對於公務人員有違法或失職行爲，認爲應迅予停職或爲其他急速處分者，得以書面糾舉，經其他監察委員三人以上之審查及決定，由監察院送交各該主管長官或其上級長官，其違法行爲涉及刑事或軍法者，應逕送各該管司法或軍法機關依法辦理，但監察委員於分派執行職務之該管監察區內，對薦任以下公務人員提議糾舉案於監察院，得同時以書面逕送該主管長官或其上級長官。

第二十條　主管長官或其上級長官接到前條糾舉書後，至遲應於一個月內決定停職或其他行政處分，其認爲不應處分者，應即向監察院聲復理由。

第二十一條　主管長官或其上級長官不依前條處分，又不聲復或雖聲復而無可取之理由時，監察委員得將該糾舉案改作彈劾案，如被糾舉人受懲戒時，其主管長官或其上級長官應負失職責任。

第二十二條　本法第八條、第十一條、第十二條之規定，於糾舉案準用之。

第四章　糾正

第二十三條　監察院於調查行政院及其所屬各機關之工作及設施後，經各有關委員會之審查及決議，得由監察院提出糾正案，移送行政院或有關部會，促其注意改善。

第二十四條　行政院或有關部會接到糾正案後，應即爲適當之改善與處置，並應以書面答復監察院。

第五章　調查

第二十五條　監察院爲行使監察職權，得由監察委員持監察證或派員持調查證，赴各機關、各部隊、各公共團體調查檔案冊籍及其他有關文件，各該機關部隊或團體主管人員及其他關係人員不得拒絕，遇有詢問時，應就詢問地點負責爲詳實之答復，作成筆錄，由受詢人署名簽押。

調查人員調查案件，於必要時得通知書狀具名人及被調查人員就指定地點詢問。

調查人員對案件內容，不得對外宣洩。

監察證調查證使用規則，由監察院定之。

第二十六條　調查人員必要時，得臨時封鎖有關證件或攜去其全部或一部。

前項證件，如於職務上應守秘密者，其封鎖或攜去，應經該管監督公務員之允許，但除有妨害國家利益者外，該管監督公務員不得拒絕。

前項攜去之證件，該主管人員須加蓋圖章，由調查人員給予收據。

第二十七條　調查人員必要時，得知會當地政府法院或其他有關機關協助。

調查人員於調查證據遭遇抗拒或爲保全證據時，得通知警憲當局協助，作必要之措施。

第二十八條　調查人員在調查案件時，如認爲案情重大，或被調查人有逃亡之虞者，得通知當地警憲當局協助，予以適當之防範。

第二十九條　監察院有必要時，得就指定案件或事項，委託其他機關調查。

各機關接受前項委託後，應卽進行調查，並以書面答復。

第六章　附則

第三十條　本法自公布日施行。

總統府公報所載中央法規索引　八月份上半月

移用振款處置辦法　第六七號

財政部査獲僞造貨物稅納稅花證給奬辦法　第六八號

公務員懲戒委員會辦事細則　第六八號

中華民國三十七年下半年度中央政府總預算施行條例　第七四號

本府法規

南京市工務局簡易修建請照暫行辦法

三十七年八月九日(卅七)府總秘三字第六七九五號令頒

第一條　本局為便利市民簡易修建請照手續特訂定本辦法。

第二條　簡易建築須合左列之規定：

1.建築式樣　平房。

2.建築面積　在五十平方公尺以內者。

3.簷口高度　在四公尺以內者。

4.屋架跨距　在五公尺以內者。

5.建築材料　無鋼筋水泥結構者。

上項建築地址以不沿主要幹路，及不在限制或禁止建築地區者為限。

第三條　簡易修理須合左列之規定：

1.門面或內部油漆粉刷。

2.揭瓦換蓆檢漏。

3.危險牆壁之拆修。

4.換修地坪或地板。

上項修理以不變更原有建築物之位置形態者為限。

第四條　簡易修建得由業主自行辦理，無委託登記建築師設計及開業營造廠承包之必要。

第五條　臨次要街路里衖河道之簡易建築，仍須按照本市建築管理規則退縮。

第六條　簡易修建請照時，應塡具簡易修建申請圖單一份，工程表二份，呈送本局審核申請圖單及工程表式另定之（簡易建築應檢附產權證或租約）。

第七條　申請圖單及工程表經本局核准後，卽在工程表上加蓋准予建築或修繕戳紀及本局印信作為許可憑證，施工時應懸掛工程地點。

第八條　簡易修建除酌收申請圖單及工程表之工本費外，不另收執照費。

第九條　本辦法未規定之事項，仍適用本市建築管理規則之規定。

第十條　本辦法自呈奉南京市政府核准公佈之日施行。

修正南京市菜場攤販管理所組織規程

三十七年八月六日第一三八次市政會議通過

第一條　南京市衞生局（以下簡稱本局）為管理全市菜場攤販，保持清潔衞生，幷整飭市容起見，設置南京市菜場攤販管理所（以下簡稱本所）。

第二條　本所設主任一人荐派，綜理所務，副主任一人荐派或委派，協助主任處理所務，均由衛生局長遴派，並報市政府備查。

第三條　本所分總務菜場管理攤販管理三組各組設組長一人，總務及菜場管理兩組組長均委派，承主任之命，辦理各該組事務，攤販管理組組長由南京市社會局調派職員兼任，另設督察一人，由首都警察廳調派職員兼任，均承主任之命，辦理有關各該機關主管業務，仍在各調派機關支薪。

第四條　本所設組員三人，管理員五人，均委派，配屬各組，承組長之命，分別辦理各該組事務。

第五條　本所設會計員一人，依照規定辦理歲計會計等事項，依法受本所主任之指揮，幷受南京市政府會計處之指揮監督。

第六條　本所得酌設僱員四人。

第七條　本所需用清潔伕役由清潔總隊撥用之。

第八條　本所辦事細則及菜場攤販管理規則另定之。

第九條　本規程如有未盡事宜得隨時呈請修正之。

第十條　本規程自呈奉南京市政府核准之日施行。

修正南京市衛生局管理攤販規則

三十七年八月六日第一三八次市政會議通過

第一條　南京市衛生局為維持本市道路清潔，幷整飭市容起見，特訂定本規則，督飭南京市菜場攤販管理所(以下簡稱本所)遵照實施。

第二條　凡在本市營業之攤販除法令別有規定外悉依本規則之規定管理之。

第三條　凡營業之攤販應依照左列各款規定辦理

一、攤販須在本市有一定住所報明戶口幷領有國民身份證

二、憑身份證向本所請領申請書保證書塡送本所，經審查合格，領得登記證後，方得設攤營業。

三、攤販應將登記證隨攤攜帶，以便憲警及本所稽查人員隨時檢查。

四、攤販如有變更攤位或停歇情事，應申請換領或繳銷登記證，不得私自轉讓或調換。

五、攤販應至指定地點設攤營業，其所佔面積不得超過五市尺寬，三市尺長，幷不得有妨碍交通市容及任何建築情事。

第四條　前條第二款之申請書保證書登記證，得酌收工本費。

第五條　攤販如有違反第三條二至五款規定之一者，得酌情予以撤銷登記證或停業一至七日之處分。

第六條　攤販不得買賣違禁及來歷不明之物品，違者送警局依法究辦。

第七條　攤販應依法按時完納各種應納之稅捐。

第八條　攤販攤位如因整理市容或改善交通之必要，得由本所隨時撤置或遷移之。

第九條　攤販攤位如本所認為有徵收租金之必要時，得隨時呈准徵收之。

第十條　攤販登記證申請書保證書式樣另定之。

第十一條　本規則自呈奉　南京市政府核准之日施行，修改時同。

南京市衛生局管理菜場菜販規則

三十七年八月六日第一三八次市政會議通過

第一條　南京市衛生局(以下簡稱本局)為維持本市道路及菜場菜販

之清潔秩序，幷整飭市容起見，特訂立本規則，督飭南京市菜場攤販管理所遵照實施。

第二條 凡市區內公私立之菜場菜販，均依本規則之規定管理之。

第三條 凡市區內公私立之菜場依照所在地，定名為南京市××路或××街菜場。

第四條 各菜場之營業時間自每日上午六時起至下午六時止，必要時得報經核准延長或變更之。

第五條 凡在菜場內設攤營業者，應以左列各項物品為限。

1. 新鮮之生熟水產及鳥獸肉類或醃臘物品。

2. 新鮮之菜蔬及醃醬之菜蔬。

3. 鮮乾果品類。

4. 點心類

5. 其他合於衛生之食品及飲料等。

第六條 各公立菜場視當地情形劃分攤位，每一攤位以十五平方市尺為標準，編列號碼分為甲乙丙丁四等各攤位，每月應納之租金另定之，市內各臨時菜攤場，如因事實需要，得呈請核定徵收臨時租金。

第七條 凡菜販欲承租公立菜場內攤位者，應先填具申請書一份，經審查合格，塡發許可證後，方得入場設攤營業，其患有惡性及傳染病之菜販概不准入場營業，其臨時菜販之承租，由菜場管理人員隨時指定之，上項申請書得酌收工本費。

第八條 承租之菜販在其攤位範圍內得為營業上必要之設備，但貨物之陳列不得越出攤位以外，對於攤位以內之整齊與清潔，應隨時保持，退租時須於半個月前呈報歇業繳銷許可證，幷將以前營業上之自行設備即行拆除，恢復原狀。

第九條 各菜場內菜販不得出售腐爛等妨害衛生之物品

第十條 各菜場由主管人員指派管理員在場巡迴視察，處理一切事務。

第十一條 各公立菜場內菜販如有違背左列情事之一者，得停止其一日以上三日以下之營業如情節重大者幷得撤銷其承租權。

1. 不受菜場管理員之管理與指揮者。

2. 冒名購領攤位者。

3. 私行轉租頂替者。

4. 販買漏檢漏稅及腐敗肉類或其他不潔食品及飲料者。

5. 不守秩序擾亂公共安寧及妨害他人營業者。

6. 使用不準確之量衡用器，有欺詐顧客之行為者。

7. 收買來歷不明之食品者。

第十二條 菜場以公立為原則，但因事實需要有設立私立菜場之必要時，須報經本局核准備案後始得設立，幷應遵照本規則之受主管規定，人員之監督與指揮。

第十三條 凡屬菜場菜販租金得視事實需要，隨時呈准調整之。

第十四條 本規則自呈奉南京市政府核准之日施行，修改時同。

（接第九四頁重建倫敦市計劃）

至於放寬舊街道，開闢新街道，裝置中心放熱設備（District heating），放寬聖保羅教堂廣場計劃，另有附圖說明之。

在霍登博士及霍福教授之計劃之前，曾有亞白克郎之倫敦計劃（Abercormbie London Plan），該計劃主張增加倫敦之房屋百之五十，而忽略人口過密之情形，故未被採納。二氏採亞白克郎計劃之精華，而草其新計劃，其目的在謀求全市之便利，使各方面皆受其益。

會議紀錄

南京市政府第一三八次市政會議紀錄

時間：三十七年七月三十日上午九時

地點：本府會議室

主席：薛秘書長　　紀錄：史崇訓

討論事項

1. 市長交議：據財地政局擬訂三十七年度標準地價等級表，提請討論案。

決議：照案通過，送請標準地價評議委員會複議後，簽報　市長核定施行。

2. 市長交議：據參事室簽訂「南京市政府統一核發各項證照規則」提請討論案。

決議：修正通過，（已刊本公報上期法規欄。）

3. 市長交議：准中國基督教南京下關四所村神的教會，請撥四所村東側公地興建會堂及校舍，提請討論案。

決議：交地政、教育、社會三局會核後提會討論。

南京市政府第一三九次市政會議紀錄

時間：三十七年八月六日上午九時

地點：本府會議室

主席：沈市長　　紀錄：史崇訓

討論事項

1. 市長交議：據衞生局呈擬修訂（一）南京市菜場攤販管理所組織規程，（二）南京市衞生局管理攤販規則，（三）南京市衞生局管理菜場菜販規則，併請討論案。

決議：（一）（二）照修正案通過。（三）修正通過。（修正規程與規則見法規欄）。

2. 市長交議：據陸軍在鄉軍官會電告，遵照本府第一三〇次市政會議決議，已籌有第一期建築的款六億元，請准撥租花露崗市地，以便興建會所，提請討論案。

決議：准予租用八年。

3. 會計處提：爲參酌中央規定，擬訂本市各機關三十七年上半年度生活補助費節餘提充員工福利金辦法，提請核議案。

決議：照案通過。（辦法見市政要訊欄。）

4. 會計處提：擬請追加三十七年度上半年度地方歲入二四、七一七、二四一、五〇〇元及歲出六二、八九四、七〇一、五〇〇元預算案。

決議：照案通過。

人事動態

三十七年七月二十一日至八月十日止

姓名	服務單位及職別	動態	到離職日期
劉淑華	會計處第三科辦事員	新任	七月二十六日
楊孟鴻	秘書處外事室科員	新任	八月四日
劉昌信	第十一衛生所所長	調任第十一衛生所醫師	七月一日
王福音	第十一衛生所醫師	調任第五衛生所所長	七月一日
樊琴珠	第十一衛生所助產士	調任第三衛生所助產士	七月一日
許　敏	第十一衛生所護士	調任流動衛生所護士	七月一日
吳應慧	第三衛生所助產士	調任第十一衛生所助產士	七月一日
方宏英	第五衛生所所長	調任第十一衛生所所長	七月一日
薛祥珍	流動衛生所護士	調任第十一衛生所護士	七月一日
張皖幹	衛生試驗所練習生	調任衛生局雇員	七月一日
陳　垓	衛生局醫師	調任市立醫院醫師	七月一日
趙勳臯	市立醫院醫師	調任衛生局醫師	七月一日
李書亭	衛生局辦事員	調任第六衛生所護士	七月一日
張立鏞	第六衛生所護佐	調任衛生局雇員	七月一日
童啓祥	市立二中會計員	調任秘書處會計室科員	八月一日
吳榘尚	市立商業職業學校會計員	調任會計處第二科科員	八月一日
楊裕春	秘書處第三科荐任科員	調任本府視察	八月一日
施友誠	財政局第三科事務員	調任財政局第三科辦事員	八月一日
葛廣霆	財政局會計室科員	調任市立商業職業學校會計員	八月一日
李知達	會計處第三科科員	調任財政局會計室科員	八月一日
孫家駿	財政局營業稅征收處下關分處主任	調任財政局營稅處課長	八月一日
沈　浩	財政局營業稅征收處課長	調任財政局營稅處下關分處主任	八月一日
林耀民	秘書處會計室科員	調任市立二中會計員	八月一日
徐榮陞	會計處第三科科員	調任民政局會計室科員	八月一日
張世惠	民政局第一科科員	晉升民政局第一科主任科員	七月三十日
劉斗文	秘書處第二科辦事員	晉升民政局第二科科員	七月十九日
葉醇青	秘書處第二科辦事員	晉升民政局第二科科員	八月一日
王志達	民政局秘書室辦事員	晉升民政局秘書室科員	五月七日
段慕平	人事處第二科雇員	晉升人事處第二科助理員	七月十七日
徐光霞	衛生局護士	辭職	八月一日
張承恩	第十四衛生所所長	辭職	八月一日

姓名	職務	事由	日期
周瑞瑜	市立救濟院工藝組組員	辭職	七月廿日
方蔚雲	市立救濟院總務組護士	辭職	七月廿日
余瑞芝	祕書處外事室科員	辭職	七月廿日
黃又甯	衛生局護士	辭職	六月三十日
孫徵祥	市立醫院醫師	辭職	七月一日
杜潤蓮	市立醫院醫師	辭職	七月一日
韓宗穎	市立醫院藥師	辭職	六月一日
鄔學俊	市立醫院醫師	職職	七月一日
馬曼麗	第十四衛生所助產士	辭職	七月一日
趙家芳	城南醫院助產士	職職	七月一日
楊玉鳳	衛生局護士	辭職	七月一日
沈呈祥	衛生局雇員	辭職	七月一日
周秀玉	第十一衛生所醫師	辭職	七月三日
何守玉	清潔總隊雇員	辭職	七月一日
陳代鈞	統計處辦事員	辭職	七月二十一日

姓名	職務	事由	日期
楊森	地政局土地測量隊測量員	辭職	七月二十一日
伍宗裕	衛生試驗所所長	辭職	五月一日
黎覃	民政局會計室科員	調免	七月三十一日
許文源	民政局第一科主任科員	停職	七月三十一日
喻蓉芳	城南醫院護士	免職	七月二十二日
吳子美	市立醫院醫師	免職	八月一日
阿勇綽克圖	市立救濟院管理組辦事員	免職	七月三十一日
翁偉湛	財政局第四科長兼市產室主任	免兼財政局市產室主任	八月一日
沈祖鎔	財政局額外專員	兼財政局市產室主任	八月一日
張先聖	社會局第三科科員	停薪	七月三十一日
陳堯昶	社會局祕書	停薪	七月三十一日
吳兆生	工務局第二科技士	辭職	七月三十一日
沈琳琪	財政局營稅處稅務員	免職	七月三十一日
王士祥	社會局第一科雇員	病故	七月三十一日
邵成林	財政局營稅處調查員	病故	七月三十一日
胡良和	祕書處會計室科員	病故	八月四日

南京市政府公報 第五卷 第四期

教師節慰勞全市教育工作人員書

沈　怡

南京市的教育，在復員以來短短的兩三年中，已從當時的殘破凌亂的局面，恢復到戰前蓬勃有生氣的氣象，且在配合國策，向一條新的途徑在質量上作不斷的進展。誰都知道，這是本市全體教育工作人員在這幾年來辛勤努力的成果。本人一向重視教育，對於教育工作人員的勞績，無時不致其慰勉之忱，而欣望其日進有功。茲逢三十七年教師節，這個教師們的日子，緬懷先哲誨人不倦的精神及其在後世所發生的悠久而偉大的影響，對於我全市教育工作人員的努力，尤願以興奮之心情，致莫大之慰意。

從事教育原是艱難而不易立卽奏效的工作，在今日從事教育尤難。物質上，承長期抗戰之餘，原有的校舍、教具、圖書、儀器大都殘缺，一一修建補充，這一步斬荊披棘的工夫已是大爲不易；而由於本市人口激增，學齡兒童與靑年時有遞加，必須新添學校及班級，以適應當前迫切的需要，這一步斬荊披棘的工夫，尤爲繁重。但本市兩三年來，在全體教育工作人員的不斷奮鬪下，以有限的財力、物力、人力、克服了不一而足的困難，畢竟學校比前增多了，設備比前充實了，這種精神眞値得欣佩。在施教上，教學方法日新月異，本應孜孜研

求，隨時改進，以增強教育的效能。但以目前各種思想紛紜，正邪容易混淆，教育工作人員不能僅以講求教學方法爲已足，且須對學生導之以正，明辨是非，以養成健全的公民。這是教人以做人的道理，所需要的陶冶化育工夫或且較單純的灌輸智識技能爲多。本市教育工作人員對教學方法的種種設施，固在力謀改進，而各校學風淳樸平正，未染惡習，具徵平日對做人道理的訓導上用過不少苦心，這種精神尤值得稱道。

本人於此願指出一點，我南京市教育之所以有若干成就，不特在於全市教育工作人員之辛勤努力，且在於全市教育工作人員之上下一心，齊一步伐，併力以赴。市教育的指導機構對於當前的需要與未來的發展有整個的計劃，有確定的方向，不躁急，不懈怠，衡情量力，按步做去，各級教育工作人員都能配合這一計劃，這一方向，埋首努力，以求實現。這是一種新的工作作風。以此作風從事任何工作，皆有成功希望，不徒教育工作爲然。而本市教育工作人員是在十分清苦的生活下，十分慘淡的情境下，獻身於此神聖事業，堅守崗位，默默地以新的作風爲南京市的教育闢出一條光明的路來，更屬難能可貴。

從事教育是艱難的，唯其艱難，更需要我們以全力從事。它雖未能立奏奇效，但國家未來的命脈，胥將種因於今日的教育，這是國家的百年大計。度清苦的生活，謀百年之遠計，這或非所謂「聰明人」者之所願爲，但我教育工作人員之可貴正在於此。國家方處於危急之秋，我們對於國家前途仍寄有無限希望者，也正以有不少堅苦卓絕的人士在默默地爲國家未來大計而努力，我教育工作人員便是其中的一份子。對於南京市的教育，我們自不能以目前僅有的進步爲滿足，路是漫長的，前途更不至於缺乏困難。本人以一向不忽視教育的重要性的立場，在此服務一天，必竭盡可能，將本市教育上所有的困難引爲最所關切的問題之一，而努力求其解決，希望我全市教育工作人員繼

續發揚過去良好的精神，鍥而不舍，協力邁進，使南京市的教育日趨於普及與完善。

事在人爲，我們有幾分力，便用幾分力。相信用一分力，必能發一分熱，一分光。願我全市教育工作人員勉之，勉之！

三十七年八月二十七日

都市交通管理之有效診斷

顧培恂譯

在鬧市商業區之汽車正當安全行駛問題，美國新金山都市計劃委員會常與公共工程部專家在作詳密商討，俾早日得一安全合理方法解決此嚴重之都市問題。

研究結果有四種可能的診斷法，吾人實能全部採用，分述如下：

甲、在鬧市區域減低汽車交通之容量

1. 推進道路車輛與公共汽車之服務效能。
2. 改進並延展都市與效區之交通。
3. 發展高速度交通路線。
4. 指定與設計貨車並公共汽車之路線。
5. 改良交通指揮信號。
6. 限止建築物之高度和體積。
7. 管理土地之使用。
8. 發展遙遠之停車地與實行鬧市區之經緯交通管理法（座標制之交通法Coorcinate transportation service）。
9. 劃分商業區與工業區。

乙、公共街道於停車方面作更有效之利用

1. 指定適當之控制區。
2. 限制馬路或行車路。
3. 加強交通之調節。

4. 裝置停車場符號。
5. 管理出租汽車之營業。
6. 限制貨物運入。

丙、在公共街道旁各設停車空地

1. 盡可能拓寬街道。
2. 縮進房屋，拓寬街道。
3. 開闢新街道。

丁、增加街道旁之停車區

A 私人的

1. 停車場土地之使用。
2. 破壞無用及不合理建築物並利用其土地。
3. 在鬧市區之指定某一範圍內，建築停車場。
4. 在新設立商業與工業中心，強迫規定停車區。
5. 在建築規程內修正並規定鬧市之停車場區域。

B 公共的——市政府或公共工程當局

1. 接收土地爲公共使用或爲停車場空地使用而租用者。
2. 選擇爲建築停車場工程結構者爲公共建築與使用，租賃法由私人建築與使用者。
3. 利用公園與其他公共土地爲修理汽車或停汽車之用。
4. 在政府房屋附近建造停車與修理汽車場。

任人可知，停車問題之解決法，並非在一端者，吾人惟一希望，實寄托於正式及正確之診斷，並應用任何正式而使發生有效之結果。

停車問題爲與任何商業職業有連繫關係而不能分開者，蓋任人均有與汽車接近之機會，吾人無論如何總在鼓吹或合作方面設法，向效外發展爲原則。惟都市計劃委員會則認如此不甚合理，車輛集中於都市影響商業繁榮甚大，每平方英里中之房屋與商店，應付六分之一之捐稅。

公意之有效處置

都市計劃委員會認爲路旁之停車區域大小與社會之經濟有關。新金山爲集中商業會，設計適當之停車場，橋樑與輕便鉄道均經特別設計，一如物理學唧筒（Pumps）容納大量之汽車驅入城中。此等街道系統曾在一八六五年預先設計。街道放寬，並非良法，不足以容納相當車輛，吾人必須設計並建築特別之結構（Structures）以適應千數以上之車輛。按市民之大衆意見，爲要求澈底將街道放寬或在街道旁，略留餘地俾急要時可作正常停車之用。

新金山之提議

都市計劃委員會對此問題，特別提出三百萬元美金，專爲作停車場設計之費。此項開支在戰後改進計劃中會提及，並經市長贊同，衆信此款不僅可獲得土地，並能鼓勵私人資本建造房屋與停車場。

尚有一發展將來新金山之建設計劃，輕便鐵道可適應大量之汽車交通，而引本區至城市，此等輕便鐵道設計時，尤須注意於經緯車輛之指使，設若高速度之汽車一旦允許設計，則一般工作者儘可留自己之汽車在家，而搭高速度汽車在鬧市中來往也。

（譯自美國都市雜誌The American City）

重建倫敦市計劃

陳德煊

重建倫敦市計劃諮詢委員霍登博士及霍福教授，最近共同發表一報告，其內容包括倫敦市今後建築管制及改進街道計劃，確具遠大之眼光。據其建議，此計劃之勘測設計工作，定於本年六月開始，而建築事項，則於明年四月實行。是項計劃分二部，第一部爲三十年發展計劃，第二部則爲十年計劃。此計劃於初時需員工五百五十人，至一九六五年時，乃需五千人之多。其十年計劃部份，可引用業經國會通過之計劃法案，立即付諸實施。茲將其要點概述如下：

今日倫敦之若干較新建築，不但其本身之若干部份，幽暗無光，且阻擋左近房屋之光線，令人嫌厭。倫敦於戰前三四年時，無人租用之寫字間，竟達總數百分之四十，以其不合人意之故。實則倫敦市中心區之房屋，如被盡量利用，當可多容納百分之六十之居民。然事實如此，則人口密度，超出飽和量矣。

霍登霍福二氏之報告又稱：倫敦情形之所以不致如此嚴重者，蓋舊式房屋之存在頗多，此種房屋，面積頗大，而又能容納多數之人。二人依此情形，而作一「平均人口密度計劃」，設立人口密度管制局以管制之。至於人口密度標準，二氏作一新建議，即房屋底層人口容納量，以五乘之。（意即房屋平均以五層計。）如此建議付諸實施，則可減低房屋最密區域之房屋密度，而使街道加寬，空地增多。例如在倫敦銀行地區，房地面積，前爲一三、四三一、〇〇〇平方呎，現可減爲九、八九一、〇〇〇平方呎。又如聖保羅教堂地區，前爲八、〇二九、〇〇〇平方呎，現可減爲七、六八九、〇〇〇平方呎。反之，在若干人口較疏地區，則可增加其房屋密度。譬如在維多利亞街以南地區，一九三九年時，爲三、八一三、〇〇〇平方呎，現在增至三、九九八、〇〇〇平方呎。

另一重要建議，乃實施保光法則(Day Lighting Code)此保光法規，係據現存之限制房屋高度等等之條例而加以修正者。據二氏之意見，全倫敦市當視爲一體，乃一商業之城，並不分若干區，譬如工廠區或住宅區等。全市房屋之高度及人口密度當受同一之限制。換言之，此種法規，適用於全市，並無區域之分。然店舖、公共場所、輕工業工廠，及堆棧等建築物之所在地，另有條例規定之。

（下接第八八頁）

南京市政府公報刊例

一、本公報每半月發行一次

二、凡本府例行公文即在本公報發佈不另行文

三、本府所屬各機關於收到本公報時應編號歸檔妥爲保存凡註明「不另行文」文件並應注意遵照

南京市政府公報

第五卷第四期

中華民國三十七年八月三十一日

編輯者　南京市政府編譯室

發行者　南京市政府

印刷者　大東新興印書館
南京：(四)建鄴路一三八號
電話：二二二二六號

中華民國三十七年九月十五日

第五卷　第五期

南京市政府公報

南京市政府編譯室編

目錄

市參議會第六次大會對本府施政報告決議全文

本府接准市參議會函送此項決議全文後，經於三十七年九月六日以（卅七）府總祕三字第七五一一三號訓令轉飭所屬各局處暨民食調配委員會遵辦具報。

審閱市政府最近施政報告與各局處工作報告以及對於本會上次大會與休會期間各種委員會決議案辦理情形之報告，尚能按照規定分別進行，値茲市庫極度支絀之時有此成就，洵屬非易，惟工作進度尚嫌遲緩，實施結果亦未能盡如預期，茲謹分就各部門工作情形加以檢討，幷作積極之建議。

民　政

民政局成立迄今，為時僅及年餘，其間人事更迭無常，四易其長，先天既苦不足，過程又多坎坷，蓋以目前該局人員較少，財力貧乏，維持現狀已屬不易，而該局於艱難困苦之中，尚能注意於調整保幹事待遇及厲行戶口整編等要項，頗堪嘉慰，惟欲使其能適應戡亂行憲局面，以符地方殷望，則有下列數事不得不加注意者：

（1）行政效率應力求提高：該局過去所辦禁毒，征兵及組訓民衆諸要政，或則廢時曠日，未能如期完成，或則徒具形式而無實質，此係由於事先缺乏周密計劃，事後對於所屬各級經辦人員又無嚴格考成所致，今後關於上述各項工作，應如何善後，將來對於各種新興業務應如何愼始，均應精密設計，製定進度，根據實況認眞考核。

（2）警保聯繫應力求密切：戶政為民政基礎，亦為辦理役政訓政禁政之前導，在民政工作中，實為諸政之母，尤以際此戡亂期間，關於年齡之調查，人才之統計，奸宄之檢察，隱賢之訪問，莫不胥此是賴，故應使警保之間加強聯繫，尤於戶口申報應力求簡化，以免重複，而節民力，俾收通力合作及增進事功之實效。

（3）基幹選舉應選拔地方賢能：自治幹部有關地方百年大計，位輕實重，非與地方有深厚關係，並特具有服務熱忱者不克勝任其事，過去間或誤以自治機關爲衙門，誤認基幹位置爲差缺，以致人事方面則調動頻繁，工作方面則首尾脫節，影響自治事業實至深且鉅，值茲行憲伊始，區保甲各級自治幹部選舉在卽，應儘量獎勵地方賢能候選，而爲地方事業作一根本打算，並勿再輕作類似職業性之調動，毋使借屋躲雨，以貽「五日京光」之譏。

（4）工作態度應一本至誠大公：過去民政工作不能積極開展者，半受人員經費限制，半由內在暗潮較多，如此則周旋應付之不暇，遑足以言建樹，今後主其事者，應根絶派系關係，超然於人事漩渦之外。

（5）工作重點切實把握：各區保甲等自治機構，論其性質，乃一政治的經濟的文化的團體，而發展生產提倡合作充裕民生實爲自治事業重點之所在，今後該局應請把握此項重點，妥定督導競賽及獎懲辦法，會同有關機關善爲規劃策動，發揮自治團體應有之經濟功能，庶幾市民於此社會動盪民生凋敝之際，得於各級自治機構相互依存，休戚與共，而收閭閻安定民心歸向之效。

財政

（1）財政局上半年之主要工作，爲整理營業稅與房捐，營業稅經整理後已見起色，房捐尙待努力，此兩項稅捐，原爲本市主要收入，如能整理有效，對於市庫實有極大裨益。

（2）營業稅現採直接申報制度，由商人自動申報營業額，對於稽征手續確可簡化不少，惟爲求負担之公平合理，仍須隨時抽查賬簿，加以覆核，但於查賬時，應嚴禁稅務人員之苛擾。

（3）房捐收數仍少起色，所擬治本辦法，由業主或租用人自行申報產價或租值，一面普查各類房屋狀况，訂定估計標準，以作評定時之參考，自可試辦，惟望在增加稅收原則之下，能使市民負担趨於公允。

（4）筵席稅雖一再整理，尙未達於預期境地，各餐館申報營業數額容有不盡不實之處，應通飭使用堂簿與結賬單，以便隨時抽查，核定稅額；再物價步漲甚烈，十萬元之起征點已嫌過低，應卽酌予提高。

（5）汽車市政建設捐，出諸車主，負担能力較強，實爲良稅之一，最近物價激漲，原有稅率過低，亟應參照生活指數予以提高。

（6）支出方面，過去人事費用增加甚多，今後除教職人員技術人員必須增添者外，其餘非必要之員工，應予裁減，以後幷不得再加，以資撙節。

（7）本市財源不裕，度支困難，但首都建設不容或緩，故除一般照案核定之普通補助外，對於首都建設專款，應請中央多加撥助，對於市立中小學員工薪津原補半數者，應請中央全部撥助，庶使建設與教育在本市財政現狀之下可以稍紓困難。

教育

（1）本市國民教育年有擴充，基礎日見安定，實爲可喜現象，此後宜在量的發展以外，再求質的充實，目前有若干國民學校自表面視之，雖甚安定，一般設施亦能照常進行，然缺乏活氣，欲求其再有精進，似不可能，此在紛亂草創時代，或仍不失爲一種較好學校，而安定發展時期中則有問題，行政當局對此種停滯狀態，宜如何策其精進，實甚重要。

（2）年來國民教育方面之教學研究與實驗工作甚著進步，至爲可喜，然關於研究精神如何求其提高，研究工作如何求其普遍，研究結果如何求其推廣應用，似仍有探討策勵之必要。

（3）中央因本市國民教育年有進步，特指定本市爲基本教育示範區，此實爲本市之光榮，因此本市對於未來國民教育之如何發展，責任自亦加重，故今後教育行政當局宜如何勤求國民教育之質量並進，實甚有特予研討之必要。

（4）本市中等教育，校數已數倍於戰前，故在數量上顯有甚大之成就，但就本市學生之需要言，或仍嫌不足，而就本市財政負担之能力言，又實已達到相當高度，故此後對於量的發展，自仍宜量力求其進步，而對於各校內容之充實，則更宜注意，尤其關於圖書儀器之充實設備與教學方法之輔導進步二點，更有特加注意之必要。

（5）本市市立師範學校爲本市唯一培植師資之場所，關係本市以後國民師資至重。今後在招收學生之數量上及品質上，宜如何配合國民教育發展上之需要，實應作一種有計劃之設施。又師範學校畢業生率皆服務於本市，學校應因便勤加輔導，以增進其教學之効能。在目前該校遷校改併之工作，既已完成，對此點更應有加強注意之必要。

（6）本市社會教育之發展，較學校教育爲遜，或由於本市目前經濟力量不足，僅能先爲側重於學校設施。然在可能範圍以內，亦不應過於偏枯，宜擇其最有效益者，集中設施之。例如補習教育與電化教育，設施易而收效宏，卽其兩大實例。

（7）本市各校館工作人員，在一般人才水準上，已較國內各市爲高，而學校師資尤較整齊，實爲可喜現象。惟社會教育方面，似尙未盡選拔專才之能事。最近數年，國內培養社會教育人才之機關漸多，吾人如何提拔本市已有之專才，盡量延攬，同時新進人才對於將來社教之進步關係亦甚大，幷應注意及之。

（8）本市私立中學小學林立，對於公家教育設施之補益甚大，因此管理輔導之需要亦大。其歷史悠長教學優良者，宜盡力扶植。其設施雖有基礎，而教導方法平庸者，宜加強輔導，其設備毫無基礎，教學無方，一切設施，均過於簡陋者，則應嚴加取締，以免貽誤青年。

（9）年來視察輔導工作，因各種方法標準均已訂定施行，顯見進步。然因工作人員間有外調或兼辦事業機關者，遂覺不敷。似宜遇時補充專門人才，加強一般視察及分科輔導爲是。

（10）本市失學兒童甚多，教育局擬增設學校班級，是否足夠容納失學兒童，應請教育當局注意。卅七年下半年度總概算所列經費，如足夠增班增校之用，應請教育局切實執行。如所列經費不敷增校增班之用，則仍應請求中央增加補助。

工務

（1）本市下水道，雖有局部工程開始興工，惟未能積極進行，一遇陰雨，仍是積水成渠，亟應加緊施工。

（2）本年水勢甚大，沿江江堤及洲堤，請市府特別注意，加以防範搶救。

（3）本市洲堤年久失修，農田水利亦亟需整理，應利用以工代賑之方式，於此次水退後迅加整頓。

（4）本市小街小巷道路現仍未能全部翻修，而各區交通要道，車馬擁擠之處，應即修建路街，以免危害行人生命。至於郊區公路，從未修理，應即查明補修。

（5）首都電廠，近因四號發電機損壞，致不得不分區停電，市民極感不便，應請轉飭迅予修復。

（6）本市路燈費早經增加，現仍未能普遍裝設，亟應擇要添裝。

地政

（1）查城區地籍整理因故尚待解決之案件中，三十六年度有千餘件，固因產權或有糾紛，或須補繳證件，惟擱置過久，殊非所宜，亟應採取有效合法措施，限期處理完結。

（2）郊區地籍之整理誠為至要，惟因郊區過去從未辦理土地登記，故產權證件每多不全，經界劃分亦欠明晰。若辦理不善，極易發生流弊，應預籌妥愼辦法，以免糾紛，且郊區人民智識水準較低，每易受人愚弄，過去辦理城區地籍整理時所發現之一切不良現象，尤應有所預防。

（3）江心洲自耕農之扶植工作，辦理將近二年，雖在水利建設方面略有成就，而耕者仍尚未有其田，此則需要積極努力，不容稍懈。

（4）徵收土地案件已日見其少，協購土地案件，亦多能完滿成立，此誠負責當局努力所致。惟軍政機關佔用敵僞圈佔民地之事件迄今仍未能謀得解決，此在客觀條件上，誠有其困難，惟不能遇難而退，尚望繼續積極進行，以紓民困。

（5）郊區契稅，固為財政局所主辦，而事關地權，與地政局亦有密切之關係，應有切實之聯繫，以杜冒濫。

衛生

（1）增設自來水站甚多，確為進步之措施。

（2）散發貧民自來水券，供應貧民衛生飲料，用意至善，本年散發券數亦甚為普遍。惟散發人員，至每一貧戶家內，祇能停留二、三分鐘之時間，致不及對貧民詳加說明，恐貧民雖已有券而不明其用途，故應由各區分別對貧民說明自來水券之用途，及衛生飲料之重要，庶可收實際之效果。

（3）衛生所已添置甚多，固屬可喜之事。但設備頗多簡陋，醫師護士人員太少，致有急請投醫者，或因醫師已離開未能診治，或因缺乏藥品，未能施行緊急診治手續，貽誤實大，應請在中央撥付之衛生專款內從速充實設備，添聘優良醫師。

（4）流動衛生所之目的，在使一般住戶距離醫院較遠或無力乘車至醫院就醫之貧民，便於診療疾病。現本市流動診療車雖有五輛，但僅在大馬路上來往，殊有忤於原始設置之意義，希望以後多注意偏僻街道、棚戶區及鄉區，醫務人員亦需往各戶訪問找病人，始可廣收流動診療之效果。

（5）環境衛生雖多改善，但小街小巷垃圾未能按時收運及清除，糞便小便亦隨地皆是，仍應切實改善，多建公廁。

（6）衛生教育，雖有舉辦，但僅為城市民衆之消遣處所，未能作到普及，希望以後分區辦理，尤其棚戶及貧民住宅區內更應多加注意及宣傳。

警政

（1）攤販整頓及取締，雖見逐步改善，惟新街口中正路及建康路文德橋一帶攤販林立，頗礙觀瞻，希仍繼續整頓，加強登記管理。

（2）戶口清查工作甚有進步，仍應加緊，冀達完善。

（3）警員之精神及服務態度亦有進步，但仍有少數警員態度欠佳，希加緊督導。

（4）禁烟工作不夠澈底，因京市市民吸毒及販毒者仍時有所聞，應經常會同民政局加緊禁緝，期能於本年度肅清烟毒，同時各級人員辦理不力者，並應加以連坐處罰。

（5）車禍次數確較以往減少，希望加緊檢驗車輛及司機執照，並限期執行，使車禍繼續減少至理想境地。

（6）馬車駕駛人常持木棒鞭打馬匹，且一車乘客達八、九人，使馬力不勝担負，此點在本會以前大會曾有決議，請警廳設法取締，至今未見成效，仍希督飭交通崗警嚴加取締。

（7）對於本市民辦救火會，應請警廳會同民政局切實整頓，以期改善。

（8）刑警隊對於市民仍有非法逮捕拘禁，或以非法方法詢問取供情事，應請嚴申禁令，違者重辦，以重人民自由而行憲政精神。

社會

（1）目前救濟工作自屬艱巨。審閱三個月來之社會工作，亦即側重於此。如難民救濟貧民救濟等項，均在分別推行，具見努力。但救濟工作貴能變消極為積極，化無用為有用。此後應特別注意工賑，使救濟與建設相配合，詳閱報告，已有工賑計劃之擬議，希望能迅速切實推行。又市立救濟院年來雖有改進，但對於教養諸端尚有難以令人滿意之處，此後仍須力求改善，以期眞正符合終用長養之道。至訓練生產技能，擴展工農生產設備，均關重要，尤須切加注意。

（2）調節粮食實爲當前要政，最近實施全面配售，管理粮食市場及平抑粮價諸端，均在分別進行，此後如何充裕粮源，儲粮備荒，如何防止人爲操縱，制止囤積，仍須多加注意，並應適時適地採取有效措施。尤其對於升斗市民，並使供應無缺。至貧戶米關係貧民生計甚大，辦理此項業務，尤須符合公開公平原則，使貧民受到實惠，同時鄉區應與城區並重。又戶口米配售價格之規定，過去未能盡符本會意見，此後應請以市民福利爲前提，愼重處理。

（3）近日以來物價漲風殊爲可慮，絕不可以物價有其全面性爲理由而稍存忽視。此後應請社會局會同有關機關作有效之防止，在使民而不擾民之原則下切實辦理。

（4）際此動員戡亂時期，人民團體之組訓，仍應加強。又近數月來勞資糾紛案件達八十餘起之多，均能迅速處理，未發生工潮，殊屬不易，但此後仍應一本用地方力量解決地方問題之原則，廣徵意見，以求公平，而免偏頗。

（5）關於建築平民住宅，進展較緩，本市房荒嚴重，貧戶擁擠，不徒有礙觀瞻，抑且影響秩序，此項問題亟待解決，市民對於平民住宅之期望甚殷，目前進行程度如何，建築款項有無把握，應請從速洽辦，切不可再緩。

（6）合作事業應訂獎助辦法，並應予以維護，目前經濟動盪，生產事業失其均衡，本市工商事業併應在可能範圍內儘量予以扶助。

在此行憲戡亂時期，首都市政百端待舉，誠如施政報告所言，均須以較少之經費獲致較大之效果，惟最近物價波動甚劇，兵役催辦復急，市政當局應如何平抑改善，藉以保障市民生活，安定社會秩序，此則最爲本會同人所殷切企望者也。

會議紀錄

南京市政府第一四〇次市政會議紀錄

時　間：三十七年八月十三日上午九時

地　點：本府會議室

主　席：馬副市長　　紀錄：史崇訓

討論事項

1. 市長交議：據教育、衛生、社會三局會擬「南京市衛生教育委員會組織規程」，提請討論案。

決議：修正通過，并分報教育、衛生、社會三部備查（修正組織規程見法規欄）。

2. 教育局提：擬訂三十七年度第一學期市立各級學校學生繳費標準及私立中小學校收費原則，提請核議案。

決議：照案通過，送請市參議會審議。

3. 教育局提：擬訂本市清寒學生助學金勸募辦法，提請核議案。

決議：原則照案通過，送請清寒學生助學金勸募委員會參照辦理。

政令

辦理戶口複查人員受獎

南京市政府訓令 (卅七)府總人字第七一九四號

令民政局

查本市此次辦理全市戶口複查，首都警察廳暨該局各級主管人員於酷暑中，任勞任怨，悉力以赴，因得於限期內順利達成任務，殊堪欣慰，所有在事人員應予分別傳諭嘉獎，以示慰勉。今後關於戶政事宜，仍應由該局隨時督飭各區保甲長切實與警廳戶籍人員聯繫，恪遵功令，通力合作，以奠定本市戶政基礎。除分電首都警察廳外，合行令仰遵照，并轉飭遵照。

此令！

中華民國三十七年八月二十三日

抄發移用振款處置辦法

南京市政府訓令 (卅七)府總祕字第七〇三五號

令本府所屬各單位

案奉

行政院本年八月十一日(卅七)六經字第三六〇三四號訓令開：

「奉 總統三十七年八月四日統(一)字第六四號訓令開：

『據該院三十七年七月二十六日(卅七)六經字第三三八四三號呈，據社會部呈，以近有地方政府移用振款充作他項公務費用或墊作經臨事業費及作其他無關救濟之用，甚或不免移作經營私人商業者，致使困難顛連之難民不能及時獲得適當之救濟，輿論指責，民有煩言，現匪勢日蹙，四處流竄，為禍益烈，奉撥振款，更應配合軍事妥速救濟，以利戡亂工作之進行，擬具移用振款懲處辦法請核示等情；查中央配撥各省市振款，旨在惠濟災黎，自應力求迅捷，以宏實效，前據社會部呈擬省市振款撥發程序，嚴防移作他用，由院通飭遵行在案，現值戡亂軍事積極進行之際，難民日衆，政府念其流離失所，雖於財政萬分困難中亦儘力籌撥，速謀救濟，不料各省市政府仍有移作他用情事，殊失政府惠濟災黎之本意，據呈擬辦法，重申前令，嚴加禁止，核有必要，經就現行法律中有關處罰各規定，將原呈辦法修訂為移用振款處置辦法，除指復外，理合呈請鑒核明令公布，并通飭施行，除分行外，合行令仰遵照』等因，除分行外，合行令仰遵照，并轉飭遵照」。

等因，附移用振款處置辦法一份，奉此，除分行外，合行抄發原件，令仰遵照，并轉飭遵照。

此令！

附抄發移用振款處置辦法一份

中華民國三十七年八月十九日

◉移用振款處置辦法

第一條 省市縣政府或主管振款財務及發放振款之機關團體，對於中央撥發各省市振款應依社會部所頒改進省市振款撥發程序辦理，如有任意移用情事，除法令另有規定外，依本辦法處置之。

第二條 移用振款經營商業及其他私人事業或套取孳息，直接間接圖利者，移送法院，依懲治貪污條例從重置斷。

第三條　抑留振款充作他項公務費用或充公用事業資金者，除責令如數賠繳外，轉送法院依刑法瀆職罪處斷。

第四條　移用振款暫墊機關團體之經臨事業費用而無抑留不發之故意者，除責令即日歸還外，公務員依公務員懲戒法之規定，移付懲戒，團體主持人由上級社會行政主管機關予以解職處分。

第五條　移用振款應由移用機關團體之主管長官或主持人負本辦法所定之責任，不得藉詞諉卸，其有關出納會計審計人員，亦應視其情形分別令負相當責任。

第六條　上級機關團體命令下級機關團體移用振款者，上級機關團體之主管長官或主持人應分別負教唆或幫助之法律上責任。

第七條　移用振款由各省市審計處負責稽查之受救濟人或其他知情人，亦得舉發之。

第八條　本辦法施行前移用之振款限於本辦法施行之日起十日內如數歸還，逾限發覺者，依本辦法處置之。

第九條　本辦法自公佈日施行。

本府大事記

八月份下半月

八月十七日（星期二）

△市參議會召開第八次臨時大會，討論征收自衛月捐實施辦法，及本市中小學收費標準等要案。

二十一日（星期六）

△市長召集本市銀錢業與日用必需品同業公會負責人舉行談話會，說明政府實行幣制改革之意義。

二十二日（星期日）

△總統召見市長與社會局謝局長徵孚指示經濟管制事宜。

二十三日（星期一）

△社會局會同首都警察廳合組之「物價督察隊」在市區內開始流動調查。

△本市物價評議會舉行會議。

二十六日（星期四）

△南京市清寒學生助學金募集委員會舉行會議。

二十七日（星期五）

△本市舉行祀孔大典並慶祝教師節，均由市長主持。

市政要訊

舉行祀孔禮●紀念教師節

八月二十七日孔子誕辰，首都各界祀孔典禮及教師節紀念大會，先後假朝天宮大成殿舉行。上午八時半，祀孔禮開始，沈市長主祭，孔子後裔孔令燦暨馬副市長、王繹齋、俞采丞、盧前等陪祭。一切儀式，悉依古禮，市民前往參觀者達千人。孔聖牌位前祭桌上，置香蕉、蘋菓、梨子三盆，紅燭高燃，香烟繚繞，殿前祭壇，佾舞生九十二人，分東西兩班站列，其中二十人穿紅衣、名武生；七十二人穿藍衣，名文生，右手執樂，左手執羽，隨樂聲起舞。祭祀所用樂隊爲中央電台之國樂組，所用樂章名大成樂章，樂器皆古樂。燃燭焚香，主祭陪祭官在祭壇階下就位，然後闢戶迎神，奠帛爵，行初獻、亞獻、終獻禮，時殿前古樂悠揚，殿內朗誦祭文，佾舞生作文德之舞，極爲莊嚴隆重。旋撤饌送神，主祭官奉祝帛送燎，闔戶禮成。

繼舉行教師節紀念大會，仍由沈市長主持，致詞謂：今天我們在祭孔典禮之後，舉行這個紀念會，人人自有一種高山仰止，肅然神往之感。孔子一生讚美的只有三個人：一個是他的老師老子，這是出乎自然的崇拜之情；一個是管仲；一個是大禹。因爲如當時沒有管仲，中華民族已被夷狄所征服，這種以民族主義爲立場的觀點，兩千年後的今天，仍有其意義。大禹治水，一生爲人民服務，這種精神就是我們民族的象徵，所以贏得孔子的讚美。此外，孔子有誨人不倦的精神，在當日混亂的時代中，周遊列國，講演他的學說和主張，知其不可爲而爲之，毫無畏懼，我們今日的情形亦復相似。京市教育，在量方面說，已超過戰前標準，質的方面，亦正在進步，教育經費佔市府經費百分之四十五。盼與會人士效法孔子精神，促進教育以至社會的進步。」沈市長詞畢，請市通志館館長盧前演講，盧氏謂孔子是一個平凡的人，以「常」處世，講求忠恕之道，不祇替自已設想，亦爲他人設想。十時散會。

募集清寒學生助學金

南京市清寒學生助學金募集委員會爲商討募集三十七年度第一學期清寒學生助學金事宜，於八月二十六日舉行會議，由市長主持，議決確定本市清寒學生助學金總額爲一萬五千圓，其分配數額：（一）公立專科以上學校學生三百名，每名二圓，合計六百圓。（二）私立專科以上學校學生三百名，每名八圓，合計二千四百圓。（三）公立中學學校學生一千二百名，每名二圓，合計二千四百圓。（四）私立中等學校學生一千二百名，每名八圓，合計九千六百圓。各界對於此項勸募助學金事，極爲贊助，均踴躍輸捐，並已將認捐數額陸續送交該會。玆將此次該會辦理助學金申請及審核辦法刊錄於下：

●南京市清寒學生助學金募集委員會辦理助學金申請及審核辦法

一、本市清寒學生助學金之申請及核發，由本會組織審核委員辦理之。

二、本市清寒學生助學金總額爲壹萬五千元，其分配數額如左：

1. 公立專科以上學校學生三百名，每名二元，合計六百元。
2. 私立專科以上學校學生三百名，每名八元，合計二千四百元。
3. 公立中等學校學生一千二百名，每名二元，合計二千四百元。

4.私立中等學校學生一千二百名，每名八元，合計九千六百元。

三、凡本市公私立中等以上學校之在籍清寒學生，皆得申請。

四、本會所指清寒學生，其標準如左：

1.家在匪區經濟來源斷絶者。

2.父母俱亡家境貧寒靠親戚撫養者。

3.兄弟姊妹衆多，父母無力使其入學者。

4.家中無生產之人或乏正常收入而度日維艱者。

五、凡清寒學生申請助學金應塡具申請書幷覓保證人經加章後，送交學校，由學校在規定分配名額內負責舉行初審，認爲合格後，加蓋校印附具評語，再由學校轉送本會審核委員會審核（附申請書式樣由學校依照式樣大小自行油印）。

六、初審及複審之程序如次：

1.檢閱申請書注意其是否清寒及清寒程度。

2.檢查並紀錄其成績（新生以入學試驗成績爲準）。

3.凡申請逾額時則以其清寒狀況與成績優劣爲先後比較之，比較方法如次：

甲 以學業成績優劣爲先後排列之。

乙 學業成績相等者，以其操行成績爲先後排列之。

丙 品學成績相若者，以其清寒程度爲先後排列之。

丁 前三項均相若者，以籍貫區別之在匪區者在先。

七、各校初審時對於公費生免費生及領有其他獎助學金者應予剔除，惟免費生及領有其他獎助學金或補助費其數額不及本會助學金之數額者，得由各校酌量辦理之。

八、凡經審核合格之學生，助學金發由學校轉給。

九、凡學生領取助學金，如經人檢舉有作僞假冒情事，保證人應負追還或賠償之責。

十、本辦法經本會委員會通過施行。

取締佔用市有公地

本市各處公地被人佔用者甚夥，地政局業已依據法理與事實，擬就處理意見，邀同各有關單位代表研議處理，決定處理原則如下，已派員實地查勘中。

一、凡佔用公地案件仍本一貫之取締原則。

二、先就已公布放租之地予以取締。

三、由地政局提供取締資料，由工務局警察廳執行拆遷。

四、關於拆遷地點，指定在石門坎棚戶區。

五、爲顧及被拆遷棚戶之生活需要，由地政工務兩局就城區範圍以內選擇空荒公地一址，備作小型棚戶區之用。

六、關於拆遷之技術程序如次：1.第一次由工務局通知，限半月內自行拆除。2.逾期不遵者，依行政執行規定，由警察廳及工務局會同強制執行。

簡訊

△嚴格管制物價　本市為嚴格執行幣制改革後之中央各項政令，已由社會局會同警察廳組織督察隊，分赴各地作流動性之巡查，並通告各行業商號，如有不遵照民國三十七年八月十九日價格，擅自高價出售情形，一經查出，即予依法嚴懲。同時由社會局評定各項主要物品之金圓價格，公告週知，俾各商民有所遵循。

△慶祝勝利節　九月三日勝利節，首都各界慶祝勝利三週年紀念大會，於是日上午九時半假中央大舞台舉行，到本市市民共三千餘人，由市長主持，並致詞，繼由參議會副議長王淞等發表演說，至十時許散會。十時半並在靈谷寺國民革命烈士祠公祭陣亡將士，市長主祭，王副議長陪祭，歷二十分鐘禮成。

△修理本市重要人行道　工務局為修理本市重要街道人行道，經擬定修理經費十二萬金圓，向業主收取，已取得市參議會同意，為早日修整計，該局即將各路線修理需用經費，開列名冊，準備收款修鋪，其修理之人行道有中山路，中山東路，山西路，中華路，太平路，珠江路，林森路，建康路　昇州路等路，以上各路均已測勘完畢，待經費收齊，即可動工修建。

△修築下水道　本市每遇霪雨，低窪地區頓成澤國，工務局業將市內二十餘處淹水區摘出　計劃修建下水道，並先由情況最壞者開始動工，再逐步修建其他各處，刻已修築完成之下水道有三處，（一）金川河涵洞，（二）長吉新邨，（三）中山北路通南祖師庵段。尤以金川河涵洞，所裝均為四十二吋大管。今後自中山北路首都飯店向西南沿金川河兩旁地區，已不致再有淹水現象發生。

△以工代賑翻修道路　本市救濟福利事業審委會經奉到社會部撥付法幣二百億元以工代賑之經費後，已計劃于各地來京之難民中，挑選少壯難民一百一十名，參加修路工作，經與工務局會商決定，擬先從下關車站至燕子磯，及中央門至燕子磯兩馬路實施翻修，不日即可動工，預計三個月可以竣事，該批以工代賑之難民，在參加修路期間之待遇，除供給住宿外，每人每日並發米四升。

△放租市有公地：財政局主持之放租四十二處市有公地，申請登記租賃者，經審查完竣，共為二萬三千八百七十七戶，已於九月五日正式公告合格名單，並定於九月二十日在白下路市民大會堂以摸彩方式決定承租人，此次放租，以廳後街一處申請者最多，為三千二百四十五戶，最少為鍋底塘，僅有八戶。

△催繳救濟特捐　京區救濟特捐，原定八月底募足，近因受幣制改革影響，商界各認戶尚未繳齊，正由民政局加強催繳，以期早日結束。

△本市三十七年第一期徵兵結束　民政局辦理本年度第一期徵兵工作，業於八月底順利結束，計各區徵送新兵經體格檢查合格撥交南京團管區接收者共一二九六名，再加青年軍二〇二師、傘兵總隊、憲兵司令部、通信兵學校等各單位先後在京招募兵員，依法可以列抵配額，經民政局轉請報抵有案者計八八六名，兩共二一八二名，超過配定額（二〇〇〇名）一八二名，又本年度第二期徵兵工作業已籌備就緒，已於九月十日開始徵集。

△加強肅清烟毒工作　民政局為澈底根絕本市煙毒起見，經擬定加強肅清烟毒工作綱要，將宣傳查緝檢舉調驗各部門配合施行，藉以增強工作效率，俾本市烟毒早日廓清，幷已提付禁烟會報議決施行。

專載

南京市各登記區標準地價等級表

三十七年八月十一日公布

（池塘按所在地段地價折半計算）

登記區	等級	每方丈標準地價（單位萬元）	地段
壹	甲 1	二四〇〇〇	新街口廣場東北東南轉角地
	2	二〇〇〇〇	中山路（自新街口廣場轉角地至林森路口） 中正路（自新街口廣場轉角地至淮海路口） 中山東路（自新街口廣場轉角地至太平路口） 中山東路太平路東南轉角地 中山東路東海路東北轉角地 忠林坊 中山林森路東北轉角地
	3	一七〇〇〇	太平路 中山東路（自太平路轉角地至市鐵路） 中山路（自林森路口至珠江路口）德賢里
	4	一一〇〇〇	中正路（自淮海路口至羊皮巷口） 中山路（自珠江路口至薛家巷口） 東海路四興里 思輔里 餘慶里 存厚里
	5	八八〇〇	林森路（自中山路口至估衣廊口） 珠江路（自中山路口至魚市街口） 碑亭巷（自中山東路口至林森路口） 珠江路（自魚市街口至成賢街口） 林森路（自估衣廊至碑亭巷口） 碑亭巷（自林森路口至珠江路口）
	乙 1	六六〇〇	淮海路（自中正路口至洪武路口）
	2	四〇〇〇	中山東路路北（自市鐵路至逸仙橋） 二郎廟 延齡巷 楊公井 珠江路（自成賢街口至市鐵路） 林森路（自碑亭巷口至市鐵路）韜園 三益里
	3	三五〇〇	北門橋 魚市街 唱經樓 磨盤街西段 泰山坊 板橋新村 科巷
	4	三二〇〇	黃海路（自中山東路口至林森路口） 成賢街（自珠江路口至雙井巷口） 洪武路（自中山東路口至淮海路口） 淮海路（自延齡巷口至太平路口）
	5	二八〇〇	中山東路路北（自逸仙橋至中山門） 估衣廊 破布營 糖坊橋 劉軍師橋
	6	二一〇〇	正洪街 正洪里 景賢里 增盛里 丸思里 玆泉里 決醒里 壽康里 王家巷 行宮東街 黨公巷 銅井巷 建福里 小松濤巷 松濤里 文昌巷 桃源村 忠厚里、文華里 文壽里 延壽里 紅花地 糖坊巷
	丙 1	一八〇〇	珠江路（自市鐵路至竺橋口） 成賢街（自雙井巷口至四牌樓） 淮海路（自洪武路口至延齡巷口） 洪武路（自淮海路口至羊皮巷口） 漢府街
	2	一六〇〇	成賢里 成賢村 長康里 錫山里 樹德坊 金湯里 安樂里 吉兆營 同仁街 匯文里 香鋪營 國府西街 梅園新村 桃園新村 唱經樓西街 鐵湯池 蔡家菜園 上乘庵 戶部街 羊皮巷 遊府西街 售狀元巷 普慶新村 利濟庵 鍾嵐里 壽濟村 雍園 文一村 大悲巷 大高里 芴園 鼎新里 楊將軍巷

3 一五〇〇 成賢街（自四牌樓至市鐵路） 四牌樓 大石橋 薛
家巷 當舖巷 同仁巷 韓家巷 花家街 廊後街
陸家里 吉兆里 青石街 青雲里 青村 海山村
泰平里 同慶里 榮安里 鄧府巷 永貞里 肚帶營
學堂巷 國府東街 抄紙巷 廖家巷 嗣堂巷 遊
府新村 德安里 浮石村 洪武里 吉祥里 尼姑巷
丹鳳街
4 一一〇〇 尖角營 鄧司巷 張家菜園 田吉營 鄧府巷後 黃
泥巷 小獅子巷 五老橋 水巷 松蔭里 太陽村
白菜園 和平里 壽星里 三十四標 雙塘巷 天印
庵 壽星橋 衞巷（在唱經樓）
5 一一〇〇 一枝園 網巾市 石婆婆庵 慈悲里 紫陽里 竟成
里 竺橋新村 竺橋 如意里 相府營 鍋子巷 蘇
安里 新民坊 五星里 福祺里 德鄰村 二賢里
玉琳坊
1 九〇〇 黃埔路 大小城隍巷 衞巷（在國府西街） 周必由巷
廊東街
東西箭道 太平橋南 太平橋北 紅廟 白井廊 安
將軍巷 如意橋 觀音閣 宗老爺巷 黃家塘 謝公祠
脚 踹布坊 通賢橋 磨坊巷 文德里 雞鵞巷
2 七二〇 紅板橋 老虎橋 將軍巷 雙井巷 居安里 嚴家橋
大小紗帽巷 沙塘園 吉昌里 榛巷 藍家莊 晒布廠
文昌橋 武廟前 中大農場 試院路 演武廳 文
昌村 雞鳴寺路 花紅園 蘭園 西華巷 楊家巷
水晶台
戊 1 二二〇 打靶場 武廟閘 御史廊
2 一五〇 韓家莊 太平門大街 中山門大街
3 九〇 顧家莊 荷包套 香林寺 半山園 半山寺 北極閣

皇城角 后宰門 太平巷（在太平門） 靜心橋
頤和里 進香河 升和里 和光里
4 五五 九華山 富貴山
貳 甲 1 一七〇〇 太平路 朱雀路
太平路朱雀路白下路四轉角地
2 一四五〇 白下路（自中正路口至太平路口） 麟和里
3 一八八〇 中正路（自羊皮巷口至白下路口）
白下路（自太平路口至市鐵路）
4 六六〇〇 建康路（自淮清橋至西文思巷口）
乙 1 四〇〇〇 白下路（自市鐵路至大中橋）
建康路（自西文思巷口至白下路）
中山東路路南（自市鐵路至逸仙橋）
建鄴路（自中正路至鍋子橋） 仁昌里
2 二八〇〇 中山東路路南（自逸仙橋至中山門）
大光路（自大中橋至公園路口）
丙 1 一八〇〇 洪武路（自羊皮巷口至白下路口）
寧中里 廊後街
2 一六〇〇 羊皮巷 戶部街 三元巷 娃娃橋 程閣老巷
3 一五〇〇 武學園 金鑾巷 八條巷 曾公祠 六合里 四維里
紫金坊 火瓦巷 三十四標南路 大陽村 安康里
馬府街 五馬街 四條巷 三條巷 常府街 良友里
英威街 英威里 復成橋 復成倉 四海里 復興
里 南園 桐蔭里 康樂里 樹德里 天津橋 太平
巷 廣藝街 洪武新村
一一〇〇 李家巷 [illegible]營 逊貫井 仁壽里 破瓦巷 仁義里
馬路街 景星里 頭條巷 二條巷 仁義坊 五福
新村 五福街 新晉里 復成新村 和會村 華村
尊德村 [illegible]里 香鋪里 公園路 松竹里 通濟門
[illegible] [illegible]園 松園 逸園 泰和里 牽牛巷 龍王廟

小火瓦巷（即堂子巷） 西方庵 長治里 小陽村
文昌宮巷 敦厚里 仁愛里 立法院街 北首巷
公園里 體育里 仁孝里
丁 1 九〇〇 貢藝巷 衙峽巷 東西考棚巷 牙巷 綉花巷 斛斗巷
復興巷 棉鞋營 琥珀巷 東昇里 城佐營 小二
條巷 八寶前街（自五馬橋至大光路口）
2 六〇〇 大光路（自公園路口至光華門）
八府塘 東西八府塘 大光東新村 利業村 晒廠 昇平
巷 細柳巷 手帕巷 申家巷 西井巷 東井巷 致
和街 沙塘灣 馬號
3 四〇〇 鍋底塘 水巷 九兒巷 東西文思巷 小門口 文正橋
東西玉壺坊 菜市口 察院巷 建康北四巷 尚書巷（
政治區西） 御道街（政治區外） 都統巷 火星
廟 岩巷 復成橋橋東 建康北三巷 八寶後街
東西釣魚巷
戊 1 二二〇 葛家菜園 傅家菜園 姜家灣 雙巷
2 一五〇 五馬橋 標營 藍旗街 東西長安門 李府街 內外五龍
橋 九板橋 白虎橋 尚書巷（政治區內） 光華門
東街 御道街（政治區內） 馬檻溝 八寶前街（自
五馬橋至御道街） 大洋溝 午朝門 二門崗街 青
龍橋 中山門前街 銅心管橋 五人橋 迴龍橋
叁 甲 1 一七〇〇〇 朱雀路
中華路建康路四轉角地
建康路朱雀路東北西北轉角地
2 一四五〇〇 建康路（自市府路口至中正路口）

貢院前街
3 一一〇〇〇 中華路（自內橋至瞻園路口）
貢院西街
昇州路（自中正路口至陡門橋）
4 八八〇〇 中華路（自瞻園路口至長樂路口）
建康路（自市府路口至淮清橋）
龍門街
5 六六〇〇 利涉橋北瞻園路 夫子廟
乙 1 四〇〇〇 狀元境
2 三二〇〇 新姚家巷
3 二八〇〇 市府路 平江府街
中正路（自府西街口至金沙井口）
4 二一〇〇 大彩霞街 慧園街 慧園里 仁元里 紫泉里 長樂
路路北（自中華路口至武定橋）
丙 1 一八〇〇 龍門西街
敦敷營（自建康路口至狀元境內）
2 一五〇〇 府西街 錦繡坊 裱畫廊 舊王府 益仁巷 桃葉渡
姚家巷 姚平巷
3 一一〇〇 長樂路路北（自中正路口至中華路口）
中正路（自內橋灣至府西街）
中正路（自金沙井口至新橋）
平江府南北街 金沙井 針巷
丁 1 九〇〇 敦敷營（自狀元境口至瞻園路口）
東關頭（自大石壩街至市鐵路）
大石壩街 內橋灣 王府園 朱雀西一巷 洞神宮
劉家塘 劉公祠 建康北一二巷 東牌樓 泰康里
望鶴樓 望鶴崗 黑廊巷 水倉巷 鈔庫街 許家巷
弓箭坊 顏料坊 上浮橋 利涉橋南 渡船口 雞

鶯巷 教敷營 文德橋南 小彩霞街 安仁里
長樂路路北（自武定橋至千佛庵）

2 七二〇 東王府園 西王府園 小王府園 潤德里 胡家巷 李家苑 承恩寺 秦狀元巷 四聖堂 何厠居 銀作坊 秤它巷 洋珠巷 李府巷 友安里 井子巷

3 五〇〇 東關頭（自市鐵路至東關） 大小鶯家巷 東西石壩街 小石壩街 丁官營 長樂路（自千佛庵至武定門） 鵝鶿橋（鐵路迤西） 自新巷 義興巷 烏衣巷 烏衣里 泰安里 琵琶巷 東花園（自石壩街口至白鷺洲） 蓮子營（自糟坊巷口至市鐵路東西路一段） 白鷺村 飲虹園 腰巷 黑簪巷 仁和巷 鳳凰井 長生祠 祥興里 崔妃巷 牛市 玉帶巷 補釘巷 千佛庵 糟坊巷 綽巷 大小全福巷 大小四福巷 大小砂珠巷 城隍廟後

4 三〇〇 天豐倉巷 藍家苑 啞叭巷 管家巷 高家巷 興隆巷 白塔巷 小白塔巷 寶塔巷 金陵閘 木匠營 水佐營 康樂里 染坊巷

戊 1 二二〇 東花園（市鐵路迤西） 蓮子營（南北路一段） 小心橋（市鐵路迤西） 大樹城（市鐵路迤西） 新路口 小心橋東街 心腹橋 倉門口 八間房 中營 仁厚里 轉龍車 轉龍巷 雙塘園

2 一五〇 東花園（市鐵路迤東） 小心橋（市鐵路迤東） 鵝鶿橋（市鐵路迤東） 大樹城（市鐵路迤東） 正覺寺 石觀音 庫上 仙壇 老虎頭

肆

甲 1 七七〇〇 中華路（自長樂路口至鎮淮橋）

乙 1 五〇〇〇 中華東門 中華西門

丙 1 二一〇〇 長樂路路南（自中華路口至武定橋）

2 一一〇〇 長樂路路南（自中華路口至中正路口） 集慶路（自中正路口至釣魚台口） 沙灣 上浮橋

3 九〇〇 長樂路（自武定橋至千佛庵）

丁 1 七二〇 膺福街（自中華東門至豆腐巷口） 信府河（自中華路口至信府苑口） 糖坊廊（自中華路口至煤灰堆口） 下江考棚

2 五〇〇 釣魚台 船板巷 長樂街 柳葉街 大油坊巷 實輝巷 千佛庵 磊功巷 璇子巷 九兒巷 箍桶巷 下浮橋 膺福街（自豆腐巷口至大油坊巷口） 小船板巷（自釣魚台口至船板巷口） 集慶路（自釣魚台口至大仙鶴街口） 糖坊廊（自煤灰堆口至長樂街口） 信府河（自信府苑口至長樂路口）

3 三〇〇 宰豬巷 仁育渡 恆德里 木匠營 馬道街 殷高巷 游銅坊苑 大小百花巷 牽牛巷 廚子營 瓦匠巷 輝嶺 軍師巷 小油坊巷 白酒坊 過街樓 信府苑 鞍轡坊 煤灰堆 張都堂巷 磨盤街 胭脂巷 老王府巷

戊 1 二二〇 飲馬巷 小門口 庫司坊 擲鈴巷 歐陽巷 甘露巷 侍其巷 王府巷 小船板巷西部 皇冊庫 小府巷 大小膠巷 集慶路西段 施家巷 中營 邊營 三條營外口 三條營 小西湖 小西湖畔 蔡家苑 堆草巷 小膺福 半邊營 蔡板橋 心腹橋 倉門口 馬芳苑 剪子巷 上江考棚 八間房 陶家巷 積善里 張家衙 五板橋 亂石堆 大小荷花巷 大小井巷 貴人坊 豆腐巷 龍泉巷 鳴羊街

2 一五〇 蕭公廟 大沙井 鳳遊寺 杏花村 柏家苑 總所巷 來鳳街 金粟庵 土橋 花露崗 綠竹園 陳家牌

坊 六角井 高家苑 倉坡 倉頂 五福街 撥其巷 毛家苑 貓魚市 朱家苑 玉振巷 太平閭 太平街 太平橋 太平井 太平苑 玉振巷 大、小仙鶴街 黃土山 鴨池塘 嚴家井 吉祥街 鬱家園 菱角市 迴龍街 地藏庵 畚子巷 陸府巷 雙塘 五間廳 井家苑 勞工新村 老府橋 孝子坊 桃其巷 荷花塘 孝順里 王府里 水齋庵 桃源巷 避駕營 同鄉共井 謝公祠 六度庵 豐樂園 五福橫首 膺乃巷 營門口 仁義橋 高崗里 擱漏街 崇恩街

3 八〇 西關頭 小沙井 豆腐坊 十間房 瓦棺寺 萬竹園

伍

甲

1 二四〇〇〇 新街口西南西北兩轉角地

2 二〇〇〇〇 中山路（自新街口廣場轉角地至華僑路口） 中正路（自新街口廣場轉角地至石鼓路口）

3 一七〇〇〇 中山路（自華僑路口至廣州路口）

4 一四五〇〇 漢中路（自新街口轉角地至天津路口）

5 一一〇〇〇 中正路（自石鼓路口至羊皮巷口） 昇州路（自中正路口至陡門橋） 中山路（自廣州路口至漢口路口）

6 八八〇〇 中正路（自羊皮巷口至白下路口） 昇州路（自陡門橋至莫愁路口）

7 七七〇〇 中山路（自漢口路口至潘家菜園口）

乙

1。 六六〇〇 漢中路（自天津路口至青島路口） 莫愁路（自昇州路口至朱狀元巷口） 水西門大街（自昇州路口至城闉內）

2 四〇〇〇 建鄴路（自白下路口至鴿子橋）

3 三二〇〇 廣州路（自中山路口至上海路口） 莫愁路（自朱狀元巷口至建鄴路） 漢中路（自青島路口至上海路口）

4 二八〇〇 評事街（自昇州路口至千章巷口） 上海路（自漢中路口至廣州路口）中正路（自昇州路口至南捕廳口）

5 二一〇〇 莫愁路（自建鄴路口至漢中路口） 上海路（自廣州路口至金銀街口） 漢口路（自上海路口至甯海路口） 甯海路（自廣州路口至金銀街口） 華僑路（自中山路口至慈悲社口） 漢中路（自上海路口至漢中門） 廣州路（自上海路口至甯海路口）

丙

1 一八〇〇 石鼓路（自中正路口至豐富路口） 明瓦廊 陶谷新邨 南北秀邨

2 一五〇〇 吉兆營 韓家巷 花家巷 慈悲社 沈舉人巷 五台山邨 管家橋 雙石鼓 高家酒館 大香爐 大豐富巷 同仁街 新街口 螺絲轉灣 羊皮巷 三元巷 建鄴路（自鴿子橋口至豐富路口） 漢口路（自中山路至平倉巷）

3 一一〇〇 漢口路路南（自甯海路口至西康路口） 中正路（自南捕廳口至內橋灣） 銅銀巷 木料市 張府園 富民坊 跑馬巷 鐵管巷 南陰陽營 合群新邨 評事街（自千章巷口至笪橋市口） 金銀街 青島新邨 藥師桿子 潘家菜園 天津路（即百步坡） 豐富路 甯波路 東瓜市（甯海路迤東）

丁

1 九〇〇 永慶巷 小粉橋 趙家菜園 平倉巷 乾河沿 盔頭巷 安品街 登隆巷 鬥鷄閘 胡家菜園 建鄴路（自豐富路口至莫愁路口） 倉巷 朱狀元巷 朝天宮笪橋市 筆頭尖 南捕廳 絨莊街 倉巷橋 堂子街 陸家巷 小銅銀巷 小豐富巷 大板巷 綾莊巷 南台巷 朝天宮西街 大丁家巷 木屐巷 石鼓路

（自豐富路口至莫愁路口）

2 七二〇 校尉營（漢中路迤南） 糯米巷 平安巷 太倉巷 觀音庵 洪公祠 曹都巷 郭府園 光華路（自昇州路口至安品街口） 平章巷 千章巷 走馬巷 泥馬巷 竹竿里 內橋灣 白衣庵 甘露營 踹步坊 南踹步坊 三茅宮 南市樓 程善坊 紅土橋 車兒巷 陡 云台地 鄧府苑 老坊巷 小板巷 古鉢營 定盤巷 小丁家巷 止馬營（迤東一段） 鼎新橋 石榴園 俞家巷 徐家巷 下浮橋 牌樓巷（漢中路迤南） 漢西門大街 左所巷（路東及漢中路迤南） 石鼓路（自莫愁路口至漢西門） 生姜巷 柏果樹 豈菜橋 華僑路（上海路迤西） 秣陵路（自豐富路口至莫愁路口） 嘉兆巷 秣陵新邨

3 五〇〇 廣州路（甯海路口——收兵橋口 龍憣里口） 大王府巷 左所巷路西 牙檀巷 月牙巷 大常巷 牌樓巷（漢中路路北） 大輝復巷 天幸堂後街 拉薩路 峨嵋嶺路 校尉營（漢中路路北） 光華路（自安品街口至秦淮河） 紅土橋沿 富德巷 小王府巷 小輝復巷 打釘巷 侯家橋 棲子街 七家灣 牛首巷 狗皮巷 醬柵營 竹架山 冶山道院 鼎新橋河南 青海路 榎子巷 天妃巷 宮後山 古巷 范家塘 黃鸝巷 大水巷 小水巷 望仙橋 金家苑 止馬營（莫愁路迤西） 軍械庫後街 陶李王巷 四根桿子 小禮拜寺巷 東瓜市（甯海路迤西） 隨園 雞廊巷

戊 1 二二〇 廣州路（自收兵橋口至清涼門） 蛇山尾 蛇山 收兵橋 龍蟠里 烏龍潭 南衞巷 韓家巷（吳家巷迤西） 西關頭 禮拜寺巷 張公橋 鐵窗欞 城灣街 南灣子 北灣子 止馬營（沿城地段） 五台山百

步坡

2 一一〇 隨家倉 虎距關 涵洞灣 吳家巷 波羅山 警察公園 清涼山東部 孫家山

3 五五 維新崗 韓家橋 場門口 清涼山西部 打靶場 草場門 張家凹

甲 1 八八〇〇 山西路廣場四轉角地 中山路中央路廣場四轉角地

2 七七〇〇 中山路（自薛家巷口至保泰街口）中山路（自潘家菓園口至保泰街口） 中山北路（自保泰街口至湖北路淵聲巷口） 中央路（自保泰街口至市鉄路）

3 六一〇〇 中山北路（自湖北路淵聲巷口至山西路口） 保泰街（自鼓樓口至丹鳳街——安仁街口） 中央路（自市鉄路至湖南路口）

4 四〇〇〇 中山北路（山西路口至福建路口） 中央路（自湖南路口至藍家橋口） 湖北路（自鼓樓口至中山北路口）

乙 1 三二〇〇 中山北路（自福建路口至挹江門口） 山西路 湖南路（自中央路口至山西路廣場口） 頤和路 寧海路 湖南路西段 江蘇路 寧夏路 牯嶺路 瑯琊路 天竺路 靈隱路 北平路路北 普陀路 莫干路 西康路路東（自寧夏路口至北平路口） 珞珈路 赤壁路

2 二八〇〇 北平路路南 揚州路 天目路 武夷路 鰱塘路 蘇州路 匡廬路 劍閣路 山陰路 玉泉路 漢口路路北 仙霞路 虎邱路 石鐘路 擬麓路 棲霞路 傅佐崗 上海路 雲南路 鼓樓新邨 玄武路西康路路東（自北平路口至漢口路口）

丙 1 二一〇〇 安仁街 百子亭 高樓門 保泰街（自丹鳳街口至進香河口） 湖北路（自中山北路口至馬台街口） 鼓樓南 鼓樓車站 獅子橋 中央路（自藍家橋口至中央門口） 高門樓 黃泥崗 丁家橋 厚載巷 青雲

南京市政府公報第五卷第五期

巷 鼓樓頭二、三、四、五條巷 大方巷 傅厚崗 淵聲巷 玄武門 傅佐園 翠明村 玄武里

2 一五〇〇 洞庭路 峴嵛路 天山路 衡山路 峨嵋路 鼎新巷 丹鳳街 大石橋 尖角營 西橋 樂業村 人和街 覆公府 薛家巷 庾嶺路 新菜市 四牌樓 雙龍巷 大鐘亭 成賢街 西康路路西

3 一一〇〇 金銀街 觀音巷 模範馬路 北陰陽營 潘家菜園 馬家街 將軍廟 童家巷（玄武路北） 天津路（即百步坡） 馬台街 四衞頭 三步兩橋 大樹根 趙家菜園 門樓上 裴家橋 西流灣 荷葉巷 南祖師庵 花家橋 南倉巷（在四牌樓） 石婆婆巷 西板橋 雙門樓 校門口 虹橋 薩家灣 華新巷 興皐巷 水井巷 十字街 單牌樓 銀魚巷 樓子巷 三牌樓 和會街 東門街

丁

1 九〇〇 黨部後 藍家橋 祁家橋 陳家巷 雲南路（鐵路滙東） 余家巷 黃家橋 蘆席營南段（自馬家街口至藍家橋口） 黑龍江路東西段 龍池庵 觀音巷 福建路（自鉄路至望粮橋口） 許府巷

2 七二〇 多倫路 綏遠路 老菜市 狗耳巷 龍倉巷（鐵路滙西） 妙峯庵西段 武廟前 試院路 鷄鳴寺路 大石橋（在薩家灣） 龜倉橋街 南昌路 江西路 四川路 安徽路 保泰街（自進香河至成賢街口）

3 五〇〇 北祖師庵 福建路 望粮橋口至察哈爾路口 黑龍江路察哈爾路鐵路 柏菓園 瓜圃橋 板井 蘆席營北段 西家大塘 鬻市口 龜倉橋東西街 青石橋 堂子巷 司背後 妙峯庵東段 四維新村 戴家巷 廖家巷西部 廣福橋

戊

1 二二〇 水佐崗 童家山 妙耳山 寧薇村 金川門街 新民

一一二

門 于家巷 興中門外 小東門 龍倉巷（鉄路滙東） 倒橋 望粮橋 許家橋 吳家橋 迴龍橋 晚市街 象耳崗 驢子巷 廖家巷東部 和平門 北極閣後所 察哈爾路 太古山 歸雲堂 童家巷（在小北門） 新民門 廣東路 紫竹林 蔡家巷

2 一五〇 鎮江路 環洲 梁洲 櫻洲 小北門 洪廟 鍾阜門 馬鞍山

3 九〇 下午所 西倉 華嚴崗 韓家巷 吳家巷 古林寺 岳家巷 古平崗 水佑崗 翠洲 菱洲 吉祥寺

4 五五 獅子山 翁家巷 湯家巷 楊家山 老虎洞 草場門 黃瓜園 劉家崗 定淮門 鹿角巷 草橋山 馬家山 張家山 何家山 南山 李家山 于家山 劉家山 倪家山 陸家山 華嚴崗西部

柒甲

1 一〇〇〇〇 熱河路（自市鉄路至中山北路口）鮮魚巷 嫩江路第一重劃區（第一六九號）（第一九二號）（第二八〇號至三二四號）（第三六〇至第三八四號）（第三九一號至第四一六號）

2 八〇〇〇 綏遠路（自惠民橋口至熱河路口） 第一重劃區（第六十三號）（第八十號）（第一五〇號至第一六八號）（第一七〇號至第一九一號）（第一九三號至第二〇七號）（第二六九號至第二七九號）（第三二五號至第三二七號）（第三八五號至第三九〇號）

3 六一〇〇 永寧街 惠民橋南河沿 惠民橋北河沿

4 五〇〇〇 大馬路 商埠街 江邊馬路（自澄平碼頭至海軍碼頭） 第一重劃區（第十一號至第六十三號）（第六十四號至第七十九號 （第八十一號至第九十四號）（第一三六號至第一四九號） 第二〇八號至第二一六號 （第三二八號至第三五九號）

乙 1 三五〇〇 石橋東南街 惠民橋 兆康里 正豐街 正豐里 綏遠路（自熱河路口至興中門口） 第一重劃區（第一號至第十號）（第九十五號至第一三五號）（第二一七號至第二六八號）

2 三〇〇〇 中山北路（自中山碼頭至挹江門口） 江邊馬路（自海軍碼頭至中山碼頭）

丙 1 一八〇〇 北安里 天安路 天保路 復興路

丁 1 一一〇〇 二馬路 三馬路

2 七二〇 美孚街 聖公會街 石營盤 海軍操場 營盤街 寶善街北段 煤炭港 寶塔橋

3 五〇〇 寶善街南段 東砲台 九甲圩 石樑柞

戊 1 一八〇 名士街 三汊河 張家圩 石橋外 十家圩

2 八〇 綉球山 劉家圩 董家巷

捌

甲 1 一一〇〇 興浦路——即津浦馬路（自江邊至木橋口）大馬路 臨江路 順桑里 恆升里 明遠里 元興里 泉安里 豐餘里

2 五〇〇 天橋渡 陽溝街 扶輪街 陽溝東一二三巷 和平街 菜市前後街 長安街 興安街 扶輪東街 信義街 忠義巷 信誠里 東後河沿 明孝里 仁義里 黃泥灘新村 興浦路西段

乙 1 九〇 義勇街 小河南新村 有權巷 大圩埂 大碼頭 碼頭街 東黃泥灘 小河西 和平村 順河街 老江口 三岔河 六股道

2 六〇 永生洲 九袱洲 上則地

3 四五 九袱洲 中則地

4 三〇 九袱洲 下則地

第十一區中華門外附郭

甲 1 七七〇〇 雨花路（自護城河至正學路）

2 六六〇〇 雨花路（自正學路至京市鉄路）

乙 1 四〇〇〇 中華門（護城河北）

2 三〇〇〇 掃帚巷 燕翅口 上碼頭 西街

3 一八〇〇 雨花路（鐵路以南）京蕪路 正學路 下碼頭 東河沿 西河沿 蘆席巷 北山門

丙 1 四〇〇 窯灣街 義倉巷 紅梅巷 悅來巷 方家巷 大思古巷 小思古巷 寶塔山 寶塔根 製造局前 製造局後 南山門 馬家山

2 二〇〇 人和巷 郭府巷

3 二五〇 雨花台 珍珠巷 小市口 養虎巷 雙橋門 五貴橋 五貴里 錢家村 能仁里 普德村 五顯橋 桑樹園 集合村 鷄鵞所 雙橋里 養德村 循相里 于長巷 中牌樓東西 京溧路兩邊 京蕪路兩邊 江南路兩邊

第十二區水西門外附郭

甲 1 四〇〇〇 水西門外街（自水西門至禮拜寺）

2 三〇〇〇 水西門外街（自禮拜寺至鴨子塘）

乙 1 一二〇〇 上河街 下河街

2 九〇〇 南傘巷 北傘巷 治實街

丙 1 四〇〇 上河南街 南傘巷後街 蘇碼頭 驢碼頭 金安里

2 一五〇 瓦廠街 外關街 牌坊街 西街頭 北瓦廠街 瓦廠後街 涵洞口 蘆柴廠 大王廟 小莊子 水巷 二道硬子 南河邊 南圩村 南圩東村 三府莊 二府莊 彎虹橋 大士茶亭 大士茶亭東

第十二區漢中門外附郭

甲 1 二一〇〇 漢中門外大街（自漢中門至石城橋）

乙 1 九〇〇 鳳凰街（自石城橋至國民學校轉角地）

丙 1 四〇〇 鳳凰東街 鳳凰東村 鳳凰西街 漢中門外大街（石城橋以下）

2 一五〇 二道硬子 紅土山 西蘆柴廠 鬼臉城 鳳凰街（自來水橋以北） 小北圩村

法規

本府法規

南京市衛生教育委員會組織規程

三十七年八月十三日第一四〇次市政會議通過

第一條 南京市政府為規劃並推進本市衛生教育起見，依照教育部衛生部社會部會頒之「各省市衛生教育委員會組織規程」，組織南京市衛生教育委員會（以下簡稱本會）。

第二條 本會由南京市教育局會同衛生局及社會局組織之，隸屬於教育局。

第三條 本會以左列人員為委員，並以教育局局長為主任委員，衛生局局長為副主任委員，均由市政府分別聘派之。

甲、當然委員

1.本市教育局局長。

2.本市衛生局局長。

3.本市社會局局長。

4.本市教育局主管中小學及社會教育科長主任督學。

5.本市衛生局主管衛生教育科長。

6.本市市立醫院院長及市立傳染病院院長。

7.本市市立民衆教育館館長及市立中小學校長各一人。

乙、聘任委員

1.醫學教育專家三人至五人。

2.衛生教育專家三人至五人。

第四條 本會設總幹事一人，由主任委員遴選衛生教育專門人員派充之，秉承正副主任委員之命，處理日常會務。

第五條 本會為辦事便利起見，設左列三組。

一、學校衛生組 辦理學校衛生教育事項。

二、民衆衛生組 辦理民衆衛生教育事項。

三、總　務　組 辦理文書庶務及不屬其他各組事項。

以上三組各置組長一人，由主任委員派員兼任之。

第六條 本會設主任醫師一人，醫師一人至三人，護士七人至十一人，視導員一人，會計員一人，幹事二人至三人，雇員一人至二人，由主任委員遴派合格人員或商調有關機關職員充任之，承總幹事及有關組組長之指導，分任各項事務。

第七條 本會職掌規定如左：

一、擬定本市衛生教育實施計劃及單行辦法。

二、主持並改進本市公私立學校及社會教育機關衛生教育之實施。

三、審核本市所屬公私立學校及社會教育機關之衛生教育計劃及經費。

四、製發適合本市中小學衛生科補充教材補充讀物。

五、主持並督導本市有關衛生教育之實驗研究及技術之指導與協助事項。

六、訓練本市衛生教育工作人員。

七、其他有關本市衛生教育實施事項。

第八條 本會主辦衛生教育經費，列入本市教育經費預算中，其用途支配，須經委員會議之決議

第九條 本會每三個月開會一次，必要時，得召集臨時會議，均由主任委員召集之。

第十條　本會開會時以主任委員爲主席，主任委員缺席時，由副主任委員代理之。

第十一條　本會委員均爲無給職，任期定爲一年。

第十二條　本會每届年度終了時，應將全年度工作概況及下年度工作計劃，呈由教育局轉報教育部備案衛生部社會部備查。

第十三條　本會應計劃在本市設巡迴工作隊，衛生教具用具製造所及衛生陳列館，其實施辦法及組織規程另訂之。

第十四條　本會工作大綱及辦事細則另訂之。

第十五條　本規程自公佈之日起施行，幷報教育部衛生部社會部備查。

人事動態

三十七年八月十八日至八月三十一日

姓名	担任職務單位	動態	到離職日期
朱壽九	財政局營業稅征收處稅務員	新任	八月十八日
冠陶然	財政局營業稅征收處稽征員	新任	六日二十八日
傅金生	社會局第一科雇員	新任	八月一日
藍琳	社會局第二科科員	新任	八月十四日
陸費鍇	社會局第三科科員	新任	八月十四日
晏汝選	社會局第一科辦事員	新任	八月十四日
陳啓周	社會局第三科科員	新任	八月十一日
周正芳	財政局八卦洲管理處主任	調任財政局委任視察	八月七日
鍾黨基	財政局土地稅徵收處股員	調任財政局科員	八月十六日
鄧畹	財政局土地稅徵收處辦事員	晉升財政局土地稅徵收處股員	八月十六日
蕭先華	財政局辦事員	晉升財政局稽征員	八月一日
汪應柄	財政局辦事員	辭職	七月三十一日
陳志禹	財政局營業稅徵收處稅務員	辭職	八月二十一日
陸松波	財政局八卦洲管理處助理員	辭職	八月一日
齊國賢	財政局八卦洲管理處稽查員	辭職	八月一日
程得英	財政局薦任科員	辭職	八月十五日
陳永淦	統計處專員	辭職	八月十日
陳純曼	傳染病院護士	辭職	八月十一日
曹健民	城南醫院醫師	辭職	八月一日
趙星如	第四衛生所醫師	辭職	八月十一日
王復興	民政局第四科雇員	解雇	八月十七日

南京市政府公報 第五卷 第五期

同心協力突破難關

沈市長三十七年九月六日在本府月會講詞

上兩次月會，因爲忙，未克出席，今天有時間出席，乘此機會，想和同人談談，在座同人雖只有一部分，但我的話是對全體同人說的。

一首先要提到的，是我對同人生活，一向極爲關切。最近因爲市財政的極度竭蹶，員工薪資未能按時發放，使同人生活更形艱苦，我無時不竭盡可能設法，今天月會之臨時改遲半小時舉行，就因爲我剛在中央銀行向俞總裁接洽借款，此項借款已荷俞總裁答應，在本星期內可將八月份欠薪全部發清，九月份薪金可發放一部分。關於市財政的竭蹶程度，除財政局會計處等有關人員以外，恐非一般同人所能想像得到。僅就薪資一項而言，八月份按幣制改革後的新標準發放，共需金圓四十六萬五千元，合法幣約一萬四千億左右。八月份已按過去計薪辦法發了一百九十萬倍，計五千七百億，待發者尙需八千億。收入方面，八月份全部稅收較七月份爲多，但亦只有二千億，中央撥助的員工生活補助費，七月份爲一千三百八十億，八月份仍是此數，兩共不到四千億，全以之發薪，尙不敷在一萬億以上，其他經常辦公費及事業建設費均未在內。如此財政情形，怎不困難萬分？幣制改革後，各項稅率將以金圓調整，收入或可稍稍增加，但須經種種法定手續，實行之期尙遠，亦不足以濟眉急。目前本府正遭遇空前嚴重的難關，未來困難仍不一而足，這是時代給予我們突破難關能力的一個嚴重考驗。我們絕不能漠然視之。大家要知道，我們在此工作，卽與此一機關休戚相關。市政府的財政困難，必然影響同人個人經濟狀況，而共同陷於艱窘；掉過頭來說，要個人經濟較爲穩定，必須同人協力同心，大家設法突破此一機關所正遭遇的困難，這一點認識是極重要的。

我自己常常檢討本府過去的工作，來此二十一個月中，不但外界有種種批評，自己亦由衷的不能滿意。目前困難的造成，一部分固是由於大環境，一部分也由於我們犯有或多或少的錯誤，我自己對此有責任，每一位同人對此也有其應有的責任。一個人有了錯誤，貴能自新，一個機關亦然。語云：「以前種種譬如昨日死，以後種種譬如今日生」，這便是力求自新的精神。我們應以此種精神重新好好的幹。相信以我全體同人的力量，必能爲市政府克服任何困難。像目前情形，有的同人爲生活發愁，未能安心工作，有的同人因工作未能着着展開，弄得淸閒無事，說起來都是爲了財政困難，經費不夠，而因財政困難之故，又儘先爲籌措同人之生活費着忙，其他經費之籌措退居其次，同人的薪水發放了，但重要工作還是無從推進，又何由而能突破難關呢？這從某一角度看來，簡直形成了「市府僅爲養人而做不出事來」的病態。我說「病態」，因爲這是不健全的現象，其原因不全在於財政困難，我知道有的同人的確一天忙到晚，奉公守職，但也有若干同人閒無所事，只是混日子，這固與各部門的主管人員分配同人職務之是否相稱有關，但同人自己也應力求上進。在一個健全的現象中，無論財政如何困難，大家反比財政寬裕時更加努力，絞盡腦汁去爲事業打開僵局，而僵局也終必被打開，誠能如此，我雖天天爲籌措同人的生活費而奔走，忙碌，也必大感愉快，所以，目前這種病態必須及早診治，極望同人多多貢獻診治的意見。

現在我先特別提出兩點，以期望於同人。一是多找事做，不要等事情找上門來，要自己先就所任工作範圍內去找事做。二是接近民衆，市政府爲地方政府，主要是親民工作，我們要提高服務精神，爲大多數市民服務。這兩點，我講過已經不只一次，可說是老生常談，要緊的是在能夠切實做到。或以爲多找事做，不免需要若干經費；若爲大多數市民服務，有時且需要很多經費，而目前最大的癥結便在於財政困難，這豈不是一個矛盾？但我認爲這個矛盾不是沒有方法解決的，我們應先找不化錢或少化錢的工作做起，以我們的服務精神去贏得多數市民的好感，由此才能獲得多數市民的助力。這種不化錢或少化錢的工作看似無從做起，但只要我們能運用智慧，隨時爲市民着想，便能明白什麽工作是我們當前應做，能做，而可以不化錢或少化錢的，大家不妨循此去仔細想想，這是無辦法中的辦法，也是突破當前難關的起點，希望同人對此多多注意，多多努力。

由體育節想到學生健康

沈怡

今天體育節，提倡體育的本義，主要在於促進民族健康，而其對象，尤着重在下一代的青年與兒童。從民族健康的觀點說，促進之道，不限於體格的鍛鍊，如營養之是否充分，睡眠之是否足夠，生活秩序之是否合理，在在與一個人的健康有關。在目前中國國民經濟的情况下，要使全國國民普遍的有良好的營養，不免是過奢的要求，即體育運動，雖已提倡多年，限於設備，也還未能普及，對於民族健康的促進尚無多大貢獻，惟有合理的生活秩序與足夠的睡眠，可以操之於一己之手，如能特加注意，最易奏效。不過青年與兒童的生活秩序與睡眠，有非他們自己所能控制者，他們大多在學學生，他們的生活秩序由學校規定，他們的睡眠時間與學校的功課有着極密切的關係。因之，在今天體育節，我不由不想起民族健康所關的學生作息時間的問題。

學生在學校裏經常受着體育訓練，他們的體格應是比較健康的，然而由於作息時間之不盡合理，譬如爲升旗而使小學生過早的起床，爲功課繁重，不能不使中學生於晚上以數小時的時間從事於功課的自修與實習，凡此均非稚嫩的體力所能承受，其損害青年與兒童的健康至深且鉅。學校一方面提倡體育，促進學生的健康，一方面却又在無形中催毀了學生的健康，其從體育訓練所獲得的益處且不足以敵那強大的摧毀力，我們如果肯爲下一代的健康着想，此種矛盾現象實不容其長此存在。

關於中學生功課過分繁重足以損害學生健康一點，時賢多有論列，教育部亦已注意及此，正在討論改善，將來自應按照部令辦理。此外可由學校自由作主的地方，不妨按學生年齡及其所需要的睡眠時間酌量將作息時間予以調整。譬如升旗一事，倘有小學校把時間規定得很早，叫小學生於拂曉從甜睡中起來，可說是對他們的很大懲罰，又如教會學校在每日上課前大都有宗教性的集會，這從宗教信仰自由的立場，已不無可議，尤其從學生健康的立場，更是大可商榷，假如改爲每星期一次，特定時間舉行，情形當可較好。凡此僅是約略舉例，看似小節，倘我們能時時以下一代的健康爲前提，力謀適應，其影響於民族健康者實大。

總之我的意思很簡單，在一切未能作合理的調整以前，先給自們一點充足的睡眠。這是最最起碼的一個要求。如果連這一點都不能做到，我們還說什麽提倡體育？還談什麽注意民族健康？希望本市各中小學校多多注意及此，也希望市教育當局督導各校儘量做到。

三十七年九月九日

都市的體育

馬元放

目前又屆一年一度的體育節，自復員以來，本市這次是第三度了，首先要問候諸位身體強健，生活康樂。

「康樂」是人類生活滿足的境界，可是「樂」生於「康」，康就是身體強健，這就是說有了強健的身體，才有快樂的生活，所以講求體育是人生必先具備的條件，假如不講體育，衰弱或多病，縱有再好的物質供應，還是不能享受，尤其是影響事業或致精神上感受無限的痛苦。

我們看到許多富有的人並不如多數貧苦的人來得精神滿足，我們常爲前者惋惜不能有全部的自然享受，又常爲後者慶幸，能充分有得於天地。這兩種狀態的分歧點就在於體育，尤其在都市更爲顯明。

大概自有「文」「野」之分，體育這件事便有了輕重。本來，跑跳泳擲各項運動，是最接近自然而不離乎原始生活的狀態，這些動作，在一般斯文的人看來，就是野，就是野蠻，與我們社會習慣傳統不相容納。我們的習慣，向來只講究「斯文」，絕不作與「粗魯」，而自誇爲「文明」。殊不知文明之文與所謂斯文之文完全不同，文明之文是人文文化之文，斯文之文則是文靜安雅之文，都市裏的人衣冠齊楚就是考究斯文這一套，甚則還多有戕賊身體的行爲，因此都市的國民體育，至今都沒有成績。

我所說的國民體育並不是得第一第二，得多少多少分的運動比賽，而是身體健康的水準。大家都看到都市裏的人體格遠不如鄉村人的體格，就是都市的體育遠不如鄉村的體育，我這裏所說的「鄉村體育」，並不是跑跳泳擲，而是四體皆勤的勞動工作，都市裏人勞動工作，運用體力比較鄉村裏來得差，因此都市的體育極應竭力提倡實行，以爲補救，補救的方法，就是要大家都參加跑跳泳擲這些運動。

都市裏沒有田野就需要運動場——體育場；都市裏沒有普遍的勞動機會，就需要跑跳泳擲。可是很奇怪，到體育場去運動的却還只是極少數極少數的人，粗粗一看，照人口比例，體育場的所數只嫌其少，但到體育場裏一看却並不見擁擠。推究原因還是都市人物只求其「文」，不願爲「野」。這一點爲着都市和市民的健康，很需要請大家各自糾正，而主管機關自當設法增添運動場所，以爲倡導，以資應用。

都市一般體育，情形大致如此，可是學校體育，則都市遠較小城市或鄉村爲發達，這是由於設備供應的便利，原是可喜的現象，不過一市的運動以學生佔成分之大半，而此種運動員在學校祇佔極少數，甚至又只以競賽得標爲運動的目的，這只好算是「競技」。只好算是「表演」，這種選手則無體育的現象，去「體育」的本旨也相差很遠，這也是應該糾正的。

我希望學校每個學生都成爲運動員，更希望每個市民都具有學生那樣愛好運動的趣味，學校、社會兩方面都能普遍平均發展。我們所要求的並不在每人每項都刷新紀錄，而在每一學生每一市民都有強健的體格，這於各人的事業，一市的繁榮有密切的關係，從每一個人的健康做起，這才有一個健康的都市。

上面所說原是盡人皆知的，但近來一般人對於體育的觀念，不很正確，就如運動會，參加的和參觀的都不免有「戲」的意味，一面是「演戲」一面是「看戲」，這種心理，實在是要不得。我們以爲最要緊的還在經常的引起愛好運動的趣味，使人人持久下去反能得到鍛鍊的收穫。

每年體育節的活動項目很多，雖不如運動會之特別熱鬧，但其所收的效果，一定也相當的大，我們並不只在體育節的一週裏才提倡體育，我們也希望諸位不要過了這個「節」就忘了「體育」。爲了快樂必需先要健康，我預祝諸位明年的康樂勝過今年，南京市的健康也勝過今年。

三十七年九月九日

南京市政府公報刊例

一、本公報每半月發行一次

二、凡本府例行公文卽在本公報發佈不另行文

三、本府所屬各機關於收到本公報時應編號歸檔妥爲保存凡註明「不另行文」文件並應注意遵照

南京市政府公報

第五卷第五期

中華民國三十七年九月十五日

編輯者　南京市政府編譯室

發行者　南京市政府

印刷者　大東新興印書館

南京：(四)建鄴路一三八號

電話：二二二二六號

中華民國三十七年九月三十日

第五卷　第六期

南京市政府公報

南京市政府編譯室編

目錄

政令

取締日用重要物品囤積居奇

南京市政府訓令 (卅七)府總祕字第七七三八號

令各單位

案奉

行政院本年九月九日（三十六）六經字第三九九六四號訓令開：

「查實施取締日用重要物品囤積居奇辦法補充要點，據工商部擬送到院，提經本院第八次臨時會議修正通過，除分行外，合行抄發該項補充要點令仰遵照，並轉飭所屬遵照爲要」

等因，附發實施取締日用品重要物品囤積居奇辦法補充要點一份，奉此，除分行外，合行抄發原附件令仰知照。

此令！

抄發實施取締日用品重要物品囤積居奇辦法補充要點一份

中華民國三十七年九月十一日

◉實施取締日用重要物品囤積居奇辦法補充要點

一、全國各地自民國三十七年八月十九日起，非商人或非本業商人購買取締物品，如屬於直接消費物品，不得超過每人三個月之需要量，如屬於本業商人營業需要之物品，不得超過每年需要量四份之一（有季節性者除外），違者以囤積論，其應行取締之限度，得由地方主管官署就上列標準，分別貨物品類斟酌供需情形隨時核定之。

二、各地之工廠商號所存儲之成品及貨品，如不儘量供應市銷或抬價超過民國三十七年八月十九日依兌換率折合金圓價格，未經當地主管署核准調整者以居奇論。

三、全國各地之工廠商號購進及出售取締物品，應於每月上旬將上月生產量購貨量銷貨量及存貨量（成品原料及重要物料），報由同業公會轉報當地主管官署備查。

四、凡經行政院指定之重要都市，應由各該地方主管官署會同有關機關實施倉庫檢查，其檢查辦法由各該地方主管官署視當地實際情形擬定，呈由該管上級機關核定，並轉報　行政院及工商部備案。

五、前條以外各地方主管官署認爲有必要時，得呈經行政院核准，令當地各倉棧按期列報倉棧存儲貨品，所有人之姓名住址職業及所儲存貨品種類數量及存儲日期，必要時並得實施檢查。

六、取締日用重要物品囤積居奇辦法第十七條有左列各款情事之一者，其囤積之物品，得由主管官署沒收，「並得科以一千元以下之罰金」，改爲「並得科以金圓一千圓以下之罰鍰」。

七、執行取締日用重要物品囤積居奇辦法之地方主管官署，在院轄市及省會所在地爲社會局或社會處（會同治安及警察機關辦理）在縣市爲縣市政府。

法令疑義送請司法院解釋各案暫緩處理

南京市政府訓令 (卅七)府總祕字第七七四四號

令各單位

案准

內政部本年九月三日民四字第七二四二號公函開：

「查依照憲法第一七三條之規定，憲法之解釋，應由司法院為之，又依同法第七十八條之規定，司法院除解釋憲法外，并有統一解釋法令之權，故本部接准各方請示，有關省市縣參議員與鄉鎮民代表等選舉法令之解釋發生紛議以及與憲法有無抵觸發生疑義時，除有法令及解釋前，例可資遵循者逕予核復外，均應轉請司法院解釋，前為節省公文層轉時間計，多由本部逕函司法院秘書處轉陳解釋，旋奉　行政院三十六年三月十日七法字第一一二八〇號訓令，以所屬各機關於執行職務適用法令發生疑義送請司法院解釋時，應由院核轉，藉免紊亂行政系統，并健全解釋意旨，與實際政務不致扞格，飭遵照等因，自應遵照辦理，因此法令疑義送請司法院解釋者，須稍待時日，在疑義未經司法院解釋以前，有關各案應暫緩處理，藉免紛擾，除通行外，相應函請查照。」

等因，准此，除分行并刊登本府公報外，合行令仰知照！

此令！

中華民國三十七年九月十三日

自衛狩獵武器證照應貼印花稅五角

一二〇

南京市政府訓令　（卅七）府總秘字第七六九一號

令社會局

案准

內政部本年九月六日（卅七）安壹字第一三二八九號代電開：

「查自衛狩獵武器證照粘貼印花稅票一案，前經本部於三十六年七月八日以（卅六）安三字第一〇五八四號代電通行在卷，茲查總統府三十七年八月二十六日第八十五號公報公布實施之整理財政補充辦法（二）丙附表（三）（丁）類第三二款之規定，自衛狩獵武器證照，每件由領受者貼印花稅票五角等因，自應遵照改貼金圓幣值，除分電外，相應電請查照，並轉飭所屬知照」。

等由，准此，除電首都警察廳外，合行令仰知照。

此令！

中華民國三十七年九月十日

本府大事記

九月份上半月

九月一日　（星期三）

▲本市民衆自衛隊今起舉行秋季大檢閱。

九月三日　（星期五）

▲本市各界慶祝勝利節紀念大會，假中央大舞台舉行，市長主持，會後在靈谷寺秋祭陣亡將士，市長主祭。

九月四日　（星期六）

▲社會局邀集各有關機關商討推行秋節節約運動實施辦法。

九月六日　（星期一）

▲舉行九月份月會，市長致詞。

▲民政局召開區長會議。

九月八日　（星期三）

▲衛生局流動衛生所開始赴鄉間服務。

▲舉行記者招待會，衛生局王局長祖祥報告流動衛生所設施情形。

九月九日　（星期四）

▲慶祝體育節，舉辦各項體育活動。

九月十日　（星期五）

▲市長手令各局處節約汽油消耗。

九月十三日　（星期一）

▲接管整理首都公共汽車公司。

九月十四日　（星期二）

▲民政局舉行鑑定烟毒會議。

市政要訊

接管整理首都公共汽車公司

首都公共汽車公司創辦未久，基礎脆弱，成立以還，由於物價飛漲，而公用事業價格須受嚴格限制，加以汽油輪胎等器材進價高昂，無票乘車之風，又日益滋長，該公司內部經營復不盡善，致營業收支不得平衡，虧負累累，瀕臨無法支持之危境。經該公司董監事聯席會議決議，請市政府暫行接管整理，本府為維持市內交通，決允其請，於九月十三日成立兩個委員會，一為整理委員會，為該公司各項整理措施之決策機構，置委員九人，派張紹捘、秦仲翔、周愇民、程覺民、陳伊通、張孝通、任治沅、謝徵孚、原素欣為整理委員。一為接管委員會，專負業務接管，並執行整理委員會各項決議之責，置委員四人，派楊克天、原素欣、尹擇一、齊尊周為接管委員。即日前往接管整理。九月十七日本府復令兩委員會尅日實行下列各項措施：

一、公司員工除已自動請求遣散者外，其餘應由整理委員會根據原有攷勤紀錄及各部主管意見，秉公嚴加甄核，分別酌定去留，其保留人數至多不得超過五百人。

二、所有遣散員工，其任職時期在六個月以上者，一律照八月份實發薪工發給遣散費三個月，不滿六個月者，發給兩個月。（上項遣散費及接管期間所需經費，統由本府負責籌措）。

三、公司車場，請警察廳派警會同衛戍總司令部、憲兵司令部妥為保護，其有乘機擾亂者，一律拘押嚴辦。

四、委託立信會計事務所派員清查公司帳目，並代辦公司註冊事宜，所有查帳結果，應作成報告，分送有關各方。

整理委員會自奉令後，已訂定實施辦法三項，於九月十八日公布實行。

私立中學超收學雜各費處理辦法確定

本市私立中等學校收費標準，業由教育局擬定，經市參議會核定通過，高中五十五元，初中五〇元，宿費五元，惟近有少數學校並未切實遵照辦理，甚至巧立名目，擅收各項費用，殊有嚴予糾正之必要，教育局特制定處理辦法一種，業已以（卅七）京教中字第二七三〇號訓令分飭各私立中學迅將各項超收費用退還，以減輕學生家長之負担。茲將該項處理辦法刊錄於下：

〇關於私立中等學校超收學雜各費處理辦法

一、各校應切實依照市參議會核定之收費標準收費，（高中五十五元，初中五〇元，宿費五元，）如有超收情事，由局令飭退還學生。

二、各校擴充設備費須照局令核定數字（十元或五元）徵收超收者，一律退還學生。

三、實驗費講義費膳食費水電費係代辦性質，限於有實驗用講義及寄膳寄宿學生繳納，其數目本學期暫由學校酌定，期終結算，多退少補，並由家長會推舉代表參加管理，於學期結束，開列收支賬目，報教育局審核。

四、在核定各費及代辦費外，未經呈准，不得擅收任何費用。

五、免費生必須足額。

本市民衆自衛隊舉行秋季大檢閱

本市民衆自衛隊第二期訓練即將完成，因本期參加受訓之隊員共六萬餘人，無法容納集中於一處，故秋季大檢閱，決定分區分期舉行，經於九月一日在公共體育場檢閱第一、二、三、四、四個總隊，共官長隊員一萬五千餘人，九月二日仍在公共體育場檢閱第五、六、十、十一、四個總隊，第八獨立大隊，第一、六兩個中隊，共一萬三千餘人，九月四日在浦口護路二大隊操場檢閱第八總隊共二千五百餘人，九月八日在湯山裝甲兵訓練處操場檢閱第十三總隊，共八百餘人，九月九日在下關興中營操場檢閱第七總隊，共二千二百餘人，九月十四日在上新河工程營操場檢閱第十二總隊，共五千八百餘人，九月二十二日在燕子磯檢閱第九總隊，共五千一百餘人，校閱官為兼司令沈市長，及孫總司令連仲，張副總司令行知。城區指揮官為古副參謀長田才，郊區指揮官為各該總隊副總隊長。此次校閱之一般情形顯較第一期進步，其中以第五總隊成績較佳。

簡訊

△辦理募集布鞋勞軍　本市勸募布鞋勞軍工作，經積極推動後，已收到各界捐助布鞋約三萬雙，布鞋代金法幣約五十億元，各勸募隊及各區公所仍在積極勸募續繳中，為早日完成募集任務計，復經籌組「首都各界響應布鞋勞軍有獎游藝大會」，於九月十七十八十九（即農曆八月十五十六十七）三日，假淮海路一號首都軍人服務所舉行，門券售價為金圓一元（約合布鞋一雙），並憑券號參加搖獎，預計此項券款約可收布鞋代金三萬雙。

△舉行戶口總複查成績獎評大會　本市戶口總複查經辦人員工作成績，業已評定竣事，其成績優良者，計給獎者十三名，記功者五名，傳令嘉獎者九十六名，其成績低劣者計申誡者四名，記過者十五名，撤職者二名，經於九月十一日在本府大禮堂舉行獎評大會，出席各區區長戶政組長各保幹事等四百餘人，宣佈獎評結果，市長及人口局包局長民政局劉局長均分別致訓，並由市長親頒獎品，以示嘉勉。

△增加各級國民學校辦公費　教育局鑑於各級國民學校辦公費過少，自八月份起已核增百分之二百，通知各校分別具領。

△洽辦低利教育貸金三萬金圓　本府前曾飭由市銀行舉辦免息教育貸金兩仟金圓，茲以為數甚微，受惠學生未能普遍，乃由教育局秉承市長指示，續向國家銀行及商業銀行洽准各貸出壹萬伍千金圓，月息八厘，仍交市銀行經辦，計私中學生可貸金圓廿圓私小學生可貸八圓，

△調整標準地價　本市本年標準地價雖已公布，惟自幣制改革後，如以金圓與法幣折合率折合，則本年之標準地價勢非重予調整不可，當經地政局擬具調整意見三項：（一）按土地市價釐訂金圓標準地價，（二）比照二十六年標準地價加二倍為本年標準地價，（三）比照二十六年標準地價釐訂本年標準地價，呈請地政部核示，頃已奉指復，關於幣制改革後規定地價及徵收土地稅費等工作，已由部擬訂補充辦法呈院核示。

△流亡學生診療情形　衛生局每日開駛流動衛生車為各流亡學生治療，八月份共計治療內科四四一九人，外科六一七〇人，其中因病情較重轉送各特約醫院診治者計一三三人，查上項病生中以腸胃炎及皮膚病為最多數，其他消化不良及感冒次之，並補行注射霍亂預防針者計一六〇〇人。

△成立衛生站一所　衛生局正計劃在本市設置衛生站廿所，並先就中央商場二樓試辦一所，業將該站房間分別裝置，粉刷完竣，於九月十五日開始工作。

△本府節約汽油消耗　本府為遵令實施汽油節約運動，市長特手令各局處，除工務局、清潔總隊等車輛需要之汽油仍維持原有配額外，其他各局處長之車輛，均按照原定汽油配量核減一半，以期切實節約，而省外匯。

△夫子廟利涉橋修竣　夫子廟利涉橋茲因年久失修，橋身毀壞，經工務局修築，費時二月，業已全部竣工。

法　規

中央法規

查禁民間不良習俗辦法

內政部三十七年九月七日修正公布

第一條　各省市查禁民間不良習俗，除法令別有規定外，依本辦法之規定。

第二條　左列不良習俗應予查禁：

一、崇拜神權迷信。

二、婦女纏足。

三、蓄養婢女。

四、童養媳。

五、墮胎溺嬰。

六、經當地政府及內政部依法查禁之其他不良習俗。

第三條　本辦法所稱崇拜神權迷信，係指左列各款：

一、以卜筮星相巫覡堪輿為業者。

二、崇奉邪教開堂惑衆者。

三、供奉淫神藉以斂財者。

四、設立社壇降鸞扶覡者。

五、舉行迎神賽會者。

六、妄造符咒圖讖預言或散印此類文字圖畫者。

七、印刷或販賣傳播迷信之書籍傳單及圖畫者。

八、藉符咒邪術醫治傷病者。

九、假托神權迷信從事其他非法活動或秘密結社者。

第四條　有本辦法第二條第二款行為者，以左列方法查禁之。

一、勸告解放。

二、勸令解放。

三、強制解放。

三十六歲以上婦女纏足者不適用前項第二款及第三款之規定，未成年幼女纏足者，並得依本辦法第十條所定之罰鍰處罰其家長。

第五條　有本辦法第二條第三款之行為者，依左列規定查禁之。

一、登記解放。

二、代為擇配。

三、送救濟機關收容。

四、改為僱傭。

五、蓄主抗不解放時，得強制解放或送司法機關法辦。

第六條　有本辦法第二條第四款行為者依左列方法查禁之。

一、勸告解約。

二、勸令解約。

三、強制解約，并得依本辦法第十條所定之罰鍰處罰其家長。

依前項解約之童養媳應由其母家帶回。

第七條　有本辦法第二條第五款行為者，依左列方法查禁之。

一、宣傳開導。

二、設法救濟。

三、移送司法機關法辦。

第八條　有本辦法第三條第一款之情形者，應強制改營他項正當職業。

第九條　有本辦法第三條第二款至第九款行爲之一者，斟酌情形予以左列之處分。

一、解散或沒收。

二、移送法院審判。

第十條　不遵本辦法第四第六第九各條之查禁者，得依行政執行法處以罰鍰。

第十一條　本辦法所定事項，由縣政府執行之。

第十二條　本辦法施行細則由各省政府及院轄市政府分別訂定之。

第十三條　本辦法自公布日施行。

取締違反限價議價條例實施辦法

行政院卅七年九月十六日(卅七)六經字第四一〇三五號令頒

一、全國各市縣均定爲實施限價議價之地區。

二、全國各地物品應由地方主管官署按民國三十七年八月十九日當地市場公開交易價格照兌換率折合金圓後之交易價格爲準。

各地方主管官署得視當地實際供需情形，指定若干種物品加以嚴格管制。

三、關於與人民日常生活有關之營業，如水電煤氣旅館飯食店浴堂理髮縫紉洗染運輸診所醫院及電影戲院等類之價格，適用前條規定加以管制。

四、依前二、三兩項規定之物品及營業價格，如有特殊原因必須調整價格時，除法令別有規定者外，得由地方主管官署組織物價評議委員會，依照評議物價實施辦法有關之規定議定公平價格，報經當地主管機關核准，並呈報該管上級機關備案。

其在三十七年八月十九日前調整之價格，如有過高者，得由地方主管官署依照前項規定另行評議，予以核減。

五、自民國三十七年八月十九日起，有左列情事之一者，即以違反限價論。

1.各地物品之交易價格及與人民日常生活有關之營業價格，未經地方上級機關核准而超過民國三十七年八月十九日依兌換率折合金圓之價格者。

2.自民國三十七年八月十九日起依兌換率折合金圓價格之物品，有變名變質變量改價出售及不遵規定標明折合金圓價格或秘密高價出售者。

3.其他有違反限價議價之規定者。

六、取締違反限價議價條例第六條第二款第三款改以金圓五百圓爲劃分標準，凡超過議價情節重大或成交貨品與收受工資運價在金圓五百圓以上者，依第二款處理，超過議價而成交貨品或收受工資運價不滿五百圓者，依第三款處理。

七、依違反限價議價條例所處之罰鍰，除由司法機關依法辦理者外，以五成充獎金五成解繳地方政府公庫。

八、執行取締違反限價議價之地方主管官署，在院轄市及省會所在地爲社會局或社會處(會同治安及警察機關辦理)，在縣市爲縣市政府。

救濟特捐用途分配辦法

行政院卅七年八月十二日(卅七)六財字第三六〇四二號令頒

第一條　本辦法依照救濟特捐辦法第二條之規定訂定之。

第二條　救濟特捐用於賑恤難民者，應佔百分之七十，用於舉辦救濟事業者，應佔百分之三十。

第三條　合於左列規定之救濟對象，應按其次序，予以優先救濟。

(一)災區流亡之難童難民。

（二）抗戰及戡亂將士遺孤。

（三）鰥寡孤獨殘廢，家境赤貧，無謀生能力者。

第四條 救濟方法以左列各項爲主。

（一）現款或食物衣服等必需品之給與。

（二）小本貸款。

（三）工賑農賑或增辦并擴充原有救濟設施。

第五條 前條各款救濟經費，由社會部審酌實際需要，並視各地災難輕重，在救濟特捐項下統籌核撥，按月列表報院備查。

第六條 各捐募區募集捐款，得照左列標準，由原捐款地區留用。

（一）募款達配額五成以上六成以下者，留用百分之五。

（二）募款達配額六成以上七成以下者，留用百分之十。

（三）募款達配額七成以上八成以下者，留用百分之十五。

（四）募款達配額八成以上九成以下者，留用百分之二十。

（五）募款達配額九成以上十成以下者，留用百分之三十。

（六）募款超過配額者，其超額部份，得由地方完全留用。

第七條 地方留用之救濟特捐，應以賑恤難民及舉辦救濟事業爲限，不得移作別用。

前項留用捐款，應以百分之八十先行購儲糧食衣著，以備隨時放賑之用。

第八條 各捐款地區留用之捐款，應由當地社政主管機關主持，邀同民意及監察機關暨慈善團體推派代表五人至九人，組織審議委員會，負責捐款之分配使用稽核等事宜，並將支用情形，按月列表，層報社會部備查。

第九條 本辦法自核定之日施行。

總統府公報所載中央法規索引

三十七年八月十六日至九月十五日

法規	號數
金圓券發行辦法	第八一號
中華民國人民存放國外外匯資產登記管理辦法	第八一號
人民所有金銀外幣處理辦法	第八一號
整理財政及加強管制經濟辦法	第八一號
行政院經濟管制委員會組織規程	第八二號
金圓券發行準備監理委員會組織規程	第八二號
金圓券發行準備移交保管辦法	第八三號
整理財政補充辦法	第八五號
銀行錢莊存放款利率限制辦法	第八七號
中央銀行外幣外匯存款支付辦法	第八七號
修正有關國防工業專門技術員工緩召適用範圍等六項	第九一號
國定紀念日日期表	第九五號
政府法幣公債處理辦法	第九五號
政府外幣債券處理辦法	第九五號
商業銀行調整資本辦法	第九五號
鹽運銷規則	第九二號

本府法規

修正南京市區民代表選舉暫行辦法

三十七年九月二十三日公布

一、本市區民代表之選舉，除市組織法及本市區民代表會組織暫行規則另有規定者外，悉依本辦法之規定辦理。

二、本市公民年滿二十五歲經公職候選人檢覈及格或經各該保公民五十人以上之簽署提名者，得申請登記爲該保區民代表候選人。

三、左列各款人員停止爲被選舉權：

一、現任本市區域內之公務員。

二、現役軍人或警察。

三、現在學校肄業之學生。

四、區民代表之選舉，由各保保長在本保召集保民大會舉行之。

五、區民代表選舉事務，由區公所指導各保保長辦理之。

六、各保選舉日期及時間，均由區公所規定，選舉前五日分別在各該保辦公處公告之。

七、保民大會選舉區民代表時，區長應親自蒞場或派員出席指導監選。

八、各保選舉票（附式略）均暫由市政府統一製定，於選舉十日前發交各區公所，加蓋鈐記，由區長或區長代表攜往各保，於開始選舉時分發應用。

九、各保在選舉前十五日，應妥為製備選舉人名簿（附式略）選舉時按簽到人數分發選舉票。

十、選舉人於選舉前應出驗國民身份證，並在選舉人名簿上本名下簽名或捺右姆指箕斗。

十一、區民代表選舉用無記名單記式。

十二、投票完畢後，應即當場開票，以得票數較多者為當選，票數相同時以抽籤法定之，候補當選人應以前項得票次多數者定之，其名額於當選人同。

十三、選舉完畢後，應由區公所派往監選人員會同保長將當選人姓名、年齡、資歷、及所得票數，選舉經過，分別查塡當選區民代表報告表（附式略），連同選舉人名簿選舉票送請區公所彙核。

十四、區公所於各保報告選舉結果後，應即將當選人候補當選人姓名及所得票數公布，並通知當選人。

十五、當選人願否應選，應為接到通知三日內答復，逾期不答復者，即視為願意應選，其不願應選者，以候補當選人遞補之。

十六、當選人確定後，區公所應即造具當選人名册，呈由民政局轉呈市政府核發當選證書（附式略）。

十七、本辦法由市政府公佈施行，並咨報內政部備案。

修正南京市區民代表大會組織暫行規則

三十七年九月二十三日公布

第一條 本規則依照市組織法之規定，並參酌本市實際情形訂定之。

第二條 區民代表會由本區各保保民大會選舉二人組織之。

第三條 區民代表會之職權如左：

一、審議區規約及區與區相互間之公約。

二、議決區長交議及本區內公民建議事項。

三、選舉或罷免區長副區長。

四、聽取區公所報告及向區公所提出詢問事項。

五、其他有關本區重要興革事項。

第四條 區民代表任期二年，連選得連任，如有違法或失職時由保民大會罷免之。

前項罷免程序另定之。

第五條 區民代表於任期內因事去職或被罷免時，經呈報民政局核定後，以該保候補當選人依次遞補。

第六條 區民代表如於會期內請假或缺席，依照區民代表請假規則辦理之。

前項請假規則，應由區民代表會議訂， 幷報民政局備案。

第七條 區民代表為無給職。

第八條 區民代表會設主席一人，由出席代表用無記名單式互選之，以得票較多者爲當選。

第九條　區民代表會每三個月開會一次，由主席召集之，如遇特別事故或區民代表三分之一以上請求時，得舉行臨時會議。

十　區民代表會每次會期爲一日，必要時得酌量增加之，開會時得通知區長保長列席。

第十一條　區民代表會第一次會議由區長召集之。

第十二條　區民代表會開會時，主席對於與本身有利害關係之事件應行迴避。

第十三條　區民代表會主席缺席或依前條之規定迴避時，由出席區民代表互推一人爲臨時主席。

第十四條　區民代表會議應在本區公所或其所在地行之。

第十五條　區民代表會非有本區全體區民代表過半數之出席不得開議。

第十六條　區民代表會議公開之。

第十七條　區民代表會開會時，民政局得派員出席指導。

第十八條　區民代表對於與本身有利害關係之議案，不得參與表決。

第十九條　區民代表提案以書面行之，但開會時，遇有必要事件得爲臨時動議。

第二十條　區長提交區民代表會之案件以書面行之。

第二十一條　本區內公民向區民代表會有所建議，應有十人以上之連署。

第二十二條　區長對於區民代表會負有左列各任務：

一、佈置會場及辦理會議紀錄。

二、報告經辦事項。

三、答復區民代表之詢問。

第二十三條　區民代表會議時所需辦事人員由區長就區公所職員中指派兼任之。

第二十四條　區民代表會決議案送請區長分別執行，如區長延不執行或執行不當，得請其說明理由，如認爲不滿意時，得報請民政局核辦。

第二十五條　區長對於區民代表會之決議案，如認爲不當，得附理由送請覆議，對於覆議結果，如仍認爲不當，得呈請民政局核辦。

第二十六條　民政局對於區民代表會之決議案，認爲有違法情事者，得開明事實，呈准市政府予以解散重選，并報請內政部備案。

第二十七條　區民代表會議事規則另訂之。

第二十八條　區民代表會鈐記，由市政府刊發之。

第二十九條　本規則由市政府公佈施行，并咨報內政部備案。

會議紀錄

南京市政府第一四一次市政會議紀錄

時　間：三十七年九月十日上午九時

主　席：沈市長　　紀錄：史崇訓

討論事項

1. 市長交議：據自來水管理處呈擬修正「南京市自來水管理處供水章程」，提請討論案。

決議：留待下次市政會議討論。

2. 市長交議：據參事室地政局研究處理古林寺溢地問題，為注重公地兼顧事實困難，擬請姑准該寺就已處分地內溢地三三、九一八九畝，連同廟基六五、四〇〇〇畝，按照卅七年度標準地價繳價承領，其尚未處分之土地二一，五五六四畝仍予保留，俟呈　院解釋土地法第六十三條條文後，再行核辦，提請討論案。

決議：交參事室會同地政、社會、教育、財政四局審查，再提會討論。

3. 會計處提：擬請追加本市三十七年上半年度歲入預算三八、一七七、四六〇、〇〇〇元案。

決議：照案通過。

臨時動議

民政局提：准市參議會函囑指撥公地為救火人員因公殉職之墓地，經勘得第十一區東瓜匙荒地一坵，計面積一七、六三八四畝，尚稱適合，可否准予撥作救火人員因公殉職之墓地，提請討論案。

決議：在第十一區原有公墓範圍內，劃撥東瓜匙市地一七、六三八四畝為救火人員因公殉職之墓地，并復市參議會查照。

人事動態

三十七年八月十八日至八月三十一日

姓名	担任職務單位	動態	到離職日期
鄧峴	民政局第一科科員	新任	八月廿五日
劉世熙	統計處荐任科員	新任	八月廿五日
劉希臻	民政局第四科荐任科員	調任民政局第四科科員	八月廿五日
陳冀英	衛生局流動衛生所護士	調任衛生局護士	八月十八日
倪榮順	財政局科員	晉升財政局委任視察	八月一日
葉伯玉	財政局科員	晉升財政局委任視察	八月一日
劉國祥	財政局額外雇員	晉升財政局土地稅徵收處辦事員	八月一日
管中允	財政局視察	兼任財政局土地稅徵收處副主任	八月一日
金敏綺	財政局土地稅徵收處雇員	辭職	八月三十一日
趙希哲	財政局額外雇員	辭職	八月三十一日
華奎元	財政局雇員	辭職	八月三十一日
戴其瑞	社會局第二科科員	辭職	九月一日
黃以鏞	社會局第四科科員	辭職	九月三日
壽志英	傳染病醫院護士	辭職	八月二十四日
魏愛華	市立醫院護士	辭職	八月三十一日
高榮	市立救濟院管理員	辭職	八月十四日
金蘊琦	本府編審	留資停薪	九月一日
王世明	財政局稽征員	免職	九月六日

英國怎樣實行勤儉？

田玉振

有許多人從英國回來，說英國生活太苦．這種說法包含着兩個錯誤的觀念：一個是認為英國人民生活水準要比它戰前的情形還苦，一個是認為英國人民的生活比我們中國還苦．其實這是完全不對的，造成這種錯誤觀念的主要原因，一方面是受到英國政府的反對黨的宣傳，一方面則是不瞭解英國戰後經濟政策的緣故。

作者這篇文章的用意．並不是替英國政府來作宣傳．而是在客觀地說明英國怎樣來實行一個較為合理的社會經濟制度，在這個經濟制度下面，英國人民的生活究竟是改善了呢，還是比以前更惡化了呢？

要瞭解英國戰後所施行的經濟制度是什麽，還是要從英國人民目前實際的生活情形說起：在英國居住的人大家都知道有個糧食部（Food Office），因為這是與每個人生活最有關係，大家每天要吃飯，就必須先向糧食部領取食物配給券，法律之下是人人平等的，凡是合法居留英國的人，每個人都可以領到一本食物配給券，（也有許多不合法居留英國的人、像祕密入境或潛居在英國的人也有），這種配給券規定在每星期可以買到多少肉，多少牛奶，多少牛肉和麵包、多少糖和糖菓，多少牛酪和鹹肉，多少茶葉和肥皂，多少罐頭和其他食品等等，因為這些食品是有定量分配的，除了以配給食物憑券購買外，無法另行購得。

因為每個人的食品配給量有限，所以除了有錢的人多化錢到飯館裏去吃飯以外，這些配給食品便成為每個人不可缺少的營養品，照目前的配給量計算，每人每天可以配到半磅牛奶，二磅麵包，每星期可以配到一磅牛肉、四兩鹹肉、四兩牛油、四兩牛酪、四兩豬肉，四兩椰油，每月可以配到一瓶菓醬，四兩茶葉、二磅白糖，三塊肥皂，另外還可以買到一些麵粉罐頭，和餅乾糖菓之類，其他蔬菜水菓並不實行配給，可以自由在市場購買，上面所說的配給量是就成人而言，兒童還有特別的配給，像牛奶水菓魚肝油維他命丸等等，是特別配給兒童的滋養品。

吃之外，穿也是實行配給，每人每年大概可以向貿易部領到四人八個衣服配給券，隨食物配給券同時發給人民應用，有時候多發幾個衣服配給券，有時候少發幾個，這要看生產的供應情形而定，每個人領到這四十八個配給券以後，要愼重的考慮一下如何去應用它，因為一套西服就需要二十六個配給券，一件大衣或雨衣要十八個，一件襯衫要六個，一件背心或短褲要三個，一雙襪子要二個，一雙鞋子要九個，試想想就這隨身必備的衣物全部，就需要六十七個配給券，所以要置齊一身的服裝，必需要有一二年的配給券，而且衣着用品是樣樣必需配給券，買舊貨雖然不要配給券，但是比新貨還要貴，所以大家只有儉用。

衣食兩項政府實行配給制，主要的目的一方面在於節省消費，而另一方面更在於平均分配，因為凡是配給的衣着和食品，政府都有限價，若干必要食品衣着，政府並給予以津貼抑低售價，樣樣人人可以買得起，人人可以享受到最低的生活水準，在戰前的英國完全是一個享受自由的國家，有錢可以支配一切，沒有錢的人當然就要受到支配，在經濟生活上是懸殊的，現在英國人民的生活，雖然不能說貧富一律，但是在必要的享受上可謂相差無幾，沒有吃的太飽的人，也沒餓着肚皮的人，沒有衣着華貴的人，但是也沒有衣不蔽體的人所以就一般人民生活水準而言，是比戰前提高了許多。

如果要比起我們國內的生活來，試問那一個人每天可以吃到半磅牛奶和二磅麵包、有幾個人能夠每星期吃到一斤肉和牛油牛酪？目前薪水階級的生活程度已經是超過老百姓不知若干倍，英國七千多萬人口，每個人都可以享受到必要的食品和衣着，中國的老百姓有多少在餓着肚皮衣不蔽體？我們不能說英國生活比中國苦，要知道中國人現在是生活最苦的民族。英國人現在做到有苦大家吃的程度，而我們國內的人則是快樂只有少數人享受而已。

英國爲什麽能夠做到人民經濟生活平等，如果只說是因爲英國人口少，政治安定，還不是重要理由，主要的在於英國政府對內實行社會主義的經濟制度，英國政府利用戰時所實行的衣食配給制度來使人民生活有平等的享受，不過是英國政府實行社會主義經濟制度是統制消費方法之一，更重要的是在統制整個的生產和供應，以及整個社會安全制度的施行，關於工業的生產和供應，在主要工業國有計劃之下，像煤鑛、動力、運輸鋼鐵、以及銀行信用事業都已逐漸國營，政府控制這些生產部門的目的，就是要使這些事業配合國家經濟的需要，增加生產，供應國內外市場。

大家都知道英國現在對外經濟非常窘困，因爲戰後英本國形成一個經濟的單位，若干國內進口的需要，必須由本身工業生產的出口來償付它，所以英國不得不自求節省，以增加出口來獲得對外貿易的平衡，英國政府除了實行主要工業國有以外，並致力於國內經濟的穩定，防止資本的積累，制止工資和物價的高漲，這在英國實行的成績是最成功的。

配合着增加生產和節省消費的政策，英國政府並在本年七月五日起實行全部社會安全制度，裏面包括失業津貼、養老津貼、家庭津貼、醫藥免費和貧窮救濟各項，實際上英國人只要有些微能力，不愁沒有工作，有工作的時候，就有固定的收入，政府規定每個人每星期必須繳納固定的保險費，則上述一切福利津貼和救濟都可享受，這是使每個人生活安定的重要方法之一，每個人不患失業，不患疾病，不患老弱與貧窮，這是英國整個經濟的主要安定力。

英國人是不是都能擁護政府去實行這個社會主義的經濟制度呢？當然反對的人也很多，但是英國在政治上是一個民主的國家，執政的工黨是多數黨，也就是得到多數英國人的擁護，同時工黨政府操縱着英國整個的工人組織（英國職工聯盟），同時也就是操縱着全國主要的生產部門，只要這些工人擁護政府增加生產，政府就有辦法，同時英國政府的經濟措施完全公開，所以可以取信於民，因而在實行勤儉的生活時，絕無怨言。

南京市政府公報刊例

一、本公報每半月發行一次

二、凡本府例行公文即在本公報發佈不另行文

三、本府所屬各機關於收到本公報時應編號歸檔妥爲保存凡註明「不另行文」文件並應注意遵照

南京市政府公報

第五卷第六期

中華民國三十七年九月三十日

編輯者　南京市政府編譯室

發行者　南京市政府

印刷者　大東新興印書館

南京：(四)建鄴路一三八號

電話：二二二二六號

中華民國三十七年十月十五日

第五卷 第七期

南京市政府公報

南京市政府編譯室編

目錄

特載

勤儉建國運動綱領

總統三十七年九月十五日對全國同胞講演詞

今天我們中國最迫切的要求，是解除人民的痛苦和安定社會的秩序，爲要達成這個目的，首先就要戡平奸黨共匪的叛亂。加速剿匪戰事的勝利，這是我們全國同胞人人一致的願望，也是我們全國同胞人人共同的責任，因之我們全國同胞必須認識這個責任的重大，更要認識這個使命的艱鉅，務須全國一致咬緊牙關，鼓起勇氣，同心同德，克勤克儉，來克服我們中國國民革命這個最後的難關，達到我們共同的目的。

同胞們！大家還要知道，我們民族的大難，建國的大敵，不僅在奸匪作祟，民生凋敝，而還在寄生階級的投機操縱，荒淫無度，尤其是剝削分子的自私自利，浪費奢侈，以致影響全國的民心，造成社會的不平，古語說「勤儉爲立身之本」，西諺亦說「奢侈是建國的大敵」，我們必須能先克服這個內在的大敵，戒除奢侈，消滅腐敗，崇尚節約，積極建設，而後剿匪戡亂工作，方能使之澈底完成，所以中正今日特以國民的資格，來發起勤儉運動，並擬訂運動綱要，期以社會的洪流，來冲刷社會的渣滓，奠定戡亂勝利，建國成功的基礎，熱望我全國同胞一致奮起，來推進這一個運動，厲行這一個綱要，完成大家戡亂建國的使命。

勤儉建國運動綱要

壹　勤儉建國運動的要旨

中國對日抗戰勝利以後，又遭遇了兩大威脅，一是奸黨共匪暴力集團的全面叛亂，一是由奸匪叛亂所造成的經濟殘破與社會不平，這兩大威脅能否解除，將決定我們新中國建設的成敗，乃至中華民族存亡的命運。

今天，全國愛國軍民同胞正在與國家民族的公敵——賣國奸匪進行着決生死的搏鬥，大多數在飢餓線上掙扎的人民，出錢出力，流血流汗，來支持戡亂救國的戰爭，而若干不勞動不生產的寄生階級以及囤積操縱與用盡一切非法手段攫得財富的投機分子，則窮奢極侈，過着荒淫無度的生活，他們不但破壞了國家的生產力，而且造成一種社會腐敗的頹風，影響了全國的民心和戡亂的士氣。

爲了矯正這種不合理的現象，爲了澈底實行總體戰，集中全國人力財力物力，發揮高度的效能，以保證戡亂的勝利與建國的成功，我們不能不喚醒社會寄生階級和投機份子的自覺自制，從「勤儉」二字痛下功夫，革除怠惰荒淫的惡習，與勤勞大衆共同努力增加生產，節約消費，報效國家，克盡國民的天職，這就是我發起勤儉建國的要旨，這個運動不僅是轉移風氣改革社會的起點，而且是戡亂建國總動員工作的一環，在這個運動的旗幟之下，我們希望大家做到如下兩點：

一、把公私生活的消費節約到最低限度！

二、把工作生產與作戰力量發揮到最高程度！

貳　勤儉建國運動的使命

發揚自立自助自强自制的精神，實踐勤勞刻苦的生活。

勤儉建國運動就是國民革命在現階段的實踐，它的歷史使命是號召一切愛國之士，共同發揚自立自助自强自制的精神，實踐勤勞刻苦的生活，並以勸導感化及服務的方式，推己及人，使社會形成自發自制的約束力，來糾正貧富生活兩極化的傾向，以期逐漸達到前方生活士兵化和後方生活平民化的鵠的。

在經濟上，勤儉建國運動是要使整個社會，由於生活的克制，消費的節約，得以掃除享受的過分不平，由於勞動的普及，效能的提高，得以達到生產的逐漸增加，即一面使我國民生活方式與國民經濟能力相協調，防止富商巨賈豪紳顯宦物質生活的揮霍無度，一面鼓勵勞動，加強生產，發展國家經濟建設及蓄積國防建設的潛力，尤其在目前，由於浪費的殄絕，可以收到穩定物價，鞏固幣制，平衡國際收支的效果。

在政治上，勤儉建國運動是以厲行勤勞生產與刻苦生活，爲根絕貪污提高効率的有効手段，尤其要澈底實施總體戰，儘量使全國人力財力物力配合軍事的需要，以加强國軍的戰鬥力，早日戡平內亂，同時在前方生活士兵化，後方生活平民化的號召之下，使軍與民，將與兵，官與民，貧與富，因生活水準的接近，而促成心理上的團結，行動上的一致，使全國上下結合成一個堅强的戰鬥體，以保證戡亂建國事業的成功，我們爲了實踐，並推廣勤儉建國運動，特訂公約十項，懸爲共同目標，凡參加這個運動的人，必須遵守和力行這個公約。

叁　勤儉建國運動公約

一、積極工作，積極建設。

二、遵守時間，遵守秩序。

三、消滅腐敗，消滅貪污。

四、戒除奢侈，戒除浪費。

五、生活平等，法律平等。

六、剿匪第一，建國第一。

七、一切爲前線，一切爲生產。

八、前方生活士兵化，後方生活平民化。

九、敬重官兵，爲軍隊服務。

十、愛護農工，爲社會服務。

肆　勤儉建國運動的實踐

自立自助，遵守時間，增進健康，勸導勤學。

勤儉建國運動負有改造社會經濟政治的歷史使命，而推行之道，要在身體力行，人人以克勤克儉的作風，表現於日常生活之中，凡參加這一運動者，必須信守公約，自己首先要腳踏實地，躬行實踐，先從下述的簡要項目做起。

（一）關於提倡勤勞方面。

一、自立自助，每一個身心健全的國民，均須參加勞動，自食其力，凡爲料理自己生活而爲自己所能勝任的工作，不可倚賴他人，以求人盡其力，而不浪費他人之力，亦即充分發揮國民的總勞動力。

二、遵守時間，把握時間，爭取時間，作事迅速確實，提高効率，並利用閒暇時間，從事有益於身心健康與社會服務的工作，使勞心者得以鍛鍊身體，勞力者得以增進智能。

三、推進國民健康運動，健康的體魄，是力量的源泉，欲提高國民的工作力生產力與戰鬥力，必須倡導鍛鍊體魄，使國民體力增强。

四、輔導青年勤學，造成健全幹部，喚醒青年對國家的責任感，提高青年對民族的自信心，努力求學，砥礪品德，並使青年認識歷史的使命與中國當前的需要，特別注重科學技術的研究，務期學以致用，成爲建設新中國的優秀幹部。

五、輔導難民就業，發展生產。

1.難民游民及失業勞工聚集後方，巨大的勞動力無處使用，而物資的消耗，反成爲國家戡亂時期的沉重負担，需要發動社會力量加以輔導，使無業者就業，失業者復業，從事於不正當職業者，轉移於有利國防與民生的職業部門，使社會的消費力轉變爲生產力。

2.勸導人民投資於有益國計民生的生產事業，如購買國營公營事業股票，或經營工礦，以利用游資，發動社會力量開辦工廠或農場，提倡築路造林墾殖修渠改良環境衞生及各種建設工作，實行以工代賑，寓救濟於生產，以吸收剩餘社會勞動力，使建國工作逐步展開。

六、推行總體戰，實行總動員。

1.使全國人民認識，剿匪是爲保障國家民族的生存和人民本身的利益，需要全民參加總體戰，並協助政府推行政令。

2.勸導人民尊重法律，遵守秩序，防制暴亂，以確保社會安寧。

3.倡導地方自衞工作，嚴密民衆組織，清査戶口，整頓保甲，普遍發動肅奸運動，檢舉匪諜，清除伏匪，强化防諜保密工作，以鞏固後方。

4.協助登記糧食，管制經濟，普遍發動檢舉走私運動，貫徹對匪區經濟封鎖政策，以充裕軍糧民食。
5.發動青年從軍運動，普遍組織監察兵役團體，檢舉保甲舞弊及冒名頂替的行爲，積極改良應征壯丁的生活，提高其待遇，尊重新兵人格，保障軍屬生活，以提高士氣，加强戰力。
6.倡導敬重官兵服務軍隊運動，普遍發動勸送助戰救護慰勞獎勵祝捷聯歡等工作，以增進軍民感情，加强剿匪精神。

（二）關於勵行節約方面。

一、公物使用及汽油消耗節約。
1.節省公物，切戒公物私用。
2.嚴格實行汽油配給。
3.減少小座車，增加公共汽車。

二、人力使用節約。
1.提倡機關團體公司……節用人力，裁汰冗員。
2.提倡機關及住宅……裁減警衛工役及僕役數額。

三、飲食消費節約。
1.糧食節約。
2.烟酒飲食消費節約。
3.提倡限制肉類買賣及消費節約。

四、慶吊應酬節約。
1.婚喪喜慶儀節及禮物餽贈節約。
2.宴會筵席消費節約。
3.有關迷信之用物消費節約。

五、提倡儲蓄及外匯使用節約。
1.提倡儲蓄競賽。
2.提倡外匯存款。
3.停賣及限買舶來奢侈品。
4.對非國防民生必需之舶來品消費節約。

六、都市水電節約。
1.主張嚴厲取締竊用水電及公務機關不繳水電用費。
2.主張用遞量累進計價法限制水電消費。
3.普遍喚起水電用戶養成節省水電之習慣。

七、摒除不正當娛樂。
1.不准營業性舞場。
2.提倡正當娛樂，並勸導戒除嫖賭及一切不良嗜好。
3.主張從重征收奢侈行爲稅捐，寓禁於徵。

八、發展各種生產消費合作事業，期達物資調節與分配合理化的目的。

註一 右列各項，係以首先推行勤儉建國運動的大都市爲目標，俟擴大進行範圍時，應另訂適合於當時實際情況與需要的實踐項目。

註二 右列各項，一面須由政府以法令推行，一面則由推行勤儉建國運動之組織，分別擬具配合法令的具體辦法，發動社會民主力量協助推行。

伍 勤儉建國運動的組織

採取逐步擴展方式，先從京滬及各大都市着手，以爲示範。

一、勤儉建國運動是革命性的社會運動，必須有計劃有堅强的組織，負推行之責，而這個組織必須是一種自發自動的人民組織。

二、爲求組織健全而有力量，必須採取逐步擴展的方式，初期的組織工作，應先從京滬及各大都市着手，以爲示範，俟有成效，然後漸次推及其他地區。

三、每一地區在建立組織之前，應本「以行動爲號召」之原則，進行普遍而有效的宣傳工作，並先經過充分而有計劃的籌備階段，籌備工作的進行，應自中央而地方，負責籌備人員必須具備「以身作則」之條件，和克己服務之精神。

四、勤儉建國運動應有健全之基本組織，以爲達成本運動各項任務的基本力量，每一基本組織的人數，不宜超過十五人，以期聯繫確實，行動靈活。

五、凡贊行勤儉建國運動公約，適合規定標準的社會人士，都可以參加勤儉建國運動的組織，但必須先參加其基本組織，而且是自願的，並須具有身體力行的決心和本身勤儉行爲的保證。在組織發展過程中，負責人員應謹守「寧缺毋濫的」原則，在組織中如發現違反公約的份子，經證實後，必須予以處分，清除內部僞裝的腐化份子，和招搖的投機份子，保證組織的純潔性。

六、組織的每一個成員，均須經常自我檢討，互相監督，共同勉勵，不獨自己要躬行實踐，同時要起領導作用，擴大影響，尤須鼓勵合於規定標準之親友踴躍參加組織，使本運動爲輻射性的發展。

七、基本組織除在地區進行外，並應在各工廠商店學校部隊機關社團和職業團體中普遍進行，在同一地區或部門中，有若干基本組織時，應聯合建立聯繫組織，以加强本運動的基層工作。

八、同一地區內的組織工作，達到相當程度時，卽建立該地區之中心組織，以領導該地區勤儉建國運動的推行。

九、勤儉建國運動組織的中樞，應設於首都所在地，担負領導全國各組織推進本運動之全責。

陸 勤儉建國運動的推行

應發動普遍深入的宣傳，歡迎勞動大衆加入組織。

一、在勤儉建國運動展開之前，應發動普遍深入的宣傳，使大多數人民了解這是消除不平等的革命社會運動，了解這一運動和人民自己的切身利害關係，燃燒起迎接這一運動的熱情。

二、熱烈歡迎勞動大衆加入組織，以充實勤儉建國運動，給勞動大衆以榮譽和精神上的鼓勵，使其發出示範作用，並使他們由於參加這個運動，而形成一種有組織的道義力量，尤其要他們有權批評檢舉任何懶惰奢侈份子，發揮道義制裁的偉大作用。

三、勤儉建國運動和政府戡亂建國動員的措施，改革幣制管理經濟金融的方案，以及肅清貪汚澄清吏治的法令，必須密切地聯繫配合，使自動的覺悟反省，與被動的勸導强制，相輔而行。

四、爲配合勞苦大衆檢舉批評社會上怠惰奢侈份子的行動，應發動全國輿論界繼續不斷地予違反勤儉建國運動公約者以制裁，並在報紙或廣播電台宣布這些份子的姓名和奢侈浪費的事實，造成一種新風氣，使一般人民認爲過度的奢侈和享受是一種不光榮的行爲，同時應竭力贊揚那些廉潔勤勞的文武官吏，節約樸實的士紳與文化教育和工商界人士，給他們以精神的鼓勵安慰，以明在社會上發生轉移風氣的作用。

五、對於工作對象客觀環境以及可能遭遇的阻力，必須作正確的估計，因不同的職業，不同的階層，不同的生活條件，定出每一項工作進行的步驟計劃與內容，卽必須因人因事因時因地而制宜，所有方案均須具體可行，乃至標語口號亦必須富於現實性，萬不可成爲官樣文章與交卷主義，辦不到的事情不輕率開始，但已經決定要推動的工作，則必須集中一切力量，排除一切困難，貫徹到底。

六、時時刻刻檢討研究，從工作中獲取寶貴的經驗，糾正已經犯過的錯誤，切實把握勤儉建國運動的正確性，務以毅力恆心熱情，使這個偉大的運動能深入普及與持久。

這半年以來，我們誠然顯露了許多的弱點和缺點，發現了許多的錯誤，遭遇了許多意想不到的困難，但這無寧說是一種有利的現象，弱點的顯露，正是我們反省的資料，錯誤的發現，正是我們改進的開始，暫時的頓挫，正是我們轉敗爲勝的基礎。只要我們能不斷改革，不斷進步，最後一定可以達到成功的目的今後戡平共匪的軍事，當然不是幾個月或一兩年短期間所能完成，但是古人說：「生於憂患，死於安樂」。愈是憂患重叠的時候，就愈是振奮志氣，培養新生力量的時候，只要我們政府全體同人，以及全國同胞，能夠反省覺悟，革除因循懈怠、散漫消沉的惡習，團結精神，通力合作，自立自強。則匪的弱點，必然逐漸暴露，而終歸失敗。

（摘自總統蔣三十七年國慶典禮講辭）

政令

勵行勤儉建國運動綱領

南京市政府訓令　（卅七）府總秘二字第七八九四號

令各單位

奉

總統蔣本月十五日晚向全國同胞廣播倡導勤儉建國運動，並宣佈勤儉建國運動綱要，對於此項運動之要旨，組織工作項目及推動方法，均經闡述靡遺，同時規定初期組織工作，先從京滬及各大都市着手，以為示範，本市自應遵照率先奉行，除一般性之提倡勤勞及勵行節約二方面各項節目，均應切實遵辦外，其各單位主管業務應如何配合此項運動，厲行勤勞節約，並應擬具實施方案，於文到七日內具報憑核，以期貫澈推行，除分行外，合行令仰遵照辦理。

此令！

中華民國三十七年九月十八日

南京市政府訓令　（卅七）府總秘二字第八〇八五號

令各單位

案奉

行政院本年九月廿一日(卅七)人審字第四一七九七號訓令開：

「勤儉運動實為建國圭臬，各機關應召集各級人員就總統在本年九月十五日對全國廣播之勤儉建國運動綱領及其有關於各機關業務事項，由各級主管負責研討，各就其實際情況及職掌範圍擬定實施辦法以後，並於每星期六下午規定時間經常檢討其本周業務及其勤儉運動各項工作進度如何，幷擬定本機關對於勤儉運動業務之競賽與獎懲辦法，於每月第一星期一日由各機關首長主持召開總檢討會議，評定優劣，發表公報布告，應定此事為各該機關主要工作，特別重視，以期本運動由中央推行及地方，由大都市推行及於全國，除分行外，合行抄發勤儉建國運動綱領，令仰切實依照辦理，幷將辦理情形具報。」

等因，附抄發勤儉建國運動綱領一份，奉此，查此案前奉　總統本月十五日向全國同胞廣播倡導，當以實行勤儉為挽救國運完成建國之必要措施，本市為首都所在，自應率先奉行，以為示範，即經以府總秘二字第七八九四號令分飭各單位切實遵行，幷就主管業務擬具配合此運動之實施方案，於文到七日內呈核在案，茲奉前因，除分令外，合行抄發原綱領，令仰遵照切實辦理，幷尅即將實施方案依限擬呈候核為要。

此令！

附抄發勤儉建國運動綱領一份（見特載欄）

中華民國三十七年九月二十七日

戰時被刼物資限期申請歸還

被刼至日本者限於本年十二月底以前申請
被日刼至印境者限於公告日起一月內申請

南京市政府公告　(卅七)府統佈字第六八號

查戰時被刼物資申請歸還期限迭經本府公告在案，茲准行政院賠償委員會本年九月四日京(卅七)二字第六五三四號代電，略以准外交部代電，以此案經遠東委員會議決展延申請歸還期限到府，除分令外，合亟公告週知，凡本市各公私團體及人民(包括外僑)，如有物資被日人刼至日本本土者，限於本年十二月底以前檢同證件，逕向本府統計處洽取表格詳塡具報，以憑彙轉。特此公告！

中華民國三十七年九月二十一日

南京市政府公告　(卅七)府統佈字第六九號

案准

行政院賠償委員會本年九月十一日京(卅七)二處字第六五八〇號代電，略以關於戰時人民財產被日人刼至印度境內者，亟應申請轉洽發還，囑查照飭屬，並公告人民，速照規定塡表檢證報轉憑辦等由，准此，除分令外，合亟公告週知，凡本市各公私團體及人民如有財產被日人刼至印度境內者，應予公告之日起一個月內檢同被刼及物權證件，逕向本府統計處領表塡報，以憑彙轉，特此公告！

中華民國三十七年九月二十一日

醫師中醫師應以分組公會爲宜

南京市政府訓令　(卅七)府總祕字第八一七八號

令衛生局、社會局

案准

衛生部本年九月二十三日醫(卅七)字第一九五七五號代電開：

「案據浙江省衛生處呈爲浙江崇德縣中醫師與醫師合組公會轉請核示到部，茲經函准社會部本年九月八日社(卅七)組四字第二五一〇六號公函開：查醫師法第二十九條但書之規定，係對該條前段「同一區域內同級之公會以一個爲限」而言，並非謂原則上醫師中醫師可混合組會，且醫師中醫師合組公會，在事實上諸多窒礙，似仍以分組爲宜，如其不足法定人數分組公會，自應依同法第三十條之規定分別辦理等由，除分行外，相應電請查照。」

等由，准此，除分令社會局、衛生局外，合行令仰知照。

此令！

中華民國三十七年九月二十九日

市政要訊

放領市有公地公開摸號竣事

本府首批放領市有公地四十六坵，業於九月二十日下午二時在市參議會大禮堂公開摸號，由市參議會陳議長裕光主持，唐參事英監察，決定所有中號承租人及候補承租人名單，經當場揭示，並已於九月二十八日以（卅七）府財佈字第七一號公告週知，茲將中號承租人及候補承領人名單刊錄於下：

宗次	地段	承租人	第一候補人	第二候補人
1	三區3305段（長樂路）	457繆仁和	165胡發元	657吳德有
2	二區193段（廳後街）	554翁景瑞	2716陳必昌	3012張獻斗
3	四區4428（一）段（陶家巷）	125翁秀玉	49曹伯庚	126楊忠鑫
4	四區1867段北部（花露崗）	292汪　履	402顧瑞仁	247邵和清
5	二區1083（三）段（白下路）	1101廖元信	1100曹楊氏	519蔣白延齡
6	四區1000段（皇冊庫）	28徐漢洲	8楊泛九	17胡子瑜
7	四區3935段（長樂路）	306繆振卿	207李樹植	95許紀英
8	二區1550段（岩巷）	9吳春榮	12徐書全	23王　治
9	三區3031段毗連東路（管家巷）	12李長金	65林長洲	7左人騏
10	二區677段（致和街）	784王炳炎	410劉王氏	269邵同元
11	四區572段（朱家苑）	135李和平	187高光漢	115易寶林
12	六區4615段（西家大塘）	454顧開軒	924喬蘭珍	930朱德玉
13	二區593段（三十四標）	821賈海如	130盧有成	423金成鼎
14	六區1366段（瓜圃橋）	30夏正崇	183曹興成	144奚少軒
15	二區7（一）段（金鑾巷）	344戴瑞文	404卜李氏	429米經周
16	二區14（一）段（洪武路）	1069胡原洲	1303姚鑫甫	1302馬師如珍
17	二區548（二）段（晒廠）	443盧家銓	240周運元	112郎淮漢
18	二區545（二）段（白下路穆家巷）	964陶繼蘭	895夏禹疇	1184陳方麒

19	二區 952(四)段(四條巷)	187許文發	403庚傳薪	69張陳氏
20	二區 330(一)段(宰牛巷)	342邵華山	92袁守重	111阮倪氏
21	二區 271(二)段(西方庵)	408石珉如	373王　霞	359龔高根
22	二區1420(二)段(文思巷)	19孟裕潮	20張智灼	21華國謨
23	四區3846段(貴人坊)	68董云霞	168丁鶴松	132林先宜
24	二區1404(一)段(鍋底塘)	311王永均	316張咏琴	116闕鏡塘
25	二區1402(二)段(鍋底塘)	6翟晶葆	1湯金棣	8董義財
26	一區1036(小紗帽巷)	533黃毓華	170萬瑞仙	638陳文瑗
27	三區3074(高家巷)	517林鐵民	19林美珍	503王韓玉珍
28	三區3723(八間房)	170趙蓀桐	22任耀宗	182武芝餘
29	二區1424(二)段(東文思巷)	1何光熙	71鄭廣福	75高金寶
30	二區1175(二)段(文正橋)	462周景海	494張亮友	545李光烈
31	二區1028(二)段(城佐營)	519陸光玉	255杜同椿	257劉綺華
32	二區 593段(三十四標)	701陳慕賢	635劉慶林	456新婦女雜誌
33	三區 365段(毗鄰北部烏衣巷)	203任學喜	439朱天國	195時威泉
34	二區1173(一之二)段(文正橋)	14羅陳氏	4朱蕭淑英	5顏其鵬
35	中華門外附廓(上碼頭)	50李吟鶴	204張立孝	149廖　果
36	二區1440(二)(東井巷)	100陳昇京	43周玉屏	102張邦達
37	二區 330(四)(宰牛巷)	108蔡　立	50陳大楸	103黃有民
38	二區1470(二)段(建康路北四巷)	2田福增	70周有華	149周廣寶
39	二區 573(三)(沙塘灣)	129張成美	40曾國麟	307孫文銀
40	未編號(白下路63號後)	311孫良棋	148劉寶全	239賈　落
41	二區 366段(太平路)(三)	1027傅駿秋	447孫　健	1013王闢塵
42	二區 330段(宰牛巷)(三)	35吳佩福	51馬志強	43趙一飛
43	二區 330段(宰牛巷)(二)	8嚴易氏	115周照宇	85沈袁佩芸
44	二區 342段(宰牛巷)(三)	4謝人偉	226王榮經	47孫溪濱

45 五區 769二(段)(徐家巷)
46 五區3204二(段)(張府園)

展開本市各鄉區醫療工作

衛生局自增設流動衛生所車輛以來，對於各鄉區各項醫療衛生工作積極推進，並與各該區公所取得密切聯繫，以期便於展開工作，現該局流動衛生所已經常駛至鄉間服務，當可使各鄉區市民謀得醫療之便利，茲將各鄉區醫療日期附表於下：

表(一)

星期	上午工作地點	時間	下午工作地點	時間
1	孝陵衛	九時至十一時半	馬羣	二時至五時半
2	滄波門	仝右	牌樓鎮	仝右
3	岔路口	仝右	仙鶴門	仝右
4	孝陵衛	仝右	馬羣	仝右
5	滄波門	仝右	牌樓鎮	仝右
6	岔路口	仝右	仙鶴門	仝右

表(二)

星期	工作地點	工作時間	備攷
1	漢西門	上午八時半至十一時半 下午二時至五時半	
2	水西門	仝右	
3	寶塔橋	仝右	
4	岔路口 堯化門	仝右	
5	光華門	仝右	

232莊王氏 199苗廣瑞 73査詹氏
422王沛林 614宋翔鵬 29千鈞培

領取國民身份證簡化手續

民政局為便利本市市民領取國民身份證，特訂定簡化手續，以後如向各區公所申請領取，應按新訂程序辦理，茲刊錄於下：

一、請領人繳驗遷入證明書及原遷出地未領之證明文件，並繳納國民身份證工本費領取收據。

二、請領人繳驗工本費收據領取空白口卡二張，空白身份證一張，以藍色鋼筆自行填寫，幷分別粘貼本人照片三張。

三、請領人繳納遷入證明書工本費收據及填好之口卡國民身份證，俟審核編號核對照片加蓋鋼印後，領回國民身份證及原遷入證明書，但除請領人本人外，他人不得代領。

四、聲請遺失補領者，請補領人應照上項程序辦理，但應登報三日聲明遺失作廢，幷檢同報紙繳存備查。

五、聲請換領人應照上項程序辦理，但應將舊國民身份證繳存註銷。

調整各項行政規費與使用牌照稅稅額

新幣制實行以後，本市各項行政規費亟應予以調整，改訂金圓，經財政局與有關單位商討重訂，提交第一四二次市政會議決議通過實行。茲將重訂原則與新訂行政規費表刊錄於下：

重訂原則

一、凡有因辦理註冊登記而須審核手續者，其收費應較不須審核者爲多，但其執照工本費免收。

二、註冊或登記手續力求簡化，凡適合統一發照者，照原定統一發照辦法實行，以期便民。

三、申請書工本費一律定價五角，並由各出售機關以較堅固之紙張印刷編號發售，以便申請人填寫或保存。

新訂標準

項別	規費名稱	新訂標準(金圓)	主管機關名稱	備攷
登記註冊或檢驗費	醫事人員註冊及執照	五圓	衛生局	凡請求補領執照者收補照費壹元
	醫院註冊及執照	十圓	衛生局	
	中西藥商註冊及執照	十圓	衛生局	
	有關衛生各業註冊及執照	二圓	衛生局	
	清涼飲食商店註冊執照	二圓	衛生局	
	水電商登記及執照	二圓	工務局	
	船舶遊船執照號碼	二圓	工務局	
	人獸力車執照及號牌	二圓	工務局	
	建築修繕什項請照圖單	五角	工務局	
	建築修繕什項等執照	仍照造價計算	工務局	
	工商登記	十圓	社會局	
	娛樂場所登記	十圓	社會局	資本額分等收取最低為十元
	家犬登記費	一元	衛生局	
	水電工匠登記	一元	工務局	
	水電學徒登記	五角	工務局	
	營造業申請開業登記	二元至五十元	工務局	從建築價計算
	建築師申請開業登記	二元至五元	工務局	
	登記費		地政局	已向部請示
	船舶遊船登記檢驗費	五角	工務局	
	人獸力車登記檢驗費	五角	工務局	
	國民身份證	一角	民政局	
	建築師開業申請書	五角	工務局	
	營造業開業申請工程記載表	一元	工務局	
工本費	全套書狀費	三元	地政局	書狀二元封套一角
	補領土地稅等繳款書	五角	財政局	
	契約工本費	一元	財政局	
	條業稅免稅證	一元	財政局	
	使用牌照稅納稅證	一元	財政局	一年一證
	筵席稅旅館捐等轉賬單	一元	財政局	每本一百張
	工商執照	一元	社會局	
	娛樂場所執照	一元	社會局	
	工商申請書	五角	社會局	工商登記費另照資本計收
	娛樂場所申請書	五角	社會局	
	有關稅政申請書工本費	五角	地政局	
	契約等申請書	五角	財政局	
	營業額申請書	五角	財政局	每本十二張
清丈費	覆丈費	一畝以內五角 一畝以上三角	地政局	請求派員查丈之費
	清丈費	城區每畝三元 郊區每畝一元五角	地政局	

附註：

一、各機關如有未經列入之規費，請比照調整後報府核備。

二、學費已有規定不討論。

三、屠宰場檢驗費暫不調整（因屠宰稅已調整）。

又本市使用牌照稅稅額，係於本年一月間按照三十六年十二月份物價指數調整，與八月中旬物價指數比較，相去甚遠，財政局為本市使用牌照稅改訂金圓起見，迭經與各有關單位商討，擬照原稅額增加六十倍折合金圓，於本年冬季起征。其中船舶部分稅額，業經第一四三次市政會議決議通過，汽車部分應如何加倍調整，決議俟呈奉行政院解釋重行修訂後，併請市參議會審議施行，茲將本市使用牌照冬季（船舶部分）稅額表刊載於右。

船舶名稱	等級	載重量或平方公尺	每季或每年	新訂稅額
載運客貨船	1	十六公噸以上或一百六十公担以上者	每季	一元六角
	2	十二公噸以上或一百二十公担以上未滿一百六十公担者		一元四角
	3	八公噸以上或八十公担以上未滿一百二十公担者		一元二角
	3	四公噸以上或四十公担以上未滿八十公担者		一元
	5	四公噸以下或四十公担以下者		八角
遊船	1	二十五平方公尺以上者	每年	六角
	2	二十平方公尺以上未滿二十五平方公尺者		五元二角
	3	十五平方公尺以上未滿二十平方公尺者		四元四角
	4	十平方公尺以上未滿十五平方公尺者		三元六角
	5	五平方公尺以上未滿十平方公尺者		二元八角
	6	未滿五平方公尺者		二元

簡訊

▲二期征集新兵　本市三十七年度二期征集新兵抽籤，自九月二十五日起分區開始，於九月底以前役齡男子抽籤完畢，並於同時征集志願兵，十月一日集中，十月十五日截止，逾期不足配額，再行抽籤征集壯丁，至於新兵安家補助費分區籌發，規定每名金圓一百元，由區公所會同兵役協會區分會負責辦理。

▲免緩役申請案件複核完竣　本市三十六年暨三十七年度役齡男子免緩役申請案件，業由南京團管區複核完竣，合格者分別填發免緩役征，役齡男子本人，憑證得在任何地區享受免緩役或緩征召之權利，此證業經兵役協會全體委員會議議決，每證收工本費金圓一元，民政局刻已發由各區轉發，所有核定免緩役役齡男子，一律限九月底以前至該管保辦公處具領，逾限不再補發。

▲住有流亡學生之各級學校已全部復課　教育局前奉　教育部令協辦魯豫蘇等省流亡來京學生借住事宜，計先後開放中小學七二校，借住人數為一八三九〇人，截至九月二十八日止，已遷移者計為一二四〇二人，尚有五九八八人暫留待遷，現借住之各校已陸續全部復課，並將依照教育局所訂定之補救辦法分別予以補課。

▲召開革命抗戰功勛子女免費補助審查委員會　本市各校革命抗戰功勛子女申請免費補助，前經本府核准補助膳費在案，茲各校已造送名冊連同證件呈教育局，該局特於九月二十四日下午三時召開審查委員會審查，已將結果分別令行各校知照。

▲辦理浦鎮難民收容所醫療消毒　浦鎮難民收容所共有難民一八三人，其中患病者有七五人之多，大都均係瘧疾腸炎及疥瘡等病，該

所因無醫務上之設備，至使患者無法診治，當經衛生局指派醫護人員予以分別治療，同時並再施行井水消毒及撒佈D.D.T.以後，定於每星期派員前往診治一次。

▲賡續辦理第十二區土地登記　本市第十二區土地登記，除江定鄉業已開辦外，其餘全區土地尚未開辦登記，茲擬自十月份起賡續辦理，并擬分期開辦。第一期辦理範圍爲水西門，漢西門外附郭地帶迤西鳳凰西街迤南江東門迤東等地，爲便利業戶聲請登記起見，仍將設收件分處於莫愁湖公園內。

▲商討榮軍授田事宜　奉　行政院令飭限期呈報備作榮軍授田之土地一案，經財政地政兩局工作會報上提出研討，因原令指定此項土地，係由征收地主超額土地，本市私有土地最高面積固尚未核定，郊區土地登記亦尚未完成，無從查明超額土地面積，可供授田之用，僅決定一面先行呈復，一面擬從八卦洲市地上設法，俟奉　中央指復後，再行決定辦法。

▲取締醫藥誇大宣傳廣告　衛生局因鑑于近來各報紙登載醫藥廣告，間有誇大宣傳語句，不僅欺騙民衆，抑且危害民命，業經每日派員檢閱此類不合之廣告及調查未經許可之成藥廣告，一律嚴予取締。

▲加強管理牛奶場　時屆冬令，市民服用牛奶數量頗多，衛生局爲加強管理起見，經派獸醫分往檢查牛隻，同時抽取各該場發售之牛奶，送交衛生試驗所予以檢驗，以免有未經消毒或摻雜雜質，如有不合格之規定者，卽行通飭改善或予取締。

本府大事記

三十七年九月份下半月

九月十七日（星期五）

▲舉行第一四二次市政會議。

二十日（星期一）

▲市有公地四十六坵放租模號竣事。

二十二日（星期三）

▲自衛總隊秋季檢閱竣事。

二十三日（星期四）

▲財政局與市商會代表協商營業稅查帳事宜

二十四日（星期五）

▲舉行第一四三次市政會議。

▲郊區第二期貧民食米開始配售。

▲民政局劉局長愷鍾視察浦口區保業務。

二十五日（星期六）

▲二期征集新兵今起分區抽籤。

二十七日（星期一）

▲地政局爲清理敵僞圈佔土地邀集有關機關代表召開會議。

三十日（星期四）

▲新任秘書長張壽賢視事。

▲本府同人舉行茶會歡送前任秘書長薛次莘。

法 規

中央法規

減少汽車節約汽油辦法

行政院三十七年九月二十三日
(卅五)五交第四二二四二號令頒

第一條　本辦法實施地域，暫定上海、南京、天津、青島、廣州、漢口、重慶七市，以後再逐漸推廣。

第二條　車輛限制以十月十九日截止，上海市按八月十九日登記原數量減少三分之一，其餘各市按八月十九日登記原數量減少四分之一。

自本辦法公布之日起，全國各地汽車監理機關，除有特殊用途，經交通部報請行政院核准者外，一律停止增發汽車牌照，其已註銷之牌照號碼，不得以其他汽車頂替領用。

第三條　油量限制十月十九日截止，上海市按八月十九日前一個月汽車實際用油量減少三分之一，其餘各市按八月十九日前一個月汽車實際用油量減少四分之一。

第四條　依照第二第三兩條限制之車輛油量，儘先就私人自備座車核減之，對於市街及長途公共汽車，應維持原狀，並得按實際需要，酌予增加，以利交通。

第五條　使用牌照稅汽車部份，應比照戰前標準加倍徵收，撥充修整道路之用。

私人座車使用牌照稅，照前項標準加五倍征收之。

依前兩項征收之牌照稅，應俟修正使用牌照稅法完成立法程序後開征，並由財政部交通部迅即會同擬訂呈核。

第六條　限制汽車及油量詳細辦法，由各市政府依照本辦法第二第三兩條之規定，擬具實施辦法，如限實施，報院備案。

第七條　本辦法自公布之日施行。

各省市辦理地籍整理及重估地價工作競賽辦法

地政部三十七年九月二十日
京參字第〇〇四四號令頒

第一條　本部為舉辦各省市地籍整理及重估地價工作競賽，特訂定本辦法。

第二條　各省市工作競賽項目暫定如左。

1. 地籍測量。
2. 土地登記。
3. 規定地價。
4. 重估地價。

第三條　前條各項工作競賽，以「準確」「迅速」「經濟」為評判優劣之標準。

第四條　前條所稱「準確」，如為地籍測量及規定地價重估地價等技術上之項目，應視其結果之精度為評判之標準，如為土地登記行政上之項目，應視其錯誤遺漏之多少為評判之標準。

前條所稱「迅速」，應以實際辦理業務期限與計劃所定期限之差及作業率之大小為評判之標準。

前條所稱「經濟」，應以實際所用經費人員與實際業務數量所應需之經費人員之差為評判之標準。

第五條　評分總數以百分為最高額，其中準確佔百分之四十，迅速經濟各占百分之三十，凡照原定計劃完成者定為八十分，如有超過或不及原計劃所定業務數量時，各按原計劃所定業務數量比例增減之，總分達九十分以上者為優等，在八十分以上者為甲等，在七十分以上者為乙等，在六十分以上者為丙等，在六十分以下者為不及格。

第六條　競賽之評判由本部設計攷核委員會主辦之，其各項資料由本部統計室及各主管司供給之。

第七條　每屆年度結束後競賽終了，由部函請各該省市政府予以獎懲，並將競賽結果送工作競賽推行委員會備查。

第八條　本辦法經工作競賽推行委員會會議通過後，函請地政部公布施行。

婚喪儀仗辦法

三十七年九月十六日內政部公布

第一條　各地方婚喪儀仗除法令別有規定外，依本辦法之規定行之。

第二條　各地方婚喪儀仗不違礙本辦法之規定及公共秩序良善風俗者，得從其習慣。

宗教徒另有教規限制者，可從其限制。

第三條　婚喪儀仗除經政府特許者外，不得使用國旗，並不得用軍警迎送。

第四條　婚喪不得沿用含有封建色彩或迷信性質之儀仗。

違者由地方主管機關分別予以銷毀或沒收之處分。

前項禁用之儀仗由地方主管機關定之

第五條　婚喪儀仗之用具執事人數及樂隊人數除別有規定外，由地方主管機關斟酌該地情形及習慣訂定之。

第六條　婚喪儀仗音樂之樂譜或牌名應由地方主管機關分別選定，不得混用。

前項選定之樂譜或牌名應報由上級機關轉報內政部備案。

第七條　婚喪儀仗執事人及樂隊之服裝，應由地方主管機關規定形式顏色，以昭劃一。

第八條　凡迎親出殯均應事前呈報地方主管機關領取通行證。

前項呈報及通行證之書式由地方主管機關定之。

第九條　前條通行證由婚喪儀仗主持人隨身攜帶遇沿途崗警檢查時應即出示。

第十條　婚喪儀仗之行列，應照許可之路線行進，並應服從警察之指揮。

第十一條　各地方主管機關得依據本辦法參酌地方情形訂立施行細則，但應呈報上級機關核准並報內政部備案。

本辦法自公布日施行。

總統府公報所載中央法規索引

三十七年九月份下半月

國父遺像張設辦法

本府法規

第一一四號

南京市三十七年度第二期征兵實施要則

三十七年九月二十一日府令頒布

甲、要旨

一、本市本年度第二期奉配兵額爲一千三百名，依照規定按人口比例轉配各區（附各區配兵表）。

二、採取「征」「志」兼施方式各區一律限九月底以前完成抽籤工作。

三、規定以征集民國十六年出生之一個年次爲原則，不足時，得逐次延伸至民十二年出生之一個年次，合共五個年次。

四、九月二十五日起開始征集志願兵，十月一日集中，至十月十五日截止，逾期不足，即開籤補足之。

五、應征新兵除依法給予各種優待外，並發給安家補助費，其數額另定之。

乙、征兵處理

六、各區辦理征兵一律以本年四月間舉辦之身家調查爲原始依據，并在開始征兵之前予以整理。

七、採間接抽籤辦法分區實施。

八、征集票規定由區長兼征兵官塡發。

九、志願兵之保證及申請概依照國防部（卅七）孝錚字第二三〇〇號代電之規定辦理（本年九月七以（卅七）民三字第二一二九號令飭遵照）。

丙、優待實施

十、新兵安家補助費分區籌發規定每名發給壹百金圓。

十一、新兵安家補助費籌發通則，由本府會同南京市兵役協會訂頒實施，并分報各有關機關備查。

十二、新兵安家補助費之籌發，由區公所會同兵役協會區分會負責辦理之，其籌發方式須力求公開。

丁、其他

十三、各區征兵費用及兵役協會區分會必需開支應儘先使用奉發之，征集費不足數目得在安家補助費內列支。

十四、本期征兵除本要則規定外，悉依兵役法兵役法施行法暨征兵處理規則之規定辦理。

十五、本辦法提經兵役協會通過後施行，並分報行政院國防部內政部各級管區暨市參議會備查。

南京市各區三十七年度第二期征兵配額表

區別	配兵額	備攷
第一區	一八七	
第二區	一四一	
第三區	八一	
第四區	一〇三	
第五區	一七四	
第六區	一五七	
第七區	一〇四	
第八區	四三	
第九區	六五	
第十區	四三	
第十一區	九四	
第十二區	八八	

第十三區　二〇
合　計　一、三〇〇
附註：(1)本表按各區三十七年八月份人口總數減去該區三十六三十七兩年度合於免緩役規定者轉配。
(2)各區按此配額再依役齡男子人數比例轉配各保。

南京市三十七年度第二期各區籌發新兵安家補助費通則

三十七年九月二十一日(卅七)府總民字第七九六七號令頒

一、南京市政府及南京市兵役協會為轉移社會風氣及鼓勵人民應服兵役，幷期達到新兵無後顧之憂而奠定建國建軍之基礎起見，特依照行政院三十七年三月二十六日四防字第一四六一一號訓令及動員時期軍人及其家屬優待條例之規定，幷參酌本市實際情形訂定本通則。

二、本期新兵安家補助費分區籌發，由本市兵役協會區分會（以下簡稱區分會）會同各該管區公所負責辦理之。

三、應征新兵除依法給予優待外，幷一律發給安家補助費壹百金圓。

四、籌集新兵安家補助費概依左列規定之財源，由各區斟酌實際情形採擇辦理。

1.未應征之現役適齡男子捐獻（民十二年至十六年出生之五個年次）。
2.商店捐獻。
3.一般住戶捐獻。
4.殷商富戶捐獻。
5.其他義賣遊藝會獻金等方式之籌集。

應征新兵及現役軍人家屬不在籌集對象之列，赤貧及清寒學生免收。

五、各區籌集新兵安家補助費，應根據需用總額及前條規定財源，並參酌地方富力及本市上年度籌發安家補助費分等標準，酌加若干倍劃分等級征收。

六、各區新兵安家補助費籌集總額，應以各區本期征兵名額，按每名籌發安家補助費數目計算之總和，另加征兵必要開支之費用為限。

七、人民繳納安家補助費之等級，應分保由保長召集所屬甲長本保區民代表保國民學校校長及地方公正士紳開會評定後列榜公告，開始收集，必要時，得由各保召開保民大會公開評定，以上會議舉行時，區分會區公所區民代表會應派員列席指導。

八、各區籌集之新兵安家費，應逐日解送市民銀行自行設立專戶保管，以備支用。

九、新兵安家補助費各區以分兩次發給為原則，其無家屬經調查屬實確有保證者，准一次發給。

十、新兵安家補助費由該管區經發應征新兵家屬親自具領，無家屬者得由新兵本人親自具領，發放時並須報請本會派員監放。

十一、籌集新兵安家補助費收據，由各區區分會印製送，由本會用印分發各保使用，結束後，幷將收據存根彙送本會核審。

十二、各區征送新兵旅膳費及區分會辦公費用（以上由民政局規定統一數額）暫印製收據等必要開支，得儘先使用奉發之，征集費不敷數目，由區公所造具預算，送請區分會審議通過後，准在新兵安家補助費項下支付。

十三、應征新兵具領新兵安家補助費後，如有發生逃亡或藉故拖延入營情形，除依法追究外，應責成其家屬及保證人負責賠償。

十四、各區應予本期征兵辦理結束後，將籌發安家補助費情形造具統計表分報本府會備查。

十五、各區辦理籌發新兵安家補助費人員，如有違法舞弊情事，概依違反兵役治罪條例懲處，人民抗不繳納者，依本府府總民字第7319號訓令之規定辦法辦理。

修正南京市自來水管理處供水章程條文

三十七年九月十七日第一四二次市政會議通過

第五條　凡欲接用本市自來水者，須先至本處簽塡供水申請書，繳納查勘費（金額另訂此費概不退還）、如裝設地點尚無門牌，應繪送簡明地盤圖一份，經本處派員查勘後，卽將查勘結果書面通知申請人，如管線方便允予裝設，但因工程不便或管線困難等情事，得酌量情形分別緩裝或拒絕之。

第七條　申請人宅內水管水具經本處檢驗認爲不合格時，卽將不合格之點分別通知用戶及承裝商負責改裝，至檢驗合格爲止，初次檢驗概不取費，初次複驗收手續費及以後每次手續費，其金額均另訂之。

第二十三條　修復路面費依照本市工務局規定之單價按照路面種類及面積計算，其每平方公尺之單價，由工務局規定隨時通知本處調整之。

第二十四條　押表費依照水表口徑大小規定收取，其金額另訂之。

第二十七條　押表費及保證金收據用戶不得轉讓或抵押，如有遺失應登報聲明作廢，檢同報紙二份函請本處登記，俟十日後，如無其他糾紛，經繳納手續費（金額另訂），本處卽補發新據，如遺失後未經辦理上項手續至停水拆表時，始行聲明者，概不發還。

第三十四條　凡因欠費而停水者，得於停水後十日內來處繳清欠費，並繳納復接費（金額另訂）。本處當派工復接，逾期卽行拆表，拆表後五十日內用戶如繳淸欠費，並加繳拆裝工料費（金額另訂），得請求復裝水表，逾期拆除管件以後，概作新用戶辦理。

第三十五條　凡用戶因房屋無人居住申請暫行停水保留戶名者每年以三個月爲限，報由本處折表停水，在期限內得申請復水需繳納復水費（金額另訂），逾期取消戶名，概照新戶辦理。

第三十七條　用戶因遷移或房屋出售經前後戶主同意得將用水權過戶，惟須會同本處洽辦過戶更名手續，前戶原繳押表費憑收據如數無息退還後戶，應按照水表口徑大小規定另行繳納押表費曁過戶費（金額另訂），所有欠費如前戶不能繳清，須由後戶代付，始得繼續用水，如不願代前戶清付欠費時，後戶應另按新用戶辦理申請供水手續。

第三十八條　凡不辦理前條過戶手續私相交替者一經查覺，除責令後戶於五日內補具過戶更名手續及繳納補行過戶費（金額另訂）外，所有欠費及賠償等費，應由後戶負担，逾期本處卽行拆表停水，如有欠費仍須追繳。

第四十三條　用戶裝用之太平龍頭由本處用鉛印封閉，至必要時或正式操演時方得開用，但須於二日內通知本處重行加封，其非因火警或正式消防操演而私行開用或因火警之後，幷未依限報告仍繼續放水供他項使用者，一經查覺，概依照第六十條規定以竊水論，如封印確因意外損壞，經立時通知本處，並經證實無竊水行爲者，本處當代爲重封，惟每具須收重封費，其金額另訂之。

第四十四條 用戶消防龍頭在救火操演前三日，應將操演時間用書面通知本處，以便派員監視并重封，但操演次數每年不得超過三次，每次放水時間不得超廿分鐘，如超過時每次每具須繳納重封費（金額另訂），并繳納二十度水費。

第四十八條 凡用戶所裝之分表必須購用經本處核定之牌號式樣，并須先送本處校驗加封後方准裝用，每一分表每次應繳納校驗費，其金額另訂之。

第五十四條 凡用戶認為水表有疑義時，得申請校表并須預繳校表費（金額另訂），本處當即派員拆回校驗，如校表結果動率準確水費照舊計算，如不準確除退還校表費外，當月水費依照增減計算之。

附註：原章程於二十五年十二月十五日公布施行。
修正第十四第二十五第二十三條條文載本公報四卷八期。

附調整供水章程費率表

一四八

章程條文	費名	核准調整金額（金圓）
第五條	查勘費	一元
第七條	復驗手續費	一元
	二次以後復驗手續費	二元
第二十四條	押表費	
	一三公厘單式	六五元
	二〇公厘單式	八五元
	二五公厘單式	一〇〇元
	三〇公厘單式	一五〇元
	四〇公厘單式	二二〇元
	五〇公厘單式	二五〇元
	七〇公厘單式	三〇〇元
	七五公厘單式	三五〇元
	一〇〇公厘單式	三八〇元
	一五〇公厘單式	五五〇元
	五〇公厘復式	六五〇元
	七五公厘復式	七五〇元
	一〇〇公厘復式	八五〇元
	一五〇公厘復式	一、六〇〇元
第二十七條	申請補發押據手續費	一元
第三十四條	復接費	五元
	拆裝工料費	二〇元
第三十五條	復水費	二元
第三十七條	過戶費	一元
第十三八條	補行過戶費	一〇元
第四十四三條	重封費	一元
第四十八條	分表校驗費	三元
第五十四條	校表費	三元

修正本市建築管理規則第十條條文

三十七年九月二十四日第一四三次市政會議通過

第一項 凡建築修繕雜項工程費額在金圓一千元以下者收執照費金圓二圓。

第二項 工程費在金圓一千元以上者依甲項辦理外，其餘每千元收執照費金圓一元，不足一千元者以一千元計算。

備註：原規則全文載三十七年六月工務局刊印之專册第二頁

會議紀錄

南京市政府第一四二次市政會議紀錄

時間：三十七年九月十七日上午九時
地點：本府會議室
主席：沈市長　紀錄：史崇訓

討論事項

1.市長交議　據地政局簽呈，本市現行標準地價照新舊幣折合率計算僅及戰前十分之一，為增益市庫收入，已由局擬訂調整辦法呈請地政部核復，再溢地是否得不准原占有人繳價承領，土地法第六十三條規定註明，並已呈　院解釋，在未奉解釋及核准調整辦法以前，所有未經核定承領溢地各案，擬暫緩處理，至已核定並經通知繳價承領各案，擬仍准依原通知應繳價額折合金圓承領，提請討論案。

決議：在三十七年度標準地價未奉中央核示如何調整及有關條文未奉解釋以前，所有未經核定呈領溢地各案一律暫緩處理，餘交地政局會同參事室財政局審查，再提會討論。

2.市長交議　據民政局呈擬修正「南京市區民代表選舉暫行辦法」暨「南京市區民代表大會組織暫行規則」，提請討論案。

決議：照審查意見修正通過，並咨報內政部備案。（修正辦法暨組織規則見上期本公報）

臨時動議

1.市長交議　據財政局呈擬調整行政規費，提請討論案。

決議：照表訂調整標準通過，簽請　市長核定施行日期後呈報行政院備案。

2.市長交議　據自來水管理處呈擬（一）修正南京市自來水管理處供水章程，（二）調整供水費率併請討論案。

決議：（一）照修正案通過。
（二）照表訂調整標準通過，簽請　市長定期施行。（修正條文暨供水費率見法規欄）

南京市政府第一四三次市政會議紀錄

時間：三十七年九月二十四日上午九時
地點：本府會議室
主席：沈市長　紀錄：史崇訓

討論事項

1.市長交議　據工務局呈擬修訂本市建築規則第十條第一二兩項所訂執照費金額，提請討論案。

決議：照審查意見修正通過。（修正條文見法規欄）

2.市長交議　據財政局呈擬修訂本市使用牌照稅稅額表，提請討論案。

決議：本年冬季使用牌照稅稅額船舶部份照擬訂標準通過，汽車部份應如何加倍調整，俟呈奉　行政院解釋重行修訂後，併請市參議會審議施行。（市政要訊欄）

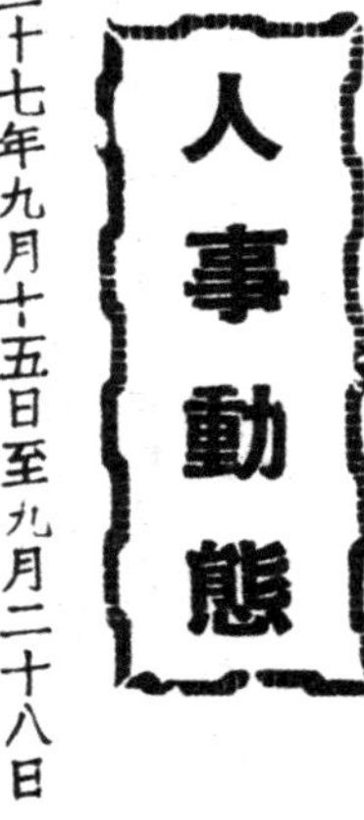

三十七年九月十五日至九月二十八日

姓名	担任職務單位	動態	到離職日期
王蓉薌	衛生局護士	新任	七月一日
蔡蕙貞	衛生局護士	新任	七月五日
關根秋	衛生局雇員	新任	七月五日
潘承宗	市立醫院藥師	新任	六月八日
黃天威	市立醫院醫師	新任	七月一日
談光新	市立醫院醫師	新任	七月一日
康順香	市立醫院醫師	新任	七月一日
翟郁文	市立醫院醫師	新任	七月十三日
崔撫雍	城南醫院醫師	新任	七月七日
武淑美	城南醫院護士	新任	七月一日
吳之玉	城南醫院護士	新任	七月二十三日
曾慶森	衛生試驗所技士	新任	七月一日
馬耀東	衛生試驗所技士	新任	七月一日
熊鏡清	十四衛生所助產士	新任	七月一日
余賢昆	清潔總隊雇員	新任	七月一日
朱兆靜	流動衛生所護士	新任	七月二十一日
李淑堂	市立醫院醫師	新任	八月一日
許志明	流動衛生所雇員	新任	八月九日
張洪英	傳染病醫院護士	新任	八月一日
張其本	第十一衛生所醫師	新任	八月十一日
顧　媄	流動衛生所護士	新任	八月十八日
張森妹	傳染病醫院護士	新任	八月二十四日
端木兌	統計處科員	新任	九月十六日
宋德鎭	統計處科員	新任	九月二十日
張金峯	秘書處第一科雇員	新任	九月二十八日
張崇廣	財政局大小黃洲管理處稽查員	晉升財政局大小黃洲管理處辦事員	九月十一日
劉庭紹	財政局土地稅征收處辦事員	晉升財政局第二科科員	九月二十一日
周洞森	秘書處第二科雇員	晉升秘書處第二科辦事員	九月二十八日
戴志欽	秘書處第二科雇員	晉升秘書處第二科辦事員	九月二十八日
蔡元俊	財政局會計室辦事員	晉升財政局科員	九月二十五日
唐開圻	財政局會計室雇員	晉升財政局會計室辦事員	九月二十五日
宋德烈	秘書處外事室辦事員	晉升秘書處外事室科員	九月二十三日
劉德琴	會計處第二科科員	調任財政局營業稅征收處科員	九月一日
韓志琳	財政局稅捐稽征處征收員	調任財政局稅捐稽征處雇員	九月一日
王中三	財政局額外征收員	調任財政局稅捐稽征處征收員	九月一日
吳　鑑	財政局市產室科員兼洲產田莊股股長	調任財政局市產室稽征員兼洲產田莊股股長	九月一日
彭才高	統計處科員	辭職	九月十六日
曾廷勷	社會局科員	辭職	九月六日
芮昌華	財政局大小黃洲管理處辦事員	辭職	八月一日
鍾黨基	財政局第二科科員	辭職	九月二十日
仇良儉	財政局營業稅征收處佐理員	辭職	八月三十一日

如何開展本市民衆組訓工作

沈怡

我們爲了推行憲政，動員戡亂，民衆組訓實在是最緊要的一件事。一個進步的社會，文明的國家，民衆組織都很健全，人民政治智識也相當豐富。南京市爲我國的首都，民衆組訓應該爲全國之示範。本市自勝利復員以來，地方區保甲經重行編整，規模已具，惟民衆組織與訓練，還嫌不夠。我們曉得共匪破壞國策，稱兵叛亂，匪騎所至，廬舍爲墟，在其佔領區，不惜違反人性，發動廣泛的「淸算鬥爭」，勒索強征，打家劫舍，對政府以及地方區保甲人員，公正士紳，智識靑年，都橫加殘害，摧毀固有道德，破壞社會秩序，無所不用其極。其在未佔領之區域，利用其地下組織，發動謠言攻勢，動搖人心，煽動學潮工潮，使整個社會人心惶惶，擾攘不已，造成混亂之局面，其最後目的是在陷我民族於萬刦不復之境。推究這些禍亂未能消滅之根源，我們的民衆沒有組織，沒有訓練，也是其中主要原因之一。假使我們民衆組織嚴密，有自衛力量，能協助國軍淸剿散匪，使廣大的民衆武力結成強固的戰鬥體，定能高度發揮民衆組織力量，維持地方治安，摧毀共匪一切地下組織，消滅禍患於無形；進而訓練人民熟諳行使四權，開展地方自治工作，配合生產，發展經濟，則共匪無所施其技倆。民衆組訓工作的重要，於此可見。

其次講到本市民衆組訓工作情形：本市民衆自衛總隊部係於本年元月十四日成立，二月份起陸續開始訓練，全市第一期按行政區及職業團體劃分編組廿一個大隊，一百一十一個中隊，受訓期間三個月，結業民衆達二萬二千餘人。第二期將原有大隊擴編爲十三個總隊，七十五個大隊，六月一日開始至八月底結業，受訓民衆達六萬餘人。前後共計已參加受訓民衆爲八萬餘人。訓練內容着重自衛技能及政治教育。在訓練之初，參加受訓之民衆，大多精神萎靡，興趣缺乏，至結業時檢閱的結果，每個受訓人都是生氣蓬勃，行動一致，他們都感覺受訓對於自己身心有益，軍事政治知識，俱有增進。現在這班已經受訓結業的民衆，正編爲服務隊和突擊隊，從事各項社會服務工作，盡其所應盡的責任了。

本市爲政治軍事文化的中樞，社會秩序安定，一般尙不十分感覺奸匪爲禍之烈。不過我們應當居安思危，對於自衛自治之道，應該明瞭。誰不愛其鄉邦，誰不惜其生命財產，誰無兄弟姊妹，我們看到來自匪區之難胞，顚沛流離之悽慘情況，能不怵目驚心！民衆組訓能健全地方保甲，使匪無立足之地，敎以自衛技能，使匪不能逞其襲擊之謀，實行自衛衛國，由此可知民衆組訓，是人民自己的事，我們應該發動「自動組訓」，大家要以參加受訓爲光榮，離開受訓爲恥辱，自動組訓，在今天是人民天經地義的義務。現在第三期組訓卽將開始，我們感覺過去參加受訓的人數不夠踴躍，情緒不夠熱烈，我希望這次大家要爭先恐後自動來參加，尤其中央及本市各機關團體員工，更應率先倡導。受訓的期間很短，且在空餘的時間，不致影響職業，不致妨礙生計，對於自已有益，對於社會國家都有貢獻，實在是有利無害的事。凡未曾受訓的市民，請趕速來參加，尤其希望地方人士及新聞界，對於民衆組訓的重要性，廣爲宣導，使一般市民深切瞭解，俾本

市民衆組訓工作得以順利展開，協助政府，早日戡定叛亂，培養人民政治智能，完成憲政大業，實所企幸。（三十七年九月二十六日）

組訓民衆應有的認識

孫連仲

在目前加緊戡亂聲中，有一個最重要的問題，就是加強民衆組訓問題。

在共匪徹底搜括其流竄區內人力物力，而軍事行動特別富於機動性的時候，我們相信適時提出民衆組訓這一課題來要大家來參加，切實地達成遏止匪患的目的，無論誰都會贊成和擁護的。今天的剿匪工作，不是徒然在前方與匪軍拚殺便可了事，因為在軍事方面，如果國軍能夠擋住前方，它會潛來後方，國軍能夠防住左方，它會流竄右方，更可慮是，它不但從事軍事性破壞，而且從事經濟性的、教育性的破壞，甚至於專從人民內在心理上來從事破壞，等到軍事經濟教育以及人們的心理均被摧殘破壞殆盡的時候，那便是匪賊得意之秋，來實行其赤色法西斯的統治時代了。所以我們今天要想挽救人民不淪於赤色法西斯統治者的手裹，整個的國土不為匪氛所籠罩，那放在我們眼前唯一神聖的重大任務便是剿匪工作，便是要我們如何拿出合理的有力的剿匪策略來越過這條絕澗，打破這個危局。

共匪極富有機動性的叛亂，在今天我們除了採取總體戰策略以防止外，是另無途徑可尋的，要實行總體戰，如果不能把民衆組訓好，那就沒有旁的方法來推行，所以今天只有組訓民衆才是替總體戰奠定了一個強固的基礎。

我們知道今天共匪的實力與國軍比較，在數量上講，不過五分之一，就外形看，更不足為憂，但是年來共匪流竄之廣，裹脅之衆，在歷史上為什麼已超過任何匪患呢？記得去年陪都文化界人士為了對匪區觀察清楚，曾有一次延安之行，他們憑客觀的調查所得，發現了共匪所以為患之大的一個主因，不是其他，而是共產黨最毒辣的虛偽民主把人民的眼睛蒙蔽了。在這一假民主的幌子之下，在流竄區裏他們雖儘量逃免殘殺收買民心，然而實際上便是澈底毒化破壞與統制，譬如：共匪講土改吧，那是對財產租業乃至家庭組織來個澈底破壞。講鬥爭清算吧，那是對人民的生命來個滑稽的諷刺，使他們盲目的充當砲灰，又在其三求政策之下，使人民無法可以逃出共匪的魔掌。再從其流竄戰術講吧，共匪強迫人民當兵，裹脅而成的部隊力量實在太單薄，只好常常避實就虛，在國軍防治力小的地方乘機打刼，或者潛迷後方，來一次突來的騷擾。另外則在其險心發動的第二戰場上，遣派不少地下份子，以全力擾亂政治，破壞經濟，摧殘教育，以及利用政治宣傳伎倆，阻礙民主團結和憲政的推行，因為共匪全面叛亂的眞象是如此的，也就超過了歷代匪患的力量，今天要談剿匪，已不是單純的軍事力量所可奏效了，也更不是政治力量或黨團力量所可單獨完成的了。必須軍事、政治、經濟不可分的三位一體的力量在一元化體制之下來切實進行，而進行之前必須有一個具備的鞏固基礎，這個基礎非他，便是要想達到全體總動員實行總防總剿的一個先決條件，也就是要如何來澈底組訓民衆。

進一步、我們更要認清的，在今天總團戰下所需求的組訓民衆不是幾個最機械的軍事動作的操演，他除了對軍事動作加以教練外，更要對民衆的心理加以嚴格的訓練，以喚起民衆對政治意識的警惕性，對民族精神的友愛性，並能對利害善惡辨別仔細，對現實環境認識清楚，對民族敗類予以剷除，進而人與人之間能夠達成出入相助，老幼相長，疾病相扶持的理想社會。所以從遠處看，這次蔣總統所倡導的勤儉建國運動，鄙棄怠惰奢侈，提倡勤勞儉樸，我們不能認為這是純粹的屬於經濟範圍，更不能認為這與組訓民衆毫無關係，相反，在組訓民衆時，要特別使在受訓的民衆更深一層知道此時倡導勤儉，是受了八年抗戰之後整個社會的經濟情況已陷於萬分凋敝，加之幾年來受共匪之叛亂，以致一般生產事業陷於停頓，所以人民要勤儉不是消極的節衣縮食，更要積極的使人民加强生產，方可解除人民的生活痛苦，穩定社會秩序的安寧。又譬如目前的幣制改革，政府竭力在壓制物價的波動，在組訓民衆時便要特別明瞭這次幣制改革的重要性，而且要人民自動的加強檢舉奸商的囤貨，和黑市買賣的違法行爲，竭力宣傳這次幣制改革是穩定經濟惟一策略。諸如此類，是在使經過組訓的民衆無形中加強了心理上正確的認識，提高了政治的警覺，而最後大有裨益於剿匪工作的進行。

目前衛戍區的民衆組訓情形，各地均甚良好，本人此次校閱各地民衆自衛隊，認爲在短促期間能有如此成績表現，實不易得，尚望各界公務人員與智識份子多多參加，使民衆組訓工作進行得更順利，表現的成果更爲圓滿，對民衆心理的內在意識更爲加強，則今天的民衆組訓工作，才眞正能適應剿匪總體戰的迫切需要，才眞正能給予共匪以最重大的打擊。

盡其在我

馬元放

爲南京市立中等學校教職員聯誼會刊物「教學」作

目前提起從事教育工作，眞令人感慨萬千。匪亂造成的局勢影響了生活，物質享用的窘迫影響到精神，大家都有苦悶，都在顧影自嘆，都有每況愈下之感，這是無須諱言的。然而感嘆苦悶，豈止我輩？感嘆苦悶，庸有何濟？我還是我，工作還是工作，於是，我們仍得振奮起來！

天地人稱爲三才，天地兩間，着生我輩，這是偶然而非偶然的事，我既得生於今日天地之間，則今日之天地卽爲我之所有，我卽應頂天立地，而天地亦非我則無所頂無所立。這是人人應有的一種氣象，也是人人應有的一種抱負。這並非妄自尊大，不過不失其爲「我」。循此以觀，那我輩實不能妄自菲薄，縱有苦悶，何必感嘆？

我曾說過：「我之所爲，苟於與天下有一毫補益之處，直謂之天下由我而興，亦無不可」，這就是「頂天立地」的解釋。再推究實際，無論那一門事業，可以說只是天地間的一部份，惟有教育則確是萬事萬能之母，偉大的國家，偉大的民族，偉大的人物，偉大的事功，何一不是由教育而來？教育的功能確是充塞乎天地之間，而我們從事這一種工作，實具有「頂」「立」之意義，所以，我們得珍重我們的工作，更得珍重我輩的「我」。

珍重我，僅是「不失其爲我」，這是「重我」。但若要重我，必須「盡我」，我不自重，則不能盡，如不能盡，則失其重，這是我個人所時刻引以警惕的。「盡」之一字，在哲學上謂之「極」，在教育上謂之「止」；但「太極，無極」，宇宙人生正是極而無極：「大學之道，止於至善」，明德新民正是止而不止，以此無極與不止，雖竭其力，猶恐不盡，如不竭力以赴，那就是不「盡其在我」，豈非辜負了「我」自己？

董仲舒說「正其誼不謀其利，明其道不計其功」，這兩句話說透了「盡其在我」的眞諦。這個「不謀」與「不計」，就是並不計較所服勞務的報酬。本來，盡了勞力就應該有相等的報酬，這是近世最時髦的勞動與工資的學說，確也是生活的常理。可是我們再一想，勞動有唯物的勞力與唯心的勞力，計較工資的勞力只是物的報酬，我們的勞力乃是心的勞力，如其以「日工」或「包工」來酬算我們所盡的心力，那就未免淺乎視之而覺有異樣的感覺。所以，我敢說我們從事於教育工作並不是尋常的「工」，我們所盡的力也不是尋常的「力」，自有崇高的意義，決非等閒的活計。我們固然需要物質上的報酬，但我們自有精神上的收穫。人之孳孳，不外兩途，或喻於利，或喻於義：教育工作是寓喻於義，毋喻於利的工作，物質的利，為己的利，與教育這一工作皆不相應　教育有樹人之義，有建國之義，我們之應盡在此，我們之報酬亦在此。惟其有不計，不謀的胸襟，才能成就弘大的事業。人生固應有如梁任公著文所謂「所為何來」之問，只要我們一經將「為何」的「何」弄清，就是將為了什麼的「什麼」弄清，我們自會矜平躁釋，腳腳前進去盡我之所應盡了。

「率性之謂道，修道之謂教」：這是「教育」兩字的定義。率性就是盡人之性與盡物之性，「地盡其利，物盡其用，貨暢其流」，是盡物之性；「明德新民，止於至善」，各盡其能，各遂其生　，是盡人之性。天地大道，即此兩端。修此大道，責在教育，所負之責，及於家國天下，而家國天下之根本，乃在於一身—我。「格物，致知，誠意，正心，修身，齊家，治國，平天下，」這一串系統的道理與方法是每個人應守的行的為準則，前半截修己，後半截處世，可見欲盡其在我，必先「以修身為本」。格，致，誠，正便是修身的基礎。物格得不眞，便是知致得不確，意措得不誠，便是居心得不正，不眞與不確便自會產生不誠與不正。格致的工夫是外在的，對當前之事事物物；誠正的工夫是內在的須慎於時時刻刻。換句話說，我們如果認得清楚，自會行得純正，這是盡其在我的第一步。曾國藩說「風俗之厚薄奚自乎，自乎一二人之心之所向而已」，世運隆替，繫乎人心，而心之所向，即一二人亦可以發生效力，亦可見范仲淹做秀才時便以天下為己任並非虛夸。在目前的狀況之下，尤為重要，所以我特別提出修齊治平的上半截，跟着以挽回世運為盡其在我的第二步。若不盡此兩步，則一切皆無着處，悉歸空談。「變政先變俗，革命先革心」，時值喪亂，人思變革，這是當然的現象，而「變」、「革」也未嘗不好並，且很對。「天地之大德曰生」，生生不已是一變革，「天行健君子以自強不息」，健行不息亦一變革，人生宇宙皆以變革為主，那人事之須變革，原無足異。但變革必有前提，其先乃在「俗」，「心」，所以上面所說的風俗人心確是一切的關鍵。通乎下半截的治平之道，而變俗革心，尤非教育不為功，且當自本身做起。

盡其在我，看上去是一種消極的口吻，似乎我只要這樣就行了，這種「了差」式的盡，不是我之所謂盡，不獨有忝於「我」，並亦不曾「盡」得。我之所謂盡，是積極的盡，是竭其力的。盡是不計不謀的盡，是盡人之性與盡物之性的盡。孟子曰：「舜何人哉，予何人哉，有為者，亦若是。」只是一個「盡」字。諸葛武侯曰：「成敗利鈍，匪所逆覩」，也只是一個「盡」字。我們修己要學孟子之盡，我們服務要學諸葛武侯之盡，自重不菲，這才盡了「盡其在我」之道。

南京市政府公報刊例

一、本公報每半月發行一次

二、凡本府例行公文即在本公報發佈不另行文

三、本府所屬各機關於收到本公報時應編號歸檔妥爲保存凡註明「不另行文」文件並應注意遵辦

南京市政府公報
第五卷第七期
中華民國三十七年十月十五日
編輯者　南京市政府編譯室
發行者　南京市政府
南京：（四）建鄴路一三八號
印刷者　大東新興印書館
電話：二二二二六號

中華民國三十七年十月三十一日
第五卷 第八期

南京市政府公報

南京市政府編譯室編

目錄

特載

發揮自衛組織的力量

何部長在三十七年十月十九日本市民衆自衛隊校閱典禮中講詞

今天首都民衆自衛各總隊舉行總校閱，應欽奉 總統命代表校閱，非常榮幸。今天見各位同志，精神這樣旺盛，情緒這樣熱烈，實在感覺得萬分欣慰。

我們知道，在各個現代國家，民衆自衛的組織多半不待政府推動，而由每一地的居民自動組織起來，以收守望相助之效。因爲基層民衆組織健全，所以不獨能自己保衛自己，而且可以協助政府推行政令，安定社會秩序，使背叛國家，破壞社會秩序的奸徒無法容身，政府的法令推行容易。 國父在建國大綱中，早已規定地方自治爲建國的基礎，可惜我們對於 國父的遺教推行不力，努力不夠，民衆自衛力量薄弱，以致演成今日共匪到處騷擾，民衆不得安生的局面。今天我們檢閱首都的民衆自衛力量，其義意的重大，自屬不言而喻，首都民衆如能發揮本身的自衛力量，協助政府，協同軍隊，保衛自己，鞏固首都的秩序安寧，推廣以至全國各地，每一地的民衆都能如此，那麽共匪在全國民衆的監視和打擊之下，要想擴張，要想逃竄，是決不可能的。

各位同志應當明瞭，目前國軍正在各戰場清剿共匪，但是，因爲剿匪軍事的規模異常寵大，國家的財政決不容許担負過多的正規軍力，所以，民衆本身多一份自衛力量，就是減輕了國家財政上的一分困難，解除了軍隊對於後方的一份顧慮，使軍隊可以用全力打擊共匪，使戡亂剿匪的作戰可以早日澈底勝利。因此，民衆自衛隊雖然並不開到前方和匪直接作戰，但是，對於剿匪戡亂仍然是一種極重要極基本的力量，對於戡平匪患，一樣有着極重要的關係，極偉大的貢獻。

各位同志都是首都的市民，包含各保各甲的民衆，各職業的從業員，平素都穿着便服，過着無拘束的自由生活，在各人的職業範圍以內，自由發展，但是現在，諸位都穿着同樣的制服，受着同一口令的節制，所代表是什麽意義？這是代表「團結」「一致」「組織」和「力量」！這是代表我們首都的全體市民，要利用組織的力量，團結一致，達成一個共同的目標，這目標就是：保障我們自由的生活，自由的發展。凡屬一種組織，都有全體會員所共同遵守的紀律，共同担負的業務，各種職工會，同業工會，莫不如此，所以在我們的自衛組織裏，也是如此。也許有少數不明大義的市民，他們不知道自衛組織的重要，以各種口實規避自己的義務，在巳經參加訓練的各位同志中，也許有少數認爲參加自衛組織妨害了自己的本業，妨害了自己的自由，同志們，這種觀念是絕對錯誤，絕對危險的。各位試想，我們今天在首都，能夠各人過着自由的生活，能夠在各人的職業範圍以內自由發展，是憑着什麽？這正因爲各位是在政府的保障之下，正因爲有無數國軍在前方浴血作戰，使首都能夠鞏固。各位試看從匪區逃出的同胞，他們艱苦備嘗，流離失所，各位能不驚心動魄？流亡的同胞們，他們從前誰不是有家有室，有自己的職業，過著自由的生活，但是共匪來到以後，他們的一切都完了。在匪的統治下，是沒有自由可言的，無論個人的生活，職業財產生命，所有一切，都要受匪支配。從匪區逃亡出來的同胞，令我們同情，至於陷在匪區不能出來的同胞，他們的生活，尤其悲慘，所以，我們現在來參加自衛組織，間接協助戡亂剿匪，不僅不是對於我們自由生活的限制，而正是對於我們自由生活的保障。惟有在自由生活的保障之下，我們纔能人人求得自由的發展，使生產增加，經濟復興，人人有飯吃，以達到全國人民政治自由，經濟平等的目的。

但是，同志們，政治的自由，經濟的平等是以努力爭取的。我們不僅每一個人自身要努力，而且要全體努力，以組織的力量來實現我們的目標，達到我們的理想。至於我們民衆自衛組織，在當前戡亂剿匪的時期，更應當一方面加強我們的訓練和學習，使我們的軍事常識一天比一天豐富，軍事技能一天比一天熟練，那麽，我們首都的全體市民，本身就是首都的保障，進而保證各地匪患的迅速敉平。另一方面，我們還要以我們學習和訓練的心得，各自站在自己工作和職業的崗位，協助政府，推行政令，嚴密保甲組織，淸除伏匪，貫澈對於匪區的經濟封鎖，加強防諜保密的工作，以鞏固後方，服務軍隊，協助現役軍人家屬，發動救護、慰勞、歡送、祝捷，以提高士氣，尤其要努力生產，使一切勞力物資都能夠直接間接有助於後方社會秩序的安寗，有助於前方戡亂軍事的進展。我們首都市民如果做得到這一地步，全國各地的民衆也一定會羣起仿效，在各別地區同樣達成任務，果能如此，那麽匪患是不難敉平的。

希望各位同志，互相勉勵，以首都的安定力量自許，在全國發生示範的作用，共同努力，達成戡亂的要求，建設自由安樂的中國。

現代所謂「武力」不僅指軍隊與武器而言，現代之所謂武力，乃包括國家所有的國民，人人應參加戰爭致力國防；所有一切的物質，那怕一木一草，皆為戰爭與國防之所需，莫不為武力之要件，所以廣義的「武力」，不僅是教育與經濟皆包括在這武力之中，凡是學術、政治、外交、文化、軍事、思想，和其他一切精神與物質的力量，亦皆包括在武力之中。我們要建立現代國家，除充分利用一切物質之外，必須使個個人各盡所能，皆成為英勇的鬥士，造成強大的武力。因為現在的戰爭，由於空軍發達，已成為立體的戰爭，一旦爆發，處處需要防守，全國皆為戰場，再無所謂前方與後方之區別，亦無所謂第一綫第二綫與第三綫的區別，所以從前講國防的階段，雖然第一是軍隊，第二是憲兵，第三是警察，第四為團隊及一般民衆的武力；但是事實上必須同樣健全，同樣應戰，方能充實武力，鞏固國防。

——摘自總統講詞「現代國家的生命力」

政令

規定滬津穗三區經濟管制督導範圍

南京市政府訓令 (卅七)府總秘字第八二九五號

令所屬各單位

案奉

行政院酉先電開：

「查本院為實施經濟管制，經於上海平津廣州三區，設置經濟管制督導員，切實督導，茲為加強管制起見，規定各該區督導範圍如下：（一）上海區為南京上海兩市暨江蘇浙江安徽三省。（二）廣州區為廣州市及廣東福建兩省。（三）平津區為北平天津青島三市暨河北山東兩省，此外其他各地如遇有特為督導之必要時，另行規定，暫不專設督導員，除分電外，希即知照。」

等因，奉此，除分令外，合亟令仰知照。

此令！

中華民國三十七年十月十五日

人民兌換金銀外幣展期

南京市政府訓令 (卅七)府總秘字第八二九九號

令所屬各單位

案奉

行政院三十七年九月三十日申經祕電開：

「查財政經濟緊急處分令，人民所有金銀外幣處理辦法第三條及第四條之規定，人民持有黃金白銀銀元或外國幣券者，應於民國三十七年九月三十日以前向中央銀行或其委託之銀行兌換金圓券購買美金公債，或在中央銀行設立外幣存款戶，施行以來，全國一體辦理，已著成效，惟各地人民尚有為時間地域所限未及辦理者，紛請展期，茲值九月三十日限期屆滿，為便利人民兌換存儲起見，所規定補充辦法如次：（1）人民所有金銀外幣處理辦法第三條規定之期限分別展期如左：（甲）黃金及外幣券展期至三十七年十月三十一日截止，（乙）舊銀幣及白銀展期至三十七年十一月三十日截止，（2）內地專設有收兌金銀外幣銀行各地，均由持有人在上列期限內以信件報告附近中央銀行申明金銀數量舊銀幣或外幣種類及數額洽商兌換辦法，其日期以郵局寄發日戳記為準，上開各節，仰即公告週知，幷迅即轉行所屬一體遵辦，將來展限期滿仍未遵照規定辦理者，所有黃金白銀銀元及外幣券等查明應一律沒收，並依法處罰。」正遵辦間，復奉行政院十月一日酉東申經祕電開：「財政經濟緊急處分令人民所有金銀外幣，兌換及存儲期限酌予延展，已以申州申經祕電通令知照在案，茲再補充規定，在展延兌換及存儲期限內，應依照人民所有金銀外幣處理辦法第二條之規定，嚴格查禁黃金條塊舊銀幣白銀及外國幣券之買賣，凡超過該辦法第三條規定之兌換率從事黑市買賣或作為交易收付者，一經查獲，均應依照該辦法第十三條之規定沒收，其標的物並依照黃金外幣買賣處罰條例處罰之，要知中央顧念內地人民繳兌之困難，特准展延處理期限便利人民，但絕對不能因此聽任金銀外幣發生黑市買賣或作為交易收付，致影響新幣信用，擾亂金融，仰即周知，昨發申州申經祕電及本電補充規定各項公佈周知，廣為曉諭，對於金銀外幣黑市買賣之取締，尤盼嚴格執行，毋稍瞻徇爲要。」

各等因，奉此，除佈告並分令外，合行令仰遵照並飭屬遵照。

此令！

中華民國三十七年十月四日

修正追悼會與集團結婚行禮儀式

南京市政府訓令　（卅七）府總秘字第七九六三號

令 社會局 民政局

案准

內政部本年九月十六日禮字第二一一六號公函開：

「查追悼會儀式及集團結婚行禮儀式，前經本部先後訂定通行在案，茲以上項儀式未盡適用，經分別予以修正，呈奉　行政院三十七年九月二日（卅七）四內字第三八八七四號指令核定，除分行外，相應檢同修正之上項儀式各一份，函請查照，並飭屬遵照。」

等由，附追悼會儀式集團結婚行禮儀式各一份，准此，除分令民政局社會局外，合行抄發原附件，令仰遵照，並飭屬遵照。

此令！

抄發追悼會儀式集團結婚行禮儀式各一份

中華民國三十七年九月二十一日

◉集團結婚行禮儀式

一、結婚禮開始。

二、奏喜樂。

三、證婚人入席。

四、介紹人入席。

五、來賓入席。

六、主婚人入席。

七、結婚人入席。

八、全體肅立。

九、向國旗暨　國父遺像行三鞠躬禮。

十、證婚人宣讀結婚證書。

十一、結婚人介紹人主婚人證婚人以次署名或蓋章。

十二、結婚人相向行三鞠躬禮。

十三、證婚人致詞。

十四、來賓致詞。

十五、主婚人訓詞。

十六、結婚人謝證婚人介紹人三鞠躬禮，證婚人介紹人答禮。

十七、結婚人謝來賓行一鞠躬禮，來賓答禮。

十八、結婚人向主婚人行三鞠躬禮。

十九、奏喜樂。

二十、禮成。

追悼會儀式

一、開會。

二、全體肅立。

三、奏哀樂。

四、向國旗　國父遺像及受追悼者遺像行三鞠躬禮。

五、默哀三分鐘。

六、獻花圈。

七、讀追悼詞。

八、主席報告開會意義及受追悼者之事略。

九、各界代表致詞。

十、奏哀樂。

十一、禮成，散會。

市政要訊

本市民衆自衛隊舉行總校閱

本市民衆自衛隊於十月十九日在市立體育場舉行總檢閱典禮，國防部何部長應欽代表總統任總校閱，市長與內政部長彭昭賢，首都衛戍總司令孫連仲，憲兵司令張鎭，首都警察廳長黃珍吾等均爲校閱官，參加校閱之隊員共計一萬九千四百五十二人，官長一千八百三十人，由古田才担任指揮官，十時校閱開始，首舉行閱兵式，値日官報告參加人數後，何部長偕全體校閱官繞場一週，隊員均精神飽滿，隊伍整齊，顯已接受嚴格訓練，旋由各隊分別作各項演習：第一總隊演習課目爲復興操，第二總隊爲救護勤務，第三總隊爲連基本教練，第五總隊爲連持槍基本教練及刺槍，第九總隊爲防奸勤務，第十一總隊爲美式體操，第十二總隊爲國術，每一表演約十分鐘。繼由何部長代表總統致詞，對於自衛隊演習成績深表欣慰，並闡述自衛組織的重要性，尤希望首都自衛隊能起核心作用，進而使全國自衛力量均有嚴密組織，使民衆多一份自衛力量，而以組織力量來達成戡亂建國的目的。迄十一時半始告禮成。

各區積極辦理禁烟工作

民政局爲加強肅清煙毒，特制訂本市各區辦理禁煙工作注意要點一種，業於十月一日以(卅七)民一字第二八五四號訓令，分飭各區公所切實遵行。茲將其要點內容刊載於下：

一、各區應就期成立禁煙協會區分會，以發動地方力量，配合推行禁政。

二、責成保長及保幹事負責切實檢舉煙毒，以後如有發現，該區長及該管保長保幹事均負連帶責任，分別議處。

三、參照去年所查之嫌疑煙民名册重訂，切實調查造册具報，並責令保長保幹事具結不得遺漏。

四、根據嫌疑煙民名册，卽日會同該區警察局，憲兵隊，區民代表會，警犬隊，劃成若干小組，施行突擊抽查，抽査時發現現行吸售人犯，應逕送法院究辦，其餘嫌疑煙民，仍應隨時抽查。

五、前經調戒勒戒或法院科刑期滿釋放出獄者，均應會同警察局隨時抽查，如有復吸嫌疑，應卽送戒煙醫院復驗。

繼續調查物價與編製指數

八、一九幣制變革，實行新經濟政策以來，統計處仍繼續調查物價及編製指數，除以二十六年一至六月爲基期編製外，並又奉　命加編以八、一九爲基期之各種指數，以期觀察與紀錄改革後之各種物價反應，又除照舊報告月指數外，並爲期報告密切迅速計，又分別編製旬指數，計有：

1.會同中央機關所派人員，按旬調查本市公務員生活必需品價格，編製公務員生活費指數，呈送行政院及主計部。

2.調查本市一〇一種躉零售物品價格，分別編製躉售國貨及外國貨價格指數，躉售國貨價格指數，零售國貨價格指數，機關辦公用品價格指數，呈送行政院及主計部，並刊印「物價指數月刊」。

3.按日調查本市主要物價及金融行情，並於週末編印「每週物價與金融」。

江心洲扶植自耕農實驗區近況

一、清理地權方面：該實驗區土地總登記尚未全部完成，為明瞭各種土地權利關係起見，經舉辦土地使用人調查登記，現已全部完成，正集中人力整理三十八保土地使用人登記成果，編造各種土地權利人名冊。

二、調整地權方面：地權調整目前純為準備工作，前經擬具實驗區業務計劃送部，轉呈　行政院核示，一俟奉准，即可依據實施。

三、農田水利方面：經函請農林部農田水利工程處協助辦理，目前洪水雖已過去，而對於修建涵洞仍在積極辦理中，現已修建永定圩十一號官灘及新套口三座涵洞。

四、金融指導方面：幣制改革後國家銀行停止貸款，對於協助農貸工作暫告停止，現著重於土地信用合作社之組織，三十八保土地信用合作社已籌組完成。

修訂本市建築造價標準

本市建築管理規則第十條規定公私建築工程造價由工務局估定，此項估價關係營業稅稅收甚鉅，當幣制改革以前，因物價波動劇烈，經工務局局務會議決定，參酌各項建築材料單價及一般實際情形，釐訂標準造價，每半個月調整一次，如遇全部為鋼骨水泥或建築業主屬於機關者，則飭承包人呈驗合同正本，以杜漏稅，歷經慎重辦理在案。茲以幣制改革後，物價漸趨穩定，對於建築工程造價亟宜以金圓核算，重行釐訂標準，以為今後審查之準繩，爰復調查各項建築材料及工資等最近單價核實計算，並將計算所得造價，再以八折核計，作為估價標準，俾於注意稅收之中仍寓體卹商艱之意。除機關建築仍飭繳呈合同正本按照向例辦理外，該局將所擬標準造價五種，列具詳表提經第一四五次市政會議修正通過施行。茲將修訂建築造價標準表刊錄於下：

建築造價標準表

種類	單簡說明	每層每平方公尺造價（不包括衛生設備）
甲種	洋瓦屋面青磚牆鋼門窗洋松樓地板洋松裝修鋼骨水泥過樑	金圓壹百圓
乙種	洋瓦屋面青磚牆洋松門窗杉木樓地板鋼骨水泥過樑	金圓八十圓
丙種	洋瓦屋面普通磚牆杉木門窗杉木樓地板	金圓六十圓
丁種	本瓦屋面空斗牆五柱落地屋架杉木門窗及樓地板	金圓三十圓
戊種	平屋木瓦屋面三柱落地屋架杉木門窗杉木或磚地面	金圓二十圓

改訂本市廣告捐率

新幣制實行後，工務局為各項廣告捐率改訂金圓起見，經慎密研究，修訂本市廣告捐率表一種，業已徵詢各有關單位同意，並提經本府第一四四次市政會議通過施行。茲將新訂本市廣告捐率表刊錄於下：

南京市廣告費率表

廣告類別	章則	說明	單位	期限張數	新訂費率
普通廣告	十四	公共廣告牌	每方尺	每月	、○三○圓
特種廣告	二一	甲二三○尺官基	每方尺	每月	、○四○圓
		甲二三○尺私基	每方尺	每月	、○三○圓
		乙一三○尺官基	每方尺	每月	、○三○圓

類別	條	項目	計算單位	稅額
		乙 一三〇尺私墓	每方尺每月	、〇二五圓
		丙 八〇尺官墓	每方尺每月	、〇二〇圓
		丙 八〇尺私墓	每方尺每月	、〇一五圓
臨時廣告	二八	招貼	一方半尺每百張	、一〇〇圓
		招貼	三方尺每百張	、一五〇圓
		招貼	六方尺每百張	、二五〇圓
		招貼	一二方尺每百張	、五〇〇圓
		招貼	一五方尺每百張	一、〇〇〇圓
		露佈	每一方尺每天	、二〇〇圓
遊行廣告	三二	手提背負者	每人每天	、〇三〇圓
		樂工	每人每天	、一五〇圓
		馬車	每輛每天	、二〇〇圓
		汽車	每輛每天	、四〇〇圓
		其他	每天	有特殊情形者
傳單廣告	三八	散發	一方尺內每百張	、〇三〇圓
		散發	二方尺內每百張	、〇五〇圓
		散發	三方尺內每百張	、〇六〇圓
公共場所廣告	三九	在外圍者	每方尺每月	按照特種廣告
		在內部者	每方尺每月	按照特種廣告
公共汽車廣告	四〇	外圍	每件每星期	、〇六〇圓
		外圍	每件每半月	、一五〇圓
		外圍	每件每月	、一六〇圓
		內部	每件每月	、〇四〇圓
船舶廣告	四一	船身長二〇公尺以內者	每艘每月	、八四〇圓
		船身長二〇公尺以外者	每艘每月	一、六〇〇圓
電影廣告		幻燈片	每片每月	按映費二〇%
電動廣告		膠片	每種每月	按映費二〇%
霓虹燈廣告		室外	每方尺每月	一、〇〇〇圓

簡訊

△南京市文獻委員會受獎　南京市文獻委員會自成立以來，已有兩年，最近繕具工作報告送呈內政部，業奉該部十月十八日禮字第二四三三號指令予以嘉獎，指令全文如下：「查該會兩年來工作，均能依次推進，卓著成效，應予嘉獎，以資激勵，此令！」

△紀念國慶舉行國防科學運動宣傳週　教育局為提倡國防科學運動，特於本年慶祝雙十節期間舉行國防科學運動宣傳週，同時並擴大宣傳勤儉建國要旨，飭由各中小學及社教機關分別辦理，又於十月十二日下午二時在白下路第一民教館大禮堂舉行第三屆中學生科學演講比賽，參加比賽者計二十九校　共三十人，市立盲啞學校亦有盲啞生各一人參加，特請教育部吳司長兆棠等十餘人担任評判，比賽成績，當場揭曉，計優勝學生有市立第三女中王煦仁，一女中王曉棠，一中郭長義，私立中華女中周淑貞，私立育羣中學劉學馨，私立憲光中學謝紹文等六名，均經給獎，以資激勵，另有市立二女中黃廷蘭，私立匯文中學李兼麗，市立盲啞學校李長彬等，亦均獲獎。

△督飭學校辦理社會業務　教育局為使各級學校實行生活化社會化生產化起見，特於本學期開始之時，製發本年度中小學校推行社會

教育工作計劃，通飭所屬各中小學校針對當前國家社會需要，運用戡亂勤儉建國要旨，參酌學校實際情形，分別擬具實施計劃呈局核定，現各校已先後呈報，正由該局主管科詳加審核分飭實施。

△通令各私立小學不得濫收躐級學生　教育局因鑑于本市私立小學間有濫收躐級學生情事，致成績低落，影響教育水準，幷有礙兒童身心發育，特通令各校以後凡不及齡兒童不得濫收，插班生非具有成績單及轉學證書者，亦不得報名考試錄取。

△舉行第一屆航空模型競賽　教育局爲提倡航空教育，於十月十七日假本市明故宮飛機場舉行本市第一屆航空模型競賽，經邀請航空工業局中國滑翔總會及中央大學航空工程系等機關籌備，報名參加者共二十八人，到場參觀者竟日不輟，情況熱烈，競賽分彈射滑翔模型，牽引滑翔及橡筋動力模型六組角逐，各組成績頗佳，其中以橡筋動力高級組創最高紀錄，成績一分九秒，並於該日下午五時二十分舉行給獎禮。

△積極籌備本市第二屆中小學體育表演會　教育局爲增進市屬中小學體育實施及鼓勵其研究興趣起見，定於十一月七日假市立體育場舉行本市第二屆中小學體育表演會，爲使參加各校明瞭舉行意義及應行注意事項，於九月卅九日下午二時半假市立民敎館會議室舉行中小學體育教師談話會，除由各組組長報告各校參加表演應行注意事項外，並由各體育教師自行發表意見，以作該會籌備之借助。

△開闢五所村棚戶區　下關五所村棚戶區基地業經地政局完成征收手續，並發淸地價在案，該局爲規劃利用起見，於十月二日邀集有關單位商討，擬將是項計劃列入本市房屋救濟方案，由工務局先從平土闢路及劃分使用單位建築示範性建築物入手，擬具分月進度，期在本年內完成上項工程。

△勘察半山園市有土地　地政局爲適應救濟房荒之需要，除已計劃擬訂本市房屋救濟方案外，爲配合是項方案實施準備起見，於十月四日會同各有關單位代表赴半山園一區二三九七段市有土地作實地之勘查，當就地形環境及交通設備等問題研商決定，是項市地九十畝，如列充房屋救濟方案中之乙種住宅區，頗稱適宜，現正由地政局繪製該市地及其周圍地帶之形勢圖，提供計劃處及工務局作通盤之設計。

△本年度第二期征兵各區抽籤完竣　本市本年度第二期征兵各區抽籤工作，已自九月二十五日起至十月七日止全部辦理完竣，新兵征集所及新兵體格檢查室已覓定下關熱河路同興旅館及第四衛生所，並自十月五日起開始接收各區征送新兵。

△繼續辦理募集布鞋勞軍　本市自八月間發動募集布鞋勞軍運動以來，截至目前止，各勸募隊已繳布鞋共三四、九一二雙（內已繳送聯勤總部供應局點收者共三三、〇三六雙），代金三、八二三、六九元，有獎游藝大會收入約三萬餘元，又各戲院代收募鞋勞軍附加捐款共一二、九九三、六〇元，十月五日在本府會議室召開購鞋小組會議商討採購力士鞋事宜。

△釐定各區區界　本市七區與九區及十區與十三區間區界錯雜，民政局爲釐淸界址起見，經於十月九日召集各區負責人商討予，以調整劃淸，幷研討警保配合事宜。

△嘉獎防汛出力人員　本年入夏以來，江水突漲，濱江各地險象環生，經飭各區發動民工組隊，晝夜巡防，努力搶救，夏秋汛期幸已安渡，民政局爲獎勵有功，用資激功計，業由各區呈報此次辦理防汛出力人員從優議獎，計有十二區保幹事一人記功，區長汪峻張富庚張正燊等三人，區公所職員十三人，保長三十人，保幹事十五人，甲長二人各予傳令嘉獎。又地方人士熱心公益努力防汛工作，經由民政局給予獎狀者，有朱恕才等十八人。

△推行戶政實驗保　本市第五區公所為加強推進戶政業務，經擬訂該區推行戶政工作綱要，呈請籌設戶政實驗保，規定由甲長協助辦理戶政工作，核尚可行，經令飭尅日實施，俟有成效，當再通飭遵行。

△訂定南京市辦理各級國籍變更事項程序　本市外僑申請歸化者頗多，為嚴密此項申請手續及加強管制起見，經根據中央法令及參酌本市情形，疑訂本市辦理國籍變更事項程序，業奉內政部核准實施。

△成立第二三衛生站二所　衛生局所屬中央商場內第一衛生站已於九月十五日成立，茲擇定夫子廟設置第二衛生站，於十月十一日成立，公教新村設置第三衛生站於十月十六日成立，均已分別開始工作。

△籌設四牌樓第十六衛生所　衛生局與中央大學醫學院為共謀推進本市區衛生設施及便利中大醫學院學生公共衛生實習起見，經會商決定合辦南京市公共教學區四牌樓衛生所一所，該所房屋現正在建築中，在未經完工以前，為速設施計，暫由中大醫學院指撥一所，刻正着手籌設，一俟佈置就緒，當即定期成立，該所番號為第十六衛生所。

△夏令衛生運動委員會結束　夏令衛生運動委員會自本年五月一日開始工作以來，已屆五個月，現已於九月卅日結束，並於十月八日召開結束會議。

本府大事記

十月份上半月

十月一日（星期五）

△舉行第一四四次市政會議。

△教育局馬兼局長召集本市中等學校教職員代表舉行談話會。

四日（星期一）

△舉行第二次區長工作會報。

△民衆自衛總隊設置之兩浦地區民衆組訓工作委員會舉行開訓典禮。

五日（星期二）

△市長為督促財政局整頓營業稅事對各報記者發表談話。

六日（星期三）

△市長暨社會局謝局長徵孚出席三省兩市經濟管制會議。

七日（星期四）

△民政局辦理第二期各區徵兵抽籤竣事。

八日（星期五）

△舉行第一四五次市政會議。

△夏令衛生運動委員會召開結束會議。

九日（星期六）

△民政局召集第七第九第十第十三等區負責人商討各區界址釐清事宜。

十日（星期日）

△首都各界舉行慶祝國慶暨勤儉建國運動宣傳大會，市長主持，並致詞。

△教育局舉行國防科學運動宣傳週。

△社會局會同新運總會合辦之第十三屆集團結婚典禮在勵志社舉行。

十一日（星期一）

△衛生局在夫子廟成立第二衛生站。

十二日（星期二）

△教育局派員調查新生小學事件經過。

十五日（星期五）

△監察院首都巡察團來府巡察。

△地政局開辦第十二區水西門外附郭迤西鳳凰街迤南江東門迤東地帶土地登記。

法規

中央法規

商營銀行調整資本後動用繳存資本金辦法

三十七年十月十一日
財政部錢丁字第九二六五號電頒

第一條 本辦法依據商營銀行調整資本辦法第五條第二項之規定訂定之。

第二條 商營銀行繳存中央銀行（或其委託之銀行）之現金增資款項，在三個月以內擬予以動用時，須敍明緣由，向當地中央銀行（或其委託之銀行）申請核准辦理。

第三條 核准動用繳存之資本金以左列用途為限：

一、購買政府公債（短期庫券不在其列）。

二、投資公用交通事業。

三、投資農工礦生產事業。

四、銀行因週轉不靈必須動用繳存之資本金抵補交換差額者，但動用之翌日，即須補進，并共以十次為限。

五、其他正當用途專案呈報財政部核准者。

第四條 中央銀行（或其委託之銀行）於核准商營銀行動用繳存資本金後，應將核准原因及數額，按旬彙報財政部查核。

第五條 本辦法自公布日施行。

公有土地管理辦法第十三條修正條文

三十七年十月四日行政院(卅七)四內字第四三九九五號令頒

第十三條 省市縣有土地之放領放墾及其他處分或設定負担或為超過十年期間之租賃，應照土地法第二十五條之規定，經該管民意機關之議決。

各級政府機關需用前項土地時，應依照土地法第二十六條之規定，商請撥用。

備註：原辦法載本公報第二卷第七期第二一四頁

總統府公報所載中央法規索引 十月份上半月

本府法規

南京市政府都市計劃處組織規程

三十七年十月八日第一四五次市政會議通過

第一條 南京市政府為辦理本市都市計劃，設立南京市政府都市計劃處（以下簡稱本處）。

第二條　本處設處長一人(簡派),秉承市長之命,綜理設計及一切處務,並設副處長一人(簡派)協助之。

第三條　本處設正工程司四人,副工程司二人,幫工程司三人,工務員四人,專員三人,科員一人,由處長遴選,報請市長核派之。

第四條　本處視職務之需要,得分組辦事;各組置組長一人,由工程司或副工程司兼任之。

第五條　本處歲計會計事項,由市府秘書處會計室兼辦,不另設機構。

第六條　本處視工作之需要,得派用雇員一至二人。

第七條　本規程如有未盡事宜,得隨時呈請修正之。

第八條　本規程自公布之日施行。

會議紀錄

南京市政府第一四四次市政會議紀錄

時　間:三十七年十月一日上午九時

地　點:本府會議室

主　席:沈市長　　紀　錄:史崇訓

討論事項

1.市長交議　據工務局呈,擬修訂本市廣告費率表,提請討論案。

決議:照修訂費率通過。(見市政要訊欄)

2.財政局提　擬自本年十月份起調整筵席稅起征點為金圓一元,提請討論案。

決議:照案通過,函請市參議會查照。

南京市政府第一四五次市政會議紀錄

時　間:三十七年十月八日上午九時

地　點:本府會議室

主　席:沈市長　　紀　錄:史崇訓

討論事項

1.市長交議　據工務局擬訂審核本市建築工程造價標準表,提請討論案

決議:修正通過。(修正造價標準表見市政要訊欄)

2.市長交議　據地政社會兩局擬訂「南京市社會團體承租市有公地暫行辦法」,提請討論案。

決議:修正通過,送請市參議會審議。

3.市長交議　擬訂「南京市政府都市計劃處組織規程」暨員額編制薪給表,提請核議案。

決議:修正通過,組織規程并呈　行政院備案。(組織規程見法規欄)

4.教育局社會地政會提　為中華聖公會及中國基督教會請撥四所村公地興建校舍及教堂一案,遵照第一三八次市政會議決議,提供會核意見,提請核議案。

決議:交參事室會同地政、社會、教育三局審查後,再提會討論。

臨時動議

1.市長交議　據民政局呈,擬將八卦洲單獨設區轄治,提請討論案。

決議:交秘書處會同參事室暨民政、財政、地政三局審查後,再提會討論。

2.財政局提　擬訂本市三十七年冬季房捐評估標準表,提請核議案。

決議:照表訂房捐標準通過,并函市參議會查照。

人事動態

三十七年九月二十九日至十月十二日止

姓名	服務單位及職別	動態	到離職日期
孫建平	秘書處雇員	新任	九月一日
程德勤	秘書處雇員	新任	九月一日
劉丁年	秘書處雇員	新任	九月一日
殷龍生	秘書處雇員	新任	九月一日
潘嗣安	人事處科員	新任	九月廿九日
石平治	園林管理處技術組組長	新任	十月一日
趙修璧	市立醫院護士	新任	九月一日
席淑珍	市立醫院護士	新任	九月十一日
劉世音	城南醫院醫師	新任	九月八日
朱秀玉	第十一醫生所醫師	新任	九月十二日
徐思京	第四衛生所醫師	新任	九月十三日
程坤英	衛生局辦事員	新任	九月廿一日
張天眞	衛生局雇員	新任	九月十六日
周運隆	衛生局雇員	新任	九月十六日
閔瀛洲	財政局第三科辦事員	晉升財政局稽征員	十月一日
余德福	財政局第三科雇員	晉升財政局第三科辦事員	十月一日
倪中柱	財政局稅捐稽征處稽征員	調任財政局稅捐稽征處辦事員	十月一日
鍾興寬	城南醫院醫師	調任第六衛生所醫師	九月八日
瞿世彬	衛生局醫師	調任第一衛生所醫師	十月一日
衛亞蘭	第一衛生所醫師	調任衛生局醫師	十月一日
程宗潮	教育局督學	調任市立師範學校校長	八月十五日
戴　均	教育局督學	辭職	八月三十日
夏易堪	教育局督學	辭職	九月三十日
楊駿如	教育局編審	辭職	八月十五日
盧穉筠	教育局辦事員	辭職	八月三十日
郭子通	教育局視導室輔導	辭職	九月二十日
程希賢	教育局視導室輔導	辭職	八月三十日
黃宗淵	教育局會計室辦事員	辭職	九月十五日
許如珍	教育局第一科科員	辭職	九月三十日
洪　浩	教育局第四科雇員	辭職	八月三十日
張仁風	工務局第四科科員	辭職	十月一日
呂宏基	工務局第二科技士	辭職	九月廿二日

姓名	職別	事由	日期
林書洛	園林管理處技術組組長	辭職	九月三十日
戴茜明	社會局科員	辭辭	九月三十日
王鎭江	財政局事務員	辭職	九月三十日
陳歷光	市立醫院護士	辭職	九月三十日
陳純一	第十三衛生所助產士	辭職	十月一日
楊尊隆	第十一衛生所護士	辭職	十月一日
宋紫娟	衛生局雇員	辭職	十月一日
陳玉馨	產科醫院藥師	辭職	十月一日
陳光靜	流動衛生所護士	辭職	十月一日
吳秋庭	清潔總隊雇員	辭職	十月一日
金慧芸	市立醫院護士	辭職	十月一日
朱秀玉	第十一衛生所醫師	辭職	十月十一日
張天眞	衛生局雇員	辭職	十月六日
張其本	第十一衛生所醫師	免職	八月十一日
楊廣貴	教育局第二科辦事員	離職	九月三十日
張正明	教育局第一科辦事員	離職	九月三十日
史　驥	教育局人事室科員	離職	八月三十日
張劍寒	地政局土地登記處組長	病故開缺	九月三十日
王雙璧	秘書處第二科雇員	病故開缺	九月三十日
陳堯昶	社會局荐任秘書	復薪	十月一日

副刊

自我做起

馬元放

三十七年九月十二日在南京市教育局工作檢討會上講

各位同人：

今天在此舉行工作檢討會，除本局同人全體參加外，並邀以前在局服務現調附屬機構負責之同人與會，對工作及本身，借此作一檢討和反省，藉以覓取改進之途徑。本來這種檢討會應該經常舉行，但爲時間及其他原因所限，未能如願，今後望能常獲聚談的機會。

現在先由本人作總檢討，可分五點來說：第一、關於一般設施方面，第二、關於內部工作方面；第三、關於同人服務道德方面；第四，關於自我檢討方面；第五，對於今後之希望。

（一）關於一般設施方面

本局於三十五年七月恢復成立，迄今已逾二年，在恢復初期，着重整理工作，到三十六年初卽訂定「南京市教育實施三年計劃」；力謀量的擴展，並求質的改進，期於三年之內，使首都教育能奠立基礎，由於上級機關及地方各界之指導愛護，及全體同人之共同努力，二年以來，在量的方面，較之戰前，實有增加，可於下表中見之：

校別	二十五年度第一學期(戰前) 校數	班數	學生數	三十六年度第二學期 校數	班數	學生數
中等學校	四	三六	一五〇九	一四	三二六	一二四二五
國民學校	一九	一四五一	七〇三六五	一六一	一五五九	八一八〇〇

本學期國民學校又增設七校，添一三〇級，中等學校添一七級，社會教育方面，現有民教館二所，下關分館一所，民衆圖書館，體育場，電化教育輔導處，第一補習學校，盲啞學校，各一所，頗多爲本局恢復後陸續設立。故本市教育在量的方面，實已盡應有的努力。至質的方面，亦在力求改進，如關於強化視導工作，提高師資素質，確立輔導制度，提倡研究進修等等，施行以來，尚具績效。惟按照預定之三年計劃，時間業已過了一年，而原定部份之未能實現者尚多，此實有待於今後更大的努力！

教育部對本市教育辦理情形，認爲不無成績，曾於本年六月傳令嘉獎，本人深覺黽勉從公，分所應然，而本市教育，自復員以來，由整理而逐步安定發展，胥由上級之指示督導，尤賴全市教育工作人員，艱苦奮鬥精誠合作所致。隨卽分行各附屬機構，說明這一次的榮譽，應歸諸全體同人，並勉勵大衆，益求進步。

最近市長在教師節勗勉我教育工作同人，其中有幾句話很值得我們警惕。他說：「我南京市教育之所以有若干成就，不特在於全市教育工作人員之辛勤努力，且在於全市教育工作人員之上下一心，齊一步伐，併力以赴；市教育之指導機構，對於當前之需要與未來之發展，有整個之計劃，有確定之方向，不躁急，不懈怠，衡情量力，按步做去。各級教育工作人員，都能配合這一計劃，這一方向，埋首努力，以求實現，這是一種新的工作作風，以此作風，從事任何工作，皆有成功希望。」市長對於我們的稱許，是否眞能做到？是否受之有愧？是値得反省的。又自教育部決定以南京爲基本教育示範區後，當然本市更有表現成績的機會，但能否做到「示範」二字？能否當得起「示範」二字？實在是一則以喜一則以懼，如何能使原定之三年計劃全部實現，如何能使基本教育做到示範，這都是我全市教育工作人員的責任，我們對於上級主管這樣的期望，這樣的付託，我們更應倍加奮勉。

（二）關於內部工作方面

其次說到內部工作方面，在同人所塡的調查表中，意見很多，坦率陳詞，實爲一好現象，茲將各同人所提出的意見，加以歸納，分爲五點：

一、未能厲行分層負責。本人對於分層負責，素極注意，故經訂定分層負責辦事細則，共三十二條，甚爲詳明，巳付實施。可是要厲行這個制度，一面固須分層負責，一面還須分層監察，如不切實監察，則所謂負責，就不免落空，負責與監察相因相成，也可以說，監察乃是負責的督促要件。過去有一時期，本人發現有積壓公事情形，曾經依照該細則處分過好幾位同人，後來因爲事務繁劇，未能隨時注意，今後很希望能逐層負責，逐層監察，並做到自己對自己負責，自己監察自己；若要靠本人一人的精力時間來監察推行，當然不夠，亦非分層之本意，同人如均能重視力行，則失誤自可減少，效率亦必增加。

二、各單位間缺乏聯繫與互信。關於此點，曾有好幾位同人在調查表上提出，我想其他有同感的人，一定很多，這種現象實足妨礙業務的進展，要知每一科室，原爲分工而設；分工之意，原在合作增效，並非各自獨立，更非各自爲政，若各單位間不能聯繫，不能互信，彼此懷疑，爭勝，總認爲對方係與我爲難，我將如何應付而應辦之事，反遭擱置，這與分工合作之本旨與精神，相差太遠，希望大家力矯此弊，遇事推誠洽商，同心協力，第一求於事有濟，何況風雨同舟，同事間的友情，亦應因其難得而須加珍惜。

三、辦事遲緩效率低減。同人中有認爲本局犯「公文旅行」之弊，這的確是事實，本人亦常常發覺到有許多限期的事，很少能依限完成，有時間性的公文竟會拖延很久，這還是因爲「分層負責」未能澈底執行之故。希望同人，總要以「今日事今日畢」爲原則，勿沾染挂名拖延的惡習氣。

四、工作分配失宜，勞勉不均。有幾位同人說：全局工作分配，勞逸不均，忙者自忙，閒者自閒，這一種情形，自是難免。推究起來，不外兩因：一是工作分配之不勻，一是能力較差者無事可做：關於前者，本人固應負責，各科室主管人員，更應負責，以後應當注意調整，使之合理，關於後者，各科室主管人員應善於督導，使能力較差者得有學習機會，更應嚴格實行攷核，希望大家切實破除情面，工作自無積壓，人員亦免閒冗。

五、錯誤時生，影響局譽。這一點亦和分層負責有關；固然，大半由於疏忽，但即此很小的疏忽，很小的錯誤，也會影響到整個局譽，尤其來往公文錯字未能校正，以及數字的不精確，經本人看到的很多，未經看到的想亦不少，希望大家以後多加留意，力求確實。

（三）關於同人服務道德方面

這次調查表上，我曾列舉五點，問大家是否能做到。第一是遵守辦公時間，按時到退；第二是奉公守法，努力本職；第三是嚴守局務方面之祕密；第四是愛惜局譽；第五是愛惜公物。總括起來，這五點都是關於服務道德，同人的答復，除有一部份因爲職務係流動性的關係，對第一點有所申述外：其餘都是塡：『能可以做到，應當做到，勉能做到，當能做到，均能做到，均已做到，絕對做到。』這都是各同人自己所塡，如宣了誓一樣，當然不會有虛假，可見本局同人是個個健全個個前進；但事實上，是否眞是如此呢？實在値得反省，値得檢討。

第一點是遵守辦公時間，按時到退。據我觀察，局中同人不能按時到退的，不能說是沒有，這種習慣，亟應矯正，本人除了有集會或應酬外，總想做到先大家到，後大家退，因爲先大家到後大家退，所以凡是遲到早退的，本人都看得很清楚，今後希望同人，切實遵守時間，按時到退。

第二點是奉公守法，努力本職。大家都塡的「能」。所謂奉公守法，所謂努力本職，雖然沒有一定的標準，但是做一個公務員。對於這一點的認識，總該有的；記得市長在九月六日紀念週上，告誡同人：『應多找事做多接近民衆，提高服務精神，爲大多數市民服務』而我常常得到局內同人的報告，有若干同人，對人態度傲，慢僚氣十足，不問對方是否受得了，動輒失態，對自己的同事，尙且如此，對一般人更可想而知；須知公務員是人民公僕，爲人民服務，態度應該謙和，辦事應該細密，虛心下人，克己有禮，望大家能切實反省，有則改之，無則加勉，以樹立良好風氣。

第三點是嚴守局務方面之祕密。在九月六日的東南日報上披露霍浦金斯的祕密文件中載：『羅斯福與史達林在雅爾達會議，對遠東方面之協議時，並不通知中國，羅斯福稱：渠認爲有一點困難，即對中國人不論告以何事，全世界在二十四小時以內，必盡人皆知，史達林亦有同感。』難道中國人眞是不能保守祕密？這一記載，給每個國人看了，都應該覺得無限慚愧。就本局言，往往一件未經確定尙未到公布時期的事，報紙上會很快的披露出來，查究責任時，又無人肯坦白承當，本來教育機構，並無祕密之可言，但爲減少不必要的麻煩與意外的阻礙起見，在確定之前，自應保守祕密，希望大家切實注意。不然，就無怪給人家輕視了。

第四點是愛惜局譽。在一個機關裏服務，就應和此機關共休戚，同榮辱，不能因個人的利害，忽視了整個團體的名譽，我相信這點同人均能知道，也是必須做到的。

第五點是愛惜公物。國家正多難之秋，物力維艱，每個機關經都很支絀，辦公用品的節省，實屬必要。希望大家對公物，特別愛惜，同時對自己的生活，亦應降格以需，力求簡單樸素，貧而能樂，庶足以適應艱苦之環境。

（四）關於自我檢討方面

我的自我檢討，可分為三部份：一是對事方面，二是對人方面，三是自己個性方面。

對事方面，因為是求治太急責望太深，故對同人督促過嚴，讀到韓愈原毀所說：『古之君子，其責己也重以周，其待人也輕以約；重以周，故不怠；輕以約，故人樂為善。』不覺爽然自失，我的缺點：責自己固然是重以周，對人也是重以周，故人往往難免有不快之感，同人有對我不明瞭者，往往誤會我故意給他為難，其實我是處處為事着想，對人絲毫沒有任何私意，這一點是需要同人諒解的。

其次對人方面，我常以己度人，或不免懸格過高，也就難免有鑿枘的地方，受之者自會誤為過份。舉例說：常有同人，託人來請求職務上的調升，或希望增加待遇，這在我認為是不必要的。我認為必要自己的努力，主管的人，決不會埋沒你的才能和勞績的。我的責任心一向很重，一件事沒有做好，猶如芒刺在背，極不安心；所以對於同人假如做事不負責任，精神上就感覺不愉快，督促自較嚴格；同時本人素重義利之辨，如同人在經濟上有不清楚情事，處分起來，亦毫不姑息，因為我自己不是那樣，所以雖然處分了人，自己仍是心安理得。

談到我自己的個性，近於躁急，往往自尋煩惱，一天到晚，各種事情總在腦際盤旋，有的時候，雖形似休息，其實在腦筋從未休息過。因為責任心所驅使，雖明知是自尋煩惱，也就無法改變了。有一位同人說：「中國政治，離不開人事背景。」這實在足以說明目前通病，本人常引以為戒，並且極端想避免這種症象，二三年來，肆應人事，實感痛苦，清夜捫心，常自問究竟為了甚麼？如說為了做官？這個官兒，有何留戀？所以至今留而未去者，總認為辦教育是較切實際的工作，希望能在委曲求全之中，減少阻力，使事業得順利開展，稍有貢獻；但所謂委曲，亦有限度：第一不能動搖自己的立足點，第二不能妨礙事業的進展。所敢自信，幾年以來，始終保持這個限度，未敢踰越一步。

（五）對於今後之希望

最後我有兩大原則，一則是「綜覈名實，嚴明賞罰。」這是本人一向所勉行的，所謂雖不能至，心嚮往之，務期用一文能收一文之效，用一人能收一人之力：講到賞罰，尤須耳能聽，目能明，全體同人都是本局的耳目，都應該負起聰明的責任。凡此種種，在進行上一定會受到種種的阻礙，如明朝張居正，是很著治績為天下後世所稱道的人，但在當時，卻備受責難，可知我們必須有此忍受責難的精神辦事，才有效果，二則是「迅速確實，共同一致，」能迅速，自然會不推宕；不拖延，能確實，自然會不敷衍，不因循；能共同，自然會休戚與共；能一致，自然會團結合作；除盡過去的不良習染，建立今後的革新氣象，這是我們寄望於全體同人的。

國家有許多事要做，教育工作，尤其是百年大計，不容忽視，古人說過：「反而求諸己，」我們做起事來，一定要每個人都以身作則，不必求諸他人，先從自己做起！

南京市政府公報刊例

一、本公報每半月發行一次

二、凡本府例行公文即在本公報發佈不另行文

三、本府所屬各機關於收到本公報時應編號歸檔妥爲保存凡註明「不另行文」文件並應注意遵照

南京市政府公報

第五卷第八期

中華民國三十七年十月三十一日

編輯者　南京市政府編譯室

發行者　南京市政府

印刷者　大東新興印書館

南京：(四)建鄴路一三八號

電話：二二二二六號

中華民國三十七年十一月十五日

第五卷 第九期

南京市政府公報

南京市政府編譯室編

目錄

市長在市參議會第一屆第七次大會致詞報告及答覆

(一)開幕致詞

三十七年十月二十三日

貴會成立迄今，將近兩年。本人來京服務，亦將兩年，回憶兩年以來，常有機會飫聆諸位參議員先生對市政的高見和指示，匡助良多。今天參加貴會第七次大會開幕式，衷心極感愉快。

兩年的時間不算太短，而反省兩年來施政的成績，委實慚愧。我們明知以本市財力、物力、人力的微薄，在當前這個偉大而艱苦的時代，雖竭盡所能，有心完成一切必要的建設，亦未必爲事實所完全許可。假使兩年來在市政上不無些微的進步，那是有賴於中央的指示與本市各方面的協助，尤其有賴於貴會的精誠合作。我們可以這樣說，市政上有何不滿人意之處，應是市政府的力有未逮，而市政上稍有成就的措施，皆是民意機構提示襄助之功，這決不是空泛的恭維的話。

於此，本人願意特別提及陳議長的勞績，陳議長以碩德清望，受諸位參議員先生的推選，主持貴會，兩年來對於市政的貢獻是人所共見的，貴會每開一次大會，都是一次比一次有成就，這自然是諸位參議員先生熱心市政儘量發揮民意的表現，而陳議長運籌擘劃其間，與有大力，陳議長因其本身事業關係，幾次表示辭意，最近又曾一度提出辭職，經諸位與各有關方面的挽留而打消。我們衷誠希望陳議長爲市政前途，爲市民福利，繼續爲此一神聖的職務而努力，幸勿再有退讓的表示。

其次，王副議長在大會休會期間，給予我們的幫助，是非常可寶貴的，譬如營業稅問題，物價審議問題，王副議長熱心調處，解決了不少困難。此外在休會期間，各位參議員先生直接的間接的，書面的或口頭的，對本人或我們同僚有所指示，有所啓發，有所商榷，使得市政府執行大會決議，推行政令，得到不少助力。還有參議會蕭秘書長暨秘書處各位同人，在大會期間固然辛勞，在休會期間亦同樣忙碌，與市政府方面不斷接觸，保持密切聯繫，增加了我們工作效能，本人一併表示感謝與欽佩之忱。

現在，貴會第七次大會開幕了，在議長副議長的主持之下，在諸位參議員先生的合力貢獻之下，相信必有比上一次大會更卓越的成就，敬預祝成功！

(二)本市最近三個月施政總報告

三十七年十月二十五日

市政府最近三個月來的施政情形，具見書面報告中，並將由各局處向大會分別說明。本人的施政總報告不打算對各部門的工作作詳細的敍述，俾留出多餘時間，以供諸位的質詢。

目前時局的嚴重，是大家都知道的，從整個大局說，國際間兩大陣營的對壘日趨尖銳，尤其是美蘇關係一直在緊張的冷戰狀態中，危機四伏，這危機使我國的處境愈形困難。同時，國內戡亂軍事未能獲得理想的勝利，經濟方面不健全不正常的現象，大有積重難返之勢，在在增加時局的嚴重性。這是一個非常時期，社會心理動盪不安，政府工作倍形艱巨，有待各方的合力挽救，否則，覆巢之下寧有完卵。在此時期，市政府的最大責任，正在協助中央安定社會，安定人心，一切施政，一切建設，都力求與此相配合。但在執行上，無疑的也不得不受時局動盪影響，有時且影響得十分深刻，使預定的建設工作竟至無法進行，有時則為了對於國家與地方安全之考慮，必須超過迫切的建設目標。我們誠有心使首都一切必要的建設能夠急速完成，但我們不能脫離現實。即如最近一個月以前，市政經費曾一度艱窘到連本府員工薪餉亦未能按時發放，各局處工作因限於經費而不克積極推展者自屬不少。此一時期可說是本人到任以來所遭遇到的最大難關，推原其造成的原因，我決不推諉本人應負的責任，但多少受有當前時局的影響，也是不可否認的事實。現在把最近三個月的施政情形約略報告於下，以就正於諸位先生。

民政方面　由於民政工作為辦理地方自治的基礎，舉凡保甲組織的健全，戶籍人口的精嚴等，在在關係地方自治的前途。民政局成立以來，即特別致力於此，但以為時尚短，過去所做工作，容未足以副各方期望，而此項工作須下深厚工夫，亦有非一蹴可幾者，正隨時檢討，力謀改進。現全市戶口總複查已於八月初舉辦，在一星期內竣事，此一基本工作之完成，頗有利於各項庶政的推行。民選區保甲長實施辦法亦經擬就，分送內政部及貴會審查，待核定後即可舉辦。本市征兵配額第一期已經征足，第二期現方開始征集，仍儘先征集志願兵，不足之數再行開籤補足。民衆自衛總隊部於七月間奉令改組為民衆自衛司令部，已參加受訓民衆前後兩期共達八萬餘人，最近舉行總校閱，成績尚好。

財政方面　幣制改革後，本市三十七年下半年度地方歲入歲出總概算已遵令改按金圓重編。為求市財政收支的接近平衡，在重編概算中，經將地方收入自原列之法幣六千餘億元（合金圓二十萬餘元），提高至金圓一百餘萬元，可謂已竭本市一切可能的力量，但雖然如此，仰賴於中央補助者，仍佔總概算百分之六十八。照最近實際收支情形看來，本市每月支出總額約金圓六十萬元左右，七至九月地方收入共二十六萬九千餘元，平均每月僅八萬九千餘元，加中央每月一般補助費十一萬餘元，亦不過二十萬元，收支不敷每月達四十萬元之譜。對於稅收整頓，雖經加緊進行，收入數字亦月有增加，但仍不足應支出的需要。

社會方面　大家都很注意改幣後的經濟管制工作，此項工作，現已奉行政院核定，劃由上海區經濟管制督導員直接指導，此後管制力量當能加強。社會工作的另一重點是辦理救濟，救濟經費大部分取給於美國救濟物資，其對象主要為難民與貧民。來京各地難民中，有不少因原籍尚未收復，未能即予遣回者，經以工賑方式救濟，現已有一部分參加下關至燕子磯公路修築工作，此於救濟之中兼寓建設之意，一舉兩得，以後救濟工作將儘可能循此進行。貧戶救濟米配售於八月間開始，試辦三個月，每人配售一斗，其價格僅及普通配售米的百分之二十，現受救濟的貧民計達一萬八千人。冬令將屆，關於冬令救濟亦已着手籌備，其所需款物，則尚有賴於社會各界人士的熱心捐助。

教育方面　教育經費在本年下半年度市概算內仍列第一位，佔總數百分之四十三。中小學及補習學校盲啞學校的班級續有增設，失學兒童已由七，八萬人減至二萬五千人，同時對於質的改進尤為注重，如舉辦講習會，召開研究會，添置教學用具，審查連環圖書等，務求各級教育能儘量增高其功能。基本教育首都示範區的工作賴中央的幫助，正在積極推動，將由計劃階段進入實施階段。本學期公私立中小學校收費標準，由教育局釐訂送請貴會審議通過後，即令各校遵辦，如有超過者，並飭一律退還。對於清寒學生，仍按舊例募集助學金，總額為金圓一萬八千元，濟助市內中等學校及專科以上學校清寒學生共三千人，同時由市銀行舉辦免息教育貸金二千元，另洽由本市國家銀行及商業銀行各出低利貸金一萬五千元，交由市銀行經辦，此於清寒學生裨益匪淺。

工務方面　所需經費應是最多，但可能供應之經費為數有限，以致若干重要工程無法進行，僅能從事於道路、橋樑、堤防、下水道等必要的養護修築工作，其中值得一提的，中山路慢車道自繼續改築至珠江路口後，現珠江路至漢口路段亦即可完成，倘為經費所許可，擬於年內向北展築至鼓樓。今夏江水激漲，在防汛期間，由工務局會同沿江地區民衆隨時查勘搶救，主要堤防幸未出險，秦淮河一帶，在外江感漲之際，因不斷抽水，亦未泛濫成災，此點差堪告慰。中正路下水道工程已於六月開工，原定三個月完成，因大汛期間，該路下水道出口為秦淮河水傾注，無法施工，現在水位低落，正繼續趕築，希望在年內能夠完成。下水道五年計劃已經擬就，最大困難仍在於經費。

公用方面　自來水因水廠唧水設備已加改善，本年七八九月份的出水量較上年各該月份的出水量增加，並獲市民協助，一般都能節約用水，故今夏本市供水得以勉渡難關。電廠因機件關係，仍不得不繼續實行分區停電。關於水電節約，中央已定有辦法，一俟奉到明令，即可付之實施。公共汽車因首都江南兩公司最近不勝虧累，減少行駛車輛，影響市內交通，市民深感不便，現已由行政院核訂改進行駛辦法，調整票價，此後情形當可改善，首都公共汽車公司因創辦未久，設備簡陋，基礎原甚脆弱，成立以來，經營又未盡得法，以致人浮於事，幾至難以維持地步，經該公司董監事聯席會議決議，暫由市政府接管整理，於九月中旬移交，市政府接管後，已先從裁員入手，在逐步整頓中。

地政方面　郊區地籍整理工作，仍繼續進行，江心洲扶植自耕農實驗區即將辦理土地重劃及放領，希望能達成耕者有其田的目標，以作建設新農村的準備。市有公地大部分已配作公用，其餘畸零公地經決定採取公開放租方式，准由市民承租，現第一批公布放租四十六坵，已用抽籤方式決定承租人，在辦理訂約中。本年度標準地價於八月十一日公布後，因幣制改革，正計劃重估，以利地價稅的徵收。

衛生方面　本年夏季由於防疫工作之提早舉辦，並由於市民之合作，受霍亂預防注射者達全市人口三分之一強，復承各機關之協助，幸無一人發生眞性霍亂，值得欣慰。關於醫療衛生，因經費拮据，着重於耗費少而收效宏的措施，已將流動衛生所（即巡迴醫療車）由二輛擴充至五輛，並擬設衛生站二十處，已先在中央商場及夫子廟等處設置三站。原有的市立醫院正增建產科病房一幢，城南醫院亦將擴充病房，以應需要，並特別重視貧苦路倒病人之醫療。清潔總隊的收運工具因使用日久，多有損壞，而市內垃圾隨人口之增加而增加，亟須添置垃圾手車以應需要。

此外，應順便一提的，為救濟特捐之勸募，此事自八月一日開始勸募以來，賴各方之協助，進行尚稱順利，旋因幣制改革關係，中途稍有延擱，現勸募工作卽將結束，已收得之捐款約計法幣五千億元，與中央核定配額六千億元之數相距不遠，現正加緊催繳，希望在限期內能夠募收足額。

以上是市政府最近三個月來的施政概略，以之與本人在貴會上次大會所報告者一加比較，時間經過了三個月，誠不見有何顯著之進步。實則，不僅這三個月如此，本人到任以來，爲時將近兩年，究竟兩年來已爲南京市民做了些甚麼，已爲首都建設做了些甚麼，今日的南京市究與兩年前的南京已有了甚麼不同，以此自問，殊不免忽忽若有所失，貴會上次大會時，本人曾提及現在看事不免消極了一點，時常在想如何方得早償退避賢路之願，至今仍是如此想法。最近三個月的經驗，使本人益增任重才輇之感。但看事消極並不卽是做事消極，本人在職一天，仍然積極做事一天，而一念及國家在此非常期間，我們在施政上雖因受時局影響，遭遇不少困難，但正唯其困難，尤須我們竭盡心力做去。往者不諫，來者可追，三十七年度不久卽將結束，希望大局否極泰來，並在諸位參議員先生指示與協助之下，能夠集中力量在三十八年度做出一些事來。

本人過去深荷貴會的指示與協助，今後更有賴於諸位先生在整個國家整個市政的考慮下，發揮民意，給予比過去更密切的合作，協調一致，相輔相成，以增強市政府施政的力量，這不僅是個人的要求，亦是時局的要求。市政府在貴會此次大會中所送提案不多，其中關於普及基本教育，修建下水道，增埋自來水幹管三案，卽是爲三十八年度工作計劃預定的一部分。此三項工作爲本市當務之急，曾屢承貴會督促。市政府所擬計劃，係就實際情形，經過長期的調查與研究，始作具體決定，除增埋自來水幹管計劃尙含有治標性質外，普及基本教育期以三年，修築下水道期以五年，都是從整個着想，作治本之計。但任何計劃的執行必須有相當經費，倘對籌款沒有確切適當的辦法，一切計劃難免成爲具文，所以我們所提的計劃，包括有籌款辦法在內，視其性質，一部分請中央撥款，一部分由地方自籌，使計劃一經通過，卽有的款可以着手執行，以免重蹈過去實際工作與預定的工作計劃未能完全呼應的覆轍。我們認爲在力量集中的原則下，時局儘管相當嚴重，籌款應非毫無辦法，敬請諸位參議員先生對此予以卓越的指示與有力的支持。至於過去工作雖連我們自己亦未感覺滿意，但並非藉此一語，企圖減輕責任，其中的缺點與錯誤，請諸位先生多多指教，俾鑒往知來，有所改正。

(三)本市經濟管制問題專案報告

三十七年十月二十三日下午三時

貴會在此次大會開始之際，卽特別提出時間，舉行本市經濟管制問題專案檢討，具見此一問題對於市民生活影響之深刻，以及諸位先生重視此一問題之熱忱。

當前本市物資嶄形缺乏，物價蠢然思動，此等現象，大部分可說卽在經濟管制問題範圍之內，本人深切體認此一問題的嚴重性，最近正日夕焦思，在以全力應付，今日出席報告，深喜有如此機會得向諸位先生請教。

本人的報告擬自八一九開始。在八一九以前，本市經濟問題未始不嚴重，也未始不實施經濟管制，但嚴厲執行經濟管制政策，則是八一九中央頒佈財經緊急處分令，實行幣制改革以後的事。從那時至今，本市經濟情形約可分爲兩期：第一期自八一九至九月底，一般物價凍結市場穩定，物資流通大致正常。第二期自十月初至今，物資逃避現象漸次發生，來源又受限制，甚至掀起搶購潮，物價亦有黑市出現。此種情形爲其他各地所共有，原不獨本市爲然。探究此一二兩期嬗變的原因，僅就本市說，本人頗同意於一種看法，即本市與上海對於經濟管制執行甚爲嚴格，鄰近省縣未必都是如此，物價方面不免有所上下。本市在經濟上爲消費區域而非生產區域，所需物資大部分須仰給於他地。由於產區物價之未能低於本市，或且高過本市，經過相當時間，便形成了兩種現象，一是物資來源被其杜塞，採購困難，一是現存物資不願照限價出售，設法逃避。同時物資缺乏亦是事實，生產與成本脫節，工廠有被迫停工之勢。市民鑒於商店橱窗裏貨物一天少一天，又看到別地搶購與黑市風潮的傳佈，人人多抱着多買一些物資比存金圓券好，早買一些必需品比遲買一些好的心理，於是造成今天嚴重的情勢。此外尚有一點，必須提到的，即過去游資一部分在市上作祟，另一部份則凍結在黃金美鈔，現在呢，凍結在黃金美鈔之游資至少又有一部分加入在市上作祟，影響之大不言可喻。於此可以說明，經濟政策必需是全面的，經濟管制亦必須是全面的，如僅着眼於局部，或僅一二地區嚴格執行，其所預期的效果難免不能達到。

本市的經濟管制工作，一般認爲不如上海之做得有聲有色。難道上海有老虎，南京就沒有老虎嗎？難道上海經濟嚴重，南京就不嚴重嗎？有的責備我們不夠努力，不負責任，有的鼓勵我們破除情面，願爲後盾，對於這種種消極的積極的諍言，市政府自願意虛心領教。但檢討事實，本市與上海經濟環境相差實在太懸殊，上次蔣督導員經國在市政府約集本市各同業公會領袖，問知每月需要情形爲棉紗二千件，布三千件，烟白煤一萬噸，糖五千包，白報紙八千令，他很輕鬆的答應，數目不多，供應無問題。我們現在可以極端謹慎的說，將來有無問題，當然看各方面種種情形的配合，至於數目字，則在上海看來，或許本市全市一個月的需要量，尚不夠上海一隻老虎的囤積量。這並不是說本市沒有大老虎而市政府就可不管了，反之，我們對于違反經濟管制的不法之徒，從未放鬆過。我可以附帶報告的，最近上海有位名律師到南京來調查特刑庭判例，曾對我說起，南京對於違反經濟管制的判刑比上海重得多。是否如此，本人不敢說，不過既有人如此說，亦值得報告，供各位先生參考。

關於經濟管制的機構，當實施之初，中央對上海方面派有經濟管制督導員專主其事，對本市則無，這亦即是中央有見於京滬兩地經濟環境有其不同之處。但這並不是中央不重視本市，而是因爲本市是首都，中央便於直接督導，所以逕交市政府負責執行。兩個月來，本市的經濟管制，在決策上，無一不秉承中央意旨；在執行上，則經濟檢查由首都警察廳主持，物價審議由社會局主持。工作的表現雖因限於種種事實條件，不免有缺點，有錯誤，但本人與對此事有關的同僚們自信已盡最大的努力，以求執行的充分嚴格。迨經濟情形嬗變至第二期時，鑒於若干事項有非地方職權所及，全面性管制的需要日趨迫切，乃由中央決定擴大上海區經濟管制督導員的轄區，把本市與其他三省均劃入其內。本月初曾在京舉行三省二市會議，由會議中決定本市設置物價審議委員會，物資調節委員會及經濟檢查處三機構，現已組織成立，直接受上海區經濟管制督導員的指揮。

在此第二期經濟情形繼續嬗變之際，本市物資供應之呈現脫節現象，自在意中，正在力謀對策。其中最主要者爲民生必需品米麵油的充分供應，幾經與有關各方商洽，幸獲相當成果。民食調配處已適時配出佔本市需要量半數之食米。麵粉除疏導來源外，並設法維持本市原有之生產量，務使不因原料缺乏而中斷。食油方面已決定貸款向產地採購，正在進行中。爲免在此項物資運到以前或有青黃不接情事，特於昨今兩日舉行全市米麵油存貨登記，以便統盤調節。不過此項措置亦僅屬治標辦法，此後欲求物價穩定，物資充裕，應採如何有效的方案，正爲各方所矚目之問題，此一問題不獨關係本市經濟，抑且關係戡建前途，希望在貴會此次專案檢討中，能夠獲得諸位先生的珍貴的指示。

至於本市經濟管制執行細節，主管單位將另有詳細報告。

(四)對經濟質詢案之總答覆

三十七年十月二十五日

對於上星期六(十月廿三日)的本市經濟問題專案報告，各位參議員先生質詢甚多。各位先生看到形勢嚴重，關心政府措施，而本人在報告中未曾舉出具體辦法，致使各位焦慮，提出種種指教。本人承認上次報告不免疏漏，或雖已報告而話說得不夠明白，未能引起注意。歸納兩天來各位所提出的質詢，約可分爲三類：

第一類屬於政策性的，如：

一、限價政策必須堅持到底，以貫澈政府威信。(蔣尚爲、傅丘平、張文伯、陳健夫先生等提出。)

二、實施全面配售，以安定人民心理。(陳健夫、蔣尚爲、傅丘平、張文伯、尚武、葛天民先生等提出。)

三、疏導游資，以免搶購物資。(范文衡、張文伯先生等提出。)

四、經濟管制必須普及全國。(傅丘平先生提出。)

五、金圓券兌現或凍結發行。(董育華，夏時先生等提出。)

第二類屬於糾正性的，如：

一、政府事前太無準備。(吳鳳鳴、蔣尚爲先生等提出。)

二、經濟檢查工作不夠澈底。(傅丘平，蔣尚爲、夏時先生等提出。)

三、配售米買不到。(范叔寒、改復初、傅丘平先生等提出。)

四、物資進城不應留難。甚至扣留。(尚武，改復初先生等提出。)

五、憑身份證購物不是調節辦法。(夏時先生提出。)

第三類屬於提示辦法的，如：

一、放領空地、救濟房荒、爲游資闢一出路。(范文衡先生提出。)

二、動員市民力量，舉辦總登記，總清查。(蔣尚爲，陳健夫先生等提出。)

三、注意人民生活，防止米麵油煤之缺乏。(改復初、范文衡、吳濤、董育華、傅丘平、范叔寒先生等提出。)

四、配售米不應在本地採購。(吳濤先生提出。)

以上所歸納容有疏漏之處，亦不敢相信歸納完全正確、但大致當不甚相離。

關於第一類政策性的，本人知道貴會預備會議已決定將經濟問題報告連同檢討意見、一併交由有關審查委員會審查，製成具體方案、再提出大會討論，本人萬分希望貴會如此集思廣益，博採衆意，精心研究出一個完善的方案來。這一方案之實施，如市政府力所能及的，一定在各位先生監督之下，盡力奉行。如係建議中央採納的，本人不但就職務範圍，將大會意見轉陳中央，並願隨諸位先生之後，一同向中央呼籲，在政策這一方面，市政府意見與貴會意見完全相同，毫無二致。

關於第二類糾正性的，其錯誤屬於市政府者，毫無疑問，本人完全接受；屬於所屬機關者，本人告訴他們注意改善；屬於有關機關者，與他們洽商改善。

最重要的還是第三類提示辦法的。這只怪我上次報告對辦法說得不夠清楚，使人發生疑問。，我對本市經濟問題，一直就重視實際辦法。現在不是從容討論政策的時候，而是要拿出辦法來，拿出具體辦法來的時候，好像剛才有幾位先生也是這樣說過。但經濟本是一個極複雜的問題，現在更充滿了矛盾。我聽到好幾位先生強調現行限價政策必須堅持到底，金圓券價值必須維持，（當然也有相反的意見，）這是再對沒有。但如生產成本無法維持，正當商人的合法利潤無從保證，則縱使都市物資目前如何充足，終有窮盡之時。又聽到好幾位先生主張民生日用必需品實行全面配給，這也是最最合理，今天報載北平教授上總統書中也就提到這一點，甚至政府爲此而實行貼補，也是應當的。但實行全面配給，必須政府有大量物資控制在手。以配米而論，國庫負担已感相當吃力，單就南京市一地，每月就要政府貼補到一百五十萬至兩百萬金圓。假如政府收支不能平衡，照老辦法，靠發行挹注，豈不又成了惡性通貨膨脹？以上都是替中央設想的話，本無須越箸代謀，但由此說明一點，即問題是牽涉多方面的。因此，在辦法上，我不談「治本」，只談「治標」，即如何應付當前？我不往大裏扯，只往小裏縮，把問題縮小到「米」「麵」「油」，把時間縮短到眞正所謂「當前」。然則當前辦法怎樣呢？

一、向上海要東西，已洽定由上海每月供應本市布八萬疋，紗一千件，糖八千包。

二、備物易物，鄉民換不到東西，不肯出賣產品，商人賣出東西後，買不進東西，也不肯出賣，故備物易物，以有餘的東西換取其他必需的東西。

三、備款購物，不敢侈談全面配售，至少目前最缺乏的幾樣日用必需品，在此人爲的青黃不接時期內，有法供應。

以上所說，不是「正在籌劃」，而是確確實實已有了具體辦法。

關於米、麵、油、煤這一本賬，我願再詳細分析一下：

米：全市人口一百三十五萬人，每人以月需米二斗計，共需二十七萬担，現在已有三分之二由政府負責，計配售米十四萬担，公教人員每人三斗配給米共三萬担，本市月產麵粉五萬包，每二包半等於一担米，可抵米二萬担，合爲十九萬担，不足之數僅八萬担，退一步言，亦不會超過十萬担，只及需要量三分之一，須由市場供給，由此可看出配售米之舉足輕重。現十月份配售米可以保證不缺，十一月份配售米正在籌劃，必盡其所能籌足，此外則疏導來源，使八萬至十萬担之米源源而來。本市米市場有無八萬至十萬担米，只要存貨登記，即可明白，希望大家免去不必要的恐慌。蔣督導員經國告上海市民，說上海有多少物資，可供三四個月之用，但大家搶購，只要三四天即可搶光，正可說明人心不應恐慌。

麵粉：剛才說過，本市月產麵粉五萬包，備款購麥，保證維持此生產量，同時疏導來源。

食油：情形比較嚴重，統計全市每月需油一萬担，備款向產區照此數購足，日內即有三千担由滬運來，昨晚我還與蔣督導員通電話，請他馬上放行。

煤：中央設有烟煤調節委員會，幾天前與孫委員長洽商，他答應南京的需要量，由會負責供應。

對於全面配售不敢侈談，但以上種種，無疑的必須在配售的基礎上進行。茲事體大，一方面還要中央統籌全局，確切指示，一方面又要依賴各產區不分畛域，緩急相通，而尤其需要的是各位先生的指導與督促，領導市民，協力同心，共渡難關。

本人對於各位先生的質詢，不敢空言塞責，也不敢說南京經濟問題如此即可解決，誰也承認，事情決不如此簡單，正需要戒慎恐懼，以應付未來的局面。古語說，「事在人為」，又說，「謀事在人，成事在天」，但又說「人定勝天」。在今天，艱難困苦，成事誠然在不可知之數，但是人定勝天，還是要大家努力去做。今天答覆各位先生的質詢，檢討過去所做的一切，瞻望未來演變的趨勢，不知不覺又引此數語循環自勉。敬請各位先生指教。

本府大事記

十月份下半月

十月十七日 （星期日）

△教育局主辦之第一屆航空模型競賽大會在市立體育場舉行。

十九日 （星期二）

△本市民衆自衛總隊舉行總校閱，何部長應欽代表總統檢閱。

△舉行首都經濟管制第一次會報。

二十日 （星期三）

△教育局舉辦中等學校教員檢定。

二十一日 （星期四）

△市長與蔣督導員經國商討本市物資調節問題。

二十二日 （星期五）

△舉行第一四七次市政會議。

二十三日 （星期六）

△舉辦本市米麵油三業存貨登記。

二十五日 （星期一）

△市參議會第一屆第七次大會開幕。

△舉行基本教育首都示範區計劃委員會第二次會議。

△衛生局與衛生部衛生工程大隊合組之D.D.T工作隊發動滅殺冬季蠅蚊蟲工作。

二十六日 （星期二）

△民政局召開各區區長會議，商討本市征兵事宜。

二十九日 （星期五）

△舉行第一四八次市政會議。

市政要訊

市參議會召開第一屆第七次大會

市參議會第一屆第七次大會於十月廿三日上午九時半，在白下路該會會所揭幕，由陳議長裕光主席，致開幕詞，略謂：此次大會開幕，正值政府實行幣制改革之後，厲行管制物價之時，而軍事方面亦正面臨一個緊要階段，本會際此時期召開，其義意實不平凡，社會上所發生之種種問題，均足為本會共同研討之題材，我人應把握這個時機，針對現實環境，善盡人民代表的職責，目前社會問題雖極複雜，但如能探索其癥結之所在，謀所以解決之方，則成就可期，我人應本「以七年之病，求三年之艾」之精神，探求病源，預為籌劃治理之方，尤應本此精神，不求多言，而言必有中，議論事項不必求廣，而要求精，精則允當，允當則執中，目前時政之弊，何止「七年之病」，而改革政治之方，似欲「求三年之艾」而不可得，我人應檢討得失所在，以紓裕民生，安定社會，藉以加強政府力量，挽救艱危之時局。繼由彭部長暨沈市長致詞，至十時半禮成。下午首次會議，舉行「本市經濟問題專案報告及檢討」，由市長，社會局謝局長徵孚，警察廳黃廳長珍吾及民食調配處楊處長德恩相繼報告後，五時十分檢討開始，參議員紛提質詢，迄六時半散會，十月廿五日上午第二次會議，由市長作施政總報告後，繼續舉行經濟問題之質詢，是日下午第三次會議，市長對經濟質詢案作一總答覆，自此至廿九日上午，由本府各局處及首都警察廳分別報告工作概況，並由各參議員提出有關各項問題之質詢，均經主管單位分別答覆，十月卅日上午舉行經濟問題專案討論會議，各參議員發言均極熱烈，最後通過經濟問題方案及動用國人在美存款之臨時緊急動議。卅日下午起分組綜合審查，並討論議案，計通過(一)本市卅六年度歲入歲出總決算書，(二)籌集國民教育基金徵收學穀捐原則，(三)基本教育首都示範區三年普及基本教育計劃大綱，(四)本市下水道工程五年計劃，(五)保長副保長及甲長選舉實施辦法等四十餘案。迄十一月三日舉行第十七次會議，首由市長報告改善經濟管制補充辦法公布後之本市措施，略謂改善經濟管制補充辦法在使正當商人獲得合法利潤保障，以澄清市場不安定之局面，業已邀集各業負責人詳加說明，希訂定合理價格，以免失去常態，對核本定價之物品，項目不求其多，但須得要領。其辦法由各該業同業公會分別議價，報請首都物價審議委員會核定。至食米價格，因對其他物價具有決定作用，當限價突然開放之際，產地米價尚無確實報道，為免自由抬價形成混亂現象起見，故曾提出暫以不超過原限價一倍為原則，以待自然情勢而產生合理價格。自中央公布補充辦法後，數日來本市市場尚無劇烈變動，此項措施已顯示其相當安定作用。市長報告畢，繼即討論市府施政報告書審查意見，並予通過，下午舉行休會式，首由陳議長裕光致閉幕詞，強調大會此次成就，在擬定並通過一個切中時弊的全國性經濟方案；同時指出參議員同人的一個共同觀念，即凡是關於增加人民負担的事，都經再三考慮，謹慎發言，從未輕率從事，為民之累。繼由市長致詞，最後由黃參議員麗明致答詞，迄五時許圓滿結束。

市長視察八卦洲

本府會同農林部農業推廣委員會與中國農民銀行為引用農業機械，改善京郊農民生活，經擇定本市八卦洲為農業示範區，籌設合作農場，以期增加農產。該洲地勢廣大平坦，可耕面積達八萬餘畝，現僅開墾五萬餘畝，漁業每年可產十餘萬斤，如能引用農業機械，代替人工畜力，並組織合作農場，則農漁產量均可大增。本年春間本府與農業推廣委員會會協助農民購置各種農業機械，由中國農民銀行貸予款項，計購置曳引機，脫粒收穫機，圓碟犂，抽水機，播種機及修理工具等多件，數月來經八卦洲農業示範區之訓練，當地農民均已使用熟練，春夏之間江汎突漲，該洲被淹沒田地達一萬餘畝，幸賴抽水機將積水排除，種植夏作，維持八千畝作物，成效卓著，深得該洲農民之信賴。

十一月二日上午九時，市長與民政局劉局長愷鍾偕同農林部左部長舜生，周次長昌蕓，中國農民銀行李總經理叔明，京分行陳經理勉修，農業推廣委員會喬毛正副主任委員暨聯合國糧農組織專家一行十餘人，前往八卦洲一帶視察，同時美國 March of Time 新聞影片公司及中國農業教育影片公司亦派員前往攝製活動影片，上午到達該洲上壩，沿途民衆夾道歡迎，爆竹喧天，並有小學生齊唱歡迎歌詞，各保甲長報告該洲情況，隨即參觀華劑拌種播種機播種小麥、曳引機犂土、收穫機分粒大豆，成績至佳。中央畜牧實驗所亦派員在該洲實施鷄牛防疫注射，當地農民均深切認識此種工作之重要，進行至爲順利。下午赴下壩參觀抽水機活動，該機排水量每分鐘五千加侖，工作成效，顯而易見，農民均熱忱接受，並極盼望能有更多此項新式工具，以免水災之威脅。市長等一行於下午四時許折返市區。

成立經濟管制三機構

本市經濟管制工作係由社會局與首都警察廳負責執行，嗣爲加强管制效能，於十月初，由行政院核定，將本市與其他三省劃入上海區經濟管制督導員轄區範圍內，並決定在本市設立首都物資調節委員會，首都物價審議委員會及首都經濟檢查處三個機構，業於十月十九日同時成立，三機構之委員人選如下：

（一）首都物資調節委員會

主任委員　刁培然

委　　員　顧敬心　費遇舜　柳哲銘　江　杓　李嘉隆

　　　　　周烽方　張家璋　汪祖華　王繹齋　陶桂林

（二）首都物價審議委員會

主任委員　王　潞　副主任委員　謝徵孚

委　　員　駱繼常　鄭堯梓　孫伯騫　倪　亮　張泰祥

　　　　　尹擇一　易希祺　王繹齋　李廷鎮

（三）首都經濟檢查處

主　　任　黃珍吾

基本教育首都示範區計劃委會舉行會議

教育局爲極積推進本市基教工作，特於十月廿五日下午三時在市府會議廳舉行基本教育首都示範區計劃委員會第二次會議，計到委員吳研因等十八人，由教育局馬兼局長主席，決議如下：

（一）改訂基本教育首都示範區三年普及教育計劃大綱，幷另訂一年掃除文盲實施辦法，呈請教育部指撥專款，以便辦理。

（二）通過首都示範區及基教兩種補助費分配預算。

（三）選定新校舍建築地點。

（四）推定胡顏立、潘平之、馬客談、程宗潮、章柳泉五人擬訂關於本市國民學校訓導實驗研究師資培養教員進修辦法。

（五）改推但蔭蓀先生爲常務委員。

（六）建議教育局清理本市教育款產等項。

簡訊

▲辦理市參議員遞補　本市參議員黃通王宜聲以當選立法委員，工作繁忙，無暇兼顧，先後來函聲請辭職，經民政局分別通知各該選出區候補人倪亮劉光軍依法遞補，除劉光軍遞補手續業已辦理完畢外，倪亮則因現任本府統計長，經以書面表示不願担任，復經依法通知第二候補人魯伯蒲遞補。

▲組織各區禁煙分會　民政局前為發動地方人士羣策羣力，協助政府推行禁煙工作，經通令各區分別組織禁煙分會，最近組織成立者計有第一　六十二等區。

▲召開區長會議商討征兵問題　本市第二期征兵限期將屆，為督促各區加緊征集完成任務，經於十月二十六日在本府會議室舉行各區區長會議，商討征兵問題，市長及民政局劉局長南京團管區代表均出席，並由市長親自主持，勗勉各區長體念時艱，努力完成征集任務，並聽取各區辦理征兵工作報告，各區長以限期迫促，一致要求展限，經決議報請中央展至十一月十五日征集完成。

▲製訂物資配購紀錄單　民政局為配合全面物資配購事宜，經製訂南京市物資配購紀錄單一種，附粘於國民身份證之第二頁，以便市民採購日用必需品時紀錄之用，其騎縫處並加蓋民政局查驗戳記，以杜流弊。

▲本市民衆自衛隊實施實槍教練　本市民衆自衛司令部各總隊第一二期組訓工作業告結束，現為加強軍事教育，已向聯勤總部商領步槍六百支，分發各總隊教練，於十一月五日起實施。

▲慶祝聯合國日弁舉行中學生論文比賽　十月二十四日為聯合國日，教育局於是日上午九時在市立第三中學大禮堂舉行慶祝大會，計到本市各中等學校教職員學生五百餘人，敦請劉菊農先生蒞會講演聯合國憲章要點；同時在市立第一中學舉行中學生聯合國日紀念論文比賽，計參加市屬各中學學生高中組二十四人，初中組二十七人，由教育局視導室林主任廣當場命題，高中組論文題為「祝聯合國弁冀其達成世界大同之任務」，初中組為「我們對於聯合國應有的努力」，與賽學生均努力寫作，當場繳卷。

▲舉辦中等學校教員檢定　教育局為提高本市中等學校現任教員素質，並保障其服務起見，特訂定南京市中等學校教員檢定辦法，呈奉教育部准予備查，該局已聘派邵鶴亭章柳泉等八員為檢定委員，通令市立中等學校自十月二十日起至十一月底止辦理申請檢定手續。

▲籌設八卦洲衞生分所　八卦洲前曾設有診療所一所，戰時被燬，衞生局為便利該處市民醫療起見，擬在該處成立衞生分所，業經商得地方人士之贊同，覓定房屋一幢，並已派前往籌設，一俟佈置就緒，即行定期開始工作。

▲擴展流動衞生所診療地點　衞生局所設置之流動衞生所，近又擴展路綫，由該局撥給城南醫院流動衞生車一輛，逐日開往七里村高柳門一帶，負責辦理醫療衞生工作。

▲發動撲滅冬季蠅蚊蝨工作　現雖時屆冬初，仍有蒼蠅蚊子在陰僻處所，或廚房煙囪之旁，蟄伏過冬，明春又復孳生，而蝨子之孳生繁殖，每以衣服不常洗濯所致，均足以妨害人民健康，衞生局為防患未然，特與衞生部衞生工程大隊合作組織DDT工作隊，發動撲滅冬季蠅蚊蝨工作，已於十月廿五日開始，噴射對象為棚戶區，監獄，旅館及救濟院等等，如各機關團體學校以及住戶申請者，亦可自備溶劑，代為噴射。

南京市政府公報 第五卷 第九期 一八二

政令

金銀外幣處理辦法中所稱主管官署之解釋

南京市政府訓令　（卅七）府總秘第八七七七號

令社會局

案准

財政部本年十月廿日財錢甲字第一〇一二八號代電開：

「案奉行政院卅七年十月八日（卅七）六財字第四四七五六號指令開：卅七年十月一日財錢甲字第九二六號呈，為人民所有金銀外幣處理辦法暨人民存放國外外匯資產登記管理辦法內所稱之『主管官署』，在該部設有金融管理局之地方，其主管官署似應為金融管理局，其他地方在省為省政府，在市縣為市縣政府，請核示由，呈悉，准予照辦，等因，查本案前經浙江省政府申巧府財三電請解釋過部，當由部於本年十月一日以財錢甲第九二六號呈請行政院核示，幷電復浙江省政府查照在案，茲奉前因，除分行外，相應電請查照辦理。」

等由，准此，除電首都警察廳外，合行令仰知照，並轉飭知照。

此令！

中華民國三十七年十月二十二日

修訂銀行營業登記等各項規費金額

南京市政府訓令　（卅七）府總秘第八八三一號

令社會局

案准

財政部本年十月廿一日財錢丁字第〇一〇一〇九號代電開：

「查銀行法第一百十一條及第一百十二條規定銀行之營業登記外國銀行申請特許及其分行之營業登記及銀行其他登記各項規費，準照公司法各種登記費率計算，隨文繳納。茲查公司登記各項規費，業經工商部依據整理財政補充辦法之規定，重行擬定，呈奉　行政院於卅七年九月廿一日核准通飭遵行，其中規定公司執照費每張金圓伍圓，遺失公司執照呈請補發時，應繳補發執照費每張金圓貳圓，外國公司申請認許之登記費每公司為金圓伍拾圓；公司設立登記及增加資本呈請登記者，應按章程所定資本總額（或所增資本總額）二千分之一繳納登記費，公司設立及增資及外國公司認許以外之其他登記，每件應繳登記費金圓伍圓，請求證明登記事項，並無變更或別無其他事項登記核給證明書者，每件應繳證書費金圓貳圓，查閱登記簿及登記文件每次應繳查閱費金圓壹圓，如需抄錄者每千字應繳抄錄費金圓伍角，又金融業證照印花費亦經改訂為每件應貼印花稅金圓拾圓，所有商營行莊信託公司自應一體遵照辦理，除分行外，相應電請查照，幷轉飭所屬一體知照。」

等由，准此，合行令仰知照，並轉飭知照。

此令！

中華民國三十七年十月二十五日

法規

中央法規

改善經濟管制補充辦法

三十七年十月三十一日

行政院(卅七)六財字第四八五二一號電頒

(甲)為改善經濟管制起見，議決補充辦法如左：

一、粮食依照市價交易，自由運銷；其有操縱居奇者，依違反粮食管理治罪條例之規定，從嚴懲處。

二、六大都市配售粮食，仍由政府繼續辦理。

三、紗布糖煤鹽由中央主管機關核本定價，統籌調節；其他重要物品，（包括民生日用品及工業原料），授權地方政府參酌供應情形，依核本定價之原則，加以管理。

四、地方妨礙粮食及其他貨物流通之措施，未經行政院核准者，一律禁止，其有擅自阻礙關運者，從嚴懲辦。

五、對於市場投機囤積行為及黑市買賣，繼續嚴格取締。

六、公用及交通事業應核計成本，由主管官署核定調整價格。

(乙)為扶助重要生產事業起見，議決補充辦法如左：

一、對於重要生產事業補充設備供應原料等，由政府切實予以協助。

二、國家銀行及商業行莊應以其所有資金協助重要生產運銷及公用交通出口事查，但中央銀行對於重貼現轉抵押，應從嚴辦理。

(丙)為調整待遇起見，議決補充辦法如左：

一、文武職公教人員待遇參照生活之必需酌予調整，其調整辦法另訂之，原發副食費者，其副食費酌為增加，均自十一月份起實行。

二、工資參照維持工人生活之需要酌予調整，由各地主管機關核定之。

(丁)為增加國庫收入起見，議決令行財政部關於貨物稅及其他從價徵收之稅捐，應依稅法，參照物價調整徵收。

加速出售敵偽房地產辦法

三十七年十月十五日

行政院（卅七）七外字第四五九二〇號令頒

第一條　加速出售敵偽房地產，依本辦法之規定。

第二條　出售敵偽房地產，應按市值估價，通知住戶，限於通知到達之日起十五日內承購，先交房價半數為保證金，其餘於通知日起一個月內繳清，逾期不繳，沒收保證金，如十五日內不為承購，作為放棄論，即行公開招標，仍准住戶參加投標。

第三條　敵偽房地產現住戶，自放棄承購之日起一個月內必須遷讓，以憑標售，如不在期限內遷讓，應由經濟督導員辦公處當地政府軍警機關強制執行。

第四條　敵偽房地產包括已未移充金圓券發行準備，一律處理，限六個月內辦理完竣。

第五條　政府機關使用房屋，除經行政院會議核定轉賬者外，一律依照本辦法出售。

第六條　私有土地上敵建房屋，仍依收復區私有土地上敵偽建築物處理辦法之規定辦理，敵僞圈購徵購及強購之房地產，如可由原業主贖回時，原業主仍有請求優先繳價領回之權，均不受本辦法之限制。

第七條　私有房地產經敵僞增益修建，其增益部份，應准原業主優先承購。

第八條　敵僞房屋經戰事破壞後之殘餘建築物，由私人修建或建築住用者，其地基及房屋得准該修理或建築人依本辦法第二條第三條之規定辦理，房地如經標售，應將修建部份價值撥還修建人。

第九條　出售敵僞房屋，如房屋內附有機器，其機器不包括優先承購之內，得分別處理，另行公開標售。

第十條　逆產房屋已經判決確定應行沒收者，依本辦法之規定辦理

第十一條　逆產土地已出租耕種或作其他使用者，除法令另有規定外，得比照本辦法第二條，第三條之規定，由原租用人優先承購。

第十二條　德僑房地產仍暫予保管，但可出租使用，收取使用費，繳解國庫。

第十三條　外人現住戶之請購敵僞房屋，應專案呈行政院核辦。

第十四條　現行有關處理敵僞房地產法令，與本辦法不牴觸者，仍適用之。

第十五條　本辦法自公布日施行。

總統府公報所載中央法規索引　十月份下半月

薰菸葉稅稽征規則	第一二八號
工會法施行細則第五條修正條文	第一三二號
公自費留學生結購外匯規則	第一三三號
棉紗稅稽徵規則	第一三四號
火柴稅稽征規則	第一三四號
僑資投資國內生產事業申請輸入辦法	第一三四號
著作權法施行細則第八條修正條文	第一三五號
營利事業資本額折算金圓登記變更辦法	第一三八號
推行僑民補助教育辦法	第一三八號

本府法規

南京市三十七年度田賦征實征借糧食實施辦法

三十七年十月二十日本府(卅七)府總秘字第八六八一號令頒

第一條　本辦法依照戰前田賦征收實物條例第二十五條之規定，及卅六年度田賦征實暨征借糧食實施辦法暨卅七年度田賦征實征借實施要點，並參酌本市實際情形訂定，所有本市卅七年度田賦征實征借糧食，悉依本辦法辦理之。

第二條　本市田賦分三等征收，依廿五年課征標準，並按照中央規定，每元征實谷一斗五升，征借谷一斗五升，公糧四升五合(征實之三成)折收金圓券，並以本市八月十九日谷價為折征標準。

前項廿五年課征標準，係上等田每畝五角七分，中等田每畝四角七分，下等田每畝一角三分。

第三條　田賦徵實徵借折收金圓券，由財政局辦理，經收事項由公庫或代理公庫之銀行派員駐財政局指定徵收田賦之機構辦理，關於賦款之撥解，依照財政糧食兩部頒發之卅七年度田賦折徵金圓券徵收撥解及報核辦法之規定辦理。

第四條 田賦徵借糧食收據（即糧串）按照中央規定印製，應編號加蓋財政局印信，其第一聯納賦通知單由財政局於開徵前分派員警攜赴各區公所，會同召集保甲長當場按保點交，各保甲長具領依照單列戶名按戶散發，如限辦竣具報區公所，彙轉財政局備查。

第五條 納賦通知單如業主遺失時，應開列田賦坐落及等則數量，申明遺失原因，取得所在地保甲長之證明，向財政局書面報告，經查明屬實，核與徵册相符，得准按册發給核算單完納賦款。

第六條 田賦開徵時，除由本府佈告分貼各區外，並分令各區公所盡力協助及轉飭保甲長挨戶宣導，俾使各業主依限踴躍完納。

第七條 本市田賦開徵日期及完納限期，以命令定之，逾期繳納者，依照戰時田賦徵收實物條例第十六條規定，加徵滯納罰鍰。

第八條 本年徵借糧食依中央規定不發款劵不計利息，自民國四十二年起分五年平均償還。

第九條 本市徵收田賦以卅六年土地查報後之成果爲依據，其有在土地查報期間冒報匿報或短報土地者，經查屬實後，依照院頒賦籍整理，業戶逾限申報或冒報短報匿報土地處罰辦法之規定處罰，幷補徵應納田賦。

第十條 本辦法如有未盡事宜，得隨時修正之。

第十一條 本辦法自市政府轉咨糧食部核定公布施行。

南京市民衆自衛司令部組織規程

三十七年七月十四日公布施行

第一條 本規程依據 行政院頒發之組訓規程及國防部三十七年六月二十一日（卅七）耀池字第三六八號代電頒發之組訓辦法甲項第三條之規定訂定之。

第二條 南京市民衆自衛司令部（以下簡稱本部）隸屬南京市政府，並受南京市民衆自衛指導委員會及南京市訓練委員會之指導，辦理全市民衆自衛組訓事宜。

第三條 本部設司令一人，由 市長兼任，副司令一人，由首都警察廳廳長兼任，督導官四人兼任參謀長一人專任，秘書一人專任，分別由市政府商調或委派之，綜理本部一切事務與指揮監督所屬各總大中隊。

第四條 本部以下依照市區區域及實際需要，分置若干區域總大中隊及獨立大中隊部，各設兼任總大中隊長一人，專任或兼任，副總大中隊長一人，兼任，總大中隊附二人或一人，承司令之命，辦理各區保民衆組訓及各機關團體及員工之組訓事宜。

第五條 本部內分置編練訓導總務三處，各設專任（或兼任）處長及副處長各一人，秉承司令副司令參謀長之命，處理各處執掌事宜。

第六條 本部得設少校級專任人員三人，上尉級三人，少尉級二人兼任人員十人，分配三處，處理各執掌事宜。

第七條 本部設會計室，置專任會計主任一人（比照薦任職級）依法律之規定，辦理本部歲計會計事務，受司令副司令之指揮，並受南京市政府會計長之監督指揮。會計室需用佐理人員名額，由司令部及會計處就本規程所定專任或兼任人員名額中會同決定之。

第八條 本部設人事管理員一人，佐理員一人，均委任，依人事管理條例之規定，掌理人事管理事務。

第九條 總隊部得設專任上尉副官兼書記一人，大隊部得設兼任副官兼任書記一人專任，准尉司書一人，中隊部不設屬員。

第十條 本部及各總大中隊部調用兼職人員，均爲無兼給職，專任人員待遇依照地方團隊待遇標準給與。

第十一條 本部處長副處長處員及總大中隊長以下各級幹部，由司令委派，呈報市政府備案。

第十二條 本部及各總大中隊辦事細則另定之。

第十三條 本規程自七月十四日起施行。

會議紀錄

南京市政府第一四六次市政會議紀錄

時　間：三十七年十月十五六日上午九時

地　點：本府會議室

主　席：沈市長　　紀錄：史崇訓

報告事項

秘書處報告

一、奉交下財政局呈一件，為遵照糧食部電頒三十七年度田賦征實征借實施要點，擬具本市卅七年度田賦征實征借糧食實施辦法，請鑒核一案，經參事室審核，尚無不合，擬准施行，并咨糧食部暨提市政會議報告等情，奉批「照辦」等因，除遵擬指令外，相應附錄該項辦法，提會報告。（辦法見法規欄）

二、奉交審查八卦洲設區轄治一案，遵經會同參事室暨民政、地政、財政三局研討，僉以（一）八卦、七里兩鄉孤懸江心，九區公所受自然環境及人事經費等條件限制，照顧自難週到，為期加強自治業務並配合農業推廣示範工作起見，有單獨設區之必要。（二）為期撙節支出，八卦洲設區後，日前可不另增員額，區公所員工即以現有財政局八卦洲管理處之職員及工警兼充，並委派管理處主任兼任區長，其內部人事應如何調整配合，由民財兩局洽商辦理。（三）八卦洲管理處之辦公房舍即為該區區公所之所址，並酌予補充必要之設備。（四）市屬第十二區江心洲，中隔夾江，與上新河相對，行政管理不便情形與八卦洲情形相彷彿，地方人士曾紛請改區設治，現地政局在該洲設有扶植自耕農辦事處，應仿照前例單獨設區轄治。以上會商意見業經簽奉　市長批示「照辦」等因，除分別通知遵辦外，相應提會報告。

三、奉交下會計人事兩處簽呈一件，為本市民衆自衛司令部會計業務較繁，擬正式成立會計機構，俾資因應，至所有主辦暨佐理人員，均以在該部原有編制員額內統籌支配為原則。再關於該部人事任免調遷攷核獎懲等事項，至為繁鉅，並擬正式成立人事機構，俾應實際需要，擬具修正本市民衆自衛司令部組織規程第七、八兩條條文請鑒核一案，經參事室審核尚屬可行，擬准照辦等情，奉批「照准，為節省經費起見，所有兩部份人員以儘量調兼為原則」等因，除分別通知遵照外，相應附錄該項修正條文提會報告。

討論事項

1. 地政局提：為疏導游資，開發土地，促進市區建設，逐漸減除本市房荒，擬訂「南京市房屋救濟實施方案」，提請核議案。

決議：交參事室會同地政工務財政三局審查，簽呈　市長核定後，送請市參議會審議。

2. 地政局提：擬改訂征收測繪費標準，提請核議案。

決議：照案通過，送請市參議會審議。

3. 教育局提：擬具基本教育首都示範區三年普及基本教育計劃大綱，提請討論案。

4. 教育局提：為籌集國民教育基金，擬具「南京市學穀捐徵收辦法」提請討論案。

決議：以上兩案，併交教育局照審查意見修正後，送請市參議會審議。

5. 工務局提：擬修建本市下水道，以防汛濫，兼整市容而重衛生，提請核議案。

決議：交工務局照審查意見修正後，送請市參議會審議。

6.自來水管理處提：為應付三十八年度供水急需，擬埋設漢中門至新街口六〇〇公厘幹管一五〇〇公尺，及訂購水廠高低壓唧機各三套，約需工料壹百萬金元，擬增收水費附加費每度〇.一〇圓，以一年為期，俾便舉辦，提請核議案。

決議：照案通過，送請市參議會審議。

7.財政局提：為推行國家政策，促使農地農有，擬請將全部市有農地扶植自耕農，提請核議案。

決議：交財政局會同地政局及其他有關單位研究後，再提會討論。

南京市政府第一四七次市政會議紀錄

時間：三十七年十月二十二日上午九時

地點：本府會議室

主席：沈市長　　紀錄：史崇訓

討論事項

1.市長交議　據房屋租賃糾紛處理委員會擬訂「南京市房屋租金計算補充辦法」，提請討論案。

決議：交參事室會同地政局照審查意見修正後，簽呈市長核定施行。

2.參事室、地政局、財政局會提：擬按金圓單位重估三十七年度標準地價，提請核議案。

決議：原則通過，俟呈奉行政院核示重行估訂後，再提會決定施行。

3.地政局提：為交通部長江區航政局南京辦事處電請租用下關江邊公地建築南京港公共售票處，經工務局勘洽決定，擬暫准使用，是否可行，相應檢附地形略圖及原洽議之原則四項，提請核議案。

決議：准照洽定原則暫予使用。

人事動態

三十七年十月十三日至十月廿六日止

姓名	服務單位及職別	動態	到離職日期
陳代鈞	民政局第四科辦事員	新任	八月十二日
楊任之	民政局第四科雇員	新任	八月十六日
嚴修信	民政局第二科科員	新任	八月廿三日
吳京生	民政局秘書室辦事員	新任	八月十四日
漆濤	民政局第四科科員	新任	八月廿四日
金世揆	民政局第三科科員	新任	八月廿五日
楊旭初	民政局第二科科員	新任	八月廿六日
張天眞	市立救濟院護士	新任	十月六日
馮欽	民政局第四科辦事員	新任	十月一日
周恆志	民政局辦事員	新任	十月二日
任德焜	民政局第四科辦事員	新任	十月二日

張　弘　民政局第四科辦事員　新任　十月五日
高其義　民政局辦事員　新任　十月五日
施元謨　民政局第二科視察　新任　十月九日
張寶珍　民政局第二科雇員　新任　十月十三日
譚材熙　民政局統計室佐理員　新任　十月九日
張兆統　傳染病院兼院長　復職　十月一日
吳　照　財政局辦事員　晉升財政局稽征員　十月一日
張紀良　財政局額外征收員　晉升財政局辦事員　十月一日
曾　鈞　財政局雇員　晉升財政局征收員　十月一日
邵士彬　財政局辦事員　調任財政局土地稅征收處調查員　十月一日
楊海儒　地政局會計處辦事員　調任自來水管理處辦事員　十月十五日
范文秀　本府會計處雇員　調任地政局會計室辦事員　十月十五日
吳渠尙　會計處第二科科員　調任民衆自衛司令部會計室佐理員　九月一日
莫文傑　會計處第三科辦事員　調任民衆自衛司令部會計室佐理員　九月一日
廖濱東　會計處第二科科員　調任民食調配處會計室佐理員　九月一日

高嘉麟　會計處第二科科員　調任民食調配處會計室佐理員　九月一日
張永年　會計處第二科辦事員　調任民食調配處會計室佐理員　九月一日
黃　寅　民政局第四科主任科員　免職　九月卅一日
汪慶曾　民政局第二科主任科員　免職　八月廿四日
陸晉藩　民政局第二科辦事員　免職　八月廿四日
張廣林　民政局第四科辦事員　免職　九月廿一日
郭乘桴　民政局第二科辦事員　辭職　八月廿一日
王文振　民政局第二科主任科員　辭職　九月八日
趙慶恩　民政局第四科辦事員　辭職　八月廿八日
傅厚澤　民政局視察　辭職　九月卅日
朱長龍　民政局營業稅征收處稅務員　辭職　十月十日
汪振華　財政局稽征員　辭職　十月廿五日
葉衍增　市立傳染病院兼院長　辭職　十月一日
繆銳桂　市立傳染病院醫師　辭職　十月一日
王純淑　市立醫院護士　辭職　十月九日
姚　錚　園林管理處總務組組員　辭職　九月卅日

南京人的切身問題

整修下水道與疏導秦淮河

李栟

提起了秦淮河，人人都在搖頭，尤其聞到秦淮河的臭氣，更會咀咒不休，現在的秦淮河好像是「汚穢」的代表，「骯髒」的象徵，其實我們仔細一想　秦淮河對于南京人的生活，有着密切的關係，下水道以它爲出口，它爲南京人担負了「排泄」的責任，也許我們還記得，在今年黃梅時節，太平路及淮海路一帶因淫雨成渠，交通阻塞，行人深引爲苦　我們知道這是下水道年久失修，坍塌破壞，不能宣洩所致，其實也就是秦淮河淤塞，下水道找不到出路，而演成的後果，因此要疏導秦淮河，必須修整下水道，而修整下水道，也必須要疏導秦淮河，二者要相輔而行，相提幷論才行。

整修下水道

戰前與勝利後的計劃

南京市政府公報　第五卷　第九期

戰前南京市政府工務局曾設下水道工程處，於荷蘭庚款中撥出百分之四十，專用以辦理本市水利工程及下水道工程，當時荷蘭曾派有顧問參加工作，計劃二年，城南計劃已全部完成，太平路，東海路等線業已修竣，其出口除城北導入金川河外，本市大部份下水道均以秦淮河爲出口，後因戰事爆發，南京失陷，在僞政府時代，則又置之高閣了。

勝利復員後，工務局又設下水道工程處，第一步測量本市的標高，基點及主要幹線，幷將京滬水文分析重新編製。第二步作了五種計劃，以比較何者適宜：一、保留全部秦淮河，兩岸則用集流管（戰前的計劃卽如此）。二、保留秦淮河南段，其餘則填塞作暗溝。三、全部秦淮河填塞作暗溝。四、用秦淮河改明溝，使水暢流（以上四種亦稱合流制）。五、用分流制，使汚水與雨水分爲兩管。經研究的結果，得出兩種不同的高程，一爲五一·五，一爲五一·〇，而以第四種計劃，其出口高程爲五一·五，爲最經濟，所以成本最低。

經費沒有着落

難爲無米之炊

本市南部及東部地低人稠，北部及西部地高而多曠野，故以鼓樓爲分水線，分南北二區，南區以秦淮河爲總滙，北區以金川河出口，下關另爲一區，導入惠民河或逕入長江，幷於東西水關設水閘，以節水位，於東水關裝一鐵水管經昇州路一帶以至西水關，汛期開閘，以防倒灌，枯水關閘，以保水位，且爲排汚水，節省河水，防雨季氾濫起見，在東西水關建總抽水站各一座。根據以上所述，工程處擬定了一個五年計劃：第一年：一、建築抽水站，二、建築秦淮河東中南低水槽，三、埋急要下水道共三十八公里。第二年：一、埋急要下水道四十六公里，二、建秦淮河北段及支流低水槽，三、疏金川河。第三年：埋次要下水道六十四公里。第四年：埋未開闢下水道八十二公里。第五年：埋未開闢下水道八十七公里。

計劃雖好，可是「巧婦難爲無米之炊」經費沒有來源，依然只是紙上談兵而已。據估計是項工程照「八一九」價格計算，共需金圓三五、三六七、九七〇圓，因此在前幾天的市參議會上只好決定呈請政院撥付專款，可是在這國家多事之秋，國庫拮据，是否能拿出這筆鉅大的款額，實在是一個問題，而此項計劃何時能夠實現，也就難以預測了。

請中央撥專款
有錢人應出錢

南京爲首都所在，人口稠密，國際觀瞻所繫，中央當然須拿出一部份款來，可是南京市政府和生活在南京的市民也應該負起責任，設法籌措一部份經費，因下水道整修成功和疏導秦淮河以後，南京的衛生環境改善，疾病和死亡減少，街頭的積水淸除，秦淮的穢氣再不熏蒸迫人，許多土地和房屋因此而無形增加了價值，這許許多多的好處，只有南京人才能享受，而其代價不可估計，至少不會少于三千五百多萬金元的工程費。記得重慶的下水道，大部份的經費是向市民徵集的，因此我們覺得請政院撥一部份專款，固然是必要的，可是我們不妨也向工程受益者攤收徵集，如在地價稅、房捐、以及自來水費等項中增收附加，用這些錢來興建這些工程，因爲這些出錢的人，也是實際上受益的人，而他們又是有錢的人，窮苦的人，旣無地皮，也無房子，用自來水的更是少數，因此這是符合了「有錢人出錢」的原則，幷不是不近情理的。

（轉載三十七年十一月四日南京和平日報）

南京之大報恩寺塔

京客

自佛教傳入中土後，與佛教有關之寶塔，歷代均有興建者，爲數雖多，然壯麗豪華，當推明代在南京所建之大報恩寺塔爲第一。

先是梁武帝就古長干寺改建舍利塔，元末燬，明永樂十年，勅工部依大內規制重建，徵集軍匠夫役十萬人，按月發給粮俸，金陵梵刹志云：「一軍夫人匠做工一年以上，始終不曾離役者，每名賞鈔十錠，賞布一匹。」所謂役夫似蜂蟻，擲豁如糞土者也。至宣德六年訖工，歷十九年而告成，共用銀二百四十八萬五千四百八十四兩，塔凡九級，高三十二丈九尺四寸九分，外壁以白色磁磚合甃而成，每層覆五色琉璃瓦，簷角懸以風鐸，聲徹霄漢，令人想見金碧輝煌凌雲耀日之壯概。當年之勅文碑記募緣疏及各家題詠雜說，散見於各書甚多，足資考信。明人張岱所著陶庵夢憶，云：「中國之大古董，永樂之大窰器，則報恩塔是也，報恩塔成於永樂初年，非成祖開國之精神，開國之物力，開國之功令，其膽智才略，足以吞吐此塔者，不能爲焉。塔上下金剛佛像千百億金身，一金身琉璃磚十數塊湊成之，其衣褶不爽分，其面目不爽毫，其鬚眉不爽忽，鬥笋合縫，信屬鬼工。聞燒成時，具三塔相，成其一，埋其二，編號識之，今塔上損磚一塊，以字號報工部發一磚補之，如生成焉。夜必燈歲費油若干觔。日高天霽，霏霏靄靄，搖搖曳曳，有光怪出其上，如香煙繚繞，半日方散。永樂時，海外蠻夷重譯至者，百有餘國，見報恩塔必頂禮讚歎而去，謂四大部洲所無也。」此文作於崇禎時，去宣德落成之時，約二百年。金陵承平已久，塔仍完好無恙。淸咸豐時匪覬覦塔頂爲黃金所鑄，用火藥轟之，復挖空塔座下基地，數日塔倒，遂使此屹立江表四百餘年之偉大建築，隨刧灰以俱盡，不可復見於神洲，誠吾國文化藝術之大損失，曷勝慨歎！

南京市政府公報刊例

一、本公報每半月發行一次

二、凡本府例行公文即在本公報發佈不另行文

三、本府所屬各機關於收到本公報時應編號歸檔妥爲保存凡註明「不另行文」文件並應注意遵照

南京市政府公報

第五卷第九期

中華民國三十七年十一月十五日

編輯者　南京市政府編譯室

發行者　南京市政府

印刷者　大東新興印書館

南京：(四)建鄴路一三八號

電話：二二二二六號

中華民國三十七年十一月三十一日　第五卷　第十期

南京市政府公報

南京市政府編譯室編

目錄

特載

節衣縮食慰勞將士

沈市長三十七年十一月二十日在中央廣播電台廣播詞

同胞們：

這幾天，我們很高興，接連的獲得徐州大捷的消息。最先在徐州西翼黃口打了一個勝仗，接着在徐州東翼碾莊又打了一個勝仗，後來在徐州南路宿縣再打一個勝仗，徐州之圍全解了。我且不說這一戰在戡亂軍事上具有如何重要的意義，單就大捷消息傳到南京來說，動盪的人心安定了，物價普遍下跌了，交通線上擁擠的情形減少了，一切恢復了正常，大家欣慰，人人振奮 同胞們請想一想，這一戰對我們切身生活的影響是多麼大，多麼深，由此也就足以說明這一次大捷的獲得是多麼可以珍視，多麼可以寶貴。

徐州一戰之能夠獲致大捷，造成戡亂軍事上的輝煌戰果，這無疑是前線將士用命奮勇殺賊的結果。將士們在戰場上，冒炮火，冒槍彈，奮不顧身，勇往直前，爲的是什麽？爲的是保衛國本，也爲的是保衛我們在後方的人民。大家試閉目回憶一下，在大捷消息傳出來以前，一般社會是什麽情形，和大捷以後的安定現象一加比較，就可以知道如果沒有前線將士的浴血苦戰，後方同胞就沒有安居樂業可言。當戰事離開我們較遠的時候，大家或不能體會其中的密切關係，但現在，徐州是南京北面的鎖鑰，大家在這一次一定已經完全明白前方與後方是如何息息相關，休戚與共的了，前方將士已經爲我們打了一個這麽大的勝仗，我們應該怎樣去慰勞他們呢？

全國各地對於慰勞將士的工作，一向在積極進行，但這一次徐州之戰是非常的大捷，不但穩定了江淮，而且將是此後獲得總勝利的起點，我們應該擴大慰勞工作，一定要有比以前更熱烈更踴躍的表現，才可以表示我們後方人民對於前線將士的感謝，並藉此鼓勵前線將士去繼續爭取更偉大的勝利。我謹籲請全國同胞，尤其南京市同胞大家起來，節衣縮食，有錢出錢，有力出力，以物質的精神的禮物，紛紛去向前線將士慰勞，使他們知道後方人民是如何關切他們的生活，也使他們知道，他們在前方的戰果對後方所發生的影響是如何引起了全體人民歡欣鼓舞與熱誠愛戴。我相信前線將士獲得我們送去的慰勞品的時候，一定也同我們獲得大捷消息一樣的高興，前方後方打成一片，軍民合作，便是我們戡亂必勝最好的保證，請全國同胞尤其南京市同胞快快慰勞前線將士！

政令

實施臨時戒嚴

南京市政府訓令 (卅七)府總秘二第九四一七號

令所屬各單位

案准

首都衛戍總司令部抄送該部本年十一月十一日致首都警備區，首都江防區，滁縣 蕪湖 無錫 指揮所京滬護路司令部戍利榮字第三二五八號命令副本，內開：

一、奉總統 蔣卅七年十一月十日府防一〇一三號代電開：為維持地方治安，防止非常事變，着予本日午夜起應即宣佈臨時戒嚴，并按規定表呈報國防部，希遵照具報。

二、本部遵于本(十一)月十日午夜十二時起全衛戍區宣佈臨時戒嚴。

三、在戒嚴期間，當地最高軍事長官有執行戒嚴法十一條之權。

四、茲規定本部戒嚴期間事項如左：

1.不准攜帶武器及危險物品。

2.自下午十一時至翌晨六時止禁止通行。

3.各地城門，在禁止通行期間，一律關閉。

4.公共娛樂場所限於下午十時起停止營業。

5.商店應於下午七時前停止營業，逾時不得繼續排隊購物。

6.商店在營業期間不得任意關閉店門。

五、首都警備區蕪湖無錫滁縣三指揮所首都江防區京滬鐵路護路司令部，應自即日起調整部署，加強配備，實施戒嚴，并將戒嚴報告表及辦理情形具報。

六、本件除分行外，另以副本送達陸海空聯勤各總司令部，江蘇安徽兩省政府，南京市政府，憲兵司令部及本部各處室。

等由，准此，除分令外，合亟令仰知照，並飭屬一體知照。

此令！

中華民國三十七年十一月十三日

危害國家緊急治罪條例施行全國

南京市政府訓令 (卅七)府總秘字第九一七四號

令所屬各單位

案奉

行政院卅七年十月三十日(卅七)七法字第四八五〇七號訓令開：

「茲指定戡亂時期危害國家緊急治罪條例施行於全國，除由院明令公布通飭及呈報 總統備案外，合行令仰知照，並轉飭知照。」

等因，奉此，除分令外，合行令仰知照，並轉飭所屬一體知照。

此令！

中華民國三十七年十一月三日

劃定軍法與司法審判範圍

南京市政府訓令 (卅七)府總秘字第九二〇一號

令所屬各單位

案奉

行政院本年十月卅日(卅七)七法字第四八五一一號訓令開：

「查戡亂時期危害國家緊急治罪條例，已由本院明令施行於全國，各省市高等法院及分院所在地，並經令飭司法行政部籌設高等特種刑事法庭，受理管轄案件，嗣後除被告具有軍人身份或依戒嚴法之規定，歸軍法審判者外，均應按其所犯法條，分別解送高等特種刑事法庭，或普通司法機關訊辦，並轉飭知照。」

等因，奉此，除分令外，合行令仰知照，並飭所屬知照。

此令！

中華民國三十七年十一月四日

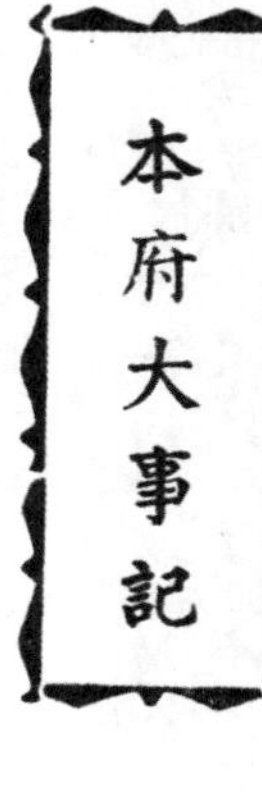

本府大事記

十一月份上半月

十一月二日(星期二)

▲市長偕農林部左部長舜生等視察八卦洲。

三日(星期三)

▲市參議會第一屆第七次大會舉行休會式。

四日(星期四)

▲市立國民學校一部份教師要求緊急救濟貸款向學校當局總請假。

▲首都物價審議委員會舉行第一次會議。

五日(星期五)

▲舉行第一四九次市政會議。

▲新任財政局長程子敏視事。

六日(星期六)

▲舉行本市第二屆中小學體育表演大會。

八日(星期一)

▲市長召集市立各國民學校校長訓話。

九日(星期二)

▲社會局與民食調配處召集粮商會議，商討以紗布易米辦法。

▲本市國民學校教師復教。

十日(星期三)

▲本市實施臨時戒嚴。

▲總統召見市長垂詢民食情況。

▲民政局召開禁烟工作會報。

十一日(星期四)

▲民政局召開臨時區長會報，指示緊急措置。

十二日(星期五)

▲舉行第一五〇次市政會議。

市政要訊

社會民政工務三局調整職掌

本府各局職掌，業經規定於本府組織規程中，關於辦理國籍，取締迷信，婚喪禮制，古蹟保存，褒揚忠烈，國葬公葬國殤墓園，及農林工礦漁牧等事項，原由社會局掌理，近經該局簽請移轉管轄，經送參事室審查，提交十月二十九日第一四八次市政會議決議照審查意見，分隸民政、社會、工務三局掌理，玆將審查意見刊誌於后：

社會民政方面

一、辦理國籍問題：屬於戶籍行政，歸民政局掌理。

二、取締迷信及寺廟之登記監督管理事項，屬於宗教，歸民政局掌理，但僧道教會組訓事宜屬於一般團體組訓工作，仍由社會局掌理。

三、古蹟保存褒揚忠烈國葬公葬及國殤墓園等事項：屬於禮俗，歸民政局掌理。

四、集團結婚事項：屬於禮俗範圍，改歸民政局掌理。

社會工務方面

農林工礦漁牧事項：按之本府組織規程第十一條第六款，應改歸工務局掌理。

舉行本市二屆中小學體育表演會

教育局主辦之第二屆全市中小學體育表演大會，於十一月六日上午九時在市體育場揭幕，由會長沈市長，副會長馬兼局長主持。到各學校校長，男女選手，及來賓五千餘人。市長宣布開會後，即展開各項體育活動，首由市立一中各級學生一千四百六十人表演千人操，繼由市立三中、商職、中大附中學生表演雙槓、潭腿，市立一中作跳箱表演，遺族學校作墊上運動團體操，國術館小朋友擊初級拳，演出均極精彩。下午二時，匯文等七校女生一千四百七十人表演團體操，繼由農職、市立師範表演叠羅漢，市立一女中、二女中、三女中演出舞蹈，中華女中、金女中作訪問舞、紅人舞，三牌樓小學表演墊上運動，均博得觀衆掌聲。至下午五時，全部項目完畢，乃告順利結束。此次大會中尚有少數小學生節目，因教師總請假之影響，致大會秩序略有更動，未能按原計劃實施，惟大會成績極佳，情緒甚爲熱烈。

市地與營產爭執問題商定處理原則三項

市地與營產爭執問題，業經地政局於十一月九日邀請聯勤部工程署及本府有關單位會商，議定處理原則三項如左：

一、凡市區內已爲營產登記確定之土地，提先發給公有土地權狀

二、依據歷史背景原屬營產而因程序問題遺誤致爲市有土地登記者；由地政局及聯勤部工程署指派專員組織小組會商解決，如不能協調，則會提資料，列陳清表，敍明理由，會呈　行政院核轉大法官解釋，以爲辦理之依據。

三、城根營地寬度問題，由地政局函請工程署提送城牆內外營地地形圖依法辦理登記，如尺度相符，則製發公有土地權狀，如尺度不符，則專案會同解決。

簡訊

▲籌備八卦江心兩洲設區：本市原屬第九區之八卦洲及第十二區之江心洲兩地，幅圓遼闊，孤懸江心，管理不便，業經本府核准分別設區治理。其設區後之人事經費等問題，並經民政局於十月二十九日邀請財政、地政、社會各局及會計處代表共同商討擬於十二月一日正式成立。

▲督導各區工作會報：本市第二、四、六、七、八各區公所均於十一月初先後舉行工作會報，民政局爲加強督導起見，經派主任科員張世惠陪同内政部禁煙委員會督導專員衛邦輔分別出席，除指導各項工作外，並對禁政實施詳加指示。

▲舉行十一月份區長會報：民政局於十一月一日召集各區區長舉行十一月份工作會報，由各區長報告兵役辦理情形，當經指示注意事項數點，飭由各區遵照辦理。

▲辦理二期征兵：本年度二期征兵截至十一月十日止，各區征送新兵，經體格檢查合格，撥交南京團管區接收者，計達四百名，現各區仍在集中全力趕征中。

▲召開禁煙會報及鑑定煙毒會議：民政局於十一月八日召開十月份禁煙工作會報，商討加強查緝調戒工作有關事項，十日並鑑定一月來查獲煙毒品四十四案，共煙毒品六百餘兩。

▲舉行臨時區長會報：邇來人心浮動，民政局爲維持社會秩序起見，特於十一月十一日召集各區區長舉行臨時會報，指示緊急措置，並分飭指導市民平買食米及遵守秩序事項。

▲私立小學基金重新規定：本市私立小學董事會基金原規定爲法幣五億元，（係按照私立初級中學基金二十億元四分之一計算），現幣制變更，而私立初中董事會基金，已奉令增爲二萬元，私立小學原定基金數字已不適用，茲仍依照私立初中四分之一比例增加私立小學董事會基金，規定爲金圓五千元，自本年十一月一日起實行。除呈教育部備案外，並通知未立案之私立小學董事會遵照辦理。

▲處理市立各級國民學校部份教職員請假事件：本市國民學校有一部份教師爲要求改善待遇請假停課，經本府竭力設法提前發放十一月份薪金按各校現有教員人數每人借支金圓一百元，以資應急，各教職員得此救濟，均於十一月八日起銷假上課。

▲舉辦勸儉杯籃球賽：教育局爲提倡國民體育及增進其球類運動興趣起見，特舉辦勸儉杯籃球賽，計分男子與女子兩組，由市長贈男子組銀杯一座，市黨部蕭主任委員贈女子組銀杯一座，參加比賽者甚踴躍，男子組計有海軍總部，介壽堂，中央日報，空軍，照測團等十六隊，女子組有市立二女中，寗師等三隊，自十月十九日起開賽，分四組循環比賽，分別在市立體育場介壽堂兩處舉行，共比賽三十三場，比賽結果，男子組冠軍爲照測隊。

▲續辦過京流亡學生衛生醫療工作：准教育部通知，徐州等處有二萬餘學生陸續過京轉學，關於醫療方面，仍交由本市衛生局担任，並經該局於十月三十日參加衛生部召開之會議，商決辦法如下：1.巡迴治療由衛生局統籌辦理，負責指揮醫防第六大隊派員參加，在下關浦口收容地點組織巡迴醫療隊兩隊，分別辦理治療事宜。2.重病住院治療由傳染病醫院收容十五人，大學醫院鉄路醫院中央醫院及市立醫院城南醫院各收容三人。3.飲水消毒及滅蝨工作，由衛生局會同醫防第六大隊分別辦理，所需工具如水缸等均由教育部供給。4.種痘工作，由衛生局指派醫護人員分往一律施種。

專載

南京市政府推行勤儉建國運動實施辦法

茲遵照九月十五日總統廣播倡導勤儉建國運動綱要及酉元府貳代電指示暨行政院九月廿一日訓令，訂定本府推行勤儉建國運動實施辦法如次：

壹、一般方面

一、加強機關管理增進行政效率

1.嚴密實施公文檢查制度　各種文件之處理，不得超過預定時間，並隨時由主管人員督率檢查，如承辦人員有稽延壓積情事，即予議處。

2.切實節省辦公用品　規定每人每月辦公用品限額不得逾越，由單位主管核發，並隨時監督之。

3.縝密人事考核．員工平日到退，應確實遵守時間，不得無故遲到早退或曠職過有事病等，必須請假時，應依規定手續辦理，由管理人事人員隨時記錄，以為定期考核之依據。

二、嚴格執行預算減少不經濟之支出

在收入方面，積極整頓稅收，以裕稅源，而實市庫。支出方面嚴格遵守預算規定，凡一切不合理不經濟之費用，概予剔除，以節公帑。

三、簡化公文及辦事手續

凡各機關團體及市民來文請求，或協商事件，手續儘量簡單，時間力求迅速。

貳：民政方面

一、加強推行勤儉建國組織

1.本市推行勤儉建國運動以區為單位，下設若干推行小組。

2.凡贊行勤儉建國公約之市民均可參加發起，或加入為會員，尤歡迎勞動大衆加入組織。

3.推行小組會員除奉行勤儉建國運動公約外，應恪守下列信條：(1)不吃煙、(2)不喝酒、(3)不賭博、(4)不宴會、(5)不餽贈、(6)不用舶來品、(7)穿布衣、(8)穿布鞋、(9)守時刻、(10)勤生產。

4.推行小組會員，於入會時，舉行宣誓。

5.推行小組應經常舉行座談會，自我檢討，互相監督，關於推行勤儉建國運動之決議，得建議採擇施行。

6.推行小組正式成立後每一會員可發起籌備另一小組，使本運動成為輻射性的發展。

7.違反公約信條之會員，先予勸告，經勸告仍不後改，予以開除處分。

二、整頓保甲清查戶口

訂定各區建全保甲組織辦法，飭區切實遵照，重振保甲精神嚴密民衆組織，清查戶口，責由甲長及四鄰各戶居民，加強對新遷入人口之注意稽查，嚴防奸宄活動，檢舉匪奸，清除伏匪，幷規定各區保甲以嚴密戶籍加強組織，列為中心工作，由民政局按期考核，其推行成績，分別優劣，予以獎懲。

三、倡導敬重官兵服務軍隊運動

於春節端午中秋三節發動各界舉行慰勞軍人家屬大會，幷贈送慰勞品，在出征軍人出發入營及凱旋回鄉之日，聯合地方用界人士舉行歡迎大會，每遇前方戰時告捷，並合同全國慰勞總會南京分會組織慰勞團征集慰勞品，分赴前線慰問，且對作戰獲致特殊功勳者，加以表揚，俾示崇敬。

四、改進征兵實施

1.依照中央「征」「志」兼施原則，先行征集志願兵，用以配合正規征兵。

2.擴大兵役宣傳，使人民得由正確認識，於每期征兵開始，分別舉行下列各種宣傳工作：

（1）舉行擴大兵役宣傳週，（2）邀請本市各機關首長及地方名流大學教授舉行兵役專題講座，（3）製發宣傳標語，（4）特約名報社，增闢兵役問答專欄。

3.加強兵役督導工作會同各有關機關組織南京市兵役督導團，於每期征兵開始，分赴各區實地督導，考察各區保辦理兵役實際情形以減少弊端。

4.改善應征新兵生活，應征新兵在市集中期間，諸如食宿被服衛生康樂等項設備，力求完善，請由各劇院輪流招待觀劇。

五、加強民衆組訓

1.本市應組訓之適齡男子共二二八，九四七人，除第一期已訓練二一，一七四人，第二期已訓練三〇，二八九人外，第三期依組訓規程應組訓中央各機關團體及婦女每隔三個月準時訓練一期，在不妨礙生產原則下，一年之內務期完成全部訓練工作。

2.將二期訓練期滿之各隊，與第一期之各模範隊，統籌分編若干服務隊，施以各種戰時任務之訓練，使在不脫離生產之條件下，協助預定各項工作。

3.凡城郊憲警力量薄弱之區，儘先編組常備隊，以已受訓練結業之優秀者為成員，並再施以嚴格之軍事訓練，以鞏固郊區，保衛城市。

叁：財務行政方面

一、用累進率征收筵席稅

依照中央頒布消費節約辦法，在規定最高稅率限度內，對有奢侈性質之筵席消費累進課稅，一面由征收機關督促各餐館實行使用堂簿及結賬單，並經常指派視察稽征人員隨時抽查。

二、協助節約汽油

依照中央頒布減車節油辦法，並徵請民意機關之同意，重課私人汽車使用牌照稅，藉資節約。

三、嚴定經征人員之考成並實行工作競賽

以工作量或比額為經征人員之考成標準，按月考成幷用工作競賽方式，給予名譽或物質之獎勵，使勤者益加奮勉，惰者有所警惕。

四、厲行按時繳稅運動

1.利用集會機會及運用種種方法，激發納稅人之納稅意識。

2.在汽油配給量之限度內裝置流動征收汽車，巡迴街頭，便利人民繳稅。

3.逾期納稅者，或予名譽上之制裁，或依法送法院處罰。

肆：社會行政方面

一、督導人民團結恪守集會時間

1.每逢各種紀念節日，各界慶祝大會絕對準時開會，以資示範。

2.出席指導各團體會員大會時，切實告誡會員集會，應遵守時間，并以此考核團體成績。

3.通飭各人民團體一切集會，均應恪守時間，并於會所內張貼此項標語以資警惕，理監事尤應以身作則，率先倡導。

二、協助各職業團體利用業餘時間辦理補習教育

1.按各團體性質分別舉辦農民識字班，工人識字班，商業會計簿習班，工業幹部專業訓練班等。

2.主辦單位由各區農會產職業工商業同業公會負責辦理，經費自籌，政府及市農會、總工會、市商會工業會予以協助。

3.辦理步驟先從農工會着手，農會先以近郊區農會舉辦，工會自工人集中地區，如下關浦口等地，開始辦理。

4.辦理成績優良者，由主管機關予以獎勵。

三、提倡飲食消費節約減低米麵加工提倡食用雜粮并嚴禁食米釀酒

1.依照中央頒布飲食消費節約辦法，着重下列各項：（一）提倡食用糙米粗麵。（二）禁止以主粮食釀酒熬糖。（三）減低麵粉食米粘度——凡用純潔乾燥之麥，其成粉率低於百分之八十五，凡純潔乾燥之糙米碾製熟米率，不得低於百分之九十。

四、輔導公共娛樂場所提倡正當娛樂

1.指導劇院演員編演勤儉有關劇藝及歌詞，以廣勤儉運動宣傳。

2.提倡電影戲劇歌詠音樂騎射弈棋體育運動等正當娛樂。

五、加強督導各種生產合作組織協助生產日用必需品

1.督導各種生產合作社增資，並協助貸款。

2.各種強增生產合作社之生產設備，並按月增加生產量。

3.經常舉行生產合作座談會，並發布有關生產合作各項消息，喚起社會人士注意。

伍：教育行政方面

一、關於中等學校者

1.把公私生活的消費節約到最低限度。

2.把教學精神與教學效率發揮到最高程度。

3.以勤儉爲本學期教學中心與各科教材充分配合。

4.以勤儉爲本學期訓導中心。

5.日常生活特別着重早起、整潔、守時、迅速、確實的訓練。

6.着重課餘活動，如（1）實施勞動訓練、（2）舉辦節約宣傳。

二、關於國民學校者

1.每天做完應做的工作。

2.遵守時間不遲到不早退。

3.力求服裝樸素保持環境清潔。

4.加強實行新生活規律。

5.舉辦民教班，實施成年失學民衆補習教育，養成勤儉品德，樹立良好風氣。

6.切實奉行勤儉建國運動，從小學生做起，應常舉行有關勤儉建國之講演及作文比賽。

三、關於社會教育機關者

1.遵守時間，不遲到，不早退。

2.以勤儉建國運動爲中心工作，經常組織宣傳隊編繪壁報專號放映幻燈片等擴大宣傳。

3.戒除奢侈浪漫行爲節衣縮食之儉樸生活。

4.接近民衆，隨時隨地爲民衆服務。

5.提倡室外運動健全身心。

6.加強補習教育，造就失學青年，使砥礪學術，造成建國幹部。
7.發動民衆力量，協助地方自治工作。
8.倡導舉辦各種生產消費合作事業，以調節物資，免除剝削，減輕社會上之生活困難。

陸：工務行政方面

一、節約用電

1.防止不正常用電，市內強用及偷竊電流者，除經常由首都電廠稽查人員加強取締外，必要時，由首都電廠報請本府會同憲警機關查緝剪除。
2.禁用電爐，公告全市各用電戶禁止使用電爐，違者經查覺後，其電爐由電廠暫爲收存，保管，其無表用電爐者，依照前經濟部頒佈之加強處理竊電辦法處理。
3.限用新裝霓虹燈或日光燈，凡裝用霓虹燈或日光燈者，須加裝電容器，使其電力因數在百分之八十以上，如不及此標準，不准使用，對於新裝之廣告用之霓虹燈限止裝設。
4.禁止不必要之用電，不必要之用電爲商店之廣告燈門燈櫥窗燈應力求減少，臨時燈不許裝置，如有浪用電流，經警告後仍不遵照者予以停電。
5.採用逾量累計價法限止電力消耗，將使用電量各分爲若干級，如超過某級者，其超過度數，每度按某級價格計算，如有爲集體用戶，共用一電表者，平均分攤度數，按照累進計價法平均計算其各戶應繳之電費。
6.普遍養成電力用戶節省電力習慣，擬訂「使用電力減少浪費注意要點」，張貼各用戶，促其注意。

二、減少汽車節約汽油

1.私人自用小型汽車限制使用。
2.各銀行工廠鑛廠新聞報社及其他民營事業及各機關自用大小型汽車，及分別酌量減少。
3.下列各種汽車免減，一、各國外交人員及美軍顧問團團員之汽車，二、機器脚踏車郵車及特種車。
4.在核減汽車期間，暫行停止汽車過戶及換發牌照，其已被減去之車輛，應繳銷號牌及行車執照。
5.通知各汽油公司自十月份起一律減少售油量四分之一，

三、提高路工工作效率

1.工務局路工自裁減至一千人後，已飭各工區編造名册附註身分證號碼，限十月十日前送局備查，嗣後各工區僱用路工，應擇取少壯精勤者爲合格，並應確實呈報。
2.各工區每日分派工人至各地工作，應將人數地點工作詳細列表當日送工務局第二科備查，凡派任伙伕等勤務之雜工，以盡量減少爲原則，並須於表內註明。
3.各工區就工程種類及難易程度，分別規定日工工作量，實施超獎缺罰。
4.路工以集中使用爲原則，各隊監工應親臨工地督工。
5.各隊須置備點工單及工作記錄簿，由各區經常指派工作人員，至工地查核，並由局派員隨時抽查，各隊點工單，並須於月終繳送查核。
6.隊長應認眞考核所領人之各工勤惰，各區對各隊應工分別施行考績，使能層層督責，並規定每三個月舉行路工考績一次，比較優劣勤惰，分別獎懲。

四、簡化核發修建執照手續

1.凡申請修建執照者，如經核無問題，在一星期內填發執照。

柒、土地行政方面

一、倡導建築

1.下關重劃區內，土地加速拆遷棚戶，通知地主於棚戶遷建後二個月內，從事建築。

2.幹路兩旁土地戰前已建之新住宅區內，土地及中山北路以東中央路以西三角地帶先行公布建築期限，通知業主迅速建築。

3.利用空閒公地，開闢住宅區，建築住宅放租。

4.以上1.2.兩項土地逾限不爲建築者，征收空地稅。

5.函請國家銀行貸款協助市民建築。

二、規定市街土地最小及最大使用單位面積。

三、郊區農地倡導合作經營改善農業技術

擬先從江心洲及八卦洲開始，俟有成效，再行漸次推廣。

四、調整地權實行扶植自耕農與戰士授田

1.加速完成江心洲扶植自耕農工作。

2.計劃舉辦八卦洲扶植自耕農。

3.利用八卦洲市有公地，辦理榮軍授田。

五、簡化登記程序

1.手續不齊備者，當時卽告知補正，再予收件，以免日後補正之煩。

2.儘量減少詢話改用書面申覆，以免業戶往返奔波。

3.厲行分層負責，節省例行手續。

4.限期結案力求迅速。

捌、衛生行政方面

一、設置流動衛生車

現已設置五輛經常駛往鄉區，辦理防疫注射，接種醫療事宜。

二、設置衛生站

擬在城區設置二十站，現已在新街口設置一站開始工作。

三、簡化開業申請手續

衛生局有關各業開業申請書，凡有關各業開業，均須詳塡，此項申請書，經核准後，卽發給開業執照。

玖、自來水管理方面

一、取締竊水

1.由自來水管理處指派專人負責查報竊水用戶，並應切實注意下列各事項：

a.未經報裝私自接管用水者。

b.私裝支管接通表外水管竊水者。

c.已報裝未辦裝接手續私接路管用水者。

d.敵僞侵佔時期有表無卡及無表用水者。

e.私開消防龍頭用水者。

2.登報公告市民，對上項竊水用戶，得隨時檢舉。

3.函請憲警協助隨時注意，並取締私開消防龍頭。

4.根據調查員報告或市民檢舉再派員復查經查屬實以後，一方面立卽派工拆管停水，並沒收管件，一方面照章罰鍰，通知竊水用戶，限期繳納。

5.如有竊水用戶拒絕取締或有違抗情事時，商請憲警機關協助執行之。

6.如公務機關有竊水行爲者，得函請所轄上級機關派員會同取締。

7.竊水用戶姓名或機關，每月由管理處統計，於月終登報公布之。

8.獎勵檢舉及辦案人員。

9.竊水用戶逾期未繳罰鍰，卽將全卷移請法院依法訴追。

二、取締不繳水費用戶

1.用戶每月水費逾期不繳者，均照章停水。

2.如用戶積欠水費復拒絕拆表停水，管理處立卽派員交涉，並會同憲警協助執行，如爲機關，則函請其所轄上級機關，轉飭限期繳納欠費。

三、採取用水逾量累進計價法

依據統計本市用戶用水量，平均爲底度八倍，故累進計價法以底度八倍爲基數，定爲第一級八倍至十六倍，爲第二級十六倍以上爲第三級，按級分別規定每度水價，逐級提高，俾限制用水消耗。

四、喚起用戶養成節約用水習慣

1.登報公告各用戶戶主轉囑家人節約用水，各機關首長，尤應告誡士兵工役節約用水，且不得損壞水具，以免虛耗水量。

2.用戶內部水管水具、應自行照料，如有滲漏或損壞情形，應自雇註册水管修理。

五、埋管或修理工程力求迅速

埋設幹管或修理工程責令承包商限期完工，逾期課以罰金，以減少妨礙交通及行人之時間。

拾、園林管理方面

一、利用隙地促進生產

1.開墾苗圃，採購優良種子，利用工餘人力，增加生產。

2.佈置櫻桃林，並預作蔬菜及豆料植物之播種，用以改良土壤，並採輪植法，以調節地力。

3.開闢荷池灘地爲魚池，以增殖成魚。

4.會同園林建設委員會提倡本市荒山及義塚地普遍造林，培植薪炭林木。

二、利用枯枝敗葉及糞便作成人工肥料

儘量收集園區內落葉枯枝湖草淤泥，放置空地土坑中，加放獸糞人糞尿溺及草木灰淤泥，分層鋪堆，俾使發酵製成堆肥，以爲花木作物之基肥。

收票人員應加強工作，上緊收票，注意反面，俾得杜絕漏票。

三、利用人工驅除病蟲害替代化學藥材

1.儘量利用人力捕捉或剪去寄生枝葉，予以焚毁，以減少藥劑之應用。

2.園區及苗圃中雜草及垃圾廢物爲病害蟲類藏匿之所飭工勤加刈焚燒，幷可利用其灰燼充作灰肥。

四、愛護種苗產物改善苗種採集種籽儘量播種以期繁殖

儘力及時採集各園區場圃之花木種子，整製保藏利用園區隙地按時播殖，餘量供應市區各公私學校機關團體，以事推廣。

五、把握時機籌劃業務

編訂分月工作表，按步就班，切實施行。

拾壹、市鉄路管理方面

一、準時行車

列車應準點行駛，不得早開，如遇事故延誤，亦應請法迅速處理，以免浪費時間。

二、提早售禁

各站儘量提早售票以免乘客擁擠及防止無票登車情形。

三、嚴格查票

查票人員態度，務須和平工作，自應認眞，每遇一站仍應繼續抽查，務使乘客人各有票。

四、加強收票工作

五、迅速調度車輛

貨車運轉力求迅速，裝卸貨物尤應爭取時間，使車輛調度，不至延擱。

六、保護全路設備

各站以及沿線各種設備路軌枕木等項，有關行車安全者，應一體悉心保護。

七、愛護車輛

客貨機車爲鐵路運輸之重要工具。各値勤員司應隨時注意誠心愛護，以維物力，而免人爲損失。

以上各項，係就本府日常行政工作配合當前需要，鎔合於勤儉建國運動之中，深冀同人切認時局之艱危，責任之重大，以身作則，率先力行，由精神之革新爲事實之表現，國家前途實利賴之。

法規

中央法規

都市水電節約辦法

三十七年十一月四日行政院(卅七)六經字第四八八二八號令頒

第一條 為厲行都市水電節約,合理供應水電起見,特訂定本辦法。

第二條 水電廠應裁汰冗員,提高工作效率,撙節開支,務期減低成本,廉價供應水電,並應由當地主管機關切實考核其業務及收支,如有怠忽浮濫虛糜情事,隨時予以修正督促改進,如奉行不力,得行知水電廠之任用機構,將其主管或主辦人員撤職或解職。

第三條 水電廠應參照用戶之實際需要,規定水電之最高用量,除超過最高用量時,應分級累進加收其費用外,並應予以有效之管制。

第四條 公共場所之水電供應及使用,應由水電廠會同主管機關嚴予管制。

第五條 工業生產用水電,應於可能範圍內儘量供應,不得任意停斷,但其普通用水電部份,仍應受本辦法其他各條之限制。

第六條 水電廠對於一切裝飾浪費之水電設備,應拒絕裝接,但正當用途之用戶,照章申請報裝,應普遍供應,非有特殊原因,經當地主管機關核准者,不得拒絕裝接,如有藉端需索情事,即以貪污論處。

第七條 自本辦法公布之日起,禁止電氣用戶裝置霓虹燈,其已裝置者,晚間十時以後,不准使用,違者由電廠查明停止供電。

發售或使用輕磅燈泡及電爐者,一律由當地政府會同電廠派員檢查取締,違者得將該項器材沒收之,但科學或醫藥上應用之電爐,報經當地主管機關核准使用者,不在此限。

第八條 各機關應責成各單位主管及總務人員,特別注意限制使用水電,以免浪費,並列為總務人員考成之一。

第九條 水電廠內及附屬單位之水電設施職工宿舍眷屬住宅等,由當地主管機關切實檢查,掩有竊用水電情事,除將該員工撤換或斥革外,幷送法院依法懲處。

第十條 當地軍政憲警機關,應隨時接受水電廠之請求,派員會同檢查取締竊用水電,除依有關法規處理外,必要時,得由主管機關另訂補充辦法,層轉上級機關核備後,嚴格執行。

在實施本辦法時,應先由當地衛戍或警備司令部會同憲警機關組織檢查隊,舉行普查,將所有水電用戶使用情形予以登記,以作實施檢查取締之依據。

第十一條 水電廠應擬訂檢舉竊用水電獎勵辦法,報請當地主管機關核定施行,並轉報主管部備案。

第十二條 軍政憲警機關應照水電廠所定之優待辦法繳費,如有欠費達兩個月以上者,在政警機關應由水電廠報請各級財政機關在其應領經費內扣發,逕交各該廠向公庫領取,在軍憲機關應由水電廠隨時報請主管機關轉送國防部飭知各地收支處照扣該機關經費，逕交水電廠領取。

第十三條　軍政憲警機關辦公房屋及員工兵警宿舍或其所屬人員私人住宅，如有竊用水電情事，經水電廠查明屬實者，依下列程序處理之。

（一）停止水電供應，並依照規定處罰。

（二）經停止供應後，如再有私擅接用水電情事，除仍予停止供應外，並應由水電廠在當地主要報紙公布其機關名稱或使用人姓名，予以名譽及輿論上制裁。

（三）經公告後仍再有私擅接用水電情事，由水電廠報告其主管機關，該主管機關應於接到報告查明屬實後，依法懲處。

第十四條　各都市水電事業，自本辦法施行之日起，至遲應於三個月內整頓完竣，限滿後非因不可抗力或無法避免之事由，報經當地主管機關查明核准者外，不得停止全部或一部水電之供應，違者由主管機關予各該水電廠主管人員以處分。

第十五條　地方政府暨水電廠均應隨時倡導用戶節約使用水電，並作有效之宣傳，灌輸用戶使用水電常識，而免物資損耗。

第十六條　本辦法自公布日施行。

各縣市公產租佃辦法

行政院卅七年十月廿一日（卅七）六財字第四六九四一號令頒

第一條　各縣市出租公產，除法律別有規定外，悉依本辦法辦理。

第二條　各縣市出租之公產，應由管理機關依公產清冊所編之號數，以每號為一單位，參照當地不動產租賃情形，擬定最低租額，呈縣市政府核定，公開招標租佃，但在公營平民住宅區，經縣市政府訂有一定租額者，得免除招標之手續。

公產標租時，以出最高額租金者得標承租，但原承租人於開標時，當場聲明，願照最高額承租，並補償應得標人之損失者（以投標押金為準），仍准由原承租人優先承租，租佃公產投標辦法，由各省政府參酌地方情形定之。

第三條　各縣市出租之公產，其承租人在房屋以自租及自營業務為限，在田地以自為耕作或使用為限，一概不得轉租或分租。

公產承租人須一律使用本名（不得用堂名戶地），其不使用本名者，依姓名使用限制條例懲處。

第四條　各縣市出租之公產，得參照當地習慣酌收押租，但房屋之押租，不得超過每期應繳租金之租額，田地之押租，不得超過每年應納之租額，耕地承租人能提出當地殷實住戶或商舖之保證書者，並得免除其押租。

第五條　各縣市出租公產之租金，一律以金圓計算繳納，但耕地地租承租人得依習慣以農作物代繳，農作物折價標準，由該管縣市地政機關依當地農作物最近二年之平均市價規定之。

前項租金之最低額，在房屋及耕地以外之土地，每年不得少於其產價百分之八，在耕地不得少於其正產物收穫總額百分之三十。

第六條　各縣市出租公產之租期，由各縣市政府於法定範圍內，斟酌地方情形定之，並呈報省政府備案，但除耕地外，其租期不得逾二年。

第七條　公產承租人於得標後，應即書立租約，交公產管理機關存執，租約格式由省政府定之。

前項租約應由公產管理機關抄錄副本一份，交公產所在地之鄉鎮公所登記存查。

第八條　公產承租人應依照租約所訂，按年按半年按季或按月繳納租金，其期間由縣市政府參酌地方情形定之，但耕地承租人以農作物代繳者，應於收穫後一個月內繳納，不得遲延拖欠。

第九條　各縣市出租公產之承租人繳納租金，凡以金圓繳納者，應由承租人憑公產管理機關所發繳租通知向縣市公庫繳納，但縣市政府認為必要時，得准由公產管理機關自行收納轉解公庫，凡以農作物代繳者，應由承佃人送交公產管理機關指定之倉廒，並由公產管理機關派員驗收。

第十條　公產承租人繳納租金後，應由公產管理機關掣給收據。」

前項收據，除以一聯交承租人保存外，應以一聯繳送縣市政府備查，收據格式由省政府定之。

第十一條　公產承租人對於承租之田地房屋或其他定着物，應以善良管理人之注意妥加保護，不得毀損，其有培修之必要時，應報經公產管理機關查勘後，依主料客工之原則修理之。

第十二條　公產承租人有左列情形之一者，應終止契約，另行招標租佃。

一、承租人有轉租或分租之行為者。

二、積欠租金已達兩年之總額（耕地），或規定按月按季納租，而積欠達兩期以上之總額（扣除押租外），經催告後未於限期內償付者。

三、非因不可抗力荒蕪田工繼續一年不為耕作，或毀損公產不為相當之賠償者。

四、承租後以公產供違犯法令之使用者。

五、其他合於民法或土地法規定得終止契約者。

前項第一款並應在契約內訂明之。

第十三條　公產承租人對於公產之使用或耕作情形，除由公產管理機關不得派員考察外，應由公產所在地之鄉鎮公所隨時注意考察，凡發現承租人有前條各款情形之一時，應即報告於公產管理機關。

第十四條　本辦法自公布之日施行。

各縣市清理公有款產獎勵舉發辦法

卅七年十月廿一日行政院(卅七)六財字第四六九四一號令頒

第一條　本辦法依清理各縣市公有款產規則第四條之規定訂定之。

第二條　各縣市於開始清理公有款產時，應依清理各縣市公有款產規則第四條及第十四條所定之公款公產範圍，佈告週知，酌定期限，公告人民舉發。

第三條　凡人民知有被人侵佔隱匿把持之公款公產或未經政府察覺而應屬公有之款產者，均得以書面繕具舉發書，投置於縣市政府所設之密告櫃。

舉發書應記載之事項如左

一、款產之種類。

二、款產之數額。

三、款產之占有人及其詳細住址。
四、公產之坐落經界收益及佃戶姓名。
五、款產之來歷及其經過詳細情形。
六、舉發人之眞實姓名及其詳細住址。
七、舉發人簽名蓋章。
八、舉發之年月日。
舉發人不能書寫者，得向縣市長或清理機關之主管人員口頭舉發，當時製成舉發書，由舉發人加蓋指摹。

第四條　各縣市應設置密告櫃之處所，由清理機關斟酌情形決定之。

第五條　密告櫃應由縣市政府加封，每週由縣市長會同委員二人開啓，編號登記，交付清理。

第六條　清理機關對於舉發人姓名住址須絕對保守秘密，但舉發人明知爲實實而故爲虛僞之舉發者，應負法律上誣告之責任。

第七條　凡因人民舉發而查實之公款公產，依左列標準，酌提獎金獎給舉發人。
一、公款　就追繳歸庫之公款，酌提百分之十至百分之二十。
二、公產　就追繳歸庫之公產欠租，酌提百分之十至百分之二十，無欠租者，參酌該公產第一年之收益總值，按成提給之。
前項提獎標準，依百分之二十計算者，其每宗獎金最高不得超過二百圓，依百分之十計算者，其每宗獎金最高不得超過一千圓。

第八條　凡同一宗之款產，經二人以上之舉發者，以舉發在先之人得獎，不能證明其舉發之先後者，就前條應給獎金平均分爲配之。

第九條　凡侵佔款產人在經人舉發前已向清理機關自行聲報者，對於舉發人不人給獎。
舉發人領取獎金，應具收據，收據上之簽名蓋章，須與舉發書核對相符，但口頭舉發者，得由原接受舉登人證明，並核對指摹發給之。

第十條　舉發人不願領取獎金者，應在舉發書尾或口頭報告時聲明。

第十一條　本辦法自公布之日施行。

總統府公報所載中央法規索引

十一月份上半月

國葬靈櫬移運辦法	第一四一號
禁煙罰金處理辦法	第一四三號
考試法施行細則	第一四六號
刑法第五條修正條文	第一四七號
各縣（市）田賦徵實員丁保證規則第三條修正條文	第一四八號
違反粮食管理治罪條例	第一四九號
過境及遊歷旅客所攜外幣兌換金圓辦法	第一五〇號
修正人民所有金銀外幣處理辦法	第一五一號
修正金圓券發行辦法	第一五一號

本府法規

修正南京市房屋租金計算辦法

三十七年十一月十八日本府（卅六）府總房理字第七八號令公布

第一條　本辦法依房屋租賃條例第四條之規定訂定之。

第二條　南京市地區內之房屋租金，適用本辦法之規定。

第三條　房屋租金額，以土地及其建築物之申報總價額年息百分之十為標準。

前項建築物之價額，在未依法估定前，由南京市房屋租金評議委員會按同樣建築物之市價折舊估計之，其土地價格並以市政府所公布之標準地價為準。

第四條　約定租金在本辦法施行以前，於約定期內，從其約定。

第五條　房屋租金應以金圓按月計算，不得以外幣或其他物品計算租金，幷不得預收一個月以上之租金。

第六條　本辦法自公布日施行。

決議：照審查意見分隸民政、社會、工務三局掌理，其交接手續及同一事項處理性質有區別者，應如何劃分，概由各該局主管科自行商洽辦理。（審查意見見市政要訊欄）

會議紀錄

南京市政府第一四八次市政會議紀錄

時間：三十七年十月二十九日上午九時

地點：本府會議室

主席：沈市長　　紀錄：史崇訓

討論事項

市長交議：據社會局簽，擬將掌理國籍破除迷信婚喪禮制古蹟保存褒揚烈國葬公葬及國殤墓園等項，移歸民政局接管，提請討論案。

南京市政府第一四九次市政會議紀錄

時間：三十七年十一月五日上午九時

地點：本府會議室

主席：沈市長　　紀錄：史崇訓

討論事項

會計處提：擬訂三十八年度首都建築費概算書，提請討論案。

決議：修正通過，送請　行政院列入國家總預算。

人事動態

三十七年十月廿七日至十 月九日止

姓名	服務單位及職別	動	態	到職離職日期
祁英麟	市立救濟院工藝組辦事員	新任		十一月一日
林賡	教育局督學	新任		九月一日
唐鐸	教育局督學	新任		九月六日
劉壽康	教育局督學	新任		十月十一日
周質民	教育局第一科科長	新任		九月十三日
楊國鎮	教育局編審兼人事室主任	新任		八月十六日
朱重浩	教育局科員	新任		十月一日
周杜蕎	教育局第四科雇員	新任		八月二日
顧以瑄	教育局第四科雇員	新任		九月十一日
黃祖元	教育局第四科雇員	新任		九月廿三日
葛潤玉	教育局雇員	新任		十月一四
許開眉	教育局辦事員	晉升	教育局科員	八月一日
華韻清	教育局辦事員	晉升	教育局科員	八月一日
孫以域	財政局額外事務員	晉升	財政局科員	十一月一日
蕭畹如	財政局辦事員	晉升	財政局科員	十月廿一日
沈國裕	財政局額外征收員	晉升	財政局辦事員	十月廿一日
張俊三	財政局雇員	晉升	財政局征收員	十月廿一日
詹世驊	財政局第一科科長	調任	財政局秘書兼第一科科長	十月廿九日
吳俊臣	財政局額外事務員	調任	財政局征收員	十月廿八日
周鳳祥	財政局額外事務員	調任	財政局土地稅處催征員	十月廿九日
蔡元俊	財政局科員	調任	財政局會計室科員	九月廿五日
陶容	財政局會計室科員	調任	財政局科員	十月廿八日
朱毓才	財政局額外征收員	調任	財政局征收員	十一月一日
劉德琴	財政局營業稅處會計佐理員	調任	市立五中會計佐理員	十一月廿日
陳亦崙	財政局土地稅處第三股股長	調兼	財政局第四科賦籍股主任	十一月一日
陳舒霖	財政局第四科稽征股兼賦籍股主任	免兼	財政局第四科賦籍股主任	十一月一日
王本謙	財政局科員兼第一科事務股主任	免兼	第一科事務股主任	十月卅一日
蔡如海	財政局專門委員兼第二科長及稅捐處主任	免兼	財政局第二科科長	十月卅一日
陳青山	教育局科員	留職停薪		十月三十一日
張天眞	市立救濟院護士	辭職		十一月五日
寇陶然	財政局營業稅處稅務員	辭職		十月卅一日
戴文卿	市立救濟院組員	辭職		十月卅一日
王森謨	財政局科員	病故開缺		十月卅一日

副刊

南京市政府公報　第五卷　第十期

棲霞輪廓畫

方厚樞

羣峯齊俯首，爭把一峯讓，一峯果昂然，獨立青天上。
我來登此如登天，無物與我堪齊肩，白雲蓬蓬生足下，
紅日皎皎當胸前。

——袁枚

「春牛首，秋棲霞」，在南京住過的人，大都熟悉這句話。這幾天，天高氣爽，秋色宜人，正是棲霞山的黃金時代；滿山的紅葉映着秋陽，燦爛鮮妙得如火如荼，它煊染了肅殺的秋野，也替逐漸蕭條的山川增加了無限的生趣。人們生活在這苦悶的現實裏，趁着秋光未盡，作一次郊遊，登山遠眺，廓展胸襟，吸一點山林野氣，實在是一件快事！

棲霞山在金陵東北四十里，出中山門取道麒麟門，仙鶴門，或從太平門取道堯化門，石埠橋，都可通車直達棲霞鎮，穿過街道，直抵棲霞寺門前，拾級而上便是「毗盧寶殿」，再上是藏經樓，大殿的左邊叫「最吉祥處」，右邊的稱「大解脫場」，從「最吉祥處」穿門而上，走曲廊而出，便可看到矗立着的舍利塔。

這塔是隋文帝仁壽元年（民國紀元前一千三百十一年）建造的，相傳隋文帝遇到異尼，得舍利子數百顆，便在各地建塔來收藏它，隋

王劭舍利感應記說：「隋文帝潛龍之際，有婆羅門沙門，送舍利子一裹與之。後以感於神尼智仙重於佛法之言，故隋興後，因於仁壽元年，詔天下於三十州起舍利塔，塔內各作神尼之像焉。」當時棲霞屬於蔣州，所以也建造一座，塔高五丈餘，自底到頂共七級，每級八面。第一層八面，每面相隔有半圓形的柱子，各柱上有佛像及經咒刻着，道八面分別刻着：釋迦苦行圖，釋迦涅槃圖，釋迦自兜率天宮下降毋胎圖，釋迦受生圖，釋迦受樂圖，釋迦求道圖，釋迦成道圖，釋迦說法圖。第二層的第一面是天王像，第二面是釋迦騎在一匹有六個牙齒的白象上正從天宮下降的形狀，第三面是赤足天王象，第四面和第八面是兩扇有釘的門，第五面和第七面都是天王像，第六面完全毀了。

舍利塔雕刻極工，和我國的佛教史，美術史都很有關係，歷代詩家頗有吟詠，如南宋曾極詩：「一丈唐碑今露立，十尋梵塔已抵摧，層層石佛雲間出，坐閱齊梁成刼灰。」清王士禎詩：「昔我聞阿育，驅神作道場，如何震旦國，重見鐵輪王；變幻從僧語，依微晝佛光，那堪事勢盡，千古但蒼涼」。厲鶚詩：「隋文遺浮圖，石函瘞云嶠。下鐫佛涅槃，繪事顧陸肖。奈何完顏軍，缺落付刼燒。」可知舍利塔的殘毀至南時宋就已如此了，此後歷朝歷代的興廢存亡，舍利塔眞是閱盡了滄桑！

舍利塔的右側不遠處，是三聖殿，一稱無量殿。裏面供着一尊無量壽佛，（坐身三丈二尺五寸通座四丈），和觀音勢至二菩薩（體高三丈另三寸），爲南齊處士明僧紹之子明元琳和高僧法度禪師兩人鐫造，慈悲和藹，栩栩如生，十足表現江南秀美典雅的作風，殿前尙有高可丈許的佛像兩尊，左右分立，本來是舍利塔的接引佛，後被移置於此的。

從三聖殿左側而上，走完一段山頭，便上了千佛巖。千佛巖一稱千佛崖，又稱萬佛崖，別稱千佛嶺。依着山巖的高低深廣，鑿着大

小各異的岩洞，岩洞裏鑿着佛像多寡不同，形狀各異。雖然它們是號稱「千佛」或誇稱萬佛，但經人實地調查得所，僅有二百九十四座石窟佛龕，和大小五百十五尊佛像。在三聖殿右側最裏面一個石龕中所供的，還有一個手握石鑿作敲打狀的石匠。山中故老相傳，說是石匠造像時，到最後一尊，百計不能成，當時有一個石匠執事最力，因此自琢其像，而將刻數湊足云云。至于考證這些石佛的來歷，則要從棲霞寺的緣起說起，棲霞山在六朝以前，知者很少，到了宋泰始中，南齊處士明僧紹抗迹來遊，刊木剪茅，二十多年不交俗士，只同高僧法度禪師往來，至齊永明七年，他捨宅爲寺，稱棲霞精舍，延請法度在內講無量壽經，因爲西岩夜裏時常放光，現出許多佛像和殿宇形狀，他便預備在岩壁上鑿佛像，以便朝夕禮奉，事未成他便死了，由次子元琳繼其志，和法度禪師在西峯石壁上，鑿了無量壽佛和觀音勢至二菩薩就是現在的三聖殿。至梁武帝大同二年，龕頂又放光，齊文惠太子長懋和豫章文獻王，竟陵文宣王，始安王遙光以及宋太宰江夏王霍姬，齊田奐等，在石壁上鑿像，號稱千數，所以叫千佛巖。到了隋文帝，勅建舍利塔於寺內，之後寺殿陸續增建，名聲大著，唐高祖、高宗時代，寺屋建設更多，寺名也屢有更異，至武宗會昌五年，天下有廢寺毀佛舉動，棲霞寺也被廢了，然不久至宣宗大中五年時，又被重建一新，直至清朝乾隆皇帝五次下江南，在棲霞建有行宮，如春雨山房、太古堂、武夷一曲，有凌雲意，白下卷阿等等，聲勢煊赫，可算是棲霞寺全盛時代，當時和濟南的靈巖，荊州的玉泉，天台的國清，並稱天下四大叢林。但好景不長，至文宗咸豐五年，清軍和太平軍在棲霞一帶大打了一次，把歷年留下的勝蹟一齊付之一炬，直至光緒三十四年又逐漸恢復。

千佛巖：洞裏的佛像，有好多都沒有了頭，被不顧公德的遊人偷走了。後來寺僧用水泥把全部佛像都粉刷一遍，但結果却把原有的古意都喪失了。有幾尊佛像還給寺僧們[illegible]勾出眼目，用丹硃塗紅口脣，形狀粗俗，而把原有的造像神趣，全部抹煞殆盡，所以當時很遭受國內文化界的反對和責難。

說起石像頭被竊，這裏還有一段小小的故事，雖然荒謬不經，但却饒有趣味棲

民國十年，日本有一個化學家益田玉成來遊棲霞，在千佛岩偷走了一個佛頭，帶回東京家中供奉，至民國十三年東京忽大地震，益田家左右房屋全毀，但他家却安然無恙，當晚得一夢，見這石佛對他說：「你家未受損害，全是我呵護之故，現我欲回故土，你務必將我送回，以後可保無災。」說完就不見了。益田醒來，便專誠把佛像送回棲霞，可是寺僧拿頭去找原身，却無一身可相吻合，無法可想，便另塑一身，把他放在毗盧大殿後觀音菩薩的右側，所以遊客們看見大殿上菩薩全是金身燦爛，却只有這一個菩薩特別樸素，都感到奇怪，而不知其中有這一段故事。當時，林故主席還爲此寫了一篇緣起，由寺僧刻石成碑樹立廟左。至民國二十六年戰事爆發，京滬相繼淪於敵手，棲霞寺改設難民收容所，本定只收三千人，但由京中蠢湧而至的幾乎超出兩萬，其中傷病和不及撤退的國軍約有四五千人，日軍跟蹤而至棲霞，卽至寺要搜查難民，寺僧靈機一動，將日司令官引至碑前觀看，司令官竟非常相信，在石佛坐前頂禮膜拜後率軍退去，那四五千國軍就此保全性命，得以轉撤而至後方。勝利後新六軍首抵南京，軍長廖耀湘卽抽暇至棲霞在佛像前誠虔禮拜，告訴寺僧，八年前他也是那三四千國軍中的一個，至今未忘那危難的一幕，故勝利返京卽來舊地一遊，並且爲棲霞寺寫了一個新匾，給寺僧若干油燭費而去，所以如果你至棲霞，看到門外「棲霞古寺」那四個字的署名竟是廖耀湘寫的，一定會感到奇怪，而想不到其中還穿插着如此的一個故事吧！

在千佛巖之前有一個小峯，形狀很像紗帽，因此便被稱爲紗帽峯

，乾隆帝南遊時，曾嫌這名字太鄙俚，而改它為玉冠峯，並題了一首「御詩」：「徐鉉曾有言，古者冠無帽，江左始著稱，燕居便私好。題峯殊不稱，有似緣木釣，我為易玉冠，俗名一口掃。老沈屢有詠，精神乃畢肖，何必定烏紗，嚇彼官途耀。」

紗帽峯的前面有一塊平台，叫「明月台」，據說山中看月，此處最佳；每當月輪中天，站此遠眺長江，煙霧淒迷，松濤起伏，景緻絕佳。明張怡有「明月台銘」之作：「即此山中，月無不照，離此山中，月無不到，胡獨斯台，而膺斯號？既以命之，便堪登眺，高天寥廓，萬家蕭疎，纖雲不起，寒光皎如，我竟忘眠，月如欲語，劃然長嘯，翩翩霞舉。」

從千佛巖而上，到行宮故址一帶，楓樹最多，因此秋深葉紅，流連的遊人也最多，低處的紅葉早被人摘完了，而高處的不易攀摘，得以倖免，遠遠望去，映着金黃的秋陽，一片鮮艷，供托得異常美麗。

從千佛巖循山徑而上，直向西走，經中澗峯，試茶亭，至太虛亭，遊客大都在裏面坐着休息，有興趣的便再向棲霞的最高峯——鳳翔峯爬去，這峯高達一百卅二丈，山道是一羊腸小徑盤旋而上，約六七里路可達峯頂，上有一三茅宮，但現已頹敗了，殘磚碎瓦狼藉滿地，一片破落景象，幾尊菩薩也是面目斑剝，斷臂殘足。牆角懸着一口破鐘，遊客爬上峯頂，都愛拾磚敲它幾下，發出沉滯的重濁的哀音來。

但是站在這裏向遠眺望，風景却很壯麗，東望寶華，西顧鐘阜，山巒起伏，歷歷盡在足下，竚足北望，長江西來，像長虹似的玉帶，風帆點點，依稀可辨，東面則見一片峯巒，阡陌分明，京滬鐵路似條窄帶向東鋪着，火車駛來，恰似一條蚯蚓在蠕蠕而動，依稀還可聽到那似虫鳴的汽笛聲。路側不遠處，龍潭水泥廠廠屋却似孩子們沙盤中的積木般地可笑，再將視線放遠，就只見淡霧輕籠，不易分辨了，久居城市的人一旦處身於此，不由你不感到胸襟開拓塵慮盡滌，而感到大自然的偉大及自身的渺小了。

棲霞的名勝，除了上述幾處外，尚有天開巖、禹王碑、紫岳峯、一線天、疊浪巖、中峯澗、桃長澗、品外泉、白鹿泉、白乳泉、珍珠泉、玲峯池、彩虹明鏡、中峯石等，大都已荒涼不堪，或竟湮沒難尋、伴着衰草斜陽，一無足觀處，僅僅從古人的詩詞中，還可以領略到一些遺留的風光罷了。

——轉載中央日報週刊——

南京市政府公報刊例

一、本公報每半月發行一次
二、凡本府例行公文即在本公報發佈不另行文
三、本府所屬各機關於收到本公報時應編號歸檔妥爲保存凡註明「不另行文」文件並應注意遵照

南京市政府公報
第五卷第十期
中華民國三十七年十一月三十一日
編輯者　南京市政府編譯室
發行者　南京市政府
印刷者　大東新興印書館
南京：(四)建鄴路一三八號
電話：二二二二六號